böhlau

Studien zu Politik und Verwaltung

Begründet von
Christian Brünner · Wolfgang Mantl · Manfried Welan

Herausgegeben von
Ernst Bruckmüller · Klaus Poier · Gerhard Schnedl · Eva Schulev-Steindl

Band 62

Gerald Stourzh und Wolfgang Mueller

Der Kampf um den Staatsvertrag 1945–1955

Ost-West-Besetzung, Staatsvertrag und Neutralität Österreichs

6., gründlich überarbeitete und erweiterte Neuauflage

BÖHLAU VERLAG WIEN · KÖLN · WEIMAR

Gedruckt mit Unterstützung durch
den Zukunftsfonds der Republik Österreich

ZukunftsFonds
der Republik Österreich

Die erste Auflage erschien 1975 unter dem Titel „Kleine Geschichte des Österreichischen Staatsvertrages", die zweite Auflage (1980) und die dritte Auflage (1985) unter dem Titel „Geschichte des Staatsvertrages – Österreichs Weg zur Neutralität". Die vierte stark erweiterte Auflage (1998) und die fünfte Auflage (2005) erschienen unter dem Titel „Um Einheit und Freiheit. Staatsvertrag, Neutralität und das Ende der Ost-West-Besatzung Österreichs 1945–1955". Für die ersten fünf Auflagen war Gerald Stourzh alleinverantwortlich.

Bibliografische Information der Deutschen Nationalbibliothek:
Die Deutsche Nationalbibliothek verzeichnet diese Publikation in der
Deutschen Nationalbibliografie; detaillierte bibliografische Daten sind
im Internet über https://dnb.de abrufbar.

Bildnachweis:
Abb. 2, 3, 4, 10, 11, 13–17 aus dem Nachlass Josef Schöners mit freundlicher Erlaubnis von Frau Rita Schöner, Wien (†), Abb. 6 mit freundlicher Erlaubnis von Botschafter Herbert Grubmayr, Abb. 5 sowie 7–10 und 12 aus dem Nachlass Norbert Bischoffs mit freundlicher Erlaubnis vom Prof. Friedrich Bischoff, Wien (†)

Satz: Bettina Waringer
Umschlaggestaltung: Michael Haderer, Wien
Druck und Bindung: General Druckerei, Szeged
Printed in the EU

Vandenhoeck & Ruprecht Verlage | www.vandenhoeck-ruprecht-verlage.com

ISBN 978-3-205-20624-8

Wir widmen dieses Buch in

Dankbarkeit unseren Familien

INHALT

Vorwort

In der Epoche des Kalten Krieges wurden im Ausland stationierte sowjetische Truppen nur selten abgezogen. Ein Beispiel bildet der am 24. Mai 1955 vollendete Rückzug aus dem Marinestützpunkt in Port Arthur, China; ein weiteres die Räumung eines ähnlichen Stützpunktes, Porkkala in Finnland, abgeschlossen am 26. Mai 1956. Ein dritter Fall dieser Art war der sowjetische Abzug aus der Republik Österreich, der gleichzeitig mit jenem der amerikanischen, britischen und französischen Streitkräfte stattfand. Die Ost-West-Besetzung des Landes, die nach dem Ende des Zweiten Weltkrieges ein ganzes Jahrzehnt gedauert hatte, endete am 25. Oktober 1955. Sowjetische Truppen hatten etwa ein Drittel des österreichischen Gebietes okkupiert und dabei die Hauptstadt Wien umschlossen, die wiederum in einen sowjetischen, amerikanischen, britischen und französischen Sektor geteilt gewesen war und – anders als Berlin – auch in einen internationalen Sektor.

Das Ende der Ost-West-Besetzung war ein wesentlicher Bestandteil des „Staatsvertrages betreffend die Wiederherstellung eines unabhängigen und demokratischen Österreich“, der am 15. Mai in Wien von Vertretern der UdSSR, der USA, des Vereinigten Königreichs, Frankreichs und Österreichs unterzeichnet worden war. Die etwas ungewöhnliche, von den Österreichern vorgeschlagene Bezeichnung „Staatsvertrag“ sollte klarstellen, dass es sich um keinen Friedensvertrag handelte. In der „Moskauer Deklaration“ vom 1. November 1943 hatten die „Großen Drei“ (später durch Frankreich ergänzt) vereinbart, „daß Österreich, das erste freie Land, das der typischen Angriffspolitik Hitlers zum Opfer fallen sollte, von deutscher Herrschaft befreit werden soll“. Dieselbe Erklärung endete jedoch mit einer Warnung: „Österreich wird aber auch daran erinnert, daß es für die Teilnahme am Kriege an der Seite Hitler-Deutschlands eine Verantwortung trägt, der es nicht entrinnen kann, und daß anläßlich der endgültigen Abrechnung Bedachtnahme darauf, wieviel es selbst zu seiner Befreiung beigetragen haben wird, unvermeidlich sein wird.“ Österreich war also kein besiegtes Land, sondern ein befreites; dennoch war es auch ein integraler Teil „Großdeutschlands“ unter der Naziherrschaft gewesen. Diese Doppelposition führte einerseits zu einer raschen Wiederherstellung der Republik Österreich, welche schon im April 1945 unter sowjetischer Schirmherrschaft erfolgte und im Herbst desselben Jahres von den Westmächten anerkannt wurde; andererseits resultierte sie in der Überwachung Österreichs durch die von den vier Mächten beschickte Alliierte Kommission. Auch diese Überwachung wurde mit dem österreichischen Staatsvertrag aufgehoben, der am 27. Juli 1955 in Kraft trat.

Die zentrale Bedingung für die sowjetische Zustimmung zum Vertrag und zum Abzug der Streitkräfte war die dauerhafte Neutralität Österreichs. Der Kreml forderte Österreichs Neutralität aus verschiedenen Gründen – vor allem mit dem Ziel, einerseits dem Westen den militärischen Beitrag Österreichs und die militärische Nutzung von dessen Gebiet sowie andererseits Österreich westliche Militärhilfe zu entziehen. Der Sowjetunion war es ein Anliegen, jeglicher Möglichkeit eines österreichischen Beitrittes zu westlichen Verteidigungsvereinbarungen zuvorzukommen, und dies betraf insbesondere den Nordatlantik-Vertrag. Zusätzlich würde, indem sich auch die Westmächte dazu verpflichteten, Österreich zu verlassen, eine Art neutraler Gürtel geschaffen (bestehend aus der Schweiz und Österreich), der NATO Süd vom neuen Bündnismitglied Westdeutschland trennen würde. Ursprünglich wollte die Sowjetunion Österreichs Neutralität im Staatsvertrag verankern, doch Österreich konnte sich mit Unterstützung der Westmächte erfolgreich dagegen zur Wehr setzen. Die Republik wollte ihre Neutralität nicht unter dem Zwang eines Vertrages erklären, sondern durch ein Verfassungsgesetz, verabschiedet von einem freien Land, dessen Vier-Mächte-Kontrolle zu Ende gekommen war. Daher verkündete das Parlament Österreichs Neutralität am ersten Tag nach dem Ende der militärischen Besetzung, am 26. Oktober 1955.

Vier Faktoren waren in Österreich während des ersten Jahrzehntes nach dem Zweiten Weltkrieg eng miteinander verflochten:

Erstens die Ost-West-Besetzung, die Österreich in die Situation brachte, dass es, obwohl eine ungeteilte Republik, doch strategisch von einer mitten durch das Land verlaufenden Militärlinie entzweigeschnitten war – einer Linie, die sowjetische und westliche Militärstationierungs- und Verwaltungsbereiche voneinander trennte. Dies barg die Gefahr einer Teilung des Landes in einen westlich ausgerichteten und einen sowjetisch kontrollierten Staat in sich, so wie es in Deutschland und Korea geschah.

Zweitens das Vorhandensein eines Vier-Mächte-Verwaltungs- und Kontrollmechanismus, der das österreichische Parlament und die Regierung daran hinderte, völlig souverän zu agieren. Diese insbesondere seit 1947 von den Österreichern kritisierte Beschränkung sollte uns nicht übersehen lassen, dass Österreich ohne die materielle Hilfestellung der vier Mächte (insbesondere der Vereinigten Staaten von Amerika) schwerlich in der Lage gewesen wäre, die Nachkriegsjahre zu überleben, geschweige denn, sich so schnell vollständig zu erholen.

Drittens das langwierige Ringen um den österreichischen Staatsvertrag, der ursprünglich nach dem Wunsch der Westmächte bald nach dem Krieg, spätestens im Anschluss an die Friedensverträge mit Italien und anderen Ländern 1947 abgeschlossen werden sollte. Der Abschluss wurde jedoch Jahr um Jahr verschoben. Dabei genügte, wie so oft in multilateralen Prozessen, die widerstrebende Haltung einer einzigen Seite, um Fortschritte zu blockieren. Und selbst wenn die Verhandlungen fortgesetzt wurden, bedeutete das nicht automatisch, dass alle Beteiligten an einem Abschluss interessiert waren. Ähnliche Phänomene sind in internationalen Konflikten bis heute zu beobachten. Die wiederholte Blockade der Vertragsverhandlungen war jedoch nicht durch Österreichs zwiespältige Vergangenheit als Teil des Deutschen Reiches bedingt, sondern resultierte aus dem zutage tretenden Kalten Krieg – einem Konflikt, nicht zuletzt ausgelöst durch die sowjetische Umwandlung von Österreichs osteuropäischen Nachbarstaaten sowie der sowjetisch besetzten Zone Deutschlands in kommunistische Diktaturen. Der Kalte Krieg schwappte schnell auf Österreich und die Staatsvertragsverhandlungen über, die sich dadurch in einen Kampf um das zukünftige Schicksal des Landes verwandelten. Österreich war in diesem Ringen eher Objekt als gleichberechtigter Akteur, und österreichische Diplomaten mussten eingestehen, dass die „wenn auch beschränkte Manövrierfähigkeit [des Landes] auf der Tatsache beruht, daß wir die Rückendeckung des Westens gegen den Osten haben. Dies wird von den meisten Österreichern als so selbstverständlich angesehen, daß sie gar nicht mehr daran denken.“[1]

Viertens das langsame Hervortreten der österreichischen Neutralität. Zunächst wurde diese vom Westen abgelehnt oder zumindest kritisch betrachtet, doch schließlich konnte die Sowjetunion sie erfolgreich als Preis für den Vertragsabschluss und das Besetzungsende durchsetzen. Es war kein Zufall, dass die österreichische Neutralität und der Staatsvertrag in demselben Jahr zustande kamen, in dem Westdeutschland der NATO beitrat. Gleichzeitig gewöhnten sich die Österreicher an den Gedanken der Neutralität, hauptsächlich deshalb, weil sie die Absicherung der territorialen Integrität des Landes anstrebten. 1949 hatte der österreichische Staatssekretär Ferdinand Graf sich dafür ausgesprochen, dass Österreich dem Atlantik-Vertrag beitreten solle, sei dieser doch „gerade zum Schutze der kleinen Nationen geschaffen worden“.[2] Doch nach fünf weiteren Jahren der Besetzung und angesichts der mit dem Kalten Krieg verknüpften Konflikte war die Idee eines Beitritts zur westlichen Verteidigungsgemeinschaft von der Neutralität als Mittel zum Staatsvertragsabschluss in den Schatten gestellt worden.

Dieser Band ist eine gründlich überarbeitete und teilweise neu verfasste Version eines Buches von Gerald Stourzh, das zuvor seit 1975 fünf deutschsprachige Auflagen durchlief. Damals konnte der Verfasser von Gesprächen mit führenden Persönlichkeiten der österreichischen Außenpolitik in den Jahren 1945–1955 profitieren,

1 Schöner, Kommentar zu den „Bemerkungen zur Staatsvertragssituation“, Frühjahr 1954, BMAA, Zl. 143.517-Pol/54.

2 *Klagenfurter Zeitung*, 16. Juli 1949, 1.

darunter Karl Gruber und Bruno Kreisky. Die erheblich erweiterte vierte Auflage von 1998 wurde erst ermöglicht, als Archive in den USA, Großbritannien und Frankreich Materialien bis 1955 freigaben und sich auch die ehemals sowjetischen Archive teilweise öffneten. Sie trug erstmals den Titel *Um Einheit und Freiheit: Staatsvertrag, Neutralität und das Ende der Ost-West-Besetzung Österreichs 1945–1995.* Seine Nachforschungen führten Gerald Stourzh in öffentliche und private Archive von Wien (insbesondere die Papiere von Josef Schöner) bis Abilene, Kansas (Eisenhower Library), Independence, Missouri (Truman Library), Washington (National Archives), Princeton (Dulles Papers), Kew (British Public Record Office), Paris (Archives diplomatiques du Ministère des Affaires Étrangères), Bern (Bundesarchiv), Bonn (Archiv des Auswärtigen Amtes), Berlin (Bundesarchiv, einschließlich ostdeutscher Archive) und Moskau (Archiv für Außenpolitik der Russischen Föderation). Dort fand er 1994 wichtige Akten zu Moskauer Außenministerkonferenz von 1943 und zu den österreichisch-sowjetischen Verhandlungen in Moskau im April 1955.Die fünfte Auflage 2005 wurde um einen Anhang ergänzt, der die wichtigsten seit 1998 erschienenen Veröffentlichungen enthielt.

Für die 2018 in der von Prof. Mark Kramer herausgegebenen *Harvard Cold War Studies Book Series* erschienene, gründlich überarbeitete und erweiterte englischsprachige Ausgabe unter dem Titel *A Cold War over Austria: The Struggle for the State Treaty, Neutrality and the End of East West Occupation* lud Gerald Stourzh Wolfgang Mueller ein, als Ko-Autor zu wirken. Dabei wurde das Manuskript behutsam gekürzt. Mueller verfasste neue Textabschnitte und trug Informationen aus neuer Literatur zum Kalten Krieg, zur sowjetischen Außenpolitik und zu österreichischen Angelegenheiten bei,[3] außerdem nunmehr verfügbares Archivmaterial aus Russ-

3 Einzuarbeiten war die seit 1998 erschienene, sehr umfangreiche Literatur. Für eine Übersicht zum Kalten Krieg und zur neueren Literatur Melvyn P. Leffler/Odd Arne Westad, Hrsg., *The Cambridge History of the Cold War,* 3 Bde., Cambridge 2010. Besonders relevant für das Verständnis sowjetischer Außenpolitik waren in diesem Zeitraum Arbeiten u.a. von N. Egorova, A. Filitov, Aleksandr Fursenko/Timothy Naftali, L. Gibianskij, Mark Kramer, Jochen Laufer, Vojtech Mastny, Norman M. Naimark, V. Pečatnov, M. Prozumenščikov, Gerhard Wettig und Vladislav Zubok sowie u.a. die Akteneditionen: *Prezidium CK KPSS, 1954–1964,* 3 Bde., hrsg. A.A. Fursenko u.a., Moskva 2003–2008; Jochen Laufer/Georgij Kynin, Hrsg., *Die UdSSR und die deutsche Frage 1941–1948: Dokumente aus dem Archiv für Außenpolitik der Russischen Föderation,* 4 Bde., Berlin 2004–2012; *Jugoslovensko-sovjetski odnosi 1945–1956: zbornik dokumenata,* hrsg. Lubodrag Dimič, Beograd 2010; *SSSR i Avstrija na puti k Gosudarstennomu dogovoru: Stranicy dokumental'noj istorii 1945–1955,* hrsg. A. Ju. Vatlin u.a., Moskva 2015. Überblicke über die neuere Literatur zu Österreich bei Maximilian Graf/Agnes Meisinger, „Österreich und der Kalte Krieg: Forschungsstand und Desiderata", in: ders./dies., Hrsg., *Österreich im Kalten Krieg: Neue Forschungen im internationalen Kontext,* Wien 2016, 9–48; Günter Bischof, „Eine historiographische Einführung: Die Ära des Kalten Krieges in Österreich", in: Erwin A. Schmidl, Hrsg., *Österreich im frühen Kalten Krieg 1945–1958: Spione, Partisanen, Kriegspläne,* Wien 2000, 19–54.

land, insbesondere aus dem Archiv für Außenpolitik, dem Staatsarchiv für Politikgeschichte und dem Staatsarchiv für Neueste Geschichte. So konnten erstmals alle verfügbaren Politbürobeschlüsse über Österreich-Fragen ausgewertet und Akten aus den Nachlässen von Josef Stalin und Vjačeslav Molotov in die Analyse integriert werden, was etwa den Zusammenbruch der Staatsvertragsverhandlungen 1949 zu verstehen half. Ebenfalls neu sind Abschnitte über die sowjetische Haltung zur Neutralität und zahlreiche Ergänzungen zur sowjetischen Außenpolitik, zur Korrespondenz der österreichischen Kommunisten mit Stalin, zur Strategie der KPÖ, zur Frage einer Teilung Österreichs im Kalten Krieg, zum Zweiten Kontrollabkommen und zum Staatsvertrag sowie zur innenpolitischen Lage in Österreich und zur Südtirol-Frage. Dass die Sowjetregierung 1948 die von der KPÖ ventilierte Idee einer Teilung Österreichs ablehnte, zählt zu den zentralen Forschungsergebnissen, die nunmehr eingearbeitet wurden. Ebenfalls ausführlich auf der Basis sowjetischer Protokolle konnten die Unterredungen Außenminister Molotovs in Berlin 1954 dargestellt werden. Es ist diese Auflage, die dem vorliegenden Buch zugrunde liegt. Zuletzt wurden noch neueste Publikationen, aber auch Anregungen der Rezensenten in einem Forum des *Journal of Cold War Studies* eingearbeitet.

Die Verfasser erhielten die großzügige Hilfe vieler Personen, sei es durch informative Gespräche, durch die Erlaubnis zur Einsichtnahme in Quellen oder durch die Unterstützung bei der Erschließung derselben. Viele dieser Personen weilen nicht mehr unter uns. Wir schließen in unseren Dank all jene Personen ein, die in den früheren Auflagen dieses Buchs erwähnt wurden, darunter Botschafter Sven Allard, Frau Holda Bischoff, Prof. Friedrich Bischoff, Bundeskanzler Bruno Kreisky, Staatssekretär Ludwig Steiner, Botschafter André Lewin, Botschafter Alois Reitbauer und Botschafter Josef Schöner. Ein herzlicher Dank für die Ermöglichung von Einsichtnahmen in Archive sowie historische Informationen und Hinweise geht an Sektionschef Dr. Alfred Mayer (Bundeskanzleramt), Generalsekretär Botschafter i.R. Dr. Wolfgang Schallenberg, Botschafter i.R. Dr. Herbert Grubmayr, Prof. Dr. Günter Bischof, Univ.-Prof. DDr. Franz Matscher, Univ.-Prof. Dr. Michael Gehler, Univ.-Prof. Dr. Stefan Karner, Univ.-Prof. DDr. Oliver Rathkolb, Generaldirektor Univ.-Doz. Dr. Helmut Wohnout, Priv.-Doz. Dr. Peter Ruggenthaler. Für die stets liebenswürdige und hilfsbereite Betreuung in verschiedenen Archiven schulden wir Dank Prof. Dr. Lorenz Mikoletzky, Dr. Peter Broucek, Dr. Rudolf Jeřábek, Dieter Lautner, Heinz Placz und Ronald Eccher vom Österreichischen

Hervorzuheben sind neuere Publikationen u.a. von Thomas Angerer, Gennadij Bordjugov, Günter Bischof, James Jay Carafano, Michael Gehler, Walter M. Iber, Stefan Karner, Dieter Krüger, Wolfgang Mueller, Manfred Mugrauer, Thomas Olechowski, Peter Ruggenthaler, Hans Seidel, Rolf Steininger, Barbara Stelzl-Marx, Gerald Stourzh, Aleksandr Tschubarjan.

Staatsarchiv; dem Archivar des Stiftes Seitenstetten, Dr. P. Benedikt Wagner OSB; Dr. Günther Schefbeck (Parlamentsarchiv); Univ.-Doz. Dr. Wolfgang Maderthaner (Verein für Geschichte der österreichischen Arbeiterbewegung); Dr. Stefan August Lütgenau (Stiftung Bruno Kreisky-Archiv); Mag. Dr. Johannes Schönner (Archiv des Karl von Vogelsang-Institutes und des Julius Raab-Archivs); Dr. Ludwig Biewer vom Politischen Archiv des Auswärtigen Amtes in Bonn; Oberarchivarin Ute Golz von der Außenstelle Berlin des Politischen Archivs des Auswärtigen Amtes; und Dr. Andreas Horn (Stiftung Archiv der Parteien und Massenorganisationen der DDR im Bundesarchiv [SAPMO], Berlin). Nicht zuletzt gilt unser herzlicher Dank Vladimir V. Sokolov, Stellvertretender Direktor des Historischen und Archiv-Departements des Ministeriums für Auswärtige Angelegenheiten der Russischen Föderation, sowie Elena V. Belevič, Leiterin des Außenpolitischen Archivs der Russischen Föderation. Großen Dank schulden wir auch den österreichischen Botschaftern in Moskau, Dr. Friedrich Bauer, Dr. Walter Siegl, Dr. Franz Cede und Dr. Martin Vukovich, sowie Gesandten Dr. Johannes Eigner und Brigadier Dr. Simon Palmisano. Besonderer Dank für ihre Hilfe in Moskau geht an Dr. habil. Ol'ga Veličko vom Institut für vergleichende Politologie der Russischen Akademie der Wissenschaften. Univ.-Prof. Dr. Gerhard Jagschitz, Wien, gewährte Einsicht in Materialien über die von ihm geführten Gespräche im Zusammenhang mit dem Fernsehfilm „Die Geschichte von der anderen Seite" (über die österreichisch-sowjetischen Verhandlungen vom April 1955). Auch möchten wir Univ.-Prof. Dr. Manfried Rauchensteiner für seine oftmalige Hilfsbereitschaft unseren Dank ausdrücken.

In frühen Jahren war die Hilfe von Dr. Eva-Marie Csáky und Dr. Wilfried Mähr unentbehrlich. Ass.-Prof. Dr. Thomas Angerer, Ass.-Prof. Dr. Birgitta Bader-Zaar und Univ.-Prof. Dr. Margarete Grandner haben mit Literaturbeschaffungen unersetzliche Hilfe geleistet. Birgitta Bader-Zaar hat die erstmals in der 4. Auflage veröffentlichte Zeittafel wesentlich mitgestaltet und in der 4. Auflage unter Mitwirkung von Karin Riegler das Personenregister erstellt; Margarete Grandner hat das gesamte Manuskript dieser sehr vergrößerten Auflage kritisch gelesen und überdies die Fahnenkorrektur vorgenommen. Großen Dank für Übersetzungen aus dem Russischen und für wertvolle Hinweise schuldet Gerald Stourzh Prof. Dr. Viktor Petioky und Mag. Irmgard Soukup-Unterweger. Russische Eigennamen wurden gemäß den Regeln des Deutschen Instituts für Normung (DIN) transliteriert. Für Übersetzungen aus dem Slowenischen geht Dank an Mag. Irena Bruckmüller-Vilfan, Univ.-Prof. Dr. Andreas Moritsch und Univ.-Prof. Dr. Marija Wakounig.

Die Forschung in Moskau wurde ermöglicht durch das Institut für Universalgeschichte der Russischen Akademie der Wissenschaften unter der Leitung von Akademiemitglied Prof. Dr. Aleksandr O. Čubar'jan und seinem Stellvertreter, Dr. Viktor V. Iščenko, und das Institut für Slawistik unter Akademiemitglied Prof. Dr. Konstantin V. Nikiforov. Im Außenpolitischen Archiv waren insbesondere Dr. Nadežda P. Mozžuchina und Dr. Sergej V. Pavlov hilfreich, im Archiv für Politikgeschichte Prof. Dr. Andrej K. Sorokin, im Archiv für Neueste Geschichte Dr. Natal'ja G. Tomilina und Dr. Michail Ju. Prozumenščikov. Unser Dank geht außerdem an Botschafter Rostislav A. Sergeev sowie Rektor Prof. Dr. Aleksandr B. Bezborodov und Prorektorin Prof. Dr. Ol'ga V. Pavlenko von der Russischen Geisteswissenschaftlichen Staatsuniversität Moskau. Für die Übertragung, die Redaktion und den peniblen Textabgleich des gesamten Manuskripts danken wir Mag. Manuel Neubauer, für Schreib- und Registerarbeiten Frau Angela Marhold-Raabl. Sehr dankbar sind wir Univ.-Prof. Dr. Wolfgang Mantl, der dieses Buch ab der vierten Auflage in die von ihm mitbegründete angesehene Reihe „Studien zu Politik und Verwaltung" im Böhlau Verlag aufgenommen hat. Für die kompetente Umsetzung der Publikation danken wir dem Böhlau Verlag, insbesondere Mag. Waltraud Moritz, Mag. Eva Buchberger, Julia Roßberg und Mag. Bettina Waringer. Finanziert wurden die Forschungsreisen durch die Österreichische Akademie der Wissenschaften, die Universität Wien und den Zukunftsfonds der Republik Österreich. Besonderen Dank schulden wir seinen Präsidenten Dr. Kurt Scholz und Prof. Herwig Hösele und seiner Generalsekretärin Mag. Anita Dumfahrt.

Ohne ihre Hilfe wäre die Entstehung dieses Buches nicht möglich gewesen. Obgleich selbstverständlich, soll doch gesagt werden, dass die Verantwortung für Aussagen und Interpretationen, aber auch Irrtümer und Fehler in diesem Buch ausschließlich unsere eigene ist.

Wien, im Jänner 2020 Die Verfasser

I. Voraussetzungen und Vorbereitungen, 1943–1947

1. Die Moskauer Erklärung über Österreich; die Pläne der Alliierten für die Nachkriegsordnung

Österreich, das erste freie Land, das Hitlers Angriffspolitik zum Opfer fiel, solle von deutscher Herrschaft befreit werden, so hieß es in der von den Außenministern Großbritanniens, der Sowjetunion und der Vereinigten Staaten am 30. Oktober 1943 verabschiedeten und am 1. November veröffentlichten „Erklärung über Österreich". Die Regierungen der „Großen Drei" erklärten in diesem Dokument ihren Wunsch, Österreich als freies und unabhängiges Land wiederhergestellt zu sehen. Österreich wurde aber auch daran erinnert, dass es „für die Teilnahme am Kriege an der Seite Hitler-Deutschlands eine Verantwortung" trage, der es nicht entrinnen könne, und dass unvermeidlich in der endgültigen Regelung sein eigener Beitrag zu seiner Befreiung in Rechnung zu stellen sein werde.

Die Wurzeln dieser Erklärung können ins Frühjahr desselben Jahres zurückverfolgt werden, als im Foreign Office in London ein Memorandum mit dem Titel „Die Zukunft Österreichs" verfasst wurde. Wie so oft übernahm Großbritannien eine Vorreiterrolle für die während des Zweiten Weltkrieges vorgenommene Nachkriegsplanung. In dem Dokument, das von Außenminister Anthony Eden mit hohem Lob bedacht wurde, untersuchte Geoffrey W. Harrison vier mögliche „Lösungen" der österreichischen Frage:

1. Verbindung Österreichs mit Deutschland, entweder voll integriert oder auf föderativer Basis;
2. Einbeziehung Österreichs in eine süddeutsche Konföderation;
3. Wiederherstellung Österreichs als freier und unabhängiger Staat;
4. Einbeziehung Österreichs in eine mittel- oder osteuropäische Konföderation.[1]

1 Erste Fassung des Memorandums „The Future of Austria" datiert vom 4. April 1943, TNAUK, FO 371/34464. Geschäftszahl C 3729/321/18 vom 5. April 1943; mit Revisionen zirkuliert ab 4. Mai, handschriftlicher Aktenvermerk Anthony Edens vom 16. Mai, „a very good paper", es solle dem Kabinett vorgelegt werden, ebd., Gesch.-Zl. C 4907/321/18 vom 3. Mai 1943; endgültiger Text mit Begleitnote Edens an die Mitglieder des Kriegskabinetts übersandt am 25. Mai 1943, ebd., FO 371/34465,

Die erste Lösung schied aus naheliegenden Gründen aus, aber auch die zweite wurde negativ beurteilt, weil auch in diesem Falle das deutsche Element überwiegen und Österreich den Anspruch, als Donau-Staat zu gelten, verwirken würde. Bezüglich der dritten Lösung – Österreichs Wiederherstellung als unabhängiger Staat – machte Harrison zunächst auf diverse Schwierigkeiten aufmerksam: Es gebe weder eine österreichische Exilregierung, noch die geringste Hoffnung, einen repräsentativen Rat oder ein Komitee der Österreicher zu bilden; „zwischen den rivalisierenden österreichischen Exilgruppen" herrsche keine Einheit, selbst wenn eine solche Einheit hergestellt würde, gebe es, mit der möglichen Ausnahme Josef Dobretsbergers keine Persönlichkeiten, deren Namen in Österreich Gewicht hätten. Harrison kam auch auf die Chancen Otto von Habsburgs zu sprechen, vermutete jedoch, dass die Unterstützung für die Sache der Habsburger mit aller Wahrscheinlichkeit in Österreich nicht weit verbreitet sei. Außerdem sei eine Habsburger-Restauration praktisch dadurch ausgeschlossen, dass Österreich unter einem Habsburger sich kaum Hoffnungen auf (gute) Beziehungen zu Polen, der Tschechoslowakei und Jugoslawien oder auf Einbeziehung in irgendeine Föderation machen könne. Das österreichische Volk werde selbst die erste verantwortliche Regierung in einem wiederhergestellten Österreich zu bilden haben. Gleichwohl erwartete Harrison Probleme, die sich aus der Kleinheit und Schwäche eines unabhängigen Österreich ergeben würden, und betonte, dass die Großmächte eine beträchtliche Verantwortung für die politische und wirtschaftliche Sicherung des Landes zu übernehmen hätten. Die vierte Lösung, nämlich jene einer Konföderation mit östlichen Nachbarstaaten – Harrison nahm das Modell einer aus Polen, der Tschechoslowakei, Ungarn und Österreich bestehenden Konföderation an –, empfahl sich aus kulturellen, strategischen und wirtschaftlichen Gründen. Harrisons Meinung zufolge lag die beste Chance, Österreichs Unabhängigkeit zu erhalten, wahrscheinlich in dieser Option. Seine Konklusionen in Richtung einer solchen ostmitteleuropäischen Verbindung entsprachen übrigens auch dem Tenor verschiedener seinem Memorandum vorangegangener Forschungs- und Planungspapiere, die im Foreign Office seit 1941 entstanden waren.[2] Allerdings machte das Memorandum auch darauf aufmerksam,

---

Gesch.-Zl. C 6162/321/18. Fotokopien eines Teiles der hier verwendeten Akten befinden sich auch im Dokumentationsarchiv des Österreichischen Widerstandes in Wien.

2 Zur britischen Österreich-Politik während des Zweiten Weltkrieges vgl.: Helene Maimann, *Politik im Wartesaal. Österreichs Exilpolitik in Großbritannien 1938 bis 1945,* Wien 1975; Guy D. Stanley, *Great Britain and the Austrian Question,* Diss. Univ. London 1973; Reinhold Wagnleitner, *Großbritannien und die Wiedererrichtung der Republik Österreich,* Diss. Univ. Salzburg 1975; weiters insbes. Manfried Rauchensteiner, *Der Sonderfall – Die Besatzungszeit in Österreich 1945 bis 1955,* Graz 1979, 16f; Robert H. Keyserlingk, *Austria in World War II. An Anglo-American Dilemma,* Kingston – Montreal 1988, 96–102, 127, 135–137; sowie Günter Bischof, *Between Responsibility and Rehabilitation: Austria*

dass die Teilnahme Österreichs wohl von keinem der anderen genannten Partner als „wesentlich für einen Erfolg" eines solchen Projektes angesehen werde. Die Verwirklichung einer mittel- oder südosteuropäischen Konföderation sei auch keineswegs sicher. Als Schlussfolgerung ergab sich für Harrison die Empfehlung, jedenfalls als ersten Schritt die Wiedererrichtung eines unabhängigen österreichischen Staates in die Wege zu leiten.

Dieses Dokument diente als Grundlage für die Diskussion im Kriegskabinett am 16. Juni 1943 unter dem Vorsitz Winston Churchills, wobei die Lösung 4 des Memorandums den größten Anklang fand, was in Anbetracht von Churchills Präferenz für eine Allianz der Donau-Anrainerstaaten als Ersatz für die österreichisch-ungarische Monarchie nicht verwundert. Das Kriegskabinett gab Eden grünes Licht dafür, das Memorandum als grundlegende Formulierung der britischen Politik bezüglich Österreichs für Zwecke der politischen Kriegsführung (d.h. der Propaganda) und für Diskussionen über die Nachkriegsplanung mit den Dominien, den Vereinigten Staaten und der Sowjetunion zu verwenden.[3]

Vier Tage später entwarf Harrison auf Grund der Entscheidung des Kriegskabinetts den ersten Entwurf einer Erklärung über Österreich. Er begann mit den folgenden Worten: „Austria was the first free country to fall a victim to Nazi aggression." Das war reinste Churchill'sche Prosa – „an egg I have laid myself",[4] wie es der Premierminister später in Bezug auf eine andere interalliierte Deklaration ausdrückte, nämlich jene über Nazi-Kriegsverbrecher. Churchill hatte in seinen Reden in Mansion House am 9. November 1940 und im Unterhaus am 24. August 1941 unter den Ländern, die von den Nationalsozialisten „geknebelt" wurden und für die Großbritannien „das Schwert gezogen" habe, Österreich an erster Stelle genannt. Am 18. Februar 1942 hatte er aus Anlass der Überreichung einer fahrbaren Kantine als Geschenk von Österreichern in England unter Führung von Sir George Franckenstein, dem früheren österreichischen Gesandten in London, vor seinem Amt

in International Politics, 1940–1950, Diss. Harvard Univ., Cambridge, Mass., 1989, 25–32, sowie die Quellenzusammenstellung ebd. 840–845.

3 „War Cabinet Conclusion 86 (43)", Paragraph 2, vom 16. Juni 1943 sowie die ersten Entwürfe der Österreich-Erklärung, zahlreiche Aktenvermerke hierzu und das mit 14. August 1943 datierte Schreiben Edens an die britischen Botschafter in Washington und Moskau (mit dem Memorandum über die Zukunft Österreichs und dem Entwurf der Österreich-Erklärung als Beilage) in TNAUK, FO 371/34465, unter Gesch.-Zl. C 7012/321/18, eingelegt am 16. August 1943. Zu „the fitting of Austria into some form of Central or South East European confederation" siehe Aktenvermerk Harrisons vom 20. Juni; zur Vorsicht wegen sowjetischen Widerstandes gegen Föderationen mahnt Frank Roberts in einem Aktenvermerk am 23. Juni; Hinweise auf Stalins Äußerung zu Eden Ende 1941 sowie Molotovs Mitteilung vom 7. Juni 1943 in Edens Schreiben an die Botschafter vom 14. August 1943.

4 Zit. in S. M. Plokhy, *Yalta: The Price of Peace*, New York 2010, 252. Zum Folgenden: Winston Churchill, *Reden*, hrsg. v. Randolph Churchill, Zürich 1946–1950, Bd. 1, 473ff; Bd. 2, 331ff.

eine kleine Ansprache gehalten. Dort sagte er wörtlich: „We can never forget in this island that Austria was the first victim of Nazi aggression."[5] Seine Ansprache – die erste von vielen proösterreichischen Äußerungen, die er machen sollte – war Anlass zu Kommentaren im Foreign Office und insbesondere seitens Geoffrey Harrisons.[6] Die Linie, die von Churchills Ansprache im Februar 1942 bis zum Satz über Österreich als erstes Opfer der Nazi-Aggression in der Moskauer Deklaration und damit zu dem wichtigsten Ansatzpunkt der nachkriegsösterreichischen „Opferthese" führt, ist also nachvollziehbar.

Besonderes Ziel der 1943 von Harrison skizzierten neuen Erklärung sollte die Stärkung des Widerstandes der österreichischen Bevölkerung, der Appell an größere Anstrengung sein; dies ist auch das Motiv für die etwas drohende Formulierung, dass es bei der Festlegung der zukünftigen Behandlung Österreichs notwendig sein werde, „die Haltung des österreichischen Volkes während des Krieges in Rechnung zu stellen". Dafür trügen die Österreicher „eine Verantwortung, der sie nicht entrinnen können".[7] Hier also findet sich der Ursprung jener „Verantwortlichkeitsklausel", die – verschärft und verändert – auch im endgültigen Text der Moskauer Österreich-Erklärung enthalten war, von dort – weiter verstärkt – in die Präambel des Staatsvertragsentwurfes der Alliierten übernommen und erst am 14. Mai 1955, am Vorabend der Unterzeichnung des österreichischen Staatsvertrages, endgültig entfernt wurde.

Nach damaliger britischer Auffassung galt die Wiederherstellung der Unabhängigkeit Österreichs nur als „erstes Stadium", dem als zweites die Eingliederung Österreichs in eine mittel- oder südosteuropäische Konföderation folgen sollte. In den Entwürfen des Foreign Office für eine alliierte Österreich-Erklärung wurde allerdings auf dieses Fernziel nur vorsichtig hingewiesen. Diesen Entwürfen zufolge wünschten die Alliierten ein freies und unabhängiges Österreich, „das in Assozi-

---

5 „Mr. Churchill's Faith in Victory", in: *The Times*, 19. Februar 1942. Ein längerer Aktenvermerk Geoffrey Harrisons, der den zitierten Satz beinhaltet: TNAUK, FO 371/30942, C-2390/1364/18 v. 19. Februar 1942.

6 Churchill schrieb einmal in einer persönlichen Notiz an Eden: „I do not propose to subject myself to any special inhibition about Austria. I certainly look foward to its liberation and thereafter to its re-establishment, either as a separate State or as the centre of a mid-Europe confederation." 10. Juni 1942, zit. bei Bischof, *Responsibility*, 27.

7 „In determining the future treatment of Austria it will be necessary to take into account the conduct of the Austrian people during the war. For this they have a responsibility which they cannot evade." TNAUK, FO 371/34465/C 7012/321/18. Vgl. Keyserlingk, *Austria*, 205–208, und Bischof, *Responsibility*, 840–844. Wir möchten, anders als Keyserlingk, der sich auf ein inhaltlich verwandtes Vorläuferpapier der „Political Warfare Executive" (PWE) vom 5. Jänner 1943 bezieht (Keyserlingk, *Austria*, 135, Text bei Bischof, *Responsibility*. 840), Harrisons Entwurf als den eigentlichen „first draft" der Österreich-Erklärung ansehen.

ierung mit Nachbarstaaten, die ähnlichen Problemen gegenüberstehen, sich jener politischen und wirtschaftlichen Sicherheit erfreuen soll, welche die einzige Grundlage für dauernden Frieden ist". Das „zweite Stadium" der britischen Zielsetzung bezüglich Österreichs war wohl deshalb nur angedeutet, weil gerade zur Zeit der Redaktion des Erklärungsentwurfes im Foreign Office eine Mitteilung des sowjetischen Volkskommissariats für auswärtige Angelegenheiten vom 7. Juni 1943 eintraf, wonach die Sowjetunion nicht willens sei, der Schaffung einer Föderation, umfassend Polen, die Tschechoslowakei, Jugoslawien, Griechenland, Österreich und Ungarn, zuzustimmen und insbesondere gegen die Einbindung Österreichs und Ungarns sei.[8]

In den letzten Jahren des Zweiten Weltkrieges wurde deutlich, dass die Alliierten das Schicksal Österreichs durchaus nicht isoliert, sondern als Funktion einerseits ihrer Deutschland-Politik und andererseits ihrer Ost- und Südosteuropa-Politik betrachteten. Das Postulat der Wiederherstellung der österreichischen Unabhängigkeit war die Konsequenz eines umfassenderen Zieles, nämlich der Schwächung Deutschlands. Der britische und insbesondere Churchills Wunsch nach Integration Österreichs in einer mittel- oder südosteuropäischen Konföderation zielte ferner darauf ab, ein Gegengewicht zum Machtzuwachs der UdSSR zu schaffen – darin durchaus vergleichbar seinen Bemühungen um eine Stärkung Frankreichs im Kreise der Mächte. Gleichzeitig ist die Gegnerschaft der Sowjetunion zu derartigen Föderationsplänen – und damit auch ihr Eintreten für ein unabhängiges Österreich – aus der Absicht zu erklären, Gruppierungen, die als „cordon sanitaire" gegen sie verwendet werden können, auf jeden Fall zu verhindern.[9]

Franklin D. Roosevelt war übrigens zu jener Zeit eher bereit, die Expansion sowjetischen Einflusses in Kauf zu nehmen, als Churchill. In einer Unterredung unter vier Augen mit dem Erzbischof von New York Francis Kardinal Spellman am 3. September 1943 antwortete der US-Präsident auf Spellmans Frage, ob Österreich, Ungarn und Kroatien irgendeiner Art russischen Protektorates unterworfen sein würden, mit einem eindeutigen Ja. Zusätzlich meinte Roosevelt, kein Plan für eine österreichische Exilregierung würde gemacht werden. Es werde keine Opposition gegen die Bildung eines kommunistisch beherrschten österreichischen Regimes geben. Die einzige Möglichkeit, Österreich vor den Kommunisten zu retten, wäre es,

8 *Sovetsko-Anglijskie otnošenija vo vremja velikoj otečestvennoj vojny 1941–1945*, Bd. 1: *1941–1943*, hrsg. v. Ministerium für auswärtige Angelegenheiten der UdSSR, Moskva 1983, 388–390 (Dok. Nr. 223); Inhalt kurz wiedergegeben im brit. Aide-Mémoire an das State Dept. vom 28. August 1943, *Foreign Relations of the United States 1943*, Bd. 1: *General*, Washington 1963, 515f.

9 Donal O'Sullivan, *Stalin's Cordon Sanitaire: Die sowjetische Osteuropapolitik und die Reaktionen des Westens 1939–1949*, Paderborn 2003.

wenn Otto von Österreich mit Hilfe Ungarns den Thron gewinnen könnte – aber selbst er würde sich mit den Russen zu arrangieren haben. Die Haltung Roosevelts war Ausdruck seiner Einschätzung der Begrenztheit amerikanischer und britischer Möglichkeiten: „Wie auch immer", sagte er zu Spellman, „die Vereinigten Staaten und Großbritannien können nicht gegen die Russen kämpfen." Der Präsident erklärte, dass der pazifische Raum den USA zufallen solle, England überwiegend koloniale Interessen habe, und Russland in Europa dominieren würde. Auf der Ebene des State Department und unter Experten standen Diskussionen und Voten zur Österreich-Frage immer im Zusammenhang mit größeren Problemen, wie der Zukunft Deutschlands oder Ostmittel- und Südosteuropas, doch ohne die Intensität, mit der in England Österreich mit einer „danubischen" Lösung verbunden wurde. Der Rechtsberater des State Department, Green Hackworth, und der Balkanexperte Cavendish Cannon sprachen sich gelegentlich zugunsten eines unabhängigen Österreichs ohne besondere konföderierte Bindung aus; Cannon hielt sogar einen zukünftigen Status analog dem der Schweiz für möglich.[10]

Vor dem Hintergrund der Nachkriegsplanungen der Mächte für Europa nahm die geplante Österreich-Erklärung Gestalt an. Nach langem Feilen war das Foreign Office Mitte August 1943 so weit, den Textvorschlag samt Harrisons Memorandum an die Botschaften nach Washington und Moskau zu senden. Im State Department wurde die Formel über die Assoziierung Österreichs mit seinen Nachbarländern weiter abgeschwächt, hingegen der Hinweis auf die Atlantik-Charta etwas verstärkt.[11]

Sowjetischerseits waren vor allem zwei Erwägungen relevant: Die Wiederherstellung der Unabhängigkeit Österreichs, welche im Volkskommissariat für auswärtige Angelegenheiten bereits im November 1941 befürwortet worden war, wurde als Teil einer allgemeinen Zerstückelung oder zumindest Schwächung Deutschlands angesehen.[12] Die Einbindung Österreichs in ein ostmittel- oder südosteuropäisches

10 Aufzeichnung Spellmans über sein Gespräch mit Roosevelt, veröffentlicht bei: Robert I. Gannon SJ, *The Cardinal Spellman Story,* Garden City, N. Y. 1962, 222–224; deutsche Ausgabe unter dem Titel: *Kardinal Spellman. The Cardinal Spellman Story,* Neuenbürg/Württ. 1963, 189–192. Zu den US-amerikanischen Österreich-Planungen während des Zweiten Weltkrieges und vor dem Herbst 1943 am informativsten Bischof, *Responsibility,* 14–25 (ebd. 23 zu Cannons Äußerung am 6. Jänner 1943), ferner Keyserlingk, *Austria,* 113–119 (ebd. 118 wird Richard Coudenhove-Kalergi irrtümlich „Galigieri-Koudenhove" genannt).

11 Aide-Mémoire der britischen Botschaft in Washington vom 28. August 1943 sowie amerikanische Stellungnahme vom 9. Oktober mit revidiertem Text des Erklärungsentwurfes veröffentlicht in: *FRUS 1943*, Bd. 1, 516f, 549f. Vgl. Fritz Fellner, „Die außenpolitische und völkerrechtliche Situation Österreichs 1938 – Österreichs Wiederherstellung als Kriegsziel der Alliierten", in: Erika Weinzierl/Kurt Skalnik, Hrsg., *Österreich – Die Zweite Republik,* Bd.1, Graz 1972, 66 ff.

12 Molotovs Telegramm an Majskij, 21. November 1941, in: Jochen Laufer/Georgij Kynin, Hrsg., *Die*

föderatives Gebilde, das von sowjetischer Seite (durchaus zutreffend) als britisches Instrument zur Eindämmung kommunistischen Einflusses angesehen wurde, wurde hingegen abgelehnt.[13] Da die Sowjetunion danach strebte, nach dem Krieg als dominante kontinentale Macht in Europa und Asien zu fungieren, versuchte sie, die Entstehung jedes europäischen Rivalen oder eines antisowjetischen Bollwerkes zu verhindern.[14] Zwar hatte Stalin, als er während seines Treffens mit Eden im Dezember 1941 Österreichs Wiederherstellung als unabhängigen Staat vorschlug, Österreichs Inkorporation in eine Föderation nicht ausgeschlossen.[15] In dem zuvor erwähnten Telegramm vom 7. Juni 1943 informierte nun aber der Volkskommissar für auswärtige Angelegenheiten, Vjačeslav Molotov, das Foreign Office, dass die Sowjetunion es als „falsch" empfinde, die Schaffung eines Staatenbundes unter Einschluss Österreichs und Ungarns anzustreben.[16] Mit Ausnahme des Moskauer Gespräches mit Churchill und Eden im Oktober 1944, bei welchem Stalin einem britischen Vorschlag zur Teilung Deutschlands in drei Teile, einer davon ein österreichisch-bayrischer Staat, zustimmte, blieb die sowjetische Diplomatie bis 1945 unerbittlich in ihrer Ablehnung der Bildung jedweder zentral- oder osteuropäischer Staatengemeinschaft, welche dem Stellvertretenden Volkskommissar Solomon A. Lozovskij zufolge als ein „Instrument antisowjetischer Politik" angesehen wurde.[17]

UdSSR und die deutsche Frage 1941–1948: Dokumente aus dem Archiv für Außenpolitik der Russischen Föderation, Bd. 1, Berlin 2004, 11f.

13 Zur sowjetischen Österreich-Politik während des Zweiten Weltkrieges und insbesondere in dessen Endphasen, vgl. Wilfried Aichinger, *Sowjetische Österreichpolitik 1943–1945,* Wien 1977, bes. 13–56. Die ausführlichste sowjetische Stellungnahme gegen Föderationspläne und gegen einen „cordon sanitaire" erfolgte seitens Molotovs auf der Moskauer Außenministerkonferenz am 26. Oktober 1943; engl. Übersetzung in: *FRUS 1943,* Bd. 1, 762f, russ. Originaltext in: *Sovetskij sojuz v meždunarodnych konferencijach perioda velikoj otečestvennoj vojny 1941–1945, Tom 1: Moskovskaja konferencija ministrov inostranych del SSSR, SŠA i Velikobritanii (19–30 oktjabrja 1943 g), Sbornik dokumentov,* Moskva 1978 (weiter zit. als *Moskovskaja konferencija*), 193f. (Nr. 50.). Basierend auf sowjetischen Dokumenten, vgl. Aleksej Filitov, „Sowjetische Planungen zur Wiedererrichtung Österreichs 1941–1945", in: Stefan Karner/Barbara Stelzl-Marx, Hrsg., *Die Rote Armee in Österreich: sowjetische Besatzung 1945–1955,* Graz 2005, 27–38; Peter Ruggenthaler, „Warum Österreich nicht sowjetisiert werden sollte", ebd., bes. 73–76; Wolfgang Mueller, *Die sowjetische Besatzung in Österreich und ihre politische Mission 1945–1955,* Wien 2005, 17–46.

14 Für eine umfangreiche Bewertung sowjetischer Interessen und vorgeschlagener Strategien, siehe Majskij an Molotov, 11. Jänner 1944, in: *Die UdSSR und die deutsche Frage,* Bd. 1, 244–271, insbes. 245, 247, 263f; vgl. Vojtech Mastny, *The Cold War and Soviet Insecurity: The Stalin Years,* New York 1996, 20.

15 „Unterredung zwischen Stalin und Eden", 16. Dezember 1941, „Entwurf eines Zusatzprotokolls", in Laufer/Kynin, Hrsg., *Die UdSSR und die deutsche Frage,* Bd. 1, 21f, 33.

16 *Sovetsko-anglijskie otnošenija*, Bd. 1, 388–390.

17 Gespräch zwischen Stalin, Churchill und Eden, 17. Oktober 1944, in: O.A. Rževskij, Hrsg., *Stalin i Čerčill': Vstreči, besedy, diskussii. Dokumenty, kommentarii 1941–1945,* Moskau 2004, 479f; Lozovskij an Molotov, 23. Jänner 1945, AVPRF, f. 06, op. 7, p. 27, d. 326, l. 13.

Am 29. September 1943 übermittelte der britische Botschafter in Moskau, Sir Archibald Clark Kerr, dem Volkskommissariat für auswärtige Angelegenheiten Harrisons Memorandum und den Entwurf der Erklärung über Österreich. In der Begleitnote schrieb Clark Kerr unter Bezugnahme auf Molotovs ablehnende Stellungnahme zu Konföderationen, man hoffe, dass sich die russische Missbilligung nicht auf die Einbeziehung „eines unabhängigen Österreich" und möglicherweise Ungarns in eine Konföderation erstrecken würde, wie sie das Memorandum skizziere.[18]

Als die drei alliierten Mächte sich im Herbst 1943 auf das erste Treffen ihrer Außenminister vorbereiteten, bei welchem die Situation sondiert, gegenseitiges Misstrauen überwunden und Ziele samt Strategien abgestimmt werden sollten, beinhalteten die von Briten und Amerikanern vorgeschlagenen Pläne für die Moskauer Konferenz „Österreich" lediglich als Klammerausdruck in einem Tagesordnungspunkt über die „Behandlung Deutschlands und anderer Feindstaaten in Europa".[19] Maksim Litvinov, Molotovs Vorgänger, danach sein Stellvertreter, Botschafter in den USA und, seit September 1943, Vorsitzender einer sowjetischen Kommission zur Vorbereitung der Friedensverträge und Fragen der politischen Nachkriegsordnung, nahm an, dass Eden auf der kommenden Konferenz die Variante einer Verbindung Österreichs und Ungarns besonders betonen werde. In einer internen Aktennotiz zitierte Litvinov verschiedene Äußerungen Edens und Cordell Hulls, des US-amerikanischen Außenministers, sowie der tschechoslowakischen Exilpolitiker Edvard Beneš und Hubert Ripka, die sich alle für die Unabhängigkeit Österreichs ausgesprochen hatten. Litvinov fügte Angaben über die wirtschaftliche Situation

18 Note Clark Kerrs an Molotov vom 29. September 1943 mit britischem Entwurf der Österreich-Erklärung in russischer Übersetzung in: *Moskovskaja konferencija,* 56–59 (Dok. Nr. 16); Harrisons Memorandum zusammengefasst ebd. 381, Anm. 12. Keyserlingks Behauptung, das Memorandum wäre der Sowjetunion gar nicht übermittelt worden (Keyserlingk, *Austria,* 141), ist unrichtig. Clark Kerr hatte zwar zunächst Bedenken wegen der Föderationsthematik gehabt, das Memorandum aber auf Weisung Edens mit minimalen Änderungen doch an Molotov gesandt. Clark Kerr an Eden, 15. September 1943, Eden an Clark Kerr, 25. September 1943, TNAUK, FO 371/34466, Zl. C-11201/321/G 18.

19 Die Nennung Österreichs erfolgte im britischen Tagesordnungsvorschlag in TOP 6, in der endgültigen Tagesordnung in TOP 7 B („Agreement in principle in regard to treatment of Germany and other enemy countries in Europe") unter (b) wie folgt: „At peace settlement, e.g. frontiers, military occupation, disarmament, reparations, decentralisation of the German Government etc. (Austria)". *FRUS 1943,* Bd. 1, 704. Dies bezieht sich eindeutig auf Nachkriegsplanungen; irreführend ist daher Keyserlingks Bezug auf militärische Diskussionen. Robert H. Keyserlingk, „1. November 1943: Die Moskauer Deklaration – Die Alliierten, Österreich und der Zweite Weltkrieg", in: Rolf Steininger/Michael Gehler, Hrsg., *Österreich im 20. Jahrhundert,* Bd. 2, Wien – Köln – Weimar 1997, 19. Für die Genese und die allgemeinen Diskussionen der Moskauer Konferenz, vgl. Vladimir Pečatnov, „Die Moskauer Außenministerkonferenz 1943: Strategien und Taktiken der Verhandlungspartner", in: Stefan Karner/Alexander Tschubarjan, Hrsg., *Die Moskauer Deklaration 1943: „Österreich wieder herstellen",* Wien 2015, bes. 47.

Österreichs hinzu sowie Hinweise auf den industriellen Ausbau während der NS-Zeit mit ausdrücklicher Nennung der Reichswerke Hermann Göring in Linz. Obwohl die Gegner eines unabhängigen österreichischen Staates sich auf die Lebensunfähigkeit eines solchen Staates beriefen, habe Österreich, ob recht oder schlecht, zwanzig Jahre lang selbständig existiert, und seine Bevölkerung habe kaum unter schlechteren Bedingungen gelebt als die Bevölkerung, „sagen wir, von Österreichs Balkannachbarn". Schließlich bemerkte Litvinov, es gebe berechtigte Ansprüche Österreichs auf die Gebiete von Passau und Berchtesgaden. Auch wäre es möglich, Österreich Südtirol zurückzugeben, das, obwohl mehrheitlich von deutschsprachiger Bevölkerung bewohnt, 1919 unter Missachtung der Tiroler Wünsche an Italien abgegeben worden sei, doch sei dies mit der Frage der Behandlung Italiens verbunden.[20] In einem weiteren Papier der Litvinov-Kommission über den zukünftigen Staatsaufbau Österreichs findet sich die Erwägung, dass Österreich im Gegensatz zur Tschechoslowakei und zu Jugoslawien nicht als ausschließlich sowjetische Einflusssphäre betrachtet werden könne, da die sowjetische Macht dort vom Einfluss Großbritanniens und der USA beschränkt sei, weshalb „wir nicht besonders interessiert sind, Österreich übermäßig zu stärken. Vom Gesichtspunkt unserer Interessen aus, welche sich mit den Interessen der Tschechoslowakei und Jugoslawiens decken, müssen wir Österreich zu einem überlebensfähigen, aber kleinen Staat machen."[21] Mit dem Ziel, Deutschland zu schwächen, sollte Österreich als ein Kleinstaat wiederhergestellt werden, unabhängig von Deutschland, aber ebenfalls schwach.

Auf der am 19. Oktober 1943 in Moskau zusammentretenden Konferenz der drei Außenminister wurde Österreich also als Anhängsel der Deutschland-Frage

20 AVPRF, Moskau, f. 06, op. 5 b, p. 39, d. 2, ll. 77–108, Abschnitt über Österreich ll. 101–105, datiert mit 8. Oktober 1943. Ein Exemplar dieser Denkschrift aus einem anderen Fonds des Archivs ist (im russischen Originaltext) veröffentlicht in: Jochen Laufer/Georgij Kynin, Hrsg., *SSSR* i *germanskij vopros 1941–1949/Die UdSSR und die deutsche Frage 1941–1949*, Bd. 1, Moskau 1996, 286–305 (Dok. 63); Abschnitt 6 über Österreich 301–303.

21 „O poslevoennom ustrojstve v Avstrii", 11. Oktober 1943, in: AVPRF, f. 0512, op. 4, p. 12, d. 12, l. 7. Vgl. Vladimir V. Sokolov, „Sowjetische Österreichpolitik 1943/45", in: Manfried Rauchensteiner/Wolfgang Etschmann, Hrsg., *Österreich 1945. Ein Ende und viele Anfänge*, Graz – Wien – Köln 1997, 73–87, hier 76f. Ein Jahr später (15. November 1944) verfasste die Litvinov-Kommission eine Studie über die Aussichten und möglichen Grundlagen einer sowjetisch-britischen Kooperation, wonach in Europa zwischen einer sowjetischen und einer britischen Sicherheitssphäre eine „neutrale Zone", Deutschland und Österreich einschließend, gebildet werden sollte. Vladimir O. Pechatnov, *The Big Three After World War II* (= Cold War International History Project Working Paper 13), Washington 1995, 12f, zit. nach AVPRF, f. 06, op. 6, p. 14, d. 149, l. 54. Ergänzende Quellen bei Oliver Rathkolb, „Historische Fragmente und die ‚unendliche Geschichte' von den sowjetischen Absichten in Österreich 1945", in: A. Ableitinger/S. Beer/E. Staudinger, Hrsg., *Österreich unter alliierter Besatzung 1945–1955*, Wien – Köln – Graz 1998, 137–158.

behandelt.[22] In der Sitzung vom 25. Oktober wurde im Anschluss an eine Diskussion über die Zukunft Deutschlands der britische Entwurf für die Österreich-Erklärung mit den Modifikationen des State Department präsentiert. Dieser Text war zwei Tage zuvor vom Botschafter Clark Kerr an Molotov gesandt worden.[23] Ohne ein Wort weiterer Diskussion einigten sich die drei Außenminister darauf, diesen Entwurf dem Redaktionskomitee (Drafting Committee) der Konferenz zur weiteren Bearbeitung zu übergeben. Dort kam es allerdings zu erheblichen Veränderungen des anglo-amerikanischen Entwurfes, und zwar auf sowjetischen Wunsch. Die Mitglieder dieses Komitees waren: der frühere Hauptankläger in den stalinistischen Schauprozessen der späten Dreißigerjahre, Andrej Vyšinskij, nunmehr im Range eines Stellvertretenden Volkskommissars für auswärtige Angelegenheiten und nachmals, von 1949 bis 1953, Außenminister; der Rechtsberater des amerikanischen State Department, Green H. Hackworth; und der hohe britische Diplomat Sir William Strang, nachmals als Permanent Undersecretary der ranghöchste Beamte des Foreign Office. Zunächst forderte die sowjetische Seite zwei Änderungen. Im Satz: „die Österreich am 15. März 1938 auferlegte Union mit Deutschland" sollte das Wort „Union" durch das stärkere Wort „slijanie" – „Fusion, Verschmelzung" – ersetzt werden, und der den Engländern mit ihren „Föderations"-Vorstellungen so teure Hinweis auf Österreichs Zukunft in Verbindung oder gemeinsam mit den Nachbarstaaten sollte abgeschwächt werden.[24] Insgesamt waren dies zwei eher geringfügige Änderungswünsche, doch sollten bald gewichtigere hinzukommen.[25]

a) Bezüglich des sowjetischen Wunsches, nicht von der Österreich 1938 auferlegten „Union", sondern von der „Fusion" zu sprechen, gibt es in Vyšinskijs Arbeitsexemplar des Entwurfes der Österreich-Erklärung den handschriftlichen Vermerk

22 Fellner, „Außenpolitische und völkerrechtliche Situation", 70.

23 Britische Note vom 23. Oktober mit Beilage in russ. Übersetzung, in: *Moskovskaja konferencija,* 293f. (Dok. Nr. 67). Der englische Originaltext des revidierten Entwurfes in *FRUS 1943,* Bd. 1, 550.

24 AVPRF, f. 07, op. 4, p. 26, d. 13, l. 188, Positionspapier „Behandlung Deutschlands und der anderen feindlichen Länder in Europa", auf der 1. Seite (= l. 186) Paraphe Vyšinskijs.

25 Trotz intensiver Suche sind bisher Unterlagen über die Diskussionen im Redaktionskomitee in britischen und amerikanischen Archiven oder Nachlässen nicht zutage gekommen. Die Papiere Cordell Hulls, Averell Harrimans, des damaligen amerikanischen Botschafters in Moskau, und des im Redaktionskomitee sitzenden Rechtsberaters Green H. Hackworth, verwahrt in der Handschriftenabteilung der Library of Congress in Washington, beinhalten diesbezüglich keine weiteren Informationen. Eine schriftliche Anfrage 1976 an Lord Strang (1943 Sir William Strang) hatte zur Antwort (Brief an G.S. v. 6. Dezember 1976), dass Lord Strang über keinerlei Papiere von der Moskauer Konferenz verfüge. Umso wertvoller war daher der Fund von Vyšinskijs Arbeitsexemplar des Entwurfes der Österreich-Erklärung mit zahlreichen handschriftlichen Korrekturen und Notizen.

„Fusion" (*slijanie*) und daneben das (wieder durchgestrichene) Wort „passend" (*umestno*). Tatsächlich findet sich allerdings in allen weiteren Textversionen das Wort „Annexion" (*prisoedinenie*), ohne dass wir gegenwärtig eindeutig sagen könnten, von welcher Seite es kam.[26]

b) Bezüglich des sowjetischen Wunsches, von der Formel wegzukommen, die Österreichs Zukunft „in Assoziation" mit Nachbarstaaten sah, konnte Vyšinskij die abschwächende Formel „wie auch andere Nachbarstaaten" durchsetzen. Er notierte dies handschriftlich und fügte hinzu: „Hackworth ist einverstanden mit meiner Verbesserung. Strang auch einverstanden."

c) Von größerer Tragweite war die dritte Änderung. Vyšinskij war mit der von den Briten und Amerikanern vorgeschlagenen Formel, dass „das österreichische Volk" eine Verantwortung für die Teilnahme am Krieg trage, nicht einverstanden; er suchte nach anderen Worten. Es ist selten, in einem Dokument den sich entwickelnden Gedanken eines Politikers und Diplomaten so deutlich folgen zu können wie in Vyšinskijs Notiz: „Österr. Volk – ob nicht besser (zu) schreiben ‚österreichische Gesellschaft', noch besser – Österreich."[27] Und hinzu kam folgender (ebenfalls handschriftlich festgehaltener) Satz: „Ich richte die Aufmerksamkeit darauf, dass sie [d.i. *Avstrija* – Österreich] Verantwortung für (die) Beteiligung am Krieg an der Seite Deutschlands trägt."[28]

Damit ist die Genese der „Verschärfung" des letzten Absatzes der Moskauer Österreich-Erklärung, der sogenannten „Verantwortlichkeitsklausel", geklärt.[29] Es

26 AVPRF, f. 07, op. 4, p. 26, d. 12, l. 58.

27 „Avstrijskij narod – ne lučše pisat' ‚avstrijskoe obščestvo', eščë lučše Avstrija". AVPRF, f. 07, op. 4, p. 26, d. 12, l. 58.

28 Die Tatsache, dass Vyšinskij hier die weibliche Form („sie trägt Verantwortung") verwendet, zeigt, dass er als Träger der Verantwortung für die Teilnahme am Kriege nicht mehr das „österreichische Volk" identifizierte, da „narod" maskulin ist, und auch nicht mehr die (wohl nur ein kurzes gedankliches Zwischenstadium bedeutende) „österreichische Gesellschaft", da „obščestvo" ein Neutrum ist, sondern den Staat Österreich, da „Avstrija" feminin ist. G.S. ist für die Entzifferung und Übersetzung dieser handschriftlichen Notizen Vyšinskijs Frau Prof. Dr. Ol'ga Veličko, Moskau, zu sehr großem Dank verpflichtet und dankt auch sehr herzlich Frau Mag. Irmgard Soukup-Unterweger, Wien, für die grammatikalische Interpretation, die zum Verständnis des Bedeutungswandels der Verantwortlichkeitsklausel beitrug und bewies, dass Vyšinskij zunächst die Änderung auf „Österreich" und danach die Ausweitung der Verantwortlichkeit „für die Teilnahme am Kriege an der Seite Deutschlands" proponierte.

29 Nach den Angaben eines amerikanischen Teilnehmers, Philip E. Mosely, hätte Vyšinskij zunächst die Formulierung verlangt, dass Österreich „full political and material responsibility" für die Teilnahme am Kriege trage; vgl. Mosely, „The Treaty with Austria", in: *International Organization* 4, 1950, 227. Im Lichte von Vyšinskijs eigener Notiz „Ich richte die Aufmerksamkeit darauf, dass Österreich Verantwortung für die Beteiligung am Krieg an der Seite Deutschlands trägt" wäre es nicht auszu-

handelte sich aber nicht nur um eine Verschärfung, sondern um eine qualitative Veränderung der „Verantwortlichkeitsklausel". Denn mit der Neuformulierung war ein Ansatzpunkt gegeben, die Frage der österreichischen Verantwortlichkeit von der Ebene psychologischer Kriegsführung – mit dem Ziel der Ermunterung eines österreichischen Widerstandes gegen die NS-Herrschaft – auf die völkerrechtliche Ebene – zwecks Festlegung der Verantwortlichkeit des Staates mit Konsequenzen nach Kriegsende – zu transferieren. Die beiden westlichen Delegationen waren bezüglich der Erklärung kompromissbereit, wie aus einer Formulierung Außenminister Edens in einer telegraphischen Mitteilung nach London hervorgeht: Diese Änderungen seien von sowjetischer Seite vorgeschlagen worden, „und obgleich sie uns nicht besonders gefallen, haben wir und die Amerikaner sie akzeptiert".[30]

Doch noch war Molotov, Vyšinskijs Chef, nicht endgültig zufrieden. Ein zweites sehr aufschlussreiches Aktenstück ist das dem Volkskommissar für auswärtige Angelegenheiten gehörende Arbeitsexemplar der vom Redaktionskomitee verabschiedeten Fassung mit handschriftlichen Korrekturen und Notizen zu den letzten noch im Plenum der Außenministerkonferenz erfolgten Revisionen, die zum endgültigen Text der Moskauer Österreich-Erklärung führten. Auf seinem Arbeitsexemplar und

schließen, dass diese Äußerung Vyšinskijs – möglicherweise mündlich ausführlicher vorgetragen und begründet – die Grundlage für Moselys Äußerung bildet. Mosely erzählte Gruber im Sommer 1947, bei „der Beratung der Moskauer Deklaration hätten die Russen nur mit schwerer Mühe von der Auferlegung von Reparationen auf Österreich abgebracht werden können". Aufzeichnung des Generalsekretärs des Außenamtes Heinrich Wildner v. 13. Juli 1947, in: ÖStA, GD, NLS, Nr. E/1791/17. Lord Strang hat in einem Brief an G.S. (siehe Anm. 25) Moselys Glaubwürdigkeit sehr hoch eingeschätzt. Die Editoren des Bandes *Moskovskaja konferencija* sprechen ohne Detailangaben und ohne Angaben zur Provenienz lediglich davon, dass im Redaktionskomitee der Text „ein wenig" abgeändert worden sei; dieser Interpretation können wir uns nicht anschließen. *Moskovskaja konferencija,* 395, Anm. 64. Ein russischer Historiker hat sich dafür ausgesprochen, dass die sowjetische Beharrlichkeit, mit der die Abänderung der Formulierung von „das österreichische Volk" zu „Österreich" betrieben wurde, in erster Linie ideologisch motiviert war, da der Marxismus-Leninismus den Unterschied zwischen dem Volk und der herrschenden Klasse betonte. Die ideologische Komponente mag ein Teil der Erklärung sein, reicht aber nicht aus. Ein Rechtsexperte wie Vyšinskij war sich sicherlich darüber bewusst, dass die Verlagerung der Verantwortlichkeit von einem Volk zu einem Staat rechtliche Konsequenzen nach sich ziehen musste. Aus dem Vorhergehenden sollte klar ersichtlich sein, dass die sowjetischen Änderungen weder „vor allem ideologischen Charakter" hatten, noch haben wir es hier mit einer „rein redaktionellen Veränderung" zu tun, wie behauptet. Vladimir Švejcer, „Die Moskauer Deklaration von 1943: Kommentare zur Position der UdSSR", in: Karner/Tschubarjan, Hrsg., *Die Moskauer Deklaration 1943*, 57.

30 Telegramme Edens aus Moskau Nr. 119 und 120, 30. Oktober 1943, TNAUK, FO 371/34466, C 12.794. In Nr. 119: „though we do not particularly like them we and the Americans have accepted them."

einem daran angefügten Blatt Papier[31] notierte Molotov „Unsere Korrekturen" – die Korrekturen letzter Hand am letzten Arbeitstag der Konferenz, dem 30. Oktober.[32] Molotov verlangte (und setzte durch) erstens die Streichung des ursprünglichen Hinweises auf den Geist der Atlantic Charter; er legte zweitens Wert darauf, von „hitlerischer" Aggression gegen Österreich anstatt von „Nazi-Aggression" zu sprechen. Und er legte drittens ebenfalls Wert darauf, im letzten Absatz betreffend die Teilnahme Österreichs am Kriege an der Seite Deutschlands neuerlich das Adjektiv „hitlerisch" zu setzen.

Die Österreich-Erklärung bildet den Annex 6 des Protokolls der Moskauer Konferenz, welches die drei Mächte gemeinsam mit drei anderen Erklärungen unterzeichneten, und zwar denen über Kriegsziele und allgemeine Sicherheit, die strafrechtliche Verfolgung deutscher Gräueltaten, und die Behandlung Italiens.[33] Die Deklaration über deutsche Gräueltaten proklamierte die Entschlossenheit der Alliierten, die Täter auszuliefern und sie „vor Ort von den Völkern, gegen welche sie sich vergangen haben, verurteilen zu lassen". Dies unterstrich die Bedeutung der Verantwortlichkeitsklausel der Österreich-Erklärung, da viele der früheren österreichischen Bürger (tatsächlich mehr als 1,3 Millionen) in der nazistischen Kriegs-, Verbrechens- und Auslöschungsmaschinerie dienten.[34]

Am 16. November befürwortete das französische Komitee der nationalen Befreiung unter Charles de Gaulle die Österreich-Erklärung. Das Nationalkomitee wiederholte, „daß Frankreich immer zu Gunsten der österreichischen Unabhängigkeit Stellung ergriffen hat". Im Sinne der Beeinflussung der Bevölkerung war der letzte Satz der französischen Stellungnahme formuliert, das Komitee zweifle nicht daran, „daß österreichische Patrioten die Sache ihrer Unabhängigkeit fördern werden, indem sie selbst an der Befreiung und der Wiedergeburt ihres Landes arbeiten".[35] Das französische Nationalkomitee fügte keinen der „Verantwortlichkeitsklausel" ent-

31 AVPRF, f. 07, op. 4, p. 26, d. 11, ll. 55 u. 55 b. Die letzten Änderungen wurden berichtet von Eden an das Foreign Office in Tel. Nr. 140, 31. Oktober 1943, TNAUK, FO 371/34466, Zl. C 12795.

32 Die letzte Plenarsitzung fand am Samstag, den 30. Oktober 1943 statt, und nicht am 31. Oktober, wie Bischof, *Responsibility*, 844, meint.

33 Geheimes Protokoll der Moskauer Konferenz in: *FRUS 1943*, Bd. 1, 749–769, zu Österreich 752 und 761.

34 Arnold Suppan, „Hitler und die Österreicher: Zwischen totaler Gleichschaltung und partieller Unterdrückung", in: *Geistes-, sozial und kulturwissenschaftlicher Anzeiger* 150:1–2, 2015, 32. Vgl. Richard Germann, *Die „Österreicher" in Ost- und Südosteuropa im Zweiten Weltkrieg*, Diss. Univ. Wien 2006; Thomas Grischany, *Der Ostmark treue Alpensöhne: Die Integration der Österreicher in die großdeutsche Wehrmacht, 1938–45*, Göttingen 2015.

35 Text in deutscher Übersetzung bei Stephan Verosta, *Die internationale Stellung Österreichs 1938–1947*, Wien 1947, 54; Originaltext (ebenso wie der Text eines ausführlicheren Entwurfes) zit. bei Lydia Lettner, *Die französische Österreichpolitik von 1943 bis 1946*, Diss. Salzburg 1980, 96.

sprechenden Satz hinzu, ohne dass hieraus zu weitgehende Folgerungen gezogen werden dürften.[36]

Die Moskauer Deklaration von 1943 ist im Laufe der Jahre Gegenstand kontroverser Interpretationen geworden. Die erste Frage bezieht sich auf ihre Zielsetzung im Rahmen der alliierten Politik (und Kriegsführung) im Zweiten Weltkrieg. 1988 behauptete der Historiker Robert Keyserlingk mit großer Entschiedenheit, die Österreich-Erklärung sei *kein* „politisches Dokument" gewesen, sondern lediglich ein Instrument der „psychologischen Kriegsführung", sprich der Kriegspropaganda mit dem Zweck, die Österreicher dem NS-Herrschaftssystem und der Verbindung mit Deutschland abspenstig zu machen.[37] Dazu ist Folgendes zu sagen:

1. Es bleibt unbestritten, dass der psychologisch-propagandistische Einsatz dieses Textes ein wesentliches Ziel der initiativ gewordenen Briten war, denen sich die Amerikaner anschlossen, und auch die Sowjetunion hat von der Österreich-Erklärung propagandistisch Gebrauch gemacht – bis hin zu den Flugzetteln mit dem Text der Erklärung, die in den April-Tagen des Jahres 1945 über Wien und Niederösterreich abgeworfen wurden.[38]
2. Damit ist jedoch nicht gesagt, dass die Österreich-Erklärung „kein politisches Dokument" wäre. So waren „Planer" und „Propagandisten" zumindest in den entscheidenden Monaten ab April 1943 miteinander identisch, sogar in einer Person, jener des Diplomaten Geoffrey Harrison. Der Historiker Günter Bischof hat gezeigt, wie sich Harrison im März 1943 anschickte, von einem rein propagandistischen Text der „Political Warfare Executive" wegzukommen und mit einer politischen Erklärung aufs Ganze zu gehen.[39] Zudem haben neuere Studien weitere Details über die Wechselbeziehung zwischen Propaganda, Geheimoperationen und strategischer Planung ans Licht gebracht.[40]

36 Wie dies etwa General Emile Béthouart in seinem Buch *La bataille pour l'Autriche,* Paris 1966, 9, getan hat; hierzu Lettner, *Französische Österreichpolitik,* 97–99.

37 Vgl. Keyserlingk, *Austria,* 144, 166, 186 und öfter, sowie ders., „1. November 1943", 18f.

38 Besonders klar formuliert in dem britischen Aide-Mémoire an das State Department vom 28. August 1943, *FRUS 1943,* Bd. 1, 516. Zum sowjetischen Gebrauch siehe Barbara Stelzl-Marx, „Die Moskauer Deklaration in den Befehlen der Roten Armee", in: Karner/Tschubarjan, Hrsg., *Die Moskauer Deklaration,* 196–208.

39 „…we can go whole hog", wie Harrisons idiomatische Äußerung lautete. Zit. bei Bischof, *Responsibility,* 31.

40 Elisabeth Lebensaft/Christoph Mentschl, *„Are you prepared to do a dangerous job?" Auf den Spuren österreichischer und deutscher Exilanten im britischen Geheimdienst SOE,* Wien 2010; Peter Pirker, *Subversion deutscher Herrschaft: Der britische Kriegsgeheimdienst SOE und Österreich,* Wien 2012; Siegfried Beer, „SOE, PWE und schließlich FO: Die Briten als Vorreiter der alliierten Österreichplanung 1940–1943", in: Karner/Tschubarjan, Hrsg., *Die Moskauer Deklaration,* 99–108.

3. Was immer die Motive für einen politischen Text sein mögen, entscheidend ist, dass mit Harrisons Aussagen und jenen der Moskauer Österreich-Erklärung die Regierungen Großbritanniens, der UdSSR und der USA sich auf die Befreiung Österreichs von deutscher Herrschaft und die Wiederherstellung seiner Unabhängigkeit festlegten. Die Festlegung einer Verantwortlichkeit *Österreichs,* und nicht des österreichischen Volkes, wie von Briten und Amerikanern beabsichtigt, machte aus diesem Text vollends ein über den Bereich der psychologischen Kriegsführung hinausreichendes politisches Dokument, wie die Rolle der Moskauer Erklärung nach Kriegsende erweisen sollte. Es handelte sich allerdings um ein janusköpfiges Schriftstück, in dem die widersprüchlichen Facetten von Österreich als dem ersten Opfer der Hitler'schen Aggression *und* von seiner Verantwortung für die Teilnahme am Kriege an der Seite Hitler-Deutschlands nebeneinander standen. Wie alle politischen Texte diente die Moskauer Deklaration als Instrument der jeweiligen Interessen und Ziele all jener, die sich dieses Textes bedienten. Das waren zunächst die Alliierten selbst; und das sollte ab April 1945 auch der wiedererstehende Staat Österreich sein.[41]

Damit ist die Verbindung zu der zweiten vorhin genannten Kontroversfrage gegeben. Es handelt sich um die „Instrumentalisierung" der Moskauer Deklaration seitens des offiziellen Österreich ab 1945 zur Stützung der Stellung Österreichs als ausschließliches „Opfer" im Sinne des ersten Absatzes der Moskauer Erklärung, bei gleichzeitiger Unterbelichtung der Beteiligung zahlreicher Österreicher an den zahllosen Verbrechen des NS-Regimes, vor allem gegen Juden.[42]

---

41 Keyserlingk selbst bringt das Beispiel einer höchst politischen, ja sogar juristischen, und jedenfalls ganz und gar „unpropagandistischen" Verwendung der Moskauer Deklaration kaum einen Monat nach ihrer Beschlussfassung: niemand anderer als der Rechtsberater des State Department, Green Hackworth, amerikanisches Mitglied des Redaktionskomitees in Moskau, sprach sich am 23. November 1943 gegen die Anerkennung des früheren Ministers der Regierung Schuschnigg, Hans Rott, als Chef einer österreichischen Exilregierung aus und verwies zur Begründung seiner ablehnenden Haltung auf die Moskauer Erklärung, wonach Österreich eine Verantwortlichkeit für die Teilnahme am Kriege an der Seite Deutschlands habe. Keyserlingk, *Austria,* 209.

42 Günter Bischof, „Die Instrumentalisierung der Moskauer Erklärung nach dem 2. Weltkrieg", in: *Zeitgeschichte* 20, 1993, 345–366; im Frühjahr 1993 gab es zu dieser Thematik eine Polemik in der Wochenschrift *Die Furche;* vgl. insbesondere: Günter Bischof, „Sind wir Opfer einer Opferideologie?", in: *Die Furche* 11, 18. März 1993, 22; Felix Butschek, „Österreich – Verbündeter des Deutschen Reiches?", in: *Die Furche* 17, 29. April 1993, 7; Günter Bischof, „Abschied von liebgewonnenen Geschichtsbildern", ebd.; Hans Reichmann, „Österreich war Opfer" (Leserbrief), in: *Die Furche* 25, 24. Juni 1993, 2. Vgl. Günter Bischof, „Die Moskauer Deklaration und die österreichische Geschichtspolitik", in: Karner/Tschubarjan, Hrsg., *Die Moskauer Deklaration 1943*, 249–259.

Die vorhin getroffene Aussage, dass politische Texte *immer* eine auf Beeinflussung abzielende Funktion haben, galt nicht nur für die alliierten Mächte, sondern auch für Österreich. Es ist ein Gesetz politischer Argumentation, dass bei Vorliegen eines gegebenen Textes die jeweils günstigsten Aussagen aufgegriffen und betont werden, die jeweils ungünstigsten entweder widerlegt oder, wenn dies nicht möglich ist, unterbelichtet werden. Die von den Alliierten im ersten Teil der Moskauer Erklärung gebotene Chance konnte von einer österreichischen Regierung gar nicht zurückgewiesen werden.[43] Die Moskauer Erklärung findet daher ihren Platz in der österreichischen Unabhängigkeitserklärung vom 27. April 1945 – allerdings durchaus mit „pflichtgemäßer Erwägung" der Verantwortlichkeitsklausel –, und es ist nicht unzutreffend, wenn von der „legitimatorischen Funktion" der Moskauer Erklärung für die Zweite Republik gesprochen wird.[44] Dazu kam, dass die „Opferthese" den persönlichen Erfahrungen zahlreicher verantwortlicher Politiker der ersten Nachkriegsjahre entsprach und sie sich mit ihr spontan identifizieren konnten.[45] Wäre es nach 1945 nicht zu der starken, wenn auch häufig überzeichneten Betonung alles „Österreichischen" in Absetzung von allem „Deutschen" gekommen, wäre Österreich kaum in der Lage gewesen, den Status eines befreiten Landes zu reklamieren. Dies war eine Chance, die die Moskauer Erklärung bot. Hätte sich

43 Hierzu überzeugend Thomas Albrich, „Heiligt der Zweck die Mittel? Anmerkungen zu Robert Knights Auswahledition der Wortprotokolle der Österreichischen Bundesregierung von 1945 bis 1952 über die Entschädigung der Juden", in: *Innsbrucker Historische Studien* 10/11, 1988, 410.

44 Robert Graham Knight, „Besiegt oder befreit? Eine völkerrechtliche Frage historisch betrachtet", in: Günter Bischof/Josef Leidenfrost, Hrsg., *Die bevormundete Nation. Österreich und die Alliierten 1945–1949,* Innsbruck 1988, 75–91.

45 In einer Ministerratssitzung kündigte Bundeskanzler Leopold Figl seine Teilnahme an der Gedenkfeier für einen von den Nationalsozialisten ermordeten russischen General in Mauthausen an und fügte hinzu: „Der russische General befand sich 2 Zellen von mir seinerzeit in Mauthausen." AdR, BKA, MRProt. Nr. 101/Figl I v. 24. Februar 1948. Die Regierung Figl I mit durchschnittlich siebzehn Regierungsmitgliedern wies zwölf bis vierzehn Politiker auf, die in der nationalsozialistischen Zeit Verfolgungen erlitten hatten; hierzu *Protokolle des Kabinettsrates der Provisorischen Regierung Karl Renner 1945*, Bd. 1, hrsg. v. Gertrude Enderle-Burcel, Rudolf Jeřábek und Leopold Kammerhofer, Horn – Wien 1995, S. V (Einleitung). Vgl. Helmut Wohnout, „Die Mitschuldklausel und Österreich als NS-Opfer. Zur Ambivalenz der österreichischen Opferthese am biographischen Beispiel Leopold Figls", in Karner/Tschubarjan, Hrsg., *Die Moskauer Deklaration,* 235–248. Die Zahl der aus politischen Gründen, d.h. präventiv oder aufgrund von Widerstandsaktivitäten inhaftierten Österreichern und Österreicherinnen wird auf etwa 100.000 geschätzt, die Namen von 7974 Todesopfern politischer Verfolgung in Österreich sind identifiziert. Dazu kommen Opfer der Militärgerichtsbarkeit, so dass die Gesamtzahl bei etwa 9500 liegt. Rund 10.000 Österreicher kämpften in den Armeen der Alliierten gegen Hitler-Deutschland. Das Verdienst der militärischen Befreiung Österreichs von der NS-Herrschaft gebührt den Armeen der Alliierten, die in den Kämpfen 1945 auf österreichischem Boden ca. 30.000 Soldaten verloren. Wolfgang Neugebauer, *The Austrian Resistance 1938–1945*, Vienna 2015, 256.

Österreich als besiegte „Ostmark" empfunden, dann wäre es in der Tat – im Sinne der Thesen des deutschen Historikers Karl Dietrich Erdmann – nichts anderes als einer von drei – bzw. seit 1990 von zwei – deutschen, aus der Konkursmasse des Großdeutschen Reiches hervorgegangenen Staaten geworden.[46] In diesem Fall hätte sich nie jenes Bewusstsein der österreichischen Eigenständigkeit oder Identität entwickeln können, das ein halbes Jahrhundert später so selbstverständlich erscheint. Nicht der Hinweis auf den *Staat* Österreich als Opfer Hitler'scher Aggression ist in Frage zu stellen.[47] Etwas anderes ist kritisch zu kommentieren: erstens, jenseits rechtlicher Verantwortlichkeit, das Fehlen der moralischen Einsicht, dass Scham für die Untaten von Landsleuten auch seitens jener angebracht sein kann, bei welchen individuelle Schuld nicht vorliegt; und zweitens, die einer langen österreichischen Tradition entsprechende Übung, zu juridifizieren und juristisch, auch engherzig formalistisch, dort zu agieren, wo freiwillige Großzügigkeit, von weitsichtigem politischen Willen getragen, die bessere, weil moralisch überzeugendere Politik gewesen wäre.[48]

Mit der Moskauer Deklaration hatten sich also die Alliierten, was immer die unterschiedlichen Motive in West und Ost gewesen sein mochten, öffentlich darauf festgelegt, dass die Wiederherstellung der Unabhängigkeit Österreichs eines ihrer Kriegsziele war – unbeschadet diverser weitergehender Pläne, die etwa seitens

46 Vgl. Karl Dietrich Erdmann, *Die Spur Österreichs in der deutschen Geschichte. Drei Staaten, zwei Nationen, ein Volk?*, Zürich 1989. Zur Kritik an Erdmann: Gerald Stourzh, *Vom Reich zur Republik. Studien zum Österreichbewußtsein im 20. Jahrhundert*, Wien 1990, 10–18.

47 Hitlers Sieg (im März 1938) „war nur zum Teil den Anstrengungen der österreichischen Nationalsozialisten zuzuschreiben, und noch mehr deutschem Druck und der militärischen Macht des Dritten Reiches": Francis L. Carsten, *Faschismus in Österreich,* München 1978, 294. Evan Burr Bukey kam zu dem Schluss, dass der „vorherrschende antisemitische Konsens" gewährleistete, dass eine „Mehrheit" der Österreicher den Anschluss post factum unterstützte. Evan Burr Bukey, *Hitler's Austria: Popular Sentiment in the Nazi Era 1938–1945,* Chapel Hill 2000, 39. Vgl. auch Gerhard L. Weinberg, „Die deutsche Außenpolitik und Österreich 1937/38", in: Gerald Stourzh/Birgitta Zaar, Hrsg., *Österreich, Deutschland und die Mächte. Internationale und österreichische Aspekte des „Anschlusses" vom März 1938,* Wien 1990, 61–74; Gerhard Botz, „Zwischen Akzeptanz und Distanz: Die österreichische Bevölkerung und das NS-Regime nach dem Anschluss", ebd. 429–469; Gerald Stourzh, „Die Außenpolitik der österreichischen Bundesregierung gegenüber der nationalsozialistischen Bedrohung", ebd. 319–346, hier 341ff; Hanns Haas, „Der Anschluss", in: Emmerich Tálos u.a., Hrsg., *NS-Herrschaft in Österreich: Ein Handbuch,* Wien 2000, 26–54.

48 Hierzu viel Anschauungsmaterial bei: Brigitte Bailer, *Wiedergutmachung kein Thema. Österreich und die Opfer des Nationalsozialismus,* Wien 1993; dies., „‚Ohne den Staat weiter damit zu belasten…' Bemerkungen zur österreichischen Rückstellungsgesetzgebung", in: *Zeitgeschichte* 20, 1993, 367–381. Ferner Georg Graf, „Arisierung und keine Wiedergutmachung", in: P. Muhr u.a., Hrsg., *Philosophie, Psychoanalyse, Emigration. Festschrift für Karl Rudolf Fischer zum 70. Geburtstag,* Wien 1992, 65–82; und insbesondere die 32 Bände der Serie *Veröffentlichungen der Österreichischen Historikerkommission. Vermögensentzug während der NS-Zeit sowie Rückstellungen und Entschädigungen seit 1945 in Österreich*, hrsg. v. Clemens Jabloner u.a., Wien 2002–2004.

Churchills noch bis in die Tage der Konferenz von Jalta im Februar 1945 vertreten wurden. Auch bei US-Präsident Truman scheint es übrigens bis in die Vorbereitungsphase der Potsdamer Konferenz im Juli/August Überlegungen gegeben zu haben, ein aus Baden, Württemberg, Bayern, Österreich und Ungarn bestehendes Gebilde mit der Hauptstadt Wien zur Diskussion zu stellen. Doch findet sich in den Quellen zur Potsdamer Konferenz selbst kein Hinweis, dass Truman ein derartiges Projekt vorgelegt hätte.[49] Es ist allerdings klar, dass die „Verantwortlichkeitsklausel" der Moskauer Erklärung, die auf sowjetischen Druck vom „österreichischen Volk" zum „österreichischen Staat" verschoben worden war, von der sowjetischen Delegation bei der Potsdamer Konferenz zur Untermauerung ihrer Ansprüche auf österreichische Reparationszahlungen an die Alliierten in Höhe von 250 Millionen Dollar genutzt wurde.[50]

2. Die Zoneneinteilung Österreichs und das Erste Kontrollabkommen; die Potsdamer Konferenz und ihre Konsequenzen

Ebenso wichtig wie die Erklärung über Österreich war ein zweiter Beschluss der Moskauer Konferenz 1943: die Einsetzung eines Diplomatengremiums mit dem Namen „Europäische Beratungskommission" (European Advisory Commission, EAC) in London; wichtigste Aufgabe dieser Kommission wurde die Ausarbeitung der Regelungen für die Zeit nach dem Sieg über Deutschland, vor allem die Art und Weise der Besetzung und Verwaltung des Deutschen Reiches nach dem erwarteten Zusammenbruch des Hitler-Regimes. Da Österreich verwaltungsmäßig integrierender Teil des Deutschen Reiches geworden war, ergab sich unter Zugrundelegung des Beschlusses, Österreich von Deutschland zu trennen und als unabhängigen Staat wiederherzustellen, die Notwendigkeit, sowohl für Deutschland als auch für Österreich getrennte Regelungen für den Anteil der verschiedenen Alliierten an der Besetzung, d.h. Abkommen über Besatzungszonen und über die Funktionsweise gemeinsamer Verwaltungs- und Kontrollaufgaben, auszuarbeiten.[51]

---

49 Wichtig ein amerikanisches Memorandum vom 8. Juni 1944, das für Österreichs Beziehungen zu seinen Nachbarn die Möglichkeit „besonderer wirtschaftlicher Arrangements, politischer Föderation oder selbst eine Zusammenlegung von Souveränitätsrechten" offenließ, zit. bei Fellner, „Außenpolitische Situation", 77. Zu Churchills Haltung in Jalta, vgl. *FRUS, The Conferences at Malta and Yalta,* Washington 1955, 613, 625. Zu dem amerikanischen Projekt vgl. William Leahy, *I Was There,* London 1950, 455.

50 *FRUS, The Conference of Berlin (The Potsdam Conference) 1945*, Bd. 2, 1478ff, bes. 1486f, 1490; Aleksej Filitov, „Österreich in den sowjetischen strategischen Planungen 1941–1945", in: Karner/Tschubarjan, Hrsg., *Die Moskauer Deklaration*, 92–98. Vgl. weiter unten, Kapitel I.2.

51 Zur alliierten Diskussion um Zoneneinteilung und Besatzungsregime umfassend Rauchensteiner, *Sonderfall,* 20–45 sowie 103–107.

In den Vereinigten Staaten zeigten weder Militär noch Präsident Interesse an der Besetzung Österreichs, mit Ausnahme eines symbolischen Kontingentes in Wien. Roosevelt plante den Abzug amerikanischer Truppen aus Europa längstens zwei Jahre nach Kriegsende und war abgeneigt, sich in einer Region zu binden, in der er sowjetische Dominanz erwartete. Monatelang dominierte die Beratungen der EAC ein britisch-amerikanischer Streit um die Besatzungszonen in Deutschland, und die Überlegungen bezüglich Österreichs wurden davon stark beeinflusst. Wer Bayern besetzte, sollte auch Österreich (westlich der sowjetischen Zone) besetzen. Eine Zeitlang sah es so aus, als ob Österreich in eine sowjetische und eine britische Zone geteilt werden würde, mit Drei-Mächte-Besetzung Wiens. Die Sowjetunion legte jedoch Ende November 1944 eine Zoneneinteilung vor, die sehr wohl eine massive Beteiligung der Amerikaner einschloss: Abgesehen von der für eine Drei-Mächte-Besetzung vorgesehenen Stadt Wien sollten das Burgenland, das östliche Niederösterreich und der größere östliche Teil der Steiermark (einschließlich der Stadt Graz) sowjetisch besetzt werden, der westliche Teil Niederösterreichs, der nordwestliche Teil der Steiermark und ganz Kärnten von den Briten; alle übrigen Bundesländer (also Oberösterreich, Salzburg, Tirol und Vorarlberg) sollten den Amerikanern zufallen. Eigentümlich war hier der Verlauf der sowjetisch-britischen Demarkationslinie quer durch Niederösterreich und die Steiermark entlang den Verwaltungsgrenzen von Bezirkshauptmannschaften, von der tschechoslowakischen Grenze in der Nähe von Retz bis zur jugoslawisch-steirisch-kärntnerischen Grenze.

Mindestens ebenso bemerkenswert ist die scheinbar paradoxe Insistenz, mit der die sowjetische Delegation bei der EAC auf die gleichwertige Teilnahme der USA an der Besetzung Österreichs drang. Der Wunsch der Sowjetunion, die Amerikaner nach Österreich zu holen, deutet darauf hin, dass ihnen damals die Briten als Hauptgegner, in dem sich bereits in Umrissen abzeichnenden Kampf um Einflusssphären in Europa, erschienen. Die US-Delegation bei der EAC wandte sich Ende November mit einem dringenden Appell an Roosevelt, die USA mögen sich an der Besetzung Österreichs beteiligen. Endlich stimmte der Präsident am 9. Dezember der Errichtung einer amerikanischen Besatzungszone in Österreich zu, die an das für US-Besetzung vorgesehene Bayern angrenzen sollte.[52]

Inzwischen traten auch die Franzosen auf den Plan. Im November 1944 auf Betreiben der Briten in die Europäische Beratungskommission aufgenommen, forderten sie im Jänner 1945 neben einer Zone in Deutschland auch eine solche in

52 Für die an die Adresse Washingtons gerichteten Warnungen der amerikanischen EAC-Delegation in London, man möge Österreich nicht „Russen und Briten" allein überlassen, siehe *FRUS 1944,* Bd. 1, Washington 1966, 470f, 472f, 474–477; zu den Koordinationsschwierigkeiten vgl. das der EAC gewidmete Kapitel bei George F. Kennan, *Memoirs 1925–1950,* Boston 1967, 164–174.

Österreich. Die Briten, Förderer der Stellung Frankreichs in Europa, legten Ende des Monats den Plan einer Teilung Österreichs in vier Zonen vor, der die Grundlage des endgültigen Zonenabkommens wurde. Dieser britische Plan sah folgende Einteilung vor, basierend auf den Ländern (vor 1938) oder den Reichsgauen (nach 1938): Nordtirol und Vorarlberg sollten die französische Zone bilden, Salzburg und Oberösterreich die amerikanische Zone; zur britischen Zone würden Osttirol, Kärnten und die Steiermark (einschließlich des südlichen, in der NS-Zeit der Steiermark angegliederten Burgenlandes) kommen; die sowjetische Zone würde Niederösterreich einschließlich des nördlichen, in der NS-Zeit dem „Reichsgau Nieder-Donau" angegliederten Teiles des Burgenlandes umfassen. Der überdimensionierte „Reichsgau Wien" würde in vier Sektoren geteilt werden.[53]

Was die Bevölkerungsgröße und das industrielle Potenzial ihrer Zone betraf – diese Parameter hatten sie bei der Evaluation westlicher Vorschläge genutzt – konnten die sowjetischen Diplomaten höchst zufrieden sein.[54] Ein in letzter Minute von der Dritten Europäischen Abteilung des sowjetischen Kommissariats für auswärtige Angelegenheiten eingebrachter interner Vorschlag, welcher den Tausch der sowjetischen mit der britischen Zone andachte, um so den sowjetischen Einfluss in Jugoslawien zu vergrößern, die Briten von der jugoslawischen Grenze fernzuhalten und den Jugoslawen die Beteiligung an der Besetzung Kärntens zu ermöglichen, wurde von Vyšinskij nicht weiterverfolgt.[55]

Der britische Plan war die Grundlage der endgültigen Zonenregelung mit drei Ausnahmen: Die Sowjetunion verlangte – und erhielt trotz einiger Bedenken der amerikanischen Delegation bei der EAC – das Mühlviertel, also den nördlich der Donau gelegenen Teil Oberösterreichs; sie verlangte zweitens den südlichen, in der NS-Zeit zur Steiermark gehörenden Teil des Burgenlandes und erhielt diesen von den Briten, die hofften, mit dieser Konzession die Sowjets zum Nachgeben in der dritten und weitaus am heftigsten umkämpften Frage bewegen zu können: den Grenzen Wiens. Denn hartnäckige, monatelange Debatten galten der Frage, ob Wien – eine Enklave im sowjetisch zu besetzenden Niederösterreich – in den engeren Grenzen von 1937 oder den weiteren Grenzen des „Reichsgaues" unter den Alliierten aufzuteilen sei. Die Westmächte wünschten, Groß-Wien der Sektoreneinteilung zugrunde zu legen; dies bedeutete nicht nur ein Plus an Besatzungsgebiet für die Westmächte, sondern vor allem die Möglichkeit, Flugplätze innerhalb der eige-

53 *FRUS 1945*, Bd. 3: *European Advisory Commission, Austria, Germany,* Washington 1968, 17; für das folgende ebd., 22, 41, 65f, 107, 148.

54 Filitov, „Sowjetische Planungen", 33.

55 Smirnov, Novikov, Roščin und Bazarov an Vyšinskij, 29. März 1945, AVPRF, f. 07, op. 10, p. 13, d. 159, ll. 1–3. Vgl. Rathkolb, „Historische Fragmente", 148f.

nen Sektoren zu verwenden oder anzulegen. Die Sowjetunion stellte sich eisern auf den Standpunkt, die Landesgrenzen Wiens *vor* dem Anschluss seien für die Zonen- und Sektorenregelung heranzuziehen. Nach langen Verhandlungen setzte sie ihren Wunsch durch. Die den Westalliierten zur Verfügung gestellten Militärflugplätze – Tulln (Langenlebarn) für die Amerikaner, Schwechat unter britischer Kontrolle zur gemeinsamen Benützung für Briten und Franzosen – befanden sich also innerhalb der sowjetischen Zone.

Dagegen verzichtete die Sowjetunion auf ihren ursprünglichen Wunsch, das Zentrum von Wien – den 1. Wiener Gemeindebezirk – ihrem Sektor einzuverleiben. Für die Innere Stadt, in der ja die meisten Regierungsämter lagen, vom Bundeskanzleramt angefangen, konnten die Westalliierten, von einem britischen Vorschlag ausgehend, eine originelle Lösung durchsetzen: Sie wurde zum internationalen Sektor erklärt, dessen Verwaltung turnusweise jeden Monat in die Hände einer anderen Besatzungsmacht übergehen sollte. Einen solchen internationalen Sektor gab es in Berlin nicht; seine Schaffung in Wien gab nicht nur den österreichischen zentralen Regierungsstellen einen größeren Freiraum gegenüber jeder einzelnen Besatzungsmacht, sie bedeutete auch eine Klammer für die Funktionsfähigkeit der alliierten Verwaltung Wiens. Das Auseinanderbrechen Wiens in einen westlichen und östlichen Teil, wie es das Schicksal Berlins werden sollte, wäre sicherlich wesentlich schwieriger gewesen.[56]

Der Abschluss der Verhandlungen war durch Großmachtpolitik erheblich verzögert worden. Direkt nach der sowjetischen Einnahme Wiens am 15. April hatte Stalin versprochen, eine westliche Aufklärungsmission zuzulassen, damit sich diese vor Ort ein Bild von der Lage machen konnte, bevor die Stadt in Besatzungszonen eingeteilt wurde.[57] Dies zögerte er jedoch im April und Mai hinaus, was wütende Proteste aus dem Westen hervorrief.[58] Inzwischen hatte die Rote Armee große Teile

56 Sowohl der sowjetische als auch der britische Sektor bestanden aus zwei unzusammenhängenden Teilen. Der sowjetischen Besatzungsmacht wurde Wien nordöstlich des Donau-Kanals, also die Bezirke Leopoldstadt, Brigittenau und Floridsdorf (einschl. des heutigen 22. Bezirks) sowie getrennt davon die Bezirke Wieden und Favoriten zugesprochen; die Briten erhielten Hietzing, Meidling, Margareten und getrennt davon Landstraße und Simmering; der französische und der amerikanische Sektor bestanden aus geschlossenen Gebieten: Mariahilf, Penzing, Fünfhaus und Ottakring wurden den französischen Streitkräften, die Bezirke Neubau, Josefstadt und Alsergrund sowie Hernals, Währing und Döbling den amerikanischen Streitkräften zugewiesen.

57 Telegramm Harrimans aus Moskau, 13. April 1945, in: *FRUS 1945*, Bd. 3, 61.

58 Vyšinskij an Roberts, 29. April 1945, in: AVPRF, f. 066, op. 25, p. 118a, d. 1, l. 60; „Persönlich und geheim von Premier Stalin an den Premierminister Churchill", 18. Mai 1945, in *Briefwechsel Stalins mit Churchill, Attlee, Roosevelt und Truman 1941–1945*, hrsg. v. Ministerium für auswärtige Angelegenheiten der UdSSR, Berlin 1961, 439f; zu Churchills Protesten siehe auch Gusevs Telegramm aus London, 19. Mai 1945, in Rževskij, *Stalin i Čerčill'*, 521f.

der britischen Zone Österreichs okkupiert, während die westlichen Armeen, welche die der Sowjetunion zugesprochenen Gebiete Deutschlands und Österreichs betreten hatten, aus den sowjetisch besetzten Städten Berlin und Wien ausgesperrt blieben. Erst im Juni, zwei Monate nachdem unter der Federführung der Sowjetunion eine Provisorische Staatsregierung in Ostösterreich eingesetzt worden war, löste Stalin sein Versprechen ein. Churchill hatte vorgeschlagen, die Anwesenheit westlicher Truppen in der sowjetischen Zone als Druckmittel anzuwenden, um Stalin den Einlass der Westalliierten in die Hauptstädte und eine Einigung bezüglich Österreichs abzuringen.[59] Nachdem eine Vereinbarung erreicht war und die alliierten Truppen auch in Deutschland verlegt worden waren, beschloss die Europäische Beratungskommission schließlich am 9. Juli 1945 das Abkommen betreffend die Besatzungszonen in Österreich und die Verwaltung der Stadt Wien.[60] Erst als die Briten bei der Potsdamer Konferenz weitere Beschwerden vorgebracht hatten, konnten die westlichen Truppen schlussendlich die ihnen zugewiesenen Gebiete betreten.

Das Abkommen über die Alliierte Kontrolle in Österreich vom 4. Juli (später als Erstes Kontrollabkommen bekannt), welches auf ähnliche Weise von der Europäischen Beratungskommission verhandelt wurde, sah die Errichtung eines alliierten Kontrollsystems für Österreich vor. Das technische Modell für diese Alliierte Kommission war die Kontrollmaschinerie für Deutschland. An der Spitze der Kommission stand der Alliierte Rat, gebildet aus je einem von jeder Besatzungsmacht ernannten militärischen Hohen Kommissar, der gleichzeitig Oberstkommandierender der Streitkräfte der jeweiligen Besatzungsmacht in Österreich war. Zum Alliierten Rat traten ein ebenfalls viergeteiltes Exekutivkomitee und eine Reihe von Sachabteilungen, befasst mit militärischen, wirtschaftlichen, politischen, rechtlichen und humanitären Angelegenheiten, wobei ebenfalls in jeder Abteilung alle vier Mächte vertreten waren. Unter diesen wurde auf sowjetischen Wunsch hin auch eine Abteilung für Reparationen eingerichtet, obgleich die Westmächte damit kein Präjudiz für die tatsächliche Einhebung von Reparationen schaffen wollten. Die Hauptaufgaben der Alliierten Kommission waren: die Maßnahmen der Berliner „Erklärung

---

59 Präsident Truman lehnte das ab. Churchill to Truman, 9 June 1945; Truman to Churchill, 11 June, *FRUS 1945*, Bd. 3, 132ff. Zur Bildung der Provisorischen Staatsregierung Stephan Verosta, *Die internationale Stellung Österreichs 1938–1947*, Wien 1947, 61.

60 Günter Bischof, *Austria in the First Cold War, 1945–55: The Leverage of the Weak*, Basingstoke 1999, 48; Rolf Steininger, *Der Staatsvertrag: Österreich im Schatten von deutscher Frage und Kaltem Krieg*, Innsbruck 2005, 56. Zur Vienna Mission, siehe Manfried Rauchensteiner, *Stalinplatz 6: Österreich unter alliierter Besatzung*, Wien 2005, 40f; Siegfried Beer/Eduard Staudinger, „Die ‚Vienna Mission' der Westalliierten im Juni 1945: Eine Dokumentation", in: *Jahrbuch des Vereins für Geschichte der Stadt Wien* 50, 1994, 317–412. Text des Abkommens über die Besatzungszonen und die Verwaltung der Stadt Wien bei Verosta, *Internationale Stellung*, 71–74.

über die Niederlage Deutschlands" in Österreich durchzusetzen; die Trennung Österreichs von Deutschland zu erreichen; die ehestmögliche Schaffung eines zentralen österreichischen Verwaltungsapparates zu gewährleisten; „die Errichtung einer frei gewählten österreichischen Regierung vorzubereiten; [und] in der Zwischenzeit die geeigneten Maßnahmen zu ergreifen, um die Verwaltung Oesterreichs in hinreichender Weise sicherzustellen".[61] Das Abkommen sollte nur bis zur Gründung einer frei gewählten, von den vier Mächten anerkannten österreichischen Regierung wirksam sein; die vier Mächte behielten sich vor, zu einem späteren Zeitpunkt ein neues Abkommen abzuschließen, das „die Art und den Umfang der Weisungen und Ratschläge" festsetzen würde, „welche die Alliierten Oesterreich nach der Errichtung einer frei gewählten und von den vier Mächten anerkannten österreichischen Regierung geben müssen".

Vor allem die Westmächte unterschätzten die Schnelligkeit, mit der im Frühjahr 1945 die Provisorische Staatsregierung unter Staatskanzler Renner zustande kam. Am 3. April hatte sich der sozialdemokratische Führer und ehemalige Staatskanzler der ersten Republik an eine neu errichtete sowjetische Ortskommandantur gewandt und wurde kurz darauf auf Stalins Geheiß vom sowjetischen Kommando in Österreich empfangen und eingeladen, eine Regierung unter Einschluss aller großen nichtfaschistischen Parteien zu bilden. Innerhalb von zwei Wochen nach der Befreiung erschienen Renners Sozialistische Partei (SPÖ), die christlich-soziale Volkspartei (ÖVP) und die Kommunisten (KPÖ) wieder auf der Bildfläche. Auf sowjetisches Betreiben bildeten sie am 27. April eine Provisorische Regierung im sowjetisch besetzten Wien und erstellten eine österreichische Unabhängigkeitserklärung. Der Anschluss wurde für null und nichtig erklärt, und, nach einigem Ringen mit den Kommunisten, die Rückkehr zur demokratischen Verfassung von 1920/29 beschlossen.[62] Während noch mühsam in der Alliierten Beratungskommission verhandelt wurde, gelang es der Provisorischen Staatsregierung, in erstaunlich kurzer Zeit so-

61 „The Agreement on Control Machinery", in: *FRUS: The Conference of Berlin*, Bd. 1, 351–355. Abkommen über die Alliierte Kontrolle in Österreich (1. Kontrollabkommen) bei Verosta, *Internationale Stellung*, 66–71.

62 Zur sowjetischen Politik und der Schaffung der Renner-Regierung, siehe Mueller, *Die sowjetische Besatzung*, 75–95; ders., „Stalin, Renner und die Wiedergeburt Österreichs nach dem Zweiten Weltkrieg", in: *VfZ* 54:1, 2006, 125–154; Stefan Karner/Peter Ruggenthaler, „Unter sowjetischer Kontrolle: Zur Regierungsbildung in Österreich 1945", in: Stefan Karner/Barbara Stelzl-Marx, Hrsg., *Die Rote Armee in Österreich: sowjetische Besatzung 1945–1955*, Graz 2005, 105–148. Zur Einladung Renners ins sowjetische Kommando: Telegramm Tolbuchins an Stalin, 21. April 1945, in: Csaba Békés/László Borhi/Peter Ruggenthaler/Ottmar Trasca, Hrsg., *Soviet Occupation of Romania, Hungary, and Austria 1944/45–1948/49*, Budapest 2015, 279. Zur Rolle der KPÖ: Manfred Mugrauer, *Politik der KPÖ in der Provisorischen Regierung Renner*, Innsbruck 2006.

wohl die österreichische Staatsverwaltung wieder in Gang zu bringen als auch ein großes Programm an Gesetzgebung zu realisieren. Dabei war es gerade die Haltung der sowjetischen Besatzungsmacht, die der Provisorischen Staatsregierung Möglichkeiten der administrativen und legislativen Entfaltung gab, die in den westlichen Besatzungszonen keine Parallelen fanden. Die Erklärung hierfür ist in der Taktik der Sowjetunion zu finden, eine Fernsteuerung der Regierungstätigkeit über den Umweg der Teilnahme einheimischer Kommunisten an der Regierung zu versuchen, während sich die Westmächte viel stärker auf direkte Verwaltungs- und Kontrolltätigkeit ihrer Militärregierungen stützten.[63]

Es war die Rolle der Sowjetunion bei der Schaffung der Regierung Renner und die damit verbundene Intransparenz, die den Briten mehr als den anderen beiden Westmächten größtes Misstrauen gegen den Staatskanzler und seine Regierung einflößte. Als der Alliierte Rat erstmals am 11. September 1945 in Wien zusammentrat, erwähnte er in seiner Proklamation an das österreichische Volk, in der er „die höchste Gewalt" in Österreich übernahm, die Provisorische Staatsregierung überhaupt nicht. Erst die von Renner einberufene gesamtösterreichische Länderkonferenz, die vom 24. bis 25. September in Wien stattfand und sowohl eine Erweiterung der Regierung durch Mitglieder aus den westlichen Bundesländern als auch den Beschluss, gesamtösterreichische Wahlen anzusetzen, brachte, ebnete den Weg zur gegenseitigen Verständigung. Am 1. Oktober 1945 empfahl der Alliierte Rat den vier Großmächten, die Autorität der Provisorischen Staatsregierung auf ganz Österreich auszudehnen und die Regierung Renner als provisorische Regierung für ganz Österreich anzuerkennen. Diese Anerkennung erfolgte am 20. Oktober 1945.[64] Paradoxerweise sollte gerade diese an sich erfreuliche Anerkennung der Beginn einer etwa acht Monate dauernden Phase der Frühgeschichte der Zweiten Republik sein, die als „Periode der totalen Kontrolle" bezeichnet wurde.[65] Nach der einige Monate währenden Phase einer relativen Autonomie der Provisorischen Staatsregierung (die Betonung liegt auf „relativ") und vor der Begrenzung der Eingriffskompetenz

63 Die Vorbereitungen und Anfänge der alliierten Militärverwaltungen in Österreich sind mehrfach untersucht worden, am ausführlichsten die amerikanischen und französischen Militärverwaltungen; vgl. insbesondere: Donald R. Whitnah/Edgar L. Erickson, *The American Occupation of Austria. Planning and Early Years,* Westport, Conn. 1985; Josef Leidenfrost, *Die amerikanische Besatzungsmacht und der Wiederbeginn des politischen Lebens in Österreich 1944–1947,* Diss. Univ. Wien 1986; Klaus Eisterer, *Französische Besatzungspolitik. Tirol und Vorarlberg 1945/46,* Innsbruck 1992; Alfred Ableitinger/Siegfried Beer/Eduard G. Staudinger, Hrsg., *Besatzungszeit in der Steiermark 1945–1955,* Graz 1994; Siegfried Beer, Hrsg., *Die „britische" Steiermark: 1945–1955,* Graz 1995.

64 Gerald Stourzh, „Die Regierung Renner, die Anfänge der Regierung Figl und die Alliierte Kommission für Österreich, September 1945 bis April 1946", in: *AÖG* 125, 1966, 321–342, hier bes. 322.

65 Ebd., 333f.

des Alliierten Rates im Zweiten Kontrollabkommen vom 28. Juni 1946 liegt eine Phase, in der die Verbindung von schrankenloser Kompetenz der Alliierten unter dem Ersten Kontrollabkommen, bürokratischer Schwerfälligkeit der eben erst voll angelaufenen alliierten Kontrollmaschinerie und der Ausweitung der Regierungszuständigkeit auf ganz Österreich zu beträchtlichen Reibungsverlusten zwischen den vierseitigen Institutionen und der österreichischen Regierung führte.

Versucht man, den gemeinsamen Nenner der Österreich-Politik aller vier Mächte im Jahre 1945 zu finden, so stößt man auf zwei Faktoren:

1. auf den Willen, Österreich im Sinne der Moskauer Erklärung von 1943 getrennt und unabhängig von Deutschland wiederherzustellen;
2. auf die Überzeugung, dass Österreich, seit sieben Jahren praktisch in allen Lebensbereichen von Deutschland absorbiert, in Ermangelung einer Exilregierung zunächst besetzt und die oberste Gewalt von den Besatzungsmächten ausgeübt werden sollte.

Der Periode der „totalen Kontrolle" gingen zwei Monate voraus, in denen die Sowjetunion ihre Überwachung der österreichischen Regierung gesteigert hatte. Dazu beigetragen hatte die sowjetische Enttäuschung über die Entwicklung im Land. Seit Mai 1945 hatten sich die österreichischen Kommunisten bei den sowjetischen Besatzungsbehörden immer vehementer über die anderen Parteien beschwert, die sich unwillig zeigten, kommunistischen Forderungen nach einer „demokratischeren" Verfassung, einer durchgängigeren Entnazifizierung, einer umfangreicheren wirtschaftlichen Verstaatlichung und einem Elitenaustausch nachzukommen.[66] Dies hatte zu sowjetischen Versuchen geführt, eine engere Kontrolle über die Regierungspolitik zu etablieren und Renner zu einem Kurswechsel zu bewegen.

Ein anderer bestimmender Faktor in den sowjetisch-österreichischen Beziehungen in der zweiten Hälfte 1945 und bis 1955 war die Frage des Deutschen Eigentums. Ausgangspunkt dieses Problems war der zuvor erwähnte Beschluss der Potsdamer Konferenz Ende Juli/Anfang August 1945 bezüglich Reparationen. Dort hatte Molotov zunächst Reparationsforderungen gegen Österreich in Höhe von 250 Millionen Dollar, zu verteilen an die Sowjetunion, das Vereinigte Königreich, die USA und Jugoslawien, vorgeschlagen, stieß aber auf den entschiedenen Widerstand von US-Außenminister James F. Byrnes, der fürchtete, dass letzten Endes die Vereinigten Staaten für solche Zahlungen würden aufkommen müssen. Am 28. Juli 1945

66 Mueller, *Die sowjetische Besatzung*, 111–135. Vgl. Manfred Mugrauer, *Die Politik der KPÖ in der Provisorischen Regierung Renner*, Innsbruck 2006, 132–195.

stimmte Stalin zu, dass Österreich im Unterschied zu Italien keine eigene Armee im Kriege besessen habe (Italien und Österreich waren in den Reparationsdebatten mehrfach gemeinsam genannt worden) und von Reparationsleistungen ausgenommen werden könne. In dieser Äußerung wird die – nach jeweiligen Interessen leicht manipulierbare – „Zwischenstellung" Österreichs deutlich. Dieser Beschluss sollte zunächst auch in dem zur Veröffentlichung bestimmten Kommuniqué über die Beschlüsse der Konferenz aufscheinen. In der nächtlichen Schlusssitzung der Potsdamer Konferenz (sie begann um 22.30 am 1. August 1945) beantragte Molotov aber, die Konferenzentscheidung, von Österreich keine Reparationen einzufordern, nicht zu publizieren, sondern lediglich in das (geheime) Protokoll der Konferenz aufzunehmen. Molotov meinte zur Begründung seines Vorschlages, für die Österreicher wäre es besser, auf eine solche Entscheidung zu hoffen als zu wissen, dass sie getroffen worden sei; die Veröffentlichung würde die Hände der Alliierten „unnötig binden".[67]

Im Rahmen eines umfassenden und komplexen Planes über die Reparationsleistungen *Deutschlands* wurde allerdings am selben Tag entschieden, dass im Ausland gelegene deutsche Vermögenswerte in Osteuropa der Sowjetunion, im Westen den Westmächten zufallen sollten. Bezüglich Österreichs wurde in wenigen Worten geregelt, dass die deutschen Vermögenswerte je nach der Zone, in der sie sich befanden, der jeweiligen Besatzungsmacht anheimfallen würden.[68] Diese Entscheidung nahm keine Rücksicht auf die besonderen, in Österreich zum Unterschied von anderen Ländern vorliegenden Verhältnisse – dass nämlich Österreich de facto von 1938 bis 1945 Teil der deutschen Rechtsordnung gewesen war und dass es zahlreiche Eigentumsübertragungen aus österreichischen und ausländischen in deutsche Hände gegeben hatte, in einer Vielzahl von Abstufungen zwischen erpressten oder erzwungenen und freiwilligen Übertragungen.

Warum dieses Detail in das Kompromisspaket eines größeren Problems eingeordnet wurde, ist nicht eindeutig geklärt und wird verschieden beurteilt: Übermüdung und Übereilung am Ende einer anstrengenden Konferenz, mangelnde Koordination zwischen Experten und Spitzenpolitikern, oder einfach der fehlende politische Wille.[69] Der Historiker Reinhard Bollmus kommt zu dem Schluss, dass den

---

67 Präzise Schilderung bei William B. Bader, *Austria between East and West,* Stanford 1966, 38f, mit näheren Quellenangaben. Vgl. Filitov, „Österreich in den sowjetischen Planungen", 96f.

68 12. Plenarsitzung am 1. August 1945; hierfür siehe *FRUS, The Conference of Berlin (The Potsdam Conference) 1945,* Bd. 2, Washington 1960, 566–569 sowie 579f. Vgl. auch Knight, *British Policy,* 45f. Für den Kontext und die Diskussionen über Deutschland, siehe Jochen Laufer, *Pax Sovietica: Stalin, die Westmächte und die deutsche Frage 1941–1945,* Köln 2009, 539–602.

69 Zur „Übereilung" am Ende der Potsdamer Konferenz vgl. Charles Thayer, *Diplomat,* Hamburg 1959,

westlichen Spitzenpolitikern offensichtlich die Problematik der das Deutsche Eigentum gerade in Österreich betreffenden Entscheidung nicht bewusst war, obgleich auf der Ebene der Beamten und Diplomaten Informationen vorhanden waren.[70]

Das Gesagte schließt nicht aus, dass die Österreich betreffende Regelung für „deutsche Vermögenswerte im Ausland“ eben lediglich Teil eines größeren, auf territorialen Teilungen und Zuordnungen basierenden Drei-Mächte-Kompromisses war. Räumliche Aufteilungen oder Zuteilungen auf Basis der jeweiligen „preponderance of power“, der jeweiligen Vormachtstellung, sind seit jeher ein probates Mittel internationaler Machtpolitik gewesen. Die Westmächte waren auf Initiative des Außenministers Byrnes und gegen manche britischen Bedenken zu dem Schluss gekommen, den gordischen Knoten des Gesamtkomplexes der deutschen Reparationen mit dem Schwert räumlicher Schwerpunktsetzungen und Zuteilungen zu zerschneiden. Dieses Prinzip – in dem Ansatzpunkte der späteren Teilung Deutschlands und Europas zu erkennen sind[71] – sah vor, dass grundsätzlich Reparationsansprüche der Sowjetunion (die auch für Polens Ansprüche zuständig war) durch Entnahmen aus der sowjetischen Zone Deutschlands sowie durch deutsche Vermögenswerte im östlichen Ausland („German external assets“) befriedigt würden; die Reparationsansprüche der USA, des Vereinigten Königreichs und anderer Länder hingegen aus den westlichen Zonen und aus „entsprechenden“ deutschen Vermögenswerten im westlichen Ausland. Dazu kam ein Arrangement, das zusätzliche sowjetische Reparationsansprüche durch Entnahmen von Industrieanlagen aus den Westzonen (vor allem dem Ruhrgebiet) vorsah; ein Teil dieser Lieferungen sollte im Austausch gegen Lieferungen von Nahrungsmitteln, Kohle und anderen Rohstoffen

149f. Trumans Ungeduld, die Konferenz zu beenden und abzureisen, ist bekannt. Vgl. Bader, *Austria between East and West,* 36–39. Zu Potsdam vgl. Robert Dallek, *The Lost Peace*, New York 2010, 108–133; und Arnold Offner, *Another Such Victory*, 71–99.

70 Reinhard Bollmus, „Ein kalkuliertes Risiko? Großbritannien, die USA und das ‚Deutsche Eigentum‘ auf der Konferenz von Potsdam“, in: Bischof/Leidenfrost, *Die bevormundete Nation,* 107–126.

71 A. M. Filitov zufolge geschah die Wende in der Sowjetpolitik hin zur Teilung Deutschlands im Mai/Juni 1945. „SSSR i Germanskij vopros: povorotnye punkty 1941–1961 gg.“, in: N. I. Egorova/A. O. Čubar'jan, Hrsg., *Cholodnaja vojna 1945–1963: Istoričeskaja retrospektiva*, Moskau 2003, 231–233. Diese Teilungstendenzen sind schon während bzw. unmittelbar nach Abschluss der Potsdamer Konferenz mit außerordentlicher Klarheit von einem britischen Konferenzteilnehmer, Sir David Waley, erkannt und ausgesprochen worden. Vgl. *Documents on British Policy Overseas (DBPO),* Series I, Bd. 1: *The Conference at Potsdam July–August 1945*, London 1984, Dok. Nr. 48 u. 600; vgl. Bischof, *Responsibility,* 139f. Mit feinem Sinn für Nuancen – und offensichtlich im Bewusstsein, was mit Österreich passiert war, schrieb Waley schon am Tage nach der schicksalhaften Entscheidung: „It is a pity that we renounced any reparation claims to German-owned assets in Bulgaria, Roumania and Finland and *a very great pity* [unsere Hervorhebung] that we have similarly renounced German-owned assets in Eastern Austria.“ *DBPO* I/I, Nr. 600.

aus der sowjetischen Zone erfolgen.[72] Diese räumlichen Abgrenzungen wurden nun auch bezüglich der bereits genannten „entsprechenden deutschen Vermögenswerte im Ausland" fortgesetzt.[73] Die deutschen Vermögenswerte in sowjetisch kontrollierten Bereichen – von Finnland bis Bulgarien, aber eben auch einschließlich der sowjetischen Zone Österreichs – sollten der Sowjetunion anheimfallen, die deutschen Vermögenswerte außerhalb dieses Gebietes den Westmächten.[74]

Die Sowjetunion versuchte schon wenige Wochen nach der Potsdamer Konferenz in und mit Österreich zunächst eine bilaterale Regelung auf dem wichtigsten Sektor, jenem des Erdöles, zu erreichen. „Erdöl ist ohne Zweifel das politischeste Produkt, das es gibt", sagte Adolf Schärf, der SPÖ-Vorsitzende, im Ministerrat und traf damit eindeutig einen Kernpunkt des sowjetischen wirtschaftlichen Interesses an Österreich während des Besetzungsjahrzehntes und, wie zu zeigen sein wird, noch Jahre darüber hinaus.[75] Im August 1945 diente der bereits zustande gekommene sowjetisch-rumänische Vertrag über die Errichtung einer gemeinsamen Erdölfirma „Sovrompetrol'" als Modell.[76] Die Gespräche begannen unter großem sowjetischen Drängen am 28. August 1945.[77] Die Sowjetbehörden schlugen der

72 Wortlaut des die deutschen Reparationen betreffenden Teiles III (einschließlich der für Österreich entscheidenden Punkte 8 und 9) des Potsdamer Protokolls, u.a. in: *FRUS, The Conference of Berlin,* Bd. 2, 1485–1487, sowie *DBPO* I/I, Dok. Nr. 603; die Österreich betreffenden Stellen des Protokolls (aus Teil III, sowie Teil VII betreffend die Frage der Ausweitung der Autorität der Regierung Renner auf ganz Österreich sowie die Nichteinforderung von *österreichischen* Reparationen) im englischen Originaltext und in deutscher Übersetzung in *DÖA*, Nr. 10. Das veröffentlichte Kommuniqué („Potsdamer Beschlüsse") beginnt mit einer im Protokoll nicht aufscheinenden Einleitung, dadurch verändert sich die Nummerierung der Teile (Teil III des Protokolls ist Teil IV des Kommuniqués).

73 Die hier vertretenen Überlegungen entsprechen den Thesen von Jörg Fisch, *Reparationen nach dem Zweiten Weltkrieg,* München 1992, 131f.

74 Außenminister Bevin erklärte Walter Wodak im Februar 1947, die Amerikaner zögen vage Formulierungen präzise ausgedachten vor, was ihm zufolge für die Zukunft Probleme bereiten würde. Wagnleitner, *Diplomatie,* Nr. 284 (Unterredung vom 12. Februar 1947). Die Bedeutung dieser nachträglichen Rechtfertigung relativiert bei Knight, *British Policy,* 47.

75 Im Ministerrat im Juli 1951: AdR, MRProt Nr. 255a vom 13. Juli 1951. Zur sowjetischen Ölpolitik in Österreich, siehe Walter Iber, *Die Sowjetische Mineralölverwaltung in Österreich*, Innsbruck 2011, zur Sanafta 55–60.

76 Zur außerordentlich stark zugunsten der Sowjetunion zu Buche schlagenden Rolle der gemischten Gesellschaften in Rumänien und anderen osteuropäischen Staaten nach 1945 vgl. Nicolas Spulber, „Soviet Undertakings and Soviet Mixed Companies in Eastern Europe", in: *Journal of Central European Affairs* 14, 1954/55, 154–173, Fisch, *Reparationen,* 158–160, Békés u.a., Hrsg., *Soviet Occupation,* 70–141.

77 Rudolf Blühdorn, „Chronologische Darstellung der Verhandlungen mit der Sowjetunion im Herbst 1945 über das Zistersdorfer Erdöl", BMAA 149.784-6VR/47. Dortselbst Beilage 1, „Information über die Konferenz Scheltow–Dr. Renner am Dienstag, den 28. August 1945 von 1–½5 Uhr" in Anwesenheit des sowjetischen Chefverhandlers Kumykin des Volkskommissariats für Außenhandel in Moskau.

Provisorischen Staatsregierung die Bildung einer gemischten Gesellschaft auf dem Erdölsektor, „Sanafta", vor, die halb in sowjetischem, halb in österreichischem Eigentum sein sollte. Die von der Sowjetunion beanspruchten Eigentumsrechte an Deutschem Eigentum boten sie, wie sie es bereits mit dem Deutschen Eigentum in Rumänien getan hatten, als ihre wichtigste Einlage an. Österreich sollte als wichtigste Einlage eine Konzession auf neue (in einer Liste genannte) Erdölgebiete für die Dauer von sechzig Jahren (!) einbringen – die Österreicher waren in ihrem Gegenvorschlag lediglich zu einer Konzessionserteilung auf zwanzig Jahre bereit. Die Provisorische Staatsregierung sollte außerdem der sowjetischen Seite das ausschließliche Recht der Erschließung und Ausbeutung des Erdöles in den neuen Erdölgebieten und auf anderen freien Gebieten zugestehen, ebenso das Recht auf Verarbeitung und Verkauf des von der Gesellschaft geförderten Erdöles sowie das Recht, Erdölleitungen auf dem Staatsgebiet Österreichs zu legen. Der Generaldirektor sollte (auch dem Vorbild des sowjetisch-rumänischen Erdölvertrages folgend) vom sowjetischen Teil ernannt werden, der Vorsitzende des Vorstandes (gemeint war nach österreichischem Recht der Vorsitzende des Aufsichtsrates) sollte vom österreichischen Teil gewählt werden.[78] Die sowjetische Seite zeigte sich an einem raschen Abschluss äußerst interessiert und bot als weiteren Anreiz unmittelbar nach Vertragsabschluss aufzunehmende Handelsvertragsverhandlungen mit einer möglichst prominent zu besetzenden österreichischen Delegation in Moskau an. Die Sowjets drängten auf eine Vertragsunterzeichnung bis spätestens 8. September.[79]

Für die große sowjetische Eile dürfte ein Faktor ausschlaggebend gewesen sein: Gerade in jenen Tagen hatten sich die Westalliierten in Wien etabliert und bereiteten den Beginn der Tätigkeit der Alliierten Kommission für Österreich vor. Dieses Datum und vor allem die Furcht vor einer Einmischung seitens der Westmächte führten die Sowjetbehörden wohl zu dem beschleunigten Verhandlungstempo. Allerdings wurden schon in den allerersten Verhandlungstagen – und noch vor dem Einsetzen westalliierter Interventionen – österreichische Bedenken intern vorgebracht. Diese Bedenken, deren präzise und gründliche Formulierung unter größtem Zeitdruck den österreichischen Rechtsexperten alle Ehre macht, bezogen sich zunächst darauf, dass eine mangelnde Legitimation der Provisorischen Staatsregierung zu einem Vertragsabschluss vorliege, und zwar erstens, weil die Regierung

78 Eine Gegenüberstellung der sowjetischen Vorschläge und der österreichischen Gegenvorschläge in: BMAA, Zl. 149.027-6VR/47 (Kopie in den Handakten Heinrich Wildners in AdR, BMAA, II-Pol, Staatsvertragsakten 1949), veröffentlicht in: Alfons Schilcher, *Die Politik der Provisorischen Regierung und der Alliierten Großmächte bei der Wiedererrichtung der Republik Österreich,* Diss. Univ. Wien 1985, Bd. 2, 72–83.

79 „Chronologische Darstellung", Abschnitt 22, „Die sowjetische Verhandlungstaktik".

weder demokratisch von den Österreichern gewählt, noch von irgendeinem Staat anerkannt sei, zweitens, weil sie tatsächlich nur eine lokale Regierung für die in die sowjetische Besatzungszone fallenden österreichischen Gebiete sei, während die vorliegende Transaktion ganz Österreich interessiere, und drittens, weil zwischen den alliierten Mächten ein Abkommen über Österreich getroffen wurde, „das der prov. Staatsregierung allerdings nur durch Radiomeldungen bekannt ist" (!), und „möglicherweise die übrigen Besatzungsmächte das Vorgehen der prov. Regierung vielleicht nicht billigen könnten". Weitere Bedenken betrafen die unterschiedlichen Rechtsauffassungen zwischen der sowjetischen und der österreichischen Seite über das, was als Deutsches Eigentum anzusehen sei.[80] Die vor allem vom Staatskanzler verfolgte Linie war es, zu verhandeln und auch abzuschließen, allerdings unter zwei Vorbehalten, die den wichtigsten österreichischen Bedenken Rechnung tragen sollten. Der österreichische, der sowjetischen Delegation vorgelegte Gegenentwurf enthielt demgemäß erstens den Vorbehalt der völkerrechtlichen Anerkennung der österreichischen Republik und zweitens den Vorbehalt, „daß durch diesen Vertrag den Rechten, die dritten Staaten aus den Potsdamer Beschlüssen" erwüchsen, nicht vorgegriffen werden sollte.[81]

Alsbald traten aber die Westalliierten auf den Plan. Vom 4. September 1945 datiert eine alarmierende Notiz des Gesandten Ludwig Kleinwächter, vom österreichischen Außenamt (zu diesem Zeitpunkt noch kein Ministerium) als Verbindungsmann zur amerikanischen Besatzungsmacht bestellt, wonach die Briten über Informationen über die sowjetisch-österreichischen Verhandlungen verfügten, dass „sowohl die Amerikaner, ganz besonders aber die Briten, von tiefstem Mißtrauen gegen die Aufrichtigkeit der österr. prov. Regierung erfüllt" seien und dass ein aus London gekommener Experte inkognito in Wien weile. Kleinwächters Schlussfolgerung: „Ich habe den ganz bestimmten Eindruck davongetragen, daß mit der Unterzeichnung dieses Abkommens die Nichtanerkennung der österr. prov. Regierung besiegelt ist."[82] Am 5. September hatte Renner eine lange Unterredung mit Evgenij Kiselëv, in der er dem politischen Vertreter der UdSSR in Wien die Notwendigkeit der beiden österreichischen Vorbehalte verdeutlichte.[83] Zwei Tage später

80 Ebd., Beilage 2: „Vorschlag über das Vorgehen bei der Plenarversammlung vom 1. September 1945".

81 Vgl. Text bei Schilcher, *Politik der Provisorischen Regierung,* Bd. 2, 73.

82 „Chronologische Darstellung", Beilage 18. Aus dieser Quelle ergibt sich, dass die bei Knight, *British Policy,* 49f, vertretene Ansicht, die Amerikaner hätten anscheinend erstmals am 8. September interveniert, zu relativieren ist. Bei Bischof, *Responsibility,* wird berichtet, dass österreichische „undichte Stellen" („leaks") dem amerikanischen OSS-Beamten Charles Thayer Mitteilungen über die sowjetisch-österreichischen Verhandlungen zukommen ließen.

83 Über dieses Gespräch, in dem Renners vehementer Protest gegen die Potsdamer Beschlüsse und das Festhalten der sowjetischen Seite an ihren in Potsdam errungenen Rechten deutlich wird, berich-

erklärte Renner dem sowjetischen Chefunterhändler und Leiter der Abteilung für Handelsabkommen des Volkskommissariats für Außenhandel, Pavel Kumykin, und dem Stellvertretenden Hochkommissar in Österreich, Aleksej Želtov, ausführlich die Bedeutung der beiden Vorbehalte. In Renners Worten gegenüber Kumykin und Želtov lässt sich Kleinwächters drei Tage zuvor überbrachte Warnung klar erkennen: „Man deutet uns an, wenn wir das [den Vertragsabschluss, G.S.] täten, würde die Regierung niemals anerkannt werden.“[84]

Der Wettlauf zwischen Sowjets und Westalliierten um die Durchsetzung ihrer Interessen bei der österreichischen Regierung erreichte seinen dramatischen Höhepunkt am 8. September 1945. Bei dem Leiter des österreichischen Verhandlungsteams, dem Staatssekretär für Industrie, Gewerbe, Handel und Verkehr Eduard Heinl, erschien der Adjutant des amerikanischen Oberbefehlshabers und überbrachte die Mitteilung, General Mark Clark lasse wissen, „daß jedwede Vereinbarung über die Verfügung von österreichischen Bodenschätzen“, außer solchen, die nur Monat für Monat auf kurze Zeit gemacht würden, keine Gültigkeit hätten, bevor sie nicht von der Alliierten Kommission besichtigt und gebilligt sind. Heinl überbrachte diese Mitteilung dem gerade tagenden Politischen Kabinettsrat. Der Staatskanzler erklärte, diesen „Zwischenfall“ dem Sowjetkommando und dem sowjetischen Chefunterhändler mitzuteilen und vertagte die Sitzung des Politischen Kabinettsrates auf Nachmittag. In der unmittelbar anschließenden Unterredung mit Kumykin bat Renner, die Entscheidung über den Vertrag aufzuschieben. Kumykin erwiderte, nicht warten zu können, äußerte sich kritisch zur „widerstrebenden Tendenz“ der österreichischen Juristen, der Kanzler möge doch den Herren den Kopf zurechtsetzen; Kumykin schlug vor, noch heute abends zu unterschreiben; nach der Unterfertigung „könne ein kleines Bankett im Grandhotel stattfinden“. Renner wich einer Zusage mit dem Hinweis auf den nachmittags neuerlich zusammentretenden Politischen Kabinettsrat aus.

Kurz darauf kam es zu einem weiteren „Zwischenfall“; eine Sitzung der beiden Verhandlungsteams hätte um 1 Uhr 30 nachmittags stattfinden sollen; es erschienen nur die sowjetischen Unterhändler, jemand hatte die Österreicher anders instruiert. Heinl meldete dem Kabinettsrat, die sowjetischen Herren „seien sehr verärgert“,

---

tete der Staatskanzler ausführlich in einer Sitzung des Kabinettsrates vom 5. September 1945: Kabinettsprotokoll Nr. 29 v. 5. September 1945, *Protokolle des Kabinettsrates der Provisorischen Regierung Karl Renner 1945*, hrsg. von Gertrude Enderle-Burcel u.a., Band 2, Wien 1999, 155–159. Vgl. auch Knight, *British Policy*, 48 (dort irrtümlich Datumsangabe 5. Oktober).

84 „Chronologische Darstellung“, Beilage 6: „Information, Freitag, 7.9.1945“ über eine Sitzung zwischen Renner und Želtov in Anwesenheit Kumykins und Kiselëvs zur Naftafrage im Hotel Imperial (Sitz des sowjetischen Oberkommandos in Österreich), ½2–4 Uhr.

der Kanzler möge kommen und sie beruhigen. Dies tat Renner auch und ging neuerlich in die Sitzung des Politischen Kabinettsrates, in dem der kommunistische Parteivorsitzende Koplenig für Vertragsabschluss plädierte, ÖVP-Obmann Figl zu bedenken gab, dass die Regierung angesichts des nahen Termins des Zusammentretens des Alliierten Rates nicht zeichnen dürfe, und SPÖ-Vorsitzender Schärf – von Anfang an der größte Skeptiker – meinte, eine nicht anerkannte Regierung habe nicht das Recht, internationale Verträge dieser Art abzuschließen. Renner entschied, die Verhandlungen fortzuführen, der Vertrag sei aber vor seiner Unterzeichnung „einvernehmlich mit den Proponenten der Alliierten Kommission vorzulegen",[85] und informierte davon Kiselëv. Renners höflicher Nachsatz, er bedauere, „daß das Dazwischentreten mannigfacher Umstände den unmittelbaren Abschluß vereitelt" habe, hoffe jedoch, „daß eine gedeihliche Zusammenarbeit Österreichs mit der Sowjet-Union in dem Aufbau der Erdöl-Industrie von Zistersdorf trotz alledem in naher Aussicht" stehe, konnte nicht darüber hinwegtäuschen, dass an diesem Tage die Würfel gegen „Sanafta" gefallen waren.[86] Ein Gespräch zwischen dem Staatskanzler und Marschall Ivan Konev am 10. September 1945 brachte nicht die vom sowjetischen Hochkommissar in Österreich erhoffte Unterschrift.[87]

Es gab noch weitere Interventionen. In einem Gespräch mit Ludwig Kleinwächter am 13. September unterstrich Gesandter John G. Erhardt, politischer Berater des US-Militärkommissars, er hoffe, dass die Regierung das Abkommen nicht unterzeichnen werde. Die Unterzeichnung würde unweigerlich die Nichtanerkennung der Regierung durch die Briten zur Folge haben. Der Tenor dieses Gespräches zeigt,

85 „Chronologische Darstellung", Beilage 9: „Information, Samstag, 8.9.1945", über die Tagung des Pol. Kabinetts vom 8. September 1945, 10 Uhr vorm. Dieses Dokument, wie auch einige andere Beilagen zur „Chronologischen Darstellung", ohne nähere Angaben aus dem Nachlass Adolf Schärfs verwendet in der guten Darstellung bei Karl R. Stadler, *Adolf Schärf: Mensch, Politiker, Staatsmann*, Wien – München – Zürich 1982, 226–231. Die Dramatik dieses Samstags erhellt aus dem Zeitablauf: 9.30 vormittags Überbringen der Botschaft Mark Clarks an Heinl; 11 Uhr tritt Heinl „eiligst" in die Sitzung des Politischen Kabinettsrates ein; dieser tagt bis 11.45. Um 12 Uhr erscheint Kumykin bei Renner und bleibt bis 12.45. Um 13.30 Erscheinen des sowjetischen Verhandlungsteams; die Österreicher erscheinen nicht; 15 Uhr Fortsetzung der Sitzung des Politischen Kabinettsrates, unterbrochen durch Heinls Mitteilung von dem verfehlten Termin um 13.30, Sitzungsunterbrechung, um Renner Gelegenheit zur Besänftigung der Sowjets zu geben; in diesem Zusammenhang Verlegung der Kabinettssitzung vom Ballhausplatz in das Staatsamt für Wiederaufbau auf dem Schwarzenbergplatz; 16.30 Schluss der Sitzung des Polit. Kabinettsrates, darauf Diktat von Renners Brief an Kiselëv, Renner empfängt einen polnischen Besucher, danach unterschreibt er den Brief an Kiselëv, der durch Boten expediert wird: „Schluß 5:30 abends".

86 „Chronologische Darstellung", Beilage 10: Schreiben Renners an Kiselëv, 8. September 1945 (zu Zl. 8314-Pr/45).

87 Vgl. Wilfried Aichinger, *Sowjetische Österreichpolitik 1943–1945*, 310f.

dass damals noch die in den letzten Kriegsjahren deutliche Linie der US-Österreich-Politik galt: Als Hauptkontrahenten in Mitteleuropa wurden Sowjetunion und Großbritannien betrachtet, die Vereinigten Staaten wollten sich noch eher heraushalten oder vermitteln. Während die UdSSR bestrebt sei, ihre Einflusssphäre nach dem Westen tunlichst auszudehnen, so meinte Erhardt, „vertrete Großbritannien den Standpunkt, daß Österreich dem westlichen Interessenkreis angehöre. Solange diese Frage nicht völlig geklärt sei, bestehe auf britischer Seite Mißtrauen. Die Aufgabe der amerikanischen Delegation sei es, zwischen den Russen und den Briten zu vermitteln.“ Knapp darauf äußerte sich der französische politische Berater in Wien, Louis de Monicault, zum österreichischen Diplomaten Norbert Bischoff eher noch stärker. Die Unterzeichnung des Zistersdorfer Abkommens wäre eine „sehr üble Sache“, geeignet, „alle günstigen Dispositionen der Westalliierten umzuwerfen“. Ein offizieller Protest komme nicht in Frage, da die Westmächte bei einer von ihnen nicht anerkannten Regierung nicht protestieren könnten (!). Doch sei Renner „nun auf verschiedenen Wegen so deutlich auf die drohende Gefahr aufmerksam gemacht worden, daß er den Russen gegenüber ohne weiteres auf ein Veto von dieser Seite hinweisen könne“.[88] Am 17. September 1945 gingen die Verhandlungen, wie nicht mehr anders zu erwarten, erfolglos zu Ende.[89] Einige Tage später befahl der sowjetische Hochkommissar die Gründung der Sowjetischen Mineralölverwaltung in Österreich.[90]

Die sowjetischen Bemühungen für Sanafta waren gescheitert, obwohl Gegner und Befürworter eines Abschlusses mit der Sowjetunion in beiden großen Parteien zu finden waren.[91] Parallel zu den Verhandlungen über Zistersdorf fanden auch Gespräche zwecks Abschlusses eines sowjetisch-österreichischen Handelsvertrages statt,[92] die jedoch zum Stillstand kamen. Im Jänner 1946 versuchte Außenminister

88 Aktennotiz Ludwig Kleinwächter vom 13. September 1945; Amtsvermerk Norbert Bischoff vom 15. September 1945, veröffentlicht in *ÖuG*, Nr. 23 u. Nr. 24. Zu den westlichen Interventionen vgl. auch: *FRUS 1945*, Bd. 3, 582, 585, 591, 616; ferner Molotovs diesbezügliche Bemerkung im Außenministerrat am 4. Dezember 1947 in London, *FRUS 1947*, Bd. 2, 747.

89 „Bericht über die Plenarversammlung vom 17. September 1945“, Zl. 149.023-6VR/47 (Kopie bei AdR, BMAA, II-Pol. Handakten Wildner), auch abgedruckt bei Schilcher, *Politik der Provisorischen Regierung*, Bd. 2, 84–88.

90 Smirnov an Molotov, 5. Februar 1946, in: AVPRF, f. 06, op. 8, p. 22, d. 313, ll. 1–4. Zu dieser Zeit wurde der Wert auf etwa 265 Millionen Reichsmark geschätzt (bei 70–75% deutscher Eigentümerschaft), während die Durchschnittsproduktion von 90.000 Tonnen pro Monat im Jahr 1945 auf ungefähr 40.000 Tonnen gefallen war.

91 Adolf Schärf, *Österreichs Erneuerung 1945–1955*, Wien [7]1960, 68–71; Eduard Heinl, *Über ein halbes Jahrhundert*, Wien o. J., 306–313.

92 Hierzu *ÖuG*, Dokumente Nr. 17–20.

Karl Gruber, den Handelsvertrag wieder voranzutreiben, sowjetischerseits wurde jedoch Wert darauf gelegt, „zunächst die Verhandlungen in der Zistersdorfer Erdölfrage wieder in Gang zu bringen". Es fanden in den Folgemonaten auch sowjetisch-österreichische „Fühlungnahmen" statt, doch hieß es in einer österreichischen Stellungnahme im Juni 1946, die Lösung der Ölfrage dürfte „wegen der damit verbundenen schwierigen Rechtsfragen noch geraume Zeit in Anspruch nehmen"; das ist ein Hinweis auf die mehrschichtigen Interessenkonflikte, die sich zwischen sowjetischen Ansprüchen auf Deutsches Eigentum, dem Anrecht westlicher Ölgesellschaften auf Rückstellung bzw. Entschädigung und österreichischen Verstaatlichungsplänen abzeichneten. Jedenfalls wird deutlich, dass sowjetischem Drängen österreichisches Zögern gegenüberstand.[93] Nachdem bereits am 2. Februar sowjetische Organe die Donau-Dampfschifffahrtsgesellschaft beschlagnahmt hatten, mag das Scheitern neuerlicher Versuche, den Erdölkomplex zu regeln, ein Anlass für die generelle Konfiszierung aller als Deutsches Eigentum beanspruchten Vermögenswerte gewesen sein, die im „Befehl Nr. 17" von Generaloberst Vladimir Kurasov, dem Nachfolger Konevs in Österreich, mit Datum vom 27. Juni 1946 ausgesprochen wurde.[94] Dieser Schritt, der parallel zu einer ähnlichen sowjetischen Maßnahme in Ostdeutschland durchgeführt wurde (Befehl Nr. 167 vom 5. Juni)[95], war bereits seit dem Herbst 1945 geplant gewesen, als Konev an Molotov Meldung über die Erfassung des Deutschen Eigentums in der Sowjetzone gemacht und einen Befehlsentwurf für die Schaffung der sowjetischen Kontrolle darüber gesendet hatte.[96] Im März 1946 wurden der Befehl der sowjetischen Regierung zur Schaffung einer Verwaltung der sowjetischen Unternehmen in Österreich (*Upravlenie Sovetskim Imuščestvom v Avstrii*, USIA) und einer staatlichen Aktiengesellschaft zum Verkauf von Ölprodukten (Österreichisch-Russische Ölprodukt[e], OROP) zur Bestätigung an Stalin geschickt.[97]

93 Vgl. die amtliche österreichische Darstellung in: *WZ*, 20. Juni 1946, 1f: „Österreich und die Potsdamer Beschlüsse – Eine Darstellung der Bundesregierung" sowie Ergänzungen hierzu in: *WZ*, 22. Juni 1946, 2: „Um den Handelsvertrag mit Rußland"; vgl. auch *DÖA*, Nr. 32.

94 Befehl Nr. 17 u.a. veröffentlicht in: *Sowjetpolitik gegenüber Österreich, April 1945–April 1947, eine Dokumentensammlung*, Wien 1947, 8–10; Erläuterungen des Generalmajors Georgij Cinëv hierzu ebd., 11–13; auch *DÖA*, Nr. 37 und Nr. 39; für die USIA-Unternehmen Klambauer, *Die USIA-Betriebe*, 250–258.

95 Steininger, *Der Staatsvertrag*, 61. Zur sowjetischen Wirtschaftspolitik in Ostdeutschland vgl. Norman M. Naimark, *The Russians in Germany: A History of the Soviet Zone of Occupation 1945–1949*, Cambridge, Mass. 1995, Kapitel 3.

96 Konev an Molotov, 14. Dezember 1945, in: AVPRF, f. 06, op. 7, p. 26, d. 322, ll. 100f. Vgl. Mueller, *Die sowjetische Besatzung*, 150f.

97 Mikojan an Stalin, Postanovlenie SM SSSR, Proekt, März 1946, in: AVPRF, f. 06, op. 8, p. 22, d. 312, ll. 13–16. Vgl. Karner/Stelzl-Marx/Tschubarjan, Hrsg., *Die Rote Armee in Österreich*, 430–437. Die

Vom Zeitpunkt des Bekanntwerdens von Befehl Nr. 17, dem 5./6. Juli 1946, steigerte sich die Heftigkeit der Kontroversen um das Deutsche Eigentum außerordentlich. Am 8. Juli meinte ein Mitglied des amerikanischen Elementes in Wien, Mr. Mellen, im Gespräch mit Außenminister Gruber, der Sinn der Potsdamer Bestimmung sei eindeutig der, „daß eben jede Macht in ihrer Zone entscheide, was deutsches Vermögen sei". Auch sei nach der juristischen Sachlage kaum daran zu zweifeln, dass der sowjetische Befehl im Einklang mit dem Zweiten Kontrollabkommen stehe, welches ein paar Tage zuvor unterzeichnet worden war.[98]

Die Auseinandersetzungen um den Befehl Nr. 17, die Bestürzung über seine Folgewirkungen – Einsetzung sowjetischer Verwalter, Übernahme der Finanzkontrolle durch Institutionen der sowjetischen Besatzungsmacht und, wie Schärf schreibt, „einseitige Protektionswirtschaft für die Kommunistische Partei und ihre Betriebsfunktionäre" –, all das führte im Juli und August 1946 zu einer der schwersten Krisen der Besatzungszeit in Österreich. Am 26. Juli 1946 beschloss der Nationalrat das (sogenannte erste) Verstaatlichungsgesetz. Dieses schloss 13 Unternehmungen ein, vor deren Aufnahme in das Gesetz Generaloberst Kurasov den Bundeskanzler am 23. Juli ausdrücklich gewarnt hatte, u.a. eben die Zistersdorfer Erdölfelder und die Donau-Dampfschifffahrtsgesellschaft (DDSG), aber auch die Industriebetriebe Alpine Montan, Gebrüder Böhler, Krupp und Hofherr-Schrantz, die Wiener Lokomotivfabrik, die Elektrofirmen AEG-Union, Elin, Siemens-Schuckert und das Kohlenbergwerk Sirius-Grünbach.[99] Der sowjetische Vertreter erhob Einspruch gegen dieses Gesetz im Alliierten Rat, wo es zu einer schweren Auseinandersetzung zwischen der sowjetischen Delegation und den anderen kam. Die Atmosphäre größter Spannung kam in einem Privatbrief Adolf Schärfs nach England zum Ausdruck:

> Es liegt natürlich in unserer Absicht, jede Verständigung mit dem Osten, die möglich ist, herbeizuführen, aber bei den Verhandlungen sind wir es, die den anderen in das Weiße der Augen schauen, und nur wir an Ort und Stelle können beurteilen, was das oder jenes bedeutet. Ein Dänengeld gegenüber einem solchen Nachbarn bedeutet das Ende des Landes. Gegenüber einem weiter entfernt liegenden oder einem schwächeren Nachbarn wäre es etwas anderes. Für

---

Sowjets schätzten den Wert der bisher konfiszierten 60 Unternehmen auf 301 Millionen Reichsmark. Smirnov an Molotov, 5. Februar 1946, in: AVPRF, f. 06, op. 8, p. 22, d. 313, ll. 1–4.

98 Amtsvermerk über Unterredung Außenminister Grubers mit Mr. Mellen, 8. Juli 1946.

99 Schärf, *Erneuerung,* 122. Note des Generalobersten Kurasov an Bundeskanzler Figl vom 23. Juli 1946 in: *WZ,* 27. Juli 1946, 2. Vgl. auch Gedächtnisprotokoll Figls über eine Unterredung mit Kurasov am 15. Juli 1946, AdR, BMAA, II-Pol, Handakten Wildner, sowie NÖLA, Nachlass Figl. Ferner Siegfried Hollerer, *Verstaatlichung und Wirtschaftsplanung in Österreich 1946–1949,* Wien 1974, 82–87.

> uns kann es da nur eines geben, *fortiter in re, suaviter in modo*. Alles andere wäre schlechter, aber auch Lüge.[100]

Bei den drei westlichen Alliierten fand Österreich Rückendeckung und sie lehnten es ab, ein Vier-Mächte-Veto gegen das Verstaatlichungsgesetz herbeizuführen. Die Rechtsabteilung der amerikanischen Gesandtschaft vertrat die Rechtsansicht, das Verstaatlichungsgesetz verstoße tatsächlich gegen das Zweite Kontrollabkommen; allerdings hüteten sich die Amerikaner, der sowjetischen Seite davon Mitteilung zu machen.[101]

Aber auch die Westalliierten wahrten ihre Rechte, welche mit individuellen Eigentumsrechten und österreichischen Interessen jedoch besser vereinbar waren. Sie ließen die Österreicher wissen, dass das Verstaatlichungsgesetz nicht auf jene Firmen angewendet werden dürfe, die ganz oder teilweise Eigentum von Angehörigen ihrer Länder seien. Eine entsprechende Erklärung der Bundesregierung erging anfangs September 1946.[102] Anderseits kamen die Westalliierten, beginnend mit einer Erklärung der Amerikaner vom 10. Juli 1946, Österreich sehr entgegen, indem sie begannen, das Deutsche Eigentum in den Westzonen des Landes zur österreichischen treuhändigen Verwaltung zu übergeben. Die Übergabe des größten „Deutschen Eigentums" der US-Zone, der früheren Hermann-Göring-Werke in Linz, der VOEST, zur treuhändigen Verwaltung erfolgte bereits am 16. Juli 1946 in feierlicher Form.[103]

---

100 An Walter Wodak am 2. August 1946. Wagnleitner, *Diplomatie*, Nr. 155.

101 Bader, *Austria between East and West*, 73.

102 Einschlägige Schreiben von britischer (4. Sept.), amerikanischer (6.Sept.) und französischer Seite (21. Sept.) in: AdR, BMAA, II-Pol, Handakten Wildner. Erklärung der Bundesregierung v. 7. September 1946, betreffend Aufschieben der Verstaatlichung von Beteiligungen der Vereinten Nationen, bis ein Gesetz zur Regelung der Entschädigungsbedingungen in Kraft getreten sein würde, in: *WZ*, 13. September 1946, 1. Erst acht Jahre später wurde das Erste Verstaatlichungs-Entschädigungsgesetz (BGBl. 189/1954) verabschiedet, das aber alliierte Ansprüche ausklammerte, deren Befriedigung schließlich in den zwei Memoranden vom 10. Mai 1955 (siehe Kap. VII) erfolgte.

103 Note des amerikanischen Hochkommissars General Clark an die Bundesregierung vom 10. Juli 1946. Text in: Cary Travers Grayson, Jr., *Austria's International Position 1938–1953*, Genf 1953, 239. Vgl. auch Waltraud Brunner, *Das Deutsche Eigentum und das Ringen um den österreichischen Staatsvertrag 1945–1955*, Diss. Univ. Wien 1976, 46f.

3. Die November-Wahlen 1945, erste Erwägungen und Schritte in Bezug auf den Österreich-Vertrag; das Zweite Kontrollabkommen

Zum Zeitpunkt dieser Übergabe war bereits sowohl eine neue österreichische Regierung eingesetzt als auch das Zweite Kontrollabkommen in Kraft. Das Erste Kontrollabkommen aus dem Jahr 1945 hatte, auf Druck des Westens die Bildung einer frei gewählten österreichischen Regierung unter der Kontrolle des Alliierten Rates festgelegt. Die Nationalratswahl am 25. November 1945 löste ein politisches Erdbeben aus: Die ÖVP belegte mit 49,8 Prozent der Stimmen den ersten Platz, die SPÖ errang 44,6 Prozent, wohingegen die KPÖ mit 5,4 Prozent unter den Erwartungen blieb. Drei Wochen zuvor hatten die ungarischen Kommunisten mit sowjetischer Unterstützung 16,9 Prozent bei der bisher einzigen (wenn auch nur teilweise) freien Wahl in sowjetisch besetzten Gebieten erhalten.

In ihrem Schriftverkehr mit Stalin versuchten die Anführer der KPÖ, die Berichten zufolge für ihre Partei bis zu 25 Prozent erwartet hatten, die Gründe ihrer unerwarteten Niederlage zu erklären. Unter den angeführten Erklärungen waren die geringe Verbreitung des Antifaschismus in Österreich, der tiefsitzende Antikommunismus der Wähler und die Furcht, dass die KPÖ entschiedener gegen frühere Nazis und Mitläufer vorgehen könnte, sowie die ambivalente Position der KPÖ, die sowohl Teil der Provisorischen Regierung als auch deren schärfster Kritiker war.[104] Der Hauptgrund für die unerwartete Niederlage scheint allerdings die traumatische Nachkriegserfahrung der österreichischen Bevölkerung gewesen zu sein, insbesondere in der östlichen Zone des Landes. Den ganzen Sommer 1945 hindurch wurden sowjetische Kriegsverbrechen verzeichnet, darunter Morde, die Vergewaltigung tausender österreichischer Frauen sowie die Plünderung von Häusern und Geschäften. Gerüchte über einen bevorstehenden bewaffneten Konflikt zwischen der Roten Armee und den Westmächten und über einen drohenden kommunistischen Putsch breiteten sich aus.[105] Erst nach der Stationierung neuer sowjetischer Truppen und der Ankunft westlicher Kontingente in Wien im späten Sommer hatte sich die Si-

104 Koplenig und Fürnberg an Stalin, 18. Dezember 1945, mit Bericht Hexmann, 8. Dezember 1945, in: Wolfgang Mueller/Arnold Suppan/Norman Naimark/Gennadij Bordjugov, Hrsg., *Sowjetische Politik in Österreich 1945–1955: Dokumente aus russischen Archiven: Sovetskaja politika v Avstrii: Dokumenty iz Rossijskich archivov,* Wien 2005, 223–243, hier 223 and 233f.

105 [Heinrich Wildner], *„Ich bestelle Sie hiermit zur Leitung des Außenamtes…" Das Tagebuch von Heinrich Wildner 1945,* hrsg. v. Roman Eccher/Stefan Mach/Ulrich Christian Stabel/Eva Wotawa-Hahlheimer, Wien 2010, 64f (16./17. Mai), 68f (24./25. Mai), 71 (29. Mai), 74 (9. Juni), 78 (23. Juni), 80f (28./30. Juni), 85–88 (14./20. Juli), 107 (30. Aug.); Bischof, *Austria,* 30–43; Barbara Stelzl-Marx, *Stalins Soldaten in Österreich: Die Innensicht der sowjetischen Besatzung 1945–1955,* Wien 2012, 408–428, 466–475.

tuation beruhigt. Die grundlegende Unsicherheit dürfte dazu beigetragen haben, die Volksmeinung gegen die Kommunisten zu wenden, die weithin mit der UdSSR und deren Armee in Verbindung gebracht wurden.

Der neue, am 20. Dezember ernannte Kanzler war Leopold Figl. Der 45jährige christlich-soziale Anführer hatte fünfeinhalb Jahre in Gefangenschaft der Nazis verbracht, fünf Jahre und zwei Monate davon in den Konzentrationslagern Dachau, Flossenbürg und Mauthausen, und hatte die Folter durch die Nazis nur knapp überlebt. 1945 wurde er von der Roten Armee in Wien aus seiner Haft befreit, wo er einen Volksgerichtsprozess erwartete, der wahrscheinlich mit der Todesstrafe geendet hätte. Unverzüglich wurde Figl zu einem der Gründer der ÖVP.[106] Mit Rücksicht auf die bevorstehenden Herausforderungen und die Wünsche der Sowjetbesatzung beschlossen die österreichischen Parteien nach den Wahlen, ihre Dreierkoalition fortzuführen (wenngleich die kommunistische Beteiligung auf einen Minister reduziert wurde). Trotz dieses Zugeständnisses verstärkte die sowjetische Obrigkeit, die ihre Hoffnungen auf die Kommunisten gesetzt hatte, nach der KPÖ-Niederlage ihre politische Beeinflussung vor Ort und nahm eine feindseligere Einstellung gegenüber den nichtkommunistischen Parteien ein.[107] In Ostdeutschland warnten die Sowjetbehörden die kommunistischen Anführer vor der „österreichischen Gefahr", Macht durch freie Wahlen zu verlieren, und erhöhten den Druck auf die Sozialdemokraten, sich mit den Kommunisten zu vereinigen.[108]

Von den österreichischen Wahlen und der Anerkennung der Bundesregierung durch die vier Mächte am 7. und 8. Jänner 1946 an wurden in deren Österreich-Politik zwei Entwicklungslinien sichtbar. Einerseits wurden, wie im Ersten Kontrollabkommen vereinbart, auf britische Initiative hin die Vorarbeiten für ein neues Kontrollabkommen aufgenommen, das die Kompetenzen der österreichischen Regierung beträchtlich erweitern sollte. Anderseits begann die US-amerikanische Regierung frühzeitig auf den Abschluss eines Vertrages zu drängen, der Österreich von der Besetzung komplett befreien und die volle Souveränität des Landes wiederherstellen würde.

In einer Besprechung amerikanischer Diplomaten in Wien am 2. Jänner 1946 kam die Notwendigkeit eines „Friedensvertrages" mit Österreich zur Sprache, wobei sogleich das Problem erörtert wurde, dass ja die Alliierten mit Österreich als Staat gar nicht Krieg geführt hätten. Ein Teilnehmer erklärte, es könne trotzdem einen

---

106 Helmut Wohnout, *Leopold Figl und das Jahr 1945: Von der Todeszelle auf den Ballhausplatz*, St. Pölten 2015, 21.

107 Mueller, *Die sowjetische Besatzung*, 143–163.

108 Rolf Badstübner/Wilfried Loth, Hrsg., *Wilhelm Pieck – Aufzeichnungen zur Deutschlandpolitik 1945–1953*, Berlin 1994, 63f.

Vertrag geben, der Österreichs Unabhängigkeit bekräftigen und seine Beziehungen zu anderen Staaten regeln würde.[109] Am 18. Jänner 1946 argumentierte der Assistant Secretary of State, James C. Dunn, in einem Memorandum, dass ein Friedensvertrag nicht angemessen wäre, da Österreich ein befreites Land sei; er schlug daher als Titel „Vertrag für die Wiederherstellung der österreichischen Unabhängigkeit" vor.[110]

In dieser Diskussion kommt die eigentümliche Zwischenstellung Österreichs zum Ausdruck. Österreich nehme eine besondere Position ein, erklärte Außenminister Molotov auf der Pariser Tagung des Rates der Außenminister Ende April 1946; Österreich habe nicht Krieg erklärt, noch habe es als Staat Krieg geführt. Anderseits habe es einen Teil Deutschlands gebildet. Zwischen Österreich und den anderen Ländern (mit denen Friedensverträge abzuschließen waren) gebe es keine Parallele. Der US-Außenminister Byrnes stimmte zu, dass Österreich in einer besonderen Lage sei.[111] Die Republik galt als befreites, nicht als besiegtes Land, obgleich auch hier Schwankungen in der Haltung einzelner Alliierter festzustellen sind. Keinesfalls befand sich Österreich in der Gruppe der den Siegermächten zuzuzählenden Staaten wie etwa die Tschechoslowakei, Belgien oder auch Dänemark. Aber als Feindstaat wie Ungarn, Rumänien oder Bulgarien war es eben auch nicht anzusehen.

In Österreich wurde die Frage einer völkerrechtlichen Regelung der Stellung des Landes im Amt für auswärtige Angelegenheiten der Staatskanzlei, also dem noch sehr kleinen Außenamt der Zweiten Republik, mehrfach untersucht, und zwar in der zunächst so genannten „Juristischen Abteilung", aus der sich später die Abteilung VR (Völkerrecht), auch häufig als Völkerrechtsbüro bezeichnet, entwickelte.[112] Das Thema wurde bereits im April/Mai 1945 durch einige der österreichisch gesinnten Diplomaten aufgegriffen, welche Renner zuvor intern kritisiert hatten, da sie ihm eine großdeutsche Denkweise und eine eher dem Besiegten als dem Befreiten

109 *FRUS 1946*, Bd. 5: *The British Commonwealth, Western and Central Europe,* Washington 1969, 285.

110 Ebd., 296f.

111 *FRUS 1946*, Bd. 2: *Council of Foreign Ministers,* Washington 1970, 99f, Mitschrift der 1. Sitzung am 25. April 1946.

112 Zum Wiederaufbau des österreichischen Auswärtigen Dienstes vgl. Klaus Fiesinger, *Ballhausdiplomatie 1945–1949. Reetablierung der Nachbarschaftsbeziehungen und Reorganisation des Auswärtigen Dienstes als Formen außenpolitischer Reemanzipation Österreichs,* München 1993; Michael Gehler, *Österreichs Außenpolitik der Zweiten Republik: Von der Alliierten Besatzung bis zum Europa des 21. Jahrhunderts,* Innsbruck 2005, 32–42; Eva Wotawa-Hahlheimer/Ulrich Christian Stabel/Stefan Mach, *Das Wiedererstehen des österreichischen Auswärtigen Dienstes,* Wien 2009; Rudolf Agstner/Gertrude Enderle-Burcel/Michaela Follner, *Österreichs Spitzendiplomaten zwischen Kaiser und Kreisky: Biographisches Handbuch der Diplomaten des Höheren Auswärtigen Dienstes 1918 bis 1959,* Wien 2009, 64–74.

entsprechende Mentalität vorwarfen. Sie beschuldigten ihn auch, den Alliierten gegenüber einen zu demütigen Ton an den Tag zu legen, und strichen eine Passage über die „Beteiligung österreichischer Soldaten an den Barbareien der deutschen Wehrmacht" aus dem Text einer seiner Reden.[113] In den Augen Norbert Bischoffs, des Leiters der Politischen Abteilung des Außenamtes, handelte es sich bei Österreich um ein befreites Land, das von Deutschland besetzt gewesen, aber nicht ein Teil davon gewesen sei, daher unfähig war selbstständig zu handeln und auch nicht verantwortlich für deutsche Verbrechen. Andererseits empfahl Heinrich Wildner, der Generalsekretär des Außenamtes, man solle aus Renners Entwürfen offizieller Briefe die Formulierung streichen, dass Österreich ein „neuer" Staat wäre, da dies vermutlich „bei den Juristen Englands und Amerikas Schwierigkeiten entstehen" lassen könne.[114]

Aus mehreren Memoranden Rudolf Blühdorns, des stellvertretenden Leiters der Juristischen Abteilung, aus den Monaten Mai, Juli und August 1945 geht hervor, dass seine Beurteilung der völkerrechtlichen Stellung Österreichs durchaus einer Evolution unterworfen war. Im Mai vertrat Blühdorn in einer Ausarbeitung über „Die völkerrechtliche Stellung der neuen Republik Österreich und die österreichischen Ansprüche gegen das Deutsche Reich" die Auffassung, dass Österreich als Neustaat in Entstehung begriffen sei. Er ging von der „Annexionstheorie" aus, der These, dass Österreich mit Deutschland (gewaltsam) vereinigt worden sei, dass es daher die Verantwortung mit Deutschland teile, und dass es neu gebildet werden müsse. Wenigstens de facto sei die Annexion Österreichs im Frühjahr 1938 durch die fremden Staaten anerkannt worden; nur Mexiko habe protestiert. In der umfangreichen Ausarbeitung „Die völkerrechtliche Stellung der Republik Österreich" mit Datum 28. Juli 1945 stellte Blühdorn Argumente und Belege, die für die Annexionstheorie und jene, die für die „Okkupationstheorie" (völkerrechtliche Fortdauer des Staates Österreich trotz Besetzung) sprächen, einander gegenüber. Er kam zu dem Schluss, dass die Auffassung des deutschen Einmarsches in Österreich als vorübergehende „Besetzung" die für Österreich günstigere sei, da dies weder irgendeine

113 Hierzu Josef Schöner, *Wiener Tagebuch 1944/1945*, hrsg. v. Eva-Marie Csáky, Franz Matscher und Gerald Stourzh, Wien – Köln – Weimar 1992, 202f, 227, 236–238. Erster Anlass dieser Kritik war Renners Begrüßungsansprache an die Beamtenschaft der Staatskanzlei am 30. April 1945, die in der Tat ein merkbares Bedauern über die durch Hitler erfolgte Diskreditierung der Anschlussidee zum Ausdruck brachte. Ediert in: *Protokolle des Kabinettsrates*, Bd. 1, 54–58. Über ein Gespräch mit Norbert Bischoff am 6. Mai 1945 berichtet Schöner: „Wir sind, wie Bischoff treffend sagt, kein Teil des besiegten Deutschland, sondern auch ein Siegerstaat, wenn auch einer ‚minderen Rechtes' vielleicht." Schöner, *Wiener Tagebuch*, 227. Zu Bischoff, Blühdorn und Schöner vgl. Agstner/Enderle-Burcel/Follner, *Österreichs Spitzendiplomaten*, 133ff; 138f; 406ff.

114 [Wildner], *Das Tagebuch von Heinrich Wildner 1945*, 53.

Art österreichischer Mitverantwortlichkeit nach sich zog, noch die Notwendigkeit, einen neuen Staat zu erschaffen. Darüber hinaus war Österreich als von Deutschland „okkupiertes" Land keinerlei Reparationszahlungen unterworfen. Blühdorn wies auch darauf hin, dass die alliierten Hauptmächte (in erster Linie die Westmächte) ihre Haltung in dem Sinne revidiert hätten, dass sie in der „Besetzung" Österreichs durch deutsche Truppen „eben nichts mehr anderes sehen wollen, als eine tatsächliche Besetzung, die die völkerrechtliche Stellung des besetzten Landes nicht berührt". Da Österreichs „politische Stellung ausschließlich durch die Machtbedürfnisse der Großmächte bestimmt" und die eines Pufferstaates zwischen den beiden rivalisierenden Großmächtegruppen sei, machte der Diplomat auch auf das besondere Problem der UdSSR aufmerksam, die „offenbar weniger Interesse an einem lebensfähigen Österreich" habe als Großbritannien oder Amerika, „jedoch einen ungeheuren Bedarf an Wirtschaftsgütern, um die eigenen Kriegsschäden und zwar so bald wie möglich zu beseitigen". Bei beiderseitigem gutem Willen müsste es aber möglich sein, die Sonderwünsche der UdSSR „unter Aufrechterhaltung der Besetzungstheorie zu erfüllen". Wie immer der Versuch, die Zustimmung zur Besetzungstheorie zu erlangen, auch ausgehen möge, so schloss Blühdorn, scheine doch zweierlei festzustehen: Zum mindesten auf die Westmächte dürfte die hier entwickelte Auffassung mehr Eindruck ausüben „als ein Zugeständnis der eigenen Schuld verbunden mit einem Flehen um die Gnade des Siegers". Und im Inneren wäre diese Auffassung geeignet, „den Österreichern das zum Wiederaufbau des Landes nötige Vertrauen in die eigene Kraft wiederzugeben. Aus einer schwächlichen mea-culpa-Stimmung heraus wird sich dieses Selbstbewußtsein, der zum Gelingen eines jeden Unternehmens erforderliche Optimismus nie einstellen."[115]

Ende Juli war es den Diplomaten gelungen, Renner von der These zu überzeugen, „daß wir, völkerrechtlich betrachtet, das alte kleine Österreich sind, das durch Besetzung an der Ausübung seiner Souveränität gehindert wurde".[116] Obwohl die offizielle Einführung der „Okkupationstheorie" im August 1945 dazu gedacht war, Österreichs schneller Wiederherstellung unter dem Völkerrecht zu dienen und Schutz vor ausländischen Ansprüchen zu bieten, leistete sie längerfristig einen Beitrag zur Festigung der österreichischen „Opferthese".[117]

---

115 Beide Memoranden als Durchschlag im Nachlass Josef Schöner, Konvolut 5 (nunmehr in ÖSTA, GD, NLS, E/1773). Das erste Memorandum, geschrieben nach dem 11. Mai 1945, ohne Zahl, das zweite Memorandum (28 masching. Seiten) vom 28. Juli 1945 mit Zl. 415-J/45.

116 [Wildner], *Das Tagebuch von Heinrich Wildner 1945*, 91.

117 Vgl. auch Bischof, *Austria in the First Cold War*, 62. Es ist unbestritten, dass die Okkupationstheorie von der Bundesregierung advokatorisch eingesetzt wurde. Sogar Adolf Schärf, der aus innenpolitischen Gründen die Rechtsgeltung des Konkordates von 1934 bestritt und deshalb mehrfach – ob-

Ein drittes Memorandum, von Blühdorn im August 1945 anlässlich der Veröffentlichung der Potsdamer Beschlüsse der Großen Drei zusammengestellt, untersuchte die Konsequenzen für Österreich. Es stellte fest:[118]

> Aus den Potsdamer Beschlüssen geht hervor, daß mit Österreich kein Friedensvertrag geschlossen werden wird, wie mit Italien, Rumänien, Ungarn, Bulgarien, Finnland, aber auch mit Deutschland. In dieser Beziehung wird somit Österreich nicht als besiegtes Land behandelt.
> Andererseits wird es aber doch nicht so behandelt, wie z. B. die Tschechoslowakei, Polen, Belgien usw., denn es steht, ebenso wie Deutschland, unter ‚Kontrolle'.
> Wie dem aber auch immer sein mag, es wird sich die Notwendigkeit ergeben, daß die alliierten Mächte mit Österreich einen Vertrag abschließen zum Zwecke der Festsetzung der Grenzen, sowie zur Regelung einer ganzen Reihe von Fragen, wie die der Staatsangehörigkeit, des Schicksals des deutschen Eigentums auf österreichischem Gebiet, der allfälligen Ansprüche Österreichs gegenüber Deutschland usw.[119]

Dies ist in der Tat eine frühzeitige und sehr klare Darstellung der „Zwischenstellung" Österreichs. Blühdorn fuhr dann fort, eine Unterscheidung in Beziehung auf mögliche Vertragspartner zu machen. Man müsse unterscheiden, „ob es sich um den Abschluß eines Vertrages" – eine handschriftliche Korrektur wird noch genannt werden –

---

gleich Mitglied der die Okkupationstheorie anwendenden Bundesregierung! – öffentlich gegen diese Theorie Stellung nahm, hat sich in einer Stellungnahme im Ministerrat viel milder geäußert: „Ich verstehe den Kampf, den das Außenamt um die Anerkennung der Tatsache führt, daß Österreich okkupiert und nicht annektiert war. Ich glaube zwar, daß wir in diesem Kampf keinen Erfolg haben werden, denn im Staatsvertragsentwurf ist schon wieder der Begriff der Annexion und nicht der Okkupation verankert [dies bezog sich auf die der Moskauer Deklaration folgende Textierung der Präambel zum Staatsvertrag, G.S.], trotzdem bin ich aber dafür, daß man die Fiktion des Okkupationsstatus weiterhin aufrecht erhält." Schärf fügte hinzu: „Wir wollen keine Schwierigkeiten machen, aber für innenpolitische Konsequenzen, die dazu führen, das Konkordat als existent zu betrachten, können wir nicht zu haben sein." AdR, MRProt Nr. 121, 20. Juli 1948.

118 „Das Schlußprotokoll der Potsdamer Konferenz und die gemeinsame Erklärung über Österreich", unterschrieben von Leitmaier am 12. August 1945, Z. 803-J/45. Im Aktenbestand des Völkerrechtsbüros des BMAA befindet sich der Originalakt, eine Kopie des Dokumentes, registriert mit anderen Aktenstücken der Politischen Abteilung bei AdR, BMAA, Z. 1892-Pol/45, veröffentlicht in: *ÖuG*, Nr. 36.

119 Dieser maschingeschriebene Text enthält kleine stilistische Korrekturen in Blühdorns Handschrift, die hier stillschweigend berücksichtigt werden. Auf inhaltlich bedeutsame handschriftliche Korrekturen wird gebührend hingewiesen werden.

> zwischen Österreich einerseits und den alliierten Mächten andererseits handelt, der die neue Stellung Österreichs zu den alliierten Mächten und den übrigen Staaten regeln soll, oder ob es sich nur darum handelt, daß Österreich zu den Verhandlungen über einen Vertrag zwischen anderen Staaten (z. B. zwischen den alliierten Mächten und Ungarn) herangezogen wird, um zu Fragen Stellung nehmen zu können, die auch Österreich interessieren.

Im zweiten Fall, so Blühdorn, würde es wohl genügen, eine kleinere Delegation zu bestellen. Man gewinnt den Eindruck, dass dies dem Verfasser eher als die unwahrscheinlichere Alternative vorkam. „Im ersten Falle dagegen, wo es sich um den Abschluß eines Staatsvertrages zwischen Österreich selbst und den alliierten Mächten handelt, müßte wohl das Haupt der österreichischen Regierung, der Staatskanzler selbst, die Delegation führen, um mit der entsprechenden Autorität nach Innen und Außen für Österreich auftreten zu können."

Hier also ist das Wort vom Staatsvertrag ausgesprochen! Grundsätzlich ist jeder zwischen zwei (oder mehreren) Staaten abgeschlossene Vertrag, welchen Inhaltes immer, ein Staatsvertrag, und der Begriff spielt auch im Bundesstaatsrecht eine Rolle. Doch in der staats- und völkerrechtlichen Überlieferung der Republik Österreich kam dem Begriff „Staatsvertrag" seit dem Jahr 1919 ein besonderer Stellenwert zu. Da nämlich nach österreichischer Rechtsauffassung, die 1918/19 von Hans Kelsen entwickelt und von Karl Renner als Staatskanzler verfochten worden war, die Republik nicht als Rechtsnachfolger der untergegangenen österreichisch-ungarischen Monarchie, auch nicht der österreichischen Reichshälfte galt, hatte Österreich den Vertrag von Saint-Germain vom 10. September 1919 nicht als „Friedensvertrag", sondern als „Staatsvertrag" ratifiziert und kundgemacht.[120] Gleichfalls wurde der Friedensvertrag zwischen den Vereinigten Staaten von Amerika – die ja die Pariser Friedensverträge nicht ratifiziert hatten – und Österreich, unterzeichnet in Wien am 24. August 1921, im Bundesgesetzblatt als „Staatsvertrag" kundgemacht.[121]

Einem Völkerrechtsexperten der Generation Blühdorns war natürlich die Erinnerung an die Begrifflichkeit von 1919 geläufig; die Bezugnahme auf Saint-Germain kann in seinen Überlegungen betreffs der österreichischen Delegation bei einer zukünftigen Friedenskonferenz noch expliziter belegt werden.[122] Blühdorn begann

---

120 Hans Kelsen, *Österreichisches Staatsrecht,* Tübingen 1923, 147. Zu Kelsens These auch Stephan Verosta, *Die dauernde Neutralität. Ein Grundriß,* Wien 1967, 49f.

121 BGBl. Nr. 643/1921. Zu diesem wenig bekannten, in mehrfacher Hinsicht im Vergleich zum Vertrag von Saint-Germain günstigeren Vertrag vgl. Friedrich F. G. Kleinwächter, *Von Schönbrunn bis St. Germain. Die Entstehung der Republik Österreich,* Graz 1964, 300f.

122 „Es wäre weiters zu erwägen, ob nicht sowohl aus innen- wie auch aus außenpolitischen Gründen

während der Redaktion dieses Exposés dem Begriff „Staatsvertrag“ durch Einfügung von „Staats“ vor Vertrag größeres Gewicht zu geben. Als Anlage zu diesem Exposé wurde bereits der Entwurf eines Schreibens an die anderen österreichischen Ministerien (damals Staatsämter) verfasst, in dem es hieß, nach den Beschlüssen der Potsdamer Konferenz werde mit Österreich kein Friedensvertrag abgeschlossen werden. Nichtsdestoweniger sei anzunehmen, „daß die Bereinigung aller zwischen Österreich und den alliierten Mächten obschwebenden [sic!] Fragen durch einen Staatsvertrag erfolgen wird, der sachlich die Funktion eines Friedensvertrages übernehmen wird“.

Die seit dem 20. Dezember 1945 amtierende Bundesregierung begann frühzeitig, von der Notwendigkeit eines Staatsvertrages zu sprechen. Schon am 2. Februar 1946 übergab Außenminister Gruber dem britischen politischen Vertreter in Wien, William Mack, ein Papier mit dem Titel „Entwurf für einen Vertrag zur Wiederherstellung der Rechtsstellung Österreichs“. Dieser Entwurf beruhe nicht, wie Gruber ausdrücklich festhielt, auf einem Beschluss des Ministerrates; es handle sich um einen noch unvollständigen Vorentwurf, der auf den Auffassungen der ministeriellen Sachbearbeiter beruhe. Dieser Entwurf enthielt, von der sich auf die Moskauer Deklaration (ohne Hinweis auf die Verantwortlichkeitsklausel) berufenden Präambel abgesehen, lediglich Punktationen über zu regelnde Materien; darin sollten auch das „Deutsche Eigentum“ in Österreich betreffende Regelungen enthalten sein, insofern dies „bis zum Abschluß des Staatsvertrages“ noch nicht geschehen sein sollte.[123] Der neu ernannte politische Vertreter Österreichs in Washington, Ludwig Kleinwächter, betonte anlässlich seines Antrittsbesuches bei James Byrnes am 18. Februar 1946 das österreichische Interesse an einem Vertragsabschluss. Der ebenfalls neu ernannte politische Vertreter in London, Heinrich Schmid, meinte in seiner ersten Pressekonferenz am 1. März, eine Klärung der völkerrechtlichen Stellung Österreichs sei von größter Wichtigkeit; daher „die Bemühungen um einen Staatsvertrag“. Leopold Figl stellte Ende Mai 1946 ausdrücklich fest, dass ein Staatsvertrag für Österreich eher am Platz sei als ein Friedensvertrag, denn Österreich

---

noch weitere Politiker dem Staatskanzler als Berater beigegeben werden sollen, so wie dies seinerzeit bei den Verhandlungen in St. Germain geschehen ist.“ Zu Beginn der Staatsvertragsverhandlungen in London im Jänner/Februar 1947 sollte dies tatsächlich der Fall sein.

123 Der Entwurf (BMAA, Zl. 78-K/46) befindet sich, mit dazugehörenden Materialien in den Handakten des Generalsekretärs für die auswärtigen Angelegenheiten Heinrich Wildner (AdR, BMAA, Sektion II-Pol, Kt. 123) (1949). Eine Abschrift des Entwurfes und von Grubers Begleitnote an William Mack, die von diesem dem amerikanischen politischen Vertreter John G. Erhardt übergeben wurde, der sie wiederum mit Bericht Nr. 810 vom 8. Februar 1946 nach Washington gesandt hatte, erliegt in: NA, RG 59, Decimal File, No. 863.01/2-846; vgl. auch Hinweis in *FRUS 1946,* Bd. 5, 308, Anm. 50. Eine auszugsweise Veröffentlichung erfolgte in den ersten drei Auflagen dieses Buches.

könne nicht als kriegführende Macht angesehen werden, und ein Friedensvertrag sei nicht erforderlich.[124] Der Bundeskanzler legte auch in Folge besonderen Wert darauf, vom „Staatsvertrag", nicht von einem „Friedensvertrag" zu sprechen. Im November 1946 kam es darüber im Ministerrat nach Berichten über Grubers erste Reise in die USA und Vizekanzler Schärfs Besuch in Großbritannien zu einer Anfrage des Handelsministers Eduard Heinl, ob „die Frage Staatsvertrag oder Friedensvertrag" berührt worden sei. Gruber gab zur Antwort, dass es seiner Meinung nach das Wichtigste wäre, „die Besatzung los zu bekommen, und um diesen Preis könnte man auch einen Friedensvertrag schließen". Er fügte hinzu, nach der Erklärung des US-State Department gelte Österreich als befreites Land; in London gebe es gewisse Schwierigkeiten, weil England den Anschluss anerkannt habe, also aus formellen Gründen de jure die Frage gelöst werden müsse. „Je rascher wir den Vertrag bekommen, desto besser", meinte Gruber. „Die Engländer werden wohl kaum auf einem Friedensvertrag beharren." Figl entgegnete ausdrücklich: „Wir dürfen nicht einen Friedensvertrag, sondern müssen einen Staatsvertrag anstreben. Nicht nur aus optischen Gründen, denn es hat doch der Friedensvertrag einen Beigeschmack, weil ein Friedensvertrag nur mit einem Feind geschlossen wird. Ich bitte daher, immer nur vom Staatsvertrag zu reden."[125]

Allerdings gab es in all den Jahren immer wieder unscharfe oder unzutreffende Ausdrücke, vor allem bei den vier Mächten. Die sehr häufig verwendete Kurzform „Austrian treaty" war unscharf, aber als solche nicht unzutreffend. Die ebenfalls im Sprachgebrauch anzutreffende Verwendung von „peace treaty" war unzutreffend. Am ehesten verständlich war die Verwendung von „Friedensvertrag" im England der ersten zweieinhalb Nachkriegsjahre – z.B. Außenminister Ernest Bevin im britischen Parlament im Februar 1946[126] –, da sich nach britischer Rechtsansicht Groß-

---

124 Für Kleinwächter vgl. *FRUS 1946,* Bd. 5, 308; für Schmid vgl. *WZ,* 2. März 1946, 1; für Figl vgl. *WZ,* 29. Mai 1946, 1.

125 AdR, BKA, MRProt Nr. 46 v. 21. November 1946; gedruckt in *Protokolle des Ministerrates der Zweiten Republik: Kabinett Leopold Figl I,* hrsg. v. Gertrude Enderle-Burcel/Rudolf Jerabek, bearb. v. Peter Mähner/Walter Mentzel, Bd. 4, Wien 2006, 20. In einer vorhergehenden Ministerratssitzung hatte Figl darauf hingewiesen, dass es notwendig sei, „für den Abschluß des Staatsvertrages alles vorzubereiten". MRProt Nr. 44 v. 5. November 1946.

126 Bevins Äußerung im House of Commons, 21. Februar 1946; hierzu eine Gesprächsnotiz des der österreichischen politischen Vertretung in London zugeteilten Walter Wodak, in: Wagnleitner, *Diplomatie,* Nr. 49. Eine differenzierte Stellungnahme Bevins findet sich in seinem Gespräch mit Adolf Schärf am 3. April 1946, in: Adolf Schärf, *Erneuerung,* 111f. Bemerkenswert ist die interne Notiz eines Beamten des Foreign Office (John Troutbeck) im April 1946: die Österreicher „...are not behaving too reasonably themselves ... they go on pretending that they never fought against us at all". Zit. bei Robert Graham Knight, *British Policy Toward Occupied Austria 1945–1950,* Diss. London School of Economics 1986, 91. Die Zitierung dieser Passage bei Wagnleitner, *Diplomatie,* Nr. 59, Anm. 1, ist nicht exakt.

britannien immer noch mit Österreich im Kriegszustand befand. Dies erklärt auch, warum britische Diplomaten sich mit der Formel vom „befreiten" Österreich im Sinne der Moskauer Deklaration schwer taten.[127] Im Laufe des Jahres 1946 zeichnete sich eine Quadratur des Kreises ab, wie nämlich die britische juristische Position mit dem politisch im Hinblick auf den Ost-West-Konflikt immer aktueller werdenden Postulat des befreiten Österreich im Sinne der Moskauer Deklaration verbunden werden könnte.[128] Der juristische „Trick" würde darin bestehen, vor Unterzeichnung des Vertrages mit Österreich, der kein Friedensvertrag war, den Kriegszustand mit Österreich zu beenden. Dies geschah am 16. September 1947 um 16 Uhr.[129]

Festzuhalten ist, dass keine der vier Mächte je einen Entwurf zu einem „Friedensvertrag" mit Österreich vorlegte; keiner der noch zu nennenden frühen amerikanischen Vorentwürfe und Entwürfe des Jahres 1946 trug den Titel „Friedensvertrag", nicht einmal der britische und auch nicht der französische; die Sowjetunion sollte keinen eigenen Vertragsentwurf vorlegen. In ihrer internen Kommunikation sprachen sowjetische Diplomaten und das Politbüro von einem Vertrag „mit Österreich" oder einem „österreichischen Vertrag".[130] Am 16. Jänner 1947, dem ersten Tag der Vertragsverhandlungen in London, einigten sich die vier Mächte auf den Titel: „Vertrag zur Wiederherstellung eines unabhängigen und demokratischen Öster-

---

127 Hierzu u.a. ein interner Schriftwechsel im Foreign Office im Jänner 1945, TNAUK, FO 371/46607, C 263, weiters Schreiben des designierten Vertreters des Foreign Office für die Alliierte Kommission für Österreich und späteren politischen Vertreters W. H. B. Mack an Oliver Harvey vom 20. Februar 1945: Österreich sei sicher kein früherer Satellitenstaat der Achse, aber als befreites Land sei Österreich in einer anderen Position als alle anderen befreiten Länder. TNAUK, FO 371/46607, C 643. Zum britischen Rechtsstandpunkt bes. klar Knight, „Besiegt oder befreit?", 80. Öfters wird eine Troutbeck zugeschriebene, aber von Harvey stammende Äußerung zitiert: „Were it not for the strategic importance of keeping Austria separate from Germany, we would let this flabby country stew". FO 371/38839/C8260. Rolf Steininger, „Austria, Germany and the Cold War, 1945–1955", in: Mark Kramer/Vít Smetana, Hrsg., *Imposing, Maintaining and Tearing Open the Iron Curtain*, Lanham, Md., 2014, Anm. 8.

128 Bischof, *Responsibility*, 550, 557f.

129 Zur Beendigung des Kriegszustandes zwischen Großbritannien und Österreich vgl. Wagnleitner, *Diplomatie*, Nr. 434. Zunächst war daran gedacht worden, die Mitteilung über die Beendigung des Kriegszustandes mit Österreich der Hinterlegung der Ratifikationsurkunden (und damit mit dem Inkrafttreten) der am 10. Februar 1947 in Paris unterzeichneten Friedensverträge folgen zu lassen. Doch schien, wie ein Aktenvermerk Ende August 1947 zeigt, der Beginn des Gastspieles der Wiener Staatsoper in Covent Garden am 16. September 1947 – der König sollte die Premiere besuchen und tat es auch, ebenso wie Premierminister Attlee und Außenminister Bevin – der geeignete Augenblick, um die Beendigung des (juristischen) Kriegszustandes zu verkünden. Übrigens waren die Friedensverträge mit Italien, Finnland etc. am 15. September 1947 in Kraft getreten. Vgl. Faksimile des Foreign Office Documents C-11768 v. 30. August 1947 bei Hugo Portisch, *Österreich II – Der lange Weg zur Freiheit*, Wien 1986, 334.

130 KPdSU Politburo, Protokoll 56, Beschluss 25, 6. Jänner 1947, in: RGASPI, f. 17, op. 3, d. 1063, l. 7.

reich". Dass dennoch inhaltlich starke Affinitäten zwischen diesem Vertragsentwurf und den Pariser Friedensverträgen von 1947 bestanden, wird noch zu zeigen sein (Kap. II). Die Bezeichnung „peace treaty", wenngleich noch jahrelang im Sprachgebrauch der vier Mächte immer wieder auftauchend, war somit unzutreffend. Auch bei den Vereinten Nationen wurde immer wieder vom „Friedensvertrag" gesprochen, so dass Österreich noch im Jahre 1950 offiziell intervenierte. Als Konsequenz daraus erschien im *Terminology Bulletin* im Oktober 1950 eine Mitteilung, derzufolge die Rechtsabteilung der Vereinten Nationen Bedenken gegen die Bezeichnung „Friedensvertrag mit Österreich" geltend gemacht habe. In der UNO vertrat man nunmehr die Auffassung, „Staatsvertrag" – „State Treaty" – sei im Englischen akzeptabel, doch nicht im Französischen; hier wäre die Alternativbezeichnung „Vertrag mit Österreich" – „Traité avec l'Autriche" – vorzuziehen.[131] Österreich selbst betrachtete das Wort „Staatsvertrag" in englischer und französischer Sprache als offizielle Bezeichnung.[132]

In einem Memorandum vom 18. Jänner 1946, das den Namen des Vertrages behandelt, erläuterte Assistant Secretary of State Dunn auch, warum ein schneller Vertragsabschluss nicht nur für Österreich, sondern auch für Europa und die Vereinigten Staaten wünschenswert wäre. Er argumentierte, dass im Interesse der Wiederherstellung der Unabhängigkeit und Wirtschaft Österreichs die Besetzung so bald wie möglich beendet werden sollte. Ein Vertrag mit Österreich würde auch die offenen Grenzfragen klären; da der Friedensvertrag mit Italien wohl eine Enttäuschung der österreichischen Hoffnungen auf Südtirol bringen dürfte, wäre es gut, diese Enttäuschung mit der ermutigenden Wirkung wettzumachen, die der Abschluss eines die Besetzung beendenden Vertrages auf Österreich ausüben würde. Weiters würde die fortgesetzte Anwesenheit der Roten Armee in Österreich einen Vorwand für den Verbleib von sowjetischen Truppen in Ungarn bieten.[133]

---

131 Gleichwohl bemerkte in einem Bericht der Kommission für auswärtige Angelegenheiten der französischen Nationalversammlung „Relatif au Traité d'État avec l'Autriche" (21. Juni 1952) der Abgeordnete Pierre Schneiter, da Österreich nicht als im Kriege mit den alliierten Mächten befindlich gewesen betrachtet werde, solle es sich nicht um einen Friedensvertrag, sondern um einen Staatsvertrag handeln. Zit. bei Margit Sandner, *Die französisch-österreichischen Beziehungen während der Besatzungszeit von 1947 bis 1955*, Wien 1985, 123.

132 *Terminology Bulletin* 73, hrsg. v. Department of Conferences and General Services des Generalsekretariates der Vereinten Nationen, 27. Oktober 1950 (Dok. ST/CGS/SER.F/73), Abschrift in: AdR, BMAA, II-Pol, Zl. 321.723-Pol/53, Text abgedruckt in Schilcher, *Politik der Provisorischen Regierung*, Bd. 2, S. 187f. (Dok. Nr. 29); zur österreichischen Intervention vgl. auch eine Studie der Völkerrechtsabteilung des Außenamtes, „Die Internationale Stellung Österreichs", Zl. 250.135-6 VR/50, erliegt im Bestand BMAA, II-Pol bei den Staatsvertragsakten 1952.

133 *FRUS 1946*, Bd. 5, 296f.

In der Tat hatte die sowjetische Diplomatie seit dem Beginn der Friedensvertragsverhandlungen mit den osteuropäischen Staaten gefordert, in die Verträge mit Rumänien und Ungarn einen Absatz bezüglich des Rechtes auf Truppenstationierung zur Aufrechterhaltung von Kommunikationslinien mit den Kontingenten der Roten Armee in Österreich einzuschließen. Da jedoch die Rote Armee eine wichtige Rolle in der Sowjetisierung Osteuropas spielte und noch spielen sollte, kann angenommen werden, dass der Kreml nicht nur aus Gründen der Kommunikationssicherung mit Ostösterreich an einem Verbleib seiner Armeen in Rumänien und Ungarn interessiert war, sondern auch daran, in Österreich zu verbleiben, um einen Vorwand für die Besetzung von Rumänien und Ungarn zu wahren. Diese Verknüpfung, die eine – und wohl die mächtigste – internationale Verstrickung des Staatsvertrages demonstriert, sollte die österreichische Frage fast ein Jahrzehnt verfolgen. Deshalb lagen dem Bestreben der Amerikaner, den Österreich-Vertrag rasch voranzutreiben, zwei Ziele zugrunde: die Beendigung der Besetzung Österreichs und die Verhinderung des Verbleibes sowjetischer Truppen in Ungarn und Rumänien. Der gemeinsame Nenner dieser beiden Bemühungen ist in dem Motiv zu finden, die Rote Armee aus Mitteleuropa zurückzudrängen. Mit diesem Ziel strebten die USA damals den gleichzeitigen Abschluss der Friedensverträge mit Ungarn und Rumänien sowie des Vertrages mit Österreich an. Dies würde, wie der geschäftsführende Staatssekretär Dean Acheson am 4. April 1946 sagte, die Verankerung jener Bestimmungen in den Friedensverträgen mit Ungarn und Rumänien entbehrlich machen, die den Verbleib sowjetischer Truppen in diesen Ländern für die Dauer der Besetzung Österreichs – zur Aufrechterhaltung der Verbindungslinien – vorsahen.[134]

Am 12. Februar 1946 wies Außenminister Byrnes die US-amerikanischen Botschafter in London, Paris und Moskau an, die betreffenden Regierungen davon zu informieren, dass die Vereinigten Staaten den Entwurf eines Vertrages mit Österreich dem Außenministerrat vorzulegen beabsichtigten. Die positivste Stellungnahme kam aus London, eine zurückhaltendere Reaktion aus Paris, anscheinend keine Antwort aus Moskau. Die französische Regierung wies darauf hin, dass die Übertragung der obersten Autorität vom Alliierten Rat auf die österreichische Regierung erst nach Entfernung aller NS-Einflüsse in Österreich stattfinden könne.[135]

In Washington wurde frühzeitig mit Vorarbeiten für einen Vertrag begonnen, und erste Entwürfe wurden intern im Februar/März präsentiert.[136] Trotzdem waren

134 *FRUS 1946*, Bd. 5, 326.

135 *FRUS 1946*, Bd. 5, 305f.

136 „Draft outline" vom 6. Februar (Verfasser Harold C. Vedeler) aufgefunden von Günter Bischof; vgl. Bischof, *Responsibility*, 538, 852–854; zu dem längeren Elaborat vom 1. März, aufgefunden von Oliver Rathkolb, vgl. Leidenfrost, *Amerikanische Besatzungsmacht*, 590–593, 868.

die Amerikaner erst am 26. April im Stande, den anderen Großmächten ein kurzes Dokument in neun Abschnitten – „Vorschläge für einen Vertrag für die Wiederherstellung eines unabhängigen und demokratischen Österreich" – vorzulegen.[137]

Zu diesem Zeitpunkt hatte jedoch die sowjetische Seite endlich auf Byrnes' Benachrichtigung reagiert und das amerikanische Ersuchen abgelehnt, den Österreich-Vertrag bei der nächsten Sitzung des Außenministerrates, welche am 25. April in Paris begonnen hatte, zu diskutieren. Inzwischen war das Klima zwischen den früheren Verbündeten erheblich abgekühlt. Einer der Hauptgründe für diese Verschlechterung war die sowjetische Politik der Sowjetisierung Osteuropas, die Churchill in seiner berühmten Rede vom „Eisernen Vorhang" sechs Wochen zuvor öffentlich kritisiert hatte. Moskau war sich durchaus bewusst, dass ein Vertragsabschluss mit Österreich die UdSSR ihrer Rechtfertigung für die weitere Stationierung von Truppen in Ungarn und Rumänien berauben würde. Andrej A. Smirnov, der Leiter der für Deutschland und Österreich zuständigen Dritten Europäischen Abteilung, hatte daher in einem Brief vom 18. April vorgeschlagen, Verhandlungen über den Österreich-Vertrag abzulehnen.[138] Die folgende Direktive für die Pariser Konferenz wies die sowjetische Delegation an, die Aufnahme des Österreich-Vertrages in die Tagesordnung zu verhindern; sollten die sowjetischen Delegierten dieses Ziel nicht erreichen können, so sollten sie behaupten, dass die Demilitarisierung und Entnazifizierung Österreichs noch lange nicht abgeschlossen und es daher zu früh sei, die Vier-Mächte-Kontrolle über das Land zu beenden. Um diese Ablehnung in der Öffentlichkeit akzeptabler zu machen, sollte die sowjetische Seite einer Ausweitung der Kompetenzen der österreichischen Regierung zustimmen.[139]

In Übereinstimmung mit Smirnovs Empfehlungen lehnte Molotov in einem Brief an die Westmächte vom 22. April den amerikanischen Wunsch nach einer Diskussion des Österreich-Vertrages ab; er gab die Begründung, die Tagesordnung sei überbürdet und überdies habe die Sowjetregierung den angekündigten Vertragsentwurf noch nicht erhalten. Byrnes' wiederholte Versuche, mit Unterstützung des britischen Außenministers Ernest Bevin zu Beginn der Pariser Tagung Österreich doch noch auf die Tagesordnung zu bringen, scheiterten am Einspruch Molotovs.[140]

---

137 Die „Vorschläge" in: *FRUS 1946,* Bd. 2, 124–126.

138 Smirnov an Vyšinskij, 18. April 1946, in: AVPRF, f. 066, op. 26, p. 123, d. 27, ll. 2f. Vgl. Wolfgang Mueller, „Anstelle des Staatsvertrages: Die UdSSR und das Zweite Kontrollabkommen", in: Manfried Rauchensteiner/Robert Kriechbaumer, Hrsg., *Die Gunst des Augenblicks: Neuere Forschungen zu Staatsvertrag und Neutralität,* Wien 2005, 291–320.

139 AVPRF, f. 012, op. 7, p. 101, d. 80, ll. 25f.

140 Leidenfrost, *Amerikanische Besatzungsmacht,* 336f. für Molotovs Schreiben vom 22. April, vgl. auch *FRUS 1946,* Bd. 2, 103, 934; zur erfolglosen Tagesordnungsdebatte am 25. April *FRUS 1946,* Bd. 2, 96–103.

Bei nicht weniger als sechs weiteren Gelegenheiten wirkte Byrnes auf Molotov ein, Österreich als Konferenzthema anzuerkennen, aber umsonst.[141]

Ende Mai wurde den drei anderen Regierungen schließlich ein 16-teiliger amerikanischer Vertragsentwurf übermittelt und im Juni offiziell als Dokument des Außenministerrates zirkuliert.[142] Die Grenzen Österreichs sollten jene von 1937 sein, doch ließ der Entwurf noch eine Grenzänderung gegenüber Italien zugunsten Südtirols offen. Die Unabhängigkeit und territoriale Integrität Österreichs sollte von den Vertragsparteien respektiert werden; Österreich seinerseits sollte weder politische noch wirtschaftliche Verpflichtungen übernehmen oder Maßnahmen ergreifen, die geeignet sein könnten, seine Unabhängigkeit zu beeinträchtigen. Ein Heer von 66.000 Mann war vorgesehen. Ein recht ausführlicher Abschnitt befasste sich mit dem Schutz des demokratischen Systems in Österreich. Das Habsburgergesetz von 1919, das ein Einreiseverbot für alle Mitglieder der Familie Habsburg, die die Republik nicht anerkannten, umfasste, wurde ausdrücklich im Vertragsentwurf verankert. Nazistische oder faschistische Organisationen und Aktivitäten waren verboten, und alle mit dem demokratischen System unvereinbare Normen, die seit dem 5. März 1933 (Ende der parlamentarischen Regierung in Österreich) erlassen worden waren, sollten als null und nichtig erklärt werden.

Der US-Vertragsentwurf wurde von der Führung der Kommunistischen Partei Österreichs, die (vermutlich über die Sowjetbehörden mit dem Ziel, Material gegen den US-Vorschlag zu sammeln) in den Besitz eines Exemplars gelangt war, vehement in der Sprache des Kalten Krieges kritisiert. In einem langen Bericht vom 11. Juni 1946 an Molotov und den KPdSU-Sekretär Andrej Ždanov meinten der Parteivorsitzende der KPÖ Johann Koplenig und Sekretär Friedl Fürnberg, dass die Annahme dieses oder eines ähnlichen Vertrages bedeuten würde, Österreich dem „anglo-amerikanischen Block" zu überlassen. Sie gaben eine pessimistische Einschätzung der Lage in Österreich im Hinblick auf die „antifaschistischen Kräfte" und betonten die Gefahren, die von der großen Anzahl in Österreich befindlicher „ausländischer Faschisten" (damit waren die zahlreichen sogenannten „Displaced persons" gemeint) ausgingen. Sie verwiesen u.a. – ohne übrigens eine eigene Stellung zu beziehen – darauf, dass es jugoslawische Einwände bezüglich der Grenze mit Österreich gäbe; sie meinten, Österreich sei derzeit nicht in der Lage, ein Heer zu unterhalten; das Land könne auch kein Heer aufstellen, ohne die Demokratie

141 Vgl. CFM sessions 1, 4, 16, 18 sowie die Gespräche Molotov–Byrnes am 28. April und 5. Mai. AVPRF, f. 0431/II, op. 2, p. 11, d. 47, ll. 8, 30, 66f, 83; sowie p. 5, d. 22, ll. 8f; *Sovetsko-amerikanskie otnošenija,* 219–222; 223–226.

142 Dieser Entwurf wurde teilweise abgedruckt in: Gerald Stourzh, *Kleine Geschichte des Österreichischen Staatsvertrages*, Graz 1975, 155f.

zu gefährden, da es viel zu wenig verlässliche demokratische Berufsoffiziere gebe; entschieden forderten sie die Ausarbeitung einer neuen, „wahrhaft demokratischen" Verfassung.[143] Forderungen nach der Errichtung einer „Volksrepublik" und einer dieser entsprechenden neuen Verfassung waren 1945/46 wiederholt von führenden Kommunisten wie Koplenig und Ernst Fischer bei Parteikonferenzen und in der Provisorischen Regierung zum Ausdruck gebracht worden.[144]

Im Gegensatz zu den von den Anführern der KPÖ übermittelten ideologischen und geopolitischen Ansichten legte eine interne sowjetische Einschätzung von Andrej Smirnov größeres Gewicht auf die österreichische Armee, wie sie im US-Vorschlag vorgesehen war. Dieses „militärische Potenzial" von 66.000 Mann würde das Ausmaß der Zwischenkriegsarmee des Landes um das doppelte übersteigen und „Österreich erlauben, eine Militärreserve zu behalten, die von der deutschen Wehrmacht trainiert wurde".[145] Smirnov empfahl eine abwartende Strategie: erstens Verhandlungen über den Österreich-Vertrag erst nach den Friedensvertragsabschlüssen mit den ehemaligen deutschen Satellitenstaaten wie Rumänien und Ungarn zu beginnen; zweitens ein neues Kontrollabkommen für die Verwaltung Österreichs abzuschließen; und drittens in Österreich eine Untersuchung des Alliierten Rates, betreffend die Liquidierung des österreichischen militärischen Potenzials, die Entnazifizierung des Landes sowie die politische und wirtschaftliche Trennung von Deutschland durchzuführen. Obwohl Smirnov die Verknüpfung zwischen dem Staatsvertrag und diesen Kriterien nicht weiter ausführte, sollte ebendiese Verbindung sehr bald sichtbar werden.

Da die Staatsvertragsverhandlungen somit bereits im Frühling 1946 ins Stocken geraten waren, richteten die vier Mächte ihre Aufmerksamkeit auf die zweite Entwicklungslinie, die gemäß dem Ersten Kontrollabkommen aus der Berufung einer österreichischen Regierung hervorgegangen war: die Verhandlung eines neuen Kontrollabkommens. Bald nachdem die Briten die ersten Überlegungen in dieser Hinsicht im Oktober 1945 in der Alliierten Kommission vorgelegt hatten, waren das Kontrollabkommen und der Staatsvertrag auf zweifache Art miteinander verbunden. Auf Seite der Amerikaner spiegelte sich die Eile, zum Abschluss des Österreich-Vertrages zu kommen, auch in ihrer Einstellung zum neuen Kontrollabkom-

143 RGASPI, f. 17, op. 128, d. 908, ll. 57–62. Abgedruckt in Mueller u.a., *Sowjetische Politik: Sovetskaja politika*, 268–273. G.S. dankt Prof. Ol'ga Veličko für die Zurverfügungstellung des Dokumentes.

144 RGASPI, f. 495, op. 80, d. 561, ll. 84ff; f. 17, op. 128, d. 907, ll. 297–315. Zur Forderung der Kommunisten nach einer neuen Verfassung siehe bereits Stourzh, „Regierung Renner", 339f; zu ihrer Bevorzugung einer „wahren Volksrepublik": Mueller, *Die sowjetische Besatzung*, 115f; zu kommunistischen Beratungen: Mugrauer, *Die Politik der KPÖ*, 67–76, 132–144.

145 Smirnov an Molotov, 10. Juni 1946, in: AVPRF, f. 0431-II, op. 2, p. 11, d. 47, ll. 194f.

men wider; für sie handelte es sich um eine „Übergangsmaßnahme"; ein baldiger Vertragsabschluss mochte ein neues Kontrollabkommen unnötig machen, wie es noch Mitte Juni 1946 hieß. Doch stellte sich gerade in diesen Tagen der zweiten Pariser Session des Außenministerrates heraus, dass an einen baldigen Vertragsabschluss nicht zu denken war, und so gaben denn die Amerikaner grünes Licht zur Verhandlung des Zweiten Kontrollabkommens.[146]

Auf sowjetischer Seite wurde diese Koppelung in die entgegengesetzte Richtung angewandt: Hier wurde das Kontrollabkommen als ein Instrument zur Rechtfertigung des Aufschubes des Staatsvertrages genutzt. Daher schlug Smirnov sowohl in seinem Brief an Vyšinskij als auch in den Direktiven für die sowjetische Delegation bei der Pariser Konferenz eine Ablehnung von Staatsvertragsverhandlungen vor; stattdessen sollte eine Ausweitung der Kompetenzen der österreichischen Regierung im neuen Kontrollabkommen angeboten werden.[147] Bisher hatten die sowjetischen Vorschläge für ein neues Kontrollabkommen nicht vorgesehen, der Regierung in Wien größere Machtbefugnisse zuzugestehen.

Die Verhandlungen drehten sich um das generelle Einspruchsrecht (Veto) der vier Mächte gegen vom österreichischen Parlament beschlossene Gesetze. Im Gegensatz zur Vergangenheit und in Übereinstimmung mit den Wünschen des Westens sollten in Hinkunft nur mehr Verfassungsgesetze der schriftlichen (und einstimmigen) Zustimmung des Alliierten Rates bedürfen, bevor sie kundgemacht werden und in Kraft treten konnten. Bei allen anderen Gesetzen und internationalen Abkommen – mit Ausnahme eines speziellen Verfahrens bezüglich Abkommen zwischen Österreich und einer der vier Mächte – galt die Zustimmung des Alliierten Rates als erteilt, wenn er nicht einstimmig binnen 31 Tagen nach Einlangen Einspruch erhob (Art. 6, lit. a). Mit dieser Verfahrensweise konnten österreichische Gesetze nicht weiter durch jede einzelne Besatzungsmacht, sondern nur noch durch einstimmige Ablehnung blockiert werden, was eine wesentlich seltenere Lahmlegung der österreichischen Gesetzgebung bedeutete. Das „reverse veto" ist immer wieder als originelle und erfolgreiche Verfahrensregel gelobt worden.[148] Frühzeitig nachweisbar ist die Idee in einem französischen Dokument Mitte Dezember 1945.[149]

---

146 Byrnes an Erhardt, 11. Juni 1946, *FRUS 1946*, Bd. 5, 348f; Acheson an Harriman, 18. Juni 1946, ebd., 349.

147 Smirnov an Vyšinskij, 18. April 1946, in: AVPRF, f. 066, op. 26, p. 123, d. 27, ll. 2f. Vgl. Mueller, „Anstelle des Staatsvertrages: Die UdSSR und das Zweite Kontrollabkommen", 310–312.

148 Bischof, *Responsibility* 424.

149 Französisches Aide-Mémoire vom 14. Dezember 1945, veröff. (in engl. Übersetzung) in: *FRUS 1945*, Bd. 3, 686f. Hierzu die ausführliche Darstellung der Genese des 2. Kontrollabkommens aus französischen Quellen bei Lettner, *Französische Österreichpolitik*, 155–189, hier 159.

Ein im Dezember 1945 ausgearbeiteter britischer Entwurf ging noch von der einstimmigen Zustimmung der Alliierten für österreichische Gesetze aus. Dies stieß jedoch auf die Kritik einer Expertengruppe in London; erst von da an, d.h. mit Jahreswechsel 1945/46, waren die Briten die nachhaltigsten Verfechter des „reverse veto".[150]

Die sowjetischen Verhandler leisteten lange, bis zum 21. Mai 1946, Widerstand gegen die britische Formel; plötzlich, drei Tage später, akzeptierten sie einen Kompromissvorschlag, wonach lediglich Verfassungsgesetze weiterhin der einstimmigen Zustimmung der Alliierten bedurften. Es wurde vermutet, dass neue sowjetische Unterhändler aufgrund eines Mangels an interner Abstimmung ein Versehen begingen, da sie unter Druck aus Moskau standen, ein neues Kontrollabkommen abzuschließen, um den US-amerikanischen Druck bezüglich der Staatsvertragsverhandlungen zu vermindern. Trotzdem enthielt der Text des neuen Kontrollabkommens zwei Punkte, die den sowjetischen Interessen sehr entsprachen. Erstens handelte es sich um die (gegen erbitterten französischen Widerstand) durchgesetzte Freiheit für jede der vier Mächte, bilaterale Abkommen mit Österreich ohne Genehmigungsverfahren im Alliierten Rat abschließen zu können. Diese Bestimmung fand sich bereits im ersten in der Alliierten Kommission zur Diskussion gestellten britischen Entwurf. Sowjetische Bemühungen, sich freie Hand für bilaterale Abmachungen mit Österreich zu wahren, ziehen sich wie ein roter Faden durch die Entwicklung

150 Materialien zur Vorbereitung eines britischen Memorandums „British Policy with Regard to the 1946 Control Agreement in Austria", das am 27. Juni 1958 dem damaligen österreichischen Außenminister Bruno Kreisky überreicht wurde; Kreisky hatte im Jahr zuvor gegenüber dem britischen seinerzeitigen Mitglied der Alliierten Kommission Jack Nicholls Interesse an der Frage geäußert, wie es den Briten gelungen war, die Gefahr des sowjetischen Vetos zu umgehen; TNAUK, FO 371/130288/RR 1073/1 sowie FO 371/136595, RR 1072/1 und 1072/2; in deutscher Übersetzung findet sich das Memorandum unter dem Titel „Britische Politik in Bezug auf das Kontrollabkommen 1946 in Österreich" in: VGAB, Nachlass Schärf, 4/221. Der Anspruch des amerikanischen Diplomaten Ware Adams, „Erfinder" des „reverse veto" zu sein, ist mangels konkreter Datenangaben und in Ermangelung einschlägiger amerikanischer Akten schwer in das Gerüst der nachweisbaren Entstehungsgeschichte einzuordnen. Vgl. Ware Adams, „The Negative Veto – a Breakthrough", in: Robert A. Bauer, Hrsg., *The Austrian Solution,* Charlottesville 1982, 76–84. Der erste nachweisliche Befürworter des „reverse veto" war der Vorsitzende der interministeriellen „Political Working Party" in London, der britische Diplomat J. M. Troutbeck, in seiner mit 27.12.1945 datierten Kritik des vom britischen Element in Wien verfassten Entwurfes („Note of the Chairman" in FO 371/55143/C78/78/3; zur Identifizierung Troutbecks als Vorsitzender FO 371/46698/C3854111 18); weiters Troutbecks Begründung des „reverse veto" in einem Schreiben vom 18. Jänner 1946, nachdem die „Political Working Party" am 1. Jänner 1946 Troutbecks Erwägungen gefolgt war und in London ein revidierter Entwurf für das Kontrollabkommen ausgearbeitet wurde (FO 371155143/C662/78/3). Vgl. allerdings ohne Identifizierung Troutbecks als Chairman der Political Working Party, Alfred Ableitinger, „Großbritannien und das Zweite Kontrollabkommen. Genese und Gehalt des britischen Regierungsentwurfs vom 4. Februar 1946", in: Ableitinger/Beer/Staudinger, *Österreich unter alliierter Besatzung,* 71–110.

der sowjetisch-österreichischen Beziehungen von 1945 bis 1955. Paradoxerweise war es später die amerikanische Wirtschaftshilfe für Österreich, die auf bilateralen Abkommen basierte, die dem Alliierten Rat nie vorgelegt wurden, nämlich das Abkommen für die sogenannte Kongresshilfe vom 25. Juni 1947, ein weiteres Abkommen über die sogenannte Interimshilfe am 2. Jänner 1948 und schließlich das Marshall-Plan-Abkommen vom 2. Juli 1948.[151]

Zweitens enthielt das Zweite Kontrollabkommen einen viel seltener genannten Vorteil für die Sowjetunion; es gab jeder der vier Mächte die Möglichkeit, die Frage des Deutschen Eigentums autonom, ohne Einflussnahme durch die anderen Mächte, zu handhaben. Außenminister Gruber hatte aus amerikanischen Mitteilungen den „bestimmten Eindruck" gewonnen, dass „dieses Abkommen von der sowjetischen Seite nur unter der Bedingung ermöglicht wurde, daß der Sowjetunion freie Hand bezüglich der Verfügung über das in ihrer Zone befindliche Deutsche Eigentum überlassen wurde". In diesem Zusammenhang machten die Amerikaner die Österreicher auf eine eher wenig beachtete Bestimmung des Kontrollabkommens aufmerksam. Jedem Zonenkommandanten wurde die Vollmacht „unabhängigen Handelns" für bestimmte Materien eingeräumt, „wenn der Alliierte Rat nicht in Aktion tritt", und zu diesen Materien zählte auch die Verfügung über das Deutsche Eigentum. Diese sehr subtilen und keineswegs zufälligen Formulierungen bestätigen die Erkenntnis, dass ein direkter Zusammenhang zwischen dem Wunsch nach „freier Hand für das Deutsche Eigentum" und dem Zustandekommen des neuen Kontrollabkommens bestand.[152] „Mehr oder weniger freie Hand" bei der Verfügung über das Deutsche Eigentum als Preis für Entgegenkommen im Bereich des Gesetzgebungsprozesses – so hat Jahre später ein amerikanischer Diplo-

151 Vgl. Byrnes an Erhardt, 24. Mai 1946, *FRUS 1946*, Bd. 5, 343. Die drei genannten bilateralen amerikanisch-österreichischen Wirtschaftshilfeabkommen riefen sowjetische Proteste hervor; vgl. Rauchensteiner, *Sonderfall*, 208f. Zu den drei genannten US-Hilfsprogrammen vgl. Wilfried Mähr, *Der Marshallplan in Österreich*, Graz 1989, bes. 41–55, 81ff, und zum sowjetischen Protest gegen das bilaterale Marshall-Plan-Abkommen, 112–115.

152 Amtsvermerk über Unterredung Außenminister Grubers mit Mr. Mellen, 8. Juli 1946; Amtsvermerk des Generalsekretärs des Außenamtes Heinrich Wildner, 9. Juli 1946; beides in: AdR, BMAA, II-Pol, Handakten Wildner; das letztgenannte Dokument veröffentlicht in *ÖuG*, Nr. 52. Diese wichtigen Quellen ergänzen die bei Rauchensteiner, *Sonderfall*, 173f. und 178, gegebenen Hinweise, indem sie den direkten Zusammenhang zwischen Art. 2 lit d) (Machtvollkommenheit des Zonenkommandanten „in the absence of action" des Alliierten Rates) und Art. 5 Abs. 4 (Kann-Bestimmung betreff. Verfügung über Deutsches Eigentum seitens der Alliierten Kommission) verdeutlichen. Die Relevanz dieses Zusammenhanges wird noch klarer, wenn man bedenkt, dass die Beschlüsse des Alliierten Rates einstimmig gefasst werden mussten (Art. 12) und die beiden anderen genannten Bestimmungen offensichtlich eine Blockierung durch Veto einkalkulierten. Wortlaut dieser Artikel bei Verosta, *Internationale Stellung*, 106, 108 und 111.

mat und Mitwirkender an der Ausarbeitung des Zweiten Kontrollabkommens das amerikanische Kalkül gegenüber Karl Gruber beschrieben.[153] Das Zweite Kontrollabkommen gestattete es übrigens der österreichischen Regierung, diplomatische und konsularische Beziehungen mit den Mitgliedsstaaten der Vereinten Nationen aufzunehmen; die Aufnahme der Beziehungen zu anderen Staaten (d.h. insbesondere zu Deutschland, Japan und anderen ehemaligen Feindstaaten) bedurfte jedoch der vorherigen Genehmigung des Alliierten Rates.

Das Abkommen vom 28. Juni 1946 sollte bis zum 27. Juli 1955, dem Tag des Inkrafttretens des Staatsvertrages als Grundlage der Vier-Mächte-Kontrolle dienen. Aber im Juni 1946 ahnte niemand, dass dieses Abkommen neun Jahre und einen Monat in Kraft bleiben würde. Es war sogar vorgesehen, dass nicht mehr als sechs Monate nach dem Tage seiner Unterzeichnung die vier Mächte gemeinsame Beratungen zu seiner Abänderung aufnehmen sollten; dazu kam es jedoch nie.[154]

Während sich so der Bewegungsraum der österreichischen Regierung beträchtlich vergrößerte, hatten die internen sowjetischen Vorbereitungen auch klargemacht, dass diese Zugeständnisse nur als Rechtfertigung für den Aufschub der Staatsvertragsverhandlungen dienen sollten. Deutlich drückte das Molotov in seiner Korrespondenz mit Stalin am 12. Juni aus, als er erklärte, dass das neue Kontrollabkommen „uns weitere Argumente für die Ablehnung des amerikanischen Antrages gibt, den Vertrag mit Österreich im Außenministerrat am 15. Juni zu diskutieren."[155] Obwohl der Rat der Außenminister an diesem Tag einen französischen Kompromissvorschlag annahm, die „Prüfung österreichischer Fragen" auf seine Tagesordnung zu setzen, ergab sich keine Diskussion. Erst am letzten Tage der Pariser Session des Rates, am 12. Juli, legte Molotov einen Resolutionsentwurf mit vier Punkten, oder eher vier Gründen gegen die Diskussion des Staatsvertrages, vor.

In Punkt 1 wurde darauf hingewiesen, dass das neue Kontrollabkommen die Kompetenz der österreichischen Regierung beträchtlich erweitere, die Liquidierung der Überreste des Hitlerismus und die endgültige Trennung Österreichs von Deutschland fördere und die Demokratie in Österreich weiter stärke. In Punkt 2 sollte der Außenministerrat feststellen, dass die Evakuierung von 437.000 „Displaced Persons" aus Österreich unerlässlich und dringend sei; unter den Fremdnati-

153 Rauchensteiner, *Sonderfall,* 178, aufgrund von Mitteilungen Grubers; der amerikanische Diplomat war Ware Adams. Aus den Aufzeichnungen Wildners geht hervor, dass Gruber schon 1946 über die Konsequenzen des Zweiten Kontrollabkommens bezüglich des Deutschen Eigentums im Bilde war.

154 *Gazette of the Allied Commission for Austria* 7, Juni 1946, 21–25.

155 AVPRF, f. 06, op. 8, p. 22, d. 311, l. 27. Für Details siehe Wolfgang Mueller, „Gab es eine verpasste Chance? Die sowjetische Haltung zum Staatsvertrag 1946–1952", in Suppan/Stourzh/Mueller, *Der österreichische Staatsvertrag 1955,* 89–120, 93.

onalen in den westlichen Zonen befänden sich jugoslawische Četnici und Ustaše, ungarische Szálasi-Anhänger, Mitglieder der russischen und der ukrainischen Weißgardisten sowie Soldaten der polnischen Anders-Armee und der russischen Vlasov-Armee. Während Četnici und die Anders-Armee gegen Hitler-Deutschland gekämpft hatten, waren Ustaše und die Vlasov-Armee auf dessen Seite gestanden. Die Anwesenheit dieser Gruppen wurde zu einer ernsten Bedrohung nicht nur der inneren Sicherheit des demokratischen Österreich, sondern auch zu einer Gefahr für benachbarte demokratische Staaten erklärt. In Punkt 3 sollte der Rat erklären, dass die erfolgreiche Erledigung der genannten Ziele die nötigen Voraussetzungen für die Übertragung der vollen Autorität an die österreichische Regierung und für die Wiederherstellung der vollständigen Unabhängigkeit Österreichs, das grundlegende Ziel der vier Mächte in Österreich, schaffen würde. Punkt 4 des sowjetischen Papiers sah vor, dass die Stellvertreter der Außenminister erst nach Fertigstellung der Verträge mit den früheren Satelliten Deutschlands mit der Arbeit an einem Österreich-Vertrag fortschreiten sollten.[156]

Byrnes und Bevin hätten gerne einen unabhängigen Beschluss zu Punkt 4 gehabt, aber laut Molotov seien die in Punkt 1 und 2 angesprochenen Fragen zuerst zu klären. Er schlug vor, vom Alliierten Rat für Österreich einen Bericht hierüber anzufordern, und stellte besonders in Frage, ob die Entnazifizierung in Österreich zufriedenstellend verlaufe; dies sei mindestens so wichtig wie die Frage der Displaced Persons. Obwohl der britische und der amerikanische Außenminister keine Einwendungen gegen die Einholung eines Berichtes vom Alliierten Rat hatten, kam es zu keiner formellen Beschlussfassung darüber. Bevin brachte die Frage des Deutschen Eigentums zur Sprache und regte – vergeblich – die Bildung einer Expertenkommission an. Die Debatte brachte kein Ergebnis. Das Beschlussprotokoll vermerkt lakonisch: „Ansichten über diese Frage wurden ausgetauscht." Damit war das Thema des Österreich-Vertrages bis zur nächsten Session des Außenministerrates, November/Dezember 1946 in New York, aufgeschoben.[157]

156 Sowjetischer Vier-Punkte-Vorschlag: *FRUS 1946,* Bd. 2, 939f; die Debatte im Rat ebd., 913–916 und 928–935.

157 Ebd., 939.

4. Das Südtirol-Abkommen; österreichische Vorbereitungen für die Staatsvertragsverhandlungen

Die zeitliche Priorität, die dem Abschluss der Friedensverträge mit Italien, Ungarn, Bulgarien und Finnland eingeräumt wurde, hatte für Österreich eine sehr wesentliche Konsequenz. Die Regelung der österreichisch-italienischen Grenzen, konkret die Frage der Selbstbestimmung oder Rückkehr Südtirols nach Österreich, wurde früher als gedacht behandelt. Während des Krieges hatten sich britische und US-amerikanische Strategen und Staatsmänner bis hin zum US-Präsidenten dahingehend ausgesprochen, den Fehler von 1919 zu beheben, als man Südtirol, das zu 89 Prozent von deutschsprachigen und nur zu 2,9 Prozent von italienischsprachigen Personen bewohnt wurde,[158] in einer groben Verletzung der Wilson'schen Prinzipien und in Folge rücksichtsloser Machtfeilscherei Italien überlassen hatte. Nachdem die Regierung Renner unter sowjetischer Patronanz im April 1945 zustande gekommen war, änderten die Briten jedoch ihre Meinung. Dabei war das Kalkül widersprüchlich: Während im österreichischen Fall die Gefahr einer kommunistischen Machtergreifung als Argument gegen die Rückgabe Südtirols an Österreich verwendet wurde, galt umgekehrt die Gefahr einer kommunistischen Machtergreifung in Italien als Argument gegen die Abtretung der Provinz.[159] Die USA stellten sich ihrem Hauptverbündeten, Großbritannien, in dieser Angelegenheit nicht entgegen, und die anderen Mächte waren desinteressiert. Daher beschlossen die vier Mächte während der ersten Session des Außenministerrates in London am 14. September 1945, die Grenze nicht zu ändern, „vorbehaltlich allfälliger kleinerer Grenzberichtigungen zugunsten Österreichs".[160]

Nach der Niederlage der Kommunisten bei den österreichischen Wahlen im November 1945 verbesserte sich die britische Einstellung gegenüber Südtirol und am 21. Februar 1946 erklärte Außenminister Bevin im Unterhaus, dass die Provinz aus ethnischen Gründen zu Österreich gehöre.[161] Im Juli wurde der österreichischen Regierung bekannt, dass die US-Entwürfe für den Österreich-Vertrag eine Klausel über eine Veränderung der italienisch-österreichischen Grenze zugunsten Öster-

---

158 Die Daten beziehen sich auf 1910. *Demografisches Handbuch für Südtirol 2014*, hrsg. v. Landesinstitut für Statistik, Bozen 2015, 120.

159 Viktoria Stadlmayer, *Kein Kleingeld im Länderschacher: Südtirol, Triest und Alcide Degasperi 1945/1946*, Innsbruck 2002, 13–47.

160 „subject to hearing any case which Austria might present for minor rectifications in her favour." *FRUS 1945*, Bd. 2: *General: Political and Economic Matters*, Washington 1967, 162.

161 Stadlmayer, *Kein Kleingeld*, 92–99.

reichs oder über eine in Südtirol abzuhaltende Volksabstimmung enthielt.[162] Tatsächlich sahen Artikel 12 und 13 des am 1. März im State Department fertiggestellten Vertragsentwurfes vor, dass „die Grenze zwischen Österreich und Italien [...] in Übereinstimmung mit den Wünschen der Bevölkerung des Gebietes festgelegt werden soll [...] Die Bevölkerung dieses Gebietes soll dazu aufgefordert werden, mittels einer Wahl (eines Plebiszites) die Souveränität anzuzeigen, der sie das Gebiet unterstellen will."[163] Auch in der UdSSR schloss der Stellvertretende Kommissar für auswärtige Angelegenheiten Litvinov nicht aus, dass Südtirol an Österreich zurückgegeben werde. In den Weisungsentwürfen für die Friedensvertragsverhandlungen mit Italien vom 31. Dezember 1945 führt er aus, dass es trotz des Beschlusses des Außenministerrates vom September möglich sei, „Südtirol in seiner Gänze an Österreich anzufügen".[164] Im Gegensatz dazu enthielten die genehmigten sowjetischen Weisungen für die Londoner Verhandlungen der stellvertretenden Außenminister vom Jänner 1947 die Anordnung, auf US-Vorschläge „für kleinere Grenzberichtigungen" zu warten.[165]

Von April bis September 1946 war Südtirol das Hauptthema der Außenpolitik der österreichischen Regierung, die von der Südtiroler Volkspartei gebeten worden war, sie zu vertreten. Angesichts des britischen und sowjetischen Zögerns, die beide Italien nicht kränken wollten, und in Anbetracht pessimistischer Lageberichte begann Außenminister Gruber, nach einer Teillösung zu suchen. Im Mai 1946 legte Österreich dem Rat der Außenminister eine „kleinere Grenzberichtigung" vor. Der Plan sah die Teilung Südtirols und die Rückkehr des Pustertales (Val Pusteria), aber auch des Gebietes um Brixen (Bressanone) und über Franzensfeste (Fortezza) und Sterzing (Vipiteno) bis zum Brenner, also des oberen Eisacktales (Isarco), zu Öster-

---

162 [Heinrich Wildner], *„...freilich werden wir im neuen Jahr noch nicht frei werden..." Das Tagebuch von Heinrich Wildner 1946*, hrsg. v. R. Eccher/S. Mach/I. Roitner-Fransecky/U. Chr. Stabel/E. Wotawa-Hahlheimer, Wien 2013, 78 (29. Juli).

163 Vgl. z.B. Dept. of State, „A Discussion of Possible Clauses in a Treaty providing for the Reinstatement of an Independent and Democratic Austria", 1 März 1946, NARA, CDF 1945–49, Box 6850, 883.00/3–146. Für die Ermittlung des Dokuments danken wir Dr. Maximilian Graf und Dr. Karlo Ruzicic-Kessler. Ein nach einer fünfjährigen Mandatsperiode abzuhaltendes Referendum war von Tiroler Kreisen vorgeschlagen worden, falls der Bitte, Südtirol durch den Friedensvertrag mit Österreich zu vereinigen, von den vier Mächten nicht nachgegeben würde. Reut-Nicolussi an Gruber, 8. Februar 1946, in M. Gehler, Hrsg., *Akten zur Südtirol-Politik 1945–1958*, Bd. 1: *1945–1947*, Innsbruck 2011, 160–166; Grubers Statutenentwurf für ein Südtirol unter einem gemeinschaftlichen österreichisch-italienischen Mandat, ebd. 287ff.

164 Litvinov an Molotov, 31. Dezember 1945, Weisungsentwürfe für den Friedensvertrag mit Italien, in: AVPRF, f. 0431-II, op. 2, p. 5, d. 18, l. 102.

165 KPdSU Politbüro, Protokoll 48, Beschluss 21, 6. Jänner 1947, in RGASPI, f. 17, op. 162, d. 38, ll. 2; 7f.

reich vor; italienische Interessen an der Wasserkraftversorgung sollten berücksichtigt werden. Mitte April 1946 beinhalteten die Instruktionsentwürfe für die sowjetische Delegation bei der Pariser Session des Außenministerrates die Anweisung, einer Teilübertragung von einem Drittel Südtirols an Österreich zuzustimmen, falls die Westmächte im Gegenzug der Übergabe von Triest an Jugoslawien zustimmten.[166] Doch schon am 5. Mai hatte Molotov diese Position geändert und übermittelte Byrnes die sowjetische Bereitschaft, den *italienischen* Wünschen „in anderen Bereichen“ entgegenzukommen, falls Triest an Jugoslawien übergeben würde.[167] Mit Blick auf das aggressive italienische Lobbying und die im Vergleich zu Österreich größere Bedeutung Italiens wurde die „Pustertal-Lösung“ von den vier Mächten am 24. Juni 1946 abgelehnt, mit der – zuerst von sowjetischer Seite vorgebrachten – Begründung, Österreichs Gebietsforderung könne nicht als „kleinere Grenzberichtigung“ angesehen werden.[168] Es ist unklar, ob Gruber überzeugt davon war, dass der Pustertal-Plan die bestmögliche Lösung sei, oder ob er ihn nur in weiteren Verhandlungen als Faustpfand nutzen wollte. Der Vorschlag fand vor allem auch in Südtirol selbst viel Widerspruch; die Südtiroler Volkspartei war überwiegend dagegen, sie fürchtete, die Abtretung eines Landesteiles würde die Italianisierung des Restes beschleunigen.[169]

Die Entscheidung der Großmächte zugunsten Italiens, die einer Kehrtwende weg sowohl von den Planungen während des Krieges als auch von mehreren öffentlichen Erklärungen gleichkam, hatte wohl mehrere Gründe. Vor allem war Italien mit seiner Größe, seiner zentralen Lage im Mittelmeerraum, aber auch mit seiner starken kommunistischen Partei ein Objekt von ganz anderem Gewicht als Österreich. Die Westmächte, in deren Einflusssphäre Italien seit dem Waffenstillstand 1943 lag, fürchteten eine weitere Stärkung der italienischen Kommunisten, eine

---

166 *Sovetsko-amerikanskie otnošenija, 1945–1948*, Moskva 2004, 205.

167 Ebd., 224. Vgl. Mueller, „The Soviet Factor in the Alps-Adriatic Region“, in ders./Ruzicic-Kessler/Greilinger, Hrsg., *The Alps-Adriatic Region 1945–1955*, 251–255.

168 Dazu und zum Misserfolg des Pustertal-Vorschlages vgl. Rolf Steininger, *Los von Rom? Die Südtirolfrage 1945/46 und das Gruber–de Gasperi Abkommen*, Innsbruck 1987, neu aufgelegt als *Autonomie oder Selbstbestimmung?*, Innsbruck 2006, 64–87 sowie 255–258. Der Pustertal-Vorschlag wurde in einer Note des österreichischen politischen Vertreters in Paris, Norbert Bischoff, am 10. Mai 1946 dem Generalsekretär des Außenministerrates überreicht; veröffentlicht in *FRUS 1946*, Bd. 2, 357f; zur Ablehnung durch den Außenministerrat ebd., 590 sowie Bischoff an Gruber, 25. Juni 1946, in: Gehler, *Akten zur Südtirol-Politik*, Bd. 1, 311. Bischoff kritisierte, dass der Außenministerrat darin versagt hatte, diese „monströse Ungerechtigkeit“ zu korrigieren.

169 Hierzu die Erinnerungen von Friedl Volgger, *Mit Südtirol am Scheideweg*, Innsbruck 1984, 157; auch ders., „Karl Grubers große Leistung“, in: Lothar Höbelt/Othmar Huber, Hrsg., *Für Österreichs Freiheit. Karl Gruber – Landeshauptmann und Außenminister 1945–1953*, Innsbruck 1991, 202f; Karl Gruber, *Zwischen Befreiung und Freiheit – der Sonderfall Österreich,* Wien ²1953, 71f.

Angst, die von der italienischen Diplomatie in ihrem Bemühen, Südtirol zu halten, geschickt ausgenützt wurde.[170] Gleichzeitig versuchte die sowjetische Diplomatie, Italien aus dem westlichen Lager zu locken, indem sie die Forderungen des Landes unterstützte. Italien hatte nicht nur den Verlust seiner Kolonien zu verkraften, sondern, schmerzlicher, den Verzicht auf Istrien und die Stadt Triest, wenn sich auch herausstellte, dass letzteres nur zeitweise der Fall sein sollte; beide Gebiete wurden von Jugoslawien beansprucht. Die Alliierten sahen also die Frage, ob Südtirol bei Italien bleiben sollte oder nicht, aus der Perspektive Italiens – das Ziel war die Regelung der italienischen, nicht der österreichischen Angelegenheiten, und noch weniger ging es um die Interessen der Südtiroler oder um Selbstbestimmung. Insofern lässt sich sagen, dass Österreichs Stellung im Wartesaal – während der italienische Friedensvertrag verhandelt wurde – die an sich geringen Chancen für eine befriedigendere Südtirol-Lösung weiter vermindert haben mag. Es war daher durchaus logisch, dass der österreichische politische Vertreter in London, Heinrich Schmid, Bevin überzeugen wollte, den Vertrag mit Italien nicht zu unterschreiben, wenn nicht gleichzeitig der Vertrag mit Österreich vereinbart werde.[171]

Nach dem Scheitern des Pustertal-Vorschlages entschied sich Gruber bezüglich der Südtiroler Autonomie für ein bilaterales Abkommen mit Italien. Das Gruber-de-Gasperi-Abkommen vom 5. September 1946 vereinbarte in allgemeinen, aber vagen Begriffen die „komplette Rechtsgleichheit" der deutschsprachigen Bevölkerung Südtirols, oder eher der „Provinz Bolzano", wie sie unter Missachtung des historischen Namens der Region genannt wurde, und der zweisprachigen Ortschaften in der „Provinz Trento" unter italienischer Herrschaft. Das Abkommen wurde als Annex IV des Friedensvertrages mit Italien aufgenommen; Art. 10 des Friedensvertrages hält fest, dass die Alliierten und Assoziierten Mächte den Inhalt des Abkommens zur Kenntnis genommen haben.[172] Das Abkommen trug, zumindest

170 De Gasperi machte die Außenminister der vier Mächte darauf aufmerksam, dass, obgleich es Opfer gebe, die Italien im Namen der europäischen Solidarität und für den Aufbau einer besseren Welt machen könne und machen müsse, keine Lösung in Betracht komme, „die eine demokratische italienische Regierung nicht akzeptieren könne". Zit. in Nicolo Carandini, *The Alto Adige, an Experiment in the Devaluation of Frontiers,* Rom 1958, 9, sowie bei Steininger, *Los von Rom?,* 23. Carandini war im Sommer 1946 der Verhandlungspartner Außenminister Grubers, bevor de Gasperi selbst in die Verhandlungen eingriff. Die italienische Diplomatie hatte in den der Entscheidung des Außenministerrates vorhergehenden Wochen im August/September 1945 ihre Offensive zur Erringung der Unterstützung für Italiens Standpunkt vor allem auf Washington konzentriert: vgl. Mario Toscano, *Storia diplomatica della questione dell'Alto Adige,* Bari 1967, 264.

171 Wagnleitner, *Diplomatie zwischen Parteiproporz und Weltpolitik,* Nr. 83 (Bericht Walter Wodaks an Schärf v. 6. Mai 1946).

172 Text des Friedensvertrages in: Amelia C. Leiss/Raymond Dennett, Hrsg., *European Peace Treaties after World War II,* Boston 1954, 168 (Art. 10) u. 209f. (Annex IV). Grubers Abkommensentwurf

kurzfristig, nichts dazu bei, die weitere Italianisierung der Region zu verhindern; die deutsche Sprache blieb in öffentlichen Ämtern verboten, der Sprachunterricht war eingeschränkt, und italienische Vorbereitungen für die Auflösung der Provinz Bozen wurden in Angriff genommen.[173] Die Entscheidung, Südtirol weder an Österreich zurückzugeben noch eine Volksabstimmung abzuhalten, wurde von der Tiroler Bevölkerung mit großer Enttäuschung aufgenommen; sie hatte die Unterstützung von tausenden Sympathisanten im Westen gewonnen, und mehr als 155.000 hatten diese Lösung in einer Petition gefordert.[174] Der Historiker Michael Gehler hat die Frage aufgebracht, ob die österreichische Diplomatie Südtirols Recht auf Selbstbestimmung „verspielt" habe.[175] Viktoria Stadlmayer hat überzeugend dargelegt, dass der unerfahrene Gruber, der die Beratung mit Experten verweigerte, die Chancen auf einen Umschwung zugunsten der Rechte der Tiroler mittels einer Beschwerde bei der Pariser Friedenskonferenz, welche vom 29. Juli bis zum 15. Oktober 1946 stattfand, unterschätzte. Zu Beginn der Konferenz hatte sich der US-Außenminister darauf festgelegt, die Revision der von den vier Mächten getroffenen Entscheidungen zu unterstützen, sofern zwei Drittel der teilnehmenden Länder eine Überarbeitung forderten. Doch Gruber brachte keinen solchen Antrag vor, sondern bevorzugte es, mit De Gasperi zu einem Abkommen zu gelangen, obwohl dieser keineswegs an der Gewährung gleicher Rechte für die Südtiroler interessiert war und sogar Triest und Istrien aufgab, um Südtirol halten zu können. Nur fünf Tage, nachdem Gruber das Abkommen unterzeichnet hatte, forderte Italien eine Volksabstimmung in Triest – ein Recht, das es Südtirol durchwegs verweigert hatte.[176]

Im Kampf für die Gleichberechtigung der deutschsprachigen Mehrheitsbevölkerung Südtirols wurde Österreichs Manövrierfähigkeit durch die Beschränkungen gehindert, die sich aus dem unklaren internationalen Status des Landes ergaben, insbesondere vor dem November 1945. Erst nachdem die Friedensverträge mit Italien und Hitlers anderen vier Satellitenstaaten ausverhandelt waren, schien Öster-

---

in Gehler, *Akten zur Südtirol-Politik*, Bd. 1, 363ff. Zur Diplomatie der Südtirol-Frage 1945/46 Rolf Steininger, *Autonomie oder Selbstbestimmung?* Von völkerrechtlicher Seite bereits Herbert Miehsler, „Die Südtirolfrage vom Ende des Zweiten Weltkrieges bis zum Abschluß des Gruber-de-Gasperi-Abkommens", in: *Innsbruck – Venedig. Österreichisch-Italienisches Historikertreffen 1971 und 1972*, hrsg. v. Adam Wandruszka und Ludwig Jedlicka, Wien 1975, 421–470. Zu den Südtiroler Aktivitäten mit dem Ziel, die Umsetzung des Abkommens zu erreichen, siehe Rolf Steininger, *Südtirol zwischen Diplomatie und Terror 1947–1969*, Bd. 1: *1947–1959*, Bozen 1999, 20–25.

173 Stadlmayer, *Kein Kleingeld*, 247f.

174 Rolf Steininger, *Südtirol im 20. Jahrhundert: Vom Leben und Überleben einer Minderheit*, Innsbruck 2004.

175 Michael Gehler, Hrsg., *Verspielte Selbstbestimmung? Die Südtirolfrage 1945/46 in US-Geheimdienstberichten und österreichischen Akten*, Innsbruck 1996.

176 Stadlmayer, *Kein Kleingeld*, 195–212, 241. Vgl. Gehler, *Österreichs Außenpolitik*, 234–250.

reichs Stunde zu schlagen: Am 7. Dezember 1946 legten sowohl Byrnes als auch Molotov dem Außenministerrat in New York den Plan vor, in der nächsten Session, die im Februar oder März 1947 in Moskau tagen sollte, die Verträge mit Deutschland und mit Österreich zu behandeln. Die Amerikaner regten außerdem an, dass für jeden Vertrag eigene Sonderbeauftragte oder Stellvertreter („Deputies") zu bestellen wären, deren Aufgabe die Vorbereitung eines Vertragsentwurfes wäre, über den dann der Außenministerrat zu befinden hätte. Nach einigen Diskussionen über Modalitäten und Termine beschloss der Rat der Außenminister am 11. Dezember 1946, dass die Sonderbeauftragten für deutsche und für österreichische Fragen in Vorbereitung der nunmehr für 10. März 1947 in Moskau fixierten Ratstagung am 14. Jänner 1947, und zwar in London, zusammentreten sollten.[177]

Bloß zwei Tage nach dem Beschluss der Außenminister in New York richtete Bundespräsident Renner ein Schreiben an alle Bundesminister, in welchem er sie bat, sogleich alle nötigen Unterlagen für die Staatsvertragsverhandlungen vorzubereiten. Der Schritt scheint ungewöhnlich, auch wenn der Bundespräsident sowohl den Bundeskanzler als auch den Vizekanzler von seinen direkten Briefen an die Minister verständigte. Gegenüber Figl rechtfertigte Renner seinen Schritt damit, dass er erfahren habe, Figl sei unpässlich und müsse wahrscheinlich ein oder zwei Tage vom Amt fernbleiben. Da „die Angelegenheit unserer Friedensverhandlungen (!) durch die heutigen Meldungen höchst dringlich" sei, finde er sich veranlasst, im Hinblick auf Figls Abwesenheit den Brief an die Bundesminister „unmittelbar abgehen zu lassen". Renner war sich also bewusst, dass er dadurch in die Kompetenzen des Bundeskanzlers eingriff. Doch abgesehen von der Erkrankung des Bundeskanzlers gab es wohl ein weiteres Motiv für die Initiative des Bundespräsidenten. Renner erinnerte sich seiner Rolle als Leiter der österreichischen Friedensdelegation in Saint-Germain 1919, und es drängte ihn ungemein, seine Erfahrungen zur Geltung zu bringen.[178]

Der Bundespräsident nahm weiter höchst aktiven Anteil an den Vorbereitungen. In einem Gespräch mit Gruber am 18. Jänner 1947 gingen beide davon aus, dass eine kritische Phase für die Sicherheit des Landes zu jenem Zeitpunkt eintreten würde, in dem die Besatzungstruppen Österreich verlassen würden, aber das eigene Heer noch nicht aufgestellt wäre. Renner schlug für diese Übergangszeit eine

177 Vgl. *FRUS 1946,* Bd. 2, 1530; für die dem Beschluss vorhergehenden Beratungen ebd., 1469 bis 1476, 1483f, 1522 und 1526–1528.

178 Präsidentschaftskanzlei, Zl. 8791/46 u. Nachzahlen; BMAA, Zl. 146.653-6 VR/46; falls bei Akten der Präsidentschaftskanzlei oder des Bundeskanzleramtes/Auswärtige Angelegenheiten kein Archivverweis angegeben ist, konnten die betreffenden Aktenstücke in der Präsidentschaftskanzlei bzw. in BMAA eingesehen werden.

der „UNO bzw. dem Sicherheitsrat unterstehende internationale Truppe" vor, die aus Kontingenten der gegenwärtigen vier Besatzungsmächte zusammengesetzt sein könnte, unter einheitlichem Kommando. Hierauf erklärte Gruber, dass der Ministerrat beschlossen habe, alle Anstrengungen darauf zu richten, „daß sofort die volle Souveränität erreicht, jegliche militärische Besatzung aufgehoben und eine allenfalls verbleibende Kontrolle, sofern sie nicht völlig beseitigt werden kann, auf ein Minimum beschränkt werde". Insbesondere warnte Gruber vor den Nachteilen, welche die von Renner vorgeschlagene internationale Truppe mit sich ziehen würde. Gemäß der politischen Zusammensetzung des Sicherheitsrates, so vermutete er, würde es nicht möglich sein, „eine einzelne neutrale Macht mit der Sicherungsaufgabe Österreichs zu betrauen, es sei denn, man würde sich auf die tschechische Armee einigen"; vermutlich müsste aber die UNO-Streitmacht aus Kontingenten der vier Mächte bestehen, denn gegen eine westliche Macht würde Russland remonstrieren, gegen die Sowjetunion die Westmächte. Diese Kontingente würden aber wohl wieder nach Zonen lokalisiert werden. Dann wäre Österreich aber wieder genau bei dem Zustand angelangt, den es gegenwärtig habe, schrieb Gruber und fügte hinzu: „Der ganze Staatsvertrag wäre degradiert zu einem mehr oder weniger verbesserten neuen Kontrollabkommen."

Renner war nicht völlig zu überzeugen, und zwar deshalb, weil in ihm die historischen Erfahrungen der tragischen Zwischenkriegszeit in Österreich stärker verwurzelt waren als die Realität des zu Tage tretenden Kalten Krieges. Nach Abzug der Besatzungstruppen, so meinte Renner, bestünde die Gefahr, „daß die verschiedenen Parteien angesichts der vollkommenen Machtlosigkeit der kaum bewaffneten Polizei und Gendarmerie zur Aufstellung von Wehrformationen greifen könnten, wobei die Verhältnisse von 1933 bis 1938 wieder akut würden".[179]

Dieser Dialog beleuchtet in bemerkenswerter Weise den Unterschied zwischen der Ersten und der Zweiten Republik. Der sechsundsiebzigjährige Renner befürchtete innenpolitische Entwicklungen, die zur Wiederholung der Ereignisse der Dreißigerjahre führen würden. Gleichzeitig unterschätzte er wohl, welche mit dem Kalten Krieg einhergehende Spannungen aus dem Verbleib von Kontingenten der vier Besatzungsmächte nach Abschluss des Staatsvertrages resultieren hätten können.

Gruber, neununddreißig Jahre jünger, war hier im Hinblick auf die sich damals schon deutlich herauskristallisierende Ost-West-Konfrontation skeptischer. Er brachte Themen vor, die in späteren Phasen der Staatsvertragsverhandlungen eine Rolle spielen sollten: Die „Sicherheitslücke" nach dem Abzug der Besatzungstruppen und vor dem Aufbau des Bundesheeres sollte bis in die letzten Tage der

179 Präsidentschaftskanzlei, Zl. 9063/46, Zl. 180/47; darin BMAA, Zl. 105.081-Pol/47.

Staatsvertragsverhandlungen im Mai 1955 ein vor allem die Amerikaner bewegendes Anliegen sein (vgl. unten Kap. III und IV). Die Idee von Kontingenten der vier Mächte nach Abschluss des Staatsvertrages antizipierte wiederum in eigentümlicher Weise den Vorschlag, den Molotov im Februar 1954 auf der Berliner Außenministerkonferenz machen, den die österreichische Koalitionsregierung jedoch einhellig ablehnen würde (vgl. unten Kap. V). Und bis 1955 sollte dies das bei weitem wichtigste Thema in Österreichs Drängen nach dem Staatsvertrag bleiben: der Wunsch, die fremden Mächte so bald wie möglich aus dem Land hinauszubringen, und das, wenn nötig, auch um einen sehr hohen Preis. Bei der Vorbereitung der Staatsvertragsverhandlungen sagte es Gruber ganz klar: „Das ist der Kernpunkt des ganzen Vertrages. Ohne Abzug der Besatzungstruppen hätte der Vertrag keinen Sinn, da würden wir überhaupt darauf verzichten.“[180] Das ist gleichsam der rote Faden, der sich durch die lange, an Hoffnungen wie an Enttäuschungen reiche Geschichte der Staatsvertragsverhandlungen hindurchziehen wird, bis zur Nachricht des Bundeskanzlers Raab aus Moskau im April 1955: „Österreich wird frei!“

---

180 Aufzeichnung über eine interministerielle Sitzung unter Vorsitz des Außenministers Gruber am 4. Jänner 1947, Zl. 147.600-6VR/47, in: AdR, BMAA, II-Pol, Handakten des Generalsekretärs Heinrich Wildner, eingelegt bei den Akten des Jahres 1949 (Jahr seiner Pensionierung), Kart. 123 (weiters zit. als „Handakten Wildner“).

II. DIE VERHANDLUNGEN BEGINNEN, 1947

1. Auftakt in London; die jugoslawischen Ansprüche

Die Nachricht vom bevorstehenden Beginn der Staatsvertragsverhandlungen war Anlass für die österreichische Politik, die entsprechenden Anliegen und Erwartungen ihres Landes den vier Mächten und der Öffentlichkeit zur Kenntnis zu bringen. Am 23. Dezember 1946 richtete der Außenminister eine Note an die vier Mächte, worin er sie zur Räumung Österreichs aufforderte und gleichzeitig jene Materien anführte, die nach Ansicht Österreichs im Staatsvertrag geregelt werden müssten. Die Bundesregierung vertrat auch die Ansicht, dass es ausreichen würde, einen Vertrag nur zwischen Österreich und den vier Besatzungsmächten abzuschließen: Dadurch würde sich der mit Österreich abzuschließende Vertrag von den Friedensverträgen mit den Ländern, die an der Seite Deutschlands am Krieg teilgenommen hatten, unterscheiden.[1]

Weiteren Einblick in Österreichs Anliegen und Erwartungen gewährte ein Memorandum, das Adolf Schärf seinem sozialistischen Parteifreund, dem damaligen französischen Ministerpräsidenten Léon Blum, am Neujahrstage 1947 übersandte. Zu den Gebietsfragen schrieb der Vizekanzler, Österreich erhebe keine Ansprüche auf Gebiete, die vor dem Anschluss nicht zu Österreich gehört hätten, lehne aber seinerseits Gebietsansprüche anderer Mächte, insbesondere Jugoslawiens, ab. Ein Punkt des Memorandums betraf das „Deutsche Eigentum" in Österreich, wobei Schärf kritisch bemerkte, die diesbezüglichen Bestimmungen der Konferenz von Potsdam seien von Staatsmännern beschlossen worden, „die nicht wussten, wie sich in der Zeit der deutschen Besetzung die Wirtschaft in Österreich verändert"

---

1 Note Zl. 146.678-6VR/46, in: AdR, BMAA, II-Pol-Akten 1946, P-Staatsvertr. Ihr Inhalt wiedergegeben in einer vom Gesandten Markus Leitmaier Ende 1953 verfassten, bis September 1953 reichenden Übersicht über die Geschichte der Staatsvertragsverhandlungen. Diese 77 maschingeschriebene Seiten umfassende Übersicht (ohne Beilagen) in: AdR, BMAA, II-Pol, Zl. 141.219-Pol/54; weiterhin zit. als Leitmaier, „Übersicht". Zu Leitmaier siehe Agstner/Enderle-Burcel/Follner, *Österreichs Spitzendiplomaten*, 299f.

habe. Zu den vor allem in der östlichen Zone erfolgten Demontagen von Fabriken, Telefoneinrichtungen und Abtransporten von Rohmaterialien forderte Schärf, die Verluste durch Demontagen seien bei der Regelung des Deutschen Eigentums oder der Abrechnung der Besatzungskosten in Rechnung zu stellen. Unter den weiteren Wünschen Schärfs finden wir den Hinweis, etwa eine halbe Million von „Displaced Persons", Zivil- und Militärpersonen aus Russland und Osteuropa, stellten eine Gefahr für die Sicherheit des Landes dar und Österreich habe größtes Interesse an ihrer Entfernung. Auch die Verpflichtung zum Schutz konfessioneller und nationaler Minderheitenrechte sollte im Staatsvertrag verankert werden.[2]

Am 15. Jänner 1947 gab Bundeskanzler Leopold Figl im österreichischen Parlament ein 16-Punkte-Programm bekannt, in dem die Richtlinien enthalten waren, die, wie Figl sagte, „für die Haltung der österreichischen Regierung in der Frage des Abschlusses des Staatsvertrages bei den Verhandlungen in London bzw. später in Moskau maßgebend sein werden". Die 16 Punkte, jeweils von Figl kurz erläutert, betrafen folgende Fragen:

1. Die Wiederherstellung der Unabhängigkeit Österreichs. Österreich sei das erste von Hitler-Deutschland überfallene und besetzte Land, das daher ebenso wie die übrigen besetzten Gebiete Europas den Anspruch habe, von den Vereinten Nationen mit besonderer Rücksicht behandelt zu werden.
2. Die Grenzen des Jahres 1937 – es dürfe kein Gebietsteil von Österreich abgetrennt werden.
3. Die demokratische Verfassung. Der Bundeskanzler verwies (wie bereits Schärf in seinem Memorandum zwei Wochen zuvor) auf das demokratische Wahlrecht und betonte den Schutz der Menschenrechte und die Bestrafung von Kriegsverbrechern.
4. Der Eintritt Österreichs in die Vereinten Nationen. Österreich solle danach streben, nach dem Inkrafttreten des Staatsvertrages alle Voraussetzungen zu erfüllen, in die Vereinten Nationen aufgenommen zu werden; die vier Großmächte sollten ihre Zusicherung geben, die Kandidatur Österreichs zu unterstützen.
5. Die Beendigung der Besetzung und Zurückziehung der alliierten Streitkräfte.
6. Österreich bezahlt keine Reparationen – es sei ja kein feindliches Land.

Punkt 7 betraf militärische Klauseln, Punkt 8 die österreichischen Kriegsgefangenen und Zivilinternierten, deren Rückkehr in die Heimat baldigst erfolgen sollte. Punkt

2 „Bemerkungen zu einem Staatsvertrag mit Österreich", veröffentlicht in: Adolf Schärf, *Österreichs Erneuerung 1945–1955*, Wien 1960, 139–141.

9 behandelte die Displaced Persons. Es werde darauf Bedacht genommen werden, sagte der Bundeskanzler, „daß die durch die Anwesenheit dieser Leute hervorgerufenen Schwierigkeiten beseitigt werden, ohne daß daraus für Österreich eine besondere Bindung für die Zukunft besteht".

Die Punkte 10 bis 13 betrafen verschiedene finanzielle Ansprüche gegenüber Deutschland, Punkt 14 die Potsdamer Beschlüsse, wobei der Bundeskanzler nur allgemein erklärte, die Bundesregierung werde für eine für die österreichische Wirtschaft tragbare Lösung eintreten. Punkt 15 bezog sich auf das österreichische Eigentum im Ausland und Punkt 16 auf die Regelung der Wirtschaftsbeziehungen zwischen Österreich und dem Ausland (Vermeidung von Diskriminierungen). Diese 16 Punkte, sagte der Bundeskanzler, seien die Hauptfragen, es gebe auch noch andere Fragen, wie die des Transitverkehrs, die zu regeln sein würden.[3]

Einen Tag vor Figls Erklärung hatte der britische Außenminister Bevin im Lancaster House in London eine Reihe von Sitzungen der Sonderbeauftragten für Deutschland und für Österreich eröffnet; an den ersten beiden Tagen dieser Treffen, am 14. und 15. Jänner, besprachen die Sonderbeauftragten technische Fragen von gemeinsamem Interesse. Die sowjetische und die französische Regierung hatten nur je einen gemeinsamen Vertreter für die Vorbereitung des deutschen Friedensvertrages und des Österreich-Vertrages bestellt, nämlich Fëdor T. Gusev und Maurice Couve de Murville, während Briten und Amerikaner jeweils getrennte Sonderbeauftragte ernannt hatten: Der englische „Deputy" für Österreich war Lord Samuel Hood, die Amerikaner hatten General Mark Clark, ihren Hochkommissar für Österreich, gewählt.

Während der Verhandlungen trachteten Amerikaner und Briten, die ihre Vertragsentwürfe im Jahr davor eingebracht hatten, danach, viele mögliche Belastungen für Österreichs zukünftige Unabhängigkeit und Stabilität zu beseitigen oder wenigstens zu mindern, wobei Mark Clark eine besonders hilfsbereite Einstellung gegenüber der österreichischen Sache an den Tag legte. Im Gegensatz dazu betonte die sowjetische Seite, die keinen Entwurf vorgelegt hatte, Österreichs „Teilnahme am Krieg".[4] Die sowjetische Delegation war angewiesen worden, sich im Allgemeinen an die Regelungen der Friedensverträge mit Italien und Rumänien zu halten, mit den folgenden Besonderheiten: Der Anschluss Österreichs und die Integration

3 Stenographische Protokolle des Österreichischen Parlamentes, Nationalrat (von nun an Sten. Prot. NR), 5. GP., 41. Sitzg., 15. Jänner 1947, 1196–1198.

4 Molotov an Stalin, 13. Jänner 1947; Politbüro Protokoll 56, P. 60 OP, 14. Jänner 1947, in: RGASPI, f. 17, op. 166, d. 783, ll. 83–90; „Direktivy Sovetskomu predstavitelju na soveščanii zamestitelej po podgotovku dogovora s Avstriej", in: RGASPI, f. 17, op. 162, d. 38, ll. 145–151. Vgl. A. Vatlin u.a., Hrsg., *SSSR i Avstrija na puti k gosudarstvennomu dogovoru*, Moskva 2015, 120–128.

in das Deutsche Reich sollten im Staatsvertrag erwähnt werden, so wie auch Österreichs „Teilnahme im Krieg an der Seite Hitler-Deutschlands" (ein offensichtlicher Widerspruch, denn da Österreich in das Reich integriert gewesen war, hatte es nicht an dessen Seite kämpfen können) und seine „Befreiung durch alliierte Waffen" – letzteren Punkt höchstwahrscheinlich um westlichen und österreichischen Argumenten vorzukommen, dass Österreich zu seiner Befreiung beigetragen hätte, so wie in der Moskauer Deklaration verlangt. Darüber hinaus sollte im Staatsvertrag der Anschluss für null und nichtig erklärt werden, es sollten Vorsichtsmaßnahmen gegen eine Restauration der Habsburgermonarchie getroffen werden und ein Artikel betreffs Österreichs Pflicht, den demokratischen Charakter des Landes zu beschützen, eingeschlossen werden. Österreichs Grenzen sollten auf dem Status des 1. Jänner 1938 verbleiben, obwohl „jugoslawische Ansprüche hinsichtlich eines Teiles Slowenisch-Kärntens" unterstützt werden sollten. Österreich sollte den Anspruch der vier Mächte auf den gesamten deutschen Besitz in Österreich anerkennen, der definiert war als a) jener vom 13. März 1938, b) jener, welcher später durch das Reich oder deutsche Bürger ohne Gewaltanwendung erworben worden war, c) alle Abbaurechte auf nationale Ressourcen, welche nach 1938 erworben worden waren oder alle Unternehmen, die nach 1938 auf Basis von deutschen Investitionen gegründet worden waren. All jenes Eigentum, das ohne Kompensation nach Deutschland überführt worden war, unterlag der Restitution.

Die erste eigene Sitzung der Sonderbeauftragten für Österreich fand am 16. Jänner 1947 statt; mit ihr beginnt die Zählung einer langen Serie von Sitzungen dieser Stellvertreter der Außenminister. Im März 1947 rechneten amerikanische Diplomaten in Wien damit, dass die Alliierte Kommission ihre Tätigkeit zum 1. Oktober des Jahres einstellen werde. Es sollte der Sommer 1955 werden.[5] Die erste Sitzung brachte einige wichtige Entscheidungen. Es wurde beschlossen, Vertreter Jugoslawiens, Polens, Kanadas, Südafrikas und Australiens zur Frage des Österreich-Vertrages anzuhören; andere Staaten (aus dem Kreise der gegen Deutschland und seine Verbündeten gerichteten Allianz der „Vereinten Nationen") würden ebenfalls gehört werden. Und vor allem wurde beschlossen, dass Österreich nach den Vertretern der Vereinten Nationen in einem „hearing" gehört werden und um Vorlage eines schriftlichen Memorandums ersucht werden sollte. Damit war der Weg für die Einladung einer österreichischen Delegation nach London offen.

Erst Jahre später, bei der Berliner Außenministerkonferenz im Februar 1954, saß eine österreichische Delegation gleichberechtigt neben jenen der vier Mächte am Verhandlungstisch. Allerdings darf die Tatsache, dass die Österreicher in den ersten

5 AdR, BMAA, II-Pol, Zl. 106.114-Pol/47.

Phasen der Staatsvertragsverhandlungen nur zu Anhörungen und den damit verbundenen Befragungen zugelassen wurde, nicht die inoffiziellen Kontakte vergessen lassen, die sie mit den Vertretern der vier Mächte dank ihrer Anwesenheit in London anknüpfen konnten. Eleanor Dulles, die Schwester von John Foster und Allen Dulles, die als Finanzattachée an der amerikanischen Gesandtschaft in Wien tätig war, riet österreichischen Diplomaten vor den Londoner Verhandlungen, die Anwesenheit einer österreichischen Delegation müsse „hauptsächlich für eine Einwirkung durch persönliche Fühlungnahme mit den alliierten Konferenzteilnehmern ausgenützt werden".[6] Besuche bei den Delegationschefs der alliierten Mächte, Korrespondenzen, gesellschaftliche Anlässe boten den Österreichern die Gelegenheit, ihren Standpunkt außerhalb des strengen Rahmens der Hearings zur Geltung zu bringen. Die Zunahme des sowjetischen Druckes im Osten[7] und die speziellen Schwierigkeiten, die Österreich mit der sowjetischen Besatzungsmacht hatte, aber auch die unterstützende und freundliche Haltung der Westmächte, führten zu wesentlich engeren Kontakten mit den westlichen Vertretern als jenen der Sowjetunion. Dazu kommt, dass grenzüberschreitende parteipolitische Freundschaften nur die Kommunisten nach Osten führten, während nach der Zerstörung unabhängiger Parteien in Osteuropa die beiden großen Koalitionsparteien ihre einzigen politischen Freunde im Westen hatten. Hier ist vor allem der Kontakt zwischen der SPÖ und der britischen Labour Party zu nennen, die seit den Wahlen vom Juli 1945 die Regierung stellte, während die Verbindung der Volkspartei (ÖVP) zu den christlich-demokratischen Parteien Westeuropas erst etwas später eine größere Rolle spielte.[8]

---

6 Ebd., Zl. 105.022-Pol/47 (Amtsvermerk Josef Schöners).

7 Zur kommunistischen Politik in Osteuropa, vgl. Stefan Creuzberger/Manfred Görtemaker, Hrsg., *Gleichschaltung unter Stalin? Die Entwicklung der Parteien im östlichen Europa 1944–1949*, Paderborn 2002; Vladimir Tismaneanu, Hrsg., *Stalinism Revisited: The Establishment of Communist Regimes in East-Central Europe*, Budapest 2009.

8 Vgl. u.a. *FRUS 1947*, Bd. 2: *Council of Foreign Ministers, Germany and Austria,* Washington 1972, 113. Bereits am 9. November 1945 hatte Karl Renner in Briefen an Premierminister Attlee und Außenminister Bevin Walter Wodak als von ihm beauftragten „Verbindungsoffizier" zwischen der SPÖ und der Labour Party vorgestellt. Die Ausfertigungen dieser Schreiben wie auch Hinweise auf Bedenken der britischen Regierung, inoffizielle Vertreter einer Partei zu empfangen, fanden sich in: TNAUK, FO 371/46.686/7600. Vgl. auch Norbert Leser, „Einleitung zum Briefwechsel Renner – Wodak", in: Walter Wodak, *Diplomatie zwischen Ost und West,* Graz 1976, 154f; weiters der von Reinhold Wagnleitner herausgegebene und eingeleitete Nachlass Wodaks 1945–1950 *Diplomatie zwischen Parteiproporz und Weltpolitik* sowie Wagnleitners Vorstudien hierzu: „Das erste Jahr der Mission Walter Wodaks in Großbritannien 1945–1946", in: *Austriaca* (Rouen) 5, November 1979, Sonderband, 289–321, und „Walter Wodak in London 1947 oder die Schwierigkeit, Sozialist und Diplomat zu sein", in: Gerhard Botz u.a., Hrsg., *Bewegung und Klasse,* Wien 1978, 217–242. Zur christdemokratischen transnationalen Zusammenarbeit siehe Michael Gehler/Wolfram Kaiser, Hrsg., *Transnationale Parteienkooperation der europäischen Christdemokraten: Dokumente 1945–1965*, München 2004.

Der erste Sitzungstag der Sonderbeauftragten brachte eine weitere wichtige Entscheidung. Der Titel des Vertrages wurde festgelegt: „Vertrag betreffend die Wiederherstellung eines unabhängigen und demokratischen Österreich." Vom ersten Augenblick der Verhandlungen war damit festgestellt, dass mit Österreich nicht Frieden zu schließen wäre; doch zeigte sich nur allzu bald, dass de facto die Vorlagen der nur wenige Wochen zuvor redigierten Friedensverträge – deren Unterzeichnung übrigens am 10. Februar 1947 bevorstand – eine beträchtliche Rolle spielten. Der am 16. Jänner 1947 festgelegte Vertragstitel blieb unverändert, und erst in der Endredaktion des Vertragstextes im Mai 1955 wurde dem inzwischen im Sprachgebrauch längst eingebürgerten, auf österreichische Initiative zurückgehenden Begriff „Staatsvertrag" Rechnung getragen: „Staatsvertrag betreffend die Wiederherstellung eines unabhängigen und demokratischen Österreich" lautete schließlich der endgültige, auch von den vier Mächten akzeptierte Titel, obgleich – Kuriosum am Rande – in Frankreich der Begriff „Staatsvertrag" anlässlich der parlamentarischen Genehmigung im Juli 1955 Schiffbruch erlitt, weil er nicht der französischen diplomatischen Terminologie entsprach und wiederum durch „Vertrag" – „traité" – ersetzt wurde.[9]

Der erste große Konflikt im Rahmen der Staatsvertragsverhandlungen zeichnete sich schon am ersten Tage ab: Am 16. Jänner ließ die jugoslawische Delegation in London ein Memorandum über die „slowenischen Kärntner, die slowenischen Grenzgebiete der Steiermark und die Kroaten des Burgenlandes" zirkulieren. Am 22. Jänner präsentierte der Delegationsführer Jože Vilfan die Forderungen seines Landes vor den Sonderbeauftragten. Die jugoslawische Regierung erhob Ansprüche auf Reparationszahlungen Österreichs in Höhe von 150 Millionen Dollar, auf größere Gebietsabtretungen in Kärnten, kleinere Gebietsabtretungen in der Steiermark und auf ein Sonderstatut oder eventuell einen Bevölkerungsaustausch für die burgenländischen Kroaten. Sechs Annexe mit zahlreichem Kartenmaterial waren dem Memorandum beigelegt.[10] In Kärnten betrafen die Ansprüche ein Gebiet von 2470 Quadratkilometern und eine Bevölkerung von 180.000 Einwohnern, in der Steiermark etwa 130 Quadratkilometer und 10.000 Einwohner und umfassten sowohl die Zone A als auch die Zone B des Abstimmungsgebietes von 1920 in Kärnten, insbesondere auch die Landeshauptstadt Klagenfurt, gingen aber zumal im Wes-

9 *Débats de l'Assemblée nationale*, 2me Législature, vol. 34, Session de 1955, IV, 3816 (Bericht des Berichterstatters der Kommission für Auswärtige Angelegenheiten, Félix Gouin).

10 *Memorandum vlade Federativne Narodne Republike Jugoslavije o Slovenačkoj Koruškoj, pograničnim slovenačkim delovima Štajerske i Gradišćanskim Hrvatima*, Belgrad 1947; englische Übersetzung: *The Question of 200.000 Yugoslavs in Austria – The Slovene Carinthia and the Burgenland Croats*, Belgrad 1947.

ten beträchtlich über die beiden Abstimmungszonen hinaus.[11] Es muss dahingestellt bleiben, welche Chancen sich die jugoslawische Regierung 1947 für die Erfüllung dieser Ansprüche ausrechnete. Manche Indizien sprechen eher dafür, dass es sich um Maximalforderungen handelte, die erhoben wurden, um Spielraum bei den nachfolgenden Verhandlungen zu haben.[12] Diese These wird übrigens durch die Tatsache erhärtet, dass drei Monate später unter dem Druck der Großmächte, die Bereitschaft zu ganz erheblichen Abstrichen bei den Gebietsforderungen in einem vertraulichen Schreiben Edvard Kardeljs, des jugoslawischen Vizepremierministers, an Andrej Vyšinskij mitgeteilt wurde; darüber wird noch zu berichten sein.[13]

Auf österreichischer Seite war man auf Gebietsansprüche Jugoslawiens vorbereitet. Im April 1945 hatte Jugoslawien von den vier Mächten gefordert, an der Besetzung Österreichs teilzunehmen, ein Begehren, das vorübergehend von den Sowjets akzeptiert, von den Briten kategorisch zurückgewiesen wurde, weil sie, wie es in der britischen, später von Jugoslawien veröffentlichten Note hieß, die territoriale Rege-

---

11 Das Gailtal wurde ab der Mündung der Garnitzen in die Gail südlich Hermagors (unter Auslassung Hermagors) beansprucht; die Grenzziehung sollte dem Kamm der Gailtaler Alpen bis zum Spitzeck folgen und sodann in östlicher Richtung die Drau nördlich der Oberen Fellach bei Villach (nicht zu verwechseln mit Obervellach im Mölltal) erreichen; von dort sollte die Drau die Grenze bis zu einem Punkt östlich der Mündung der Gail in die Drau bilden; dies bedeutete den Anspruch auf den südlich der Drau gelegenen Teil der Stadt Villach; die mehrfach in der älteren Literatur (so G. T. Grayson, *Austria's International Position 1938–1953*, Genf 1953, 144, und Philip Mosely, „The Treaty with Austria", in: *International Organization* 4, 1950, 226) enthaltene Angabe, die jugoslawischen Forderungen hätten sich auf ganz Villach bezogen, ist demnach zu berichtigen. Auch im Osten Kärntens gingen die Ansprüche über die Abstimmungszonen von 1920 hinaus, allerdings nicht so stark wie im Westen; die nunmehr geforderte Grenzlinie überquerte die Lavant nördlich von St. Paul, um nordöstlich ansteigend die steirische Grenze auf der höchsten Erhebung der Koralpe, dem Großen Speikkogel, zu erreichen; damit wäre der Zusammenhang zu der auf der steirischen Seite der Koralpe ebenfalls von Jugoslawien beanspruchten Gemeinde Soboth hergestellt gewesen.

12 So ist es auffallend, dass in Annex 5 zum jugoslawischen Memorandum, der sich mit den „geographischen und wirtschaftlichen Verbindungen Slowenisch-Kärntens und der Grenzgebiete der Steiermark mit Jugoslawien" befasst, wohl die Eisenbahnlinie Klagenfurt-Jesenice erwähnt wird, mit keinem Wort jedoch die Verbindung von Villach über Rosenbach nach Jesenice; wohl wird gesagt, dass eine weitere Verbindung von Kärnten nach Jugoslawien über das Gailitztal führt, und zwar einerseits über den Predil-Pass ins Soča-(Isonzo-)Tal, anderseits über Rateče ins Savetal, nicht aber, dass diese Verbindung über Tarvis führt, und mit keinem Wort wird der Bahnverbindung Villach-Tarvis Erwähnung getan. Diese Lücken in der jugoslawischen Argumentation geben zu denken, und obgleich wir hier im Bereich der Hypothese sind, ist doch auf die Möglichkeit hinzuweisen, dass die Jugoslawen von vornherein stärksten Widerstand der Westalliierten gegen die Überlassung der Bahnverbindung Villach-Tarvis einkalkulierten.

13 Zur Frage der jugoslawischen Forderungen vgl. auch Robert Knight, „Die Kärntner Grenzfrage und der Kalte Krieg", in: *Carinthia I* 175, 1985, 323–342, hier 324f. Siehe auch Robert Knight, *Slavs in Post-Nazi-Austria. Carinthian Slovenes and the Politics of Assimilation*, London u.a. 2017, 53–61.

lung nicht präjudizieren wollten.[14] Der – allerdings vorübergehende – Einmarsch jugoslawischer Truppen in Kärnten bis Klagenfurt im Mai 1945 und verschiedenste Pressemeldungen hatten dazu geführt, dass die provisorische Regierung des Gebietes schon am 12. September 1945 dem befehlshabenden Offizier der britischen Militärregierung in Kärnten eine „Denkschrift betreffend die endgültige Anerkennung der auf dem Vertrag von St. Germain (1919) und den Ergebnissen der Kärntner Volksabstimmung (1920) beruhenden Grenze zwischen Österreich und Jugoslawien" überreichte. Diese Denkschrift ging davon aus, dass zwar der Umfang jugoslawischer Gebietsforderungen je nach verschiedenen Berichten unterschiedlich sei, dass aber „die jugoslawischen territorialen Bestrebungen sehr ernst genommen werden müssen". Einer ihrer beiden Verfasser, Oberregierungsrat Josef Hans, erklärte später, dass die Grenzsorgen „überdies durch die Erinnerung an die seit 1941 gegenüber den Slowenen praktizierte überhebliche Entnationalisierung schwerstens belastet waren". Hans verweist auch auf die Aufteilung des Siedlungsgebietes der Slowenen zwischen dem Deutschen Reich und Italien in den Jahren 1941 bis 1945, wobei die deutsch-italienische Grenze in der Nähe Ljubljanas (das Italien zugeteilt wurde) verlief.[15] Der andere Verfasser dieser Denkschrift der Kärntner Landesregierung war Max Hoffinger, einer der profiliertesten österreichischen Diplomaten der Zwischenkriegszeit. In eindringlicher Sprache warnte die Denkschrift davor, das Transit- und Verkehrssystem von europäischer Bedeutung, dessen Mittelpunkt das Dreieck Villach–Klagenfurt–St. Veit an der Glan bilde, durch neue Grenzlinien zu zerreißen; dadurch würden auch die österreichischen Länder Steiermark und Tirol in eine unmögliche Verkehrslage geraten, „denn diese würden in der Tat wie abgebrochene Flügel an beiden Seiten des Landes hängen". Im Mittelpunkt der Denkschrift stand der Hinweis auf Planung, Durchführung und auf die für Österreich günstigen Ergebnisse der Volksabstimmung in der südlichen Zone A des Kärntner Abstimmungsgebietes am 10. Oktober 1920. Die Volksabstimmung sei von der In-

---

14 *Documents on the Carinthian Question,* hrsg. vom jugoslawischen Außenministerium, Belgrad 1948: jugoslawische Note an die Alliierten Mächte vom 2. April 1945, ebd., 37f; jugoslawische Note an den britischen Botschafter in Belgrad vom 14. Mai 1945, ebd., 40f; britische Antwortnote mit Ablehnung des jugoslawischen Begehrens vom 17. Mai 1945, ebd., 45f; jugoslawische Note mit Mitteilung, dass der Befehl zum Rückzug aus Kärnten gegeben worden sei, ebd., 49f; jugoslawische Verbalnote mit Aide-Mémoire an die britische Regierung vom 14. November 1945 mit Ersuchen, die für 25. November angesetzten Wahlen zum Nationalrat mögen in bestimmten Gebieten Südkärntens unterbleiben, ebd., 54–62.

15 J. Hans, „Zwei Kärntner Denkschriften vom September 1945", in: *Carinthia I* 150, 1960, 879–885, hier 882f. Zu Kärnten und Slowenien während und nach dem Zweiten Weltkrieg, siehe Arnold Suppan, „Kärnten und Slowenien: Die Geschichte einer schwierigen Nachbarschaft im 20. Jahrhundert", in: Stefan Karner, Hrsg., *Kärnten und die nationale Frage,* Bd. 5, Klagenfurt 2005, 9–70.

teralliierten Abstimmungskommission „äußerst gewissenhaft vorbereitet und beaufsichtigt" worden. Als 1941 der Krieg zwischen dem Reich und Jugoslawien ausgebrochen sei, „hatte das österreichische Volk bereits aufgehört, Herr seines Schicksals zu sein". Es sei eine der ersten Taten der Provisorischen Landesregierung nach dem Zusammenbruch des nationalsozialistischen Regimes im Mai 1945 gewesen, dass sie „ihren Geltungsbereich auf die alten österreichisch-jugoslawischen Grenzen zurückverlegte und ihr Alleräußerstes tat, um die vom früheren Naziregime der Bevölkerung des jugoslawischen Banats, Slowenien und den Kärntner Slowenen zugefügten Schäden gutzumachen". Die Denkschrift trat abschließend für eine Erneuerung des territorialen Status von 1920 bis 1938 ein, „da die damalige Grenzziehung bereits den Beweis erbracht" habe, dass sie zu keinen vitalen Interessen der einen oder der anderen Seite im Gegensatz stehe.[16] Knappe drei Wochen später, mit Datum vom 1. Oktober 1945, überreichte die provisorische Kärntner Landesregierung der britischen Militärregierung ein ergänzendes „Memorandum Nr. 2 betreffend die Unmöglichkeit der von Jugoslawien beanspruchten Draugrenze". Dieses zweite Memorandum, wieder von Max Hoffinger und Josef Hans redigiert, wurde damit gerechtfertigt, dass neuestens in Erfahrung gebracht worden sei, Jugoslawien beabsichtige, die Drau als Grenzlinie zu fordern, und zwar von einem Punkte östlich Villachs an.[17]

In Wien hatte die Bundesregierung das Parlament in die Vorbereitung für die Londoner Verhandlungen einbezogen. Eine Anfrage mehrerer Bundesräte an Außenminister Gruber, ob dieser bereit sei, alles vorzukehren, damit Österreich entschieden gegen jede Abtretung österreichischer Gebiete Stellung nehme und sohin die Kärntner Südgrenze garantiere, führte zu folgender Antwort des Außenministers:

> Die Frage der Einheit Kärntens wurde am 10. Oktober 1920 durch eine unter internationaler Kontrolle vorgenommene Abstimmung völkerrechtlich entschieden und ist als eine res judicata anzusehen. Dieser Gesichtspunkt wird auch bei

---

16 *Denkschrift betreffend die endgültige Anerkennung der auf dem Vertrag von Saint-Germain (1919) und den Ergebnissen der Kärntner Volksabstimmung (1920) beruhenden Grenze zwischen Österreich und Jugoslawien.* Die gedruckte Denkschrift enthält die Angabe: „Überreicht von der Provisorischen Kärntner Landesregierung an den Befehlshabenden Offizier des Military Government in Kärnten". Für die Auffindung eines Exemplars dieser und der in der folgenden Anm. genannten zweiten Denkschrift in der Studienbibliothek Klagenfurt sind wir Herrn Magister Habacher zu Dank verpflichtet. Die zitierten Stellen 3f, 10, 11.

17 *Memorandum Nr. 2 betreffend die Unmöglichkeit der von Jugoslawien beanspruchten Draugrenze* mit der Angabe, es werde in Ergänzung des Memorandums vom 12. September 1945 überreicht. E gab noch zwei weitere Memoranden betreffend Petitionen aus dem Kanaltal für die Rückgliederung nach Kärnten sowie eine Sammlung von 10 Karten. HHStA, BMAA, Pol-Akten, K. 21/1947.

den Verhandlungen über den österreichischen Staatsvertrag der allein maßgebende bleiben und von mir vertreten werden.[18]

Die österreichische Delegation traf aufgrund der von den Sonderbeauftragten beschlossenen Einladung in zwei Gruppen am 21. bzw. 28. Jänner 1947 ein. Die Österreicher wurden angeführt von Bundeskanzler Figl, dessen Übernahme der Staatsvertragsverhandlungen verschiedene Konflikte mit Außenminister Gruber hervorgerufen hatte,[19] welcher ebenfalls nach London reiste. Andere Mitglieder waren Vizekanzler Schärf und als Vertreter der im Nationalrat vertretenen Parteien die Abgeordneten Vinzenz Schumy (ÖVP), Ernst Koref (SPÖ) und Ernst Fischer (KPÖ); aus Kärnten kamen Landeshauptmann Hans Piesch (SPÖ) und Landesrat Alois Karisch (ÖVP). Episoden am Rande, wie der Mangel an leistbaren Hotelzimmern in London, der die Abgeordneten Koref und Fischer zwang, miteinander ein Doppelzimmer zu teilen, konnten die Österreicher von der kritischen Situation, der sie sich gegenübersahen, nicht ablenken.[20]

Die jugoslawischen Forderungen waren nur eines der vielfältigen Probleme, die Bundeskanzler Figl in seinen 16 Punkten im österreichischen Parlament genannt hatte. Allerdings sollte die Kärntner Frage im Zentrum der Londoner Österreich-Verhandlungen stehen. Am 30. Jänner erläuterte Bundeskanzler Figl den österreichischen Standpunkt, der am Vortage den Sonderbeauftragten schriftlich in einem Memorandum der Bundesregierung übermittelt worden war. Memorandum wie mündliche Darlegung Figls knüpften an die 16 Punkte an, einige Detailpunkte kamen noch dazu.[21] An die Spitze der im Staatsvertrag zu regelnden Fragen stellte

18 Anfrage der Bundesräte Enzfelder, Populorum, Grossauer u. Gen. vom 18. Dezember 1946, beantwortet am 14. Jänner 1947: hierzu AdR, BMAA, II-Pol, Zl. 113.527-Pol/46.

19 [Heinrich Wildner], *„Man ist noch immer nervös. Wir sind sehr scharf bewacht." Das Tagebuch von Heinrich Wildner 1947*, hrsg. von Elisabeth Gmoser/Gudrun Graf/Gottfried Loibl/Isabell Roitner-Fransecky, Wien 2015, 20f.

20 Außenminister Gruber war mit einigen Beamten, darunter dem Leiter der Politischen Abteilung, Markus Leitmaier, und seinem damaligen Sekretär Kurt Waldheim, schon am 21. Jänner in London eingetroffen; die Delegation unter Leitung des Bundeskanzlers Figl traf am 28. Jänner in London ein. Schilderungen von Teilnehmern der Londoner Konferenz in den bereits genannten Werken von Gruber und Schärf sowie den Memoiren Ernst Fischers, *Das Ende einer Illusion – Erinnerungen 1945–1955*, Wien 1973, 205–212.

21 Die Rede des Bundeskanzlers vor den Sonderbeauftragten ist veröffentlicht worden: Leopold Figl, *Österreich kämpft um den Staatsvertrag*, Wien 1947; das österreichische Memorandum (nicht veröffentlicht) trug das Datum 27. Jänner 1947. Es umfasste 21 Punkte; zu den von Figl im Parlament vorgetragenen kamen u.a. dazu: die Regelung eines freien Transitverkehrs durch das Berchtesgadener Ländchen, die Beteiligung Österreichs an der Regelung der Donau-Schifffahrt, die Besatzungskosten. Im Laufe der Londoner Verhandlungen wurden allerdings einige Korrekturen und Ergänzungen bei den Annexen vorgenommen. Eine endgültige Fassung wurde erst am 14. Februar 1947 als Doku-

der Bundeskanzler allerdings die Erwartungen des österreichischen Volkes nach völliger Wiederherstellung der Unabhängigkeit in den Grenzen des Jahres 1937. Wörtlich sagte Figl:

> Die Grenzen Österreichs wurden durch den Friedensvertrag von St. Germain festgelegt ohne Hinzutun einer österreichischen Regierung, sondern aufgrund einer Entschließung der damaligen alliierten Mächte und nach freier Willensbefragung des österreichischen Volkes im Jahre 1920. In eindeutiger Form hat sich damals Kärnten zu seiner angestammten Heimat bekannt. Die Volksabstimmung am 10. Oktober 1920 erfolgte unter internationaler Kontrolle. Wie Sie in den letzten Tagen aus den leidenschaftlichen Protesten unserer österreichischen Bevölkerung gegen den Versuch eines benachbarten Staates, Gebietsansprüche an Österreich ohne jede rechtliche Begründung zu stellen, entnommen haben, hat sich an jenem Treueverhältnis Südkärntens zu Österreich nichts geändert. Auch die hinsichtlich der Südsteiermark gestellten Gebietsansprüche entbehren jeder ethnischen Rechtfertigung. Der kroatische Volksteil des Burgenlandes, der mit dem deutschsprechenden Teil dieses Landes im besten Einvernehmen lebt, hat keinen Wunsch auf eine Änderung des derzeitigen Zustandes geäußert.[22]

Die „Anhörung" der Österreicher wurde mit einer Erklärung Außenminister Grubers fortgesetzt, der sich, wie bereits vor ihm Figl, vor allem auf das Ergebnis der Volksabstimmung von 1920 berief.[23] Zu den frustrierendsten, weil statistisch kaum

---

ment CFM (D) (47) (A) 65 (= Council of Foreign Ministers, Deputies, 1947, Austria, Document 65) des Außenministerrates zirkuliert. Das endgültige österreichische „Statement and Memorandum" bestand aus: Figls Erklärung vom 30. Jänner, dem Memorandum vom 27. Jänner mit nunmehr 14 Annexstücken (A bis M, doch gab es zu den jugoslawischen Ansprüchen einen Annex B1 und B2, zu salzburgisch-bayrischen Grundbesitzfragen einen Annex H1 und H2). AdR, BMAA, bei Zl. 321.984-Pol/53, enthält sowohl Erstfassung vom 27. Jänner sowie endgültige Fassung datiert „Jänner–Februar 1947"; letztere auch bei dem Bericht des Bundesministers Gruber vom 3. März 1947 über das Londoner Beratungsergebnis, Zl. 147.600-6VR/47, AdR, BMAA, II-Pol-Akten (1947), sowie NA Washington, Diplomatic Records, RG 43, „International Conferences etc.", Box 229.

22 Figl, *Österreich*, 4.

23 Grubers „Statement" in: Addendum zu CFM (D) (47) (A) 23; erliegt u.a. in: NA, RG 43, Box 228; auch abgedruckt in: „Proceedings of the First Conference of the Deputies for Austria, 16th to 25th February 1947" – einem vom britischen Foreign Office zusammengestellten Amtsdruck der „Proceedings" der Sonderbeauftragten ab Jänner 1947, einschließlich der Beratungen der sog. „Austrian Treaty Commission" (Mai–Oktober 1947) sowie der Österreich betreffenden Sitzungen des Außenministerrates 1947. Mehrere Bände dieses nicht veröffentlichten Amtsdruckes, die Beratungen bis Ende Dezember 1949 umfassend, finden sich in: AdR, BMAA, II-Pol, K. 50. Diese „Proceedings" enthalten die offiziellen, für alle vier Mächte verbindlichen „Records of Proceedings" (mit wenigen Ausnahmen), die britischen Mitschriften zu den Sitzungen sowie die für diese Sitzungen zirkulierten offiziellen Dokumente (ebenfalls

lösbaren Fragen der damaligen Auseinandersetzung gehörte die Frage nach den Zahlen der slowenischsprachigen Bevölkerung in Kärnten. Von jugoslawischer Seite wurde aufgrund verschiedener bis in die Mitte des 19. Jahrhunderts zurückreichender Unterlagen die ganz außerordentlich überhöhte Zahl von rund 120.000 slowenischen Kärntnern deduziert. Kurt Waldheim, damals Grubers Sekretär und Mitglied der österreichischen Delegation in London, meldete nach Wien: „Die Jugoslawen haben zum allgemeinen Erstaunen hauptsächlich Unterlagen aus dem Jahre 1846 vorgelegt. Auf die Frage Lord Hoods, warum man so weit zurückgreife, erwiderten sie, daß die Unterlagen und Statistiken damals genauer und objektiver gewesen seien als heute."[24] Die Österreicher wiederum beriefen sich auf die Volkszählung vom Jahre 1934, die nur knapp über 26.000 Slowenen ergab, allerdings wohl aus verschiedenen Gründen die deutschsprachige Majorität im Lande begünstigte.[25]

Am 31. Jänner musste sich die österreichische Delegation den Fragen der Sonderbeauftragten stellen. Die meisten Fragen stellte der sowjetische Sonderbeauftragte, Botschafter Gusev, der besonderen Wert auf die Beantwortung einer Frage von großer rechtlicher und politischer Relevanz legte,[26] und zwar, ob Österreich die Moskauer Deklaration von 1943 anerkenne. Gruber antwortete bejahend. Doch Gusev fragte weiter, ob Österreich die Moskauer Erklärung „vollständig oder teilweise" anerkenne. Wie einem Examenskandidaten bei der Staatsprüfung kam nun der Vorsitzende, General Clark, der, dem österreichischen Außenamt zufolge „immer bedacht darauf [war], uns zu helfen",[27] Gruber zu Hilfe und riet ihm: „Nehmen Sie sich so viel Zeit, wie sie brauchen, Dr. Gruber!" Der Österreicher bejahte neuerlich, doch Botschafter Gusev, darin einem Prüfer nicht unähnlich, beharrte auf einer genauen Antwort. Er

---

mit wenigen Ausnahmen). Weiterhin zit. als „Proceedings" nur mit Hinweisen auf Dokumentennummer bzw. Zahl und Datum einer Sitzung. Bei Nennung weiterer Dokumente der Sonderbeauftragten, die vollständig bei den Materialien der Sonderbeauftragten in den National Archives, Washington, Diplomacy Papers, Record Group 43, „International Conferences etc." erliegen und außerdem in den britischen „Proceedings" abgedruckt sind, wird von der Angabe des Fundortes abgesehen. Zahlreiche Unterlagen zu den Londoner Verhandlungen in: AdR, BMAA, Bestand Botschaft London (BL).

24 AdR, BMAA, II-Pol, Zl. 105.307-Pol/47 (Telefonat Waldheim, 22. Jänner 1947, 19.40 Uhr).

25 Die Fragestellung bei der Volkszählung von 1934 lautete nach der „Sprache, deren Kulturkreis sich der Befragte zugehörig fühlt". Abgesehen von den immer höchst problematischen Umständen einer Sprachzählung, deren Durchführung in den Händen lokaler Funktionäre liegt, war diese Fragestellung dazu angetan, die national indifferenten Sprachslowenen von den national- und kulturbewussten Slowenen zu trennen. Vgl. die Kritik bei Theodor Veiter, *Das Recht der Volksgruppen und Sprachminderheiten in Österreich*, Wien 1970, 640.

26 Zum Folgenden das Transkript der Befragung Grubers in: Annex zum Dokument CFM (D) (47) (A) 23; nur verkürzter Inhalt in: *FRUS 1947*, Bd. 2, 122–124.

27 [Wildner], *Das Tagebuch von Heinrich Wildner 1947*, 36.

habe gefragt, ob Österreich die Moskauer Erklärung „vollständig" oder „teilweise" anerkenne; darauf könne man nicht einfach mit „Ja" antworten. Gruber riskierte nun, mit „vollständig" zu antworten. Darauf fragte Gusev weiter, ob er korrekt verstanden habe, dass die österreichische Regierung, entsprechend den Prinzipien der Erklärung, „die Verantwortung Österreichs für die Teilnahme am Kriege an der Seite Deutschlands" anerkenne. Gruber, ein früheres Mitglied der Tiroler Widerstandsbewegung, replizierte nun recht geschickt, dass Österreich bezüglich dieser Verantwortlichkeitsklausel nicht nur die negative, sondern auch die positive Seite sehe: Die Moskauer Erklärung spreche davon, dass Österreichs Beitrag zu seiner Befreiung in Rechnung gestellt werde; und das österreichische Volk habe sicherlich zu seiner Befreiung beigetragen. Botschafter Gusev, scheinbar pedantisch, in der Tat jedoch einer Frage von großer völkerrechtlicher Bedeutung nachgehend, gab sich damit nicht zufrieden, zitierte wortwörtlich die Verantwortlichkeitsklausel der Moskauer Erklärung und fragte neuerlich, ob die österreichische Regierung „diesen besonderen Teil" der Moskauer Erklärung anerkenne. Darauf folgte eine kurze Beratung der österreichischen Delegation, auch Bundeskanzler Figl und Vizekanzler Schärf waren ja anwesend; Gruber antwortete nun geschickt ausweichend, dass nicht Österreich, sondern Österreicher am Kriege teilgenommen hätten. Gusev war aber damit nicht zufrieden: Von Österreichern anstatt von Österreich zu sprechen, entspreche nicht dem Geist und dem Text der Moskauer Erklärung. Er wiederholte seine Frage, ob die österreichische Regierung die Moskauer Erklärung vollständig anerkenne, denn sie sei der Ausgangspunkt für die Vorbereitung des Vertrages mit Österreich. Lord Hood und der französische Sonderbeauftragte, Maurice Couve de Murville, schalteten sich in die Diskussion ein und betonten, dass Österreichs eigener Beitrag zu seiner Befreiung wesentlich sei. Gusev replizierte jedoch, dass er nicht die Ansicht seiner Kollegen befragt habe; es handle sich um die Ansicht der österreichischen Regierung. Außenminister Gruber antwortete schließlich, dass Österreich in der Moskauer Erklärung die Grundlage für den Vertrag sehe und dass das Land nichts anderes wünsche, als dass die Handlungen aller Österreicher bei der Regelung der österreichischen Frage in Rechnung gestellt würden.[28] In der nun folgenden Diskussion über den Beitrag der Österreicher zu ihrer Befreiung erklärte Gruber seine Bereitschaft, schriftliche Unterlagen hierüber den

28 „Gruber ist sehr gezwickt worden", notierte Heinrich Wildner und meinte, Gruber hätte mit einem Hinweis auf das In-Stich-Lassen seitens der Mächte 1938 und auf den Hitler-Stalin-Pakt die Mitverantwortung Österreichs „schon etwas verteilen" können; Aufzeichnungen vom 31. Jänner und 1. Februar 1947, ÖStA, GD, NLS, E/179/17. Kritisch zu Gruber: Fischer, *Ende einer Illusion,* 206, und Schärf, *Österreichs Erneuerung,* 142; Schärfs Aussage, Gruber habe versucht, um die präzise Beantwortung herumzukommen, trifft zu, doch dürfte dies eher auf die Taktik, Festlegungen tunlichst zu vermeiden, zurückzuführen sein.

Sonderbeauftragten zur Verfügung zu stellen. So entstand in London ein weiterer, der letzte Annex zum österreichischen Memorandum.[29]

Die Diskussion um die Bedeutung der Moskauer Erklärung macht deutlich, welch große juristische und politische Relevanz der Verantwortlichkeitsklausel der Erklärung zukam. Sie stand Pate bei den meisten Entwürfen für eine Präambel zum Staatsvertrag, mit Ausnahme jenem der Amerikaner.[30] Auch der erste britische Vertragsentwurf (vom Juni 1946) ging von der Voraussetzung aus, dass Österreich gegen die Alliierten Krieg geführt habe – eine Auffassung, die noch anfangs 1947 von einem hohen Beamten des britischen Elementes in Wien bestätigt wurde. Etwas differenzierter formulierten die Franzosen, die als erste einen Präambelentwurf auf der Londoner Tagung der Sonderbeauftragten vorlegten und davon sprachen, dass als Folge der Annexion Deutschland es Österreich „auferlegt hat, am Kriege gegen die alliierten und assoziierten Mächte teilzunehmen, und zu diesem Zweck sein Gebiet und seine Hilfsquellen benützt hat".[31] Die sowjetische Seite, welche seit 1943 auf die Erschaffung einer rechtlichen Verantwortung des österreichischen Staates bestanden hatte, verfolgte diese Strategie weiter. Im Einverständnis mit der zuvor zitierten Stellungnahme regte die Sowjetunion eine Verschärfung der Vorwürfe in der Präambel an; es sollte gesagt werden, dass Österreich nicht den in der Moskauer Erklärung eingeforderten Beitrag zu seiner Befreiung geleistet habe, sondern bis zum Kriegsende an den Kriegshandlungen gegen die Alliierten teilgenommen habe. Die sowjetischen Vorschläge

29 Annex M, „The Attitude of the Austrian People towards the German Occupant and Austria's Contribution to her Liberation"; dieser Annex wurde den Alliierten am 8. Februar übergeben, hierzu AdR, BMAA, II-Pol, Zl. 105.584-Pol/47.

30 Ohne jeden Hinweis auf eine Mitverantwortung war der amerikanische Entwurf vom Juni 1946 (Dok. CFM (46) 119 des Außenministerrates, NA, Record Group 43, „World War II Conferences", Box 85) ebenso wie der amerikanische Entwurf für die Sonderbeauftragten vom Jänner 1947 gewesen (Dok. CFM (o) (47) (A) 4, abgedruckt in „Proceedings").

31 Zum ersten britischen Entwurf und der sehr bitteren österreichischen Reaktion vgl.: AdR, BMAA, II-Pol, Zl. 147.001-6VR/47 sowie Zl. 147.009-6VR/47, Handakten Wildner. Franz. Entwurf für die Präambel: Dok. CMAE (S) (47) (AU) 2 (= Conseil des Ministres des Affaires Etrangères, Suppléants pour l'Autriche), in: NA, RG 43, Box 229; engl. Übers. auch in „Proceedings". Die von den Briten in London vorgelegte Fassung war etwas gemildert: Dok. CFM (D) (47) (A) 13, abgedruckt in „Proceedings". In der Generaldebatte der Sonderbeauftragten am 17. Jänner 1947 betonte übrigens der britische Sonderbeauftragte Lord Hood: „The British view was that Austria was the first victim of Nazi aggression; from then on Austria was neither a country nor a free agent. He had no objection to the preamble stating that Germany made use of Austrian territory, resources and manpower, but did not think it right to say that Austria as Austria took part in the war." Hood meinte weiter, dass „certain unpleasant facts arose from the incorporation of Austria in Germany", dass dies jedoch im Inhalt des Vertrages zum Ausdruck kommen würde. „They [die vier Mächte, Anm.] should regard Austria as a liberated rather than an enemy country and should therefore omit any moral condemnation." „Proceedings", brit. Mitschrift der 2. Sitzung vom 17. Jänner 1947.

während der Beratungen der Sonderbeauftragten waren zwar etwas weniger scharf, trugen aber doch zu einer deutlich stärkeren Akzentuierung einer Mitverantwortung „Österreichs“ am Kriege bei, als von westalliierter Seite zunächst geplant war.[32]

Die Beratungen der vier Mächte in London und schließlich noch in Moskau führten zu einem Entwurf der Präambel zum Staatsvertrag, in dem die Betonung einer österreichischen Mitverantwortung am Kriege noch eingehender betont wurde, als dies in der Moskauer Erklärung von 1943 geschehen war. Grund dafür war die Beharrlichkeit der Sowjetunion, welche als Hitlers Vertragspartner 1939 so viel wie kein anderes Land dazu beigetragen hatte, Nazi-Deutschland den Kriegsbeginn zu ermöglichen. Die Diskussionsmitschriften und Dokumente der Sonderbeauftragten zeigen, dass die stärkere Betonung der österreichischen Mitverantwortung auf einen sowjetischen Textentwurf und dessen relativ weitgehende Berücksichtigung in einem französischen Kompromissvorschlag zurückzuführen ist.[33] Während ein Hinweis auf die Verwendung österreichischen Gebietes und österreichischer materieller Hilfsquellen, deren sich Deutschland im Kriege bedient habe, französischer Herkunft waren, stammte der zusätzliche Hinweis auf „österreichische Truppen“ von den Sowjets. In diesem Zusammenhang kam es zu einer Diskussion zwischen dem sowjetischen Botschafter Gusev und General Mark Clark über den Einsatz von Österreichern in eigenen Einheiten (wie Gusev mit Bezug auf die Feldzüge im Osten behauptete) bzw. als Teil deutscher Divisionen (was Clark mit Bezug auf den Krieg in Italien betonte). Clark wandte sich gegen die Hineinnahme einer „Kriegsschuld“-Bestimmung, wie er es nannte.[34]

Zu Ende der Londoner Session Ende Februar 1947 waren die Positionen der Sonderbeauftragten voneinander noch einigermaßen verschieden: Die Franzosen hatten von „gewissen Verantwortlichkeiten“ Österreichs im Hinblick auf die genannten, nunmehr von allen vier Mächten akzeptierten Faktoren des österreichischen Ter-

32 Kurasov, Želtov und Koptelov an Vyšinskij, 7. September 1946, in: AVPRF, f. 066, op. 36, p. 190, d. 10, ll. 126–139; Kopie erliegt in SBKA.

33 Sowjetischer Vorschlag in engl. Übersetzung: „Proceedings“, Dok. CMF (D) (47) (A) 7. Vom französischen Sonderbeauftragen Maurice Couve de Murville vorgelegter Kompromisstext, in: „Proceedings“, 17. Sitzung, 7. Februar 1947 (brit. Mitschrift).

34 „Proceedings“, 17. Sitzung, 7. Februar 1947 (brit. Mitschrift). Unbeschadet seiner sehr starken Betonung des Kriegseinsatzes von Österreichern hatte der sowjetische Sonderbeauftragte Gusev selbst den Antrag eingebracht, den (ursprünglich von amerikanischer Seite formulierten) Titel „Vertrag für die Wiederherstellung eines unabhängigen und demokratischen Österreich“ zu adoptieren und dies damit begründet „that it was not a ‚peace treaty‘ as Austria was a special case having been annexed by Germany. However, she had been a partner in German crime for seven years; she had taken part in the war and she must therefore bear her share of responsibility: He thought that these circumstances should be reflected in the preamble of the treaty.“ Brit. Mitschrift in „Proceedings“, 1. Sitzung vom 16. Jänner 1947.

ritoriums, der Truppen und der materiellen Hilfsquellen, verwendet im deutschen Kriegseinsatz, gesprochen. Amerikaner und Briten wollten lediglich von „Konsequenzen“, nicht von „Verantwortlichkeiten für“ den Kriegseinsatz dieser Faktoren sprechen. Die Sowjets wollten nicht „Verantwortlichkeiten“ im Plural, sondern eine „Verantwortlichkeit“ Österreichs im Singular festhalten.[35] Zur Entscheidung kam es erst im Außenministerrat in Moskau; dort neigte sich die schließlich vereinbarte Kompromissformel deutlich zugunsten der sowjetischen Wünsche. Molotov argumentierte, dass (von den Franzosen vorgeschlagene) Wörtchen „certain“ – gewisse – Verantwortung bedeute eine Milderung gegenüber der Moskauer Österreich-Erklärung von 1943. Worauf er allerdings nicht mehr zu sprechen kam, war die Tatsache, dass die Hinweise auf den Einsatz österreichischen Gebietes, von Truppen und materiellen Ressourcen im Kriegseinsatz eher über den Text von 1943 hinausgingen. Die drei westlichen Außenminister gaben am Ende nach.[36] Es wurde also – im Absatz 3, dem umstrittensten Teil der Präambel – festgehalten, dass

> Österreich als integrierender Teil Hitler-Deutschlands am Kriege gegen die Alliierten und Assoziierten und gegen andere Vereinte Nationen teilnahm und daß Deutschland sich zu diesem Zwecke österreichischen Gebietes, österreichischer Truppen und materieller Hilfsquellen bediente, und daß Österreich eine Verantwortlichkeit, die sich aus dieser Teilnahme am Kriege ergibt, nicht vermeiden kann.[37]

Diese Formulierung sollte erst acht Jahre später, am Vorabend der Unterzeichnung des Staatsvertrages, im letztmöglichen Moment, wie wir sehen werden, auf Österreichs Antrag aus der Präambel entfernt werden – ein symbolischer Gradmesser dafür, wie schwierig Österreichs internationale Stellung 1947 war und um wie vieles günstiger sie 1955 sein würde.

Anlässlich der Befragung der österreichischen Delegation in London am 31. Jänner 1947 stellte Botschafter Gusev eine weitere wichtige Frage, nämlich ob Österreich die Potsdamer Beschlüsse über das Deutsche Eigentum anerkenne. Die

35 Fassung der Präambel zu Ende der Londoner Beratungen Ende Februar 1947: Dok. CFM (D) (47) (A) 102.

36 Diskussion in der 30. Sitzung des Außenministerrates in Moskau am 16. April 1947, *FRUS 1947*, Bd. 2, 347; Beschluss in der 37. Sitzung am 20. April 1947, ebd. 365.

37 Engl. Text (mit Angaben der der Einigung vorhergehenden Textvarianten) in *FRUS 1947*, Bd. 2, 518. Deutsche Übersetzung aus dem von der Bundesregierung 1947 hergestellten Amtsdruck „Deutsche Übersetzung des Entwurfes zum Vertrag für die Wiedererrichtung eines unabhängigen und demokratischen Österreich, Stand vom 24. April 1947“, Allgemeines Verwaltungsarchiv Wien, Nachlass Eichhoff.

Potsdamer Beschlüsse, so Gusev, seien eine politische Entscheidung gewesen, von großer Bedeutung für Österreich, denn diese Entscheidung sei mit Österreichs Zukunft verbunden. Auf lange Sicht bedeute diese Entscheidung die Trennung Österreichs von Deutschland.[38] Diese Perspektive sollte acht Jahre später im sogenannten „Rückübertragungsverbot" des Staatsvertrages ihren Niederschlag finden (vgl. unten Kap. VI). Gruber bejahte, wies aber darauf hin, dass die österreichische Regierung nie offiziell von den Potsdamer Beschlüssen informiert worden sei. In Bezug auf Territorialfragen erkundigte sich Lord Hood nach der Einstellung der Kärntner Bevölkerung zum Verbleib bei Österreich, wobei Gruber auf das Wahlergebnis vom 25. November 1945 hinwies. Noch zweimal, am 5. und am 14. Februar, wurde der Österreicher von den Sonderbeauftragten befragt, das zweite Mal mit dem jugoslawischen Delegationsführer Vilfan; auf beiden Seiten ergaben sich keine wesentlichen neuen Gesichtspunkte.[39]

Auch ein weiteres Territorialproblem kam während der Londoner Beratungen zur Sprache. Die Tschechoslowakei legte das Begehren vor, kleinere Grenzberichtigungen mit Österreich in bilateralen Verhandlungen zu klären. Es handelte sich vor allem um Gebietswünsche entlang der Thaya bei Hardegg wegen des Baues eines Wasserkraftwerkes, bei Laa an der Thaya zur Grenzverkürzung, um einen Streifen entlang der March im Zusammenhang mit dem Projekt des Donau-Oder-Kanals und schließlich um eine Erweiterung des tschechoslowakischen Brückenkopfes auf dem Südufer der Donau gegenüber Bratislava. Gegen den Wunsch nach bilateralen Verhandlungen wurden keine Einwände erhoben, und tatsächlich kam es auch bald zu Gesprächen in Wien, wobei von tschechoslowakischer Seite geklagt wurde, dass sich die Österreicher vor allem einer Ausweitung des Brückenkopfes südlich von Bratislava widersetzten: Gerade dieser Wunsch schien aber, einer Meldung des amerikanischen Geschäftsträgers in Prag zufolge, am wichtigsten zu sein. Die Österreicher vermuteten, dass mindestens das Verlangen nach Ausweitung dieses Brückenk-

---

38 Wie oben Addendum to CFM (D) (47) (A) 23; gekürzt in *FRUS 1947*, Bd. 2, 122–124. Die Befragung Grubers durch Gusev fand ihr Echo in einem Artikel „Das Problem Österreich" in *Neue Zeit* (Moskau), dessen Inhalt in der *Österreichischen Zeitung*, 25. Februar 1947, 1f, wiedergegeben wurde. Der Artikel warnte vor der „Vertuschung der Verantwortungsfrage" und meinte weiters, dass „sich die österreichische Regierung gezwungen" sah, bei den Londoner Beratungen „die Potsdamer Beschlüsse über das deutsche Eigentum als Basis für die Regelung der Beziehungen zwischen Österreich und den Verbündeten anzuerkennen". Zur Zufriedenheit im sowjetischen Außenministerium, dass Gruber „endlich" die Verbindlichkeit der Potsdamer Beschlüsse für Österreich anerkannt habe, vgl. Aktenvermerk Norbert Bischoffs vom 26. Februar 1947, AdR, BMAA II-Pol, Zl. 105.783-Pol/47.

39 Es gab übrigens jugoslawische und sowjetische Einwände gegen die Anwesenheit des Kärntner Landeshauptmannes Hans Piesch; zur NS-Vergangenheit von Piesch, der bald zurücktrat, vgl. Wagnleitner, *Diplomatie zwischen Parteiproporz und Weltpolitik*, Nr. 323, Anm. 1; zur Konfrontation Gruber–Vilfan *FRUS 1947*, Bd. 2, 131f.

opfes auf Pläne des tschechoslowakischen Militärs zurückging. Schließlich verliefen die bilateralen Gespräche im Sande, ohne dass es zu Gebietseinbußen Österreichs gekommen wäre.

Karl Gruber vermutete richtigerweise, dass der tschechoslowakische Außenminister zu diesem Ergebnis beigetragen habe.[40] Schon im März 1947 hatte Jan Masaryk im Gespräch mit dem österreichischen Gesandten Adrian Rotter betont, die österreichisch-tschechoslowakische Freundschaft wäre „eine absolute Notwendigkeit für die Ordnung der Dinge in Mitteleuropa". Die „psychologischen Voraussetzungen" seien schon durch die verwandtschaftlichen Bindungen günstig. Denn es habe doch „jeder von uns [...] eine Tante in Österreich". Masaryk bemerkte übrigens, er habe den Jugoslawen, die an Prag zwecks Unterstützung ihrer Forderungen gegenüber Österreich herangetreten seien, eine eindeutige Abfuhr erteilt. Im Dezember 1947 berichtete Masaryk, er habe in einer Kabinettssitzung erklärt, man solle doch Österreich mit Gebietsforderungen jetzt Ruhe geben. Er habe gesagt: „Die Österreicher machen Fehler, ebenso wie wir Fehler machen, aber so dumm sind sie nicht, daß sie auf unsere Gebietsforderungen eingehen, damit dann Tito kommt und ihnen sagt *davaj Kärnten!*"[41] Das war nur knappe drei Monate vor Jan Masaryks Fenstersturz und Tod am 10. März 1948, kurz nach der kommunistischen Machtergreifung.

Aus den vielen Materien, die bereits in dieser ersten Phase der Verhandlungen beraten wurden, wurden ergänzend drei weitere Punkte herausgegriffen – eine politische, eine militärische und eine finanzielle. Die politische Frage: das Anschlussverbot. Hier kam es relativ rasch zur weitgehenden Einigung zwischen den vier Mächten. Der Kernpunkt des geplanten Artikels fand sich sowohl in einer sowjetischen wie auch in einer gemeinsamen britisch-französischen Formulierung: das Verbot „politischer oder wirtschaftlicher Vereinigung" mit Deutschland. Aus diesen beiden – einander recht ähnlichen – Entwürfen entstand ohne Schwierigkeiten ein gemeinsamer Text mit wenigen Detailvorbehalten.[42] Nach Überwindung dieser

---

40 *FRUS 1947*, Bd. 2, 116f, 503f, 516; Gruber, *Befreiung*, 124f.

41 Hierzu Renate Tuma, „Tschechoslowakische Gebietsansprüche gegenüber Österreich 1946/47", in: Höbelt/Huber, Hrsg., *Für Österreichs Freiheit*, 121–142. Für das Gespräch im März Bericht des Gesandten Adrian Rotter v. 17. März 1947, Zl. 106.477-Pol/47, zit. ebd., 132f; für das Gespräch im Dezember 1947 Bericht des Gesandten Rotter v. 22. Dezember 1947, Zl. 111.455-Pol/47, zit. ebd., 141. Diese Studie geht zurück auf die Dissertation der Verfasserin, *Das Problem der territorialen Integrität Österreich 1945–1947. Unter besonderer Berücksichtigung der Grenzproblematik mit Deutschland, der Tschechoslowakei und Ungarn*, Universität Wien 1989.

42 Hierzu folgende Dokumente der Sonderbeauftragten: Franz. Entwurf für die politischen Vertragsartikel, CMAE (S) (47) (AU) 3, in: NA, RG 43, Box 229; brit. Entwurf CFM (D) (47) (A) 5; amerik. Entwurf CFM (D) (47) (A) 6; Äußerung des Botschafters Gusev in der 3. Sitzung der Sonderbeauf-

Vorbehalte – die Amerikaner gaben ihre Bedenken gegen das Verbot großdeutscher Propaganda auf – beschlossen die vier Außenminister am 16. April 1947 in Moskau jene im Wesentlichen schon in London zustande gekommene Fassung des Anschlussverbotes, die schließlich auch im endgültigen Vertragstext (Artikel 4) Aufnahme fand.[43]

Die militärische Frage: das Verbot von Spezialwaffen. Ohne hier auf die zahlreichen zunächst in Vorschlag gebrachten, jedoch vor Vertragsabschluss wieder fallengelassenen Beschränkungen (etwa der Heeresstärke einschließlich der Luftwaffe von 58.000 Mann) näher einzugehen,[44] soll kurz auf die Genesis des in den endgültigen Vertragstext aufgenommenen Verbotes von Spezialwaffen hingewiesen werden. Über dieses Verbot (Art. 21 des Vertragsentwurfes, Art. 13 des Staatsvertrages) kam es noch in London rasch zur Einigung zwischen den vier Mächten. Das Verbot namentlich aufgezählter Kategorien von Spezialwaffen, einschließlich „irgendeiner Art von selbstgetriebenen oder gelenkten Geschossen" sowie von Apparaten, die zu deren Abschuss dienen, fand sich bereits mit einigen Abweichungen in den Friedensverträgen mit Italien, Ungarn, Rumänien, Bulgarien und Finnland.[45] Auch Österreich musste einen Artikel dieser Art 1947 akzeptieren.

---

tragten am 20. Jänner 1947 („British Records" in „Proceedings"); sowjetischer bzw. britisch-französischer Textvorschlag im „Annex" zum „Record of Decisions" der 19. Sitzung am 11. Februar; Diskussion hierüber in den „British Records" dieser Sitzung („Proceedings"); vereinheitlichter Text (mit Detailvorbehalten) Dok. CFM (D) (47) (A) 83 (Revised).

43 *FRUS 1947*, Bd. 2, 346.

44 Siehe den Teil II („Militärische und Luftklauseln") des Vertragsentwurfes vom April 1947 sowie die Annexe I–V dieses Entwurfes.

45 Zu den Friedensverträgen mit Italien, Ungarn, Rumänien, Bulgarien und Finnland siehe: Amelia C. Leiss/Raymond Dennett, Hrsg., *European Peace Treaties after World War II*, Boston 1954. Die Beratungen der Sonderbeauftragten über die Militärklauseln des Österreich-Vertrages stützten sich zunächst auf einen britischen Entwurf: Dokument CFM (D) (47) (A) 14 vom 14. Jänner 1947, der sich überwiegend am Text der Verträge mit Ungarn und den anderen ost- bzw. nordosteuropäischen Staaten orientiert (allerdings unter Weglassung der Ausnahmegenehmigung für normale Torpedos), aber aus dem italienischen Friedensvertrag das Verbot von Geschützen mit einer Reichweite von mehr als 30 km übernahm. Das Komitee der Militär- und Luftfahrtexperten der Sonderbeauftragten fügte diesem britischen Entwurf weitere Verbote hinzu: Zum Verbot der Atomwaffen wurde das Verbot irgendwelcher anderer „Mittel der Massenvernichtung" auf sowjetischen Wunsch hinzugefügt. Zum Verbot selbstgetriebener oder gelenkter Geschosse und von zum Abschuss solcher Geschosse dienenden Apparaten kam noch das Verbot von Apparaten, die zur *Kontrolle* solcher Geschosse dienen. Ferner kam hinzu das Verbot von „erstickenden, ätzenden oder giftigen Stoffen oder biologischen Substanzen" (Punkt 9 des Entwurfes, lit. J des endgültigen Artikels) sowie schließlich auf britischen Vorschlag das sehr weitreichende Verbot, dass sich die Alliierten und Assoziierten Mächte das Recht vorbehalten, zu diesem Artikel Verbote von irgendwelchen Waffen hinzuzufügen, die als Ergebnis wissenschaftlichen Fortschrittes entwickelt werden könnten (vgl. Art. 13 Abs. 2 des Staatsvertrages). Hierzu folgende Dokumente: „First Report on the work of the Committee of Military and Air Ex-

Die finanzielle Frage: Restitution und Kompensation für Staatsangehörige der Vereinten Nationen. Hierbei handelte es sich um westliche Forderungen, die bis in die letzten Tage der Staatsvertragsverhandlungen die Beziehungen zwischen Österreich und den Westmächten immer wieder beträchtlichen Belastungen aussetzten. Die Forderungen nach Rückstellung von Eigentum, Rechten und Interessen alliierter Staatsangehöriger – oder nach Entschädigung für den Verlust solchen Eigentums, solcher Rechte und Interessen – bezogen sich auf die Zeit der deutschen Besetzung Österreichs. Kompensation bezog sich besonders auf „rassisch" Verfolgte, die Staatsbürger alliierter Staaten geworden waren.[46] Da jedoch der Begriff „Staatsangehörige" auch juristische Personen, d.h. insbesondere Firmen und Gesellschaften einschloss, handelte es sich um einen großen Kreis finanzieller Interessen, der auch die Interessen verschiedener westlicher Ölgesellschaften einschloss. Zu Beginn der Staatsvertragsverhandlungen schockierte die Österreicher das Ausmaß der britischen Entschädigungsansprüche, und es fielen einige bittere Worte auf österreichischer Seite. Nach verschiedenen österreichischen Interventionen präsentierten die Briten dann im April 1947 Alternativvorschläge, und die Wogen glätteten sich einigermaßen.[47]

Von Beginn der Verhandlungen bis 1955 gab es jedoch einen Gegensatz zwischen den Westalliierten und der Sowjetunion bezüglich des Zeitraumes, für welchen Rückstellungs- oder Entschädigungsansprüche gestellt werden konnten. Die Westmächte strebten danach, diesen Zeitraum vom 1. September 1939 bis zum 8. Mai

---

perts", CFM (D) (47) (A) 58 vom 12. Februar 1947 sowie der zweite Bericht dieses Komitees, CFM (D) (49) (A) 87 vom 20. Februar 1947. Die Sitzungsprotokolle der Militär- und Luftfahrtexperten erliegen in: NA, RG 43, Box 231. Vgl. auch Heinz Vetschera, *Die Rüstungsbeschränkungen des österreichischen Staatsvertrages aus rechtlicher, politischer und militärischer Sicht*, Wien 1985.

46 Hierzu ausführlich Robert Knight, *„Ich bin dafür, die Sache in die Länge zu ziehen". Wortprotokolle der österreichischen Bundesregierung von 1945–1952 über die Entschädigung der Juden*, Frankfurt/Main 1988, 47f, 168–172; sowie Knight, *British Policy*, 99–104.

47 Ein erster britischer Vertragsentwurf vom Juni 1946 wurde im österreichischen Außenamt äußerst kritisch kommentiert. Die in diesem Entwurf geforderte *volle* Entschädigungspflicht Österreichs wurde anfangs 1947 von Briten (und Franzosen) auf zwei Drittel der vollen Schadenssumme reduziert; den Sowjets schien dies zu hoch, die Amerikaner lehnten diese Bemessung prinzipiell ab und schlugen eine Art Meistbegünstigungsklausel vor: Alliierte Staatsbürger sollten in Entschädigungsverfahren keinesfalls schlechter behandelt werden als österreichische Staatsangehörige. Diesem Prinzip schlossen sich die Briten erst nach verschiedenen österreichischen Interventionen während der Moskauer Verhandlungsphase im April 1947 an. Vgl. u.a.: AdR, BMAA, II-Pol, Note Außenminister Grubers an den britischen Gesandten Mack v. 6. März 1947, Zl. 147.650-6VR/47, Handakten Wildner; Bericht Grubers über das Londoner Beratungsergebnis (wie oben Anm. 21). Zu den Bemühungen Wodaks um Milderung des britischen Standpunktes siehe Wagnleitner, *Diplomatie,* Nr. 281/Beilage I, Nr. 295, Nr. 296, einschl. Beilage I, Nr. 329, 330, 331; diesbezügliche Amtsvermerke Wodaks auch in: AdR, BMAA, II-Pol, Zl. 106.407-Pol/47 und Zl. 106.408-Pol/47; zu den revidierten britischen Vorschlägen vom April 1947 ebd. Zl. 106.539-Pol/47 und 106.578-Pol/47.

1945 festzulegen oder, hinsichtlich von Schäden durch die deutsche Besetzung Österreichs, schon ab 13. März 1938. Die Sowjetunion, die sicherlich daran interessiert war, westliche Ansprüche auf Restitution oder Rekompensation zu beschränken, sprach sich konsequent für einen kürzeren Zeitraum aus – vom Tage des Beginnes der Feindseligkeiten zwischen Deutschland und der betreffenden Nation (also etwa im Falle der USA erst ab Dezember 1941). Diesbezüglich sollte es im Rahmen des Vertrages zu keiner Einigung kommen; Österreich und die Westmächte fanden den Ausweg, deren Ansprüche außerhalb des Staatsvertrages im Wege zweiseitiger Vereinbarungen zu verhandeln. Ein weiterer Artikel regelte Österreichs Verpflichtung zur Rückstellung an bzw. Entschädigung von Personen, denen aus Gründen rassischer Herkunft oder der Religion materielle Verluste zugefügt worden waren; Österreich wurde weiters verpflichtet, erbloses Vermögen für Unterstützungs- und Wiedergutmachungszwecke zu verwenden.[48]

Insgesamt hielten die Sonderbeauftragten in London zwischen 16. Jänner und 25. Februar 1947 29 Sitzungen ab. Wichtigstes Ergebnis dieser knappen sechs Wochen war die Erstellung eines Vertragsentwurfes von 59 Artikeln und einigen Annexen. Allerdings konnten sich die vier Delegationen nur über 14 Artikel einigen; über 16 weitere Artikel und die Präambel wurde eine teilweise Einigung erzielt; weitere 10 Artikel wurden besprochen. Es ist nicht erstaunlich, dass sich unter den 14 Artikeln, über die in London Einigung erzielt wurde, zahlreiche Bestimmungen befanden, die ohne Veränderung aus den sogenannten Satellitenverträgen übernommen werden konnten.[49]

48 Art. 44 des Vertragsentwurfes (= Art. 26 des Staatsvertrages). Hierzu Knight, *„Ich bin dafür…“*, 65–172, 230, 236, 239–245; bei dem von Knight auszugsweise als Dok. 25 veröffentlichten MRProt handelt es sich nicht um Nr. 275 v. 8. Jänner 1952, wie angegeben, sondern um Nr. 276 v. 15. Jänner 1952. Ferner Thomas Albrich, „Die jüdischen Organisationen und der österreichische Staatsvertrag 1947“, in: *Bericht über den 18. österreichischen Historikertag in Linz (24.–29.9.1990)*, Wien 1991, 97–101; umfassend ders., „‚Es gibt keine jüdische Frage‘. Zur Aufrechterhaltung des österreichischen Opfermythos“, in: Rolf Steininger, Hrsg., *Der Umgang mit dem Holocaust,* Wien – Köln – Weimar 1994, 147–166, hier bes. 155–164. Bezüglich der Verknüpfung zwischen dem Staatsvertrag und der Restitutionsfrage siehe Brigitte Bailer-Galanda, *Die Entstehung der Rückstellungs- und Entschädigungsgesetzgebung: Die Republik Österreich und das in der NS-Zeit entzogene Vermögen* (= Veröffentlichungen der österreichischen Historikerkommission 3), Wien 2003; und insbesondere dies., „Staatsvertrag und Rückstellungen bis 1955“, in Suppan/Stourzh/Mueller, *Der österreichische Staatsvertrag 1955*, 655–674, wie auch Oliver Rathkolb, „Restitution und Entschädigung 1955–1961“, ebd., 675–696.

49 Zusammenstellung der in London geleisteten Arbeit in *FRUS 1947*, Bd. 2, 136f; unveröffentlicht der Bericht Grubers über das Londoner Beratungsergebnis (oben Anm. 21), der am 4. März 1947 dem Hauptausschuss des Nationalrates vorgelegt wurde.

2. Der Moskauer Außenministerrat 1947: jugoslawische Ansprüche und Deutsches Eigentum

Die Londoner Verhandlungen dienten nur zur Vorbereitung der Moskauer Session des Rates der Außenminister (Council of Foreign Ministers, CFM), die am 10. März 1947 eröffnet wurde. Bevor jedoch die Außenminister selbst den Entwurf des Österreich-Vertrages berieten, setzten die Sonderbeauftragten ab 11. März ihre Beratungen fort, und zwar nunmehr in der sowjetischen Hauptstadt. Nach zehn Tagen gab General Mark Clark namens der Sonderbeauftragten den Außenministern einen Zwischenbericht über die geleistete Arbeit; er erwähnte, man sei in London mit den politischen und militärischen Klauseln weiter gekommen als mit den Wirtschaftsbestimmungen des Entwurfes; letztere habe man eigentlich erst in Moskau zu beraten begonnen. Der Rat beschloss auch, eine Delegation der österreichischen Regierung nach Moskau einzuladen.

In der Zwischenzeit hatten die Spannungen zwischen Ost und West aufgrund des wachsenden sowjetischen Druckes auf der Balkanhalbinsel und Uneinigkeit zwischen den vier Mächten über Deutschland, welches das Hauptthema auf der Tagesordnung des Rates sein sollte, zugenommen. Nur zwei Tage nach dem Beginn der Moskauer Session des Außenministerrates verkündete Präsident Truman in der (erst später so benannten) Truman-Doktrin wirtschaftliche und militärische Hilfe für Griechenland und die Türkei; die USA übernahmen damit diese Aufgabe vom Vereinigten Königreich, welches in einer schweren Finanzkrise gefangen war. Die Truman-Doktrin kennzeichnete den Beginn des längerfristigen US-amerikanischen Engagements, Westeuropa gegen den Kommunismus zu stabilisieren, eine Verpflichtung, die Roosevelt nicht beabsichtigt hatte. Gleichzeitig begann die Planung für ein umfassendes Programm amerikanischer Wirtschaftshilfe, das in den kommenden Jahren eine außerordentliche Auswirkung auf die Wirtschaft und Politik Europas haben sollte.[50]

Die sowjetischen Weisungsentwürfe für die Verhandlungen über Österreich sahen eine Verhärtung des sowjetischen Standpunktes vor. Die Delegation sollte jeglichen westlichen Versuch, Garantien für Österreichs Unabhängigkeit festzuschreiben, ablehnen, da man in Moskau fürchtete, dies könnte „Gelegenheiten für [west] alliierte Einmischung in Österreichs Beziehungen zu anderen Ländern schaffen".[51]

50 George Kennan, *Memoirs 1925–1950*, 313–353. Vgl. Melvyn P. Leffler, „The Emergence of American Grand Strategy 1945–1952", in ders./Odd Arne Westad, Hrsg., *The Cambridge History of the Cold War*, Bd. 1: *Origins*, Cambridge 2010, 67–89.

51 Molotov an Stalin, 27. März 1947, in Karner/Stelzl-Marx/Tschubarjan, Hrsg., *Die Rote Armee in Österreich: Dokumente*, 720–723.

Den jugoslawischen Gebietsansprüchen sollte maßvolle Unterstützung zukommen, jugoslawische Reparationsforderungen sollten zurückgewiesen werden; neue Artikel betreffend die Liquidierung der „Überbleibsel des Naziregimes“ und die Anerkennung der Potsdamer Beschlüsse sollten in den Vertrag aufgenommen und alle Displaced Persons aus Österreich entfernt werden. Im Allgemeinen und in zukünftigen Verhandlungen müsse die sowjetische Delegation „unter der Annahme handeln, dass die Zustimmung der sowjetischen Regierung zur Unterzeichnung des österreichischen Staatsvertrages nur unter der Bedingung gegeben sein wird, dass die in dieser Direktive aufgelisteten Fragen, und insbesondere die Frage des Deutschen Eigentums und der versetzten Personen, in einer die UdSSR zufriedenstellenden Weise gelöst werden“. In einem Gespräch mit Mátyás Rákosi, dem Führer der ungarischen Kommunisten, teilte Molotov am 29. April mit, dass er nicht mit einer Unterzeichnung des Staatsvertrages im Jahr 1947 rechne.[52]

Außenminister Gruber war am 18. April vor den Außenministerrat geladen. Am Vortag war die jugoslawische Delegation zu Wort gekommen, und so stand neuerlich die Kärntner Grenzfrage im Vordergrund. Grubers Hauptthese war, dass eine Änderung der Grenzen Österreichs gefährliche Folgen für die Demokratie im Lande haben würde. Wie schon Figl in London betonte Gruber, dass Österreich der erste Staat gewesen sei, der seine Unabhängigkeit als Ergebnis von Hitlers Politik verloren habe, und appellierte an den Rat, die Besetzung Österreichs möge so bald als möglich beendet und Österreichs Souveränität wiederhergestellt werden.[53]

Erst zwei Jahre später, nach dem Bruch zwischen Stalin und Tito, wurde bekannt, dass rund um den Moskauer Außenministerrat Gespräche zwischen Molotov, Vyšinskij und Edvard Kardelj stattfanden.[54] Molotov und Vyšinskij wiesen

---

52 RGASPI, f. 17, op. 128, d. 1019, ll. 6–9. Vgl. *Vostočnaja Evropa v dokumentach Rossijskich archivov 1944–1953*, Bd. 1, 615.

53 *FRUS 1947*, Bd. 2, 266–271, 353, 504. Siehe britische „Proceedings“ für die 32. Sitzung des Außenministerrates am 17. April und die 33. Sitzung am 18. April 1947. Materialien ohne Aktenzahl zu Grubers Erklärung auch in der Mappe „Statement“ in: AdR, BMAA, II-Pol, Staatsvertragsakten 1947, K. 55.

54 Der Schwerpunkt dieses Notenwechsels lag auf der Frage, bis zu welchem Ausmaß die sowjetische Unterstützung für die jugoslawischen Ansprüche gehen würde. Dieser Notenwechsel umfasst: sowjetische Noten vom 19. Juli, 11. und 29. August 1949, jugoslawische Noten vom 3. und 20. August 1949. Von den Sendestaaten jeweils sogleich veröffentlicht, findet sich die vollständigste, die Noten beider Staaten bringende Sammlung in einer Publikation der französischen Regierung: *Documents concernant le Traité d'État avec l'Autriche* (= La Documentation française, Notes et études documentaires 1271), veröffentlicht am 7. Februar 1950, 6–21. Karl Renners Brief an Stalin vom 15. April 1945 und Stalins Antwort an Renner vom 12. Mai 1945 werden in der jugoslawischen Note vom 20. August und der sowjetischen Antwortnote vom 29. August behandelt. Renner hatte Stalin geschrieben, „verlieren wir noch weiter Gebiet, so werden wir nicht leben können“; Stalin antwortete, Renners Sorge

den jugoslawischen Vize-Premierminister auf die entschiedene Ablehnung der Gebietsansprüche seines Landes seitens der Westmächte hin. Der jugoslawischen Darstellung zufolge hatte Molotov erklärt, die Sowjetunion würde die jugoslawischen Ansprüche nur unterstützen, um dem Westen Zugeständnisse bezüglich des Deutschen Eigentums in Österreich abzuringen, und er hatte gefordert, dass die Jugoslawen Minimalforderungen formulieren und dann die Westmächte direkt kontaktieren sollten. Jedenfalls richtete Kardelj mit Datum vom 20. April 1947 ein Schreiben an Vyšinskij, das im August 1949 von sowjetischer Seite teilweise veröffentlicht wurde und dessen Authentizität auch von jugoslawischer Seite nicht bestritten worden ist. Sein Inhalt ist folgender:[55]

Da die Gefahr bestehe, dass die jugoslawischen Gebietsansprüche gegen Österreich in ihrer Gesamtheit zurückgewiesen werden könnten, wolle Kardelj Vyšinskijs Aufmerksamkeit auf jene Probleme lenken, die von solcher Wichtigkeit für Jugoslawien seien, dass sie eine günstige Lösung finden müssten. Eine positive Lösung dieser Fragen würde die minimale Befriedigung der in den jugoslawischen Territorialforderungen enthaltenen Ansprüche darstellen. Die erste Frage betreffe die Wasserkraftwerke von Schwabegg und Lavamünd, welche nach dem Anschluss erbaut worden waren und von größter Bedeutung für die jugoslawische Elektrizitätswirtschaft seien. In der gegenwärtigen Weise ihrer Ausbeutung stellten sie einen Verlust für Jugoslawien dar, der in manchen Monaten annähernd eine Million Kilowattstunden erreiche. Diese Frage könne durch eine kleine Grenzänderung geregelt werden, für welche Kardelj zwei Varianten unterbreitete. Variante I umfasste das Gebiet des Bezirkes Bleiburg bis zur Westgrenze der Gemeinden Feistritz und Moos sowie nördlich der Drau die Gemeinde Lavamünd und einen Teil der Gemeinde Ruden; es handelte sich um ein Gebiet von 210 Quadratkilometern mit 9396 Einwohnern nach der Volkszählung von 1934. Variante II umfasste Schwabegg

für Unabhängigkeit, Gänzlichkeit und das Wohlergehen Österreichs sei auch seine Sorge. Die jugoslawisch-sowjetische Auseinandersetzung entzündete sich an dem Wort „Gänzlichkeit" in Stalins Antwort – ob dies eine Garantie der österreichischen Südgrenze bedeute, wie die Österreicher hofften und die Jugoslawen annahmen, oder ob, wie die sowjetische Note vom 29. August argumentiert, Grenzberichtigungen durch dieses Wort nicht ausgeschlossen wären. Faksimile des Renner-Briefes und von Stalins Antwort bei *SSSR i Avstrija na puti k gosudarstvennomu dogovoru*, 33–36; 43. Vgl. auch den Aufsatz von David Dallin, „Stalin, Renner und Tito – Österreich zwischen drohender Sowjetisierung und den jugoslawischen Gebietsansprüchen im Frühjahr 1945", in: *Europa-Archiv* 13, 1958, 11.030–11.034. Unergiebig zu diesen Verhandlungen ist Edvard Kardelj, *Der Übermacht zum Trotz*, Klagenfurt-Triest 1984. Für eine neuere Edition der Dokumente über sowjetisch-jugoslawische Beziehungen, inklusive dem Notenwechsel, siehe *Jugoslovensko-Sovjetski odnosi 1945–1956: Zbornik dokumenata,* Belgrad 2010, bes. 204–207, 226–229, 486ff.

55 Kardeljs Brief an Vyšinskij wurde zweimal veröffentlicht, in der Note vom 11. und in der vom 29. August, vgl. *Documents concernant*, 11 und 20–21. Vgl. auch Wagnleitner, *Diplomatie,* Nr. 992.

und Leifling südlich der Drau sowie Lavamünd und einen Teil der Gemeinde Ruden nördlich der Drau; es handelte sich um ein Gebiet von 63 Quadratkilometern mit 3150 Einwohnern nach der Volkszählung von 1934. „Äußerstenfalls“ könnte die gesamte Angelegenheit auch ohne territoriale Veränderungen und stattdessen durch die Einräumung von Sonderrechten an Jugoslawien bei der Verwaltung der Drau-Werke geregelt werden. Die zweite Frage betreffe den besonderen Schutz der Kärntner Slowenen. Nach den Erfahrungen, die das slowenische Volk in Österreich gesammelt habe, könne man nach der Unterzeichnung des Vertrages mit intensiven Germanisierungsversuchen rechnen. Selbst Maßnahmen wie die Errichtung von zweisprachigen Schulen, die Österreich nach dem Zusammenbruch Deutschlands verfügt habe, um zumindest auf dem Papier sich in nationaler Hinsicht tolerant zu zeigen, würden de facto nicht mehr durchgeführt. Aus diesem Grunde wäre es sehr wichtig, wenn diejenigen Maßnahmen, die bereits gesetzlich verankert seien, ausgebaut und als Bestandteil des Vertrages unter die Kontrolle der vier Mächte gestellt werden könnten. Ein Schema mit den Grundprinzipien einer solchen Regelung werde beigelegt.

Trotz diesen internen sowjetisch-jugoslawischen Mitteilungen unterstützte die sowjetische Delegation die jugoslawischen Maximalansprüche noch im Frühjahr 1947 zumindest *pro foro externo*. Molotovs Weisungsentwürfe für die Sitzung des Außenministerrates hatten ausdrücklich gefordert, die jugoslawischen Ansprüche „ohne Verschärfung der Frage“[56] zu unterstützen, während die sowjetische und die jugoslawische Seite miteinander im Einverständnis waren, dass es die vielversprechendste Strategie sei, die Angelegenheit hinauszuzögern.[57] Gruber telegraphierte nach Wien, er sei zu dem Schluss gekommen, dass die territorialen Forderungen Jugoslawiens „offenbar kein erstrangiges Interesse“ für Molotov darstellten. Die Österreicher vermuteten eher, dass auf österreichisches Vermögen in Jugoslawien verzichtet werden müsste – wie dies ja schließlich tatsächlich der Fall sein sollte. Auch die Amerikaner glaubten nicht, dass Molotov die jugoslawischen Grenzforderungen unterstützen würde. Dass sich Kardelj darüber Sorgen machte, dass die „allgemeine internationale Situation“ den Maximalansprüchen Jugoslawiens nicht günstig war, ging aus seinem Gespräch mit dem neuen amerikanischen Außenminister George

56 Molotov an Stalin, „Direktivy po proektu dogovora s Avstriej“, 27. März 1947, in Karner/Stelzl-Marx/Tschubarjan, Hrsg., *Die Rote Armee in Österreich: Dokumente,* 720–723. Vgl. Karner/Ruggenthaler, „Eine weitere Unterstützung der jugoslawischen Gebietsforderungen bringt uns in eine unvorteilhafte Lage: Der Artikel 7 des Österreichischen Staatsvertrages als diplomatischer Kompromiss“, in: Karner, Hrsg., *Kärnten und die nationale Frage,* Bd. 1, Klagenfurt 2005, 99.

57 „Iz dnevnika Molotova, Priëm Kardelja i Simiča“, 25. April 1947, in: RGASPI, f. 82, op. 2, d. 1374, l. 2.

Marshall hervor, der Byrnes im Jänner abgelöst hatte.[58] Während die Unterstützung der Sowjetunion für die Jugoslawen nur mäßig blieb, ging ihr Interesse, alles offenzuhalten, aus informellen Gesprächen gegen Ende der Moskauer Session eindeutig hervor. Am 21. April brachte Molotov die Variante einer späteren zweiseitigen Vereinbarung zwischen Jugoslawien und Österreich zwecks Grenz-„Rektifikationen" ins Gespräch, die bemerkenswerterweise von den westlichen Außenministern, zumal Marshall und Bidault, nicht zurückgewiesen wurde. Am nächsten Tag zog sich Molotov wieder auf die Notwendigkeit von Beratungen mit den Jugoslawen zurück (deren weitestgehend von ihm selbst veranlasste Konzessionsbereitschaft er inzwischen schon in der Tasche hatte), sagte jedoch ausdrücklich, dass er die Jugoslawien betreffenden Artikel nicht als die wichtigsten Dinge im Vertrag ansehe.[59]

Nach der in Moskau gegenüber den Sowjets erklärten Bereitschaft zur drastischen Zurücknahme ihrer Ansprüche begannen die Jugoslawen – wenngleich nicht öffentlich – ihre Forderungen zu reduzieren. Im Juni 1947 erkundigte sich Philip Noel-Baker, ein hochrangiger Vertreter der britischen Labour Party, früherer Minister of State for Foreign Affairs und zukünftiger Secretary of Commonwealth

58 Zu Grubers Telegramm ein zusammenfassender Bericht von Bischoff über die sowjetische Haltung in der Staatsvertragsfrage vom Jänner 1947 bis Juni 1949, AdR, BMAA, II-Pol, Zl. 85.555-Pol/49; weiters zur österreichischen Einschätzung der Situation Bericht Grubers nach Ende der Außenministerkonferenz und Besprechung hierüber am 29. April 1947, ebd. Zl. 107.166 und 107.167-Pol/47. Für die Ansicht der Amerikaner vgl. die Memoiren des damaligen amerikanischen Botschafters in Moskau, Walter Bedell Smith, *My Three Years in Moscow,* New York 1950, 227; für Kardeljs Gespräch mit Marshall *FRUS 1947,* Bd. 2, 328. Die damalige Taktik der sowjetischen Delegation bei den Staatsvertragsverhandlungen zeigt sich in den mehrfach modifizierten Anmerkungen zum westlichen Vorschlag, dass die Grenzen Österreichs jene vom 1. Jänner 1938 zu sein hätten. Noch im Bericht des Politischen Komitees der Sonderbeauftragten vom 19. Februar 1947 hieß es, die sowjetische Delegation behalte sich das Recht vor, eine eigene Erklärung zu diesem Thema abzugeben: Dok. CFM (D) (47) (A) 83; im Vertragsentwurf vom 25. Februar 1947 lautete dann die sowjetische Anmerkung, die Sowjetunion unterstütze die im jugoslawischen Memorandum vom 22. Jänner 1947 behandelten Gebietsansprüche und empfehle, dass der Rat der Außenminister ein besonderes Komitee zum Studium der jugoslawischen Ansprüche und zur Vorbereitung entsprechender Empfehlungen einsetze: Dok. CFM (D) (47) (A) 102. Zufolge den britischen Mitschriften ersuchte Andrej Vyšinskij den Außenministerrat am 21. April 1947, zur Kenntnis zu nehmen, dass die Sowjetunion die im jugoslawischen Memorandum vom 22. Jänner enthaltenen Ansprüche als „wohl begründet" („well-founded") anerkenne, doch findet sich kein entsprechender Hinweis in dem verbindlichen „Record of decisions" (vgl. britische „Proceedings"); der britische Text des Vertragsentwurfes nach dem Stand vom 24. April 1947 enthält noch die sowjetische Formulierung vom 25. Februar; in einer Aufstellung umstrittener Vertragsartikel vom 11. Oktober 1947, Dok. CMF (ATC) (47), erscheint die sowjetische Stellungnahme, dass die Ansprüche Jugoslawiens wohlbegründet seien (vgl. auch *FRUS 1947,* Bd. 2, 520).

59 Britische Mitschrift der informellen Beratungen, erliegt in TNAUK, FO 371/70395/C1485; am zurückhaltendsten reagierte Bevin.

Affairs, während seines Aufenthaltes in Belgrad nach den jugoslawischen Minimalforderungen. Vizeaußenminister Aleš Bebler erläuterte die Details der den Sowjets vorgeschlagenen Variante I, das Gebiet von 210 Quadratkilometern um Bleiburg und Lavamünd betreffend; er machte aber auch deutlich, dass allenfalls die vorhin erwähnte dritte Variante, nämlich der Verzicht auf Gebietsforderungen bei einem Zugriff auf die zwei Kraftwerke, in Betracht käme; deren Übernahme würde einen Ersatz für Reparationen darstellen, die ja weiterhin von Österreich öffentlich gefordert wurden.[60] In der Zwischenzeit blieb die sowjetische Seite durch den jugoslawischen Vertreter in Wien, Dušan Kermauner, der auch Mitglied der jugoslawischen Delegation bei der Moskauer Konferenz war, und durch Gespräche zwischen Tito und dem sowjetischen Botschafter in Belgrad auf dem Laufenden. Kermauner berichtete, dass die dritte Variante in Wirklichkeit von Noel-Baker vorgeschlagen worden war. Insbesondere Tito regte an, dass die sowjetische Seite größere Forderungen zugunsten Jugoslawiens vorlegen solle, da dies eine Lösung auf Basis der kleineren jugoslawischen Ansprüche erleichtern würde.[61]

Zusätzlich trat auf der Moskauer Außenministerkonferenz das Problem des Deutschen Eigentums immer mehr in den Mittelpunkt der Auseinandersetzungen um den österreichischen Staatsvertrag. Nachdem die sowjetische Besatzungsmacht das Deutsche Eigentum in ihrer Besatzungszone 1945/46 in Besitz genommen hatte, wurde sehr schnell nach Lösungen gesucht, um Abhilfe für diese schwere Belastung der österreichischen Wirtschaft und Politik zu schaffen. Sehr bald, schon Mitte Juli 1946, tauchte der Gedanke der Ablöse auf.[62] Im Dezember legte die österreichische Regierung den Sowjetvertretern Rückkaufvorschläge für den Komplex der Erdölbetriebe und anderer Betriebe vor. Das Offert bestand aus zwei Teilen, die in zwei getrennten Verträgen mit der Sowjetunion realisiert werden sollten. Der erste Vertrag

60 Hierzu und zu den zurückhaltenden Reaktionen der britischen Diplomatie, die ein gewisses Interesse daran hatte, jugoslawische Gebietsforderungen und deren öffentliche Unterstützung durch die Sowjetunion als leicht kritisierbare Forderungen der „Gegenseite" taktisch zu nutzen, vgl. ausführlich Knight, „Kärntner Grenzfrage", 328–332.

61 „Iz dnevnika Koptelova, Zapis' besedy s Kermaunerom" [1. Juli 1947], 12. Juli 1947, in: RGASPI, f. 82, op. 2, d. 1374, l. 4, auch veröffentlicht in *SSSR i Avstrija,* 130f.; „Zabeleška o razgovoru ambasadora SSSR u FNRJ A. J. Lavrentjeva sa maršallom J. B. Titom", 5. August 1947, in: *Jugoslovensko-Sovjetski odnosi,* 204–207.

62 Schon am 15. Juli 1946 fand im Außenamt eine Besprechung in Anwesenheit der Bundesminister Gruber und Krauland sowie des Staatssekretärs Franz Rauscher statt, in der Krauland anregte, die Besitztitel der vier Mächte in Staatsschulden umzuwandeln. Nach Diskussion wurde beschlossen, „diese Ablösen grundsätzlich anzustreben". Amtsvermerk hierüber in: AdR, BMAA, II-Pol, Handakten Wildner. Vgl. auch den Hinweis auf ein Gespräch österreichischer Diplomaten mit dem Österreich-Referenten im Foreign Office, Michael F. Cullis, am 22. August 1946, sowie Bericht Walter Wodaks über ein Gespräch mit Cullis am 9. Dezember 1946: Wagnleitner, *Diplomatie,* Nr. 229.

betraf den Erdölkomplex, gewöhnlich „Zistersdorf" genannt. Dieser sollte mit einer Abfindungssumme in ausländischer Valuta abgelöst werden. Der zweite Vertrag betraf alle anderen Betriebe, die vollständig oder (in der Mehrzahl der Fälle) teilweise als Deutsches Eigentum zu betrachten waren, wobei die Bundesregierung die Eigentums- und Anteilsverhältnisse vom März 1938 zugrunde legte. Beide Verträge sahen die Bildung eines Schiedsgerichtes und die Genehmigungspflicht durch das österreichische Parlament vor. Der frühere Entwurf des zweiten Vertrages besagte in der dem Ministerrat vom Bundesminister für Vermögenssicherung und Wirtschaftsplanung Peter Krauland vorgelegten Fassung, dass eine bestimmte Zahl größerer Betriebe sogleich in österreichischer Währung abgelöst werden sollten; es handelte sich um die Elektrounternehmen AEG-Union und Siemens-Schuckert und den Stahlproduzenten Gebrüder Böhler. Für die 41 restlichen Firmen würde Österreich ein Optionsrecht für die Dauer von fünf Jahren erhalten, um innerhalb dieser Frist alle oder auch einzelne dieser Betriebe von der Sowjetunion zurückzukaufen. Gegen diese Fassung erhob Vizekanzler Schärf im Ministerrat Einwände; er schlug vor, alle Betriebe gleichzeitig gegen österreichische Staatspapiere abzulösen.[63] Es gelang ihm, seine Kollegen im Ministerrat davon zu überzeugen. Dies entsprach auch Vorstellungen des Bundespräsidenten Renner. Der österreichische Vorschlag stieß auf scharfe britische Ablehnung und wurde schließlich auch von der Sowjetunion verworfen. Der britische Protest wurde damit begründet, dass sich Großbritannien gegen bilaterale Abmachungen wende. Dass auch Interessen bestimmter Ölgesellschaften mit dem britischen Protest in Verbindung stehen mochten, wurde zwar von britischer Seite dementiert, ist aber wohl nicht ganz von der Hand zu weisen. Die Sowjets wiederum legten, wie ein Blick auf ihre eigenen Vorschläge von 1945 bis 1949 lehrt, gerade den größten Wert auf den Zugang zur österreichischen Erdölproduktion. Überdies strebten sie damals eine formelle Anerkennung der Potsdamer Beschlüsse über das Deutsche Eigentum durch Österreich an – eine Anerkennung, der die Bundesregierung bislang ausgewichen war.[64]

---

63 AdR, MRProt Nr. 50 v. 17. Dezember 1946; die zwei Vertragsentwürfe erliegen als Beilage im Ministerratsvortrag des Bundesministeriums für Vermögenssicherung und Wirtschaftsplanung, Zl. 98.100-14/46. Im Ministerrat gab es eine ausführliche Diskussion.

64 Zahlreiche Quellen zu diesem Angebot und dem britischen Einspruch aus dem Nachlass Walter Wodaks veröffentlicht in: Wagnleitner, *Diplomatie*, insbes. Nr. 241, 242, 244, 245, 246, 262. Am informativsten Brief Schärfs vom 28. Dezember 1946, Nr. 246. Weitere Quellen aus den österreichischen Akten in: AdR, BMAA, II-Pol, Konvolut Staatsvertrag einschl. verschiedene Handakten Heinrich Wildners in den Staatsvertragsakten für das Jahr 1947, insbes. Zl. 113.510-Pol/46 u. Zl. 113.536-Pol/46 (Amtsvermerke Grubers). Ein Bericht in der Londoner *Times*, 3. Jänner 1947, 3, bezog sich offenbar auf die frühere Fassung des Angebotes; eine kritische Stellungnahme in der *Times*, 4. Jänner 1947, 3, könnte vom Foreign Office inspiriert gewesen sein. Das Interview Renners in: *AZ*, 30. Dezember

In Bezug auf das Deutsche Eigentum zeichneten sich bei den Moskauer Beratungen vom März und April 1947 die Meinungsverschiedenheiten hauptsächlich in drei Fragenkomplexen ab: Die erste und wohl zentrale Kontroverse betraf die Definition dessen, was als Deutsches Eigentum zu gelten hatte; alle vier Mächte legten eigene, äußerst komplizierte Vorschläge vor. Vor allem handelte es sich darum, welche Vermögenswerte in den Jahren 1938 bis 1945 unter Ausübung von Druck in deutsche Hände übergegangen waren und deshalb von der Übertragung an die Alliierten (konkret: an die Sowjetunion) als deutsche Reparationsleistung ausgenommen werden könnten. Die Sowjets legten strikte Maßstäbe an, während bei den Westmächten vor allem die Briten versuchten, den Umfang der Ausnahmebestimmungen zu erweitern. Hierbei spielten ohne Zweifel auch Interessen westlicher Erdölfirmen mit. Wichtig war insbesondere die Tatsache, dass einige dieser Firmen im Jahre 1940 infolge der deutschen Bitumengesetzgebung umfangreiche Freischürfrechte in Hoffnungsgebieten in Niederösterreich eingebüßt hatten, an deren Stelle die Reichsregierung Schürfkonzessionen an deutsche Firmen vergab.[65]

Ein zweiter Unterschied bestand in der Einstellung zur Verstaatlichung: Franzosen und Amerikaner schlugen zeitlich befristete Verstaatlichungsverbote für jene deutschen Vermögenswerte vor, die Eigentum der Alliierten seien – konkret der Sowjets. Hier ist in Erinnerung zu rufen, dass das österreichische Verstaatlichungsgesetz vom Juli 1946 ja zahlreiche Betriebe verstaatlicht hatte – allerdings nur auf dem Papier –, welche die Sowjetunion als Deutsches Eigentum beanspruchte. Die sowjetische Seite wollte sich auch in Zukunft nicht der Gefahr der Verstaatlichung der ihr zugesprochenen Werte aussetzen; sie vermied allerdings das Wort „Verstaatlichung"

1946, 1. Kritische sowjetische Äußerungen zum österreichischen Angebot in: *Sowjetpolitik gegenüber Österreich,* 58–62.

65 Das Bitumengesetz vom 31. August 1938 (Gesetzblatt für das Land Österreich 375/1938) bestimmte, dass mit 31. Juli 1940 alle bisherigen Schürfrechte erloschen, falls zu diesem Zeitpunkt kein Ansuchen um Verleihung von Grubenmaßen (Einheit für tatsächliche Förderung von Bitumen, vor allem Erdöl) vorlag. Ein Memorandum über die rechtlichen Grundlagen der Erdölförderung in Österreich einschließlich einer Darstellung des Bitumengesetzes vom August 1938 und seiner Folgen sowie statistischer Angaben über die Eigentumsveränderungen im Erdölbereich zwischen 1938 und 1945 wurde im Zuge der Vorbereitungen der Staatsvertragsverhandlungen im Bundesministerium für Vermögenssicherung und Wirtschaftsplanung verfasst (Zl. 20.840-1/47 v. 17. Jänner 1947, erliegt bei BMAA, VR, Zl. 147.193/6VR/47 v. 18. Jänner 1947). Unterlagen österreichischer wie deutscher Provenienz zur Entstehung und Bedeutung des Bitumengesetzes sowie seiner Relevanz nach 1945 in: NA, RG 43, Box 169; einige der wichtigsten Dokumente befinden sich im Quellenanhang der bereits genannten Dissertation von Waltraud Brunner, *Das Deutsche Eigentum*, 250–274 sowie 287–297. Zur Bedeutung des Bitumengesetzes für die sowjetische Interpretation der Eigentumsverhältnisse auf dem Erdölsektor vgl. V. N. Beleckij, *Sovetskij sojuz i Avstrija,* Moskva 1962, 148.

und verlangte dafür ein zeitlich unbefristetes Verbot der „Requisition, Konfiskation oder überhaupt zwangsweisen Enteignung" ehemals deutscher Vermögenswerte, die in alliiertes Eigentum übergegangen seien, es sei denn, der Eigentümerstaat – konkret wiederum die Sowjetunion – erteile sein Einverständnis. Drittens gab es unterschiedliche Auffassungen über die Regelung von Streitfragen, die aus der Anwendung des von nun an jahrelang im Mittelpunkt der Diskussion stehenden Art. 35 des Staatsvertragsentwurfes entstehen könnten. Während westlicherseits ein Schiedsverfahren vorgeschlagen wurde, wollte die Sowjetunion lediglich bilaterale Verhandlungen vorsehen – ein Wunsch, den sie auch in den kommenden Jahren mit großer Hartnäckigkeit verfocht.

Aus den amerikanischen Akten zur Moskauer Konferenz wird deutlich, dass die Amerikaner eine entschiedene Haltung einnahmen. Vor dem Hintergrund steigender sowjetischer Forderungen an Deutschland ließ Außenminister George Marshall immer stärker das Deutsche Eigentum in Österreich als Kernfrage des Staatsvertrages hervortreten und stellte schließlich in Aussicht, im Falle der Nichteinigung die Frage vor die Generalversammlung der Vereinten Nationen zu bringen (wo zu dieser Zeit die Westmächte über eine solide Mehrheit an Stimmen verfügten). Das Dilemma der Westmächte, entweder der Sowjetunion als Preis für den Abschluss des Staatsvertrages eine wirtschaftliche Stellung in Ostösterreich einzuräumen, die sie als gefährlich erachteten, oder aufgrund sowjetischer Unnachgiebigkeit den Abschluss des Vertrages zu verzögern, wird in einem Brief des britischen Außenministers Ernest Bevin an Premierminister Attlee vom 16. April 1947 deutlich. Bemerkenswert ist, dass Außenminister Gruber in Moskau die Vertreter der Westmächte bat, die westlichen Delegationen mögen nicht aus reinen Grundsatzerwägungen heraus Vorschläge abweisen, welche die sowjetische Delegation vorlegen würde und die einem beschleunigten Abschluss des Vertrages dienen könnten. John Foster Dulles, als republikanischer Politiker Mitglied der amerikanischen Delegation, berichtet über ein Gespräch am 28. März: Gruber sei „so eager to get out the Soviet troops that I think he would accept almost any economic terms".[66]

Auf Marshalls Vorschlag, das Deutsche Eigentum vor die UNO zu bringen, reagierte Molotov mit einem Gegenvorschlag: Eine eigene Vertragskommission der vier Mächte solle in Wien zusammentreten, um alle noch offenen Vertragsartikel, insbesondere aber den heißumstrittenen Art. 35, zu beraten. Der Außenministerrat nahm diesen Antrag am letzten Tage seiner Moskauer Session, am 24. April 1947, an.[67]

66 Francis Williams, *A Prime Minister Remembers*, London 1961, 157. Gespräch Gruber-Dulles zit. bei Bader, *Austria*, 190.

67 Text der Resolution des Rates zugänglich in der französischen Fassung des Dokumentes CM-F/47/M/82, *Traité portant retablissement de l'Autriche independante et démocratique. Rapport des sup-*

Aus der Fülle der anderen Materien, die neben Jugoslawiens Ansprüchen und Deutschem Eigentum Sonderbeauftragte und Außenminister in Moskau beschäftigte, seien lediglich die folgenden erwähnt. Man einigte sich in Moskau über den Text der Präambel zum Staatsvertrag, worauf bereits oben hingewiesen wurde. Eine seltene Konstellation – nämlich sowjetische, amerikanische und englische Opposition gegen einen französischen Vorschlag – ergab sich in der Frage einer Kommission von Militärexperten. Die Franzosen hatten einen eigenen Artikel (Art. 32 des Entwurfes) in Vorschlag gebracht, demzufolge in Wien eine eigene Kommission alliierter Militärexperten zur Überwachung der Durchführung der militärischen Klauseln des Staatsvertrages einzurichten sei; dieser Artikel kam in Moskau am Widerstand der anderen Mächte zu Fall; auch die Österreicher widersetzten sich einem solchen Kontrollorgan, und Gruber hob in seinem Bericht vor dem Nationalrat die Unterstützung der Sowjets in diesem Punkt hervor.[68]

Überhaupt zeigt sich zu dieser Zeit eine bemerkenswerte Tendenz vor allem Frankreichs, aber auch Amerikas – im Gegensatz zur Sowjetunion –, dem Österreich-Vertrag Garantie- und Sanktionsbestimmungen zur Wahrung der Unabhängigkeit Österreichs einzupflanzen. Im Gegensatz dazu war es bekanntlich die Sowjetunion, die in den Endstadien der Staatsvertragsverhandlungen im Frühjahr 1955 nach Garantien zur Bewahrung von Österreichs Unabhängigkeit, vor allem gegen einen Anschluss an Deutschland, rief. Auf amerikanische Initiative wurde ein Artikel „Wahrung von Österreichs Unabhängigkeit" in den Entwurf aufgenommen, den die sowjetische Delegation zunächst als „unnötig" bezeichnete. Franzosen und

---

pléants au Conseil des Ministres des Affaires Étrangères sur le projet du traité avec l'Autriche, S. 46. Dieses Dokument (hektogr.) befindet sich in der Druckschriftensammlung der Österreichischen Nationalbibliothek, Signatur 906258-C. Obgleich das Dokument das Datum des 29. März 1947 trägt, handelt es sich um eine den Stand vom Ende der Außenministerkonferenz (24. April 1947) wiedergebende Fassung des Entwurfes, worin auch die während des Moskauer Außenministerrates vorgenommenen Änderungen und Streichungen angegeben sind. *FRUS 1947*, Bd. 2, 516–573. Für Marshalls Vorschlag siehe *FRUS 1947*, Bd. 2, 385, für Molotovs Vorschlag siehe W. M. Molotow, *Fragen der Außenpolitik, Reden und Erklärungen April 1945 bis Juni 1948,* Moskau 1949, 491f. Vgl. *Speeches and statements, made at the Moscow session of the council of foreign ministers: March 10–April 24, 1947*, London 1947, 100–103; 110–113.

68 Vgl. *FRUS 1947*, Bd. 2, 533. Die Österreicher protestierten heftig und häufig gegen die von französischer Seite vorgeschlagenen zusätzlichen Beschränkungen auf militärischem und technischem Gebiet, u.a. Außenminister Gruber in einem Gespräch mit Außenminister Georges Bidault am 9. April 1947; vgl. Zl. 88-StM/47, BMAA, Handakten Blühdorn, Völkerrechtsabteilung; weitere österreichische Proteste, die sich auf die in den Annexen III-V enthaltenen Beschränkungen für technische Entwicklungen bezogen, vgl. AdR, BMAA, II-Pol, Zl. 107.543-Pol/47 (Gespräch des Gesandten Vollgruber mit Maurice Couve de Murville am 11. Juni 1947), weiters Zl. 110.815 u. 110.968-Pol/47. Der öffentliche Bericht Grubers vor dem Nationalrat als Broschüre gedruckt: Karl Gruber, *Österreich in Moskau,* Wien 1947, auch *DÖA*, Nr. 55.

Amerikaner schlugen eine eigene Bestimmung vor, derzufolge die Alliierten „jeder Handlung, in welcher Form immer, entgegentreten würden, die die politische oder wirtschaftliche Unabhängigkeit oder die territoriale Integrität Österreichs bedrohen könnte"; in diesem Falle würden die vier Mächte miteinander und mit den entsprechenden Organen der Vereinten Nationen Konsultationen zwecks entsprechender Aktion aufnehmen. Der Haken dieses Vorschlages lag, mit dem Zunehmen der Spannungen zwischen Ost und West, in der Verpflichtung zu gegenseitigen Konsultationen, was es jeder der teilnehmenden Parteien ermöglichte, Beschlüsse und Taten zu blockieren oder zu verzögern – eine Erwägung, der wir im Endstadium der Staatsvertragsverhandlungen 1955 noch begegnen werden. Briten und Amerikaner waren schon in Moskau bereit, diese Bestimmung fallenzulassen, die Franzosen beharrten jedoch noch weiter darauf.[69] Wie schon gezeigt hielten die Sowjets derlei für nicht wünschenswert, da sie ihre Beziehungen zu Österreich möglichst frei von westlicher Kontrolle halten wollten.

Die österreichische Regierung bedauerte die amerikanische Kompromisslosigkeit auf der Moskauer Konferenz. Außenminister Gruber plädierte für ein Einlenken, um nicht den Vertragsabschluss zu verschieben. Eine solche Verschiebung schien ihm aus mancherlei Gründen gefährlich zu sein, auch deshalb, weil mit Rücksicht auf die „immerhin gespannte internationale Situation Ereignisse eintreten können, die den Abschluß des österr. Staatsvertrages immer weiter hinauszögern". Hier antizipierte Gruber in der Tat den unheilvollen Nexus zwischen der Eskalation des Kalten Krieges in den Folgejahren und dem jahrelangen Warten Österreichs auf seinen Vertrag.

In Grubers internem Bericht über den Verlauf der Außenministerkonferenz kommt auch seine Enttäuschung zum Ausdruck, dass „der Schatten der deutschen Frage" auf das Problem Österreichs gefallen sei. In Deutschland gebe es natürlich eine Alternativpolitik, wenn es zu einem gemeinsamen Vertrag über die Einheit Deutschlands nicht komme, argumentierte Gruber, „der forcierte Ausbau der westlichen Zone, ihre politische und wirtschaftliche Einheit".

Diese Alternativpolitik, so fuhr Gruber fort, *„ist aber in Österreich nicht möglich. Denn sie hätte nur die Teilung des Landes zur Folge*, und das würde, nachdem die westlichen Alliierten den weniger wertvollen Teil von Österreich in der Hand haben, nicht nur für Österreich, sondern auch für Europa von den unheilvollsten Folgen begleitet sein." Aus dem Bericht Grubers ist zu erfahren, dass sich John Fos-

69 Vgl. *FRUS 1947*, Bd. 2, 506–508, 519, sowie zur Gesamtproblematik: Gerald Stourzh, „Die Sicherung der österreichischen Unabhängigkeit als Thema der Staatsvertragsverhandlungen", in: *Zeitgeschichte* 2:8, Mai 1975, 183–191.

ter Dulles dahingehend äußerte, so etwas wie eine Alternativpolitik bestünde darin, „daß notfalls Westösterreich wirtschaftlich mit den deutschen Westzonen vereinigt werden soll. Dulles sagte sogar ausdrücklich, dies sei für ihn der Grund, warum er gegen das Anschlußverbot sei".

Eine gewisse Bitterkeit der Österreicher kam in Grubers Bericht mehrfach zum Ausdruck. Manche von den Westmächten, besonders Großbritannien und Frankreich, vorgeschlagene Vertragsbestimmungen würden Österreich in Wirklichkeit Kontributionen auferlegen. Dies habe die österreichische Delegation „zu einer Art Zweifrontenkrieg" gezwungen. Zur Frage des Deutschen Eigentums heißt es in dem Bericht, dass die österreichische Regierung den Mut und die Entschlossenheit aufgebracht hatte, sich gegen die wirtschaftliche Festsetzung der Russen in Österreich zu wehren. „Sie ist aber dabei nicht nur nicht unterstützt, sondern im Stiche gelassen worden, und ihr ist nachher durch die ihr abgezwungene Anerkennung der Potsdamer Beschlüsse und durch die drastischen Bestimmungen des neuen Kontrollabkommens [!] die Möglichkeit genommen worden, sich irgendwie zu rühren." – Es nimmt sohin nicht wunder, dass der österreichische Gesandte in Washington, Ludwig Kleinwächter, am 6. Juni 1947 zu berichten wusste, im State Department habe man ihm erklärt, ein rascher Abschluss des österreichischen Vertrages wäre unter den augenblicklich gegebenen Verhältnissen „gar nicht im Interesse Österreichs gelegen".[70] Doch wie bereits Molotov festgestellt hatte, war ein solcher ohnehin wenig realistisch.

3. Österreich tritt dem Marshall-Plan bei; die Wiener Vertragskommission

Anfang Mai 1947 konstituierte sich in Wien die in Moskau beschlossene Vertragskommission. Sie hielt bis zum 12. Oktober des Jahres 85 Sitzungen ab. Sie tagte zu einer Zeit, in der die Kluft zwischen Ost und West sich bedrohlich ausweitete.

In Polen hatten manipulierte Wahlen im Jänner de facto einen Einparteistaat unter der Führung der Sowjetunion und der polnischen Kommunisten begründet. Die Unterzeichnung der Friedensverträge mit Ungarn, Rumänien und Bulgarien im Februar leitete eine Beschleunigung von Stalins Sowjetisierungspolitik in Osteuropa

70 Gesamtbericht Außenminister Grubers über die Außenministerkonferenz AdR, BMAA. II-Pol, Zl. 107.167-Pol/47. Das letztgenannte Zitat über das Deutsche Eigentum in einem offensichtlich von Heinrich Wildner stammenden Einschub zu Grubers Bericht. Die Hervorhebungen von G.S. Bericht Kleinwächters vom 6. Juni 1947, ebd., Zl. 107.637-Pol/47.

ein.[71] In Ungarn wurde Ministerpräsident Ferenc Nagy von der Partei der Kleinen Landwirte unter Androhung eines von den Kommunisten und der sowjetischen Besatzungsmacht orchestrierten politischen Prozesses Ende Mai zum Rücktritt und ins Exil gedrängt, womit die Periode der intensivierten Unterdrückung von Nichtkommunisten im Land einsetzte.[72]

Angesichts der ausgedehnten Wirtschaftskrise in Europa und der daraus resultierenden drohenden Empfänglichkeit der Europäer für extreme Ideologien verkündete der amerikanische Außenminister George Marshall am 5. Juni 1947 in seiner berühmten Harvard-Rede das Angebot einer umfassenden Wirtschaftshilfe für Europa durch die Vereinigten Staaten. Das European Recovery Program (ERP) war an alle europäischen Länder gerichtet, mit dem Ziel, deren Wirtschaft zu stärken und Destabilisierung vorzubeugen.[73] Die US-Regierung war sich der Dringlichkeit der Sache bewusst. Während eines Treffens im Weißen Haus warnte Truman im September, dass „wir entweder ein Übergangshilfsprogramm einsetzen müssen, bis der Marshall-Plan in Schwung kommt, oder die Regierungen von Frankreich und Italien werden stürzen, auch von Österreich, und praktisch gesehen wird Europa dann kommunistisch sein... Dies ist ernst. Ich kann gar nicht überbetonen, wie ernst."[74] Für den wirtschaftlichen Aufschwung der teilnehmenden 16 Länder – auch die Schweiz und Schweden, nicht jedoch Finnland gehörten dazu – nach dem Zweiten Weltkrieg muss die Bedeutung des Marshall-Planes sehr hoch eingeschätzt werden. Nach einer kurzen Phase des Schwankens, in der Polen und vor allem die

71 L. Ja. Gibianskij, „Forsirovanie sovetskoj blokovoj politiki", in: N. I. Egorova/A. O. Čubar'jan, Hrsg., *Cholodnaja vojna 1945–1963: Istoričeskaja retrospektiva*, Moskau 2003, 155–157; T. V. Volokitina, „Stalin i smena strategičeskogo kursa Kremlja v konce 40-ch godov: ot kompromissov k konfrontacii", in: A. O. Čubar'jan/I. V. Gajduk/N. I. Egorova, Hrsg., *Stalinskoe desjatiletie cholodnoj vojny*, Moskva 1998, 10–22. Vgl. Edward Mark, *Revolution by Degrees: Stalin's National-Front Strategy 1941–1947* (= Cold War International History Project Working Paper 31), Washington 2001. Mark Kramer, „Stalin, Soviet Policy, and the Consolidation of a Communist Bloc in Eastern Europe", in: Vladimir Tismaneanu, *Stalinism Revisited: The Establishment of Communist Regimes in East-Central Europe*, Budapest 2009, 51–102.

72 László Borhi, *Hungary in the Cold War, 1945–1956: Between the United States and the Soviet Union*, Budapest 2004, 116–118. Vgl. B. J. Želicki, „Narodnaja demokratija i stanovlenie totalitarnogo režima v Vengrii", in: V. V. Mar'ina/L. B. Miljakova, Hrsg., *Totalitarizm: Istoričeskij opyt Vostočnoj Evropy. ‚Demokratičeskoe intermecco' s kommunističeskim finalom. 1944–1948*, Moskau 2002, 175–207; Peter Kenez, *Hungary from the Nazis to the Soviets: The Establishment of the Communist Regime in Hungary*, 1944–1948, Cambridge 2006.

73 William I. Hitchcock, „The Marshall Plan and the Creation of the West", in Leffler/Westad, *The Cambridge History of the Cold War*, 154–174; John Lewis Gaddis, *The Cold War: A New History*, New York 2005, 30–34; sowie Benn Steil, *The Marshall Plan: Dawn of the Cold War*, Oxford 2018.

74 Robert Dallek, *The Lost Peace: Leadership in a Time of Horror and Hope, 1945–1953*, New York 2010, 251f.

Tschechoslowakei der Teilnahme am Programm zuneigten, erhielten die kommunistischen Parteien Europas und die osteuropäischen Regierungen die Moskauer Order, keine US-amerikanische Hilfe zu akzeptieren, sondern Gegenmaßnahmen zu organisieren. Im Oktober wurde die Gründung eines neuen „Informationsbüros" der kommunistischen Parteien, des Kominform, bekanntgegeben, mit dem Ziel, diese angesichts des sich intensivierenden Kalten Krieges stärker unter Stalins Kontrolle zu bringen.[75]

Zufällig am Tag von Marshalls berühmter Rede kam es in Österreich zu einem privaten, zunächst geheim gehaltenen Zusammentreffen zwischen Bundeskanzler Figl und dem kommunistischen Abgeordneten Ernst Fischer, in dem letzterer eine Ablöse von prononciert prowestlichen Regierungsmitgliedern, insbesondere Karl Gruber und Oskar Helmer, vorschlug. Gruber, am Tage danach über die Gespräche informiert, verständigte direkt die amerikanische Mission in Wien und anschließend Journalisten, aber auch den britischen Staatsvertragsexperten Michael Cullis. Am 9. Juni 1947 brachte der von der amerikanischen Besatzungsmacht herausgegebene *Wiener Kurier* die Sensationsschlagzeile „Rußland will keinen Staatsvertrag mit dem derzeitigen Kabinett Figl".

Viele Aspekte der bald so genannten „Figl-Fischerei" sind weiter ungeklärt, einschließlich der Frage, wie direkt oder indirekt die sowjetische Führung hinter dem von Fischer gesuchten Kontakt stand.[76] Gruber erwog eine direkte Anfrage an den politischen Vertreter der UdSSR in Wien. Das von Gruber am 7. Juni diktierte

75 Scott D. Parrish/Mikhail Narinsky, *New Evidence on the Soviet Rejection of the Marshall Plan* (= Cold War International History Project Working Paper 9), Washington 1994; Norman Naimark, „The Sovietization of Eastern Europe", in Leffler/Westad, *Cambridge History of the Cold War*, 175–197; zur Kominform, L. Ja. Gibianskij, „Kak voznik Kominform", in: *Novaja i novejšaja istorija* 4, 1994, 131–152; G. M. Adibekov, *Kominform i poslevoennaja Evropa*, Moskva 1994; Giuliano Procacci u.a., Hrsg., *The Cominform: Minutes of the Three Conferences 1947/1948/1949*, Mailand 1994.

76 Höchstwahrscheinlich war dies nicht der Fall. Ein späterer sowjetischer Bericht gab an, Fischer habe ohne Absprache mit der Partei gehandelt. RGASPI, f. 82, op. 2, d. 117, l. 22rv. Vgl. Ruggenthaler, „Warum Österreich nicht sowjetisiert wurde", 668. Siehe auch die ausführliche Darstellung von Michael Gehler, „‚…this nine days wonder?' Die ‚Figl-Fischerei' von 1947. Eine politische Affäre mit Nachspiel", in: Michael Gehler/Hubert Sickinger, Hrsg., *Politische Affären und Skandale in Österreich,* Thaur – Wien – München 1995, 346–381. Zu Grubers Informierung der amerikanischen Mission vgl. *FRUS 1947,* Bd. 2, 1182; Gruber hatte schon in seiner Widerstandstätigkeit gegen das NS-Regime über Kontakte mit den Amerikanern verfügt; vgl. Michael Gehler, „‚Die Besatzungsmächte sollen schnellstmöglich nach Hause gehen.' Zur österreichischen Interessenpolitik des Außenministers Karl Gruber 1945–1953 und zu weiterführenden Fragen eines kontroversen Forschungsprojekts", in: *Christliche Demokratie* 11, 1994, 29; Gruber hatte zumindest noch in der ersten Zeit seiner Tätigkeit als Außenminister (1946) mehrfach Situationsberichte an die amerikanische Mission in Wien gerichtet; hierzu vgl. Leidenfrost, *Amerikanische Besatzungsmacht,* 583f, 671–675; ebd. 789–804 Analyse der amerikanischen Quellen zur „Figl-Fischerei".

Konzept der Anfrage ist erhalten geblieben. Gruber schrieb, dass Ernst Fischer bei seinem Treffen mit Figl „den Eindruck" erweckt habe, „daß ihm vertrauliche Informationen von seiten der sowjetrussischen Regierung zur Verfügung stünden, aus denen hervorgehe, daß die sowjetrussische Regierung nicht daran denke, einen Vertrag mit Österreich abzuschließen, solange sich die gegenwärtige Regierung im Amt befinde". Fischer habe sich erbötig gemacht, einem Kabinett der „starken Männer", wie er es bezeichnet habe, selbst anzugehören; eine umgebildete Regierung könne notfalls auch einige Jahre unabhängig vom Parlament regieren und Neuwahlen seien nicht unbedingt notwendig. Die Absendung von Grubers Schreiben unterblieb, denn „die als notwendig erachtete Beibringung einer Aufzeichnung über die Unterhaltung [Figl–Fischer, W.M.] war nicht erfolgt".[77] Trotzdem brachten Angehörige der sowjetischen Besatzungsmacht (und die sowjetische Propaganda) eine Besserung der Situation in Österreich mit einer Regierungsumbildung in Zusammenhang.[78] Im Ergebnis führte die sogenannte „Figl-Fischerei", auch vor dem Hintergrund des kommunistischen Machtzuwachses in Ungarn, zu einer noch deutlicher akzentuierten Westorientierung der Regierungspolitik.

Während der kurzen Periode zwischen der Ankündigung des Marshall-Planes und der negativen sowjetischen Reaktion kam in der österreichischen Bundesregierung, bei deren Beschlussfassung das Prinzip der Einstimmigkeit herrschte und in der damals noch ein kommunistischer Minister, Karl Altmann, vertreten war, ein Beschluss zur Teilnahme an Verhandlungen zwecks Teilnahme am Marshall-Plan zustande. Manche Indizien weisen darauf hin, dass Antrag und Ministerratsbeschluss in größter Eile erfolgten; der Gedanke, dass sehr geschickte Taktik einschließlich einer Überrumpelung des kommunistischen Regierungsmitgliedes mit im Spiel gewesen sein könnte, lässt sich nicht ganz von der Hand weisen. Im Antrag erläuterte Gruber die Initiative Marshalls und die Einladung Bevins und Bidaults an Molotov zu einer Beratung, „die am 27. ds. in Paris begonnen hat". Für Österreich „können wir wohl ohne weiteres sagen", dass es an einem „solchen Wiederaufbau [Europas mit US-amerikanischer Hilfe, G.S.] im höchsten Grade interessiert ist und bereit sein würde, daran mitzuarbeiten". Gruber stellte den Antrag, ihn „zu ermächtigen, durch unseren Pariser Gesandten dem französischen Außenminister

77 AdR, BMAA, II-Pol, Zl. 111.546-Pol/47, handschriftl. Aktenvermerk Wildners, maschinschr. Konzept Grubers. Dies bestätigt die Darstellung Gehlers, wonach Gruber dem britischen Diplomaten Cullis mitteilte, er hätte in Betracht gezogen, dem sowjetischen Vertreter eine Anfrage zuzustellen. Gehler, „...this nine days wonder", 351. Weitere Hinweise zur „Figl-Fischerei", vor allem aufgrund von Mitteilungen Grubers, in Aufzeichnungen Heinrich Wildners vom 7. bis 14. Juni 1947, ÖStA, GD, NLS, E/1791/17.

78 Rauchensteiner, *Sonderfall*, 206.

unser großes Interesse an dem in Rede stehenden Plan zum Ausdruck zu bringen und gleichzeitig auch die Außenminister in Washington, London und Moskau über diesen Schritt zu informieren". Dieser Antrag wurde am 28. Juni im Zirkulationswege zum Ministerratsbeschluss erhoben, eine öffentliche Mitteilung erfolgte am folgenden Tag.[79]

Zu diesem Zeitpunkt tagten noch Molotov, Bevin und Bidault in Paris zur Implementierung des Marshall-Planes; doch am 2. Juli verließ Molotov die Konferenz unter Protest. Der Rückzug der Sowjetunion schlug ein wie eine Bombe. Der Westen hatte nicht vorgehabt, groß angelegte Hilfe auf die UdSSR auszudehnen, und reagierte blitzschnell; schon am 4. Juli richteten die politischen Vertreter Frankreichs und Großbritanniens in Wien an Gruber die Einladung, Österreich möge an dem „Verwaltungsapparat", der zur Verwirklichung der Ziele von Marshalls Programm geschaffen werden solle, teilnehmen, und Vertreter zu einer bereits für den 12. Juli in Paris angesetzten Zusammenkunft entsenden. Dies war der Anlass für Grubers zweiten Ministerratsantrag, der Ministerrat möge

> a) mich ermächtigen, den Regierungen Frankreichs und des Vereinigten Königreiches die Annahme der Einladung Österreichs mitzuteilen, an der am 12. Juli in Paris angesetzten Tagung der europäischen Delegierten und an dem im Zusammenhang mit dem Europa-Plan Mr. Marshall[s] zu schaffenden europäischen Verwaltungsapparat teilzunehmen;
> b) zu diesem Zweck der Entsendung einer österreichischen Delegation nach Paris zustimmen und den Leiter der Delegation Gesandten Alois Vollgruber bevollmächtigen, namens der österreichischen Bundesregierung Erklärungen abzugeben.

Diesmal gab es eine Diskussion im Ministerrat. Gruber beantragte mündlich, eine wirtschaftliche Expertenkommission unter Leitung des ehemaligen Bundesministers Wilhelm Taucher nach Paris zu entsenden, und es gab Diskussionen um die

79 AdR, BMAA, II-Pol, Zl. 107.768-Pol/47: Das Konzept trägt die Paraphe Wildners vom 27. Juni sowie Grubers Unterschrift (undatiert). Die Abschrift des Ministerratsantrages ist jedoch maschinschriftlich mit dem Datum „24. Juni 1947" versehen. Dieses unrichtige Datum wurde auch in drei weiteren Aktenstücken übernommen, was die Vermutung einer Rückdatierung verstärkt: im Beschlussprotokoll Nr. 74 über die Sitzung des Ministerrates vom 1. Juli 1947, dem als Punkt 23 der Beschluss des Ministerrates „im Zirkulationswege" vom „24. [sic!] Juni 1947" hinzugefügt ist (AdR, MRProt Nr. 74, 1.7.1947), in einem Amtsvermerk des Außenamtes vom 4. Juli 1947, ebd., BMAA, II-Pol, Zl. 107.900-Pol/47, und im (zweiten) Ministerratsantrag vom 7. Juli für den Ministerrat vom 8. Juli, Zl. 135.548-WPol/47 (Beilage zu MRProt Nr. 75, 8. Juli 1947) (mit Tippfehler „24. Juli"!). – *WZ*, 29. Juni 1947, 1.

Beteiligung der verschiedenen Ressorts. Doch der einzige, der Grundsatzfragen ansprach, war der kommunistische Minister Altmann. In der weitaus längsten Wortmeldung dieses Ministerrates sprach er von dem „Mächteparallelogramm", von dem Österreich weitgehend bestimmt werden würde. Wenn nun, „wie es gegenwärtig der Fall ist, offensichtlich ein Gegensatz zwischen den Großmächten besteht, und zwar ein ziemlich krasser Gegensatz", müsste Österreich äußerst vorsichtig sein; seiner Teilnahme an den Besprechungen in Paris komme „inhaltlich der Charakter einer Information oder Beobachtung" zu. Es müsse „Vorsorge getroffen werden, daß keinesfalls die Gefahr entsteht, daß sich Österreich im Falle einer Blockbildung oder des bloßen Entstehens des Gedankens eines solchen auf eine Seite dieses Blockes [sic!] schlägt". Altmann wollte Spielraum für künftige Entscheidungen, doch waren seine Vorbehalte, ohne ausdrücklichen Einspruch, zu schwach. Allerdings veröffentlichte er die wichtigsten Argumente seiner Stellungnahme bereits am nächsten Tage in der kommunistischen *Volksstimme*.[80] In der Ministerratssitzung replizierten nur Schärf und Gruber kurz; Schärf meinte, die Textierung des Antrages sei ziemlich einfach und vorsichtig gehalten; er habe nichts hinzuzufügen und sei für den Antrag; Gruber meinte etwas beschwichtigend, die Österreicher wüssten heute natürlich nicht, vor welche Entscheidung sie in der Zukunft gestellt würden; aber die Entscheidung, „soweit sie von uns in der Einladung gefordert wird, muß von uns heute getroffen werden". Österreich könne nur positiv oder negativ antworten. Altmann meldete sich nicht mehr zu Wort; er wagte also keinen Einspruch. Figl resümierte sogleich nach Grubers Wortmeldung: „Es besteht also kein Widerspruch", und der Beschluss wurde antragsgemäß gefasst.[81]

Noch am gleichen Tage instruierte Gruber den Gesandten Vollgruber: „Gesamtverhalten: Nicht in den Vordergrund stellen, degagiertes Hervortreten vermeiden. ‚Auf sanften Pfoten gehen', sich bewußt sein, daß das ganze ohnedies für uns mit großem Risiko verbunden ist, aber sich bietende Chancen ergreifen."[82] Gruber sprach sich auch für eine der Tschechoslowakei tunlichst entgegenkommende Haltung aus; bei Anträgen, die auf den Eintritt bzw. die Heranziehung der UdSSR gerichtet sind, möglichste Unterstützung gewähren, ebenso bei Anträgen, die auf

80 Zit. bei Wilfried Mähr, *Marshallplan*, 86.

81 AdR, MRProt Nr. 75 v. 8. Juli 1947, mit Ministerratsantrag Grubers Zl. 135.548-WPol, sowie in Kopie Note des britischen Politischen Vertreters Mack an Gruber vom 4. Juli 1947.

82 Aus diesen Worten von Grubers Instruktion stammen die Titel zweier Arbeiten von Florian Weiss: *Auf sanften Pfoten gehen. Österreich und die Anfänge der westeuropäischen Integration 1947–1957*, unveröff. Magisterarbeit Universität München 1989, sowie ders., „‚Gesamtverhalten: Nicht sich in den Vordergrund stellen'. Die österreichische Bundesregierung und die westeuropäische Integration 1947–1957", in: Michael Gehler/Rolf Steininger, Hrsg., *Österreich und die Europäische Integration 1945–1953*, Wien – Köln – Weimar 1993, 21–54.

Zusammenarbeit mit dem Osten gerichtet sind.[83] Zwei Tage später, am 10. Juli, gab die Tschechoslowakei auf Anweisung Moskaus hin bekannt, sie werde, entgegen dem ursprünglich geäußerten Interesse, am Marshall-Programm nicht teilnehmen. Die Spaltung Europas schritt voran. Österreich wurde das einzige Land Europas, dessen sowjetisch besetzter Teil am Marshall-Plan teilnehmen konnte.[84]

Unter diesen Umständen ist es nicht verwunderlich, dass die Verhandlungen in der Wiener Vertragskommission schwierig waren. Während die sowjetische Delegation keine „Verbindung zwischen der Arbeit der Kommission [...] und einer rechtlich verbindlichen Bestimmung des Ausmaßes des Anteiles am Deutschen Eigentum" in Österreich akzeptierte, war die Festlegung dieses Ausmaßes aus Sicht des Westens genau die Aufgabe der Kommission. Die UdSSR interpretierte außerdem „Deutsches Eigentum" in einem viel weiteren Sinne als die Westmächte, die der Ansicht waren, dass unter Zwang durchgeführte Eigentumsübertragungen ausgenommen sein sollten.[85] Von sowjetischer Seite wurde die Klärung der Erdölfrage forciert, vermutlich aus mehreren Gründen. Die Sowjetunion war nach dem Zweiten Weltkrieg an der Ausbeutung des Zistersdorfer Erdöles sehr interessiert, zumal sie sich 1946 aus dem nördlichen Iran zurückziehen musste. Die Entdeckung des ergiebigsten österreichischen Gebietes – jenes von Matzen – stand allerdings noch bevor (1949). Im Hinblick auf die komplizierten und zahlreichen Besitzrechte, Beteiligungen bzw. Rückstellungs- oder Entschädigungsansprüche westlicher Erdölunternehmungen war in diesem Bereich eine Regelung mit den Westmächten unerlässlich geworden. Dazu kam, dass gerade Ansprüche westlicher Erdölgesellschaften sich gut für kommunisti-

83 Besprechung mit Vollgruber am 8. Juli 1947: AdR, BMAA, II-Pol, Zl. 108.194-Pol/47; vgl. auch eine vorhergehende Besprechung mit Vollgruber vom 7. Juli 1947, ebd., Zl. 107.934-Pol/47.

84 Bis zum 31. Dezember 1954, also dem letzten vollen Jahr vor Abschluss des Staatsvertrages wurden Betrieben in den Bereichen Industrie, Energie und Gewerbe in der Sowjetzone aus den Mitteln des ERP Gelder in der Höhe von fast 507 Millionen Schilling zugeteilt (ohne den sowjetischen Sektor in der Stadt Wien), das sind 7,2% der entsprechenden Mittel für ganz Österreich. Statistische Angaben bei: *Zehn Jahre ERP in Österreich,* Wien 1958, 87–89. Zu den besonderen Problemen, die die Einbeziehung Österreichs einschließlich seines sowjetisch besetzten Teiles in das ERP-Programm mit sich brachte, siehe *FRUS 1948,* Bd. 2: *Germany and Austria,* Washington 1973, bes. 1388f. (Bericht des Geschäftsträgers in Wien, Yost, vom 5. April 1948), ferner 1399f. (Bericht des Gesandten Erhardt vom 13. Mai 1948), wichtig 1403–1408 (Memorandum Erhardts vom 9. Juli 1948) sowie 1408f. (Unterstaatssekretär Lovett an den Administrator der ECA [Economic Cooperation Administration, Titel der amerikanischen Marshall-Plan-Organisation] Paul Hoffman vom 23. August 1948). Über die Anfänge und den organisatorischen Aufbau des Marshall-Plan-Programmes *Österreichisches ERP-Handbuch,* hrsg. im Auftrag des Bundeskanzleramtes, Wien 1950. Siehe auch Mähr, *Marshallplan,* Günter Bischof/Dieter Stiefel, Hrsg., *80 Dollar: 50 Jahre ERP-Fonds und Marshall-Plan in Österreich,* Wien 1999.

85 Ernst Aichinger, *The Role of the So-Called German Assets in the Negotiations of the Austrian Treaty Commission,* Diss. Univ. Wien 2017, 13, 18.

sche Propagandazwecke auswerten ließen.[86] Die anderen beiden von der Sowjetunion beschlagnahmten Bereiche, die unter der USIA-Organisation zusammengefassten Betriebe und die DDSG, schienen sich eher für bilaterale Regelungen anzubieten. Der amerikanische Chefdelegierte in der Vertragskommission, der Bankier Joseph M. Dodge aus Detroit, stellte seine Auffassung der Situation recht drastisch dar:

> The Soviets want an agreement on oil – period – and a bilateral agreement with Austria on everything else. All reports indicate that – intelligence and otherwise. Some of the Austrians think that is good. When I consider our experience here and elsewhere in quadripartite negotiation, I think the Austrians are extremely naive and unrealistic.[87]

Dieser letzte Vorwurf dürfte sich besonders auf Außenminister Gruber bezogen haben. Gruber hatte Mitte Mai 1947 im Gespräch mit einem amerikanischen Diplomaten ein taktisches Konzept ventiliert, das auf stärksten Widerstand der Amerikaner stieß. Von der Enttäuschung ausgehend, die der Moskauer Außenministerrat den Österreichern gebracht hatte, plädierte Gruber dafür, die USA möchten doch ihre Haltung zum Deutschen Eigentum soweit lockern, bis eine Zustimmung der Sowjetunion erreicht werde. Er kritisierte neuerlich die Haltung der amerikanischen Delegation in Moskau und stieß sich besonders an einer Erklärung von General Mark Clark Anfang Mai, dass die Besatzungstruppen so lange in Österreich verbleiben würden, bis die Sowjets die amerikanische Position akzeptiert hätten. Gruber regte an, die Vertragskommission solle sich nur mit den bedeutendsten Unternehmungen des Deutschen Eigentums befassen und die Gesamtsumme der sowjetischen Ansprüche feststellen. Alle anderen Fragen des Deutschen Eigentums sollten hingegen bilateral mit jeder der vier Besatzungsmächte – vor allem aber natürlich mit den Sowjets – geregelt werden. Diese vier Abkommen könnten als Annex dem Staatsvertrag angefügt werden. Gruber erwähnte, dass dieser Plan mit dem Bundesminister für Vermögenssicherung und Wirtschaftsplanung ausgearbeitet worden sei,

---

86 Vgl. die Berichterstattung der *Volksstimme* und der *Österreichischen Zeitung* über die Tätigkeit der Vertragskommission von Mai bis Oktober 1947.

87 Brief vom 28. Mai 1947 an den Assistant Secretary of State für besetzte Gebiete, Hilldring, *FRUS 1947*, Bd. 2, 586. Zur Arbeit der Vertragskommission sind informativ 16 umfangreiche Berichte des Generals Cherrière an Außenminister Bidault und weitere Materialien in: AAF Wien, dossier „Conférence de Vienne (1947), Correspondance du Général Cherièrre aux Affaires Etrangères à Paris". Siehe auch die Gesprächsprotokolle von elf Sitzungen des Österreichischen Expertenkomitees für die Vertragskommission in: AdR, BMAA, II-Pol, K. 55. Für eine detaillierte Analyse der Kommissionsverhandlungen betreffend das Deutsche Eigentum, basierend auf US-Quellen, siehe Aichinger, *The Role of the So-Called German Assets*.

aber noch nicht die Billigung der Bundesregierung erhalten habe. Gruber verfocht noch im August 1947 das Konzept bilateraler Verhandlungen: Als Motive führte er u.a. an, es sei für die Sowjets leichter, Österreich Konzessionen zu machen als den Amerikanern, Briten und Franzosen; die Österreicher verfügten über technische Detailkenntnisse und eine Flexibilität, die die Großmächte nicht besäßen; auch müsse er als Außenminister alle Mittel versuchen, um eine Regelung zu erreichen – die Kommunisten, besonders Ernst Fischer, behaupteten, wenn Gruber mit den Sowjets verhandle, könnte er einen Vertrag erreichen, verhandle er nicht, sei dies ein Zeichen dafür, dass er unter westlicher „Domination" stehe; auch sehe er Gefahren für die politische Einheit und Stabilität Österreichs. Die Reaktion der Amerikaner war negativ, und anscheinend auch die der Briten. Aber auch Bundespräsident Renner, der von den Amerikanern auf die Gefahren bilateralen Verhandelns mit den Sowjets angesprochen wurde, äußerte sich kritisch zu dieser Taktik.[88]

Der Bundespräsident hatte übrigens im Mai 1947 selbst eine Initiative zur Lösung des Problems unternommen. In einer wenig bekannten Artikelserie in der *Arbeiter-Zeitung* – unter einem Pseudonym – regte Renner an, das Deutsche Eigentum mit dem Erträgnis einer Staatsanleihe abzulösen. Mit dem Konzept der Ablöse – es war schon in einem Vorschlag der Bundesregierung von Dezember 1946 enthalten gewesen – verband Renner den Plan, Wünschen der vier Mächte, zumal der Sowjets, nach bestimmten Naturallieferungen entgegenzukommen; für die Dauer von etwa fünf Jahren könnte Österreich Strom nach Frankreich, Holz nach England, Erdöl in die Sowjetunion liefern. „Rußlands wirklich berechtigtes Interesse", so argumentierte Renner, richte sich auf das Produkt und nicht auf die Produktionsstätte, „auf einen Anteil an dem Naturalertrag und nicht auf den Naturalbesitz". Außerdem meinte Renner, das auf diese Weise abgelöste Deutsche Eigentum sollte definitiv verstaatlicht werden: „Der österreichische Staat darf die strittigen Güter an keine auswärtige Macht und keine fremde Firma veräußern oder verpachten, sie bleiben sein ewiges und unveräußerliches Eigentum."[89] Dies war ein Veräußerungs-

88 Gespräch Grubers mit Francis T. Williamson, Mitglied der amerikanischen Delegation zur Vertragskommission am 15. Mai 1947, Aufzeichnung Williamsons, *FRUS 1947*, Bd. 2, 580–582; ferner Bericht des Gesandten Erhardt vom 28. August 1947 über Gespräche Grubers mit Dodge, Ginsburg und Erhardt, ebd., 613f. Aufzeichnung über den Besuch der amerikanischen Delegation zur Vertragskommission bei Bundespräsident Renner am 3. Juni 1947, *FRUS 1947*, Bd. 2, 590. Sehr aufschlussreich der Brief des amerikanischen Delegationsmitgliedes David Ginsburg an einen hohen Beamten des State Department, Benjamin Cohen, vom 12. Juni 1947, wonach Renner, Schärf und Figl nicht die Vorstellungen Grubers und Kraulands teilten, ebd., bes. 594 und 596. Wichtig ebenfalls Aufzeichnungen über Vorsprache des Gesandten Kleinwächter im State Department über Auftrag Grubers am 19. August 1947 sowie Weisung des State Department an die Gesandtschaft in Wien, ebd., 611–613.

89 Renners Aufsätze erschienen als Leitartikel der *AZ* unter der Signatur S. G. „von einem Fachmann

verbot zur Beruhigung des Ostens wie des Westens. Acht Jahre später, 1955, sollte ein derartiges Veräußerungsverbot in den letzten Phasen der Staatsvertragsverhandlungen wieder eine Rolle spielen.

Doch 1947 brachten weder Renners noch Grubers Vorschläge zur Taktik einen Konsens der vier Mächte zum Deutschen Eigentum zustande. Allerdings kam es, wie im folgenden Kapitel zu zeigen sein wird, im Sommer und Herbst 1947 zu weiteren Gesprächen zwischen Österreich und Westalliierten, besonders den Amerikanern, die den Weg zu einer neuen Kompromissformel ebneten. Ein solcher Kompromissvorschlag wurde von General Paul Cherrière, der Frankreich in der Vertragskommission vertrat, in einer der letzten Sitzungen der Kommission vorgelegt. Der Cherrière-Plan, wie er bald genannt wurde, brachte Bewegung in die festgefahrenen Fronten und lieferte die Grundlagen für eine neue Verhandlungsphase, die zwei Jahre später mit der Einigung über den Komplex des Deutschen Eigentums ihren Abschluss finden sollte.

---

des Völkerrechts" mit folgenden Titeln: „Die Verhandlungen der Mächte – 1. Deutsches oder österreichisches Eigentum?" (17. Mai 1947, 1f); „Die Verhandlungen der Mächte – 2. Ein gangbarer Weg" (18. Mai 1947, 1f); „Zistersdorf und Tampico – Ein völkerrechtliches Präjudiz" (21. Mai 1947, 1f); die zitierte Stelle über Naturallieferungen im 2., der Vorschlag über das Veräußerungsverbot im 3. Aufsatz. Die Amerikaner hielten diese Aufsätze für von Renner inspiriert (vgl. *FRUS 1947*, Bd. 2, 594); Hinweis, dass sie von Renner selbst stammen, bei Schärf, *Erneuerung*, 205, sowie Observator (d.i. Bruno Kreisky), *Der lange Weg zu Österreichs Freiheit*, Wien 1956, 12. Ein weiterer Leitartikel der *AZ*, „Exterritorialität", vom 5. Juli 1947 scheint auch von Renner zu stammen; vgl. auch Brief von Renners Tochter Leopoldine Deutsch-Renner an Schärf vom 23. August 1953, die Übersendung von *AZ*-Artikeln Renners begleitend, in VGAB, Nachlass Schärf, 4/237. Eine Kommentierung von Renners Vorschlägen, offensichtlich jedoch nicht mehr aus seiner Feder, erschien im Leitartikel der *AZ*, 30. Mai 1947, 1f.

III. DER PREIS DER FREIHEIT, 1947–1950

1. Der „Cherrière-Plan“, Oktober 1947–Februar 1948

In einer Erklärung vor der Vertragskommission am 8. Oktober 1947 versuchte General Paul Cherrière, eine Lösung für die ins Stocken geratenen Verhandlungen über das vor allem von der Sowjetunion beanspruchte sogenannte Deutsche Eigentum in Österreich zu weisen. Zahlen, so lautete sein wichtigstes Argument, führen eher zu einer Einigung als Definitionen. Über konkrete Summen lässt sich eher verhandeln, sagte der französische Stellvertretende Hochkommissar und erinnerte daran, dass auch die Einigung über die Reparationsleistungen in den Friedensverträgen (mit Italien etc.) auf diese Weise zustande gekommen war. Außerdem meinte Cherrière, würde der Wiederaufbau der im Zweiten Weltkrieg erlittenen Schäden mit Hilfe von Reparationslieferungen eher gefördert werden als durch die Inbesitznahme von Deutschem Eigentum an Ort und Stelle. Aus beiden Überlegungen ergab sich also die Idee der Konversion von (umstrittenen) Besitztiteln in eine Ablöse, die aber nicht in Barzahlungen, sondern in Lieferungen aus laufender Produktion erfolgen sollte. Dabei handelte es sich um die Wiederkehr von Lösungsvorschlägen, die österreichischerseits schon zuvor in die Diskussion geworfen worden waren, wenngleich daraus nicht abgeleitet werden kann, dass diese beiden Vorschläge auf irgendeine Art in Beziehung zueinander standen.

Cherrière kannte das Interesse der Sowjetunion an bestimmten Werten und Rechten zu gut, vor allem auf dem Erdölsektor. Er schlug also vor, den Gesamtkomplex des Deutschen Eigentums in zwei Teile zu teilen. Der erste Teil würde aus jenen Werten bestehen, die an Ort und Stelle den vier Mächten zugesprochen würden; der zweite Teil würde aus jenen Ansprüchen bestehen, deren Gesamtwert (im Wege des Kompromisses) festzustellen und hierauf in Zahlungs- bzw. Lieferungsansprüche an Österreich umzuwandeln wäre.[1] Noch nannte Cherrière keine bestimmten Werte oder Zahlen. Erst bei Beginn der neuen Session des Außenministerrates, diesmal in London, ergänzte er am 27. November 1947 seine konkreten Vorschläge.

1 Cherrières Erklärung vom 8. Oktober 1947 in 19 Punkten, veröffentlicht in *FRUS 1947*, Bd. 2, 620–625.

Eigentumsübertragungen waren für zwei Komplexe vorgesehen: die Erdölvorkommen und -industrie in Ostösterreich und die Donau-Dampfschifffahrtsgesellschaft (DDSG). Für alle anderen Ansprüche sollte das Prinzip der Ablöse gelten.

Cherrières Vorschlägen waren Gespräche zwischen Westalliierten und Österreichern vorausgegangen. Insbesondere führten Unterredungen mit den amerikanischen Delegierten zur Vertragskommission, Joseph Dodge und dessen Stellvertreter David Ginsburg, zu einer „Abstimmung der einzuschlagenden Taktik", wie es in einer Aufzeichnung des Außenministers Gruber heißt. Aus taktischen Gründen wurden Cherrières Vorschläge von den Franzosen präsentiert. Einige Monate später bezeichnete der österreichische politische Vertreter in Washington, Ludwig Kleinwächter, David Ginsburg als den „eigentlichen Autor" des Cherrière-Planes und den Plan selber als das Ei des Kolumbus.[2] Im Verlauf des Sommers 1947 arbeitete der Mitarbeiterstab Cherrières intensiv an der geplanten Lösung – Aufteilung der Ansprüche zwischen Ablöse und tatsächlicher Übertragung des Deutschen Eigentums.[3] Zur ziffernmäßigen Bewertung des Deutschen Eigentums in Ostösterreich gab es auch Beratungen im Bundeskanzleramt. Am 9. Oktober 1947, einen Tag nach Vorlage des Grundkonzeptes, teilte Gruber Ginsburg mit, dass der amerikanische Vorschlag eines Angebotes auch österreichischerseits als brauchbarer Lösungsvorschlag erschiene, obwohl noch einige Details geklärt werden müssten. Der Vorschlag empfahl, der Sowjetunion zu übertragen:

1. 50% der Produktionskapazität an Erdöl; 50% der Schürfgebiete; 50% der Raffineriekapazität (alles in Ostösterreich);
2. „physical assets" der DDSG in Ostösterreich, Ungarn, Rumänien, Bulgarien und Jugoslawien;
3. fünf bis zehn der wichtigeren Industrieunternehmungen, in welchen es einen überwiegenden deutschen Besitzanteil gebe.

---

2 Bericht vom 4. Mai 1948. AdR, BMAA, II-Pol, Zl. 113.381-Pol/48. Vgl. Michael Cullis, „Austria 1945–1950. The Desk-level View of a British Diplomat", in: Emil Brix/Thomas Fröschl/Josef Leidenfrost, Hrsg., *Geschichte zwischen Freiheit und Ordnung. Gerald Stourzh zum 60. Geburtstag*, Graz 1991, 211–228, hier 221.

3 AAF, Faszikel „Conférence de Vienne" (1947): „Correspondance du Général Cherrièrre aux Affaires Étrangères à Paris": darin insbesondere 16 Berichte Cherrières von 12. Mai bis 15. Oktober 1947 an Außenminister Bidault über den Fortgang der Vertragskommission in Wien sowie eine neunseitige Studie mit Datum 29. August 1947 „Note sur les solutions possibles de la question des biens allemands", in der ganz klar als günstigste Lösung eine Kombination von Übertragung bestimmter Einrichtungen an die Sowjetunion einerseits und Ablöseleistungen Österreichs andererseits genannt wird. Die „Note" enthält auch einen Hinweis, dass die sozialistische Presse in Österreich eine Ablöselösung empfohlen habe – ein Hinweis auf die zu Ende des vorigen Kapitels erwähnten, de facto aus Renners Feder stammenden Artikel der *AZ*.

Alle übertragenen Unternehmungen müssten österreichischem Recht unterstehen, nur mit Ausnahme eines möglichen Verstaatlichungsverbotes für einen Zeitraum von 18 Monaten oder eventuell länger. Die Ablöse aller übrigen sowjetischen Ansprüche sollte durch eine Summe von 100 Millionen Dollar in einem Zeitraum von acht bis zehn Jahren erfolgen.[4]

Diese Vorschläge sind jenen Cherrières sechs Wochen später recht ähnlich, allerdings schlossen die Franzosen die Übertragung von Industrieunternehmungen außerhalb des Erdölsektors von vornherein aus, auch reduzierten sie das Angebot bei den Ölschürfgebieten. Die Vorschläge waren eindeutig als Minimalangebot gedacht, dem in der Tat bald Maximalforderungen der Sowjets gegenüberstehen sollten.[5]

Die Londoner Session des Außenministerrates von Ende November bis Mitte Dezember 1947 war von der Deutschen Frage beherrscht; schlussendlich zeigte sie das endgültige Scheitern der Möglichkeit an, eine einheitliche Deutschland-Politik der vier Siegermächte zu konzipieren. Eine Historikerin beschrieb sie als „nervöse Angelegenheit, wie das Ende des Vier-Mächte-Systems in Deutschland besiegelt werden solle, ohne ein neues Datum für ein weiteres unergiebiges Treffen anzusetzen und ohne die Verantwortlichkeit für das Scheitern aufgebürdet zu bekommen“.[6] Dies traf auch auf die sowjetische Seite zu. Die Direktiven des Politbüros hatten der sowjetischen Delegation den Auftrag erteilt, die Konferenz hauptsächlich dazu zu nutzen, die „Nachkriegspolitik der Westmächte zu entlarven“.[7] Bezüglich Deutschlands wurden Vorschläge für die Bildung einer gesamtdeutschen Regierung und die Vorbereitung eines Friedensvertrages ausgearbeitet, aber auch

4 Hierzu: undatierte, jedoch vor dem 9. Oktober 1947 verfasste, streng vertrauliche Aufzeichnung Grubers, offensichtlich zum Zweck der Informierung anderer Mitglieder der Bundesregierung (Durchschlag erliegt in: VGAB, Nachlass Schärf, 4/237); Schreiben Grubers an David Ginsburg (mit englischer Anrede, doch in deutscher Sprache abgefasst), Ausfertigung von Grubers Schreiben in: NA, RG 43, Box 169, in englischer Übersetzung ist das Schreiben publiziert in: *FRUS 1947*, Bd. 2, 625f. Bemerkenswert ist, dass Grubers Aufzeichnungen zufolge die drei westlichen Alliierten übereinstimmend der Meinung waren, dass durch die Übergabe des gesamten physischen Besitzes der DDSG im östlichen Österreich und Ungarn „mit Rücksicht darauf, daß der Restteil der DDSG immerhin dem Stromverkehr mit dem Osten dient, irgendwelche Beeinträchtigungen der österr. Interessen nicht gegeben seien“. Gruber erinnerte allerdings daran, dass ein bedeutender Teil des Fahrparks der DDSG sich außerhalb der östlichen Zone (nämlich in der amerikanischen) befand.

5 Ergänzende Erklärung Cherrières vom 27. November 1947, *FRUS 1947*, Bd.2, 799f.

6 Martina Kessel, „The Art of Failure: British and French Policies towards Germany and the Council of Foreign Ministers, 1947“, in: Antonio Varsori/Elena Calandri, Hrsg., *The Failure of Peace in Europe, 1943–48*, Basingstoke 2002, 260. Vgl. Anne Deighton, *The Impossible Peace: Britain, the Division of Germany, and the Origins of the Cold War*, Oxford 1993, Kapitel 8.

7 Politbüro Protokoll 66, P. 6 OP, 21. November 1947, in: RGASPI, f. 17, op. 162, d. 39, l. 3.

sowjetische Forderungen nach der Liquidierung der Bizone und der Schaffung einer Vier-Mächte-Kontrolle über die Ruhr – Vorschläge und Forderungen, die aufgrund der Strategien beider Seiten völlig außerhalb des Erreichbaren waren.[8] Im Schatten des deutschen Fiaskos hinterließ Molotov auf Befragen Ernest Bevins am Ende der Ratstagung den Eindruck, dass die Russen nun bereit waren, auf der Basis des Cherrière-Planes zu verhandeln.[9] Damit schienen sich, wie der von der Londoner Ratstagung nach Moskau zurückgekehrte US-Botschafter in der Sowjetunion, Walter Bedell Smith, seinem österreichischen Kollegen Norbert Bischoff sagte, günstigere Perspektiven für den Österreich-Vertrag zu ergeben; der österreichische Vertrag sei nun verhandlungstechnisch vom deutschen Vertrag losgelöst.[10]

Die Antwort der sowjetischen Delegation war von den Originaldirektiven abgewichen, hatten diese doch Molotov ausdrücklich angewiesen, „diesen Vorschlag [den Cherrière-Plan, W.M.] zurückzuweisen, da dieser den Potsdamer Beschlüssen widerspricht und auf eine Verletzung der gesetzlichen Rechte und Interessen der Sowjetunion abzielt".[11] Obwohl es unwahrscheinlich ist, dass die sowjetische Regierung ihre Meinung in Bezug auf die – in Wahrheit fragwürdigen – „gesetzlichen Rechte" änderte, spielten wirtschaftliche Interessen eine wichtige Rolle bei dieser Kehrtwende. Wie Molotov später Stalin erklärte, war Cherrières Angebot vom 27. November für die UdSSR günstig erschienen.[12] Es wurden daher neue Weisungen ausgegeben, denen zufolge 2/3 der österreichischen Ölproduktion anstelle der von den Franzosen angebotenen 50%, 2/3 anstelle von 1/3 der Erkundungsfelder sowie 150–200 Millionen Dollar anstelle von 100 für die verbliebenen Ansprüche gefordert werden sollten. Ein weiterer Grund, warum die Sowjetunion an der Bereinigung dieser Angelegenheit interessiert war, kann in der Tatsache gesehen werden, dass alle 32 deutschen Ölkonzessionen in Österreich (die die UdSSR konfisziert hatte) bis zum Ende des Jahres 1949 ausgelaufen wären und die Sowjetunion nach diesem Datum keinen Rechtsanspruch auf die Ausbeutung der österreichischen Ölquellen mehr gehabt hätte.

Der sowjetische Gegenvorschlag zu Cherrières Londoner Angebot erfolgte am 24. Jänner 1948: Trotz beträchtlich höherer Zahlen war eindeutig zu erkennen, dass

8 Matthias Uhl, *Die Teilung Deutschlands: Niederlage, Ost-West-Spaltung und Wiederaufbau 1945–1949*, Berlin 2009, 140f.

9 Bericht über die für die Amerikaner überraschende Initiative Bevins und Molotovs Reaktion sowie über die Sitzung der Sonderbeauftragten am 17. Dezember 1947 in zwei amerikanischen Memoranden, *FRUS 1947*, Bd. 2, 805–810, sowie die Erinnerungen von Cullis, *Austria*, 222.

10 Bericht Bischoffs vom 30. Dezember 1947. AdR, BMAA, II-Pol, Zl. 110.489-Pol/48.

11 KPdSU, Politbüro Protokoll 66, P. 6 OP, 21. November 1947, in: RGASPI, f. 17, op. 162, d. 39, l. 5.

12 Molotov an Stalin, 20. Jänner 1948, in: RGASPI, f. 17, op. 166, d. 793, ll. 97–100. Vgl. Vatlin u.a., Hrsg., *SSSR i Avstrija*, Nr. 33.

die Sowjetunion zum Verhandeln bereit war.[13] In ihrem 8-Punkte-Dokument waren zwei von besonderer Bedeutung: In Punkt 7 verlangte sie – wie bereits im Frühjahr 1947 – ein unbefristetes Verstaatlichungsverbot (außer mit ihrer Zustimmung) für das ihnen übertragene Deutsche Eigentum; sie erklärten ihre Zustimmung, das ihnen verbleibende Eigentum der österreichischen Gesetzgebung zu unterstellen, jedoch unter Vorbehalt der freien Ausfuhr des Profites oder anderer Einkommen entweder in der Form von Produktion oder von frei konvertierbarer Währung; dies bedeutete, dass die österreichische Außenhandelsgesetzgebung und Devisenkontrolle gewissen Einschränkungen unterliegen würden. Zweitens beharrte die Sowjetunion auf ihrem uns bereits bekannten Wunsch, allfällige Streitigkeiten mit Österreich im Bereich des Deutschen Eigentums auf dem Wege bilateraler Verhandlungen zu regeln.[14]

Schon drei Tage später fand unter Vorsitz Außenminister Grubers im Wiener Bundeskanzleramt zu den neuen sowjetischen Vorschlägen eine Aussprache statt.[15] Zwei Reaktionen dominierten die Diskussion: einerseits die Genugtuung, dass, wie der sozialistische Abgeordnete Karl Waldbrunner sagte, erstmals Verhandlungsbereitschaft aufgezeigt werde und dass es die Bereitschaft gab, die USIA-Betriebe aufzugeben, wie Gruber hervorhob; man sehe, so der ÖVP-Abgeordnete Lois Weinberger, „daß es einen Preis für unsere Freiheit gebe“. Andererseits herrschte Konsens darüber, dass die sowjetischen Forderungen sehr hoch bzw. überhöht waren. Die auf die Bevölkerung Österreichs zukommenden Belastungen wurden angesprochen. Gruber sagte, entscheidend sei die zu überprüfende Frage, „ob Österreich lebensfähig sein werde“. Vizekanzler Schärf bemerkte, „daß wir mit allen bereits durchgeführten Entnahmen mit einer Reparationssumme von 8 Milliarden Schilling rechnen müßten“. Die Lasten würden erst jetzt für die Bevölkerung wirksam werden, es werde ein Appell an die stärksten Kräfte erforderlich sein. Ein nüchternes und ernüchterndes Fazit: Schärfs Hinweis ging wortlos über die offiziellen Kategorisierungen hinweg – der Potsdamer Beschluss, dass Österreich keine Reparationen zu zahlen hätte, werde wettgemacht durch die Entnahmen unter dem Titel der Kriegsbeute ebenso wie des Deutschen Eigentums. Er nannte das Kind beim Namen: „Reparationen“ aus Österreich.

13 Die sowjetischen Ansprüche beliefen sich auf zwei Drittel der Ölproduktion und der Erkundungsgebiete, Konzessionen für 50 Jahre, Ölraffinerien, alles Eigentum der DDSG in Osteuropa sowie 25% des DDSG-Eigentums in Österreich, und 200 Millionen Dollar für das verbliebene Deutsche Eigentum in der sowjetischen Zone Österreichs. KPdSU, Politbüro Protokoll 61, P. 88 OP, 23. Jänner 1948, in: RGASPI, f. 17, op. 162, d. 39, ll. 10, 21–23.

14 Text des sowjetischen Vorschlages (der sogleich veröffentlicht wurde) u.a. in *FRUS 1948*, Bd. 2, 1448f, sowie *AdG*, 1948/49, 1346.

15 Zum Folgenden AdR, BMAA, II-Pol, Zl. 110.686-Pol/48 v. 29. Jänner 1948 (Mitschrift der Besprechung vom 27. Jänner 1948).

Die Beratungen vom 27. Jänner 1948 zeigen, dass ein Bericht des amerikanischen Gesandten Erhardt, die erste österreichische Reaktion auf die sowjetischen Vorschläge sei „almost jubilation", die Genugtuung über die sowjetische Verhandlungsbereitschaft etwas einseitig wiedergibt.[16] Gruber strich hervor, es sei das Verhandlungsziel, die Forderungen auf ein Minimum herunterzudrücken. Vor allem die Aufbringung der geforderten Ablösezahlungen in kurzer Zahlungsfrist und in frei konvertierbarer Währung bereitete Sorgen. Dies sollte in der kommenden Zeit auch ein bevorzugtes Thema österreichisch-westlicher, vor allem österreichisch-amerikanischer Gespräche und Korrespondenzen werden.[17]

Die Hoffnung, die USA würden die für die Ablöse erforderlichen Geldmittel zur Verfügung stellen, um gewissermaßen die Sowjetunion aus Österreich „auszukaufen", war verbreitet, stieß allerdings im State Department auf stärksten Widerstand.[18] Grubers Plädoyer für den Einsatz amerikanischer Mittel war allerdings nicht undifferenziert; dem amerikanischen Argument, anstatt Barzahlungen in Dollar eine Ablöse in Warenlieferungen anzubieten, hielt Gruber entgegen, dass Warenlieferungsverpflichtungen gegenüber Russland eine stärkere Verflechtung mit der sowjetischen Wirtschaft zur Folge hätten und der bisherigen Politik der Vereinigten Staaten, Österreich von sowjetischem Einfluss möglichst unabhängig zu machen, widersprächen. Auch wies Gruber durchaus auf mögliche Leistungen oder Beiträge Österreichs hin.[19] Noch war zu diesem Zeitpunkt nicht abzusehen, dass Österreichs Präferenz sich schließlich in Richtung der Ablösezahlungen durch Warenlieferungen entwickeln sollte und dass die im Februar 1954 (!) von der Sowjetunion angebotene Ablöse in Warenlieferungen als Konzession gewertet werden würde.[20]

Unter den Auspizien des sowjetischen Gegenangebotes zum Cherrière-Plan setzte am 20. Februar 1948 eine neue Verhandlungsrunde der Sonderbeauftragten in London ein, die bis zum 6. Mai dauern würde. Österreicher wie Westalliierte hegten optimistische Erwartungen. Das britische Foreign Office „war erfreut" über die

16 Bericht vom 26. Jänner 1948, zit. bei Bischof, *Responsibility*, 674f, aus *FRUS 1948*, Bd. 2, 1449.

17 Auf Grubers knapp nach Bekanntwerden der sowjetischen Vorschläge zu dem französischen für Österreich zuständigen Staatssekretär Pierre Schneiter gemachte Äußerung, Österreich würde bezüglich der von den Sowjets verlangten Ablösesumme von 200 Millionen Dollar binnen zwei Jahren „auf Hilfe von außen" angewiesen sein, antwortete Schneiter: „Jawohl, aber von weiter westlich als Frankreich." Gespräch in Wien am 28. Jänner 1949, Niederschrift in: AdR, BMAA, II-Pol, Zl. 110.685-Pol/48.

18 Hierzu ausführlich Bischof, *Responsibility*, 675–679.

19 AdR, BMAA, II-pol, Zl. 112.419-Pol/48, Schreiben Grubers an Staatssekretär Marshall vom 8. April 1948 (Entwurf). Zur höchst reservierten amerikanischen Reaktion auf die österreichischen Wünsche vgl. auch Bericht Kleinwächters aus Washington v. 23. April 1948, ebd., Zl. 113.176-Pol/48.

20 Dies sollte im Interesse der möglichst reibungslosen Weiterführung der USIA-Betriebe nach Ende der sowjetischen Ära liegen.

Tatsache, dass die Sowjetunion Vorschläge aufgrund des Cherrière-Planes machte, auch wenn die dabei zunächst genannten Zahlen etwa doppelt so hoch waren wie die der Franzosen.[21] Schon in den ersten Wochen kam es zu einer gewissen Annäherung der Positionen, und am 31. März machte die Sowjetunion das von den Amerikanern als „größere Konzession" bezeichnete Angebot, die Ablösesumme mit 150 Millionen Dollar, zahlbar in sechs Jahren, festzusetzen. Am 5. April überraschte sie die Westmächte mit weitgehenden Konzessionen auf den Sektoren Erdöl und DDSG, so dass der verblüffte amerikanische Chefdelegierte Samuel Reber nach Washington berichtete: „Today we were hit by a flying saucer".[22]

In der Zwischenzeit war die ursprüngliche Freude über die sowjetische Konzessionsbereitschaft in konsternierte Unruhe umgeschlagen, die Reber in die dringende Frage an Außenminister Marshall kleidete: „Die 64-Dollar-Frage [d.h. Preisfrage, G.S.] bleibt unbeantwortet, nämlich wollen Sie einen Vertrag unter den gegenwärtigen Verhältnissen in Europa?"[23] Die Antwort sollte ein deutliches, wenngleich nicht für die Öffentlichkeit bestimmtes „Nein" sein. Was die Gründe für diesen Wandel betrifft, so lag die Betonung in Rebers Frage auf den „gegenwärtigen Verhältnissen" in Österreichs Nachbarschaft, die sich im Februar 1948 dramatisch geändert hatten.

2. Die kommunistische Machtübernahme in der Tschechoslowakei, der Zusammenbruch der Vertragsverhandlungen und Pläne für Österreichs Teilung, Februar–Mai 1948

Am 17. Februar 1948 vormittags fand die 100. Sitzung der Regierung Figl statt. Aus diesem Anlass feierte das Kabinett um 19 Uhr abends – mit Damen – in Form eines „heiteren" Ministerrates, d.h. das Fest ging in den festgelegten Ritualen einer Ministerratssitzung vor sich, mit einer Tagesordnung einschließlich Berichten und Anträgen der Regierungsmitglieder. In einem von vier fremden Militärmächten besetzten Land wurde die österreichische Begabung zur Selbstironie zum Vorteil gebraucht. Die unterhaltsame „Tagesordnung" beinhaltete:

21 Memorandum eines Gespräches mit dem britischen Botschaftssekretär Barnes im State Department, 29. Jänner 1948, *FRUS 1948,* Bd. 2, 1454. In einem zwischen Gruber und dem sowjetischen politischen Vertreter in Österreich Evgenij D. Kiselëv in London am 22. März 1948 geführten Gespräch über die sowjetischen Vorschläge wies Gruber die zunächst von den Sowjets geforderte Ablösezahlung in frei konvertierbarer Währung innerhalb von zwei Jahren als inakzeptabel für Österreich zurück. Österr. Mitschrift des in englischer Sprache geführten Gespräches in AdR, BMAA, II-Pol, Zl. 113.380-Pol/48.

22 Bericht über Angebot vom 31. März in *FRUS 1948,* Bd. 2, 1482; Rebers Bericht vom 5. April ebd., 1488.

23 Ebd., 1490.

Antrag des Bundeskanzlers „auf Dank und Anerkennung der Bundesregierung an die anwesenden Gattinnen der Bundesminister und Staatssekretäre für die Sicherung der Erhaltung ihrer Gatten für den Wiederaufbau".

Antrag des Innenministers (Oskar Helmer) „auf Einführung des Visumzwanges in den Zonen von Wien und der Freihandelszone ‚Resselpark'" [bekannter Schleichhandelsbereich neben dem Karlsplatz in Wien, G.S.].

Innenminister Helmer stellte auch den Antrag „auf Erhebung von Innsbruck zur Bundeshauptstadt Westösterreichs und Ernennung Dr. Gampers' zum westlichen Bundespräsidenten". Der Antrag – ein Zuckerl für damalige „Insider" der österreichischen Politik – bezog sich auf den Landeshauptmannstellvertreter Dr. Hans Gamper (ÖVP), wohl die stärkste politische Persönlichkeit in Tirol in jenen Jahren, und erinnert – ohne dass an eigentlichen Separatismus zu denken wäre – an die die Bundesregierung in jenen Jahren immer wieder beschäftigenden, die Verhältnisse im östlichen Österreich unzureichend berücksichtigenden Eigenbröteleien in westlichen Bundesländern.[24]

Erklärt wurde auch: „Der Alliierte Rat hat dem Ansuchen der Bundesregierung, das Lied von Zarah Leander ‚Gebundene Hände' als Lied der Bundesregierung zu erklären, stattgegeben."

Die „Tagesordnung" enthielt auch einen Antrag des Bundesministeriums für Vermögenssicherung und Wirtschaftsplanung „auf Errichtung von 20 Sektionen und Herabsetzung der Altersgrenze für weibliche Sektionsleiter". Dies war ein für alle Teilnehmer erkennbarer Hinweis auf Margarete Ottillinger, eine – damals höchst selten – Spitzenbeamtin des Ministeriums. Dem rückblickenden Historiker vergeht das Schmunzeln über den humoristischen „Ministerratsantrag", bedenkt er, dass noch vor Ablauf des Jahres, am 5. November, Ottillinger von sowjetischen Organen verhaftet werden würde. Erst sieben Jahre später, 1955, kehrte sie aus sowjetischer Lagerhaft nach Österreich zurück.

Vier Tage nach dem Jubiläumsministerrat in Wien wurde in Prag jene Regierungskrise fabriziert, welche die vollständige kommunistische Machtergreifung in der Tschechoslowakei einleitete; dieses Ziel wurde schon am 25. Februar 1948 mit

24 Ein Augenzeugenbericht zu diesem „Pseudo-Ministerrat, den Figl mit gravitätischer Würde leitete", in Heinrich Wildners Aufzeichnungen (17. Februar 1948), ÖStA, GD, NLS, E/1791/18. – Ein Jahr zuvor hatte der Bundeskanzler in einem dramatischen Appell im Ministerrat, aus Anlass der Einberufung einer Landeshauptmännerkonferenz, gesagt: „Ich habe die Landeshauptleute des weiteren darauf hingewiesen, daß wir *ein* Staat sind, daß auch die Länder zugrunde gehen müßten, wenn der Staat zugrunde ginge, und daß Wien nicht nur die Bundeshauptstadt Österreichs, sondern auch sein Zentrum ist." AdR, MRProt Nr. 52, 14. Jänner 1947 (Hervorhebung im Original). Veröffentlicht in: *Protokolle des Ministerrates der Zweiten Republik: Kabinett Leopold Figl I*, Bd. 4, Wien 2006, 271.

der Bildung der neuen, kommunistisch dominierten Regierung unter Klement Gottwald erreicht. Die Machtübernahme in der Tschechoslowakei erfolgte, ohne dass die Sowjetarmee in der Tschechoslowakei stationiert gewesen wäre, wenngleich nicht ohne die Anwesenheit, Beratung und Unterstützung von hochrangigen sowjetischen Diplomaten, Offizieren und mehr als 400 Agenten der sowjetischen Geheimpolizei.[25] Die Mobilisierung der tschechischen Kommunisten hatte ausgereicht, um die nichtkommunistischen Parteien unter Druck zu setzen und vor allem die Sozialdemokraten, deren Widerstand gegen die Kommunisten in den vorhergehenden Monaten gewachsen war, auszuschalten. Der Umsturz in der Tschechoslowakei wurde vor der Weltöffentlichkeit durch den tödlichen Fenstersturz des Außenministers Jan Masaryk am 10. März dramatisiert – war doch Masaryk, der Sohn des Gründers und ersten Präsidenten der Tschechoslowakei, Träger des Versuches gewesen, eine Brücke zwischen Ost und West zu bilden. Das Echo auf die kommunistische Machtübernahme in Prag war im Westen umso größer, als sich gerade die Tschechoslowakei mehr als irgendein anderer Staat Mittel- und Osteuropas großer Sympathien als Demokratie westlichen Typs erfreut hatte.

Die Auswirkungen dieses Coups wurden im Westen einerseits durch die Angst vor einem kommunistischen Wahlsieg und einem bewaffneten Aufstand in Italien[26] verstärkt, andererseits auch durch den wachsenden Druck in Finnland, wo Kommunisten und Sowjetunion auf den Abschluss eines Freundschafts- und Beistandspaktes analog ähnlichen Verträgen, die mit den „Volksdemokratien" abgeschlossen worden waren, drängten.[27] Zwischen den westlichen Staaten wurden Verhandlungen über ein Bündnis zur Verteidigung des Westens im Falle eines sowjetischen Angriffes vorangetrieben. Der Mitte März unterzeichnete Brüsseler Pakt sah eine Verteidigungsgemeinschaft zwischen dem Vereinigten Königreich, Frankreich, den Niederlanden, Belgien und Luxemburg vor.[28]

---

25 Donal O'Sullivan, *Stalin's Cordon Sanitaire: Die sowjetische Osteuropapolitik und die Reaktionen des Westens 1939–1949,* Paderborn 2003, 350. Siehe auch François Fejtö, *Die Geschichte der Volksdemokratien,* 2 Bände, Graz 1972, Bd. 1: *Die Ära Stalin*, 220–233; Karel Kaplan, *Der kurze Marsch: Kommunistische Machtübernahme in der Tschechoslowakei 1945–1948*, München 1981, 225–242; und V. V. Mar'ina, „Čechoslovackij fevral' 1948go načinalsja v 1945 godu", in: dies., Hrsg., *Totalitarizm: Istoričeskij opyt Vostočnoj Evropy,* Moskau 2002, 88–112.

26 Elena Aga Rossi/Victor Zaslavsky, *Stalin and Togliatti: Italy and the Origins of the Cold War,* Washington 2011, 243–273; Silvio Pons, „A Challenge Let Drop: Soviet Foreign Policy, the Cominform and the Italian Communist Party, 1947–8", in: Francesca Gori/Silvio Pons, Hrsg., *The Soviet Union and Europe in the Cold War,* Basingstoke 1996, 246–263.

27 Rinna Kullaa, *Non-Alignment and its Origins in Cold War Europe: Yugoslavia, Finland and the Soviet Challenge*, London 2012, 53–70. Zur sowjetischen Politik in Finnland siehe Ruth Büttner, *Sowjetisierung oder Selbständigkeit?: die sowjetische Finnlandpolitik 1943–1948*, Hamburg 2001.

28 Zu den internationalen Auswirkungen siehe Antonio Varsori, *Il Patto di Bruxelles: Tra integrazione*

Die Wucht des Schockes, den die kommunistische Machtübernahme in der Tschechoslowakei im Westen auslöste, wurde von dem eilends aus London nach Wien zurückgekehrten Außenminister Gruber in einem Bericht vor dem Hauptausschuss des Nationalrates am 5. März 1948 dargestellt: „Die spätere Geschichte wird wahrscheinlich erweisen, daß nichts mehr zur Vereinigung der Weststaaten geführt hat als die Auslösung dieser Krise im Frühjahr des Jahres 1948. Zum erstenmal seit dem Zusammenbruch Hitler-Deutschlands wurde in den Staaten des Westens das Signal ‚Gefahr' hochgezogen."[29] In den Protokollen des österreichischen Ministerrates spiegeln sich die Sorgen der Bundesregierung in den Tagen und Wochen nach der kommunistischen Machtergreifung in Prag wider. Das Gefühl der drohenden Isolierung spricht aus den Worten des Bundeskanzlers Figl, der schon am 24. Februar 1948 sagte, dass „wir keinen Nachbarn mehr" hätten – d.h. keinen freien und verlässlichen Nachbarn; auf Italien „können wir keine Hoffnung setzen, da die Lage dort selbst ungeklärt" sei – ein Hinweis auf die extreme Unsicherheit, ob bei den für die zweite April-Hälfte 1948 angesetzten Parlamentswahlen die kommunistischen oder antikommunistischen Kräfte überwiegen würden. Aus der Schweiz sei gleichfalls keine Hilfe zu erwarten, da „die Bevölkerung dort sehr nervös" sei, und zwar „bedeutend mehr als wir in der Ostzone".[30] Eine Woche später äußerte sich Vizekanzler Schärf über die Notwendigkeit, „verfassungsmäßige Vorsorge für den Fall von Überraschungen" zu treffen.[31]

Besonders stark war die Angst vor einem kommunistischen Putsch mit sowjetischer Unterstützung seit 1946, als die österreichische kommunistische Partei eine Strategie extremer Opposition gestartet hatte. Im Mai 1947 hatten kommunistische Demonstranten das Bundeskanzleramt am Wiener Ballhausplatz gestürmt, und Ende November hatte die Partei die Koalitionsregierung aus Protest gegen die Währungsreform verlassen, womit sie den Kurs verfolgte, der den europäischen kommunistischen Parteien einige Wochen zuvor mit dem Ziel, politische Krisen auszulösen, auf dem Kominform-Kongress diktiert worden war.[32] Wie die Anführer der KPÖ Stalin in einem Brief erklärten, wäre das Verlassen der Regierung einerseits ein natürlicher Schritt, da die Kommunisten jeden realen Einfluss auf die Minister-

---

europea e alleanza atlantica, Rom 1988; Peter Svik, „The Czechoslovak Factor in Western Alliance Building, 1945–1948", in: *Journal of Cold War Studies* 18:1, 2016, 133–160.

29 Text von Grubers Bericht vor dem Hauptausschuss in: *WZ,* 6. März 1948, 1.

30 AdR, MRProt Nr. 101, 24. Februar 1948. Veröffentlicht in: *Protokolle des Ministerrates der Zweiten Republik der Republik Österreich: Kabinett Leopold Figl I,* Bd. 9, Wien 2016, 170f.

31 AdR, MRProt Nr. 102, 2. März 1948. Vgl. *Protokolle des Ministerrates: Kabinett Leopold Figl I,* Bd. 9, 216.

32 Mueller, *Die sowjetische Besatzung in Österreich,* 190f.

ratsbeschlüsse verloren hatten, andererseits würde es ihnen die Möglichkeit geben, ihre Opposition öffentlich zu machen.[33] Der Austritt der KPÖ, das Auftreten von – authentischer oder gefälschter – Information über kommunistische Putschpläne, und „stille Post" aus dem Ausland spornten die Gerüchte über einen bevorstehenden Staatsstreich weiter an.[34] Im November 1947 berichtete Heinrich Wildner, ein französischer „Marxist" habe vom tschechischen Kommunisten Rudolf Slánsky gehört, dass „ein hoher sowjetischer Vertreter" erwähnt habe, dass Österreich bis zum Ende des Jahres 1948 „vollständig unter russischen Einfluss" geraten würde.[35]

Am 4. März 1948 kam es zu einem außerordentlichen Ministerrat, mit einer sehr ausführlichen Debatte über die Folgen der kommunistischen Machtübernahme in der Tschechoslowakei für Österreich.[36] Vorherrschend in der sehr ernsten Diskussion war die Überlegung, dass nur bei einem Zusammenstehen der beiden Großparteien die möglichen Bedrohungen wie immer gearteter kommunistischer Subversions- oder Machtergreifungsversuche gemeistert werden könnten. Innenminister Helmer meinte, die Versuche der Kommunisten, Unruhen herbeizuführen, könnten durch die Sicherheitsexekutive abgewehrt werden, doch nannte er zwei Voraussetzungen: „wenn wir die entsprechenden Waffen bekommen" und „wenn die beiden großen Parteien sich verständigen". Sehr deutlich wurde in der Debatte, dass die Bewaffnung der Exekutive völlig ungenügend sei und von den Westmächten Waffen und Fahrzeuge zu verlangen wären. Zur Illustration meinte Staatssekretär Ferdinand Graf, die Wache, die gerade im Bundeskanzleramt Dienst versehe, müsse bei der Ablösung ihre Waffen ihren Nachfolgern übergeben. Helmer berichtete, im

33 Koplenig und Fürnberg an Filippov, 23. Dezember 1947, in: Vatlin u.a., Hrsg., *SSSR i Avstrija*, Nr. 32.

34 Günter Bischof, „Prag liegt westlich von Wien. Internationale Krisen im Jahre 1948 und ihr Einfluß auf Österreich", in: Bischof/Leidenfrost, Hrsg., *Bevormundete Nation*, 315–345, bes. 336f über einen, im Militärarchiv von Vincennes aufgefundenen, angeblich von der KPÖ Wien verfassten 40seitigen „Aktionsplan" vom 15. November 1948 für eine kommunistische Machtübernahme in Österreich. Für zwei Informantenberichte über „Umsturzvorbereitungen der KPÖ" vom 30. August und 8. September 1947 im Nachlass Anton Benya an der Dr.-Wilfried-Haslauer-Bibliothek Salzburg siehe Liselotte Douschan, *Anton Benya: Österreichischer Gewerkschafts- und Nationalratspräsident*, Wien 2011, 86f; ein Bericht der US-Abwehr vom 8. Oktober 1947 ist publiziert in Siegfried Beer, „‚Planned Communist Insurrection in Austria': A CIC Document on Putsch-Plotting from October 1947", in: Lucile Dreidemy u.a. Hrsg., *Bananen, Cola, Zeitgeschichte: Oliver Rathkolb und das lange 20. Jahrhundert*, Wien 2015, 681–691. Weitere CIA-Berichte über vermeintliche KPÖ-Putschabsichten oder -vorbereitungen bei Manfred Mugrauer, *Die Politik der KPÖ 1945–1955*, Göttingen 2020, 587f, der die Authentizität des „Aktionsplans" und die Stichhaltigkeit aller genannten Berichte in Abrede stellt. Ebd. 580–587.

35 [Wildner], *Das Tagebuch von Heinrich Wildner 1947*, 125.

36 AdR, MRProt Nr. 102 a, 4. März 1948. Veröffentlicht in: *Protokolle des Ministerrates: Kabinett Leopold Figl I*, Bd. 9, 245–256.

Burgenland sei für die Gendarmerie kein fahrbares Auto da, „und es ist nicht möglich, im Ernstfall die Gendarmerie von einem Ort zum anderen zu bringen". Vizekanzler Schärf meinte, die Bevölkerung sei willens und in der Stimmung durchzuhalten. Skeptischer äußerte er sich zur Beamtenschaft; bei den Beamten sei es so, „daß sie lieber auf den Posten verzichten als etwa vom Westen nach Wien gehen". Helmer warnte vor Aufstellung bewaffneter Formationen außerhalb der Exekutive, wie etwa dem kommunistischen Werkschutz,[37] einer gut bewaffneten Truppe von ungefähr 700 bis 1700 Arbeitern in den sowjetisch beschlagnahmten Fabriken. Es müsse eine Form gefunden werden, „daß die Gendarmerie Waffen bekommt, ohne daß es in die Zeitung kommt oder irgendwie sonst verlautbart wird". Hier sind die Ansätze und Motivationen, die zu den „verdeckten" Aktionen in den Westzonen, der B-Gendarmerie[38] und in weiterer Folge zu dem „Aufgebot", der Erfassung der wehrfähigen Männer in den Westzonen, führen sollten, deutlich merkbar.[39]

Fragen zur außenpolitischen Situation an Gruber kennzeichnen die Atmosphäre sehr großer Besorgnis in den Beratungen der Bundesregierung. Helmer stellte an Gruber eine Frage zur Entwicklung in Finnland; Gruber antwortete, wenn die Finnen sich weigerten, „den Pakt [mit der UdSSR, W.M.] zu schließen, so erfolgt entweder ein Putsch oder wird der Pakt gewaltsam erzwungen. Würde aber die Sache auf Schweden übergreifen, so würde das Krieg bedeuten".[40] Tatsächlich wurde den Finnen schon einen Monat später, am 6. April 1948, ein sowjetisch-finnischer Freundschafts- und Beistandspakt aufgezwungen, der die Anforderung militärischer Unterstützung im Falle eines Angriffes auf Finnland oder auf die Sowjetunion über Finnland „seitens Deutschlands oder eines beliebigen anderen mit diesem verbündeten Staates" vorsah.[41] Ein Machtergreifungsversuch der finnischen Kommunisten scheiterte allerdings wenig später, die „rot-grüne" Koalition, bestehend aus Landbund, Sozialdemokraten und Kommunisten, zerfiel im Mai 1948.

37 Bischof, „Prag liegt westlich von Wien", 334; Mugrauer, *Die Politik der KPÖ,* 597–603.

38 Die Bereitschafts- oder Bewaffnete Gendarmerie war die (geheime) Vorgängerorganisation des österreichischen Bundesheers. Vgl. Walter Blasi, „Die B-Gendarmerie", in ders./Erwin A. Schmidl/Felix Schneider, Hrsg., *B-Gendarmerie, Waffenlager und Nachrichtendienste: Der militärische Weg zum Staatsvertrag*, Wien 2005, 27–74.

39 Vgl. hierzu unten Kap. IV.

40 Im März/April 1948, also deutlich vor Ausbruch der Berliner Blockade, herrschte im Westen beträchtliche Angst vor einem baldigen Ausbruch eines Krieges. Vgl. etwa über französische Befürchtungen Alan Bullock, *Ernest Bevin, Foreign Secretary 1945–1951,* London 1983, 536f; der österreichische Vertreter Kleinwächter berichtete am 3. April 1948 aus Washington: „Der Krieg mag erst in einigen Monaten kommen, er kann in wenigen Tagen ausbrechen – oder die Sovietunion müßte erkennen, daß sie ihren ‚kalten Krieg' verloren hat." AdR, BMAA, II-Pol, Zl. 112.664-Pol/48.

41 Kullaa, *Non-Alignment*, 69f. Zu Finnland siehe auch Jussi M. Hanhimäki, *Containing Coexistence: America, Russia, and the „Finnish Solution", 1945–1956*, Kent, Ohio, 1997.

Betreffend Österreichs Position betonte Gruber eindringlich die Notwendigkeit, sich mit dem Aufbau des Bundesheeres rechtzeitig vor dem Staatsvertragsabschluss und dem Abzug der Besatzungstruppen zu befassen. Allerdings: „Ein noch so großes Bundesheer kann uns nur im Inneren schützen [!], nie aber gegen einen bewaffneten Einmarsch. Es muß daher eine Garantie der österreichischen Unabhängigkeit geschaffen werden." Eine Vier-Mächte-Garantie habe nur einen Sinn, so Gruber, gegen eine fünfte Macht, „nie aber gegen eine der vier Mächte". Gruber berichtete, der britische Außenminister befürworte die Schaffung einer Sicherheitsorganisation zur Verteidigung gegen einen sowjetischen Angriff.[42] In das Protokoll wurde ausdrücklich der „Appell des Bundeskanzlers" hineingenommen, „den Abschluß des Staatsvertrages als oberstes gemeinsames Ziel der beiden großen in der Koalitionsregierung vereinigten Parteien zu betrachten und zur Erreichung dieses Zieles alles Trennende zurückzustellen".

Die Stellungnahmen im Ministerrat und ohne Zweifel auch diverse informelle Gespräche führten zu einer Reihe von Konsequenzen. Gruber, bald wieder nach London zurückgekehrt, ließ den Westalliierten ein österreichisches Memorandum zukommen, dessen wichtigste Punkte die folgenden waren:[43]

Mit Blick auf den niedrigen Prozentsatz der kommunistischen Anhängerschaft in Österreich und auf die gestärkte Zusammenarbeit zwischen den zwei großen Parteien sei die österreichische Regierung zu dem Schluss gekommen, dass sie unter bestimmten Bedingungen sicher in der Lage sei, Friede und Ordnung im Innern zu erhalten und „short of war" auch die Integrität der österreichischen Grenzen zu sichern. Die Bedingungen waren folgende:

a) Beschleunigte Bewaffnung der Polizei und Gendarmerie mit moderner Ausrüstung. Sei dies auf einer Vier-Mächte-Basis nicht möglich, müssten die notwendigen Schritte in den Westzonen durchgeführt werden. Die (west-) alliierten Oberbefehlshaber seien bereits diesbezüglich kontaktiert worden (!).
b) Die Militärklauseln des Staatsvertrages seien nun von besonderer Bedeutung. Eine wirklich befriedigende Regelung dieser Artikel bedeute jetzt eine höchst wichtige Voraussetzung des Vertrags(-abschlusses). Wesentlich seien volle Freiheit für die Auswahl von Kriegsmaterial; der Beginn der Bildung des Bundes-

42 In dem österreichischen Gesprächsvermerk zur Unterredung Gruber-Bevin am 28. Februar 1948 kommt dies nicht so zum Ausdruck; dort heißt es: „Was ihm [Bevin] immer klarer erscheine, sei, daß man mit den Russen keine Kompromißpolitik machen könne ... Seine [Bevins] Politik sei nach wie vor auf einen nicht aggressiven oder provokatorischen Ton abgestellt, aber er wisse, es handle sich darum ‚to keep the line'." AdR, BMAA, Bestand Botschaft London, K 27 (Entwurf Botschafter Schmid, Zl. 32-Pol/48).

43 Deutscher Text in: AdR, BMAA, II-Pol, Zl. 112.192-Pol/48; engl. Text in: TNAUK, FO/371/70396/C2356.

heeres spätestens zum Zeitpunkt der Unterzeichnung des Staatsvertrages; die Verweigerung der Zustimmung seitens der Sowjetunion wäre als ernste Gefahr für Österreichs zukünftige Sicherheit anzusehen. In wirtschaftlicher Hinsicht wäre Sorge zu tragen, dass die Erdölversorgung des heimischen Marktes gewährleistet wäre, dass die jährlichen Ablösezahlungen (an die Sowjetunion) nicht die wirtschaftliche Lebensfähigkeit des Landes gefährden würden und dass der Nahrungsmittelbedarf für die unmittelbare Zukunft im Rahmen des ERP-Programmes gewährleistet würde.

Im Sinne von Figls Appell an die Bundesregierung am 4. März hieß es im Memorandum, der rasche Abschluss des Staatsvertrages sei weiterhin für die österreichische Regierung äußerst wünschenswert, Konzessionen betreffend die essenziellen Vertragsklauseln, besonders jene betreffend das zukünftige Bundesheer, sollten nicht in Erwägung gezogen werden. Und ein weiteres taktisches Sicherheitsventil wurde in Grubers Memorandum eingebaut: Im Schlussteil hieß es, „voraussichtlich werde beträchtliche Zeit zwischen der Unterzeichnung und der Ratifikation des Vertrags verrinnen". Während dieser Periode sollte sich die Gelegenheit bieten, die gesamte internationale Situation neu zu prüfen, um definitiv das genaue Datum der Evakuierung zu entscheiden. Mit der Idee, Vertragsabschluss einerseits, Vertragsratifikation mit dem erst dieser folgenden Truppenabzug andererseits zeitlich voneinander zu entkoppeln, wurde ein Element beträchtlicher Flexibilität eingefügt, an dem im Laufe des Jahres, wie noch gezeigt werden wird, auch die vier Mächte Gefallen finden sollten.

Über das Memorandum und den Fortgang der Staatsvertragsverhandlungen fand am 22. März 1948 in London eine Besprechung zwischen den Österreichern und den westalliierten Staatsvertragsdelegierten statt. Gruber meinte, die Österreicher hätten alles Interesse, falls es zum Abbruch der Verhandlungen kommen sollte, diesen Zeitpunkt möglichst lange hinauszuschieben; er plädierte allerdings dafür, eine Pause einzulegen, um über die italienischen Wahlen (die für den 18. April 1948 angesetzt waren), hinauszukommen. Der amerikanische Sonderbeauftragte Reber ließ eine Präferenz für eine deutlich längere Pause der Verhandlungen erkennen und fragte Gruber, ob es nach Ansicht der Österreicher akzeptabel wäre, die Staatsvertragsverhandlungen jetzt auf Eis zu legen. Gruber stimmte nicht direkt zu; wenn man den Vertrag jetzt auf Eis lege, könne man sicher sein, dass er über ein Jahr dort liegen werde. Grubers Idee war, die Zahlungsunfähigkeit Österreichs im Rahmen des Cherrière-Planes untersuchen zu lassen; damit wäre die Pause in den Vertragsverhandlungen zu füllen.[44]

---

44 Österr. Mitschrift: AdR, BMAA, II-Pol, Zl. 112.191-Pol/48. Der britische Sonderbeauftragte Marjori-

Es zeigte sich bald, dass innerhalb des Konsenses über den baldigen Abschluss des Staatsvertrages als oberstes Ziel der Koalitionsparteien eine beträchtliche Bandbreite unterschiedlicher taktischer Auffassungen möglich war. Die SPÖ unter Führung von Vizekanzler Schärf kam zu dem Schluss, dass die Gefahr eines kommunistischen Putsches während der Anwesenheit der sowjetischen Besatzung größer wäre als nach deren Abzug. Schärf teilte diese Überlegungen während eines Besuches in London auch persönlich Außenminister Bevin mit, der selbst weiterhin Befürworter eines Vertragsabschlusses war, allerdings nicht um jeden Preis.[45] Bei Gruber hingegen, wie das vorhin ausführlich wiedergegebene Memorandum für die Westmächte deutlich macht, wurden Sympathien für die vor allem von den Amerikanern (und bald auch den Franzosen)[46] favorisierte Verzögerungstaktik merkbar.[47] Man hat sogar nicht unplausibel von Grubers „Doppelstrategie" gesprochen, öffentlich den Vertragsabschluss weiter zu propagieren, intern die sich herauskristallisierende Verzögerungstaktik mitzutragen.[48]

In einem Ministerrat am 6. April 1948, in dem Gruber über neueste Entwicklungen berichtete, meinte Justizminister Gerö vielsagend:

> Wenn man mit den westlichen Alliierten spricht, so hört man immer, ob es jetzt der richtige Augenblick sei, daß der Staatsvertrag zustande kommt oder ob nicht ein Hinausschieben erfolgen sollte. Wir wollen ein Vertragsinstrument be-

banks ließ auch durchblicken, dass man so wie bisher nicht weitermachen könne; General Cherrière, der französische Sonderbeauftragte, beteiligte sich an der (in englischer Sprache geführten) Diskussion nicht und erklärte auf Befragen, Gruber habe zu schnell gesprochen und er habe ihn daher nicht verstanden. Zur amerikanischen Linie vgl. unten.

45 TNAUK, FO/371/70396/C2405, Amtsdruck der Aufzeichnungen Bevins über sein Gespräch mit Schärf am 24. März 1948, sowie Äußerung Bevins im Kabinett am 8. April 1948: „... that democracy in Austria could best be preserved [...] by the early signature of the Austrian Treaty and the consequential withdrawal of the Allied armies of occupation." Ebd., TNAUK, 371/70409/C3049. Ein mit gleichem Datum dem Kabinett vorgelegtes Memorandum Bevins über den Österreich-Vertrag formulierte wesentlich vorsichtiger und enthielt, ähnlich Grubers vier Wochen zuvor den Briten übergebenem Memorandum, den Hinweis, dass auch nach Abschluss des Vertrages sehr sorgfältig zu prüfen sein werde, ob die internationale Lage den Abzug der Westmächte aus Österreich erlauben werde. Dokument C.P. (48) 102, erliegt in: TNAUK, FO 371/70409/C2833. Überspitzt könnte man sagen: Bevin mündlich reflektierte Schärf, Bevin schriftlich (offensichtlich vom Foreign Office formuliert) reflektierte Gruber.

46 Hierzu Aktenvermerk von J. Marjoribanks vom 15. April 1948, TNAUK, FO 371/70409/C3347.

47 Dies geht deutlich aus einem Bericht des US-Gesandten Erhardt vom 3. März 1948 hervor – also einen Tag vor dem außerordentlichen Ministerrat vom 4. März. *FRUS 1948,* Bd. 2, 1384.

48 Bischof, „Prag liegt westlich von Wien", 340f; wenn Bischof schreibt, eine Vertragsunterzeichnung „hätte nämlich den Abzug aller Besatzungstruppen bedeutet", so berücksichtigt er nicht die von Gruber bereits bedachte Variante des hinausgezögerten Intervalls zwischen Vertragsabschluss und Ratifizierung.

> kommen. Den Zeitpunkt des Inkrafttretens kann man ja hinausschieben. Daher werden wir auf das Zustandekommen des Vertrages dringen, wobei jedoch das Inkrafttreten desselben den Alliierten für den Zeitpunkt, den sie für geeignet halten, überlassen bleiben muß.

Gruber replizierte, dass die Sache nicht so einfach sei: „Nehmen wir an, es wird ein für uns günstiger Vertrag geschlossen, so würde das Zurückhalten der Ratifizierung eine ungünstige Lage für uns schaffen." Gruber betonte, das Resultat werde immer das sein, „daß wir ohne substanzielle Hilfe der Amerikaner nicht auskommen können". Grubers etwas verschwommene Ausführungen zeigen, dass ihm die amerikanische Tendenz, zum damaligen Zeitpunkt nicht bloß die Vertragsratifizierung, sondern den Vertragsabschluss hinauszuschieben, bekannt war und er damals (im Unterschied zu seiner Haltung im Frühjahr 1947 oder später wieder im Herbst 1949) diese Tendenz teilte. Gruber betonte, dass die Lage in der Tschechoslowakei Nachteile gebracht habe. Obwohl die tschechoslowakischen Minister einige Zeit zuvor erklärt hätten, ein Putsch sei in ihrem Land nicht möglich, sei er gekommen. „Daher ist die von den Amerikanern verlangte Vorsicht und das Mißtrauen, das sie an den Tag legen, begreiflich."

Im gleichen Ministerrat vom 6. April 1948 – gerade zwischen zwei wichtigen Daten liegend, nämlich der Unterzeichnung des Brüsseler Paktes über die Westeuropäische Union am 17. März und der Unterzeichnung des OEEC-Gründungsvertrages am 16. April – berichtete Gruber über die großen Linien der westlichen Politik: „Im Westen entsteht eine große Bewegung, eine Sicherheitsorganisation wegen des russischen Vormarsches und dessen Abstoppung." Ein Mittel dazu sei der Marshall-Plan; daneben habe „sich auch der militärische Charakter gezeigt", besonders bei der Brüsseler Konferenz. Die einzige militärische Macht in Europa sei eigentlich England, aber auch Frankreich mache Anstrengungen in militärischer Hinsicht, „die bereits gewaltig im Zuge sind. Auch in Amerika ist die Aufrüstung im Gange." Zweifellos werde auch Deutschland eine gewisse Rolle zukommen. Es habe während der Pariser Verhandlungen (der 16 Marshall-Plan-Staaten zur Gründung der OEEC) „starke Bestrebungen gegeben, die militärischen Abmachungen auf alle Marshall-Staaten abzustimmen und auf diese auch auszudehnen"; dies sei allerdings zuerst abgelehnt worden. Gruber schien enttäuscht, dass man die militärischen Absprachen „von Paris herausgeschält und nach Brüssel verlegt" habe, und dass diese somit einem viel engeren Kreis an Staaten vorbehalten blieben. Die Folgerung für Österreich sei, dass die nächsten sechs Monate, vielleicht das ganze Jahr 1948, eine Periode der Unsicherheit sein werde. Der Ministerrat ermächtigte übrigens – nach einem besonders engagierten Votum Schärfs zugunsten der „Bildung der Wehrmacht" und der Aufstellung von Verfügungskommandos bei Polizei und Gendarmerie – „die zuständigen Bundesminister durch persönliche Verhandlungen die Voraussetzungen für die entsprechende Ausgestaltung des Sicherheitsapparats" zu schaffen.[49]

Gruber selbst hatte noch vor der kommunistischen Machtübernahme in Prag im Londoner Foreign Office seinen Wunsch kundgetan, Österreich möge nach Vertragsabschluss in die im Entstehen begriffene „Western Union" aufgenommen werden.[50] Die Forderung nach einer – noch keineswegs klar definierten – „Western Union" war von Bevin in einer Rede im Unterhaus am 22. Jänner 1948 ausgesprochen worden. Aus den britischen Quellen geht allerdings hervor, dass Bevin nicht daran dachte, Österreich in die Verteidigungsgemeinschaft, deren Formierung bevorstand, einzuschließen. Für Italien, Österreich und, wenn möglich, Skandinavien müssten besondere Regelungen getroffen werden.[51] Während einige höhere Beamte im Foreign Office – nicht alle – eine engere Anbindung Österreichs an die „Western Union" oder zumindest eine Drei-Mächte-Garantie für Österreich favorisierten, die im britischen Außenamt sogar ausgearbeitet wurde,[52] meinte Bevin im Februar 1948 lediglich, dass Österreich vielleicht „a guaranteed buffer state" – ein Pufferstaat mit Garantie – werden könnte.[53] In der zweiten Märzhälfte kam eine amerikanisch-kanadisch-britische Arbeitsgruppe in Washington zu dem Schluss, dass unter bestimmten Umständen Deutschland – oder seine drei westlichen Zonen –, Österreich – oder die drei westlichen Zonen (sic!) – und Spanien eingeladen werden sollten, dem Brüsseler Pakt und dem ein Jahr später zustande gekommenen Nordatlantik-Pakt beizutreten, wobei diese Absicht zunächst nicht öffentlich bekanntgemacht werden sollte. Ein solcher Schritt hätte die Frage einer Teilung Ös-

49 AdR, MRProt Nr. 106, 6. April 1948, separierter Teil unter Verschluss.

50 Knight, *British Policy*, 206: Gruber im Gespräch mit James Marjoribanks sagte, er hoffe „that Austria would be admitted to the Western Union on conclusion of the Treaty", weil „Austria ... could not be expected to maintain her independence unless she threw her lot in with the West. She could not alone play the role of buffer State." Amtsvermerk Marjoribanks vom 20. Februar 1948, TNAUK, FO/3471/70395/C1453. Zu Grubers engagierter Diplomatie zugunsten einer möglichst engen Anbindung Österreichs an den Westen vor und nach der kommunistischen Machtergreifung in Prag siehe Günter Bischof, „Prag liegt westlich von Wien".

51 „... special provision will presumably have to be made at some stage". TNAUK, FO/371/73045/Z561, zit. bei Knight, *British Policy*, 202.

52 Amtsvermerke vom Februar 1948 in TNAUK, FO 371/70409/C1546; ebd. auch Entwurf einer westlichen (Drei-Mächte-)Garantie für Österreich. Der britische Generalstab kam am 15. März 1948 zu dem Schluss, dass gegenwärtig keine militärische Hilfe für Österreich erwogen werden könne; FO 371/70409/C2365.

53 Gespräch Bevins mit Sir William Strang am 20. Februar 1948. TNAUK, FO 371/70395/C1444, auch zit. bei Knight, *British Policy*, 205.

terreichs aufgeworfen. Bevin blockte auch hier ab und betonte, Österreich sei keine atlantische Macht und sei überdies weder politisch noch militärisch in der Lage, gegenseitige Verpflichtungen zu übernehmen.[54]

Die kommunistische Machtübernahme in der Tschechoslowakei hatte jedenfalls zur Folge, dass die Amerikaner begannen, den Staatsvertrag vorübergehend auf die lange Bank zu schieben. Sie fürchteten, dass Österreich nach dem Abzug der westlichen Besatzungsmächte der direkten oder indirekten Kontrolle der Sowjetunion anheimfallen könnte – im Hinblick auf Österreichs exponierte geographische Lage und auf die starke wirtschaftliche Position der UdSSR im östlichen Österreich selbst nach Abzug der sowjetischen Truppen. Die Amerikaner zögerten umso mehr, als sie Anzeichen zu erkennen glaubten, die sie selbst als Vorbereitung der Sowjetunion für einen Vertragsabschluss deuteten. Dazu zählten nicht nur die in London angebotenen Konzessionen zum Deutschen Eigentum, sondern auch eine Mitteilung des Hochkommissars Kurasov an Bundeskanzler Figl, man wäre sowjetischerseits damit einverstanden, dass eine österreichische Armee zum Zeitpunkt des Abzuges der Besatzungstruppen bereits bestehen solle. Insbesondere teilte Kurasov Figl mit, dass die österreichische Armee nicht auf österreichische Produkte beschränkt sein sollte.[55] Zwei Tage später zog der sowjetische Sonderbeauftragte in London letztere Vertragsbestimmung zurück.[56]

Die Westalliierten waren aber eben vorderhand noch uneinig. In einer Besprechung der westlichen Sonderbeauftragten am 14. April 1948 teilte der britische Delegierte mit, seine Regierung sei der Auffassung, man solle doch den Vertrag zum jetzigen Zeitpunkt abschließen; die sowjetische Bereitschaft, Übereinstimmung zu erzielen, könne dazu ausgenützt werden, die bestmöglichen Bedingungen für Österreich herauszuholen; Österreichs Unabhängigkeit müsste auf andere Weise gesichert werden, möglicherweise durch Einbeziehung Österreichs in einen westlichen Sicherheitsblock oder durch irgendeine spezielle Garantie seitens der Westmächte. Die Franzosen hingegen hatten beschlossen, dass die weitere Truppenpräsenz in Österreich im allgemeinen europäischen Interesse liege und sie deshalb derzeit einen Vertrag nicht abzuschließen wünschten.[57]

---

54 FO/371/68067/AN1312 u. AN1315G, zit. bei Knight, *British Policy*, 209f; TNAUK, FO 371/70409/C3797; auch TNAUK, FO 371/70409/C3797. Zur amerikanischen Haltung vgl. auch Rauchensteiner, *Sonderfall*, 244.

55 Amtsvermerk Bundeskanzler Figls über seinen Besuch bei Generaloberst Kurasov am 13. April 1948: AdR, BMAA, Zl. 112.666-Pol/48; vgl. ferner *FRUS 1948*, Bd. 2, 1495, Anm. 1. Schon in einer Sitzung des Exekutivkomitees des Alliierten Rates am 19. März 1948 hatte der britische Vertreter, John Cheetham, aus Äußerungen des Generals Želtov den Schluss gezogen, dass die Sowjetunion einen Vertragsabschluss anpeile. TNAUK, FO 371/70395/C2215 (Telegramm an das Foreign Office, 20. März 1948).

56 Dankenswerter Hinweis von Manfried Rauchensteiner.

57 Bericht Rebers vom 14. April 1948, *FRUS 1948*, Bd. 2, 1496.

Im Entscheidungsprozess der US-Regierung spielte offenbar die Ansicht der Armee eine wichtige Rolle. Ein Memorandum des amerikanischen Oberkommandierenden und Hochkommissars in Österreich, General Geoffrey Keyes, vom November 1947 deutet an, dass ein Staatsvertrag, der nicht Österreichs Souveränität und „wirtschaftliche Unabhängigkeit" garantiere, schlechter wäre als gar kein Vertrag. In einer vielsagenden Formel meinte Keyes, zumindest „für den öffentlichen Gebrauch" („for public consumption") müssten die österreichische Regierung und die US-Delegation das Ziel eines zufriedenstellenden Vertrages anstreben.[58] Ende Februar 1948 wurde Keyes deutlicher. In einem Gespräch mit dem US-Gesandten in Österreich, Erhardt, und dem Sonderbeauftragten Reber waren sich die Gesprächspartner einig, dass von einem politischen und wirtschaftlichen Standpunkt der Abschluss des Staatsvertrages wünschenswert sei, während es vom sicherheitspolitischen Standpunkt aus ernste Bedenken gebe. Keyes sagte, der Abzug würde auch bedeuten, dass die USA strategische Vorteile des Westens aufgeben würden. Die Präsenz der Besatzungstruppen ermögliche eine ununterbrochene Front von Italien über Österreich und Deutschland zur Nordsee, auch verhindere die Präsenz der Truppen offene Angriffshandlungen gegen Österreich.[59] James J. Carafano zufolge war Keyes „überzeugt, dass die Sowjets Österreich als Sprungbrett für weitere Einfälle nach Westeuropa zu nutzen beabsichtigten".[60] Darüber hinaus legte der Hochkommissar dar, dass Österreich ohne westliche Kräfte Moskau auf Gedeih und Verderb ausgeliefert wäre, wie die kommunistischen Unruhen 1947 gezeigt hätten. Keyes und die Österreicher fanden einen Unterstützer im Stellvertretenden Generalstabschef der US-Armee, Albert Wedemeyer, der in Washington den österreichischen „ritterlichen Kampf gegen den Kommunismus" lobte.[61]

Die Ereignisse in der Tschechoslowakei gaben solchen Überlegungen Auftrieb. Anfang März 1948 ließ der Vereinigte Generalstab mit Zustimmung des Verteidigungsministers James Forrestal das State Department wissen, vom militärischen Standpunkt sei ein Vertragsabschluss mit Abzug der Besatzungstruppen unerwünscht; gebe es trotzdem vorrangige politische oder wirtschaftliche Motive für einen baldigen Vertragsabschluss, müsse Vorsorge getroffen werden, dass die Besatzungstruppen erst abgezogen würden, wenn eine adäquate österreichische Sicher-

---

58 Memorandum Keyes' in *FRUS 1947*, Bd. 2, 795–797, ausführlich zit. bei Fritz Fellner, „Teilung oder Neutralisierung", in: *ÖZA* 14, 1974, 214–216.

59 Zur Bedeutung von Keyes' wiederholten alarmistischen Berichten nach Washington, auch 1949, siehe Bischof, *Responsibility*, 746–748.

60 James Jay Carafano, *Waltzing into the Cold War: The Struggle for Occupied Austria*, College Station 2002, 100f.

61 Zit. ebd. 106.

heitstruppe bestehe. Jedenfalls sei unbeschadet des Ganges der Staatsvertragsverhandlungen Österreich zu erlauben, mit dem Aufbau einer bewaffneten Macht zu beginnen.[62] Tatsächlich setzten im Frühjahr 1948 stärkere Kontakte im Kreis der Westalliierten, aber auch mit der österreichischen Regierung über den Fragenkomplex Sicherheitstruppe bzw. Aufstellung der österreichischen Armee ein. Für die Österreicher gab es den doppelten Impuls, die Planungsarbeit für das Bundesheer zu konkretisieren – die durch die tschechoslowakische Krise angespornte Sensibilisierung der Sicherheitsvorbereitungen und die sowjetische Konzessionsbereitschaft bezüglich der Schaffung einer österreichischen Armee.[63]

Mitte April 1948 waren also Amerikaner und Franzosen von einem baldigen Vertragsabschluss abgerückt; doch bevor es zu einer Unterbrechung der Tagung der Sonderbeauftragten kommen sollte, rückten neuerlich die Ansprüche Jugoslawiens in den Vordergrund.

Die jugoslawisch-österreichische Grenzfrage machte insbesondere Ernest Bevin Sorgen. Er fürchtete, dass im Süden Österreichs, so wie im Norden Griechenlands, eine Infiltration kommunistischer Insurgenten stattfinden könnte. „Österreich könnte ein anderes Griechenland werden", vertraute er im Februar 1948 einem seiner Mitarbeiter an, und er erinnerte sich, dass Molotov im Jahr zuvor eine bilaterale „Rektifikation" ins Gespräch gebracht hatte.[64] Die Österreicher warnten im April präventiv vor einer allfälligen Bereitschaft des Westens, von der eindeutigen Sicherung der jugoslawisch-österreichischen Grenze von 1937 abzugehen und bilaterale „Rektifikations"-Verhandlungen zuzulassen.[65] Gruber war diesbezüglich ein gebranntes Kind; die Aufforderung der Alliierten im Sommer 1946, Österreich möge doch in bilateralen Verhandlungen mit Italien die Interessen der Südtiroler aushan-

---

62 Bericht Rebers über Keyes' Bedenken vom 27. Februar 1948, *FRUS 1948*, Bd. 2, 1468. Ansichten des amerikanischen Vereinigten Generalstabes in Weisung Marshalls an Reber vom 10. März 1948, ebd., 1474. Die in Marshalls Weisung an Reber zitierten Argumente des Generalstabs (Joint Chiefs of Staff) gegen einen Vertragsabschluss werden von Christian Stifter, *Die Wiederaufrüstung Österreichs. Die geheime Remilitarisierung der westlichen Besatzungszonen 1945–1955*, Innsbruck 1997, 74, irrtümlich als „Resolution" Marshalls „an die Vereinigten Stabschefs" bezeichnet.

63 Vgl. *FRUS 1948*, Bd. 2, 1356–1378 (Abschnitt über das „Interesse der Vereinigten Staaten an der Bildung einer zukünftigen österreichischen Armee und an der Bewaffnung der österreichischen Polizei und Gendarmerie"). Vgl. zu den schon vor dem Frühjahr 1948 einsetzenden Frühphasen der österreichischen Bundesheerplanungen jetzt Stifter, *Wiederaufrüstung*, 54f sowie 60f; und Carafano, *Waltzing into the Cold War*, 180–184.

64 Bevin im Gespräch mit Sir William Strang am 20. Februar 1948, TNAUK, FO 371/70395/C1485. Vgl. Kap. II.

65 TNAUK, FO 371/70397/C3305 (Brief Grubers an den britischen Sonderbeauftragten J. Marjoribanks, Zl. St L3-211 vom 22. April 1948; Gruber fügte auch ein allfällige Wünsche Jugoslawiens auf eine Territorialautonomie Südkärntens ablehnendes Memorandum hinzu).

deln, war ein Symptom dafür gewesen, dass die Westmächte Österreichs Erwartungen bezüglich Südtirols nicht zu unterstützen bereit waren. Die Freigabe oder Empfehlung „bilateraler Verhandlungen" seitens der Mächtigen ist immer ein ominöses Zeichen: Es bedeutet Abrücken von eindeutigen Unterstützungspositionen und schadet dem jeweils schwächeren Partner. Diesmal würde Gruber allerdings auf eine feste Unterstützung der österreichischen Haltung in der Grenzfrage seitens der Westmächte rechnen können.

Die Jugoslawen reduzierten Ende April 1948 ihre Gebietsforderungen um rund 680 Quadratkilometer; sie gaben ihre Ansprüche auf das untere Gailtal, auf Villach südlich der Drau, auf einige Gemeinden im Lavanttal und auf die Gemeinde Soboth in der Steiermark auf.[66] Diese Vorgehensweise war ihnen seit einiger Zeit von sowjetischen Diplomaten empfohlen worden, danach hatten sie erfolglos versucht, die französische Delegation von der Beantragung einer Kompromisslösung zu überzeugen.[67] Die Jugoslawen verknüpften dieses Zugeständnis mit dem Entwurf eines Minderheitenschutzartikels für den Staatsvertrag, der folgende sieben Punkte umfasste:

> a) Die Angehörigen der jugoslawischen Minderheit in Österreich – der Kroaten im Burgenland und der Slowenen in Kärnten [von der Steiermark war nicht die Rede, Anm. d. Verf.] – sollen die gleichen Rechte wie alle anderen österreichischen Staatsbürger genießen, einschließlich des Rechtes auf ihre eigenen Organisationen, Versammlungen und Zeitungen in ihrer eigenen Sprache.
> b) Sie sollen das Recht auf Elementarschulausbildung in kroatischer oder slowenischer Schriftsprache sowie auf eine verhältnismäßige Anzahl („proportionate number") von Sekundarschulen („secondary schools") haben; in Verbindung damit soll der Lehrplan der Lehrerbildungsanstalten sowohl im Burgenland wie in Kärnten angepasst („readjusted") werden, ein Schulinspektorat für kroatische Schulen im Burgenland und für slowenische Schulen in Kärnten soll organisiert werden.
> c) Die äußere und innere Amtssprache der Verwaltungs- und Gerichtseinheiten („units") mit kroatischer oder slowenischer oder national gemischter Bevölkerung soll Kroatisch oder Slowenisch in Ergänzung zum Deutschen sein; topographische Terminologie und Aufschriften sollen zweisprachig sein; dementspre-

66 Detailangaben in *WZ*, 27. April 1948, 1f; Klagenfurt verblieb in dem weiterhin von den Jugoslawen beanspruchten Gebiet, doch ist die Mitteilung bei Philip Mosely, „The Treaty with Austria", in: *International Organization* 4, 1950, 226, wonach nach dieser Reduzierung auch Villach in dem von Jugoslawien geforderten Gebiet verblieben sei, zu berichtigen.

67 Chiffretelegramm Lavrent'evs an Molotov, 21. Juni 1948, in: RGASPI, f. 558, op. 11, d. 400, ll. 7–9.

chend sollen die Grenzen der Verwaltungs- und Gerichtseinheiten angepasst werden.
d) Die Angehörigen der jugoslawischen Minderheit in Österreich sollen im Minderheits- oder gemischten Gebiet im Verhältnis zu ihrer Zahl an den erziehungsmäßigen, administrativen und judiziellen Zweigen (wohl sinngemäß zu ergänzen: der öffentlichen Verwaltung) teilnehmen. [Die englische Formulierung „educational, administrative and judicial branches" zielt wohl auf die Teilhabe, nach einem nationalen Proporz, an den Dienstposten der Lehrerschaft, der allgemeinen Verwaltung und im Gerichtsdienst, Anm. d. Verf.]
e) Die Angehörigen der jugoslawischen Minderheit in Österreich sollen das anerkannte Recht haben, kulturelle Verbindungen mit dem kroatischen bzw. dem slowenischen Volk in der Föderativen Volksrepublik Jugoslawien aufrechtzuerhalten; sie sollen das Recht auf Schulbesuch in der Föderativen Volksrepublik Jugoslawien haben und ihre dort erworbenen Zeugnisse sollen als gültig anerkannt werden.
f) Die Aktivitäten aller Organisationen, die auf die Entnationalisierung der jugoslawischen Minderheit abzielen, sollen verboten werden.
Bei der Volkszählung soll die Muttersprache in Zusammenarbeit mit Vertretern der Kroaten des Burgenlandes und der Slowenen Kärntens ermittelt werden.[68]

Trotz solch ausführlicher Planungen zum Status der Slowenen und Kroaten in Österreich[69] nahm die Grenzfrage im Frühjahr 1948 weitaus den ersten Platz in den Beratungen der Sonderbeauftragten ein; sie würde von den Westmächten bewusst hochgespielt, um der sowjetischen Seite den „Schwarzen Peter" für das Scheitern dieser Verhandlungsrunde der Sonderbeauftragten zuzuspielen. In der Tat erklärte der Sonderbeauftragte Nikolaj Koktomov auch, dass er die jugoslawischen Ansprüche für wohlbegründet halte, doch fügte er hinzu, im Interesse einer baldigen Regelung sei die sowjetische Delegation bereit, jeden Vorschlag, der die legitimen Interessen Jugoslawiens in Betracht ziehe, erwägen zu wollen. Alle Delegationen müssten von ihren extremen Positionen abrücken, um eine gemeinsame Lösung zu finden. Auf die Frage des britischen Delegierten Marjoribanks, ob er glaube, dass die legitimen Interessen Jugoslawiens eine Änderung der gegenwärtigen Grenzen erforderten, antwortete Koktomov, dass gewisse Berichtigungen erforderlich wären. Damit war für die westlichen Delegierten das Stichwort gegeben, um zu sagen, dass es fraglich sei, ob unter diesen Umständen weitere Diskussionen zum gegenwär-

68 Jugoslaw. Memorandum v. 26. April 1948, Annex A, Dokument CMF/D/L/48/A/8, Proceedings of the Fourth Conference of the Deputies for Austria, 135f (Übersetzung des Verf.). Eine deutsche Übersetzung dieser sieben Punkte findet sich auch in: AdR, BMAA, II-Pol, Zl. 112.933-Pol/48.
69 Österreichische Stellungnahmen in: AdR, BMAA, II-Pol, Zl. 112.979-Pol/48.

tigen Zeitpunkt von Nutzen seien. Sohin wurden am 6. Mai 1948 die Verhandlungen der Sonderbeauftragten de facto suspendiert, denn einige Korrespondenzen und gegenseitige Besuche im Laufe des Monats Mai erbrachten nichts Neues.[70] Das sowjetische Außenministerium hatte scheinbar die Gefahr, dass die Verhandlungen zusammenbrechen könnten, erkannt, und Koktomov am 3. Mai instruiert, „die momentane Variante der jugoslawischen Forderungen gegen Österreich zu unterstützen; falls jedoch die Amerikaner und Briten diese ablehnen, keinen Zusammenbruch der Verhandlungen riskieren, und Raum für einen Kompromiss auf Basis reduzierter jugoslawischer Forderungen lassen".[71]

Hatten zunächst, wie oben erwähnt wurde, die Amerikaner, unterstützt von den Franzosen, die Suspendierung der Verhandlungen angepeilt, so spielten im Mai 1948 doch die Briten die aktivste Rolle. Nach seiner Rückkehr von den Beratungen der Sonderbeauftragten aus London meinte der französische Diplomat Pierre de Leusse im Gespräch mit dem österreichischen politischen Vertreter in Paris, Alois Vollgruber, die Briten „hätten die Russen direkt an die Wand gestellt. Jetzt werde man wohl einige Zeit zuwarten müssen, ehe man an eine Fortsetzung denken könne."[72] Zutreffend kommentierte der österreichische Vertreter in London, Heinrich Schmid, die Situation nach Vertagung der Verhandlungen im Mai 1948 wie folgt: Bei den Briten herrsche „eine Art Katzenjammer. Haben wir richtig gehandelt, die Russen derart in die Enge zu treiben und damit ihre Haltung zu versteifen? Eine Krise zu provozieren?" Die Franzosen hätten „ungefähr dasselbe unheimliche Gefühl"; und die Amerikaner „dürften innerlich keineswegs unglücklich sein, nehmen

70 Vgl. bes. die 108. Sitzung am 3. Mai sowie die 110. Sitzung am 6. Mai 1948: amerikanische Mitschriften in: NA, RG 43, Box 242; britische Mitschriften in „Proceedings". Berichte des amerik. Sonderbeauftragten Reber sowie Weisungen an ihn bis 25. Mai in Konvolut „Austrian Deputies' Telegrams", NA, RG 43, Box 242; einige Berichte veröff. in *FRUS 1948*, Bd. 2, bes. 1502–1505 (Reber berichtete am 6. Mai, der britische Delegierte „finally elicited Soviet declaration that some frontier rectification was necessary", ebd. 1502). Schreiben der Sonderbeauftragten zwischen 7. Mai und 7. Juni 1948 in „Proceedings". Am 7. Juni schrieb Koktomov an den Generalsekretär des Außenministerrates, E. A. Paton Smith, dass er weiterhin seine Stellungnahme vom 6. Mai („some rectification") aufrechterhalte, jedoch jederzeit bereit sei, an der Beratung aller Artikel des Österreich-Vertrages teilzunehmen. Insofern ist die Aussage bei Hanns Haas und Karl Stuhlpfarrer, *Österreich und seine Slowenen,* Wien 1977, 96, dass die Sowjetunion im Juni 1948 „jedenfalls endgültig auf eine Grenzrevision" verzichtete, nicht zutreffend. Ein Durchschlag von Koktomovs Schreiben erliegt in: AdR, BMAA, II-Pol, Zl. 114.482-Pol/48.

71 Smirnov an Vyšinskij, Mai 1948, in: AVPRF, f. 066, op. 29, p. 136, d. 10, l. 40. Vgl. Wolfgang Mueller, „Gab es eine verpasste Chance: Die sowjetische Haltung zum Staatsvertrag 1946–1952", in: Arnold Suppan/Gerald Stourzh/Wolfgang Mueller, Hrsg., *Der österreichische Staatsvertrag 1955: internationale Strategie, rechtliche Relevanz, nationale Identität,* Wien 2005, 96.

72 Bericht vom 10. Juni 1948, AdR, BMAA, II-Pol, Zl. 114.285-Pol/48.

aber natürlich korrekte Haltung".[73] Die Verbitterung – oder Erbitterung – der Sowjets war beträchtlich. Anlässlich eines „langstündigen Gesprächs" Figls mit dem sowjetischen Stellvertretenden Hochkommissar am 27. Mai meinte General Želtov, Österreich wünsche ja überhaupt keinen Staatsvertrag. Figl entgegnete, sein Gesprächspartner dürfe schlecht unterrichtet sein, Österreich wünsche im Gegenteil den Staatsvertrag – „natürlich auf Grund der alten Grenzen und bei Verzicht auf Reparationen".[74] Eine österreichische Note vom 4. Juni an die Sowjetunion mit der Anfrage, ob sie eine Grenzänderung als „sine qua non" eines Vertragsabschlusses ansehe, blieb ohne Antwort.[75] Mündlich nahm dazu, erst nach dem Sommer, der sowjetische politische Vertreter in Wien, Koptelov, in einem Gespräch mit Gruber Stellung. Das Zwiegespräch Gruber–Koptelov wurde außerordentlich hart geführt und reflektiert ohne Zweifel die Verschlechterung der Ost-West-Beziehungen als Folge, wie sogleich zu zeigen sein wird, der inzwischen voll ausgebrochenen Berlin-Krise. Koptelov beklagte sich über die antisowjetische Schreibweise der österreichischen Presse, besonders der *Arbeiter-Zeitung* und der *Neuen Wiener Tageszeitung*, die Sprachrohre der beiden Regierungsparteien. Auf Koptelovs Vorhalt, die Sowjetfeindlichkeit komme doch zweifellos auch von oben, wies Gruber auf die Pressefreiheit hin und ging dann selbst zum Angriff über. Ein Auszug aus Grubers Gesprächsprotokoll möge die Atmosphäre des „Kalten Krieges" verdeutlichen:

> Ich machte dabei die Bemerkung, die Gegnerschaft gegen die Sowjetunion im österr. Volk sei das Resultat ihrer Politik.
> K.: Ich habe eine viel zu hohe Meinung von dem österr. Volk, das ist das Ergebnis einer Hetze eines kleinen Kreises.
> G.: Das ist ein gewaltiger Irrtum, denn jeder Österreicher kennt die Sowjetpolitik. Sie besteht 1.) auf der Forderung der Zerstörung des österr. Staatsgebiets [dies im Hinblick auf die Unterstützung der jugoslawischen Grenzforderungen, G.S.],
> 2.) im Zugriff auf österr. Vermögen unter dem Vorwand des Deutschen Eigentums, und
> 3.) in der offenen Unterstützung der auf Zerstörung des österr. Staatsystems gerichteten Ziele der kommunist. Partei.
> K.: Die Sowjetunion hat nie gesagt, daß sie Österreich zerstören wolle.

73 Bericht vom 26. Mai 1948, AdR, BMAA, II-Pol, Zl. 113.832-Pol/48. Von Interesse die Hinweise auf Grubers Einbindung in und Einverständnis mit der westlichen Taktik bei Knight, „Kärntner Grenzfrage", 335f.

74 Mitteilung Figls im Ministerrat: AdR, MRProt Nr. 114, 2. Juni 1948.

75 Vgl. Knight, „Kärntner Grenzfrage", 336.

G.: Das wurde in London von ihrem Vertreter gesagt.
K.: Das ist nicht richtig. Die Verhandlungen wurden von den Westmächten abgebrochen, obwohl wir uns bereit erklärt haben, alle ihre Vorschläge zu diskutieren.
G.: Wenn die Sowjetunion wirklich nicht im Sinne hatte auf ihren Forderungen zu beharren, so hat sie den Westmächten wohl den besten Propagandaschlager geliefert, den diese jemals verlangen konnten.
K.: Die Westmächte haben die Verhandlungen abgebrochen, nicht wir.
G.: Die Westmächte haben die Verhandlungen abgebrochen, weil die Sowjetunion auf der Zerstörung des Staatsgebiets bestand.
K.: Das ist nicht richtig.
G.: Um das nochmals zu verifizieren, haben wir eine Note an die Sowjetunion gerichtet, um die Haltung zu klären. Diese Note wurde nicht beantwortet.
K.: Diese Note wird ihre Antwort finden, sobald die Verhandlungen wieder aufgenommen sind.[76]

Die Verhandlungsrunde von Februar bis Mai 1948 war in der Tat in eine Zeit rapide wachsender internationaler Spannungen gefallen. Zusätzlich zu den Auswirkungen der kommunistischen Machtübernahme in Prag brach im März auch der Alliierte Kontrollrat für Deutschland auseinander, nachdem das sowjetische Mitglied, Marschall Vasilij Sokolovskij, diesen am 20. März aus Protest gegen eine Währungsreform in den deutschen Westzonen verlassen hatte.[77] Im Juni 1948 begann mit der Unterbindung der Landverbindungen seitens der sowjetischen Besatzungsmacht die sowjetische Blockade West-Berlins und in der Folge die amerikanische Luftbrücke.

Die schwere Bedrohung West-Berlins führte zu mancherlei Ängsten und Nervosität um die Stellung Wiens. Spekulationen um Parallelen zwischen Berlin und Wien wurden angestellt, auch erwog man das Risiko und die Möglichkeiten, dass Wien von der Sowjetarmee eingeschlossen und Österreich geteilt würde. Der britische Außenminister gab im Juli 1948 seiner Meinung Ausdruck, im Hinblick dar-

76 Gespräch am 23. September 1948: AdR, BMAA, II-Pol, Zl. 117.418-Pol/48.

77 Michail Narinskii, „The Soviet Union and the Berlin Crisis“, in: Francesca Gori/Silvio Pons, Hrsg., *The Soviet Union and Europe in the Cold War,* Basingstoke 1996, 57–75; Jochen Laufer, „Reingeschlittert? Die UdSSR und die Ursprünge der Berlin-Blockade 1944–1948“, in: B. Ciesla u.a., Hrsg., *Sterben für Berlin? Die Berliner Krisen 1948:1958*, Berlin 2000, 25–47 und Michael Lemke, „Die Berlinkrisen von 1948/49 und 1958 bis 1963“, in: Bernd Greiner/Christian Müller/Dierk Walter, Hrsg., *Krisen im Kalten Krieg,* Hamburg 2008, 204–243; Gerhard Wettig, *Stalin and the Cold War in Europe: The Emergence and Development of the East-West Conflict 1939–1953*, Lanham 2008, 166–174; zur Luftbrücke Andrei Cherny, *The Candy-Bombers: The Untold Story of the Berlin Airlift and America's Finest Hour*, New York 2008.

auf, dass es in Österreich (im Unterschied zu Deutschland) eine zentrale Regierung gebe, sei das Ziel der Sowjets in Österreich nicht die Teilung des Landes, sondern die Kontrolle der Regierung. Er sprach sich neuerlich für den Abschluss des Vertrages mit Österreich, der zur Evakuierung des Landes durch die Russen und das Ende der Vier-Mächte-Besetzung führen würde, aus.[78] Der amerikanische politische Vertreter in Österreich, John Erhardt, meinte im Juli, das beste Mittel, jede Parallele zwischen Berlin und Wien verschwinden zu lassen, wäre eine Wiederaufnahme der Staatsvertragsverhandlungen zum frühestmöglichen Zeitpunkt.[79] In der amerikanischen Regierung überwog jedoch weiterhin die Tendenz, Vertragsverhandlungen oder gar einen Vertragsabschluss aus Sicherheitsgründen hinauszuzögern. Als Bevin anfangs Oktober in Paris US-Außenminister George Marshall fragte, ob die Verhandlungen nicht wiederaufgenommen werden sollten, winkte Marshall ab; da die Vertragsunterzeichnung von einem Truppenabzug gefolgt werden würde, wäre es besser, die Dinge so zu belassen, wie sie waren.[80]

Die vier Mächte taten in Österreich – fast – nichts, was zu einem Auseinanderbrechen der Institutionen hätte führen können. Nur „fast" deshalb, weil es Hinweise gibt, dass es knapp nach Beginn der Berliner Blockade eine ganz kurzfristige Sperre an der Enns und am Semmering für amerikanischen bzw. britischen Nachschub Richtung Wien gegeben habe.[81] Während jedoch in Berlin die Zweiteilung der Stadt voranschritt, funktionierten in Wien die Vier-Mächte-Institutionen formal reibungslos. In der Tat hätte das Vorhandensein eines internationalen Sektors in Wien und die räumliche Trennung von Teilen des britischen und des sowjetischen Sektors in der Stadt eine allfällige Teilung Wiens unvergleichlich schwieriger gestaltet als jene Berlins. Andererseits waren die Luftverbindungen der Westalliierten nach Wien wesentlich schlechter als nach West-Berlin. Unter der Oberfläche funktionierender interalliierter Institutionen wurden von westlicher, vor allem amerikanischer Seite „emergency"-Planungen für die Evakuierung der wichtigsten Verantwortungsträger und ihrer Angehörigen entwickelt. Es gab auch eine geheime Vorsorgeaktion zur Versorgung allenfalls blockierter Westsektoren mit Lebensmitteln und Brennstoffen (Aktion „Squirrel Cage").[82]

78 In einem Schreiben an Premierminister Attlee: Bullock, *Bevin*, 589f.

79 Zit. bei Rauchensteiner, *Sonderfall*, 240 (Telegramm Erhardt nach Washington v. 26. Juli 1948).

80 Bullock, *Bevin*, 629.

81 Portisch, *Österreich II – Der lange Weg zur Freiheit*, 340f; Carafano, *Waltzing into the Cold War*, 156.

82 Portisch, *Österreich II – Der lange Weg zur Freiheit*, 344–346. Einer Mitteilung aus dem Jahre 1951 zufolge gab es in Österreich eine Sonderreserve haltbarer Lebensmittel unter Verfügungsberechtigung des amerikanischen Hochkommissars in der Höhe von 68.000 Tonnen. Die amerikanische Regierung trug alle mit der Einlagerung dieser Lebensmittel verbundenen Kosten. Die österreichische Regierung hatte sich verpflichtet, diese Lebensmittel so zu rotieren, dass ein Verderben verhindert

Trotz dieser interalliierten Krisen in Österreich und der Dispute über das Schicksal des Landes vermied man eine Blockade der Hauptstadt und eine Teilung des Landes. Aus erst nach dem Ende der UdSSR entdeckten internen sowjetischen Dokumenten wurde später bekannt, dass einer der Akteure eine Strategie erörtert hatte, Österreich entlang der Demarkationslinien in einen westlichen und einen kommunistischen Staat nach deutschem Modell zu teilen. Die Ursprünge dieses Szenarios können in die Folgezeit der desaströsen Niederlage der österreichischen Kommunisten bei den Wahlen 1945 zurückverfolgt werden. Angesichts beschränkter Unterstützung durch das Volk hatte die Führung der KPÖ Konzepte entwickelt, wie ihr politischer Einfluss vergrößert werden könne. Zuerst sollte dafür eine „Aktionseinheit von unten" erschaffen werden, d.h. der linke Flügel der SPÖ gewonnen werden, danach sollten vorzeitige Wahlen provoziert werden, von welchen die KPÖ-Führung erwartete, dass sie zu einer linken Mehrheit führen würden.[83] Als zweiten Schritt schlug Johann Koplenig, der Vorsitzende der KPÖ, in seinem Briefverkehr mit Stalin die sowjetische Übernahme nicht nur des Deutschen Eigentums, sondern der kompletten Wirtschaft in der Ostzone vor, dazu solle die Leitung dieser Unternehmen an Kommunisten übertragen und die wirtschaftliche Orientierung der Zone in Richtung UdSSR eingeleitet werden – eine Strategie, die den Spalt zwischen östlichen und westlichen Zonen vertieft hätte.[84]

Obwohl dieses Programm niemals verwirklicht wurde, dachte die Führung der KPÖ weiterhin über eine Teilung des Landes nach. Wie sie in einem Brief an Stalin Ende 1947 erwähnten, sprachen sich die Parteiführer öffentlich gegen eine Teilung aus, während sie es intern für notwendig erachteten, sich auf eine solche vorzubereiten.[85] Die Angelegenheit wurde von Generalsekretär Friedl Fürnberg und Franz Honner in einem geheimen Treffen in der Nacht von 19. auf 20. Oktober 1947 mit dem Referenten für Zentraleuropa der KPdSU Georgij Korotkevič in Budapest zur

würde und ihr Nährwert erhalten bliebe. Vgl. Information für den Ministerrat: AdR, BKA, MRProt Nr. 262, 18. September 1951, Beilage I zum vertraulichen Protokoll. Notfallsplanungen für Wien ab 1949 quellenmäßig dokumentiert bei: Margit Sandner, *Die französisch-österreichischen Beziehungen während der Besatzungszeit von 1947 bis 1955,* Wien 1985, 276–285. Nunmehr mit neuen Quellen Erwin A. Schmidl, „The Airlift That Never Was. Allied Plans to Supply Vienna by Air, 1948–1950", in: *Army History* (Washington) 43, Herbst 1997/Winter 1998, 12–23; und Richard Hufschmied, *Wien im Kalkül der Alliierten (1948–1955): Maßnahmen gegen eine sowjetische Blockade*, Wien 2002.

83 Mueller, *Die sowjetische Besatzung*, 185–194; auch ders., „Stalin and Austria: New Evidence on Soviet Policy in a Secondary Theatre of the Cold War, 1938–1953/55", in: *Cold War History* 6:1, 2006, 63–84.

84 Koplenig und Fürnberg an Filippov [=Stalin], 20. März 1946, in: RGASPI, f. 17, op. 128, d. 907, ll. 81–83. Siehe auch Koplenig und Fürnberg an Stalin, Juni 1946, ebd., d. 908, ll. 52–56, hier 55. Text in: Mueller u.a., *Sowjetische Politik/Sovetskaja politika*, Dok. 30.

85 Koplenig und Fürnberg an Filippov, 23. Dezember 1947, in: Vatlin u.a., Hrsg., *SSSR i Avstrija,* Nr. 32.

Sprache gebracht. Fürnberg und Honner hatten Gespräche mit Mátyás Rákosi, dem Anführer der ungarischen Kommunisten, geführt, und planten nun, nach Belgrad zu reisen, um Titos Rat einzuholen.[86] Bei der Teilung Österreichs handelte es sich um eines von mehreren Szenarien, welche die Führung der KPÖ mit Stalin und Molotov zu diskutieren vorschlug. Es ist nicht eindeutig klar, wie Rákosi reagierte; in einem Brief an die Führung der KPdSU berichtete er jedoch im März 1948, dass während eines anderen Besuches er und die Anführer der KPÖ übereingestimmt waren, dass „die brüderlichen [kommunistischen, W.M.] Parteien der benachbarten Volksdemokratien die österreichischen Genossen dabei unterstützen würden, die Situation in Österreich auf Grundlage unseres gemeinsamen Planes zu verändern".[87] Tito scheint auf die Aussicht einer österreichischen Teilung positiv reagiert zu haben – zumindest warfen ihm dies später sowjetische Funktionäre im Vorfeld des Bruches zwischen Stalin und Tito vor.[88]

Die sowjetische Führung jedoch konnte diesem Szenario nichts abgewinnen. Im Februar 1948 zitierte das Politbüromitglied Andrej Ždanov, die rechte Hand Stalins, Koplenig und Fürnberg nach Moskau, wo er ihnen mitteilte, dass er erfahren habe, die österreichischen Kommunisten hätten das Gefühl, dass „eine Teilung Österreichs besser als jede andere Alternative wäre".[89] Dies sei nicht akzeptabel. Fürnberg antwortete, dass, falls ein Ende der Besatzung nicht erreichbar wäre, eine Teilung des Landes „der beste Weg wäre" und dass „die jugoslawischen Genossen" diese Meinung teilen würden. Ždanov aber vertröstete sie, sie sollten auf die Macht der „demokratischen Kräfte" und die Losung der „nationalen Unabhängigkeit" vertrauen. Während er zuversichtlich schien, dass ein Abzug der Besatzungsmächte aus Österreich bald erreicht werden könne, erwähnte er nicht, dass eine Spaltung Österreichs nicht nur dem Westen den strategisch wichtigeren Teil des Landes überlassen, sondern auch die Wahrscheinlichkeit eines Zusammenschlusses der Westzonen von Österreich und Deutschland erhöht hätte, was kaum im sowjetischen Interesse sein konnte. Andererseits war das östliche Österreich mit seinen anderthalb Millionen Einwohnern zu klein und wirtschaftlich zu schwach, um als unabhängiger Staat existenzfähig zu sein.

86 Korotkevič an Baranov, 25. Oktober 1947, in: RGASPI, f. 17, op. 128, d. 1089, ll. 18–19.

87 Baranov an Suslov, 2. April 1948, mit der Übersetzung eines Briefes von Rákosi, 22. März 1948, in: RGASPI, f. 17, op. 128, d. 1165, ll. 69–80, hier 79.

88 Am 18. März 1948 berichtete die Internationale Abteilung der KPdSU, dass Tito die Teilungspläne unterstützt hätte, um seine Position in den Donau-Staaten zu stärken. Galina Muraschko/Albina Noskova/Tatjana Wolokitina, „Das Zentralkomitee der WKP(B) und das Ende der nationalen Wege zum Sozialismus", in: *Jahrbuch für Historische Kommunismusforschung*, 1994, 24f.

89 Gespräch Ždanovs mit Koplenig und Fürnberg, 13. Februar 1948, in: RGASPI, f. 77, op. 3, d. 100, ll. 1–8. Text in: Mueller u.a., *Sowjetische Politik/Sovetskaja politika*, Dok. 48.

Trotz dieser Zurückweisung der Ideen der KPÖ verschärfte die sowjetische Besatzungsmacht insbesondere in den Jahren 1947 und 1948 den Einsatz ihrer Machtmittel gegenüber Österreichern. Verhaftungen in Form von Entführungen auf offener Straße, wie im Fall des Beamten Paul Katscher im Dezember 1947,[90] nach Vorladung zu sowjetischen Dienststellen, wie im Fall des Kriminalinspektors Anton Marek im Juni 1948, an der Demarkationslinie, wie im Fall des Gendarmeriebeamten Johann Kiridus im Juli oder, im spektakulärsten Verhaftungsfall, jenem von Margarete Ottillinger im November 1948, aus dem Auto in Gegenwart des Bundesministers Peter Krauland, waren auf der Tagesordnung.[91] Spionageverdacht war wohl das häufigste Motiv der „kidnappings"; viele der Opfer unter den Beamten (wie Katscher und Ottillinger) hatten aus beruflichen Gründen mit der Informationsbeschaffung in der sowjetischen Zone oder der Kontakthaltung mit den Westmächten zu tun, andere (wie Marek und Kiridus) mit der Beobachtung kommunistischer Aktivitäten. Es gab offensichtlich in der die Öffentlichkeit damals außerordentlich erregenden Praxis der „kidnappings" zahlreiche unschuldige Opfer einschließlich Fälle von Verwechslungen, ganz abgesehen von der allen rechtsstaatli-

90 Eine sachliche und ausgewogene zeitgenössische Analyse der „kidnappings" findet sich in Berichten des amerikanischen Diplomaten österreichischer Herkunft Martin Herz vom 4. Juni und 2. Dezember 1948: *Understanding Austria. The Political Reports and Analyses of Martin F. Herz. Political Officer of the US Legation in Vienna 1945–1948,* hrsg. v. Reinhold Wagnleitner, Salzburg 1984, 399–404, 606–608. Vgl. William Lloyd Stearman, *The Soviet Union and the Occupation of Austria,* Bonn 1961, 61–67. Zum Fall Katscher ebd., 402, sowie Wilhelm Svoboda, *Die Partei, die Republik und der Mann mit den vielen Gesichtern. Oskar Helmer und Österreich II. Eine Korrektur,* Wien – Köln – Weimar 1993, 79–81.

91 Margarete Ottillinger, Sektionsleiterin im Bundesministerium für Vermögenssicherung und Wirtschaftsplanung, wurde von der Sowjetunion wegen angeblicher Spionage für die USA verhaftet und ohne Gerichtsverfahren zu 25 Jahren Zwangsarbeit verurteilt. Sie wurde 1955 aus der Haft entlassen und nach Österreich gebracht. 1956 wurde das Urteil aufgehoben und sie voll rehabilitiert. Vgl. Stefan Karner, Hrsg., *Geheime Akten des KGB – „Margarita Ottilinger"* (sic!), Graz 1992, sowie ders., „Zur Politik der sowjetischen Besatzungs- und Gewahrsamsmacht. Das Fallbeispiel Margarethe Ottillinger", in: Ableitinger/Beer/Staudinger, *Österreich unter alliierter Besatzung,* 401–430. Die sowjetische Obrigkeit beschuldigte Ottillinger, Wirtschaftsspionage für die Westmächte betrieben zu haben; auch soll sie Andrej I. Didenko, einem sowjetischen Industrieexperten, 1946 bei der Flucht aus der Sowjetzone in den Westen assistiert haben. Außerdem wurde Ottillinger mit österreichischen Plänen, Teile der österreichischen Stahlproduktion in den Westen zu verlegen, und zwar als Antwort auf die sowjetischen Beschlagnahmungen deutschen, österreichischen und westlichen Eigentums in Österreich, in Verbindung gebracht. Diese Pläne waren durch sowjetische Spionage abgefangen worden. Die sowjetische Seite beabsichtigte, Ottillinger als Warnung vor der Westorientierung Österreichs zu gebrauchen. Stefan Karner, *Im Kalten Krieg der Spionage. Margarethe Ottillinger in sowjetischer Haft 1948–1955*, Innsbruck 2016. See also Ingeborg Schödl, *Im Fadenkreuz der Macht. Das außergewöhnliche Leben der Margarethe Ottillinger*, Wien [2]2015.

chen Verfahren hohnsprechenden Methode von Entführung und Geheimhaltung.[92] Von den 2201 österreichischen Zivilpersonen, die von 1945 bis 1955 vor sowjetischen Tribunalen und Gerichten angeklagt wurden, wurden 152 exekutiert, 199 starben im Gefängnis, 818 wurden nach der Haft in die Heimat zurückgebracht, und 751 werden noch vermisst.[93]

Die Verhaftung und Verschleppung von Angehörigen des öffentlichen Dienstes führte zu Verunsicherung im Beamtenapparat und zu alarmierten streng vertraulichen Diskussionen im Ministerrat.[94] Figl nannte den Fall Marek „sehr ernst" und berichtete einmal, Željtov habe ihm mitgeteilt, in die Sache seien „Männer von großem Format verwickelt".[95] Eine anlässlich eines Abendempfanges des sowjetischen Hochkommissars im November 1948 stattfindende Konversation wirft ein psychologisch bemerkenswertes Licht auf die österreichisch-sowjetischen Beziehungen in jener Zeit des Spätstalinismus und eskalierenden Kalten Krieges. Figl berichtete im Ministerrat, Željtov habe zu ihm gesagt, „ich mache ihm das Leben sauer. Ich sagte, das ist wohl umgekehrt der Fall, er macht mir das Leben sauer. Ich sei nur ein ‚kleiner Bundeskanzler' in einem kleinen Lande, während er ein großer Generaloberst in einem großen Reiche sei. Hierauf bemerkte er, daß er kein Geld habe, daß ich

92 Portisch, *Österreich II – der lange Weg zur Freiheit*, 355–358. Der „Schaden, der unserer [sowjetischen, W.M.] Politik" durch diese Praxis zugefügt wurde, blieb den sowjetischen Diplomaten nicht verborgen. Smirnov an Koptelov, 22. Dezember 1948, in: Karner/Stelzl-Marx/Tschubarjan, Hrsg., *Die Rote Armee: Dokumente*, Dok. 108.

93 Die übrigen wurden (vermutlich) freigelassen oder ihr Schicksal ist unklar. Harald Knoll/Barbara Stelzl-Marx, „Sowjetische Strafjustiz in Österreich", in: Karner/Stelzl-Marx, *Die Rote Armee*, 285; 292. Von den 893 Fällen zwischen 1945 und 1955 betrafen 204 Spionageverdacht (mit einem Hoch von 50 Fällen 1948). Fritz Molden berichtet in seinem Erinnerungsbuch *Besetzer, Toren, Biedermänner. Ein Bericht aus Österreich 1945–1962,* Wien 1980, 119–138, dass bereits ab Sommer 1946 auf Initiative des amerikanischen Geheimdienstes Überlegungen angestellt wurden, wie einer allfälligen kommunistischen oder sowjetischen Machtübernahme in Österreich vorzubeugen oder entgegenzutreten sei. Molden erwähnt Gespräche mit Figl, Helmer, Gruber und Graf (ebd., 127). Im Frühjahr 1948, so Molden, seien durch eingeschleuste Spitzel den Sowjetbehörden Mitteilungen über geplante und im Gang befindliche Aktionen zugekommen, es seien im Laufe des Jahres 1948 etwa 300 Personen verhaftet worden; Molden erwähnt namentlich Dr. Rafael Spann, Kriminalinspektor Anton Marek, den Gendarmeriebeamten Johann Kiridus und Margarete Ottillinger (ebd., 128f). Vgl. Edda Engelke, „Zum Thema Spionage gegen die Sowjetunion", in: Schmidl, *Österreich im frühen Kalten Krieg*, 119–136. Zur Ermordung von US-Beamten in Österreich durch gegnerische Geheimdienste, siehe Ralph W. Brown III, „Making the Third Man Look Pale: American-Soviet Conflict in Vienna During the Early Cold War in Austria", in: *The Journal of Slavic Military Studies* 14:4, 2001, 81–109.

94 AdR, MRProt Nr. 117, 22. Juni 1948: „Auf Antrag des BM. Helmer, der zu diesem Problem einige wichtige Mitteilungen zu machen hat, berät der Ministerrat sodann ohne Beiziehung des Sektionschefs, des Schriftführers und des Vertreters des Bundespressedienstes von 10.55 bis 11.50 Uhr."

95 AdR, MRProt Nr. 117, 22. Juni 1948, hierzu als Beilage D auch Schreiben Željtovs an Figl v. 19. Juni 1948, sowie MRProt Nr. 133, 16. Nov. 1948.

ein großer Feind der Sowjetunion sei. Er sprach dies alles mit großem Ernst."[96] Offensichtlich fühlten sich die immer wieder vom Standpunkt des Rechtes und der Menschenrechte aus zurecht kritisierten sowjetischen Organe sozusagen „in Feindesland".

Dazu kamen wohl – bis 1953 noch zunehmend – die spezifischen Feindbildvorstellungen der spätstalinistischen Zeit, wonach jeder Nichtstalinist als Feind aufgefasst wurde. Nach dem Bruch mit Tito 1948 sollte dies zunehmend in Österreichs Nachbarstaaten zu Massenverfolgungen schlimmster Art führen. In ihrem jährlichen Report kam die sowjetische Besatzung in Österreich 1949 zu dem Schluss, dass „die österreichische Regierung sich als eine Organisation von Agenten des anglo-amerikanischen Imperialismus erwiesen hat und mit ihren Aktivitäten einen stark ausgeprägten reaktionären und antisowjetischen Kurs verfolgt."[97]

Im Juli 1948, nachdem der Gendarmeriebeamte Kiridus verhaftet worden war, bemerkte Helmer, „schlechter als das Verhältnis zu den Russen ist, kann es auch nicht mehr werden".[98] Auch von den genannten Fällen abgesehen, beschäftigte den Ministerrat die Verunsicherung in der Beamtenschaft sehr. Helmer meinte im August, „was sich in Niederösterreich innerhalb der Beamtenschaft" abspiele, könne man sich kaum vorstellen. Weder Landesregierung noch Bundesregierung noch Alliierter Rat könnten den Beamten Schutz geben.[99] Nach der Verhaftung Ottillingers im November wurde das Thema wiederum akut: Helmer sprach von der „Schockwirkung" der Fälle Katscher, Marek usw. und meinte, der Fall Ottillinger habe zur Folge, „daß, wenn wir nicht einen energischen Schritt unternehmen, die Verwaltung zerfallen wird". Eine Woche später sagte er: „Es ist ein Wunder, daß wir das Staatswerkel noch aufrechterhalten und daß wir die Verwaltung noch führen können."[100]

Sicher war Österreich im Vergleich zu anderen Krisenherden in und um das Jahr 1948, vor allem im Vergleich zur Berlin-Krise, ein „Sonderfall".[101] Aufgrund der sowjetischen Präsenz machten sich jedoch die Auswirkungen stalinistischer Politik und der Kalte Krieg auch in diesem Land bemerkbar.

---

96 AdR, MRProt Nr. 132, 9. November 1948.

97 Report, 26. Jan. 1950, in: Mueller u.a., *Sovetskaja politika*, 641.

98 AdR, MRProt Nr. 121, 20. Juli 1948, vertrauliche Mitschrift.

99 AdR, MRProt Nr. 122, 19. August 1948. Vgl. auch MRProt Nr. 115, 8. Juni 1948 mit Diskussion über die Gefährdung der Beamtenschaft.

100 AdR, MRProt Nr. 132, 9. November 1948, sowie Nr. 133, 16. November 1948 (vertraulicher Teil). Im Nachlass Oskar Helmers im Archiv des Vereines für Geschichte der Arbeiterbewegung in Wien befinden sich Materialien über die Besatzungszeit 1945–1955. Zu Helmer siehe Svoboda, *Die Partei*.

101 Von der „Chimäre vom Kalten Krieg" zu sprechen stellt eine verharmlosende Charakteristik dar. Rauchensteiner, *Sonderfall*, 221, 248.

3. Der Bruch zwischen Moskau und Belgrad – Ein neuer Beginn für die Vertragsverhandlungen und das Ende der jugoslawischen Gebietsforderungen gegen Österreich, Februar–Mai 1949

Wir kehren neuerlich in die internationale Arena zurück, zum Schicksal der Staatsvertragsverhandlungen. Eine weitere internationale Krise in Österreichs unmittelbarer Nachbarschaft hatte sich im ersten Halbjahr 1948, der Öffentlichkeit lange verborgen, angebahnt: der Bruch zwischen Stalin und Tito.[102] Als dieser Ende Juni offiziell wurde, versetzte er die westliche Welt in höchstes Erstaunen. In den darauffolgenden Wochen erreichte der Kalte Krieg in Europa mit der Blockade Berlins und der westlichen Luftbrücke einen dramatischen Höhepunkt.

Für Österreich barg die Wende in den sowjetisch-jugoslawischen Beziehungen die Chance, von dem vermutlich verminderten Engagement der Sowjetunion für Jugoslawiens Forderungen an Österreich zu profitieren. Die Pariser Session der UN-Generalversammlung im Herbst 1948 bot die Gelegenheit zu verschiedenen informellen Gesprächen. Am 4. Oktober diskutierten die drei westlichen Außenminister Bevin, Marshall und Schuman am Quai d'Orsay die Österreich-Frage. Bevin zeigte sich gut informiert, als er meinte, eine Schwierigkeit liege darin, dass einerseits Gruber es mit dem Vertrag nicht so eilig habe,[103] da dies den Abzug der westlichen Besatzungstruppen bedeuten würde, während andererseits die Sozialdemokraten den Abschluss wünschten. Sondierungen des Außenministers Gruber bei den Spitzendiplomaten aller vier Mächte ergaben das Einverständnis zur Wiederaufnahme der Staatsvertragsverhandlungen. Andrej Vyšinskij, sowjetischer Stellvertretender Außenminister, meinte zwar, die Stellungnahme der Sowjetunion zur Frage der Grenzen habe sich nicht geändert, er gab aber Gruber zu verstehen, dass das Hauptinteresse der Sowjetunion in der Regelung der Frage des Deutschen Eigentums bestehe. Auch die Amerikaner, die im Frühjahr die Verhandlungen am stärksten gebremst hatten, waren im Hinblick auf die sich für den Westen günstiger gestaltende Lage (Erfolg der Berliner Luftbrücke, Funktionieren des Marshall-Planes, Schwächung der UdSSR auf der Balkan-Halbinsel) mit der Wiederaufnahme der Verhandlungen einverstanden.[104] Am 6. Dezember wandte sich Österreich mit

---

102 Siehe dazu A. S. Anikeev, *Kak Tito ot Stalina ušel: Jugoslavija, SSSR i SŠA v načaln'nyj period cholodnoj vojny (1945–1957)*, Moskva 2002, 122–137.

103 „Dr. Gruber was not himself too anxious for a treaty…" TNAUK, FO 371/70398/C8239.

104 Gruber, *Befreiung*, 200f. Offizieller Anlass für Grubers Paris-Besuch war eine OEEC-Tagung; vgl. ein französisches Radiointerview Grubers vom 14. Oktober 1948: AdR, BMAA, II-Pol, Zl. 118.001-Pol/48; das Gespräch mit Vyšinskij fand am 16. Oktober statt, Zl. 117.790-Pol/48; zu den Bespre-

dem Ersuchen um Wiederaufnahme der Verhandlungen in gleichlautenden Noten an die vier Mächte.

Knapp nach Jahresbeginn 1949 informierte Außenminister Gruber die österreichischen Gesandtschaften in Paris, London und Washington über die Verhandlungstaktiken, welche die Westmächte anwenden würden. Es ist ein kluges Dokument, maßvoll zu einem Zeitpunkt heftiger Ost-West-Konfrontationen. Gruber schrieb, dass Österreich durchaus in der Lage sein werde, seine freie Existenz „short of war" zu behaupten. Die Entwicklungen des Jahres 1949 würden „zur Festlegung einer gewissen Solidarhaftung der freien Staaten untereinander" führen, so dass „ein militärischer Angriff auf einen beliebigen Staat, z. B. auch auf Österreich, für den Angreifer das Risiko einer Auseinandersetzung mit der Gesamtmacht der freien Welt in sich tragen müßte". Hier sind – allerdings im Rückblick wohl zu optimistische – Erwartungen an die sich formierende nordatlantische Allianz zu spüren. Wolle man eine Politik vermeiden, die „unaufhaltsam zu kriegerischen Verwicklungen führen" müsse, so werde es erforderlich sein, „daß gleichzeitig an der politischen Sanierung des Zusammenlebens der verschiedenen Weltgruppierungen gearbeitet" werde. Sehr deutlich – ganz offensichtlich im Wissen um den Widerstand westlicher Militärs gegen einen Abzug aus Österreich – schrieb Gruber, es „wäre nichts unsinniger, als die Frage des österreichischen Staatsvertrages nur rein nach militärischen Bedürfnissen zu beurteilen. Die uneingeschränkte Zustimmung der europäischen Völker zu der durch den Marshallplan inaugurierten Politik ist ein viel wichtigeres Element der inneren Stärke Europas, als ein paar taktische Regeln, die ausschließlich von Militärs aufgestellt werden." Gruber machte klar, dass Wien keine rasche Lösung erwartete, sondern eher einen länger dauernden Prozess bis hin zu einem ratifikationsreifen Vertrag. Die fortlaufende Inganghaltung der Verhandlungen sei aber auch notwendig, „um die einzige derzeit funktionierende Viermächte-Verwaltung, nämlich jene in Wien, in Gang zu halten und von abenteuerlichen Auseinandersetzungen zu entlasten, die nur zu einem neuen Luftversorgungsproblem führen müßten, das technisch, wirtschaftlich und politisch viel schwerer zu bewältigen wäre als jenes von Berlin".[105]

Die neue Verhandlungsrunde in London begann am 9. Februar 1949 und endete am 10. Mai nach 53 Sitzungen – im Frühjahr 1948 waren es „nur" 47 Sitzungen gewesen. Die neue Runde fand gleichzeitig mit den Versuchen der Sowjetunion statt, die Blockade West-Berlins zu liquidieren. Vertrauliche Gespräche des sowjetischen

chungen mit den Westmächten vgl. Telegramm Grubers an Kleinwächter v. 3. November 1948, Zl. 118.208-Pol/48.

105 AdR, BMAA, II-Pol, Zl. 80.263-Pol/49 v. 12. Jänner 1949. Konzept von Johannes Coreth ausgearbeitet, approbiert von Markus Leitmaier, Ausfertigung von Gruber unterfertigt.

UN-Botschafters Jakov Malik mit dem amerikanischen Sonderbotschafter Philip Jessup in New York zwischen 15. Februar und 4. Mai 1949 ebneten den Weg zur Aufhebung der Berliner Blockade, die sich die Sowjetunion mit der Zustimmung der Westmächte zur Einberufung einer neuen Session des Außenministerrates honorieren ließ.[106]

Der unbezweifelbare Sieg der westlichen Eindämmungspolitik in Berlin führte in Washington zu manchen, wie sich im Rückblick zeigt, überzogenen Einschätzungen eines schrittweisen Rückzuges der Sowjetunion aus ihren mitteleuropäischen Positionen; dies wiederum führte zu einer „hinhaltende[n] Taktik" der Amerikaner in den Staatsvertragsverhandlungen, wie Kleinwächter nach Wien berichtete.[107] Auch britische Diplomaten äußerten sich in informellen Gesprächen skeptisch, so der damals als zweiter Mann der britischen Botschaft und zeitweiliger Geschäftsträger in Moskau wirkende Geoffrey Harrison. Im Gespräch mit dem österreichischen politischen Vertreter, Norbert Bischoff, sagte er, er könne nicht glauben, dass irgendeine der Besatzungsmächte gegenwärtig zu einem Vertragsabschluss kommen möchte, der sie zwingen würde, in ein paar Monaten ihre Truppen aus Österreich zurückzuziehen. In der Österreich-Frage wolle niemand ablehnen, aber auch niemand nachgeben, zumal – abgesehen selbstverständlich von den Österreichern – „jeder mit der gegenwärtigen Lage zufrieden sei".[108] Damit hat Harrison eine sehr häufige, nicht bloß auf die Situation des Frühjahres 1949 beschränkte Ambivalenz der diplomatischen Sprechweise der vier Mächte treffend charakterisiert: In der Öffentlichkeit wollte niemand die österreichische Forderung nach dem Staatsvertrag ablehnen; hinter vorgehaltener Hand waren viele Kommentare wesentlich skeptischer.

Die sowjetische Position hinsichtlich einer neuen Runde an Staatsvertragsverhandlungen[109] war nicht weniger ambivalent. Rolf Steininger hat argumentiert, dass Stalin Österreich gegenüber eine kooperativere Einstellung an den Tag legte, um der im Westen seit der gescheiterten Londoner Konferenz Ende 1947 zunehmenden Tendenz, Schlüsse aus der sich vertiefenden Teilung Deutschlands zu ziehen und einen

106 Siehe dazu Philip Jessup, „Park Avenue Diplomacy", in: *Political Science Quarterly* 87, 1972, 377–400; sowie die entsprechenden sowjetischen Dokumente in *SSSR i germanskij vopros*, Bd. 4, Moskva 2012, 359f; 377–382; 388–392; 394–398; 402–408; 410–417; 423–429.

107 Berichte Kleinwächters aus Washington vom 2. April, 45-Pol/49 (Gespräch mit Murphy), und 12. April 1949, 51-Pol/49 (zu Kennan): AdR, BMAA, II-Pol, Zl. 82.740-Pol/49 sowie 83.169-Pol/49. Vgl. auch Telegramme des sich in London aufhaltenden Außenministers Gruber an Kleinwächter vom 30. und 31. März 1949, Zl. 82.738 u. 82.739-Pol/49.

108 Bericht Bischoffs 16-Pol aus Moskau vom 26. Februar 1949, AdR, BMAA, II-Pol, Zl. 82.134-Pol/49, sowie Telegramm Bischoffs vom 2. Mai 1949, Zl. 83.402-Pol/49.

109 Der Entschluss, die Einladung anzunehmen, wurde am 17. Dezember 1948 angenommen. KPdSU, Politbüro Protokoll 66, P. 216 OP, in RGASPI, f. 17, op. 162, d. 39, ll. 148, 196.

westdeutschen Staat zu gründen, Einhalt zu gebieten.[110] Dieser Erklärung zufolge war es die Absicht der Sowjetunion, am Beispiel Österreichs zu demonstrieren, dass keine Schritte hin zur Konsolidierung Westdeutschlands gemacht werden sollten, solange die Vier-Mächte-Verhandlungen noch am Leben waren. Ein zweites, konkreteres Interesse an den Verhandlungen bestand offensichtlich darin, die Gewinne aus dem Verkauf des Deutschen Eigentums in Österreich möglichst bald zu lukrieren. Sobald die UdSSR mit der Aushandlung der Preise begonnen hatte, schien es wahrscheinlich, dass sie sich jede Gelegenheit, die Verhandlungen abzuschließen, zu Nutzen machen wollte – zumindest soweit wirtschaftliche Interessen betroffen waren. Wie wir sehen werden, hatte dies nicht notwendigerweise die Bereitschaft der UdSSR, sich aus Österreich zurückzuziehen, zur Folge. Zu guter Letzt führte der Bruch zwischen Stalin und Tito zu einem weiteren Rückgang der sowjetischen Bereitschaft, die jugoslawischen Forderungen zu unterstützen – diese Bereitschaft war nie bedingungslos gewesen. 1947 hatte Molotov Kardelj klargemacht, dass die sowjetische Diplomatie die jugoslawischen Ansprüche hauptsächlich deshalb unterstützte, weil sie Zugeständnisse des Westens bezüglich des Deutschen Eigentums in Österreich gewinnen wollte.[111] Nach dem Zusammenbruch der Staatsvertragsverhandlungen im Mai 1948 (vorgeblich aufgrund der jugoslawischen Ansprüche, in Wahrheit aufgrund von Sicherheitsbedenken nach dem kommunistischen Putsch in Prag) argumentierte der Leiter der Dritten Europäischen Abteilung im sowjetischen Außenministerium, Andrej A. Smirnov, dass „jede weitere Unterstützung der jugoslawischen Gebietsansprüche [...] keine Aussicht auf ihre Erfüllung bietet, uns eher in die unvorteilhafte Lage bringt, den Westmächten einen Vorwand dafür zu liefern, die Schuld für die absichtliche Verzögerung des Staatsvertrags auf uns zu schieben“.[112] Als die Staatsvertragsverhandlungen wieder aufgenommen wurden, wiederholte Smirnov seine Empfehlung, die Unterstützung der jugoslawischen Forderungen einzustellen.[113] Obwohl die sowjetischen Weisungen für die neue Runde der Staatsvertragsverhandlungen dieser Empfehlung nicht nachkamen, legten sie fest, man solle „erklären, dass die UdSSR die Gebietsforderungen Jugoslawiens vom 27. April 1948 unterstützt, aber auch bereit ist, andere Vorschläge, die die jugoslawischen Interessen berücksichtigen, in Betracht zu

110 Steininger, *Der Staatsvertrag*, 101, 106f.

111 Siehe oben, Kapitel II.2.

112 Zit. bei Stefan Karner/Peter Ruggenthaler, „‚Eine weitere Unterstützung der jugoslawischen Gebietsforderungen bringt uns in eine unvorteilhafte Lage‘: Der Artikel 7 des Österreichischen Staatsvertrages als diplomatischer Kompromiss“, in: Stefan Karner, Hrsg., *Kärnten und die nationale Frage,* Bd. 1, Klagenfurt 2005, 105.

113 Smirnov, Kiselëv und Koktomov an Molotov, 13. Jänner 1949, in: AVPRF, f. 06, op. 11, p. 9, d. 114, ll. 1–4.

ziehen."[114] Die sowjetische Delegation sollte in dieser Hinsicht keine eigenmächtigen Angebote machen, sondern vorschlagen, die jugoslawische Delegation erneut zu hören, und, im Fall von reduzierten Ansprüchen, diese zu unterstützen. In Bezug auf das Deutsche Eigentum wurde die sowjetische Delegation instruiert, die bestehende Position beizubehalten. Molotov drückte in seinem Begleitschreiben an Stalin die Zuversicht aus, dass es möglich sein könnte, „bestehende Meinungsverschiedenheiten im Verlauf weiterer Verhandlungen auszuräumen".[115]

Bevor sich die Jugoslawen mit neuen Vorschlägen 1949 nach vorne wagten, bat der jugoslawische Botschafter in Moskau, Karlo Mrazović, Andrej Vyšinskij um Rat, ob man die territorialen Forderungen reduzieren solle, erhielt aber die doppeldeutige Antwort, dass die UdSSR nicht darauf vorbereitet sei, irgendwelche Empfehlungen abzugeben.[116]

Die wichtigste Entwicklung während der neuen Verhandlungsrunde bestand in der Veröffentlichung der radikalen Änderung der jugoslawischen Haltung. Am 24. Februar 1949 legte der stellvertretende jugoslawische Außenminister Aleš Bebler den Sonderbeauftragten ein neues Programm mit vier Punkten vor:[117] 1. Grenzberichtigung zugunsten Jugoslawiens in einem noch später zu bestimmenden Ausmaß; 2. politische, wirtschaftliche und kulturelle Autonomie für jenen Teil „Slowenisch-Kärntens", der bei Österreich verbliebe; 3. „substanzielle" Reparationen Österreichs an Jugoslawien; 4. Garantien für die Minderheitenrechte der Kroaten und Slowenen, die außerhalb des autonomen Gebietes blieben.

Die Grenzberichtigungen beschränkten sich auf Gebietsabtretungen im Bereich der Drau-Kraftwerke Schwabegg und Lavamünd – das Minimalprogramm wurde nun ins Spiel gebracht. Zur Autonomie hatte Bebler in einem Gespräch mit dem amerikanischen Delegierten Reber gemeint, er könne sich die Teilung Kärntens in zwei Bundesländer nach den Bestimmungen der österreichischen Verfassung vorstellen, daher würde kein spezielles Autonomieregime nötig sein.[118] Allerdings wies Bebler in seiner Erklärung vom 24. Februar darauf hin, dass in dem autonomen Gebiet die Funktionen der zukünftigen österreichischen Armee auf den Grenzschutz beschränkt, die Beziehungen der Bevölkerung zur jugoslawischen Teilrepublik Slo-

114 KPdSU, Politbüro Protokoll 67, P. 250p, 17. Jänner 1949, in: RGASPI, f. 17, op. 162, d. 40, ll. 2, 10f. Vgl. Mueller, „Gab es eine verpasste Chance", 100.

115 Molotov an Stalin, 16. Jänner 1949, in: RGASPI, f. 17, op. 166, d. 800, ll. 7f.

116 Anikeev, *Kak Tito ot Stalina ušel*, 164.

117 „Nouvelles Propositions de la RFP de Yougoslavie pour le Traité de Paix [sic!] avec l'Autriche", Presseaussendung mit Text von Beblers Erklärung der Presseabteilung der jugoslawischen Botschaft in Bern, vorhanden in: *Bibliothèque de Documentation internationale contemporaine*, Paris – Nanterre.

118 *FRUS 1949*, Bd. 3: *Council of Foreign Ministers: Germany and Austria*, Washington 1974, 1074 (Gespräch am 12. Februar 1949).

wenien erleichtert und das Statut des neuen Landes im Staatsvertrag verankert und unter die Garantie des Sicherheitsrates der Vereinten Nationen gestellt werden sollte.

Vier Tage später erschien Außenminister Gruber vor den Sonderbeauftragten und lehnte neuerlich unter Hinweis auf die Volksabstimmung jede Grenzberichtigung ab. Auch die Errichtung eines eigenen autonomen Gebietes in Südkärnten verweigerte er. Gruber verwies auf den in der österreichischen Verfassung verankerten Schutz der Grundrechte jedes Staatsbürgers, der auch von Angehörigen einer Minderheit in Anspruch genommen werden könne. Er gab auch zu erkennen, dass eine Verankerung der verfassungsmäßig garantierten Rechte im Staatsvertrag, falls erwünscht, erwogen werden könne.[119] Von amerikanischer Seite wurden Grenzberichtigungen wie auch Beblers Vorschlag eines autonomen Südkärnten abgelehnt; doch waren die Amerikaner bereit, drei Konzessionen an Jugoslawien zuzustimmen: 1. dem Einbau eines Kataloges von Minderheitenrechten in den Staatsvertrag; 2. der Übergabe österreichischen Vermögens in Jugoslawien an Jugoslawien; 3. der bilateralen Regelung der Frage der Drau-Kraftwerke.[120]

In seinen Memoiren hat Gruber berichtet, dass der Bruch zwischen Belgrad und Moskau bei den Westmächten Versuche auslöste, den Jugoslawen stärker entgegenzukommen und Österreich zu manchen Kompromissen zu ermuntern.[121] Dass in Österreich gewisse Sorgen in dieser Richtung bestanden, zeigt auch ein Bericht über den Besuch des US-Sonderbeauftragten Reber bei Bundespräsident Renner in Wien Mitte April 1949. Der Bundespräsident, so meldete Reber, habe „in ununterbrochener längerer Rede“ und mit „tiefem Gefühl“ darüber gesprochen, welche Bedeutung die Unverletzlichkeit der Kärntner Südgrenze habe; Renner habe nicht, nach Rebers Meinung, impliziert, dass die Westmächte einen Kompromiss planten – doch niemand, der mit Renners Wirken vertraut ist, wird annehmen, dass er sich nur von ungefähr so ausführlich und emphatisch über die Kärntner Grenze ausgelassen hat. Schon im Mai 1948 hatte übrigens der französische Gesandte in Wien eine neuerliche Volksabstimmung zur Klärung der Kärntner Grenzfrage zur Diskussion gestellt.[122]

---

119 Für Grubers Erklärung siehe *Austrian Information,* hrsg. vom Österreichischen Informationsbüro in New York, Special issue Nr. 2, 7. März 1949.

120 Weisung Achesons an Reber vom 23. Februar 1949, *FRUS 1949,* Bd. 3, 1075f.

121 Gruber, *Befreiung,* 206–208. Hierzu vgl. u.a. den Bericht Kleinwächters aus Washington v. 10. Februar 1949, der vor einer Analogie Südtirol-Kärnten warnte und meinte: „Konzessionen an Jugoslawien auf Österreichs Kosten eröffnen Aussichten, jenes Rußland ganz zu entfremden und es fest an die Weststaaten zu binden.“ AdR, BMAA, II-Pol, Zl. 81.403-Pol/49; ferner Zl. 81.298-Pol/49 sowie 81.391-Pol/49; Brief Grubers an Bundeskanzler Figl aus London vom 12. Februar 1949, Konvolut „Pol. Akten über die Staatsvertragsverhandlungen 1948/1949“.

122 *FRUS 1949,* Bd. 3, 1087f. Zu der französischen Sondierung wegen einer neuerlichen Volksabstim-

Zwei weitere Entwicklungen während der Verhandlungsrunde vom Frühjahr 1949 sind hier zu vermerken. Die Franzosen zogen ihre ursprünglichen Vorschläge zur Beschränkung der österreichischen industriellen Forschung, Produktion und Lagerhaltung bestimmter Materialien, die militärisch genutzt werden könnten, Anfang April zurück. Am 8. April erklärten die drei westlichen Sonderbeauftragten, dass die Westmächte Deutsches Eigentum in den Westzonen (für welches längst österreichische Treuhänder bestellt worden waren) nicht als deutsche Reparationsleistungen im Sinne der Potsdamer Beschlüsse in Anspruch nehmen und diese Werte Österreich ohne Ablöse überlassen würden. Bundeskanzler Figl drückte Reber bei dessen Besuch in Wien seine Genugtuung über diese Entscheidung aus. Jedenfalls sollte damit die sowjetische Konzessionsbereitschaft in der Frage des Deutschen Eigentums ermuntert werden.[123]

4. Der Kompromiss von Paris, Mai–Juni 1949

Zum Greifen nahe schien der Abschluss des Staatsvertrages im Juni 1949 auf der in Paris von 23. Mai bis 20. Juni 1949 tagenden sechsten Session des Rates der Außenminister.[124] Es gelang zwar nicht, wie Gruber ursprünglich wollte, Österreich als ersten Punkt auf die Tagesordnung zu bringen, noch vor der Deutschland-Frage, aber grundsätzlich gab es Konsens aller vier Mächte, auch das Österreich-Thema zu besprechen.[125] Persönlich plädierte Gruber bei einer Unterredung mit dem französischen Außenminister Robert Schuman am 11. Mai in Paris dafür, man solle diese einmalige Gelegenheit benützen, um den Staatsvertrag unter Dach und Fach zu bringen. Gruber brachte auch geschickt immer zumindest latent vorhandene französische Ängste vor Deutschland und besonders vor großdeutschen Tendenzen ins Spiel; er argumentierte, sollte etwa der Außenministerrat irgendwelche Resultate für Deutschland, nicht jedoch für Österreich erzielen, würde das „Wiederaufleben großdeutscher Velleitäten" unvermeidlich. Natürlich seien mit dem Abschluss des Staatsvertrages gewisse Risiken verbunden, „aber diese hätten nicht die Bedeutung,

mung *FRUS 1948,* Bd. 2, 1403, sowie Bericht Erhardt an State Dept. Nr. 664, NA, RG 59, 740.001 19 Control (Austria)/5-2548; Gruber, Figl und Schärf lehnten dies kategorisch ab. Bericht Erhardt Nr. 647 v. 21. Mai 1948, Kopie in Konvolut „Austrian Deputies' Telegrams", NA, RG 43, Box 242. Vgl. Schreiben Grubers an die drei westlichen politischen Vertreter in Wien (Erhardt, Jerram und de Monicault) vom 28. Mai 1948, AdR, BMAA, II-Pol, Zl. 113.537-Pol/48.

123 *FRUS 1949*, Bd. 3, 1088.

124 Die umfassendste Quellenveröffentlichung ebd., 856–1065.

125 Vgl. aus den Akten des Wiener Außenamtes u.a.: AdR, BMAA, II-Pol, Zl. 83.193-Pol/49, Zl. 83.207-Pol/49, Zl. 83.493-Pol/49.

die ihnen die Militärs zubilligten, die sich lieber überhaupt um die Politik nicht kümmern sollten". Dies in Paris zu sagen war gewiss ein Seitenhieb auf die Ansichten des französischen Hochkommissars und Oberbefehlshabers Marie-Émile Béthouart. Schuman ging übrigens durchaus darauf ein und meinte, niemand in der französischen Regierung sei solchen Bedenken zugänglich und die ganze französische Regierung trete für den Abschluss des Staatsvertrages ein.[126]

Als Gruber wenige Wochen später den britischen Außenminister aufsuchte, unterstrich er erneut die Notwendigkeit des Staatsvertrages aufgrund der Angst vor einem Wiederaufleben großdeutscher Strömungen. Seine Argumentationen in dieser Richtung müssen vor dem Hintergrund der sich gerade konstituierenden Bundesrepublik Deutschland und deren von Anfang an starker Westbindung gesehen werden, ebenso wie vor dem Hintergrund der ein Jahr nach der Währungsreform wirtschaftlich merkbaren Erholung Westdeutschlands. Bevin gab dem Gespräch eine neue Wendung, als er Gruber fragte, was zu tun wäre, wenn man bei der Pariser Außenministertagung den Vertrag nicht bekommen würde; Gruber ventilierte darauf die Idee, die militärische Räumung Österreichs seitens der Großmächte voranzutreiben und die Vertragsverhandlungen gewissermaßen nebenher weiterlaufen zu lassen. Das wesentliche Ziel, so Gruber, sei weiterhin „die militärische Evakuation Österreichs seitens der Sowjets". Wie realistisch eine solche Vorstellung war, sei dahingestellt.[127]

Die Dinge gerieten in Bewegung, als Vyšinskij, der im März 1949 zu Molotovs Nachfolger befördert worden war, in Paris die bisherige sowjetische Unterstützung der jugoslawischen Gebiets- und Reparationsansprüche zurückschraubte. Erstmals erkennen ließ er die neue Einstellung am 10. Juni in einem Gespräch mit Dean Acheson, der zu Jahresanfang George Marshall als US-Außenminister nachgefolgt war. Bei einem Abendessen in der sowjetischen Botschaft sagte Vyšinskij, dass die jugoslawischen Ansprüche „nicht unsere Ansprüche" seien; er fügte hinzu, es müsse möglich sein, eine Einigung zu erzielen. Schließlich gebe es nur drei Punkte mit wesentlichen Differenzen: die Südgrenze, jugoslawische Reparationsansprüche und Deutsches Eigentum. Auch sagte er, er habe keinen Wunsch, den Abschluss des österreichischen Vertrages zu verzögern.[128]

---

126 Ebd., Zl. 83.872-Pol/49 (von Vollgruber verfasste Aufzeichnung über das Gespräch zwischen Gruber und Schuman). Im darauffolgenden Herbst sollte sich die französische Haltung versteifen, wie weiter unten gezeigt werden wird.

127 TNAUK, FO 371/76442/C4897, Gespräch Bevin–Gruber am 7. Juni 1949. Audrey Kurth Cronin, *Great Power Politics and the Struggle over Austria 1945–1955*, Ithaca – London 1986, 73f. weist den Ideen Grubers (mit dem Zwischentitel „An Austrian Proposal") wohl größere Bedeutung zu, als ihnen zukam.

128 *FRUS 1949*, Bd. 3, 982.

Über Österreich wurde im Außenministerrat erstmals am 12. Juni gesprochen, als Schuman ein Memorandum präsentierte, in dem Österreichs Status als befreites Land betont und festgehalten wurde, dass es keine Lösung für den Vertrag ohne Festlegung der Grenzen im Umfang vom 1. Jänner 1938 geben könne. Außerdem solle, „in Erfüllung der in Potsdam gegebenen Zusage", im Vertrag festgehalten werden, dass keine Reparationen seitens Österreichs zu leisten seien.[129] Vyšinskij bemerkte, Jugoslawiens Ansprüche seien gerechtfertigt, doch könne man den Österreich-Vertrag nicht ad infinitum hinausschieben, und Probleme, die Schwierigkeiten machten, könnten kein dauerndes Hindernis für eine Regelung darstellen.[130] In den folgenden Tagen bildeten ein von Robert Schuman namens der westlichen Außenminister überreichtes Arbeitspapier und ein dazu Stellung nehmendes Memorandum Vyšinskijs die Grundlage ausführlicher Debatten. Das westliche Dokument hielt unter anderem fest, dass die Grenzen Österreichs jene vom 1. Jänner 1938 wären, dass Österreich keine Reparationen zu leisten habe, dass jedoch Jugoslawien das Recht auf österreichisches Vermögen in Jugoslawien zufalle. Dem stimmte Vyšinskij zu.[131] Das sowjetische Memorandum enthielt u.a. den Vorschlag, dass „der Vertrag mit Österreich Bestimmungen für die Garantie der Rechte der slowenischen und kroatischen Minderheiten in Österreich enthalten" solle. Von Seiten des Westens gab es keine Einwände.[132]

Am ausführlichsten wurden die Fragen des Deutschen Eigentums behandelt, wobei auf Seite des Westens Acheson am härtesten verhandelte, anscheinend aber auch über die größten Detailkenntnisse verfügte.[133] Im Großen und Ganzen stand

129 Ebd., 1053–1055.

130 Ebd., 990.

131 Ebd., 998 (Sitzung am 14. Juni 1949).

132 Ebd., 1001 (französisches Papier namens der Westmächte übergeben am 14. Juni), 1057 (sowjetisches Memorandum, datiert 16. Juni 1949). Eine kurze Diskussion des sowjetischen Vorschlages zugunsten von Minderheitenrechten fand am 16. Juni statt, wobei Bevin meinte, ein Hinweis auf Österreichs Verpflichtung zum Schutz der Minderheitenrechte würde genügen; es wäre schwierig für den Außenministerrat, ein eigenes Minderheitenstatut in den Vertrag zu schreiben; Vyšinskij stimmte dem zu (ebd., 1010), was erstaunlich im Hinblick auf die wenige Wochen später vom sowjetischen Sonderbeauftragten vorgelegten Minderheitenbestimmungen ist (vgl. weiter unten Abschnitt über die Entstehung des Minderheitenschutzartikels). Die Einigung der vier Mächte über die Grenzfrage führte zwar zunächst zu jugoslawischen Protesten, doch dauerte es nicht allzu lang, bis deutlich wurde, dass Jugoslawien die nach 1945 erhobenen Gebietsansprüche fallengelassen hatte. Vgl. hierfür eine Bemerkung von Moša Pijade Ende Oktober 1951, in: *Die Presse,* 28. Oktober 1951, 2; während der Berliner Außenministerkonferenz im Februar 1954 wurde Außenminister Figl offiziell von jugoslawischer Seite in Kenntnis gesetzt, dass Jugoslawien seine nach 1945 erhobenen territorialen Ansprüche nunmehr endgültig fallengelassen habe: Bericht der *Frankfurter Allgemeinen Zeitung,* 20. Februar 1954, 3.

133 Vgl. die ins Detail gehenden Verhandlungen am 16. Juni, als die Hauptelemente des „großen Kom-

allerdings dem sowjetischen Rückzieher in Sachen jugoslawische Grenz- und Reparationsforderungen ein beträchtliches Entgegenkommen der Westmächte beim Deutschen Eigentum gegenüber. Die Konzessionen bezogen nicht nur die Höhe der Ablösezahlungen, 150 Millionen Dollar, ein, sondern auch die Zahlbarkeit in frei konvertierbarer Währung. Eine weitere Konzession bestand darin, dass die Westmächte das von der Sowjetunion gewünschte unbefristete Verstaatlichungsverbot für Werte in Österreich (es sei denn mit sowjetischer Zustimmung) akzeptierten. Vyšinskij sagte ausdrücklich, er wolle dieses Eigentum gegen die mögliche Verstaatlichung seitens Österreichs schützen, die als Mittel dienen könnte, die Sowjetunion dieser Werte zu berauben. Hier ist daran zu erinnern, dass ja tatsächlich das österreichische Verstaatlichungsgesetz vom Juli 1946 den (von der sowjetischen Besatzung blockierten) Versuch gemacht hatte, den Besatzungsmächten den Zugriff auf das Deutsche Eigentum zu verwehren. Bevin entging nicht die Ironie, dass ein Kommunist so eifrig gegen Verstaatlichung ankämpfte – es mache ihm Vergnügen, sagte der Labour-Politiker einmal scherzhaft, zu hören, wie Vyšinskij für Eigentumsrechte eintrete.[134]

Es gab eine Reihe schwieriger Einzelfragen. Bezüglich der DDSG zeigten sich österreichische und westalliierte Bedenken, der UdSSR Hafenanlagen bzw. Anlegestellen im östlichen Österreich, vor allem in Wien, zu überlassen; dies könnte ein Sicherheitsrisiko darstellen, falls die Sowjets diese Anlagen strategisch zu nutzen suchten. Man hatte erwogen, allenfalls eine Abgeltung dieser Anlagen oder Teile dieser Anlagen durch Schiffe einschließlich der in der amerikanischen Zone in Linz stationierten Schiffe vorzunehmen. Allerdings überwog sowohl bei den Westalliierten als auch bei Außenminister Gruber das Argument, dass die Chance eines Vertragsabschlusses nicht an der Donau-Frage scheitern sollte. Gruber bagatellisierte gegenüber den Westmächten das Sicherheitsrisiko; wenn einmal die Besatzungstruppen abgezogen wären, würden auch die Hafenanlagen unter österreichischem Recht stehen und österreichischer Polizeikontrolle unterliegen.[135]

Schließlich gab es Differenzen um die Frage der Streitschlichtung. Die Sowjetunion schlug Streitbeilegung durch bilaterale Verhandlungen vor, während die Westmächte ein Schiedsgericht vorgezogen hätten. Besonders die Amerikaner warnten vor den die mächtigere Sowjetunion begünstigenden Folgen der Methode lediglich bilateraler sowjetisch-österreichischer Verhandlungen.[136]

promisses“ festgeschrieben wurden, und der „Feinschliff“ in der Sitzung vom 19. Juni. *FRUS 1949*, Bd. 3, 1009–1019, 1028–1035.

134 Ebd., 1012 (Vyšinskij über Verstaatlichungsverbot), 1030 (Bevin).

135 Ebd., 1021, 1022, 1025.

136 *FRUS 1949*, Bd. 3, 1019, 1025; Gruber maß der Frage weniger Bedeutung zu; ebd., 1021.

Weitere Fragen betrafen die Einbeziehung jener Werte in das Kompromisspaket, die von den Sowjets nicht unter dem Titel des Deutschen Eigentums, sondern als Kriegsbeute mit Beschlag belegt worden waren (darunter etwa 500 von Österreich als eindeutig österreichisch bezeichnete Lokomotiven); den wechselseitigen Verzicht Österreichs und der Sowjetunion auf Belastungen durch Gläubigerforderungen oder Steuerforderungen; und das Recht der Sowjetunion, ohne Einschränkungen seitens Österreichs Profite oder anderes Einkommen aus dem sowjetischen Besitz in Österreich entweder in Form von Produktion oder in frei konvertierbarer Währung auszuführen. Diese Frage war den Sowjets so wichtig, dass aufgrund von Instruktionen aus Moskau Vyšinskij seine Kollegen bereits nach offiziellem Abschluss der Konferenz neuerlich zusammenrief. Bei dieser Gelegenheit gaben Bevin und Acheson, beide reisefertig, dem Überdruck langer Konferenzwochen nach, indem sie die Säle des Quai d'Orsay Arm in Arm singend durchschritten, und zwar eine Melodie mit zwei verschiedenen Texten, „Die Rote Fahne“ und „Maryland, my Maryland“.[137]

Als das Kompromisspaket geschnürt war – unbeschadet einer Reihe offener Detailfragen –, wurde der österreichische Außenminister in Paris davon informiert. Gruber wandte sich an Figl,[138] der einen außerordentlichen Ministerrat für den gleichen Tag einberief. Die Bundesregierung trat, trotz aller Belastungen, für die Annahme des Pariser Paketes ein. Schärf meinte, grundsätzlich könne man zur Sache nur „Ja“ sagen; die Verlängerung der Besatzung wäre teurer als alles andere. Auch Krauland meinte, der Friede werde teuer sein. Figl resümierte: „Es bleibt uns nichts übrig, als anzunehmen. Billiger wird es nicht, sondern nur teurer, weil die weitere Besatzung uns Geld kostet. Im Frühjahr 1950 hätten wir dann die ganze Gesellschaft los.“[139]

Der Ministerrat beschloss, „daß auf die russischen Forderungen unter folgenden Bedingungen eingegangen werden könnte“:

a) Für die Ablösesumme von 150 Millionen Dollar gehe die Regierung von der Voraussetzung aus, dass die Westmächte eine gewisse Garantie zur Ermöglichung der Erfüllung geben würden.
b) Betreffend Kriegsbeute sollten 500 „alt-österreichische“ (d.h. aus der Zeit vor 1938 stammende) Lokomotiven Österreich erhalten bleiben.

---

137 Die Episode wird erzählt in Dean Achesons Memoiren *Present at the Creation,* Taschenbuchausgabe New York 1970, 395.

138 Grubers Geheimbericht (protokolliert unter Zl. 84.614-pol/49) erliegt in: AdR, MRProt Nr. 161a, 17. Juni 1949.

139 AdR, MRProt Nr. 161a, 17. Juni 1949 (Mitschrift).

c) Jegliches Vermögen (insbesondere die der Sowjetunion zufallenden Erdöl- und DDSG-Werte) müssten österreichischen Gesetzen unterworfen bleiben.
d) Die Frage des Minoritätenschutzes solle möglichst nach den Bestimmungen des Vertrages von Saint-Germain geregelt werden.
e) Zur Schiedsgerichtsfrage könne der Ministerrat mangels näherer Formulierung nicht Stellung nehmen; es wäre zu vermeiden, dass unter dem Titel Schiedsgerichtsbarkeit die Anwendung österreichischer Gesetze hintangehalten werde (im Ministerrat missverstand man offensichtlich die Frage, um die es in Paris ging).
f) Betreffend die sowjetische Forderung bezüglich der DDSG stimmte der Ministerrat mit dem ausdrücklichen Vorbehalt zu, dass bei Nichtannahme sonst die Verhandlungen scheitern würden.[140]

Gruber informierte die Westalliierten noch am gleichen Tage von der Zustimmung aus Wien.[141] Die Frage der westlichen – de facto amerikanischen – Garantien für die Ablösezahlung von 150 Millionen Dollar wurde bald nach Ende der Pariser Konferenz und nach zunächst durchaus skeptischen, ja ablehnenden amerikanischen Reaktionen – von denen Schärf noch anfangs Juli 1949 nach Rückkehr von einer London-Reise berichtete – in einem für Österreich positiven Sinn geklärt. Die Briten hatten ihre ganze Überredungskunst aufgewendet, um den Amerikanern die Sicherung, d.h. de facto Übernahme, der österreichischen Ablösezahlungen schmackhaft zu machen.[142] Ende Juli 1949 wurde Gruber mitgeteilt, dass die Amerikaner bereit seien, Österreich bei Bezahlung der Summe von 150 Millionen Dollar in frei konvertierbarer Währung zu unterstützen.[143]

---

140 Ebd. (Beschlussprotokoll). in seinem Telegramm an Figl (ebd., Beilage A) hatte Gruber besonders ausführlich zur Frage der DDSG Stellung bezogen, da das Kabinett seinerzeit beschlossen hätte, die Abgeltung der sowjetischen Forderungen in Schiffen sei gegenüber der Abtretung von Hafenanlagen vorzuziehen, wenn jedoch das Zustandekommen des Vertrages gefährdet wäre, wäre auch der Abtretung der Hafenanlagen zuzustimmen. Gruber, im Wissen um die sowjetische Hartnäckigkeit und im Bestreben, den Vertragsabschluss durchzuziehen, legte Figl mehrere Argumente zugunsten der Annahme des sowjetischen Verlangens nach 100% der DDSG-Vermögenswerte in Ostösterreich (und – aus der Diskussion ausgeklammert – in Ungarn, Rumänien und Bulgarien) vor: Die Abgabe der in Linz liegenden Schiffe wäre mit schwerem Nachteil verbunden. Die Schiffe würden Österreich infolge Abtransportes gänzlich verlorengehen, während die abzutretenden Anlegestellen immer nur nach Maßgabe der österreichischen Gesetze betrieben werden könnten. Auch sei die Fortsetzung der Donau-Schifffahrt nach Osten ohnedies nur möglich, soweit die sowjetischen Behörden zustimmten; auch würden durch die Errichtung eines neuen Donau-Hafens die gegenwärtigen Anlegeplätze an Bedeutung verlieren.

141 *FRUS 1949*, Bd. 3, 1022.

142 AdR, MRProt Nr. 165, 12. Juli 1949 (vertraulich) für Schärfs Bericht; zur britischen Argumentation und zum amerikanischen Sinneswandel vorzüglich Knight, *British Policy*, 216–222.

143 *ÖuG*, Nr. 59 (Aktenvermerk über eine Besprechung zwischen Gruber und dem Finanzminister Zim-

Der große Kompromiss von Paris wurde in einem Kommuniqué am 20. Juni 1949, dem letzten Konferenztag, bekanntgegeben.[144] Den Sonderbeauftragten wurde die Frist gestellt, bis zum 1. September 1949 den Vertrag unterzeichnungsfertig zu machen. Diese Aufgabe erwies sich als weit schwieriger, als die Österreicher in der Euphorie des erreichten Kompromisses erwartet hatten. Eine Reihe der noch offenen Artikel konnte allerdings bis zum Ende der Frist redigiert werden; darunter war vor allem der neue Art. 7bis des Entwurfes über die Rechte der slowenischen und kroatischen Minderheiten.

5. Die Entstehung des Minderheitenschutzartikels, Juli–August 1949

Zunächst vertraten die westlichen Sonderbeauftragten die Auffassung, es genüge eine allgemeine Bestimmung, wonach Österreich verpflichtet sei, die Rechte der Minderheiten zu achten und zu schützen. Der französische Delegierte Marcel Berthelot meinte, man könne eine solche Bestimmung in den Art. 7 des Entwurfes – Menschenrechte – einfügen. Der sowjetische Sonderbeauftragte – seit dem Frühjahr 1949 war dies der Botschafter in London Georgij Zarubin – legte jedoch Anfang Juli den Entwurf eines eigenen Minderheitenschutzartikels vor, der in fünf Paragraphen detaillierte Regelungen enthielt. Der Entwurf, nach Agentur- und Presseberichten, lautete wie folgt:[145]

1. Die slowenischen und kroatischen [nationalen[146]] Minderheiten in Kärnten, dem Burgenland und Steiermark genießen die gleichen Rechte wie alle übrigen österreichischen Staatsbürger einschließlich des Rechtes auf eigene Organisationen, Versammlungen und Presse in ihrer eigenen Sprache.
2. Sie sind berechtigt, den Elementarunterricht in der slowenischen und kroa-

mermann am 27. Juli 1949, Zl. 147.568-Wpol/49, mit einem von amerikanischer Seite übermittelten „Fragebogen" zu den Österreich aus dem Staatsvertrag erwachsenden wirtschaftlichen Vorteilen).

144 *DÖA*, Nr. 81.

145 Text hier wiedergegeben nach: *SN*, 5. Juli 1949, 1 (als Quellen werden angegeben *SN*, APA und Reuter). Vorschlag der sowjetischen Delegation für den Artikel 7bis, CFM/D/L49/A/46, 1. Juli 1949, in: *Council of Foreign Ministers, Treaty for the Re-Establishment of an Independent and Democratic Austria, Proceedings of the Fourth Conference of Deputies for Austria, Third Part, Held at Lancaster House from 1st July to 2nd September 1949*, 203. Siehe nun auch Knight, *Slavs in Post-Nazi Austria*, 66–72. Knight betont Entwicklungen innerhalb der slowenischen Minderheit.

146 Der sowjetische Vorschlag spricht von „nationalen" Minderheiten, in der englischen Übersetzung ist dies ausgelassen. Politbüro Protokoll 70 P. 780p, „O dogovore s Avstriej", 30. Juni 1949, und 4 Annexe, in: RGASPI, f. 17, op. 162, d. 40, ll. 206, 231–248.

tischen Sprache zu erhalten und eine ihrer Verhältniszahl entsprechende Anzahl von Hauptschulen (Mittelschulen[147]) zu besitzen. Im Zusammenhang damit sollen die Lehrpläne revidiert und eine Schulinspektion für die slowenischen und kroatischen Schulen geschaffen werden.

3. In den Verwaltungs- und Gerichtsbezirken mit slowenischer oder kroatischer oder gemischtsprachiger Bevölkerung ist die slowenische oder kroatische Sprache als offizielle Sprache neben der deutschen zugelassen; Ortsbezeichnungen und Aufschriften sollen in beiden Sprachen aufscheinen.
4. Die slowenischen und kroatischen Minderheiten in Kärnten, dem Burgenland und Steiermark nehmen an dem kulturellen Leben, der öffentlichen Verwaltung und dem Justizwesen der oben erwähnten Gebiete gleichberechtigt mit allen übrigen österreichischen Staatsbürgern teil.
5. Die Tätigkeit von Organisationen, deren Ziel die Entnationalisierung der slowenischen und kroatischen Minderheiten ist, ist verboten.

Der sowjetische Vorschlag aus dem Juli 1949 weist in mehrfacher Hinsicht Ähnlichkeiten mit dem jugoslawischen Entwurf vom April 1948 auf, etwa bezüglich der Thematik und der Abfolge der Punkte eins bis drei; etwas weniger deutlich ist dies bei Punkt vier. Punkt fünf des sowjetischen Vorschlages entspricht direkt dem sechsten Punkt des jugoslawischen Textes, allerdings scheinen die Punkte fünf und sieben des jugoslawischen Vorschlages in keiner Weise im neuen sowjetischen Entwurf auf. Schon im April 1947 waren von jugoslawischer Seite der sowjetischen Vorschläge für ein Minderheitenstatut überreicht worden; ob damalige jugoslawische Vorschläge im sowjetischen Entwurf berücksichtigt wurden, entzieht sich allerdings unserer Kenntnis.

Einige Wochen später gaben die Westmächte ihren ursprünglichen Standpunkt, der Staatsvertrag solle nur eine allgemeine Bestimmung über die Gewährleistung der Minderheitenrechte enthalten, auf und legten ihrerseits einen detaillierten Entwurf vor. Dieser wurde am 16. August 1949 vom britischen Sonderbeauftragten Sir Ivo Mallet, der diesen Posten im Sommer 1949 von James Marjoribanks übernommen hatte, präsentiert. Er lautete in Übersetzung wie folgt:

147 Die *SN* und mehrere andere Zeitungen nennen „Hauptschulen", während die *Volkszeitung* (Klagenfurt) von Mittelschulen sprach; die Evidenz der Debatten im August 1949 zeigt, daß es sich um über den Volksschulunterricht hinausgehende Schulen handelte, die im Englischen als „secondary schools" bezeichnet wurden und in der späteren offiziellen deutschen Übersetzung als „Mittelschulen" wiedergegeben werden.

a) Österreichische Staatsangehörige der slowenischen und kroatischen sprachlichen Minderheiten („linguistic minorities“) in Kärnten, Burgenland und Steiermark sollen Rechte unter gleichen Bedingungen wie alle anderen österreichischen Staatsangehörigen einschließlich des Rechtes auf ihre eigenen Organisationen, Versammlungen und Presse in ihrer eigenen Sprache erhalten.
b) In Städten und Bezirken, in denen ein beträchtlicher Anteil („considerable proportion“) solcher Staatsangehöriger wohnhaft ist, haben diese Staatsangehörigen Anspruch auf Elementarunterricht in slowenischer oder kroatischer Sprache und, im Verhältnis zu ihrer Anzahl, auf Unterricht in ihrer Sprache in Mittelschulen; in diesem Zusammenhang werden Schullehrpläne soweit als notwendig revidiert werden und eigene Schulinspektoren für den Unterricht in der slowenischen und kroatischen Sprache bestellt werden.
c) In Verwaltungs- und Gerichtsbezirken Kärntens, des Burgenlandes und der Steiermark mit einem beträchtlichen Anteil („considerable proportion“) österreichischer Staatsbürger, die den slowenischen oder kroatischen sprachlichen Minderheiten („linguistic minorities“) angehören, wird die slowenische oder kroatische Sprache als Amtssprache zusätzlich zum Deutschen zugelassen. In solchen Bezirken werden die Bezeichnungen und Aufschriften topographischer Natur („topographical terminology and inscriptions“) sowohl in slowenischer oder kroatischer Sprache wie in Deutsch verfasst.
d) Österreichische Staatsangehörige der slowenischen oder kroatischen sprachlichen Minderheiten in Kärnten, Burgenland und Steiermark nehmen an den kulturellen, Verwaltungs- und Gerichtseinrichtungen in diesen Gebieten unter gleichen Bedingungen wie andere österreichische Staatsangehörige teil.
e) Österreich verpflichtet sich, alle Tätigkeiten zu verbieten, die darauf abzielen, den Rechten seiner Staatsbürger der slowenischen oder kroatischen sprachlichen Minderheiten, wie sie in den vorhergehenden Paragraphen definiert wurden, Abbruch zu tun.[148]

148 Der englische Text veröffentlicht in: *Daily News Review,* hrsg. von der Informationsabteilung des Britischen Elementes der Alliierten Kommission für Österreich in Wien, Nr. 40, 17. August 1949, 4. In *FRUS 1949,* Bd. 3, 1118, Anm. I, ist ein „agreed Western text“ veröffentlicht; der diesbezügliche Bericht ist vom 10. August 1949 datiert: NA, RG 59, 740.00119 Council/8-1049. Der Text gleicht wörtlich dem britischen Vorschlag vom 16. August mit einer Ausnahme: das Wort „linguistic“ erscheint nur in Abs. 3, nicht jedoch in den Abs. 1, 4 und 5. Deutsche Übersetzung (G.S.) auf Grundlage des englischen Textes in *Daily News Review;* die Übersetzung lehnt sich soweit als möglich an den deutschen Text des Art. 7 des Staatsvertrages an; eine von der APA seinerzeit veröffentlichte Übersetzung (vgl. *Tageszeitung,* Klagenfurt, 17. August 1949, 2) enthält einige Ungenauigkeiten.

Der britische Entwurf orientierte sich, wie ein Vergleich zeigt, in seinem Aufbau am sowjetischen Entwurf. Einige Änderungen gingen übrigens auf österreichische Wünsche zurück. Die Österreicher hatten angeregt, im ersten und vierten Absatz von „österreichischen Staatsangehörigen slowenischer oder kroatischer Zunge" zu sprechen; die Westalliierten einigten sich, unter Berücksichtigung der sowjetischen Vorlage, zunächst auf „österreichische Staatsangehörige der slowenischen und kroatischen Minderheiten in Kärnten, Burgenland und Steiermark"; die Briten fügten in ihrem Entwurf dann noch das Wort „sprachlich" („linguistic minorities") hinzu. Der Ausdruck „considerable proportion" ging zumindest für den Absatz 2 (Schulwesen) ebenfalls auf österreichische Wünsche zurück; desgleichen der Ersatz von „Schulinspektoraten" durch „Schulinspektoren". Insgesamt ließen die Österreicher jedoch wissen, dass sie im Interesse einer raschen prinzipiellen Regelung auf die angeregten Textänderungen verzichten würden und dass allenfalls der sowjetische Text angenommen werden könnte. Diese Haltung wurde durch verschiedene Erwägungen motiviert; das Hinziehen der Verhandlungen könnte die endgültige Einigung auf einen Zeitpunkt verschieben, zu dem die allgemeine politische Lage für Österreich weniger günstig wäre; offensichtlich befürchtete man in Wien eine (durch das Zunehmen der sowjetisch-jugoslawischen Spannungen bedingte) stärkere westliche Rücksichtnahme auf allfällige neue jugoslawische Wünsche; auch hatten slowenische Minderheitenvertreter gerade dem Bundeskanzler und den vier Hochkommissaren weitgehende Vorschläge für ein Minderheitenstatut überreicht.[149]

In der Woche zwischen 17. und 24. August 1949 berieten die Sonderbeauftragten über die sowjetische und die britische Vorlage.[150] Der britische Sonderbeauf-

149 Vgl. AdR, BMAA, II-Pol, Zl. 85.367-Pol/49, in Akten der Staatsvertragsdelegation London. Siehe nunmehr Grubers entsprechende, ursprünglich vom Unterrichtsministerium kommende Vorschläge im Ministerrat; Gruber drängte auf schnellen Abschluss der Minderheitenverhandlungen in London, man solle wohl die österreichischen Vorschläge unterbreiten, „aber wenn sie die Russen nicht akzeptieren, sollten wir unserer Delegation die Anweisung geben, die russischen Vorschläge anzunehmen" (!). Gruber riet zur Eile, „denn niemand kann garantieren, wie sich die internationale Lage verändern wird und wie sich insbesondere Jugoslawien anstrengen wird". AdR, MRProt Nr. 166, 19. Juli 1949; als Beilage D/166 ausführliche Stellungnahme des Unterrichtsministeriums, Zl. 32.517/III/10/49. – Gruber drängte zwar zur Eile beim Vertragsabschluss, unterschied aber scharf zwischen Abschluss und Ratifizierung; letztere brauche keine Eile, zwischen Unterzeichnung und Ratifikation könnte Österreich ein gewisses Maß an militärischer Sicherheit erreichen: Gruber im Gespräch mit dem britischen Gesandten in Wien, Sir Bertrand Jerram, 9. August 1949, TNAUK, FO 371/76446/C6324. Zur Minderheitenfrage vgl. auch Bericht Rebers an State Dept., NA, RG 59, 740.00119 Council/7-2249.

150 Das Folgende stützt sich auf die amerikanischen und die britischen Mitschriften der 196. bis 201. Sitzung der Sonderbeauftragten vom 17. bis 24. August 1949. Amerikanische Mitschriften in: NA, RG 43, Box 247; britische Mitschriften in „Proceedings". Die Meldungen der Austria-Presse-Agentur und die Presseberichterstattung, am ausführlichsten wohl in der *Tageszeitung* (Klagenfurt), gaben

tragte Mallet erklärte, sein Entwurf basiere auf dem sowjetischen, es bestehe kein fundamentaler Unterschied zwischen beiden Entwürfen. Zarubin widersprach. Er erörterte, dass er vor allem aus drei Gründen gegen den britischen Entwurf sei: Erstens opponierte er dagegen, dass sich der westliche Entwurf auf die sprachlichen Minderheiten („linguistic minorities") beziehe. Er berief sich auf die Minderheitenschutzbestimmungen des Vertrages von Saint-Germain. Dort war tatsächlich in Art. 67 von „minorités ethniques, de religion ou de langue" die Rede. Der Begriff „ethnische Minderheit" kann auch mit „nationale Minderheit" wiedergegeben werden; allerdings kommt dem Wort „national" gerade im Französischen und Englischen eher eine politisch-staatliche als eine ethnisch-kulturelle Bedeutung zu. Im sowjetischen Entwurf war vom Schutz der „nationalen Minderheiten" die Rede; auch in den sowjetischen Vorlagen während der Beratungen der Außenminister in Paris im Juni 1949 war dies der Fall gewesen.[151] Die Debatte über die Deutung und Bedeutung des Wortes „national" – entweder im Sinne der ethnisch-kulturellen oder der staatsbürgerlich-politischen Zugehörigkeit – nahm einen erstaunlich großen Platz in den Beratungen ein. Die russische Formulierung vom Schutz der „nationalen Minderheiten" veranlasste die westlichen Delegierten, darauf hinzuweisen, dass kein „special national status" (Reber) für die Minderheiten in Frage komme, da es sich ja um Staatsbürger Österreichs handle. Der britische Delegierte wiederum betonte, die einzige „nationality", welche die slowenische und die kroatische Minderheit hätten, sei die österreichische. Wenn der russische Text von „Entnationalisierung" spreche – im Zusammenhang mit dem Verbot von Organisationen, deren Ziel die „Entnationalisierung" der Minderheiten sei –, dann verfehle er seinen Zweck, denn „Entnationalisierung" bedeute „De-Austrianisation" – „Entösterreicherung".

Der französische Delegierte Berthelot meinte wiederum, alle seien sich einig, dass der Schutz der Minderheiten keinen „Staat im Staate" schaffen solle, sondern dass die Minderheitenrechte im Rahmen der österreichischen Verfassung gesichert werden sollen. Botschafter Zarubin verwahrte sich entschieden dagegen, dass sein Entwurf einen „Staat im Staate" schaffen wolle; es handle sich auch nicht um einen

---

jedoch im Großen und Ganzen ein zutreffendes Bild vom Gang der Diskussion. Überdies zahlreiche Unterlagen in den Akten der öst. Staatsvertragsdelegation London in AdR, BMAA, II-Pol. Bedauerlicherweise enthält die Aktenpublikation des State Department für das Jahr 1949 fast kein Material zu den Minderheitenschutzverhandlungen. Eine allerdings advokatorische Darstellung der Verhandlungen vom Sommer 1949 in der Klagenfurter slowenischen Zeitung *Slovenski vestnik* vom 26. Februar und 4. März 1960 in deutscher Sprache unter dem Titel „Minderheit, Volksbefragung und Staatsvertrag" stützt sich auf die österreichische Presseberichterstattung.

151 Vgl. die von sowjetischer Seite vorgelegten Arbeitspapiere auf der Pariser Tagung des Rates der Außenminister, *FRUS 1949*, Bd. 3, 1057, 1061.

speziellen und unabhängigen Status für die nationalen Minderheiten. Dies ermöglichte oder erleichterte es den Westmächten einzulenken. Die Besorgnis vor dem „Staat im Staate" muss wohl vor dem Hintergrund der von Aleš Bebler nur wenige Monate zuvor ventilierten Idee einer Autonomie für „Slowenisch-Kärnten" gesehen werden. Bald erklärten sich Franzosen und Amerikaner bereit, das Wörtchen „linguistic" fallenzulassen und lediglich von „Minoritäten" zu sprechen; die Briten gaben etwas später nach. Zarubin willigte unter der Voraussetzung ein, dass im russischen Text ausdrücklich der Begriff „nationale Minderheit" (*nacional'noe men'šinstvo*) verwendet werde. Dieses Adjektiv findet sich somit – auch im endgültigen Staatsvertrag – nur in der russischen, nicht jedoch in der französischen, englischen (und deutschen) Fassung des Textes.[152]

Ein zweiter Einwand Zarubins richtete sich gegen die englische Textierung des Schulparagraphen, und zwar besonders gegen die Einschränkung slowenischen oder kroatischen Schulunterrichtes auf Städte und Bezirke mit einem „beträchtlichen Anteil" von Angehörigen der Minderheit; die Debatte darüber war recht heftig. Als Ergebnis ließen die Westmächte den Hinweis auf die „considerable proportion" fallen – es handelte sich übrigens um einen Begriff, der auch in Minderheitenschutzbestimmungen nach dem Ersten Weltkrieg eine Rolle gespielt hatte. Auch in der gegenüber dem britischen Entwurf veränderten endgültigen Regelung des Mittelschulwesens – Anspruch der Minderheiten „auf eine verhältnismäßige Anzahl *eigener* Mittelschulen" – lag ein Entgegenkommen an die ursprünglichen sowjetischen Vorschläge. Übrigens entfiel auch im dritten Paragraphen, der die Amtssprache und die topographischen Bezeichnungen betraf, der von den Briten vorgeschlagene Hinweis auf Verwaltungs- und Gerichtsbezirke mit einem „beträchtlichen Anteil" von Angehörigen der Minderheiten. Die sowjetische Alternative, nämlich Hinweis auf Bezirke „mit slowenischer, kroatischer oder gemischter Bevölkerung", setzte sich durch und hat in den endgültigen Text Eingang gefunden. Die Diskussion um Begriffe wie „beträchtlicher Anteil" oder „gemischte Bevölkerung" zeichnete sich durch einen hohen Grad von Abstraktion aus. Mallet meinte, allen diesen Begriffen mangle es an Präzision, und einer sei so schlecht wie der andere,[153] doch legten die Sonderbeauftragten keinen bestimmten Prozentsatz fest. Während der Beratungen wurde übrigens auf konkrete Zahlen oder Statistiken über die Bevölkerungsverhältnisse nicht eingegangen. Ohne Zweifel war den Sonderbeauftragten noch aus den ersten Phasen der Staatsvertragsverhandlungen bekannt, dass es auseinanderklaffende und daher umstrittene Zahlen gab.

152 Insbesondere 196. und 197. Sitzung, 17. und 18. August 1949, in: „Proceedings".

153 199. Sitzung, 22. August 1949, ebd.

Ein dritter Einwand Zarubins bezog sich auf das Verbot von Tätigkeiten, die den Rechten der Minderheiten Abbruch taten. Ihm war die westliche Formulierung zu milde. Andererseits war den westlichen Delegierten die sowjetische Alternative nicht recht, die vom Verbot von Organisationen sprach, die sich die „Entnationalisierung" der Minderheiten zum Ziel gesetzt hätten. Was „Entnationalisierung" eigentlich bedeute, wurde, wie bereits gezeigt, Gegenstand einer Sprachdebatte. Schließlich war Zarubin bereit, darauf zu verzichten, und eine Kompromissformel wurde gefunden, die den westlichen Wünschen stärker Rechnung trug. Am 24. August waren sich die vier Sonderbeauftragten soweit einig, dass sie den Text des Minderheitenschutzartikels einem Redaktionsausschuss überwiesen, der allerdings 1949 nicht mehr zusammentrat.[154]

Im Rückblick lässt sich sagen, dass von allen Seiten das Bestreben deutlich wurde, den Minderheitenartikel eher rasch über die Bühne zu bringen. Diese Beratungen fanden zu einem Zeitpunkt statt, als der Konflikt zwischen Stalin und Tito einem Höhepunkt öffentlicher Auseinandersetzung zustrebte und niemand wusste, wohin er steuern würde. Das herkömmliche Bild der Ost-West-Blockbildung war einigermaßen in Unordnung geraten, und es war schwer vorherzusehen, wer wen aus welchen Motiven und zu welchem Zeitpunkt unterstützen würde. Zwei Merkmale der Verhandlungen könnten darin zumindest teilweise ihre Erklärung finden: die Allgemeinheit der Formulierungen und die allenthalben, zumal bei den Westmächten und Österreich merkbare Tendenz, im Interesse eines schnellen Abschlusses Abstriche bei den eigenen Wünschen zu machen. De facto ist der von den Sonderbeauftragten im August 1949 vereinbarte Text im Mai 1955 mit nur einer ganz geringfügigen Änderung als Art. 7 in den endgültigen Text des Staatsvertrages übernommen worden.[155]

---

154 201. Sitzung, 24. August 1949, ebd.

155 Die genannte Änderung betrifft den Schulparagraphen: Im 1949 vereinbarten Text heißt es, dass Schullehrpläne „soweit als notwendig revidiert" werden sollen; im endgültigen Text lautet die Stelle, dass sie „überprüft" werden sollen. Zur Implementierung des Artikels 7 siehe insbesondere Arnold Suppan, „Zur Geschichte Südkärntens", in: Martin Pandel u.a., Hrsg., *Ortstafelkonflikt in Kärnten*, Wien 2004, 128–197; Svila Tributsch, „Der Kampf um die zweisprachige Schule in Kärnten von 1945 bis 1959", in: Stefan Karner/Andreas Moritsch, Hrsg., *Kärnten und die nationale Frage*, Bd. 1, Klagenfurt 2005, 79–98; Franz Matscher, „Die Minderheitenregelungen im Staatsvertrag", in: Suppan/Stourzh/Mueller, *Der österreichische Staatsvertrag 1955*, 783–820.

6. Nochmals das Deutsche Eigentum; Truman setzt sich für einen raschen Vertragsabschluss ein, Juli–Oktober 1949

Die größten Schwierigkeiten jener Verhandlungsrunde vom Sommer 1949 ergaben sich wieder in der Frage des Deutschen Eigentums. Die Prozentzahlen, auf die sich die Außenminister in Paris geeinigt hatten, mussten umgesetzt werden in konkrete Ölfelder, Schürfkonzessionen, Betriebe und Vermögenswerte, die in fünf Listen, die integrierenden Bestandteil des Art. 35 des Vertragsentwurfes bildeten, namentlich aufzuzählen waren. Besondere Probleme warf die zweite Liste auf, in der die Konzessionen auf Ölschürfrechte, die der Sowjetunion übertragen werden sollten, anzuführen waren. Die Westmächte, und zwar vor allem die US-amerikanische und britische Regierung, trachteten danach, die Rechte einiger westlicher Erdölgesellschaften aufrechtzuerhalten; dem widersetzte sich die Sowjetunion, die sich so viele Schürfrechte für die zukünftige Erdölförderung wie möglich sichern wollte, größtenteils durch die Reservierung bestimmter Parzellen für sich selbst.[156] Die Auseinandersetzungen auf dem Erdölsektor insgesamt waren deshalb so kompliziert, weil nicht nur die Eigentumsverhältnisse unübersichtlich und verschiedenen Interpretationen ausgesetzt waren, sondern auch eine dreiecksartige Interessenkonstellation bestand: sowjetisches Interesse an der Überführung des „Deutschen" in sowjetisches Eigentum; Österreichs Interesse an der Verfügung über einen seiner kostbarsten Bodenschätze, das durch die (infolge des Widerstandes der Mächte nicht durchführbare) Verstaatlichung der Erdölindustrie im Juli 1946 zum Ausdruck gekommen war; und schließlich die Ansprüche westlicher Erdölgesellschaften auf Wiederherstellung ihrer älteren Rechte und Interessen sowie auf Rückgabe ihres Vermögens bzw. auf eine allfällige Entschädigung hierfür. Die Westmächte forderten von Österreich die Verpflichtung, den Angehörigen der Vereinten Nationen Entschädigung für eventuelle Schäden zu leisten, welche diese infolge der in Art. 35 vorgesehenen Vermögensübertragungen an die Sowjetunion erleiden könnten. Dies bedeutete, dass Österreich für bestimmte Vermögenswerte, die aufgrund divergierender Rechtsmeinungen von den Sowjets als deutsches, von den Westalliierten jedoch als alliiertes Eigentum angesehen wurden, de facto einen doppelten Verlust erleiden würde: einerseits durch Übertragung von verstaatlichten, jedoch von der Sowjetunion als Deutsches Eigentum reklamierten Vermögenswerten an die Sowjetunion, und anderseits durch Zahlung von Kompensationen an westliche Unternehmen für Vermögenswerte, die nicht mehr naturaliter restituiert werden konnten (weil sie in sowjetisches Eigentum übergegangen waren). Die Forderung nach sol-

156 Diese fünf Listen finden sich nunmehr in Artikel 22 des Staatsvertrages.

chen Entschädigungen war von dem amerikanischen Sonderbeauftragten schon im November 1947 deponiert worden. Doch erst im Juli 1949 forderte der Westen die Aufnahme folgender Bestimmung in den Staatsvertrag: „Österreich ist nicht verpflichtet, irgendwelche Vermögen, Rechte und Interessen von Vereinten Nationen oder Staatsangehörigen Vereinter Nationen wiederherzustellen, die infolge der Anwendung des Paragraphen xxx des Artikels 35 des vorliegenden Vertrages Schaden erlitten haben könnten, sondern wird prompte, angemessene und effektive Entschädigung hiefür zahlen."[157]

Die Österreicher reagierten intern recht bitter.[158] Der Ballhausplatz wies, wie es in einem Ministerratsvortrag Grubers heißt, den Westvertretern gegenüber sofort darauf hin, „daß die Divergenz der sowjetischen und westlichen Auffassung darüber, ob auch restitutionspflichtiges Vermögen als German Assets gelten solle, auf das Potsdamer Abkommen zurückzuführen sei und keinesfalls zu Lasten Österreichs ausgetragen werden könne".[159] Der energische Protest[160] wurde allerdings von den drei Westmächten zurückgewiesen. Das State Department legte dar, dass ohne eine solche Verpflichtung von Seiten Österreichs der Vertrag vom US-Senat sicherlich nicht ratifiziert werden würde. Die Briten teilten ebenfalls mit, dass sie auf einer österreichischen Kompensationsverpflichtung bestehen müssten, ließen aber mündlich durchblicken, dass sie sich auch mit einer österreichischen Verpflichtungserklärung außerhalb des Vertrages zufriedengeben würden. Die französische Regierung reagierte – in dem einzigen Fall, in dem ihre Interessen durch eine Übertragung an die Sowjets gefährdet schienen (Raffinerie Nova) – ähnlich. Die amerikanische Regierung erwartete von Österreich volle Entschädigung für der Sowjetunion übertragene Vermögenswerte, in Bezug auf welche Anspruche von amerikanischen oder anderen Staatsangehörigen der Vereinten Nationen bestünden. Die Sowjetunion wiederum erklärte nach Wiederaufnahme der Beratungen der Sonderbeauftragten im September in New York, dass sie der Aufnahme der von den Westmächten be-

---

157 Formulierungsantrag betreffend Art. 42, Abs. 9 des Vertragsentwurfes (Eigentum der Vereinten Nationen in Österreich). Text in: *DÖA*, Nr. 168: Wiener Memorandum, Anmerkung zu der im Anhang publizierten österr. Verbalnote vom 29. November 1949, zit. nach der amtlichen Veröffentlichung in *WZ*, 2. Dezember 1955, Amtsblatt, 9.

158 Vgl. 60. Sitzung der Sonderbeauftragten, 29. November 1947: Der Amerikaner Dodge vermerkte, dass in den französischen Vorschlägen des Cherrière-Planes nicht vorgesorgt war für „compensation for owners of property transferred which was not exclusively German". NA, RG 43, Box 232, sowie britische „Proceedings". Für Juli 1949 vgl. die gesammelt vorliegenden Akten der österreichischen Staatsvertragsdelegation London, bes. Zln. 30, 34, 35, 38, 42, 48/L/49, in: AdR, BMAA, II-Pol (Staatsvertragsakten 1949).

159 Hierzu und zum Folgenden: AdR, BMAA, II-Pol, Zl. 88.836-Pol/49 (Bericht für den Ministerrat vom 22. November 1949).

160 AdR, MRProt Nr. 166, 19. Juli 1949, Beschlussprotokoll Pkt. 32.

antragten Bestimmung in den Staatsvertrag nicht zustimmen könnte. Wie Gruber dem Ministerrat vortrug, sei für „die Sowjets die Ablehnung der Aufnahme einer solchen Bestimmung eine prinzipielle Frage, da sie im Staatsvertrag keineswegs zugeben können oder wollen, daß sie sich nicht nur deutsches, sondern auch fremdes bzw. alliiertes Eigentum auf dem Erdölsektor angeeignet hätten". Für die Westmächte wiederum, so Gruber, „stellt sich die Übernahme einer solchen Verpflichtung seitens Österreichs als eine zwingende moralische Haltung gegenüber ihren Staatsbürgern dar".

Ein Konsens zwischen Österreichern und Westmächten sollte, wie noch berichtet werden wird, im November 1949 zustande kommen. Trotz der Anstrengungen der österreichischen Kommunisten und der Sowjetunion, die das Thema für Propagandazwecke nutzen wollten, um die Westmächte und die österreichische Regierung im Wahlkampf vor den österreichischen Parlamentswahlen im Oktober zu „demaskieren", blieb der Konflikt dem öffentlichen Auge verborgen.[161]

Unter den Westmächten waren es die Briten, die im Sommer und Herbst 1949 am entschiedensten für den raschen Abschluss des Staatsvertrages eintraten, auch um den Preis weiterer Konzessionen an die Sowjets; die Franzosen scheinen damals eine Zwischenstellung zwischen intransigenten Amerikanern und konzessionsbereiten Briten eingenommen zu haben.[162]

Bevin habe Mallet angewiesen, den Vertrag bis zum 1. September abschlussreif zu machen, berichtete Reber am 19. August; der britische Außenminister sei entschieden der Ansicht („feels strongly"), dass die Wichtigkeit des Vertragsabschlusses bei weitem die Nachteile von Konzessionen an die Sowjetunion überrage. Für die entschiedene Haltung Bevins zugunsten eines schnellen Vertragsabschlusses dürften drei Erwägungen maßgeblich gewesen sein: Erstens das Aufflammen des sowjetisch-jugoslawischen Konfliktes – wenn man jetzt nicht ein Übereinkommen mit den Sowjets finde, wo sie Schwierigkeiten mit Tito hätten, könnte man ein paar Wochen später viel weniger günstige Bedingungen erhalten. Auch wünschte Bevin die Entfernung sowjetischer Truppen aus der unmittelbaren Nachbarschaft Jugosla-

---

161 Gromyko an Stalin, 22. September 1949, in: RGASPI, f. 82, op. 2, d. 1114, ll. 63f; Politbüro Protokoll 71 P. 1920p, 24. September 1949, ebd., f. 17, op. 162, d. 41, l. 13. Vgl. Mueller, „Gab es eine verpasste Chance?", 106.

162 *FRUS 1949*, Bd. 3, 1163. Vgl. Thomas Angerer, *Frankreich und die Österreichfrage. Historische Grundlagen und Leitlinien 1944–1955*, Dissertation Universität Wien 1996, 299–323. Siehe auch Wagnleitner, *Diplomatie zwischen Parteiproporz und Weltpolitik*, Nr. 1011, Beilage 1. Ein Memorandum des Foreign Office über den Stand der Staatsvertragsverhandlungen anfangs August 1949 betonte „the firm British desire", den Vertrag zum 1. September 1949 unterschriftsreif zu machen. AdR, BMAA, II-Pol, Akten der Staatsvertragsdelegation London Zl. 85/L/2/49. Zur britischen Haltung sehr instruktiv Cronin, *Great Power Politics*, 80–87.

wiens – der Abzug aus Österreich hätte ja auch den Abzug aus Ungarn und Rumänien nach sich ziehen sollen. Im State Department anerkannte man zwar auch, dass der Abzug der Sowjetarmee aus Österreich, Ungarn und Rumänien die Situation in Jugoslawien erleichtern würde, man wusste aber, dass Vyšinskij diese Tatsache auch realisiere.[163] Zweitens wollte Bevin den Sowjets keine Gelegenheit geben, auf einer neuen Session des Außenministerrates die Deutschland-Frage aufzurollen, um nicht den „Start" der Bundesrepublik zu verhindern; er fürchtete, wenn die Sonderbeauftragten keine Einigung über den Österreich-Vertrag erzielten, könnte die Notwendigkeit, neuerlich auf der Ebene der Außenminister zu verhandeln, der Sowjetunion den Vorwand für das Aufrollen der Deutschen Frage geben. Drittens dürfte schließlich eine Rolle gespielt haben, dass Bevin von den Österreichern, sowohl von seinen Parteifreunden als auch von Außenminister Gruber, dahingehend informiert war, dass vom österreichischen Standpunkt ein schlechter Vertrag, der die Besatzungstruppen außer Landes brachte, besser wäre als kein Vertrag.[164] Sir Ivo Mallet, der, in den Worten von Michael Cullis, „unter all den nationalen Vertretern, die ich beobachten konnte, die eindrucksvollste Leistung erbrachte",[165] schrieb an den britischen Botschafter in Washington: „Ich fühle mich verpflichtet, der Aussage der Österreicher Bedeutung beizumessen: Es ist ihr Land, und wenn sie – wie sie es hier tun – sagen, dass sie einen Vertrag zum russischen Preis wollen, so denke ich, dass wir dies ernsthaft in Betracht ziehen müssen."[166]

Außenminister Gruber deponierte in einem Gespräch mit Bevin wie auch in Instruktionen an den österreichischen Gesandten in Washington, Ludwig Kleinwächter, den dringenden Wunsch der Bundesregierung, die Westmächte mögen nicht durch zu große Unnachgiebigkeit die Chance des Vertragsabschlusses verschütten. „Dr. Gruber has officially informed me that his Government wants a treaty now on the best terms that can be got", telegraphierte Bevin am 26. August 1949 an die britische Botschaft in Washington.[167] Dem österreichischen Außenminister war klar, dass nicht in Paris oder London, sondern in Washington der stärkste Widerstand auf westlicher Seite zu finden war. Schon im Juli hegte Gruber die „Besorgnis, daß

163 *FRUS 1949*, Bd. 3, 1120, 1126 und 1162.

164 Ebd., 1126.

165 Cullis, „Austria 1945–1950", 224.

166 Mallet an Sir Frederick Hoyer Millar, Washington, 9. August 1949, TNAUK, FO 371/76446/C6353.

167 Im Gespräch mit Bevin am 25. August wiederholte Gruber sein Ceterum censeo, dass die wesentliche Überlegung, „to which everything else must be subordinated", der Abzug der sowjetischen Truppen aus Österreich sei. TNAUK, FO 371/76496/C8543/8528/3; vgl. weiters *FRUS 1949*, Bd. 3, 1126 und 1127–1129. General Béthouart, *Die Schlacht um Österreich*, Wien 1967, 225, berichtet, die schließlich von den Westmächten gemachten Konzessionen bei Art. 35 seien das Ergebnis von Pressionen der österreichischen Regierung gewesen.

sich die westliche Meinung, die Vertragsarbeiten seien bis zum September nicht zu beendigen, eventuell auf eigene Absichten beziehen kann". Als der Außenminister erfuhr, dass amerikanische Armeekreise ihren Einfluss beim State Department gegen den Abschluss der Staatsvertragsverhandlungen geltend machten, wandte sich Gruber an den französischen Außenminister Schuman mit der Bitte, sich bei der amerikanischen Regierung dahingehend zu verwenden, dass die Vertragsverhandlungen zu einem günstigen Abschluss führen sollten.

Hinter der zunehmend härter werdenden amerikanischen Verhandlungstaktik um Art. 35 im Sommer 1949 standen Spannungen zwischen der militärischen Führung und dem State Department, deren Ursache die offene Frage war, ob die USA überhaupt den Abschluss des Staatsvertrages und damit den Rückzug ihrer Truppen aus Österreich anstreben sollten. Am 10. August 1949 suchte Kleinwächter den Österreich-Referenten im State Department auf und teilte ihm mit, er habe von einem hochgestellten Amerikaner erfahren, dass militärische Kreise in der US-Regierung gegen den Abschluss des Österreich-Vertrages seien, da die westlichen Zonen Österreichs in die laufenden Pläne für die regionale Verteidigung Westeuropas eingebaut werden sollten. Er erwähnte auch, diese Ansichten seien in militärischen Kreisen weit verbreitet und würden mit verschiedenen Mitgliedern des Kongresses besprochen, um Stimmung gegen den Abschluss des Österreich-Vertrages zu machen. Der Österreich-Referent Francis T. Williamson erwiderte, dass es die Politik der Regierung der Vereinigten Staaten sei, den Vertrag mit Österreich abzuschließen, und dass Schritte zu diesem Ziel gegenwärtig in London unternommen würden. Er setzte hinzu, ihm sei über die von Kleinwächter berichtete Stimmung in Regierungskreisen nichts bekannt.[168]

In der Tat befürwortete der amerikanische Oberkommandierende in Österreich, der schon im Frühjahr 1948 strategische Bedenken gegen den Abzug der westlichen Truppen aus Österreich geltend gemacht hatte, immer noch die Verlängerung der Besetzung Österreichs. In einem Bericht vom 19. Mai 1949 vertrat General Keyes seine Ansicht, man müsse zur Festlegung der politischen Linie („for policy purposes") klar erkennen, dass die Fortsetzung der Besetzung Österreichs auf der Existenz ideologischer Ost-West-Differenzen basiere und nicht mehr direkt mit den militärischen Problemen, die im Zweiten Weltkrieg entscheidend waren, zusammenhänge. Daher, so fuhr Keyes fort, seien die ursprünglichen Ziele, wegen derer die Vereinigten Staaten Österreich besetzt hätten, zweitrangig geworden, „und der Kampf gegen den Kommunismus und das sowjetische aggressive wirtschaftliche und politische

168 *FRUS 1949*, Bd. 3, 1115 (Gesprächsnotiz Williamsons).

Eindringen in Westeuropa ist nun der vorrangige Zweck unserer Präsenz hier".[169] Am 14. Juni, offenbar im Zusammenhang mit dem sich in Paris abzeichnenden Kompromiss über den Abschluss des Staatsvertrages, verlangte Keyes eine Entscheidung „at the top policy level", nämlich im Nationalen Sicherheitsrat, über die „grundlegende Frage": „Ist die militärische Besetzung Österreichs strategisch und/oder politisch a) wesentlich oder b) wünschenswert, und wenn ja, in welchem Ausmaß?"[170]

Wie gereizt die Stimmung zwischen Wien und Washington geworden war, zeigte sich Ende August 1949. Gesandter Kleinwächter berichtete aus Washington, Unterstaatssekretär Robert Murphy habe sich beschwert, die ständigen Hinweise Österreichs auf die Rückwirkungen einer Verschleppung des Vertragsabschlusses zu hören. Außenminister Gruber wies Kleinwächter sofort an, darauf zu replizieren. Murphys Bemerkungen, so telegraphierte Gruber an Kleinwächter, gingen daran vorbei, *„daß Österreich nur die Wahl zwischen zwei Übeln hat* und daß der derzeitige Zustand der Viermächtebesetzung unmöglich weiterdauern kann, ohne Österreich schweren wirtschaftlichen und politischen Schaden zuzufügen". Mitte September wurde Gruber noch deutlicher. Die Bundesregierung lege größtes Gewicht darauf, den Westmächten klarzumachen, dass die derzeitige Situation letzten Endes durch ihre eigenen Aktionen, insbesondere die ungenügende Präzision des Potsdamer Abkommens, herbeigeführt wurde. Es gebe „ein falsches Bild, wenn die Schwierigkeiten, die sich derzeit noch dem Abschluß des österreichischen Staatsvertrages entgegenstellen, ausschließlich auf sowjetische Forderungen zurückgeführt werden". Der sowjetische Standpunkt sei den österreichischen Interessen nicht in allen Punkten abträglich. Die amerikanische Regierung sei mit allem Nachdruck aufmerksam zu machen, „daß wir die Politik der Verlängerung der Besetzung als gegen unsere Interessen gerichtet ansehen müßten und unter keinen Umständen mitmachen würden. Kommt der Vertrag nicht bald zum Abschluß, müßten wir jedenfalls die Beendigung der Besetzung verlangen."[171]

Schließlich sah sich Gruber veranlasst, ein Protestschreiben an Dean Acheson zu verfassen. Er schrieb, Österreich fühle eine gewisse Enttäuschung gegenüber den Westmächten bezüglich des Fortschrittes des Staatsvertrages. Gruber vertrat die An-

---

169 *FRUS 1949*, Bd. 3, 1281f.

170 *FRUS 1949*, Bd. 3, 1284f.

171 Zum vorhergehenden: Telegr. Gruber an Staatsvertragsdelegation in London, 20. Juli 1949, AdR, BMAA, II-Pol, Zl. 51/L/2/49; Gruber an Vollgruber (Paris), 8. August 1949, Zl. 86.128-Pol/49; auch Gruber an Kleinwächter, 11. August 1949, Zl. 86.203-Pol/49; Kleinwächter an Gruber, 30. August 1949, sowie Weisung Grubers an Kleinwächter, 31. August 1949, beides Zl. 149/L/2/49; Gruber an Kleinwächter, 14. September 1949, Zl. 87.098-Pol/49 (Hervorhebung im Text vom Verf.).

sicht, dass die Last des Vertrages klein im Vergleich zu den Lasten einer andauernden Besetzung wäre; er bestritt, dass Österreich einen Vertrag um jeden Preis suche, und warnte, dass die materielle Hilfe der Vereinigten Staaten, obgleich sie geschätzt werde, keinen Ersatz für die Freiheit Österreichs darstelle. Schließlich appellierte er an Acheson, nicht den Vertragsabschluss zu verhindern. Das Konzept dieses Briefes ist nicht bloß in seiner Schärfe erstaunlich, sondern spiegelt auch die in der Gegenwart nicht mehr vorstellbare Situation wider, in der sich Österreich vor mehr als fünfzig Jahren befand. Gruber hatte versucht, jene Kräfte in Amerika zu orten, die den Vertragsabschluss zu verzögern oder verhindern suchten. Er polemisierte gegen die Ansprüche der Ölgesellschaften und meinte, man könne nicht ernstlich von einer verantwortungsvollen Regierung erwarten, dass sie den Vertragsabschluss aus dem einfachen Grund verschiebe, dass verschiedene auswärtige Ölgesellschaften mit der Lösung des Problems unzufrieden seien (ein rechtlich kaum haltbarer Standpunkt). Obgleich Österreich praktisch nichts von der Verteilung der Ölwerte zu erwarten habe, hätte es den westlichen Standpunkt in großem Ausmaß unterstützt, weil der Besitz der Ölwerte seitens westlicher Gesellschaften aus politischen Gründen eher wünschenswert sei. Es sei jedoch untragbar für Österreich, „weitere Jahre der Freiheit um solcher Interessen willen zu opfern“. Bei Andauern der Besetzung würden Tendenzen der Desintegration in Österreich wachsen – großdeutsche Tendenzen westlich der Demarkationslinie, Annäherung an die kommunistischen Länder in der sowjetischen Zone – und dies würde dem österreichischen Staat irreparablen Schaden zufügen.[172] Grubers Brief war den Amerikanern zu energisch. George F. Kennan bezeichnete ihn als „aggressiv, nachtragend und ungehobelt“; er hatte das Gefühl, die Österreicher wären nur „unzureichend in der Lage, ihre Unabhängigkeit angesichts des russischen Druckes zu verteidigen“; die österreichische Regierung hatte „den Anspruch, den sie auf unsere Sympathie und Hilfe hatte, so ziemlich verspielt“.[173] Die Amerikaner bedeuteten Kleinwächter, der mit einem Entwurf von Grubers Schreiben vorfühlend ins State Department gekommen war, der Brief sei unklug und sollte eher zurückgezogen werden.

Unter diesen Auspizien beträchtlicher Meinungsverschiedenheiten – am gewichtigsten allerdings doch jene zwischen Briten und Amerikanern – kam es Ende September zu neuen Beratungen der Sonderbeauftragten und auch zu einer Reihe informeller Gespräche der vier Außenminister, die aus Anlass der UN-Generalversammlung nach New York gekommen waren. Am 30. September sprach Vyšinskij

172 *FRUS 1949*, Bd. 3, 1172; Konzept (in engl. Sprache) in: AdR, BMAA, II-Pol, Zl. 87.545-Pol/49.

173 Der Diplomat beklagte, die USA hätten ihre „independence of action“ verloren und merkte an, er „would prefer a return to the historic policy of neutrality and isolation.“ George F. Kennan, *The Kennan Diaries*, hrsg. v. Frank Costigliola, New York 2014, 229f.

mit Bevin und teilte ihm mit, Stalin selbst habe ihn angewiesen, er müsse den Österreich-Vertrag abschließen; ob dies korrekt war, sich um eine Übertreibung handelte oder einfach nur eine Verhandlungsstrategie war, kann nicht mit Sicherheit gesagt werden. Jedenfalls blieb die Haltung der Amerikaner, von Präsident Truman übrigens selbst sanktioniert, hart.[174] Am nächsten Tag schrieb Bevin an Acheson und plädierte eindrucksvoll zugunsten des Vertragsabschlusses: Er hielt, für den Fall eines nicht zustande gekommenen Vertrages, düstere innenpolitische Entwicklungen für wahrscheinlich; auf der Linken könnte eine prokommunistische Tendenz aufkommen, so wie der sozialistische Anführer Pietro Nenni in Italien, auf der Rechten könnten, „as Germany begins to emerge", großdeutsche Ideen entstehen.[175]

In der Zwischenzeit hatte in Washington der Konflikt zwischen dem grundsätzlich abschlussfreundlichen State Department und dem abschlussfeindlichen Verteidigungsministerium im Oktober 1949 seinen Höhepunkt erreicht. Seit dem Pariser Kompromiss vom 20. Juni hatten vier Ereignisse die weltpolitische Lage entscheidend verändert: 1. die außerordentliche Steigerung des sowjetisch-jugoslawischen Konfliktes im Sommer 1949; 2. die Verfestigung der Teilung Deutschlands zur selben Zeit bis hin zur „Inbetriebnahme" der Bundesrepublik Deutschland im September und der DDR im Folgemonat; 3. die Explosion der ersten sowjetischen Atombombe am 29. August, der Weltöffentlichkeit erst durch eine Mitteilung des amerikanischen Präsidenten Truman am 23. September bekanntgeworden; und 4. die Einnahme Pekings und der Sieg der Kommunisten im chinesischen Bürgerkrieg sowie die Gründung der Volksrepublik China im Oktober.[176] Die zwei letztgenannten Ereignisse – die Brechung des amerikanischen Atommonopols und die kommunistische Machtübernahme in China – bedeuteten weltweit gesehen eine Schwächung des Westens, während hingegen in Europa der sowjetisch-jugoslawische Konflikt und die Errichtung der Bundesrepublik eher eine Stärkung des Westens anzeigten; dazu kam noch der Aufbau der NATO als Ergebnis des am 4. April 1949 unterzeichneten Nordatlantik-Paktes. Die amerikanische Diplomatie reagierte auf die sowjetische Atombombe eher mit einer härteren Gangart als mit verstärkter Konzessionsbereitschaft. Den Sowjets gleich nach der Veröffentlichung der Atomexplosion in der Österreich-Frage nachzugeben, so argumentierten leitende Beamte

174 *FRUS 1949*, Bd. 3, 1167f.

175 Bevin an Acheson, 1. Oktober 1949, TNAUK, FO 371/76451/C7962; hierzu vgl. Cronin, *Great Power Politics*, 86, und Bischof, *Responsibility*, 771.

176 Zur Explosion der sowjetischen Atombombe siehe David Holloway, *Stalin and the Bomb: The Soviet Union and Atomic Energy 1939–1956*, New Haven 1994, 213–220; zur Informierung der Öffentlichkeit durch Präsident Truman siehe Richard G. Hewlett/Francis Duncan, *Atomic Shield, 1947–1952* (= History of the United States Energy Commission 2), University Park, Pa., 1969, 362–369.

des State Department, würde ernstere Rückwirkungen in Europa haben als das Scheitern der Bemühungen um den Staatsvertrag. Acheson verwendete dieses Argument in einem Gespräch mit Bevin und Schuman am gleichen Tage.[177]

Der Österreich-Referent in Washington, Francis Williamson, berichtete Erhardt in Wien am 4. Oktober, dass es viel „local furor" gebe – der Verteidigungsminister Louis Johnson habe die Frage des Österreich-Vertrages in den Nationalen Sicherheitsrat gebracht und die Stellung bezogen, dass ein Abschluss derzeit nicht wünschenswert sei, weil die (US)-Armee sonst nicht die innere Sicherheit Österreichs gewährleisten könne.[178] „Your good friend in Vienna" – gemeint ist General Keyes – habe einen „großartigen Beitrag" zu dieser Ansicht geleistet, und seine Telegramme vom Juni würden hier bei jeder Gelegenheit von den Militärs zitiert. Auch Außenminister Acheson scheint verärgert gewesen zu sein, wie Williamson bemerkte: „I might state unofficially that the Secretary is slightly burned up about the whole procedure and has expressed himself in no uncertain terms concerning the military attitude."

Der Konflikt wurde vor Präsident Truman gebracht, der in einer Besprechung mit Acheson und Johnson am 26. Oktober zugunsten des Abschlusses des Staatsvertrages entschied. Truman erklärte – wie es in Achesons Gesprächsaufzeichnungen berichtet wird –, dass er keinen Zweifel hege, dass der Vertrag abgeschlossen werden sollte, um den Abzug der sowjetischen Truppen aus Österreich und die damit verbundenen allgemeinen politischen Vorteile zu erreichen. Er meinte, dass vor dem Abzug der Besatzungstruppen vom State Department und vom Department of Defense Schritte unternommen werden sollten, um entsprechende österreichische Sicherheitskräfte zu schaffen. Verteidigungsminister Johnson erwiderte, seine persönliche Ansicht sei es, dass der Vertrag jetzt abgeschlossen werden sollte, dass er aber den Präsidenten über die Ansichten des Militärs über den Zusammenhang des Vertragsabschlusses und der Schaffung einer Sicherheitstruppe informieren wollte.[179]

Trumans Entscheidung vom 26. Oktober scheint den Weg dafür geebnet zu haben, dass die Sonderbeauftragten eine Einigung erzielten. In den vorhergehenden

177 *FRUS 1949,* Bd. 3, 1161 und 1164. Bevin berichtete in einem bedrückten Brief an Ministerpräsident Attlee vom 29. September 1949, „the atom bomb and the general feeling regarding Russia all combine to make a settlement appear very doubtful". TNAUK, FO 800/439 (Bevin papers). Dean Acheson fasste seine Reaktion auf die sowjetische Atombombe in den Worten zusammen: „it is just really getting yourself into a position of power, and changing the power relationship between the Soviet Union and the West." HSTL, Acheson papers, Princeton Seminars 1953, Tonbandmitschrift, fol. 498. Es handelt sich um Gespräche Achesons mit Mitarbeitern, Zeithistorikern und Politologen nach Ende seiner Amtszeit als Außenminister, die auch wertvolle Kommentare zur Pariser Außenministerkonferenz 1949 enthalten.

178 *FRUS 1949,* Bd.3, 1171.

179 *FRUS 1949,* Bd. 3, 1186f.

Wochen hatten die Sowjetdiplomaten besonders hart verhandelt. Ende September prallten Vyšinskij und Acheson aufeinander. Anfang Oktober erhielt Vyšinskij Weisungen des Politbüros, dass westliche Zugeständnisse bezüglich Artikel 35 mit kleineren sowjetischen bei anderen Fragen erwidert werden sollten, etwa Artikel 16 und 27.[180] Den ganzen Oktober kämpften die westlichen Delegationen hart darum, so viele Ölfelder wie möglich für die österreichische Seite sicherzustellen, aber im späten Oktober und November machten sie mit dem Ziel, den Staatsvertrag zu erreichen, eine Reihe an wesentlichen Zugeständnissen, wobei sich der sowjetische Anteil an Erkundungsbereichen erheblich vergrößerte. Beim Großenzersdorfer Feld wurde der österreichische Anteil von 70.000 auf 1.500 Hektar reduziert, während der sowjetische Anteil auf 148.500 anwuchs. Zarubin zog sogar im Gegensatz dazu frühere sowjetische Zugeständnisse zurück, was zu massiver Frustration auf der anglo-amerikanischen Seite führte. Die Direktive des Politbüros, nach einer Kompromisslösung zu suchen, wurde nicht befolgt.[181] Wesentliche Punkte der sowjetischen Position zum Artikel 35 – Deutsches Eigentum – wurden am 18. November 1949 durchgepeitscht.[182]

Dies bedeutete auch, dass die Amerikaner in der Frage der Entschädigung westlicher Unternehmen für Verluste, die diesen aus der Übertragung (umstrittenen) Deutschen Eigentums an die Sowjetunion entstehen würden, einlenkten. Das hatte mit dem Art. 42, Abs. 9 des Entwurfes zu tun. Österreichs Entschädigungspflicht an westliche Ölgesellschaften für Werte, die nach sowjetischer Auffassung als Deutsches Eigentum der Sowjetunion zustanden und ihr übertragen werden sollten, wurde von der Sowjetunion abgelehnt.[183] Dies würde ihren Rechtsanspruch auf Teile des als Deutsches Eigentum beanspruchten Erdölkomplexes in Zweifel ziehen.[184] Am 21. November 1949 erschien der amerikanische Geschäftsträger in Wien, Walter Dowling, auf dem Ballhausplatz und überbrachte namens aller drei Westmächte den Vorschlag, die Frage außerhalb des Staatsvertrages in einem Protokoll zu regeln, das bei Unterzeichnung des Staatsvertrages zwischen Österreich einerseits, den USA, Großbritannien und Frankreich andererseits aufgesetzt und unterfertigt wer-

180 Gromyko an Stalin mit Weisungsentwürfen, 24. September 1949, in: RGASPI, f. 82, op. 2, d. 1114, ll. 68–71; Politbüro Protokoll 71 P. 2370p, 28. September 1949, ebd., f. 17, op. 162, d. 41, l. 17; d. 42, l. 21; Gromyko an Stalin mit Instruktionsentwürfen, 4. Oktober 1949, ebd., f. 17, op. 166, d. 809, ll. 10f; Politbüro Protokoll 71 P. 3240p, 6. Oktober 1949, ebd., f. 17, op. 162, d. 41, l. 22.

181 Für weitere Details siehe Mueller, „Gab es eine verpasste Chance?", 104–108.

182 FRUS 1949, Bd. 3, 1175 und 1197f. Siehe auch das Protokoll der 234. Sitzung am 18. November 1949: NA, RG 43, Box 249, wie auch die britischen „Proceedings".

183 Nach einer Äußerung französischer Diplomaten. Bericht von Schmid aus London, 18. November 1949, AdR, BMAA, II-Pol, Zl. 88.844-Pol/49.

184 Zarubin in der 234. Sitzung am 18. November 1949, britische Mitschrift in „Proceedings".

den sollte. Namens der Westmächte überbrachte er auch einen Textentwurf, den der Ministerrat bereits tags darauf genehmigte.[185] Eine Woche später übermittelte das Wiener Außenamt der US-Mission in Wien eine Verbalnote, in der Österreich die Entschädigungsverpflichtung auf sich nahm. In dieser Note hieß es, angesichts „der prinzipiellen Weigerung des Sowjetdelegierten", eine Kompensationsverpflichtung Österreichs in den Staatsvertrag aufnehmen zu lassen, habe die Bundesregierung grundsätzlich beschlossen, dem amerikanischen Vorschlag zuzustimmen, „um das Zustandekommen des Staatsvertrages nicht länger zu verzögern", zumal ja auch die von den Westmächten vorgeschlagene Bestimmung des Art. 42 Abs. 9 des Vertragsentwurfes zu demselben Resultat geführt hätte.[186] Es folgte nun – dem Textvorschlag der Westmächte entsprechend – die österreichische Verpflichtungserklärung: In jedem Fall, in dem die Übertragung von Vermögenschaften, Rechten und Interessen als „deutsche Vermögenswerte" in Übereinstimmung mit Art. 35 des Staatsvertrags(-entwurfes) Österreich daran hindere, den Bestimmungen des Art. 42 Para. 1 (Rückgabe alliierten Vermögens in Österreich) nachzukommen, werde Österreich „prompte, angemessene und effektive Entschädigung für jeden sich hieraus ergebenden Verlust oder Schaden gewähren".[187] Nach Zustandekommen bilateraler Abmachungen mit Österreich verzichteten die Westmächte am 2. Dezember 1949 auf ihren Vorschlag zu Art. 42, Abs. 9.[188]

Die Bestimmungen des Art. 35 mit seinen weitgehenden Eigentumsübertragungen an die Sowjetunion im Bereich der Erdölwirtschaft und der Donau-Schifffahrt griffen tief in die Wirtschaftsstruktur des östlichen Österreich ein. Sie stellten einen teuren Kaufpreis dar, den die Bundesregierung bereit war, für die Beendigung des Besatzungsregimes zu entrichten. Nur die Härte der Belastungen des Besatzungsregimes und die immer gegenwärtige Gefahr einer Teilung Österreichs können die Bereitschaft zur Zahlung dieses Preises verständlich machen. Wie General Béthouart in seinen Memoiren berichtet, teilte ihm Bundespräsident Renner am 12. Dezember 1949 mit, falls der Vertrag unter diesen Bedingungen unterzeichnet würde, werde er den Tag der Unterzeichnung zum nationalen Trauertag proklamie-

185 Hierzu AdR, BMAA, II-Pol, Zl. 88.836-Pol/49.

186 Dieser Vorschlag zit. oben bei Anm. 157.

187 Verbalnote Zl. 89.095-Pol/49 vom 29. November 1949, deutscher Text publiziert in: *WZ*, 2. Dezember 1955, Amtsblatt, 9, abgedruckt in *DÖA*, Nr. 168; der Name des amerikanischen Legationsrates Dowling wird in der amtlichen Publikation in der *WZ* irrtümlich als Dawling wiedergegeben; engl. Text in: *The Austrian State Treaty: An Account of the Postwar Negotiations together with the Text of the Treaty and Related Documents* (= Department of State Publication 6437), Washington 1957, 76f.

188 AdR, BMAA, II-Pol, Zl. 88.916-Pol/49, Zl. 88.917-Pol/49, Zl. 89.022-Pol/49; auch die Verbalnote Zl. 89.095-Pol/49.

ren.[189] Bruno Kreisky meinte später, sollten die 1949 vereinbarten Bestimmungen auf dem Erdölsektor in Kraft treten, so würde Österreich in einem Zustand halbkolonialer Abhängigkeit (von der UdSSR) gehalten werden.[190] Friedrich Funder, der bedeutende katholische Publizist und Herausgeber der *Furche*, äußerte sich Anfang 1954 dahingehend, dass „die aus dem Vertrage drohende Wegnahme der Ölquellen, ihrer Industrieannexe und der Hafen-, Kai- und Werftanlagen am Donaustrom allein genügen würden, um den Vertragsentwurf in seiner jetzigen Gestalt als lebensgefährlich, als unvereinbar mit der Existenz eines freien, unabhängigen Österreich erscheinen zu lassen".[191] Erst die glückliche Wendung der Dinge im Jahre 1955, mit einer neuen, für Österreich vorteilhafteren Regelung der Eigentumsangelegenheiten, hat die Erinnerung an die düsteren Perspektiven der Jahre 1949 bis 1954 verblassen lassen.

7. Enttäuschte Hoffnungen, „Erbsenschulden" und die Triester Frage, Oktober 1949–Juli 1950

Die Sowjetunion errang Ende November/Anfang Dezember 1949 zwei große Erfolge in den Staatsvertragsverhandlungen: einen materiellen Erfolg mit Art. 35 und einen politischen mit Art. 42. Nach der Einigung über das Deutsche Eigentum blieben nur noch fünf von 59 Artikeln übrig, deren Regelung wenigstens teilweise noch ausstand. In einem Fall – es handelte sich um einen sowjetischen Vorschlag, der Österreichs Hilfeleistungen an bestimmte „Displaced Persons" untersagte (Artikel 16) – meldete der französische Außenminister Robert Schuman energischen Widerstand gegen Konzessionen an und stellte die Frage, ob der Westen nicht mit Nachgiebigkeit an die Sowjets schon viel zu weit gegangen sei.[192] Außerdem hatte der

189 Béthouart, *Schlacht um Österreich*, 255.

190 Referat Kreiskys „Die internationale Lage und der österreichische Staatsvertrag" auf der Wiener Konferenz der SPÖ. *WZ*, 10. September 1953, 1, auch *DÖA*, Nr. 122; ähnlich in der Stockholmer Zeitung *Morgon Tidningen*, 10. Jänner 1954, 1 und 15, wo Kreisky hinzufügte, am Beispiel Österreichs „würde ein Ölimperialismus praktiziert werden, von dem man bisher geglaubt hat, daß er der Vergangenheit angehört". Zit. bei Bruno Kreisky, „Der Staatsvertrag und die österreichische Neutralität", in seinem Sammelband *Die Herausforderung*, Düsseldorf 1963, 93.

191 Friedrich Funder, „Nochmals: der rechte Vertrag", in: *Die österreichische Furche*, 20. März 1954, 1f (hier: 2). Zu Funders Vertragskritik sehr informativ Alfred Ableitinger, „Österreichische Skepsis gegenüber Österreichs Staatsvertrag. Theodor Hornbostels und Friedrich Funders Diskussion in den Jahren 1953/55", in: *Geschichte und Gegenwart* 4, 1985, 191–212.

192 Gespräch Robert Schumans mit dem amerikanischen Botschafter in Paris, David K. E. Bruce, am 2. Dezember 1949, *FRUS 1949*, Bd. 3, 1200–1202. Zu Schuman und der Frage der „Displaced Persons" siehe Angerer, *Frankreich und die Österreichfrage*, 316–321.

französische Hochkommissar in Österreich, General Béthouart, mit zunehmender Intensität auf die strategische Bedeutung des österreichischen Alpenraumes für die Verteidigung des Westens aufmerksam gemacht.[193]

Doch wenn im Sommer 1949 die Amerikaner wenig Eile gezeigt hatten, zum Vertragsabschluss zu kommen, so zeigten sich im Winter 1949/50 deutliche Zeichen einer sowjetischen Verschleppungstaktik. Nach den westlichen Konzessionen in der Frage des Deutschen Eigentums wurde es offensichtlich, dass die Sowjetunion die Angelegenheit hinauszögerte. Es ist unmöglich, präzise Aussagen darüber zu treffen, ob und wann die sowjetische Führung im Jahre 1949 wirklich die Absicht hatte, den Staatsvertrag abzuschließen. Bevin scheint Vyšinskijs Mitteilung Ende September 1949, dass dies Stalins Wunsch sei, Glauben geschenkt zu haben. Der sowjetische Stellvertretende Außenminister informierte sogar den Parteiapparat der KPdSU vom „bevorstehenden Abschluss des Friedensvertrages mit Österreich bis zum Ende des Jahres“.[194] Ein amerikanischer Diplomat kam jedoch bereits Anfang Oktober zu dem (hypothetischen) Schluss, die Sowjets hätten im Juni den Vertragsabschluss gewünscht, jetzt aber wahrscheinlich nicht mehr. Außenminister Gruber erzählt von einem Gespräch ein Jahr später mit einem jüngeren sowjetischen Diplomaten, der ihn beschwor, ihm zu glauben, dass er selbst die Weisungen gesehen habe, den Staatsvertrag abzuschließen, wenn die sowjetischen Forderungen in der Frage des Deutschen Eigentums erfüllt seien; erst „die völlige Änderung der Lage, die durch die westlichen Rüstungen entstanden sei, habe schließlich zu neuen Weisungen geführt“.[195]

Sowjetische Dokumente enthüllen, dass in der Tat neue Politbürodirektiven für den Zusammenbruch der Staatsvertragsverhandlungen im Herbst 1949 verantwort-

---

193 Ein Bericht Rebers vom 28. November 1949 äußerte die Vermutung, dass französische Stellen in Wien die Verschiebung des Vertrages auf unbestimmte Zeit befürworteten, *FRUS 1949*, Bd. 3, 1199. General Béthouart hatte schon mit Datum vom 21. Dezember 1948 eine „Note über die Verteidigung des Westens“ verfasst. Deutsch ließ diese Note sowie eine ihm ebenfalls übermittelte spätere Aufzeichnung Béthouarts vom 19. Juni 1950, „Note über die Rolle der österreichischen Alpen bei der Verteidigung Europas“, übersetzen. Julius Deutsch, Dokumentationsarchiv des Österreichischen Widerstandes, R-198. Die Übersetzungen der beiden „Noten“ finden sich auch in: VGAB, Nachlass Schärf, 4/217. Während Béthouart im Dezember 1948 untersuchte, was die beste Garantie „gegen einen neuen Prager Staatsstreich in Wien“ nach dem absehbaren Abzug der alliierten Truppen aus Österreich wäre, geht Béthouarts Studie vom Juni 1950 von der Voraussetzung des Verbleibes alliierter Truppen in Österreich aus.

194 L. Il'ičëv an Malenkov, 13. Juli 1949, in: RGASPI, f. 17, op. 118, d. 455, l. 238. Unser Dank für die Bereitstellung einer Kopie dieses Dokumentes geht an Prof. S. Karner und Doz. P. Ruggenthaler. Vgl. Ruggenthaler, „Warum Österreich“, 675.

195 *FRUS 1949*, Bd. 3, 1167, 1174. Gruber, *Befreiung*, 218, sowie Vojtech Mastny, *The Cold War and Soviet Insecurity*, New York – Oxford 1996, 78.

lich waren. Jedoch hatten die Instruktionen nichts mit „westlichen Rüstungen" oder irgendwelchen anderen Schritten von Seiten des Westens zu tun. Vielmehr hatte der sich rasch nähernde Abschluss des Vertrages das sowjetische Außenministerium veranlasst, die von Reber und Keyes als „$64 question" bezeichnete kritische Frage zu überdenken, nämlich ob unter den gegebenen Umständen ein Abzug aus Österreich wünschenswert wäre oder nicht. Auf sowjetischer Seite wurde diese Frage vom Ersten Stellvertretenden Außenminister Andrej A. Gromyko gestellt, einem damals vergleichsweise jungen Diplomaten, der gerade erst befördert worden war. Die außergewöhnlichen Zugeständnisse der Westmächte und ihre Kompromissbereitschaft hatten seinen Verdacht erregt, weshalb er Überlegungen über deren Interesse an der „Beschleunigung des Vertragsabschlusses" anstellte.[196] In einem Schreiben an Stalin vom 22. Oktober gab Gromyko an, dieses Interesse stehe offensichtlich in Verbindung „mit ihren Plänen, die Grundlage für eine weitere Stationierung sowjetischer Truppen in Österreich zu beseitigen, aber auch in Ungarn und Rumänien" – dies hatte die Staatsvertragsverhandlungen schon 1946 blockiert. Die UdSSR hatte den Friedensverträgen mit diesen anderen beiden Ländern gemäß das Recht, Truppen dort zu stationieren, solange sowjetische Einheiten auch in Österreich standen. Offiziell geschah dies, um die Kommunikationslinien aufrechtzuerhalten, in Wirklichkeit jedoch war die Aufrechterhaltung politischen Druckes viel wichtiger. Als Konsequenz aus den westlichen Zugeständnissen in den Österreich-Verhandlungen prognostizierte Gromyko den nahen Zeitpunkt, „wenn alle grundlegenden Schwierigkeiten, welche den Abschluss des Österreich-Vertrages aufhalten könnten, gelöst sind. Unter diesen Umständen erwächst die Notwendigkeit, unsere Position für die weiteren Verhandlungen zu definieren". Er empfahl daher, „sich mit den kleinsten Zugeständnissen nicht zu beeilen", sondern „die Angelegenheit beiseite zu legen". Als das Politbüro zwei Tage später neue Instruktionen für die sowjetische Delegation ausstellte, waren zwei Punkte abgeändert worden: Erstens wurde zu den Erklärungen, warum der Westen angeblich Interesse an einem raschen Abschluss des Staatsvertrages habe, hinzugefügt, dass die Westmächte dadurch „offensichtlich auch Jugoslawien politische Unterstützung geben wollen"[197] – ein Interesse, das kaum abzustreiten war; im September hatten die Vereinigten Staaten dem Land einen Kredit von 25 Millionen Dollar gewährt, und im Novem-

196 Gromyko an Stalin, 22. Oktober 1949, in: RGASPI, f. 82, op. 2, d. 1114, ll. 95–97. Vgl. Mueller, „Gab es eine verpasste Chance?", 113f. Abgedruckt in Karner/Stelzl-Marx/Tschubarjan, *Die Rote Armee,* 740–743.

197 KPdSU Politbüro Protokoll 71 P. 4790p, 24. Oktober 1949, in: RGASPI, f. 17, op. 162, d. 41, l. 34 and d. 42, l. 103; Telegrammentwurf 249/254 an Vyšinskij (New York), ebd., f. 82, op. 2, d. 1114, l. 98.

ber wurde beschlossen, Jugoslawien, falls nötig, mit Waffen auszustatten.[198] Zweitens machte die Direktive klar:

> unsere Vertreter müssen in der Annahme agieren, dass wir an einem *raschen Abschluss* des Österreich-Vertrages *nicht interessiert* sind. Sie müssen daher die bestehenden Meinungsverschiedenheiten ausnutzen, und dürfen die Vertragsabfassung nicht abschließen. In Verbindung damit darf auf alle Vorschläge der Angloamerikaner, die auf einen Kompromiss abzielen, keine rasche Antwort erfolgen.[199]

Obwohl dies nicht ausdrücklich erwähnt wurde, lässt die Argumentation der sowjetischen Direktiven es fraglich erscheinen, ob die Sowjetunion zu irgendeinem Zeitpunkt vor dem Oktober 1949 willens gewesen wäre, den Staatsvertrag zu unterzeichnen. Die Verbindung zwischen den sowjetischen Truppen in Österreich und der sowjetischen, und dadurch kommunistischen, Herrschaft über Ungarn und Rumänien war seit dem Waffenstillstand etabliert und durch die Friedensverträge von 1947 noch verstärkt worden. Neu hinzugekommen war noch der sowjetisch-jugoslawische Konflikt. Während es möglich war, die Entscheidung der USA, die Verhandlungen im April 1948 und Juni 1949 *vorübergehend* zu verzögern, durch die Verabschiedung einer Strategie zum Aufbau der österreichischen Verteidigung zu überwinden, war dies mit den sowjetischen Vorbehalten, die längerfristiger Natur waren, nicht der Fall. Auch wirtschaftliche Entwicklungen mögen dazu beigetragen haben, dass die Sowjetunion vom Abschluss des Österreich-Vertrages zurückschreckte: 1949 wurde ein vielversprechendes neues Ölfeld, Matzen, in Ostösterreich entdeckt, das später die sowjetische Fördermenge um das Fünffache erhöhen sollte. Jedenfalls führte die neue sowjetische Direktive bald praktisch zum Stillstand der Staatsvertragsverhandlungen, und die Entwicklungen in Deutschland – die im Herbst 1949 „offiziell" verkündete Teilung des Landes – brachten keinen weiteren Anreiz für die sowjetische Seite, die österreichischen Verhandlungen fortzusetzen.

Vor der Einigung über das Deutsche Eigentum hatte Botschafter Zarubin gemeint, wenn man sich auf diesem Gebiet im Sinne der sowjetischen Wünsche ei-

198 Beatrice Heuser, *Western Containment Policies in the Cold War: The Yugoslav Case*, London 1989, 65f, 78, 117. 1950 bis 1955 erhielt Jugoslawien mehr als 700 Millionen Dollar in Wirtschaftshilfe und fast eine Milliarde Dollar in militärischer Hilfe. Svetozar Rajak, „No Bargaining Chips, No Spheres of Interest: The Yugoslav Origins of Cold War Non-Alignment", in: *Journal of Cold War Studies* 16:1, 2014, 152.

199 RGASPI, f. 17, op. 162, d. 42, l. 103. Hervorhebung W.M.

nige, werde man die noch ausstehenden Artikel erledigen können.[200] Doch plötzlich trat ein anderer „unagreed article" des Staatsvertrages in den Vordergrund, der bislang eher ein Aschenbrödeldasein geführt hatte – Art. 48, als „Erbsenschulden-Artikel" bekannt geworden. Es handelte sich um die Schulden oder Verbindlichkeiten Österreichs an die vier Mächte für verschiedene Leistungen seit Kriegsende. Die Westalliierten waren bereit, auf die Bezahlung für Versorgungsgüter zu verzichten, die sie für den zivilen Gebrauch seit Mai 1945 nach Österreich eingeführt hatten. Die Sowjetunion beharrte jedoch auf der Anerkennung von Österreichs Schulden für Geldanleihen, Versorgungsgüter und Dienste, die sie seit Kriegsende geliefert hatte. Dazu war es seit August 1949 zu diversen österreichisch-sowjetischen Gesprächen und Korrespondenzen in Wien gekommen, und die Österreicher hofften im Herbst 1949, es werde die Frage ihrer Nachkriegsschulden bald zufriedenstellend geregelt sein.

Doch gerade dieser Artikel diente nun als Instrument der immer klarer zutage tretenden Verzögerungstaktik der UdSSR. Die sowjetische Diplomatie bediente sich hierbei einer der ältesten und gängigsten Taktiken der Staatskunst, nämlich mit verteilten Rollen zu spielen. Die österreichisch-sowjetischen Kontakte um die Schuldenregelung fanden fern von den in New York tagenden Sonderbeauftragten, nämlich in Wien, statt. Zarubin gab sich in New York optimistisch. Am 19. November hoffte er, die Frage der Schulden dürfte „innerhalb weniger Tage geregelt sein"; doch in Wien verhielten sich die sowjetischen Verhandler, wie es in der österreichischen Beamtensprache heißt, „dilatorisch"; sie zögerten hinaus.[201]

Was in der Öffentlichkeit als „Erbsenschulden" bekannt wurde, bezog sich nicht auf die „Maispende" oder „Stalin-Spende" vom 1. Mai 1945, sondern auf Lebensmittellieferungen, die über Befehl Stalins am 23. Mai in Auftrag gegeben wurden und die Versorgung Wiens vom 1. Juni bis 30. September sichern sollten.[202] Gemeinsamer Nenner dieser beiden Hilfsaktionen war der große Anteil von Erbsen und Bohnen an den gelieferten Lebensmitteln. Nicht bloß in der Öffentlichkeit, sondern zeitweise sogar im Amt für Auswärtige Angelegenheiten des Bundeskanzleramtes wurden diese beiden Aktionen allerdings, nach dem Abstand von über viereinhalb Jahren, miteinander verwechselt. Einige weitere Lieferungen und Leistungen kamen zum Paket der Verbindlichkeiten Österreichs gegenüber der Sowjetunion noch

200 Nach einer Äußerung französischer Diplomaten. Bericht des Gesandten Schmid aus London, 18. November 1949. AdR, BMAA, II-Pol, Zl. 88.844-Pol/49.

201 Zarubin in der 235. Sitzung, 19. November 1949; britische Mitschrift in „Proceedings".

202 Für Details siehe Rauchensteiner, *Sonderfall*, 78f sowie 275, und die Dokumente in Karner/Stelzl-Marx/Tschubarjan, *Die Rote Armee*, Dok. 32, 34, 45; und Vatlin u.a., *SSSR i Avstrija*, Dok. 7f.

dazu.[203] Im trockenen, emotionslosen Amtsdeutsch eines diplomatischen Schriftstückes kommen die unendlich schwierigen Verhältnisse Österreichs im Jahre Null zum Ausdruck:[204]

> Im Jahre 1945, als in Wien die Not sehr groß war, hatte das sowjetische Oberkommando den österr. Behörden auf Ersuchen der zuständigen österr. Stellen eine gewisse Menge Lebensmittel, hauptsächlich Hülsenfrüchte (daher die Bezeichnung Erbsenschulden) übergeben. In einem Protokoll vom 3. Juli [richtig Juni, G.S.] 1946 war der Wert dieser Lieferung mit 48 Mill. Schilling festgelegt worden, die von Österreich durch Lieferung von Industrieartikeln abgedeckt werden sollten.
> „Land der Erbsen, Land der Bohnen, Land der alliierten Zonen" – so spotteten manche Leute, als es ihnen wieder besser ging – oder vielleicht jene, die die Hungersnot in Wien nicht miterlebt hatten.

Die Regierung bat in den Folgejahren, diese Warenkompensation zurückzustellen, da Österreich auch gegenüber anderen Mächten Lebensmittelschulden habe und die Regelung dieser Schulden gemeinsam für alle vier Mächte im Staatsvertrag in Aussicht genommen sei. Außerdem gab es noch weitere Schulden Österreichs an die sowjetische Besatzungsmacht. Zur Behebung der Schäden an verschiedenen Strecken und Objekten sowie am Wagenpark der Österreichischen Bundesbahnen waren unter der Leitung sowjetischer Truppen Wiederherstellungsarbeiten durchgeführt worden, deren Gegenwert in einem Protokoll vom 26. November 1947 mit 111,589.400 Schilling bewertet wurde. Österreich hatte allerdings Gegenforderungen in beträchtlicher Höhe aus dem Titel der zivilen Besatzungskosten. Während die westlichen Besatzungsmächte diese regelmäßig refundierten, hatte das sowjetische Element keine Zahlungen vorgenommen, obwohl es die Verpflichtung nicht bestritt.

Zwischen August und Dezember 1949 machten nun die Österreicher in dem Bemühen, den Staatsvertrag unterschriftsreif zu machen, verschiedene Vorschläge, um die Frage beizulegen. Von einem wirtschaftlichen Gesichtspunkt aus waren diese Vorschläge für die sowjetische Seite vorteilhaft, wie Gromyko Mitte Oktober Sta-

203 Die irrige Auffassung findet sich in einem Schreiben Figls an Hochkommissar Sviridov vom 5. Dezember 1949, Zl. 89.225-Pol/49; in: AdR, BMAA, II-Pol, Konvolut „Art. 48-bis aus 1950" bei den Staatsvertragsakten 1955. Ein früheres Konzept und weitere Materialien bei Zl. 89.547-Pol/49. Auf den Unterschied von Maispenden und zu bezahlenden Lebensmittellieferungen verwies ein Schreiben des Finanzministeriums an das Außenamt v. 14. Dezember 1949, ebd. Zl. 89.995-Pol/49.

204 Leitmaier, „Übersicht".

lin darlegte: Die sowjetischen Ansprüche beliefen sich auf 111,6 Millionen Schilling für die Wiedererrichtung der Eisenbahn (was aus militärischen Gründen sowieso geschehen musste) plus 100 Millionen an Mietkosten für an Österreich verliehene (konfiszierte österreichische und deutsche) Eisenbahnwaggons; im Gegensatz dazu beliefen sich die sowjetischen Schulden auf 280 Millionen. Vyšinskij empfahl daher, dass die sowjetischen Vertreter in Wien Verhandlungen mit der österreichischen Regierung aufnehmen sollten, und das Politbüro entwarf ein entsprechendes Dekret.[205] Am 5. Dezember 1949 wandte sich Bundeskanzler Figl in einem Schreiben an den sowjetischen Hochkommissar Generalleutnant Vladimir Sviridov und schlug vor, die sowjetischen Dienstleistungen und die österreichischen Forderungen auf Refundierung der zivilen Besatzungskosten gegenseitig aufzurechnen und als kompensiert anzusehen. Die Lebensmittellieferungen – im Brief Figls irrtümlich, wie erwähnt, als „Maispende" bezeichnet – im Wert von rund 48 Millionen Schilling sollten hingegen als handelspolitische Abmachung anerkannt werden und Verhandlungen über die Abzahlung durchgeführt werden.

Diesem Schreiben folgten weitere österreichische Interventionen, als immer deutlicher wurde, dass die Chancen für den Staatsvertrag im Begriff waren, zu entschwinden. Norbert Bischoff, der politische Vertreter Österreichs in Moskau, überreichte in den folgenden Tagen und Wochen nicht weniger als fünf Noten – am 12. und am 26. Dezember 1949, am 1. und 9. Jänner und am 15. Februar 1950. Es wäre „auch für die allgemeinen Beziehungen der Völker zueinander gewiß sehr entmutigend", so heißt es in der Note vom 1. Jänner, „wenn die Methode, zwischenstaatliche Streitfragen bzw. bestehende Interessengegensätze durch diplomatische Verhandlungen aus der Welt zu schaffen, zum Scheitern verurteilt wäre, oder wenn diese Methode durch unverständliche Verzögerung ihren vollen Wert als evidentes Mittel zur geordneten Regelung bestehender Streitfragen verlöre".[206]

Diese Schritte erbrachten jedoch keine konkreten Resultate. Im Gegensatz zu früheren Entwürfen vom Oktober war die neue sowjetische Taktik betreffs der „Erbsenschulden" wie von Gromyko in einem Brief an Stalin im Dezember 1949 beschrieben:

> Da wir nicht daran interessiert sind, die Vorbereitung des Österreich-Vertragsentwurfes zu beschleunigen, dürfen wir, nach der Meinung des Außenminis-

205 Gromyko an Stalin, 10. Oktober 1949, in: RGASPI, f. 82, op. 2, d. 1114, ll. 76–79. Die in späteren Dokumenten angegeben Zahlen wichen leicht davon ab: Sowjetische Ansprüche für Schienenbau und -nutzung: 236,6 Millionen; österreichische Ansprüche für zivile Kosten: 278 Millionen. Gromyko an Stalin, 10. Dezember 1949, ebd., f. 17, op. 166, d. 8, ll. 135f.

206 AdR, BMAA, II-pol, Konvolut „Art. 48-bis aus 1950", Staatsvertragsakten 1955, Beilage E.

> teriums, nicht in Verhandlungen mit der österreichischen Regierung treten; die Österreicher würden sofort die [zusätzlichen] 44,4 Millionen Schilling für Nahrungsmittellieferungen zahlen und könnten damit einen der Gründe, die momentan die letzte Anpassung des Österreich-Vertragsentwurfes verzögern, beseitigen.[207]

Die sowjetischen Vertreter in Wien wurden daher angewiesen, Figl mitzuteilen, dass die österreichischen Vorschläge geprüft werden würden.[208] Anfang Jänner 1950 setzte sich Vyšinskij erneut dafür ein, Sviridov und Koptelov zu offenen Gesprächen mit der österreichischen Regierung zu autorisieren, aber kein solcher Beschluss wurde angenommen.[209]

Am 15. Dezember 1949 hatten die Sonderbeauftragten beschlossen, die Verhandlungen am 9. Jänner wieder aufzunehmen; einige Tage vor Beginn der Gespräche wurde Zarubin angewiesen, auf der Diskussion aller offenen Artikel (Nr. 16, 27, 35bis, 42, 48) zu beharren, die eine Einigung für die Sowjetunion unwahrscheinlich machten.[210] Die Sitzungen des Außenministerrates zu Deutschland waren im Juni 1949 komplett abgebrochen worden, nachdem sich die Gespräche, in den Worten Präsident Trumans, in den „Schaukelstuhl"-Modus begeben hatten – heftig in Bewegung, aber ohne vorwärts zu kommen.[211] Die 250. Sitzung der Sonderbeauftragten für Österreich in London am 15. Februar 1950 verlief ergebnislos.

Bald begannen allerdings andere Gründe als die „Erbsenschulden" von der Sowjetunion ins Spiel gebracht zu werden. Ende Februar schrieb die *Pravda*, die Vertreter der Westmächte bestünden darauf, dass in Art. 27 des Vertragsentwurfes eine Klausel aufgenommen werde, die es den USA, dem Vereinigten Königreich und Frankreich erlauben würde, in Zukunft eine unbegrenzte Anzahl Militärfachleute und Instrukteure nach Österreich zu entsenden.[212] In der 252. Sitzung der Sonderbeauftragten am 26. April 1950 erhob Zarubin gegen Österreich den Vorwurf, seine Verpflichtungen bezüglich der Entnazifizierung und Entmilitarisierung verletzt zu haben. Ähnliche Anschuldigungen waren vom sowjetischen

---

207 Gromyko an Stalin, 10. Dezember 1949, in: RGASPI, f. 17, op. 166, d. 8, ll. 135f.

208 KPdSU Politbüro Protokoll 72 P. 100p, und Telegramm an Želtov and Koptelov, 12. Dezember 1949, in: RGASPI, f. 17, op. 162, d. 43, ll. 1; 15.

209 Vyšinskij an Stalin, 2. Jänner 1950, in: RGASPI, f. 82, op. 2, d. 1114, ll. 120–126.

210 KPdSU Politbüro Protokoll 72 P. 1900p, 7 Jänner 1950, in: RGASPI, f. 17, op. 163, d. 1539, ll. 248f.

211 Zit. nach Hanns Jürgen Küsters, *Der Integrationsfriede: Viermächte-Verhandlungen über die Friedensregelung für Deutschland 1945–1990*, München 2000, 429.

212 Zit. in: *Die Sowjetregierung und der Österreichische Staatsvertrag,* hrsg. von der Arbeitsgemeinschaft für Osteuropaforschung Göttingen, 2. berichtigte Auflage, Juli 1953, 48.

Hochkommissar in Wien im Dezember 1949 vorgebracht worden.[213] Zarubin legte den Entwurf zweier neuer Paragraphen zu Art. 9 – Auflösung nationalsozialistischer Organisationen – vor; danach müsse sich Österreich verpflichten, faschistische Organisationen politischen, militärischen und paramilitärischen Charakters aufzulösen, die eine irgendeiner der Vereinten Nationen feindliche Tätigkeit entfalten oder die Bevölkerung ihrer demokratischen Rechte zu berauben bestrebt seien.[214] Diese Verknüpfung hatte Vyšinskij Anfang April vorgeschlagen, nachdem er erkannt hatte, dass

> man erwarten kann, dass die Westmächte ihre Ansprüche bezüglich der Artikel 42 und 48 mit der österreichischen Regierung bis 26. April [der Tag des nächstens Treffens der Sonderbeauftragten] regeln werden und unseren Vorschlägen betreffs Artikel 16 und 27 zustimmen werden. [...] Die österreichische Regierung wird unseren Vorschlag für Artikel 48bis übernehmen, und dann werden alle Schwierigkeiten bezüglich des Vertragsentwurfes und alle Hindernisse für eine Unterzeichnung des Vertrages beseitigt sein.[215]

Zarubin wurde daher instruiert, diese Änderung des Artikels 9, oder, falls die Westmächte ablehnten, eine Untersuchung zum Status der Entnazifizierung in Österreich vorzuschlagen. Jedenfalls solle die weitere Ausarbeitung des Vertrages nicht „beschleunigt werden".[216] Falls die Westmächte Druck auf die UdSSR ausüben sollten, den Vertrag abzuschließen, dann solle Zarubin auf die westliche Nichterfüllung internationaler Abmachungen im Fall Triest verweisen.

Das Schicksal Triests war seit einiger Zeit in der Schwebe. Gemäß dem Friedensvertrag mit Italien 1947 sollten die anglo-amerikanische und die jugoslawische Nachkriegsbesatzungszone Triests als unabhängiges Freies Territorium vereinigt werden. In Folge des Kalten Krieges und als Reaktion auf italienischen Druck hatten die Westmächte seit 1948 die Übergabe ihrer Zone an Italien und der jugoslawischen Zone an Jugoslawien vorgeschlagen. Im März 1950 hatte Vyšinskij zwei Maßnahmen angeordnet, um gegen die Politik des Westens zu protestieren: eine sowjetische Note, die am 20. April an die Westmächte erging, und einen Artikel in der *Pravda* zu diesem Thema, der nach aufwändiger Überarbeitung und von Molotov neu verfasst am 8. Mai erschien. Dieser betonte, dass die Regierungen der USA,

---

213 Beschluss des Politbüros, 8. Dezember 1949, „Zajavlenie verchovnogo komissara ot SSSR", in: Vatlin u.a., *SSSR i Avstrija,* Nr. 59.

214 Grayson, *Austria's International Position,* 149.

215 Vyšinskij an Stalin, 7. April 1950, in: RGASPI, f. 82, op. 2, d. 1114, ll. 159–161.

216 Politbüro Protokoll 73 P 430, 14. April 1950, in: RGASPI, f. 17, op. 163, d. 1546, ll. 104f.

des Vereinigten Königreichs und Frankreichs ihre Verpflichtungen aus dem italienischen Friedensvertrag hinsichtlich der Schaffung des Freien Territoriums Triest nicht erfüllten; um zu glauben, dass der in Vorbereitung befindliche Österreich-Vertrag erfüllt und nicht Österreich „auch unter irgendeinem Vorwand" in eine „anglo-amerikanische Kriegsbasis" verwandelt werde, so der Artikel, sei es nötig, den Friedensvertrag mit Italien hinsichtlich Triests zu erfüllen und den anglo-amerikanischen Militärstützpunkt in Triest zu liquidieren. Wie vom Politbüro angeordnet, knüpfte Zarubin einige Tage später die Staatsvertragsverhandlungen an die Triester Frage. Von da an bis zur Berliner Außenministerkonferenz von 1954 wurde von sowjetischer Seite diese Angelegenheit immer wieder in Zusammenhang mit dem Österreich-Vertrag gebracht.

Während Argumente wie die „Erbsenschulden" in Wirklichkeit lediglich Vorwände waren, um eine Einigung zu verzögern, steckte in anderen wohl ein Kern echten Konfliktes. Die Westmächte hatten tatsächlich die Errichtung des im italienischen Friedensvertrag von 1947 vorgesehenen Freistaates Triest blockiert und die Rückkehr der sogenannten Zone A mit dem Stadtgebiet von Triest nach Italien anvisiert. Diese Haltung gab der Sowjetion gute Argumente in die Hand, mit deren Hilfe sie die Westmächte der Nichterfüllung von Bestimmungen des Friedensvertrages bezichtigte. Auch war die Präsenz britischer und amerikanischer Truppen und Flotteneinheiten (sowie einer britisch-amerikanischen Militärverwaltung) in der Zone A gerade nach dem Bruch zwischen Tito und Stalin in einer Periode der Annäherung Jugoslawiens an die Westmächte der Sowjetunion nicht gleichgültig.[217]

Ein weiteres Thema der Sonderbeauftragten war der sowjetische Wunsch, nicht nur deutsches, sondern auch sonstiges ausländisches Personal vom Aufbau der österreichischen Luftfahrt (Artikel 27) wie auch von allen mit Kriegsmaterial zusammenhängenden Agenden fernzuhalten, welcher im Zusammenhang mit dem Aufbau der im Frühjahr 1949 gegründeten NATO gesehen werden muss.

In der Sitzung der Sonderbeauftragten am 10. Juli 1950 verlas Zarubin eine weitere gegen die westliche Triest-Politik protestierende Erklärung, worauf die Verhandlungen vertagt wurden, zunächst auf den 7. und dann auf den 15. Dezember, ohne Ergebnisse hervorzubringen. Die sowjetischen Direktiven für den Dezember

217 Zur Junktimierung der Triester Frage mit dem Staatsvertrag siehe: *Die Sowjetregierung und der österreichische Staatsvertrag*, 50–53 und Beilagen XIV und XV; allgemein zur Diplomatie um die Triester Frage das Standardwerk von Giampaolo Valdevit, *La questione di Trieste 1941–1954. Politica internazionale e contesto locale*, Mailand 1986; und ders., Hrsg., *Il dilemma Trieste: guerra e dopoguerra in uno scenario europeo*, Gorizia 1999, zur westlichen Politik 1948–54 insb. 157–169. Zuletzt auch Mueller/Ruzicic-Kessler/Greilinger, Hrsg., *The Alps-Adriatic Region 1945–1955*.

ließen keinen Raum für Kompromisse: in allen Punkten sollte die vorherige Position beibehalten werden.[218]

Damit kam eine wichtige Periode der Staatsvertragsverhandlungen zu einem Ende. In den Jahren 1948–1949 war trotz einiger durch internationale Krisen bedingter Unterbrechungen, erhöhter Sicherheitsrisiken und der Schwäche Österreichs ein bedeutender Fortschritt erzielt worden. Das bleibende Ergebnis war der Hauptteil des Vertragsentwurfes, einschließlich der Regelungen über den Schutz der slowenischen und kroatischen Minderheiten und die Übertragung des Deutschen Eigentums – obwohl letztere 1955 abgeändert werden sollte. Nur fünf kleinere Artikel waren Ende 1950 nicht beschlossen: Artikel 9, beinhaltend zusätzliche Untersuchungen oder Garantien gegen „faschistische Organisationen" in Österreich, wie von der UdSSR gefordert; Artikel 16, mit der sowjetischen Forderung, Österreich dürfe keinerlei versetzten („displaced") Personen helfen, die im Zweiten Weltkrieg gegen die Vereinten Nationen gekämpft hatten; Artikel 27, mit dem sowjetischen Vorschlag, Österreich dürfe keine Personen „nichtösterreichischer" (westlicher Vorschlag: „deutscher") Staatsbürgerschaft im militärischen Bereich und in der Zivilluftfahrt einstellen, was von den Westmächten zurückgewiesen wurde; Artikel 42 mit unentschiedenen Stichtagen für die Restitution von Eigentum der Staatsbürger der Vereinten Nationen; und Artikel 48, in dem die UdSSR sich gegen die österreichische Restitution von Rentenpapieren und Sicherheiten (mit Stand vom 13. März 1938) aussprach.[219] Keines dieser Hindernisse war unüberwindbar, aber solange die Sowjetunion nicht ihre prinzipielle Blockadehaltung aufhob, waren sie (sowie neue Bedingungen wie die Erbsenschulden, Entnazifizierung und die Triester Frage) ausreichend, um den Abschluss des Vertrages zu verhindern. Die Gründe für diese Blockade lagen außerhalb Österreichs; sie waren eher eine Konsequenz sowjetischer Großmachtsansprüche in Osteuropa denn der Beziehungen zu Österreich. In den Folgejahren würde die sowjetische Blockade zu einer intensiven Suche nach neuen Lösungen auf Seiten des Westens und Österreichs führen – wie wir im nächsten Kapitel sehen werden, sollten einige davon den kompletten Entwurf in Frage stellen.

218 Politbüro Protokoll 79 P. 2370p, 10. Dezember 1950, in: RGASPI, f. 17, op. 162, d. 45, l. 76.

219 Gromyko an Molotov mit Entwurf für Stalin, 7. Dezember 1950, in: RGASPI, f. 82, op. 2, d. 1115, ll. 23–26.

IV. VOM KALTEN KRIEG ZUM TAUWETTER, 1950–1953

1. Spätstalinismus

Die letzten Jahre der Ära Stalin waren in Europa eine Periode sich verschärfender Kontrolle und Unterdrückung in den kommunistischen Staaten. Der Spätstalinismus war, darin dem „Großen Terror" in der Sowjetunion in den Dreißigerjahren nicht unähnlich, durch erbarmungslose und blutige Prozesse gegen angebliche „Abweichler" und „Verräter", mit sehr häufig tödlichem Ausgang, gekennzeichnet.[1] Der Verdacht der Verbindung mit dem „Abtrünnigen" Tito, hinter dem die USA vermutet wurden, war das mit allen Mitteln der physischen und psychischen Tortur „bewiesene" Hauptverbrechen, kombiniert mit dem Vorwurf „nationalistischer" Abweichungen und westlicher Verbindungen. Nachdem osteuropäische nichtkommunistische Politiker in den späten Vierzigerjahren unter sowjetischer Schirmherrschaft eingeschüchtert, vertrieben oder ermordet worden waren, wurden nun Kommunisten, die während des Krieges nicht in der Sowjetunion, sondern in der westlichen Emigration überlebt hatten, bevorzugte Opfer des spätstalinistischen Terrors. Diese waren oft jüdischer Herkunft, da die Sowjetunion in den letzten Jahren der Ära Stalin eine Welle antisemitischen Hasses und damit einhergehender Schikanen durchlebte.[2] 1949 war das Jahr der berüchtigten politischen Prozesse gegen Ministerpräsident Trajčo Kostov in Bulgarien und gegen den ungarischen Innenminister László Rajk, die in beiden Fällen mit der Exekution endeten. 1951/52 folgte die Aktion gegen Rudolf Slánský in der Tschechoslowakei, ebenfalls mit der Hinrichtung des früheren Generalsekretärs der Tschechoslowakischen Kommunistischen Partei endend. Erst Jahre später wurden sie posthum rehabilitiert.

---

1 „Das sowjetische totalitäre Modell näherte sich seiner Perfektion gerade in Stalins letzten kränklichen Jahren an." Vojtech Mastny, *The Cold War and Soviet Insecurity*, Oxford 1996, 140. Vgl. Kevin McDermott/Matthew Stibbe, Hrsg., *Stalinist Terror in Eastern Europe: Elite Purges and Mass Repression*, Manchester 2010; Hermann Weber/Ulrich Mählert, Hrsg., *Terror: Stalinistische Parteisäuberungen 1936–1953*, Paderborn 2001.

2 Timothy Snyder, *Bloodlands: Europe between Hitler and Stalin*, New York 2010, 339–377.

Obwohl sie von politischen Prozessen verschont blieb, wurde auch die Kommunistische Partei Österreichs in die stalinistischen Hexenjagden gegen vermeintliche Titoisten hineingezogen. Ernst Fischer, der Intellektuelle unter den Führern der KPÖ, schrieb 1950 das Theaterstück „Der große Verrat", das im kommunistischen Theater „Die Scala" im sowjetischen Sektor zur Aufführung gelangte. Es war eine (durch die Nutzung spanischer Personennamen) kaum verhüllte Denunziation des „Verräters" Tito.[3] Jahre später, als sich Fischer von seiner lang anhaltenden Moskauhörigkeit gelöst hatte, bekannte er, „gegen Tito ein abscheuliches Theaterstück" geschrieben zu haben: „Was war da mit mir geschehen?" Niemand habe ihn aufgefordert, ein solches Pamphlet zu schreiben: „Ich fürchtete, daß ein dritter Weltkrieg unabwendbar sei, und glaubte daher, daß jeder Bruch mit Moskau in solcher Situation Verrat sei. Doch das Motiv verstehen, heißt nicht die Tat verzeihen."[4]

Die internationale Anspannung wurde nicht nur durch den Stalinismus in Europa, sondern auch durch den stalinistischen Vormarsch in Asien erhöht, mit der Proklamation der Volksrepublik China im Herbst 1949 und dem kommunistischen Angriff in Korea im Juni 1950, der zum ersten „heißen Krieg" im Kalten Krieg führte.[5] Als Antwort darauf hielten beide Machtblöcke in Europa umso entschiedener an ihren Fronten fest. Zwischen 1950 und 1952 erreichte der Spannungszustand zwischen Ost und West in Europa seinen stärksten Intensitätsgrad und der Kalte Krieg erhielt zunehmend eine militärische Dimension. Im Westen begannen nach der Unterzeichnung des Brüsseler Paktes und der Gründung der NATO Gespräche betreffs einer Europäischen Verteidigungsgemeinschaft und eines möglichen westdeutschen Beitrages zur Verteidigung des Westens gegen einen sowjetischen Angriff; in Moskau, das die Verantwortung für die nordkoreanische Aggression teilte, wurden Vorbereitungen für die Schaffung einer ostdeutschen Armee und eine Aufrüstung in den osteuropäischen kommunistischen Staaten getroffen.[6] Sowjetische Anführer hatten die Unvermeidbarkeit eines Krieges zwischen den kommunistischen Staaten und dem Westen seit 1949 gepredigt, und von 1950 an wurde die Sowjetarmee um mehr als 10% vergrößert, von 2,8 auf 3,1 Millionen Soldaten, und das Militärbudget wurde um 17% erhöht, von 8,2 auf 9,6 Milliarden Rubel. Im Jänner

---

3 Ernst Fischer, *Der große Verrat,* Wien 1950.

4 Ernst Fischer, *Erinnerungen und Reflexionen,* Reinbek 1969, 12.

5 Bernd Greiner/Christian T. Müller/Dierk Walter, Hrsg., *Heiße Kriege im Kalten Krieg,* Hamburg 2006; Allan R. Millett, *The War for Korea, 1945–1950: A House Burning*, Lawrence 2005.

6 N. I. Egorova, „Voenno-političeskaja integracija stran zapada i reakcija SSSR 1947–1953gg.", in: dies./A. O. Čubar'jan, Hrsg., *Cholodnaja vojna 1945–1963: Istoričeskaja retrospektiva*, Moskau 2003, 201f; Torsten Diedrich/Rüdiger Wenzke, *Die getarnte Armee. Geschichte der Kasernierten Volkspolizei der DDR 1952 bis 1956*, Berlin 2001; Bruno Thoß, Hrsg., *Volksarmee schaffen – ohne Geschrei! Studien zu den Anfängen einer „verdeckten Aufrüstung" in der SBZ/DDR 1947–52*, München 1994.

1951 teilte Stalin seinen osteuropäischen Handlangern mit, die NATO würde innerhalb der nächsten zwei Jahre angreifen und ordnete allen Blockmitgliedern an, bis dahin bereit für den Krieg zu sein.[7] Um dies zu erreichen, wurde im Februar 1951 ein Koordinationskomitee des Ostblockes gegründet, ein Vorgänger des Warschauer Paktes.

In Europa waren die Fronten entlang des zunehmend befestigten „Eisernen Vorhanges" erstarrt, mit der Ausnahme Jugoslawiens, das in den frühen Fünfzigerjahren außenpolitisch langsam, aber immer deutlicher dem Westen zusteuerte. Die amtliche Ankündigung Belgrads am 19. Jänner 1951, dass der Kriegszustand mit Österreich beendet sei, war ein Zeichen dieser Annäherung.[8] Knapp darauf wurde die Umwandlung der bisherigen sogenannten „politischen Vertretungen" in normale diplomatische Missionen im Rang von Gesandtschaften in beiden Ländern vollzogen.[9]

Trotz dieser Zeichen herrschte in Österreich – ein halbes Jahrzehnt nach Ende des Zweiten Weltkrieges – das Gefühl der Hoffnungslosigkeit angesichts einer Vier-Mächte-Besetzung, die militärisch gesehen den Eisernen Vorhang quer durch das Land gezogen hatte. Innenpolitisch näherte sich die Spannung ihrem Höhepunkt, als sich Ende September/Anfang Oktober 1950, nur drei Monate nach dem Ausbruch des Koreakrieges und infolge einer angekündigten Preiserhöhung durch das vierte Preis- und Lohnabkommen, eine Streikbewegung formierte. Diese wurde von den Kommunisten ausgenutzt, die einen Generalstreik ausriefen und auf gewalttätige Unruhen zurückgriffen, welche zu der umstrittenen Interpretation der Ereignisse als versuchten kommunistischen „Putsch" führten. Friedl Fürnberg, der Sekretär der Kommunistischen Partei, gab später in der Tat zu, dass es der Partei „um eine radikale Änderung der ökonomischen, aber auch der politischen Verhältnisse ging".[10] Die sowjetische Führung, die in diese Pläne nicht

7 N. E. Bystrova, *SSSR i formirovanie voenno-blokovogo protivostojanija v Evrope 1945–1955gg.*, Moskau 2005, 252; Gerhard Wettig, „Stalins Aufrüstungsbeschluss: Die Moskauer Beratungen mit den Parteichefs und Verteidigungsministern der ‚Volksdemokratien' vom 9. bis 12. Januar 1951", in: *VfZ* 53:4, 2005, 635–650. Vor dem Start des EVG-Projektes hatte Stalin scheinbar die Gefahr eines Krieges mit direkter sowjetischer Beteiligung als gering eingeschätzt. N. I. Egorova, „Evropejskaja bezopasnost' i ‚ugroza' NATO v ocenkach stalinskogo rukovodstva", in: A. O. Čubar'jan/I. V. Gajduk/N. I. Egorova, Hrsg., *Stalinskoe desjatiletie cholodnoj vojny*, Moskau 1998, 67–69; Bystrova, *SSSR i formirovanie*, 323–325; zur sowjetischen Aufrüstung ebd., 319.

8 AdR, BMAA, II-Pol, Zl. 131.540-Pol/51.

9 Ebd. Zl. 131.585-Pol/51 (Presseerklärung des Wiener Außenamtes in: *WZ*, 21. Jänner 1951); weiters Grubers Bericht im Ministerrat, AdR, MRProt Nr. 233, 23. Jänner 1951.

10 Zit. nach Rauchensteiner, *Sonderfall*, 295. Allerdings hatte die KPÖ weder die frühe Streikphase angeführt, noch agierte sie danach sehr erfolgreich. Zum Abkommen Hans Seidel, *Österreichs Wirtschaft und Wirtschaftspolitik nach dem Zweiten Weltkrieg*, Wien 2005, 269f; zu den Streiks und ihrer

eingebunden war, trachtete danach, die KPÖ nach den Streiks vor Gegenschlägen zu schützen.[11]

Die zeitgenössische Berichterstattung der in Wien stationierten Vertreter der Westmächte sah wohl den – allen kommunistischen Aktionen innewohnenden – politischen Charakter der Streikbewegung und der mit ihr verbundenen Stör- und Behinderungsaktionen, teilte jedoch nicht alle Befürchtungen auf österreichischer Seite, insbesondere des Bundeskanzlers Figl, der allerdings am 26. September mit einer bedrohlichen Menge an Demonstranten beim Bundeskanzleramt konfrontiert gewesen war.[12] Einer zwei Tage später gegenüber dem scheidenden französischen Hochkommissar General Béthouart gemachten Äußerung Figls, das sowjetische Ziel hinter den kommunistisch inspirierten Aktionen sei die Spaltung Österreichs nach dem Beispiel Deutschlands, stimmten die Westvertreter nicht zu. Weder der US-amerikanische Hochkommissar noch er selbst, so berichtete sein britischer

---

Interpretation aus kommunistischer Perspektive auf breiter Quellengrundlage, Mugrauer, *Die Politik der KPÖ,* 642–702, der Putschabsichten der KPÖ in Abrede stellt. Ein ausgewogener älterer Bericht über den Streik bei Fritz Klenner, „Herbst 1950 – Ostösterreich entging dem Eisernen Vorhang", in: Ludwig/Mulley/Streibel, *Oktoberstreik,* 53–64, hier 63. Die meisten Beiträge in dem genannten Sammelband betonen die „Streik"-Perspektive der damaligen Unruhen. Die Verbindung von Streiktaktik mit umfassenderen politischen Entwicklungen und Zielen im internationalen Kontext betont hingegen Reinhard Meier-Walser, *Der Streikputsch der KP Österreichs und seine internationalen Hintergründe,* München 1986, sowie ders., „Die gescheiterte Machtergreifung der österreichischen Kommunisten im Herbst 1950", in: *Christliche Demokratie* 8, 1990, 81–110. Eine Ablaufschilderung mit zusätzlichen Quellen einschließlich Helmers Mitteilungen im Ministerrat bei Svoboda, *Die Partei,* 108–123.

11 Mueller, *Die sowjetische Besatzung,* 179–182; Ruggenthaler, „Warum Österreich nicht sowjetisiert wurde", 688. Die sowjetische Besatzung unterstützte die Streiks durch Propaganda, Zurverfügungstellung von Lastwägen und Behinderung der österreichischen Behörden. Von „strikter Neutralität", wie zuletzt wieder bei Mugrauer, *Die Politik der KPÖ,* 680, kann daher keine Rede sein. Nach dem Streik wurden die (kommunistischen) Leiter von fünf Wiener Polizeikommissariaten enthoben bzw. gekündigt oder versetzt; die Umsetzung wurde allerdings durch die sowjetische Besatzung verhindert. Grund für die Suspendierung der Genannten war lt. Mugrauer, ebd. 675f, nicht deren Verhalten während der Unruhen, sondern im Gegenteil deren eigenmächtige Suspendierungsdrohung gegenüber anderen Kriminalbeamten nach Ende des Streiks.

12 Am 26. September 1950, als etwa 6000 Demonstranten zum Bundeskanzleramt strömten und ein Eindringen unmittelbar möglich schien, verlangte Figl mehrfach telefonisch das Eingreifen des amerikanischen Elementes, das in diesem Monat für den internationalen Sektor Wiens (1. Bezirk) verantwortlich war. Nach Fühlungnahme mit dem Innenminister hielten die Amerikaner ein Eingreifen für nicht erforderlich; Bericht des US-Hochkommissars General Keyes vom 26. September 1950 in: *FRUS 1950,* Bd. 4, 404f. Figl hat an diesem Tag ganz eindeutig das Eindringen der Nationalsozialisten in das Bundeskanzleramt am 25. Juli 1934 und das Schicksal des Bundeskanzlers Dollfuß vor sich gesehen. „Meine Herren, da daneben is der Dollfuß g'storben, auch ich weiche der Gewalt nicht. Ich verlasse das Haus nicht, eher sterb' ich…" Berichtet bei Ernst Trost, *Figl von Österreich,* Wien – München – Zürich 1972, 246; vgl. Meier-Walser, *Streikputsch,* 100; auch Rauchensteiner, *Die Zwei,* 159.

Amtskollege Caccia nach London, hätten irgendeine Evidenz einer (neuen) Spaltungsabsicht seitens der Sowjets. Figl habe anscheinend angeregt, dass die Westmächte eine energische Stellungnahme abgeben sollten, was sie in einem solchen Falle zu tun gedächten. Caccia war keineswegs willens, einer solchen Anregung zu folgen.[13]

Auf dem Höhepunkt der von den Kommunisten dominierten zweiten Streikphase unterband die sowjetische Kommandantur in Wiener Neustadt das Einschreiten der österreichischen Sicherheitskräfte, als Demonstranten in der Nacht vom 4. auf den 5. Oktober das Postamt besetzten. Während des am nächsten Tag tagenden außerordentlichen Ministerrates gab es Stimmen, die aus bestimmten Symptomen schlossen, dass die Sowjets keinen totalen Bruch anpeilten. „Einen ernstlichen Zweck verfolgen sie aber anscheinend nicht", sagte Innenminister Helmer, „sonst würden sie ja nicht nur das Postamt, sondern die Bahnhöfe besetzen."[14]

Noch nach dem Zusammenbruch der kommunistischen Aktionen äußerte Figl die Vermutung, die Kommunisten hätten die Blockierung aller Verbindungen zwischen Wien und den Westzonen und den Sturz der Regierung beabsichtigt. Während letztere Annahme aller Wahrscheinlichkeit nach zutraf, wurde erstere nicht von allen geteilt. Figl (wie auch Bundespräsident Renner) meinten, der starke Einsatz der Kommunisten in Linz hätte das Ziel verfolgt, eine amerikanische Intervention zu provozieren, um damit den Sowjets den Vorwand für eine Intervention in ihrer Zone zu geben.[15] Die abschließende britische Analyse stimmte nicht damit über-

13 „Neither the United States High Commissioner nor I have any evidence to suggest that the Soviet [sic!] are any more or less likely to split Austria now than they have been at any previous time since 1945." Bericht vom 29. September 1950, TNAUK, FO 371/84920/C6279.

14 AdR, MRProt Nr. 220a, 5. Oktober 1950. Der Ministerrat beschloss (auf Antrag Figls) die Absendung einer Note an den Alliierten Rat sowie (auf Antrag Grubers) von Telegrammen an die Regierungen aller vier Mächte. Diese gleichlautenden Telegramme, waren ebensosehr für die Öffentlichkeit wie für die Regierungen bestimmt und wurden sogleich veröffentlicht (*WZ*, 6. Oktober 1950, abgedruckt bei Meier-Walser, *Streikputsch*, 191); dies übersieht Rauchensteiner, *Die Zwei*, 159, der davon spricht, Gruber habe den Auftrag bekommen, ein Telegramm an den amerikanischen Außenminister zu richten, ebenso wie Rathkolb, „Die ‚Putsch'-Metapher", 120, dessen Interpretation dieses Telegramms als „Überreaktion" Grubers wir uns nicht anschließen können. Das Eingreifen der sowjetischen Kommandantur in Wiener Neustadt, womit das Vorgehen der österreichischen (aus Wien unter Gendarmerierittmeister Ferdinand Käs nach Wiener Neustadt entsendeten) Sicherheitskräfte gegen die das Postamt besetzt habenden Demonstranten unterbunden wurde, hatte sich ja unmittelbar zuvor in der Nacht vom 4. auf den 5. Oktober abgespielt; Gruber forderte einen genauen Sachverhaltsbericht über die Vorgänge in Wiener Neustadt, um dies den Mitteilungen an die vier Mächte zugrunde zu legen. MRProt Nr. 220a, 5. Oktober 1950.

15 So Figl im Gespräch mit dem nach Wien gekommenen Labour-Politiker Lord (William) Henderson, damals parlamentarischer Unterstaatssekretär im Foreign Office, am 12. Oktober 1950. Vgl. Bericht Caccias vom 27. Oktober 1950, TNAUK, FO 371/84924/C6869 (zu Gespräch Figl-Hender-

ein.[16] Caccia kam zu dem Schluss: „this was not the real D-day" und betonte auch den „strikt begrenzten Charakter" der Unterstützung seitens der sowjetischen Besatzungsmacht.[17]

Trotz dieser Unruhen gestalteten sich die Lebensverhältnisse in den Westzonen zunehmend günstiger, mit nur kleineren durch die Besatzungsmächte verursachten Unzukömmlichkeiten.[18] In der sowjetischen Besatzungszone traten hingegen zwischen österreichischen Regierungs- und Verwaltungsorganen und der Besatzungsmacht schwere Spannungen auf. Sie betrafen etwa Entscheidungen über von den Sowjetkräften gestützte Mitarbeiter im Bereich der Exekutive (kommunistischer oder prokommunistischer Orientierung), wobei diese Unterstützung nach dem Oktober-Streik zunahm. Das Politbüro der KPdSU wies die sowjetischen Behörden in Österreich an, Maßnahmen gegen die Suspendierung von kommunistischen Polizeibeamten zu ergreifen.[19] Ein besonders krasser Konflikt entbrannte 1951 um den kommunistischen Amtsleiter der Bezirkshauptmannschaftsexpositur Lilienfeld in Niederösterreich, Franz Starka, der seine Position noch zu einem Zeitpunkt beibehielt, da er von Seiten der Landesregierung bereits seines Postens enthoben worden und mit einem Disziplinarverfahren konfrontiert war.[20] Die dadurch verursachte Unruhe im Bezirk fand beredten Ausdruck in den Fragen des Bürgermeisters von

---

son), sowie Gesprächsmitschrift Gespräch Renner/Henderson ebenfalls am 12. Oktober 1950, FO 371/84924/C6762.

16 Bevor diese Analyse geschrieben wurde, hatte allerdings Außenminister Bevin in einer Kabinettssitzung in London am 23. Oktober 1950 sehr wohl von der „failure of the political *coup* which the Russians had tried to stage in Austria" gesprochen. *Documents on British Policy Overseas,* Series 2, Bd. 3: *German Rearmament September–December 1950,* London 1989, Nr. 78 (Anm. 7, S. 193).

17 „Russian support was strictly limited"; zusammenfassende Analyse Caccias in dem schon genannten Bericht an Bevin vom 27. Oktober 1950 mit dem Titel „Communist Disturbances in Austria. Measure of the Challenges to Governmental Authority and Lessons Learned therefrom": TNAUK, FO 371/84924/C6869. Vgl. auch Robert Knight, „Es war doch kein ‚D-Day'. Großbritannien, der Oktoberstreik und die Eindämmung", in: Ludwig/Mulley/Streibel, *Oktoberstreik,* 125–137.

18 Anschauungsmaterial findet sich in den Dokumenten der Ministerratsdiskussionen, den diesen beigefügten alliierten Noten und weiteren Beilagen (z.B. u.a. Beschlagnahme von Feldern durch das französische Element im Gschnitztal in Tirol, AdR, MRProt Nr. 260 v. 4. Sept. 1951; Eingriff des amerikanischen Elementes in die Rechtsprechung, MRProt Nr. 264 v. 9. Oktober 1951).

19 KPdSU, Politbüro Resolution, 23. November 1950, und Bericht, 16. Dezember 1950, in: Mueller/Suppan/Naimark/Bordjugov, Hrsg., *Sowjetische Politik/Sovetskaja politika,* Nr. 70–71.

20 AdR, MRProt Nr. 256 v. 17. Juli 1951: Bundeskanzler Figl bemerkte: „Wir sind keine Volksrepublik und es geht nicht an, daß in Lilienfeld jemand regiert, der Anordnungen erläßt als vom sowjetischen Militärkommandanten eingesetzter Amtsleiter." Siehe auch die Beilage hierzu „Amtserinnerung des Landeshauptmannes Steinböck über ein Gespräch in der sowjetischen Kontrollkommission", 14. Juli 1951; MRProt Nr. 256a v. 20. Juli 1951 m. Beilagen B u. C; zu diesem Fall gab es auch eine parlamentarische Anfrage; vgl. MRProt Nr. 258 v. 31. Juli 1951. Zum Fall Starka auch Svoboda, *Die Partei,* 138–140 sowie Mugrauer, *Die Politik der KPÖ,* 105.

Hainfeld: „Nach Rückfrage mit anderen Bürgermeistern frage ich eigentlich an, was das alles bedeuten soll, bzw. in welchem Lande wir leben? Ist die Expositur Lilienfeld wirklich schon ein exterritorialer oder volksdemokratischer Teil von Niederösterreich?“[21]

Die unterschiedlichen Lebensverhältnisse in den westlichen Zonen Österreichs einerseits, in der sowjetischen Zone andererseits führten zu Erscheinungen, welche die Bundesregierung mit Unruhe registrierte. Im September 1951 besprach beispielsweise der Ministerrat kritisch die Bezeichnung der Innsbrucker „Export- und Mustermesse“ als „Internationale Westmesse“; die Existenz eines „westösterreichischen“ Kraftfahrverbandes, der Versuch, einen „westösterreichischen“ und einen „ostösterreichischen“ Schulfunk zu schaffen, kamen zur Sprache. Innenminister Helmer meinte, es schaue so aus, „daß der Westen Niederösterreich so behandelt, als ob Niederösterreich gerade noch zu Österreich gehöre“. Die Bezeichnung „Ostzone“ hielt Helmer für eine große Gefahr und fand, man müsse von Regierungsseite dagegen auftreten; Staatssekretär Graf bemerkte, man müsse alles vermeiden, „was mit einer Bezeichnung Ost oder West in Österreich derzeit hervorgehoben“ werde. Unterrichtsminister Hurdes betonte, seit 1945 sei es nicht so sehr der Gegensatz zwischen den Ländern und der Zentrale gewesen, der der Regierung Sorge gemacht habe, „als es das Bemühen der Regierung war, den Trennungsstrich an der Enns zu verhindern“.[22]

Es war also ein ernster Hintergrund, vor dem Bundespräsident Theodor Körner im November 1951 anlässlich der dreißigjährigen Zugehörigkeit des Burgenlandes zu Österreich in Eisenstadt den Satz aussprach: „Wir kennen und anerkennen kein

21 Brief des Bürgermeisters von Hainfeld, Ferdinand Benischke, an den (sozialist.) Landesrat Felix Stika, 9. Juli 1951 (Abschrift): AdR, Beilage E zu MRProt Nr. 256 v. 17. Juli 1951. Adolf Schärf hatte dem britischen Außenminister Bevin schon am 1. Dezember 1950 in London gesagt, „that the Russians were beginning to organise a puppet state in East Austria and that there was much alarm“. Mitteilung Bevins bei einem Treffen mit dem französischen Ministerpräsidenten René Pleven und Außenminister Robert Schuman am 2. Dezember 1950: *Documents on British Policies Overseas,* Series 2, Bd. 3, 381 (Nr. 121). Ein von Schärf Bevin am 1. Dezember übergebenes Memorandum enthielt (in Punkt 4) die Vermutung, dass bei sich bietender Gelegenheit ein neuer Versuch „at the establishment of the conditions of a popular democracy in Eastern Austria will be made“; Schärf zog die Schlussfolgerung, dass ein frühzeitiger Abschluss des Staatsvertrages das einzige dauerhafte Mittel gegen diese Gefahr biete (Punkt 5). TNAUK, FO 371/84910/C7819.

22 AdR, MRProt Nr. 260 v. 4. September 1951. Ost- und Westösterreich standen während der Besatzungsjahre, vor allem vor 1953, nicht selten zur Diskussion; siehe u.a. MRProt Nr. 82a, 13. Oktober 1947 (Gefahr des Anfanges einer „Zerreissung Österreichs“ durch Eingriffe der sowjetischen Besatzungsmacht); Nr. 93, 23. Dezember 1947 (Anfrage Justizminister Gerö an Außenminister Gruber, ob „Ost-Österreich von den Westmächten fallen gelassen“ werde, was Gruber verneinte und seinerseits seinen Standpunkt „des Zusammenhanges von ganz Österreich“ betonte).

Ostösterreich und kein Westösterreich, sondern nur ein ganzes, einiges und einheitliches Österreich." Der Bundespräsident beschwor die Erneuerung Österreichs als Bundesrepublik gleichberechtigter Bundesländer 1945; er dankte – in Worten, die gleichzeitig als Mahnung gelten konnten – den Besatzungsmächten, „allen, ohne Unterschied [!], die der Erneuerung unseres Bundes kein Hindernis in den Weg gelegt und ihn als geschlossenes Ganzes anerkannt haben". Körner fügte einen Satz hinzu, der in die Richtung der zukünftigen Neutralität Österreichs wies. Darauf wird im folgenden Kapitel zurückzukommen sein.[23]

Die eher düstere Konstellation der weltpolitischen „Eiszeit" der Jahre 1950 bis 1952 und ihre Spiegelungen in Österreich – wir sind „eine freie Regierung" und „nicht ein Satellitenstaat von Rußland", entgegnete Figl einmal in einer erregten Auseinandersetzung dem sowjetischen Stellvertretenden Hochkommissar – fanden ihre Entsprechung im Einfrieren der Staatsvertragsgespräche zwischen 1950 und dem Frühjahr 1953.[24] In jenen Jahren des tiefen politischen Winters gab es nur wenige Sitzungen der Sonderbeauftragten, im zweiten Halbjahr 1950 überhaupt nur drei Zusammenkünfte, und zwar die 256. Sitzung am 10. Juli, die 257. Sitzung am 7. September und die 258. Sitzung am 15. Dezember. Im März 1951 trafen sich die vier Stellvertreter in Paris einige Male, um eine neue allgemeine Ministerkonferenz vorzubereiten; man einigte sich aber nicht, und es kam zu keiner neuen Konferenz. Am 14. September 1951 gaben die drei westlichen Außenminister eine Erklärung ab, für einen weiteren Verzug der Staatsvertragsverhandlungen bestehe keine Rechtfertigung. Dies war für die Bundesregierung Anlass, um am 31. Oktober das Ersuchen um Wiederaufnahme der Beratungen der Sonderbeauftragten zu stellen. Dieses Ersuchen wurde an die Amerikaner gerichtet, da turnusmäßig der amerikanische Sonderbeauftragte die Einladung für die nächste Sitzung auszusprechen hatte. Eine solche Einladung erging für den 21. Jänner 1952 nach London. Inzwischen hatte der Kreml mittels Spionage erfahren, dass sich die drei westlichen Hochkommissare in Wien darauf geeinigt hatten, auf eine Unterzeichnung des Vertrages abzuzielen.[25] Am 18. Jänner reagierte die Sowjetunion auf diese Einladung mit einer Note, deren Inhalt bereits aus dem Jahr 1950 bekannte Wünsche wiederholte: Die Sowjets verlangten, die Frage der Entnazifizierung und Entmilitarisierung in Österreich sowie die Triester Frage von den Sonderbeauftragten verhandeln zu lassen; zwei Tage später teilte die Sowjetbotschaft in London mit, die sowjetische Delegation könne an der für 21. Jänner anberaumten Sitzung nicht teilnehmen und müsse neue

23 Rede Körners am 11. November 1951 in: *DÖA*, Nr. 96.

24 Bericht Figls im Ministerrat: AdR, MRProt Nr. 283, 4. März 1952.

25 Peter Ruggenthaler, *The Concept of Neutrality in Stalin's Foreign Policy, 1945–1953*, Lanham 2015, 243.

Instruktionen aus Moskau abwarten.[26] Grund für diese Verzögerung war, dass die sowjetische Regierung befürchtete, die Westmächte würden alle sowjetischen Vorschläge annehmen, was den Weg zum Abschluss des Vertrages ebnen würde. Das aber war nicht erwünscht. In einem Brief an Stalin vom 3. Jänner schrieb Gromyko ausdrücklich, dass „wir augenblicklich nicht daran interessiert sind, den Abschluss des Österreich-Vertrages zu beschleunigen".[27] Gromyko befürchtete jedoch, dass im Falle einer gänzlichen Verhandlungsverweigerung der UdSSR der Westen die Österreich-Frage auf die Tagesordnung der 6. Sitzung der UN-Generalversammlung, die am 5. Februar 1952 enden sollte, setzen könnte.[28] Der sowjetische Vertreter wurde daher angewiesen, die sowjetischen Forderungen zu Triest und der Entnazifizierung und Demilitarisierung Österreichs zu wiederholen, und, sollten die Westmächte es ablehnen, die sowjetischen Wünsche zu erfüllen, seine Nichtteilnahme an der anberaumten Sitzung zu erklären.[29]

In der Zwischenzeit richtete sich die UdSSR auf einen weiteren Verbleib in Österreich ein. Schon im September 1950 wurde Gromyko angewiesen, Pläne zu entwickeln, wie die Kosten für die sowjetischen Truppen in Österreich reduziert werden könnten, und im Oktober wurden die sowjetischen Vertreter beauftragt, das verringerte Budget anzunehmen.[30] In den Folgemonaten kam eine Kommission des KPdSU-Parteiapparates zu dem Schluss, dass das sowjetische „Beute-Eigentum" in Österreich (Eisenbahnwaggons, Industrieunternehmen, Maschinenanlagen und Immobilien sowie Teile des Deutschen Eigentums) aufgrund der „Verzögerung beim Abschluss des Vertrages mit Österreich" weiterhin für die UdSSR arbeiten sollte,[31] und 1951 ordnete das Politbüro eine Überprüfung des gesamten sowjetischen politischen, militärischen und wirtschaftlichen Apparates in Österreich sowie von dessen Aktivitäten an. Mit dem Ziel, den „sowjetischen Einfluss zu stärken", wurde der Apparat in Österreich umstrukturiert, und zwischen November 1951 und Februar 1952 wurden von Politbüro und Ministerrat neue allgemeine Anordnungen

26 Öst. Note v. 31. Oktober 1951 in: *DÖA*, Nr. 95. Die Note des sowjetischen Geschäftsträgers in London vom 18. Jänner wurde von Außenminister Gruber am 2. April 1952 im Österreichischen Nationalrat verlesen. Sten.-Prot. NR, 6. GP., 86. Sitzg., 2. April 1952, 3256; vgl. auch *DÖA*, Nr. 102.

27 Gromyko an Stalin, 3. Jänner 1952, in: RGASPI, f. 82, op. 2, d. 1115, ll. 36–39.

28 Gromyko an Stalin, 16. Jänner 1952, in: RGASPI, f. 82, op. 2, d. 1115, ll. 62–67, und Politbüro Protokoll 85 P. 2830p, 17. Jänner 1952, ibid., f. 17, op. 162, d. 48, ll. 13, 283. Molotov wurde informiert, dass US-Diplomaten zuvor ihre Absicht angedeutet hatten, Österreich auf die UN-Tagesordnung zu bringen. Peter Ruggenthaler, Hrsg., *Stalins großer Bluff: Die Geschichte der Stalin-Note in Dokumenten der sowjetischen Führung,* München 2007, 134f.

29 Politbüro Protokoll 85 P. 2960p, 20. Jänner 1952, in: RGASPI, f. 17, op. 162, d. 48, l. 66.

30 Politbüro Protokoll 78 P. 66, 27. September 1950, in: RGASPI, f. 17, op. 3, d. 1085, l. 13; und Politbüro Protokoll 78 P. 1840p, 5. Oktober 1950, in: RGASPI, f. 17, op. 162, d. 144, ll. 128, 185.

31 Zorin u.a. an Stalin, 16. Dezember 1950, in: RGASPI, f. 82, op. 2, d. 1117, ll. 6f.

erlassen, die zu einer Intensivierung der sowjetischen Kontrolle und sowjetischer Aktivitäten in der Ostzone, zu verstärkter Unterstützung für die kommunistische Partei, zur Zersetzung ihrer Konkurrenten, und einer besseren Koordination wirtschaftlicher Maßnahmen führen sollten.[32] Obwohl dies nicht notwendigerweise bedeutete, dass der sowjetische Führer keinesfalls zu einem Rückzug bereit waren, so wiesen die Maßnahmen doch deutlich darauf hin, dass ein solcher nicht in naher Zukunft zu erwarten wäre.

Während des ganzen Jahres 1952 kam es zu keiner Zusammenkunft der Sonderbeauftragten für Österreich. Schlussendlich fanden die letzten zwei Treffen der Österreich-Beauftragten, die 259. und 260. Sitzung, am 6. bzw. 9. Februar 1953 in London statt. Ein Gremium, in dem jahrelang viel konkrete Detailarbeit geleistet wurde und dessen Protokolle für die Geschichte des Staatsvertrages von großem Wert sind, kam zu einem unscheinbaren Ende, ohne dass man sich dessen zunächst bewusst war. Erst als im Mai 1953 die Sowjetunion die Einladung zu einer weiteren Sitzung ablehnte und den Staatsvertrag auf den Weg normaler diplomatischer Verhandlungen verwies, zeichnete sich ab, dass jedes Leben aus der Institution der Sonderbeauftragten entwichen war.

2. Der Kurzvertrag, die Stalin-Note und ein Appell an die Vereinten Nationen, 1951–1952

Im großen „Schwarzer-Peter-Spiel" um die Schuld für den Verzug des Staatsvertrages bereiteten die Amerikaner ab August 1951 eine neue Initiative vor. Es war dies ein als „Kurzvertrag" („abbreviated treaty") bezeichneter Entwurf, von den Österreichern auch „Räumungsprotokoll" genannt.[33] Der neue Text war dazu gedacht, die Sowjetunion zu Verhandlungen zu drängen bzw. ihr widrigenfalls die Verantwortung für die Nichtzustimmung zum Vertragsabschluss, in anderen Worten den „Schwarzen Peter", zuzuschieben.[34] Die Autoren charakterisierten das Dokument

32 Mueller, *Die sowjetische Besatzung*, 60–62, 67–70; ders. u.a., *Sowjetische Politik/Sovetskaja politika*, Dok. 77, 78, 80. Siehe auch „Doklad o chode vypolnenija postanovlenija Soveta ministrov SSSR ot 1. xi. 1951 ob ulučšenii raboty Sovetskoj časti Sojuzničeskoj komissii v Avstrii, 21 Mar. 1953", in: RGANI, f. 5, op. 28, d. 70, ll. 2–56.

33 Zur amerikanischen Kritik an Grubers Formulierung vom „Räumungsprotokoll" vgl. *FRUS 1951*, Bd. 4, 1158. Auch vom „Skelettvertrag" war die Rede, wogegen sich Gruber schärfstens wandte. Vgl. Äußerung Grubers auf eine Anfrage Helmers im Ministerrat: AdR, MRProt Nr. 284, 11. März 1952 (Verschluss).

34 Vgl. die endgültige Fassung eines amerikanischen Positionspapiers mit Datum 7. September 1951, in: *FRUS 1951*, Bd. 4, 1123–1127. Zur Genesis dieses Papiers beginnend mit der ersten Fassung vom

als „reine Propaganda“ und erwarteten, dass die Sowjets, solange sie von österreichischen Unternehmen profitierten und Österreich benötigten, um die Anwesenheit ihrer Truppen in Ungarn und Rumänien zu rechtfertigen, keinen Anreiz für einen Rückzug hätten. Der Textentwurf blieb – mit einer noch zu nennenden, später von den Franzosen beigesteuerten Ergänzung – unverändert bis zu seiner öffentlichen Präsentation im März 1952.

Der „Kurzvertrag“ orientierte sich an der vorhandenen „Langfassung“. Die Präambel wurde von der im Frühjahr 1947 beschlossenen Fassung, allerdings mit einer ganz wesentlichen Ausnahme, übernommen: Es fehlte der umstrittene Absatz drei über die Mitverantwortung Österreichs für die Teilnahme am Kriege als integrierender Teil Hitler-Deutschlands. Die folgenden insgesamt acht Artikel – der Entwurf war in der Tat kurz – waren der „Langfassung“ nach dem Stande von Ende 1949 entnommen: die Wiederherstellung Österreichs als freier und unabhängiger Staat, die Bewahrung der Unabhängigkeit Österreichs, die Grenzen Österreichs (jene von 1937), der Abzug der vier Mächte (innerhalb von 90 Tagen nach Inkrafttreten des Vertrages), Reparationen (nämlich keine), eine Beitrittsklausel für weitere Mitgliedstaaten der Kriegskoalition des Zweiten Weltkrieges und ein Artikel über die Ratifizierung, das Inkrafttreten und das Archivdepot des Vertrages. Neu war aber der Artikel 6, der lapidar erklärte, dass die Mächte innerhalb der Räumungsfrist von 90 Tagen alles Eigentum, das sich als Deutsches Eigentum oder Kriegsbeute in ihrem Besitz befinde oder von ihnen beansprucht werde, an Österreich zurückgeben würden. Von Ablösezahlungen war also nicht mehr die Rede, und auch nicht von den langfristigen Konzessionen an die Sowjetunion im Erdölbereich oder der Übergabe auf Dauer der DDSG-Werte im östlichen Österreich und Osteuropa.

Weder Briten noch Franzosen waren begeistert. Ihr Hauptargument war, dass man von den Sowjets nicht erwarten könnte, einen Text „zu schlucken“, der ihnen wegnehmen würde, was ihnen zwei bis drei Jahre zuvor bereits zugestanden worden war. Die Franzosen zeigten sich besonders kritisch.[35] Dieser Kurzvertrag sei ein „japanischer Vertrag“, sagte ein französischer Diplomat dem damals in Paris wirkenden Martin Herz, einem US-Diplomaten und hervorragenden Kenner

21. August 1951 vgl. ausführlich ebd., Anm. 1, sowie Günter Bischof, „‚Recapturing the Initiative and Negotiating from Strength‘: The Hidden Agenda of the Short Treaty Episode – The Militarization of American Foreign Policy and the Un/Making of the Austrian Treaty“, in: Arnold Suppan/Gerald Stourzh/Wolfgang Mueller, Hrsg., *Der österreichische Staatsvertrag 1955*, 237–244. Zum Folgenden ebd., 239.

35 Vgl. hierzu u.a.: Französisches Aide-mémoire vom 23. Oktober 1951, in: *FRUS 1951*, Bd. 4, 1159–1162; ähnlich ebd., 1171, 1182.

Österreichs.[36] Dies bezog sich auf den erst kürzlich, am 8. September 1951, in San Francisco, allerdings nur mit den westlichen Kriegsgegnern Japans, nicht aber der Sowjetunion abgeschlossenen Friedensvertrag mit Japan. Die Franzosen argumentierten, dass der Kurzvertrag für die Sowjets unannehmbar sei. Maurice Schumann, Staatssekretär im französischen Außenministerium, zeigte sich in Gesprächen mit den britischen und amerikanischen Außenministern sehr besorgt über die möglichen Folgen eines Auseinanderbrechens der Vier-Mächte-Kontrolle in Österreich; er betonte, wie wichtig es sei, dass in der sowjetischen Zone in Österreich die Demokratie herrsche, dass Wien eine „Zitadelle der Freiheit" mitten in der sowjetischen Zone darstelle und dass eine allfällige sowjetische Blockade der Westsektoren in Wien und eine Luftbrücke außerordentliche Komplikationen mit sich bringen würden.[37] Schumann hat hier auf ein im damaligen Europa einzigartiges Phänomen aufmerksam gemacht: In ganz Europa gab es kein Gebiet unter sowjetischer Kontrolle außer der sowjetisch besetzten Zone Österreichs, in dem ein westlich-pluralistisches demokratisches Regime bestand. Die Franzosen wollten schließlich noch zusätzliche Bestimmungen aus der „Langfassung" in den Kurzvertrag übernehmen, militärische Beschränkungen Österreichs einerseits, das Verbot des „Anschlusses" andererseits betreffend. In längeren Beratungen anfangs 1952 einigten sich die Westalliierten schließlich, zwar keine militärischen Bestimmungen, jedoch das Anschlussverbot in den Kurzvertrag hineinzunehmen.[38]

Die Briten wiederum betonten gegenüber den Amerikanern die Notwendigkeit, wolle man wirklich zu einem Vertragsabschluss kommen, auf Basis des „langen" Vertrages zu verhandeln und erst im Falle einer sowjetischen Ablehnung auf die Alternative des Kurzvertrages überzugehen. Dies hatte sich jedoch als unmöglich herausgestellt. Eine grundlegende Unterscheidung zwischen Briten und Amerikanern war deutlich geworden; die Briten waren nach wie vor – wie bereits 1949 – bereit, auf Basis des „langen Vertrages" einschließlich der sowjetischen Vor-

36 Vgl. den Brief von Herz an den Stellvertretenden Direktor des Büros für Westeuropäische Angelegenheiten im Staatsdepartement, Francis Williamson, 10. Oktober 1951, über ein Gespräch mit dem französischen Diplomaten Jean-Victor Sauvagnargues (und zwei weiteren französischen Diplomaten) am 5. Oktober 1951, *FRUS 1951,* Bd. 4, 1151–1153; vgl. auch ebd., 1148f. Zu den französischen Bedenken vgl. auch Thomas Angerer, „Besatzung, Entfernung … Integration? Grundlagen der politischen Beziehungen zwischen Frankreich und Österreich seit 1938/45", in: Friedrich Koja/Otto Pfersmann, Hrsg., *Frankreich-Österreich. Wechselseitige Wahrnehmung und wechselseitiger Einfluß seit 1918,* Wien – Köln – Graz 1994, 92f.

37 Diskussion zwischen Staatssekretär Acheson, dem britischen Außenminister Eden und Maurice Schumann am 22. November 1951 in Paris, *FRUS 1951,* Bd. 4, 1176.

38 Vgl. u.a. *FRUS 1952–1954,* Bd. 7, 1733. 1737, sowie insbes. 1738–1742 (Bericht des Hochkommissars Donnelly über Drei-Mächte-Beratungen in Wien v. 7. Februar 1952).

schläge zu den wenigen noch nicht akkordierten Artikeln abzuschließen. Einer der führenden US-Österreich-Experten meinte einmal, durch geschicktes Verhandeln sollte es möglich sein, „to push the Soviet Deputy into a repudiation of the old draft".[39] Zusätzlich zur neuerlichen Zuweisung der Verantwortung für die Ablehnung eines Vertragsabschlusses und eines Abzuges aus Österreich an die Sowjetunion spielte eine weitere Überlegung mit, die Karl Gruber gut charakterisiert hat. Es sollte den sowjetischen Diplomaten klargemacht werden, dass sie die 1949 in einer bestimmten Situation – in der Hoffnung einer unmittelbar bevorstehenden Räumung Österreichs – zugestandenen Konzessionen „nicht unbegrenzt im diplomatischen Eiskasten frisch erhalten könnten".[40] Die sowjetische Seite spielte den Gegnern des alten Entwurfes in die Hände, indem sie es – wie zuvor beschrieben – im Jänner 1952 ablehnte, an einer vom amerikanischen Sonderbeauftragten einberufenen Sitzung in London teilzunehmen.[41] Nach dem Treffen der westlichen Außenminister in London Mitte Februar und bei einer NATO-Ratstagung in Lissabon Ende des Monats war nun der Weg frei, mit dem Kurzvertrag an die Öffentlichkeit zu gehen.

Am 13. März 1952, dem Jahrestag des „Anschlusses", übermittelten die drei Westmächte den Kurzvertrag an die Sowjetregierung mit der Aufforderung, diesem zuzustimmen. Diese Initiative traf allerdings mit einer anderen noch viel ausgeklügelteren sowjetischen zusammen, und zwar der Stalin-Note zu Deutschland, welche in Zusammenarbeit mit den ostdeutschen Kommunisten mehr als ein Jahr lang vorbereitet worden war.[42] Der sowjetische Führer bot in einer Note vom 10. März

39 Francis Williamson am 12. Jänner 1952. *FRUS 1952–1954*, Bd. 7, 1723; sehr klare Formulierung der britischen Position in einem britisch-amerikanischen Gespräch am 14. Jänner 1952, ebd., 1725.

40 Gruber, *Befreiung*, 274f.

41 *FRUS 1952–1954*, Bd. 7, 1717f.

42 Die Literatur zur Stalin-Note zu Deutschland ist umfangreich. Siehe Hermann Graml, „Nationalstaat oder westdeutscher Teilstaat: Die sowjetischen Noten vom Jahre 1952 und die öffentliche Meinung in der Bundesrepublik Deutschland", in: *VfZ* 25, 1977, 821–864; im Widerspruch zu Graml wurde seit 1985, hauptsächlich von Rolf Steininger, die Theorie befürwortet, Adenauer und die Westmächte hätten im Frühling 1952 eine reale Chance verpasst; siehe *Deutsche Geschichte seit 1945. Darstellung und Dokumente in vier Bänden*, Bd. 2: *1948–1955*, Frankfurt/Main 1996, 175–215 sowie 362–364. Seitdem hat sich die wissenschaftliche Debatte um die Aufrichtigkeit von Stalins Angebot zu einer politischen Debatte darüber gewandelt, ob die Entscheidung Adenauers, das Angebot abzulehnen, klug war. Die These einer verpassten Gelegenheit wurde kritisiert bei Ruud von Dijk, *The 1952 Stalin Note Debate: Myth or Missed Opportunity for German Unification?* (= Cold War International History Project Working Paper 14), Washington 1996; Jürgen Zarusky, Hrsg., *Die Stalinnote vom 10. März 1952. Neue Quellen und Analysen*, München 2002. Die meisten mit sowjetischen Dokumenten vertrauten ForscherInnen stimmen heute dahin überein, dass das vom Westen abgelehnte Angebot nicht ernst gemeint war. Zu abweichenden Meinungen siehe Wilfried Loth, *Die Sowjetunion und die deutsche Frage*, Göttingen 2007, 101–174; und A. M. Filitov, *Germanija v Sovetskom vnešnepo-*

1952 Deutschlands Wiedervereinigung und Neutralisierung an; Ziel war es dabei einerseits, den Abschluss des westdeutschen „Generalvertrages“ mit den Westmächten und die Integration des Landes in eine westeuropäische Organisation sowie die Wiederbewaffnung im Rahmen der Europäischen Verteidigungsgemeinschaft zu „verkomplizieren“, andererseits aber hauptsächlich, die Verantwortung für die sowjetischen Schritte in Richtung einer vertieften Teilung Deutschlands dem Westen zuzuschieben. Sowjetische Dokumente deuten an, dass Stalin im Vorhinein durch sowjetische Spionage nicht nur über die westlichen Schritte, sondern auch die westliche Abneigung gegenüber der Idee einer deutschen Neutralität ausgezeichnet

---

litičeskom planirovanii, 1941–1990, Moskau 2009, 138–173; Filitov argumentiert, die Initiative sei ein sowjetischer Versuch gewesen, die DDR-Führungsschicht durch Einschüchterung zu disziplinieren. Für aktuellere Ansichten und Beweise siehe Ruggenthaler, Hrsg., *Stalins großer Bluff*, 15f, 23–34; und ders., *The Concept of Neutrality*, 197–226, wo die Interpretation der Initiative als sowjetischer Bluff befürwortet wird; sowie die Analyse bei Gerhard Wettig, *Die Stalin-Note: historische Kontroverse im Spiegel der Quellen*, Berlin 2015; Wettig identifiziert drei Interpretationslinien (die „Angebotsthese“, die „Disziplinierungsthese“ und die „Propagandathese“) und kommt zu dem Schluss, dass Stalin niemals bereit gewesen sei, die DDR aufzugeben, und dass das Angebot zur „Rechtfertigung der vorgesehenen Militarisierungs- und Sowjetisierungspolitik in der DDR“ dienen sollte (ebd. 183). Zuletzt beschäftigte sich Michael Gehler, *Modelfall für Deutschland? Die Österreichlösung mit Staatsvertrag und Neutralität 1945–1955*, Innsbruck 2015, 120–131; ders., „From an Offer for all Cases to a Model Case: Aspects of the Controversy about the Soviets’ Germany, Austria, and Neutrality Policy, 1952–1955“, in: Heinz Gärtner, Hrsg., *Engaged Neutrality: An Evolved Approach to the Cold War*, Lanham 2017, 37–71 erneut mit der Frage, ließ dabei offen, was das Ziel der Note war, argumentierte aber dafür, es habe sich um ein Mehrzweckinstrument gehandelt. Es ist kein „definitiver Beweis“ für die Blufftheorie ans Tageslicht geraten (ebd. 61). Die über zehn Jahre konsistente Tradition der sowjetischen Planung und Umsetzung der Teilung Deutschlands (Vgl. Laufer, *Pax Sovietica*; Laufer/Kynin, *Die UdSSR und die deutsche Frage*) macht es aber unwahrscheinlich (wenngleich nicht unmöglich), dass Stalin 1951/52 plötzlich den Kurs wechselte. Außerdem lässt die Einbindung der ostdeutschen Kommunisten in die Planung der Stalin-Note es unwahrscheinlich erscheinen, dass das Angebot aufrichtig war. Schlussendlich gibt es nach wie vor *keinen Beweis* dafür, *dass die sowjetische Note ernst gemeint war*, und dass die UdSSR und die SED Vorkehrungen für eine mögliche Annahme des Angebotes durch den Westen getroffen hätten. Hätte Stalin die Annahme dieses Angebotes gewünscht, hätte er höchstwahrscheinlich Vorkehrungen für diesen Fall getroffen, oder zumindest eine Untersuchung der möglichen Konsequenzen der radikalen Änderungen, die ein sowjetischer Abzug aus Deutschland und die Auflösung der DDR auf dem Höhepunkt des Kalten Krieges verursachen würden, durch seinen Apparat angeordnet. Dieser Mangel an Vorbereitungen macht es wiederum unwahrscheinlich, dass das Angebot aufrichtig war. Es steht außerdem zur Debatte, ob die Vereinigung und Neutralisierung Deutschlands die bevorzugte Option Stalins war, erinnerte sich dieser doch sicherlich daran, dass Zwischenkriegs-Deutschland internationale Rüstungsbeschränkungen beiseite gewischt und später den Zweiten Weltkrieg verursacht hatte. Von diesem Gesichtspunkt aus war eine Wiedervereinigung Deutschlands (falls überhaupt akzeptabel) auf jeden Fall ein riskantes Unternehmen mit einem unklaren Ausgang. Obwohl Stalin stets willens war, andere zu opfern, so war er doch vermutlich nicht bereit, „seinen eigenen“ Teil Deutschlands ohne Gegenleistung aufzugeben.

informiert war, und dass er daher mit einer Ablehnung des Angebotes durch den Westen rechnete.[43]

Die Tatsachen, dass die Führung der DDR aktiv zur Ausarbeitung dieses Planes beitrug und dass weder sie noch die sowjetischen Anführer die möglichen weitreichenden Konsequenzen behandelten (von einer kommunistischen Niederlage in freien Wahlen bis hin zu einem sowjetischen Truppenabzug), sondern eher Schritte in Richtung einer Festigung der DDR und Schaffung einer ostdeutschen Armee (welche schon seit einigen Jahren im vorbereitet wurde)[44] beschleunigten, sind als Anzeichen dafür interpretiert worden, dass das Angebot nicht ernst gemeint war. Nach dem Austausch von drei weiteren sowjetischen Noten zu diesem Thema (am 9. April, 24. Mai und 23. August) und den jeweiligen westlichen Antworten kam die Initiative im Herbst 1952 zu einem Ende.[45] Obwohl es nicht gelungen war, die westlichen Regierungen von der Unterzeichnung der Verträge zur westdeutschen Souveränität und zu einer Europäischen Verteidigungsgemeinschaft (verknüpft mit einer Europäischen Politischen Gemeinschaft) am 26./27. Mai abzuhalten,[46] wurde die Ratifizierung beider Verträge später durch französische Bedenken zu Fall gebracht. Erst 1954/55 sollte das Problem durch die Aufnahme Westdeutschlands in die NATO gelöst werden.

Der sowjetischen Note zum Trotz beschlossen die Westmächte, mit ihrem österreichischen „Kurzvertrag" fortzufahren, der nun sogar dabei helfen würde, die Aufrichtigkeit von Stalins Angebot Deutschland betreffend auf den Prüfstand zu stellen.[47] Doch die sowjetische Führung, die offenbar von der westlichen Initiative zu Österreich überrumpelt worden war, benötigte wohl aufgrund ihrer Beschäftigung mit dem deutschen Plan lange, um zu reagieren – und sogar dann interpretierte sie sie von einem „deutschen" Gesichtspunkt aus. Mehr als eine Woche nach der Übergabe schrieb der Stellvertretende Außenminister Valerian Zorin, der west-

43 Die sowjetische Regierung war seit spätestens Juli 1951 über den französischen Widerstand gegen das Projekt einer Europäischen Verteidigungsgemeinschaft informiert wie auch über die Tatsache, dass die US-Regierung im Falle von deren Scheiterns auf die Schaffung einer westdeutschen Armee und deren Eingliederung in die NATO abzielen würde.Ruggenthaler, Hrsg., *Stalins großer Bluff.*

44 Diedrich/Wenzke, *Die getarnte Armee*, 13–81; Gerhard Wettig, *Bereitschaft zu Einheit in Freiheit? Die sowjetische Deutschland-Politik 1945–1955*, München 1999, 228–234.

45 Rolf Steininger, *Deutsche Geschichte: Darstellung und Dokumente in vier Bänden*, Frankfurt/Main 2002, Bd. 2, 175–215.

46 Zur EVG (EDC) siehe Kevin Ruane, *The Rise and Fall of the European Defence Community: Anglo-American Relations and the Crisis of European Defense, 1950–55*, Basingstoke 2000; zur Beziehung zwischen dem Vertrag über die Beziehungen zwischen der Bundesrepublik Deutschland und den drei Mächten („Generalvertrag") und dem EVG-Vertrag siehe Küsters, *Der Integrationsfriede*, 544–620.

47 Gehler, *Modellfall für Deutschland?*, 127.

liche Entwurf sei dazu „konzipiert, die öffentliche Aufmerksamkeit von der neuen und wichtigen Initiative der UdSSR bezüglich der deutschen Frage abzulenken".[48] Es sei daher ratsam, keine Reaktion zu zeigen. Nachdem sich die Westmächte zwei Monate später, am 9. Mai 1952, nach der sowjetischen Reaktion erkundigt hatten, schrieb Vyšinskij an Stalin, dass „wir keine Antwort geben sollten, um nicht die Aufmerksamkeit für die Deutschland-Frage zu schmälern, wie es die US-amerikanische, die englische und französische Regierungen beabsichtigen".[49] Wie bereits festgestellt[50] trägt Stalins Unnachgiebigkeit gegenüber Österreich auch zu den Zweifeln bei, ob seine Deutschland-Note aufrichtig gemeint war. Hatte er wirklich beabsichtigt, Deutschland zu neutralisieren, so erwies diese Unnachgiebigkeit seinem Ziel einen Bärendienst, während ein Abschluss des Österreich-Vertrages viele Leute von der sowjetischen Aufrichtigkeit auch im Falle Deutschlands überzeugen hätte können.

In den folgenden Monaten lehnte die UdSSR aber Verhandlungen auf Basis des Kurzvertrages konstant ab. In einer Note vom 14. August 1952[51] machte die Sowjetunion unter anderem geltend, der Entwurf stehe mit dem Potsdamer Abkommen nicht in Einklang; er sage nichts über die Ausübung demokratischer Rechte oder die Auflösung nazistischer Organisationen, regle auch nicht die Frage der österreichischen Streitkräfte – alles Dinge, die im alten Vertragsentwurf enthalten waren. Die Westmächte antworteten am 5. September, dass sie bereit wären, vier weitere Artikel aus der Langfassung in den Kurzvertrag aufzunehmen, und luden zu einer neuen Stellvertretersitzung für den 29. September nach London ein. Am 24. September verlangte die Sowjetunion neuerlich, dass zunächst die Demilitarisierung und Entnazifizierung Österreichs überprüft werden müsse, und forderte die Zurückziehung des Kurzvertrages; erst dann wäre sie bereit, wieder an einer Viererkonferenz teilzunehmen.[52]

In der Zwischenzeit sorgte sich die Bundesregierung in Wien, dass Österreich, zum Pfand der Großmächte im Kalten Krieg geworden, einfach in Vergessenheit

48 Zit. nach Ruggenthaler, *Stalin's Concept of Neutrality*, 245; und *Stalins großer Bluff*, Dok. 61. Siehe auch ders., „Warum Österreich nicht sowjetisiert wurde", in Karner/Stelzl-Marx, Hrsg., *Die Rote Armee*, 698–701.

49 Vyšinskij an Stalin, 12. Mai 1952, in: RGASPI, f. 82, op. 2, d. 1115, l. 110. Vgl. Mueller, „Gab es eine verpasste Chance?", 118.

50 Bischof, „Karl Gruber", 144–151; Michael Gehler, „Kurzvertrag für Österreich? Die westliche Staatsvertrags-Diplomatie und die Stalin-Noten von 1952", in: *VfZ* 42, 1994, 277.

51 KPdSU Politbüro Protokoll 89 P. 74 mit dem Text der Note, 14. August 1952, in: RGASPI, f. 17, op. 163, d. 1627, ll. 141–146.

52 Politbüro Protokoll 89 P. 316 mit dem Text der Note, 27. September 1952, in: RGASPI, f. 17, op. 3, d. 1096, ll. 66, 151–153. Vgl. Leitmaier, Übersicht, 65–70; ferner in AdR, BMAA, II-Pol, Zl. 154.693-Pol/52. Text der Noten vom 14. August und 5. September 1952 in: *AdG*, 1952, 3609C und 36350.

geraten könnte. Aus diesem Motiv entstand der Plan eines Appells an die Weltöffentlichkeit mit Hilfe der Generalversammlung der Vereinten Nationen. Briten und Franzosen waren darob nicht gerade enthusiastisch, ließen aber die österreichische Initiative gewähren.[53] Zur Vorbereitung der Aktion übersandte die österreichische Bundesregierung Ende Juli 1952 allen Staaten, mit denen Österreich diplomatische Beziehungen unterhielt, ein Memorandum „betreffend die Aufhebung der Besetzung und die Wiederherstellung der vollen Souveränität Österreichs".[54]

In diesem Memorandum lastete die Bundesregierung die Fortdauer der Besetzung „der großen Weltpolitik" an; sie sei „durch die großen politischen und weltanschaulichen Gegensätze zwischen den beiden großen Interessensphären Ost und West bedingt". Die Bundesregierung vertrat die These, Österreich habe nach „der völkerrechtlich kaum widerlegbaren Sachlage" einen berechtigten Anspruch darauf, auch ohne Staatsvertrag seine volle Souveränität wiederzuerhalten; die Bundesregierung erinnerte die Großmächte an ihre in der Moskauer Erklärung eingegangene Verpflichtung zur Wiederherstellung eines freien und souveränen Österreich; Österreich wäre bereit gewesen, mit einzelnen Staaten die durch die Umstände erforderlichen Verträge abzuschließen. Dies erinnert an die vor allem 1947 feststellbaren österreichischen Überlegungen, die Eigentums-, Rückstellungs- und Entschädigungsfragen bilateral mit jeder der vier Mächte zu regeln. Die Bundesregierung machte auf die Folgen der Besetzung für Österreich aufmerksam:

> Diese so lang anhaltende *und in ihrer Dauer überhaupt nicht absehbare Besetzung Österreichs* schädigt die österreichischen politischen und wirtschaftlichen Interessen auf das tiefste. Die bloße Tatsache der Besetzung drückt physisch wie psychisch auf die ganze Bevölkerung, und die durch die Besetzung verursachte Verschärfung der wirtschaftlichen Not bringt neben der Unmöglichkeit, den wirtschaftlichen Apparat zu normalisieren, Unruhe in die Bevölkerung.[55]

Wie schon bei Österreichs Zustimmung zum Kurzvertrag trat der Gedanke auf, die Bereitschaft zu großen wirtschaftlichen Opfern, die Österreich 1949 in der Hoffnung auf den *unmittelbaren* Abschluss des Staatsvertrages erklärt hatte, könne nicht auf unbestimmte Zeit andauern. Jedenfalls erklärte die Bundesregierung, der alte Staatsvertragsentwurf vom Jahre 1949 enthalte „eine Reihe von finanziellen und

53 Gruber, *Befreiung*, 281; vgl. auch Gordon Shepherd, *Die österreichische Odyssee*, Wien 1958, 274; *FRUS 1952–1954*, Bd. 7, 1774.

54 *WZ*, 27. Juli 1952, 1f. Der im Folgenden erwähnte Annex zum Memorandum abgedruckt in einer Sonderbeilage des *Wiener Kurier*, 31. Oktober 1953, XV. Vgl. *DÖA*, Nr. 109.

55 Hervorhebung durch d. Verf.

wirtschaftlichen Bestimmungen, die bei der heutigen Sachlage nicht mehr tragbar erscheinen und wohl kaum vom österreichischen Parlament ratifiziert werden würden". Gerade diese Äußerung stieß jedoch auf den heftigen Widerspruch der Sowjetunion, die auf der Rückkehr zum „langen" Vertragsentwurf beharrte.

Tatsächlich brachte die Fortdauer der Besetzung fortlaufende Belastungen von Wirtschaft und Staatsfinanzen, welche die Bundesregierung in einem Annex zum Memorandum aufschlüsselte: Bis Ende 1951 sei ein Entgang an Zollgebühren von 1,16 Milliarden Schilling, an direkten Steuern in Höhe von 540 Millionen, an Verbrauchssteuern in Höhe von 123 Millionen und durch illegale Einfuhr von Tabakwaren aus dem Ausland ein Entgang in Höhe von 1,52 Milliarden Schilling, insgesamt also 3,343 Milliarden Schilling, in Rechnung zu stellen. Auch die Verluste durch den Entzug der Erdölproduktion, etwa der halben österreichischen Donau-Flotte und vieler Uferanlagen und Lagerhäuser der DDSG, der Entzug von 109.452 Hektar bewirtschaftbaren Grund und Bodens, die Demontage von 9 Telefonzentralen, 60.000 Telefonanschlüssen und 30.000 Telefonapparaten sowie die Entfernung von annähernd 600 Lokomotiven und vielen tausend Eisenbahnwagen als Kriegsbeute wurden erwähnt. Dass die meisten dieser Ausgaben durch die Sowjetunion verursacht worden waren, erwähnte die Regierung nicht.

Hingegen erwog sie, einen außerhalb des Atlantik-Vertrages stehenden größeren Staat darum zu bitten, die Österreich-Frage vor die Vereinten Nationen zu bringen, beispielsweise Indien und/oder Brasilien. In einer „diplomatischen Doppelaktion" – so beschrieb es Gruber – kam es fast gleichzeitig zu Fühlungnahmen mit diesen beiden Staaten.[56] Der Politische Direktor des Außenamtes, Clemens Wildner – der jüngere Bruder des ersten Generalsekretärs des Außenamtes nach 1945, Heinrich Wildner –, wurde zu einer Erkundungsmission nach Indien entsandt. Am 11. Juli 1952 empfing ihn Premierminister Jawaharlal Nehru persönlich. Dieser sicherte zwar Bereitschaft zu, einen Österreich betreffenden Antrag vor den Vereinten Nationen zu unterstützen, lehnte jedoch eine indische Initiative ab; Indien sei genug mit eigenen asiatischen Problemen beschäftigt. Dies war allerdings kaum mehr als ein höflicher Vorwand; bald zeigte sich, dass Nehru auch andere Bedenken hatte. Nachdem er sorgfältig überlegt hatte, fragte er, ob ein Schritt die Sowjetunion vor den Kopf stoßen könnte oder doch sinnvoll wäre. Auf Wildners Antwort hin fragte Nehru schließlich ganz direkt, „was für eine Politik wir [die Österreicher, W.M.] machen würden, wenn wir einen Staatsvertrag bekämen. Würden wir die wiederge-

56 Vgl. Gruber, *Befreiung*, 280–283, sowie den Überblick von Josef Leidenfrost, „Die UNO als Forum für den österreichischen Staatsvertrag? Vom Wiener Appell 1946 bis zur Brasilien-Initiative 1952", in: Emil Brix/Thomas Fröschl/Josef Leidenfrost, Hrsg., *Geschichte zwischen Freiheit und Ordnung. Gerald Stourzh zum 60. Geburtstag*, Graz 1991, 261–275.

wonnene Freiheit nicht etwa dazu verwenden, um uns dem Westen und besonders dem Atlantikpakt anzuschließen?“ Wildner antwortete – und dies ist im Hinblick auf das Datum, Sommer 1952, von Interesse –, „daß wir frei sein wollten, um eine neutrale und österr. [sic!] Politik führen zu können, die in vielen Fällen vielleicht auf der gleichen Linie mit der indischen liegen könnte“. Doch Nehru, dessen „Naivität gegenüber Moskau und Peking in starkem Widerspruch zu seinem Realismus bezüglich Washington und seinem fortbestehenden Misstrauen gegenüber dem imperialen Großbritannien stand“[57]). war ganz offensichtlich von einer weitgehenden Westorientierung Österreichs überzeugt, denn er fragte weiter, „ob wir [Österreicher, W.M.], wenn wir unsere Freiheit wiederbekämen, noch weiter auf die amerikanische Hilfe angewiesen und damit von der amerikanischen Politik abhängig wären“. Wildner überreichte daraufhin Nehru wirtschaftliche Informationen; Nehru fand, Österreichs wirtschaftliche Situation wäre gar nicht so schlecht, wenn es von den Lasten der Besetzung befreit wäre und die Österreicher „über [ihre] Bodenschätze verfügen könnten“. Gegen Ende des dreiviertelstündigen Gespräches unterlief Wildner allerdings eine gravierende Fehleinschätzung. Als er erwähnte, „daß ich allenfalls auf der Rückreise mich in Karachi aufhalten wolle, fuhr er [Nehru], wie von der Tarantel gestochen, in die Höhe und meinte, nein, das gehe nicht. ‚Wenn Sie mit uns reden, können Sie nicht mit Pakistan sprechen‘.“ Der Fauxpas war geschehen, obschon zum Schluss Nehru seine Sympathien für Österreich betonte; auch wenn Indien keinen Antrag bei der UNO einbringe, könne Österreich doch mit seiner vollen Unterstützung rechnen. Am 15. Juli, so Wildners Bericht,

> wurde ich nicht von Pandit Nehru, sondern vom Foreign Secretary [Sir Raghavan Pillai] empfangen, der mir an Hand einer schriftlichen Aufzeichnung eröffnete, Indien könne im Hinblick auf die gegenwärtige weltpolitische Lage es nicht übernehmen, den österr. Antrag bei den Vereinten Nationen einzubringen. […] Es liege Indien selbstverständlich ferne, sich in unsere Angelegenheiten hineinzumischen, aber nach do. [dortiger, G.S.] Auffassung wäre es vielleicht besser, wenn wir noch etwas zuwarten würden. Im nächsten Jahre wäre vielleicht die Möglichkeit gegeben, daß Indien den von uns erbetenen Schritt unternähme.[58]

Kaum war Wildner abgereist, äußerte sich allerdings Pillai wesentlich freundlicher zum österreichischen Geschäftsträger Kurt Enderl. Es käme schon ein diplomati-

57 Jonathan Haslam, *Russia's Cold War: From the October Revolution to the Fall of the Wall*, New Haven 2011, 146.

58 Bericht Wildners: AdR, BMAA, II-Pol, Zl. 153.620-Pol/52 v. 22. Juli 1952.

scher Schritt zugunsten Österreichs in Moskau in Frage, ein neuer indischer Botschafter, K.P.S. Menon, werde in Kürze dorthin gehen. Pillai erkundigte sich auch, ob Wildner in Karachi haltmachen würde, und zeigte sich nach der verneinenden Antwort Enderls „erleichtert".[59] Nach Wildners Rückkehr nach Wien kam zunächst nichts zustande; es sollte einer neuen Initiative Außenminister Grubers, elf Monate später, bedürfen, um Indien doch noch in die Österreich-Frage einzuschalten.[60]

Im stärker prowestlich orientierten Brasilien boten sich bessere Chancen. Eine Reise des österreichischen Außenministers Ende Juli/Anfang August 1952 wurde für die Diskussion dieser Angelegenheiten genutzt. In den Gesprächen erklärten der brasilianische Außenminister und der Politische Direktor des Außenministeriums Brasiliens Bereitschaft, vor den Vereinten Nationen zugunsten Österreichs aufzutreten.[61] Und tatsächlich brachte Brasilien mit Unterstützung des Libanons, Mexikos und der Niederlande die Österreich-Frage im Herbst 1952 vor die UN-Generalversammlung in New York. Am 20. Dezember appellierte die Generalversammlung mit 48 zu 0 Stimmen an die „betroffenen Regierungen", einen erneuten Versuch zum Abschluss des Staatsvertrages zu machen, um das Ende der Besetzung und die volle Ausübung der Souveränität Österreichs zu erreichen. Hierbei enthielten sich zwei Staaten – Pakistan und Afghanistan – der Stimme. Sowjetische Geheimdienste hatten zuvor Hinweise erhalten und stuften den UN-Aufruf als von US-Diplomaten initiiert ein.[62] Die Ostblockstaaten nahmen daher an der Abstimmung nicht teil; sie bestritten die Kompetenz der Generalversammlung, die Österreich-Frage überhaupt zu debattieren. Sie beriefen sich hierbei auf Art. 107 der UN-Charta, der einen Vorbehalt gegenüber Feindstaaten des Zweiten Weltkrieges enthielt, und auf jenen Absatz der Moskauer Erklärung, der von der Mitverantwortlichkeit

59 Bericht des Geschäftsträgers (Zl. 46/Pol/52) und Wildners Reaktion in ebd., Zl. 153.791-Pol/52. Es scheint, dass Nehru ein weiteres Motiv für seine Zurückhaltung hatte, nämlich seinen Wunsch, in Hinsicht auf die Waffenstillstandsverhandlungen in Korea eine vollständig neutrale Haltung zwischen Ost und West zu wahren. Bericht des amerikanischen Diplomaten Lloyd Steere über ein Gespräch mit dem österreichischen Geschäftsträger Enderl am 8. September 1952 in New Delhi. NA, RG 59, 663.001/9-1552.

60 In seinen auf die Zeit nach 1945 allerdings nur ganz kurz eingehenden Erinnerungen hat Wildner vermerkt, er habe die Überzeugung gewonnen, dass Grubers Auffassungen von seinen „vielleicht etwas altmodischeren Absichten zu stark abwichen, so daß mir eine harmonische Zusammenarbeit auf die Dauer nicht möglich schien", und nach nur eineinhalb Jahren als Politischer Direktor um seine Versetzung ins Ausland gebeten. Clemens Wildner, *Von Wien nach Wien. Erinnerungen eines Diplomaten,* Wien – München 1961, 262.

61 Siehe Leidenfrost, „Die UNO als Forum", 271, unter Verwendung brasilianischer Quellen. Für weitere Details siehe Klaus Eisterer, „Die brasilianische UNO-Initiative 1952", in: Rauchensteiner/Kriechbaumer, *Die Gunst des Augenblicks*, 321–357.

62 Bericht Tugarinovs, undatiert, in: Ruggenthaler, *Stalins großer Bluff*, 149.

Österreichs für die Teilnahme am Kriege an der Seite Hitler-Deutschlands sprach. Allerdings zeigte sich die Zwischenstellung Österreichs darin, dass trotz dieser Argumente ein tschechoslowakischer Delegierter einmal bemerkte, die Tschechoslowakei betrachte Österreich nicht als Feindstaat.[63]

3. Die „Militarisierung“ des Kalten Krieges: Österreich als „geheimer Verbündeter“ des Westens, 1951–1953

Als Reaktion auf das Verhalten der Sowjetunion und Österreichs Unsicherheit erreichte die Westorientierung der österreichischen Außenpolitik von 1950 bis in den Frühling 1953 hinein ihren höchsten Pegelstand.[64] Dies hatte mehrere Gründe.

Auf wirtschaftlichem Gebiet war es der Kontrast – in der Gegenwart nur schwer vorstellbar – zwischen dem Schaden, den die österreichische Wirtschaft durch die Ausnützung der USIA-Betriebe und der Zistersdorfer Erdölproduktion seitens der Sowjetunion erlitt, und der Ankurbelung der Produktivität, die in allen am Marshall-Plan (offiziell European Recovery Program, ERP) teilnehmenden Staaten spürbar war. Österreich allein hat von Mai 1945 bis Ende April 1955 Auslandshilfe, vor allen von den USA, in Höhe von 1,585 Milliarden Dollar erhalten, was auf der Wertbasis von 1955 einer Summe von 41 Milliarden Schilling entspricht. Man hat festgestellt, dass unter Berücksichtigung der Veränderung des Geldwertes die Auslandshilfe, die Österreich im Jahrzehnt von 1945 bis 1955 zuteil wurde, mehr als sechsmal so groß wie die Völkerbundanleihe von 650 Millionen Goldkronen war, die Österreich nach dem Ersten Weltkrieg erhielt. An der genannten Summe von

63 Heinrich Blechner, „Österreichs Weg in die Vereinten Nationen“, in: *ÖZA* 1, 1960/61, 355; Wolfgang Strasser, *Österreich und die Vereinten Nationen,* Wien 1967, 23–29, bes. 24. Grubers Erklärung vor den Vereinten Nationen am 17. Dezember 1952 in: Karl Gruber, *Reden und Dokumente 1945–1953,* hrsg. v. Michael Gehler, Wien – Köln – Weimar 1994, 409–412. Pakistan und Afghanistan ließen Österreich nachträglich wissen, dass ihre Stimmenthaltung nicht als Demonstration gegen Österreich aufzufassen wäre. Leitmaier, Übersicht, 73f.

64 Als Anzeichen der intensivierten Westorientierung ist ein auffallendes Ansteigen von Besuchen österreichischer Politiker in den Weststaaten in den Jahren 1950 bis 1952 festzustellen. Hierzu Richard Hiscocks, *Österreichs Wiedergeburt,* Wien 1954, 309–311. Eine kritische Infragestellung der Politik der Koalitionsparteien findet sich bei: Rudolf G. Ardelt/Hanns Haas, „Die Westintegration Österreichs nach 1945“, in: *Österreichische Zeitschrift für Politikwissenschaft* 4, 1975, 379–399. Hierzu differenzierend Reinhard Bollmus, „Staatliche Einheit trotz Zonentrennung: Zur Politik des Staatskanzlers Renner gegenüber den Besatzungsmächten in Österreich im Jahre 1945“, in: Ulrich Engelhardt u.a., Hrsg., *Soziale Bewegung und politische Verfassung (Festschrift Werner Conze),* Stuttgart 1977, 677–712, hier bes. 681ff, sowie ders., „Zur österreichischen Konzeption für einen Staatsvertrag“, in: Mock/Steiner/Khol, *Neue Fakten zu Staatsvertrag und Neutralität,* Wien 1980, 109–124.

1585 Millionen Dollar trug das Marshall-Plan-Programm mit rund 956 Millionen Dollar (auf Wertbasis 1955 rund 25 Milliarden Schilling) den größten Anteil; unter den kleineren Posten figuriert die Nachkriegshilfe der UNRRA (United Nations Relief and Rehabilitation Administration) mit 135,6 Millionen Dollar und die Kanada-Hilfe mit 3,4 Millionen Dollar.[65] Der Marshall-Plan war psychologisch enorm einflussreich und hat wirtschaftlich Auswirkungen bis in die Gegenwart. Die bedeutendste Leistung des Marshall-Planes war folgende: Der österreichische Staat erhielt die Lieferungen des ERP-Programmes als Geschenk. Die Bezieher dieser Güter in Österreich hatten sie aber zugunsten der österreichischen Regierung in Schilling zu bezahlen; dies waren die sogenannten „Schilling-Gegenwerte" oder „Counterpart"-Mittel, die wiederum zum größten Teil als Kredite für Investitionen vergeben wurden.[66]

Auf außenpolitischem und sicherheitspolitischem Gebiet gab es für die Westorientierung zusätzliche Gründe: erstens die Enttäuschung der im Juni 1949 so hochfliegenden Hoffnungen auf den raschen Abschluss des Staatsvertrages; dazu gesellte sich zweitens ab Juni 1950 die extreme Intensivierung der weltpolitischen Spannungen nach Ausbruch des Koreakrieges und der darauffolgenden Militarisierung des Kalten Krieges in Europa mit der Schaffung nationaler Armeen in Ost- und Westdeutschland, dem Projekt einer (west-)Europäischen Verteidigungsgemeinschaft und Stalins Initiative zur Aufrüstung in Osteuropa. Karl Gruber, von dem zu Recht gesagt worden ist, dass seine Politik „trotz tendenzieller Westorientierung vom Primat der Staatseinheit getragen und auf Balance zwischen den Mächten ausgerichtet" war,[67] sah sogar die Gefahr einer schweren Krise in Europa. Sollte in den nächsten Monaten auf diesem Kontinent ein Krieg kommen, dann sollten die Überle-

65 Franz Nemschak, *Zehn Jahre österreichische Wirtschaft 1945–1955*, Wien 1955, 22–24; in anderen Publikationen ist die ERP-Hilfe nicht mit 956, sondern 962 Millionen Dollar angegeben, so bei Alois Brusatti, „Entwicklung der Wirtschaft und Wirtschaftspolitik", in: Weinzierl/Skalnik, *Österreich – Die Zweite Republik*, Bd. 1, 438f. Vgl. Günter Bischof/Anton Pelinka/Dieter Stiefel, Hrsg., *The Marshall Plan in Austria* (= Contemporary Austrian Studies 8), New Brunswick 2000; ders./Hans Petschar, *The Marshall Plan: Saving Europe, Rebuilding Austria*, New Orleans 2017. Die UNRRA war die 1943 errichtete „United Nation Relief and Rehabilitation Administration", deren Zweck Nachkriegshilfe für befreite Nationen war. Die UNRRA beschloss im August 1945, Österreich als befreitem Land Hilfe zu gewähren: vgl. Verosta, *Die internationale Stellung Österreichs*, 94 sowie 100f. Zur UNRRA-Hilfe vgl. Bischof, *Austria*, 90.

66 Vgl. Vorwort des Bundeskanzlers Julius Raab zu der Schrift *Zehn Jahre ERP in Österreich* sowie ebd., 48–54. Zur Abfolge der Hilfsaktionen nach 1945 (UNRRA-Hilfe bis Mitte 1947; Sonderhilfe des amerikanischen War Department zur Überbrückung der Zeit zwischen dem Auslaufen der Kongresshilfe und dem Anlaufen des Marshall-Planes) siehe Mähr, *Marshall-Plan*, 26–53. Zum politischen Stellenwert der amerikanischen Österreich-Hilfe vgl. Rauchensteiner, *Sonderfall*, 207ff.

67 Gehler, „Kurzvertrag für Österreich?", 246

benschancen der Gebirgsprovinzen möglichst gestärkt werden. Die Regierung, so Gruber im August 1950, sei der Ansicht, dass Österreich im nächsten Krieg kämpfen oder kämpfend untergehen müsse. Die Lehren des März 1938 seien eindeutig. Er dachte an eine Exilregierung und an eine Untergrundorganisation in den Bergen; wahrscheinlich müssten die meisten Maßnahmen zur Stärkung der westlichen Länder durch die Landesregierungen eher als durch die Bundesregierung durchgeführt werden.[68]

Eine zusätzliche Motivation für die Regierung, sich Richtung Westen zu orientieren und die Verteidigung des Landes vorzubereiten, war die wahrgenommene Schwäche und Instabilität Österreichs, die aus der Angst vor einem kommunistischen Putsch (mit sowjetischer Unterstützung) erwuchs, besonders seit den erwähnten Streiks von 1950. Eine Folge des kommunistischen Versuches, im September/Oktober 1950 einen Generalstreik herbeizuführen, war ohne Zweifel ein noch stärkerer Schulterschluss zwischen den österreichischen Regierungsparteien und den Westmächten: Wie der britische Hochkommissar Caccia andeutete, würden die Kommunisten in Zukunft noch weniger Chancen haben, die Sicherheitskräfte des Staates zu bedrohen; „under the new security arrangements under way" würden sie auf eine voll ausgerüstete Polizei und Gendarmerie stoßen, die den Kommunisten selbst bei Einsatz des kommunistischen „Werkschutzes" erfolgreich entgegentreten könnten.[69]

Die Solidarität mit dem Westen fand ihren Gegenpart in der seit den Kriegsjahren existierenden und sich nun intensivierenden Symbiose zwischen den Kommunisten und der Sowjetunion. Sowjetische Finanzzuschüsse für die Kommunistische Partei Österreichs können bis spätestens 1946 zurückverfolgt werden. Diese Zuschüsse waren bedeutsam, und in einigen Jahren machten sie die KPÖ zu einem der bestsubventionierten westlichen Empfänger des sogenannten „Internationalen Gewerkschaftsfonds zur Unterstützung linker und Arbeiter-Organisationen".[70] In manchen Fällen waren die Subventionen vom Politbüro für „spezielle Ziele" be-

---

68 Gruber im Gespräch mit dem amerikanischen Diplomaten Coburn Kidd, 18. August 1950, NA, RG 84, US Legation Vienna, file 350, Memo of Conversation, zit. bei Oliver Rathkolb, „Die ‚Putsch'-Metapher in der US-Außenpolitik gegenüber Österreich 1945–1950", in: Michael Ludwig/Klaus Dieter Mulley/Robert Streibel, Hrsg., *Der Oktoberstreik 1950. Ein Wendepunkt der Zweiten Republik,* Wien 1991, 113–123, hier 120.

69 Zum Werkschutz siehe oben Kap. III.2.

70 Mueller, *Die sowjetische Besatzung,* 172f. Vgl. zur Geschichte des Fonds Jan Foitzik, „Aus der Buchhaltung der Weltrevolution: Finanzhilfen der regierenden kommunistischen Parteien für den internationalen Kommunismus", in: *Jahrbuch für Historische Kommunismusforschung* 1994, 140–147; Tat'jana Kuz'mičeva, „V celjach okazanija material'noj pomošči zarubežnym levym partijam...: Ob učreždenii i dejatel'nosti odnogo meždunarodnogo fonda", in: *Istočnik* 4, 2002, 68–72.

stimmt. Bis 1955 beliefen sich diese Gelder auf mindestens 68,9 Millionen Schilling; einiges davon wurde höchstwahrscheinlich für die Finanzierung von Geheimoperationen oder des Werkschutzes genutzt. Im Oktober 1952 berichteten jugoslawische Dokumente nicht nur über Pläne der KPÖ, einen weiteren Generalstreik zu organisieren, sondern auch über geheime Waffenlager in sowjetischen Fabriken in Österreich.[71]

Die Anfänge der westalliierten Bemühungen um den Ausbau der österreichischen Gendarmerie und um die Vorbereitung eines zukünftigen Bundesheeres in den Jahren 1948 und 1949 sind schon seit längerem gut dokumentiert.[72] Die Erschließung weiterer Quellen für die Jahre ab 1950 sowie neuere Forschungen in den letzten Jahrzehnten zeigten immer schärfere Konturen einer intensiven sicherheitspolitischen Westbindung; Gerald Stourzh konnte 1986 feststellen, dass Österreich, obgleich teilweise von der UdSSR besetzt, in den frühen Fünfzigerjahren „so etwas wie ein geheimer Verbündeter des Westens" geworden war.[73] Die Formel vom „geheimen Verbündeten" des Westens ist seither von anderen Forschern übernommen worden.[74] Dreierlei wird deutlich: erstens das große, ja seit 1951 steigende Interesse der Westalliierten, zumal der Amerikaner, an der Einbeziehung Westösterreichs in die nordatlantisch-westeuropäische Verteidigungsplanung, einschließlich des Einsatzes eines österreichischen, zumindest westösterreichischen Wehrpotenzials im Kriegsfall; zweitens die enge Zusammenarbeit zwischen den Westalliierten und den für die Sicherheit und für den Aufbau des zukünftigen Bundesheeres zuständigen Politikern (wie etwa Oskar Helmer und Ferdinand Graf) und Beamten; und drittens die Probleme, die aus der keineswegs deckungsgleichen Interessenlage der Österreicher einerseits, der Westalliierten anderseits erwuchsen.[75]

Die westlichen Bemühungen um Österreichs Verteidigung und der Aufbau der NATO waren aufeinander abgestimmt. Ende November 1949 hatte das Bündnis den Plan einer Verteidigungslinie vom Rhein bis zur Adria angenommen. Doch

71 ASCG, Fond 507/IX, 6/I-113.

72 Siehe oben, Kap. III.2. Vgl. *FRUS 1948,* Bd. 2, 1356–1378, sowie *FRUS 1949,* Bd. 3, 1236–1258; hierzu auch Hanns Haas, „Österreich 1949: Staatsvertragsverhandlungen und Wiederbewaffnungsfrage", in: *Jahrbuch für Zeitgeschichte 1978,* Wien 1979, 175–200, sowie Stifter, *Wiederaufrüstung,* Kap. 3 u. 4.

73 Gerald Stourzh, „The Origins of Austrian Neutrality", in: Alan T. Leonhard, *Neutrality – Changing Concepts and Practices,* Lanham – New York – London 1988, 39f.

74 Vgl. etwa die inhaltsreiche und quellenintensive Studie von Günter Bischof, „Österreich – ein ‚geheimer Verbündeter' des Westens?", die trotz des Fragezeichens im Titel die Frage eindeutig bejaht. In: Gehler/Steininger, *Österreich und die europäische Integration,* Wien – Köln – Weimar 1993, 425–450.

75 Für die Jahre ab 1950 ein erster Überblick bereits bei Rauchensteiner, *Sonderfall,* 305–308, 330, 333, sowie Rauchensteiners Aufsatz „Staatsvertrag und bewaffnete Macht. Politik um Österreichs Heer 1945–1955", in: *Österreichische Militärische Zeitschrift* 18, 1980, 185–197.

die Vorbereitungen verzögerten sich.[76] Im Laufe des Jahres 1951 wurde geklärt, dass die westlichen Besatzungstruppen in Österreich zwar in Friedenszeiten nicht dem NATO-Kommando (Supreme Headquarters, Allied Powers Europe, SHAPE) unterstanden, jedoch im Kriegsfall diesem zu unterstellen waren, und zwar dem südeuropäischen Kommando (CINCSOUTH). Diese Verfügung wurde geheim gehalten.[77] Im April 1951 besuchte der US-Hochkommissar in Österreich, Walter Donnelly, den damaligen obersten NATO-Befehlshaber, General Eisenhower, in Paris, und berichtete in sehr offener und aufschlussreicher Weise über die österreichische Situation, einschließlich der geheimen („covert“) Verteidigungskooperation zwischen Österreich und den Westalliierten in den Westzonen – worüber sich Eisenhower „überrascht und erfreut“ zeigte. Donnelly verwies auch auf die auf alliierter Ebene nicht schlechten Beziehungen zum sowjetischen Element trotz starken sowjetischen Druckes auf die österreichische Verwaltung, besonders die Polizei. Er betonte, es sei mit Rücksicht auf die UdSSR unmöglich, die westlichen Truppen in Österreich direkt der NATO zu unterstellen, aber man tue alles, um diesen Nachteil wettzumachen. Eisenhower selbst meinte, es sei weniger wichtig, die (westlichen) Streitkräfte in Österreich jetzt unter NATO-Kommando zu haben, als dann, wenn und wann er sie benötigen würde.[78] Der britische Hochkommissar Sir Harold Caccia betonte auch, solange nicht gewünscht werde, „dass Österreich zweigeteilt werde“, müssten alle „appearances“ der Vier-Mächte-Besetzung in den vier Zonen im Sinne des Kontrollabkommens aufrechterhalten werden.[79] Dreieinhalb Jahre später, im September 1954, wurde bestätigt, dass die westalliierten Truppen in Österreich CINCSOUTH „for war planning in peace-time and operational control in event of an emergency“ unterstünden.[80]

76 Obgleich für die Verteidigungslinie bis 1954 bis zu 50 Divisionen vorgesehen waren, kritisierte der Stellvertretende NATO-Oberbefehlshaber Feldmarschall Montgomery Mitte der Fünfzigerjahre: „Wir haben Pläne und Komitees ... die hässliche Wahrheit ist, dass die westeuropäische Verteidigung heute eine reine Fassade ist.“ Zit. nach Carafano, *Waltzing into the Cold War*, 139.

77 TNAUK, FO 371/93622/CA1201/5/G vom 12. Juli 1951, veröffentlicht in: Gerald Stourzh, „Rückblick auf den April 1955: Der lange Weg zur ‚Schweizer Formel‘“, in: *Die Furche* 16, 19. April 1985, 6. Auslösend für diese Klärung war eine öffentliche Erklärung des britischen Verteidigungsministers Shinwell im Jänner 1951, dass alle britischen Truppen auf dem Kontinent dem Oberbefehl des NATO-Befehlshabers General Eisenhower unterstellt würden. Dies führte zu einer sowjetischen Anfrage in Wien an die Franzosen, ob die französischen Truppen in Österreich auch unter Eisenhowers Kommando stünden. *FRUS 1951,* Bd. 4, 1031. Gemäß Art. 6 des Nordatlantik-Vertrages erstreckte sich der Bündnisfall auch auf einen bewaffneten Angriff auf Besatzungsstreitkräfte eines Vertragsstaates in Europa.

78 Gespräch Donelly-Eisenhower in Paris am 23. April 1951, *FRUS 1951,* Bd. 4, 1031–1035.

79 Caccia an W. D. Allen im Foreign Office, 27. Juni 1951, TNAUK, FO 371/93622/CA1201/5.

80 Progress Report on NSC 164/1, Para 18d, 15. September 1954 (von Präsident Eisenhower am 14. Oktober 1954 approbiert); NA, RG 273, NSC 164, Sec. 2; freundlicherweise zur Verfügung gestellt von

Die mindestens seit dem Frühjahr 1948 aktivierte – geheime – Kooperation zwischen Österreich und den Westalliierten wurde österreichischerseits von einzelnen Mitgliedern der Bundesregierung getragen: dem Bundeskanzler und dem Vizekanzler – und damit dem Obmann bzw. dem Vorsitzenden der beiden Regierungsparteien –, dem Außenminister und dem Innenminister.[81] Die Tendenz der Spitzenpolitiker der Koalitionsparteien, sensible Fragen des Sicherheitsapparates und des Aufbaues eines zukünftigen Heeres wenigen Personen innerhalb des Ministerrates bzw. kleinen Zweiparteienkomitees außerhalb der Regierung anzuvertrauen, wird deutlich.[82] Von dieser Kerngruppe wurden für bestimmte Materien einzelne andere Mitglieder der Bundesregierung zugezogen, so der Finanzminister und, für militärische Fragen, der Staatssekretär im Innenministerium. Eine Ministerratssitzung vom Mai 1952 zeigt, dass es selbst im Ministerrat Unklarheiten betreffend die für vertrauliche Verhandlungen mit den Westalliierten in Frage kommenden Regierungsmitglieder gab. Karl Waldbrunner erwähnte bei dieser Sitzung, ihm sei 1949, als er in die Regierung eintrat, bekanntgegeben worden, „daß ein Komitee für die Verhandlungen mit den westlichen Alliierten bevollmächtigt wurde", wobei „natürlich das nicht begrenzt war auf militärische Sachen". In Wortmeldungen Grubers und Schärfs wurde deutlich, dass manche Fragen nicht protokolliert worden waren.[83] Auch die Westalliierten, insbesondere die Briten und Amerikaner, zogen es vor, sehr heikle, vor allem militärische Dinge nicht mit der österreichischen Regierung in ihrer Gesamtheit, sondern „in greatest secrecy" mit Bundeskanzler, Vizekanzler und

O. Rathkolb; vgl. auch Oliver Rathkolb, *Washington ruft Wien. US-Großmachtpolitik und Österreich 1953–1959*, Wien 1997, 31.

81 Das einzige kommunistische Regierungsmitglied (Dr. Karl Altmann) war am 20. November 1947 aus der Regierung ausgeschieden.

82 Vgl. etwa im Ministerrat vom 6. April 1948 Grubers Erwägungen zum Plan für den Aufbau der mobilen Sicherheitsreserve und die Notwendigkeit, dass dieser „aber erst mit den Alliierten [d.h. den Westalliierten, G.S.] besprochen werden" müsse; der Ministerrat ermächtigte (in einem unter Verschluss abgelegten Beschlusspunkt) „die zuständigen Bundesminister durch persönliche Verhandlungen die Voraussetzungen für die entsprechende Ausgestaltung des Sicherheitsapparates zu schaffen und dem Ministerrat zu berichten". AdR, MRProt Nr. 106, 6. April 1948. Für das die Heeresplanung betreibende „unofficial bipartite committee of the two major parties", das „in secret" arbeiten sollte, vgl. *FRUS 1948*, Bd. 2, 1365 und 1369; es bestand aus Oskar Helmer und Julius Deutsch für die SPÖ und Ferdinand Graf und Hofrat (General i.R.) Emil Liebitzky für die ÖVP.

83 AdR, MRProt Nr. 292, 13. Mai 1952. Dies betraf auch die Affäre um die Abzweigung von Marshall-Plan-Geldern und undurchsichtige Devisentransaktionen von Österreichern, insbesondere im Einflussbereich des Generaldirektors der Creditanstalt, Josef Joham, eine Affäre, die mehrfach zur zeitweiligen Sperre der Freigabe von Marshall-Plan-Mitteln seitens der USA führte. Hierzu die ausführliche Untersuchung von Oliver Rathkolb, „‚Wir selbst brauchen gar nicht viel hineinblasen.' Der Fall Joham und der CA-Skandal 1949–1953", in: Gehler/Sickinger, *Politische Affären*, Innsbruck 1995, 382–397.

Außenminister, bald auch dem Innenminister, zu besprechen. Anfangs äußerten die Franzosen den Zweifel, ob Vereinbarungen, die nur mit Figl, Gruber und Schärf als Individuen geschlossen würden, als ausreichend „offiziell" betrachtet werden könnten, sie gaben später aber ihre Bedenken auf. Die Briten stellten sich auf den Standpunkt, es sei Sache der österreichischen Regierung, die Frage der Legalität von Vereinbarungen, die von Figl, Gruber und Schärf getroffen worden wären, zu entscheiden.[84]

Zwei – grob voneinander zu unterscheidende – Bereiche der geheimen sicherheitspolitischen Kooperation zwischen Österreich und den Westalliierten sind vor allem zu nennen: einerseits Aktionen, die den staatlichen Bereich weitgehend ausklammerten und sich auf „gesellschaftliche" Gruppierungen und vertrauenswürdige Einzelpersonen stützten, wobei die mögliche Kooperation (geheimdienstlicher) staatlicher Stellen (zumindest bis in die Gegenwart) im Dunkeln bleibt. Andererseits gab es aber auch ebenfalls geheime („covert") Aktionen, die nichtsdestoweniger staatliche Behörden (jenseits geheimdienstlicher Institutionen) in beträchtlichem Ausmaß mit einbezogen.

Für den erstgenannten Bereich ist auf das „Sonderprojekt" zu verweisen, das eng mit der Persönlichkeit des prominenten sozialdemokratischen Gewerkschaftsführers und späteren Innenministers Franz Olah verbunden ist. Olah, der frühzeitig das Vertrauen der Amerikaner gewonnen hatte, erhielt 1947 freien Zutritt zum US-Sender Rot-Weiß-Rot in Österreich.[85] Im „Falle unerwarteter Ereignisse",[86] d.h. bei Lahmlegung der ÖGB-Zentrale, sollte Olah (dessen Büro sich im US-Sektor befand) im Namen des Gewerkschaftsbundes durchsagen, „was die Lage erforderte".[87] Als Folge der kommunistischen Unruhen vom September/Oktober 1950, bei deren Zurückdrängung bereits von Olah geleitete Gruppen der Bau- und Holzarbeiter erfolgreich tätig waren, wurde ein „Sonderprojekt" zur Vorsorge für zukünf-

84 Vgl. *FRUS 1950,* Bd. 4, 497 (Bericht des amerikanischen Botschafters in London nach Washington, 2. November 1950); ebd., 498, zu den französischen Bedenken und der britischen „Lösung der Legalitätsfrage". Die Franzosen zeigten im Laufe des Jahres 1950 mehrfach Skrupel betreffend allzu lockeres Hinweggehen über rechtliche Bestimmungen und stellten bei den Vorbereitungsgesprächen für den Aufbau der späteren Armee die Einholung des Einverständnisses der Sowjets zur Diskussion. Hierzu Sandner, *Französisch-österreichische Beziehungen,* 294. Die britische Empfehlung vom 20. November 1950, auch Helmer hinzuzuziehen, zit. bei Bischof, „Österreich – ein ‚geheimer Verbündeter'", 443.

85 Faksimile der Ermächtigung für Olah seitens des amerikanischen Elementes vom 8. Oktober 1947 veröffentlicht in: Franz Olah, *Erinnerungen,* Wien 1995, 147.

86 Aus der Verteidigungsschrift Franz Olahs, die den Akten des 1969 gegen ihn geführten Strafprozesses in Wien einverleibt wurde; veröffentlicht in: Helmut Konrad/Manfred Lechner, *„Millionenverwechslung" – Franz Olah, Die Kronenzeitung, Geheimdienste,* Wien – Köln – Weimar 1992, 188.

87 Olah, *Erinnerungen,* 146.

tige Widerstandshandlungen im Falle von kommunistischen und/oder sowjetisch inspirierten Umsturz- oder Machtergreifungsversuchen durchgeführt.

Das „Sonderprojekt" selbst beinhaltete in erster Linie die Stationierung von Funkgeräten in allen Bundesländern (mit Ausnahme Vorarlbergs), also einschließlich der sowjetischen Besatzungszone. In Wien gab es innerhalb des amerikanischen Sektors zwei starke Sender. Eine eigene, vom öffentlichen Netz unabhängige Telefonleitung verband alle Gewerkschaftszentralen mit dem ÖGB und der Polizeidirektion; die Telefonzentrale hierfür befand sich ebenfalls im amerikanischen Sektor. Außerhalb der sowjetischen Zone wurden auch Waffenlager angelegt, ein größeres Lager mit Winterausrüstung wurde in Golling im Land Salzburg errichtet. Lastwagen wurden angeschafft. Training in Kampfsportarten wie Judo und teilweise im Gebrauch von Handfeuerwaffen und Umgang mit Plastiksprengstoff fand statt. Insgesamt dürften etwa 1500 bis 2000 Personen, überwiegend jüngere Arbeiter aus der Bau- und Holzarbeitergewerkschaft, für das „Sonderprojekt" herangezogen worden sein.

Trotz einiger Studien zum Thema sind zweifelsfreie genaue Angaben über Herkunft oder Überweisungsmodalitäten der für das Projekt aufgewendeten Gelder – einer Aussage zufolge 8 bis 10 Millionen Schilling – bisher nicht gemacht worden.[88] Es lässt sich jedoch sagen, dass beträchtliche Mittel zur Stärkung nichtkommunistischer bzw. antikommunistischer Gewerkschaften in Europa seit 1947 von den USA nach Europa flossen – zunächst ganz besonders nach Frankreich und Italien –, dass diese Mittel direkt von den im Kampf gegen kommunistische Einflüsse äußerst aktiven großen amerikanischen Gewerkschaftsorganisationen AFL (American Federation of Labor) und CIO (Congress of Industrial Organizations) kamen, dass aber diese Mittel oder Teile davon indirekt aus dem Bereich der US-amerikanischen Central Intelligence Agency (CIA) stammten.[89]

88 Zur Gesamthöhe der verwendeten Geldmittel Aussage von Heinrich Daurer im Olah-Strafprozess 1969, zit. bei Konrad/Lechner, *„Millionenverwechslung"*, 66. Ebd., 46, wird der amerikanische Gewerkschaftsfunktionär Wesley Cook, ab 1949 für drei Jahre Labor Adviser der ECA (Economic Cooperation Agency, die zur Durchführung des Marshall-Planes geschaffene amerikanische Organisation) in Wien, als wichtiger Mittelsmann zwischen den USA und den österreichischen Gewerkschaften genannt Olah, *Erinnerungen*, 148, dementiert kategorisch, dass Cook mit der Finanzierung des Sonderprojektes etwas zu tun gehabt hätte. Zu Cook und dessen herzlichen Beziehungen zu Olah vgl. Gene R. Sensenig, „Gewerkschaftspolitik im Kalten Krieg am Beispiel der Beziehungen der US-Regierung und der US-Gewerkschaften zum ÖGB zwischen 1945 und 1950", in: *Zeitgeschichte* 12, 1984/85, 207. Zur Zusammenarbeit zwischen US-Gewerkschaften und der CIA konnte Sensenig „wegen der Weigerung der dazu interviewten Zeugen, sich zitieren zu lassen", keine näheren Angaben machen. Ebd., 208.

89 Trevor Barnes, „The Secret Cold War: The C.I.A. and American Foreign Policy in Europe, 1946–1956", Teil 1 in: *The Historical Journal* 24, 1981, 399–415; Teil 2 in: ebd., 25, 1982, 649–670. Eine

Seit 1947 spielten sogenannte „covert operations", d.h. „verdeckte" oder geheime Operationen, eine beträchtliche und wichtige Rolle im Rahmen der amerikanischen bzw. westlichen Politik der Eindämmung der tatsächlichen oder befürchteten kommunistischen Expansion in Europa. In einem von der CIA verfassten Bericht vom 26. September 1947 hieß es, die größte Gefahr für die Vereinigten Staaten sei die Möglichkeit des wirtschaftlichen Kollapses Westeuropas und die darauf folgende Machtübernahme seitens kommunistischer Elemente. In diesem Bericht wurde die Sowjetunion als expansionistisch dargestellt, bereit, schließlich auch Finnland und Österreich in ihren Herrschaftsbereich einzubeziehen.[90] Daraus folgte, dass die Stärkung antikommunistischer Gruppen in der Arbeiterschaft der europäischen Länder zu einem zentralen Anliegen der „covert operations" wurde, obgleich diese geheimen Operationen nicht auf Gewerkschaftsorganisationen beschränkt waren und auch die Unterstützung politischer Parteien, besonders in Italien, einschlossen. Auch die Finanzierung intellektuell hochstehender antikommunistischer Zeitschriften wie *Der Monat*, *Encounter*, *Preuves*, *Forum* fällt unter das Kapitel der „covert operations".[91] Weitere „covert operations" in Österreich zur Ermöglichung von Widerstandshandlungen – „stay behind operations" – für den Fall einer „östlich" gelenkten Machtübernahme sind offensichtlich während der Besatzungszeit vorbereitet worden, wie die im Jänner 1996 von der US-Regierung bekanntgegebene Existenz von 79 geheimen Waffenlagern in Österreich erweist.[92]

Der zweite Bereich umfasste Aktionen, die von der aktiven Mitarbeit der österreichischen Regierungsbehörden abhingen. Über den Anstoß zur Errichtung mo-

zentrale Rolle in den politischen Aktivitäten der amerikanischen Gewerkschaften in Europa spielte der Funktionär der American Federation of Labor (AFL) und ursprüngliche Generalsekretär der amerikanischen kommunistischen Partei, Jay Lovestone.

90 Zit. bei Barnes, „The Secret Cold War", Teil 1, 407. Das zitierte Dokument erliegt in der Harry Truman Library, Independence, Missouri (Truman Papers, President's Secretary files). Zur Rolle der „covert operations" vgl. auch Stifter, *Wiederaufrüstung*, 126.

91 Barnes, „The Secret Cold War". Vgl. auch Rathkolb, *Washington ruft Wien*, 268f, und Stefan Maurer, „‚Der Boden des neutralen Österreichs scheint uns besonders für eine Auseinandersetzung zwischen Ost und West geeignet zu sein': Wolfgang Kraus' Netzwerke im kulturellen Kalten Krieg", in: Maximilian Graf/Agnes Meisinger, Hrsg., *Österreich im Kalten Krieg*, 209–229.

92 Manfried Rauchensteiner/Claudia Ham, Hrsg., *„Sorry guys, no gold": Die amerikanischen Waffendepots in Österreich*, Wien 1998; Arnold Kopecek, „Die amerikanischen Waffenlager, die Einsatzgruppe Olah und die Staatspolizei im Kalten Krieg der fünfziger Jahre", in: Schmidl, *Österreich im Kalten Krieg*, 101–118. Vgl. auch Rathkolb, *Washington ruft Wien*, 144–151, sowie M. Christian Ortner, „Die amerikanischen Waffendepots in Österreich", in: Walter Blasi/Erwin A. Schmidl/Felix Schneider, Hrsg., *B-Gendarmerie, Waffenlager und Nachrichtendienste. Der militärische Weg zum Staatsvertrag*, Wien 2005, 155–170.

biler Einheiten zur Vergrößerung von Polizei und Gendarmerie im Frühjahr 1948 ist im vorhergehenden Kapitel berichtet worden. Der Aufbau und Ausbau von mobilen Gendarmerieeinheiten wurde im Frühjahr 1948 besprochen und eingeleitet.[93] Nachdem die US-Kräfte in Österreich ein Abkommen mit der österreichischen Regierung unterzeichnet hatten, begann im September 1948 die Operation Kismet, in deren Rahmen sich die Vereinigten Staaten um die Ausbildung der im Entstehen begriffenen österreichischen Polizei und Gendarmerie kümmerten.[94] Nach dem kommunistischen Angriff in Korea empfahl der Vereinigte Generalstab der USA, Österreich unter dem US Mutual Defense Assistance Program (MDAP) Ausrüstung im Wert von 82 Millionen Dollar zu bewilligen. Ende 1952 beinhaltete Stockpile A für Österreich etwa 227.000 Tonnen an Material im Gegenwert von fast 70 Millionen Dollar.

Die „Militarisierung" des Kalten Krieges nach dem Ausbruch des Koreakrieges, in Österreich noch verstärkt durch die psychologischen Konsequenzen der Unruhen im Oktober 1950, führte zu wesentlich massiveren Programmen, die ab dem Jahr 1951 Gestalt annahmen. Schon unmittelbar nach den September-/Oktober-Streiks 1950 führte Außenminister Gruber Gespräche in Washington und sprach sich für eine Stärkung der mobilen Gendarmerie und die Schaffung von „fire brigades for the suppression of internal disorder" aus. Gruber nutzte Pläne für die Erhöhung der Truppenkontingente in den westlichen Besatzungszonen, um den Verzicht auf die Besatzungskosten, zumal der Briten, zu diskutieren (die Amerikaner hatten längst darauf verzichtet). Er konnte nicht überzeugt werden, die Besatzungskosten als Teil des „Beitrags zur gemeinsamen Verteidigung Westeuropas" von Seiten Österreichs anzusehen.[95] Ende November 1950 kam es zur definitiven Festlegung zwischen den westlichen Hochkommissaren und Figl, Helmer und Graf betreffend den Aufbau von jeweils einer Gendarmerieeinheit zu 500 Mann in jeder der drei Westzonen.[96] Schließlich hat einige Zeit später, höchstwahrscheinlich im Laufe des Jahres 1951, ein Ministerkomitee – bestehend aus dem Bundeskanzler, dem Vizekanzler, dem Innenminister, dem Außenminister, dem Finanzminister und Staatssekretär Graf – dem US-Hochkommissar „auf dessen Drängen" den Ausbau der Gendarmerie

93 Vgl. Besprechung Figl, Helmer, Graf mit den westlichen Hochkommissaren, 29. November 1950, *FRUS 1950*, Bd. 4, 500–502.

94 James Jay Carafano, *Waltzing Into the Cold War: The Struggle for Occupied Austria*, College Station 2002, 180–184.

95 Hierzu Rathkolb, „Die ‚Putsch'-Metapher", 121, sowie *FRUS 1950*, Bd. 4, 411–415; Gespräch Gruber–Acheson am 11. Oktober: HSTL, Acheson Papers, box 65. Der Begriff der „Militarisierung" des Kalten Krieges stammt von Vojtech Mastny, „Stalin and the Militarization of the Cold War", in: *International Security* 9, 1984/85, 109–129.

96 Besprechung am 29. November 1950, *FRUS 1950*, Bd. 4, 500–502.

einschließlich Aufnahme von ehemaligen Heeresoffizieren sowie einen „österreichischen Beitrag“ für den Fall eines „Notstandes“, genannt „Aufgebot“, zugesagt.[97]

Einschließlich der Planung für die möglichst rasche Aufstellung des Bundesheeres unmittelbar nach Staatsvertragsabschluss, die schon seit 1948 und erneut mit größerer Intensität ab 1950 betrieben wurde,[98] kann man ab 1951/52 von einer „Trias“ dreier Aktionen großen Ausmaßes sprechen.[99] Es handelte sich erstens

---

97 „Übersicht, jetzige Lage und Ziele“: Beilage zu einem Schreiben Liebitzkys an den Politischen Direktor des Außenamtes, Josef Schöner vom 6. November 1954, o. Zl., im Nachlass Schöner (Österr. Staatsarchiv), Konvolut 17. In Liebitzkys „Übersicht“ wird der „Herbst 1952“ als Zeitpunkt der genannten, auf Drängen des amerikanischen Hochkommissars von der Regierung zugesagten Verpflichtungen angegeben. Dies kann nicht zutreffen, da im Herbst 1952 die genannten Programme bereits seit Monaten angelaufen waren und überdies nicht mehr der von Liebitzky genannte Donnelly, der ab August 1952 als Hochkommissar in Deutschland wirkte, sondern (seit anfangs September 1952) bereits Llewellyn Thompson im Amt war. Denkbar ist, dass das Datum „Herbst 1951“statt „Herbst 1952“ sein sollte; dafür spricht eine andere Mitteilung Liebitzkys, derzufolge das „Wiener Komitee“ von den österr. Regierungsvertretern „über nachdrückliches Verlangen des dam. amerikanischen Oberbefehlshabers Gl. Irwin im Oktober 1951“ berufen wurde, „um – wieder über ausdrückliches Verlangen des Generals – für die dringend gewünschte Reorganisation und richtige Ausbildung der Gendarmerieschulen Vorschläge zu machen“. ÖStA, GD, NLS, B/1030/123. Dieser Zeitpunkt wird bestätigt durch die Mitschrift einer Sitzung, die am 2. Oktober 1951 beim Hochkommissar Donnelly in Anwesenheit Figls, Grubers, Helmers, Grafs und des amerikanischen Oberkommandierenden General Irwin stattfand (erliegt in AKVI, Bestand Staatsvertrag). Gruber bemerkte, wenn „ein russ. Angriff erfolgt, besteht sofort ein Kriegszustand. Österreich hat dann die Pflicht, das Land zu verteidigen“. Bezüglich in den Westzonen für die Vorbereitung auf einen „Ernstfall“ zu treffender Maßnahmen sagte Gruber, dass diese nur auf Länderbasis geschehen könnten. General Irwin drängte auf baldige Gespräche mit den Landeshauptleuten, und Figl warf ein, dass diese ohnedies „nächste Woche“ nach Wien kämen. Dies bietet möglicherweise Hinweise auf die Anfänge der in der Tat bei den Ämtern der Landesregierungen erfolgenden Erfassung des „Aufgebotes“.Figl erwähnte im Laufe der Besprechung, dass schon seit Jänner des Jahres einige Male über „zusätzliche Sicherheitsmaßnahmen“ verhandelt worden sei. Er und seine Ministerkollegen hätten sich damals bereit erklärt, „auch aus eigenen Mitteln für die Verteidigung des Landes beizutragen, um auf diese Weise alle Voraussetzungen für einen Staatsvertrag zu schaffen“. Dies würde amerikanische Quellen bestätigen, die bereits im April 1951 auf Erfassungen des westösterreichischen Wehrpotenzials über die Gendarmerieeinheiten hinaus hinweisen (vgl. Gespräch Donnelly/Eisenhower in Paris am 23. April 1951, in welchem u.a. Gruber zitiert wird, der von einem Maximalpotenzial von 20 Divisionen gesprochen habe; *FRUS 1951*, Bd. 4, 1033). Eine französische Quelle aus September 1954(„Le réarmement clandestin de l'Autriche occidentale“ verweist auf das Jahr 1951 als das Jahr des Anlaufens der Vorbereitung der Mobilisierung des „potentiel humain autrichien“. Für dieses Dokument vgl. Sandner, *Die französisch-österreichischen Beziehungen*, 293–297. Dieses Dokument nennt eindeutig den Koreakrieg als einen Hauptimpuls für die geheime westliche Entscheidung, „die Österreicher an der Verteidigung ihrer Länder teilnehmen zu lassen“ (Sandner, ebd., 293).

98 Hierzu siehe *FRUS 1950*, Bd. 4, 473–502.

99 Memorandum („Top secret – Security Information“) des amerikanischen Oberbefehlshabers an den „Chairman“ des „Wiener Komitees“, datiert 9. Mai 1952, in: ÖStA, GD, NLS, B/1030 (= Nachlass Emil Liebitzky), Mappe 180. „Chairman“ (Vorsitzender) des „Wiener Komitees“ war der Generaldirektor für Öffentliche Sicherheit im Bundesministerium für Inneres, Sektionschef Dr. Wilhelm Krechler.

um das „Gendarmerie Increase Program", als B-Gendarmerie-Programm (Bereitschafts-Gendarmerie) oder seinerzeit auch öfter als „Sonderprogramm" (nicht zu verwechseln mit dem „Sonderprojekt" Olahs) bekannt; zweitens um die „Formation of a Post Treaty Austrian Army", also um die Vorbereitung der unmittelbar nach Abschluss des Staatsvertrages aufzustellenden österreichischen Armee; und drittens um die „Registration, Mobilization and Utilization of Austrian Man Power", von österreichischer Seite kurz als „Aufgebot" bezeichnet. Größter Wert wurde auf den Schutz der „covert aspects" dieser Aktionen gelegt. Im Hinblick auf die „covert relationship" der westlichen Elemente zu diesen Projekten sei es nötig, dass alle Pläne, Befehle und Weisungen „scheinbar von österreichischen Quellen ausgehen und durch österreichische Stellen durchgeführt werden".[100] Auf westalliierter Seite war das „Salzburger Dreierkomitee" („Salzburg Tripartite Committee") zuständig, an dem auch ein österreichischer Verbindungsoffizier teilnahm, um die Pläne mit dem „Wiener Komitee"[101] abzustimmen (bestehend aus dem Generaldirektor der Öffentlichen Sicherheit als Vorsitzendem und je zwei Vertretern der SPÖ und der ÖVP).[102] Das Wiener Komitee wurde in dem genannten Memorandum als „Arbeitsgruppe" („working-level agency") der österreichischen Regierung zum Betreiben der drei Aktionen bezeichnet: „B-Gendarmerie", „Armee" und „Aufgebot".[103]

1951/52 wurde mit der Aufstellung der B-Gendarmerie (zunächst als „Sondergendarmerie" bezeichnet) begonnen.[104] Es handelte sich dabei um eine Erweiterung der ab 1948/49 geplanten und 1950/51 errichteten drei Alarmeinheiten zu je 500 Mann in den drei Westzonen. Die ungenügenden Leistungen bei Übungen mit mobilen Gendarmerieeinheiten bei Stadl-Paura in Oberösterreich im Frühherbst 1951 hatten

100 „In furtherance of the covert relationship of these projects, all plans, orders and instructions must emanate ostensibly from Austrian sources and be implemented through Austrian channels" (ebd.).

101 Als Verbindungsoffizier der Bundesregierung zu den amerikanischen, französischen und britischen Befehlshabern der Besatzungstruppen wurde Oberstleutnant Zdenko Paumgartten namhaft gemacht, der seine (verdeckte) Tätigkeit in Salzburg anfangs Februar 1952 aufnahm. Seine Korrespondenz unter den Decknamen „Strauch" oder „Sidonius" mit General a.D. Emil Liebitzky („Orion", Mitglied des „Wiener Komitees") in: ÖStA, GD, NLS, B/1030/122.

102 Für die SPÖ Hans Linsbauer und Ferdinand Linhart, für die ÖVP Emil Liebitzky und Theodor Iglseder. Im Widerspruch zu Rauchensteiner, *Sonderfall*, 397, hatte der Generaldirektor für Öffentliche Sicherheit, Sektionschef Krechler, den Vorsitz inne. Die politische Verantwortung lag beim Innenminister Helmer und dem Staatssekretär im Innenministerium, Graf (dem Iglseder zugeteilt war). Svoboda, *Die Partei*, 45 klammert Helmers zentrale Rolle bei der Organisation der Kooperation mit den Westalliierten vollständig aus.

103 Memorandum („Top secret – Security Information") des amerikanischen Oberbefehlshabers an den „Chairman" des „Wiener Komitees", datiert 9. Mai 1952, in: ÖStA, GD, NLS, B/1030 (= Nachlass Emil Liebitzky), Mappe 180.

104 Blasi, „Die B-Gendarmerie", 34–38.

einen großen Einfluss auf diese Gründung. Die numerisch weitaus größere Truppe begann als organisatorische Einheit mit 1. August 1952 zu funktionieren.[105] Anders als in den ersten Alarmbataillonen wurden auch kriegsgediente frühere Offiziere aufgenommen.[106] Die Erhöhung der zunächst geplanten Sollstärke von 5000 Mann erfolgte Ende 1953 in Konsequenz der radikalen Reduktion der Besatzungstruppen in der britischen und französischen Zone mit Ende 1953. Diese Reduktion war ihrerseits das Ergebnis des Verzichtes der Briten und Franzosen auf die Zahlung der Besatzungskosten seitens Österreichs. Beide Staaten waren zu diesem Verzicht aus optischen Gründen gezwungen worden, da die Sowjets im Zuge ihrer weiter unten zu besprechenden zahlreichen Erleichterungen im Besatzungsregime im Sommer 1953 auf die Zahlung ihrer Besatzungskosten durch Österreich verzichtet hatten. Die britische Truppenstärke wurde von 4000 auf etwa 1800, die französische Truppenstärke gar von 9000 auf 460 Mann gesenkt. Die Amerikaner verblieben bei 17.000 Mann, die sowjetische Truppenstärke betrug zu diesem Zeitpunkt etwa 55.000 Mann.[107] Die weitgehende Entblößung der britischen und noch mehr der französischen Zone von Truppen veranlasste den Bundeskanzler Julius Raab, bei den Amerikanern, die weitgehend, und bezüglich der Bewaffnung vollständig, die Kosten trugen, eine Aufstockung der B-Gendarmerie um 3300 Mann zu beantragen; organisatorisch bedeutete dies die Vermehrung der zunächst errichteten sechs Verbände (getarnt als Gendarmerieschulen) um weitere vier Verbände.[108] Die Ende 1953 beantragte Aufstockung auf insgesamt etwa 8300 Mann ist aber nicht mehr voll zur Ausführung gelangt. Zum Zeitpunkt der Staatsvertragsunterzeichnung im Mai 1955 hatte die Spezialgendarmerie eine Truppenstärke von 6500 Mann erreicht.[109]

Zweitens zur Armeefrage – „Formation of a Post-Treaty Austrian Army": Die USA bestanden darauf, dass zum Zeitpunkt des Abzuges der vier Besatzungsmächte

---

105 Zahlen in einer Denkschrift von Ministerialsekretär (später Staatsekretär) Karl Stephani vom 12. März 1956, „Kurze Darstellung der ersten Entwicklung des Bundesheeres nach Abschluß des Staatsvertrages bis zum 15. März 1956", in: VGAB, Nachlass Schärf, 4/255.

106 In dem bereits genannten amerikanischen Memorandum vom 9. Mai 1952 (ÖStA, GD, NLS, B/1030/180) heißt es: „It was agreed that the Vienna Committee should proceed rapidly with the nomination of former Wehrmacht officers to be integrated into the Gendarmerie. Emphasis should be placed on procuring young, qualified officers."

107 Angaben in einem Memorandum des amerikanischen „Operations Coordinating Board" vom 20. Jänner 1954; *FRUS 1952–1954*, Bd. 7, 1938 und 1942f.

108 Hierzu Note Raabs an den amerikanischen Oberkommandierenden General William Arnold vom 23. November 1953 sowie Note des Generals Arnold an Bundeskanzler Raab vom 9. Dezember 1953, Zl. USFA 578, in der er „den Wunsch der österreichischen Bundesregierung zur Kenntnis" nahm, „die Anzahl der Spezial-Gendarmeriebataillone von 6 auf 10 zu erhöhen". Das Datum der Note Raabs genannt in Arnolds Antwortnote: ÖStA, GD, NLS, B/1030/180.

109 Zur B-Gendarmerie siehe die Arbeiten von Blasi, Schmidl, Steiner, Rauchensteiner und Stifter.

aus Österreich eine Armee im Umfang von 28.000 Mann bereits vorhanden sein sollte. Dies war etwas mehr als die Hälfte der insgesamt 53.000 Mann, die der Staatsvertragsentwurf (in der von 1947 bis Anfang Mai 1955 bestehenden Fassung) zugestand. Die im Frühjahr 1948 begonnenen Gespräche über die Vorbereitung einer österreichischen Armee traten 1950 in ein neues Stadium ein, als die Westalliierten im Sommer einen vom US-Oberbefehlshaber in Österreich, General Keyes, ausgearbeiteten ausführlichen Stufenplan besprachen.[110] Die Spezialgendarmerie sollte einen ersten Kern der späteren Armee darstellen. Die amerikanische Regierung war bereit, wenn nötig, die Ratifikation des Staatsvertrages so lange zu verzögern, bis sichergestellt wäre, dass die „Anfangsarmee" von 28.000 Mann beim Abzug der Besatzungstruppen „in being" wäre.[111] Vor allem übernahm es die US-Regierung, die komplette Ausrüstung und Bewaffnung dieser Armee zu finanzieren und als „stockpile" (Lager) in Europa zu deponieren.[112] Die Finanzierung erfolgte zunächst im Rahmen des 1949 beschlossenen „Mutual Defense Assistance Program" und ab 1952 unter dem Nachfolgeprogramm, dem „Mutual Security Program", das frühere Wirtschaftshilfsprogramme (z.B. den Marshall-Plan) und Militärhilfsprogramme vereinigte. Bis zum Abschluss des Staatsvertrages 1955 wurden Materialien im Wert von insgesamt 57,5 Millionen Dollar für den Aufbau der österreichischen Armee gelagert.[113] Vor der Übergabe als Schenkung („grant") an Österreich, die unmittelbar nach Abschluss des Staatsvertrages erfolgen sollte, war gesetzlich eine Erklärung („determination") des US-Präsidenten vorgesehen, dass Österreich ein Land von direkter Bedeutung für die Verteidigung des nordatlantischen Raumes sei, und dessen

110 *FRUS 1950*, Bd. 4, 476–478, 487–494. Zur Durchsetzung des Planes vgl. Bischof, „Österreich – ein ‚geheimer Verbündeter'", 440–445. Im Herbst 1949 hatte der britische Stellv. Hochkommissar Thomas J. Winterton dagegen plädiert, die Frage des Bundesheeres dem Alliierten Rat vorzulegen; er war „vielmehr der Meinung, es sei richtiger in aller Stille das zu tun, was getan werden könne". Gruber stimmte zu, und britische und amerikanische Diplomaten leiteten entsprechende Schritte ein. Aktennotiz Grubers, 30. November 1949, Karl Gruber Archiv (KGA), Institut für Geschichte der Universität Hildesheim, K. 22, Mappe STV II.

111 Mitteilung des Botschafters Philip Jessup an das Verteidigungsministerium, 24. Jänner 1951, *FRUS 1951*, Bd. 4, 1097–1099.

112 Zum raschen Fortgang des „stockpiling programs" vgl. Memorandum von J. F. Matthews vom 6. Juli 1951, *FRUS 1951*, Bd. 4, 1046; das Memorandum erwähnt ferner, dass die österreichische Regierung im Zusammenhang mit der Umschichtung des amerikanischen Nachschubsystems für die US-Truppen in Österreich von Deutschland nach Italien und „to conform to U.S. evacuation plans" beschlossen habe, Innsbruck als Notfallshauptstadt („emergency capital") zu bestimmen für den Fall, dass die Regierung gezwungen würde, sich aus Wien zurückzuziehen.

113 Vgl. u.a. *FRUS 1950*, Bd. 4, 475f; *FRUS 1951*, Bd. 1, 326; *FRUS 1952–1954*, Bd. 1, 694–696. Die Summe von 57,5 Millionen Dollar angegeben in: John B. Hollister (Direktor der International Cooperation Administration), Memorandum for the President, 26. Oktober 1956, NA, RG 59, 763.5.-MSP/10-3156.

Verteidigungsfähigkeit wichtig für die Sicherheit der Vereinigten Staaten sei; eine solche Erklärung sollte aber vor dem Staatsvertragsabschluss vermieden werden. Für die Ausrüstung der B-Gendarmerie wurde daher ein Modus gewählt, wonach die „Mutual Security Administration“ die benötigte Ausrüstung dem Department of Defense leihweise überließ, das sie wiederum an die Gendarmerie weiterlieh.[114]

Das dritte Projekt war das „Aufgebot“.[115] Es ging mit der geheimen Erfassung aller kriegsgedienten und in weiterer Folge wehrfähigen Männer in den Westzonen Österreichs einher, die im Falle eines Angriffes des Ostens auf Westeuropa durch Österreich, „aufgeboten“, d.h. einberufen werden sollten. Die Erfassung dieser Männer erfolgte unter der Verantwortung der Landeshauptleute der westlichen Bundesländer in sogenannten (geheimen) „Landeskomitees“ innerhalb des organisatorischen Rahmens der Landesregierungen. Die zentrale Koordinationsstelle in Wien war die im Finanzministerium lokalisierte Pensionsabteilung für ehemaliges Militärpersonal unter der Leitung von Emil Liebitzky.[116] Die Registrierung der wehrfähigen Männer erfolgte ohne Kontakt mit den Betroffenen.[117] Bis Herbst 1954 waren etwa 90.000 Mann erfasst. In der französischen Zone hatte der Oberbefehlshaber General de Latour laut Liebitzky „sehr energisch Vorarbeiten geleistet“; eine Verteidigung an der Nordtiroler Grenze sei beabsichtigt. Liebitzky musste allerdings zugeben, dass durch „die Entblößung der brit. und franz. Zone von Truppen“ für das Aufgebot die ursprünglich gedachte Anlehnung an die Besatzungstruppen weggefallen sei. Die Briten waren „ganz auf Räumung bis zur ‚Europaverteidigung‘ (Tarvis-Villach-Anschluss an Tauern) eingestellt und dachten offenbar nur daran, die wehrfähige Bevölkerung gegebenenfalls zu evakuieren“.[118]

114 W. A. Harriman (Leiter des Mutual Security Program), Memorandum to the President, 18. Jänner 1952, approbiert von Präsident Truman 29. Jänner 1952, in: HSTL, Harry S. Truman Papers, Confidential file; Memorandum des Defense Department (Frank Nash), 11. Februar 1952, in: NA, RG 330, Office of the Secretary of Defense, 400.23 Austria.

115 Stifter, *Wiederaufrüstung,* 164–171, ist informativ zum „Aufgebot“; nicht belegt ist seine Annahme, die westlichen Remilitarisierungsabsichten in Westösterreich hätten letztlich „bis hin zum völligen Beitritt zur NATO“ gereicht (ebd. 171).

116 Liebitzky war in den Jahren vor dem März 1938 österreichischer Militärattaché in Rom gewesen. – Zu den heute gar nicht mehr vorstellbaren Schwierigkeiten dieser geheimen Tätigkeit gehörte auch die Bedachtnahme auf das monatliche Rotieren der alliierten Verantwortung für den 1. Wiener Bezirk, den „internationalen Sektor“. Jeweils in den Monaten April, August und Dezember war das sowjetische Element verantwortlich. So teilte Liebitzky am 31. März 1952 an Paumgartten in Salzburg mit: „Der Monat April [...] bringt gewisse notwendige Sicherungsmaßnahmen mit sich, die unsere Arbeit schwieriger und langsamer machen (Aktenaufbewahrung usw.).“ ÖStA, GD, NLS, B/1030/123.

117 Hierzu Stifter, *Wiederaufrüstung,* 164–168.

118 Mitteilungen Liebitzkys an Schöner, wie Anm. 97. Zu den französischen militärischen Planungen Sandner, *Die französisch-österreichischen Beziehungen,* 260–305, insbes. über die „geheime Wiederauf-

Bei Beratungen der drei Westalliierten im Jahre 1952 wurde die Idee der Evakuierung größerer Teile der österreichischen „manpower" auch von amerikanischer Seite befürwortet; von den knapp über 300.000 wehrfähigen Männern in den Westzonen (im Alter zwischen 26 und 50 Jahren) hatten etwa 194.000 militärische Ausbildung genossen. Die Amerikaner unterschieden zwischen in Österreich unmittelbar im Falle des Kriegsausbruches einzusetzenden Mannschaften, deren Kern die B-Gendarmerie wäre, weiteren etwa 10.000 Mann, die in Italien mit Ausrüstung zu versehen wären, aber frühzeitig zum Einsatz kommen sollten, und einer großen Zahl von etwa 250.000 Mann, die nach der Evakuierung zunächst in Warteposition erst im späteren Kriegsverlauf nach Ausbildung und Ausrüstung zum Einsatz kommen würden. Auffangräume und Ausbildungsräume im Süden, in Italien (sogar von Nordafrika war die Rede), waren vorgesehen. Die Amerikaner waren sich der logistischen Schwierigkeiten einer solchen größeren Dislokation bewusst, argumentierten aber, dass ansonsten im Ernstfall die österreichische „manpower" in den Dienst der (die Westzonen weitgehend besetzt habenden) Sowjetarmee gestellt werden würde. Auch von österreichischer Militärexpertenseite sei die Formierung und Ausrüstung einer österreichischen Armee in Italien akzeptiert worden.[119]

Die außerordentlichen, an der Existenz Österreichs rüttelnden Fragen einer Beteiligung an den gemeinschaftlichen westlichen Verteidigungsbemühungen gegen einen sowjetischen Angriff werden in einem ungezeichneten, aus dem Kreise der österreichischen Planer der Verteidigungskooperation mit dem Westen stammenden, wohl dem Jahr 1951 zuzuordnenden Papier dramatisch dargestellt. Es sei „leider so, daß Österreich in einem Großkonflikt aller Voraussicht nach ungeheure Opfer tragen müßte". Leidenschaftlich wurde dafür plädiert, „daß zumindest auch der mit geringen Kräften verteidigungsfähige gebirgige Teil Österreichs in die Verteidigung Europas einbezogen und damit die Grundlagen für den Weiterbestand Österreichs als Staat gewahrt und der Raum geschützt würde, in welchem die Staatsführung weiter funktionieren kann". Ohne Umschweife wird zugegeben: „Im Rahmen der westlichen Staatengruppe an der Verteidigung teilnehmen, heißt weite Gebiete des Staates aufgeben, u. zw. die reichsten und fruchtbarsten, die die Bundeshauptstadt, den größten Teil der Industrie und technischen Anlagen und der Vorräte umschließen, aber auch von dem größeren Teil der Bevölkerung bewohnt sind." Auf eine besondere Schwierigkeit des teils im westlichen, teils im östlichen Einflussbereich liegenden Landes wird aufmerksam gemacht: Alle Vorkehrungen, die Österreich für

rüstung 1950–1955", 293–300.

119 Vgl. das amerikanische Dokument USFA 182/54 v. 10. Juli 1954, Kopie aus NA, RG 338 in: Heeresgeschichtliches Museum/Militärhistorisches Institut Wien, BZ 10/2. Vgl. auch Portisch, *Österreich II – Der lange Weg zur Freiheit*, 444.

den „äußersten Fall zur Verteidigung, zumindest des verteidigungsfähigen Gebietes“ schon jetzt selbst treffen könnte, seien „infolge der tatsächlichen Unmöglichkeit der Geheimhaltung und der Wirkung auf die Sowiets [sic!] überaus gefährlich, könnten sogar den Bestand des Staates in Frage stellen und sollten daher derzeit jedenfalls strikte vermieden werden“. Alle militärischen Maßnahmen österreichischerseits im Westen

> müssten Maßnahmen der Sowiets – oder unter ihrem Schutze – der österr. Kommunisten zur Folge haben (Aufstellung kommunistischer Formationen, z. B. einer kommunistischen Gendarmerie o. dgl.) die – etwa im Falle einer Krise wie im Oktober 1950 – unübersehbare Konsequenzen heraufbeschwören, zur vollständigen Lähmung der österr. Staatsgewalt in der Ostzone, ja zur Zerreissung Österreichs führen könnten […]

Die Stellungnahme kommt zur Schlussfolgerung, Österreich könne daher derzeit im Konfliktfalle nur durch im letzten Moment in den Westzonen improvisierte Maßnahmen „an der Verteidigung des Westens teilnehmen, Maßnahmen, die dann tief in das staatliche Leben eingreifen würden“.[120] Die Improvisation solcher Verteidigungsmaßnahmen dürfe allerdings nicht der Initiative der einzelnen (Bundes-) Länder oder Privater überlassen bleiben, sondern müsse von der Staatsführung selbst in die Hand genommen werden. Die Risiken der, wie Liebitzky verschiedentlich betonte, auf amerikanisches Drängen erfolgten stärkeren Verteidigungskooperation einschließlich der – tatsächlich nicht erfolgreich durchgehaltenen – Geheimhaltungserfordernisse[121] sind also ohne jede Beschönigung festgehalten worden.

Aus den österreichischen Quellen werden unterschiedliche Ansichten zwischen Österreichern und Westalliierten über das Ausmaß der Gebiete Österreichs, die im Ernstfall verteidigt werden sollten, sehr deutlich. Auch von österreichischer Seite ist

---

120 ÖStA, GD, NLS, B/1030/182. Die Zuordnung zum Jahre 1951 ist sehr wahrscheinlich, da bereits rückblickend vom „Oktober 1950“ die Rede ist, auf die sehr weitgehenden Verpflichtungen, die anfangs 1952 bereits eingegangen bzw. angelaufen waren (Aufgebot, Vorbereitung der B-Gendarmerie), jedoch nicht angespielt oder Bezug genommen wird. Der späteste terminus ad quem wäre Mai 1952, da vom Stab General Eisenhowers die Rede ist, Eisenhower aber am 29. Mai 1952 seine Funktion als NATO-Oberbefehlshaber beendete. Das Papier dürfte in Zusammenhang mit einer ebenfalls undatierten ausführlichen, für die westlichen Alliierten bestimmten Studie „Die Bedeutung Österreichs für die Verteidigung des Westens“ mit Landkarte und Erläuterungen zur Verteidigung des österreichischen Raumes (B/1030/181) stehen.

121 Zu (zahlreichen) Meldungen der kommunistischen oder sowjetischen Presseorgane in Wien oder dem Osten nahestehender Organisationen wie dem „Österreichischen Friedensrat“ vgl. Stifter, *Wiederaufrüstung*, 147f, 165–167.

die Räumung der Steiermark, oder zumindest beträchtlicher Teile davon, als unvermeidlich angesehen worden; mit großer Energie wurde mehrfach auf die Bedeutung der Verteidigung ganz Kärntens, auch östlich Villachs, entgegen den britischen Intentionen, hingewiesen.[122] Unsicherheiten über die wirklichen Pläne der Westalliierten schimmern immer wieder bei österreichischen Äußerungen durch. Am 29. Juli 1953 fand in Salzburg eine Besprechung Innenminister Helmers mit dem kommandierenden US-General William Arnold statt. Helmer meinte, er sei „einverstanden, daß die Spezialgendarmerie militärischen Charakter hat und ein kompakter mil. Körper wird". Er, Helmer, sei aber aus zwei Gründen „zur Vorsicht gezwungen". Erstens „fehlt die gesetzliche Basis"; zweitens „müssen wir die Rückwirkungen auf die Russen berücksichtigen". Helmer schnitt „die Frage der Verteidigung der Westzone Österreichs an". General Arnold erwiderte, „er habe nicht vor, ‚seinen Teil' den Sowjets auszuliefern".[123] Dies mochte subjektiv zutreffen, ließ jedoch keine Schlussfolgerungen auf die übergeordneten Pläne des NATO-Kommandos zu.

In der Tat änderten sich diese Pläne mehrfach in den kritischen Jahren des Kalten Krieges, wobei auf unterschiedliche Auffassungen und Ausgangspositionen der einzelnen NATO-Staaten gar nicht eingegangen werden kann.[124] Zur Gründungszeit der NATO sahen die Verteidigungspläne den Rückzug auf eine weit im Westen gelegene Linie vor. Österreich betreffend sprach der Chef des amerikanischen Vereinigten Generalstabes, General Omar Bradley, im Oktober 1949 von Amerikas „militärisch unhaltbarer Position" in Österreich („our militarily untenable position there") und war aus diesem Grund für eine Beendigung der Besetzung Österreichs, auch wenn er hinzufügte, die USA müssten nicht jede Konzession machen „just to get out", besonders im Hinblick auf die Gefahr einer nachfolgenden Kontrolle durch die Sowjets.[125] Der damalige amerikanische Befehlshaber in Österreich, Gene-

122 Notiz Liebitzkys mit Aktenvermerk Iglseders (Mitglied des „Wiener Komitees", dem Staatssekretär Graf dienstzugeteilt) vom 19. Jänner 1953, ÖStA, GD, NLS, B/1030/146; Ausarbeitung Liebitzkys „Die Frage der Verteidigung Kärntens" und Amtsvermerk Iglseders vom 27. August 1953, ÖStA, GD, NLS, B/1030/130.

123 „Gedächtnisschrift über die am 29. Juli 1953 in Salzburg stattgefundene Besprechung zwischen dem Bundesminister Helmer und dem Oberbefehlshaber der USFA General Arnold", in: ÖStA, GD, NLS, B/1030/126 u. 130.

124 Klaus A. Maier/Norbert Wiggerhaus, Hrsg., *Das Nordatlantische Bündnis 1949–1956,* München 1993, insbesondere Christian Greiner, „Zur Rolle Kontinentaleuropas in den militärstrategischen und operativen Planungen der NATO von 1949 bis 1958", ebd., 147–175, sowie (von besonderer Relevanz für die österreichische Situation) Leopoldo Nuti, „Italy and the Defence of NATO's Southern Flank 1949–1955", ebd., 197–212. Siehe auch Dieter Krüger, *Brennender Enzian: Die Operationsplanung der NATO für Österreich und Norditalien 1951 bis 1960*, Freiburg i. Br. 2010, 18–30.

125 HSTL, Harry S. Truman Papers, President's Secretary files, „Memorandum for the President", 20. Oktober 1949, zur 47. Sitzung des National Security Council am 20. Oktober 1949 unter dem

ral Keyes, hat allerdings, wie bereits gezeigt wurde, den Verbleib der Amerikaner als Besatzungsmacht, und das hieß während des Funktionierens der Vier-Mächte-Besetzung, forciert.

NATO-Pläne aus der zweiten Jahreshälfte 1949, die sogenannten „Pilgrim"-Pläne mit mehreren Varianten, tendierten allerdings im Falle eines Angriffes aus dem Osten zum Rückzug aus Österreich, sei es über Westösterreich zum Rhein, sei es nach Norditalien, was die bevorzugte Variante war.[126] Nur die französische Variante sah ein möglichst weitgehendes Halten des österreichischen Alpengebietes als den bestmöglichen Schutz Oberitaliens an.[127] Hier haben die Vorstellungen des Generals Béthouart, der sich für die militärische Verteidigung des österreichischen Alpenbogens einschließlich Südösterreichs (britische Zone) einsetzte, ihren Niederschlag gefunden.[128] Von amerikanischer Seite wurde allerdings diese Variante als nicht praktikabel angesehen. In Folge des Koreakrieges wurde dann im Dezember 1950 die „Vorwärtsstrategie" der NATO-Verteidigung – so dicht am „Eisernen Vorhang" wie möglich – proklamiert.[129]

Allerdings hieß es in einem mit 31. Jänner 1951 datierten Memorandum aus dem Bereich des Nationalen Sicherheitsrates in Washington, im Kriegsfalle sei es nicht zu erwarten, „dass die wenigen westlichen Truppen, die es gegenwärtig in Österreich gebe, eine wesentliche Anstrengung zur Verteidigung des Landes machen könnten. Gegenwärtige Pläne sehen deren sofortige Evakuierung nach Italien vor."[130] Ganz Ähnliches liest man in einem britischen Dokument vom Februar 1951, das allerdings mit dem Bemerken fortsetzte, jüngst sei bei einem Treffen der drei westlichen Oberkommandierenden in Österreich eine leichte Modifikation empfohlen worden zugunsten einer „combined delaying action in the south-west corner of Austria".[131]

Anfang Februar 1951 kamen in Klagenfurt die Oberbefehlshaber der westlichen Truppen in Österreich und in Triest zu dem Schluss, dass „an initial defence as far north and east as possible" einen doppelten Vorteil brächte: so viel von Österreich

---

Vorsitz des Staatssekretärs Dean Acheson. Cronin, *Great Power Politics,* 87f, nimmt auf diese Sitzung Bezug, erwähnt allerdings nicht Bradleys Stellungnahme.

126 Zu den „Pilgrim"-Plänen vgl. Bischof, „Österreich – ein ‚geheimer Verbündeter'", 446, sowie Nuti, „Italy", 201.

127 Die Variante „Pilgrim Dog"; bes. Nuti, „Italy", 202f, der auf Gespräche General Cherrières mit dem italienischen General Fongoli aufmerksam macht.

128 Vgl. die „Note" (Ausarbeitung) General Béthouarts „Über die Rolle der österreichischen Alpen bei der Verteidigung Europas" vom 19. Juni 1950, in: VGAB, Nachlass Schärf, 4/217.

129 Greiner, „Rolle Kontinentaleuropas", 150.

130 Memorandum von Ben D. Kimpel, „Re-examination of Austrian Policy in the light of the Korean War", 31. Jänner 1951, zit. bei Rathkolb, *Washington ruft Wien,* 18.

131 Bericht „The Austrian Treaty" für kommende Vier-Mächte-Gespräche, datiert 27. Februar 1951, TNAUK, FO 371/93602/CA1071/5.

wie möglich könnte gehalten werden, und damit könnte man „viele Österreicher auf unsere Seite bringen", und zweitens würde den Italienern Zeit und Ermutigung zur Mobilisierung und zum Kampf an ihren eigenen Grenzen gegeben werden. Es wurde beschlossen, dass die Franzosen den Abschnitt vom Arlberg bis Kufstein, die Amerikaner den Abschnitt von Kufstein nach Salzburg und Mallnitz, die Briten jenen von Mallnitz bis Tarvis halten sollten.[132] Im Sommer 1951 erließ General Eisenhower als NATO-Oberkommandierender zwei Pläne für die Verteidigung Italiens; der kurzfristige „emergency plan" sah die Verteidigung am Isonzo (Soča) und im Zusammenhang damit, wenn nötig, den Rückzug der Truppen aus Österreich, „um zur Verteidigung Italiens beizutragen", vor; der langfristige „defence plan" sah eine Verteidigung weiter nördlich und östlich vor.[133] In der ersten Jahreshälfte 1952 gab es eine Mehrzahl von Äußerungen zugunsten einer stärkeren Verteidigung des österreichischen Alpenraumes, wiederum besonders deutlich seitens des französischen Oberkommandierenden in Tirol; eine französische Truppenverstärkung wurde angekündigt. Doch im Dezember 1952 wurde deutlich, dass eine „Vorwärtsverteidigung" in Österreich nicht möglich wäre, da die hierzu erforderlichen zusätzlichen alliierten Truppen anderwärts nicht abkömmlich seien. Eine Studie des NATO-Hauptquartiers (SHAPE) im Dezember 1952 kam zum Schluss, dass eine „Vorwärtsstrategie" in Österreich die Entsendung von 14.700 zusätzlichen alliierten Truppen, plus alle sechs Bataillone der damals im Aufbau befindlichen österreichischen B-Gendarmerie, plus ein österreichisches Aufgebot von etwa 90.000 Mann erfordern würde. Übrig blieb eine Verteidigungslinie von den Hohen Tauern über Spittal und Villach nach Tarvis.[134]

Ein Jahr später reduzierten der Verzicht auf die Zahlung von Besatzungskosten und der weitgehende – in der französischen Zone fast vollständige – Abzug der britischen und französischen Truppen die realistischen Erwartungen auf eine Verteidigung von zumindest Teilen dieser Zonen weiter. Die Entscheidung zu dieser Reduktion erfolgte ohne Konsultation mit den USA oder auch innerhalb der

132 Nuti, „Italy", 203. Auf dieses Treffen in Klagenfurt beziehen sich offensichtlich auch die von Bischof berichteten entsprechenden Äußerungen des amerikanischen Oberbefehlshabers in Österreich, General Irwin vom 6. Februar 1951: Bischof, „Österreich – ein ‚geheimer Verbündeter'", 446f.

133 Nuti, „Italy", 203f. General Eisenhower verlange eine Verstärkung der alliierten Streitkräfte in Österreich; dies wurde bei einer interministeriellen Österreich-Besprechung in Paris vom Vertreter des französischen Verteidigungsministeriums mitgeteilt. Mitschrift dieser Besprechung unter Vorsitz des Staatssekretärs im Außenministerium Maurice Schumann am 10. Jänner 1952 erliegt in AAF Wien, Traité d'État IV.

134 Bericht des italienischen Verbindungsoffiziers bei SHAPE, General Bertoni, an den italienischen Generalstabschef General Marras vom 18. Dezember 1952, zit. bei Nuti, „Italy", 205. Vgl. Krüger, *Brennender Enzian*, 30–39.

NATO. Eine sehr starke Verärgerung der Amerikaner, vor allem der Militärs, aber auch des Präsidenten Eisenhower selbst war die Folge. Außenminister Dulles rief die Botschafter Großbritanniens und Frankreichs zu sich und gab der amerikanischen Enttäuschung Ausdruck; die Entscheidung der beiden Länder sei ohne Berücksichtigung ihrer Wirkung auf die NATO-Verteidigung getroffen worden. Der kommandierende General der amerikanischen Truppen in Österreich, William Arnold, fand, die britische Truppenreduktion habe wenig Bedeutung für die gegenwärtigen militärischen Möglichkeiten in Österreich, da die Pläne vor der Truppenreduktion sowieso „bloß leichte Verzögerungsreaktionen und einen Rückzug nach Italien vorsahen".[135] Die fast vollständige Entblößung der französischen Zone von Truppen bedeutete jedenfalls das endgültige „Aus" für die in den früheren Besetzungsjahren so hochfliegenden Pläne der Alpenverteidigung, des *réduit alpin*.[136]

Eisenhowers Nachfolger als NATO-Oberkommandierender in Europa, General Alfred Gruenther, bedauerte im Zusammenhang mit den britischen und französischen Truppenreduktionen die Tendenz, „auf die Erwägung einer Verteidigung Österreichs im Kriege zu verzichten". Gleichzeitig wurde deutlich, dass den alliierten Truppen in Österreich bzw. den sie später ersetzen sollenden österreichischen Truppen allenfalls die Aufgabe der „Retardierung" zugedacht war, d.h. die Aufgabe, „einen sowjetischen Vorstoß durch Österreich zu verlangsamen".[137] Mit Blick auf die schwierige Situation der westlichen Streitkräfte legte Luigi Marras, der italienische Stabschef, Anfang 1954 seine Forderung vor, Nuklearwaffen an der italienisch-österreichischen Grenze zu stationieren. Spätere Notfallpläne sahen vor, eine sowjetische Offensive durch die Detonation von taktischen Nuklearwaffen aufzuhalten, und zwar im oberen Isartal bei Scharnitz, im Inntal nördlich von Kufstein, im Drautal östlich von Lienz, im Murtal östlich von St. Michael, im österreichisch-italienisch-jugoslawischen Grenzdreieck östlich von Tarvis und an der italienisch-jugos-

135 Dulles' Gespräch mit den Botschaftern, 29. September 1953, *FRUS 1952–1954*, Bd. 7, 1904f; Kommentar Thompsons sowie Bericht Thompsons über Arnolds Ansicht in Berichten vom 5. bzw. 9. September 1953, ebd., 1897f. Ein Jahr später teilte der Chef des britischen Generalstabes Feldmarschall Sir John Harding im Zusammenhang mit der Zurücknahme westalliierter Truppen aus Triest dem britischen Kabinett mit, „that it would be strategically unsound for the Western Allies to station any larger forces in Austria"(!). TNAUK, CAB 128/27 (Kabinettssitzung v. 5. November 1954).

136 Zu den französischen Plänen der Alpenverteidigung zusätzlich zu General Béthouarts Studie über die „Rolle der österreichischen Alpen bei der Verteidigung des Westens" (oben Anm. 128) auch Sandner, *Französisch-österreichische Beziehungen*, bes. 260–272, sowie Gaspard L. Pinette, „Die franko-britische Kontroverse von 1950 über Staatsvertrag und österreichisches Heer", in: *Innsbrucker Historische Studien* 10, 1988, 347–359, hier 351–355.

137 Bericht des Chefs des amerikanischen Vereinigten Generalstabes, Admiral Radford, an den Verteidigungsminister Wilson vom 9. Dezember 1953, darin zitiert Stellungnahme General Gruenthers: *FRUS 1952–1954*, Bd. 7, 1932, auch zit. bei Bischof, „Österreich – ein ‚geheimer Verbündeter'", 447.

lawischen Grenze östlich von Gorizia und Doberdó del Lago. Die berechnete nötige Sprengkraft jeder Bombe lag zwischen 33 und 73 Kilotonnen, d.h. der doppelten bis dreifachen Kraft der Hiroshima-Bombe.[138] In der Tat kann die geostrategische Lage Österreichs gegen Mitte der Fünfzigerjahre als sehr schlecht, um nicht zu sagen, aussichtslos, bezeichnet werden. Auch im Bereich NATO-Mitte war die Situation für Österreich nicht günstig: Noch 1955 verlief die NATO-Verteidigungslinie am Rhein; die am weitesten nach Osten vorgeschobene „Widerstandslinie“ erreichte von Norden, über die Linie Würzburg-Augsburg kommend, die österreichische (Tiroler) Grenze bei der Gemeinde Jungholz nordwestlich von Reutte. Erst für 1957 war (mit Hilfe deutscher Divisionen) eine weiter östlich verlaufende Verteidigungslinie geplant, die Österreich (Tirol) östlich des Inns, knapp nordöstlich von Kufstein, erreichen würde. Österreich, man sieht es, lag viel zu weit im Osten.[139]

Die Frage der Mobilisierung des österreichischen „Wehrpotenzials“ zur Verteidigung des Westens – abgesehen vom fortschreitenden Aufbau der B-Gendarmerie – geriet ab Mitte 1952 anscheinend ins Stocken. In der Zwischenzeit hatten die österreichischen und westlichen Aktivitäten für Österreichs Verteidigung trotz der Geheimhaltung auch die Aufmerksamkeit der sowjetischen Besatzungsmacht auf sich gezogen. Diese war seit 1945 darauf bedacht, auch die geringsten Anzeichen für den Aufbau eines Verteidigungsapparates durch die österreichische Regierung zu missbilligen, und die österreichischen Bemühungen, eine Armee aufzubauen, waren den Augen der sowjetischen Geheimdienste nicht verborgen geblieben. Der sowjetische Hochkommissar schrieb in einem seiner jährlichen Berichte, dass 1950

138 Krüger, *Brennender Enzian*, 61, 64–70. Die NATO-Entscheidung zugunsten der Stationierung von taktischen Nuklearwaffen für die Verteidigung Westeuropas wurde im Dezember 1954 getroffen. Norbert Wiggershaus, „Nordatlantische Bedrohungsperzeption im Kalten Krieg 1948–1956“, in: Klaus Maier/Norbert Wiggershaus, Hrsg., *Das Nordatlantische Bündnis 1949–1956*, München 1993, 44.

139 Vgl. die Landkarte, die bei dem SHAPE-Operationsbriefing am 28. Juni 1955 – dem ersten Briefing, an dem bundesdeutsche Vertreter teilnahmen – vorgelegt wurde. Veröffentlicht in: Christian Greiner, „Die militärische Eingliederung der Bundesrepublik Deutschland in die WEU und die NATO 1954 bis 1957“, in: Hans Ehlert/Christian Greiner/Georg Meyer/Bruno Thoß, *Die NATO-Option*, München 1993, 614. Zur Entwicklung der NATO-Strategie zwischen 1950 und 1955 ders., „Zur Rolle Kontinentaleuropas“, 149–160. Die ab 1953 forcierte „Nuklearisierung“ der amerikanischen NATO-Strategie mit dem Einsatz taktischer Atomwaffen führte im Hinblick auf die so weit nach Südwesten zurückgenommene Verteidigungslinie dazu, dass es (westliche) Atomschläge mitten in der Bundesrepublik Deutschland geben konnte (ebd. 157), und, man muss wohl hinzufügen, auch in Österreich. Erfolgreiche Tests mit taktischen Atomwaffen im April 1953 in Nevada veränderten die NATO-Strategie. Die frühere Strategie des „Massive Conventional Force Build-up“ mit ihrem Höhepunkt 1950–1952 wurde ab 1953 durch die verstärkte Abstützung auf Nuklearwaffen ersetzt. Hierzu vgl. auch Beatrice Heuser, „The Development of NATO's Nuclear Strategy“, in: *Contemporary European History* 4, 1994, 37–66, hier 44f.

„in den Westzonen Gendarmerieeinheiten mit einer Anzahl von 8 bis 10 tausend Mann gebildet [und] mit amerikanischen Maschinenpistolen, Panzertransportern, Panzerwägen und militärischen Radiostationen bewaffnet wurden".[140] Die Schaffung des Verteidigungskomitees unter Ferdinand Graf, die Gründung der Gendarmerieschulen und die Absicht, Bataillone zu organisieren, wurden vom sowjetischen Geheimdienst im Juli 1952 direkt an Molotov und Stalin berichtet,[141] so wie auch im August stattfindende Gespräche über ein separates österreichisches Abkommen mit den Westmächten – eine Entwicklung, die zur formalen Eingliederung Österreichs in die NATO führen konnte, womit „die Amerikaner in Zentraleuropa Fuß fassen" würden.[142] Schon früher, im Dezember 1950, hatten sowjetische Geheimdienste die USA beschuldigt, die Provokation eines Konfliktes in Osteuropa, insbesondere Jugoslawien, zu planen, und zwar mit dem Ziel, die östliche Zone Österreichs zu besetzen.[143]

Die Sowjetunion reagierte mit Protesten und intensivierter Überwachung. Im Mai 1949 hatte der sowjetische Hochkommissar in seinem jährlichen Bericht festgehalten, eines der sowjetischen Hauptziele in Österreich sei es, „[b]is zum Abschluss des [Staats-]Vertrages die Schaffung einer österreichischen Armee, die Durchführung von Maßnahmen zur Militarisierung des Landes und zur Festigung des Polizei- und Gendarmerieapparates nicht zuzulassen".[144] Nachdem dieser Abschluss aufgrund der sowjetischen Blockadehaltung in weite Ferne gerückt war, betonten die neuen Instruktionen für den Sowjetapparat, dass die „Entmilitarisierung" der Westzonen eine der wichtigsten sowjetischen Aufgaben sei.[145] 1952 wurde die sowjetische Kontrolle über die österreichische Polizei intensiviert, um eine Vergrößerung ihres Waffenarsenals sowie die Schaffung eines Armeekernes zu verhindern.[146] Zwischen November 1951 und März 1953 starteten die sowjetischen Vertreter in den interalliierten Organen nicht weniger als 49 Untersuchungen, „deren Großteil der Entlarvung [...] der Remilitarisierungspolitik, die von der österreichischen Regierung und den westlichen Besatzungsbehörden betrieben wurde, gewidmet war".[147]

140 Bericht Sviridov, 21. März 1953, in: Mueller u.a., Hrsg., *Sowjetische Politik/Sovetskaja Politika*, 823.

141 Ruggenthaler, Hrsg., *Stalins großer Bluff*, Nr. 71.

142 Zit. nach Vladislav M. Zubok, *Soviet Intelligence and the Cold War: The ‚Small' Committee of Information, 1952–1953* (= Cold War International History Project Working Paper 4), Washington 1992, 12.

143 Vojtech Mastny, *NATO in the Beholder's Eye: Soviet Perceptions and Policies, 1949–56* (= Cold War International History Project Working Paper 35), Washington 2002, 26.

144 Mueller u.a., Hrsg., *Sowjetische Politik/Sovetskaja Politika*, 565.

145 Ebd., 753, 773, 775, 781.

146 Mueller u.a., Hrsg., *Sowjetische Politik/Sovetskaja Politika*, 867–869.

147 Ebd., 875.

Im März 1954 berichtete Außenminister Eden an Premierminister Churchill, dass es seit einigen Jahren „secret and extremely discreet consultation and cooperation" zwischen den westlichen Hochkommissaren und Befehlshabern einerseits und bestimmten österreichischen Ministern andererseits betreffend die Spezialgendarmerie „and the registration of Austrians with previous military experience" gegeben habe; die Zahl der derart registrierten Österreicher wurde mit etwa 100.000 angegeben. Allerdings habe es bisher keine „effective arrangements" für die Heranziehung dieser Österreicher im Kriegsfalle gegeben. Da es nun den Anschein habe, dass die Schaffung einer österreichischen Armee auf unabsehbare Zeit verschoben sei, sollten die Westmächte mit den österreichischen Ministern Arrangements für den Einsatz österreichischer Hilfstruppen im Kriegsfalle treffen.[148] Im April 1954 wandte sich Raab seinerseits auf Wunsch der österreichischen Fachexperten schriftlich an den US-Hochkommissar und an den US-Oberbefehlshaber zum Zweck der Wiederaufnahme der Gespräche; im Juni unterbreiteten die Westmächte eine Liste von sieben Vorschlägen „als Grundlage für einen weiteren Meinungsaustausch" an Raab und Schärf.[149]

Erstens sollten im Notfall Verbände der „österreichischen Spezialgendarmerie" zum Zweck von militärischen Operationen in die westlichen in Österreich befindlichen Streitkräfte eingegliedert werden. Zweitens sollte „zusätzliches österreichisches Wehrpotential", das bei einem solchen Notstand mobilisiert wäre – also das „Aufgebot" – „insoweit es wirksam verwendet werden kann, zur Verfügung gestellt werden, und zwar entweder zum Dienst mit den britischen, französischen und amerikanischen Streitkräften oder mit der Spezialgendarmerie oder in anderer Weise, je nachdem es die alliierten Befehlshaber bestimmen." Drittens sollte die Registrierung des österreichischen Wehrpotenzials eine österreichische Angelegenheit bleiben. Viertens sollte der österreichischen Regierung die administrative Verantwortlichkeit für die Mobilisierungsmaßnahmen obliegen. Fünftens würden alliierte Streitkräfte nicht verwendet werden, um österreichische Einberufungen „durchzusetzen". Sechstens würde es von der österreichischen Regierung nicht erwartet, „die mit den alliierten Streitkräften dienenden Österreicher auszurüsten oder ihre Einsetzung durch direkte materielle Hilfeleistung zu unterstützen". Siebentens würden „Löhnung, Pensionen und andere persönliche Zuwendungen an Österreicher – wo immer sie dienen – eine Verantwortlichkeit der österreichischen Behörden sein". Raab notierte in seinen persönlichen Aufzeichnungen am 11. Juni 1954: „Sprechen die westalliierten Hochkommissare vor und verlangen, unser Wehrpotential

148 Eden an Churchill mit beigeschlossenem Memorandum („top secret"), 25. März 1954, TNAUK, FO 800/751 (Eden papers), fol. 46–49.

149 „Memorandum über die Verhandlungen in der Frage des Aufgebotes", Beilage zu Schreiben Grafs an Raab („persönlich, streng vertraulich") vom 30. Juni 1954. NÖLA, Nachlass Figl, Ordner 161.

in den Dienst der Alliierten zu stellen.“ Raabs wie üblich karge Formulierung lässt wohl eine gewisse Distanz zum Ansinnen der drei Mächte erkennen.[150] Eine baldige Antwort „in zwangloser Form“ war erbeten.[151] Von österreichischer Seite wurde ein Katalog von ebenfalls sieben Punkten erstellt.[152]

1. Die Bundesregierung ist bereit, im Falle eines (unprovozierten) Angriffs auf das österreichische Staatsgebiet zur Mithilfe bei der Befreiung des Staatsgebietes einen österreichischen Beitrag an Streitkräften beizustellen.
2. Die Regierungen der USA, Großbritanniens und Frankreichs anerkennen, daß Österreich im Zeitpunkt eines Zusammenbruchs des Kontrollabkommens (auch ohne Staatsvertrag) sofort in den Besitz der vollen Souveränität gelangt und daß dadurch der völkerrechtliche Status Österreichs und seiner dann aufgebotenen Streitkräfte geklärt ist.
3. Alle Verhandlungen und Planungen, die die Aufbietung eines österr. Beitrages für diesen Fall betreffen, hätten unter Wahrung dieses Gesichtspunktes zu erfolgen.
4. Die österr. Streitkräfte werden dem zuständigen Oberbefehlshaber der alliierten Streitkräfte im Wege eines österr. Oberkommandos unterstehen, in politischer und administrativer Hinsicht aber ihre Weisungen von der Österr. Regierung (BMin. f. Landesverteidigung) empfangen.[153]

---

150 „Erinnerungsvermerk“ über eine Zusammenkunft am 11. Juni 1954 zwischen Raab und Schärf sowie, auf alliierter Seite, dem britischen Hochkommissar Wallinger (der die westalliierten Wünsche vortrug), dessen Stellvertreter Malcolm, dem französischen Hochkommissar Payart und dessen Stellvertreter Lalouette sowie dem amerikanischen Stellvertretenden Hochkommissar Yost. Erliegt in: NÖLA, Nachlass Figl, Ordner 161, mit handschriftl. Vermerk Raabs: „30. [ursprüngl. offenbar 20., die Ziffer 2 überschrieben] Juli mit Schärf gesprochen geht an Helmer“, mit Zusatz in anderer Tinte ebenfalls in Raabs Handschrift „als erledigt“. Kopie (ohne handschriftl. Vermerk) in: VGAB, Nachlass Schärf, 4/219. Eintragung zum 11. Juni 1954 in: Eigenhändige Tagebuchaufzeichnungen Raabs in einem ledergebundenen Notizheft, die Zeit vom 22. Februar bis 28. September 1953 sowie vom 12. Jänner bis 23. Dezember 1954 umfassend; es handelt sich allem Anschein nach um eigenhändige Abschriften politischen Inhaltes aus nicht mehr vorhandenen umfangreicheren Tagebüchern. Dafür spricht, dass die Aufzeichnungen aus 1954 den Aufzeichnungen aus 1953 vorangehen. Für diese Aufzeichnungen ist seitens des Stiftsarchivs Seitenstetten die zutreffende Bezeichnung „Politisches Tagebuch“ gewählt worden, hinfort zit. als PT; erliegt in: StAS, Nachlass Raab, Signatur D 1; weitere Angaben im Inventar des Nachlasses Raab im StAS. Für eine kommentierte Ausgabe des Tagebuches, siehe Helmut Wohnout/Johannes Schönner, „Kommentierte Edition des politischen Tagebuches von Julius Raab 1953/1954“, in: *Demokratie und Geschichte* 7/8, 2003/2004, 13–71.

151 Diese Mitteilung erfolgte über den österreichischen Verbindungsoffizier bei den Westalliierten in Salzburg. Siehe „Memorandum“ in der Beilage zu Grafs Schreiben an Raab vom 30. Juni 1954, oben Anm. 149.

152 NÖLA, Nachlass Figl, Ordner 161.

153 Die entscheidenden Worte dieses Punktes sind „österreichischen Oberkommandos“ – dies war eine

5. Für das Österr. Aufgebot an Streitkräften wird ein Ausrüstungsvolumen von mindestens 53.000 Mann beantragt, das entspricht der im Staatsvertragsentwurf zugestandenen Stärke.
   Eine Erhöhung im Verlaufe der Entwicklung nach Maßgabe der Zahl der österr. Wehrpflichtigen soll vorgesehen werden.
6. Die österr. Regierung beantragt eine stärkere finanzielle Hilfe für das laufende Sonderprogramm und die Bereitstellung von Ausrüstung und finanzieller Mittel für
   a) den Fall eines Aufgebotes,
   b) den Fall der Aufstellung eines Heeres im Frieden.
7. Österreich verpflichtet sich für den Fall des eingangs erwähnten bewaffneten Konfliktes zur gesetzlichen und organisatorischen Vorbereitung des Aufgebotes, zur Aufstellung von der verfügbaren Wehrkraft entsprechenden Verbänden und deren Besoldung.

Im November 1954 übermittelte Liebitzky vor Raabs Reise in die USA eine Kopie dieser sieben Punkte an den Politischen Direktor Josef Schöner. Das Memorandum demonstrierte, dass die österreichische Regierung gewillt war, zu den westlichen Bemühungen, Österreich zu schützen und im Kriegsfall zu befreien, beizutragen, auch wenn es Meinungsverschiedenheiten bezüglich der Befehlskette gab. Während sich die österreichische Regierung also auf westliche Unterstützung verließ, zielte sie auch darauf ab, diesen Beitrag zur eigenen und zur Verteidigung des Westens zu nutzen, um volle Souveränität zu erlangen, zumindest in den westlichen Teilen des Landes. Diese Strategie war jener anderer Regierungen in vergleichbaren Situationen recht ähnlich (wie etwa jener der westdeutschen Regierung).

Die Militärkooperation zwischen Österreich und den Westen trat 1955 infolge des herannahenden Vertragsabschlusses und der Neutralitätserklärung in eine neue Phase ein. Österreichs Lage und geringe Größe, der Widerwille des Landes, mehr Ressourcen für die Verteidigung bereitzustellen, die Neutralität nach 1955 und sowjetischer Widerstand führten jedoch dazu, dass das Problem einer glaubhaften österreichischen Verteidigung während des gesamten Kalten Krieges schlagend blieb.[154]

deutliche Gegenposition zu der alliierten Forderung nach direkter Unterstellung unter die alliierten Befehlshaber. In dem im Nachlass Figl befindlichen Exemplar dieses Textes sind diese zwei Worte als einzige doppelt unterstrichen.

154 Manfried Rauchensteiner, Hrsg., *Zwischen den Blöcken: NATO, Warschauer Pakt und Österreich*, Wien 2010.

4. Stalins Tod; Raabs neue Taktik; die guten Dienste Indiens, 1953

Mit Stalins Tod am 5. März 1953 begann sich nach Jahren des politischen Winters ein politisches Tauwetter abzuzeichnen. In Anbetracht der internationalen Spannungen und der Gefahr eines Großbrandes zwischen dem sowjetischen und dem westlichen Block, der im Zeitalter thermonuklearer Waffen das Risiko der gegenseitigen oder sogar der globalen Vernichtung beinhaltet hätte, leitete die neue Führung im Kreml eine „Friedensinitiative" ein.[155] Bei Stalins Begräbnis am 9. März betonte Ministerpräsident Georgij Malenkov in einer Rede die „Möglichkeit einer dauerhaften Koexistenz und friedlichen Wettbewerbes zwischen den zwei unterschiedlichen Systemen".[156] US-Präsident Eisenhower nahm den Ball auf und appellierte in seiner „Chance for Peace"-Rede am 16. April an die neue sowjetische Führung, die Aufrichtigkeit dieser Absichten unter Beweis zu stellen.[157] In den folgenden Wochen wurden in der Tat die Waffenstillstandsverhandlungen für Korea fortgesetzt und im Juli 1953 erfolgreich abgeschlossen. Westliche Diplomaten erhielten in Moskau mehr Bewegungsfreiheit, die antiwestliche Propaganda wurde reduziert, Gebietsansprüche gegen die Türkei aufgegeben, und diplomatische Beziehungen mit Jugoslawien, Griechenland und Israel wieder aufgenommen. Der sowjetische UN-Delegierte beendete seine Blockade gegen die Nominierung von Dag Hammarskjöld zum Generalsekretär, und in Deutschland wurden die sowjetischen Verkehrsbehinderungen um Berlin gelockert. Die größte Sensation war die Veröffentlichung der Ansprache des US-Präsidenten an die sowjetische Bevölkerung in der *Pravda*.[158] Außerdem lancierte die sowjetische Führung Maßnahmen für einen „Neuen Kurs" in Osteuropa und der UdSSR; dieser beinhaltete die Beendigung der härtesten politischen Vorgehensweisen und eine Verminderung des Druckes auf die Bevölkerung.[159]

155 Geoffrey Roberts, *A Chance for Peace? The Soviet Campaign to End the Cold War, 1953–1955* (= Cold War International History Project Working Paper 57), Washington 2008. Ob die Initiatve wirklich eine Chance für eine dauerhafte Einigung zwischen Ost und West bot wird von vielen angezweifelt. Siehe Mark Kramer, „International Politics in the Early Post-Stalin Era: A Lost Opportunity, a Turning Point, or More of the Same?", in: Klaus Larres/Kenneth Osgood, Hrsg., *The Cold War after Stalin's Death: A Missed Opportunity for Peace?,* Lanham 2006, xiii–xxxiv, xiii.

156 Wilfried Loth, *Overcoming the Cold War: A History of Détente,* Basingstoke 2001, 19; *Keesing's Contemporary Archives* 9, 1952–1954, 12869 and 13097–13099.

157 Für die Rede Eisenhowers im National Press Club, *AdG*, 1953, 3953A. Eisenhower nutzte diese Rede, um dem Staatsvertragsabschluss hohe Priorität bei der Lösung von Ost-West-Problemen einzuräumen. Zu den Hintergründen siehe Deborah Welch Larson, „Crisis Prevention and the Austrian State Treaty", in: *International Organization* 41:1, 1987, 27–60, 36.

158 Vgl. Melvyn P. Leffler, *For the Soul of Mankind: The United States, the Soviet Union, and the Cold War,* New York 2007, 84–137.

159 Mark Kramer, „The Early Post-Stalin Succession Struggle and Upheavals in East-Central Europe:

Das Tauwetter war auch in Österreich spürbar, dessen Befreiung von der Vier-Mächte-Kontrolle in Eisenhowers Rede als Beweis für die sowjetischen Absichten, den Kalten Krieg zu beenden, gefordert worden war.[160] Im Frühjahr und Sommer 1953 kam Österreich in den Genuss einer ganzen Reihe wesentlicher Erleichterungen im sowjetischen Besatzungsregime. Außerdem versuchte der neue Bundeskanzler Julius Raab, der am 2. April 1953 Figl als Konsequenz eines schlechten Ergebnisses für die ÖVP in der Wahl vom 22. Februar verdrängte, die Beziehungen zur Sowjetunion zu entkrampfen. Auch in Sachen Staatsvertrag kam es zu neuen österreichischen Initiativen. Norbert Bischoff, der langjährige österreichische Missionschef in Moskau, erkannte, dass die „Periode der völligen Blockierung" (Mai 1950 bis März 1953) einer „Periode der Auflockerung" (April bis Dezember 1953) Platz machte.[161]

Trotzdem gibt es Anzeichen, dass dem Tauwetter vom Jahre 1953 schon im Herbst 1952 einige Schwalben vorausgeflogen waren. In seinen Memoiren erinnerte sich Nikita Chruščëv daran, dass Stalin die österreichische Frage „einige Male" aufgebracht hatte, und der Meinung war, „es gibt keinen Grund für uns, einen Friedensvertrag nicht zu unterzeichnen."[162] Ähnliche Behauptungen kamen 1955 während des Juli-Plenums von Anastas Mikojan.[163] Die Richtigkeit dieser Aussagen konnte noch nicht festgestellt werden; es gibt jedoch verschiedene Anzeichen, dass sich die Einstellungen veränderten. Mitte September 1952 berichtete die österreichische Botschaft in Washington über ein Gespräch mit einem sowjetischen Diplomaten, Nikolaj Grigor'ev, der meinte, die Besetzung Österreichs sei unnatürlich und müsse daher ein Ende finden. Im Kurzvertrag sei keine Bestimmung über eine österreichische Wehrmacht enthalten. Österreich sollte sich aber „nicht etwa von anderen beschützen lassen". Man sollte zum früheren Staatsvertragsentwurf zurückkehren und für die noch offenen Punkte eine Lösung finden. „Die Sowjetunion wolle den Staatsvertrag abschließen und Österreich räumen, aber es müßten gleichzeitig auch die Truppen der anderen Besatzungsmächte das Land verlassen." Auf die Erwiderung des österreichischen Gesprächspartners, Wilfried Platzer, dass

Internal-External Linkages in Soviet Policy Making (Part 1)", in: *Journal of Cold War Studies* 1:1, 1999, 3–55.

160 Vladislav Zubok/Constantine Pleshakov, *Inside the Kremlin's Cold War: From Stalin to Khrushchev,* Cambridge, Mass., 1996, 157.

161 Formulierungen Bischoffs in seinem Sammelbericht aus Moskau über die politische Haltung der Sowjetunion in der Frage des Österreichischen Staatsvertrages vom Juli 1949 bis Mai 1955, AdR, BMAA, II-Pol, Zl. 322.108-Pol/55 (=Bericht Zl. 41-Pol/55 vom 11. Mai 1955).

162 Nikita Khrushchev, *Memoirs of Nikita Khrushchev,* Bd. 3: *Statesman 1953–1964,* hrsg. v. Sergei Khrushchev, University Park 2007, 7.

163 Karner/Stelzl-Marx/Tschubarjan, *Die Rote Armee in Österreich,* 843.

die Bundesregierung wiederholt erklärt habe, die Truppen aller Besatzungsmächte sollten Österreich räumen, meinte der sowjetische Gesprächspartner, „Österreich sollte sich auch *später* nicht durch andere beschützen lassen". Bei einem weiteren Gespräch Ende des Monats ergänzte Grigor'ev seine Äußerungen dahingehend, dass die Sowjetunion besorgt sei, dass Österreich nach der Räumung dem Atlantik-Pakt beitreten könnte. Er empfahl eine „strikte Neutralitätspolitik ähnlich Schweden, Schweiz" und sagte, eine eindeutige derartige Erklärung und lange erwartete österreichische Initiativen würden voraussichtlich die momentane Situation ändern.[164]

Im November berichtete der österreichische Gesandte in der Schweiz, der TASS-Korrespondent (und höchstwahrscheinlich Geheimagent) in Bern, Boris Novikov, habe Nikolaus Basseches, dem früheren Moskau-Korrespondenten der Wiener *Neuen Freien Presse*,[165] anvertraut, Russland beabsichtige nicht, in Österreich zu bleiben oder Österreich in das System der Satellitenstaaten zu integrieren. Es würde Österreich aber nur verlassen, wenn es eine absolute Garantie gäbe, dass nach dem Abzug der Besatzungstruppen Österreich weder ein amerikanischer noch ein deutscher Satellitenstaat werde, noch ein Mitglied des Atlantik-Vertrages.[166]

Nach Beginn des „Tauwetters" lud Grigor'ev den österreichischen Diplomaten Wilhelm Goertz am 13. April 1953 zum Mittagessen ein, und wiederholte, Volk und Regierung der Sowjetunion wären bereit, die Besetzung aufzuheben, „doch müßten sie sicher sein, daß Österreich nicht nach der Räumung dem aggressiven Atlantikpakt beitrete und den USA Stützpunkte einräume". In gleicher Weise schlage die Sowjetunion für Deutschland eine Neutralitätslösung vor.[167] Gegen Ende April sagte Grigor'ev anlässlich eines Mittagessens mit dem österreichischen Diplomaten Ernst Lemberger seinem österreichischen Kollegen ausdrücklich: „Wir würden Staatsvertrag schließen, wenn wir die Sicherheit hätten, daß Österreich sich nach Räumung nicht sofort dem Westblock anschließen würde."[168] Ebenfalls im April

164 Gespräch Platzers mit Botschaftsrat N. K. Grigor'ev am 11. September 1952: hierzu Bericht des Botschafters Max Löwenthal v. 15. September 1952, Zl. 156.038-Pol/52; telegr. Bericht über eine zweite Aussprache am 26. September 1952, Zl. 156.130-Pol/52; beide veröffentlicht in *ÖuG*, Nr. 63. Die österreichische Botschaft informierte umgehend das State Department. NA, RG 59, 663.001/9-2652.

165 Nikolaus Basseches wurde 1895 in Moskau als Sohn des österreichisch-ungarischen Generalkonsuls geboren. Vgl. Walter Benjamin, *Moscow Diary*, hrsg. v. Gary Smith, Cambridge, Mass., 1986, 40.

166 AdR, BMAA, II-Pol, Zl. 158.341-Pol/52 (Bericht aus der Berner Botschaft vom 19. November 1952) sowie Zl. 316.383-Pol/53 (Bischoffs Kommentare dazu in einem Bericht vom 26. Dezember 1952). Beide Berichte veröffentlicht in: *ÖuG*, Nr. 64 und 65. Auch in der Folgezeit wusste die Gesandtschaft in Bern durch Basseches' Nachrichten von den sowjetischen Ideen zur Österreich-Frage; einige veröffentlicht in *ÖuG*: Nr. 67, Nr. 74 und Nr. 80.

167 Bericht Löwenthal v. 16. April 1953, mit Aktenvermerk Goertz v. 14. April 1953, Zl. 320-204-Pol/53, veröff. in *ÖuG*, Nr. 66.

168 Handschr. Brief Lembergers an Adolf Schärf. 24. April 1953, in: VGAB, Nachlass Schärf, 4/229; vgl.

1953 gab es ein Gespräch zwischen Nikolaus Basseches und dem Pressesprecher der österreichischen Botschaft in Bern, Alfred Missong (sen.). Basseches zufolge stehe „Moskau weiterhin unverrückbar auf dem Standpunkt, daß die unabdingbare Voraussetzung eines Staatsvertrages die garantierte Neutralität Österreichs und damit auch seine völlige Unabhängigkeit von Deutschland sei. Diese Neutralität sei russischerseits als eine bewaffnete nach dem Vorbild der Schweiz gedacht."[169] Der schweizerische Historiker Christian Jenny hat nicht zu Unrecht auf die Gleichzeitigkeit der Aussendung von Signalen aus Moskau in Richtung Österreich einerseits auf diplomatischer Ebene – wenngleich informell und auf eher mittlerer Ebene – und andererseits durch außerhalb des Behördenapparates stehende Mittelsmänner aufmerksam gemacht. Jenny bezeichnet die Gespräche von Basseches in der Schweiz als Beispiel einer „Track-Two-Diplomatie",[170] als Diplomatie des zweiten Geleises also, des Einsatzes von nicht offiziellen, „privaten" Personen, in Ergänzung zum „ersten Geleise" der amtlichen Diplomatie.[171] Auf der bilateralen Ebene hatten diese Fühlungsaufnahmen keine Folgen. Als der sowjetische politische Berater in Wien, Sergej Kudrjavcev, Außenminister Gruber im Jänner und April 1953 empfing, wurden diese sowjetischen Vorschläge nicht erwähnt.[172] Gruber deutete jedoch an, dass die österreichische Regierung sich darum bemühe, die Westmächte von der Zurücknahme des Kurzvertrages zu überzeugen.

In der Zwischenzeit hatte das Tauwetter erste Resultate für Österreich hervorgebracht: Eine sowjetische Häftlingsamnestie vom 28. März wurde auch auf österreichische Kriegsgefangene und Zivilinternierte in der UdSSR angewendet, wie Norbert Bischoff am 27. April mitgeteilt wurde. Am 29. Mai informierte der sowjetische Hochkommissar General Sviridov den Bundeskanzler, dass die Sowjetunion die Kraftwerksanlage von Ybbs-Persenbeug an der Donau der österreichischen Regierung übergeben werde; dies geschah am 17. Juli. Anfang Juni gab die sowjetische Regierung bekannt, dass der militärische Hochkommissar Sviridov durch den Diplomaten (und früheren Leiter im militärischen Auslandsgeheimdienst GRU) Ivan I. Il'ičëv ersetzt werde, und teilte knapp danach mit, dass die politische Vertretung der

bereits Jenny, *Konsensformel*, 85. Der Name des sowjetischen Diplomaten wird unterschiedlich transkribiert, in Lembergers Brief etwa Gregoriev.

169 Weiters sollte die Ausbildung der zukünftigen österreichischen Armee durch schwedische Instruktionsoffiziere und die Beistellung des Rüstungsmaterials zu gleichen Teilen von der Sowjetunion und den USA erfolgen. Bericht Wildmann v. 16. April 1953 mit Amtsvermerk Missong vom gleichen Tage über das Gespräch vom 11. April 1953, BMAA, Zl. 319.968-Pol/53, veröff. in *ÖuG*, Nr. 67.

170 John W. McDonald/Diane B. Bendahmane, *Conflict Resolution: Track Two Diplomacy*, Washington 1987.

171 Jenny, *Konsensformel*, 80f.

172 Gespräch Kudrjavcev–Gruber, 19. Jänner 1953 und 14. April 1953, AVPRF, f. 066, op. 34, p. 176, d. 11, ll. 5–9 und 43–45.

UdSSR in Wien in den Rang einer Botschaft erhoben werde; gleichzeitig äußerte sie den Wunsch, dass Wien ebenso seine Vertretung in Moskau aufwerte. Die Westmächte hatten bereits 1950 ihre militärischen Hochkommissare durch Diplomaten ersetzt. Die sensationellste und für die österreichische Bevölkerung spürbarste Erleichterung war die am 8. Juni dem Bundeskanzler angekündigte und am folgenden Tag durchgeführte Aufhebung der Personenkontrolle an den Demarkationslinien; auch die Kontrolle des Güterverkehrs sollte auf den Transport von Waffen und Explosivstoffen reduziert werden. Mitte Juni gab die sowjetische Obrigkeit verschiedene Regierungsgebäude, Schulen, Geschäftsräume und Wohnhäuser frei. Am 18. Juni berichtete Bundeskanzler Raab dem Parlament über diese bemerkenswerte Serie von Erleichterungen. Mit dem Dank dafür verband Raab den Ruf nach weiteren Konzessionen, insbesondere nach Abschaffung der Militärgerichtsbarkeit und der alliierten Zensur, Rückgabe der Rundfunksender seitens der Sowjets, Briten und Amerikaner, Schließung der sowjetischen USIA-Läden und Milderung bzw. Übernahme der Besatzungskosten seitens jener drei Besatzungsmächte, die diese Kosten noch von Österreich erhoben, nämlich Sowjets, Briten und Franzosen. Der Bundeskanzler schlug auch vor, die Alliierten könnten ja ihre Truppen ganz abziehen, und zwar schon vor Abschluss des Staatsvertrages; die Überwachung der den Österreichern durch das Kontrollabkommen auferlegten Verpflichtungen könnte man den zivilen Hochkommissaren allein überlassen – eine Idee, die offensichtlich mit der Ersetzung des letzten noch verbliebenen militärischen Hochkommissars, des sowjetischen, durch den Zivilisten Il'ičëv, zusammenhing.

Einige von Raabs Wünschen sollten bald in Erfüllung gehen. Ende Juli 1953 gab die Sowjetunion bekannt, dass sie ab 1. August die Kosten ihres Besatzungsapparates selbst übernehme. Zwar zahlten die Amerikaner schon seit Juni 1947 ihre Besatzungskosten aus eigener Tasche, Briten und Franzosen wurden jedoch durch die neue sowjetische Konzession moralisch gezwungen gleichzuziehen, und so verzichteten das Vereinigte Königreich und Frankreich ab 1. Jänner 1954 ebenfalls auf Bezahlung der Besatzungskosten; dies war, wie bereits erwähnt, mit einer radikalen Truppenreduktion verbunden.[173]

173 Noch anlässlich des Besuches Edens in Wien am 24. September 1952 hatten sich Figl und Gruber vergeblich um den Verzicht auf Besatzungskosten bemüht. TNAUK, FO 800/751 (Eden papers), fol. 23–25. Die Besatzungskosten von 1945 bis 1955 wurden auf 19,367 Mrd. Schilling oder 744,9 Mio. US-Dollar geschätzt (Wert nach dem Wechselkurs von 1955). Seidel, *Österreichs Wirtschaft und Wirtschaftspolitik nach dem Zweiten Weltkrieg*, 468–470. Die Besatzungskosten betrugen 1946 etwa 30% des Ausgabenrahmens des Bundesbudgets, 1947 15%, 1948 10,5%, 1949 7,3%. Lothar Gruber, *Die Kosten der Besetzung Österreichs durch die alliierten Mächte nach dem Zweiten Weltkrieg*, Diplomarbeit Wirtschaftsuniversität Wien 1979, bes. 69–77, 117, 119, 125.

Am 12. August wurde die Einstellung der Postzensur in der sowjetischen Zone bekanntgegeben; zwei Tage später beschloss der Alliierte Rat die Abschaffung der Kontrolle des Brief-, Telegraphen- und Telefonverkehrs für ganz Österreich. Diese Kontrolle war nach Abschaffung der Inlandzensur 1946 auf den Auslandspostverkehr (Brief-, Telefon-, Telegraphenverkehr) beschränkt gewesen. Die Postzensur verfügte zur Zeit ihrer Aufhebung über Dienststellen im sowjetischen Sektor sowie im internationalen Sektor von Wien, wo sich insbesondere (auf dem Schillerplatz) die Telefonzentrale der Post befand. Bis zum August 1953 musste jedes internationale Telefongespräch, etwa auch von Bregenz über den Bodensee nach Lindau in Deutschland oder von Feldkirch nach Vaduz in Liechtenstein (nur 15 Kilometer über der Grenze), über die Zentrale in Wien gelegt werden, um die Telefonzensur (d.h. das Abhören) zu gewährleisten. Die Zensurstelle wurde auf österreichische Kosten (mit Ausnahme des amerikanischen Anteiles) und mit österreichischem Personal betrieben. Wiederholte Proteste gegen die irreführende Bezeichnung führten erst zum Jahreswechsel 1951/52 zur Abänderung des Namens von „Österreichischer" zu „Alliierter Zensurstelle". Obgleich die jahrelange Fortführung der Zensurstelle immer wieder der Insistenz des sowjetischen Elementes zugeschrieben wurde, bemerkte doch Außenminister Gruber einmal im Ministerrat, dass „die westlichen Alliierten Anhänger der Zensur sind und die Amerikaner haben ein Interesse daran, da das Ostgeschäft überwacht wird". Gruber teilte bei dieser Gelegenheit auch mit, die westlichen Alliierten hätten „eine besondere Zonenzensur eingerichtet, mit der sie sogar die Landeshauptleute überwachen".[174] Zum Zeitpunkt der Abschaffung der alliierten Postzensur befanden sich im Keller des Hauptpostamtes in Wien etwa 100.000 beschlagnahmte Postsendungen, vielfach Druckschriften, auch etwa 3000 eingeschriebene Sendungen. Mit der Liquidierung der Zensurstelle beschloss die Alliierte Kommission, mit wenigen Ausnahmen die beschlagnahmten Sendungen sowie die Kartei und das Aktenmaterial der Zensurstelle einstampfen zu lassen.[175]

Parallel zu den beträchtlichen sowjetischen Konzessionen und in Wechselwirkung mit ihnen machte sich seit dem Frühjahr 1953 die Politik des neuen Bundeskanzlers Julius Raab bemerkbar, das Verhältnis zur Sowjetunion zumindest atmosphärisch aufzulockern und damit die Voraussetzungen für einen neuen Anlauf in den festgefahrenen Staatsvertragsverhandlungen zu schaffen. In einer Rede vor dem nie-

---

174 AdR, BKA, MRProt Nr. 271, 27. November 1951. Vgl. auch „Information" für Bundesminister Helmer über die Postzensur, MRProt Nr. 270, 20. November 1951, Beilage C.

175 Sten. Prot. NR, 7. GP, 12. Sitzg., 288–291. Vgl. auch allgemein Stearman, *The Soviet Union*, 131–136. Zur Postzensur vgl. den Bericht in: *Neues Österreich*, 11. September 1953, 2. Vgl. ferner Elfriede Sieder, *Die alliierten Zensurmaßnahmen zwischen 1945–1955*, Diss. Univ. Wien, 1983, bes. 38–51, sowie Abdruck eines Berichtes von Abg. Bruno Pittermann vom Jahre 1952 ebd., 420–424.

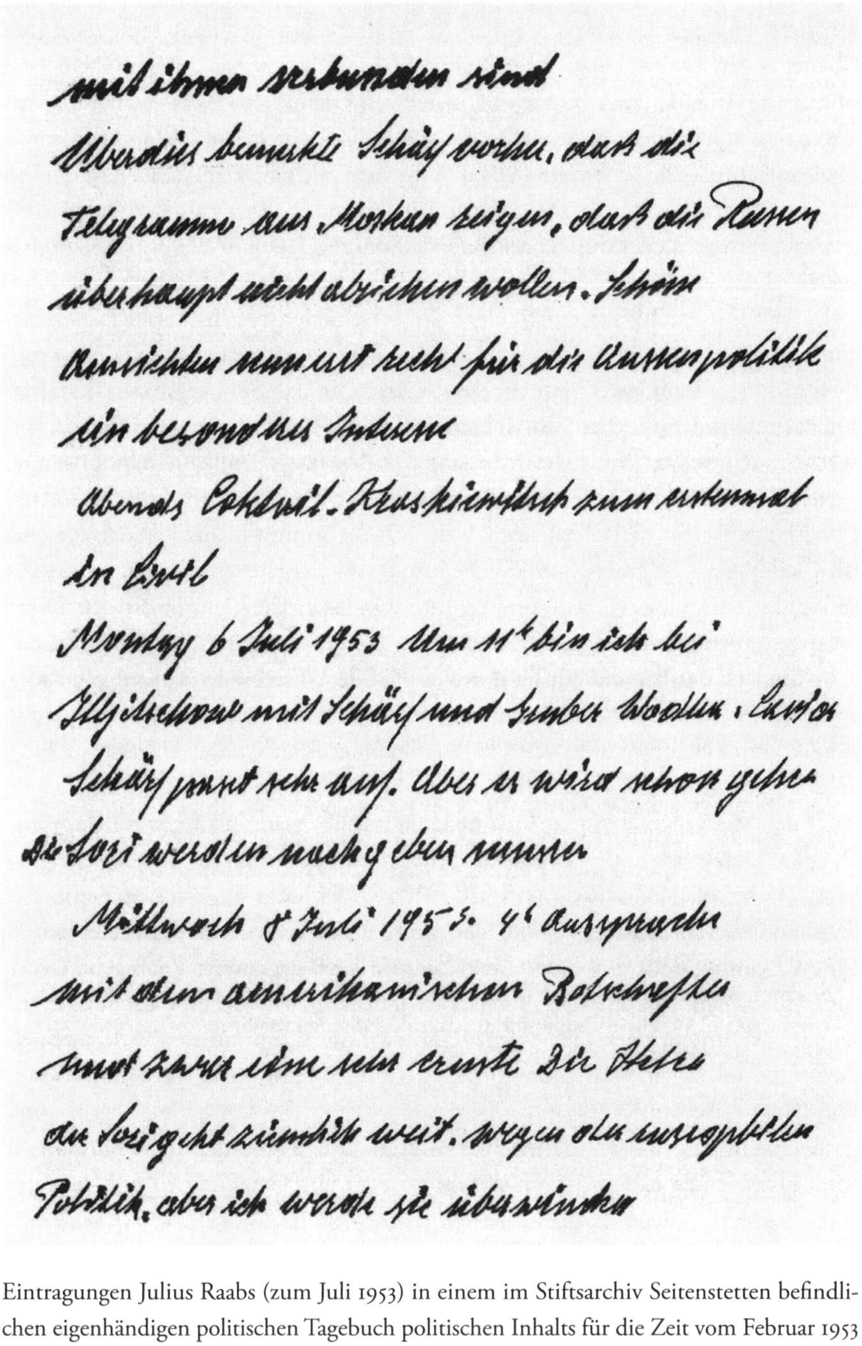

Eintragungen Julius Raabs (zum Juli 1953) in einem im Stiftsarchiv Seitenstetten befindlichen eigenhändigen politischen Tagebuch politischen Inhalts für die Zeit vom Februar 1953 bis September 1953 sowie Jänner bis Dezember 1954. Signatur: StAS, Nachlass Raab, D 1.

derösterreichischen Landesparteirat der ÖVP am 13. Juni ließ Raab seine taktischen Überlegungen klar erkennen. Es sei „taktisch absolut vertretbar", meinte Raab, „daß langsam gegenseitig das Vertrauen hergestellt und damit eine Basis geschaffen wird, die es ermöglicht, dem österreichischen Volk die Freiheit endlich und für immer wiederzugeben". Dies erfordere viel Takt und viel Geschick, sagte Raab, und es nütze nichts, „*wenn man den russischen Bären, der mitten im österreichischen Garten drinnensteht*, immer wieder durch laut tönende Sonntagsreden *in den Schwanzstummel zwickt*". Der vielzitierte Satz steht symbolisch für diese neue Haltung.[176]

Innenminister Oskar Helmer, einer der entschiedensten (und mutigsten) antikommunistischen Redner jener Jahre und Kritiker sowjetischer Besatzungsverbrechen, fühlte sich offensichtlich von Raabs Kritik an den Sonntagsreden direkt angesprochen und entgegnete, Raab habe mit seiner Rede „einen gefährlichen Weg beschritten", weil er „im Zusammenhang mit den russischen Zugeständnissen der letzten Tage einer Versöhnlerei das Wort" geredet habe.[177] Raabs Taktik, für sowjetische Konzessionen „danke" zu sagen, war nach der Stimmung der vorangegangenen Jahre keineswegs allgemein populär; die brutale sowjetische Unterdrückung des ostdeutschen Aufstandes vom 16. und 17. Juni 1953 gegen die kommunistische Diktatur trugen nichts dazu bei, die Beliebtheit des Landes zu steigern. Von sozialistischer Seite zog sich der Bundeskanzler den Vorwurf der „Versöhnlerei" und auch sonst herbe Kritik zu. Als die Nachricht vom Verzicht der Sowjetunion auf die Besatzungskosten bekannt wurde, stattete Raab in einer Rede auf der Dornbirner Handelsmesse seinen Dank ab und fügte hinzu, in einem bürgerlichen Hause erzogen, sei er der Meinung, „daß man sich bedanken muß, wenn man etwas bekommt". Dies war der Anlass heftiger Attacken seitens des Chefredakteurs der *Arbeiter-Zeitung*, Oscar Pollak, der Raab vorwarf, hier gehe es nicht um ein Geschenk, sondern um Österreichs Recht. Pollak fand auch, die plötzlich veränderte, viel freundlichere Haltung der österreichischen Kommunisten gegenüber Raab gebe Grund zum Misstrauen. Mit einer Salve schärfster journalistischer Rhetorik schloss Pollak seinen berühmten Leitartikel „Herr Raab und die Kommunisten": „Je mehr die Kommunisten sagen: Raab – choroscho! desto mehr empfindet das österreichische Volk: Raab – nix gut."[178]

Gerade in den Juni 1953 fallen zwei österreichische Schritte, die auf diplomatischer Ebene einen neuen Akzent setzten. Am 16. Juni genehmigte der Ministerrat

176 Rede Raabs vom 13. Juni 1953 zit. nach: *WZ*, 14. Juni 1953, 1.

177 *AZ*, 16. Juni 1953, 1.

178 Raabs Dornbirner Rede: *Neues Österreich*, 1. August 1953, 1. Zwei Leitartikel Oscar Pollaks: „Bitte und Danke", in: *AZ*, 1. August 1953, 1; „Herr Raab und die Kommunisten", in: *AZ*, 2. August 1953, 1f.

den Text eines Memorandums, das der österreichische politische Vertreter, Gesandter Norbert Bischoff, am 30. Juni in Moskau überreichte. Der Ton dieser Denkschrift war auf ihr Ziel, Entspannung des österreichisch-sowjetischen Verhältnisses, abgestimmt. Sie enthielt sechs Punkte. Die ersten drei sind so signifikant, dass sie in extenso zitiert seien:

1. Die österreichische Regierung und das österreichische Volk haben die Maßnahmen, die in den letzten Wochen von der Sowjetregierung in Beziehung auf Österreich getroffen wurden, mit größter Befriedigung zur Kenntnis genommen. Sie haben hierfür bereits auf anderem Wege der Sowjetregierung ihren Dank zum Ausdruck gebracht. Doch bin ich [d.h. der die Aufzeichnung übergebende Gesandte Bischoff, d. Verf.] speziell vom Bundeskanzler, dem Vizekanzler und dem Bundesminister des Äußeren persönlich beauftragt, diesen Dank zu wiederholen und gleichzeitig zu erklären, daß diese Maßnahmen in Österreich als der Ausdruck einer allgemeinen, auf Entspannung, Frieden und internationale Zusammenarbeit in der ganzen Welt gerichteten Politik der Sowjetregierung verstanden werden.
2. Die Bundesregierung und wieder in erster Linie die Herren Raab, Schärf und Gruber sind über diese Aktionen der Sowjetunion umso glücklicher, als die Bundesregierung dem einmütigen Wunsch des österreichischen Volkes zufolge an der Entwicklung guter Beziehungen zur Sowjetunion auf das ernsteste interessiert ist und ihrerseits alles in ihrer Macht stehende zu tun bereit ist, um eine solide Basis zur Entwicklung vertrauensvoller und fruchtbarer Beziehungen zur Sowjetunion zu schaffen.
3. Die Bundesregierung hält den von der Sowjetregierung gewünschten Weg diplomatischer Verhandlungen über den Staatsvertrag für gangbar und sie hofft, daß ein allfälliger Gedankenaustausch auf diesem vorgeschlagenen Weg zum raschen Abschluß des Staatsvertrags führt.

In Punkt 4 drückte die Bundesregierung ihren Wunsch nach einem Handelsvertrag mit der Sowjetunion aus; in Punkt 5 wurde auf das Problem der Einbeziehung der Exporte der USIA-Betriebe in eine solche Regelung Bezug genommen und angedeutet, die Abgeltungszahlungen an die Sowjetunion nach Inkrafttreten des Staatsvertrages sollten Österreich „weitgehend aus eigener Kraft möglich" sein. Das bedeutete, dass Österreich die Abgeltung in Warenlieferungen anvisierte und von der Zahlungsverpflichtung in frei konvertierbarer Währung, wie 1949 auf sowjetischen Wunsch zugestanden, wegkommen wollte. In Punkt 6 schließlich gab die Bundesregierung ihrer Hoffnung Ausdruck, dass bei der Prüfung der Amnestiewürdigkeit der in der Sowjetunion befindlichen österreichischen Kriegs- und Zivilstrafgefangenen „jenes Wohlwollen angewendet werden möge, das eine baldige Rückkehr einer möglichst großen Zahl dieser Österreicher ermöglicht".[179]

Auf welchen Weg bezog sich Punkt drei? Am 25. Mai 1953 hatte die UdSSR eine von britischer Seite kommende Einladung abgelehnt, eine neuerliche Sitzung der Sonderbeauftragten für den Staatsvertrag – es wäre die 261. gewesen – zu beschicken. In seiner Absagenote argumentierte der sowjetische Botschafter in London, Jakov Malik, dass die vorhergehenden Sitzungen keine Resultate erzielt hätten und auch jetzt keine günstigeren Ergebnisse zu erwarten seien. Es wäre gegenwärtig zweckmäßiger, die Frage des österreichischen Staatsvertrages „auf diplomatischem Wege durch entsprechenden Meinungsaustausch zu prüfen".[180] Die Österreicher ergriffen also im Juni 1953 die Chance, sich direkt in den Meinungsaustausch „auf diplomatischem Wege" einzuschalten. Während seines Aufenthaltes in Wien hatte Norbert Bischoff Raab empfohlen, eine „Message" der Bundesregierung an die Sowjetregierung zu senden. Tatsächlich arbeitete Bischoff einen Entwurf für eine solche Nachricht aus. Bischoff hat später geschrieben, dass mit diesem Memorandum Österreich „aus eigenem Recht in ein politisches Gespräch mit der Sowjetunion über die Möglichkeiten der Verwirklichung des Staatsvertrages" eingetreten sei.[181]

Die damit nach längerer Unterbrechung wiederaufgenommene Methode bilateraler Verhandlungen – erstmals nach dem Versanden der Verhandlungen um die sogenannten „Erbsenschulden" drei Jahre vorher – wurde auf westlicher Seite mit wenig Begeisterung quittiert. Die Briten warnten, „daß man es vermeiden müßte, daß die Russen den diplomatischen Verhandlungsweg als Ausrede dafür benützten,

179 Der endgültige Text des Memorandums wurde im Außenamt am 12. Juni approbiert (AdR, BMAA, II-Pol, Zl. 321.623-Pol/53); bei der Überreichung am 30. Juni ließ Bischoff den Punkt 6 fallen, da am 26. Juni die Freilassung von 610 Österreichern angekündigt worden war, und eine Weisung, den Punkt 6 leicht modifiziert doch zu belassen, ihn nicht rechtzeitig erreichte. Der volle Text mit allen sechs Punkten, der auf Weisung des Außenministers Gruber auch der sowjetischen Botschaft in Wien übergeben worden war, wurde am 5. August amtlich veröffentlicht (vgl. Zl. 323.159-Pol/53); Text in: *WZ*, 5. August 1953, sowie *DÖA*, Nr. 117.

180 Text der Note Maliks laut Agentur TASS in: *AdG*, 1953, 4011A.

181 Bischoffs Entwurf erliegt bei: AdR, BMAA, II-Pol, Zl. 321.623-Pol/53. Bischoffs Hinweis auf seine Berichterstattung bei Raab und seine Anregung einer „Message" findet sich in seinem unveröffentlichten Manuskript „Die Haltung der Sowjetunion in der Frage des Abschlusses des österreichischen Staatsvertrages", 51, nunmehr im Nachlass Bischoff, ÖStA, GD, NLS, E/1770/156. Bei der Überreichung stellte Molotov kritische Fragen zu dem österreichischen Memorandum vom Juli 1952, das sich auf den Standpunkt des „Kurzvertrages" gestellt hatte. Ebd., 53. – Zu Bischoffs außenpolitischem Konzept: Norbert Bischoff, „Die politische Vorbereitung des Staatsvertrages", in: *Die österreichische Furche*, 4. Juni 1955, 1.

die Fortführung der Londoner Staatsvertragsgespräche zu sabotieren".[182] Dies allerdings war de facto bereits geschehen. Die österreichische Regierung hatte jedoch nie Zweifel darüber gelassen, dass der Abschluss des Staatsvertrages nur auf Basis des Einvernehmens der vier Besatzungsmächte erfolgen könne.[183]

Kein Zweifel – eine gewisse Emanzipation der österreichischen Diplomatie von den vorhergehenden engen Bindungen an die Westmächte hatte stattgefunden. Hier wurden bereits jene Methoden ausprobiert, die zwei Jahre später, im erfolgreichen Finale der Staatsvertragsverhandlungen, zum Tragen kommen sollten – eine Strategie, die nur mit dem Rückhalt der Westmächte erfolgreich sein konnte. Bis dahin war es allerdings noch weit, und die Entwicklung sollte keineswegs geradlinig verlaufen.

Die mit dem „Bischoff-Memorandum" geweckten Besorgnisse sollten alsbald bei Briten und Amerikanern in offenen Ärger umschlagen, als eine weitere Initiative in Richtung Moskau, beinahe zeitgleich mit dem Memorandum, ruchbar wurde. Am 20. Juni besuchte Gruber den indischen Ministerpräsidenten Nehru, der einige Tage im Kurort auf dem Bürgenstock in der Schweiz verbrachte. An der Besprechung nahm auch der indische Botschafter in Moskau, Kumara (K.P.S.) Menon (manchmal mit dem Politiker Krishna Menon verwechselt), teil. Nach seiner Rückkehr gab Gruber am 22. Juni in einer Besprechung bei Bundeskanzler Raab, an der auch Schärf und Bruno Kreisky, der neu berufene sozialdemokratische Staatssekretär für Auswärtige Angelegenheiten, teilnahmen, einen Bericht ab.[184] Nehru habe verschiedene Probleme aufgeworfen, so das Verhältnis Österreichs zu Deutschland und die Stellung Österreichs zwischen den Mächten. Gruber, so fährt das Protokoll fort, „habe diese Frage gemäß den Richtlinien der österreichischen Außenpolitik beantwortet. Österreich könne wohl eine Nicht-Alliance-Erklärung abgeben, aber kaum weitergehen, ohne sich in Schwierigkeiten zu anderen Großmächten zu verwickeln." Nehru habe selbst betont, dass er der Ansicht sei, das sei das Maximum, was Österreich in seiner Lage tun könne. Er versprach: „Der indische Botschafter

182 Handschriftl. Amtsvermerk des Generalsekretärs Wildmann vom 29. Juni 1953 über eine Vorsprache des Gesandten G. P. Labouchere vom gleichen Tag, AdR, BMAA, II-Pol, ohne Geschäftszahl, in Konvolut „Vorarbeiten für österr. Note vom 19. VIII. 1953", Staatsvertragsakten 1953.

183 Vgl. die Stellungnahme in: *WZ*, 31. Juli 1953, 2; die von einem Sprecher des Foreign Office aufgestellte Behauptung, vom österreichischen Memorandum habe London keine Kenntnis gehabt, beruhte wohl auf einem Missverständnis.

184 Grubers Initiative bei Nehru sei mit Raab nicht abgesprochen gewesen, war Raabs Erinnerung anlässlich einer Befragung durch Univ.-Prof. Dr. Ludwig Jedlicka am 16. Februar 1962. In diesem Sinne hatte sich Raab auch zu Caccia am 10. Juli 1953 geäußert. TNAUK, FO 371/103763/CA1071/173. Zum Folgenden: BMAA, Zl. 17-Res/GS, 1953. Ein etwas kürzerer „Erinnerungsvermerk" über die einstündige Besprechung bei Raab in: VGAB, Nachlass Schärf, 4/245.

in Moskau werde sich bemühen, wenn auch nicht durch einen formellen Schritt, bei seinen Aussprachen mit Molotow das Gespräch auf Österreich zu bringen, um mögliche Klarheit über die politischen Absichten des Staatsvertrages zu schaffen. Inwieweit Indien behilflich sein könne, hänge aber natürlich von der russischen Bereitwilligkeit ab." Gruber sagte Nehru auch die Übermittlung einer schriftlichen Gedächtnisstütze zu, und in der Besprechung mit Raab, Schärf und Kreisky wurde festgelegt, dass deren genauer Inhalt noch zwischen Gruber und Kreisky abgestimmt werde.

Nach Grubers Bericht in Wien betonte Schärf, „es sei immer die offizielle Politik der Regierung gewesen, sich keinem Block anzuschließen [...] eine solche Erklärung würde vom Parlament zu erhalten sein." Kreisky wies auf die möglichen Rückwirkungen in den westlichen Ländern hin und hielt es „für notwendig, den westlichen Mächten Umfang und Bedeutung dieses Schrittes zu erklären. Non-alliance, nicht aber Neutralität sei eine Formel, die durchaus Inhalt der österreichischen Politik sein könne."[185]

Die Note für Nehru, die am 29. Juni 1953 dem indischen Botschafter in der Schweiz und Gesandten in Wien, Yezdezard D. Gundevia, übergeben wurde,[186] umfasste vier Punkte: Zunächst befasste sich die Aufzeichnung mit dem österreichisch-deutschen Verhältnis, ein Thema, das Nehru offensichtlich besonders interessiert hatte. Betont wurde das „Axiom der Nichteinmischung", das „Österreich bisher auch in allen anderen außenpolitischen Beziehungen appliziert hat".

Im zweiten Punkt wurde auf die Frage des Fernhaltens von militärischen Bündnissen eingegangen. „Persönlich hielte ich eine österreichische Erklärung, sich keiner militärischen Kombination anzuschließen, für durchaus möglich", schrieb Gruber. „Eine solche, vom österreichischen Parlament zu ratifizierende Erklärung stellt das Maximum dessen dar, was Österreich tun kann, um der Sowjetunion eine Garantie zu geben, daß es nicht als westliche Militärbasis benützt werde, ohne sich anderseits in offenen Gegensatz zu den Westmächten zu setzen." Das Parlament, so fuhr Gruber fort, „könnte mit einer solchen Erklärung aber nur im Rahmen eines außenpolitischen Gesamtprogrammes befaßt werden, das ganz konkrete Vorschläge bzw. Garantien betreffend die politische und militärische Räumung des Landes und die Wiederherstellung seiner vollkommenen Souveränität enthält. Österreich

185 Die Worte „nicht aber Neutralität" mit Bleistift eingefügt.

186 Der deutsche Text des Memorandums ist von Gruber und Kreisky paraphiert und enthält in der Handschrift des Generalsekretärs Wildmann folgende Notiz: „Wurde v. H. BM. Dr. Gruber am 29. 6. 53 dem indischen Gesandten Gundevia übergeben, nachdem es mit H. Staatssekretär Dr. Kreisky abgestimmt war. (Siehe Paraphe!)" Eine Kopie des (korrigierten) deutschen Textes ohne handschriftl. Vermerke ist abgedruckt in: Gruber, *Reden und Dokumente,* 433f.

könnte eine solche Erklärung auch aus eigener Initiative abgeben, wenn ihm vorher Gewißheit über sein weiteres Schicksal geboten wird."

Der dritte Punkt führte die Folgen des Fernbleibens von militärischen Kombinationen aus. „Es ist ganz unrichtig zu glauben, daß die Räumung Österreichs den Westmächten einseitig politische Vorteile einräumt. Ein militärpolitisch neutralisiertes Österreich, wie es sich aus den vorskizzierten Erklärungen ergeben würde, bildet gemeinsam mit der Schweiz im Herzen von Europa eine Zone, die die wichtige Alpenstellung außerhalb jeglicher militärpolitischer Kombinationen hielte", wie es in einem von Kreisky umformulierten Satz hieß.[187] „Dadurch würden selbstverständlich auch der Sowjetunion wichtige Sicherungsgarantien geboten. Österreich ist jedenfalls entschlossen, seine Unabhängigkeit nach *allen* Seiten zu wahren."

Punkt vier besagte, dass die Annahme des Staatsvertrages – im momentanen Zustand – prinzipiell möglich sei, wobei es Österreich gerechterweise vorbehalten bleiben müsse, „jene wirtschaftspolitischen Umstände zu diskutieren, die sich naturgemäß aus der Verschiedenheit der Situation zur Zeit der Vereinbarung dieser Bestimmungen und der gegenwärtigen Lage ergeben". Dies war ein Hinweis auf 1949 und die seither ins Land gegangenen vier Jahre.

Zu den zentralen Punkten zwei und drei dieses Dokumentes sind zwei Hinweise angebracht: Erstens die Erkenntnis, dass damals schon, im Juni 1953, jenes Verfahren in Aussicht genommen wurde, das 1955 tatsächlich bei der Erklärung der österreichischen Neutralität zur Anwendung kam – nämlich die parlamentarische Verankerung einer fundamentalen außenpolitischen Bindung des Landes.

Zweitens ist zu beachten, dass eine solche Erklärung des Parlamentes nur in Verbindung mit ganz konkreten Vorschlägen bzw. Garantien „betreffend die politische und militärische Räumung des Landes und die Wiederherstellung seiner vollkommenen Souveränität" erfolgen sollte. Damit war unmittelbar der Abschluss des Staatsvertrages angesprochen. Hier trat somit der politische Zusammenhang zwischen dem Abzug der fremden Streitkräfte (und dem Abschluss des Staatsvertrages) einerseits und der Bindung Österreichs an eine gewisse außenpolitische Linie (Neutralität) andererseits zutage. 1955 sollte das die entscheidende Bedingung für den Abzug der vier Mächte aus Österreich sein.[188]

---

187 Der Satz lautete ursprünglich: „eine Zone, die die wichtige Alpenstellung militärpolitisch neutralisiert."

188 Grubers mit Kreisky akkordierte Aufzeichnung hielt ausdrücklich fest, dass Österreich diese Erklärung aus eigener Initiative abgeben könnte, „wenn ihm *vorher* Gewißheit über sein weiteres Schicksal geboten wird". Daraus ergibt sich jedoch, dass Adolf Schärfs Schilderung jener Vorgänge in seinem Buch *Österreichs Erneuerung* insofern einer Revision unterzogen werden muss, als vom Angebot einer österreichischen „Vorleistung" wohl nicht gesprochen werden kann. Schärfs kritische Schilderung

Der Botschafter Indiens in Moskau, Menon, führte das erbetene Gespräch mit Molotov am 30. Juni, am gleichen Tag, an dem Bischoff das vorhin besprochene Memorandum dem wiederernannten sowjetischen Außenminister überreichte. Die entscheidende Frage, die Menon an Molotov richtete, wurde in zwei Berichten an den Ballhausplatz, in einer – wichtigen – Nuance abweichend, berichtet. Bischoff berichtete, Menon habe Molotov gefragt, ob es nicht nützlich wäre, wenn Österreich „irgendeine feierliche Neutralitätserklärung" abgäbe.[189] Einem anderen Bericht zufolge fragte Menon, ohne dabei die Neutralität zu erwähnen, ob nicht eine Erklärung nützlich wäre, mit keiner der beiden Mächtegruppen ein Bündnis einzugehen und keiner der beiden militärische Basen zur Verfügung zu stellen.[190]

Es gibt zwei weitere Quellen zur indischen Intervention in Moskau; eine ist die Zusammenfassung des indischen Außenministeriums, die andere ein von Menon verfasster Brief als Antwort auf eine Anfrage an das Ministerium.[191] Der Zusammenfassung des Ministeriums zufolge hatte Menon in seinem Gespräch mit Molotov seiner Ansicht Ausdruck verliehen, „that the Soviet Government's main interest was that Austria should be neutral as between Western and Eastern Europe. The Ambassador believed that that was Austria's own desire. Would it help, he asked, if Austria was to make a declaration that she would not join any group against the Soviet Union and/or allow her territory to be used for adverse purposes." Als Erwiderung auf die Frage, ob der Inhalt von Grubers schriftlicher Stellungnahme dem indischen Gesandten in Wien am Tag zuvor, dem 29. Juni, überreicht worden war,

jener Vorgänge ließ auch nicht erkennen, dass beide Koalitionspartner die Inanspruchnahme von Indiens guten Diensten billigten. Schärf, *Erneuerung,* 349. In Schärfs Erinnerungsvermerk über die Besprechung vom 22. Juni ist keine Spur einer Einwendung oder gar eines Einspruches zu sehen. VGAB, Nachlass Schärf, 4/245.

189 Telegramm Bischoffs vom 1. Juli 1953, AdR, BMAA, II-Pol, Zl. 322.496-Pol/53, veröffentlicht in: *ÖuG*, Nr. 70.

190 Amtsvermerk Enderl über ein Gespräch mit Menon anfangs September 1953 in Budapest, AdR, BMAA, II-Pol. Zl. 323.914-Pol/53, veröffentlicht in: *ÖuG*, Nr. 72.

191 Auf Ersuchen von Gerald Stourzh verwendete sich Bundeskanzler Kreisky 1979/80 bei Frau Ministerpräsidentin Indira Gandhi für die Beschaffung von Mitteilungen über Menons Intervention bei Molotov. Das indische Außenministerium fragte daraufhin schriftlich bei dem damals 80jährigen Botschafter Menon an (Menon, einer der berühmtesten Diplomaten in den frühen Jahren der indischen Unabhängigkeit, starb 1982), der mit Brief vom 2. Februar 1980 dem Ministerium antwortete. Außerdem wurden drei vom Verfasser formulierte Fragen im Wege der österreichischen Botschaft New Delhi (datiert 18. März 1980) an das indische Außenministerium weitergegeben. Den damaligen Usancen entsprechend wurden keine Zitate oder Kopien von datierten Originaldokumenten mitgeteilt, sondern inhaltliche Zusammenfassungen. Sowohl die Antworten auf die gestellten Fragen als auch Menons Brief wurden im Dokument „Answers to the questions in the enclosure to the Austrian Ambassador's letter of the 18th March 1980" übermittelt. Das Dokument (undatiert, jedoch 1980) im Besitz von G. Stourzh.

konstatiert die Antwort, „es gibt keine Erwähnung davon durch Botschafter Menon“. Menon scheint bei seiner Démarche bei Molotov das wichtige österreichische Papier nicht gekannt zu haben. Zur Frage, wie Botschafter Menon die Chancen Österreichs auf einen Vertrag nach seinen Gesprächen in Moskau einschätze, berichtete das indische Außenministerium, dass Menon „keinen klaren Hinweis“ von Molotov über „die Pläne der Sowjetunion bezüglich zukünftiger Bewegungen in der Österreich-Frage“ erhielt. Menon selbst teilte in einem Brief an das Ministerium vom 2. Februar 1980 mit, dass seine Erinnerung nicht ganz klar sei, dass aber Pandit Nehru ihm gegenüber bei der Bürgenstock-Konferenz das Thema Österreich angesprochen habe. Menon fuhr fort: „Bei meiner Rückkehr nach Moskau sprach ich mit Molotov über dieses und andere Themen. Ich sagte ihm, die Sowjetregierung habe in letzter Zeit eine Reihe von Schritten zum Abbau der internationalen Spannungen unternommen, und diese wisse Premierminister Jawaharlal Nehru sehr zu schätzen. Die Vier-Mächte-Besetzung Österreichs hingegen sei ein Relikt aus dem Zweiten Weltkrieg und ein Symbol des Kalten Krieges. Nehru sei an diesem Problem interessiert und hoffe, dass die sowjetische Regierung Schritte in Richtung seiner Lösung unternehmen würde. Molotov hörte mir in seiner üblichen regungslosen Art zu und notierte sich, was ich gesagt hatte.“[192]

Die österreichischen Berichte von 1953 sind bezüglich Molotovs Antwort detaillierter. Die Substanz von Molotovs Antwort auf Menons Sondierung bezüglich einer österreichischen Erklärung war eindeutig: „Nützlich“ wäre eine solche Erklärung gewiss, „aber nicht genug. Erklärungen würden heute gemacht und morgen widerrufen“,[193] und als Beispiel habe Molotov den „langen“ Vertrag und den Kurzvertrag angeführt.[194] Auf die weitere Frage Menons, was dann genug wäre bzw. was die Österreicher tun könnten, ging Molotov nicht mehr ein.[195]

---

192 Alle Zitate aus dem in der vorhergehenden Fußnote erwähnten Dokument. In dieser Stellungnahme vom 2. Februar 1980 ging Menon auf die Frage Neutralität oder Bündnisfreiheit gar nicht ein.

193 Hier zit. nach Bischoffs Bericht; übereinstimmend Bericht Enderls.

194 Diese Wiedergabe im Gespräch Menon/Enderl. Enderl zitiert in seinem Bericht wörtlich Menons Wiedergabe eines Satzes von Molotovs Antwort in englischer Sprache: „Such a declaration would certainly be useful, but as you know and as you can see from the case of the long and short treaty draft, declarations can be made and unmade.“

195 Ende Juli 1953 erkundigte sich der indische Foreign Secretary, R. K. Nehru, beim österreichischen Gesandten in New Delhi, ob die Bundesregierung eine Erklärung über eine „Neutralisierung“ Österreichs bereits vor dem Parlament abgegeben hätte. Dies könnte sich auf die Formulierung vom „militärpolitisch neutralisierten Österreich“ in dem dem Gesandten Gundevia am 29. Juni übergebenen Papier beziehen. AdR, BMAA, II-Pol. Mikrofilmarchiv XX/3/Rolle 2, Bericht Zl. 24-Pol/53 Gesandtschaft New Delhi vom 31. Juli 1953. Zur „Bürgenstock-Initiative“ Grubers und der Démarche Botschafter Menons in Moskau auch ausführlich Jenny, *Konsensformel*, 87–95; wohlinformiert bereits damals der Artikel „Das Schweigen des Herrn Molotow“ von Alfons Dalma, *SN*, 5./6. September

Die sowjetische Reaktion auf die Signale aus Wien war also eher enttäuschend. Der auffallenden Welle von Erleichterungen im Besatzungsregime entsprach keine ebenso spektakuläre „neue Linie" in Richtung Staatsvertrag. Tatsächlich hatten einige der sowjetischen Maßnahmen in Österreich weniger mit dem internationalen Tauwetter zu tun als vielmehr mit der traditionellen Politik, vor Wahlen „gutes Wetter" zu schaffen, in diesem Fall, um die Chancen der KPÖ bei der bevorstehenden Betriebsratswahl zu verbessern.[196] Das Datum der Interventionen Menons und Bischoffs am 30. Juni war auch ungünstig; es war in der Tat noch ungünstiger, als die beiden Diplomaten wissen konnten. Nicht nur hatte es am 16./17. Juni einen von den Sowjets niedergeschlagenen Aufstand in Ostdeutschland gegeben; am 26. Juni war Lavrentij Berija, Erster Stellvertretender Ministerpräsident, Herr über den Geheimdienst und in den Wochen zuvor außenpolitisch zunehmend aktiver Rivale und Herausforderer Molotovs in der Deutschland-Politik, verhaftet worden, doch wurde dies erst am 10. Juli bekanntgegeben. Überdies zeigen Forschungen, dass Molotov im Mai und anfangs Juni mehrfach Anregungen des Ministerpräsidenten Malenkov blockierte, – im Zusammenhang mit der britischen Einladung für ein neues Treffen der Sonderbeauftragten – die Staatsvertragsverhandlungen wieder aufzunehmen.[197]

Anfangs wurde das österreichische Memorandum vom 30. Juni von den Sowjets intern als ein interessantes Signal eingeschätzt, und man begrüßte die österreichische Entscheidung, die „antisowjetische Kampagne zurückzufahren"; die österreichische Bereitschaft, Handel mit der UdSSR zu intensivieren, wurde als eine Chance gesehen, „Widersprüche zwischen Österreich und den westlichen Ländern auszunutzen". Da aber Österreich nach wie vor am Kurzvertrag festhalte, und da das Memorandum „keine neuen Fragen enthielt", wurde empfohlen, keine Antwort darauf zu geben.[198] Als die Angelegenheit das Präsidium der KPdSU erreichte (so nannte sich das Politbüro seit dem 19. Parteitag), wurde diese Entscheidung revidiert; die Antwort vom 29. Juli bestätigte die sowjetische Bereitschaft, wieder in Verhandlungen einzutreten, sobald die anderen Parteien den Kurzvertrag zurücknahmen.[199]

1953, 1.

196 Dies bezog sich auf die Lockerung der sowjetischen Kontrollen an den Demarkationslinien vor den österreichischen Betriebsratswahlen im Sommer 1953. Bericht Timoščenko, 14. Mai 1953, in: RGANI, f. 5, op. 28, d. 68, l. 89. Vgl. Mueller, *Die sowjetische Besatzung in Österreich,* 175.

197 *AdG,* 1953, 4068 C; Zubok/ Pleshakov, *Inside the Kremlin's Cold War*, 156–163, insbes. 157f.

198 An Gribanov, „Zaključenie na memorandum", 3. Juli 1953, AVPRF, f. 066, op. 34-9, p. 164, d. 1, ll. 61–63. Text in Vatlin et al., *SSSR i Avstrija,* Nr. 95.

199 Postanovlenie Prezidiuma CK KPSS P. 20/1, 20. Juli 1953, RGANI f. 3 op. 10 d. 35, ll. 1, 7–13.

Hingegen war die Reaktion der Westmächte auf Grubers Bürgenstock-Gespräch und die Interventionen in Moskau (das von Bischoff überreichte Memorandum ebenso wie Menons Démarche) außerordentlich verärgert.[200] Ein Faktor hinter dem auffallenden Ärger britischer Diplomaten mag die Tatsache gewesen sein, dass Indien als Mitglied des Commonwealth den Briten keine Vorinformation gegeben hatte[201] und dass sie von Gruber möglicherweise weniger genau als die Amerikaner informiert wurden.[202] In London beklagte man die Schwächung der westlichen Verhandlungsposition durch die österreichischen Extratouren.[203] Wenn auch der Ton der US-amerikanischen diplomatischen Dokumente ruhiger ist als jener der britischen, so waren ihre Vorbehalte grundsätzlich ernster. Das US-amerikanische militärische Engagement in Österreich war wesentlich größer als das britische. Dazu kam als erschwerendes Moment, dass den Westmächten die möglicherweise inkorrekte Bischoff-Version des Menon-Molotov-Gespräches zukam, wonach Menon von der österreichischen Bereitschaft einer „Neutralitätserklärung" gesprochen habe.[204] Thompson betonte daher gegenüber Raab und Gruber, dass die Anfrage bei Nehru ohne vorherige Information der USA „sehr beunruhigend" sei, besonders im Hinblick auf die Bezugnahme des indischen Botschafters auf die Neutralität. Gruber verteidigte sich und wandte ein, er habe nie von Neutralität gesprochen, sondern lediglich von österreichischer Nichtteilnahme an Militärpakten – was bezüglich des Gespräches mit Nehru auch zutraf.[205]

200 Hierzu zahlreiche Hinweise in den Notizen Schärfs: Adold Schärf, *Tagebuchnotizen des Jahres 1953*, hrsg. v. Gertrude Enderle-Burcel, Innsbruck 2019, 172–186 Von französischer Seite hörte Kreisky, dass Gruber Nehru „ausdrücklich die Neutralität Österreichs zugesichert habe", was Schärf dazu brachte, zu notieren, Gruber „hat uns also falsch unterrichtet". Ebda. 177. Die französische Behauptung ist jedoch im Lichte der anderen Quellen extrem unwahrscheinlich.

201 Vgl. Telegramm des britischen Botschafters in Moskau, Sir A. Gascoigne, nach London, TNAUK, FO 371/103763/CA1071/167.

202 Vgl. Telegramm Dulles an Thompson, 7. Juli 1953, *FRUS 1952–1954*, Bd. 7, 1870.

203 Vgl. den verärgerten Aktenvermerk Geoffrey Harrisons über die neuesten „Gruberisms" vom 3. Juli 1953. TNAUK, FO 371/103763/CA1071/168; vgl. auch Bischof, „Making of a Cold Warrior", 122.

204 Bischoffs Bericht aus Moskau wurde in Wien ohne Kommentierung der möglicherweise „wishful thinking" verratenden Berichterstattung Bischoffs („feierliche Neutralitätserklärung") an die Missionen in den Hauptstädten der Westalliierten weitergegeben (AdR, BMAA, II-Pol. Zl. 322.496-Pol/53; vgl. u.a. TNAUK, FO 371/103763/CA1071/166 u. CA1071/175). Ein britischer Diplomat machte sich Notizen aus Bischoffs Bericht anlässlich eines Besuches beim Generalsekretär Wildmann im Außenamt, während Wildmann einige Minuten zu Gruber gerufen wurde. G. P. Labouchere an Harrison, 7. Juli 1953, TNAUK, FO 371/103763/CA1971/171.

205 Bericht Thompsons vom 9. Juli 1953, *FRUS 1952–1954*, Bd. 7, 1871. Gruber wiederholte wenige Wochen später in einem Gespräch zwischen Raab, Helmer, Gruber und Thompson, dass er nur eine österreichische Erklärung betreffend Nichtmitgliedschaft in Militärpakten im Sinne habe, und nicht „neutralization". Bericht Thompsons vom 1. August 1953, *FRUS 1952–1954*, Bd. 7, 1878. Gruber unterstrich gegenüber dem schweizerischen Außenminister Petitpierre am 18. Juli 1953 in Zürich, als

Die internationalen Turbulenzen stachelten Raabs außenpolitisches Interesse erst recht an. An einem besonders schwierigen Tag, an dem Botschafter Thompson Raab „in aller Freundlichkeit" warnte, „daß die U.S.A. nur Staaten die Hilfe leihen werden, die eindeutig mit ihnen verbunden sind", und Schärf Raab darauf aufmerksam machte, dass die Berichte aus Moskau zeigten, dass die Sowjetunion gar nicht abziehen wolle, notierte er abschließend: „Schöne Aussichten[.] Nun erst recht für die Außenpolitik ein besonderes Interesse." Raab zeigte übrigens in diesen Tagen die Tendenz, Gruber gegenüber den Westalliierten zu desavouieren und versicherte den Amerikanern, die Regierung werde keine Schritte bezüglich der Staatsvertragsverhandlungen ohne vorherige Konsultationen unternehmen.[206]

Botschafter Thompson suchte unmittelbar im Anschluss an den Protestbesuch bei Raab und Gruber Schärf auf und sprach, wohl im Wissen um Schärfs Kritik an der Moskauer Démarche,[207] noch offener. Thompson brachte deutlich die Betroffenheit der Amerikaner über den Vertrauensbruch, als den sie die Aktion mit der Démarche der Inder betrachteten, zum Ausdruck. In Schärfs Erinnerungsvermerk heißt es weiter, Thompson glaube nicht,

> daß irgend jemand erwarte, daß Österreich Mitglied der NATO werde, er halte es jedoch für wichtig, daß Österreich nicht in ein Licht gerät, wo es ihm unmöglich werden könnte, Mitglied einer europäischen Gemeinschaft zu werden. In Amerika denke man eben vielfach, wer nicht mit uns ist, ist gegen uns; und das wende man auch auf Österreich an, wodurch gewisse Gefahren entstehen könnten.[208]

---

das Gespräch auf die „Frage der Neutralität oder der Neutralisierung Österreichs" kam, die österreichische Regierung lege vor allem Wert darauf, „une politique sans alliance" zu machen. Gruber erläuterte weiter, er habe über den indischen Botschafter in Moskau bei Molotov anfragen lassen, wie „une politique sans alliance, équivalent à une neutralité" beurteilt würde. Gesprächsvermerk Petitpierres: SBA, Fonds Petitpierre, E 2800, 1990/106. Vgl. auch Jenny, *Konsensformel*, 93f.

206 StAS, PT, Eintragung zum 4. Juli 1953; Bericht Thompsons über Besuch Raabs v. 4. Juli 1953, *FRUS 1952–1954*, Bd. 7, 1871, Anm. 5; Bericht des britischen Hochkommissars Sir Harold Caccia über Besuch bei Raab am 9. Juli. TNAUK, FO 371/103763/CA1071/173.

207 Gespräch zwischen Schärf und Kreisky mit den drei westlichen Stellvertretenden Hochkommissaren am 2. Juli über Bischoffs Bericht. TNAUK, FO 371/103763/CA1071/166.

208 Erinnerungsvermerk über den Besuch Thompsons in Schärfs Büro am 8. Juli 1953, im Anschluss an seine Vorsprache bei Raab und Gruber, in: VGAB, Nachlass Schärf, 4/219, teilweise veröffentlicht in: Stadler, *Schärf*, 421; nunmehr vollständige Veröffentlichung in: Schärf, *Tagebuchnotizen des Jahres 1953*, 186. Thompsons Bericht in *FRUS 1952–1954*, Bd. 7, 1871. Bei einer Besprechung Helmers und Grubers am 15. September 1953 mit hohen amerikanischen Militärs in Salzburg wurde von österreichischer Seite erklärt, eine „Neutralisierung" Österreichs komme nicht in Frage, aber das Land wolle „unabhängig" bleiben; dies schien nicht zu befriedigen, denn tags darauf übte man im amerikanischen Hauptquartier massive Kritik: „Wir haben wenig Interesse daran, daß Österreich

Es zeigte sich bald, dass es der sowjetischen Außenpolitik zunächst und in erster Linie um die endgültige Rücknahme des Kurzvertrages ging. Ohne die geringste Konzessionsbereitschaft erwartete die Sowjetunion, dass bei weiteren Gesprächen vom „langen" Staatsvertragsentwurf auszugehen wäre. Da Österreich den Kurzvertrag gutgeheißen hatte – besonders in dem Memorandum vom Juli 1952 –, verlangte Moskau auch von Österreich die Distanzierung vom Kurzvertrag. Sowohl die Westmächte als auch Österreich trennten sich also vom Kurzvertrag, dem ja von vornherein eher eine Rolle als Protest- und Propagandainstrument zugedacht gewesen war. Am schwersten fiel dies den Amerikanern, die geltend machten, dass mit dem Fallenlassen des Kurzvertrages die Rückkehr zu den bereits 1949 ausgehandelten, doch zunehmend als unzumutbare und gefährliche Belastungen angesehenen Artikeln des „langen" Vertrages verbunden war. Den Briten und Franzosen war um den Kurzvertrag weniger leid. Aber auch die Österreicher waren längst zu dem Schluss gekommen, dass Verhandlungen nur nach Fallenlassen des Kurzvertrages wieder flottgemacht werden könnten; schon in der ersten Sitzung des neuen Kabinetts Raab am 9. April 1953 war Gruber ermächtigt worden, den Westalliierten mitzuteilen, dass Österreich bei einer Vier-Mächte-Besprechung über den Staatsvertrag einer Rückziehung des Kurzvertrages zustimmen würde. Gegenüber anhaltendem amerikanischen Zögern forderte Gruber von den Westalliierten im August kategorisch, dies ohne Verzögerung zu tun. Norbert Bischoff richtete anfangs September ein dringliches Privatschreiben an Adolf Schärf mit der Bitte, Österreich möge den Kurzvertrag endgültig fallenlassen, doch war diese Entscheidung in Wien schon gefallen.[209] In einer Konferenz mit den drei westlichen Hochkommissaren hatten Figl,

---

in die sowjetische Einflußsphäre gerät und werden nur bei klaren Verhältnissen ausrüsten. Womit werden Sie die österreichische Armee ausrüsten, wenn eine solche Politik die Ausrüstung durch uns verhindert?" Österreich könne sich eine wirkliche Neutralität, welche eine starke Ausrüstung aus eigenem erfordere, nicht leisten. Graf an Raab, 18. September 1953 (Beilage); Bericht Paumgarttens vom 16. September 1953, Beilage zu Graf an Raab, 23. September 1953. ÖStA, GD, NLS, B/1030/145.

209 Zur britischen Haltung vgl. AdR, BMAA, II-Pol, Mikrofilmarchiv XX/3/Rolle 2, Bericht Zl. 83-Pol/53 Botschaft London vom 13. August 1953. Zur österreichischen Bereitschaft, zum Langvertrag zurückzukehren, vgl. noch vor Jahresende 1952 Figl und Gruber im Gespräch mit dem britischen Hochkommissar Caccia, hierzu dessen Bericht v. 14. Jänner 1953, TNAUK, FO 371/103758/CA1071/10; Ermächtigung der Regierung Raab an Gruber: AdR, MRProt Nr. 1 (mit Bildung der Regierung Raab I begann eine neue Zählung der Ministerratsprotokolle), 9. April 1953 (Verschluss). Knapp darauf verfasste Gruber auf Ersuchen des amerikanischen Hochkommissars Thompson ein Memorandum mit den österreichischen Argumenten zur Rücknahme des Kurzvertrages: am 17. April 1953 von Gruber an Thompson persönlich übergeben, hierzu NA, RG 59, 663.001/4-1753; wenige Tage danach auch den beiden anderen Westmächten übergeben: vgl. TNAUK, FO 371/103761/CA1071/91; dieses Memorandum hatte, wie der französische Hochkommissar Payart nach Paris berichtete, die Zustimmung Raabs und Kreiskys: AAF Wien, Traité d'État IV, Bericht v. 22. April 1953, Nr. 1580/588. Zu Grubers Intervention bei den Westmächten im August 1953: Gespräch Generalsekretär Karl Wild-

Gruber und Schärf am 1. September über Österreichs Konsens Bericht erstattet, dass, „wenn die Russen auch auf einen erweiterten Kurzvertrag nicht eingehen wollen, auf den alten Vertragsentwurf zurückgegriffen werden kann".[210]

Auf Ersuchen der Bundesregierung trat der Hauptausschuss des Nationalrates am 19. August zusammen, um den Text einer österreichischen Note bezüglich Österreichs Befürwortung einer Rückkehr zum „langen" Vertragsentwurf an die Sowjetunion zu genehmigen. Nachdem diese Note die sowjetische Seite nicht voll zufriedenstellte, erging am 23. September eine weitere Note an die Sowjetunion, für die von der Bundesregierung ebenfalls ausdrücklich das Placet des Hauptausschusses eingeholt wurde. Bei dieser zweiten außenpolitischen Beratung des Hauptausschusses binnen weniger Wochen erklärte Gruber wörtlich: „Unsere Politik ist: Frei von militärischen Blöcken – aber auch im Inneren frei gemäß unserer demokratischen Verfassung!" Diese Äußerung wurde als Teil des Berichtes der Bundesregierung vom Hauptausschuss „zustimmend zur Kenntnis genommen".[211] Hier wurde jene parlamentarische Abstützung der österreichischen Außenpolitik praktiziert, die in den Beratungen Raabs, Schärfs, Grubers und Kreiskys nach Grubers Rückkehr vom Bürgenstock zur Sprache gekommen war und die zwei Jahre später voll zum Tragen kommen sollte.

In einer Note vom 25. November stimmten die Westmächte einer Rückkehr zum „langen" Entwurf zu.[212] Von österreichischer Seite waren also zwischen Juni und September 1953 eine ganze Reihe von Schritten unternommen worden, um die Staatsvertragsverhandlungen wieder flottzumachen. Wenn die Entwicklung zäher voranging, als es sich die Österreicher erhoffen mochten, dann lag dies nicht zuletzt daran, dass in den Augen der Großmächte in West und Ost das Schicksal des Staatsvertrages mit der deutschen Frage verbunden war. Dass dies auch für die Westmächte galt, zeigt sich in ihrer seit dem Frühjahr 1953 wachsenden Besorgnis wegen einer „Neutralisierung" Österreichs. Im April 1953 schrieb Walter Wodak aus

---

mann mit Außenminister Gruber und Weisung Wildmann an Botschaften in Washington, London, Paris v. 8. August 1953, Zl. 323.227-Pol/53. Brief Bischoffs an Schärf v. 5. September 1953 im Anhang (Dok. Nr. 28) zu dem bereits genannten Manuskript Bischoffs, ÖStA, GD, NLS, E/1770/156.

210 Erinnerungsnotiz, 1. September 1952, in: *Adolf Schärf: Tagebuchnotizen des Jahres 1952,* hrsg. v. Gertrude Enderle-Burcel, Innsbruck 2010, 198.

211 Vgl. Parlamentskorrespondenz vom 19. August bzw. 23. September 1953. Für die Beratungen des Hauptausschusses über die beiden Noten an die Sowjetunion wurde ausdrücklich die Vertraulichkeit aufgehoben. In der Beratung vom 23. September erklärte Außenminister Gruber zusätzlich, die „Nichtteilnahme an militärischen Bündnissen heißt ja nicht, daß dort, wo es unsere kulturellen und ökonomischen Interessen erfordern, für Österreich die internationale Zusammenarbeit ausgeschlossen sei". Der sowjetisch-österreichische Notenwechsel von Juli–September 1953 abgedruckt bei: *DÖA*, Nr. 118, 119, 125.

212 Puškin, Il'ičëv, Gribanov an Molotov, 27. November 1953, AVPRF, f. 066, op. 35, p. 187, d. 28, ll. 1–5.

Paris nach Wien, eine Nichtteilnahme Österreichs an Militärpakten schiene akzeptabel, aber man fürchte eben die Folgen für Deutschland. Dazu komme noch, „daß die Worte Neutralität und Neutralisierung heutzutage im Westen einen schlechten Klang haben".[213]

Trotz dieser Vorbehalte brachte die österreichische Außenpolitik im Sommer 1953 erstmals den Gedanken der Bündnislosigkeit oder der Neutralität – über die Nuancen wird noch zu sprechen sein – als mögliches Verhandlungsobjekt ins Gespräch. Es mag daher jetzt der Ort sein, rückgreifend in einem Exkurs den historischen Wurzeln und Voraussetzungen dieser Idee nachzugehen und dann erst ein Bild vom weiteren Fortgang der Staatsvertragsverhandlungen zu zeichnen.

213 Brief an Adolf Schärf vom 22. April 1953, bezugnehmend auf ein Gespräch mit westlichen Diplomaten; Nachlass Wodak, nunmehr in ÖStA, GD, NLS, E 1785.

V. BÜNDNISLOSIGKEIT ALS BEDINGUNG DER FREIHEIT, 1953–1954

1. Österreichische Überlegungen zur Neutralität, 1918–1938

Der völkerrechtliche Begriff der Neutralität betrifft zunächst die Haltung eines Staates, der sich an einem bestimmten Krieg zwischen anderen Staaten nicht beteiligt. Verzichtet jedoch ein Staat grundsätzlich auf die Teilnahme an zukünftigen kriegerischen Verwicklungen (ausgenommen die Abwehr eines gegen ihn gerichteten Angriffes), spricht man von dauernder, ständiger oder immerwährender Neutralität, zumal wenn dieser Verzicht Gegenstand einer völkerrechtlichen Regelung ist, wie etwa im Fall Belgiens von 1831 bis zum Ersten Weltkrieg oder der Schweiz seit 1815. Handelt es sich um eine vertraglich auferlegte Neutralität, spricht man auch von „Neutralisierung" oder „neutralisierten" Staaten. Der grundsätzliche Verzicht auf Teilnahme an zukünftigen Kriegen kommt insbesondere darin zum Ausdruck, dass der ständig neutrale Staat keine Militärbündnisse, sei es offensiver oder defensiver Art, eingeht und auch darüber hinaus alles unterlässt, was geeignet wäre, ihn in einen bewaffneten Konflikt hineinzuziehen.[1] Dazu zählt zum Beispiel die Zulassung ausländischer Militärstützpunkte auf eigenem Territorium. Staaten, welche einen solchen grundsätzlichen Verzicht auf Teilnahme an militärischen Verwicklungen zur Richtschnur nehmen, betreiben „Neutralitätspolitik", ob sie nun völkerrechtlich dazu verpflichtet sind oder, wie im Fall Schwedens, lediglich eine traditionelle außenpolitische Linie konstant verfolgen. Fehlt es an der völkerrechtlichen Fixierung, ist auch die Terminologie lockerer, und anstatt von ständiger Neutralität und Neutralitätspolitik wird bisweilen von einer Politik der Allianzfreiheit oder Bündnislosigkeit gesprochen.[2]

---

1 Vgl. Alfred Verdross, *Die immerwährende Neutralität der Republik Österreich,* Wien ²1966; Stephan Verosta, *Die dauernde Neutralität. Ein Grundriß,* Wien 1967, darin auf 113–117 die sogenannte „offizielle Schweizer Konzeption der Neutralität", eher ein Memorandum des schweizerischen Völkerrechtlers Rudolf Bindschedler vom 26. November 1954. Vgl. Rudolf Kirchschläger, „Der österreichische Status der dauernden Neutralität und seine Rückwirkung auf das interne Recht des dauernd neutralen Staates", in: *Verhandlungen des Dritten Österreichischen Juristentages Wien 1967,* Wien 1969, Bd. 2, 2. Teil, 5–23.

2 Vgl. Gerald Stourzh, „Some Reflections on Permanent Neutrality", in August Schou/Arne Olav

Wo sind die historischen Wurzeln der Neutralität Österreichs zu suchen? Man kann davon ausgehen, dass Mächte, deren Eigengewicht groß genug ist, das bestehende Mächtegleichgewicht entscheidend zu verändern, und die selbst zum Zentrum eines Machtblockes werden können, kaum geeignete Träger ständiger Neutralität sind – wenngleich es Ausnahmen gibt. Obgleich sogar im Reichsrat des kaiserlichen Österreich bereits 1912 das Projekt einer ständigen Neutralität der Donau-Monarchie deponiert wurde – charakteristischerweise von tschechischen Abgeordneten im Kampf gegen das Militärbündnis mit Deutschland[3] –, ist es doch die Konstituierung Österreichs als Kleinstaat 1918/19, die als Ausgangspunkt unserer hiesigen Überlegungen zu dienen hat. Dieser Kleinstaat war allerdings mit einer schweren Hypothek der Anschlussproblematik behaftet, welche mit der „Großmacht"-Mentalität einer Mehrzahl der Österreicher zu dieser Zeit eng zusammenhing. In Vorarlberg gab es wohl die Bewegung zugunsten eines Anschlusses an den neutralen Kleinstaat Schweiz. Kam in Tirol noch im April/Mai 1919 das Bestreben zum Ausdruck, als neutraler Kleinstaat ungeteilt zu überleben, so ergab dort 1921 eine Volksbefragung (wie auch im benachbarten Salzburg) eine überwältigende Mehrheit für den Anschluss an Deutschland; die Labilität jener Anfangsjahre der Ersten Republik spiegelt sich in dieser verzweifelten Suche nach einem Ausweg aus der Krise.[4]

Der letzte Ministerpräsident des k. k. Österreich, der Jurist Heinrich Lammasch, überreichte Ende März 1919 alliierten Diplomaten in Bern ein Memorandum,[5] in welchem er sich, wie auch bei einigen anderen Gelegenheiten, für eine neutralisierte, unabhängige „norische" oder „ostalpine" Republik aussprach.[6] Ähnliche Vor-

Brundtland, Hrsg., *Small States in International Relations* (= Nobel Symposium 17), Stockholm 1971, 93–98.

3 Antrag von 24 tschechischen Sozialdemokraten (Autonomisten) vom 20. Juni 1912 (Abg. Modráček und Genossen), Nr. 1509 der Beilagen zu den Sten.-Prot. des Abgeordnetenhauses des Reichsrates, 21. Session, 1912, Bd. 8.

4 Vgl. Otto Ender, *Vorarlbergs Schweizer-Anschluß-Bewegung*, Dornbirn 1952; Rudolf Granichstaedten-Czerva, *Tirol und die Revolution*, Innsbruck 1920, 29, 43, 48 und 86; Richard Schober, *Tirol zwischen den beiden Weltkriegen: 2 : Politik, Parteien und Gesellschaft*, Innsbruck 2009, 141–154.

5 Public Record Office London, FO 371/3530: von Lammasch überreichtes Memorandum übermittelt als Beilage eines Berichtes der englischen Gesandtschaft Bern an das Foreign Office vom 28. März 1919 (mit Kopie an die englische Delegation auf dem Pariser Friedenskongress, FO 608/11).

6 Lammasch an Otto Bauer, 20. März 1919, AdR, NPA, Präs., K 261 (Nachlass Otto Bauer), fol. 457; für Lammaschs Ansichten in Saint-Germain vgl. Brief Renners an Bauer vom 15. Mai 1919, ebd., fol. 644, Telegramm Renners an Bauer vom 20. Mai 1919, ebd., fol. 511; der „von einem Österreicher", nämlich Lammasch, verfasste Artikel „Die norische Republik", in: *National-Zeitung*, Basel, Nr. 224, 15. Mai 1919, 1. Im Artikel „Der Friede von St. Germain", in: *National-Zeitung*, Basel, Nr. 337, 25. Juli 1919, appellierte Lammasch an Frankreich, ob es nicht zu seinem Vorteil wäre, Österreich nicht in die Arme Deutschlands zu treiben, sondern „eine Verbindung über neutrales Gebiet von Genf bis an

stellungen vertrat der Staatsrechtler und Politiker Josef Redlich.[7] Aber nicht der 1920 verstorbene Lammasch, auch nicht der zwischen Wien und der Harvard-Universität pendelnde Redlich, sondern zwei andere Persönlichkeiten drückten der Ersten Republik ihren Stempel auf, die bei aller politischen Gegnerschaft eine Abneigung gegen das Kleinstaatsdasein teilten: Otto Bauer und Ignaz Seipel.[8] Allerdings hinderte ihr Großmachtdenken die beiden Staatsmänner nicht daran, ein Kleinstaatsdasein ähnlich der Schweiz zu bejahen. In seiner jahrelangen Abwehr einer Anschlusspolitik sprach der christlichsoziale Kanzler Seipel auch einmal davon, dass Österreich gerade durch seinen Föderalismus „für immer zu einem selbständigen Sein nach Art der Schweiz, seinem einzigen und tatsächlichen Vorbild, bestimmt zu sein" scheine.[9] Bauer zog aus der Machtergreifung Hitlers in Deutschland den Schluss, dass Österreich die völkerrechtliche Neutralisierung anstreben sollte; der sozialdemokratische Anführer versuchte über diplomatische Kanäle andere Staaten für diesen Plan zu interessieren.[10]

---

die Westgrenze Ungarns durch eine neutrale ostalpine Republik zu erhalten, die in gewissem Sinne die Fortsetzung der Schweiz darstellte".

7 Tagebucheintragung Redlichs vom 13. Jänner 1919, in: Fritz Fellner, Hrsg., *Schicksalsjahre Österreichs 1908–1919. Das politische Tagebuch Josef Redlichs*, 2 Bände, Graz – Köln 1954, hier Bd. 2, 330. Hierzu Stephan Verosta, „Das französische Angebot der dauernden Neutralität an Österreich im Jahre 1919", in: Emanuel Diez u.a., Hrsg., *Festschrift für Rudolf Bindschedler zum 65. Geburtstag,* Bern 1980, 51–68, hier 55.

8 Otto Bauer, *Acht Monate Auswärtiger Politik,* Wien 1919, 5; Privatbrief Seipels an Dr. W. Bauer, Delegierter der Österreichischen Bundesbahnen in Paris, 31. Juli 1928: Abschrift des Briefes in AdR, NPA, K 465, fol. 68–70 (zu Zl. 23.808/13/1928), englische Übersetzung von Paul R. Sweet in: *Journal of Modern History* 19, 1947, 320–323; deutsche Veröffentlichung bei Viktor Reimann, *Zu groß für Österreich – Seipel und Bauer im Kampf um die Erste Republik,* Wien 1968, 190–193. Zu Bauer zuletzt Ernst Hanisch, *Der große Illusionist: Otto Bauer (1881–1938),* Wien 2011.

9 Ignaz Seipel, *Der Kampf um die österreichische Verfassung,* Wien 1930, 158 (aus einem Vortrag in München am 21. Jänner 1929). Bericht des Gesandten Hoffinger aus Bern Nr. 8/P vom 5. Februar 1929, AdR, NPA, Berichte Gesandtschaft Bern.

10 Am 17. März 1933 berichtete der britische Gesandte in Wien, Sir Eric Phipps, sein französischer Kollege in Wien habe erfahren, dass Otto Bauer gegenüber dem tschechoslowakischen Gesandten in Wien (dem Sozialdemokraten Zdeněk Fierlinger) den Plan einer Neutralisierung Österreichs betrieben und hinzugefügt habe, England wäre das geeignete Land, diesen Vorschlag zu lancieren; die Reaktion des Foreign Office war negativ. TNAUK, FO 371/16636. Bekannt war bereits, dass am 13. Mai 1933 die sozialdemokratische Parteivertretung für die völkerrechtliche Neutralisierung Österreichs eintrat und Bauer darüber dem im Oktober tagenden Parteitag berichtete. Bauers Referat in: *Archiv, Mitteilungsblatt des Vereins für Geschichte der Arbeiterbewegung* 3, 1963, 49. Im Gegensatz zur Erinnerung Otto Leichters, wonach Karl Seitz den Plan einer Neutralisierung Österreichs entwickelt habe, war eher Otto Bauer der Autor. Otto Leichter, „Für ein unabhängiges Österreich. Eine Denkschrift aus dem Jahre 1939", in: *Die Zukunft* 1/2, 1973, 30, Anm. 4. Auch Karl Renner hat im Herbst 1933 für die Neutralität Österreichs plädiert.

Frankreich hat im Frühjahr 1919 die Neutralität Österreichs erwogen. André Tardieu, engster Berater des Ministerpräsidenten Clemenceau auf der Friedenskonferenz, schlug in einer Besprechung über Grenzfragen am 11. März seinen britischen und amerikanischen Gesprächspartnern „under the guarantee of the League of Nations, the neutrality of German Austria" vor. Drei Tage später erschien in der offiziösen Tageszeitung *Le Temps* ein Artikel, der genau diese Lösung propagierte; zwei weitere Tage später äußerte sich der französische Außenminister Stephen Pichon auf einer Pressekonferenz im Sinne einer Neutralisierung Österreichs.[11] Auch in Wien förderten die Franzosen eine Neutralitätskampagne, die in der bürgerlichen und christlichsozialen Presse kein unfreundliches Echo fand, zumal sich damit Hoffnungen auf bessere Friedensbedingungen, insbesondere den Verbleib Südtirols, verbanden. Der Ende März 1919 in Sondermission nach Wien entsandte französische Diplomat Henry Allizé hat sich in Berichten an den Quai d'Orsay für die Neutralität Österreichs nach dem Modell der Schweiz ausgesprochen und empfohlen, diese im Völkerbundpakt zu verankern.[12] Zu diesem Zeitpunkt schienen sich

11 Bericht des britischen Gesprächsteilnehmers Philip Kerr in: *Papers respecting Negotiations for an Anglo-French Pact* (= Cmd. 2169), London 1924, 59 und 64. Siehe auch „Neutralité et Societé des Nations", in: *Le Temps*, 14. März 1919. Zur Pressekonferenz Pichons am 16. März 1919 vgl. Thomas Angerer, *Frankreich und die Österreichfrage. Historische Grundlagen und Leitlinien 1945–1955,* Diss. Univ. Wien 1996, 70. Bereits am 24. Februar 1919 war in *Le Temps* die Verbindung Österreichs mit der Schweiz angerufen und das Beispiel der Schweiz für Österreich als immerwährend neutraler Staat beschworen worden. Dieser Artikel ist abgedruckt bei Verosta, „Das französische Angebot der dauernden Neutralität", 60–62, allerdings mit dem unrichtigen Datum 24. April 1919. Richtiges Datum bei Felix Kreissler, „Frankreichs öffentliche Meinung und der Friede von Saint-Germain", in: *Saint-Germain 1919. Protokolle des Symposiums am 29. und 30. Mai 1979 in Wien,* hrsg. von Isabella Ackerl/Rudolf Neck, Wien 1989, 280f. Andere Stimmen zugunsten der Neutralität Österreichs ebd., 276.

12 Zit. aus: Henry Allizé, *Ma mission à Vienne (Mars 1919–Août 1920),* Paris 1933, 117; vgl. auch 158 und 198. Bei dem in Allizés Buch zitierten Bericht handelt es sich anscheinend um Bericht Nr. 54 vom 5. Mai 1919, der in den AD, Paris, nicht auffindbar war (Notiz der Direction des Archives des franz. Außenministeriums, G. S. übermittelt mit Schreiben des damaligen Direktors der Direction des Archives, Jean Laloy, vom 20. November 1969, im Besitz von G. S.). Vgl. jedoch den ausführlichen, ebenfalls die Neutralität Österreichs befürwortenden Bericht Nr. 25 v. 17. April 1919 (AD, Série A. Paix, vol. 99, fol. 25–61). Aufgrund von Allizés Berichterstattung scheint geklärt, inwieweit Allizé selbst die Neutralitätslösung befürwortet habe, im Widerspruch zu Hanns Haas, „Henry Allizé und die österreichische Unabhängigkeit", in: *Austriaca* Jg. 5, 1979, Sondernummer (= Actes du Colloque de Rouen, 8–12 novembre 1977, III), 267. Zahlreiche Berichte Allizés aus den AD befinden sich auf Mikrofilm im Institut für Geschichte der Universität Wien. Zur französischen Pressekampagne in Wien siehe Bertrand Auerbach, *Le rattachement de l'Autriche à l'Allemagne,* Nancy 1927, 80, sowie einen sehr aufschlussreichen, von der historischen Forschung bisher vernachlässigten Brief Otto Bauers an den Redaktionsausschuss des *Neuen Wiener Journals* vom 16. April 1919, veröffentlicht in *AZ,* 27. April 1919, 5. Zur französischen Österreich-Politik und zur Frage der Neutralität im Frühjahr 1919 siehe Gerald Stourzh, „Zur Genese des Anschlußverbots in den Verträgen von Versailles, Saint-Ger-

allerdings Clémenceau und Tardieu vom Plan einer Neutralität Österreichs wieder zurückzuziehen. Es mochten Bedenken mitgespielt haben, das Statut der ständigen Neutralität in der Völkerbundsatzung zu verankern. Der bemerkenswerte, kaum bekannte Vorschlag Dänemarks, die Völkerbundsatzung möge bestimmten Staaten das Privileg einräumen, sich als ständig neutral zu erklären, fand nicht das Gehör der Mächte.[13] Die Franzosen entschieden sich schließlich dafür, als Garantie gegen den Anschluss die Formel von der „inaliénabilité" – in der amtlichen Übersetzung „Unabänderlichkeit", besser „Unveräußerlichkeit" – der österreichischen Unabhängigkeit vertraglich zu verankern.[14] Zunächst wurde diese Formel im Friedensvertrag von Versailles mit Deutschland festgehalten, und schließlich auch im Vertrag von Saint-Germain mit Österreich (Art. 88).[15] Doch hat es in der Zwischenkriegszeit noch mehrfach französische Initiativen oder Sondierungen gegeben, die einen neutralen Status Österreichs anvisierten.[16]

main und Trianon", in: Ackerl/Neck, Hrsg., *Saint-Germain 1919,* 41–53; und Angerer, *Frankreich und die Österreichfrage,* insbes. 27–33 u. 66–71.

13 David Hunter Miller, *My Diary of the Peace Conference,* Bd. 7, New York 1928, 98 (Dokument 576). Ähnliche Bestrebungen der Schweiz waren ebenfalls erfolglos, doch billigte der Völkerbundrat 1920 der Schweiz als einzigem Mitgliedstaat eine Ausnahmestellung aufgrund des neutralen Status zu. Edgar Bonjour, *Geschichte der schweizerischen Neutralität,* Bd. 2, Basel [5]1970, 319–321.

14 Hierzu vgl. Gerald Stourzh, „Zur Genese des Anschlußverbots", 41–53, mit Veröffentlichung einer wohl in der zweiten März-Hälfte 1919 verfassten, am 25. April 1919 von André Tardieu dem britischen Außenminister Arthur Balfour übergebenen „Note relative à l'Autriche allemande", in der das Konzept der „inaliénabilité" entwickelt wurde. Tardieu ist als Autor anzusehen; hierzu Angerer, *Frankreich und die Österreichfrage,* 32f. Während Allizé weiter die Neutralitätslösung befürwortete (und sich über mangelnde Direktiven aus Paris beklagte), spielte sich der eigentliche Entscheidungsprozess außerhalb und oberhalb des Pariser Außenministeriums ab, nämlich auf der Ebene Clemenceaus (beraten von Tardieu) im Rate der Vier; AD, Europe 1918–1929, Autriche, vol. 3, fol. 73.

15 Im Rate der Vier, dem höchsten Gremium der Alliierten und Assoziierten Mächte, haben die Franzosen gar nicht mehr von der Neutralität, lediglich von der „inaliénabilité" der Unabhängigkeit Österreichs gesprochen: Sitzung vom 2. Mai 1919; vgl. Paul Mantoux, *Les délibérations du Conseil des Quatre,* Bd. 1, Paris 1955, 461f. Es ist evident, dass sowohl hinter dem französischen Plan einer ständigen Neutralisierung Österreichs vom Frühjahr 1919 als auch hinter dem schließlich adoptierten Konzept der „inaliénabilité" der österreichischen Unabhängigkeit als wichtigstes politisches Motiv die Blockierung des Anschlusses stand. Dies geht aus der Entstehungsgeschichte des Art. 88 des Vertrages von Saint-Germain klar hervor. Dass dieses Konzept auch zur Blockierung eventueller anderer Vereinigungs- oder Restaurationstendenzen verwendet wurde, zeigt die spätere Einschaltung eines analogen Veräußerungsverbotes für die Unabhängigkeit Ungarns in Art. 73 des Vertrages von Trianon.

16 Es scheint, dass Phillippe Berthelot, der einflussreiche Generalsekretär des Quai d'Orsay, im Winter 1927/28 hinter dem Projekt, den Sitz des Völkerbundes von Genf nach Wien zu verlegen, stand. Klemens von Klemperer, *Ignaz Seipel, Christian Statesman in a time of Crisis,* Princeton 1972, 319–329. Mitte der Dreißigerjahre wurde an den österreichischen Generalstabschef Alfred Jansa aus Kreisen des französischen Generalstabes die Idee der Neutralisierung Österreichs herangetragen. Ludwig Jedlicka, „Die Außenpolitik der Ersten Republik", in: Erich Zöllner, Hrsg., *Diplomatie und Außenpolitik Österreichs,* Wien 1977, 164 f.

Am entschiedensten trat in der Zwischenkriegszeit Edvard Beneš für die Neutralisierung Österreichs unter internationalem Recht ein. So meinte der tschechoslowakische Außenminister zur Zeit der Zollunionskrise von 1931, „die Neutralisierung Österreichs nach dem Muster der Schweiz wäre die beste Lösung der gegenwärtigen Krise".[17] Sympathien dafür konnte Beneš wohl am Quai d'Orsay, keineswegs jedoch im Palazzo Chigi oder in der Downing Street erringen.[18]

In Österreich war die grundsätzliche Bejahung des Anschlussgedankens oder zumindest eines besonderen Nahverhältnisses zu Deutschland in allen Parteien in den Zwanzigerjahren nicht dazu angetan, dem Konzept der Neutralität Auftrieb zu geben. Dies galt auch für Österreichs Orientierung am faschistischen Italien in den frühen Dreißigerjahren und für den „deutschen Weg", der nach 1936 zum Grundsatz der österreichischen Politik wurde.[19] Obgleich verschiedentlich die Forderung nach der völkerrechtlich verankerten Neutralität Österreichs von Privaten, von Politikern und in der Presse vertreten wurde, hat doch keine der österreichischen Regierungen zwischen 1918 und 1938 einen Status ähnlich der Schweiz angestrebt. Zur Zeit der französischen Neutralitätskampagne in Österreich im Februar 1919 polemisierten der Leiter des Außenamtes, Otto Bauer, und Franz Klein,

17 In einem Gespräch mit dem ungarischen Gesandten in Prag, Masirevich: Bericht des österreichischen Gesandten in Prag, Marek, Zl. 138/Pol vom 30. Juni 1931, AdR, NPA, K 462, fol. 807f. Weiters Bericht des Gesandten Marek aus Prag, Zl. 8/Pol vom 21. Jänner 1932, ebd., K 342, fol. 675: positive Einstellung des französischen Gesandten Charles-Roux zur Neutralisierung. Ein Artikel „Neutrality for Austria" des *Daily Telegraph* vom 18. Jänner 1933, 1, fand ausgedehnten Niederschlag in den österreichischen, britischen und französischen Akten wie auch in der Presse; obgleich dieser Artikel von einer diesbezüglichen französischen Initiative sprach – sie wurde vom Quai d'Orsay dementiert –, dürfte auch damals die tschechische Diplomatie dieses Projekt am aktivsten betrieben haben; vgl. AdR, NPA, K 342, insbes. fol. 706, 720–726: Berichte der Gesandtschaft Warschau; TNAUK, FO 371/16636: insbes. Bericht von Sir Eric Phipps aus Wien vom 19. Jänner 1933 und Telegramm von Lord Tyrell aus Paris vom 21. Jänner 1933; *Documents diplomatiques français 1932–1939*, 1. Serie, Bd. 2, Paris 1966, 524f, Nr. 239: Bericht des Gesandten Clauzel aus Wien vom 25. Jänner 1933.

18 Der französische Gesandte in Wien, Clauzel, sagte Mitte 1931 seinem tschechoslowakischen Kollegen Vavrecka, man könne sich kaum vorstellen, dass entweder Deutschland oder Italien jemals der Neutralisierung Österreichs zustimmen würden, während Frankreich sie selbstverständlich wärmstens begrüßen würde. Dies berichtete aufgrund einer Mitteilung Clauzels der englische Gesandte Sir Eric Phipps im Jänner 1933 nach London. Telegramm vom 19. Jänner 1933, TNAUK, FO 371/16636/C673/420/3. Im Foreign Office äußerte man sich negativ, u.a. anlässlich der Vorschläge Otto Bauers; der Referent R. M. A. Hankey notierte dazu: „The Czechs are known to favour the neutralization of Austria because it would scotch the Anschluss. Doubtless Dr. Bauer is in favour of the idea, because being a Socialist he doesn't like Hitler. The suggestion of neutralization could only prove another apple of discord at a most unfortunate moment for Europe (whoever put the suggestion forward) & we need hardly consider the idea again." Vermerk vom 21. März 1933, TNAUK, FO 371/16636/C2595/420/3.

19 Klaus Koch, „Zwischen Mussolini und Hitler", in: *ADÖ* 10, 11–31.

sein Stellvertreter, gegen die französischen Vorschläge.[20] Die Instruktionen für die österreichische Friedensdelegation in Saint-Germain enthalten den Hinweis, eine „militärische Neutralisierung" wäre allenfalls „bei dem staatsrechtlichen und wirtschaftlichen Zusammenschluß mit dem Deutschen Reiche zu akzeptieren, aber nicht ohne diesen".[21]

Im Oktober 1921 informierte Bundeskanzler Johann Schober den österreichischen Gesandten in Paris, Johann Andreas Eichhoff, „daß nicht die Absicht besteht, eine Neutralität Österreichs nach dem Muster der Schweiz anzuregen". Eichhoff hatte nämlich im Zusammenhang mit dem Restaurationsversuch von Österreichs letztem Kaiser, Karl I., in Ungarn eine Neutralitätsgarantie der Mächte für Österreich vorgeschlagen; er verwendete dabei als Vorlage ein Projekt für die Neutralisierung Tirols, das die österreichische Delegation in Saint-Germain in der Hoffnung, Südtirol für Österreich zu retten, vorgelegt hatte. Eichhoff scheint auch der Verfasser eines undatierten, jedoch nach dem August 1928 entstandenen Entwurfes „über die Unabhängigkeit und Neutralität Österreichs" zu sein. 1934 jedoch nahm Eichhoff gegen Neutralisierungsprojekte für Österreich Stellung.[22]

Von großem Interesse ist ein längeres Schreiben Bundeskanzler Seipels vom Mai 1929, dessen Konzept übrigens der damals noch junge Diplomat Norbert Bischoff verfasst hat. Ein österreichischer Bürger hatte an Seipel die Anfrage gerichtet: „Hal-

20 Bericht Allizés an den französischen Außenminister Pichon vom 1. Mai 1919 über ein Interview Otto Bauers für die rumänische Zeitung *Epocca* am 30. April 1919, Kopie im Nachlass Klotz, Bibliothèque de documentation internationale contemporaine, Paris – Nanterre; Interview Franz Kleins für *Le Temps,* veröffentlicht in der Ausgabe vom 18. April 1919, 2: „Neutralisierung wird die Zukunft Deutschösterreichs nicht gewährleisten. Falls der Völkerbund gemäß dem in Paris ausgearbeiteten Projekt zustande kommt, und falls Österreich zu diesem zugelassen wird, so wird es keine Begründung mehr für die Neutralisierung geben."

21 AdR, NPA, K 261, fol. 485.

22 Chiffretelegramm Eichhoffs aus Paris vom 28. Oktober 1921 sowie Antworterlass Schobers vom 29. Oktober 1921, AdR, NPA, K 436; ferner Bericht Eichhoffs Zl. 174/P vom 30. Oktober 1921, ebd., Berichte Gesandtschaft Paris, fol. 298f. Der von Eichhoff als Unterlage verwendete Text einer „Zusatzkonvention über die Neutralität Tirols" ist veröffentlicht in: *Bericht über die Tätigkeit der deutschösterreichischen Friedensdelegation in St. Germain-en-Laye* (= 379 der Beilagen, Sten.-Prot. der Konstituierenden Nationalversammlung), Wien 1919, Bd. 1, 163. Unterlagen zur Entstehung des Konventionsentwurfes im Nachlass Eichhoff, Karton 3, ÖStA, Allg. Verwaltungsarchiv (vier Alternativlösungen zur Rettung Südtirols standen zur Diskussion: Neutralisierung Südtirols, Neutralisierung Tirols, Neutralisierung Österreichs, unabhängige neutrale Republik Tirol). – Im AdR, NPA, K 342, fol. 680f, erliegt ein Konventionsentwurf über die Unabhängigkeit und Neutralität Österreichs, die laut Überbringer, Franz Vetter, von Eichhoff stammte; der Entwurf bezieht sich auf den Briand-Kellog-Pakt vom 27. August 1928; im Nachlass Eichhoff fanden sich keine Hinweise auf diesen Entwurf. Der gegen die Aktualität von Neutralisierungsplänen für Österreich argumentierende Aufsatz Eichhoffs „Neutralisierungsprojekte und Wirtschaftspakte Österreichs" erschien in *WZ,* 25. Dezember 1934, Beilage, I–III.

ten Sie die Neutralisierung Österreichs, ähnlich wie die der Schweiz, für möglich, für erreichbar?" Die Antwort verband mit der Ablehnung der völkerrechtlichen Neutralisierung das Bekenntnis zu einer ohnehin von Österreich geübten „strikten Neutralitätspolitik". Seipel schrieb:

> Schließlich ist noch zu erwähnen, daß ohnehin schon eine ganze Reihe von vertraglichen Abmachungen besteht, welche in ihrer praktischen Auswirkung dem von Ihnen aufgestellten Ziele, der Neutralisierung Österreichs, sehr nahe kommen. Es sind dies die einschlägigen Bestimmungen der Verträge von St. Germain und von Versailles, das erste Genfer Protokoll vom Jahre 1922, das Statut des Völkerbundes, ja selbst der Briand-Kellog'sche Anti-Kriegspakt vom vorigen Jahr. Alle diese Vertragswerke genügen uns reichlich als Basis für eine strenge Neutralitätspolitik, wie wir sie seit jeher führen, und man würde sich sehr täuschen – ich erinnere bloß an Belgien –, wollte man annehmen, daß uns ein ausdrücklicher Neutralitätsvertrag in kritischen Momenten weitergehenden und unbedingten Schutz garantieren würde.

Seipel – bzw. Bischoff, dessen Konzept Seipel unverändert übernahm und sehr lobte – vermied es, in seiner Antwort auch nur ein einziges Mal auf die Schweiz einzugehen. Er setzte vielmehr fort:

> Und noch ein Letztes: Der Gedanke der Neutralisierung wurzelt in eben jener Staatslehre, die über die einzelnen mit unbeschränkter Souveränität ausgestatteten und bindungslos nebeneinander gestellten Staaten-Individuen kein alle verbindendes und für alle verbindliches Gesetz zu stellen gewußt und damit den Kampf aller gegen alle entfesselt hat. Es ist der Geist zänkischer und mißtrauischer Kleinstaaterei, der Geist des Sichabschließens, der die Starken mit dem eisernen Wall der Waffen, die Schwachen mit dem papierenen Wall der Verträge voneinander trennen will, indem er vorgibt, sie voreinander zu schützen. Und diesen Geist eben gilt es zu überwinden. Ein instinkthaftes Wissen um diese Zusammenhänge muß in unserem Volke sein. Denn anders wäre es nicht erklärlich, daß der an sich gewiß bestechende und dem österreichischen Wesen entgegenkommende Gedanke der Neutralisierung, trotzdem er wiederholt in der öffentlichen Diskussion aufgetaucht ist, niemals einen weiteren Kreis von Anhängern zu gewinnen vermocht hat. Stehen doch nicht nur die Anschlußfreunde gegen ihn, sondern auch die Mitteleuropäer und die Paneuropäer und alle Wirtschaftspolitiker, die glauben, daß unsere Wirtschaft ohne

Anlehnung an ein größeres Produktions- und Absatzgebiet ihre Kräfte nicht entfalten könne.[23]

Die Ablehnung einer zusätzlichen völkerrechtlichen Bindung war also deutlich. Das Wort von Österreichs Neutralitätspolitik, von Seipel nur vereinzelt gebraucht, wurde von seinem Nachfolger aufgewertet. In Schobers Regierungserklärung vom September 1929 hieß es, Österreichs Politik sei 1) eine Politik der Freundschaft mit allen Staaten und besonders mit seinen Nachbarn; daraus folge, dass sie 2) „eine Politik der Neutralität ist und bleiben muß. Wir treten keiner Staatengruppe bei und richten unsere Politik gegen niemanden. Wir wünschen außenpolitisch neutral zu sein und glauben damit nicht nur unseren Interessen, sondern auch denen aller anderen europäischen Staaten am weitaus besten zu dienen." 3) sei Österreichs Politik eine friedliche. Diesen drei Punkten setzte Schober aber unmittelbar hinzu: „Wir wissen uns in dieser Politik eins mit dem Deutschen Reiche, dem wir in guten wie in bösen Tagen brüderliche Treue halten wollen." Weder Schober, der nur wenig später, im Frühjahr 1931, als Außenminister die Zollunion mit Deutschland lancierte, noch auch der zurückhaltendere und mehr großösterreichisch als großdeutsch denkende Seipel konnten über den Schatten des besonderen Nahverhältnisses der Ersten Republik zu Deutschland springen.[24]

---

23 Konzept Bischoffs und lobender Vermerk Seipels (9. Mai 1929) in: Zl. 21.953/13/29, AdR, NPA, K 465, fol. 51ff. Zum Verfasser der Anfrage, des in Steyr lebenden Künstlers Michael Blümelhuber, vgl. Harry Slapnicka, *Oberösterreich zwischen Bürgerkrieg und „Anschluß" 1927–1938,* Linz 1975, 61–65. Seipels Schreiben, allerdings ohne Hinweis auf die Entstehung des Konzeptes, veröffentlicht bei: Horst Zimmermann, *Die Schweiz und Österreich während der Zwischenkriegszeit,* Wiesbaden 1973, 322.

24 Sten. Prot. NR, 3. GP., 27. September 1929, 2792. Angeregt durch Schobers Gebrauch des Begriffes „Neutralitätspolitik" verfasste der österreichische Gesandte in Bern, Hoffinger, am 16. April 1930 eine Denkschrift „über den besonderen Charakter der österreichischen Neutralitätspolitik", welche die Unterschiede zwischen Österreich und der Schweiz viel stärker hervorstrich als die Parallelen; die Denkschrift schließt wie folgt: „Die österreichische Politik läßt sich daher, zum Unterschied von der die schweizerische erschöpfende Maxime ‚Beobachtung und Wahrung der Neutralität', dahin resümieren: ‚Aufrichtige, aber selbstbewußte, freiwillige Neutralität unter gleichzeitiger, in enger Fühlung mit Deutschland zu bewerkstelligender Bereitschaft für den vielleicht niemals, vielleicht aber auch bald eintretenden Moment, in dem durch Übergang zu aktiver Politik Verbesserungen der internationalen Lage Österreichs erreicht werden können.'" (AdR, NPA, K 342, fol. 455–466) – Am prägnantesten kommt der Tenor der Außenpolitik der Ersten Republik in der von Seipel approbierten offiziellen Schrift von Norbert Bischoff „Österreichische Außenpolitik 1918–1928" zum Ausdruck, in der es heißt: *„In engster Fühlung mit dem Deutschen Reich"* (Auszeichnung im Original) „wünscht Österreich unter Ablehnung aller machtpolitischen Ziele und unter Ablehnung aller einseitigen Gruppierungen, welche stets den Keim zu Kampf und Streit in sich tragen müssen, mitzuarbeiten an der moralischen und wirtschaftlichen Wiederaufrichtung Europas" (Gedruckt in: *10 Jahre Wiederaufbau. Die staatliche, kulturelle und wirtschaftliche Entwicklung der Republik Österreich 1918 bis 1928,* hrsg. unter der Leitung eines interministeriellen Komitees unter Vorsitz von Wilhelm

An der Ablehnung des Status der ständigen Neutralität nach Schweizer Muster änderte sich nichts. Als 1932 neuerlich von privater Seite an den Bundeskanzler (damals Karl Buresch) der Vorschlag herangetragen wurde, Österreich möge seine ständige Neutralität erklären, vermerkte Theodor Hornbostel, wohl der bedeutendste Diplomat des Ballhausplatzes in den Dreißigerjahren, diese Frage sei „bisher immer nur in einem gegen Österreich gerichteten Sinne aufgeworfen worden", in Saint-Germain (richtig hätte Hornbostel sagen müssen, vor Saint-Germain) und wiederholt von Beneš.[25] Als im Jänner 1933 die internationale Presse über einen Neutralitätsstatus für Österreich debattierte, fing Bundeskanzler Dollfuß die Frage mit dem Bemerken auf, sie sei bisher an Österreich nicht herangetragen worden. Wenig später, nach Hitlers Machtergreifung in Deutschland, schwenkten die Sozialdemokraten auf das Programm der Neutralisierung Österreichs ein; doch die konservative *Reichspost*, im Frühjahr 1919 im Unterschied zur Sozialdemokratie der Idee der Neutralität freundlich aufgeschlossen, war nunmehr skeptisch eingestellt. Aber mit dem italienischen Kurs, dem sich Dollfuß verschrieben hatte, da er ihn als erfolgversprechendes Instrument zur Erhaltung der österreichischen Unabhängigkeit betrachtete, hatte ein Neutralisierungsprogramm kaum Chancen der Realisierung.

Rückblickend auf die zwei Jahrzehnte von 1918 bis 1938 hat Guido Zernatto, der frühere Generalsekretär der autoritären Vaterländischen Front, schon nach Hitlers Einmarsch in Österreich geschrieben:

> Es gab und gibt nur eine beschränkte Anzahl von Möglichkeiten, die für den österreichischen Staat erwogen werden konnten. Der Anschluß an das Reich, die Schaffung einer Donaukonföderation, die Restauration der alten Monarchie, wenn auch in geänderter Form, und die Verschweizerung … Die ‚Verschweizerung' wäre nur durch die kollektive Garantie der Unabhängigkeit des Landes möglich gewesen, eine Garantie, die Deutschland vorbehaltlos hätte mitübernehmen müssen.[26]

Versucht man bisweilen die Tradition der Neutralität allzu direkt aus der Zeit der Ersten Republik abzuleiten, so läuft man Gefahr, ungebührlich von der Komplexität der historischen Entwicklung, zumal der inneren Entwicklung Österreichs, zu abstrahieren. Gewisse Konstanten lassen sich wohl in der Politik der Siegermächte

---

Exner, Wien 1928, 34. Zur Approbation Seipels siehe AdR, NPA, K 342, fol. 410, Zl. 23.178/13/29.).

25 AdR, NPA, K 342, fol. 679. Aktenvermerk zu einem von Franz Vetter an den Bundeskanzler gerichteten Brief. Die negative Einstellung des Bundeskanzleramtes wurde Vetter von Hornbostel mündlich mitgeteilt.

26 Guido Zernatto, *Die Wahrheit über Österreich*, New York 1938, 50.

des Ersten und Zweiten Weltkrieges feststellen, Konstanten, die in der Gegnerschaft gegen ein Wiedererstarken Deutschlands und daher der Verhinderung eines Anschlusses begründet sind. Es ist möglich, beträchtliche Affinitäten etwa der Österreich-Politik Frankreichs nach 1918 und der Österreich-Politik der Sowjetunion nach 1945 festzustellen, denn in beiden Fällen handelte es sich um eine Funktion der jeweiligen Deutschland-Politik.[27] Darüber sollten jedoch die beträchtlichen Unterschiede der Bewusstseinslage im Österreich der Zwischenkriegszeit einerseits und in der Zweiten Republik anderseits nicht aus dem Auge verloren werden.

2. Überlegungen zu Blockfreiheit und Neutralität, 1945–1953

Nach der Gründung der Zweiten Republik fehlten wesentliche Faktoren, die der Entwicklung des Neutralitätsgedankens in der Zwischenkriegszeit hinderlich gewesen waren, während neue Konstellationen auftauchten, die zu einer Aufwertung der Neutralität führen sollten. Weggefallen waren einerseits das Streben nach dem Anschluss und andererseits, nach der Katastrophe des Zweiten Weltkrieges, auch jenes Großmachtdenken, das zwischen 1918 und 1938 noch eine beträchtliche Rolle in Österreich gespielt hatte. Hinzu kam jedoch eine neue politisch-strategische Situation, die Österreich an einer Nahtstelle zweier weltweiter Machtblöcke platzierte. Obgleich die krisenhafte Entwicklung der Beziehungen zwischen der Sowjetunion und dem Westen in Etappen erfolgte, begann sich doch schon im Lauf des Jahres 1945 die besondere Lage Österreichs an jener Nahtstelle abzuzeichnen, als Schwierigkeiten und gegenseitiges Misstrauen zwischen den zwei Blöcken über der Frage aufkamen, wie das Land zu behandeln sei. An dieser Nahtstelle sollte sich Österreich von 1945 bis zu der großen Wende von 1989/91, dem Zerfall des Sowjetsystems und der Auflösung des Ostblockes, befinden. Mit der Westorientierung der ostmitteleuropäischen Staaten verlor Österreich diese besondere Position. Obwohl die Konsequenzen dieser Entwicklungen für Österreich nicht Thema dieses Buches sein können, so haben diese doch sicherlich zur weitaus wichtigsten geopolitischen und geostrategischen Veränderung geführt, die sich in der Geschichte der Zweiten Republik ereignete.[28]

27 Zur sowjetischen Österreichpolitik als Funktion der sowjetischen Deutschlandpolitik siehe Bruno Kreisky, „Deutschland viergeteilt", in: *Der Monat,* Bd. 22, 1970, 20–26, hier 22 f.

28 Andrea Brait/Michael Gehler, Hrsg., *Grenzöffnung 1989: Innen- und Außenperspektiven und die Folgen für Österreich*, Wien 2014; Michael Gehler, „Austria, the Revolutions, and the Unification of Germany", in: Wolfgang Mueller/Michael Gehler/Arnold Suppan, Hrsg., *The Revolutions of 1989: A Handbook*, Wien 2015, 437–465.

Stellungnahmen österreichischer Politiker reflektierten bald die neue, 1945 entstandene Situation. Kaum von Tirol nach Wien berufen, schrieb der neue Unterstaatssekretär für Auswärtige Angelegenheiten, Karl Gruber, schon im Oktober 1945 in einem Leitartikel, dass allen Mächten versichert werden solle, dass „Österreich weder nach der einen noch der anderen Seite" abgleiten werde; Österreich sei weder „Vorposten für die eine noch die andere Macht".[29] In seiner Regierungserklärung vom 21. Dezember sprach Bundeskanzler Figl von der Zusammenarbeit Österreichs „mit allen friedliebenden Nationen der Welt, besonders mit den alliierten Großmächten". Der Abgeordnete Ernst Koref empfahl, dass Österreichs Außenpolitik nicht von „weltanschaulichen Momenten und Motiven maßgebend gelenkt sein" könne: „Wir sollten weder von einer einseitigen West- noch einer einseitigen Ostorientierung reden." Weder West- noch Ostorientierung – dies wurde zu einem der populärsten außenpolitischen Schlagworte in den ersten Jahren der Zweiten Republik.[30]

Auch andere, konkretere politische Leitbilder wurden formuliert: Die vorhin dargestellten Veränderungen der internationalen Situation als Folge des Zweiten Weltkrieges ließen nun das Vorbild der Schweiz stärker ins Blickfeld rücken. Manche schon kurz nach Kriegsende verfasste Konzepte, Pläne, Memoranden, die das Schweizer Modell einbezogen, kamen nicht an die Öffentlichkeit, wie ein von Heinrich Raab geschriebenes Memorandum über „die integrale Neutralität der Schweiz – das anzustrebende Vorbild eines freien Österreich". Heinrich, ein Bruder Julius Raabs, arbeitete damals als Geschichtsprofessor im Schweizer Kanton Uri.[31] Dieser vermutlich im Mai 1945 verfasste Text bezeichnet die Neutralität der Schweiz als eigentliches Vorbild für Österreich. „Vor allem die Großmächte Rußland, Frankreich, England und die Vereinigten Staaten haben ein vitales Interesse daran, dass dieses Österreich wirklich neutral ist und nicht wieder von der wahlverwandten Sphäre Deutschlands angezogen wird."[32]

Von Interesse ist, dass Heinrich Raab davon ausging, dass die UdSSR die für Österreich maßgeblichste Großmacht sein würde: „Vor allem wäre es die heute vor-

---

29 Karl Gruber, „Österreich zwischen West und Ost", in: *Neues Österreich,* 16. Oktober 1945, 1f.

30 Sten. Prot. NR, 5. GP., 2. Sitzg., 21. Dezember 1945, 25 und 30; weitere Beispiele: Brachmann (SPÖ), Frisch (ÖVP), ebd., 17. Sitzg., 255, 264; Außenminister Gruber (*WZ*, 14. Juni 1946, 1); Innenminister Helmer (*WZ*, 27. August 1947, 1, und 29. Oktober 1947, 1).

31 Das Memorandum findet sich in seinen unveröffentlichten Lebenserinnerungen (als Beilage Nr. 28), die im Stadtarchiv St. Pölten erliegen. Das Memorandum wurde mit einer Vorbemerkung von Gerald Stourzh veröffentlicht in: *Zeitgeschichte* 2, Mai 1975, 192–194.

32 Der Hinweis auf Frankreich findet sich in dem ersten, im Nachlasse Heinrich Raabs befindlichen maschinschriftlichen Text noch nicht, sondern als handschriftliche Einfügung in einer späteren Fassung.

herrschende Großmacht im Donauraum, Sowjetrußland, der Österreich vorzüglich seine Befreiung und sein Wiedererstehen verdankt." Der Österreicher aber müsse lernen, so fuhr Heinrich Raab fort, in sich selbst sicher zu ruhen und auf die eigene Art glücklich zu werden. „Hier sei ihm der fest in seinem eigenen Wesen ruhende Schweizer ein Vorbild." Er sandte diese Denkschrift im Spätsommer 1946 an Bundeskanzler Leopold Figl mit der Bitte, sie als Artikel mit oder ohne Namensnennung in der „Furche" veröffentlichen zu lassen. Das prinzipielle Ziel der Neutralität Österreichs nach schweizerischem Vorbild war Raab wichtig. „Ich persönlich halte dieses Ziel für das wichtigste der öst. Außenpolitik nach meinen langjährigen Erfahrungen in der politisch so klugen Schweiz."[33] Figl sandte Raabs Elaborat an den Chefredakteur der „Furche", Friedrich Funder, der Figl antwortete, der Artikel sei ihm „außerordentlich willkommen" und werde in der ersten Oktobernummer „an besonderer Stelle" veröffentlicht werden. „Er wird Aufsehen machen".[34] Doch die Veröffentlichung erfolgte nicht; nicht auszuschließen ist ein Einspruch des Außenministers Gruber, dem Heinrich Raab den Artikel ebenfalls hatte zukommen lassen.[35]

Heinrich Raab hat berichtet, daß er auf Reisen nach Wien immer wieder versucht habe, seinem Bruder Julius und auch Leopold Figl „die Politik der Schweiz ins rechte Licht zu rücken", und er fügt hinzu: „Wohl konnten sie sich damals zunächst nicht damit befreunden – sie waren ja noch Altösterreicher, die den herbstlichen Glanz der Donaumonarchie erlebt hatten, es war schwer auf die außenpolitischen Aktivitäten zu verzichten, und ich höre noch meinen Bruder Julius brummen: Du mit deinem Kantönligeist, willst uns auch noch verschweizern?"[36]

1946/47 entstanden noch einige weitere Denkschriften zur Neutralisierung Österreichs. Vom Weihnachtstag 1946 ist datiert ein Memorandum „Der Staatsver-

---

33 H. Raab an Figl, Altdorf, 8. September 1946. NÖLA, Nachlass Figl, K 1.

34 Figl an Funder, 18. September 1946; Funder an Figl, 24. September 1946. NÖLA, Nachlass Figl, K 1.

35 H. Raab schrieb an Figl in dem bereits zitierten Brief vom 8. September 1946, er habe eine Abschrift für Gruber und nochmals für Figl bereits an Erich Bielka (damals österreichischer Geschäftsträger in Bern) gesandt. – Die Beilage Nr. 27 von Heinrich Raabs Lebenserinnerungen (unter dem Titel „Bescheidener Beitrag zur österreichischen Neutralitätserklärung") enthält einige Erinnerungsfehler, auf die in *Zeitgeschichte* Jg. 2, Mai 1975, 192, hingewiesen wird. Damals noch nicht zu klärende Datierungsfragen konnten aufgrund der zitierten Quellen aus dem Nachlass Figl und dem Nachlass Heinrich Raab geklärt werden. Die ursprüngliche Niederschrift von Raabs Denkschrift noch 1945, entsprechend Raabs eigener Aussage, nicht erst 1946, als der Text zur Veröffentlichung nach Wien gesandt wurde, ist aufgrund einiger Textmerkmale nicht unplausibel, obgleich möglicherweise nicht Mai 1945, sondern ein Datum ab August 1945 in Frage kommt.

36 Zitiert aus der Beilage Nr. 27 zu H. Raabs Lebenserinnerungen. Zu H. Raab und weiteren dem ÖVP-Lager zuzuordnenden Politikern vg. Helmut Wohnout, „Frühe Neutralitätskonzeptionen der ÖVP 1945–1953", in: *Christliche Demokratie*, 8 (1990), 111–126.

trag", als dessen Autor Rudolf Blühdorn identifiziert werden konnte. Es sieht Österreichs Standort als „sozusagen neutralisiert, weder nach Osten noch nach Westen orientiert".[37] Mit einer Denkschrift vom Juli 1946 wandte sich Staatsanwalt Wolfgang Lassmann – er war Österreichs Beobachter beim Nürnberger Prozess – an den Bundespräsidenten. Die Haltung der Besatzungsmächte Österreich gegenüber sei „bestimmt durch das Mißtrauen, das die Mächte untereinander, aber auch uns gegenüber hegen". Als ein Mittel zur Zerstreuung dieses doppelten Misstrauens solle nicht nur Österreichs Selbständigkeit und Unabhängigkeit, „auch die dauernde Neutralisierung sollte im Staatsvertrag anerkannt werden". Das Ziel schien erstrebenswert, „aus unserem Land eine zweite Schweiz zu machen – wozu freilich auch eine Geistes- und Charakterhaltung gehört, die unserem Volk größtenteils noch fehlt, die aber doch auf lange Sicht angestrebt werden könnte". Die Reaktionen im Außenamt, dem die an den Bundespräsidenten gerichtete Denkschrift weitergegeben wurde, waren zurückhaltend bis ablehnend.[38]

Ähnlich wie Lassmann argumentierte im Jänner 1947 eine ebenfalls zunächst dem Bundespräsidenten zugekommene Denkschrift von Emanuel Urbas. Nicht ohne eine gewisse Nostalgie meinte das frühere Mitglied des altösterreichischen Konsulardienstes, Österreich habe „seine Rolle im politisch-aktiven Sinne ausgespielt", es sei heute dort angelangt, „wohin die Schweizer Kantone zur Zeit des Wiener Kongresses gekommen waren". Daher dränge sich auch für Österreich, „die ständige Neutralität unter Garantie der Mächte als natürliche Lösung auf". Das Außenamt legte Urbas' Denkschrift ad acta; der bearbeitende Diplomat, Josef Schöner, bemerkte, der Verfasser übersehe die Schwierigkeiten, die der Schweiz gerade aus ihrer Neutralität im Zusammenhang mit der UN erwüchsen. „Das Zeitalter, in dem eine solche Neutralität wirklich möglich und wirksam erschien, dürfte vorbei sein."[39] Tatsächlich überrascht das offene Eintreten 1945–1946 für die Neutralität nach Schweizer Vorbild angesichts des niedrigen internationalen Ansehens, das die Schweiz und auch Schweden aufgrund der deutschlandfreundlichen Neutralität beider Staaten im Zweiten Weltkrieg bei den Vereinten Nationen besaßen.

In der Frühzeit der Zweiten Republik hat allerdings Bundespräsident Karl Renner den Österreichern am eindringlichsten das Beispiel der Schweiz vor Augen geführt. Der Übergang vom Großmachtdenken zur positiven Bewertung des Kleinstaates kommt plastisch in einem Vortrag Renners vom April 1946 zum Ausdruck:

---

37 Memorandum „Der Staatsvertrag", AdR, BMAA, II-Pol, Handakten Heinrich Wildner.

38 Schreiben Lassmanns vom 28. Juli 1946 mit Stellungnahmen im Außenamt in: *ÖuG*, Nr. 61. (BMAA Zl. 112.120-Pol/46). Das Antwortschreiben wurde schließlich nicht abgesandt.

39 Denkschrift Urbas' mit Stellungnahme Schöners in: *ÖuG*, Nr. 62.

> Die zweimaligen bitteren Erfahrungen haben uns gewitzigt. Wir wollen nimmermehr in ein großmächtiges Reich, in irgendein Imperium eingebaut werden, um über Nacht wieder herausgerissen zu werden. Wir wollen für uns bleiben und es allein in der Welt versuchen. Es gibt Staatswesen, die weniger als sechs Millionen Einwohner zählen und doch für sich bestehen und gedeihen. Warum soll es uns nicht gelingen? Wir grenzen im Westen an die Schweiz, die Ostalpenländer haben eine ähnliche Struktur wie das Zentralalpenland der Eidgenossenschaft, unsere autonomen Länder sind verfassungsmäßig und in ihrer Denkweise den Schweizer Kantonen verwandt.[40]

Auch Außenminister Gruber erklärte im Juni 1946, Österreich hoffe, „ein Land des Friedens wie die Schweiz zu werden". Gleichwohl sah Gruber aufgrund der kriegstechnischen Entwicklung – Luftwaffen und Atomwaffen – den Status der Neutralität als überholt an. In einem während des Krieges verfassten und 1946 veröffentlichten Buch hat sich Gruber – in sehr radikaler Form – dem Gedanken der kollektiven Sicherheit verschrieben.[41]

---

40 „Österreich, Saint-Germain und der kommende Friede", Vortrag vor der Österreichischen Liga für die Vereinten Nationen am 5. April 1946, in: Karl Renner, *Für Recht und Frieden. Eine Auswahl der Reden des Bundespräsidenten,* Wien 1950, 43. Renner ist vom föderalistischen und multinationalen Charakter der Schweiz schon vor 1918 angezogen worden; zur Kontinuität von Renners außenpolitischer Ideenwelt vgl. seine Rede in der Delegation des Reichsrates am 9. November 1910, wiedergegeben als Anhang IV bei Stephan Verosta, *Theorie und Realität von Bündnissen. Heinrich Lammasch, Karl Renner und der Zweibund (1879–1914),* Wien 1971, 594ff, bes. 602 und 607. Trotz seiner Anschlussbekenntnisse, vor allem 1919 und 1938, ist Renner weit weniger ausschließlich auf Deutschland fixiert gewesen als viele seiner Parteifreunde; vgl. etwa die Auseinandersetzung über eine Donau-Föderation mit Otto Bauer während der Friedenskonferenz von Saint-Germain (AdR, NPA, Nachlass Bauer, Präs., K 261); in der im November 1933 (nicht im Buchhandel) erschienenen Schrift *Die Wirtschaftsprobleme des Donauraumes und die Sozialdemokratie,* 33, schrieb Renner: „Wie der Sieg des fürstlichen Absolutismus 1648 die deutsche Schweiz auf alle Zeiten der Nation entfremdet hat, so verliert das Reich heute durch den Hitlerischen Absolutismus Deutsch-Österreich." Ebd., 35, befürwortete Renner „die dauernde politische Neutralisierung" Österreichs und fügte hinzu, diese „politische Neutralität" müsse „keineswegs wirtschaftliche Isolierung bedeuten".

41 *New York Herald Tribune* vom 5. Juni 1946, zit. in: *WZ,* 9. Juni 1946, 1. In seinem 1940 geschriebenen Buch *Politik der Mitte,* Zürich – Wien 1946, verlangte Gruber, der Grundsatz der Nichtintervention sei durch die *„Interventionspflicht der Völkergemeinschaft zur Wahrung des internationalen Rechtsschutzes"* zu ersetzen (im Original gesperrt); ebd., 16, 29, 33. In einem Vortrag am 28. März 1946 sagte Gruber, die Neutralität sei „ein materiell ausgehöhlter Begriff". *WZ,* 29. März 1946, 1. Auch in einem vertraulichen Bericht aus 1945 (in franz. Sprache) über die politische Situation in Österreich meinte Gruber, die von manchen Österreichern vertretene Idee der Neutralität Österreichs sei illusorisch, da die Idee der Neutralität ihren Sinn verloren habe und unmodern („démodée") geworden sei. KGA, K. 2, Rote Mappe-Reden.

Im Gegensatz dazu nahm Bundespräsident Renner das Thema Schweiz 1946/47 wieder auf, vor allem in einer Auseinandersetzung mit Friedrich Adler, der, gleich Otto Bauer, auch nach dem März 1938 den Anschluss an ein vom Nationalsozialismus befreites Deutschland befürwortete und den Gedanken der österreichischen Eigenständigkeit oder gar der österreichischen Nation ablehnte. In Renners Antwort findet sich der Gedanke, im neutralen Kleinstaat ein Vorbild für das eigene Schicksal zu sehen:

> Wie nun die Schweiz zwischen den drei großen Nationen Westeuropas, so liegt das Gebiet Österreichs zwischen den fünf Völkern Mitteleuropas, und deren Verbindungswege führen über dieses Gebiet. Es ist das gemeinsame Interesse dieser fünf Nachbarn, daß dieser Verbindungsraum für alle frei sei und frei bleibe, daß ihn keiner für sich und gegen die anderen monopolisiere oder gar zum Sprungbrett militärischer Aggression mache [...]. Beide republikanischen Staatswesen zusammen stellen eine geschlossene Völkerbrücke quer durch Mitteleuropa her, deren Bestand nicht nur die freie Verbindung dieser Völker im Frieden garantiert, sondern auch ihre heilsame Trennung im Falle beabsichtigter Kriege und vor allem, was uns selbst betrifft, die Aussicht, daß unser Volk endlich ebenso zur Ruhe komme wie die Schweiz nach dem Wiener Kongreß.[42]

Die Prämisse von Österreichs „Neutralität" wurde zu dieser Zeit auf ähnliche Weise von Bundeskanzler Figl genutzt. Anfang 1947 notierte Heinrich Wildner, der Generalsekretär des österreichischen Außenamtes, in seinem Tagebuch, die vier Mächte wären sehr daran interessiert, eine Garantie gegen einen neuen Anschluss zu schaffen. Obwohl Figl nicht bereit sei, einer österreichischen Erklärung gegen einen Anschluss an Deutschland zuzustimmen, so hätte er angedeutet, dass eine allgemeinere Erklärung, eine Garantie gegen „jedweden Anschluß", eine Lösung wäre. Figl erwartete, dass Österreich auf diese Weise „zu einer Neutralitätssicherung, wie sie die Schweiz hat", kommen würde.[43]

---

42 Friedrich Adlers Polemik gegen den österreichischen „Partikularismus" erschien erstmals in französischer Sprache in Druck, in: *Revue socialiste,* November 1946; englische Übersetzung in: Julius Braunthal, *The Tragedy of Austria,* London 1948, 139–159. Renners Aufsatz „Die ideologische Ausrichtung der Politik Österreichs", in: *WZ,* 19. Jänner 1947, abgedruckt in: Renner, *Für Recht und Frieden,* 64–72, hier 69.

43 [Heinrich Wildner], *„Man ist noch immer nervös. Wir sind sehr scharf bewacht." Das Tagebuch von Heinrich Wildner 1947,* hrsg. v. Elisabeth Gmoser/Gudrun Graf/Gottfried Loibl/Isabell Roitner-Fransecky, Wien 2015, 28.

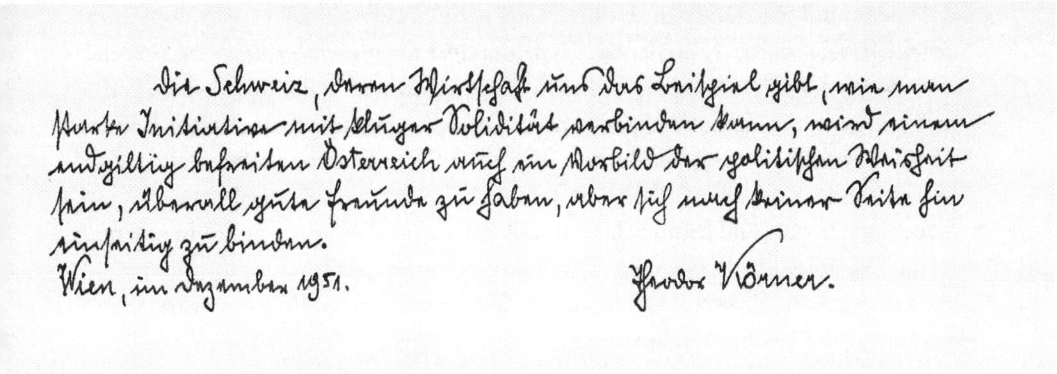
Die Schweiz, deren Wirtschaft uns das Beispiel gibt, wie man starke Initiative mit kluger Solidität verbinden kann, wird einem endgiltig befreiten Österreich auch ein Vorbild der politischen Weisheit sein, überall gute Freunde zu haben, aber sich nach keiner Seite hin einseitig zu binden.
Wien, im Dezember 1951. Theodor Körner.

Letzter Absatz einer Grußbotschaft des BundespräsidentenTheodor Körner, die als Faksimile in der Österreich-Sondernummer des *Journal de Genève* am 23. Februar 1952 veröffentlicht wurde.

Auch Renners Nachfolger im Amt des Bundespräsidenten, Theodor Körner, beschwor das Beispiel der Schweiz. Im Dezember 1951 geschrieben und im Februar 1952 veröffentlicht, fiel Körners Hinweis auf das schweizerische Vorbild in jene Zeit der Ost-West-Spannungen, in der Österreichs Westorientierung, wie bereits gesagt, ihren höchsten Pegelstand erreichte: „Die Schweiz, deren Wirtschaft uns das Beispiel gibt, wie man starke Initiative mit kluger Solidität verbinden kann, wird einem endgiltig befreiten Österreich auch ein Vorbild der politischen Weisheit sein, überall gute Freunde zu haben, aber sich nach keiner Seite hin einseitig zu binden.“[44]

Schon im Oktober 1944 hatte der Sozialdemokrat Julius Deutsch aus seinem Exil in New York festgestellt, Österreich würde eine Position an der geographischen Grenze der Einflussbereiche der westlichen Demokratien und Russland einnehmen. Daraus zog er den Schluss, wenn Österreich gemäß der Moskauer Erklärung als unabhängiger Staat wiederhergestellt werde, müsse seine Außenpolitik *„strictly and scrupulously neutral“* sein. Im Mai 1946, nach seiner Rückkehr nach Wien, befürwortete Deutsch eine Außenpolitik auf dem „Boden der absoluten Neutralität“.[45] Alfred Missong, der konservative Chefredakteur der *Österreichischen Monatshefte*,

---

44 Vgl. Präsidentschaftskanzlei, Zl. 17.129/51. Veröffentlicht in der Österreich-Sondernummer des *Journal de Genève,* 23. Februar 1952, 1. Diese Äußerung sollte eine wichtige Rolle während der Moskauer Verhandlungen im April 1955 spielen, wo sie von Molotov zitiert wurde. Vgl. unten Kap. VI.

45 Julius Deutsch „Austria in the framework of a World-Organization. Geneva or Vienna?“, hektogr. Schrift der „Free World Association“, New York, Oktober 1944, 12 und 16 (Hervorhebung im Original), vorhanden im Dokumentationsarchiv des Österreichischen Widerstandes, Wien. Ders., „Österreich und die Weltpolitik“, in: *Die Zukunft,* Mai 1946, 1ff.

drückte im Juli 1946 den Wunsch aus: *„Gäbe es im Zeichen der UNO noch den Status der ewigen Neutralität, so müßte die Zweite Republik Österreich sich gleich der Schweiz zu ihm bekennen.“* Im November meinte der Abgeordnete Eduard Ludwig (ÖVP) im Parlament, die Zukunft Österreichs werde vielleicht dadurch am besten gelöst, „daß Österreich ein neutraler Staat ist, der mit keinem Land besondere Bande unterhält, sondern mit allen Ländern in freundschaftlichen Beziehungen steht“.[46]

Bemerkenswert und kaum bekannt, weil unter einem Pseudonym veröffentlicht, ist die Diagnose, die Bundespräsident Karl Renner im Mai 1947, im Zusammenhang mit dem Konflikt der Mächte um Artikel 35 des Staatsvertragsentwurfes über das Deutsche Eigentum, stellte:

> Die Sowjetunion will nicht, daß der „westliche Block“ Österreich zum politischen und ökonomischen Sprungbrett kapitalistisch-antikommunistischer Politik ausbaue – der sogenannte westliche Block will hingegen nicht, daß Österreich zum Stützpunkt kommunistischer, prorussischer Politik gemacht werde. Österreich will weder das eine noch das andere, es will seine politisch-wirtschaftliche Neutralität beiden Gruppen gegenüber aufrichten und dauernd behaupten. Das sind in außenpolitischer Hinsicht die drei Interessengruppen.
> Was Österreich im Innern betrifft, so ist es nicht zu leugnen, daß es Bevölkerungsgruppen gibt, die für unser Staatswesen diese klare Stellung nicht beziehen: Es gibt eine äußerste Rechte, die einen eindeutigen Westkurs vorzieht, und eine äußerste Linke, die einen östlichen Kurs leidenschaftlich anstrebt. Beide sind bescheidene Minderheiten, deren politisches Gewicht sich gegenseitig aufhebt. Die Sozialistische Partei ist ohne Ausnahme und ohne Vorbehalt neutral orientiert, die Volkspartei zweifellos in ihrer großen Mehrheit Anhänger der Neutralität. Auf demokratischer Basis ist eine Mehrheitsbildung in einer anderen Richtung als in jener der Neutralität jetzt und in aller Zukunft nicht zu erwarten. Denn für Österreich bedeutet eine Auseinandersetzung zwischen Ost und West, in der es Partner wäre, Verderb oder Untergang, wie immer der Streit enden möge. Dies sind somit in innenpolitischer Hinsicht die drei Interessengruppen.[47]

---

46 Alfred Missong, „Österreich und der Weltfriede“, *Österreichische Monatshefte 1. Jg.*, Juli 1946, 417 (im Original gesperrt). Abg. Eduard Ludwig am 22. Mai 1946 im Nationalrat, Sten. Prot. NR, 5. GP., 2. Sitzg., 230, sowie am 22. November 1946 im Finanz- und Budgetausschuss, *WZ*, 23. November 1946, 2.

47 „Die Verhandlungen der Mächte, 2. Ein gangbarer Weg“, in: *AZ*, 18. Mai 1947, 1. Nur zwei Wochen später, am 4. Juni 1947, hat sich der Bundespräsident in einem Gespräch mit dem Schweizer Historiker J. R. von Salis für die Neutralität Österreichs ausgesprochen. J. R. von Salis, *Im Lauf der Jahre,*

Dass derartige Überlegungen durchaus einer Stimmung in der österreichischen Bevölkerung entsprachen, geht aus den Ergebnissen einer Befragung hervor, die die amerikanische Besatzungsmacht Anfang März 1947 durchführte. 78% der Befragten gaben an, dass für die Zukunft strikte Neutralität, nach dem Muster der Schweiz, am wünschenswertesten sei. Nur 5% meinten, dass ein Bündnis mit einem benachbarten Land (auch die USA wurden genannt!) gut für Österreich wäre.[48]

In den ersten Nachkriegsjahren hat es auch ausländische Stimmen gegeben, die Österreichs Zukunft in der Neutralität sahen. Im Juni 1947 schrieb David Ginsburg, zweithöchstes Mitglied der amerikanischen Delegation bei der Vertragskommission in Wien, nach Washington: „We are aware that neutrality for Austria is an indispensable condition for survival."[49] Der französische Hochkommissar General Marie Émile Béthouart und sein diplomatischer Berater Louis de Monicault setzten sich anfangs 1947 für den Status einer immerwährenden Neutralität Österreichs unter Garantie der Besatzungsmächte und schließlich der UN ein; Béthouart trug dies auch dem Staatspräsidenten Vincent Auriol vor. Paris war aber wesentlich stärker an der Verankerung von Garantien für Österreichs Unabhängigkeit im Staatsvertrag interessiert.[50] Frankreich und die USA arbeiteten gemeinsam eine Garantieklausel für den Staatsvertrag aus. Im Laufe der Verschärfung des Ost-West-Konfliktes rückten die Westmächte, zuletzt auch die Franzosen selbst, immer mehr von der Idee der Neutralität ab; sie wurde im Sommer 1949 endgültig fallengelassen.[51]

Die Auswirkungen dieser Verschärfung zeigten sich in der Reaktion auf eine Anregung Béthouarts, die er in einem Vortrag in Paris am 28. Mai 1948 machte. Vielleicht wäre es wünschenswert gewesen, meinte Béthouart, wenn Österreich ein Neutralitätsstatut erhielte, vergleichbar demjenigen der Schweiz von 1815 oder Belgiens von 1839; ein solches Statut könnten die Vereinten Nationen garantieren, deren Mitglied Österreich bald werden sollte. Drei Monate nach der kommunistischen Machtübernahme in Prag verursachten Béthouarts Ideen ziemliche Aufre-

Zürich 1962, 246f.

48 Befragung durchgeführt von der ISB (Information Service Branch) der USFA (United States Forces in Austria). Mitgeteilt in einem von Martin Herz verfassten, vom amerikanischen Geschäftsträger K. L. Rankin unterzeichneten Bericht über die österreichische öffentliche Meinung vom 18. März 1947, publiziert in: Wagnleitner, *Understanding Austria,* 132.

49 Brief Ginsburgs an Benjamin Cohen, Counselor des State Department, 12. Juni 1947; Ginsburg machte seine Äußerung über Österreichs Zukunft im Rahmen von vorläufigen „personal conclusions". *FRUS 1947,* Bd. 2, 596. In diesem Brief findet sich folgende Bemerkung: „I have no doubt whatever that the Soviets are spending long hours trying to guess what U.S. intentions and policy really are. They think we're as well organized as we think they are; we're both wrong." Ebd., 597.

50 Angerer, *Frankreich und die Österreichfrage,* 282 sowie 267–281.

51 Ebd., 292–297; Stourzh, „Sicherung der österreichischen Unabhängigkeit", 185f; vgl. auch *FRUS 1947,* Bd. 2, 507; *FRUS 1948,* Bd. 2, 1478f; *FRUS 1949,* Bd. 3, 1068, 1069, 1072, 1108.

gung in der amerikanischen Diplomatie; allerdings wurde in Erfahrung gebracht, es handle sich um einen persönlichen Vorschlag Béthouarts, der „nicht die französische Politik reflektiere".[52]

Aus Wien wusste der US-Gesandte John G. Erhardt zu berichten, einige einflussreiche Sozialisten wie Deutsch und Waldbrunner teilten die

> Illusion der schwedischen Sozialdemokraten, dass Länder wie Österreich und Schweden, obgleich wirtschaftlich mit dem Westen im ERP [Marshall-Plan] zusammenarbeitend und mit starker westlicher Orientierung, am besten Sicherheit finden können, indem sie sich formell aus der Ost-West-Konfrontation heraushalten und politische und militärische Bindungen an beide Gruppen vermeiden.

Private Gespräche mit Deutsch und Waldbrunner, fuhr Erhardt fort, hätten gezeigt, dass die beiden vage und unsicher bezüglich der Formel seien, die ihr Ziel sicherstellen würde. Im privaten Gespräch vertrete Schärf folgende Haltung:[53] Österreich wie Schweden seien zwar nicht direkt der Sowjetunion benachbart, aber doch nahe genug, so dass ein direkter Beitritt zum westlichen Block von den Sowjets als Provokation betrachtet würde. Schärf argumentierte, dass die österreichische Regierung „vorgeben" müsse, neutral in der Ost-West-Kontroverse zu sein („Austrian Government must ‚pretend' to be neutral in East-West controversy"), um die Sowjets dazu zu bringen, die Staatsvertragsverhandlungen wiederaufzunehmen; diese Linie sei bloß taktisch („maintains this policy purely tactical"), da den österreichischen Sozialisten vollständig bewusst sei, dass zukünftige wirtschaftliche und militärische Unterstützung vom Westen kommen müsse. Schärf betonte, dass keine Änderung in der grundlegenden Linie der Außenpolitik der Sozialisten ohne Konsultation mit den Vereinigten Staaten erfolge, und brachte seine Zufriedenheit mit Grubers Führung der Außenpolitik zum Ausdruck. Gruber und die meisten Persönlichkeiten der Volkspartei, so berichtete Erhardt weiter, verfolgen die „realistische Linie, dass Österreichs Sicherheit von der möglichst engen politischen und militärischen Verbindung (association) mit Westeuropa abhänge". Gruber habe Béthouarts Vorschlag schärfstens verurteilt und die Hoffnung ausgedrückt, das State Department möge

52 Bericht über Béthouarts Vortrag in: *WZ*, 29. Mai 1948, 2. Siehe auch *FRUS 1948*, Bd. 2, 1426.

53 Vizekanzler Schärf hatte am 19. März 1948 erklärt, die SPÖ sei „für eine Teilnahme Österreichs am Marshallplan eingetreten. Sie wird aber gleichzeitig auch überall auf die besondere Lage Österreichs hinweisen, die eine politische und wirtschaftliche Neutralität gegenüber den Blöcken der Großen fordert." *AZ*, 20. März 1948, 1, brachte Schärfs Erklärung unter der Überschrift „Neutralität gegenüber den Blöcken der Großen".

die Gelegenheit finden, die Franzosen auf die Gefahr hinzuweisen, schlecht überlegte Pläne dieser Art zu produzieren.[54]

Grubers öffentliche Stellungnahme zu Béthouarts Plan war allerdings differenzierter als im Gespräch mit den amerikanischen Diplomaten, zumindest wie Erhardt darüber berichtete. Während Gruber „unser Streben nach Neutralität" als gegeben voraussetzte, so wollte er sich aber auf kein bestimmtes Statut festlegen und bezeichnete die Debatte darüber als verfrüht. Heute könne „nicht eine bloße papierene Deklaration irgend jemand das Gefühl der Sicherheit geben, da ja selbst die mit großem Kostenaufwand geschaffenen Vereinten Nationen dieser Aufgabe noch nicht gewachsen sind". Einen etwas anderen Akzent setzt bald darauf Theodor Hornbostel, der ebenfalls unter Anspielung auf Béthouarts Vorschlag meinte, die von der Natur und deren realen Umständen diktierte „neutrale Haltung Österreichs in politischen Belangen" bedürfe „keiner vertraglichen, zwischenstaatlichen Untermauerung, wie sie unlängst wieder, nicht zum ersten Male", zur Diskussion gestellt worden sei.[55]

Unter den Schwierigkeiten, den Sinn von „Neutralität" oder „neutraler Haltung" in den Griff zu bekommen, war nicht die geringste darin zu erkennen, dass die Konkretisierung von Neutralität viele Möglichkeiten einschloss, völkerrechtliche Bindungen (von beträchtlicher Variationsbreite) ebenso wie außenpolitische Richtlinien ohne solche Bindungen. Als einziger gemeinsamer Nenner ist das grundsätzliche Freihalten von militärischen Blockbildungen zu sehen.

Eine weitere Schwierigkeit war die Formulierung außenpolitischer Zielsetzungen auf weitere Sicht unter dem Imperativ, das Nahziel der österreichischen Politik nicht zu gefährden. Dieses Nahziel aber war: die Gefahr der Teilung des Landes zu vermeiden, den Staatsvertrag und das Ende der viergeteilten Besetzung zu erreichen. Es ist sohin nicht verwunderlich, wenn ein amerikanischer Bericht, der sich 1949 mit der Neutralität als Zielsetzung österreichischer Politik befasste, zu dem Schluss kam, die Bundesregierung sei in den vergangenen vier Jahren „eher diskret bezüglich ihrer außenpolitischen Zielsetzung nach Ende der Besetzung" gewesen.[56] Jede Festlegung, die entweder die eine oder die andere Seite im Ost-West-Konflikt

54 Bericht Erhardts vom 3. Juni 1948, *FRUS 1948,* Bd. 2, 1401–1403.

55 Vortrag Grubers am 30. Juni 1948 in: Gruber, *Reden und Dokumente,* 234–241. Von Interesse sind vertrauliche Überlegungen Grubers im Dezember 1948, „trotz grundsätzlicher Aufrechterhaltung der Neutralität" Österreichs sowie der Schweiz das westliche Verteidigungsprogramm unter Einbeziehung Italiens an die Alpen heranzubringen. Ebd., 270–272. Theodor Hornbostel, „Österreich in der Weltkrise", in: *Österreichische Monatshefte,* 3. Jg., August 1948, 482.

56 Bericht des Hochkommissars Keyes vom 10. November 1949, aus Anlass französischer Berichte über das Bekenntnis österreichischer Politiker zur Neutralität als einziger für Österreich gangbarer Politik, *FRUS 1949,* Bd. 3, 1288f.

vor den Kopf stoßen und damit vielleicht die Einheit und schließlich Freiheit des Landes gefährden würde, war zu unterlassen. Dies erklärt, warum außenpolitische Diskussionen wenig konkrete Pläne für die Zeit nach Abschluss des Staatsvertrages beinhalteten. Festlegungen und Bindungen erfolgten erst 1955 in allerletzter Minute.

Programmschriften der Volkspartei aus den Jahren 1947 und 1949 beriefen sich auf die Traditionen der Politik Seipels. Forderte die Programmschrift von 1947 die Vermeidung einseitiger Bindungen, so sprach sich das im Frühjahr 1949 veröffentlichte „Programm Österreich" ausdrücklich für die „Bewahrung einer absoluten Neutralität" aus.[57] Ein Parteitag der SPÖ im November 1946 beschloss eine ähnliche Resolution, und im Oktober 1947 wurde die „internationale Garantie der Neutralität Österreichs zur Sicherung seiner bestehenden Grenzen, seiner Freiheit und Unabhängigkeit" in das neue Aktionsprogramm aufgenommen.[58] Die Verschärfung des Ost-West-Konfliktes seit 1947, das Einschwenken der britischen Labour Party unter Führung Attlees und Bevins auf das Bündnis mit den Vereinigten Staaten, last, not least die Zerstörung von Demokratie und Meinungsfreiheit in den osteuropäischen Staaten, insbesondere in der Tschechoslowakei, all dies übte seine Wirkung auf die Sozialdemokratie aus. Einer ihrer prominentesten Vertreter, Oscar Pollak, unterschied schon im Sommer 1948 zwischen der Neutralität des Staates, die er bejahte, und der Neutralität der Gesinnung, die er verneinte.[59]

Ohne Zweifel trat ab 1948, noch mehr in den Jahren der Stagnation der Staats-

57 Alfred Kasamas, *Wir wollen Österreich. Die Grundsätze und Ziele der Österreichischen Volkspartei*, Wien 1947, 68f; ders., *Programm Österreich. Die Grundsätze und Ziele der Österreichischen Volkspartei*, Wien 1949, 106; der außenpolitische Teil dieses Programmes erschien in: *Österreichische Monatshefte* 4. Jg., 1948/49, 201f: Die „Bewahrung einer absoluten Neutralität" wurde als „einzige Chance zur Aufrechterhaltung der Unabhängigkeit" bezeichnet.

58 Das Programm von 1947, in: Klaus Berchtold, Hrsg., *Österreichische Parteiprogramme 1866–1966*, Wien 1967, 277; ferner Julius Deutsch, *Was wollen die Sozialisten?*, Wien 1949, 185.

59 „Die Republik Österreich kann und will sich weder einem Westblock noch dem Ostblock eingliedern. Österreichs Politik, die auch wir vertreten, ist strikte Neutralität. Als Sozialisten aber sind wir nicht neutral: der Sozialismus kann nicht neutral sein, wo es um die Freiheit geht." Oscar Pollak, „Gefahren für Europa", in: *AZ*, 22. Juli 1948, 2. Unbeschadet der engen Verbindung zur Labour Party wies der Abgeordnete Pittermann 1950 kommunistische Propagandatiraden, die von einer „Pro-Atlantikpakt"-Stellungnahme Julius Braunthals auf eine entsprechende Haltung der SPÖ schlossen, zurück; Pittermann wies darauf hin, dass Braunthal, Funktionär der Sozialistischen Internationale, englischer Staatsbürger sei, und fügte hinzu: „Daß die Politik Bevins, die Politik der englischen Regierung, eine andere ist als die österreichische, ist klar, aber Sie bemühen sich unter Heranziehung aller Beweisspuren, die Sie auftreiben können, hier den Eindruck zu erwecken, als ob auch die österreichische Regierung eine westliche Position bezogen hätte und den Versuch wagte oder tat, den Standpunkt der strikten Neutralität zu verlassen, zu dem sie sich bekannt hat." Sten. Prot. NR, 6. GP, 13. Sitzg., 15. Februar 1950, 300; vgl. auch die Rede des Abgeordneten Koref, die eindeutig gegen die Eingliederung Österreichs in das System des Atlantik-Paktes Stellung nahm, ebd., 18. Sitzg., 14. März 1950, 487f.

vertragsverhandlungen ab 1950, das ideologische Engagement auf Seiten des Westens wesentlich stärker ins Blickfeld. Allerdings rissen auch in den eisigsten Jahren des Kalten Krieges und in einer Zeit der sich intensivierenden „verdeckten" Kooperation mit den Westmächten die Hinweise auf eine neutrale Position Österreichs nicht ab. Die Polarisierung zwischen den kommunistischen und nichtkommunistischen Kräften in der österreichischen Innenpolitik ist in Rechnung zu stellen. Diese Polarisierung war nun mit der Politik der Besatzungsmächte und der Evolution des Ost-West-Konfliktes eng verklammert. Abgeordnete warfen sich gegenseitig Ausdrücke wie „Rubel-Wurstel" oder „amerikanischer Hampelmann" an den Kopf.[60] In vielen außenpolitischen Debatten der Jahre 1948 bis 1953 (mit dem Höhepunkt etwa zwischen 1950 und 1952) zeigen sich Spuren der durch die Sowjetpolitik ausgelösten Ängste, insbesondere aufgrund der Umwandlung der östlichen Nachbarstaaten in kommunistische Diktaturen, aber auch der Hoffnungen, die in eine Machtverschiebung zugunsten der Westmächte unter den Auspizien der von Washington inaugurierten Politik, „Positionen der Stärke" zu schaffen, gesetzt wurden.

Drei Ereignisse hatten eine besonders nachhaltige Wirkung auf die öffentliche Meinung in Österreich und trugen dadurch zur Akzentuierung der eben genannten Tendenzen bei. Es handelte sich dabei um die kommunistische Machtergreifung in der Tschechoslowakei im Februar 1948, den Überfall Nordkoreas auf Südkorea im Juni 1950 und den kommunistischen Umsturzversuch in Österreich im Oktober 1950. In den Jahren 1947 bis 1950 betonten sozialdemokratische Politiker den Neutralitätsgedanken stärker als Sprecher der Volkspartei, während sich in den Jahren nach 1950 die Exponenten der Sozialdemokratie größere Zurückhaltung auferlegten; die Reaktion auf den kommunistischen Generalstreikversuch gemeinsam mit der Tatsache, dass die Kommunisten ab 1950 immer stärker den Begriff der Neutralität in ihrer eigenen Propaganda gegen die westeuropäische Verteidigung einsetzten, mag dazu beigetragen haben. Diesen Eindruck gewinnt man etwa in der großen Nationalratsdebatte am 2. April 1952, als Ernst Koref ausrief, dass die Sozialisten „einen Neutralitätsbegriff und eine neutrale Haltung" ablehnten, „die so verstanden wird, daß wir uns gefügig und willenlos zum Willkürobjekt sowjetischer Machtpolitik erniedrigen lassen".[61]

60 „Rubel-Wurstel": Zwischenruf Raabs; „amerikanischer Hampelmann": Zwischenruf Ernst Fischers. Sten. Prot. NR, 6. GP, 18. Sitzg., 14. März 1950, 508.

61 Sten. Prot. NR, 6. GP., 86. Sitzg., 2. April 1952, 3269. Im Jahr zuvor hatte der sozialistische Abgeordnete Karl Czernetz in einer Polemik gegen die Strömung des Neutralismus in Europa auch die Neutralität Schwedens und der Schweiz kritisch beurteilt. Beide Staaten seien im Zweiten Weltkrieg lediglich von der Gnade des Aggressors neutral geblieben. Karl Czernetz, *Kommt der dritte Weltkrieg?*, Wien 1951, 45.

Vollends aus dem Verkehr gezogen haben die Sozialisten das Wort Neutralität, von wenigen Ausnahmen abgesehen, etwa vom Beginn der Ära Raab 1953 bis zum April 1955. Eine solche Ausnahme ist etwa im März 1954 zu verzeichnen, als Oscar Pollak schrieb: „Österreich hat wiederholt erklärt, daß es keinerlei militärische Verpflichtungen oder Bündnisse eingehen kann und will: das ist die Neutralität, zu der es durch seine Kleinheit, seine Lage und den festen Willen seines Volkes veranlaßt und bereit ist. Zu mehr, zu Neutralismus ist das österreichische Volk, sind insbesondere die österreichischen Sozialisten, nicht bereit."[62] Auch der SPÖ-Parteivorsitzende, Vizekanzler Schärf, hielt am Grundsatz fest, dass Österreich sich von Militärbündnissen fernhalten müsse – dies hatte er ja auch anlässlich der Beratung über Grubers Besuch bei Nehru kundgetan –, doch sind Schärfs Bedenken dagegen, die internationale Stellung Österreichs mit dem Begriff der Neutralität zu kennzeichnen, offenbar bis zum Frühjahr 1955 sehr stark geblieben.

Schließlich ist das Echo zu bedenken, das die Idee des vereinigten Europas seit dem Marshall-Plan und dem Kongress in Den Haag vom Mai 1948 – auf dem die Europa-Bewegung gegründet wurde – in Westeuropa und auch in Österreich fand. Dass ein Spannungsverhältnis zwischen dem Bekenntnis zur Europa-Union und dem Neutralitätsgedanken bestand, kam in manchen Stellungnahmen zum Ausdruck. Einer der enthusiastischsten Anwälte der Europa-Idee in Österreich, der Abgeordnete der Volkspartei Eduard Ludwig, hat sich denn auch 1950, im Unterschied zu seinen 1946 geäußerten Vorstellungen skeptisch zum Gedanken einer Neutralität nach Schweizer Muster geäußert.[63] Österreich wurde am 22. April 1951 offiziell Mitglied der Europa-Bewegung; es bildete sich ein österreichischer „Parlamentarischer Rat der Europa-Bewegung", je zur Hälfte aus Mitgliedern der ÖVP und der SPÖ bestehend.[64]

Im außenpolitischen Konzept des neu gegründeten, politisch rechts außen stehenden Verbandes der Unabhängigen hatte die „Einigung Europas" gerade im Zu-

62 O. P., „Die Europa-Armee und Österreich", in: *AZ*, 7. März 1954, 1f.

63 Zur Europa-Problematik vgl. u.a. Michael Gehler, *Österreichs Weg in die Europäische Union*, Innsbruck 2009; Gehler/Steininger, Hrsg., *Österreich und die Europäische Integration 1945–1993*, insbesondere Thomas Angerer, „Integrität vor Integration. Österreich und ‚Europa' aus französischer Sicht 1949–1960", ebd., 178–200, sowie Florian Weiß, „Die schwierige Balance. Österreich und die Anfänge der westeuropäischen Integration 1947–1957", in: *VfZ* 42, 1994, 71–94. Zu Eduard Ludwig vgl. seine Parlamentsreden am 14. März 1950, Sten. Prot. NR, 6. GP, 498, und am 7. Dezember 1950, ebd., 1493. In der Debatte vom 14. März 1950 ist eine auffallende Diskrepanz zwischen den Ausführungen des Abgeordneten Ludwig und denen des Außenministers Gruber festzustellen. Während Ludwig erklärte, dass das Bestreben, „Neutralität für eine entsprechende Außenpolitik Österreichs zu erklären, von nicht allzu weitgehender Erfassung der internationalen Lage" zeuge (ebd., 498), sagte Gruber, wir seien „selbstverständlich neutral" und hätten „niemals die Absicht, den Grundsatz der Neutralität zu verlassen..." (ebd., 507).

64 AdR, BKA, MRProt Nr. 266, 23. Oktober 1951, Beilage.

sammenhang mit der ideologischen Prämisse des Bekenntnisses zum „deutschen Volkstum" einen bestimmten Stellenwert besessen. 1952 nahm der VdU-Abgeordnete Herbert Kraus sogar an der Formulierung des Anschlussverbotes im Kurzvertrag der Westalliierten Anstoß. Umso überraschender sind manche Äußerungen des VdU, die positiv zum Gedanken der Neutralität stehen. Kraus hatte noch im Dezember 1947 abwertend von Schweden und der Schweiz geschrieben, diese Länder seien „in Pension gegangen, und das Leben ihrer Völker erweckt auch tatsächlich den Eindruck eines Pensionistendaseins". Doch im Oktober 1949, frisch ins Parlament gewählt, empfahl Kraus „nach dem Vorbild der Schweiz eine korrekte Neutralität sowohl nach dem Westen als auch nach dem Osten und die Ablehnung jeder Bindung, die über die vernunftgemäßen wirtschaftlichen Verflechtungen hinausgeht". Im März 1950 hat der VdU-Abgeordnete Viktor Reimann im Nationalrat deutlich „unser Bekenntnis zur Neutralität" betont.[65]

Wenn auch im bürgerlichen wie im sozialistischen Lager scharf zwischen ideologischem und militärischem Engagement zugunsten des Westens unterschieden wurde, so hakte doch hier die Polemik zunächst der östlich orientierten Demokratischen Union des Grazer Universitätsprofessors Josef Dobretsberger und dann vor allem der Kommunistischen Partei ein; beide brandmarkten auch das ideologische Engagement auf Seiten des Westens als „anti-neutrale" Haltung und forderten zwischen 1949 und 1954 eine „Neutralität" für Österreich, die ihren Ausdruck in der Enthaltung von (prowestlich) engagierten Stellungnahmen zum Ost-West-Konflikt zu finden hätte. Die Neutralitätsparolen der KPÖ tauchten erstmals Anfang 1950 im Zusammenhang mit der Verzögerung der Staatsvertragsverhandlungen in der Polemik gegen NATO und „Aufrüstung" in Westösterreich auf, verstärkt seit dem Frühjahr 1952 im Zusammenhang mit dem sowjetischen Vorschlag bezüglich der Neutralisierung Deutschlands vom 10. März 1952.[66]

Das Wahlprogramm der von der KPÖ und der Demokratischen Union Dobretsbergers gegründeten Wahlgemeinschaft Österreichische Volksopposition vom November 1952 – in Vorbereitung der am 22. Februar 1953 stattfindenden Nationalratswahlen – forderte eine „Politik der unbedingten Neutralität". Dobretsber-

65 Abg. Herbert Kraus am 2. April 1952, Sten. Prot., 6. GP, 3294; Herbert Kraus, „Erfordernisse unserer Außenpolitik", in: *Berichte und Informationen* 2:86/87, 19. Dezember 1947, 3; ders., im Nationalrat am 9. November 1949, Sten. Prot., 6. GP., 29; Abg. Reichmann am 14. März 1950, ebd., 494.

66 Siehe oben, Kapitel IV.2. So hieß es z.B. in einer polemischen Stellungnahme des Zentralkomitees der KPÖ auf dem XV. Parteitag im November 1951: „Jetzt, da sich die Kriegsgefahr von Tag zu Tag verschärft, sprechen die rechten SP-Führer nicht mehr von ‚Neutralität', von ‚dritter Kraft' zwischen der Sowjetunion und dem amerikanischen Machtblock..." *(Der XV. Parteitag der Kommunistischen Partei Österreichs,* Wien 1951, 65.) Vgl. Ernst Fischer, *Ende einer Illusion,* 165f, 367–369.

gers Gruppe hatte schon seit 1949 für eine Neutralität Österreichs plädiert.[67] Einen neuen Höhepunkt erreichte die kommunistische Neutralitätspropaganda im August und September 1953.[68] Im Vordergrund stand die „Losung" der Neutralität auf einer Tagung des Plenums des Zentralkomitees der KPÖ am 24. und 25. September 1953.[69] Die Neutralitätsparolen der Kommunisten sollten erst, wie zu zeigen sein wird, abrupt im Frühjahr 1954 aus dem Verkehr gezogen werden. Nicht nur linke Sozialisten, sondern auch die Nationale Liga, eine sowjetisch finanzierte Gruppierung ehemaliger Nationalsozialisten unter der Führung früherer SS-Offiziere,[70] schlossen sich der KPÖ und Dobretsberger an, schließlich auch einige linke Katholiken, wie etwa der Priester, Pazifist und Vegetarier Johannes Ude, dem seine radikalen Ideen und seine scharfe Rhetorik den Spitznamen „Savonarola von Graz" eingebracht hatten.[71] Ude, ein erfolgloser Präsidentschaftskandidat bei der Wahl 1951, wandte sich 1952 an den kommunistisch geführten oberösterreichischen Friedensrat, um sich dessen Unterstützung für die Rekrutierung von Anhängern seiner Neutralistenbewegung zu versichern. Eine von Ude und dem Friedensrat im Juni in Linz organisierte Konferenz der Neutralisten veröffentlichte eine Verurteilung der österreichischen Regierungspolitik und einen Aufruf an die österreichische Bevölkerung, der Neutralitätsbewegung beizutreten.[72]

Den Entgegnungen eines Alfons Gorbach oder Ernst Koref, aber auch Außenminister Grubers auf kommunistische Äußerungen im Parlament lag die Befürchtung zugrunde, dass Österreich das Schicksal der Volksdemokratien drohe. Gorbach, der in Parlamentsreden im März 1950 wie im April 1952 entschieden für die Neutralität Österreichs eintrat, polemisierte wiederholt gegen die „scharf geschliffene" oder „abgründige" Dialektik Ernst Fischers und warf diesem vor, von „absoluter Neutralität" zu sprechen und „einseitige Parteinahme" zu meinen. Am liebsten würden

67 Aufschlussreich zum Neutralitätsthema ist die von Dobretsberger herausgegebene Wochenschrift *Die Union*. Polizeibericht über eine Versammlung in Wien am 14. Dezember 1951, Durchschlag bei Antwortschreiben Grubers an Graf vom 20. Dezember 1951, Zl. 121.718-K/51, KGA, K. 6, Mappe M. „V." 1951.

68 Hierzu ein wohldokumentierter Bericht der amerikanischen Botschaft in Wien vom 30. September 1953. NA, RG 59, 763.00/9-3053. Vgl. auch Mugrauer, *Die Politik der KPÖ*, 732, der feststellt: „Zum Jahreswechsel 1952/53 wurde die Neutralität zur zentralen Losung der gesamten KPÖ-Politik."

69 Hierzu siehe die Diskussionsrede von E. Zucker-Schilling, veröffentlicht in einer Sondernummer der Zeitschrift *Der Funktionär*, Oktober 1953, 200–202.

70 Fritz Keller, „Stalinistischer Populismus: Die Nationale Liga", in: Anton Pelinka, Hrsg., *Populismus in Österreich*, Wien 1987, 110–122; Mueller, *Die sowjetische Besatzung*, 214f; Mugrauer, *Die Politik der KPÖ*, 715.

71 Lothar Höbelt, „Die Heimwehren 1927–1929: Die Steiermark und der Bund", in: *Zeitschrift des Historischen Vereines für Steiermark* 104, 2013, 244.

72 Kudrjavcev an Puškin und Smirnov, 18. Juli 1952, in: AVPRF, f. 066, op. 22, p. 171, d. 48, ll. 1–2.

die Kommunisten in der Wasagasse (dem Hauptquartier der KPÖ) einen „Neutralitätsgerichtshof über die österreichische Regierung“ errichten, meinte Gruber im März 1950 und fügte hinzu: „Wir sind neutral, aber wir werden uns nicht von ihnen vorschreiben lassen, welche Akte, welche Gesinnung jeweils den Inhalt dieser Neutralität erfüllen.“[73]

Hinsichtlich der außenpolitischen Zielsetzungen der Bundesregierung kam es unmittelbar nach dem Zweiten Weltkrieg zu verschiedenen allgemeinen Erklärungen über Freundschaft mit allen Staaten, die Ablehnung von Ost- und Westorientierung, und die Hoffnung auf den Beitritt zu den Vereinten Nationen (am 2. Juli 1947 stellte Österreich seinen Aufnahmeantrag). Doch diese reichten nicht aus um die Stellung Österreichs inmitten der zunehmenden Ost-West-Polarisierung zu verdeutlichen. Ein 10-Punkte-Programm Außenminister Grubers im Oktober 1947 berief sich ausdrücklich auf die erste Regierungserklärung der Bundesregierung vom Dezember 1945 und stellte fest: „Österreich hält sich von allen politischen Bündnissen fern, gleichgültig, ob es sich um einen Westblock, um einen Alpenblock oder um einen Donaublock handelt.“ Im März 1948 gab Bundeskanzler Figl auf die Frage, ob die Bundesregierung die Einführung eines Neutralitätsstatus für Österreich unterstützen würde, folgende Antwort: „Wir haben wiederholt erklärt, daß wir uns keinem Block und keinem Militärbündnis anschließen wollen. Diese Erklärung ist auch für die Gegenwart und Zukunft gültig.“[74]

Die Gründung der NATO im Frühjahr 1949 bedeutete eine weitere Etappe in der Konsolidierung der Blockbildungen in Ost- und Westeuropa. In Figls Regierungserklärung nach den Neuwahlen vom Oktober 1949 hieß es, der Österreicher spekuliere „heute nicht auf Blockbildung und Anlehnung an fremde Mächte“. Diese Absage an die Blockbildung scheint umso wichtiger, als wenige Monate vorher Staatssekretär Ferdinand Graf in einem Interview den Beitritt Österreichs zur NATO befürwortet hatte – die einzige Stellungnahme eines Regierungsmitgliedes zugunsten eines NATO-Beitrittes Österreichs in den sechs Jahren zwischen Gründung der NATO und dem Staatsvertrag. Auf die Frage eines Schweizer Journalisten im Juli 1949, ob Österreich nach Abschluss des Staatsvertrages – der damals nahe bevorzustehen schien – „Anschluß an die Westunion und an den Atlantikpakt suchen“ werde, antwortete Graf:

73 Gorbach am 8. März 1950, Sten. Prot. NR, 6. GP., 16. Sitzg., 377; am 2. April 1952, ebd., 86. Sitzg., 3284: Gruber am 14. März 1950, ebd., 18. Sitzg., 507.

74 10-Punkte-Programm (hier zit. Punkt 5) in einem Aufsatz Außenminister Grubers „Keine Vogel-Strauß-Politik in auswärtigen Fragen“, in: *WZ*, 22. Oktober 1947, 1f; Erklärung Bundeskanzler Figls vom 27. März 1948, in: *Wiener Tageszeitung*, 28. März 1948, 1.

> Ja. Der Atlantikpakt ist eine Parallelerscheinung zum Marshallplan, und ich sehe keinen Grund, daß sich Österreich selbst von der europäischen Schicksalsgemeinschaft ausschließen sollte. Offen gesagt, kann ich zum Beispiel die Haltung der Schweiz in dieser Frage nicht verstehen, ist doch der aktive Zusammenschluß des Westens gerade zum Schutze der kleinen Nationen geschaffen worden.

Grafs Stellungnahme, in der *Klagenfurter Zeitung* am 16. Juli 1949 veröffentlicht, wurde in keiner unabhängigen oder den Regierungsparteien gehörenden Zeitung erwähnt – ein Zeichen dafür, dass es sich bei Grafs Interview um eine „Extratour" handelte. In der kommunistischen Presse und im Organ von Dobretsbergers „Demokratischer Union" wurde Grafs Interview jedoch sehr wohl vermerkt.[75]

Die Frage der Westbindung Österreichs wurde Anfang Oktober 1949 von Édouard Bonnefous, dem Vorsitzenden der außenpolitischen Kommission der französischen Nationalversammlung, in einer Serie von Gesprächen in Österreich erörtert – mit Außenminister Gruber, Bundespräsident Renner, dem sozialdemokratischen Wehrexperten Julius Deutsch und Bundeskanzler Figl. Laut Bericht des Generals Béthouart, der Bonnefous bei allen Besuchen begleitete, hatten alle Gesprächspartner Reserven bezüglich engerer Bindungen an den Westen ausgedrückt und die Notwendigkeit einer Neutralität Österreichs betont – ein Begriff, der im Bericht Béthouarts nicht weniger als achtmal vorkam.[76] Spätere Angaben Béthouarts, Bonnefous habe zugunsten eines Beitrittes Österreichs zur NATO gesprochen, sind nicht belegbar.[77] Béthouart zufolge habe Renner an die Haltung der Westmächte im März 1938 erinnert; er habe zu verstehen gegeben, dass Österreich seine unabdingbare Neutralität („cette neutralité indispensable") erst modifizieren könne, wenn Großbritannien und Frankreich vollständige Einigung über die Organisation Westeuropas erreicht haben würden, wenn die „amerikanische Hilfe endgültig gesichert wäre" und wenn „die Verteidigungslinie Europas nicht mehr am Rhein fixiert sein werde".[78]

---

75 Regierungserklärung Bundeskanzler Figls am 9. November 1949, Sten. Prot. NR, 6. GP., 2. Sitzg., 12. Abdruck eines dem Schweizer Journalisten Herbert Alboth in Hofgastein gewährten Interviews, in: *Klagenfurter Zeitung,* 16. Juli 1949, 1. Dazu Kommentar Josef Dobretsbergers in seinem Leitartikel „Und nach dem Staatsvertrag?", in: *Die Union,* 29. Juli 1949, 1f, hier 2. Etwa zur gleichen Zeit ging der Generalsekretär des Außenamtes, Heinrich Wildner, davon aus, dass Österreich dem Atlantik-Vertrag nicht beitreten werde. Aufzeichnung vom 28. Juli 1949, ÖStA, GD, NLS, E/1791/19.

76 Telegr. Bericht Béthouarts vom 8. Oktober 1949, Nr. 2398/CE/G/TS, an das Generalkommissariat für deutsche und österreichische Angelegenheiten in Paris, in: AD, série EU/Autriche, vol. 260.

77 Angerer, „Integrität vor Integration", 180; vgl. Béthouart, *La bataille pour l'Autriche,* Paris 1966, 266.

78 Renners Hinweis auf die Verteidigung am Rhein im Bericht vom 8. Oktober 1949 etwas ausführ-

In den österreichischen Aufzeichnungen zur Konversation Bonnefous/Renner kommt zwar das Wort Neutralität, im Unterschied zu Béthouarts Bericht, nicht vor; doch wesentliche Punkte werden durchaus parallel berichtet. Der Bundespräsident wies darauf hin, „daß die Republik Österreich bei ihrer exponierten Lage hart am Eisernen Vorhang zur äußersten Zurückhaltung gezwungen" sei. Gewiss sei, „daß von Wien herab bis zum letzten Dorf die österreichische Bevölkerung westlich orientiert und zu etwa 95% antikommunistisch" sei. Aber „die verantwortlichen Parteien und insbesondere die Regierung können in keiner Weise zu den geplanten Neugestaltungen [in Westeuropa, offenbar insbesondere die von Bonnefous als ‚Union Européenne' apostrophierte Organisation des Europarates, G.S.] Stellung nehmen". Darüber entwickelte sich „eine längere Auseinandersetzung", an deren Schluss Bonnefous erklärte, die Vorsicht der österreichischen Regierung sehr wohl zu begreifen. „Es handle sich jedoch zur Zeit weniger um ein offizielles Bündnis, als um eine bewußte praktische Zusammenarbeit."[79] Renner schloss mit der Bemerkung: „Die Pläne des Westens sind nicht zur Reife gediehen und vorerst hat Österreich keine Möglichkeit, in dieselben einzutreten. Aber wenn die Vertreter Englands und Frankreichs hier bei mir erscheinen und die fertigen Vereinbarungen vorlegen und Vertreter der Vereinigten Staaten beiden dazu ihren Segen geben, sei der Bundespräsident sofort bereit, mit zu unterschreiben."[80]

Enttäuscht zeigte sich Béthouart von den auf den Besuch bei Renner folgenden Gesprächen mit Deutsch und mit Figl. Deutsch sei im Unterschied zu einem früheren Gespräch nun nicht mehr der Meinung, dass eine zukünftige österreichische Armee eine Funktion im Rahmen der Teilnahme an der Verteidigung Westeuropas erfüllen könnte. Mit Figl unterhielt sich Bonnefous vor allem darüber, ob es nicht im Hinblick auf die schwachen Verteidigungsmöglichkeiten einer österreichischen Armee vorzuziehen wäre, dass die alliierte Besetzung Österreichs andauere und die Präsenz der Westalliierten in Wien das Schlimmste verhindern könnte. Figl habe weiterhin auf den Abschluss des Staatsvertrages gepocht, aber widersprüchliche Ant-

licher und nicht unglaubwürdig wiedergegeben in Béthouarts Erinnerungen: Wenn man sage, im Falle eines Angriffes der Roten Armee werde man sich am Rhein verteidigen, so seien wir Österreicher 600 Kilometer vor dem Rhein, und die Russen seien schon bei uns. Wie könnten wir Österreicher, trotz unserer Sympathie, trotz unserer Verbundenheit mit allem, was den Westen repräsentiere, eine andere als eine Politik der strikten Neutralität verfolgen? Béthouart, *La bataille*, 266.

79 Im Bericht Béthouarts ist abweichend nicht von einem Bündnis die Rede, sondern davon, dass es sich nicht darum handle, „den formellen Beitritt Österreichs zu einer Europäischen Union" zu verlangen, sondern darum, dass die Westmächte voll darüber informiert sein sollten, was mit Österreich nach dem Abzug aus Österreich geschehen würde. Wie oben Anm. 76.

80 Präsidentschaftskanzlei, Zl. 14.005/49 über Besuch Bonnefous' in Begleitung Béthouarts am 6. Oktober 1949.

worten über Österreichs Mitgliedschaft in internationalen Organisationen gegeben; Bonnefous hatte Figl darauf aufmerksam gemacht, dass die Notwendigkeit, als Mitglied von internationalen Organisationen Stellung zu beziehen, nur wenig vereinbar mit der Position der Neutralität wäre, die Figl für Österreich anstrebe. Die Skepsis Bonnefous' (und Béthouarts) bezüglich einer zukünftigen neutralen Stellung Österreichs und die Präferenz beider Franzosen für eine Fortsetzung des Besatzungsregimes treten in Béthouarts Bericht klar zutage.

Béthouart informierte auch seine britischen und amerikanischen Kollegen über die Bonnefous-Gespräche.[81] Die Gespräche wurden von US-amerikanischen und britischen Diplomaten eher bagatellisiert und – wohl nicht zu Unrecht – den Versuchen des Generals Béthouart, einen baldigen Vertragsabschluss zu hintertreiben, zugeordnet.[82] Der französische Botschafter in Washington, Henri Bonnet, berichtete beruhigend aus Washington nach Paris, ein hoher Beamter des State Department habe versichert, die österreichische Regierung sei prowestlich eingestellt; nach der Ratifizierung des Staatsvertrages solle das österreichische Militär mit jenem der Mächte der NATO „harmonisiert" werden – eine Formel zur Vermeidung einer formellen NATO-Mitgliedschaft bei gleichzeitiger militärischer Kooperation.[83]

Mitte Dezember 1949 sprach Bonnefous ausführlich mit dem österreichischen Gesandten in Paris. Vollgruber berichtete, Bonnefous habe „den Eindruck gewonnen, daß wir nach Abschluß des Vertrages eine möglichst neutrale Politik machen wollten". Die Franzosen fürchteten jedoch, Österreich werde nicht in der Lage sein, eine neutrale Politik durchzuführen, sondern dass es alle Arten von Pressionen auf Österreich seitens Russlands geben würde. Vollgruber zufolge hatte sich Bonnefous als entschiedener Gegner eines baldigen Vertragsabschlusses erwiesen.[84]

81 TNAUK, FO 371/76496/C8543, sowie NA, RG 59, 863.00/11-249.

82 TNAUK, FO 371/76452/C8709. Zu der Bonnefous-Episode vgl. ausführlich Angerer, *Frankreich und die Österreichfrage*, 323–343.

83 Bericht Bonnets vom 28. Oktober 1949, Nr. 3842/47, AD Paris, EU/Autriche, vol. 273.

84 Brief Vollgrubers an Heinrich Wildner v. 16. Dezember 1949, BMAA, Handakten Wildners. Gruber, mit dem Bonnefous übrigens schon in Innsbruck vor der Weiterfahrt nach Wien gesprochen hatte, wurde von Bonnefous zu jenen gehörend bezeichnet, die den Staatsvertrag raschestmöglich, selbst unter bedeutenden Opfern, unter Dach und Fach bringen wollten. Wildner notierte, die (vom Bonnefous-Besuch ausgelösten, G.S.) Unterhaltungen seien „nur wieder neue Atouts für die Weiteraufrechterhaltung der Besetzung". Aufzeichnung vom 13. November 1949; weitere Aufzeichnungen hierzu v. 19. November u. 23. Dezember 1949; ÖStA, GD, NLS, E/1791/19.

Am 30. Dezember wandte sich Schärf an die führende Persönlichkeit der französischen Sozialisten, Léon Blum.[85] „Ich höre“, so lautete die zentrale Passage von Schärfs Brief,

> daß man über österreichische Äußerungen verwundert ist, wonach wir für die Zeit nach der Befreiung an politische Neutralität denken wollen. Wir sind uns darüber im klaren, daß ein militärisch schwaches Österreich – und Österreich muß militärisch schwach bleiben – ein Vakuum vorstellt, durch das man binnen weniger Tage aus der ungarischen Tiefebene bis an den Bodensee gelangen kann; wir wissen, daß wir die Einordnung in ein größeres politisches und vermutlich auch militärisches System brauchen; aber ich glaube, es wäre unmöglich, in einem Zustand der Viermächtebesetzung etwa öffentlich zu erklären, wir wollen dem Atlantikpakt beitreten, wenn wir frei sind – da die Russen den Atlantikpakt als gegen sich gerichtet ansehen, wäre eine solche österreichische Erklärung der erwünschte Vorwand, um die Räumung zu vereiteln.

Schärf maß diesem Brief Bedeutung bei. Er holte die Meinung mindestens zweier Parteifreunde ein. Der Brief wurde auch bald den Briten und Amerikanern zur Kenntnis gebracht.[86] Es scheint aus diesem Brief eine Art „Doppelstrategie“ zu sprechen: eine Rhetorik der Neutralität – übrigens in sehr allgemeiner Weise – solange die Vier-Mächte-Besetzung anhielt; eine „Einordnung in ein größeres politisches und vermutlich auch militärisches System“ wäre öffentlich erst nach der Räumung des Landes durch die vier Mächte abzuhandeln. Eine derartige Doppelstrategie – wenn es eine solche war – stieß allerdings auf ein ganz großes Hindernis: die Pfänder, über welche die Sowjetunion in Österreich verfügte, waren so gewichtig, dass es der Sowjetunion jedenfalls möglich war, auch für die Zeit nach ihrem (und der anderen Mächte) Abzug aus Österreich die internationale Position des Landes mitzubestimmen. Das wichtigste Pfand war naturgemäß die Besetzung und militä-

85 Briefkopie im Nachlass Walter Wodaks, veröffentlicht in Wagnleitner, *Diplomatie,* Nr. 897/1. Daraus die nachfolgend zitierte Passage.

86 Kommentare von Julius Deutsch und Oscar Pollak in: VGAB, Nachlass Schärf, 4/240. Schärfs Brief wurde in englischer Übersetzung von Walter Wodak am 11. Jänner 1950 dem parlamentarischen Staatssekretär im Foreign Office, dem Labour-Politiker Lord Henderson, übergeben und vom Foreign Office alsbald an die britischen Botschafter in Moskau, Washington und Wien weitergegeben. Der englische Text war in einem nicht unwesentlichen Punkt weniger nuanciert als das deutsche Original: während Schärf schrieb, „wir wissen, daß wir die Einordnung in ein größeres politisches und *vermutlich auch* militärisches System brauchen [meine Hervorhebung, G.S.]“, hieß es in der Übersetzung viel gröber: „We know only too well that we must join a politically and strategically stronger entity“. TNAUK, FO 371/84896/C306/1/3.

rische Kontrolle des ostösterreichischen Gebietes. Ein sowjetischer Abzug aus Österreich auf das Risiko hin, die Einordnung Österreichs „in ein größeres politisches und vermutlich auch militärisches System" (des Westens) zuzulassen, stellte auch zum Zeitpunkt von Schärfs Schreiben ein unrealistisches „Szenario" dar. Dazu kam, dass die Sowjetunion selbst nach eventueller Räumung ihrer Zone aufgrund des damaligen Inhaltes des Staatsvertragsentwurfes noch weitere Pfänder in der Hand hatte: Im niederösterreichischen Erdölgebiet und in DDSG-Grundstücken entlang der Donau hätte die Sowjetunion über faktische „Enklaven", wie Schärf sich 1955 ausdrücken sollte, verfügt, deren Existenz in einem zum Nordatlantik-Bündnis gehörenden Österreich schwer vorstellbar war.

Im Zusammenhang mit der Gründung der NATO und mit dem im vorhergehenden Kapitel gezeigten Aufbau von Gendarmerie-Alarmeinheiten bzw. ab 1952 der B-Gendarmerie in den westlichen Zonen nahmen in den Folgejahren kommunistische oder kommunistisch orientierte Angriffe auf die Regierungspolitik zu. Im Nationalrat beschuldigten die Kommunisten die Regierung, die Eingliederung Österreichs in die NATO zu betreiben und selbst an der Verzögerung der Staatsvertragsverhandlungen schuld zu sein. Im Februar 1950 antwortete Figl auf eine parlamentarische Anfrage mit den folgenden Punkten:

1. Die Bundesregierung hat nicht die Absicht, den Staatsvertrag durch Sonderverträge zu ersetzen.
2. Die Bundesregierung besteht auf dem Abzug aller Besatzungstruppen und ist gegen jegliches Verbleiben von Truppen in Österreich nach dem Staatsvertrag.
3. Die Bundesregierung wird ihre bisherige traditionelle Politik, die Unabhängigkeit Österreichs nach jeder Richtung zu bewahren, weiter verfolgen.[87]

Sonderverträge mit einer einzelnen Mächtegruppe hätten die Gefahr einer Teilung Österreichs heraufbeschworen. Ein Sondervertrag der Art, wie ihn der am 8. September 1951 zwischen Japan und den USA sowie den westlichen Alliierten unter Ausschluss der Sowjetunion abgeschlossene Friedensvertrag darstellte, wäre für Österreich – zum Unterschied von Japan – nur um den Preis einer Teilung des Landes zu erkaufen gewesen.[88] Die Teilung des Landes zu vermeiden war ohne Zweifel der

87 Die zitierte Anfragebeantwortung in: Beiblatt zur Parlamentskorrespondenz, 6. GP., Anfragebeantwortung 42/A. B. zu 66/J., 13. Februar 1950. Zu den kommunistisch inspirierten Angriffen auf Vorgänge in den Westzonen siehe die vom Österreichischen Friedensrat herausgegebene Schrift: *Die Aufrüstung Österreichs, Dokumente und Tatsachen,* o. O., o. J. (mit Material bis Herbst 1951).

88 Vgl. die Anfragebeantwortung Bundeskanzler Figls vom 28. Februar 1952: Die Bundesregierung habe

leitende Gedanke der Regierungen Figls wie Raabs, obgleich die Risiken, die die Regierungsspitze im Zuge der auf den Ausbruch des Koreakrieges folgenden „Militarisierung“ des Kalten Krieges vor allem in den Jahren 1950 bis 1952 auf sich nahm, nicht unbeträchtlich waren. Der Hinweis in der oben zitierten Anfragebeantwortung, die Regierung sei gegen jegliches Verbleiben von Truppen in Österreich nach dem Staatsvertrag, war offensichtlich zur Ausräumung jener Befürchtungen von sowjetischer bzw. kommunistischer Seite gedacht, die eine militärische Eingliederung des Landes in die NATO als Konsequenz des Abzuges der Besatzungstruppen erwarteten. In der bedeutendsten außenpolitischen Debatte des Parlamentes in den frühen Fünfzigerjahren, am 2. April 1952, sagte Leopold Figl, das österreichische Volk möchte in einem ungeteilten Vaterland leben: „Ich betone hier besonders das Wort ‚ungeteilt'… . Aus diesem Grunde kommen für uns keinerlei Separatverträge in Frage, da wir genau wissen, daß derlei Verträge unser Ziel gefährden und über kurz oder lang zu einer Gefahr für unsere Heimat werden könnten.“[89] Rückblickend auf das Jahrzehnt der Besatzungszeit hat Bruno Kreisky 1955 geschrieben: „Oberstes Prinzip der Regierung mußte es daher in diesen vergangenen zehn Jahren sein, nichts zu tun, was den Vorwand zur Teilung Österreichs bieten könnte.“[90]

Die Unteilbarkeit und Einheit Österreichs war auch Gegenstand einer bereits genannten Rede des Bundespräsidenten Körner am 11. November 1951. Anlaß war die Dreißigjahrfeier der Zugehörigkeit des Burgenlandes zu Österreich, der Ort der Rede – Eisenstadt – als Hauptstadt des östlichsten Bundeslandes symbolisch. „Nahe der Ostgrenze unserer Republik“ bekannte sich der Bundespräsident zu dem Grundsatz: „Wir kennen und anerkennen kein Ostösterreich und kein Westösterreich, sondern nur ein ganzes, einiges und einheitliches Österreich.“ Damit war der Primat der Einheit Österreichs – die Absage an alle Teilungsideen, an alle Ideen von Sonderverträgen – klargestellt. Zwei weitere Prinzipien wurden in der Rede hervorgehoben: Erstens wolle Österreich den Frieden – der Bundespräsident erklärte, er würde nicht zulassen, dass die Wehrmacht zu anderen Zwecken als der Verteidigung

---

wiederholt erklärt, „daß sie Sonderverträge mit einzelnen Mächtegruppen ablehne“. Beiblatt zur Parlamentskorrespondenz, 6. GP., Anfragebeantwortung 362/A. B. zu 406/J. (die Beschlussfassung im Ministerrat erfolgte ohne Debatte; AdR, MRProt Nr. 282, 26. Februar 1952). Im gleichen Sinne Erklärung Außenminister Grubers noch im September 1953, in: *Neues Österreich,* 16. September 1953, 1. Die Idee, einen Sondervertrag nicht nur mit Deutschland, sondern auch mit Österreich abzuschließen, war tatsächlich Jahre zuvor, im Juni 1947, von Senator Arthur Vandenberg ventiliert worden. Der österreichische Gesandte Kleinwächter warnte nachdrücklich vor den Gefahren für Österreich und intervenierte diesbezüglich im State Department. Bericht Kleinwächter vom 6. Juni 1947, AdR, BMAA, II-Pol, Zl. 107 .637-Pol/47.

89 Sten. Prot. NR, 6. GP., 3255.

90 Observator (d. i. Bruno Kreisky), *Der lange Weg zu Österreichs Freiheit,* Wien [1956], 7.

des Landes gegen Bedrohung von außen eingesetzt würde. Dies war verbunden mit dem zweiten Prinzip; Körner betonte: „Ein freies, unabhängiges Österreich, allen Rivalitäten entrückt, *nach keiner Richtung hin einseitig gebunden*, einzig und allein der Sache des Friedens ergeben, wird ein Gewinn für Europa, für die Welt sein." Die politische Bedeutung der Rede veranlasste den Bundespräsidenten, das Konzept eigens zur Genehmigung an Bundeskanzler Figl zu senden. Figl erklärte sein volles Einverständnis.[91]

Die Ablehnung von (gerade damals wegen des Japan-Vertrages die öffentliche Diskussion beschäftigenden) „Sonderverträgen" bedeutete auch die Ablehnung der Eingliederung in einen Militärblock; der japanische Friedensvertrag wurde nämlich von einem japanisch-amerikanischen Sicherheitspakt begleitet.[92] Außenminister Gruber erklärte am 2. April 1952 im Nationalrat, der „Begriff der Neutralität vom völkerrechtlichen Standpunkt aus" habe „bestimmte Verhaltensnormen zum Inhalt, zum Beispiel kann ein neutrales Land nicht Kriegsteilnehmer sein und darf keinem anderen Staat militärische Vorteile einräumen. Diese völkerrechtliche Neutralität ist für uns aus verschiedenen Gründen eine Selbstverständlichkeit." In Beantwortung einer Polemik des kommunistischen Abgeordneten Ernst Fischer, der einen Gegensatz zwischen Gruber und Gorbach in Sachen der Einstellung zur Neutralität konstruieren wollte, wiederholte der Außenminister: „Es ist die Auffassung der österreichischen Bundesregierung, daß wir auf dem Boden der völkerrechtlichen Neutralität stehen, daß aber jene Neutralität, die uns Herr Fischer einreden möchte, ganz etwas anderes bedeutet, daß es jene Neutralität ist, die uns zum Pfeifendeckel der kommunistischen Ideologie degradieren soll – und eine solche Neutralität leh-

91 Präsidentschaftskanzlei, Zl. 15.515/51. Schreiben Körner an Figl vom 7. November 1951 sowie Antwort Figls vom 9. November 1951 in NÖLA, Nachlass Figl. Ein Entwurf von Körners Rede findet sich in den Papieren Bruno Kreiskys, der zu dieser Zeit Kabinettsvizedirektor des Bundespräsidenten und als solcher offenbar in die Überarbeitung der Rede eingebunden war. SBKA, Nachlass Kreisky, VII/Neutralität. Der endgültige Text der Rede wurde von Sektionschef Wirth formuliert.

92 Außenminister Gruber fürchte, die Amerikaner seien vom „Geist von San Francisco" inspiriert (der Vertrag mit Japan war in San Francisco abgeschlossen worden), berichtete der französische Hochkommissar nach einem Gespräch mit Gruber Ende November 1951 im Zusammenhang mit dem (von den Franzosen sehr kritisch aufgenommenen) amerikanischen Projekt des Kurzvertrages. AAF Wien, vol. „Traité d'État" III, Telegramm Payart nach Paris Nr. 1427/1430, 28. November 1951. Die Idee eines Sondersicherheitsvertrages mit Österreich nach dem Muster des amerikanisch-japanischen Sicherheitspaktes geisterte sehr wohl durch das „contingency-planning" des amerikanischen Militärs: sollten allenfalls die Sowjettruppen sich ohne Abschluss des Staatsvertrages einseitig aus Österreich nach Ungarn zurückziehen (aber nicht auch aus Ungarn und Rumänien), dann sollten die westlichen Truppen in Österreich verbleiben und ein „security arrangement should be reached with Austria, like that with Japan". Telegramm State Department an Botschaft Paris mit Bezug auf ein Memorandum des Defense Department, 23. Oktober 1953: NA, RG 59, 396.1-PA/10-2353.

nen wir entschieden ab." Die Sprecher der Koalitionsparteien, die Abgeordneten Gorbach und Koref, bekannten sich ebenfalls, wenn auch mit verschiedener Nuancierung, zur Neutralität, und auch der Sprecher der rechten Opposition, Kraus, meinte, man brauche keine Gespräche wegen der Nichtteilnahme Österreichs am Atlantik-Pakt, denn bisher sei darüber noch nicht einmal gesprochen worden. Der Außenminister habe gesagt, die völkerrechtliche Neutralität sei für Österreicher eine Selbstverständlichkeit; infolgedessen, so schloss Kraus, bestehe „hier die Möglichkeit, die Sowjetunion beim Wort zu nehmen".[93]

Diese Debatte gipfelte in der Annahme einer Resolution, die von den Abgeordneten der ÖVP, der SPÖ und des VdU gestützt wurde und in der gegen die „völkerrechtswidrige Fortsetzung der Besetzung Österreichs durch fremde Armeen" und verschiedene Begleiterscheinungen der Besetzung protestiert wurde. Der Entschließung des Nationalrates folgten schon einen Tag später außerordentliche Sitzungen in den Landtagen aller neun Bundesländer, um dem Wunsch nach Beendigung der Besetzung Österreichs Nachdruck zu verleihen. In Salzburg bekannte sich der sozialistische Landeshauptmannstellvertreter Franz Peyerl dazu, „daß wir wirklich neutral sein wollen zwischen dem Osten und dem Westen".[94]

Das Bekenntnis zur Neutralität ist vor den Konturen der sicherheitspolitischen Kooperation mit den Westmächten zu sehen, die im vorhergehenden Kapitel geschildert wurde. Die Haltung der Regierung in den ersten Fünfzigerjahren wurde wohl zutreffend – schon 1950 – von einem amerikanischen Diplomaten mit den Worten geschildert, es habe den Anschein, dass praktisch Österreich „neutral" auf der westlichen Seite sein möchte, so wie Dobretsberger „neutral" auf der östlichen sei.[95]

Dass allerdings bei aller Verbundenheit mit dem Westen auch damals eine Grundstimmung zugunsten des „Heraushaltens" in der Bevölkerung vorhanden war, wurde von manchen westlichen Beobachtern als gegeben angesehen. Wie bei den Bürgern der meisten kleinen Länder, berichtete der britische Botschafter Caccia am Neujahrstag 1952 nach London, sei es der „gedankenlose Wunsch" der großen Mehrheit der Österreicher, eine „zweite Schweiz" zu werden.[96]

93 Sten. Prot. NR, 6. GP., 3259, 3269, 3284, 3290 und 3295; auch *DÖA*, Nr. 102.

94 Johann Luger, *Parlament und alliierte Besatzung 1945–1955*, Diss. Univ. Wien 1976, 136–148, hier 145.

95 „Thus it appears that practically Austria wants to be ‚neutral' on the western side, just as Dobretsberger is ‚neutral' on the eastern side". Bericht der amerikanischen Botschaft Wien, 10. Mai 1950, NA, RG 84 (Vienna post files), 321.1, zit. von Oliver Rathkolb, „Die SPÖ und der außenpolitische Entscheidungsprozess 1945–1955. Mit einem Ausblick auf die Neutralitätspolitik bis 1965", in: Wolfgang Maderthaner, Hrsg., *Auf dem Weg zur Macht. Integration in den Staat, Sozialpartnerschaft und Regierungspartei*, Wien 1992, 51–72, hier 61.

96 „…the unthinking wish of the vast majority of Austrians is to become a second Switzerland…" Sir

In einer Periode der verhärteten Ost-West-Konfrontation, in der Österreich in seinen westlichen Zonen im Begriff war, für den Fall eines Angriffes aus dem Osten zum „geheimen Verbündeten" des Westens zu werden, spielte in den Zukunftsüberlegungen westlicher Diplomaten doch bereits die Frage eine Rolle, ob nicht eine „Neutralisierung" Österreichs den Schlüssel zur Bereitschaft der Sowjetunion, aus Österreich abzuziehen, bedeuten könnte. In seinem Telegramm vom Neujahrstag 1952 erwähnte Caccia auch die Möglichkeit, dass die Sowjets ihre Bereitschaft für den Staatsvertrag mit einer Garantie „für die Neutralisierung Österreichs" koppeln könnten. Um für alle Eventualitäten gewappnet zu sein, müsste man die Anziehungskraft in Rechnung stellen, „which neutrality inevitably has to Austrian public opinion". Schon fünf Wochen zuvor hatte Caccia nach London geschrieben, der Kern des österreichischen Problems liege darin, dass die Russen versuchen könnten, von Österreich Zusicherungen zu erreichen, dass Österreich nach dem Vertrag keine militärischen Verpflichtungen übernehmen und, zum Beispiel, nicht dem Atlantik-Vertrag beitreten würde.[97]

Aus London antwortete Geoffrey Harrison an Caccia, selbst wenn es möglich wäre, den Österreich-Vertrag um diesen Preis zu kaufen, „sollten wir auf keinen Fall die Neutralisierung Österreichs akzeptieren". Harrison teilte mit, dass die britischen Generalstabschefs ihre Ansicht kundgetan hätten,

> dass ein Österreich-Vertrag nur zu unserem Vorteil wäre, wenn wir die Sicherheit hätten, dass ein unabhängiges Österreich mit dem Westen kooperieren und im Kriegsfall nicht neutral bleiben würde. Die Existenz eines neutralen Österreich, möglicherweise unter sowjetischem Einfluss, wäre eine ernste Beeinträchtigung (‚embarrassment') unserer militärischen Position in diesem Teil Europas und würde schwerer wiegen als der Vorteil, den Abzug der Russen aus der Sowjetzone zu erreichen.[98]

Zwei Monate zuvor hatte allerdings Caccia dem französischen Stellvertretenden Hochkommissar Lalouette die ganz andere Ansicht des Chefs des Empire-Generalstabes, des Feldmarschalls Sir William Slim, mitgeteilt. Aus Gesprächen mit Slim habe Caccia den Schluss gezogen, dass es für die Westmächte von unschätzbarem Wert wäre, wenn der östliche Teil Österreichs von den sowjetischen Streitkräften

---

Harold Caccia an das Foreign Office, 1. Jänner 1952. TNAUK, FO 371/98090/CA1192/3.

97 Sir Harold Caccia an Geoffrey Harrison, 26. November 1951, TNAUK, FO 371/93594/CA1010/3; vgl. auch Caccias Berichte v. 9. November u. 6. Dezember 1951, ebd. 93621/CA1192/27 u. 93594/CA1016/4.

98 G. W. Harrison an Sir Harold Caccia, 21. Dezember 1951, TNAUK, FO 371/93594/CA1016/4.

geräumt würde, und dass es kein zu hoher Preis wäre, die noch offenen Artikel des Staatsvertrages fallenzulassen.[99] Im Unterschied zu dem kritischen Harrison reagierten zwei andere Beamte des Foreign Office gelassener. In einem Memorandum „The Neutralisation of Austria" vom 4. Jänner 1952 meinte L. M. Minford, es sei unvorstellbar, dass die Russen einen Österreich-Vertrag unterschrieben, wenn es die sichere Voraussicht gäbe, dass Österreich formeller Alliierter der Westmächte würde. Minford argumentierte, es sei mehr als wahrscheinlich, dass Österreich eine Politik führen würde, „which would in fact amount to neutrality".[100] Denis Allen fügte eine Überlegung hinzu, die geradezu prophetisch die Entwicklung von 1955 antizipierte: „Einer frei gewählten Neutralität, unter welcher ein voll souveränes Österreich sich entschiede, keinem exklusiven Bündnis beizutreten, könnten wir schwer Widerstand entgegensetzen, und sie könnte nicht unvereinbar mit unseren vitalen strategischen Interessen sein."[101]

Die kommunistische und prokommunistische Propaganda zugunsten eines auch ideologisch „neutralen" Österreichs nahm im Laufe des Jahres 1952 an Lautstärke zu und bot genug Anlass für westliche Spekulationen, hinter der kommunistischen Kampagne sowjetische Ziele zu vermuten. Sehr frühzeitig bezog die französische Diplomatie Position gegen mögliche sowjetische Neutralisierungswünsche. Schon im Jänner 1952 wurde in einer interministeriellen Besprechung am Quai d'Orsay festgehalten, man wolle bei den Staatsvertragsverhandlungen Diskussionen über allfällige sowjetische Neutralisierungsvorschläge vermeiden; dies sei das wichtigste Ziel der Weisung an den französischen Sonderbeauftragten, nur Diskussionen über bereits im bisherigen Vertragsentwurf genannte Themen zu akzeptieren.[102] Zwei Monate später enthielt die „Stalin-Note" vom 10. März 1952 den Vorschlag der Herstellung der Einheit Deutschlands bei gleichzeitiger Neutralisierung – d.h. der Verpflichtung Deutschlands, keinen „Koalitionen und Militärbündnissen" beizutreten, die gegen irgendeinen Staat gerichtet wären, der am Kriege gegen Deutsch-

99 AAF Wien, Traité d'État III, Handschriftl. Aufzeichnung des Stellvertr. Hochkommissars Roger Lalouette vom 8. September 1951, gleichlautend Lalouettes Telegramm Nr. 985/990 nach Paris vom 12. September 1951.

100 Memorandum datiert vom 4. Jänner 1952 sowie Amtsvermerk Minfords vom 5. Jänner 1952: TNAUK, FO 371/98061/CA1071/3.

101 „A freely chosen neutrality, under which a fully sovereign Austria elected to join no exclusive alliance, might be difficult for us to resist and not incompatible with our vital strategic interests." Amtsvermerk Allens vom 5. Jänner 1952, ebd.

102 So der Politische Direktor des französischen Außenministeriums Guy de La Tournelle: Mitschrift („procès-verbal") einer Besprechung unter dem Vorsitz des französischen Staatssekretärs für Auswärtige Angelegenheiten Maurice Schumann, 10. Jänner 1952; AAF Wien, Traité d'État IV. Die Vermeidung von Neutralisierungsdiskussionen bei den Staatsvertragsverhandlungen war auch im folgenden Jahr 1953 ein vordringliches Anliegen der französischen Diplomatie, wie noch gezeigt werden wird.

land teilgenommen hatte.[103] Obwohl die Note Österreich nicht betraf, beeilten sich die prosowjetischen Presseorgane in Wien, auf eine mögliche Nutzanwendung für Österreich aufmerksam zu machen, und der französische Hochkommissar in Wien berichtete, dass auch bei den Koalitionsparteien die Stalin-Note nicht von vornherein als bloße Propaganda abgetan wurde. Botschafter Payart stellte damals zur Erwägung, dass man sich fragen müsse, ob gegebenenfalls „die österreichische Bevölkerung sehr zögern würde, eine Regelung des österreichischen Problems mit dem Preis der Neutralität Österreichs zu bezahlen".[104]

Wie im vorhergehenden Kapitel berichtet, begannen allerdings ab Herbst 1952 bestimmte sowjetische Signale, wenngleich nicht auf hoher Ebene, in Richtung Neutralität ausgesendet zu werden.[105] Es ist daher nicht erstaunlich, wenn von amerikanischer Seite im Winter 1952/53 in einer Erörterung der weiteren Taktik in der Staatsvertragsfrage unter möglichen neuen Themen, die von der Sowjetunion in die Verhandlungen eingebracht werden könnten, die „Neutralisierung Österreichs" genannt wurde.[106] Dieser amerikanische Hinweis bot den Anlass für eine originelle Analyse der Neutralitätsproblematik durch den französischen Hochkommissar im Februar 1953. Die sowjetische Linie sei nicht so sehr die einer „proposition Soviétique" der Neutralisierung Österreichs. Vielmehr sei es die sowjetische Linie, „die österreichische Regierung selbst dazu zu bringen, ihren Willen zur Neutralität zu bejahen".[107] Diese Linie habe sich seit Ende 1951 abzuzeichnen begonnen und im Laufe des abgelaufenen Jahres (1952) entwickelt. In der gegenwärtigen Phase sei es die Aufgabe der kommunistischen Organisationen in Österreich, diese Linie voranzutreiben; Payart nannte besonders einen Leitartikel der kommunistischen *Volksstimme* vom 29. Jänner 1953, der „den sichersten Weg zum Staatsvertrag" als den „Weg der Neutralität" bezeichnete. Payart fand, dass die Haltung der Regierung eher komplex sei. Er erwähnte die Haltung des Bundespräsidenten Körner zugunsten der Neutralität; Figl habe kürzlich von Österreich als zweiter Schweiz gespro-

103 Siehe oben, Kapitel IV.2. Text in: *AdG*, 1952, 3387 B.

104 AAF Wien, „Traité d'État" III, Telegramm Payarts Nr. 748/458, 24. März 1952. Zu den Verbindungen zwischen den Reaktionen auf die „Stalin-Note" und der Österreich-Frage materialreich Gehler, „Kurzvertrag für Österreich?", bes. 251–257.

105 Über die Gespräche Grigor'ev/Platzer in Washington vom September 1952 informierte übrigens Gruber mündlich den französischen Botschafter Payart in Wien. AAF Wien, „Traité d'État" IV: Telegramm Payarts Nr. 2601/2606 nach Paris, 7. Oktober 1952.

106 Amerikan. Aide-mémoire, „Tactics recommended by the State Department if Soviets attend Meeting of the Austrian Treaty Deputies on January 30, 1953", am 17. Jänner 1953 dem Foreign Office in London und dem französischen Außenministerium in Paris übergeben. TNAUK, FO 371/103788/CA1071/11; Kopie der franz. Übersetzung in: AAF Wien, „Traité d'État" IV.

107 „…la manœuvre soviétique … tend à amener le Gouvernement Autrichien à affirmer lui-même sa volonté de neutralité".

chen; Gruber habe gesagt, „dass Österreich keinesfalls an einem gegen die Sowjetunion gerichteten Militärsystem teilnehmen würde".[108] „Die Idee eines neutralen Österreich" sei geeignet, so Payart, eine gewisse „Verführung" der öffentlichen Meinung zu produzieren; andererseits betonte Payart, dass [österreichischerseits, G.S.] wiederum mehreres dagegen spreche: die Sorge vor einer Schwächung der Verbindungen mit dem Westen, die Angst vor einem zweiten „Prager Coup" und die Sorge der Regierung, die Amerikaner nicht vor den Kopf zu stoßen. Aber man könne sich fragen, ob dies notwendigerweise immer so sein werde. Jedenfalls, so schloss Payart, würde die kommunistische Propaganda umso wirksamer sein, je langsamer die europäische Integration vorangehe.[109]

Der US-amerikanische Hochkommissar Thompson analysierte ebenfalls die Stimmung in Österreich und fand, dass vor allem in Wien und der Sowjetzone nach acht Jahren der Besetzung nicht viele nach dem Preis für einen baldigen Staatsvertrag fragen würden, wenn dies sofortigen sowjetischen Rückzug bedeute. Die größte Gefahr, so Thompson, scheine ihm die „enorme Anziehungskraft" („the tremendous appeal") eines sowjetischen Vorschlages für die Neutralisierung Österreichs zu sein, wenn die Sowjets die Österreicher überzeugen könnten, dass dies zum sofortigen Ende der Besetzung führen würde.[110]

Die kommunistische Pressekampagne zugunsten der Neutralität veranlasste die westlichen Botschafter, Gruber geradeheraus zu fragen, ob ihm zu irgendeiner Zeit entsprechende Hinweise von Sowjetvertretern selbst gegeben worden wären. Gruber verneinte; er fügte hinzu, „es sei natürlich, dass die Sowjetregierung diese Frage in irgendeinem Stadium stellen würde".[111]

In den nächsten Monaten wurde die Neutralitätsproblematik mehrfach von den Westalliierten erörtert.[112] Entgegen weitverbreiteter Befürchtungen über die Rückwirkungen einer österreichischen Neutralität auf Deutschland arbeitete ein englischer Diplomat den Unterschied zwischen der Situation Österreichs und Deutschlands vorzüglich heraus; dabei zeigte sich neuerlich, dass im Foreign Office die Eventualität einer Neutralität Österreichs weniger düster betrachtet wurde als im State Department. Es sei keineswegs schlüssig, so schrieb er, dass das, was für Öster-

108 Grubers Äußerung auf einer Wahlversammlung in Graz am 22. Jänner 1953; von Caccia diesbezüglich zur Rede gestellt, habe Gruber seine Äußerungen als „Wahlparolen" („paroles électorales") heruntergespielt.

109 AAF Wien, „Traité d'État" IV, Telegramm Payart nach Paris, Nr. 147/156, 3. Februar 1953.

110 NA, RG 59, 663.001/21953, Telegramm Thompson nach Washington, 19. Februar 1953.

111 TNAUK, FO 371/103759/CA1071/31, Telegramm Caccia nach London, 5. Februar 1953.

112 Dowling an Livingston Merchant, Assistant Secretary of State for European Affairs, 19. Mai 1953, NA, RG 59, 663.01/5-1953.

reich gelte, auch für Deutschland gelten müsse. Obwohl die Briten der Neutralisierung Deutschlands nicht ohne einen großen Umschwung („major reversal") in der westlichen Politik zustimmen könnten, so gälten diese Argumente kaum für Österreich. Außerdem habe die Idee der Neutralisierung eine starke Anziehungskraft für die Österreicher, aber wohl wesentlich weniger für die Deutschen. Es wäre selbst bei einer gleichzeitigen Regelung der deutschen und der österreichischen Frage möglich, eine Neutralisierung im Falle Österreichs zu konzedieren, im Falle Deutschlands jedoch abzulehnen.[113]

3. Der sowjetische Standpunkt zur Neutralität, 1945–1953

In den meisten westlichen Debatten wurde erwartet, dass die Neutralisierung Österreichs das Mächtegleichgewicht zugunsten des Ostens verlagern würde. In der Tat waren auch sowjetische Strategen der Meinung, die Neutralisierung westlicher Staaten sei „eher ein Mittel, das Mächtegleichgewicht zu verändern, als es zu erhalten".[114] Ihre Einstellung zu Blockfreiheit und Neutralität war von ideologischen und politischen Faktoren beeinflusst. Im Marxismus-Leninismus wurde die allgemeine Haltung zur Neutralität durch die Theorie des Klassenkampfes definiert – jenes andauernden Grundkonfliktes der Weltgeschichte, der in allen Gesellschaften der Welt zwischen dem von „fortschrittlichen" (d.h. linken) Kräften unterstützten Proletariat und den reaktionären Kräften, der Bourgeoisie, stattfinde. Dieser Kampf würde bis zum letztendlichen Sieg des Kommunismus keine Form von Indifferenz zulassen; jede Person, die sich nicht als Unterstützer des Proletariates erwies, war per definitionem bourgeois oder ein „Klassenfeind". Neutralität wurde daher von den Marxisten oftmals als Tarnung dargestellt, als ein Schleier, hinter welchem Neutrale ihre zu bourgeoise Neigung zu verbergen hofften.[115]

Nach der Machtübernahme der Bolschewiken in Russland wurde deren Einstellung zur Neutralität von den Interessen des sowjetischen Staates beeinflusst. Ob Neutralität positiv oder negativ zu bewerten sei, hing aus sowjetischer Perspektive immer davon ab, welche Seite diese ausübte, von den spezifischen Umständen, unter welchen sie erklärt wurde, und von ihrem Einfluss auf das Mächtegleichgewicht.

113 Aktenvermerk von P. F. Hancock zu einer Notiz Harrisons „The Neutralisation of Austria", 24. Mai 1953. TNAUK, FO 371/103762/CA1071/137.

114 Cyril E. Black/Richard A. Falk/Klaus Knorr/Oran R. Young, *Neutralization and World Politics*, Princeton 1968, 45.

115 Lenin, „Die Aufgaben der Linksradikalen (oder der linken Zimmerwaldisten) in der Sozialdemokratischen Partei der Schweiz " [1916], in: ders., *Werke*, Bd. 23, Ost-Berlin 1968, 135–147.

Im Falle eines Krieges zwischen zwei westlichen Mächten wurde die Neutralität als Möglichkeit in Betracht gezogen. Sollte ein Krieg hingegen revolutionär, defensiv oder ein Befreiungskrieg sein, also im Sinne Lenins „gerecht", so war keine Art von Neutralität zu rechtfertigen.[116] Positiv wurde Neutralität hingegen bewertet, wenn sie verhinderte, dass ein Staat einem gegnerischen Bündnis beitrat. So nahm beispielsweise die sowjetische Wertschätzung der Neutralität zu, als sich der Sowjetstaat nach der Revolution durch das bewaffnete Einschreiten westlicher Mächte gefährdet sah. Angesichts der drohenden „kapitalistischen Einschließung" nahm die Sowjetunion jeden Nachbarstaat, der aus dem cordon sanitaire gelockt werden konnte und sich gegenüber dem bolschewistischen Staat als neutral erklärte, als Vorteil wahr. Als 1920 Litauen und Estland Interesse daran zeigten, ihre kürzlich zurückgewonnene Unabhängigkeit durch eine Neutralitätserklärung zu festigen, akzeptierte der Kreml dies bereitwillig.[117] Ebenso vereinbarte das im selben Jahr zwischen der Sowjetunion und Österreich abgeschlossene Kopenhagener Abkommen über die Repatriierung von Kriegsgefangen des Ersten Weltkrieges, dass Österreich im polnisch-sowjetischen Krieg neutral bleiben müsse.

In den Zwischenkriegsjahren setzte die UdSSR ihre auf die Schwächung des westlich-demokratischen Lagers abzielende Politik fort, indem sie Neutralitätsabkommen oder Nichtangriffspakte mit Nachbarstaaten abschloss, darunter Afghanistan, China, Finnland, dem Iran, der Türkei u.a. Man hat argumentiert, dass aus sowjetischer Sicht in keinem dieser Verträge das Hauptziel der Nichtangriffsaspekt war;[118] einerseits konnten solche Versprechungen im Fall einer Invasion leicht rückgängig gemacht werden, andererseits hätte niemand erwartet, dass ein winziger Staat wie Estland für sich allein seinen riesigen Nachbarn attackieren würde. Die Sowjetunion war daher in erster Linie daran interessiert, dass diese Länder weder dem Sowjetstaat gegenüber feindlich eingestellten Militärallianzen beitreten noch fremde Truppen auf eigenem Territorium tolerieren würden. Aus diesem Grund pries Stalin die Neutralität zu Friedenszeiten als eine Garantie gegen fremde Aggression, und die entsprechenden Neutralitäts- und Nichtangriffsverträge wurden als eine „Waffe in unserem Kampf für die Zerstörung der Front der imperialistischen Staaten gegen die UdSSR" gelobt.[119]

Die Tatsache, dass die Sowjetunion die Neutralität ihrer Nachbarn in der Zwischenkriegszeit zu schätzen wusste, schützte einige davon nicht davor, nach Ab-

---

116 Margot Light, *The Soviet Theory of International Relations*, New York 1988, 229–237.

117 Heinz Fiedler, „Politische Verträge mit westlichen Staaten und Entwicklungsländern", in: Dietrich Geyer, Hrsg., *Osteuropa-Handbuch Sowjetunion Außenpolitik,* Köln 1976, Bd. 3, 195–197.

118 Paul Vigor, *The Soviet View on War, Peace, and Neutrality,* London 1975, 184–186.

119 „Nejtralitet", in: O. Ju. Šmidt u.a., Hrsg., *Bol'šaja Sovetskaja Ėnciklopedija,* Bd. 41, Moskva 1939, 488.

schluss des Hitler-Stalin-Paktes 1939/40 von der Sowjetunion angegriffen, besetzt und annektiert zu werden. Während des Zweiten Weltkrieges kritisierte die Sowjetpropaganda die meisten neutralen westlichen Staaten, etwa die Schweiz, Schweden und die Türkei, da diese angeblich die Kriegsanstrengungen des Feindes unterstützen würden.[120] Davon ausgenommen war Japan, dessen Neutralität der Sowjetunion zum Vorteil gereichte. 1945 waren neben der Sowjetunion auch viele andere Staaten nicht nur den europäischen Neutralen gegenüber aufgrund von deren Verhalten während des Krieges kritisch eingestellt, sondern auch generell der Neutralitätsidee gegenüber.[121] Beispielsweise verzögerte der sowjetische Vertreter die Aufnahme Portugals in die Vereinten Nationen mit Verweis auf die Neutralität des Landes zu Kriegszeiten.

Während so das Image der Neutralität merklich litt, sahen sowjetische Pläne für die europäische Nachkriegsordnung durchaus eine vertragliche Neutralisierung bestimmter Gebiete vor. Diese sollten als Pufferzone zwischen den Einflusssphären dienen, welche die sowjetischen Strategen der UdSSR beziehungsweise den westlichen Großmächten zuteilten. In einem berühmten Memorandum vom Jänner 1945 schlug Maksim Litvinov vor, diese neutrale Pufferzone solle aus Dänemark, Deutschland, Österreich, der Schweiz und Italien bestehen.[122] Die Zugehörigkeit zu dieser Zone der permanenten Neutralität wäre in diesem Fall nicht die Folge von Entscheidungen souveräner Staaten gewesen, sondern ein Resultat der Politik der Großmächte. Diese Pläne wurden jedoch nicht umgesetzt; der zutage tretende Kalte Krieg, die Bildung zweier Blöcke und die von der Sowjetunion 1947 wieder aufgenommene „Theorie der zwei Lager" ließ wenig Platz zwischen diesen. Einem Vorschlag des Ministerpräsidenten der DDR, Otto Grotewohl, vom Mai 1950, man solle „den Kampf gegen die Theorie der ‚Neutralität' Deutschlands im Kampf der zwei Lager [entfalten], weil diese Theorie zur Einschränkung des Kampfes des deutschen Volkes […] führt", stimmte Stalin zu.[123] Anscheinend betrachtete der sowjetische Diktator Neutralität zwischen den verfeindeten Großmächten als nicht praktikabel. Insbesondere kleinere Staaten würden sich früher oder später einem der

120 „Nejtralitet", in: A. Ja. Vyšinskij, Hrsg., *Diplomatičeskji slovar',* Bd. 2, Moskva[1]1950, 230–234, 232. „Sitzung der Litvinov-Kommission," 8. September 1943, in: Laufer/Kynin, *Die UdSSR und die deutsche Frage,* Bd. 1, 143; Litvinov an Molotov, 9. März 1944, ebd., 341.

121 O. I. Tjunov, *Nejtralitet v meždunarodnom prave,* Perm 1968, 59.

122 Memorandum, Litvinov an Molotov, 11. Jänner 1945, in: Kynin/Laufer, *SSSR i Germanskij vopros,* Bd. 1, 595–597.

123 Das Gesprächsprotokoll publiziert in deutscher Übersetzung in Bernd Bonwetsch, „Stalin und die Vorbereitung des 3. Parteitags der SED: Ein Treffen mit der SED-Führung am 4. Mai 1950", in: *VfZ* 51:4, 2003, 575–607, 594.

beiden im Entstehen begriffenen Blöcke annähern.[124] Schweden und die Schweiz, die beiden berühmtesten Beispiele kleiner, permanent neutraler Staaten in Europa, waren wiederholt die Ziele sowjetischer Propagandaattacken;[125] man warf ihnen vor, sie seien antisowjetisch und NATO-freundlich eingestellt, weshalb ihre Neutralität nur ein Vorwand sei.

Auch in Bezug auf Österreich wurde das Neutralitätskonzept von sowjetischen Behörden verworfen. Im Februar 1950 schlugen Georgij Cinëv, der nachmalige Stellvertretende Hochkommissar in Österreich, und der politische Vertreter Koptelov höchstwahrscheinlich infolge der Entstehung der NATO vor, man solle einen neuen Paragraphen in den Staatsvertragsentwurf inkludieren, der das Land dazu verpflichten würde, „keinen militärisch-politischen Blöcken beizutreten". Das sowjetische Außenministerium verwarf diese Idee als nachteilig und wertlos. Außerdem könne man dieses Vorgehen als Zeichen sowjetischer „Angst" vor der NATO auslegen und für antisowjetische Propaganda nutzen. Die Dritte Europäische Abteilung des sowjetischen Außenministeriums empfahl daher die Anwendung anderer Strategien zur Verzögerung des Vertragsabschlusses, wie etwa die erwähnte sowjetische Forderung nach einer Untersuchung der Entnazifizierung und Demilitarisierung Österreichs. Dies würde ein „neues und schwerwiegendes Hindernis für einen raschen Vertragsabschluss" schaffen.[126]

Zwischen 1950 und 1954 kam es im Zusammenhang mit dem sowjetischen Kampf gegen die Entstehung der NATO und der Europäischen Verteidigungsgemeinschaft (EVG)[127] im Kreml jedoch zu einer Neubewertung des Neutralitätsgedankens. Neue sowjetische Berichte erkannten den Vorteil von Schwedens neutraler

---

124 Vladislav Zubok, „The Soviet Attitude towards European Neutrals during the Cold War", in: Michael Gehler/Rolf Steininger, Hrsg., *Die Neutralen und die europäische Integration 1945–1995*, Wien 2000, 32.

125 Vgl. Daniel Neval, *„Mit Atombomben nach Moskau". Gegenseitige Wahrnehmung der Schweiz und des Ostblocks im Kalten Krieg*, Zürich 2003, 351f; Maxim Korobochkin, „Soviet views in Sweden's neutrality and foreign policy 1945–1950", in: Helene Carlbäck/Alexey Komarov/Karl Molin, Hrsg., *Peaceful Coexistence? Soviet Union and Sweden in the Khrushchev Era*, Moskva 2010, 86f, 91, 107; Aleksandr Rupasov/Lennart Samuėl'son, *Sovetsko-švedskie otnošenija: vtoraja polovina 1940-ch–načalo 1960-ch gg.*, Moskva 2014, 109.

126 Gribanov an Vyšinskij, 28. Februar 1950, AVPRF, f. 66, op. 29, p. 49, d. 11, ll. 25–27. Vgl. Ruggenthaler, „Warum Österreich nicht sowjetisiert wurde", 684.

127 Zum sowjetischen Kampf gegen die EVG siehe z.B. Kevin Ruane, *The Rise and Fall of the European Defence Community*, Basingstoke 2000; M. Narinski, „La construction européenne vue par l'URSS de 1948 à 1953", in: Saki Dockrill/Robert Frank/Georges Henri Soutou/Antonio Varsori, Hrsg., *L'Europe de l'Est et de l'Ouest dans la Guerre froide 1948–1953*, Paris 2002, 61–72; Wolfgang Mueller, „The Soviet Union and West European Integration: From the Brussels Treaty to the ECSC and EEC, 1947–1957", in: *Journal of European Integration History* 15:2, 2009, 67–85.

Position ausdrücklich an. Neutralität wurde nun hauptsächlich als Propagandainstrument zur Unterminierung der NATO genutzt, und um Staaten vom Beitritt zu westlichen Bündnissen abzubringen. Stalin war sehr gut informiert über das Potenzial, das in dieser Hinsicht von der Neutralitätsbewegung in Deutschland rund um Ulrich Noack und den Nauheimer Kreis, aber auch von französischen Neutralisten ausging.[128] 1951 beabsichtigte die UdSSR, Schweden und Finnland dafür anzuwerben, Norwegen und Dänemark aus dem Atlantik-Pakt herauszulocken.[129] Eine besonders bemerkenswerte Initiative der spätstalinistischen Periode war der Vorschlag bezüglich der Vereinigung und Neutralisierung Deutschlands vom März 1952.[130]

In den meisten Fällen überließ der Kreml die Propagandabemühungen zur Anpreisung der Neutralität den lokalen westeuropäischen Kommunisten; auch die österreichischen Kommunisten schlossen sich an und warben dafür, dass Österreich eine Neutralitätspolitik führen solle. Sowjetische Berichte an das Außenministerium und die Außenpolitische Kommission des Zentralapparates der KPdSU behandelten nicht nur die Neutralitätskampagne der KPÖ, sondern auch die Aktivitäten von Dobretsberger und Ude.[131] Die sowjetischen Behörden in Österreich waren sich dessen bewusst, dass Udes Kampagne nur über einen „beschränkten Charakter" verfügte, unterstützten sie jedoch gemeinsam mit der KPÖ und beabsichtigten, „sie für die Gründung einer nationalen Front auf unsere Seite zu ziehen".

128 Gerhard Wettig, „Die Sowjetunion und die neutralistischen Kräfte in Westdeutschland", in: Dominik Geppert/Gerhard Wettig, Hrsg., *Neutralität – Chance oder Chimäre? Konzepte des Dritten Weges für Deutschland und die Welt*, München 2005, 225–233; Ruggenthaler, *Stalins großer Bluff*, 53f, 56f, 68, 90; Jean François Durantin, „Les conceptions européennes des neutralistes français vis-à-vis du conflit Est-Ouest au début de la guerre froide", in: Maurice Vaïsse, Hrsg., *Le pacifisme en Europe des années 1920 aux années 1950*, Brüssel 1993, 347–371; Sabine Rousseau, „Les mouvements de Paix en France depuis 1945", in: *Mitteilungsblatt des Instituts für soziale Bewegungen* 32, 2004, 49–65.

129 Jukka Nevakivi, „Kekkonen, the Soviet Union and Scandinavia – Aspects of policy in the years 1948–1965", in: *Scandinavian Journal of History* 22:2, 1997, 67–69; Korobochkin, „Soviet views in Sweden's neutrality and foreign policy 1945–1950", 111.

130 Siehe oben, Kapitel IV.2 sowie die dort zitierte Literatur.

131 Kudrjavcev an Puškin und Smirnov, 18. Juli 1952, in: AVPRF, f. 066, op. 22, p. 171, d. 48, ll. 1–20. Im August 1952 berichtete ein Informant an die CIA, dass Dobretsberger. der anlässlich der Weltwirtschaftstagung im April des Jahres nach Moskau gereist war, von Stalin empfangen und informiert worden sei, dass die UdSSR nach einer Zurückziehung des Kurzvertrages bereit sei, den österreichischen Staatsvertrag zu unterzeichnen, auf das „deutsche Eigentum" zu verzichten und dem Land komplette Freiheit und Unabhängigkeit zu garantieren, wenn sich Österreich zu einer strikten Neutralität und Bündnislosigkeit verpflichte. Dies, so der Informant, solle erst zu einem von sowjetischer Seite gewählten Zeitpunkt veröffentlicht werden, um die öffentliche Meinung in Zusammenhang mit der Ratifikation des EVG-Vertrages in Westdeutschland zu beeinflussen und die Wahlaussichten Dobretsbergers in Österreich zu erhöhen. CIA, Country: USSR/Austria, Subject: Alleged Soviet Proposal for Austrian Treaty, 21. August 1952, https://www.cia.gov/library/readingroom/document/cia-rdp82-00457r013600080005-2. Für diesen Hinweis danken wir Doz. Peter Ruggenthaler.

Obwohl die kommunistische Neutralitätskampagne nicht ohne sowjetische Zustimmung voranschritt, traf Stalin offenbar nie die Entscheidung, die Neutralisierung von Staaten wie Österreich oder Deutschland durchwegs als Ziel auszugeben. Dies bedeutete jedoch nicht, dass Neutralität nicht als ein Mittel verwendet werden konnte, mit dessen Hilfe man den Abzug von US-Streitkräften aus dem Gebiet der westeuropäischen Verbündeten betreiben konnte. In einem Gespräch mit Pietro Nenni am 17. Juli 1952 sagte der sowjetische Führer, dass „Neutralität für Italien absolut akzeptabel ist; da Italien jedoch dem Atlantik-Pakt beigetreten ist, muss man überlegen, ob [Italiens] Neutralität nicht einen Bruch mit diesem Block zur Folge haben müsste, denn ein neutraler Staat darf niemals die Anwesenheit fremder Militärbasen auf seinem Gebiet dulden".[132] Der sowjetische Botschafter in Italien wurde angewiesen, darauf zu bestehen, dass Deténte nur im Falle der Schließung US-amerikanischer Militärbasen in Italien möglich sei.[133] Im Jahr zuvor hatte die sowjetische Führung positiv auf den finnischen Vorschlag, Skandinavien zu neutralisieren, reagiert, da man sowjetischerseits darauf abzielte, Norwegen der NATO abspenstig zu machen. In einer inoffiziellen Botschaft versprach die Sowjetregierung sogar, die „Neutralität der skandinavischen Halbinsel" zu respektieren, falls Norwegen „den Atlantik-Pakt verlässt und zusammen mit Schweden eine Politik der Neutralität beibehält".[134] Die Neutralisierung sowjetischer Verbündeter wurde hingegen konsistent ausgeschlossen, und die sowjetische Bewaffnung Ostdeutschlands schritt voran.

Nach Stalins Tod begann die neue sowjetische Führung auch nach neuen Möglichkeiten zu suchen, wie man wieder Bewegung in das internationale Mächtegleichgewicht bringen könnte. Die auf dem 19. KPdSU-Kongress 1952 verkündete Losung der „friedlichen Koexistenz" wurde zur neuen Strategie zum Spannungsabbau erklärt, während der internationale Kampf mit nichtmilitärischen Mitteln fortgesetzt und neue Freunde und Verbündete gewonnen werden sollten. Damit einher ging eine sowjetische Neuentdeckung von Neutralität als einem möglichen, sogar erstrebenswerten Mittel der Entspannung und als Strategie, die Integration nichtsozialistischer Länder in die westliche Sphäre zu verlangsamen oder sogar um sie aus dieser herauszulocken. Einige Faktoren könnten dazu beigetragen haben, dass die sowjetische Obrigkeit auf die von Neutralisierung und Bündnisverbot gebotenen Chancen aufmerksam wurde, so etwa die in der westlichen Presse geführte

132 Telegramm Stalins an Togliatti, 17. Juli 1952, RGASPI, f. 558, op. 11, d. 319, ll. 38f.

133 Egorova, „Voenno-političeskaja integracija stran zapada i reakcija SSSR 1947–1953gg.", 207–209.

134 M. L. Korobočkin, „Vizit E. Gerchardsena v Moskvu. Iz istorii sovetsko-norvežskich otnošenij v pervoj polovine 50-ch godov", in: Čubar'jan/Gajduk/Egorova, Hrsg., *Stalinskoe desjatiletie cholodnoj vojny*, 100.

Diskussion über die Einrichtung neutraler Zonen in Europa.[135] Die sowjetische Versöhnung mit Jugoslawien 1953–1954 und die Annäherung an Indien machten deutlich, dass Bündnisverzicht eine brauchbare Alternative zum Beitritt dieser Länder zu einer westlichen Allianz bot.[136]

In dieser Situation wurde die sowjetische Offensive zur Schaffung neutraler und sowjetfreundlicher Sphären konkreter. Das sowjetische „Zwei-Lager-Konzept" auf globaler Ebene wurde in ein Konzept der drei Lager umgewandelt, wobei das dritte aus neutralen oder bündnislosen Staaten bestehen sollte. Die UdSSR betrachtete diese dritte Gruppe als natürlichen Verbündeten, der mit dem sozialistischen Lager in eine „Friedenszone" verschmelzen[137] und damit das internationale Gleichgewicht zugunsten der sowjetischen Seite kippen würde.

4. In Erwartung sowjetischer Neutralisierungspläne: Ein Vier-Mächte-Treffen wird vorbereitet, 1953

1955 erklärte die österreichische Regierung, sie habe „schon im Sommer 1953 in Erfahrung zu bringen versucht, ob eine vom österreichischen Parlament allenfalls zu erklärende Neutralität Österreichs den Abschluß des Staatsvertrages fördern könnte."[138] Der Gedanke der Neutralität Österreichs, dies sollten die vorhergehenden Abschnitte geklärt haben, ist im Jahre 1952/53 nicht ganz neu gewesen. Neu war allerdings der Versuch, die Neutralität Österreichs als Verhandlungselement ins Spiel zu bringen, also Neutralität und Staatsvertrag miteinander zu verknüpfen. Dieser Versuch geschah zunächst in sehr behutsamer Weise, in Form vertraulicher Sondierungen und mit einem Minimum an Festlegungen (etwa der Bereitschaft, keinem Militärbündnis beizutreten und keine fremden Militärstützpunkte zuzulassen). Im Sommer 1952 erhielten

135 Geoffrey Roberts, *A Chance for Peace? The Soviet Campaign to End the Cold War, 1953–1955* (= Cold War International History Project Working Paper 57), Washington 2008, 19.

136 Rinna Kullaa, *Non-alignment and its origins in Cold War Europe: Yugoslavia, Finland and the Soviet challenge*, London 2012; Svetozar Rajak, „No Bargaining Chips, No Spheres of Interest: The Yugoslav Origins of Non-Alignment", in: *Journal of Cold War Studies* 16:1, 2014, 146–179; Andreas Hilger, *Sowjetisch-indische Beziehungen 1941–1966: Imperiale Agenda und nationale Identität in der Ära von Dekolonisierung und Kaltem Krieg*, Köln 2018, 207–230. Zu Finnland, siehe Seppo Hentilä, „The Soviet Union, Finland, and the ‚Northern Balance'", in: Wilfried Loth, Hrsg., *Europe, Cold War, and Coexistence, 1953–1965*, London 2004, 239–257 sowie Aappo Kähönen, *The Soviet Union, Finland, and the Cold War: The Finnish Card in Soviet Foreign Policy, 1956–1959*, Helsinki 2006.

137 „Nejtralitet", in: A.A. Gromyko/S.A. Golunskij/V. M. Chvostov, Hrsg., *Diplomatičeskij slovar'*, Moskva [2]1961, Bd. 2, 394.

138 Nr. 517 der Beilagen zu den Sten. Prot. des NR, 7. GP., abgedruckt in: *Österreich – freies Land, freies Volk*, hrsg. v. Bundesministerium für Unterricht, Wien 1957, 33.

die sowjetischen Geheimdienste die Mitteilung, dass Raab den sich auf dem Weg zu einer Konferenz in Moskau befindlichen Dobretsberger gebeten hatte, die Nachricht weiterzugeben, dass es in der ÖVP Leute gebe, die bereit seien, Österreich zu neutralisieren, „ohne es zu einer Volksdemokratie zu machen".[139] Die Initiativen Raabs, mit Moskau ins Gespräch zu kommen, fanden 1953 ihren Niederschlag in sich häufenden Äußerungen von Politikern der Volkspartei zur Neutralität. Bald nach seiner Rückkehr von der Begegnung mit Nehru auf dem Bürgenstock sagte Außenminister Gruber, es sei „von Anbeginn unsere erklärte Politik gewesen, daß Österreich sich nicht einem militärischen Block anschließen soll"; dies sei in zahlreichen Äußerungen der Bundeskanzler Figl und Raab betont worden. In einer solchen Politik liege „die Garantie auch für den Osten", dass Österreich keine Angriffsbasis werden könne.[140]

Nach den Aufregungen, die Grubers Bürgenstock-Aktion und die Schritte in Moskau Ende Juni 1953 bei den Westalliierten hervorgerufen hatten, bemühte sich Bundeskanzler Raab, im Gespräch mit den Westmächten den Unterschied zwischen Neutralität und Nichtteilnahme an Bündnissen oder Blockfreiheit so stark wie möglich hervorzuheben. Im Gespräch mit dem französischen Außenminister Georges Bidault sagte Raab,

> Österreich sei sich seiner Verantwortung gegenüber Europa und dem Westen vollkommen bewußt. Österreich spiele auch nicht mit der Frage einer allfälligen Neutralität. Niemals habe die Regierung oder das österreichische Parlament einen Neutralitätsstandpunkt eingenommen. Dies sei eine Erfindung der Zeitungen und eine Forderung, die die Kommunisten erhoben haben. Im Parlament sei lediglich erklärt worden, daß wir keinem militärischen Pakt beitreten.[141]

Dies hinderte Außenminister Gruber allerdings nicht, zwei Wochen später doch wieder Bündnislosigkeit und völkerrechtliche Neutralität in einen ganz engen Zusammenhang zu bringen. In einem Artikel in der *Wiener Zeitung* vom 15. Oktober 1953 wiederholte Gruber wörtlich seine Erklärung im Nationalrat vom 2. April 1952 zur völkerrechtlichen Neutralität Österreichs; der Außenminister betonte, was er damals „mit Zustimmung des Parlaments erklärt habe", bleibe „auch weiterhin der politische Grundsatz der Bundesregierung". Er fügte hinzu:

---

139 Zit. nach Ruggenthaler, *The Concept*, 250.

140 Erklärung Grubers am 7. Juli 1953, in: *Neue Wiener Tageszeitung*, 8. Juli 1953, 1.

141 Amtsvermerk v. 30. September 1953 über die Konferenz mit Außenminister Bidault, Botschaft Paris Zl. 280-Res/53 (BMAA, Zl. 45-Res/GS). Raabs Hinweis auf die Erklärung im Parlament bezog sich auf die Sitzung des Hauptausschusses des Nationalrates vom 23. September 1953 (siehe oben Kap. IV).

> Neutralität im völkerrechtlichen Sinn kann überhaupt nur im Zusammenhang mit möglichen Konflikten verstanden werden. Nichtteilnahme an militärischen Allianzen involviert diese völkerrechtliche Neutralität. Damit hat es aber auch sein Bewenden. Unsere Verfassung bleibt demokratisch, unsere Anschauung frei und unsere internationale Bewegungsmöglichkeit sonst unangetastet.

Neu gegenüber 1952 war die Bereitschaft, nunmehr rechtliche Fixierungen dieser Neutralität oder Nichtteilnahme an Bündnissen näher zu erwägen und in den Nexus der Staatsvertragsgespräche einzubeziehen. Gruber wandte sich auch gegen Kritiker aus dem Westen, die glaubten, aus einer rechtlichen Fixierung von Österreichs Stellung könne Gefahr drohen.[142]

Zwei Wochen später, am 30. Oktober 1953, erklärte Bundeskanzler Raab im Nationalrat, „wir würden es niemals zulassen, daß Österreich als Sprungbrett für irgendwelche kriegerische Aktionen mißbraucht wird". In der selben Sitzung sagte der Generalsekretär der Volkspartei, Alfred Maleta, der sich bereits Anfang 1952 für die Neutralität ausgesprochen hatte, Österreich habe

> von Haus aus ein Interesse, eine echte, im Sinne der überlieferten völkerrechtlichen Auffassung gemeinte Neutralitätspolitik zu betreiben, aber es lehnt jede Form des sogenannten ‚Neutralismus', also des Gewährenlassens einer innenpolitischen kommunistischen Infiltration, ab, weil wir zwar den Staatsvertrag wollen, aber nicht um den Preis der Gleichschaltung erkaufen dürfen.

Die *Arbeiter-Zeitung* der SPÖ überging in ihrer Parlamentsberichterstattung diesen Passus aus Maletas Rede mit Schweigen.[143]

Von Seiten der SPÖ, obgleich Koalitionspartner, wurde Kritik an dieser Linie geübt. Bekannt ist die kritische Wertung von Grubers Schritt bei Nehru, der zu den Sondierungen in Moskau führte, in den Memoiren Adolf Schärfs: Botschafter Menon habe in Moskau mit dem sowjetischen Außenminister von der österreichischen

142 Grubers Aufsatz „Die Wahrheit liegt in der Mitte", in: *WZ*, 15. Oktober 1953, 1f setzte sich auch kritisch mit einem Artikel Béthouarts auseinander, der unter dem Titel „Danger sur l'Autriche" in *Le Figaro*, 29. September 1953, 1 und 16, erschienen war. Béthouart warnte vor Reduktionen der französischen Besatzungstruppen infolge des Verzichtes Frankreichs auf die Rückerstattung der Besatzungskosten durch Österreich und beschwor die Gefahr eines „strategischen Vakuums".

143 Sten. Prot. NR, 7. GP., 601 und 617. Der Vorschlag Maletas auf dem außerordentlichen Parteitag der ÖVP Ende Jänner 1952, man möge eine Neutralitätserklärung Österreichs mit den Staatsvertragsverhandlungen verbinden, wurde seinerzeit nicht veröffentlicht. Alfred Maleta, *Entscheidung für morgen. Christliche Demokratie im Herzen Europas*, Wien 1968, 159. Das Datum des Parteitages wird hier irrtümlich mit 1951 angegeben.

Neutralität als einer „Vorleistung“ für den Staatsvertrag gesprochen. Seither hätten die Sozialisten die außenpolitischen Neigungen Raabs mit einigem Misstrauen beobachtet. In der ersten Auflage von Schärfs Memoiren, die vor den Moskauer Verhandlungen vom Frühjahr 1955 in Druck gingen, wurden Grubers Besuch auf dem Bürgenstock und Menons Sondierungen in Moskau als „Neutralitätsepisode“ bezeichnet.[144] Im September 1953 hatte Schärf gesagt, „eine sogenannte Neutralitätspolitik, ein Liebeswerben um Rußland“, bringe die Freiheit nicht näher. Die Sozialisten lehnten „alle jene Eskapaden in der Außenpolitik ab“, die letzten Endes dazu führten, „daß wir zwischen zwei Sesseln sitzen“.

Der Bundeskanzler verfolgte jedoch seine politische Linie weiter, auch in Gesprächen mit sowjetischen Vertretern. Jahre später hat Raab berichtet, schon „vor der Berliner Konferenz, aber auch nachher“ habe er „in wiederholten Unterredungen mit dem damaligen Hochkommissar Il'ičëv, die teils im Bundeskanzleramt, teils im Hotel Imperial stattfanden, immer wieder darauf hingewiesen, daß eine neutrale Politik Österreichs die entscheidende Voraussetzung für eine befriedigende Lösung der österreichischen Frage sein würde“.[145]

Im Rahmen seiner Bemühungen, mit der Sowjetunion eine neue Gesprächsbasis zu finden, führte Raab Informationsgespräche mit dem damaligen finnischen Ministerpräsidenten Urho Kekkonen, der am 14. August 1953 in Österreich eintraf, um einen privaten Erholungsurlaub zu verbringen. Raab war bereits im Februar 1952 durch Dobretsberger auf Kekkonen hingewiesen und ihm das finnische Modell als „einzige Chance“ nahegelegt worden.[146] Nach einem inoffiziellen Abendessen für Kekkonen am 28. August notierte Raab in seinem Tagebuch: „Abends beim [Restaurant] Franziskaner mit Schärf, Kreisky und Kekkonen. Finnland zahlte für seine Freiheit im Kaufwert von 38. fast 600 Millionen Dollar offiziell 300 Millionen Dollar, bei diesem 4 Millionen Volk ungeheuer viel. Ein Beispiel für Österreich.“[147]

---

144 Vgl. Schärf, *Erneuerung,* 349. In späteren Auflagen wurde dies durch „Neutralität als Vorleistung“ ersetzt.

145 Julius Raab, „Unsere Neutralität ist mehr wert als ein Linsengericht“, in: *Österreichische Neue Tageszeitung,* 6. Dezember 1959, 1f; Beleckij, *Sovetskij Sojuz i Avstrija,* 203.

146 Ruggenthaler, *The Concept of Neutrality,* 266.

147 Artikel von Kaarlo Tetri über die Urlaubsreise des Ministerpräsidenten Kekkonen nach Österreich 1953, in: *Suomen Kuvalehti* (Finnische Illustrierte) 2, 1975, 54–58 (liegt G.S. in Übersetzung vor). Eine Zusammenfassung brachte Wolfgang Oberleitner unter dem Titel „Kekkonen und der Staatsvertrag“, in: *Die Presse,* 4. Februar 1975, 4. Kekkonen wollte übrigens, laut Tetri, nicht mit Gruber, dem er unfreundliche Äußerungen über Finnland vorwarf, zusammentreffen. Raabs Eintragung zum 28. August 1953: StAS, PT. Vgl. Wohnout/Schönner, „Kommentierte Edition des politischen Tagebuches von Julius Raab 1953/1954“, 62. Zu den finnischen Reparationsleistungen in Höhe von 300 Mio. Dollar auf Preisbasis 1938 vgl. Fisch, *Reparationen,* 144–155. Die Kekkonen-Biographie von Juhani Suomi, *Kuningastie Urho Kekkonen 1950–1956,* Bd. III, Helsinki 1990, 267, enthält nichts

Sieben Jahre später erinnerte sich Raab an die „für den Abschluß des österreichischen Staatsvertrags so wichtige Aussprache". Auf österreichischer Seite, so sagte Raab, hätte bis zu diesem Zeitpunkt eine gewisse Furcht vor einem Abkommen mit der Sowjetunion über materielle Leistungen und Ablöselieferungen bestanden, „da man befürchtete, daß die Sowjetunion durch Verweigerung von Warenübernahmen, Reklamationen und so weiter" Österreich zusätzliche Belastungen aufbürden würde. Raab bat Kekkonen, den Österreichern seine diesbezüglichen Erfahrungen mit der Sowjetunion mitzuteilen, „da ja Finnland in seinem Friedensvertrag mit der UdSSR beträchtliche Lieferungen übernehmen mußte". Kekkonen, so berichtete Raab weiter, beruhigte ihn in dieser Hinsicht vollkommen:[148]

> Er erklärte, daß die Sowjetunion zwar die korrekte Erfüllung eines unterzeichneten Vertrags verlange, daß sie aber ebenso korrekt bei der Entgegennahme und Verrechnung der gelieferten Waren handle. Es könnten finnischerseits in dieser Hinsicht keinerlei Beschwerden erhoben werden. Diese eindeutige und klare Feststellung bedeutete für uns die Grundlage des Entschlusses, materielle Forderungen der Sowjetunion, soweit sie sich in einem tragbaren und für die österreichische Wirtschaft zumutbaren Rahmen halten würden, anzunehmen, um endlich die Freiheit und Unabhängigkeit unseres Staates zu erreichen.

Raabs Interesse für Kekkonens Erfahrungen dürfte umso stärker gewesen sein, als bereits einige Monate vorher Österreichs langjähriger Missionschef in Moskau, Norbert Bischoff, Raab auf das Beispiel der Regierung Kekkonen hingewiesen hatte. Zwischen Raab, der die Diplomatie des Ballhausplatzes als zu westorientiert betrachtete, und Bischoff entwickelte sich seit dem Frühjahr 1953 ein enges Vertrauensverhältnis, und Raab hat auch später von seinen Gesprächen mit Bischoff im Gasthaus „Brauner Hirsch" in der Wiener Alserstraße erzählt.[149] Einige Monate spä-

---

grundlegend Neues. Kekkonen habe den Österreichern gesagt, dass die Sowjets ihre Verträge buchstabengetreu einhielten. Es sei angezeigt, sorgfältig zu sein und genügend Zeit für Verhandlungen zu lassen. Für die Übersetzung ins Englische sind wir Professor Jason Lavery, Oklahoma State University, sehr dankbar.

148 Rede Raabs in der Festsitzung des Nationalrates und Bundesrates vom 14. Mai 1960, in: *Fünf Jahre Staatsvertrag, fünfzehn Jahre Zweite Republik,* Wien 1960, 8.

149 Raab hat am 16. Februar 1962 bei einer Befragung durch Ludwig Jedlicka erklärt, das Außenministerium sei „amerikanisch" orientiert gewesen – eine sehr subjektive und verallgemeinernde Bemerkung, der man in Kenntnis der Akten kritisch gegenüberstehen muss. Der einzige Freund, den er unter den Diplomaten gehabt habe, erklärte Raab weiter, sei Bischoff gewesen; sooft Bischoff nach Wien gekommen sei, seien die beiden in das erwähnte Wirtshaus zum Mittagessen gegangen. Niederschrift über diese Befragung im Institut für Zeitgeschichte der Universität Wien.

ter, so erwähnte Bischoff in einem an Außenminister Molotov gerichteten Schreiben, habe er Raab „das Beispiel der bürgerlichen Regierung Kekkonen vor Augen geführt, welche dank ihrer korrekten Beziehungen zur Sowjetunion sich das Vertrauen der Sowjetregierung erwarb und sich damit einen äußerst wertvollen Dienst nicht nur ihrem eigenen Land, sondern auch der Sache des Friedens in Europa geleistet hat. Ich weiß genau", fuhr Bischoff fort, „daß diese Argumente einen großen Eindruck auf den Bundeskanzler gemacht haben und daß er jetzt ständig diese leitende Linie im Auge hat", eine Linie, die auch in der „Message" vom Juni 1953 ihren Ausdruck gefunden habe.[150]

Es lag in Bischoffs Wesen, sich jeweils stark in das Land einzufühlen, in das er entsandt wurde: die Türkei Kemal Atatürks, über die er ein begeistertes Buch schrieb,[151] Frankreich und ab 1947 die Sowjetunion. Jedoch waren im letzten Fall seine prosowjetischen Neigungen schon vor seinem Einsatz im Land der Sowjets berüchtigt. Heinrich Wildner notierte, man habe Bischoff nach Moskau geschickt, damit er „dort von seinen Linksideen geheilt werden wird".[152] Bischoffs Berichte und Briefe über die innere Entwicklung der Sowjetunion waren wohlwollend und reflektierten seine Überzeugung von einer vorwärts- und aufwärtsstrebenden Gesellschaft, wenngleich unter großen Schwierigkeiten. Quellen zeigen, wie groß unbeschadet Bischoffs großbürgerlicher Herkunft und Lebensformen nach dem Zweiten Weltkrieg seine Sympathie für die „neue" Welt der Sowjetgesellschaft war, trotz deren (von ihm eher ausgeklammerten) repressiven Aspekten, und wie außerordentlich stark und emotionell sein Antiamerikanismus war, dessen Wurzeln erst zu ergründen wären.[153] Bischoff war sich seiner Außenseiterposition im Außendienst

150 Deutsche Übersetzung eines Briefes, den Bischoff am 15. November 1953 an Außenminister Molotov richtete. Eine Kopie findet sich als Beilage Nr. 25 in Bischoffs Manuskript „Die Haltung der Sowjetunion in der Frage des Abschlusses des österreichischen Staatsvertrages", in: ÖStA, GD, NLS, E/1770.

151 Norbert von Bischoff, *Ankara. Eine Deutung des neuen Werdens in der Türkei,* Wien – Leipzig 1935.

152 [Heinrich Wildner], *Das Tagebuch des Heinrich Wildner 1946*, 96 (15. Oktober).

153 Bischoffs Formulierungen ähnelten vielfach sowjetischer Propaganda. So notierte er in seinem zwischen 31. Dezember 1946 – dem Tag seiner Ankunft in Moskau – und dem 18. August 1948 geführten handschriftlichen Tagebuch zum 16. März 1947, es werde ihm immer unwahrscheinlicher, „daß die Amerikaner zusehen werden, wie hier eine sozialistische Welt aufgebaut wird, deren Existenz, wenn sie eines Tages wirklich und überzeugend in Erscheinung getreten sein wird, das Ende der kapitalistischen Ära auch in Amerika bedeuten würde". Am 31. Dezember 1947 notierte er, es wäre überaus wichtig, „die Fakten und Tatbestände dessen, was uns die Dollarpropaganda als ‚amerikanische Kultur' proponiert u. was in fast jeder Hinsicht noch bedeutend übler ist, als was uns der selige Hitler proponierte (!), der Welt u. insbesondere den Österreichern systematisch vor Augen zu führen". Das zu Ende gehende Jahr sei für ihn, obgleich er diplomatisch nichts erreicht hätte, doch ein „sehr sehr reiches Jahr" gewesen; „es hat mir wenigstens den Anfang eines Verständnisses einer neuen Welt eröffnet, einer Welt der – vielleicht erst nach zusätzlichen Katastrophen – die Zukunft gehört". ÖStA,

bewusst und bezeichnete sich selbst als jenen, „den der Lauf der Dinge nun einmal mit der ehrenvollen, aber recht unbequemen und schmerzlichen Aufgabe des ‚enfant terrible', des schwarzen Schafes und des ‚advocatus diaboli' offiziell betraut hat".[154]

Zu Bischoffs außenpolitischer Einstellung liegen bemerkenswerte Kommentare seitens des österreichischen Diplomaten Herbert Grubmayr vor, drei Jahre lang (1955–1958) erster Mitarbeiter Bischoffs in Moskau und später (1985–1990) selbst Botschafter in Moskau.[155] Grubmayr betont den Erfolg von Bischoffs Drängen auf direkte Kontakte Raabs zur sowjetischen Führung ab 1953; diese Kontakte hätten wesentlich zum Zustandekommen des Staatsvertrages 1955 beigetragen. Er betont aber ebenso die Einseitigkeit von Bischoffs pro-sowjetischer Einstellung, insbesondere anhand einer unveröffentlichten Schrift vom Frühherbst 1955, des sogenannten „Gasteiner Memorandums" mit dem Titel „Übersicht über die wichtigsten Probleme der österreichischen Außenpolitik". Bischoff kritisierte die österreichische Linie der strikt „militärischen Neutralität" und trat für eine umfassendere Auffassung der Neutralität ein. Er sprach auch von der „vertragsmäßig uns auferlegten Neutralität" und übernahm damit die sowjetische Interpretation des Moskauer Memorandums als bilateraler Vertrag im Unterschied zur österreichischen Interpretation als bloße Verwendungszusage. Bischoff schrieb, dass „es nur einen einzigen effektiven Garanten der nationalen Entwicklungen in Mittel- und Osteuropa, nämlich die Sowjetunion", gebe. Das Außenministerium unterband die geplante Veröffentlichung.[156]

GD, NLS, E/1770/196 (Nachlass Bischoff). Bischoff sprach im April 1947 von einem sich „auf der Ebene der internationalen Politik im planetarischen Maßstab entwickelnden Klassenkampf". Brief an Schärf, 30. April 1947, ähnlich an Waldbrunner mit gleichem Datum: VGAB, Nachlass Schärf, 4/237.

154 Zit. Stelle in einem Privatbrief an Josef Schöner vom 26. März 1954, AdR, BMAA, II-Pol, Zl. 143.517-Pol/54. Seine Einstellung zur sowjetischen Gesellschaft kommt in einem Privatbrief an Josef Schöner vom 20. März 1955 über „Probleme der sowjetischen Ästhetik" zum Ausdruck; Nachlass Schöner, Konvolut 19 (nunmehr ÖStA, GD, NLS, E/1773). Ein Beispiel für Bischoffs Einseitigkeit bietet sein Bericht über die ostdeutsche Arbeitererhebung vom 17. Juni 1953, auf den übrigens Kreisky laut Gruber ganz wütend reagierte. Mündl. Mitteilung Karl Grubers an G.S., Wien, 6. Mai 1980. Bischoffs Bericht v. 23. Juni 1953, in: AdR, BMAA, II-Pol, Z. 322.360-Pol/53; zu diesem auch Michael Gehler, „Von der Arbeiterrevolte zur spontanen politischen Volkserhebung: Der 17. Juni 1953 in der DDR im Urteil westlicher Diplomatie und Politik", in: *Militärgeschichtliche Mitteilungen* 54, 1995, 395.

155 Herbert Grubmayr, „60 Jahre mit den ‚Russen'. Erinnerungen an die Zeit als Legationssekretär an der Österreichischen Botschaft Moskau", in: Stefan Karner/Barbara Stelzl-Marx, Hrsg., *Die Rote Armee in Österreich. Sowjetische Besatzung 1945–1955, Beiträge*, Graz-Wien-München 2005, 785–813.

156 Ebda., Abschnitt „Norbert Bischoff – Beschaffer des Staatsvertrags und/oder ‚unguided missile' am österreichischen Polithimmel?", 802–806, Zitate 804. Gasteiner Memorandum, Privatarchiv Herbert Grubmayr.

Bischoffs Kritik an der „Westorientierung" der Gruber'schen Außenpolitik, und mehr noch an der amerikanischen „Politik der Stärke" gegenüber der Sowjetunion, wird in Berichten, Briefen und in Bischoffs nachgelassenem Manuskript über die Haltung der Sowjetunion in der Frage des Abschlusses des österreichischen Staatsvertrages immer wieder deutlich. Bischoff stand unter dem Eindruck sowjetischer Bereitschaftserklärungen, aus Österreich abzuziehen – es handelte sich um Beteuerungen, die seinen Überzeugungen entsprachen.[157]

Im November 1953 bot das Erscheinen der Memoiren Außenminister Grubers, und darin die Schilderung der sogenannten „Figl-Fischerei" von 1947, Raab den Anlass, die Demission Grubers anzunehmen. Zweifellos waren diese Memoiren nicht der eigentliche Grund für Raab, sich von Gruber zu trennen. Raab hielt Gruber für zu einseitig westlich orientiert, obwohl Gruber seit 1946 für eine Positionierung Österreichs zwischen Ost und West eingetreten war, und 1953 die „neue Linie" gegenüber der Sowjetunion unterstützte.[158]

Grubers Demission veranlasste Bischoff zu einem ungewöhnlichen Schritt. Bischoff richtete ohne Weisung, aus eigener Initiative, ein persönliches Schreiben an Molotov, in dem er neuerlich darauf hinwies, Raab hätte mit der Trennung von Gruber „seine politische Zukunft an den Glauben gebunden", dass es ihm gelingen werde, „mit der Sowjetunion jene guten Beziehungen herzustellen, welche zutiefst den ständigen Interessen Österreichs entsprechen". Bischoff erhoffte sich von Molotov eine Geste, die „nicht nur dem Bundeskanzler selbst [...] beweisen würde", dass jener Weg Raabs der richtige sei. Bischoff wollte seinen, wie er selbst sagte, „höchst ungewöhnlichen" Brief als Beitrag dazu verstanden wissen, „daß dieser Moment tatsächlich zu einem Wendepunkt in den Beziehungen zwischen Österreich und der Sowjetunion werde".[159] Bischoff hat zweifelsohne das Gewicht des Junktims, das die Sowjetunion zwischen Überlegungen zu Deutschland beziehungsweise Osteuropa und dem Schicksal Österreichs aufrechterhielt, unterschätzt; wie stark dieses Gewicht war, sollte wenige Monate später, auf der Berliner Konferenz, erneut offenbar werden.

---

157 Siehe oben, Kapitel IV.4.

158 Eine Tagebucheintragung Raabs, nur zweieinhalb Monate vor Grubers Demission, gibt einen Hinweis auf Raabs Einschätzung Grubers; in den letzten Phasen der sowjetischen Kampagne zur Zurückziehung des Kurzvertrages – die Österreicher einschließlich Grubers hatten sich schon Monate zuvor vom Kurzvertrag gelöst – notierte Raab: „Sonntag 30. August 1953. In der Früh schon bringt das Radio neuerlich die Nachricht, daß wir klar ablehnen müssen den Kurzvertrag und damit Grubers Politik." StAS, PT, Eintragung zum 30. August 1953.

159 Wie oben Anm. 149; vgl. ferner einen Bericht Bischoffs im Interim zwischen der Demission Grubers und der Ernennung Figls an Generalsekretär Karl Wildmann vom 17. November 1953, übrigens von Raab, Schärf, Figl und Kreisky abgezeichnet und von Raab mit drei Rufzeichen versehen; AdR, BMAA, II-Pol, Zl. 329.887-Pol/53.

Mit Ende des Jahres 1953 war jedenfalls unbeschadet aller Differenzen zwischen den Koalitionsparteien die Absicht des Ministerrates und des Parlamentes, Österreich von ausländischen Truppen auf seinem Boden freizuhalten und auf Militärbündnisse zu verzichten, mehrfach ausgesprochen worden. Die Begrifflichkeit variierte: Bündnislosigkeit, Blockfreiheit oder auch Neutralität wurden genannt. Im Dezember 1953 brachten Abgeordnete der Koalitionsparteien einen Antrag ein, die Bundesregierung möge prüfen, ob die Voraussetzungen für den Beitritt Österreichs zum Europarat vorlägen. Die Antragsteller Bruno Pittermann (SPÖ), Barthold Stürgkh (ÖVP) und Genossen erwähnten ausdrücklich, dass „die Zugehörigkeit als ordentliches Mitglied mit der politischen Neutralität durchaus vereinbar" erscheine. Dem Europarat gehöre als ordentliches Mitglied „auch das Königreich Schweden an, dessen politische Neutralität von niemandem angezweifelt wird. Es bedeutet daher auch für die Republik Österreich der Beitritt als ordentliches Mitglied zum Straßburger Europarat keine Beteiligung an irgendeinem militärischen Bündnissystem."[160]

Auch bei den Besatzungsmächten kam es zu Beratungen über die Problematik einer möglichen „Neutralisierung", wie der von den Diplomaten der Großmächte häufig (von den Österreichern nie!) verwendete Terminus lautete. Im Kontext sich verdichtender Hinweise auf die österreichische Linie der zukünftigen „Neutralität" einerseits und auf das sowjetische Interesse an einer österreichischen Neutralität andererseits – letzteres zunächst indirekt dokumentiert in der intensiven kommunistischen Neutralitätspropaganda in Österreich – mussten sich die Westmächte über ihre eigene Stellungnahme schlüssig werden.[161]

Die Veränderungen in der Sowjetunion nach Stalins Tod hatten schon im Frühjahr 1953 Winston Churchill, der von November 1951 bis April 1955 für eine weitere Amtszeit britischer Premierminister war, nach einem neuen Ost-West-Gipfel rufen lassen. Dazu kam es schlussendlich nicht vor 1955, auch ein von Churchill als Al-

160 Entschließungsantrag 56/A vom 16. Dezember 1953, abgedruckt in: *DÖA*, Nr. 129. Raab und Figl scheinen über die parlamentarische Initiative, die von Pittermann ausging, nicht glücklich gewesen zu sein, und auch Schärf äußerte sich im Februar 1954 im Hinblick auf die sowjetische Gegnerschaft zum Europarat sehr zurückhaltend. Vgl. mehrere amerikanische Berichte hierzu in: NA, RG 59, 763.00/12-1853, 763.00/1-2954, 763.00/2-154, 763.00/3-354. Erst am 21. Februar 1956, also nach Abschluss des Staatsvertrages, fasste die Regierung den Beschluss zum Beitritt; die Aufnahme Österreichs erfolgte am 16. April 1956. Vgl. auch Wolfgang Burtscher, „Österreichs Annäherung an den Europarat von 1949 bis zur Vollmitgliedschaft im Jahre 1956", in: Waldemar Hummer/Gerhard Wagner, Hrsg., *Österreich im Europarat 1956–1986,* Wien 1988, 37–52. Zu den Anfängen der Europaratsfrage 1949–1951 vgl. auch Angerer, „Integrität vor Integration", 179–181.

161 Die Neutralitätspropaganda der Kommunisten und der mit ihnen verbündeten Gruppe um Josef Dobretsberger war Gegenstand mehrfacher Berichterstattung zumal des französischen Hochkommissars.

ternative vorgeschlagener Besuch in Moskau fand nicht statt.[162] Am 15. Juli 1953 richteten jedoch die drei Westmächte als Ergebnis einer Außenministertagung in Washington an die Sowjetunion die Einladung zu einer Außenministerkonferenz der vier Mächte. Erst am 26. November stimmte die Sowjetunion der Konferenz zu und schlug als Tagungsort Berlin vor.[163]

In den Vorbereitungen der Westmächte dominierte die deutsche Frage, doch kam das Österreichthema nicht zu kurz. Eine Diplomatengruppe der drei Westalliierten tagte in Paris zwischen 21. Oktober und 2. November 1953 und neuerlich zwischen 16. und 21. Dezember[164]. Zwischen Amerikanern und Franzosen gab es deutliche Meinungsverschiedenheiten betreffend die zu verfolgende Taktik. Die Amerikaner wollten den Artikel 35 des Vertragsentwurfes, das Deutsche Eigentum und die 1949 an die Sowjetunion gemachten enormen Konzessionen (v.a. im Erdölbereich) neu zur Diskussion stellen; seit damals war schon viel Zeit vergangen, in der die Sowjetunion von ihrer andauernden Kontrolle der Erdöl- und USIA-Betriebe profitiert hatte. Die Franzosen fürchteten weiterhin, dass eine von den Westmächten provozierte Wiederaufnahme der Verhandlungen um Artikel 35 es der Sowjetunion ermöglichen würde, auch ihrerseits eine neue Materie in die Verhandlungen einzubringen, nämlich einen Neutralisierungsartikel. François Seydoux zeigte sich besorgt über die Haltung der Österreicher; es wäre denkbar, dass sie ein „Neutralisierungsabkommen“ mit der UdSSR verhandeln könnten. Wie der Directeur d'Europe in der Direktion für Politische Angelegenheiten am Quai d'Orsay feststellte, insistiere Frankreich nicht auf dem Abschluss von Verteidigungsabkommen mit dem Westen; es wünsche aber nicht, dass Österreich gegenüber Russland eine Verpflichtung einginge, die es formell daran hindern würde, an den westlichen Verteidigungsbemühungen teilzunehmen.[165]

Von einem amerikanischen Entwurf ausgehend erarbeiteten die Diplomaten in Paris ein Positionspapier zu den kommenden Verhandlungen. Bezüglich des Arti-

162 Hierzu eingehend John W. Young, „Cold War and Detente with Moscow“, in: ders., Hrsg., *The Foreign Policy of Churchill's Peacetime Administration 1951–1955*, Leicester 1988, 60–63; Peter G. Boyle, Hrsg., *The Churchill-Eisenhower Correspondence, 1953–1955*, Chapel Hill 1990, 46–51; auch Günter Bischof, „The Anglo-American Powers and Austrian Neutrality 1953–1955“, in: *Mitteilungen des Österreichischen Staatsarchivs* 42, 1992, 368–393, hier 376.

163 Der sehr umfangreiche Notenwechsel zwischen den westlichen Hauptstädten und Moskau von Juli bis Dezember 1953 ist dokumentiert in *AdG*, Jahrgang 1953.

164 Zahlreiche Unterlagen hierzu in: TNAUK, FO 371/103767 u. 103768 sowie in: NA, RG 59, 396.1-PA (Oktober–Dezember 1953); ferner AAF Wien, vol. „Traité d'État“ V; vgl. auch *FRUS 1952–1954*, Bd. 7, 722f sowie 733–740.

165 François Seydoux war der Leiter der französischen Delegation bei den Drei-Mächte-Gesprächen in Paris, in der 4. Plenarsitzung am 24. Oktober 1954. Sitzungsmitschrift in: TNAUK, FO 371/103767/CA1071/296.

kels 35 kamen die drei Westmächte überein, ein Ansuchen um Erleichterung der Lasten des Artikels 35 zunächst den Österreichern zu überlassen; sollten die Österreicher die Frage nicht aufwerfen, wollte man Weiteres dem konkreten Gang der Verhandlungen überlassen. In Bezug auf Punkt 5, „Neutralization", hieß es, dass „jedem sowjetischen Vorschlag, Österreich zum Schaden der westlichen und der österreichischen Sicherheit zu neutralisieren, sogleich widerstanden werden sollte" („should be resisted at once"). Die österreichische Regierung habe bereits ihre Nichtbereitschaft („unwillingness"), militärischen Bündnissen nach dem Staatsvertrag beizutreten, erklärt. Die Westalliierten, so hieß es nun weiter, sollten argumentieren, dass dies ausreichen sollte, um sowjetische Ängste zu beruhigen. Sollten die Österreicher selbst darauf bestehen, eine weitere formelle Erklärung abzugeben, dann müssten die Westmächte sicherstellen, dass eine solche Erklärung Österreich die Freiheit belasse, Vereinigungen beizutreten, die mit den Grundsätzen und Zielen der Vereinten Nationen vereinbar seien. Diese Formel wurde vorgeschlagen, um den Österreichern nicht die Mitgliedschaft in europäischen Organisationen zu verwehren.[166] Eine solche Erklärung sollte nicht als Annex dem Staatsvertrag beigefügt werden – die Westalliierten bemühten sich, mit Blick auf Deutschland, um Maßnahmen, eine allfällige Nichtallianzerklärung von einem Vertrag fernzuhalten. Ausdrücklich wurde empfohlen, die möglichen Konsequenzen einer österreichischen Neutralisierung auf Deutschland und andere Gebiete zu bedenken. Auch würde die Neutralisierung die Schwierigkeiten des Westens bei der Hilfe für eine österreichische „Nach-Staatsvertrags-Armee" und für die „Verteidigungsplanung zwischen dem Westen und Österreich" erhöhen.[167]

Intern war man sich im britischen Foreign Office im Oktober 1953 klar geworden: „Während wir uns allen sowjetischen Vorschlägen für die Neutralisierung Österreichs entgegenstellen müssten, sollten wir letzten Endes bereit sein, eine Neutralitätserklärung der österreichischen Regierung in passender Formulierung zu akzeptieren."[168] Ende Dezember 1953 berichtete der österreichische Botschafter Vollgruber aus Paris, am Quai d'Orsay sei „man der Auffassung, daß ein Verzicht unsererseits, militärischen Blöcken beizutreten, akzeptabel wäre, hingegen müßte uns absolut die Freiheit gewahrt werden, die Politik zu machen, die wir wollten,

166 Diese Formulierung wurde den westalliierten Antwortnoten vom 25. März 1952 auf die sogenannte „Stalin-Note" vom 10. März 1952 entnommen. Hierzu Aktenvermerk Harrisons vom 22. Mai 1953, TNAUK, FO 371/103762/CA1071/137.

167 Text vom 27. Oktober 1953 (erste Session der Arbeitsgruppe) in TNAUK, FO 371/103768/CA1071/302; dieser Punkt unverändert im Bericht der zweiten Session der Arbeitsgruppe vom 16.–21. Dezember 1953: NA, RG 59, 396.1-PA/12.16-53.

168 FO 371/103768/CA1071/303. Vgl. auch Bischof, „Anglo-American Powers", 377.

und uns politischen Formationen wie zum Beispiel dem Europarat nach unserem Gutdünken anzuschließen".[169] Die Amerikaner legten Wert darauf, dass für den Fall eines Abzuges aus Österreich die Westmächte Österreich eine Sicherheitserklärung geben sollten; sie hatten den Eindruck, dass weder Franzosen noch Briten einem „Nach-Staatsvertrags-Österreich" im Fall der direkten oder indirekten Bedrohung seiner Unabhängigkeit zu Hilfe kommen würden. Zu Beschlüssen kam es nicht.[170]

Die amerikanische Botschaft in Wien hatte Ende August 1953 ein ausführliches – und sehr ausgewogenes – Memorandum zum Thema Neutralisierung und Staatsvertrag verfasst. Obgleich Österreichs grundsätzlich prowestliche Gefühle unverändert seien, könne es doch wenig Zweifel daran geben, dass Österreich gegenwärtig bereit wäre, beträchtliche Schritte in Richtung Neutralität zu machen, falls die Sowjetunion dies mit dem Staatsvertrag honorieren würde. Das Memorandum verwies auf die militärische Bedeutung Westösterreichs für die Verbindungslinie zwischen dem amerikanischen Nachschubhafen Livorno und Westdeutschland sowie für die Verbindung zwischen Westdeutschland und Jugoslawien im Zusammenhang mit dem Militärhilfsprogramm für Jugoslawien. Gleichwohl kam die Botschaft zum Schluss, dass die Zurückweisung eines Neutralitätsvorschlages angesichts Österreichs Bereitschaft zur Annahme eines solchen Status beinahe unmöglich („next to impossible") wäre.[171]

Im September legte der Österreich-Referent im State Department, Richard Freund, eine andere Position vor.[172] Er betonte, die USA hätten Österreich 1,4 Milliarden Dollar an Hilfe und enge diplomatische Unterstützung in der Erwartung gewährt, Österreich werde unveränderlich für den Westen Partei ergreifen („in the expectation it would unalterably side with the West"). Sollte Österreich versuchen, neutral zwischen Ost und West zu sein, würde amerikanische Kritik an Österreich bitter sein. Österreich sei gar nicht in der Lage, eine Neutralität zu praktizieren. „Es ermangelt ihm an Willen, den Mitteln und der inneren Stabilität, um dem Beispiel der Schweiz zu folgen." Es liege in einer zu exponierten Lage, um dem Beispiel Finnlands zu folgen. Freund konzedierte, dass es notwendig sein könnte, ein Verbot des Beitrittes Österreichs zur NATO oder zur Europäischen Verteidigungsgemein-

169 Bericht vom 28. Dezember 1953, AdR, BMAA, II-Pol, Zl. 140.928-Pol/54.

170 Unterlagen in: TNAUK, FO 371/103769/CA1071, u.a. Brief Warner an Hancock, 19. Dezember 1953, ebd. CA1071/355; Bericht des amerik. Delegationsleiters Theodore Achilles, 17. Dezember 1953, NA, RG 59, 396.1.-PA/12-1753; ausführliche Erörterung in einem britischen Positionspapier für die Berliner Konferenz, TNAUK, FO 371/109357/CA1071/46.

171 Dreizehnseitiges Memorandum vom 26. August 1953, NA, RG 59, 663.00118-2653. Hierzu auch Rauchensteiner, *Die Zwei,* 210f.

172 Auf Grundlage eines sehr kritisch gehaltenen Papiers eines Freund nachgeordneten Diplomaten, Peter Rutter, vom 15. September 1953, NA, RG 59, 663.001/9-1553.

schaft zu akzeptieren (während die Verbindung mit der Montanunion und/oder der Europäischen Zahlungsunion gestattet wäre); in einem solchen Falle würde allerdings die Möglichkeit „verdeckter Verteidigungsplanung zwischen der NATO und Österreich" aufrecht bleiben. Die Notwendigkeit, dass selbst im Falle der erklärten Bündnislosigkeit dem Westen die Möglichkeit bleiben müsste, die österreichische Armee auszurüsten „und verdeckte militärische Planungen für den Fall eines allgemeinen Krieges zu betreiben", wurde als wichtig angesehen.[173]

Merkwürdig genug: trotz mancher Skepsis in den mittleren Rängen der amerikanischen Diplomatie, und vor allem trotz noch größerer Bedenken des amerikanischen Generalstabes, kamen von der Spitze der amerikanischen Außenpolitik, von Außenminister John Foster Dulles und von Präsident Eisenhower selbst, die entscheidenden Signale der Bereitschaft, Österreich den Weg der Bündnislosigkeit, ja sogar der Neutralität nach dem Beispiel der Schweiz, offenzulassen. Mitte Oktober 1953 meinte Dulles im Nationalen Sicherheitsrat, obgleich sich die Amerikaner natürlich der Neutralisierung Österreichs so weit wie möglich in Verhandlungen [mit den Sowjets] entgegenstellen sollten, würde langfristig („in the long run") die Entscheidung bei den Österreichern selbst liegen.[174] „Wenn die österreichische Regierung, um die Russen zu bewegen, aus Österreich abzuziehen, es ablehne, sich an die NATO anzuschließen, dann gebe es sehr wenig, was die Vereinigten Staaten diesbezüglich tun könnten, selbst wenn wir es ablehnten, den Vertrag zu unterschreiben." Die USA können, fuhr Dulles fort, natürlich ihre Haltung den Österreichern erklären, „aber wir können ihnen nicht unseren Willen auferlegen". Jedenfalls würde ein erbittertes Österreich nie ein verlässlicher Verbündeter der Vereinigten Staaten sein.[175] Dulles' Hauptgegenredner war der Chef des Vereinigten Generalstabes, Admiral Arthur Radford, der anmerkte, ein neutralisiertes Österreich würde die US-Verteidigung in Europa sehr schwächen. Dulles erwiderte, er anerkenne diese Ansicht, aber es treffe weiterhin zu, dass Österreich letztlich Herr seines eigenen

173 Richard B. Freund, Position Paper „Austrian Neutrality", 21. September 1953, NA, RG 59, 663.001/9-2153. Hierzu vgl. Stourzh, „The Origins of Austrian Neutrality", 43f. Am 26. September 1953 trug R. B. Knight anlässlich einer Besprechung bei Dulles die auf Beamtenebene erreichte conclusio vor: „we now advocate a unilateral nonaggression declaration by Austria renouncing Austrian participation in any military alliances. This would in effect be a renunciation of the right to join NATO or EDC." Dulles schien dies zunächst zu nachgiebig gegenüber der Sowjetposition. *FRUS 1952–1954*, Bd. 7, 638.

174 Memorandum über die Diskussion bei der 166. Sitzung des Nationalen Sicherheitsrates am 13. Oktober 1953, *FRUS 1952–1954*, Bd. 7, 1910–1912. Präsident Eisenhower nahm an dieser Sitzung teil, war also Ohrenzeuge dessen, was Dulles sagte, intervenierte allerdings nicht in der Diskussion.

175 *FRUS 1952–1954*, Bd. 7, 1910f.

Schicksals sei.[176] Radford befürchtete, ein neutralisiertes Deutschland wäre eine noch viel ernstere Sache; Dulles stimmte zu, doch in Deutschland hätten die Vereinigten Staaten noch bestimmte rechtliche Kontrollen. Daher „sei Deutschland leichter zu managen als Österreich". Dulles resümierte, dass das State Department nicht in eine Situation gelangen möchte, in der „wir uns einer Sache entgegenstellen, die unvermeidbar ist". Radford gab seiner Befürchtung Ausdruck, dass die Sowjets mit den Rechten auf das Deutsche Eigentum in Ostösterreich schließlich Österreich unterminieren könnten. Dulles bezweifelte dies; die Sowjets hätten gegenwärtig viel mehr Macht in Österreich, als sie nach dem Abschluss des Vertrages haben würden, und es wäre ihnen nicht gelungen, Österreich zu untergraben. In der Tat gebe es kein Land in der Welt mit geringerer Stärke der einheimischen Kommunisten.

Dulles' Verteidigung von Österreichs Selbstbestimmung ist ein bemerkenswertes Dokument politischer Weitsicht – und Liberalität. Dies ist umso bemerkenswerte, als sie manchen Vorstellungen von Dulles' „Schwarzweiß"-Perspektive der internationalen Beziehungen im Zeitalter der Konfrontation mit dem Sowjetkommunismus widersprach. Dulles' Grundsatzentscheidung, Österreich gewissermaßen „ziehen zu lassen", bedeutete allerdings keineswegs eine widerstandslose Hinnahme sowjetischer Wünsche, oder auch aller österreichischen Vorschläge. Vor allem sollten sich die USA, wie zu zeigen sein wird, allen Vorschlägen, eine staatsvertragliche Neutralisierung Österreichs vorzunehmen, mit äußerster Konsequenz entgegenstellen.

Die grundsätzliche Linie, die Dulles im Oktober 1953 vertrat, wurde in einer der letzten Beratungsdiskussionen vor der Berliner Konferenz mit Eisenhower am 20. Jänner 1954 bei einem Arbeitsfrühstück im Weißen Haus in eine finale Form gebracht. Der Präsident sagte, er sähe keine Einwände gegen die „Neutralisierung Österreichs", wenn dies nicht dessen Demilitarisierung bedeute. Wenn Österreich einen Status etwa vergleichbar jenem der Schweiz erreichen könnte, so wäre dies von einem militärischen Standpunkt aus ganz zufriedenstellend.[177]

---

176 Zu den Entscheidungen der Eisenhower-Administration betreffend Österreich 1953/54 siehe Oliver Rathkolb, „Von der Besatzung zur Neutralität. Österreich in den außenpolitischen Strategien des Nationalen Sicherheitsrates unter Truman und Eisenhower", in: Bischof/Leidenfrost, *Bevormundete Nation,* 371–405, hier 391–394, sowie Günter Bischof, „The Anglo-American Powers", 378f, und ders., „Eisenhower, the Summit, and the Austrian Treaty, 1953–1955", in: Günter Bischof/Stephen E. Ambrose, Hrsg., *Eisenhower: A Centenary Assessment,* Baton Rouge, 1995, 136–161, hier 148f. Wichtig zur Position Eisenhowers: Rathkolb, *Washington ruft Wien,* 42–44, 49, 264.

177 „With reference to the Austrian Treaty, the President said he could see no objection to the neutralization of Austria if this did not carry with it the demilitarization. If Austria could achieve a status somewhat comparable to Switzerland, this would be quite satisfactory from a military standpoint." Memorandum of Breakfast Conference with the President, 20. Jänner 1954, gez. John Foster Dulles,

In der Zwischenzeit hatten in Moskau drei hohe Diplomaten – der Stellvertretende Außenminister und zeitweilige Leiter der Dritten Europäischen Abteilung (u.a. für Deutschland und Österreich zuständig), Georgij Puškin, der Hochkommissar in Österreich, Ivan Il'ičëv, und der langjährige Stellvertretende Leiter der Dritten Europäischen Abteilung, Michail Gribanov – dem Außenminister Molotov ihren mit 27. November 1953 datierten Maßnahmenplan vorgelegt. Diesem Plan zufolge musste die sowjetische Position zum Österreich-Vertrag einer gründlichen Überprüfung unterzogen werden. Hinsichtlich des Vertrages gab es keine „grundsätzlichen Abweichungen", weshalb die bisherige offizielle Linie, dass die Beilegung der Meinungsverschiedenheiten über den Vertragsentwurf mit Österreich bis zu einer zufriedenstellenden Lösung der Triester Frage aufzuschieben sei, weder in Österreich noch international auf ausreichendes Verständnis stoße. Außerdem könne das Triest-Argument im Zusammenhang mit einem möglichen Abkommen zwischen Italien und Jugoslawien seine Bedeutung verlieren. Die Forderung auf Zurückziehung des Kurzvertrages sei erfüllt worden. Auch andere in den vergangenen Jahren vorgetragene Argumente wurden als nicht mehr überzeugend genug angesehen. Die drei Diplomaten glaubten, „dass es für uns politisch vorteilhafter wäre, jetzt auf den Abschluss des Staatsvertrages mit Österreich einzugehen, jedoch *unter der Bedingung, dass unsere Truppen weiterhin in Ostösterreich bleiben*, bis ein Friedensvertrag mit Deutschland geschlossen wird". Auf den Abzug der sowjetischen Truppen könne sich die UdSSR nicht einlassen, so argumentierten die sowjetischen Diplomaten, ohne dass man Österreich an die Amerikaner überlasse und die sowjetische Position in Mittel- und Südosteuropa schwäche. (Der letzte Punkt verwies offensichtlich auf die seit 1946 bestehenden und seit 1949 an Bedeutung gewinnenden sowjetischen Befürchtungen, dass ein Abzug aus Österreich die Sowjetunion des rechtlichen Vorwandes berauben würde, Truppen in Ungarn und Rumänien zu stationieren.) Wenn die sowjetischen Truppen aus Österreich abgezogen würden, zöge dies zwar den Abzug der amerikanischen Truppen aus Österreich nach sich, diese blieben jedoch an der Grenze Österreichs, in Bayern wie auch in Italien. Zur Erklärung der sowjetischen Position könnte man die folgenden beiden Argumente anführen: 1. die Existenz amerikanischer Militärstützpunkte in Europa, etwa auch des ameri-

---

John Foster Dulles Papers, Dwight D. Eisenhower Library, Abilene, Kansas. Ähnlich hatte Eisenhower bereits sechs Tage zuvor im Nationalen Sicherheitsrat betont, Neutralisierung bedeute nicht notwendigerweise „disarmament". *FRUS 1952–1954*, Bd. 7, 1935. Zu bedenken ist, dass der Präsident als früherer NATO-Oberbefehlshaber mit den militärstrategischen Gegebenheiten in Westeuropa einschließlich der Kooperationsbereitschaft der Schweiz bestens vertraut war.

kanischen Marinestützpunktes in Triest; 2. die „Bedrohung" Österreichs seitens Westdeutschlands (wo angeblich der Militarismus aufgrund der Wiederaufrüstungspolitik wiederbelebt werde).

Die drei Diplomaten meinten, die sowjetische Zustimmung zum Abschluss des Staatsvertrages solle, neben der Frage der weiteren Stationierung sowjetischer Truppen in Österreich, davon abhängen, ob ein Artikel über die Neutralität Österreichs in den Vertrag aufgenommen würde. In diesem Artikel wäre die Verpflichtung Österreichs anzuführen, keinen militärpolitischen Gruppierungen der Großmächte oder Wirtschaftsunionen mit militärischen Zielsetzungen beizutreten, sowie ein Verbot der Errichtung ausländischer Militärstützpunkte auf dem Territorium Österreichs. Der Abschluss eines Staatsvertrages mit Österreich werde selbst bei einer weiteren Stationierung der Truppen der vier Großmächte auf österreichischem Territorium dem österreichischen Volk Folgendes bieten: das Ende des Besatzungsregimes in Österreich, die Auflösung der Kontrollorgane der vier Mächte, volle Selbständigkeit der österreichischen öffentlichen Organe, die Übergabe der USIA-Betriebe an Österreich. Wenn die USA, Großbritannien und Frankreich mit den sowjetischen Vorschlägen nicht einverstanden wären, würde diese Ablehnung der sowjetischen Diplomatie ein gutes Mittel zur Verbesserung der Beziehungen zu Österreich in die Hand geben. Falls die Westmächte eine Änderung des bereits angenommenen Artikels 35 des Vertragsentwurfes verlangten, könne die UdSSR in allgemeiner Form erklären, dass die Frage des Deutschen Eigentums mit der österreichischen Regierung bilateral geregelt werden könne.[178]

Dieses Positionspapier enthielt die wichtigsten neuen Vorschläge der sowjetischen Seite, die alsbald in Berlin von Außenminister Molotov vorgetragen werden sollten. Anfang Dezember schloss ein ausführlicher Bericht unter der Signatur des Ersten Stellvertretenden Außenministers Andrej Gromyko mit dem Bemerken, dass auf der bevorstehenden Vier-Mächte-Konferenz die Westmächte wahrscheinlich a) die Aufnahme der österreichischen Frage in die Tagesordnung verlangen würden, b) versuchen würden, die Teilnahme der österreichischen Regierung an den Verhandlungen zu erwirken, um mit deren Hilfe Druck auf die sowjetische Seite auszuüben, c) zumindest zu Beginn auf einer Änderung schon ausgehandelter Bestimmungen des Artikels 35 des Vertragsentwurfes bestehen würden, d) gegen die Verknüpfung der österreichischen Frage mit der deutschen Frage und der Frage Triests auftreten würden und e) versuchen würden, den Abzug der Besatzungstruppen vom Staatsgebiet Österreichs zu erwirken.[179] Westen und Osten wussten recht gut darüber

178 AVPRF, f. 066, op. 35, p. 187, d. 28, ll. 1–5. Hervorhebung d. Verf.

179 SBKA, Depot von Quellen aus dem AVPRF (f. 066, op. 34, p. 177, d. 20, ll. 43–57).

Bescheid, was aller Voraussicht nach von der jeweils anderen Seite in Berlin vorgebracht werden würde.

5. Die Österreich-Frage in Berlin, Jänner–Februar 1954

Die erste Ost-West-Konferenz der Außenminister seit Juni 1949 trat also nicht, wie von den Westmächten zunächst vorgeschlagen, im Jahr 1953 in Lugano, sondern erst Ende Jänner 1954, und nunmehr in Berlin, zusammen. Obgleich die deutsche Frage wie üblich das Haupttraktandum der Außenminister abgab, war der Österreich-Vertrag in die Tagesordnung aufgenommen worden. Österreich hatte im September 1953 den Wunsch angemeldet, zu den künftigen Staatsvertragsverhandlungen nicht bloß wie früher zu Hearings, sondern als gleichberechtigter Verhandlungspartner eingeladen zu werden.[180] Die Alliierten entsprachen schließlich diesem Wunsch, obgleich nicht ohne Zögern. So sollte zunächst seitens der Österreicher lediglich ein „Bevollmächtigter" nach Berlin entsandt werden mit der Aufgabe, die „Verbindung mit den Außenministern der vier Mächte und ihren Delegationen" zu pflegen und ihnen den Standpunkt der Bundesregierung darzulegen. Diese Formel war zuvor für den designierten Verbindungsmann der Bundesrepublik Deutschland bei der Berliner Konferenz, Wilhelm Grewe, erfunden worden.[181] Sie wurde nun auch auf den zunächst nach Berlin zu entsendenden österreichischen Abgesandten, den Politischen Direktor des Ballhausplatzes Josef Schöner, angewendet. Erst in einer zweiten Phase, wenn die Tagesordnung schon feststünde und der Tagesordnungspunkt Österreich fixiert wäre, sollte eine höherrangige Delegation auf Ministerebene für Berlin nominiert werden. Die Sowjets machten sich das Zögern der Westmächte zunutze und traten, nachdem sie sich lange in Schweigen gehüllt hatten, mit einer deutlichen Aufforderung zur Teilnahme der österreichischen Regierung an die Öffentlichkeit.[182]

Schon bald nach Neujahr 1954 erschienen die Vertreter der drei Westalliierten bei Leopold Figl (der Gruber als Außenminister nachgefolgt war) auf dem Ball-

180 Österreichische gleichlautende Noten an die vier Mächte vom 10. September 1953, abgedruckt in *DÖA*, Nr. 123.

181 AAF Wien, vol. „Traité d'État" V: telegr. Bericht des Botschafters Payart nach Paris, Nr. 1/8, 4. Jänner 1954. Die bundesdeutsche Delegation in Berlin wurde schließlich der Leitung von Herbert Blankenhorn unterstellt.

182 Sowjetische Note an die Bundesregierung vom 17. Jänner 1954, abgedruckt in: *DÖA*, Nr. 133. Für dringliche österreichische Ersuchen an die Alliierten bezüglich Behandlung der Österreich-Frage in Berlin und Teilnahme an den Beratungen selbst vgl. Noten vom 5. Jänner 1954 bzw. 22. Jänner 1954, abgedruckt ebd., Nr. 130 bzw. 134.

hausplatz, um die bevorstehende Konferenz zu besprechen. Bei dieser Gelegenheit kam der amerikanische Hochkommissar Llewllyn Thompson auf den Fall zu sprechen, dass von sowjetischer Seite „die Möglichkeit einer Neutralisierung Österreichs durch den Staatsvertrag in die Debatte geworfen werden sollte". Die westlichen Alliierten würden einen derartigen Vorschlag ablehnen. Figl erklärte, dass „auch wir die Einschaltung einer Neutralitätsklausel in den Staatsvertrag ablehnen würden". Eine solche Klausel würde eine neuerliche Beschränkung von Österreichs Souveränität bedeuten und die Gefahr weiterer Interventionen von ausländischer Seite nach sich ziehen. Botschafter Thompson kam noch auf eine zweite Möglichkeit zu sprechen: Für den Fall, dass die Sowjetunion an Österreich mit einem Anbot „auf zweiseitige Verhandlungen über eine Neutralitätserklärung heranträte", erwarteten die Westmächte, dass Österreich mit ihnen sogleich Fühlung nähme.[183]

Österreicher ebenso wie Westalliierte lehnten also die Idee ab, im Staatsvertrag selbst Österreich zu neutralisieren. Das wichtigste Motiv für Österreich war klar. Eine solche neue Verpflichtung im Staatsvertrag konnte jeder Signatarmacht des Vertrages Gelegenheit bieten, Vertragsverletzungen zu behaupten oder auch nur vorzuschützen, um sich in österreichische Angelegenheiten einzumischen und die Maschinerie in Gang zu setzen, die zur Auslegung des Vertrages vorgesehen war. Bei den Westmächten traten jedoch weitere Motive für die Ablehnung der Neutralisierung hinzu, darunter die Bedachtnahme auf Deutschland.

Ein britisches Memorandum, das noch im Jänner 1954 am Ballhausplatz übergeben wurde, macht dies deutlich: Man bat die Österreicher, falls die Sowjets in der Neutralitätsfrage initiativ werden sollten, keinesfalls zu sagen, dass die Neutralität eine Angelegenheit für alle vier Mächte gemeinsam wäre; dies wäre „unnötig und vielleicht in anderem Zusammenhang – etwa die Zukunft Deutschlands – gefährlich".[184] Es zeigt sich also, und weitere Quellen bestätigen dies, dass den Westmächten die Neutralitätsdiskussion, die im Laufe des Jahres 1953 um und in Österreich in Gang gekommen war, besonders wegen ihrer Folgewirkungen für Deutschland unangenehm war. Außenminister Figl war sich der Schatten, die die Deutschland-Frage auf Österreichs Hoffnungen warf, sehr bewusst. „Wir werden es in Berlin sehr schwer haben", sagte Figl bei einer Besprechung auf dem Ballhausplatz, „weil ja die Amerikaner keine Lösung der deutschen Frage wünschen; der Adenauer wünscht sie auch nicht und da wird ihm auch der Abschluß eines österreichischen Staatsvertrags nicht recht sein."[185] Gemeint war natürlich die

183 Amtsvermerk über Vorsprache am 4. Jänner 1954, AdR, BMAA, Zl. 140.614-Pol/54.

184 Memorandum über den Inhalt einer Vorsprache Sir Harold Caccias bei Außenminister Figl am 21. Jänner 1954, ebd., Zl. 141.101-Pol/54.

185 Aktennotiz Kreiskys vom 19. Jänner 1954 über die Äußerung Figls am 18. Jänner 1954. SBKA, Nach-

mangelnde Bereitschaft der Amerikaner – und des westdeutschen Kanzlers Adenauer –, ihre Politik des forcierten Einbaues Westdeutschlands in ein westliches Verteidigungssystem (d.h. die Europäische Verteidigungsgemeinschaft) fallen zu lassen.

Am Vorabend der Berliner Konferenz war die Europäische Verteidigungsgemeinschaft (EVG) weiterhin im Vordergrund des außenpolitischen Interesses in Westeuropa, wie schon seit den ersten französischen Vorschlägen im Herbst 1950 und erst recht seit der Unterzeichnung des EVG-Vertrages im Mai 1952.[186] In Frankreich stand die Ratifikation noch aus (sie sollte nie zustande kommen); in der Bundesrepublik hatte zwar die Regierung Adenauer die Ratifikation der EVG durchgesetzt, doch gegen starken und andauernden Widerstand der Sozialdemokratie. Die Sowjetunion hatte nichts unversucht gelassen, um das EVG-Projekt zu erschüttern. Jenes Instrument, das in der öffentlichen Meinung der Bundesrepublik die meiste Unruhe und Unsicherheit erzeugt hatte, war die sogenannte Deutschland-Note Stalins vom 10. März 1952 gewesen, in deren Rahmen ein wiedervereinigtes, vertraglich neutralisiertes Deutschland zur Diskussion gestellt wurde.[187]

Ein ungeteiltes und durch vertragliche Neutralisierung aller Teilungsgefahren enthobenes Österreich – dies konnte schon ein beachtlicher „Köder" für all jene in der Bundesrepublik sein, die der konsequenten Westintegration Adenauers nur ungern oder gar nicht folgten und jeden Hoffnungsschimmer auf Überwindung der Teilung Deutschlands, auf Wiedervereinigung gerne aufgriffen.

Auch Bundeskanzler Adenauer verfolgte die Entwicklungen in Österreich nicht ohne Sorge. Im Jänner 1954 führte Felix von Eckardt, der Pressechef der deutschen Bundesregierung, in Wien mit Außenminister Figl darüber Gespräche. „Adenauer hatte große Besorgnisse", so berichtet Eckardt in seinen Memoiren,

> daß eine Verständigung zwischen den Mächten zustande kommen könnte, die auf einer oktroyierten Neutralität basieren würde. Österreich würde also in solchem Falle nicht aus eigener Machtvollkommenheit sich für eine Neutralität entscheiden, sondern die vier Mächte würden Österreich die Neutralität auferlegen als eine Bedingung, unter der sie dem Land die Freiheit zurückgeben und es räumen würden.

lass Kreisky, VII/Staatssekretär.

186 Hierzu Lutz Köllner u.a., Hrsg., *Die EVG-Phase* (= Anfänge westdeutscher Sicherheitspolitik 2), München 1990; Kevin Ruane, *The Rise and Fall of the European Defence Community: Anglo-American Relations and the Crisis of European Defense, 1950–55*, Basingstoke 2000.

187 Vgl. hierzu Kapitel IV.2.

Diese Lösung hätte für Deutschland „ein gefährliches Beispiel" gegeben; Adenauer, so Eckardt, war davon überzeugt, dass jede die Neutralität akzeptierende westliche Politik früher oder später ganz Deutschland den Russen ausliefern müsste. Eckardt teilt mit, dass Figl ihm versichert habe: „Sie können Ihrem Kanzler sagen, Österreich wird neutral sein unter eigenem souveränen Entschluß wie die Schweiz, oder der Staatsvertrag wird nicht zustande kommen!"[188]

Zum Besuch Eckardts liegt auch ein ausführlicher Bericht des Diplomaten Carl-Hermann Mueller-Graaf an das Auswärtige Amt nach Bonn vor. Die Aussprachen mit Figl und dem ÖVP-Sekretär Maleta seien wesentlich konkreter als das allgemein-freundliche Gespräch mit Raab gewesen. Figl und Maleta hätten deutlich zwischen Neutralisierung, die sie ablehnten, und Neutralität unterschieden. Anlässlich eines Gespräches unter vier Augen mit Mueller-Graaf ließ Figl „sehr deutlich durchblicken, daß auch Neutralität im echten Sinne einer freiwilligen österreichischen Politik im Grunde mehr ein Mittel sein würde, um den Staatsvertrag zu erhalten, daß er aber auf die Dauer Neutralität kaum für möglich halte". Maleta sprach sich im Gespräch mit Eckardt und Mueller-Graaf entschieden gegen eine Neutralisierung Deutschlands aus, die für Österreich ebenso gefährlich wäre wie für die Bundesrepublik. Schon darum würde die ÖVP „einer Neutralisierung Österreichs nicht zustimmen. Etwas anderes sei vielleicht eine Neutralität, wenn diese nur die freie politische Haltung eines selbständigen Staates bedeute, die von diesem jederzeit geändert werden könne." Hier warf Mueller-Graaf ein, dass seines Erachtens „Letzteres entscheidend sei, daß also jede Neutralität, welche als internationale Verpflichtung übernommen würde, einer Neutralisierung mindestens nahe kommen könne, auch wenn den anderen Vertragsstaaten keine Kontrollrechte eingeräumt würden."[189] Figl war am Vorabend der Berliner Konferenz überzeugt, dass in Bezug auf Deutschland nichts weitergehen werde: „Ganz klar, weder der Westen will eine Lösung, noch der Osten, noch Deutschland selbst."[190] Er erwartete, dass Adenauer der Abschluss eines Österreich-Vertrages nicht recht sein werde.[191]

Am 13. Jänner 1954 fand unter Vorsitz Bundeskanzler Raabs eine der Vorbereitung für die Berliner Konferenz dienende Besprechung statt, an der Schärf, Figl,

188 Felix von Eckardt, *Ein unordentliches Leben,* Düsseldorf – Wien 1967, 281f; siehe auch Trost, *Figl von Österreich,* 285f.

189 PAAA, Ref. 3, Bd. 35 (neu 1403), Bericht Nr. 5/54 v. 15. Jänner 1954. Mueller-Graaf fungierte als Leiter der „Wirtschaftsdelegation der Bundesrepublik Deutschland in Wien", da reguläre diplomatische Beziehungen noch nicht etabliert waren.

190 Erinnerungsvermerk Kreiskys über eine Unterredung zwischen Raab, Figl, Schärf und Kreisky (in Anwesenheit des Gesandten Schöner) am 13. Jänner 1954. SBKA, VII/Staatssekretär.

191 Aktennotiz Kreiskys über eine Besprechung am 18. Jänner 1954, ebd.

Kreisky und leitende Beamte teilnahmen.[192] Ein Fragenkatalog von elf Fragen war vorbereitet worden. Das „Deutsche Eigentum" gehörte dazu ebenso wie die Frage, ob das „Schuldbekenntnis" in der Präambel des Staatsvertrages akzeptiert werden sollte. Eine Frage betraf die „Stellungnahme zu einer allfälligen Neutralitätsklausel, falls eine solche von der UdSSR zur Sprache gebracht werden sollte". Die Diskussion, von Raab resümiert, ergab folgende Leitlinien für Berlin: die Österreicher wären bereit, dem „langen" Vertragstext als „ultima ratio" zuzustimmen, wenn die vier Mächte darüber einig wären. Österreich müsse jedoch auf die schweren Opfer, die der Vertrag fordere, hinweisen; Raab betonte, Österreich wolle den Verpflichtungen, die es übernommen habe, nachkommen, deshalb dürfe der Vertrag nicht Unmögliches verlangen. Bei den Forderungen im Artikel zum Deutschen Eigentum sollten Erleichterungen erbeten werden. Einhellige Ablehnung erfuhr jedoch eine westliche Anregung, volle 200 Millionen Dollar für eine (neue) Ablöse des Erdölkomplexes und der DDSG anzubieten. Raab fand, das Äußerste, was man anbieten könne, wären 50 Millionen. Mit den bereits 1949 vereinbarten 150 Millionen für die USIA-Betriebe wären das insgesamt 200 Millionen Dollar Gesamtablöse. Änderungen der Präambel und einiger anderer Artikel wären sicherlich erstrebenswert, meinte Raab, es sei dies aber mehr eine Frage der Taktik und keinesfalls eine österreichische Bedingung.

Ein etwas ausführlicheres Ergebnisprotokoll stellt fest: „Falls die Frage einer Neutralitätserklärung oder Neutralitätsklausel aufgeworfen werden sollte, wäre auf die wiederholten eindeutigen Erklärungen der Bundesregierung hinzuweisen, wonach sich Österreich keinem militärischen Bündnis anschließen wird." Eine Neutralitätsklausel wäre im Vertrag nicht erwünscht „und käme nur in Frage, wenn gleichzeitig eine entsprechende Garantieerklärung der vier Mächte für Österreich eingeschaltet würde". Hier stehen wir an den Ursprüngen der Berliner Erklärung zur Bündnislosigkeit Österreichs.

Tags darauf schien der britische Hochkommissar, Sir Harold Caccia, in einer Besprechung zwischen Figl, Kreisky und den Vertretern der Westmächte[193] besonderes Interesse für die Neutralitätsfrage zu haben. Figl erwiderte, dass Österreich in dieser Frage keine Initiative entfalten wolle; falls von russischer Seite die Angelegenheit vorgebracht werden sollte, und zwar gegenüber Österreich allein, so werde Wien keinen Schritt unternehmen, ohne die Westmächte zu befragen. Kreisky kam auf die Ablösefrage zu sprechen und kritisierte die viel zu hohen Ablösesummen, die die Westmächte für die Ablöse des Erdölkomplexes vorgeschlagen hätten. Doch Caccia

192 Unterlagen in: AdR, BMAA, II-Pol, Zl. 140.801-Pol/54.

193 Amtsvermerk ebd., Zl. 140.938-Pol/54.

kam nochmals auf die Frage der Neutralität zurück: „Er hoffe, daß, wenn es dazu komme, Österreich nicht vergessen werde, auf die Offenhaltung der Mitgliedschaft bei den UN und angeschlossenen Organisationen, allenfalls auch im Europarat usw. Rücksicht zu nehmen." Kreisky bemerkte dann noch zum Problem der Neutralität – ähnlich wie Raab am Vortage und wie Figl –, „daß dies kein Problem für uns sei, sondern die vier Mächte angehe. Von uns werden jedenfalls keine Initiativen ergriffen werden, ganz im Gegensatz zur Frage des Art. 35."

Wenige Tage später wurde von US-Seite auf dem Ballhausplatz der Wunsch deponiert, falls es zu einem sowjetischen „Vorbringen der Neutralität Österreichs" in Berlin käme, mögen die Österreicher zunächst eine abwartende Haltung einnehmen.[194]

Vor der Berliner Konferenz gab es also, ähnlich wie in früheren Stadien der Staatsvertragsverhandlungen, sehr enge Konsultationen zwischen Westmächten und Österreichern und ein großes Ausmaß an gegenseitiger Abstimmung. In diesen Tagen hielt der Generalsekretär des Wiener Außenamtes, Karl Wildmann, nach einer Besprechung mit dem schwedischen und dem jugoslawischen Gesandten deren eigentlich eine Warnung aussprechenden Ansichten fest, Berlin biete eine Chance, sofern die österreichische Delegation eine klare „ausschließlich der österreichischen Sache dienende Linie einhalte". Die beiden Gesandten bemerkten „übereinstimmend, dass es für Österreich natürlich nicht so leicht sei, diese klare Linie einzuhalten, da Österreich ja doch dem Westen politisch und wirtschaftlich stark verbunden sei und es kaum werde wagen können, sich über diese Bindungen hinwegzusetzen und in Berlin völlig unbeeinflußt aufzutreten. Anderseits würde Österreich," so meinten die beiden Diplomaten, „durch eine mit dem Westen zu deutlich abgestimmte Taktik eine große Chance in Berlin verlieren." [195] Allerdings, so notierte der Leiter der Politischen Abteilung, Josef Schöner, bei anderer Gelegenheit, dürfe man nicht vergessen, dass Österreichs

> wenn auch beschränkte Manövrierfähigkeit auf der Tatsache beruht, daß wir die Rückendeckung des Westens gegen den Osten haben. Dies wird von den meisten Österreichern als so selbstverständlich angesehen, daß sie gar nicht mehr daran denken. Die russische Politik uns gegenüber würde sich bei einem Fortfall unserer Stützung durch den Westen sehr wahrscheinlich gründlich ändern.[196]

194 Amtsvermerk v. 19. Jänner 1954, ebd., Zl. 140.991-Pol/54.

195 Amtsvermerk ebd., Zl. 141.079-Pol/54.

196 Schöner in einem Kommentar zu von Bischoff im Frühjahr 1954 verfassten „Bemerkungen zur Staatsvertragssituation", ebd. Zl. 143.517-Pol/54.

Doch nun nach Berlin. Die Österreich-Verhandlungen dauerten vom 12. bis 18. Februar 1954.[197] Molotov – er hatte nach dem Tod Stalins neuerlich den Posten des sowjetischen Außenministers übernommen – kam mit zwei neuen Vorschlägen zum Staatsvertrag nach Berlin. Der erste betraf gerade jene Fragen, die Österreich schon seit Juni 1953 ins Gespräch gebracht hatte: Bündnisverzicht und Stützpunktverbot. Der zweite Vorschlag – wie ein Keulenschlag auf die Österreicher wirkend – forderte den Verbleib von Besatzungstruppen in Österreich selbst nach Abschluss des Staatsvertrages bis zum – unabsehbaren – Abschluss eines Friedensvertrages mit Deutschland. Die Forderung war 1953 von sowjetischen Strategen angeregt worden. Molotov beantragte am 12. Februar die Verankerung dieser Verpflichtungen im Staatsvertrag in einem neuen Artikel 4-bis, als Zusatz zum Anschlussverbot des Artikels 4. Der sowjetische Vorschlag lautete:

> Österreich verpflichtet sich, keinerlei Koalitionen oder Militärbündnisse einzugehen, die sich gegen irgendeine Macht richten, die mit ihren Streitkräften am Kriege gegen Deutschland und an der Befreiung Österreichs beteiligt war. Österreich verpflichtet sich ferner, die Errichtung von ausländischen Militärstützpunkten auf seinem Territorium sowie die Heranziehung ausländischer Militärberater oder -spezialisten in Österreich nicht zuzulassen.[198]

Wie dem Leser erinnerlich sein wird, hatte es im sowjetischen Vorschlag der Neutralisierung Deutschlands vom 10. März 1952 ganz ähnlich gelautet, dass Deutschland sich verpflichten müsse, „keinerlei Koalitionen oder Militärbündnisse einzugehen, die sich gegen irgendeinen Staat richten, der mit seinen Streitkräften am Kriege gegen Deutschland teilgenommen hat".[199] Diese Forderung war jedoch zuvor noch nie auf Österreich bezogen worden. Die Westmächte waren aus den bereits geschilderten Gründen entschlossen, Molotovs Vorschlag der vertraglichen Neutralisierung abzulehnen. Doch die Begründung war speziell auf die Situation des österreichischen Kleinstaates zugeschnitten. Die Analogie zur Lage der Schweiz bot sich an, sie war ja, wie bereits berichtet, von niemand Geringeren als dem ame-

---

197 Hierzu informativ: Hermann Volle/Ernst Wallrapp, „Die Österreichverhandlungen auf der Berliner Konferenz von 1954. Eine Übersicht", in: *Europa-Archiv* 9, 1954, 6514–6524; Quellenedition zur gesamten Berliner Konferenz in: *FRUS 1952–1954*, Bd. 7, 601–1232.

198 W. M. Molotow, *Reden auf der Berliner Außenministerkonferenz*, Berlin 31954, 138. Vgl. die kommunistische Argumentationslinie in Heinrich Brandweiner, *Der Österreichische Staatsvertrag*, Leipzig – Jena 1955. Vgl. Vatlin u.a., Hrsg., *SSSR i Avstrija*, 313–323.

199 Punkt sieben der sog. „Politischen Leitsätze", die der Note vom 10. März 1952 beigegeben waren. Vgl. Graml, „Nationalstaat oder westdeutscher Teilstaat", 823.

rikanischen Präsidenten Eisenhower im Gespräch mit Dulles am 20. Jänner 1954 verwendet worden. Die Amerikaner reagierten auf Molotovs Vorschlag schon einen Tag darauf.

Dulles und Molotov trafen einander am 13. Februar 1954, einem Lostag für Österreich, unter Anwesenheit nur einer anderen Person, des russischen Dolmetschers Oleg Trojanovskij. So geheim war dieses Gespräch, dass Dulles nicht einmal seinen westlichen Kollegen darüber berichtete. Hauptthema war Ost- und Südostasien, doch auch Österreich kam vor. Molotov meinte, dass einige Teile des sowjetischen Vorschlages ohne Zweifel unwillkommen seien. Dulles replizierte, zunächst auf Molotovs bereits erwähnte Forderung nach Verbleib alliierter Truppen bis zum Abschluss des deutschen Friedensvertrages eingehend, die fortgesetzte sowjetische Besetzung Österreichs sei ganz unannehmbar. Bezüglich des Sowjetvorschlages über die Neutralisierung Österreichs meinte Dulles, *„if Austria wants to be a Switzerland, US will not stand in the way, but this should not be imposed"*.[200]

Dem sowjetischen Protokoll dieses Treffens zufolge, welches diese Passage ausführlicher wiedergibt, erklärte der US-Außenminister, die fortgesetzte Anwesenheit fremder Truppen in Österreich sei „der am wenigsten akzeptable Teil des sowjetischen Vorschlages" und fuhr fort, dass „die österreichische Regierung bereit wäre, eine Politik der Neutralität beizubehalten, um Österreich in eine ‚zweite Schweiz' umzuwandeln, und die Vereinigten Staaten würden ihrerseits nicht versuchen, Österreich in den Nordatlantik-Pakt, die Europäische Verteidigungsgemeinschaft oder ähnliche Bündnisse einzubeziehen."[201] In einem früheren Treffen mit Molotov am 6. Februar hatte Dulles bestätigt, dass die Europäische Verteidigungsgemeinschaft weder gegen die UdSSR gerichtet war noch eine Bedrohung für diese darstelle; er bot auch an, in dieser Hinsicht Zusicherungen zu bedenken. Der Außenminister betonte, es sei die EVG „der beste Weg, das Aufkommen eines deutschen Militarismus zu verhindern", denn sie würde nicht den Fehler von Versailles wiederholen, Deutschland zu diskriminieren. Sollte die Europäische Verteidigungsgemeinschaft jedoch scheitern, so würde Westdeutschland der NATO beitreten. Molotov erwiderte, man könne kaum erwarten, dass die Sowjetunion ihre Meinung bezüglich der EVG ändere. Die vier Mächte sollten nach einer Lösung suchen, wie man eine deutsche Regierung und eine deutsche nationale Armee bilden könne.[202]

---

200 *FRUS 1952–1954*, Bd. 7, 1080f (Hervorhebung G.S.).

201 „Zapis' besedy V.M. Molotova s Dallesom v Berline", 13. Februar 1954, AVPRF, f. 06, op. 13a, p. 25, d. 7, l. 32. Vgl. Gerald Stourzh, „The Austrian State Treaty and the International Decision Making Process in 1955", in: *AHY* 38, 2007, 215. Die Verf. danken Botschafter Rostislav Sergeev für die Gewährung der Einsichtnahme.

202 „Zapis' besedy V.M. Molotova s Dž. Dallesom posle obeda u Dallesa", 6. Februar 1954, AVPRF, f. 06, op. 13a, p. 25, d. 7, ll. 18–23.

In der am 13. Februar um 15 Uhr 30 beginnenden Plenarsitzung der Konferenz erklärte Dulles, dass eine frei gewählte Neutralität wie jene der Schweiz achtbar sei; eine gewaltsam durch andere Staaten auferlegte Neutralität, gleich einer ewigen Servitut, sei eine andere Sache. Der entscheidende Passus von Dulles' Rede sollte genau 14 Monate später, am 13. April 1955, in Moskau eine ausschlaggebende Rolle spielen, als Molotov österreichische Bedenken gegen eine Neutralitätsfestlegung mit Hilfe von Dulles' Berliner Äußerung ausräumte:

> A neutral status is an honorable status if it is voluntarily chosen by a nation. Switzerland has chosen to be neutral, and as a neutral she has achieved an honorable place in the family of nations. Under the Austrian State Treaty as heretofore drafted, Austria would be free to choose for itself to be a neutral state like Switzerland. Certainly the Unites States would fully respect its choice in this respect, as it fully respects the choice of the Swiss Nation. However, it is one thing for a nation to choose to be neutral and it is another thing to have neutrality forcibly imposed on it by other nations as a perpetual servitude.
> A state subjected to such imposed neutralization is not in fact a sovereign and independent state. Such a demand makes a mockery of the language which the Soviet proposal retains that ‚Austria shall be reestablished as a sovereign, independent and democratic state'.[203]

Im Redeentwurf – mit Korrekturen in Dulles' Handschrift – folgte auf den Hinweis, Österreich stehe es frei, einen neutralen Status wie die Schweiz zu wählen, ein Passus, es fehle nicht an Anzeichen, dass Österreich diese Wahl treffen würde. Diesen Satz strich Dulles wieder – offensichtlich wollte er den Eindruck vermeiden, es wäre eigentlich schon alles ein *fait accompli*, eine vollendete Tatsache.[204]

Die Österreicher hatten ursprünglich geplant, dass Außenminister Figl schon in

203 Wortlaut in: *Foreign Minister's Meeting, Berlin Discussions January 25–February 18, 1954* (= Department of State Publication 5399), Washington 1954, 190, sowie nunmehr in: *FRUS 1952–1954*, Bd. 7, 1088f. Deutsche Übersetzung in: *Die Viererkonferenz in Berlin 1954. Reden und Dokumente*, hrsg. v. Presse- und Informationsdienst der Bundesregierung, Berlin 1954, 222, sowie *AdG*, 1954, 4378.

204 Der gestrichene Satz lautet: „Indications are not lacking that Austria would make this choice." Ein Redeentwurf befindet sich in den John Foster Dulles Papers der Princeton University Library, Princeton NJ. Vor Beginn der Österreich-Verhandlungen in Berlin telegraphierte Gesandter Schöner, dass Dulles am 7. Februar in einer vertraulichen Unterhaltung mit prominenten Journalisten zur Frage nach einer allfälligen Neutralisierung Österreichs gesagt habe: Österreich brauche keine Neutralisierung, denn es werde nach dem Staatsvertrag eine eigene Armee haben, um seine Sicherheit zu gewährleisten; „die Vereinigten Staaten außerdem niemals versuchten, Österreich zum Beitritt zu einem militärischen Bündnis wie EVG oder NATO zu bewegen". AdR, BMAA, II-Pol, Zl. 141.517-Pol/54.

seiner ersten Rede vor der Außenministerkonferenz eine Erklärung über Österreichs Nichtteilnahme an Militärbündnissen abgeben solle. In einer Vorbesprechung mit Dulles und Figl am 10. Februar machte Bidault, von Eden unterstützt, geltend, wenn Figl gleich in seiner Eröffnungserklärung Österreichs Bereitschaft zur Bündnisfreiheit bekanntgebe, werde Molotov „den Passus als Muster für Deutschland begrüßen und was, wenn er die Festlegung im Vertrag fordert?“[205] Wieder wird deutlich, wie sehr die Westmächte doch Österreichs Anliegen im Lichte der deutschen Frage beurteilten. Nachdem Molotov tatsächlich die vertragliche Neutralisierung Österreichs vorgeschlagen und die Westmächte dies kategorisch abgelehnt hatten, meldete Figl nach Wien: „Die Westmächte lehnen die Aufnahme eines Artikels betreffend das Bündnisverbot als mit der Souveränität eines freien Staates unvereinbar ab (in Wirklichkeit: Präjudiz für Deutschland).“[206]

Dulles hatte sich den Bedenken Bidaults und Edens angeschlossen, doch hinzugefügt, als Ausdruck des „intent“, der Absicht der Bundesregierung werde eine Äußerung (über die Nichtteilnahme an Militärbündnissen) sicher im Verlauf der Diskussion am Platze sein. Figl ging somit in seiner Eröffnungsrede am 12. Februar 1954 darauf nicht ein; erst am nächsten Tage sagte Figl, er könne in aller Form die Feststellung der Bundesregierung und der österreichischen Volksvertretung nachdrücklich wiederholen, dass Österreich nicht die Absicht habe, sich irgendwelchen Militärbündnissen anzuschließen. In einer weiteren Stellungnahme am 16. Februar berief sich Figl erneut darauf und fügte eigens hinzu, das bedeute auch, „daß wir fremden Mächten auch keine militärischen Basen zugestehen werden“.[207]

205 AdR, BMAA, II-Pol, Zl. 115-D/54 (Akten der öst. Delegation zur Berliner Außenministerkonferenz), Besprechung vom 10. Februar 1954, 12 Uhr 30 in der Residenz Dulles'. Die drei westlichen Außenminister waren bereits eine halbe Stunde zuvor ohne die Österreicher zusammengekommen, wobei Bidault mit besonderer Heftigkeit gegen die österreichische Absicht einer Erklärung der Bündnisfreiheit Stellung nahm. *FRUS 1952–1954*, Bd. 7, 1013. Beim Gespräch mit den Österreichern wandte Eden u.a. ein, die Formulierung der Österreicher wäre gefährlich, falls sich die Österreicher nicht auf Dauer binden wollten („for an indefinite period“ im britischen, „permanently“ im amerikanischen Bericht über das Gespräch). Figl betonte die Bedeutung der Erklärung der Bündnisfreiheit aus österreichischer Sicht. TNAUK, FO 371, 109359/CA1071/102 (brit. Gesprächsbericht), *FRUS 1952–1954*, Bd. 7, 1015 (amerik. Gesprächsbericht).

206 Ebd., Zl. 141.630-Pol/54, Bericht vom 14. Februar 1954.

207 Texte der Erklärungen und Äußerungen Figls auf der Konferenz, vielfach ohne Aktenzahlen, bei den Akten der öst. Delegation in Berlin in AdR, BMAA, II-Pol. K. 301 u. 302. Zur Erklärung vom 16. Februar auch Volle/Wallrapp, „Österreichverhandlungen“, 6521. Am nächsten Tage erläuterte Figl vor der Presse seine Äußerung dahingehend, dass der Vorsatz einer „spezifizierten“, selbstgewählten Neutralität, die sich auf den militärischen Bereich beziehe, nicht zu einem allgemeinen Neutralitätsartikel des Staatsvertrages werden dürfe (ebd.). Auch *DÖA*, Nr. 136, 140, 142.

Die Bundesregierung erwog doch kurze Zeit, näher auf Molotovs Vorschlag vom 12. Februar einzugehen, und zwar in Zusammenhang mit dessen bereits genanntem zweitem Vorschlag vom selben Tag, der die Österreicher viel tiefer schmerzte als das Bündnis- und Koalitionsverbot. Molotovs zweiter Vorschlag – nämlich Truppen der vier Mächte in Österreich über den Abschluss des Staatsvertrages hinaus zu belassen – ging den Österreichern ins Mark.

Tatsächlich war schon 1947 beschlossen worden, dass die Besatzungstruppen Österreich 90 Tage nach Hinterlegung der Ratifizierungsurkunden räumen müssten. Jetzt schlug Molotov eine Abänderung vor. Die Räumung Österreichs sollte nicht schon binnen 90 Tagen nach Ratifizierung erfolgen, sondern erst bei Abschluss eines Friedensvertrages mit Deutschland. Die in Österreich verbleibenden Truppen, so erklärte Molotov, würden keinerlei Kontrollfunktionen mehr ausüben, da ja das Besatzungsregime der Alliierten Kommission für Österreich mit dem Inkrafttreten des Staatsvertrages beendet würde. Auch würden keine Truppen in der Hauptstadt, in Wien, verbleiben.

Der Hintergrund von Molotovs neuem und unerwartetem Vorschlag ist nicht gänzlich klar, und auch seine Intentionen zu diesem Zeitpunkt sind unbekannt. Der Vorschlag war jedenfalls widersprüchlich, da er einerseits die Stationierung fremder (darunter sowjetischer) Truppen in Österreich auf unbestimmte Zeit verlangte, andererseits aber auch, dass Österreich keine fremden Truppen auf seinem Boden toleriere. Zieht man sowjetische Beratungen der vorhergehenden Jahre seit 1946 in Betracht, so scheint es wahrscheinlich, dass der Vorschlag einem dreifachen Zweck dienen sollte: Das erste Ziel der neuen Führung im Kreml war offenbar, den Weg für die Unterzeichnung des Staatsvertrages freizumachen. Zweitens strebte sie eine österreichische Neutralitätserklärung an, um diese als Instrument gegen die Integration Österreichs und Westdeutschlands in ein westliches Bündnis nutzen zu können. Gleichzeitig war die Sowjetunion noch nicht bereit, ihre Truppen aus Österreich abzuziehen, sondern zielte darauf ab, deren Bleiberecht auszudehnen (wenngleich in stark reduzierter Anzahl). Dieses Beharren auf der fortgesetzten Stationierung fremder Truppen (das dem Konzept der Neutralität widersprach) hing vermutlich mit der Verknüpfung zwischen der sowjetischen Präsenz in Österreich und der sowjetischen Position in Osteuropa zusammen – eine Verknüpfung, die seit 1946 die Staatsvertragsverhandlungen behindert hatte und auch 1949 jeglichen Versuch, eine Einigung zu erreichen, zunichtemachte. Auch der von sowjetischen Streitkräften unterdrückte ostdeutsche Aufstand vom 16./17. Juni 1953 trug sicherlich nicht dazu bei, die Bereitschaft der Sowjetunion, aus Österreich abzuziehen, zu vergrößern. Jedenfalls erregte der Vorschlag großes Aufsehen und rief in Österreich größte Enttäuschung hervor.

Obgleich die Ablehnung dieses sowjetischen Vorschlages der österreichischen Delegation nicht leicht fiel, konnte doch ein Staatsvertrag, der Österreich nicht von der Anwesenheit ausländischer Truppen befreite, von der Bundesregierung nicht akzeptiert werden. Die Gefahren, die in der Präsenz von Truppen gegenüberstehender Mächte verborgen waren, vor allem die Gefahr einer im Krisenfall aus dieser Präsenz resultierenden Teilung Österreichs, wären durch einen solchen Staatsvertrag nicht gebannt, sondern geradezu verewigt worden, denn dass ein Friedensvertrag mit Deutschland nicht in Sicht war, wusste jedermann. Tatsächlich hätte die Auflösung des Besatzungsregimes auch das Ende der Vier-Mächte-Besetzung Wiens gebracht, und damit wäre die Bundeshauptstadt, nach dem Abzug der westlichen Alliierten, ausschließlich im Einzugsgebiet der sowjetischen Militärmacht verblieben.

In Wien gab die Bundesregierung eine sehr scharfe Erklärung ab; vor allem, hieß es in dieser von Raab wie von Schärf approbierten Verlautbarung, sei die Forderung völlig unannehmbar, Truppenbestände der vier Mächte auch nach Abschluss des Staatsvertrages noch in Österreich zu belassen. Zusätzlich erweckte jene Formulierung Bedenken, die Molotov für das im Staatsvertrag zu verankernde Bündnisverbot verwendet hatte: „keinerlei *Koalitionen* oder Militärbündnisse" dürfe Österreich eingehen, die gegen eine Macht gerichtet wären, die am Kriege gegen Deutschland oder an der Befreiung Österreichs teilgenommen hatte. Der Begriff „Koalitionen" war im gleichen Zusammenhang auch in der sowjetischen Deutschland-Note vom 10. März 1952 verwendet worden und fand sich auch in früheren Verträgen. Koalitionen waren offensichtlich Zusammenschlüsse oder Gruppierungen mit anderen Inhalten als jenen der eigens genannten Militärbündnisse. Die Bundesregierung ließ daher verlauten, dieser Vorschlag Molotovs scheine „insofern aufklärungsbedürftig, als die Bundesregierung, unbeschadet ihrer wiederholten Erklärungen, sich keinen militärischen Bündnissen anzuschließen, keine Bindung akzeptieren könnte, die sie an der wirtschaftlichen und politischen Zusammenarbeit im Geiste der Konsolidierung Europas behindern könnte".[208]

Trotz dieser Verlautbarungen sannen die Österreicher nach Möglichkeiten, einen Kompromiss zu erreichen. Welcher von Molotovs beiden Vorschlägen war das geringere Übel? Figl und Kreisky in Berlin, aber auch Raab und Schärf in Wien kamen zu dem Schluss, dass der Verbleib der fremden Truppen in Österreich das größere Übel wäre. Um diesem vorzubeugen, wäre zu erwägen, einen Kompromiss mit Molotov in der Frage des Koalitions- und Bündnisverbotes anzupeilen. In einer Besprechung bei Anthony Eden am 14. Februar deuteten Figl und Kreisky dies

208 Verlautbarung in: *DÖA*, Nr. 139, Approbationsvermerk in korrigiertem Entwurf: AdR, BMAA, II-Pol, Zl. 141.613-Pol/54.

vorsichtig an.[209] Eden teilte den Österreichern mit, dass die Westalliierten beabsichtigten, den Sowjets die Unterzeichnung des Staatsvertrages zu den „alten" Bedingungen von 1949 unter der Voraussetzung vorzuschlagen, dass der Staatsvertrag tatsächlich in Berlin abgeschlossen werde. Figl erwiderte, Österreich würde dies unterstützen.

Doch was würde geschehen, wenn Molotov auf seine neuen Vorschläge zu sprechen käme, fragte Eden. Wenn das Koalitions- und Bündnisverbot in den Vertrag käme, müsste „Österreich aus einigen europäischen Organisationen wie der OEEC ausscheiden". Der russische Vorschlag, so sagte Eden, bedeute nur endlose Möglichkeiten für russische Interventionen in Österreich wegen angeblicher Verletzungen der Bündnisklausel. Figl erwiderte, dass „für uns nur ein Verzicht auf militärische Bündnisse in Frage" kommt. Aber, so fuhr Kreisky fort, wenn die Sowjetunion „das Verlangen nach Fortdauer der Besatzung unter der Bedingung der Annahme der Bündnisklausel aufgeben sollte, dann könnte die österr. Regierung die Klausel nicht ablehnen".

Damit war die Priorität der Österreicher klar ausgedrückt: Lieber den Bündnisartikel im Staatsvertrag als die vier Mächte weiter im Lande. Doch die Priorität der Westmächte war gerade umgekehrt: Lieber die vier Mächte weiter in Österreich als das Bündnisverbot im Staatsvertrag. Dies spiegelt sich ganz klar im Dialog wider. Eden erwiderte nach Kreiskys Hinweis, die Westmächte würden auf keinen Fall die Koalitions- und Bündnisklausel im Vertrag akzeptieren. Sie bedeute eine dauernde Einmischung in die österreichischen Angelegenheiten und damit eine gefährliche Beschränkung der österreichischen Souveränität. Figl konterte, Österreich könne die Fortdauer der Besetzung nicht hinnehmen. „Wir wollen nicht einen fremden Soldaten in Österreich haben, sobald der Vertrag abgeschlossen sein wird."

Eden warnte nachdrücklich, dass sich eine höchst gefährliche Lage ergeben würde, wenn Molotov die Beibehaltung der Truppen fallenließe und dafür die Einschaltung der Bündnisklausel in den Staatsvertrag einhandelte.[210]

Am Folgetag, dem 15. Februar, erreichte die Spannung einen Höhepunkt. Dem Wunsch der Delegation in Berlin folgend, ermächtigten Raab und Schärf die Delegation, unter bestimmten Voraussetzungen mit den Sowjets über die Frage der „Koalitionen" zu verhandeln. Diese Voraussetzungen waren: erstens müsse das sowjetische Verlangen nach Verbleib der vier Mächte in Österreich eindeutig und definitiv zurückgezogen werden; zweitens dürften solche Verhandlungen nur nach vorheriger

209 AdR, BMAA, II-Pol, Zl. 116-D/54.

210 Die etwas gespannte Stimmung scheint nicht besser geworden zu sein, als im Anschluss an die politischen Fragen die Finanzfrage der alliierten Rückstellungs- und Entschädigungsansprüche zur Debatte stand. Ebd., Zl. 117-D/54.

Konsultation mit den Westmächten erfolgen; drittens dürften unter „Koalitionen“ nicht Verträge und Organisationen wirtschaftlicher Natur verstanden werden, und die wirtschaftliche Handlungsfreiheit Österreichs müsse vollkommen gewährleistet bleiben. Doch wenige Stunden, nachdem Raab und Schärf diese Weisungen nach Berlin abgefertigt hatten, erschienen die westlichen Hochkommissare bei ihnen auf dem Ballhausplatz. Edens Gespräch mit Figl und Kreisky war nicht ohne Folgen geblieben. Die Westmächte ersuchten dringendst, dass die österreichische Delegation in Berlin Gespräche über das Koalitions- und Bündnisverbot vermeiden möge. So gaben denn Raab und Schärf am Abend des gleichen Tages eine neue Weisung durch, dass die Österreicher in Berlin davon Abstand nehmen sollten, diesen Artikel zu erörtern.[211]

Am 16. Februar wurden Figl und Kreisky von Dulles empfangen. Die Österreicher waren von Molotov zu einem Mittagessen eingeladen worden, und Dulles verspürte den Wunsch, Figl „den Rücken zu stärken“ („to stiffen him up“).[212] Kreisky hat berichtet, Dulles habe zu bedenken gegeben, ob die von Figl in Berlin abgegebene Neutralitätserklärung „nicht doch große Risken beinhalte“, und habe die Bedeutung geschildert, die die Zugehörigkeit zu einem großen Bündnissystem für kleine Staaten habe. „Ich erwiderte ihm“, so Kreisky,

> daß sich kleine Staaten in einem Bündnis mit großen, mächtigen Nationen sehr wohl fühlen könnten, für Österreich bei seiner geographischen und politischen Lage eine solche Lösung aber deshalb nicht denkbar wäre, weil es seit 1945 einen Grundsatz der österreichischen Politik gebe: die Einheit des Landes aufrechtzuerhalten. Den Anschluß an eines der bestehenden Bündnissysteme ins Auge zu fassen, würde unweigerlich die Teilung des Landes mit sich bringen.

Kreisky hatte den Eindruck, „daß Dulles diese Argumentation eingeleuchtet hat“.

Die amerikanischen Quellen sind ausführlicher; sie machen deutlich, dass es Dulles nicht in erster Linie um Figls bereits drei Tage zuvor abgegebene Erklärung ging, sondern um die Befürchtung der Amerikaner, die Österreicher könnten sich nachgiebig erweisen gegenüber Molotovs Forderung nach der vertraglichen Verankerung des

---

211 Ebd., Zl. 141.630-Pol/54, sowie zweite Weisung Raabs und Schärfs vom 15. Februar, 19.45 Uhr, o. Zl., ebd., K. 302.

212 Kreisky, *Herausforderung*, 96f; dieses Gespräch ebenfalls erwähnt in: Bruno Kreisky, *Zwischen den Zeiten. Erinnerungen aus fünf Jahrzehnten*, Berlin 1986, 463. Kreisky gibt kein Datum an. Amerikanischer Bericht über dieses Gespräch am 16. Februar 1954, in: *FRUS 1952–1954*, Bd. 7, 1131–1133. Das Gespräch fand um 12 Uhr 30 statt, für 13 Uhr 30 war Molotovs Einladung für die Österreicher angesetzt.

Bündnis- und Stützpunktverbotes Österreichs – wenn nämlich die Sowjets zum Abzug aus Österreich bereit sein sollten. Kreisky sagte, die Neutralität wäre letzten Endes „ein Verhandlungsobjekt" („a bargaining point"), und fragte Dulles ausdrücklich, warum, wenn Molotov seine Forderung, Truppen in Österreich nach Abschluss des Staatsvertrages zu belassen, zurückziehe, im Gegenzug aber auf einer Neutralitätsverpflichtung im Vertrag bestehe, dies nicht akzeptiert werden sollte? Dulles antwortete, wenn unwahrscheinlicherweise ein solcher Punkt (im Gespräch zwischen Österreichern und Sowjets) erreicht würde, sollte Figl um eine Unterbrechung ersuchen, um – im Einklang mit seinen aus Wien erhaltenen Instruktionen – die drei Westmächte zu konsultieren. Dulles betonte (sogar zweimal) die amerikanische Bereitschaft, Österreichs (militärische) Neutralität zu akzeptieren. Kreisky meinte – offensichtlich auf Dulles' Hinweis auf die Schweiz vom 13. Februar anspielend – die Schweiz sei „neutraler als Österreich es sein möchte, da Österreich den UN, dem Europarat und anderen derartigen Organisationen beitreten möchte". Dulles – trotz seiner grundsätzlichen Zustimmung zu einer freiwillig erklärten Neutralität Österreichs – wies auf die „Gefahren und Nachteile" hin, die Österreich durch seinen Verbleib außerhalb kollektiver Sicherheitsarrangements erwachsen könnten; Österreich könnte zur Invasionsroute in den Süden [d.h. Jugoslawien oder Italien, G.S.] werden, mit Belgien im Jahr 1914 vergleichbar. Mehrfach beschwor Dulles die Gefahr eines militärischen Vakuums in Österreich; er malte sogar die Gefahr an die Wand, dass sowjetische Militärkräfte verkleidet als Techniker für die (nach damaligen Staatsvertragsplänen noch drei Jahrzehnte in sowjetischen Händen befindlichen) Erdölfelder nach Österreich zurückkehren könnten. Kreisky sagte, nur namens seiner eigenen Partei sprechend, er betrachte die „Neutralitätserklärung bloß als ein Mittel, um den Vertrag zu bekommen", und er drückte den Wunsch aus, „die Sicherheit der NATO zu haben, wenn dies möglich wäre" – er glaube, dass dies nicht der Fall sei. Dulles betonte hierauf den Schutz, den die NATO unter der gegenwärtigen Besetzung Österreich gewähre, und fügte hinzu, ein Nachteil des neuen Sowjetvorschlages wäre der, dass die (nach Abschluss des Staatsvertrages) in Österreich verbleibenden kleineren Truppenkontingente keine Wirkung im Falle eines sowjetischen Angriffes erzielen könnten.

Einige Tage zuvor, bei seinem überhaupt ersten Treffen mit Molotov, hatte Figl versucht, den sowjetischen Außenminister mit der Behauptung milde zu stimmen, „niemand kennt Österreich besser als Hr. Minister Molotov", da sich dieser an der Vorbereitung der Moskauer Erklärung zu Österreich 1943 beteiligt hatte. Mehr als zehn Jahre später hoffte Figl nun, die Umsetzung des Hauptzieles der Erklärung mitzuerleben, nämlich die Wiederherstellung Österreichs als unabhängigen Staat. Das Kompliment und die folgende kluge Anspielung brachten allerdings nicht die gewünschten Resultate; nach einigen höflichen, wenn auch steifen Anmerkungen ging Molotov zu dem beharrlichen Versuch über, die Verantwortlichkeit für die Blockade des Staatsvertrages der österreichischen Regierung aufzuladen, welcher er vorhielt, den Kurzvertrag unterstützt zu haben. Obwohl diese Unterstützung bereits im Sommer 1953 zurückgezogen worden war, entgegnete Figl, die österreichische Regierung sei bereit, jeden Vertrag zu unterstützen, der dem Land die vollständige Souveränität bringen würde.[213]

Als Molotov Figl und Kreisky am 16. Februar zum Mittagessen empfing, gab es keine Freundlichkeiten, aber auch keine Vorwürfe, obwohl Figl von der ersten Minute an deutlich machte, dass die Österreicher bereit seien, den Staatsvertrag zu unterzeichnen, nicht aber die Zusatzartikel, die von sowjetischer Seite vorgeschlagen worden waren. Es sei nicht möglich, „dem österreichischen Volk vorzuschlagen, alle wirtschaftlichen Lasten auf sich zu nehmen, die der gegenwärtige Entwurf vorsieht, gleichzeitig aber aufzugeben, was wir als Grundprinzip der Unabhängigkeit erachten – den Abzug der fremden Besatzungstruppen." Molotov versuchte auf sachliche Art, die Österreicher zu einer Neubewertung der Vorteile des „Berliner Paketes" zu bewegen: Er fragte, ob der Vertrag mit den von den Sowjets vorgeschlagenen Artikeln die Situation Österreichs „verschlechtere oder verbessere" und behauptete, das Angebot erfülle die österreichischen Wünsche vielleicht nicht zu 100%, was derzeit unmöglich sei, aber zu 80%. Als Antwort darauf machte Figl mehrere Versuche, dem sowjetischen Minister den „alten" Vertragsentwurf anzupreisen: Er wies auf den Widerspruch hin, dass die sowjetischen Forderungen eine österreichische Ablehnung fremder Basen inkludierten, aber auch die Tolerierung sowjetischer (und westlicher) Stützpunkte; er betonte, dass die Sowjetarmee sich nur 40 Kilometer ostwärts nach Ungarn zurückziehen müsse, während die US-Streitkräfte wesentlich weiter westwärts zu rücken hätten. Zur Unterstützung fiel auch Kreisky ein, der ausführte, wie der Abschluss eines Staatsvertrages das sowjetische Prestige unter den Europäern verbessern würde, wie dieser einen „entscheidenden Schlag" gegen die Schaffung einer EVG setzen könne und wie man dies als sowjetischen Sieg wahrnehmen würde. Die Vereinigten Staaten, behauptete Kreisky, wären der Verlierer; aber auch Österreich würde wirtschaftliche Verluste einfahren (z.B. durch den Verlust der US-Soldaten, die 25 Millionen Dollar jährlich in Österreich ausgaben). Schließlich beendete Molotov diese Versuche, sich gegenseitig von den Vorteilen des eigenen Vorschlages zu überzeugen, und er wies Figls Bitte, den Staatsvertrag ohne Änderungen zu unterzeichnen, als „inakzeptabel" zurück. Er drückte jedoch seine Hoffnung aus, dass eine Einigung möglich wäre.[214]

---

213 „Iz dnevnika V.M. Molotova: Priëm ministra inostrannych del Avstrii Figlja", 11. Februar 1954, AVPRF, f. 06, op. 13a, p. 25, d. 7, ll. 26–29.

214 „Iz dnevnika V.M. Molotova: Zapis' besedy s ministrom inostrannych del Avstrii L. Figlem i stats-sekretarem Kreiskym na zavtrake", 16. Februar 1954, AVPRF, f. 06, op. 13a, p. 25, d. 7, ll. 33–40.

Die letzten drei Tage der Österreich-Beratungen in Berlin brachten keinen Durchbruch; er wurde auch von niemandem mehr erwartet. Zwei am letzten Konferenztag, dem 18. Februar, von Figl vorgetragene österreichische Kompromissvorschläge hatten keine Chance mehr; sie sollten für die Öffentlichkeit – aber auch gegenüber den Sowjets und der kommunistischen Propaganda zu Hause – Kompromissbereitschaft bis zum letzten Augenblick dokumentieren. Erstens machte Figl den Vorschlag, die neunzigtägige Räumungsfrist des Vertragsentwurfes bis spätestens 30. Juni 1955, also etwa 16 Monate nach der Berliner Konferenz, zu verlängern. Intern, im Rahmen der aus Wien erhaltenen Instruktionen und nach Rücksprache mit den Westalliierten, waren die Österreicher bereit, im äußersten Notfall sogar bis zum 31. Dezember 1955 zu gehen. Die Nennung eines konkreten Datums war in der Tat im österreichischen Interesse, da sie die Koppelung des Truppenabzuges an zeitlich „hinauszögerbare" Termine wie das Ende des Ratifikationsverfahrens oder gänzlich unabsehbare Termine wie den Abschluss des Friedensvertrages mit Deutschland zu durchschneiden versuchte. Figls zweiter Vorschlag betraf die Funktionsdauer der im Staatsvertragsentwurf vorgesehenen Kommission der Botschafter der vier Mächte für Fragen der Durchführung und Auslegung des Staatsvertrages; er schlug vor, die mit 18 Monaten vorgesehene Befristung der Funktionsdauer dieses Gremiums aufzuheben.[215]

In folgenden Fragen war Molotov noch knapp vor Konferenzende kompromissbereit. Das Maximum dessen, was Molotov am letzten Konferenztag in der für die Österreicher entscheidenden Frage des Truppenabzuges zugestehen wollte, war, darüber im Laufe des nächsten Jahres, 1955, erneut zu sprechen; also kein klares Abgehen von der Koppelung des Truppenabzuges aus Österreich mit dem Abschluss eines Friedensvertrages mit Deutschland. Molotov war auch bereit, von seinem Vorschlag einer vertraglichen Neutralisierung abzugehen, zog den Zusatzartikel 4-bis zurück und verlangte lediglich, dass eine einseitige Erklärung Österreichs als Anhang in den Staatsvertrag aufgenommen werden sollte. Dies wurde allerdings von Eden abgelehnt, der meinte, die Österreicher hätten ja schon eine Erklärung abgegeben, „die genügen sollte"; von der Idee eines Anhanges zum Staatsvertrag wollten die Briten nichts wissen. Diese Ablehnung entsprach übrigens den von den

Der österreichische Bericht merkte an, dass das Essen „in freundlicher Stimmung" verlief, und dass es eine „äußerst freimütige Darlegung unserer Standpunkte zum Staatsvertrag" gab. Molotov habe „vielfach Zeichen des Verständnisses für unsere Auffassungen gegeben. Er erklärte jedoch von seinem Standpunkt in Hinblick auf die deutsche Wiederaufrüstung nicht abgehen zu können." Telegramm Figls v. 16. Februar abends, AdR, BMAA, II-Pol, Zl. 141.695-Pol/54.

215 Vgl. *FRUS 1952–54*, Bd. 7, 1138f, 1168f; TNAUK, FO 371/109360/CA1071/163; Unterlagen der österreichischen Delegation in Berlin in: AdR, BMAA, II-Pol, K. 302.

Westmächten noch gegen Ende 1953 in Paris erarbeiteten Überlegungen für den Fall eines sowjetischen Neutralisierungsvorschlages.[216] Molotov präsentierte eine modifizierte Version seines Vorschlages zum verzögerten Truppenabzug aus Österreich; diese enthielt nicht mehr den Vorschlag, die alliierten Truppen aus Wien abzuziehen, sondern es war nur mehr die Rede davon, dass den vier Mächten das Recht eingeräumt werde, „den Abzug ihrer Truppen vom Territorium der entsprechenden Zonen Österreichs vorübergehend aufzuschieben".[217] Molotov schlug auch vor, die Konferenz möge empfehlen, die Bemühungen um einen Abschluss des Staatsvertrages auf diplomatischem Wege in Wien unter Beteiligung der österreichischen Regierung fortzusetzen. Dies rief den Widerstand Dulles' hervor, der der früheren österreichischen Position treu blieb, eine Wiederaufnahme der Verhandlungen auf diplomatischem Wege in Wien wäre erst in dem Augenblick zulässig, wenn die Sowjetunion ein Datum für den Truppenabzug aus Österreich nennen würde; dies war aber Molotov nicht bereit zu tun.[218] Entgegenkommen hatte Molotov schon zu Beginn der Österreich-Beratungen gezeigt, als er zugestimmt hatte, dass die 1949 vereinbarte Ablösesumme von 150 Millionen Dollar in Warenlieferungen anstatt in frei konvertierbarer Währung von Österreich an die Sowjetunion gezahlt werden sollte.[219]

Das Junktim, das Molotov zwischen dem Verbleib von Truppen in Österreich und dem Abschluss eines deutschen Friedensvertrages herstellte, war seinen eigenen Worten zufolge eng mit dem Projekt der Europäischen Verteidigungsgemeinschaft verbunden, das die Sowjetunion heftig bekämpfte. Molotov wusste wohl, dass der Verbleib von Truppen in Österreich bei Abschluss eines Vertrages einen bitteren – vom österreichischen Standpunkt unannehmbaren – Kompromiss bedeuten würde. „Kennen Sie Ibsens ‚Brand'?" befragte Molotov Figl einmal; Figl parierte geschickt mit der Gegenfrage: „Warum?" Ibsens „Brand", meinte Molotov, sei, unfähig zum Kompromiss, an der Alternative „alles oder nichts" gescheitert.[220]

216 Eden hatte gelegentlich Zweifel geäußert, ob man einen derartigen sowjetischen Wunsch ablehnen könnte, falls die Österreicher damit einverstanden wären. Handschriftliche Marginalie Edens auf einem britischen Positionspapier vom 7. Februar 1954 mit dem Text der Pariser Ausarbeitung der drei Westmächte zur Frage der Neutralisierung Österreichs. TNAUK, FO 371/109361/CA1071/178.

217 Dieser Vorschlag ausführlich zitiert und kommentiert in einem Memorandum Kreiskys (April 1954) in: SBKA, VII/Bestand Staatssekretär.

218 Vgl. amerikanischer Bericht über die letzte Sitzung der Konferenz am 18. Februar 1954. *FRUS 1952–1954*, Bd. 7, 1168f. Ausführlicher der britische Bericht in: TNAUK, FO 371/109360/CA1071/163.

219 Zu diesem Punkt vgl. 18. Sitzung am 12. Februar, *FRUS 1952–1954*, Bd. 7, 1064.

220 Molotovs „Ibsen"-Frage mitgeteilt von Bruno Kreisky, der an dieser Konversation teilnahm, in einem Seminar des Historischen Instituts der Universität Wien am 27. Jänner 1971; auch Kreisky, *Zwischen den Zeiten*, 462, wonach sich dieses Gespräch in einer Sitzungspause abgespielt habe. Im Londoner Foreign Office wurde kolportiert, Molotov habe Ibsens „Baumeister Solneß" angespro-

Aus späteren Gesprächen mit Chruščëv hat Bruno Kreisky berichtet, dass während der Berliner Konferenz sowjetischerseits der Wille zum Abschluss des Staatsvertrages bestanden habe; Molotov sei damals der Meinung gewesen, man könne zum Abschluss dieses Vertrages auch ohne Preisgabe sowjetischer militärischer Positionen gelangen. Als sich gezeigt habe, dass Österreich nicht bereit war, einen solchen Vertrag zu akzeptieren, habe man in Moskau die Frage neuerdings zu prüfen begonnen – dieser letzte Hinweis deutet schon in Richtung der im nächsten Kapitel zu berichtenden Moskauer Initiative vom Februar 1955.[221]

6. Auf der Suche nach Lösungen: Von Berlin zum „Mendès-France-Plan", März–Dezember 1954

Die Enttäuschung der nach Wien zurückgekehrten Österreicher war groß.[222] Gewiss richtete sich die Erbitterung und Verärgerung in erster Linie gegen Molotovs Forderung des Verbleibes von Truppen in Österreich auch nach Abschluss eines Staatsvertrages. Doch im Ministerrat und in einer Rede vor Parteivertretern der SPÖ bedauerte Kreisky sehr, dass Dulles den Vorschlag Molotovs auf Fortsetzung der Bemühungen um den Staatsvertrag auf diplomatischer Ebene in Wien blockiert habe.[223]

chen. Siehe Rauchensteiner, *Sonderfall*, 400, Anm. 17. Die Alternative „Alles oder nichts" entspricht allerdings dem Drama „Brand". Baumeister Solneß geht zugrunde, weil er „das Unmögliche" tut.

221 Das Junktim zwischen EVG und Weiterstationierung von Truppen in Österreich wurde von Molotov in der Sitzung vom 16. Februar sowie auch in seiner öffentlichen Erklärung über die Berliner Konferenz am 5. März 1954 betont: brit. Bericht über die Sitzung v. 16. Februar, TNAUK, FO 371/109359/CA1071/114. Zur Erklärung v. 5. März *Österreichische Zeitung*, 6. März 1954, 3, sowie Brandweiner, *Staatsvertrag*, 31. Vgl. ferner AdR, BMAA, II-Pol, Bericht Vollgrubers aus Paris (16-Pol) v. 23. Februar 1954, Zl. 141.875-Pol/54. Zu Chruščëvs Äußerungen über die Berliner Konferenz siehe Bruno Kreisky, „Der Staatsvertrag und die österreichische Neutralität", in: *Die Zukunft* 9, 1965, 1–9, hier 5–6. Wiederabdruck in dem im Frühjahr 1975 erschienenen Buch Kreiskys, *Neutralität und Koexistenz*, München 1975; vgl. Observator (d.i. Bruno Kreisky), *Die Wahrheit über die Berliner Konferenz*, Wien [1954], 7–15; ferner Bruno Kreisky, *Die österreichische Neutralität*, nach einem vor der Zürcher Volkswirtschaftlichen Gesellschaft am 4. Mai 1960 gehaltenen Vortrag, Wien [1960], 5.

222 Hierzu zusammenfassender Bericht Figls im Ministerrat, AdR, MRProt Nr. 39, 23. Februar 1954, sowie im Nationalrat, Sten. Prot. NR, 7. GP., 33. Sitzg., 24. Februar 1954, 1353–1361; letzterer auch in *DÖA*, Nr. 145.

223 Im Ministerrat vom 23. Februar bemerkte Raab trocken, Molotov habe in Berlin den Vorschlag gemacht, „daß die hiesigen Hochkommissare weiter plätschern sollen". AdR, MRProt Nr. 39, 23. Februar 1954. Die (unkorrigierte) Mitschrift eines ausführlichen, auch atmosphärisch sehr lebendigen Berichtes Kreiskys über Berlin vor der SPÖ-Parteivertretung (undatiert) erliegt in: SBKA, VII/Bestand Staatssekretär. Etwa folgende Bemerkungen: „Ganz im Unterschied zur Literatur, dass er ein unbeweglicher grantiger Mensch ist, ist er ein unglaublich geschickter Mann, dem nur der Bidault bei der Diskussion gewachsen war". Zur Wandlung der sowjetischen Politik: „Die Russen sind aus

Wenig später verfasste Kreisky ein Memorandum,[224] worin er den Abschluss eines „Sonderabkommens" mit den vier Mächten vorschlug, ohne Verzicht auf den Staatsvertrag, aber doch zur rascheren Regelung wichtiger Materien, wie der Herstellung der Grenzhoheit, Aufnahme Österreichs in die UNO, Gewährung der Lufthoheit und auch Rückgabe der USIA-Betriebe. Kreiskys Begründung für den letztgenannten Punkt lässt aufhorchen:

> Eine rasche Lösung des USIA-Problems scheint mir deshalb dringend notwendig, weil in den letzten neun Jahren zwar die politische Teilung des Landes, aber nicht seine ökonomische Zweiteilung (Armut in Ostösterreich und der relative Wohlstand in Westösterreich) vermindert [richtig wohl: verhindert] werden konnte. Eine Fortdauer dieses Zustandes scheint mir auf die Dauer für den Bestand des Landes und die Politik der Partei sehr gefährlich zu sein.

Das Scheitern der Staatsvertragsverhandlungen in Berlin führte zunächst zu einer Verhärtung der sowjetischen Haltung gegenüber Österreich und damit zu einer deutlichen Stimmungsverschlechterung. Am 25. Februar zogen Puškin und Gribanov in einem Memorandum an Molotov ihre Schlüsse aus der gescheiterten Berliner Konferenz. Sie erwarteten, die Reaktion der österreichischen Regierung würde sein, „eine praktische Beseitigung des Besatzungsregimes anzustreben und einem Abschluss des Staatsvertrages auf Basis der sowjetischen Vorschläge zuzustimmen".[225] Als Antwort auf diesen erwarteten Kurs empfahlen sie eine harte Linie, d.h. weder den Österreichern irgendwelche Zugeständnisse zu machen, noch die sowjetische Kontrolle zu lockern oder den österreichischen Ansuchen um eine sowjetische Rückgabe des Deutschen Eigentums vor dem vereinbarten Zeitpunkt nachzugeben. Ganz im Gegenteil sollte die sowjetische Obrigkeit in Österreich eher versuchen, die Widersprüche zwischen den Österreichern zu vertiefen und jenen den Rücken zu stärken, die sich für die Annahme der sowjetischen Staatsvertragsvorschläge aussprachen. Um diese Vorschläge (inklusive der verlängerten Stationierung sowjetischer und westlicher Truppen in Österreich) attraktiver zu machen,

---

einer aggressiven Phase ihrer Politik in eine Politik des status quo gekommen. Also in eine Politik des ‚containment' mit umgekehrten Vorzeichen. Und das ist unser eigentliches Unglück, weil wir gerade an einer solchen Schnittstelle liegen, die niemand und vor allem die Russen nicht preisgeben wollen."

224 Memorandum ohne Titel, von fremder Handschrift datiert mit 3. April 1954. SBKA, VII/Bestand Staatssekretär.

225 Puškin, Gribanov–Molotovu, „Meroprijatija po Avstrii v svjazi s okončaniem Berlinskogo soveščanija", 25. Februar 1954, in: Vatlin et al., *SSSR i Avstrija*, 326.

sollten sowjetische Medien die Rolle der Roten Armee bei der Befreiung Österreichs betonen, während die westliche Politik dahingehend dargestellt (eher verzerrt) werden sollte, dass diese angeblich einen westdeutschen Militarismus und einen neuen Anschluss unterstütze. Das Ziel war dabei offensichtlich, die sowjetische Forderung nach Stationierungsrechten in Österreich auch nach dem Staatsvertragsabschluss zu rechtfertigen, indem man diese als Reaktion auf die westliche Politik und als Garantie für Österreichs Sicherheit präsentierte.

Neue von Molotov entworfene Instruktionen bestanden am 8. März darauf, dass die sowjetische Seite versuchen sollte, die Verantwortlichkeit für das Scheitern der Berliner Verhandlungen auf die Westmächte und die österreichische Regierung zu schieben. Die Direktiven an den sowjetischen Hochkommissar in Österreich sahen außerdem vor, „jeder Art von Maßnahmen, die zu einer Schwächung des Besatzungsregimes führen könnten, nicht zuzustimmen“ und alle österreichischen Anfragen bezüglich der Übertragung der USIA-Unternehmen unter österreichische Gerichtsbarkeit abzulehnen – um damit die Österreicher zu „bestrafen“ (auch wenn dieser Begriff nicht verwendet wurde). Bezüglich Raabs Vorschlages, die Verhandlungen fortzuführen, solle eine „harte Linie“ befolgt werden.[226] Zwei Monate später wurde der Hochkommissar angewiesen, 1) Raab und Schärf vorzuladen und vor ihnen eine scharfe Stellungnahme zu verlesen, welche die gestiegene Anzahl antisowjetischer Kommentare in Österreich kritisierte; 2) österreichische Abgeordnete für antisowjetische Aktivitäten zur Rechenschaft zu ziehen, sie zu veranlassen, antisowjetische Aussagen zu unterdrücken und sie – falls nötig – in der Sowjetzone ihrer Ämter zu entheben; 3) die sowjetische Kontrolle in der Zone wiederherzustellen; 4) die „politische Arbeit“ und Unterstützung für die KPÖ zu intensivieren; und 5) die Kommunisten dahingehend anzuweisen, dass sie ihre Propaganda auf die Gefahr eines „neuen Anschlusses“ fokussieren sollten.[227]

In der Tat wurden die westdeutsche Wiederbewaffnung und die Gefahr eines Anschlusses mit der Eingliederung Westösterreichs in das Verteidigungssystem der NATO neuerlich bevorzugte Themen der sowjetischen wie auch der österreichischen kommunistischen Publizistik, die sogar plötzlich, auf höheres Geheiß aus Moskau, ihre jahrelange Kampagne für eine österreichische Neutralität plötzlich abbrach.[228] Die kommunistische Forderung nach Österreichs Neutralisierung war seit

226 Molotov v Prezidium CK KPSS, Postanovlenie CK KPSS, „O meroprijatijach v otnošenii Avstrii“, 8. März 1954, AVPRF, f. 06, op. 13, p. 12, d. 122, ll. 21–25.

227 Protokol Prezidiuma CK KPSS No. 63 P. VIII, „O meroprijatijach v otnošenii Avstrii“, 4. Mai 1954, RGANI, f. 3, op. 10, d. 79, ll. 16–24.

228 Fischer, *Ende einer Illusion*, 165f, 367–369. Manfred Mugrauer, „Die Politik der KPÖ in den Jahren 1945 bis 1955/56“, in: ders., Hrsg., *90 Jahre KPÖ*, Wien 2009, 49.

1950 das Herzstück der Staatsvertragspropaganda der KPÖ gewesen. Nach der Berliner Konferenz kritisierte jedoch die Außenpolitische Kommission der KPdSU in einem Brief an Molotov, dass die KPÖ „die Bedeutung der Neutralität übertreibe". Erstens sei die Neutralität nicht in der Lage, unter dem Kapitalismus eine positive Entwicklung zu garantieren. Zweitens wäre ein kleines bourgeoises Land wie Österreich kaum im Stande, in internationalen Angelegenheiten eine wahrhaft neutrale Position beizubehalten. Zu guter Letzt erschien es „fragwürdig, ob die kommunistische Partei als Initiator der Neutralität [zwischen dem Sowjet- und dem westlichen Block] agieren solle". Dies könnte die kommunistischen Agitatoren verwirren. Es wäre daher besser, wenn sich die KPÖ eindeutig mit dem sowjetischen Block assoziiere, und sich an Molotovs Forderung halte, Österreich solle keine Koalition und kein Militärbündnis eingehen. Gleichzeitig dürfe die KPÖ sehr wohl eine unabhängige Neutralitätsbewegung in Österreich unterstützen.[229]

Am 16. Parteitag der KPÖ Mitte Mai 1954 verkündete Johann Koplenig, dass angesichts einer wachsenden Bedrohung Österreichs die bisherige Forderung nach Neutralität nicht mehr genügen könne:

> Die Losung Neutralität entspricht nicht einer Situation, in der nur im Kampf gegen den deutschen Militarismus der Weg zur Unabhängigkeit freigelegt werden kann. Österreich kann nicht neutral sein gegenüber den Kräften, die seinen Todfeind, den deutschen Militarismus, großzüchten, auf der einen Seite, und gegenüber den Völkern, die den deutschen Militarismus bekämpfen, auf der anderen Seite.

Die KPÖ werde weiterhin mit allen Kräften zusammenarbeiten, welche „die einseitige Westorientierung der Regierung" ablehnten und ehrlich für die Neutralität Österreichs eintreten. Sie werde aber all jenen Regierungspolitikern entgegentreten, „die unter der Maske einer Schein-Neutralität erklären, daß sie weder proamerikanisch noch prorussisch sind, aber in Wirklichkeit Österreich den Befehlen der amerikanischen Imperialisten unterordnen und den Feinden der Unabhängigkeit Österreichs in die Hände arbeiten".[230]

229 „O provozglašenii Kompartiej politiki nejtraliteta Avstrii", [April 1954], RGASPI, f. 82, op. 2, d. 1121, ll. 121f. Die sowjetische Kritik wurde in einem Gespräch mit dem KPÖ-Ideologen Franz Marek wiederholt. 20. September 1954, RGANI, f. 5, op. 28, d. 220, ll. 185f. Text in: Mueller et al., *Sowjetische Politik/Sovetskaja politika,* 956–959. Marek bezeichnete dies in seinen Memoiren als „totale Irreführung am Vorabend des Staatsvertrages". Zit. n. Maximilian Graf u.a., *Franz Marek – ein europäischer Marxist,* Wien 2019, 140.

230 *Der 16. Parteitag der Kommunistischen Partei Österreichs, 13. bis 16. Mai 1954,* Wien o. J., 60f. Dass

Auch im Bereich des Besatzungsregimes gab es im späten Frühjahr 1954 wieder Reibungen zwischen Regierung und sowjetischer Besatzungsmacht.[231] Im Rückblick auf die Berliner Konferenz betonte man im Wiener Außenamt den auf militärische Bündnisse Bezug habenden Charakter der Berliner Erklärungen Figls. Die politische und vor allem die wirtschaftliche Lage Österreichs lasse einen Verzicht auf Mitarbeit und Mitgliedschaft in den Organisationen, die ein vereintes Europa anstreben, unter keinen Umständen zu.[232] Eine Differenzierung zwischen Bündnislosigkeit und „Neutralität" tritt stärker hervor, als dies vor der Berliner Konferenz der Fall gewesen war. Von nun an bis zum entscheidenden Durchbruch im April 1955 wird hier eine Linie sichtbar, die dem Ballhausplatz und der Führung der SPÖ gemeinsam war: Festlegung auf die taxative Aufzählung zweier Verpflichtungen im militärischen Bereich: Bündnislosigkeit und keine ausländischen Militärbasen im Lande, jedoch Vermeidung des Globalbegriffes der Neutralität. Außenminister Gruber hatte im April 1952 und auch im Oktober 1953 ausdrücklich von der völkerrechtlichen Neutralität Österreichs gesprochen; Außenminister Figl merkte einmal an, dass man insbesondere seit der Berliner Konferenz das Wort Neutralität vermieden habe.[233] Obwohl es Ausnahmen gab, hüllte sich auch Bundeskanzler Raab, zumindest in der Öffentlichkeit, in Schweigen über die Neutralität. 1953 war, wenn man so sagen darf, ein stärkeres „Neutralitäts"-Jahr gewesen als 1954.

In der sowjetischen Haltung zur österreichischen Frage lassen sich in den Monaten nach der Berliner Konferenz rauere und freundlichere Abschnitte feststellen. Im Frühjahr, zumal im Mai und Juni, hatten polemischere Töne die Oberhand. Ab Juli und noch deutlicher ab Ende August gab es freundlichere Gesten und Äußerungen. Am 8. Juli 1954 teilten die Sowjets ihre Bereitschaft zur Übergabe der Westautobahntrasse an Österreich mit. Genau genommen handelte es sich, ebenso wie bei

auch die parteioffizielle theoretische Zeitschrift der KPÖ im Rückblick die Schwenkung vom Frühjahr 1954 bedauerte, zeigt sich bei: Walter Truger, „Der Weg zur Neutralität", in: *Weg und Ziel* 23, 1965, 243–256.

231 Vgl. Erklärung des Bundeskanzlers Raab vor dem Nationalrat am 19. Mai 1954, Sten. Prot. NR, 7. GP., 39. Sitzg., 1624ff. Ein Erinnerungsvermerk über die zwei Tage vorher (17. Mai 1954) stattgefundene Besprechung zwischen Raab und Schärf einerseits sowie dem Hochkommissar Il'ičëv und anderen Repräsentanten der Besatzungsmacht im Hotel Imperial, wobei Il'ičëv gegen die sowjetfeindliche Haltung der Parteien und ihrer Presse nach der Berliner Konferenz protestierte, in: VGAB, Nachlass Schärf, 4/220.

232 AdR, BMAA, II-Pol, Runderlass über die Auswirkungen der Berliner Konferenz, Zl. 142.241-Pol/54. Bei Gesprächen im State Department am 12. März musste sich Gruber gegen Anregungen zu Wehr setzen, nunmehr „den alten Staatsvertragsentwurf ein für allemal außer Kraft zu setzen". Beilage über die Staatsvertragspolitik in einem Brief Grubers an Raab, 15. März 1954, Julius Raab-Archiv, Wien, 116/i.

233 Figl in einer Besprechung am 2. April 1955, *ÖuG*, Nr. 115, Zl. 321.310-Pol/55.

der Freigabe des Kraftwerkbaues Ybbs-Persenbeug im Jahr zuvor, um eine Vorwegnahme der im Staatsvertragsentwurf vorgesehenen Rückgabe früheren Deutschen Eigentums *gegen Entgelt* an Österreich. Die Aktiva der Autobahntrasse Wien-Salzburg, soweit sie sich in der sowjetischen Zone befanden, wurden gegen Entgelt übertragen. Das Entgelt war in der Pauschalsumme (von 150 Millionen Dollar) enthalten, deren Zahlung nach Abschluss des Staatsvertrages an die Sowjetunion im Staatsvertragsentwurf (Art. 35) vorgesehen war.[234] Am 13. Juli übergab General Viktor Kraskevič, der sowjetische Stellvertretende Hochkommissar, Raab eine offizielle Einladung an die Bundesregierung zum Besuch der Landwirtschaftsausstellung in Moskau. Die SPÖ war nicht bereit, ein ihrer Partei angehörendes Regierungsmitglied in die Sowjetunion zu entsenden, so dass der Landwirtschaftsminister Franz Thoma (ÖVP) als erstes Mitglied der Bundesregierung – wenn man von der Fahrt der Minister Gruber und Krauland zu den Staatsvertragsverhandlungen im April 1947 absieht – nach Moskau reiste. Nach der Rückkehr Thomas und des diesen begleitenden oberösterreichischen Landesrates Johann Blöchl aus Moskau notierte Raab in seinem Tagebuch: „Sie bestätigen die Richtigkeit meiner Politik.“[235]

Als Kreisky im Juni 1954 bei sowjetischen Diplomaten zu sondieren versuchte, ob die UdSSR bereit wäre, die sowjetischen Unternehmen schon vor Unterzeichnung des Staatsvertrages zu verkaufen, wurde der sowjetische Hochkommissar auf ähnliche Weise angewiesen, auf ein offizielles Angebot bilateraler Verhandlungen positiv zu reagieren.[236] Dies betraf allerdings nur die USIA-Unternehmen, nicht die sowjetisch geführte Ölgesellschaft oder die DDSG. Ein früherer österreichischer Versuch hatte 1953 die sowjetische Obrigkeit auf den heruntergekommenen Zustand der USIA-Unternehmen aufmerksam gemacht, weshalb beschlossen wurde, zunächst einige davon zu schließen und die anderen mittels gesteigerter Investitionen aufzuwerten.[237] Schlussendlich gelang es jedoch der KPÖ, das Präsidium der KPdSU

---

234 Hierzu: AdR, MRProt Nr. 59 v. 7. September 1954, Beilage 59/11 (= BKA, Zl. 73.109-2a/54).

235 StAS, PT, Eintragungen zum 13., 14., 21., 31. Juli und 4. August 1953; zwischen den Eintragungen vom 14. und 21. Juli fehlt ein Blatt. Bericht des Bundesministers Thoma über seine Reise nach Moskau vom 31. Juli bis 4. August 1954 an den Ministerrat, in: AdR, MRProt Nr. 59 v. 7. September 1954, Beilage 59/27 (= Bundesministerium f. Land- u. Forstwirtschaft, Zl. 4598-Pr/54 v. 30. August 1954). Vgl. Johann Blöchl, *Meine Lebenserinnerungen,* Linz o. J., 216–221, dort allerdings unrichtige Datenangaben zur Moskau-Reise. Übrigens waren Delegationen aus einer Reihe nichtkommunistischer bzw. westlicher Länder bei der Moskauer Ausstellung vertreten, u.a. aus Kanada, Norwegen, Schweden, Finnland und Israel.

236 Postanovlenie Prezidiuma CK KPSS, „O prodaže predprijatij USIA“, Prot. 76 P. 21, 6. August 1954, RGANI, f. 3, op. 10, d. 92, ll. 152; 160.

237 Michail Prozumenščikov, „Nach Stalins Tod: Sowjetische Österreich-Politik 1953–1955“, in: Karner/Stelzl-Marx, Hrsg., *Die Rote Armee in Österreich,* 739f. 1946–1952 hatten sich die sowjetischen Investitionen nur auf 34 Millionen Rubel belaufen, für 1953–1954 waren Investitionen von 40 Millionen

(Politbüro) davon zu überzeugen, nicht in Verhandlungen über den Verkauf der USIA einzutreten.[238]

Am 12. August 1954 lehnte die Sowjetunion den am 22. Juli von den Österreichern unterbreiteten Vorschlag ab, in Wien ein „Fünferkomitee" für Gespräche betreffs einer Erleichterung der Lage in Österreich zu bilden, bestehend aus den Botschaftern der vier Mächte und einem österreichischen Vertreter.[239] Während die Westmächte die österreichische Einladung angenommen hatten, wurden von den Sowjets stattdessen Gespräche über die unerledigt gebliebenen Fragen des Staatsvertrages angeboten.[240]

Die Absicht der sowjetischen Seite war, diese Gespräche zu nutzen, um den Westmächten und Österreich erneut ihre Berliner Vorschläge aufzudrücken, insbesondere (a) den Verbleib der Vier-Mächte-Truppen in Österreich nach Vertragsabschluss bis zur Unterzeichnung eines Friedensvertrages mit Deutschland, und (b) die Ergänzung des Vertrages um einen Artikel betreffend Österreichs Neutralisierung. Während Gribanov, der Stellvertretende Leiter der Dritten Europäischen Abteilung, die erste Forderung als nicht verhandelbar charakterisierte, so wurde anstelle der zweiten auch eine dem Berliner Vorschlag Molotovs gemäß formulierte und dem Staatsvertrag beigefügte österreichische Erklärung als ähnlich akzeptabel erachtet.[241] Sollten die anderen Mächte diese sowjetischen Vorschläge annehmen, so könnten die Verhandlungen bis zur Finalisierung des Vertrages fortgesetzt werden. Der sowjetische Botschafter müsse jedoch bei allen Artikeln auf der sowjetischen Position bestehen. Gribanov erwartete nicht, dass die Gespräche alle Unterschiede ausräumen würden. In diesem Fall sollten die Botschafter Berichte an ihre jeweiligen Regierungen schicken und eine Fortsetzung der Bemühungen um einen Vertragsabschluss empfehlen.

Rubel vorgesehen. Mikojan–CK KPSS, 17. Mai 1954, RGANI, f. 3, op. 8, d. 110, ll. 98–103; Postanovlenie Prezidiuma CK KPSS, „Voprosy Avstrii", Prot. 65 P. xiv, 20. Mai 1954, „Zapiska predstavitelej sovetskich ministerstv", 17. Mai 1954, in: RGANI, f. 3, op. 10, d. 81, ll. 71f.

238 Suslov–CK KPSS, 14. April 1954, in: RGANI, f. 3, op. 8, d. 128, ll. 167f. Postanovlenie CK KPSS, Protokol 103 P. xxix OP. zasedanija prezidiuma, 19. Jänner 1955, RGANI, f. 3, op. 10, d. 123, ll. 102f.

239 Zur eher mühsamen Entwicklung der österreichischen Pläne im Gespräch mit den Westmächten, beginnend am 24. März 1954 in einer Besprechung zwischen Raab, Schärf, Figl, Kreisky und den drei westlichen Stellvertretenden Hochkommissaren, vgl. AdR, BMAA, II-Pol, Zl. 142.556-Pol/54 sowie TNAUK, FO 371/109361/CA1071/209, 214 und 224.

240 Österr. Note v. 22. Juli 1954, AdR, BMAA, Zl. 145.249-Pol/54, sowjetische Antwortnote v. 12. August 1954 bei Zl. 145.773-Pol/54; beide Noten abgedruckt in: *DÖA*, Nr. 147 u. Nr. 149. Zur sowjetischen Antwort siehe Protokol No. 76 zasedanija Prezidiuma Central'nogo komiteta KPSS, P. 1 „O proekte noty Pravitel'stvu Avstrii", 7. August 1954, RGANI, f. 3, op. 10, d. 92, l. 1, und op. 8, d. 113, ll. 14–19; vgl. Bericht Wallingers aus Wien nach London, vom 14. August 1954, TNAUK, FO 371/112998/WR1071/8.

241 Gribanov, 22. Oktober 1954, in: Vatlin u.a., *SSSR i Avstrija*, 332–338.

Die Westmächte hatten in der Zwischenzeit in einer Note vom 10. September 1954 ihre Forderungen nach freien Wahlen in allen Teilen Deutschlands und nach einem sofortigen Abschluss des Staatsvertrages mit Österreich wiederholt.[242] Sie kehrten zu ihrem Berliner Angebot zurück und bestätigten ihre Bereitschaft, alle noch offenen Artikel des Österreich-Vertrages in der sowjetischen Formulierung zu akzeptieren. Nachdem in zwei sowjetischen Noten vom 23. Oktober und 13. November Einladungen an die Westmächte zu einer Vier-Mächte- und einer paneuropäischen Konferenz ergangen waren, schlug der Westen am 29. November den folgenden Plan vor:

1. Eine Einigung bezüglich der Unterzeichnung des Österreich-Vertrages erreichen;
2. Klarheit über die sowjetische Haltung bezüglich freier Wahlen in Deutschland (als einen ersten Schritt zur Wiedervereinigung (der „Eden"-Plan)) erhalten;
3. Einen Meinungsaustausch über diplomatische Kanäle betreffend auf der Vier-Mächte-Konferenz zu besprechende Sicherheitsfragen organisieren;
4. Eine Vier-Mächte-Konferenz abhalten, sobald die Aussichten es zuließen und die Pariser Verträge ratifiziert wären;
5. Eine Konferenz aller europäischen und an europäischer Sicherheit interessierten Staaten einberufen.[243]

Im September und Oktober machten auch sowjetische Diplomaten deutlich, dass nach dem Fehlschlag der Berliner Konferenz ein neuer Start gesucht wurde. Das Beispiel Finnland wurde positiv erwähnt, doch konkrete Vorschläge oder Angebote sollten von den Österreichern kommen, wie der sowjetische Botschaftsrat Timoščenko Schöner in einem Gespräch am 21. September 1954 mitteilte.[244] Drei Wochen später, am 13. Oktober, wurde der Legationssekretär Heinz Gleissner vom sowjetischen Presseattaché Viktor N. Beleckij und einem weiteren sowjetischen Diplomaten zu einem Abendessen auf dem Kahlenberg eingeladen, das in der Eden-Bar fortgesetzt wurde. In seinem Bericht interpretierte Gleissner die sowjetische Position folgendermaßen: „Die Aufrüstung Westdeutschlands macht zwar eine Garantie der österreichischen Neutralität um so notwendiger, jedoch ist die Lösung der

242 *AdG*, 1954, 04724.

243 *AdG*, 1954, 04873.

244 AdR, BMAA, II-Pol, Zl. 146.558-Pol/54 (Gespräch Timoščenko/Schöner); weitere Gespräche österreichischer und sowjetischer Diplomaten in Wien unter Zl. 146.563-Pol/54, 146.601-Pol/54, Zl. 147.760-Pol/54.

deutschen Frage keine Voraussetzung der österreichischen."[245] Die Europäische Verteidigungsgemeinschaft (EVG), offen deklarierter Hauptgrund des Junktims Österreich/Deutschland auf der Berliner Konferenz, war Ende August in Frankreich, im Lande ihres Ursprunges, endgültig gescheitert.

Nach dem Ende der EVG reagierten die Westmächte erstaunlich rasch; schon gegen Ende Oktober 1954 wurden die Pariser Verträge unterzeichnet, womit Westdeutschlands Beitritt zur NATO festgeschrieben wurde. Ende September befasste sich eine Besprechung zwischen Raab, Figl, Helmer und Kreisky mit der österreichischen Reaktion auf den sowjetischen Vorschlag vom 12. August hinsichtlich diplomatischer Gespräche. Raab und Figl erklärten, dass eine Beantwortung der sowjetischen Note „nun doch erfolgen müsse und daß es für uns sehr schwer sein werde, Verhandlungen über den Staatsvertrag abzulehnen"; die Antwort müsse daher positiv gehalten sein.[246] Kreisky meinte, dass es folgende Alternativen für eine Antwort auf Molotovs Berliner Vorschlag gebe: Die Bundesregierung könne erklären, dass sie für Fünferverhandlungen in Wien sei, ohne die Frage der Räumung zu erwähnen. Diese Antwort würde „uns in klaren Gegensatz zu den Westmächten, in erster Linie zu den Amerikanern" bringen, da diese das österreichische Beharren auf einem Rückzug der ausländischen Truppen unterstützt hatten. Oder die Regierung lehne Verhandlungen so lange ab, „als die Sowjetunion nicht bereit sei, vorher ein Datum für den Abzug ihrer Truppen aus Österreich zu nennen". Diese Antwort würde sich zu hundert Prozent mit der früheren österreichischen Position und der Haltung Dulles' decken, erschien Kreisky aber aus innenpolitischen Gründen bedenklich; als Mittelweg schlug Kreisky vor, dass die Bundesregierung die Fortsetzung der Verhandlungen begrüße, sie aber nur bei Aussicht auf Erfolg für sinnvoll halte, worunter nur die „Evakuierung Österreichs von fremden Truppen" zu verstehen sei.

In einem weiteren Treffen am 7. Oktober wurde ein Entwurf der Antwortnote an die Sowjetunion vorgelegt, der nichts über die Räumung Österreichs enthielt; er war nach Ansicht Kreiskys von Raab inspiriert; die sozialdemokratischen Gesprächspartner erhoben Einspruch, und schließlich wurde nach Rücksprache mit den Westalliierten die Endredaktion der Antwortnote an die Sowjetunion vorge-

---

245 Ebd., Zl. 147.761-Pol/54 (Gespräch Beleckij, Gorinovič und Gleissner), Amtsvermerk Gleissner, abgedruckt in: *ÖuG*, Nr. 98; die vom Herausgeber angegebene Datierung 17. November 1954 bezieht sich auf die Paraphe des Gesandten Schöner; auch Rauchensteiner, *Sonderfall*. 328, spricht irrigerweise von einer Unterredung im November 1954; im NÖLA, Nachlass Figl, K 13, befindet sich ein Exemplar von Gleissners Amtsvermerk mit der Zeitangabe 14. 10. 54, 16:30, die sich offensichtlich auf den Eingang im Kabinett des Außenministers bezieht – d.h. also bereits am ersten Tage nach dem Gespräch Gleissners mit den beiden sowjetischen Diplomaten.

246 Hierzu und zum folgenden Gedächtnisnotiz Kreiskys, mit Begleitbrief vom 20. Oktober 1954 an Schärf gesandt. VGAB, Nachlass Schärf, 4/245.

nommen. In der am 12. Oktober überreichten Note sagte die Bundesregierung, dass die Einberufung einer Botschafterkonferenz „in erster Linie den vier Besatzungsmächten obliegen würde"; die Österreicher betonten, eine solche Konferenz böte nur dann Aussicht auf einen erfolgreichen Abschluss, wenn die vier Großmächte den österreichischen Standpunkt berücksichtigten, „daß der Abschluß des Staatsvertrages und die Räumung Österreichs von den Besatzungstruppen in direktem und unlöslichem Zusammenhang stehen".[247]

Botschafter Bischoff in Moskau wurde übrigens beauftragt, wenn auch nur in persönlicher und unverbindlicher Form zweiseitige Besprechungen über die mögliche Befriedigung der sowjetischen Wünsche anzuregen.[248] Doch Bischoff konnte die von ihm erhofften Besprechungen nicht aufnehmen, im November und Dezember 1954 verschlechterte sich das diplomatische Klima deutlich.[249] Diese Verschlechterung war bedingt durch die sowjetische Antwort auf die Pariser Verträge, die am 23. Oktober von Westdeutschland und einer Reihe westlicher Staaten unterschrieben worden waren. Bald setzte sowjetisches Sperrfeuer gegen den rasch in Gang kommenden Prozess der Ratifizierung der Pariser Verträge ein; in Frankreich hatte das neue Vertragswerk in der Tat weitaus bessere Chancen als die EVG.

Kaum waren die Pariser Verträge unterschrieben, kam allerdings eine neue, Österreich betreffende diplomatische Initiative in Gang. Mit Beginn des Monats Oktober 1954 war ein neuer französischer Hochkommissar und Botschafter in Wien ernannt worden, Jean Chauvel. Chauvel, der übrigens als junger Diplomat den März 1938 in Wien erlebt hatte, zählte zur Spitzengarnitur der französischen Diplomatie, genoss das persönliche Vertrauen des damaligen Ministerpräsidenten und gleichzeitig Außenministers Pierre Mendès-France.[250] Chauvel stieß alsbald in Wien auf Gerüchte, dass es sowjetisch-österreichische Kontakte zum Thema der Befriedigung sowjetischer Wünsche nach Abschluss des Staatsvertrages in Form der Zulassung von Militärstützpunkten gegeben habe; unbeschadet von Dementis beider Regierungsparteien hatte Schärf den Franzosen zum Ausdruck gebracht, dass er Kontakte zwischen der Umgebung Raabs und den Sowjets zu diesem Thema annehme.[251] Jedenfalls zeigte sich, dass Molotovs

---

247 Text in: *DÖA*, Nr. 151; vgl. AdR, BMAA, II-Pol, Zl. 146.937-Pol/54.

248 Bischoff gibt einen Überblick in seinem Sammelbericht über die Haltung der Sowjetunion in der Frage des Staatsvertrages vom Juli 1949 bis Mai 1955, AdR, BMAA, II-Pol, Zl. 322.108-Pol/55.

249 Bischoff ortete in der Woche vom 7./15. November 1954 einen „brüsken Kurswechsel" und beklagte die „geschwundenen Chancen des Staatsvertrages auf absehbare Zeit". Bericht vom 14. Dezember 1954, AdR, BMAA, II-Pol, Zl. 148.670-Pol/54. Vgl. auch Rauchensteiner, *Sonderfall*, 329.

250 Vgl. Jean Chauvel, *Commentaire*, Bd. 1: *De Vienne à Alger (1938–1944)*, Paris 1971, und Bd. 3: *De Berne à Paris (1952–1962)*, Paris 1973.

251 Bericht Chauvel an Mendès-France, 19. Oktober 1954, in: *Documents diplomatiques français, 21 juillet–31 décembre 1954*, Paris 1987, Nr. 277.

Paukenschlag vom Februar 1954 in Berlin – den Vertragsabschluss von der Räumung Österreichs abzukoppeln – nachhaltige Wirkung bei den Österreichern erzeugt hatte.

In einem Gespräch mit dem französischen Stellvertretenden Hochkommissar Roger Lalouette am 25. Oktober entwickelte Bruno Kreisky einen Stufenplan zum Abzug der vier Mächte aus Österreich; dieser Plan bedeutete ein Abgehen von der im Staatsvertragsentwurf vorgesehenen Bestimmung, dass die Räumung Österreichs binnen 90 Tagen nach Inkrafttreten des Staatsvertrages zu erfolgen habe; allerdings ist zu bedenken, dass die Österreicher schon in Berlin der Sowjetunion entgegengekommen waren und eine Verlängerung der Räumungsfrist bis Ende Juni 1955 angeboten hatten. Kreisky war nun bereit, darüber hinauszugehen. Er entwickelte im Gespräch mit Lalouette und zwei Tage später in einem weiteren Gespräch mit Chauvel selbst folgende Ideen.[252] Der Staatsvertrag müsste einen ab Unterzeichnung des Staatsvertrages in Funktion tretenden „Abwicklungsplan" für den Rückzug der Besatzungstruppen enthalten. 90 Tage nach Inkrafttreten des Staatsvertrages – d.h. bei Ablauf der eigentlich vorgesehenen Räumungsfrist – sollte die Stärke der Besatzungstruppen 10.000 Mann (pro Besatzungsmacht) nicht überschreiten; nach weiteren 90 Tagen wäre diese Zahl auf die Hälfte, d.h. auf 5000 Mann zu reduzieren; nach Lalouettes Aufzeichnung sollte diese Zahl mit 1. Jänner 1956 erreicht sein; Kreisky erwog auch eine noch stärkere Reduzierung auf bloß 2500 Mann, wie er im zweiten Gespräch (mit Chauvel) mitteilte. Spätestens am 1. Jänner 1956 sollte die „Internationale Kontrollkommission", wie Kreisky sagte – gemeint war die Konferenz der vier Botschafter, deren gemäß dem Staatsvertragsentwurf mit 18 Monaten begrenzte Funktionsdauer verlängert werden würde –, einen endgültigen Entschluss über den Abzug der letzten Besatzungstruppen fassen; dieser sollte spätestens zum 1. Jänner 1957 abgeschlossen sein.[253] Kreisky teilte übrigens dem unmittelbar vor der Abreise nach Paris stehenden Chauvel mit, dass Schärf und Waldbrunner seine Stufenpläne gebilligt hätten, während Bruno Pittermann sich „eher lebhaft" gegen Konzessionen in Richtung von Molotovs Vorschlägen in Berlin ausgesprochen habe.

252 Für das Gespräch Kreisky/Lalouette liegen zwei Quellen vor: Kreiskys Gedächtnisnotiz, mit eigenhändigen Korrekturen, in: SBKA, VII/Staatssekretär, sowie Notiz Lalouettes „Entretien avec M. Kreisky, 25 Octobre 1954", in: AAF Wien, Traité d'État VI; für das Gespräch mit Chauvel am 27. Oktober frz. Notiz „Entretion avec M. Kreisky. 27 Octobre 1954", ebd.; ferner eine Notiz der französischen Seite sowie ein Bericht Chauvels nach Paris vom gleichen Tage, Nr. EU/423, ebd.

253 Gemäß Lalouettes Gesprächsnotiz vom 25. Oktober; in Kreiskys Gedächtnisnotiz ist das Datum der geplanten Beschlussfassung – „spätestens am 1.1.1956" – ausgestrichen und handschriftlich ersetzt durch (spätestens) „ein Jahr nach Inkrafttreten des St. Vertrages". In Paris wurde mit Datum 30. Oktober 1954 eine von Missverständnissen nicht freie Analyse des Kreisky-Stufenplanes angefertigt: „État actuel du problème autrichien", AD, série Europe 1944–1960, sous-série Autriche, vol. 287, fol. 256–261.

Der aus Österreich stammende Stufenplan wurde um die Monatswende Oktober/November 1954 dem französischen Ministerpräsidenten Mendès-France zur Kenntnis gebracht. Dieser hatte aus Motiven, die mit Österreich eher wenig, aber sehr viel mit seinem Bemühen, die Ratifikation der Pariser Verträge in der Nationalversammlung durchzubringen, zu tun hatten, Interesse, Signale des Entgegenkommens nach Moskau zu senden. Gerade als es um die Aufnahme der Bundesrepublik in die NATO ging, wollte Mendès-France die Sowjetunion beschwichtigen. Also gab es bald einen französischen Stufenplan zur Räumung Österreichs, den Mendès-France am 22. November in einer meisterhaften Rede vor der Generalversammlung der Vereinten Nationen in New York präsentierte.[254] Indem er eine Vier-Mächte-Konferenz vorschlug, die erst stattfinden sollte, nachdem (a) die Ratifizierung der Pariser Verträge abgeschlossen und (b) eine Einigung zwischen Ost und West bezüglich Österreichs auf diplomatischer Ebene erreicht worden war, kam Mendès-France nicht nur jenen zuvor, die Westdeutschlands NATO-Beitritt als das Ende aller Chancen für eine Détente ansahen, sondern auch jenen, die fürchteten, Ost-West-Verhandlungen könnten die westliche Wiederaufrüstung vereiteln. Außerdem kam er so einem potenziellen spektakulären Schachzug seitens der Sowjets in Richtung einer Einigung über Österreich mit dem Ziel, die Pariser Verträge aus der Bahn zu werfen, zuvor, während er selbst diplomatische Verhandlungen über diese Angelegenheit zu einer Bedingung für einen Ost-West-Gipfel machte.

254 Vgl. v.a. Georges-Henri Soutou, „Pierre Mendès-France et l'Union soviétique, 1954–1955", in: René Girault u.a., Hrsg., *Pierre Mendès-France et le rôle de la France dans le monde,* Grenoble 1991, 177–205, hier bes. 193–196 auch über die Rolle Chauvels; weiters auch René Girault, „La France dans les rapports est-ouest au temps de la présidence de Pierre Mendès-France", in: François Bédarida/Jean-Pierre Rioux, Hrsg., *Pierre Mendès-France et le Mendèsisme,* Paris 1985, 251–259, hier 258; Antonio Varsori, „Alle origini della prima distensione: la Francia di Pierre Mendès-France et la ripresa del dialogo con Mosca (1954–1955)", in: *Storia delle relazioni internazionali* 8, 1992, 63–97, bes. 77, 85–89. Wenngleich die französische Initiative nur Teil eines großen innen- und außenpolitischen Manövers war – der Sowjetunion und ihren Freunden in Frankreich wurde eine Vier-Mächte-Konferenz, natürlich nach Ratifikation der Pariser Verträge, in Aussicht gestellt –, wird doch im Konzept des neuen französischen Botschafters in Wien, Chauvel, eine interessante Komponente sichtbar: Chauvel sah eine gewisse Interessensgemeinschaft Frankreichs und der Sowjetunion in Österreich gegen die „Anschlussgefahr", zumindest gegen das Erstarken des deutschen Einflusses, und die dieses Erstarken gleichmütig bis positiv zur Kenntnis nehmende amerikanische Haltung als gegeben an. Hierzu ein aufschlussreicher Bericht Chauvels an Mendès-France vom 27. Oktober 1954, veröffentlicht in: *DDF, 1954,* Nr. 300. Für das Folgende, siehe Thomas Angerer, „Re-launching East-West Negotiations while Deciding West German Rearmament: France, the Paris Treaties, and the Austrian State Treaty, 1954/55", in: Suppan/Stourzh/Mueller, Hrsg., *Der österreichische Staatsvertrag 1955,* Wien 2005, 285–291 sowie ders., „Towards a New Anschluss? France and the German and Austrian Questions 1945–1955", in: Frédéric Bozo und Christian Wenkel, Hrsg., *France and the Geman Question, 1945–1955,* New York 2019, 248.

Am Tag zuvor hatte Mendès-France in einem improvisierten Zusammentreffen mit Raab in New York folgenden Vorschlag gemacht: Die Besatzungstruppen könnten vielleicht schrittweise in einem Zeitraum von 18 Monaten bis zwei Jahren nach Unterzeichnung des Staatsvertrages abgezogen werden. Dieser Plan hatte ursprünglich eine merkwürdige Verlängerungsklausel. Mendès-France schlug vor, dass die Besatzungsmächte jeweils im letzten Halbjahr der Räumungsperiode das Recht haben sollten, ihren Abzug einzustellen, wenn sie besorgt wären, dass ihre eigene Sicherheit oder die Unabhängigkeit Österreichs bedroht sei. Allerdings müsste in einem solchen Fall eine neue Frist von maximal einem Jahr für den endgültigen Abzug festgelegt werden.

Raab reagierte höflich, aber eher skeptisch; man wisse nicht, wie viele Truppen die Russen in Österreich hätten, die vorgeschlagene laufende Verminderung wäre kaum zu kontrollieren; Frankreich und Großbritannien wiederum hätten ja ihre Truppen schon auf ein Minimum reduziert. Auf die neuerliche Frage von Mendès-France, ob die Österreicher seinem Plan zustimmten, erklärte der ebenfalls anwesende Botschafter Gruber, man müsse diesbezüglich nach Wien telegraphieren und auch Rücksicht auf die öffentliche Meinung nehmen. Raab missfiel offenbar vor allem der letzte Teil des Mendès-France-Vorschlages, der ja Verlängerungen der Truppenpräsenz ohne einen endgültigen Schlusstermin beinhaltete. Raab erklärte abschließend, das österreichische Parlament würde den Vertrag niemals ratifizieren, wenn nicht ein fester Termin für den Abzug der Besatzungstruppen feststehe. Dies sei schon auf der Berliner Konferenz von Figl erklärt worden und die Bundesregierung habe ihre Meinung seither nicht geändert.

Raab und seine Begleitung setzten am Nachmittag ihre Reise nach Washington fort, wo sie nach ihrer Ankunft alsbald von John Foster Dulles' äußerst kritischer Beurteilung des Mendès-France-Vorschlages erfuhren, und zwar anlässlich eines von Allen Dulles für Raab gegebenen Abendessens. Es gelang schließlich Gruber, nachdem Allen Dulles „über die Sonderleitungen des Weißen Hauses eine Verbindung mit dem Büro Mendès-France's" hergestellt hatte, telefonisch den Mendès-France begleitenden Botschafter Seydoux in New York zu erreichen und ihm mitzuteilen, dass die Österreicher, im Einvernehmen mit den Amerikanern, bäten, nur den ersten Teil des Planes, der feste Termine vorsehe, vorzuschlagen, den zweiten Teil mit den komplizierten Verlängerungsmodalitäten jedoch nicht zu bringen. Seydoux sagte zu, Mendès-France sofort zu informieren, und in dessen Rede am Folgetag, dem 22. November, war tatsächlich von der Verlängerungsklausel nicht mehr die Rede. Raab nutzte seinen Besuch bei Außenminister Dulles an diesem Tage, um seinen „starken Wunsch" („strong desire") kundzutun, dass im endgültigen Staatsvertragstext ein festes Datum für den Abzug der Besatzungstruppen festgelegt werden sollte. Dulles stimmte zu und verwies auf die Möglichkeiten der Verzögerung (seitens der Sowjets), solange der Abzug der Truppen an den Abschluss des Ratifikationsverfahrens gebunden war.[255]

Der französische Vorschlag wurde in Washington und auch in London skeptisch aufgenommen, und Moskau blieb ungerührt, wie der Bericht einer französischen Démarche bei Andrej Gromyko, damals Molotovs Erster Stellvertreter, zeigt.[256] Die sowjetische und kommunistische Presse reagierte lediglich dahingehend, dass der Verzicht auf die Aufrüstung der Bundesrepublik und ein Eingehen auf die sowjetischen Wünsche bezüglich eines europäischen Sicherheitssystems Voraussetzung für die Räumung Österreichs wären. Die Sowjetregierung versandte am 13. November Einladungen für eine gesamteuropäische Konferenz zur Frage der Schaffung eines Systems der kollektiven Sicherheit in Europa; diese Einladung wurde als ein Versuch, die NATO-Erweiterung zu verhindern, aufgefasst, und daher von den westlichen Staaten nicht angenommen.[257] Österreich teilte der Sowjetregierung in einer Note vom 27. November mit, Österreich wäre nur dann in der Lage, an einer solchen Konferenz teilzunehmen, wenn diese zumindest unter Mitwirkung aller an einer noch andauernden Besetzung Österreichs beteiligten Mächte abgehalten würde.[258] In anderen Worten: Sowjetischerseits blieb die österreichische Frage anderen untergeordnet, während der sowjetische Kampf um die Verhinderung der Ratifikation der Pariser Verträge auf Höchsttouren lief.

Einen Höhepunkt erreichte diese Tendenz in einer überraschend vom sowjeti-

255 Zum Gespräch Raab–Mendès-France am 21. November 1954 liegt eine französische Aufzeichnung (AD, série EU-Europe, sous-série Autriche, vol. 288, fol. 113–114) sowie eine österreichische Aufzeichnung vor; zu den Vorgängen, die am Abend des gleichen Tages zur telefonischen Kontaktnahme zwischen dem inzwischen nach Washington weitergereisten Raab und dem in New York verbliebenen Mendès-France bzw. dessen Begleitung (konkret zwischen Botschafter Gruber und Botschafter Seydoux) führten, liegt ein Aktenvermerk Grubers „über die Aktion Mendès-France" vor (diese Aufzeichnungen im Nachlass Schöner, Kopien im Besitz d. Verfassers); zum Treffen Raab–Dulles am 22. November vgl. *FRUS 1952–1954*, Bd. 7, 1981–1984, hier 1982f. Zur Raab-Reise insgesamt der Bericht Raabs über seine Besprechung mit Mendès-France in New York im November 1954 in seinem Bericht an den Hauptausschuss des Nationalrates am 27. Jänner 1955: AdR, BMAA, II-Pol, Zl. 320.970-Pol/55, ferner *WZ*, 23. November 1954, 1, und 26. November 1954, 1; Sven Allard, *Diplomat in Wien. Erlebnisse, Begegnungen und Gedanken um den österreichischen Staatsvertrag*, Köln 1965, 130f; allerdings irrt Allard, wenn er meint, durch den Mendès-France-Vorschlag wäre die von den Österreichern schon in Berlin akzeptierte Frist (30. Juni 1955) höchstens um sechs Monate verlängert worden. Eine de facto etwa ein bis eineinhalb Jahre verlängerte Frist wurde nunmehr angeboten.

256 AD, EU-Europe, sous-série Autriche, vol. 288, Bericht des Geschäftsträgers Le Roy über die Démarche bei Gromyko am 7. Dezember 1954, ebd. fol. 140.

257 Zur Konferenz und der Frühgeschichte des Warschauer Paktes siehe Bystrova, *SSSR i formirovanie*, 462–492.

258 Text in: *DÖA*, Nr. 153.

schen Hochkommissar einberufenen außerordentlichen Sitzung des Alliierten Rates am 21. Dezember 1954. Er beschuldigte das amerikanische und das französische Element, sowohl das Abkommen über die Besatzungszonen in Österreich vom Juli 1945 als auch das Kontrollabkommen gebrochen zu haben. Tatsächlich unterhielt die amerikanische Besatzungsmacht ein Depot mit etwa 300 Soldaten in der französischen Zone, das der Aufnahme von Nachschub aus dem von den Amerikanern benützten italienischen Hafen Livorno für die amerikanischen Einheiten in Österreich diente. Die Anwesenheit dieser amerikanischen Truppen in der französischen Zone solle, so klagte Il'ičëv an, die Verbindung zwischen den amerikanischen Verbänden in der Bundesrepublik Deutschland und in Italien sichern; er drohte, diese Aktivitäten seien für die Einheit Österreichs gefährlich. Die betroffenen westlichen Elemente bestritten übrigens die von Il'ičëv festgestellte Truppenstationierung nicht, bagatellisierten jedoch deren Bedeutung; diese Regelungen bestünden schon seit vielen Jahren; auch hätten seit langem die Sowjets selbst kleinere Donau-Schiffe im amerikanischen Sektor Wiens stationiert. Tatsächlich ist die Bedeutung dieser groß aufgemachten Beschuldigungen vor allem im propagandistischen Bereich zu suchen: Die Presse der sowjetischen Besatzungsmacht und der Kommunistischen Partei nahm das Thema von der Gefährdung der Einheit Österreichs durch die Anwesenheit amerikanischer Truppen in der französischen Zone auf.[259]

Nicht bloß auf die französische und amerikanische Besatzungsmacht, auch auf den österreichischen Bundeskanzler ergossen sich scharfe Attacken sowjetischer und kommunistischer Provenienz aus Anlass von Raabs bereits erwähnter Reise in die USA (und nach Kanada) Ende November und Anfang Dezember 1954. Der Bundeskanzler wurde eine Zeitlang von sowjetischer Seite besonders heftig unter Beschuss genommen, weil er auf einer Pressekonferenz in Washington und besonders in einem Interview für die amerikanische Zeitschrift *US News and World Report* erklärt hatte, die Ratifizierung der Pariser Verträge könnte eine Grundlage für neue Staatsvertragsverhandlungen schaffen.[260] Zwischen Weihnachten und Neujahr billigte die französische Nationalversammlung die Pariser Verträge, und das hieß vor

259 Protokoll dieser Sitzung in: Records of the Allied Commission for Austria, Mikrofilm, u.a. vorhanden im Institut für Geschichte der Universität Wien, in der Öst. Nationalbibliothek sowie im ÖStA, Allied Council for Austria, Minute Nr. 1957. Sven Allard, *Diplomat in Wien,* 132–135, vermutet aufgrund eines mit einem sowjetischen Diplomaten wenige Tage vorher geführten Gespräches, die bevorstehende Aufnahme der Bundesrepublik Deutschland in die NATO habe – vorübergehend – sowjetischerseits zu Erwägungen über eine Teilung Österreichs geführt.

260 Erinnerungsvermerk Schärfs über eine Aussprache bei Hochkommissar Il'ičëv am 10. Dezember 1954, VGAB, Nachlass Schärf, 4/220; weiters *Volksstimme* v. 4. Jänner 1955, 1, sowie Telegramm Chauvel nach Paris v. 4. Jänner 1955, AD, EU-Europe, sous-série Autriche, vol. 288, fol. 170–171.

allem den Beitritt der Bundesrepublik Deutschland zur NATO.[261] Wie das Folgejahr zeigen sollte, führte dies zu einer enormen Beschleunigung des Staatsvertragsabschlusses und des Abzuges der vier Mächte aus Österreich, auch wenn dies 1954 noch nicht absehbar war. Wie Bischoff schrieb: „So schien denn zu Ende des Jahres 1954 jede Hoffnung auf den Abschluß des Staatsvertrages in irgendwie absehbarer Zeit geschwunden.“[262]

261 Küsters, *Integrationsfriede*, 702f.

262 Bischoff, „Haltung der Sowjetunion“ (wie Anm.150), 80.

VI. CHRUŠČËV GEGEN MOLOTOV – DER GEWINNER IST ÖSTERREICH, FEBRUAR–APRIL 1955

1. Molotovs Österreich-Erklärung vom 8. Februar 1955

Der 8. Februar 1955 signalisierte den Beginn einer entscheidenden Phase der Staatsvertragsverhandlungen, auch wenn das volle Ausmaß dieses Umbruches zunächst gar nicht offensichtlich war. An jenem Tag wurde Georgij Malenkov als Ministerpräsident der Sowjetunion durch Nikolaj Bulganin ersetzt; dieses Ereignis bedeutete einen Machtzuwachs für den Ersten Sekretär der KPdSU, Nikita Chruščëv.[1] Doch erst nach und nach sollte sich herausstellen, dass der Machtzuwachs Chruščëvs eine Schwächung des Außenministers Molotov bedeutete.[2] Der Konflikt zwischen einer flexibleren Außenpolitik (von Chruščëv bevorzugt) und einer rigideren Position (Molotovs Haltung) schloss auch einen Streit bezüglich der sowjetischen Österreich-Politik ein. Infolge des veränderten Kräfteverhältnisses im Präsidium der KPdSU, wie das Politbüro damals hieß, konnte Chruščëv sich durchsetzen.[3]

---

1 Die Absetzung Malenkovs wurde intern bereits am 31. Jänner 1955 auf einer Plenarsitzung des Zentralkomitees der KPdSU beschlossen. Die außerordentlich scharfe Kritik des ZK an Malenkov ist einsehbar im einstimmigen „Beschluss" des Plenums; russischer Originaltext und deutsche Übersetzung in: SAPMO-BA, Walter Ulbricht, DY 30/J IV 2/202/319. Für die unterschiedlichen politischen Linien, Konfrontationen und wechselnden Zweckbündnisse Malenkovs, Chruščëvs und Molotovs siehe Zubok/Pleshakov, *Inside the Kremlin's Cold War,* 154–173.

2 Die Schwächung von Molotovs Autorität wurde erstmals sichtbar im Zusammenhang mit der von Chruščëv angepeilten Annäherung an Tito. Tito-kritische Äußerungen Molotovs in seiner Rede vom 8. Februar stießen auf heftige öffentliche Kritik Titos; der Abdruck dieser Kritik in der *Pravda* am 12. März und in den *Izvestija* am 10. März 1955 bedeutete eine öffentliche Desavouierung Molotovs.

3 Im Konflikt um die sowjetische Außenpolitik zwischen Chruščëv und Molotov im Jahre 1955 spielte die Politik gegenüber Jugoslawien eine sehr große Rolle, der Disput hatte aber auch mit der Frage des Abzuges aus Österreich zu tun. Die Notizen über die Beratungen im Präsidium der KPdSU von Vladimir N. Malin, Sekretär der allgemeinen Abteilung des Zentralkomitees der KPdSU während der Ära Chruščëv, ediert in Fursenko u.a., Hrsg., *Prezidium CK KPSS*, 3 Bände. Leider fehlen die Protokolle der Sitzungen zwischen 20. Dezember 1954 und 22. Jänner 1955 sowie der Sitzungen zwischen 7. Februar und 16. Mai sowohl in diesen Bänden als auch im Archiv der KPdSU. Gut dokumentiert ist die Konfrontation Chruščëv–Molotov (einschließlich der Meinungsverschiedenheit bezüglich des

Am Tage der Bekanntgabe der Regierungsumbildung hielt Molotov vor dem Obersten Sowjet eine außenpolitische Grundsatzrede; bezüglich Österreichs stellte er fest, die Sowjetregierung halte eine weitere Verzögerung des Abschlusses des Staatsvertrages für ungerechtfertigt. Zugleich müsse man in Betracht ziehen, was die Pläne der westdeutschen Wiederbewaffnung als Folge der Pariser Abkommen für Österreich mit sich brächten. Die Sowjetregierung ziehe daraus drei Schlussfolgerungen:

1. Die Regelung der österreichischen Frage könne nicht ohne Berücksichtigung der deutschen Frage behandelt werden, umso weniger angesichts der Pläne der Wiederbewaffnung Westdeutschlands, welche die Gefahr einer „Vereinnahmung" (*„pogloščenie"*, eigentl. „Verschlingung") – also eines Anschlusses – verstärke. Dies bedeute, dass beim Abschluss des Staatsvertrages die Möglichkeit eines neuen Anschlusses auszuschalten sei; dies sei an die Annahme dahingehender vereinbarter Maßnahmen der vier Mächte in der deutschen Frage geknüpft. In diesem Fall könnte der Abzug der vier Mächte aus Österreich erfolgen, ohne den Abschluss des Friedensvertrages mit Deutschland abzuwarten.
2. Österreich müsse die Verpflichtung auf sich nehmen, „keinerlei Koalitionen oder Militärbündnisse einzugehen, gerichtet gegen irgendeinen Staat, der sich mit seinen Streitkräften am Krieg gegen Hitler-Deutschland und an der Befreiung Österreichs beteiligt hat", und die Schaffung fremder Militärstützpunkte auf seinem Territorium nicht zuzulassen. Die Regierungen der vier Mächte müssten ihrerseits die Verpflichtung übernehmen, diese Bestimmungen einzuhalten.
3. Im Interesse einer raschen Regelung der österreichischen Frage sei es notwendig, unverzüglich eine Vier-Mächte-Konferenz einzuberufen, auf der sowohl die deutsche Frage als auch der Staatsvertrag zu behandeln wären – letzteres mit Beteiligung Österreichs. Hierbei müsse jedoch in Betracht gezogen werden, dass aus sowjetischer Sicht im Falle der Ratifizierung der Pariser Abkommen, „die einer Wiederbelebung des Militarismus in Westdeutschland den Weg ebnen, eine ernste Gefahr des Anschlusses und folglich eine Gefahr für die Unabhängigkeit Österreichs entstehen würde".[4]

Molotovs Österreich-Erklärung war gründlich vorbereitet worden. Bald nach der Unterzeichnung der Pariser Abkommen hatte das Präsidium der KPdSU (Polit-

Abzuges aus Österreich) auf einer Plenarsitzung des Zentralkomitees der KPdSU zwischen 4. und 12. Juli 1955.

4 Text der Österreich-Erklärung Molotovs vom 8. Februar, in: *Pravda*, 12. März 1955, 2; in deutscher Übersetzung: *Österreichische Zeitung*, 10. Februar 1955, 2, sowie *DÖA*, Nr. 154.

büro) das Außenministerium angewiesen, Vorschläge für eine neue Initiative bezüglich Österreichs auszuarbeiten.[5] Im Jänner 1955 sandte der Leiter der Dritten Europäischen Abteilung des Außenministeriums, Vladimir Semënov,[6] einen längeren Bericht über die sowjetisch-österreichischen Beziehungen von 1950 bis 1954 an Molotov.[7] Aufhorchen lässt der Satz: „Im Herbst 1953 wurde der ärgste Feind der UdSSR *[naibolee jaryj vrag SSSR]* aus der Regierung entlassen – Minister Gruber." Hier wird auch vermerkt, dass Bundeskanzler Raab während seiner Reise in die USA im November/Dezember 1954 in mehreren Äußerungen das Pariser Abkommen unterstützt und die Ansicht vertreten habe, die Staatsvertragsverhandlungen könnten erst dann fortgesetzt werden, wenn das Pariser Abkommen ratifiziert werde. Der Bericht kritisierte die Bildung von österreichischen „illegalen militärischen Formationen" in den Westzonen (die sogenannte B-Gendarmerie) sowie die Stationierung amerikanischer Truppen in der französischen Zone und enthielt den Vorwurf, diese Zonen würden von der NATO für militärische Zwecke genutzt. Zitiert wurde auch die vom Hochkommissar Il'ičëv in der Sondersitzung des Alliierten Rates am 21. Dezember 1954 ausgesprochene Warnung, dass „derartige Separatmaßnahmen, die zur Verschmelzung einzelner Besatzungszonen führen, der Integrität des österreichischen Staates Schaden zufügen können" wohl der ernsteste offizielle Hinweis auf die Gefahr einer Spaltung Österreichs, der überliefert ist.

In einem Begleitbericht des Außenministeriums an das ZK wurden verschiedene Motive für die geplante Österreich-Initiative genannt:[8] Zunächst wurde empfohlen, die Österreich-Frage dazu auszunützen, die Ratifizierung der Pariser Abkommen zu erschweren. Als entscheidende Neuerung gegenüber der sowjetischen Haltung auf der Berliner Konferenz fand es das sowjetische Außenministerium nun nicht mehr zweckmäßig, den Abzug aus Österreich mit dem Abschluss des Friedensvertrages mit Deutschland zu verbinden. Man könnte den Abzug der Truppen nach Abschluss des österreichischen Vertrages vorschlagen, *wenn* die Pläne zur Wiederbewaffnung Westdeutschlands hinfällig würden, und *wenn* eine für die vier Mächte

---

5 Michail Prozumenščikov, „Nach Stalins Tod: Sowjetische Österreich-Politik 1953–1955", in: Karner/Stelzl-Marx, Hrsg., *Die Rote Armee in Österreich,* 747f.

6 Zu Vladimir S. Semënov siehe *Diplomatičeskij slovar',* Bd. 3, 28. Semënov war nach seiner Funktion als sowjetischer Botschafter in der DDR Ende Juli 1954 die Leitung der die Deutschland- und Österreich-Fragen bearbeitenden Dritten Europäischen Abteilung übertragen worden. Seine Erinnerungen erschienen 1995: Wladimir S. Semjonow, *Von Stalin bis Gorbatschow: Ein halbes Jahrhundert in diplomatischer Mission, 1939–1991,* Berlin 1995.

7 AVPRF, f. 066, op. 14a, p. 40, d. 119, ll. 5–20 (SBKA, Depot von Quellen aus dem AVPRF), „Sowjetisch-österreichische Beziehungen 1950–1954" (19. Jänner 1955).

8 AVPRF, f. 06, op. 14, p. 9, d. 116, ll. 2–4 (Entwurf Gromykos, Semënovs und Puškins betreffend die österreichische Frage, 24. Jänner 1955).

annehmbare Entscheidung der deutschen Frage zustande käme, welche die Gefahr eines Anschlusses ausschließe. Eine solche Fragestellung könnte den Druck auf die Pariser Verträge (d.h. in Richtung der Ablehnung ihrer Ratifizierung) verstärken und das Interesse der Österreicher an deren Ablehnung wecken.

Zweitens schlug das Ministerium vor, den auf der Berliner Konferenz vorgebrachten Antrag auf Aufnahme eines Artikels über die Neutralisierung (sic!) Österreichs in den Staatsvertrag beizubehalten. Das Ministerium ging davon aus, dass die Westmächte höchstwahrscheinlich den neuen Vorschlag der Verknüpfung des Truppenabzuges aus Österreich mit der Ablehnung der Pariser Verträge nicht annehmen würden. Damit würden allerdings, so ging die Argumentation weiter, die Westmächte als Schuldtragende bei der Verzögerung der Österreich-Frage dastehen. Andererseits würde die vorgeschlagene Österreich-Erklärung zeigen, dass die Sowjetunion das Einvernehmen in der Österreich-Frage erleichtern wolle, indem sie diese nicht mehr mit dem Abschluss des deutschen Friedensvertrages verbinde. Im Fall der Ratifizierung der Pariser Verträge könnte die Sowjetunion den neuen Vorschlag zu Österreich mit einer Forderung z.B. nach der „faktischen Aufhebung“ der in den Pariser Abkommen vorgesehenen Maßnahmen verbinden. Die letztgenannte Aussage zeigt, dass und wie sehr die Planer im sowjetischen Außenministerium über die als möglich, wenn nicht sogar wahrscheinlich betrachtete Ratifizierung der Pariser Abkommen hinausdachten und auch *nach* einem NATO-Beitritt Westdeutschlands die „faktische“ Aufhebung der durch die Pariser Abmachungen vorgesehenen Maßnahmen für möglich, zumindest erstrebenswert hielten. Das Papier schloss mit einer optimistischeren Note: Im Fall der Annahme der sowjetischen Vorschläge seitens der drei (West-)Mächte würde dies die „faktische Vereitelung“ der westlichen Verteidigungspläne in Europa bedeuten. In diesem Falle könnte die UdSSR, so der Bericht des Außenministeriums, Garantien gegen die Wiederaufrüstung Westdeutschlands verlangen, aber auch die Errichtung einer Kontrolle im Zusammenhang mit den (von der Sowjetunion gewünschten) Staatsvertragsbestimmungen zur Neutralisierung Österreichs.

Zu Molotovs Österreich-Erklärung vom 8. Februar liegen nicht weniger als vier Entwürfe vor, die in der Zeit zwischen dem 25. Jänner und dem 5. Februar entstanden.[9] Der erste Entwurf enthielt auch ein Sündenregister der drei Westmächte,

9 Ebd., ll. 5–11, 16–20 (dat. 25. Jänner), 22–24, 25–29 (am 29. Jänner 1955 von Gromyko, Semënov und Il'ičëv Molotov vorgelegt), 31–33 (mit Unterschriften Semënovs und Il'ičëvs v. 5. Februar 1955). Mehrere dieser Dokumente weisen handschriftliche Notizen bzw. Unterstreichungen Molotovs auf. Zu unterscheiden ist zwischen ministeriumsinternen Entwürfen oder Vorentwürfen und Endfassungen, die immer noch als „Entwurf“ („proekt“) vom Außenministerium dem Zentralkomitee der KPdSU vorgelegt wurden. Die Vorrangstellung der Parteiinstitutionen vor den staatlichen Institutionen ist

denen vorgeworfen wurde, auf die Umwandlung Österreichs in „ein Anhängsel des remilitarisierten Westdeutschland, und des Territoriums Österreichs in einen militärisch-strategischen Brückenkopf des nordatlantischen Blockes" zu setzen. Erneut wurde die Schaffung von österreichischen Militäreinheiten, die ihre Ausrüstung aus den Händen der westlichen Okkupationsmächte erhielten, kritisiert. Auch „sogenannte Soldatenverbände" wurden ins Visier genommen. In einem offenen Brief wiederholten Anfang Februar 1955 Abgeordnete der prokommunistischen „Volksopposition" im Wiener Parlament diese Anschuldigungen, welche angeblich die Beteiligung Westösterreichs an NATO-Strategien bewiesen.[10] Im Zuge der mehrfachen Überarbeitung von Molotovs Erklärung wurde viel Beiwerk weggelassen, und bis zum letzten Augenblick wurde der Text weiter ausgefeilt.

In Molotovs Stellungnahme wurde die Verbindung von deutscher und österreichischer Frage so stark betont, dass schwierig zu erkennen ist, wo Molotov nunmehr etwas Neues anbot. Neu war, dass die Sowjetunion von ihrer in Berlin im Februar 1954 vertretenen Haltung abging, wonach alliierte Truppen bis zum Abschluss eines Friedensvertrages mit Deutschland in Österreich verbleiben müssten. Die Sowjetunion schien bereit, von ihrer früheren Forderung abzugehen, allerdings nur, wenn eine Lösung gefunden würde, welche die Möglichkeit eines Anschlusses ausschalten würde. Molotov knüpfte jedoch diese Lösung an Vereinbarungen in der deutschen Frage; dies, ebenso wie der Hinweis auf die Pariser Verträge und die Forderung nach einer Vier-Mächte-Konferenz, zeigt, dass die Sowjetunion versuchte, Konzessionen in der Österreich-Frage als Instrument zur Verhinderung oder zumindest Verzögerung des Eintrittes Westdeutschlands in die NATO zu benützen.

Es stellt sich natürlich die Frage, ob die sowjetische Regierung zu diesem Zeitpunkt wirklich noch hoffte, in den westlichen Plan zur Eingliederung Westdeutschlands in die NATO störend einzugreifen. Eine Entscheidung, vielleicht die wichtigste, war bereits Ende Dezember 1954 gefallen, als die französische Nationalversammlung, obgleich sie nur vier Monate vorher die Europäische Verteidigungsgemeinschaft zu Fall gebracht hatte, mit knapper Mehrheit den Pariser Verträgen die Genehmigung erteilte.[11] Doch stand die Genehmigung im französischen Rat der

in Rechnung zu stellen.

10 Das mit 5. Februar 1955 datierte Schreiben an den Präsidenten des Nationalrates abgedruckt in: *Österreichische Zeitung,* 6. Februar 1955, 1 u. 3. Neben zahlreichen zutreffenden Tatsachen und Namen gab es auch diverse Irrtümer und nicht überprüfbare Behauptungen. Das Originalschreiben erliegt im Parlamentsarchiv, Wien.

11 Zum Kampf um die Pariser Verträge in Frankreich und in der Bundesrepublik Deutschland siehe Hans Ehlert u.a., Hrsg., *Die NATO-Option* (=Anfänge westdeutscher Sicherheitspolitik 1945–1956 3, hrsg. v. Militärgeschichtlichen Forschungsamt), München 1993, darin insbes. die Beiträge von Bruno Thoß und Hans Ehlert.

Republik, im deutschen Bundestag und im Bundesrat noch aus. Bundestag und Bundesrat ratifizierten die Pariser Verträge am 27. Februar und 18. März 1955; in Paris fand die letzte Parlamentsabstimmung in der Nacht vom 26. auf den 27. März 1955 statt. Es musste sich also bald herausstellen, ob die Sowjetunion nach dem Scheitern ihrer gegen die Pariser Verträge gerichteten Aktionen ihre Österreich-Initiative fallen lassen oder weiter verfolgen würde. Die Entwicklung während des Monats März zeigte, dass letzteres der Fall war. [12]

In Österreich reagierte man rasch auf Molotovs Erklärung. Noch am selben Tage gab Bundeskanzler Raab eine Erklärung ab, in der er die sowjetische Bereitschaft, die Unabhängigkeit Österreichs zu sichern, begrüßte, gleichzeitig allerdings der Auffassung entgegentrat, die österreichische Frage könne nicht ohne Berücksichtigung des deutschen Problems geregelt werden. Österreich, so sagte der Bundeskanzler, habe „stets einen Standpunkt vertreten, daß sein Recht auf Wiederherstellung der vollen Freiheit und Unabhängigkeit ein primäres" sei, das in der Moskauer Deklaration von 1943 bestätigt worden sei „und nicht von irgendwelchen Bedingungen, Bindungen oder Umständen, auf die Österreich keinen Einfluß nehmen kann, abhängig gemacht werden" dürfe.[13]

Unter den publizistischen Reaktionen auf Molotovs Österreich-Erklärung findet sich der sonderbare Vorschlag des Herausgebers der *Salzburger Nachrichten*, Gustav A. Canaval, in der Ausgabe vom 12. Februar, man solle den bisherigen Staatsvertragsentwurf verwerfen.[14] Ein neues „Statut" sollte Österreichs Verpflichtung zur militärischen und politischen Bündnislosigkeit verankern. Falls Österreich diese Verpflichtungen nicht einhielte, sollte den vier Mächten ein Recht zum Wiedereinmarsch gegeben werden. Canavals Vorschlag wurde schon drei Tage später vom Blatt der Regierungsparteien, dem *Neuen Österreich*, in heftigsten Worten als Unsinn abgetan.[15] Kreisky zufolge könnte eine solche Bestimmung „einen europäischen Krieg auslösen".[16]

Die ersten Versuche des Bundeskanzlers und des Vizekanzlers, vom Hochkommissar Präzisierungen zu Molotovs Punkten zu erhalten, blieben erfolglos.[17] In ei-

12 Der Zusammenhang zwischen dem Kampf um die Genehmigung der Pariser Verträge, vor allem im französischen Rat der Republik (Senat), und der sowjetischen Initiative zum Staatsvertrag wird ausführlich erörtert bei Allard, *Diplomat in Wien*, 145–182.

13 *Neue Wiener Tageszeitung*, 9. Februar 1955, 1.

14 Gustav A. Canaval, „Statut – nicht Staatsvertrag", Leitartikel der *SN*, 12./13. Februar 1955.

15 Leitartikel des (sozialdemokratischen) Chefredakteurs Paul Deutsch in: *Neues Österreich*, 15. Februar 1955, 1.

16 Gesprächsnotiz A. Timoščenkos über ein Gespräch mit Kreisky, 16. Februar 1955, AVPRF, f. 066, op. 38, p. 210, d. 9, ll. 90–96, hier 91 u. 92 (SBKA, Depot von Quellen aus dem AVPRF).

17 Observator (d. i. Bruno Kreisky), *Der lange Weg*, 27.

nem Gespräch am 18. Februar[18] erklärte Raab Il'ičëv, dass er Molotovs Erklärung begrüße, jedoch verstehe er nicht, warum der österreichische Staatsvertrag mit einer so schwierigen Frage wie der deutschen verbunden werde.[19] Il'ičëv betonte, dass die Pariser Abkommen möglicherweise nicht nur die Unabhängigkeit Österreichs bedrohten, sondern auch die Gefahr der Auslösung eines neuen Krieges in Europa in sich bergen würden. Raab antwortete, dass Österreich ein kleines Land sei, und dass es nicht vorhabe, an irgendwelchen Blöcken teilzunehmen: Wenn Garantien der vier Mächte gegeben werden würden, würde dies die Unabhängigkeit Österreichs gewährleisten.[20] Schärf stellte die Frage, welche Schritte die österreichische Regierung zum (Staats-)vertrag unternehmen müsse. Il'ičëv gab zur Antwort, es sei schwierig für ihn, der österreichischen Regierung was auch immer zu raten.

Bereits hier wurde die in den kommenden Wochen von den sowjetischen Diplomaten in Wien immer wieder mit großer Ausdauer durchgehaltene Taktik sichtbar, sich nicht in die eigenen Karten schauen zu lassen und konkrete Antworten, Vorschläge oder Angebote tunlichst vom österreichischen Gesprächspartner zu erhalten.

Am gleichen Tag, dem 18. Februar, kam es in Moskau zu einem Gespräch zwischen Botschafter Bischoff und Vladimir Semënov, der damals die 3. Europa-Abteilung leitete.[21] Als Ergebnis dieses Gespräches hatte Bischoff den Eindruck, dass sich Moskau darauf vorbereitete, die österreichische von der deutschen Frage zu trennen. Sicher war nach diesem Gespräch, so Bischoff,

> daß die Sowjetunion auch in der Perspektive des Inkrafttretens des Pariser Abkommens eine Lösung der Österreichfrage suchte, die einerseits eine gesicherte Ausschaltung jeder Möglichkeit eines neuerlichen Anschlusses nicht nur für heute, sondern auch für alle Zukunft gewährleistete, andererseits aber auch eine andere Gefahr bannte: die der Einbeziehung Westösterreichs in das Militärsys-

18 Gesprächsaufzeichnung Il'ičëvs vom 18. Februar 1955, AVPRF, f. 066, op. 38, p. 210, d. 3, ll. 24–25.

19 Erinnerungsvermerk Schärfs über die Besprechung bei Raab mit Il'ičëv (und dessen Dolmetscher), 18. Februar 1955 von 15–16¼: VGAB, Nachlass Schärf, 4/249. Vgl. Adolf Schärf, *Tagebuchnotizen des Jahres 1955*, hrsg. v. Gertrude Enderle-Burcel, Innsbruck 2008, 76.

20 Ganz ähnlich hatte sich drei Tage zuvor Finanzminister Kamitz in einem Gespräch mit dem sowjetischen Botschaftsrat Timoščenko auf der schweizerischen Gesandtschaft geäußert; Kamitz wiederholte mehrmals, „dass sich Österreich nicht an Militärblöcken beteiligen und eine neutrale Politik verfolgen werde". Figls Berliner Erklärung, wonach Österreich außerhalb aller militärischen Blöcke stehe, sei „auch zum gegenwärtigen Zeitpunkt aufrecht". Gesprächsnotiz A. Timoščenkos, 15. Februar 1955, AVPRF, f. 066, op. 38, p. 210, d. 9, ll. 81–84 (SBKA, Depot von Quellen aus dem AVPRF).

21 Bekanntgabe der Ernennung zum Vizeaußenminister (deren es mehrere gab) am 22. März 1955: *AdG*, 1955, 5085 A.

tem der NATO und damit unter Umständen früher oder später die Zerspaltung Österreichs in zwei Teile nach deutschem, koreanischem und vietnamischem [sic!] Muster.[22]

Bischoff drückte seinerseits die Zuversicht aus, dass Österreich und die UdSSR bilateral in der Lage sein würden, eine Lösung für die Verhinderung eines „neuen Anschlusses" zu finden und diese Lösung den Westmächten vorzuschlagen.[23] Dies scheint einen vorteilhaften Eindruck bei der sowjetischen Führung hinterlassen zu haben. Am 24. Februar kam das Präsidium der KPdSU zu dem Schluss, dass „die Aussage des österreichischen Botschafters Bischoff in seiner Unterredung mit Semënov am 18. [Februar] als eine Gelegenheit für die Aufnahme vorbereitender bilateraler Gespräche über die Österreich-Frage Aufmerksamkeit verdient." Außenminister Molotov wurde angewiesen, Bischoff für eine Klarstellung der österreichischen Position zu empfangen, und dem Ministerium wurde aufgetragen, eine Verhandlungsstrategie vorzubereiten.[24]

Am 25. Februar wurde Bischoff zu Außenminister Molotov gebeten; dieser wiederholte den Tenor seiner Ausführungen vom 8. Februar und unterstrich die Bedeutung seines Abgehens von den auf der Berliner Konferenz gestellten Bedingungen für den Truppenabzug aus Österreich. Den Zusammenhang zwischen deutscher und österreichischer Frage abschwächend, sagte Molotov, dass die „sowjetische Seite die Lösung der österreichischen Frage nicht von der Lösung der deutschen Frage abhängig mache". Er erläuterte auch kurz, dass präliminäre Verhandlungen zwischen Österreich und der UdSSR zur Lösung der österreichischen Frage beitragen könnten, ebenso wie ein persönlicher Kontakt mit den Führern der österreichischen Regierung.[25]

Wenige Tage später legte Botschafter Semënov seinem Außenminister einen die Direktivenentwürfe für die Gespräche mit Österreich erläuternden Bericht vor. In den Erläuterungen wurden – abgesehen von der bereits von Molotov am 8. Februar

22 Bischoff, „Die Haltung der Sowjetunion in der Frage des Abschlusses des Österreichischen Staatsvertrages", 86. ÖStA, GD, NLS, E/1170. Offenbar hatte Bischoff den sowjetischen Standpunkt bereits so stark internalisiert, dass auch er die Aussicht auf Österreichs NATO-Integration als „Gefahr" ansah.

23 Hinweis darauf in Bischoffs Bericht über sein Gespräch mit Molotov am 25. Februar 1955, in: *ÖuG,* Nr. 239.

24 KPdSU, Präsidium, Prot. 108 P. xxxii, „Ob Avstrii", 24. Februar 1955, in: RGANI, f. 3, op. 10, d. 128, l. 11.

25 Mitteilung des Außenministeriums der UdSSR über die österreichische Frage, in: *Pravda*, 12. März 1955, 2, deutsch in: *WZ*, 14. März 1955, 1, sowie in: *DÖA*, Nr. 154; sowie Bericht Bischoffs nach Wien, AdR, BMAA, II-Pol. Zl. 320.128-Pol/55 v. 25. Februar 1955, auch in: *ÖuG*, Nr. 101.

angedeuteten Entkoppelung des Truppenabzuges aus Österreich vom Abschluss eines Friedensvertrages mit Deutschland und der „schon bekannten Garantie" gegen einen Anschluss (die „Neutralisierung") – drei neue Forderungen besonders erwähnt:

Erstens wurde eine Räumungsfrist von 36 Monaten anstatt der im Staatsvertragsentwurf vorgesehenen 90 Tage vorgeschlagen. Diese Frist von drei Jahren war allerdings von vornherein als Verhandlungspolster gedacht; Semënov fügte hinzu, Österreich habe gegen Mendès-Frances Vorschlag einer Räumungsfrist von 18 bis 24 Monaten keinen Einspruch erhoben. Im beiliegenden Entwurf der Direktiven wurde die Frist von 36 Monaten handschriftlich auf 24 Monate reduziert.

Zweitens – und dies war neu – wurde ein Wiedereinmarschrecht der vier Mächte in ihre jeweiligen Zonen postuliert für den Fall einer unmittelbaren Anschlussgefahr oder der militärischen Nutzung österreichischen Territoriums gegen eine Macht, die gegen Hitler-Deutschland gekämpft hatte.

Drittens wurde vorgeschlagen, nach dem Abzug der Besatzungstruppen gleichwohl ein Stationierungsrecht von Militärverbänden der vier Mächte in begrenzter Zahl zwecks Vorbeugung eines Anschlussversuches vorzusehen, und zwar auf die Dauer von sieben Jahren. Dieser Vorschlag schloss sich an die sowjetische Forderung in Berlin 1954 an, begrenzte Truppenverbände bis zum Abschluss eines Friedensvertrages mit Deutschland in Österreich zu belassen. Im Entwurf der Direktiven wurde ausdrücklich erwähnt, dass diese Verbände auch vor Ablauf der Frist abgezogen werden könnten, im Zusammenhang mit einer Veränderung in den internationalen Beziehungen oder auf jeden Fall nach Abschluss des Friedensvertrages mit Deutschland. Dies war eindeutig ein Köder, um bei den Westalliierten vielleicht im Zuge der Österreich-Verhandlungen Konzessionen in der Deutschland-Frage zu erlangen. Schließlich wurde auch die Möglichkeit der Streichung einiger veralteter Artikel des Staatsvertragsentwurfes vorgesehen.[26]

Die zwei Themen Wiedereinmarschrecht und verlängerter Verbleib von Truppenverbänden waren in einem vorhergehenden Entwurf miteinander verknüpft worden; für den Fall, dass Österreich ein Wiedereinmarschrecht ablehnen sollte, war als Alternativvorschlag die Errichtung einer „Militärbasis" in jeder Zone Österreichs mit Truppenverbänden in begrenzter Zahl für die Dauer von zehn Jahren (!) vorgesehen – unbeschadet der Frist von 36 Monaten für den Abzug der eigent-

26 AVPRF, f. 06, op. 14, p. 9, d. 116, ll. 36–44. Das Dokument besteht aus einem Vorlageblatt Semënovs an Molotov vom 28. Februar 1955 mit der Bitte um Prüfung („rassmotrenie"), mit Paraphe Molotovs vom 2. März und dessen handschriftlicher Notiz „nötig durchzusehen", einem erläuternden Berichtsentwurf für das ZK (in dem bereits der Monat März für die Datumseinsetzung vorgeschrieben ist), und dem Textentwurf der Direktiven.

lichen Besatzungstruppen. Diese Militärbasen wären sofort zu liquidieren, wenn die vier Mächte „entsprechende gemeinsame Maßnahmen zur Deutschland-Frage" treffen würden, die die Möglichkeit eines neuen Anschlusses ausschließen würden.[27]

Nach seinem Treffen mit Molotov berichtete Bischoff am 27. Februar über die möglichen Ziele der neuen sowjetischen Initiative. Es gab zwei mögliche Richtungen: Erstens könnte es „bei einem Zusammentreffen günstiger Umstände" möglich werden, dass von einer Lösung der Österreich-Frage so starke entspannende Einflüsse ausgehen könnten, dass es im für die Sowjetunion günstigsten Fall zu einer „Verzögerung oder gar Verhinderung der Ratifizierung [der Pariser Verträge] in Frankreich" käme; „weniger guten, aber immer noch akzeptablen Falles" [für die Sowjets] käme es zur Zusammenkunft einer Viererkonferenz über die österreichische und deutsche Frage, welche möglicherweise die Inkraftsetzung der ratifizierten Pariser Abmachungen verzögern würde. Dies wäre das eine Ziel.

> Das zweite Ziel aber wäre für den Fall der Ratifizierung und des Inkrafttretens der Pariser Abmachungen die Zone der Spaltung und Zerreissung [!] tunlichst auf Deutschland zu beschränken, Österreich aus ihr heraus zu halten, ihm den Weg in eine mitteleuropäische Neutralitätsgruppe mit der Schweiz und Jugoslawien [...] zu ermöglichen, wie es auch im Norden Europas eine schwedisch-finnische Neutralitätsgruppe gibt, deren Existenz, trotz dem Beitritt Norwegens und Dänemarks zum Atlantikpakt, ganz Nordeuropa weitgehend aus der Weltspannung auszuschalten vermag.[28]

Einen Tag später, am 28. Februar, berichtete Bischoff, dass sich in einem Gespräch mit Semënov die Vermutung verstärkt habe, Molotovs Initiative gehe auf den Wunsch zurück, „durch eine real gesicherte Neutralisierung Österreichs zu verhindern, daß die durch die Pariser Abmachung bewirkte Zerreissung [!] Deutschlands zusammen mit der dadurch geschaffenen Frontlinie sich – mit allem was das unter Umständen für uns zu bedeuten hätte – auch auf österreichischem Boden fortsetze. Es wäre uns", so schloss Bischoff, „damit eine funktional ähnliche Rolle zugedacht wie Schweden, Finnland, Schweiz und Jugoslawien."[29] Dies bedeutete eine Bestäti-

---

27 AVPRF, f. 06, op. 14, p. 9, d. 116, ll. 51–56; dieser Entwurf ist nicht datiert, jedoch eindeutig als dem in Anm. 26 genannten Entwurf vorhergehend zu qualifizieren.

28 AdR, BMAA, II-Pol, Zl. 320.331-Pol/55 (Bericht Zl. 21/Pol/55 v. 27. Februar 1955, Betreff: „Nach meinem Besuch bei Molotow"); auch in: *ÖuG*, Nr. 104. Die Wortwahl Bischoffs zeigt, wie stark er die Ereignisse aus sowjetischer Persepektive beurteilte.

29 Ebd., Zl. 320.131-Pol/55 (Chiffretelegramm v. 28. Februar 1955), auch in: *ÖuG*, Nr. 103.

gung der zweiten, im Bericht vom Vortag genannten Hypothese – des (realistischeren) Minimalzieles.

Aufgrund von Bischoffs Bericht ermächtigte die Bundesregierung den Botschafter, dem sowjetischen Außenminister mitzuteilen, die Bundesregierung verstehe, dass sowjetischerseits ein Schritt vorwärts getan worden sei. Allerdings gingen die Österreicher nicht sogleich auf die sowjetische Anregung, bilaterale Gespräche zwischen Wien und Moskau zu führen, ein, sondern betonten die Notwendigkeit von Verhandlungen mit allen vier Mächten. Dies teilte Bischoff bei seinem nächsten Zusammentreffen mit Molotov am 2. März 1955 mit. Bei dieser Gelegenheit drängte Molotov darauf, dass die österreichische Regierung ihre Meinung zu den sowjetischen Vorschlägen vom 8. Februar klar zum Ausdruck bringen solle.[30]

Schon knapp danach wurden Gespräche zwischen Raab und Hochkommissar Il'ičëv sowie zwischen Kreisky und dem Stellvertretenden Hochkommissar Kudrjavcev eingeleitet. In einem Gespräch mit Kudrjavcev am 4. März[31] erwähnte Kreisky, dass die österreichische Regierung nicht die Absicht habe, sich an Blöcken zu beteiligen, und dass sie „daran interessiert sei, sich an die Neutralität zu halten".[32] Die Regierung wäre bereit, dies entweder in einem Protokoll oder im Text des Staatsvertrages festzulegen. Mit der letzten Bemerkung nahm Kreisky im Gespräch vorweg, was Raab etwas später, am 20. März, öffentlich aussprechen würde. Außerdem ging Kreisky auf mögliche „Garantien" ein; so sei der Gedanke aufgetaucht, die vier Mächte könnten untereinander vereinbaren, dass in den künftigen Friedensvertrag mit Deutschland ein Anschlussverbot aufgenommen würde. „Die Neutralität Österreichs", so Kreisky wörtlich gemäß Kudrjavcevs Gesprächsnotiz, müsste nach Meinung der österreichischen Regierung „entweder von den vier Mächten oder vom Sicherheitsrat der UNO garantiert werden".[33]

Von großem Interesse ist Kreiskys Bemerkung, ihm sei „der Gedanke gekommen, dass es zweckmäßig wäre, im Staatsvertrag einen Artikel vorzusehen, der es Österreich verbiete, Deutschland ehemalige deutsche Unternehmen zurückzugeben, seien sie nun verstaatlicht oder USIA-Betriebe". Damit könne die weitere Stärkung der wirtschaftlichen Stellung Westdeutschlands in Österreich vermieden werden. Wenige Wochen später äußerte der SPÖ-Vorsitzende Adolf Schärf öffent-

30 *DÖA*, Nr. 154.

31 Allard erwähnt, dass am 4. März er, Kreisky und Pittermann Gäste in der sowjetischen Botschaft gewesen seien, berichtet allerdings nur über ein Gespräch, das er selbst mit Kudrjavcev führte. Allard, *Diplomat* in *Wien,* 154–158.

32 Gesprächsnotiz Kudrjavcevs über ein Gespräch mit Kreisky, 4. März 1955, AVPRF, f. 066, op. 38, p. 210, d. 9, ll. 218–221 (SBKA, Depot von Quellen aus dem AVPRF).

33 Ebd. l. 219. Vgl. TASS, 11. März 1955; Allard, *Diplomat in Wien*, 159–161.

lich ähnliche Gedanken.[34] Mit größter Entschiedenheit nahm Kreisky neuerlich gegen den Gedanken eines Wiedereinmarschrechtes Stellung: Er unterstrich, dass das österreichische Parlament niemals einer solchen Maßnahme zustimmen werde.

Im Gespräch mit Il'ičëv am 5. März bemerkte der Bundeskanzler, er habe aus Bischoffs Informationen den Eindruck gewonnen, dass Molotov effektivere Garantien gegen eine Anschlussgefahr haben wolle, als dies im Staatsvertragsentwurf vorgesehen sei. Raab erwähnte den Vertrag von Saint-Germain; dieser habe einen Artikel analog zum Anschlussverbot enthalten, jedoch keine Garantien, die die Einhaltung des Vertrages gewährleistet hätten. Das Resultat war, dass Österreich 1938 als erstes Opfer von Hitler-Deutschland verschlungen wurde. Die Großmächte, so Raab, erwiesen Österreich damals keinerlei Hilfe. Er bemerkte, dass vielleicht jetzt vorsorgende Garantien der vier Mächte für die wirksame Sicherung der Unabhängigkeit Österreichs eingeholt werden sollten. Raab meinte auch, dass in Österreich die Idee der Neutralität nach dem schweizerischen Beispiel immer populärer werde. Diese Neutralität, bemerkte Raab, müsse natürlich durch die entsprechende Form garantiert werden.[35]

Die Bundesregierung arbeitete in den Folgetagen eine offizielle Stellungnahme zu den genannten drei Punkten der Erklärung Molotovs vom 8. Februar aus, die Bischoff am 14. März an Molotov überreichte. Die Regierung bemerkte zu Punkt 1, sie begrüße „jede wirkungsvolle Sicherung und Garantie der österreichischen Unabhängigkeit und Freiheit nach allen Seiten und somit auch gegen die Gefahr eines Anschlusses". Zu Punkt 2 hieß es, die Regierung habe „zu wiederholten Malen ganz eindeutig erklärt, daß Österreich nicht die Absicht hat, militärischen Bündnissen beizutreten oder militärische Stützpunkte auf seinem Gebiet zuzulassen". Sie sei „bereit, die Form, in der eine solche Erklärung gegebenenfalls neuerlich abgegeben werden soll, zum Gegenstand eines Meinungsaustausches zu machen". Das Wort Neutralität wurde nicht genannt. Zu Punkt 3 meinte die Regierung, sie sei gleichfalls der Überzeugung, dass eine endgültige Lösung der österreichischen Frage nur durch eine Konferenz aller beteiligten Mächte unter Teilnahme Österreichs gefunden werden könne. Allerdings bemühte sich die Bundesregierung um die Lösung des von Molotov am 8. Februar geforderten Junktims einer gleichzeitigen Behandlung der österreichischen und der deutschen Frage auf einer Vier-Mächte-Konferenz vor der Ratifizierung der Pariser Verträge. Die Regierung fügte daher hinzu, sie glaube, dass vor dem Zusammentreten einer solchen Konferenz die ersten beiden Punkte geklärt werden sollten. Eine gesonderte Behandlung des Staatsvertrages

34 Ebd. ll. 218–219.

35 Gesprächsnotiz Il'ičëvs, 5. März 1955, AVPRF, f. 066, op. 38, p. 210, d. 3, ll. 36–38.

durch die vier Mächte unabhängig vom deutschen Problem unter Beteiligung Österreichs würde einen erfolgreichen Abschluss herbeiführen. In der Berichterstattung über die Vorsprache bei Molotov machte Bischoff klar, dass die öffentlichen sowjetischen Äußerungen über die Notwendigkeit einer Vier-Mächte-Konferenz über Deutschland und Österreich vor Ratifizierung der Pariser Verträge „rein aus taktischen Gründen" erfolgten, und dass die Sowjetunion nach der Ratifizierung an Garantien gegen einen Anschluss nicht weniger, sondern mehr interessiert sein würde.[36]

Im Mittelpunkt des Interesses stand naturgemäß die Frage, welche Garantien zur Verhütung eines Anschlusses vorhanden sein sollten. Die sowjetische Seite war in Molotovs Ausführungen vom 8. Februar wie auch den Gesprächen mit Bischoff Ende Februar und Anfang März nicht ins Detail gegangen; sie schien vielmehr abzuwarten, welche Vorschläge von österreichischer Seite hierzu vorgelegt werden würden. Der Kernpunkt der sowjetischen Erwartungen war allerdings schon von Molotov am 8. Februar formuliert worden, nämlich dass Österreich die Verpflichtung auf sich nehmen müsse, keinerlei Militärbündnisse einzugehen. Es handelte sich aber nun darum, die Form einer solchen Verpflichtung seitens Österreichs wie auch die Art allfälliger Verpflichtungen seitens der Großmächte zu finden.

Raab nahm in einer Rundfunkansprache am 20. März zu diesen Fragen Stellung; diese war ebenso an die Adresse Moskaus wie an die österreichischen Zuhörer gerichtet. Der Bundeskanzler erinnerte an die wenige Tage zuvor veröffentlichte Erklärung der Bundesregierung als Erwiderung auf Molotovs Rede vom 8. Februar:

36 Die am 14. März von Bischoff an Molotov übergebene Aufzeichnung wurde mit einer Stellungnahme der Bundesregierung am 16. März dem Hauptausschuss des Nationalrates mitgeteilt; veröffentlicht in: *WZ*, 17. März 1955, 1; Abdruck in *DÖA*, Nr. 155. Bischoffs Telegramme publiziert in: *ÖuG*, Nr. 105 u. Nr. 106, hier zit. aus Nr. 105. Bischoffs schon frühzeitig und mehrfach geäußerte Analyse, dass die sowjetische Politik zwar für die Öffentlichkeit den Ruf nach der Viererkonferenz erschallen lasse, intern jedoch stillschweigend den Fall der Ratifizierung der Pariser Abmachungen von vornherein in Rechnung stelle, ist überzeugend: vgl. auch dessen Bericht vom 23. März 1955: AdR, BMAA, II-Pol, Zl. 320.989-Pol/55 (= Bericht Zl. 27-Pol/55, Betreff: „Gespräche mit Semjonow und Gribanow vor meiner Reise nach Wien"). Dass zumindest bestimmte sowjetische Führer schon frühzeitig die Ratifizierung der Pariser Verträge erwarteten, hatte bereits Mitte Dezember 1954 die österreichische Gesandtschaft Bern über Mitteilungen, die sie vom Journalisten Nikolaus Basseches erhielt, berichtet; AdR, BMAA, II-Pol, Zl. 148.550-Pol/54 (= Bericht Zl. 40-Pol/54 der Gesandtschaft Bern v. 16. Dezember 1954); allerdings bleibt unklar, in wessen Auftrag Basseches seine Mitteilungen an die Gesandtschaft in Bern weitergab; sollten diese Mitteilungen aus dem Bereich des Zentralkomitees der KPdSU gekommen sein, wofür es gegenwärtig keine Hinweise gibt, würde diesen von Basseches weitergegebenen Mitteilungen ein beträchtlicher Stellenwert zukommen; eine weitere Mitteilung gleichen Inhaltes erfolgte Mitte März 1955 (BMAA, II-Pol, Zl. 320.582-Pol/55, = Bericht Gesandtschaft Bern Zl. 10-Pol/55 v. 15. März 1955).

Aus der [österreichischen] Erklärung geht wohl eindeutig der feste Wille der Bundesregierung hervor, den Staatsvertrag zu unterzeichnen, und zwar so rasch als möglich. Um aber fruchtbringende und rasche Verhandlungen zu ermöglichen, müssen einige Klarstellungen erfolgen, in erster Linie hinsichtlich der von Außenminister Molotow erwähnten Garantieerklärungen und der Nichtbeteiligung an militärischen Bündnissen.
Bezüglich der militärischen Bündnisse haben wir zu wiederholten Malen sehr eindeutige Erklärungen abgegeben. Jene Erklärung, die unser Außenminister in Berlin abgab, nahm Außenminister Molotow selbst in sehr zustimmender Weise zur Kenntnis.
Ebenso hat Österreich erklärt, daß es das Verweilen fremder Truppen auf seinem Territorium entschieden ablehnt und auch nicht bereit ist, militärische Basen einzuräumen. *Diese Erklärung zu wiederholen sind wir bereit, allenfalls auch in feierlicher Form.* Wir wären auch einverstanden, daß eine diesbezügliche Bestimmung Aufnahme in den Entwurf des Staatsvertrages findet.
Das ist der Beitrag, den Österreich zu dieser Frage leisten kann. Es ist dies ein Beitrag, von dem auch der sowjetische Außenminister bei der Berliner Konferenz und auch jetzt wieder erklärt hat, daß er ein sehr beachtlicher sei.
Wir haben in unserer Erklärung weiters angeregt, die Sowjetunion möge mitteilen, wie sie sich die von ihr geforderte Garantie für die Unabhängigkeit und gegen die Gefahr eines Anschlusses vorstelle. Denn schließlich ist Österreich in der Moskauer Deklaration die volle Freiheit und Unabhängigkeit versprochen worden, und Artikel 4 des Staatsvertragsentwurfes enthält ohnehin das Verbot des Anschlusses. Wenn also die Sowjetunion eine darüber hinausgehende Garantie oder eine andere Formulierung wünscht, dann sollte sie einen diesbezüglichen Vorschlag machen. An und für sich begrüßt Österreich jede Garantie, die ihm seine Freiheit und Unabhängigkeit besser sichert.
Am zweckmäßigsten wäre wohl eine Garantie der vier Großmächte, die die Unverletzlichkeit des österreichischen Staatsgebietes nach allen Seiten hin automatisch zu sichern hätte. Wir sind sehr daran interessiert, daß das österreichische Problem in möglichst absehbarer Zeit neuerlich Gegenstand der Verhandlungen einer Viermächtekonferenz unter Teilnahme Österreichs bildet. Wir sind aber überzeugt, daß mit Aussicht auf Erfolg diese Verhandlungen nur stattfinden können, wenn die beiden ersten Fragen, nämlich Garantie der vier Großmächte und die Form der von Österreich abzugebenden Erklärung betreffend Militärbündnisse, militärische Basen und fremde Truppen, geklärt sind. Da die Sowjetunion hier bestimmte Wünsche hat, liegt es an ihr, ehrlich zur Klärung beizutragen und diesen Wünschen konkreten Ausdruck zu geben. Es ist für

uns begreiflicherweise sehr schwer, diese Wünsche festzustellen. Bei der Festlegung weltpolitisch bedeutender Fragen kann man nur aufgrund konkreter Vorschläge verhandeln.[37]

Im weiteren Verlauf seiner Rede drängte Raab neuerlich auf die Aufhebung des Junktims zwischen deutscher und österreichischer Frage:

> Wenn wir bereit sind, keine militärischen Bündnisse einzugehen, keine fremden Truppen und keine Militärbasen auf unserem Gebiet zuzulassen, dann müssen wir aber auch verlangen, daß unsere Frage gesondert von allen anderen behandelt wird, da wir eben, wenn wir schon zum Ausdruck bringen, ein Eigenleben zu führen und uns an keinen Machtblock anlehnen zu wollen, auch die Gewähr haben müssen, daß wir nicht gegen unseren Willen mit anderen Fragen in Verbindung gebracht werden.

Der Bundeskanzler wandte sich dann, ohne Namen zu nennen, an Kritiker, die Verhandlungen auf Basis eines neuen Staatsvertragsentwurfes forderten, weil der alte Entwurf vom Jahre 1949 zu schwere Lasten auferlege. Dies richtete sich konkret gegen die scharfe Kritik an den Belastungen des Staatsvertragsentwurfes, die in den *Salzburger Nachrichten* von Canaval und den pensionierten Gesandten Johann Andreas Eichhoff und Theodor Hornbostel, bekannten Diplomaten der Zwischenkriegszeit, veröffentlicht worden war. Eröffnet hatte die Reihe kritischer Artikel Otto von Habsburg, der sich auf ihm vorliegende Argumentationen Hornbostels stützte.[38] Raab sagte nicht ohne Schärfe, dass die kritischen Stimmen immer wieder

---

37 Rundfunkansprache Raabs etwas gekürzt wiedergegeben in: *WZ*, 22. März 1955, 2. Hier zit. nach dem Originaltext, der dankenswerterweise vom Bundespressedienst im Bundeskanzleramt beschafft werden konnte. Ein Exemplar mit Korrekturen in: AdR, BMAA, II-Pol, Zl. 321.176-Pol/55, Text abgedruckt in: *DÖA*, Nr. 156. Hervorhebungen durch die Autoren. Raabs Rede wurde den österreichischen Botschaftern in Washington, Paris, London und Moskau als „richtunggebende Ausführungen bei der Regelung Ihrer Sprache" übermittelt. AdR, BMAA, II-Pol, Zl. 320.685-Pol/55, auch in: *ÖuG*, Nr. 108.

38 Otto von Habsburg, „Österreichische Neujahrsgedanken", in: *SN*, 31. Dezember 1954, 1, worin er dem Entwurf „den Charakter eines Diktats" zuschrieb. Vgl. Johann Andreas Eichhoff, „Ein Weckruf", in: *SN*, 10. Februar 1955, 1f. Ein unveröffentlichtes Manuskript Hornbostels „Der österreichische Vertragsentwurf (Eine kritische Studie)" vom Oktober 1954 (Nachlass Eichhoff, Allg. Verwaltungsarchiv, Wien, sowie NÖLA, Nachlass Figl) bot die wichtigste argumentative Grundlage für die genannten Wortmeldungen; dazu siehe Ableitinger, „Österreichische Skepsis gegenüber Österreichs Staatsvertrag", 199–203. Die Einstellung Hornbostels, Habsburgs und Canavals war Gegenstand sehr kritischer Äußerungen Kreiskys in einem Gespräch mit Timoščenko am 16. Februar 1955. AVPRF, f. 066, op. 38, p. 210, d. 9, ll. 90–96 (SBKA, Depot von Quellen aus dem AVPRF).

an Orten auftauchten, die von der militärischen Besetzung wenig oder nichts spürten, d.h. in Westösterreich:

> Wir müssen aber auf die große Zahl unserer Mitbürger Rücksicht nehmen, für die diese militärische Besetzung auch heute noch sehr fühlbar ist. Warum haben sich die Kritiker nicht schon früher zu Worte gemeldet? Warum kommen jetzt plötzlich und so spät die Bedenken? Die Bundesregierung würde den Kritikern sicherlich Gehör schenken, wenn sie uns ein Rezept verraten würden, wie man zu einem anderen, besseren Vertrag kommen könnte. Bedenken haben ist leicht, es besser machen ist schwer.

Ohne sich festzulegen, versicherte Raab, dass sich die Regierung bemühen werde, bei den kommenden Verhandlungen noch Erleichterungen und Verbesserungen durchzusetzen.

Von Raabs Vorschlägen deutete erstens die Bereitschaft zur Abgabe einer Verpflichtungserklärung Österreichs „in feierlicher Form" bereits auf die Einbindung des Parlamentes bei der Bekräftigung der dem Inhalt nach ja schon von Figl 1954 in Berlin abgegebenen Erklärung hin.

Zweitens ist das Angebot interessant, allenfalls auch im Staatsvertrag festzuhalten, dass Österreich das Verweilen fremder Truppen auf seinem Territorium und die Gewährung militärischer Basen ablehne; es handelt sich hier um ein gewisses Entgegenkommen gegenüber Molotovs Antrag in Berlin, einen Art. 4-bis in den Vertrag aufzunehmen, und um ein Abweichen von der Position der Westmächte, die darüber auch nicht erbaut waren.[39]

Drittens ist Raabs Vorschlag einer *Territorialgarantie* wichtig. Raab sprach nicht von einer Vier-Mächte-Garantie der von Österreich einzugehenden Verpflichtungen bezüglich Nichtbeitrittes zu Militärbündnissen etc., also nicht von einer Garantie dessen, was der Kern der späteren Neutralitätsverpflichtung war, sondern von einer Garantie der Unverletzlichkeit des österreichischen Staatsgebietes. Diese Formel orientiert sich am Text der Akte vom 20. November 1815 betreffend die Anerkennung und Gewährleistung der immerwährenden Neutralität der Schweiz und der Unverletzlichkeit ihres Gebietes. In diesem Dokument ist nämlich an einer Stelle davon die Rede, dass die Mächte die „Unversehrtheit und Unverletz-

Vgl. Lalouette an Außenministerium (Nr. 106 v. 18. Februar 1955). AD, série EU Europe, sous-série Autriche, vol. 300.

39 Thompson an State Department, 23. März 1955, NA, RG 59, 663.001/3-2355, sowie 25. März 1955, ebd., 663.001/3-2555; Wallinger an Foreign Office, 23. März 1955, TNAUK, FO 371/117786/RR1071/56.

lichkeit" des Staatsgebietes der Schweiz garantierten. Es sei an die Überlegungen zur Garantieklausel des Staatsvertragsentwurfes aus den Jahren 1947 bis 1949 erinnert.[40] Diese Formel wird dreieinhalb Wochen nach Raabs Rede in den Punkten I.4 und II.5 des Moskauer Memorandums wieder auftauchen (siehe Dokumentenanhang, Nr. 4).

In der Tat stand das Schweizer Vorbild von 1815 Pate, als im März 1955 im Außenamt ein Garantiekonzept entwickelt wurde, um dem Wunsch nach zusätzlichen Garantien gegen die „Anschlussgefahr" Rechnung zu tragen. In einem Positionspapier vom 17. März 1955 stellte die Völkerrechtsabteilung bzw. deren Leiter, Stephan Verosta, drei Thesen für weitere Schritte Österreich betreffend auf.[41]

Erstens wäre der Staatsvertrag „trotz der enormen Hypotheken", die er Österreich auferlege, auch mit seinem jetzigen Text zu unterzeichnen. Zur Begründung betonte Verosta, nach fast neunjährigem unausgesetztem Begehren nach Abschluss des Staatsvertrages wäre die Weigerung Österreichs, im jetzigen Zeitpunkt den Staatsvertrag zu unterschreiben, innen- und außenpolitisch untragbar. „Die Räumung Österreichs von allen fremden Truppen stellt die österreichische Unabhängigkeit und Souveränität in den Augen der österreichischen Bevölkerung und des Auslandes erst wieder her." Allerdings sollte nichts unversucht gelassen werden, besonders drückende Bestimmungen zu beseitigen, einschließlich des „für Österreich kaum tragbaren 3. Absatzes der Präambel"; dies war die auf die Moskauer Deklaration zurückgehende „Verantwortlichkeitsklausel". So unangenehm der Verlust der österreichischen Verbindungslinien zwischen Süddeutschland und Italien sowie Jugoslawien „für die westeuropäische Verteidigungsgemeinschaft und für die NATO sein mögen", wurde andererseits die Bedeutung des Rückzuges sowjetischer Truppen betont.

Der zweite Punkt lautete, Österreich bringe seine Bereitschaft zum Ausdruck, „seine Erklärung keinen militärischen Bündnissen beizutreten und keine frem-

---

40 Vgl. Dokumentenanhang, Nr. 2.

41 Grundsätze für das weitere Vorgehen Österreichs, 17. März 1955, in: SBKA, VII, Staatsvertrag 2; vgl. Dokumentenanhang Nr. 2. Jenny, *Konsensformel*, 145, bezeichnet es als Schlüsseldokument. Anlässlich einer Besprechung einiger österreichischer Spitzendiplomaten (Vollgruber, Schwarzenberg, Schöner, Verosta) beim Generalsekretär des Außenamtes Wildmann am 30. März 1955 wurde die „im Entwurf Gesandten Verostas vorgesehene Garantieformel" diskutiert, wobei Verosta bemerkte, die „in Anlehnung an das Schweizer Vorbild entworfene Formel hat sich immerhin durch 140 Jahre am Beispiel der Schweiz bewährt. Es sei vermutlich die klügste Lösung, sich an ein historisches Beispiel anzulehnen; mit einer möglichst einfachen Formulierung ist wohl am ehesten Aussicht gegeben, alle vier Mächte auf einen Nenner zu bringen. Eine kompliziertere Fassung könnte nur Anlaß zu schwierigeren Verhandlungen geben und schließlich auch zu divergierenden Interpretationen im Ernstfalle führen." AdR, BMAA, II-Pol, Zl. 320.925-Pol/55, veröffentlicht in: *ÖuG*, Nr. 111, 1. Teil; dort irrtümliche Namensangabe Wildner statt Wildmann.

den militärischen Stützpunkte auf seinem Gebiet zuzulassen, in der von den vier Mächten, insbesondere der Sowjetunion, gewünschten Form zu wiederholen". Vier einander nicht notwendigerweise ausschließende formale Möglichkeiten wurden genannt, um diese (ja schon in Berlin abgegebene) Erklärung zu wiederholen bzw. eigentlich zu bekräftigen: eine „gesonderte feierliche Erklärung der Bundesregierung", die vom Parlament gebilligt würde, möglicherweise in Verbindung mit einer Dankesäußerung Österreichs für die Garantieerklärung der Großmächte; zweitens, die Aufnahme der österreichischen Erklärung in den Staatsvertrag – hier ist wahrscheinlich die Wurzel von Raabs Äußerung in seiner drei Tage später gehaltenen Radioansprache zu sehen; drittens, ein innerstaatliches Verfassungsgesetz; und schließlich könnte das in Artikel 4 des Staatsvertragsentwurfes niedergelegte Anschlussverbot allenfalls durch ein Verfassungsgesetz innerstaatlich bekräftigt werden. Verosta merkte an, dass inhaltlich über die bereits abgegebene Erklärung nicht hinauszugehen wäre. „Österreichs politische, wirtschaftliche und kulturelle Zugehörigkeit zum Westen wird durch eine derartige Erklärung ebensowenig in Frage gestellt wie die Schwedens, Finnlands und der Schweiz." Er fügte hinzu: „Demgemäß wäre österreichischerseits weder der Ausdruck Neutralität oder gar Neutralisierung zu verwenden. Daß Österreich seinen wirtschaftlichen, politischen und kulturellen Verkehr mit dem Westen weder einschränken kann noch einschränken will, sollte klar gesagt werden." Im Gegensatz dazu hatte Raab zwölf Tage zuvor sehr wohl von der Idee der Neutralität nach dem Beispiel der Schweiz gesprochen, die in Österreich immer populärer werde.

Im Mittelpunkt von Verostas Papier stand jedoch der dritte Punkt, die Antwort auf die mit Insistenz von den Sowjets an Österreich gerichtete Frage nach „Garantien" gegen die Gefahr eines Anschlusses. Die zentrale Aussage lautete:

> Österreich wird sich im Sinn der sowjetischen Anregungen bemühen, eine Garantieerklärung der vier Großmächte für seine Unabhängigkeit zu erlangen. Hiefür würde folgende Verpflichtungserklärung der vier Großmächte genügen: „Die vier Großmächte – Großbritannien, Frankreich, die Sowjetunion und Vereinigte Staaten [sic] von Amerika – garantieren Österreich die Unversehrtheit und Unverletzlichkeit seines Gebietes innerhalb der Grenzen des Staatsvertrages von St. Germain vom 10. September 1919."

Die Formel, so Verosta, „ist der Garantieerklärung der fünf Mächte (Großbritannien, Frankreich, Rußland, Österreich und Preußen) für die Schweiz vom 20. November 1815 nachgebildet, die einen Annex zum Zweiten Pariser Frieden vom gleichen Tage bildet". Die Garantieerklärung der Großmächte „muß allerdings von dem andauernden Willen und der steten Bereitschaft und Fähigkeit der garantierenden Großmächte begleitet sein, das Garantieversprechen jederzeit einzulösen". Sollte Österreich den UN beitreten, würde es in den Genuss der in der Satzung vorgesehenen gegenseitigen Garantien gelangen. Es gab auch den Hinweis darauf, dass sich Österreich mit seinem UN-Beitritt „vom Beispiel der neutralen Schweiz entfernen" würde. Bei Abstimmungen in der UNO könnte sich Österreich wohl meist mit Schweden abstimmen, „um über seine militärische Bündnislosigkeit eine politische Selbständigkeit darzutun".

Das Papier schloss mit dem Hinweis auf die Dringlichkeit einer Anfrage bei den Westmächten bezüglich der Bereitschaft zur Abgabe einer Garantieerklärung. Für den Fall, dass aufgrund von Bedenken der Westmächte die Verhandlungen mit der Sowjetunion im Sande verlaufen könnten, wäre eine Garantie der Westmächte für ganz Österreich umso wichtiger, um wenigstens von Seite der Westmächte Garantien sowohl gegen einen Anschluss als auch gegen sowjetische Maßnahmen im Fall des erfolglosen Abbruches der gegenwärtigen Gespräche zu erhalten, Maßnahmen, die schließlich in der Abtrennung der sowjetischen Besatzungszone unter Abwürgung Wiens enden könnten.

Das in diesem Grundsatzpapier entwickelte Garantiekonzept nach dem Schweizer Modell von 1815 bildete ohne Zweifel die Grundlage für Raabs entsprechende Äußerungen vom 20. März. Es beeinflusste aber offensichtlich ebenso die Äußerungen Kreiskys bei einem von diesem drei Tage zuvor gegebenen Abendessen. Anwesend waren – abgesehen von Kreisky und dem schwedischen Botschafter Sven Allard – Vizekanzler Schärf, der Leiter der Politischen Abteilung des Außenamtes Josef Schöner, der französische Stellvertretende Hochkommissar Roger Lalouette und sein sowjetischer Kollege Sergej Kudrjavcev.[42]

Nach Allards Schilderung versuchte Kreisky mit Unterstützung Schärfs und Schöners, von dem anwesenden sowjetischen Diplomaten eine Präzisierung der von Molotov geforderten „Garantien gegen den Anschluß" zu erhalten. Im Laufe des Gespräches kritisierte Kudrjavcev die österreichische Regierung dafür, dass sie es unterlassen habe, in ihrer am 14. März Molotov übergebenen Stellungnahme zu dem

42 Allard, *Diplomat in Wien,* 171–174; ein Auszug daraus bei Kreisky, *Herausforderung,* 105f; darin wird der in der Buchausgabe von Allards Memoiren als K. bezeichnete sowjetische Diplomat als der Gesandte Kudrjavcev identifiziert. Jenny, *Konsensformel,* 147–151, handelt ausführlich von den Gesprächen bei Kreiskys Abendeinladung und zieht als neue Quelle Allards Bericht an den schwedischen Außenminister Undén v. 18. März 1955 heran. Eine Kalendereintragung Josef Schöners notiert als Zeitpunkt des Abendessens in der Armbrustergasse (Kreiskys Residenz in Wien-Döbling) 20 Uhr und nennt den Vizekanzler, Kudrjavcev, Lalouette und Allard. Mit freundlicher Genehmigung von Frau Rita Schöner, Kopie im Besitz von G.S.

sowjetischen Wunsch nach unverzüglicher Einberufung einer Vier-Mächte-Konferenz Stellung zu nehmen (Punkt 3 von Molotovs Erklärung vom 8. Februar). Kreisky erwiderte, die Bundesregierung sei niemals gegen eine Konferenz gewesen, sondern habe nur unterstrichen, dass für ein positives Ergebnis eine sorgfältige Vorbereitung auf diplomatischem Wege vorangehen müsse. Als die österreichische Antwort verfasst wurde, sei man davon ausgegangen, dass die Sowjetunion sich klar sein musste, dass Molotovs Forderung nach einem Zusammentreten der Konferenz vor Ratifikation der Pariser Verträge unerfüllbar sei.

Schließlich griff Kreisky nach dem „Dictionnaire diplomatique" und zitierte die Akte vom 20. November 1815 über die immerwährende Neutralität der Schweiz, in der die vorhin erwähnte Territorialgarantie enthalten war. Der maßgebliche Satz lautet in Übersetzung: „Die Signatarstaaten der Wiener Erklärung vom 20. März geben mittels dieser Akte eine formelle und authentische Anerkennung der immerwährenden Neutralität der Schweiz, und sie garantieren ihr die Unversehrtheit und Unverletzlichkeit ihres Gebietes." Kreiskys Frage an Kudrjavcev, ob Bestimmungen dieser Art als hinreichende Garantie gegen den Anschluss betrachtet werden können, dürfte sich besonders auf die Territorialgarantie dieses Dokumentes bezogen haben.[43] Überraschenderweise antwortete Kudrjavcev, er könne sich vorstellen, dass dieser oder ein ähnlicher Vorschlag Grundlage einer weiteren Diskussion sein könne. Er fügte allerdings hinzu, die Besatzungsmächte müssten zu bestimmten Maßnahmen berechtigt sein, falls die Bundesrepublik Deutschland Vorbereitungen treffen sollte, die als Bedrohung der österreichischen Unabhängigkeit verstanden werden müssten. Kudrjavcev bezog sich hier offenbar auf die Idee, dass den Besatzungsmächten das Recht eingeräumt werden müsste, ihre Zonen wieder zu besetzen, falls ihrer Auffassung nach die Gefahr eines Anschlusses akut werde.[44]

Gegen diesen von Kudrjavcev bereits wiederholt ins Gespräch gebrachten Vorschlag wandten sich Kreisky und Schärf am Abend des 17. März mit aller Entschie-

43 Hinweis auf das *Dictionnaire diplomatique* bereits in der (früheren) Schilderung bei Kreisky, *Die österreichische Neutralität*, 6. Im *Dictionnaire diplomatique* ist ein Aufsatz über die geschichtlichen Grundlagen der Neutralität der Schweiz des Schweizer Diplomaten G. Wagnière enthalten, in dem aus dem Text der Akte des Wiener Kongresses vom 20. November 1815 über die Neutralität der Schweiz zitiert wird. *Dictionnaire diplomatique*, hrsg. von der Academie diplomatique internationale unter Leitung von A.-F. Frangulis, Paris o. J., Bd. 2, 877; der gleiche Text des Dokumentes vom 20. November zusätzlich abgedruckt als Anhang zu Wagnières Aufsatz, ebd., 884f.

44 Allard, *Diplomat in Wien*, 173f; zur Frage eines Rechtes auf Wiederbesetzung vgl. auch ebd. 165f. Der entscheidende Punkt von Kudrjavcevs Wortmeldung, der Hinweis auf Maßnahmen der Alliierten im Falle einer Bedrohung aus Deutschland – sprich Wiedereinmarschrecht – wurde in Allards Memoiren genauso wiedergegeben wie in seinem seinerzeitigen Bericht an Undén; vgl. Allard, *Diplomat in Wien*, 174, mit dem Zitat aus Allards Bericht an Undén bei Jenny, *Konsensformel*, 148.

denheit – Kreisky hatte dies bereits zwei Wochen vorher ebenfalls getan.[45] Die österreichische Regierung könne niemals den Besatzungsmächten das Recht einräumen zu entscheiden, ob die Selbständigkeit Österreichs von deutscher Seite bedroht sei. Noch weniger könne eine Bestimmung akzeptiert werden, die „diesen Mächten die Befugnis gebe, ihre Zonen ohne Genehmigung der österreichischen Regierung wieder zu besetzen".[46] Die Idee des von der Sowjetunion erwogenen Wiedereinmarschrechtes sollte noch einmal, wie zu zeigen sein wird, Österreicher und Westalliierte mit Sorge erfüllen.

Auch der französische und der sowjetische Gast verfassten Berichte über die Gespräche im Hause Kreiskys. Gemäß seiner Beschreibung[47] sei Roger Lalouette „frappiert" gewesen zu sehen, mit welcher Leichtigkeit Kreisky sich auf das schweizerische Neutralitätsdokument berufen habe; dies sei ein Indiz für das Fortschreiten der österreichischen Ideen in dieser Richtung. Zwei Schriftberichte Kudrjavcevs geben jeweils überwiegend die Äußerungen von Kreisky und Schärf wieder und gehen nur relativ kurz auf eigene Äußerungen und gar nicht auf Äußerungen der anderen Gäste ein.[48]

Die Konversation zwischen Kudrjavcev und Schärf am 17. März ging schnell auf die Stellungnahme der Bundesregierung über, die drei Tage zuvor Molotov überreicht worden war. Das Hauptthema des Gespräches war die Garantie. Schärf fragte Kudrjavcev, wie die sowjetische Seite sich die Garantien gegen den Anschluss vorstelle. Kudrjavcev antwortete ausweichend, eine solche Frage könne auf einer Konferenz aller interessierten Staaten gelöst werden. In Bezug auf die „ökonomischen" Garantien gegen den Anschluss befürwortete Schärf eine Bestimmung, die es verbieten würde, dass große Unternehmen, die in der Vergangenheit als Deutsches Eigentum galten, von Deutschland zurückgefordert werden könnten. Ähnliche Gedanken waren Kudrjavcev bereits von Kreisky zwei Wochen zuvor mitgeteilt worden. Schärf brachte vergleichbare Überlegungen in den folgenden Tagen und Wochen zunächst im Parteivorstand der SPÖ und dann auch während der Moskauer Verhandlungen zur Geltung.

Die sowjetische Führung kam also durch die Berichte Kudrjavcevs über die Gespräche mit Kreisky und Schärf am 17. März ebenso wie nach Kenntnisnahme von

---

45 Im Gespräch mit Kudrjavcev am 4. März.

46 Allard, *Diplomat in Wien*, 174.

47 *Documents diplomatiques français 1955*, Bd. 1, Paris 1987, Nr. 135 (Bericht Lalouettes vom 21. März 1955).

48 AVPRF, f. 066, op. 38, p. 295, d. 5, ll. 17–19 (Gespräch m. Kreisky) sowie 20–22 (Gespräch m. Schärf). Diese Berichte wurden erstmals von Manfried Rauchensteiner herangezogen. Rauchensteiner, „Frühlingstag", in: *Die Presse*, 11./12. Mai 1991, Spectrum, 1f. Zu Sergej M. Kudrjavcev, siehe die Angaben in: *Diplomatičeskij slovar'*, Bd. 2, 120f.

Raabs vorhin erwähnter Radioansprache vom 20. März in den Besitz zusätzlicher Informationen über die sich konkretisierenden Planungen auf dem Ballhausplatz.[49] Diese Informationen ließen keinen Zweifel am deutlichen Willen der Spitzenvertreter beider Koalitionsparteien, auf Grundlage einer – wie auch immer im Detail zu beschreibenden – „Neutralität" zum Abschluss zu kommen.

Am Tage von Raabs Radiorede wurden auch von ganz anderem Orte, nämlich aus Paris, bedeutende Signale in Richtung Moskau gesendet. Ministerpräsident Edgar Faure kam an diesem Tag zu einem höchst vertraulichen Gespräch mit dem Sowjetbotschafter, Sergej Vinogradov, zusammen, und zwar in der Wohnung des gaullistischen Ministers Gaston Palewski. Letzterer hatte Vinogradov bei einem früheren Zusammentreffen am 22. Februar mitgeteilt, dass Faure bereit sei, die Ratifikation der Pariser Verträge zu verzögern, um eine sowjetisch-französische Détente zu erreichen. Obwohl Faures am folgenden Tag gegebene Antrittsrede Palewskis Vorhersage widersprach, wurde Vinogradov vom Politbüro angewiesen, französischen Widerstand gegen die Verträge weiterhin anzufachen. Am 10. März traf der sowjetische Botschafter Palewski und unterbreitete ihm das Angebot eines Vier-Mächte-Übereinkommens zur Beschränkung ost- und westdeutscher Aufrüstung, falls Frankreich die Pariser Verträge ablehnen würde.[50]

Vinogradov wurde instruiert, bei seinem Treffen mit Faure keine Einwände gegen einen französisch-sowjetischen Meinungsaustausch *vor* der Ratifikation der Verträge einzubringen; *danach* wäre ein solcher wertlos, da die Verträge die Basis für einen französisch-sowjetischen Bündnisvertrag beseitigen würden.[51] Als Anreiz für die französische Zusammenarbeit bei der Verhinderung der Pariser Verträge sollte Vinogradov eine Normalisierung der Beziehungen zwischen Ost- und Westdeutschland anbieten, ein Übereinkommen, das die Kopfzahl der deutschen Polizei und der Streitkräfte beschränken solle sowie eine internationale Kontrolle der Umsetzung.

Aus Faures Sicht sahen die Dinge anders aus. Frankreich hatte keine andere Wahl als die Pariser Verträge zu ratifizieren, wenn es die Isolation verlassen wollte, in die es sich durch die Ablehnung der Europäischen Verteidigungsgemeinschaft 1954 manövriert hatte; um jedoch die für die Ratifikation notwendigen Gaullistischen Stimmen zu erhalten, hatte die französische Regierung versprochen, sich für die Abhaltung von Ost-West-Verhandlungen einzusetzen. Um die Ratifikation nicht zu

49 Die beiden vorhin zitierten Gesprächsaufzeichnungen Kudrjavcevs tragen das Datum 22. März und wurden im Moskauer Außenministerium mit Datum 31. März registriert.

50 Thomas Angerer, „Re-launching East-West Negotiations while Deciding West German Rearmament: France, the Paris Treaties, and the Austrian State Treaty 1954/55", in: Suppan/Stourzh/Mueller, Hrsg., *Der österreichische Staatsvertrag 1955*, Wien 2005, 316–319.

51 KPdSU, Zentralkomitee, Prot. 112 P. 40, Sovposol, in: RGANI, f. 3, op. 10, d. 132, ll. 255–257.

gefährden, waren solche Gespräche jedoch erst nach der Annahme der Verträge zulässig. Die Verknüpfung mit dem Österreich-Vertrag war ähnlicher Natur: Während eine Erklärung der TASS vom 11. März versuchte, französischen Widerstand gegen die Ratifikation zu befeuern, indem sie die bevorstehende österreichische Lösung hervorstrich, und während Gaullistische Abgeordnete ihre Hoffnung zum Ausdruck brachten, dass die UdSSR im Vorhinein ankündigen würde, dass sie im Falle einer Ratifikation der Pariser Verträge eine Unterzeichnung des Österreich-Vertrages verweigern würde, machten Mendès-France und Faure klar, dass der Staatsvertrag zuerst unterzeichnet werden müsse, um eine Ost-West-Détente zu erreichen.[52]

Faure, der Russisch sprach und sich, folgt man der breit und genussvoll angelegten Schilderung dieses Gespräches in seinen Memoiren, auch einiges darauf zugutehielt, teilte Vinogradov bei ihrem Treffen am 20. März Folgendes mit: Erstens bestehe nicht der geringste Zweifel daran, dass die obere Kammer des französischen Parlamentes, der Rat der Republik, die Pariser Verträge alsbald ratifizieren werde. Dies war eine bittere Pille für die Sowjetunion, denn von da an war der bundesdeutsche NATO-Beitritt nicht mehr aufhaltbar. Faure wollte allerdings diese bittere Pille versüßen, indem er versprach, sich bei Eisenhower und Churchill sogleich und mit aller Entschiedenheit für die von der Sowjetunion so gewünschte Gipfelkonferenz einzusetzen. Faure erfüllte sein Versprechen noch am gleichen Tage und setzte entsprechende Schreiben auf, in welchen er allerdings sein Geheimgespräch mit Vinogradov nicht erwähnte. Zweitens tat Faure im Gespräch mit Vinogradov noch seinen Wunsch kund, dass der Österreich-Vertrag noch vor der geplanten Gipfelkonferenz abgeschlossen werden solle; er erwähnte Österreichs Bereitschaft, eine Neutralitätserklärung abzugeben und die grundsätzliche Zustimmung der Westmächte.[53] Molotov wusste allerdings bereits seit der Berliner Konferenz, dass die USA mit Österreich als eine Art zweiter Schweiz einverstanden waren.

52 Angerer, „Re-launching East-West Negotiations", 266; 297; 303.

53 Zu dieser Episode: Edgar Faure, *Mémoires*, Bd. 2: *Si tel doit être mon déstin ce soir...*, Paris 1984, 132–139. Vgl. insbes. Angerer, „Besatzung, Entfernung ... Integration?", 97, sowie ders., *Frankreich und die Österreichfrage*, 354f. Schreiben Faures an Eisenhower und Churchill am 22. März 1955, veröffentlicht in: *DDF 1955*, Bd. 1, Nr. 139. Zur Episode Faure–Vinogradov bereits Bruno Thoß, „Modellfall Österreich? Der österreichische Staatsvertrag und die deutsche Frage 1954/55", in: Bruno Thoß/Hans-Erich Volkmann, Hrsg., *Zwischen Kaltem Krieg und Entspannung. Sicherheits- und Deutschlandpolitik der Bundesrepublik* im *Mächtesystem der Jahre 1953–1956*, Boppard/Rhein 1988, 115f, sowie Bruno Thoß, „Der Beitritt der Bundesrepublik Deutschland zur WEU und NATO im Spannungsfeld von Blockbildung und Entspannung (1954–1955)", in: Ehlert u.a., *Die NATO-Option*, 116.

2. Die Sowjetnote vom 24. März und eine Einladung nach Moskau

Die Sowjetregierung reagierte schnell. Am 24. März übergab Molotov Botschafter Bischoff in Moskau eine Note als Antwort auf die ihm am 14. März überreichte Stellungnahme der Bundesregierung. Diese Note bezeichnete Allard als „den entscheidenden Wendepunkt in den Verhandlungen über den österreichischen Staatsvertrag".[54] Sie enthielt drei Punkte.

Zu Punkt eins: Unter Berücksichtigung der aktuellen Pläne zur Wiederbewaffnung Westdeutschlands, die aus sowjetischer Sicht die Gefahr der „Vereinnahmung" Österreichs verstärkten,[55] schlug die sowjetische Regierung vor, die Fristen für den Abzug der Besatzungstruppen zu diskutieren. Ebenso nötig sei eine Behandlung „der Maßnahmen, die in Hinkunft im Falle der Entstehung einer unmittelbaren Anschlußgefahr getroffen werden müssen". Hinter der letztgenannten Forderung verbarg sich der Anspruch auf ein Wiedereinmarschrecht. Wir werden darauf zurückkommen.

Zu Punkt zwei hieß es, dass die Sowjetregierung Österreichs Erklärung, es habe nicht die Absicht, militärischen Bündnissen beizutreten oder die Schaffung militärischer Stützpunkte auf seinem Gebiet zuzulassen, als Einverständnis der Regierung mit Punkt 2 des sowjetischen Vorschlages vom 8. Februar betrachte. Die Sowjetregierung sei bereit, entsprechend dem Wunsch der österreichischen Regierung die Frage zu prüfen, in welcher Form von Seiten Österreichs eine entsprechende Erklärung abgegeben werden könnte. Die Sowjetregierung bestätigte auch „die Notwendigkeit, daß die Regierungen der USA, Englands, Frankreichs und der UdSSR ihrerseits entsprechende Verpflichtungen auf sich nehmen". Dieser Punkt enthielt zwei wichtige Klarstellungen. Erstens kam der vage Begriff der „Koalition", wie er zuvor in Berlin verwendet worden war[56] und sich noch in Punkt 2 von Molotovs Erklärung vom 8. Februar fand, nicht mehr vor. Zweitens war die Sowjetunion mit

54 Die sowjetische Stellungnahme wurde am Abend des 24. März auf einer im Moskauer Außenministerium einberufenen Pressekonferenz bekanntgegeben. *WZ*, 25. März 1955, 1; Allard, *Diplomat in Wien*, 176.

55 „pogloščenie", wörtlich „Verschlingung", auch mit „Vereinnahmung, Absorption" zu übersetzen. Die Zitierungen erfolgen gemäß der dem russischen Original (in: *Pravda*, 25. März 1955, 3) genauer folgenden Übersetzung in: *Österreichische Zeitung*, 25. März 1955, 1; eine andere Übersetzung in *WZ*, 25. März 1955, 1 sowie in *DÖA*, Nr. 157. Die Übersetzung aus der *Österreichischen Zeitung* wird hier auch deshalb verwendet, weil diese Übersetzung als Arbeitsunterlage für die Moskauer Verhandlungen vom April 1955 diente; vgl. unten Dokumentenanhang Nr. 3.

56 Figl teilte Botschafter Thompson mit, er habe Molotov in Berlin gefragt, was das Verbot von „Koalitionen" bedeute, und Molotov habe gesagt, es würde Österreichs Mitgliedschaft in Organisationen wie dem Europarat ausschließen. Telegramm Thompsons Nr. 2129 vom 25. März 1955, NA, RG 59, 663.001/3-2555.

der Abgabe einer österreichischen Verpflichtungserklärung einverstanden. Sie kam nicht mehr auf den in Berlin gemachten Vorschlag eines zusätzlichen Staatsvertragsartikels zurück, obgleich Bundeskanzler Raab in seiner Radiorede vom 20. März angedeutet hatte, zumindest zur Verankerung des Verbotes fremder Militärstützpunkte im Staatsvertrag bereit zu sein.

Zu Punkt drei bemerkte die Sowjetregierung, sie sei, den Wünschen der österreichischen Regierung entgegenkommend, damit einverstanden, dass der Staatsvertrag gesondert auf einer Vier-Mächte-Konferenz unter Teilnahme Österreichs beraten werde.

Obwohl manche meinen, dass die sowjetische Note vom 24. März ein „letzter verzweifelter Versuch" gewesen sei, die Ratifikation der Pariser Verträge noch zu verhindern,[57] lässt die Bearbeitungsgeschichte des Textes darauf schließen, dass die Junktimierung zwischen den Österreich-Verhandlungen und der Forderung nach Deutschland-Verhandlungen bereits *vor* Ratifikation der Pariser Verträge schrittweise gelockert wurde, bis schließlich jegliche Verbindung verschwunden war. In einem frühen, zwischen 14. und 22. März verfassten Entwurf hieß es in Punkt 3 im Hinblick auf die geplanten sowjetisch-österreichischen Gespräche: „Der Meinung der Sowjetregierung nach wird das Erreichen der notwendigen Übereinstimmung in diesen [Österreich betreffenden] Fragen die Einberufung der Konferenz der vier Mächte mit Beteiligung Österreichs *vor* der Ratifizierung der Pariser Abkommen vorantreiben."[58] Als sich Molotov nach internen Diskussionen am 22. März ein zweites Mal an das Präsidium der KPdSU wandte, bestand er in seinem Begleitbrief darauf, man müsse der österreichischen Regierung einschärfen, dass die Einberufung dieser Konferenz „*vor* der Ratifikation der Pariser Verträge" notwendig wäre.[59] Im beigelegten zweiten Entwurf des Briefes an die österreichische Regierung wurde in Punkt 3 immer noch die *unverzügliche* Einberufung einer Konferenz der vier Mächte verlangt, „um sowohl die Frage des Abschlusses des Staatsvertrages mit Österreich als auch die Deutschland-Frage zu besprechen". Weiters hieß es, es sei „die Sowjetregierung damit einverstanden, dass auf einer Beratung der vier Mächte zuerst unter Teilnahme Österreichs die Frage des Österreich-Vertrages beraten

---

57 Allard, *Russia*, 176.

58 „… *do* ratifikacii parižskich soglašenij" (Hervorhebung des Autors). AVPRF, f. 06, op. 14, p. 9, d. 116, ll. 75–77: Entwurf („Proekt") mit dem Titel „Memorandum der sowjetischen Regierung", handschriftlich durchgestrichen; der Entwurf weist mehrere handschriftliche Streichungen und Korrekturen auf, möglicherweise von der Hand Gribanovs; die sehr charakteristische Handschrift Semënovs ist auszuschließen.

59 AVPRF, f. 06, op. 14, p. 9, d. 116, ll. 89–93, hier 92. Auch abgelegt in: RGANI, f. 3, op. 8, d. 217, ll. 184–193.

werde". Ursprünglich – in Molotovs Erklärung vom 8. Februar – war zuerst von der deutschen Frage gesprochen worden. Was das Timing der Vier-Mächte-Konferenz betrifft, so ging der Entwurf *erstmals* von einer *vor* der Ratifikation der Pariser Verträge zu erfolgenden Einberufung der Konferenz ab. Er betonte jedoch, dass *im Falle* der Ratifizierung der Pariser Verträge „eine ernste Anschlussgefahr und daraus folgend eine Gefahr für die Unabhängigkeit Österreichs heraufbeschworen" werden könne.[60]

In der letzten Fassung der Note, welche – dem entsprechenden Erlass des Präsidiums der KPdSU gemäß – „in der Präsidiumssitzung angenommene Korrekturen" beinhaltete,[61] war Punkt 3 viel knapper formuliert. Weder wurde von der Deutschland-Frage gesprochen, noch wurde die Ratifizierung der Pariser Abkommen erwähnt. In dem einzig verbleibenden Satz der vorhergehenden Fassung wurde festgelegt, dass auf einer Vier-Mächte-Konferenz die Frage des Österreich-Vertrages „gesondert" behandelt werde. Damit war die Verbindung zwischen dem österreichischen Staatsvertrag und einer einvernehmlichem Deutschland-Lösung gekappt.

Die sowjetische Note wurde Bischoff am 24. März übergeben, drei Tage vor der Abstimmung über die Pariser Verträge im französischen Rat der Republik. Die Sowjetregierung handelte nun endgültig in Konsequenz der Tatsache, dass das ursprüngliche Verlangen Molotovs nach Zusammentreten einer Viererkonferenz *vor* Ratifizierung der Pariser Verträge unerfüllbar war. Angesichts des nahenden letzten Schrittes im Ratifizierungsprozess schwanden die letzten sowjetischen Hoffnungen, diesen durch eine freundliche Nachricht zu Österreich noch aufhalten zu können, rapide. Seitdem Mendès-Frances Vorschlag vom November 1954 eine Lösung der Österreich-Frage zur Voraussetzung eines neuen Vier-Mächte-Gipfels *nach* der Ratifikation der Pariser Verträge gemacht hatte, war es zunehmend unwahrscheinlich geworden, dass die UdSSR den Prozess mit einem spektakulären Schachzug in der Österreich-Frage noch zum Entgleisen bringen könnte.[62] Wie sich herausstellte, spielte Österreich in den Debatten zur Ratifikation im französischen Senat am 26. und 27. März keine Rolle. Ministerpräsident Faure konnte die notwendige Unterstützung sichern, indem er gaullistische Gegenspieler kooptierte und klar machte,

60 Der Entwurf der Antwortnote ist Beilage 2 zu einem (im Außenministerium vorbereiteten) Entwurf einer Entschließung („postanovlenie") des ZK, jeweils vorhanden in: AVPRF, f. 06, op. 14, p. 9, d. 116, ll. 96–97, sowie ebd., d. 106, ll. 8–9 (der Entschließungsentwurf auf l. 6 trägt die Unterschriften Gribanovs und – mit 22. März datiert – Semënovs); die Exemplare in d. 116 sind angeschlossen an den in der vorhergehenden Anmerkung genannten Bericht Molotovs.

61 KPdSU, Präsidium, Prot. 113 p. xxxix, „O peregovorach s Avstriej", 24. März 1955, in: RGANI, f. 3, op. 10, d. 133, l. 1 und d. 134, ll. 1–3.

62 Angerer, „Re-launching East-West-Negotiations", 295; 327–333.

dass ein weiteres Scheitern die Isolation Frankreichs im Westen zur Folge haben würde.

Ein großes Problem der sowjetischen Note war die angedeutete Forderung nach einem Wiedereinmarschrecht.[63] Die Idee war ja bereits Ende Februar/Anfang März in internen Entwürfen und Positionspapieren des sowjetischen Außenministeriums enthalten gewesen und auch anlässlich des Gespräches zwischen Kudrjavcev und Kreisky ventiliert worden. Sowjetische Akten zeigen, dass auch während der Vorbereitung der Note vom 24. März das Wiedereinmarschrecht gefordert wurde. In den Weisungen (*ukazanija*) vom 22. März für die Gespräche mit der österreichischen Regierung gab es, wie bereits in einem Entwurf drei Wochen zuvor, einen eigenen Artikel 33-bis im Staatsvertragsentwurf; der neue Artikel besagte:

> Im Falle einer unmittelbaren Gefahr des Anschlusses Österreichs oder der Nutzung des Territoriums Österreichs für die Organisation eines Militäraufmarsches gegen irgendeine Macht, die mit ihren Militärverbänden am Krieg gegen Hitler-Deutschland oder an der Befreiung Österreichs teilnahm, wird das Recht auf den [Wieder-]einmarsch eigener Truppen vorgesehen: für die UdSSR – in Bezug auf Ostösterreich und für Frankreich, England und die USA – in Bezug auf die entsprechenden Zonen Westösterreichs.[64]

Die sowjetische Diplomatie konnte dabei auf den erwähnten bizarren Vorschlag des österreichischen Publizisten Gustav Canaval rekurrieren. Ausgerechnet am Tage, an dem die sowjetische Note vom 24. März veröffentlicht wurde, diente Canavals Vorschlag Kudrjavcev als „Aufhänger“, um im Gespräch mit seinem französischen Kollegen dessen Reaktion zu testen. Lalouettes Antwort war negativ.[65]

Sehr besorgt über diesen Punkt der Sowjetnote wie auch über den Vorschlag Canavals zeigte sich das Völkerrechtsbüro des Außenamtes. Am 26. März notierte

---

63 Sowohl Botschafter Bohlen in Moskau als auch Botschafter Thompson in Wien verwiesen auf diesen Zusammenhang: Telegramm Bohlens Nr. 1645 v. 25. März (irrtüml. Angabe des Absendedatums 15. März, zutreffendes Eintreffdatum 25. März) sowie Telegramm Thompsons Nr. 2129 vom 25. März 1955 nach Washington: NA, RG 59, 663.001/3-1555 (sic!), sowie 663.001/3-2555.

64 Punkt 3 der „Weisungen“; diese bilden Beilage I des oben in Anm. 63 genannten Entwurfes für eine Entschließung des ZK. AVPRF, f. 06, op. 14, p. 9, d. 106, l. 7, sowie d. 116, l. 95.

65 Gespräch Kudrjavcev–Lalouette am 25. März 1955, hierzu Telegramm Lalouettes an Pinay v. 26. März 1955, in: *DDF 1955*, Bd. 1, Nr. 152; Lalouette antwortete Kudrjavcev, seiner Meinung nach sei der Vorschlag „inakzeptabel“, für die Westmächte ebenso wie für die österreichische Regierung. Vgl. hierzu Michael Gehler, „Österreich und die deutsche Frage 1954/55: Zur ‚Modellfall‘-Debatte in der internationalen Diplomatie und der bundesdeutschen Öffentlichkeit aus französischer Sicht“, in: *20. Österreichischer Historikertag, Bregenz 1994, Tagungsbericht,* hrsg. v. Verband der österreichischen Historiker und Geschichtsvereine, Wien 1998.

dessen Leiter Verosta, wie gefährlich eine „Kasuistik der Garantie" wäre. Verosta fand sich in seiner im Papier vom 17. März vertretenen Auffassung bestärkt, die von den Großmächten zu gewährende Territorialgarantie solle „automatisch" wirken und nicht an eine Liste bestimmter Tatbestände gekoppelt sein, die lediglich als Vorwände für Interventionsversuche dienen würden. Er warnte:

> Dies würde allen vier Mächten ein echtes Interventionsrecht in österreichischen Angelegenheiten einräumen, das sich bis zur Wiederbesetzung des Landes (Vorschlag Canaval!) steigern könnte. Die Bevormundung Österreichs würde – ohne die Sicherungen des vierteiligen Kontrollabkommens – bestehen bleiben und sich womöglich gefährlicher auswirken als die heute latent immer vorhandene Drohung der Zerreißung des Landes.[66]

Botschafter Bischoff, in den letzten März-Tagen in Wien weilend, nahm die sowjetischen Absichten, konkrete Sicherungen zu verlangen, die über verbale Garantien hinausgingen, offenbar sehr ernst; möglicherweise hatte er Kenntnis von den noch vertraulichen sowjetischen Wiedereinmarschideen, die ja übrigens von Kudrjavcev in Wien mehrfach ins Gespräch gebracht worden waren. Noch vor der Veröffentlichung dieses Vorschlages verfasste Bischoff (in bemerkenswerter Weise die sowjetischen Wünsche antizipierend) den Entwurf einer Regelung zum Wiedereinmarschrecht.[67] „Im Fall einer unmittelbaren Bedrohung der österreichischen Unabhängigkeit" solle sich Österreich „an die vier Hauptmächte um militärische Hilfeleistung" wenden, welche „sich für jede der vier Mächte in ihren früheren Besatzungszonen abspielen" solle. Bischoffs Vorsorge sollte sich erfreulicherweise als unnötig herausstellen; das Wiedereinmarschrecht spielte zwei Wochen später bei den Moskauer Verhandlungen keine Rolle mehr. Bischoffs Entwurf ist gleichwohl aus zwei Gründen von Interesse. Erstens zeigen manche seiner Formulierungen – „unmittelbare Bedrohung der österreichischen Unabhängigkeit", „unmittelbare Gefahr für die Unabhängigkeit Österreichs" – deutlich den Eindruck, den die Sowjetnote vom 24. März mit ihrer Forderung nach Maßnahmen gegen eine „unmittelbare Anschlussgefahr" hinterlassen hatte. Zweitens dokumentiert der Text, wie tief

---

66 „Zur Frage der Garantien (Grundsätze für die internen Beratungen)", BMAA, Zl. 301.602-6VR/55; dieses Papier gehörte zu den Unterlagen für die am 28. März beginnenden Wiener Beratungen der österreichischen Botschafter bei den vier Mächten (Nr. 16); Exemplare finden sich u.a. in SBKA, Nachlass Kreisky, VII, Staatsvertrag 2, sowie VGAB, Nachlass Schärf, 4/248.

67 Ein maschinschriftlicher Durchschlag mit Schöners Datumstempel 30. März 1955 erliegt im Nachlass Schöner, Konvolut 17 (nunmehr: ÖStA, GD, NLS, E/1773); der Erstentwurf in Bischoffs Handschrift (undatiert) erliegt im Nachlass Bischoff, in: ÖStA, GD, NLS, E/1770:155.

zum damaligen Zeitpunkt das Denken in der Kategorie der Besatzungszonen auch Zukunftsplanungen beeinflusste: Es war denkmöglich, die Fortdauer „unsichtbarer Demarkationslinien" auch für die Zeit nach Abschluss des Staatsvertrages und nach Abzug der Besatzungstruppen ins Auge zu fassen.

Die sowjetischen Vorstellungen zur „konkreten" Sicherung beschränkten sich nicht auf die genannten. Im Februar/Anfang März war in den sowjetischen Entwürfen der „Weisungen für Verhandlungen mit der österreichischen Regierung" auch die Rede vom Verbleiben einer „streng begrenzten" Anzahl von Militäreinheiten jeder der vier Mächte, allerdings nicht mehr auf die Dauer von sieben oder gar zehn, sondern von fünf Jahren, und nun nicht mehr so deutlich mit dem Hinweis auf einen deutschen Friedensvertrag, sondern mit der Zielvorgabe, die Erfüllung der Bestimmungen des Staatsvertrages über die Nichtzulassung eines neuen Anschlusses ebenso wie die Bestimmungen der Neutralität Österreichs zu beobachten.[68] Bischoff scheint auch davon Kenntnis erhalten zu haben.[69] In Wien kursierten in den letzten März-Tagen Berichte, zu von der Sowjetunion gewünschten Sicherungen zähle anscheinend auch die Idee, ein oder zwei Kompanien in Österreich, möglicherweise im Mühlviertel (dabei handelte es um jenes Gebiet der sowjetischen Zone, das direkt an die Bundesrepublik angrenzte) zu belassen.[70]

Gleichzeitig mit der Überreichung der sowjetischen Note lud Molotov Bundeskanzler Raab und andere Vertreter Österreichs, welche die Bundesregierung zu entsenden für wünschenswert hielte, zu Gesprächen nach Moskau ein. Nur zwei Tage später, am 26. März, kündigte Raab in einem Gespräch mit Hochkommissar Il'ičëv in Anwesenheit Figls an, dass er die Einladung annehmen werde. Raab kam auch auf inhaltliche Dinge zu sprechen. Nach Raabs Meinung müssten die vier Mächte die Unverletzlichkeit des Territoriums Österreichs, seine Unabhängigkeit und Freiheit garantieren. Raab unterschied offensichtlich nicht zwischen einer Territorialgarantie einerseits und einer Garantie der Unabhängigkeit und Freiheit ande-

68 AVPRF, f. 06, op. 14, p. 9, d. 106, l. 7 (Punkt 2), ein weiteres Exemplar in d. 116, l. 95; auch in Molotovs Bericht vom 22. März (vgl. oben Anm. 62), ebd., d. 116, l. 91. In einer etwas früher, nach dem 14. März entstandenen Fassung war sogar von einem geringeren Zeitraum von zwei bis drei Jahren die Rede; ebd., l. 73. Für den Abzug der Besatzungstruppen sah der Weisungsentwurf in der Fassung vom 22. März (Punkt 1) eine Frist von zwei Jahren ab Inkrafttreten des Staatsvertrages vor; ebd., l. 95.

69 Telegramm Nr. 2156 Thompsons nach Washington, 29. März 1955, NA, RG 59, 663.001/3-2955: „I have learned in strictest confidence that Bischoff has stated that in his opinion Soviet Government would not be satisfied with mere statement of guarantee but will seek some provision such as retention token force, perhaps as small as one company, or right of entry."

70 Telegramm Nr. 2199 Thompsons nach Washington, 2. April 1955, NA, RG 59, 663.001/4-255. Karl Gruber hat Gerald Stourzh gegenüber in einem Gespräch am 6. Mai 1980 erwähnt, Bischoff habe berichtet, dass die Russen in Oberösterreich bleiben wollten.

rerseits (wovor das Außenamt ausdrücklich gewarnt hatte).[71] Figl fügte hinzu, dass es wünschenswert wäre, einige veraltete Artikel aus dem Entwurf des Staatsvertrages zu beseitigen. Als Beispiele nannte Figl den Artikel über die Displaced Persons oder den Artikel über das Verbot für Österreich, Deutschen die Staatsbürgerschaft zu gewähren.[72]

Im nächsten Ministerrat am 29. März beschloss die Bundesregierung offiziell, der Einladung aus Moskau Folge zu leisten. Die Regierungsdelegation werde aus Bundeskanzler Raab, Vizekanzler Schärf, Außenminister Figl und Staatssekretär Kreisky bestehen. Auf die internen Gespräche, die der Bestellung vorausgingen, wird zurückzukommen sein.

Im März und Anfang April bereiteten sich also die Österreicher intensiv auf die kommenden Gespräche mit der Sowjetunion vor. So nutzte Kreisky eine Reise nach Genf zur Europäischen Wirtschaftskommission der UNO für einen Abstecher nach Bern.[73] Dort traf er am 25. März mit Außenminister Max Petitpierre sowie mit höchsten Beamten des Eidgenössischen Politischen Departements, Alfred Zehnder, und mit dem Außenwirtschaftsexperten Hans Schaffner zusammen. Knappe Notizen Petitpierres verzeichnen, dass Kreisky nach Bern kam, um sich „über die Neutralität, die für die Österreicher kein vertrauter Begriff ist, zu informieren", ohne allerdings inhaltlich auf das Gespräch einzugehen.[74]

Am gleichen Tage trat in Abwesenheit Kreiskys der Parteivorstand der SPÖ zusammen. Schärf berichtete über Molotovs Einladung und darüber, „daß in diesem Schritt eine Chance für Österreich zu erblicken ist". Schärf stieß bald zu einem ihm wesentlichen Punkt vor. Bisher sei nur von einer politischen und militärischen Unabhängigkeitsgarantie gesprochen worden. „Eine wirkliche Garantie müßte aber auch die wirtschaftliche Unabhängigkeit beinhalten." Die Westmächte hätten erklärt, „daß sie ihren Verzicht auf das deutsche Eigentum in Westösterreich zu Guns-

71 BMAA, Zl. 301.602-6VR/55.

72 Gesprächsaufzeichnung Il'ičëvs, 26. März 1955, AVPRF, f. 066, op. 38, p. 210, d. 3, ll. 46–47.

73 In Genf traf Kreisky u.a. mit Andrej Gromyko zusammen; Kreisky wertete es als „ermutigend" für die Österreicher, dass Molotov persönlich die Österreich-Frage behandle; Gromyko bestärkte ihn darin mit der Bemerkung, Molotov sei der zweite Mann in der Regierung. Bericht Thompsons an State Department, 28. März 1955, NA, RG 59, 663.001/3-2855.

74 SBA, Fonds Petitpierre, E 2800, 1990/106, „Conversations avec des personnalités étrangères" (post 1972) sowie Dossier „Pages de mémoires", auch zit. bei Klaus Eisterer, „Die Schweiz und die österreichische Neutralität 1955/56", in: Albrich u.a., *Österreich in den Fünfzigern,* Innsbruck – Wien 1995, 305f. Zu Kreiskys Gesprächen in Bern auch Jenny, *Konsensformel,* 218–221; eine zutreffende, den Stellenwert des Besuches in Bern nicht überbewertende Beurteilung ebd. 316. Nach einem Besuch bei Petitpierre in Neuchâtel teilte letzterer Gerald Stourzh mit Brief vom 28. März 1985 mit, dass er, von möglichen Notizen in seinen im Bundesarchiv erliegenden Papieren abgesehen, in seinen persönlichen Papieren keine Notizen zu Kreiskys Besuch im März 1955 gefunden habe.

ten Österreichs in den Friedensvertrag mit Deutschland aufnehmen würden." Es stehe aber in Frage, ob sie dazu imstande sein würden. „Zwei Drittel der verstaatlichten Industrie gelten als deutsches Eigentum. Wenn wir mit den Russen verhandeln", so Schärf, müsste man ihnen klar machen, dass eine wirkliche Unabhängigkeit (nur) gegeben wäre, wenn nicht nur die USIA, sondern auch das Zistersdorfer Erdöl und die Donau-Dampfschifffahrtsgesellschaft Österreich übergeben würden. Aufgrund des damals aktuellen Staatsvertragsentwurfes sollte der DDSG-Besitz im östlichen Österreich *auf Dauer* an die Sowjetunion übergehen, während beim Erdölkomplex der Sowjetunion Förderungsfristen von dreißig Jahren ab Inkrafttreten des Staatsvertrages eingeräumt werden sollten – in manchen Fällen sogar einschließlich einer Suchfrist nach neuen Ölvorkommen von acht Jahren, Fristen von insgesamt 38 Jahren. Schärf schloss: „Unsere Forderung muß sein: weder eine wirtschaftliche Abhängigkeit vom Westen noch vom Osten."[75] In der Diskussion machte Bruno Pittermann geltend, dass man auch „politische Koalitionsfreiheit" fordern müsste; damit war die Freiheit des Beitrittes zu (politischen) internationalen Organisationen wie dem Europarat gemeint. Alfred Migsch wandte ein: „Das Schweizer Neutralitätsbeispiel wäre für Österreich möglich, schließt aber die Forderung Dr. Pittermanns aus." Migsch fügte, auf Schärfs vorherige Forderung zurückkommend, hinzu: „Die Rückforderung des Erdöls und der Donau-Dampfschiffahrtsgesellschaft sei der beste politische Schachzug, den wir in dieser Lage unternehmen können." Migschs Wortmeldungen beweisen, dass das Schweizer Beispiel auch bei den Sozialdemokraten schon *vor* der Reise nach Moskau im Gespräch war. Schärfs Vorschläge wurden einstimmig gebilligt; er wurde ermächtigt, „bei passender Gelegenheit die Forderung nach Rückgabe von Zistersdorf und der Donau-Dampfschiffahrtsgesellschaft in der Öffentlichkeit zu erheben".[76]

---

75 Protokoll über die Sitzung des Parteivorstandes vom 25. März 1955, Bundesgeschäftsführung (vormals Zentralsekretariat) der SPÖ, Wien.

76 Ebd. Es fand noch eine weitere Parteivorstandssitzung vor der Abreise nach Moskau statt, am 1. April. Schärf berichtete, die Sowjets hätten scheinbar erwartet, dass die Westmächte die Reise nach Moskau zu unterbinden versuchten, und Adenauer tue „alles, um die Westmächte zu bewegen, keine Verhandlungen über Österreich zuzulassen". Protokoll über die Sitzung des Parteivorstandes vom 1. April 1955, Bundesgeschäftsführung der SPÖ, Wien. Es gab Vermutungen, offenbar auch aufgrund einer Äußerung Oskar Helmers am 15. April 1955, dass Beschlüsse des SPÖ-Parteivorstandes einer Zustimmung zur Neutralität entgegenstünden. Ludwig Steiner, „Die Außenpolitik Julius Raabs als Bundeskanzler", in: Alois Brusatti/Gottfried Heindl, Hrsg., *Julius Raab. Eine Biographie in Einzeldarstellungen,* Linz, o. J. [1986], 241, Anm. 15. Diese Vermutungen finden in den Protokollen des Parteivorstandes vor der Abreise nach Moskau keine Bestätigung. Allerdings hat Schärf später geschrieben, dass einzelne Stimmen im Parteivorstand, und „ganz besonders lebhaft" Minister Helmer, sich gegen die Teilnahme sozialistischer Regierungsmitglieder an der Fahrt nach Moskau aussprachen; es scheine, so Schärf, dass Helmer in einem vertraulichen Gespräch mit Raab diesem

Schärf tat dies nur zwei Tage später, am 27. März 1955. Am Vortag hatte der Vizekanzler Bischoff um Rat gebeten, ob dies von den Russen gut aufgenommen werden würde.[77] In den Wiener Sofiensälen hielt Schärf eine Rede vor der SPÖ Wien, die als das Gegenstück zu Raabs bereits erwähnter Rundfunkrede vom 20. März zu bezeichnen ist. Schärf sagte:

> Wir halten eine Garantie unserer Unabhängigkeit nach allen Richtungen und nach allen Seiten durch die Großmächte für eine wertvolle Grundlage der Selbständigkeit Österreichs. Wir sind aber davon überzeugt, daß Österreich nicht nur politisch unabhängig sein muß, sondern auch wirtschaftlich. Die Garantie einer politischen Unabhängigkeit könnte nur zu bald ausgehöhlt werden, wenn ein übermächtiges Ausland im Inland wirtschaftliche Kräfte gewinnt, wie wir dies vor 1938 erlebt haben.

Die Westmächte, so fuhr Schärf fort, hätten zugesagt, dass das Deutsche Eigentum in den Westzonen auf Österreich übergehen werde. Dies werde der „Gefahr einer wirtschaftlichen Überfremdung in den westlichen Zonen vorbeugen. Wir sind überzeugt", so sprach Schärf über die Köpfe seiner Zuhörer direkt seine kommenden Verhandlungspartner an, „daß Rußland in diesem Zusammenhang ebenso großmütig auf seine Ansprüche auf das sogenannte Deutsche Eigentum in der von ihm besetzten Zone verzichten wird. Nicht nur auf die USIA-Betriebe, sondern auch auf die Zistersdorfer Ölquellen und auf die Donaudampfschiffahrtsgesellschaft." Schärf fügte hinzu, dass Russland ja gegenüber Finnland ähnlich gehandelt habe. „Jede Garantie der politischen Unabhängigkeit wäre ein leeres Wort, wenn sie nicht ergänzt wird durch wirtschaftliche Unabhängigkeit."[78]

Die Presse der Volkspartei replizierte auf Schärfs Vorstoß mit der Kritik, Schärf präjudiziere die kommenden Verhandlungen. Der Staatsvertrag sei praktisch im Entwurf bereits fertig, Regierung und Parlament hätten sich zu diesem Entwurf bekannt. Die Forderung, einen völlig neuen Vertrag zu schaffen, sei nicht vertretbar.[79] In der Tat kämpften damals Raab und die ihm nahestehenden Blätter einen

in Aussicht gestellt habe, Sozialisten würden ihn nicht nach Moskau begleiten; zumindest habe Raab späterhin wiederholt solche Andeutungen gemacht. Maschinschriftl. Manuskript „Österreich wieder in Freiheit 1955–1957" (abgeschlossen April 1957, überarbeitet August 1959), VGAB, Nachlass Schärf, 4/064, S. 18. Derartige Äußerungen könnten „außer Protokoll" gemacht worden sein.

77 Schärf, *Tagebuchnotizen 1955*, 91f.

78 Rede in den Wiener Sofiensälen vor der Wiener SPÖ. *AZ*, 29. März 1955, 1.

79 Leitartikel „Entscheidende Reise", in: *Das Kleine Volksblatt*, 30. März 1955, 1f (gezeichnet „G.", d.i. vermutlich Franz Grössl).

Zweifrontenkampf; Kritik am „langen“ (oder „alten“) Vertragsentwurf kam auch von ganz anderer Seite (Gustav Canaval, Otto Habsburg, die pensionierten Diplomaten Eichhoff und Hornbostel). Allerdings wies auch die Presse der Volkspartei auf die Möglichkeit hin, die eine oder andere Erleichterung oder überhaupt die Eliminierung überholter Bestimmungen vorzuschlagen.[80] Die *Österreichische Neue Tageszeitung* hielt fest, dass jede österreichische Politik „stets um eine Verbesserung der seinerzeit festgelegten Positionen bemüht sein werde“, und zwar vor allem bei den Bestimmungen über wirtschaftliche Fragen, „insbesondere die des Deutschen Eigentums, genauer noch über die Zistersdorfer Ölquellen, die Donau-Dampfschiffahrtsgesellschaft usw.“[81]

Am 6. April 1955 erschien aus der Feder des außenpolitischen Redakteurs der *Arbeiter-Zeitung*, Friedrich Scheu, ein Leitartikel „Neutralität und Paktfreiheit“, der eindeutig zugunsten der letzteren, d.h. des Verzichtes auf das Recht, militärischen Bündnissen beizutreten, argumentierte und offenbar auch die Ansicht des sozialistischen Parteivorstandes, mindestens aber jene Schärfs und einiger weiterer Vorstandsmitglieder vor den Moskauer Verhandlungen reflektierte.[82] Der Begriff Neutralität, so schrieb Scheu, „stammt in Wahrheit aus einer früheren Epoche und paßt in unsere Zeit gar nicht mehr recht hinein.“ Scheu sprach sich klar zugunsten des Wortes „Paktfreiheit“, im Unterschied zu „Neutralität“, zur Kennzeichnung von Österreichs zukünftigem Status aus.

Am gleichen Tage, an dem in der „Arbeiter-Zeitung“ Friedrich Scheu gegen „Neutralität“ und zugunsten „Paktfreiheit“ argumentierte, schrieb der damals in Graz wirkende, ebenfalls der Sozialdemokratie angehörende Benedikt Kautsky, eine in ihrer Ausgewogenheit und Offenheit besonders beeindruckende Persönlichkeit,[83] in der Grazer *Neuen Zeit* seelenruhig von Österreichs kommender Neutralität. „Daß Österreich den Willen zur Neutralität hat, steht außer Zweifel“.[84]

---

80 Ebd. Der Leitartikler fügte übrigens hinzu: „Wir vertrauen, das sei aus diesem Anlaß ohne Einschränkung gesagt, auch den beiden sozialistischen Kabinettsmitgliedern und sind überzeugt, daß auch sie ihr Bestes für Österreich tun werden.“

81 Leitartikel „Keine Hemdärmelpolitik“, in: *Österreichische Neue Tageszeitung*, 30. März 1955, 1f (gezeichnet als „-us-“, d.i. vermutlich Helmut Schuster).

82 F. S. (d.i. Friedrich Scheu), „Neutralität und Paktfreiheit“, in: *AZ*, 6. April 1955, 1f. Abgedruckt in *AdG*, 1955, 5116f, sowie in *DÖA*, Nr. 162. In einem Brief an G.S. vom 24. Oktober 1974 hat Dr. Scheu freundlicherweise mitgeteilt, er habe diesen Artikel im Auftrag des Chefredakteurs der *AZ*, Oscar Pollak, geschrieben, stillschweigend seine Billigung erhalten und sonst mit niemandem besprochen. Pollak habe als Chefredakteur der *AZ* den Sitzungen des Parteivorstandes beigewohnt. Dass dieser Artikel die Ansicht des Parteivorstandes wiedergegeben habe, hat Bundeskanzler Kreisky in einem Gespräch mit G.S. am 17. Jänner 1972 mitgeteilt.

83 Dieses Urteil beruht auf persönlichen Erinnerungen. G. S.

84 Benedikt Kautsky, „Österreich zwischen den Fronten“, in: *Neue Zeit*, 6. April 1955, 1–2.

Zur Abstimmung der Regierungsposition hatte bereits am 28. März unter dem Vorsitz des Bundeskanzlers eine Besprechung stattgefunden, an der Schärf, Figl und Kreisky, die Botschafter Bischoff (Moskau), Gruber (Washington), Schwarzenberg (London), Vollgruber (Paris) sowie leitende Beamte des Außenamtes teilnahmen.[85] Raab meinte einleitend, man werde in Moskau „keine Abschlüsse" machen, sondern sich eher erkundigen und sondieren. Es gab wohl zwei Gründe für diese vorsichtige Haltung: erstens konnten die Österreicher nicht wissen, was ihnen in den bevorstehenden Gesprächen angeboten werden würde. Die Devise „nur nicht festlegen" war sohin ein elementares Gebot verhandlungstaktischer Klugheit. Zweitens war es aber auch Bedachtnahme auf das loyale Verhältnis zu den Westmächten, worauf Kreisky hier (und auch nach der Ankunft in Moskau)[86] hinwies. Vizekanzler Schärf fügte hinzu, wenn man am Staatsvertragstext viel herumarbeite, könne man in Schwierigkeiten geraten. Die Österreicher wollten Verbesserungen, Erleichterungen, doch war es gefährlich, den „alten Vertragsentwurf" von 1949 grundsätzlich in Frage zu stellen; in der Tat hatte ja der „Kurzvertrag" eine schwere Abfuhr erlitten, wie noch gut in Erinnerung war.

Auf Wunsch Raabs referierten die vier Botschafter über die Angelegenheit aus der Sicht der Hauptstädte, in welchen sie akkreditiert waren. Bischoff wiederholte seine Meinung, das sowjetische „Ideal ist es, einen Zustand in Europa herbeizuführen, bei dem eine neutrale Zone zustandekommt, ähnlich wie sie im Norden bereits durch Schweden und Finnland repräsentiert wird. Eine derartige Neutralitätszone, umfassend die Schweiz, Österreich und Jugoslawien würde Donaueuropa abschirmen."[87] Gruber referierte, dass die Amerikaner sich der Tatsache, dass Österreich keinen militärischen Bündnissen beitreten wolle, bewusst seien, doch möchte man, „daß wir diesem Punkt keine besondere Prominenz geben". Das Wort „Neutralität" sollte möglichst wenig gebraucht werden, „selbst wenn es dem Sinn nach zu einer solchen kommen würde". Auch Vollgruber berichtete, dass man in Paris eine „Neutralisierung" (im Sinne einer vertraglichen Neutralisierung) nicht positiv sehe, schon wegen der Einwirkungen auf Deutschland – „Wenn wir uns aber selbst als souveräner Staat für neutral erklären, dann hätte man sicherlich nichts dagegen." Schwarzenbergs Bericht aus London zeigte, dass die Skepsis im Foreign Office sehr

85 Amtsvermerk (Mitschrift der Besprechung) in: AdR, BMAA, II-Pol, Zl. 320.920-Pol/55, veröffentlicht in: *ÖuG*, Nr. 110.

86 Schärfs Aufzeichnungen (mit Kreiskys Ergänzungen) unter dem Titel „Erinnerung an die Moskau-Fahrt vom 11. bis 15. April 1955" erstmals veröffentlicht von Karl R. Stadler in: *Die Zukunft* 4, 1980, 23–30 sowie zwei Jahre später in Stadler, *Adolf Schärf*, 437–449. Weiterhin zit. als: Schärf, „Moskau-Fahrt", mit Seitenangaben nach der Veröffentlichung in *Die Zukunft*.

87 Vgl. *ÖuG*, Nr. 110 (S. 255f).

groß war; sein Bericht wich deutlich von Vollgrubers ab; er berichtete, London fürchte, dass die Russen wirklich konzessionsbereit sein würden und in Moskau „in vielen Dingen nachgeben werden". Kreisky Kommentar dazu sollte zum entscheidenden Satz der ganzen Besprechung werden: „Zu der Bemerkung Botschafter Schwarzenbergs über die Gefahr, daß die Westmächte durch russische Konzessionen in eine unangenehme Lage kommen könnten, muß ich nur sagen, *daß wir bei wirklichen Zugeständnissen nicht nein sagen können.*"[88]

Zum Abschluss der Sitzung gab Raab den im Westen akkreditierten Botschaftern Worte der Beruhigung für die Westmächte mit. Es stehe jedenfalls fest, „daß wir in unserer prinzipiellen Abwehr gegen den Bolschewismus keine politischen Konzessionen machen werden". Ausdrücklich bat Raab die Botschafter, dies den jeweiligen Regierungen in London, Paris und Washington ganz deutlich zu sagen. „Diese unsere Haltung sei eine feste Garantie der österreichischen Unabhängigkeit."[89]

3. Die Sorgen des Westens; letzte Überlegungen vor der Moskau-Fahrt, März–April 1955

Die Westmächte, zumal Briten und Amerikaner, waren im Lauf des März 1955 immer beunruhigter geworden. Ausschlaggebend waren drei Befürchtungen: erstens die Sorge, dass Österreich als der schwächere Partner im bilateralen tête-à-tête mit Moskau verschiedenartigen Verlockungen oder sowjetischem Druck erliegen könnte.[90] Zweitens bestand die Befürchtung, Moskaus Österreich-Initiative sei nur ein weiterer Versuch, die NATO-Integration Westdeutschlands zu vereiteln. Drittens herrschte vor allem unter militärischen Amtsträgern die Besorgnis, dass ein Abzug aus Österreich die westliche und österreichische Verteidigung gegen Osten schwächen würde.

Die erste Sorge betraf „nur" Österreich. Die Österreicher „scheinen die Absicht zu haben, sich wie die Gadarenischen Säue über den Abgrund in ihr Verderben zu stürzen", notierte Geoffrey Harrison, jener britische Diplomat, der zwölf Jahre zu-

88 Ebd. (S. 261). Hervorhebung der Autoren.

89 Ebd. (S. 262, 264). Die Mitschriften weiterer Besprechungen im Wiener Außenamt in Vorbereitung der Reise nach Moskau sind publiziert in *ÖuG*, Nr. 109 (Vorbesprechung bei Figl mit Kreisky am 28. März), Nr. 111 (Besprechung bei Generalsekretär Wildmann, 30. März sowie bei Außenminister Figl am 2. April); zwei weitere Besprechungen am 29. und 31. März sind im Nachlass Schöner dokumentiert

90 „We do not like bilateral Austro/Russian talks, since the Austrians are no match for the Russians." Aktennotiz Geoffrey Harrisons (o. D., vermutl. 17. März 1955), TNAUK, FO 371/117786/RR1071/43.

vor den Urtext der Moskauer Österreich-Erklärung entworfen hatte.[91] Er verfasste am 23. März ein Memorandum, das skeptisch eine vom Westen wohl nicht zu verhindernde Situation skizzierte: Die österreichische Regierung scheine entschlossen, eine beträchtliche Wegstrecke in Richtung vollständiger „neutralisation" zu gehen.[92] Im Hinblick auf Österreichs geographische Position wäre es vielleicht unlogisch, irgendetwas anderes zu erwarten, aber: „Ist der Westen bereit, dies zu akzeptieren?". Harrison versuchte, eine Antwort zu geben. In der Vergangenheit hätten die Amerikaner eine „Vorwärts-Strategie" bevorzugt. Sie hätten es gerne gesehen, wenn sich Österreich nach dem Vertrag dem „westlichen militärischen Club" zugesellt hätte.[93] Die Briten hätten die Praktikabilität dieser Haltung sowohl aus militärischen als auch politischen Gründen bezweifelt. Aber die Briten hätten gehofft, dass die Österreicher dem westlichen „politischen Club" beitreten würden. Auch dies schien nun zweifelhaft. Die Aussichten heute wären jene eines „politisch und militärisch neutralisierten Österreichs, möglicherweise unter internationaler Garantie".

Als Außenminister Anthony Eden Harrisons Memorandum zwei Tage später, am 25. März, erhielt, sorgte er sich bezüglich der Möglichkeit, dass Raab nach Mos-

91 Notiz vom 22. März 1955, TNAUK, FO 371/117786/RR1071/45. Lt. der Bibel Math. 8, 32 stürzte sich eine von Dämonen besessene Schweineherde „den Abhang hinab in den See und kam in den Fluten um". Diese Äußerung wird seit ihrer Freigabe 1986 gerne zitiert; u.a. Rolf Steininger, „1955: The Austrian State Treaty and the German Question", in: *Diplomacy and Statecraft* 3, 1992, 494–522, hier 505. Steininger bietet aufgrund britischer Akten eine ausführliche Darstellung der westlichen, zumal britischen Reaktionen auf die sowjetische Österreich-Initiative zwischen Februar und April/Mai 1955; zu diesem Thema auch mit stärkerer Betonung der USA mehrere Aufsätze von Günther Bischof, insbes. „Anglo-American Powers", 385–388, „Eisenhower and the Austrian Treaty", 156f, und vor allem in: „Österreichische Neutralität, die deutsche Frage und die europäische Sicherheit 1953–1955", in: Rolf Steininger u.a., Hrsg., *Die doppelte Eindämmung. Europäische Sicherheit und deutsche Frage in den Fünfzigern,* München 1993, 133–176, hier 158–160.

92 Zum Folgenden TNAUK, FO 371/117787/RR1071/72.

93 „They would have liked Austria, after the Treaty, to join the western military club." Steininger, *„Austrian State Treaty",* 506f, (ebenso ders., „15. Mai 1955: Der Staatsvertrag", in: Steininger/Gehler, *Österreich im 20. Jahrhundert,* Bd. 2, 231) leitet daraus ab, man könne erstmals aus Harrisons Antwort entnehmen – in Hinblick auf die zahlreichen Sperren militärisch sensiblen Aktenmaterials in den Archiven –, dass die Vereinigten Staaten Österreichs Mitgliedschaft in der NATO wünschten bzw. erwogen. Diese Interpretation erscheint weit hergeholt. Die in Kap. V besprochenen amerikanischen Quellen, insbesondere Dulles' Haltung im Nationalen Sicherheitsrat im Oktober 1953, vor allem die Stellungnahme des Präsidenten Eisenhower vor der Berliner Konferenz und Dulles' dementsprechend autorisierte Äußerungen während der Berliner Konferenz zeigen, dass die USA die NATO-Mitgliedschaft Österreichs nicht erwarteten oder forderten. Dies bedeutet natürlich nicht, dass die USA nicht eine „Harmonisierung" des österreichischen Wehrpotenzials mit dem westlichen (NATO-) Wehrpotenzial angestrebt und gefördert hätten, was in der Tat vor und auch noch zumindest in den ersten Jahren nach 1955 der Fall war (zur Entwicklung 1955–1958 vgl. das Aktenmaterial in: NA, RG 59, file 763.5-MSP, besonders deutlich 763.5-MSP/3-1358).

kau ginge und dort den „Ränken“ der Sowjets ausgeliefert sei.[94] Harrison versuchte Eden zu beruhigen, indem er meinte, eigentlich könne Raab es nicht ablehnen, nach Moskau zu gehen. Dies sei die einstimmige Ansicht der westlichen Vertreter in Wien, des State Department und des Quai d'Orsay. Harrison fügte hinzu, dass der gegenwärtige Fall „nicht vergleichbar mit Schuschniggs berüchtigtem Besuch in Berchtesgaden sei“.[95] Neun Tage, nachdem der österreichische Kanzler am 12. Februar 1938 seinen folgenschweren Besuch bei Hitler angetreten hatte, war Eden als Außenminister zurückgetreten, weil er Chamberlains „appeasement“-Politik missbilligte. Wir wissen nicht, ob Eden in seinem Gespräch mit Harrison von selbst auf Berchtesgaden zu sprechen kam; bekannt ist allerdings, dass Eden bei einer späteren Krisensituation – der Politik Nassers in Ägypten 1956 – sehr wohl Parallelen zum Aufstieg Hitlers und dessen Nichtverhinderung in den Dreißigerjahren zog.

Anders als Eden erwog John Foster Dulles nicht, Raab am Gang nach Moskau zu hindern, warnte aber ebenfalls entschieden vor den Gefahren. „It is a dangerous place to go alone“, sagte der Secretary of State am 25. März zu Gruber.[96] Dulles verstehe aber, „daß die österreichische Regierung eine solche Einladung schwer zurückweisen könne, [doch es] empfehle sich, mit Vorsicht zu operieren“.[97] Dulles riet dazu, mit dem Termin einer Moskau-Reise eher langsam vorzugehen. Er dachte offenbar an die unmittelbar bevorstehende Ratifizierung der Pariser Verträge. Das, was der Westen angestrebt hatte und im Begriff zu erreichen war, musste, wie sich Dulles ausdrückte, „irreversible“ sein, bevor die USA auf hoher Ebene mit der Sowjetunion verhandeln würden.[98]

94 Eigenh. Anmerkung Edens 26. März 1955, ebd. RR1071/74; auch bei Steininger, „Austrian State Treaty“, 509. Edens Worte über „Moscow's wiles“ haben Günter Bischof zu dem Titel eines Vortrags „‚Austria and Moscow's Wiles‘: The Western Powers, Neutrality and the Austrian Peace Treaty“ (1987) inspiriert; Bischof hat das Thema in mehreren publizierten Arbeiten behandelt.

95 „...that the occasion would not be parallel to Schuschnigg's notorious visit to Berchtesgaden“. Handschriftl. Notiz Harrisons am Montag, den 28. März 1955 auf dem bereits zitierten Aktenstück RR1071/72.

96 Amerikanische Niederschrift des Gespräches Dulles/Gruber vom 25. März 1955, *FRUS 1955–1957*, Bd. 5, 16–19, hier 17.

97 Niederschrift Ernst Lembergers dieses Gesprächs. Erliegt in VGAB, Nachlass Schärf, 4/230, sowie im Julius Raab-Archiv, Wien, 116/a.

98 Der Begriff „irreversible“, obgleich nicht in der amerikanischen Niederschrift vorkommend, wird zweimal in Lembergers Niederschrift im Zusammenhang mit dem Ratifikationsprozess der Pariser Verträge im englischen Wortlaut zitiert und ist sicher authentisch. VGAB, Nachlass Schärf, 4/230. Er blieb in Grubers Ohr haften, denn drei Tage später – am dazwischen liegenden Wochenende war er von Washington nach Wien geflogen – berichtete Gruber in einer Vorbesprechung bei Figl und Kreisky zur „großen“ Botschafterbesprechung mit Raab und Schärf, der Abschluss des Staatsvertrages werde bei den Militärs wahrscheinlich keine Freude hervorrufen. „Wenn aber die die deutsche Armee wirklich aufgestellt sein werde und die Situation nach dem endgültigen Vollzug der Ratifika-

In einem für Dulles' Aussprache mit Gruber vorbereiteten „brief" betonte Livingston Merchant, Assistant Secretary of State for European Affairs, es sei mehr als wahrscheinlich, dass es das sowjetische Ziel sei, die Ratifizierung oder „noch wahrscheinlicher, die Implementierung" der Pariser Verträge zu verhindern.[99] Die Umsetzung der Pariser Verträge in die Praxis war das große Ziel der westlichen Politik, das unter keinen Umständen gestört, beeinträchtigt oder gar zerstört werden sollte.

Ernst Lemberger hat die Aussprache Dulles-Gruber vom 25. März als „äußerst unerquicklich" beschrieben. Die ständigen Gespräche auf niederer Ebene seien „noch weniger erfolgversprechend gewesen". Lemberger schrieb, „daß der Widerstand des State Department zuerst äußerst heftig und von verschiedenen Mißtrauenserklärungen gegenüber Raab begleitet war."[100]

Die Vermutung, Moskaus Österreich-Initiative ziele eigentlich auf die Bundesrepublik, war in den westlichen Staatskanzleien wohl die gängigste der diversen, in Korrespondenzen und Gesprächen zwischen westlichen Diplomaten kolportierten Hypothesen. Die Quellen hierzu sind reichlich vorhanden und auch mehrfach von der historischen Forschung untersucht worden.[101] In den Wochen vor der österreichischen Moskau-Fahrt blühten Spekulationen über die Motive der Sowjetunion, wobei die Schlüsse stark voneinander abwichen. Der US-Botschafter in Wien, Llewellyn Thompson, und sein Kollege in Moskau, Charles Bohlen, lieferten einander – in Glanzstücken diplomatischer Analyse – geradezu ein „Ping-Pong" unterschiedlicher Interpretationen. Thompson meinte, das grundlegende sowjetische Ziel scheine die Schaffung eines Gürtels neutraler Staaten, bestehend aus Schweden, Deutschland, Österreich und Jugoslawien zu sein. Im Hinblick auf Tendenzen in Jugoslawien in Richtung „Neutralismus" wäre dann Deutschland das einzige „mis-

---

tion *irreversibel* geworden sei, würden wohl auch bei den amerikanischen Militärs weniger Schwierigkeiten zu erwarten sein" (Hervorhebung der Autoren). Vorbesprechung am 28. März 1955, 11 Uhr 10: AdR, BMAA, II-Pol, Zl. 319.796-Pol/55, abgedruckt in: *ÖuG*, Nr. 109.

99 Merchant to „The Secretary", subject: „Austria", 25. März 1955, NA, RG 59, 663.001/3-2555.

100 Lemberger an Schärf, 16. Mai 1955, VGAB, Nachlaß Schärf, 4/230. Botschaftsrat Lemberger, Sozialdemokrat und Widerstandskämpfer (in Frankreich), war Vertrauensmann Schärfs an der Botschaft Washington. Lemberger hatte schon früher über die extrem anti-österreichische Einstellung des Deutschland-Referenten Coburn Kidd, der die Aufrüstumg und NATO-Einbeziehung Westdeutschlands gefährdet sah, geklagt. Lemberger an Schärf, 5. April 1955, ebd.

101 Insbesondere Gehler, *Modellfall*; Steininger, *Staatsvertrag*; Thoß, „Beitritt der Bundesrepublik zu WEU und NATO", 113–120, und dessen ältere Studie: Bruno Thoß, „Modellfall Österreich? Der österreichische Staatsvertrag und die deutsche Frage 1954/55", in: Bruno Thoß/Erich Volkmann, Hrsg., *Zwischen Kaltem Krieg und Entspannung*, Boppard/Rhein 1988, 93–136, sowie Bischof, „Österreichische Neutralität, deutsche Frage und europäische Sicherheit", sowie Steininger, „1955: The Austrian State Treaty and the German Question".

sing link" dieser Kette – eine Situation, die für die Sowjetunion eine beträchtliche Attraktivität haben müsse.[102] Bohlen stellte in seiner ersten Reaktion auf Thompsons Analyse drei mögliche sowjetische Motivationsstränge zur Diskussion: erstens der Wunsch, die Österreich-Frage von den blockierten Deutschland-Gesprächen zu trennen und nach der Ratifikation der Pariser Verträge die Österreich-Verhandlungen weiterzuführen, um nicht jeden Kontakt zu Westeuropa abzubrechen; zweitens (im Sinne Thompsons), die „solid neutralization" Österreichs, welche ein Band neutraler Staaten quer durch Europa ziehen würde, mit Österreich als Prototyp für Deutschland; drittens, die sowjetische Nutzung der Österreich-Initiative als Propaganda, um eventuell nach der Annahme der Pariser Verträge (d.h. nach dem westdeutschen NATO-Beitritt) Gegenmaßnahmen in (Ost-)Österreich zu treffen.[103]

In einem weiteren Bericht betonte Bohlen stärker das Eigengewicht der Österreich-Frage, d.h. der strategischen Rolle Österreichs im Rahmen der durch den westdeutschen NATO-Beitritt geschaffenen Situation. Die Sowjets wünschten wie bisher die Integration Österreichs in das westliche Verteidigungssystem zu verhindern; im Hinblick auf die kommende westdeutsche Wiederaufrüstung mochten die Sowjets die erhöhte Gefahr einer „verdeckten militärischen Assoziierung" Österreichs durch Verbindungslinien oder andere militärische Arrangements fürchten, die zur „De-facto-Einbindung" („de facto involvement") der drei Westzonen Österreichs in das militärische Netzwerk der NATO führen könnten.[104]

In einer späteren Meldung verwies Bohlen auf das nahe Bevorstehen weiterer sowjetischer Maßnahmen zur militärischen Organisation Osteuropas, nämlich den Warschauer Pakt. Bohlen glaubte, dass die Sowjetregierung wohl die Neutralisierung Gesamtösterreichs einer Alternative vorziehe, bei der zwar die sowjetische militärische Position in Ostösterreich beibehalten würde, sich aber die drei Westzonen in die Richtung der militärischen Einverleibung („incorporation") in die westliche Verteidigungsorganisation bewegen würden. Falls diese Ansicht richtig sei, so Bohlen, „werden die Gespräche mit Raab sich auf die Neutralisierungsfrage konzentrieren". Damit traf Bohlen, nur zwölf Tage vor Raabs Ankunft in Moskau, den Nagel auf den Kopf.[105]

---

102 Thompson an State Department, 23. März 1955, *FRUS 1955–1957,* Bd. 5, 13. All diese an das State Department gerichteten Berichte wurden auch sogleich nach Moskau, bzw. Bohlens Berichte auch nach Wien, gesandt.

103 Bohlen an State Department, 24. März 1955 (nicht veröffentlicht), NA, RG 59, 663.001/3-2455.

104 Bohlen an State Department, 25. März 1955, *FRUS 1955–1957,* Bd. 5, 15f.

105 Bohlen an State Department, 31. März 1955, ebd. 26. Zu Bohlens Hinweis auf die militärische Organisierung Osteuropas: Einige Tage zuvor, am 21. März, war in Moskau offiziell mitgeteilt worden, dass vollständige Einigung über den Inhalt eines Vertrages über Freundschaft, Kooperation „und gegenseitige Hilfeleistung" erzielt worden sei, und dass dieser Vertrag im Falle der Ratifizierung der

Thompson und Bohlen setzten ihren Disput in zwei Berichten fort. Thompson bagatellisierte Bohlens Hinweise auf die den Sowjets gefährlich dünkende mögliche militärische Integration der Westzonen in die NATO; er verwies auf den fast vollständigen Rückzug der britischen und französischen Truppen aus Österreich, auf das Nichtvorhandensein eines amerikanischen militärischen „build-up“ in Österreich und auf die Bedeutungslosigkeit („insignificance“) des (B-)Gendarmerie-Programmes. Etwas anderes, so Thompson, wäre (nach Ende der Vier-Mächte-Besetzung) die Einverleibung Gesamtösterreichs in das westliche Verteidigungssystem; die Sowjets würden bestimmt auf starken Sicherungen dagegen bestehen. Thompson meinte, das Ziel der Sowjets hinsichtlich der Neutralisierung Österreichs seien eher politische und wirtschaftliche Vorteile als die Vermeidung militärischer Nachteile.[106] Bohlen widersprach neuerlich. Die Sowjets dürften im Hinblick auf die geographische Lage Westösterreichs zwischen einem bewaffneten Westdeutschland und dem italienischen Sektor der NATO annehmen, dass Westösterreich im Laufe der Zeit de facto, wenn auch nicht offen, in das westliche Verteidigungssystem eingebunden würde, als Teil einer ununterbrochenen Linie von der Elbe zur Adria. Bohlen wiederholte seine Überzeugung, dass die Wiederaufnahme der Österreich-Frage durch die Sowjets ein Ergebnis der Ratifizierung der Pariser Verträge und der Aussichten auf ein wiederbewaffnetes (West-)Deutschland sei.[107]

Der dritte Bereich, der im Westen und besonders bei militärischen Funktionsträgem Sorgen bereitete – er wurde ja in der Bohlen-Thompson-Debatte bereits angesprochen –, war der militärisch-strategische. Westlichen Militärs verursachte die Schaffung eines Keiles zwischen dem alten NATO-Partner Italien und dem neuen NATO-Partner Westdeutschland und darüber hinaus die Schaffung eines militärischen „Vakuums“ keine Freude. Dies wurde im Frühjahr 1955 bei mehreren Gelegenheiten besprochen. Sogar Tito sagte einmal (Ende April 1955) zum österreichischen Botschafter in Belgrad, dass die Westmächte die Unterbindung der Nord-Süd-Verbindung zwischen Deutschland und Italien nicht gerne sehen würden; die Militärs „wollten immer alle ‚gaps‘ schließen“, fügte er hinzu.[108] Er wisse ein Lied davon zu singen.

Pariser Abkommen zum Abschluss kommen würde. Mastny, „NATO in the Beholder's Eye“, 63f; ders./Malcolm Byrne, Hrsg., *A Cardboard Castle: An Inside History of the Warsaw Pact, 1955–1991*, Budapest 2005, 2f.

106 Thompson an State Department, 4. April 1955, NA, RG 59, 663.001/4-455.

107 Bohlen an State Department, 8. April 1955, ebd., 663.001/4-855. Zu einigen anderen Berichten vgl. auch Bischof, „Österreichische Neutralität, deutsche Frage und europäische Sicherheit“, 159f, sowie Steininger, „1955: The Austrian State Treaty and the German Question“, 512.

108 Bericht Walter Wodaks über ein Gespräch mit Tito am 28. April 1955: AdR, BMAA, II-Pol, Zl. 321.844-Pol/55 (= Botschaft Belgrad Zl. 41-Pol/55 v. 29. April 1955). Deutlich beklagte der amerikanische Generalstabschef Radford die Verschlechterung der Verteidigung der südlichen Flanke der

Die Sorgen jener österreichischen Militärexperten und politischen Exponenten, die in der ersten Hälfte der Fünfzigerjahre am engsten in die geheime militärische Zusammenarbeit mit dem Westen eingebunden waren, reflektierten auch die Bedenken zumindest des US-Militärapparates in Salzburg, dem Sitz des „Salzburger Komitees".[109] In einer Besprechung am 2. April 1955 bei Außenminister Figl im Vorfeld des Moskau-Besuches fanden die Sorgen der österreichischen Militärfachleute lebhaften Ausdruck.[110] Werde der österreichische Raum neutralisiert, meinte der für das „Aufgebot" zuständige Leiter der Pensionsabteilung für ehemaliges Militärpersonal, Emil Liebitzky, „so entsteht eine Lücke. Bricht man Österreich aus dem ganzen System heraus, so ist die westeuropäische Verteidigung im wichtigsten Punkte aufgebrochen." Der österreichische Verbindungsoffizier zu den Westmächten, Zdenko Paumgartten, sagte, dass es gar nicht um die in den Zeitungen so viel besprochene Frage des Transits durch Westösterreich gehe, sondern um das „Problem der Gesamtverteidigung, das in zwei Gruppen aufgespalten würde". Liebitzky stieß nach: Die Herausnahme des österreichischen Raumes würde ein „Vakuum" bedeuten, „das für die Russen umso interessanter wäre, weil in absehbarer Zeit zwei deutsche Armeecorps im Norden stehen werden. Eine Bündnislosigkeit Österreichs bedeutete, daß alle operativen Vorteile auf Seite des Ostblocks wären". Eine „Neutralisierung durch zwei Mächtegruppen, die vielleicht in einen Krieg miteinander verwickelt werden könnten", so Liebitzky, bedeute im Ernstfall, „daß jede der beiden Gruppen den Versuch machen wird, Österreich in die Hand zu bekommen. Es ist klar, daß der Westen hierbei gegenüber dem Osten leicht zu spät kommen könnte." Der sowjetischen Seite müsse gesagt werden: „Wenn ihr eine wirkliche Neutralisierung Österreichs wollt, dann müßt ihr uns auch nach dem Muster der Schweiz genügend stark machen." Auch die Schweiz, so Liebitzky, sei militärpolitisch nur durch den Ostblock gefährdet: „Sie hat auch – natürlich streng vertraulich – schon eine gewisse Anlehnung gesucht und Fühler nach Fontainebleau ausgestreckt. Kein kleiner Staat kann sich auf die Dauer selbst verteidigen ohne Anlehnung an einen größeren Block."[111]

NATO durch den Rückzug der Westalliierten aus Österreich und durch mangelnde jugoslawische Kooperationsbereitschaft in einem Memorandum an Secretary of Defense Wilson, 5. Dezember 1955, in: *FRUS 1955–1957,* Bd. 26: *Central and South Eastern Europe,* Washington 1992, 4f.

109 Vgl. oben Kap. IV.

110 Zum Folgenden – Besprechung bei Figl am 2. April 1955 – von Schöner redigierter Aktenvermerk, AdR, BMAA, II-Pol, Zl. 321.310-Pol/55, veröffentlicht in: *ÖuG,* Nr. 115.

111 In Fontainebleau befand sich das NATO-Kommando Europa-Mitte. Seit Februar 1951 gab es interne Pläne des schweizerischen Generalstabes über Beziehungen zu einem eventuellen (westlichen) Alliierten im Kriegsfall (bei einem Angriff auf die Schweiz wäre die Neutralität und damit das Allianzverbot erloschen). Urs Grüter, *Neutrale Beobachter der Weltpolitik. Schweizer Diplomaten und*

Schließlich wollte Paumgartten „zur Frage einer eventuellen Neutralisierung Österreichs nur einige Meinungen von offizieller amerikanischer Seite wiedergeben", die er kürzlich gehört habe: Bei einer Neutralisierung Österreichs sei es „natürlich äußerst fraglich, ob unsere Ausstattung, die in Livorno liegt, an uns umsonst abgegeben werden kann, wie dies vorgesehen ist".[112] Kriegsmaterial dürfe nach den Beschlüssen des amerikanischen Kongresses

> nur an befreundete oder verbündete Nationen kostenlos abgegeben werden. Für ein neutralisiertes Österreich gäbe es nur zwei Möglichkeiten: entweder den Verkauf [der Materialien] an uns, was natürlich praktisch nicht in Frage käme, und die Herbeiführung eines neuen eigenen Kongreßbeschlusses, der uns das Material geben wird, obgleich wir weder ein verbündeter noch ein befreundeter Staat sind.[113]

Diese Überlegungen mochten ein Indiz für die Stimmung im österreichischen und US-amerikanischen Hauptquartier und vielleicht auch darüber hinaus sein, sie reflektierten aber nicht die Einstellung der politischen Führungsspitze. Ernst Lemberger berichtete, dass ihm am 19. April 1955 der zu Besuch in Washington weilende westdeutsche Sozialdemokrat Fritz Erler anvertraut habe, ihm habe Verteidigungsminister Charles Wilson bei einer Besprechung im Pentagon erklärt, *„militärische Erwägungen dürfen bei der Lösung der Österreich-Frage gemäß dem Wunsch des Präsidenten*

Militärs im Kalten Krieg, Unveröff. Diplomarbeit Universität Bern 1990, 99–104, bes. 100. Eine schweizerisch-britische Zusammenarbeit im militärischen Bereich wurde von Feldmarschall Bernard Montgomery in die Wege geleitet und beinhaltete Bemühungen um eine Koordination der NATO- und Schweizer Verteidigung bei Schaffhausen sowie den Austausch von Luftabwehrplänen. Mauro Mantovani, „Another ‚Special Relationship': The British–Swiss Early Cold War Coordination of Defense (1947–53)", in: *Diplomacy & Statecraft* 10:1, 1999, 127–146. Zu einer allerdings erfolglosen diplomatischen Initiative des französischen Botschafters in Bern Jean Chauvel 1952, die Schweiz näher an die NATO heranzubringen, vgl. Jenny, *Konsensformel,* 168. Zur militärischen Zusammenarbeit zwischen Schweden und den USA zu Beginn des Kalten Krieges kommt Jussi M. Hanhimäki zum Schluss, dass „despite its official policy of neutrality, by 1953 Sweden had effectively become a ‚secret ally' of the United States." J. M. Hanhimäki, „The First Line of Defence or a Springboard for Disintegration? European Neutrals in American Foreign and Security Policy, 1945–1961", in: *Diplomacy & Statecraft* 7, 1996, 378–403, hier 388. Die UdSSR wusste über dieses „geheime Bündnis" Bescheid; die westliche Unterstützung sollte dazu beitragen, die Sowjetunion von einem Angriff auf Schweden abzuhalten. Für eine differenzierte Debatte siehe Robert Dalsjö, „The hidden rationality of Sweden's policy of neutrality during the Cold War", in: *Cold War History* 14:2, 2014, 180–194.

112 Die unter dem Mutual Security-Programm gratis zur Verfügung gestellten und auch physisch bereits in Europa bereitliegenden Ausrüstungsgegenstände; vgl. oben Kap. IV, sowie *FRUS 1952–1954,* Bd. 1, 696.

113 Die Sorgen der Österreicher waren zwar grundsätzlich erklärlich, doch wie zu zeigen sein wird, sollten sie sich als unnötig erweisen.

keine Rolle spielen; sei der Weg über den Brenner gesperrt, werde man eben andere Lösungen suchen müssen".[114] Diesem Primat der Politik entsprach es, wenn Dulles österreichische Diplomaten in Washington wissen ließ, er sei bereit, zwei „Thesen" aufzustellen, um den Abschluss des Staatsvertrages zu ermöglichen: „1. Die Möglichkeit des Abschlusses des Staatsvertrages dürfe nicht durch Erwägungen über seine Auswirkungen auf Deutschland beeinträchtigt werden, 2. Militärische Erwägungen (Tirol als Durchzug von Italien nach Süddeutschland) dürften keine Rolle spielen."[115]

In den ersten April-Tagen beschlossen die drei Westmächte, eine gemeinsame Erklärung zu den sowjetisch-österreichischen Gesprächen und der kommenden Reise nach Moskau auszuarbeiten. Eine kleine Arbeitsgruppe, von Anthony Eden angetrieben, der offensichtlich auch von einem entsprechenden österreichischen Ansuchen beeindruckt war, arbeitete in London einen Text aus.[116] Die drei Hochkommissare in Wien überreichten am 5. April dem Bundeskanzler und dem Vizekanzler die gemeinsame Note. Darin verwiesen die Westmächte auf ihre jahrelangen Bemühungen um den Abschluss des Staatsvertrages und auf ihre Bereitschaft, den Vertrag in Berlin im Februar 1954 sogar unter den von der Sowjetunion 1949 gestellten Bedingungen zu unterzeichnen. Außerdem drückten sie ihre Hoffnung aus, dass die Entscheidung der Bundesregierung, die Einladung nach Moskau anzunehmen, „nützliche Klarstellungen" zur Folge haben werde. Sie vertraten die Ansicht, dass von der Sowjetunion unterbreitete Vorschläge, falls sie „ein klares Versprechen für die Wiederherstellung der Freiheit und Unabhängigkeit Österreichs beinhalten", in Wien von den Botschaftern der vier Mächte unter Teilnahme der österreichischen Regierung erörtert werden sollten. Am Folgetag, dem 6. April, veröffentlichte die Bundesregierung eine Stellungnahme, in der sie die Note der Westalliierten begrüßte und mitteilte, die Bundesregierung betrachte es als „Hauptzweck der Reise, nach der Rückkehr von den Besprechungen in Moskau die vier Besatzungsmächte wieder an einen Verhandlungstisch zu bringen".[117]

114 Lemberger an Schärf, 16. Mai 1955, VGAB, Nachlass Schärf, 4/230 (Hervorhebung der Autoren).

115 Ebd. Gespräch Lembergers mit dem Counselor des State Department, Douglas MacArthur II, von Lemberger als „ständiger politischer Berater Dulles'" charakterisiert, am 19. April 1955; das Gespräch kam auf Wunsch MacArthurs zustande. Zum Gespräch Dulles–Gruber vom gleichen Tage *FRUS 1955–1957*, Bd. 5, 49f.

116 Verosta hatte einen Angehörigen der britischen Botschaft in Wien um westliche Ratschläge („guidance") „so lange wie möglich, bevor wir [nach Moskau] abreisen", gebeten und hinzugefügt, die Österreicher „bräuchten die Unterstützung der Westmächte und eine öffentliche Bezeugung (a public show) ihres Interesses". Wallinger an Foreign Office, 29. März 1955; Eden strich diesen Punkt eigens an und notierte ärgerlich: „Wir scheinen mit unserer gemeinsamen Erklärung nicht weiterzukommen." TNAUK, FO 371/117787/RR1071/84.

117 Note der Westmächte vom 5. April 1955 in: *DÖA*, Nr. 160; Stellungnahme der Bundesregierung vom 6. April ebd., Nr. 161.

Anthony Eden erklärte dem Kabinett in London den Zweck der westlichen Erklärung damit, es sei wünschenswert, dass die Westmächte täten, was sie könnten, um die Österreicher in den Moskauer Diskussionen zu stärken.[118] Dem Vorschlag, in Wien auf Botschafterebene weiter zu verhandeln, lag die Absicht zugrunde, die sowjetische Initiative etwas zu dämpfen und vor allem ein Übergreifen der Diskussionen auf die Deutschland-Frage zu vermeiden.

Gegenüber westlichen Diplomaten wurden die Ziele und möglichen Ergebnisse der Reise nach Moskau als bescheiden dargestellt. Schon am 26. März und erneut am 1. April hatte Figl den drei westlichen Hochkommissaren gesagt, er sei ganz damit einverstanden, dass die Österreicher in Moskau „keine Verpflichtungen" eingehen sollten.[119] Botschafter Schwarzenberg meinte im Gespräch mit seinem britischen Kollegen, die Delegation betrachte sich lediglich als „fact-finding and study group", und sei sich absolut klar, dass sie keine Verpflichtungen irgendeiner Art eingehen könne.[120] Kreisky nannte dem US-Botschafter Thompson einige Themen, u.a. die Garantiefrage und das Deutsche Eigentum, die wahrscheinlich diskutiert werden würden, „ohne Verpflichtungen einzugehen"; Kreisky erwähnte auch, dass Schärf vollkommen skeptisch gegenüber der Vorstellung sei, in Moskau könne etwas Konstruktives erreicht werden.[121] Das österreichische Außenamt teilte am 4. April mit: „Die österreichische Delegation beabsichtigt nicht, anläßlich ihres Besuches in Moskau bindende Abmachungen zu treffen oder irgendwelche Verträge zu unterschreiben."[122] Bundeskanzler Raab selbst wiederholte seine Aussage anlässlich der Überreichung der Drei-Mächte-Erklärung am 5. April.[123] Die Zusicherungen österreichischerseits wurden jedoch durch die Aussage Kreiskys in der Besprechung mit den Botschaftern am 28. März relativiert, dass die Österreicher „bei wirklichen Zugeständnissen nicht nein sagen können".[124]

Etliche der österreichischen Delegationsmitglieder gingen offensichtlich ebenso mit sehr vorsichtigen Erwartungen nach Moskau. Am 4. April 1955 traf Schärf auf Fritz Heine, einen Abgesandten des SPD-Vorsitzenden Erich Ollenhauer. Heine notierte, dass Schärf (möglicherweise ergänzt durch Kreisky) gesagt hätte: „Unsere

118 Mitteilung Edens im Kabinett, 5. April 1955, TNAUK, CAB 128/28, C.C.28 (55).

119 Thompson an State Department, 26. März 1955, NA, RG 59, 663.001/3-2655; Thompson an State Department, 1. April 1955, NA, RG 59, 663.001/4-155.

120 „...that they could undertake no commitment of any kind". Wallinger an Foreign Office, 30. März 1955, TNAUK, FO 371/117787/RR1071/90.

121 Thompson an State Department, 30. März 1955, *FRUS 1955–1957*, Bd. 5, 23–25.

122 Runderlass v. 4. April 1955, unterzeichnet vom Leiter der Politischen Abteilung, Josef Schöner; AdR, BMAA, II-Pol, Zl. 321.020-Pol/55.

123 Thompson an State Department, 5. April 1955 (Nr. 2222), NA, RG 59, 663.001/4-555.

124 *ÖuG*, Nr. 110.

Absichten sind, anhören, was sie sagen. Unsere Meinung sagen, nicht dort verhandeln, sondern wieder abreisen und hier in Regierung und Parlament berichten, dann weiter sehen."[125] In einem Gespräch mit Schärf am 28. März hatte Raab gemeint, „er verspreche sich nichts besonderes, Figl wolle gar nicht nach Moskau", und er schlage vor, die Sache so einfach wie möglich zu machen und auf Figl und Kreisky zu verzichten. Schärf entgegnete, er halte dies nicht für zweckmäßig, „schließlich sei Figl von allem Anfang an mit dem Staatsvertrag befaßt gewesen und es wäre nicht schön, ihn jetzt zu übergehen". In der darauffolgenden Aussprache unter Zuziehung Figls und Kreiskys habe Figl sein Desinteresse an der Reise wiederholt.[126] Ob bei Figls Desinteresse die Erinnerung an den schweren Konflikt mit Raab zur Zeit seiner Ablöse durch Raab als Bundeskanzler im Frühjahr 1953 und die Erwartung, die Moskau-Reise werde ohnehin Raabs „show" werden oder zu nichts führen, eine Rolle gespielt haben mögen, muss dahingestellt bleiben.[127]

In den Tagen und Wochen vor der Moskau-Fahrt wurden manche mögliche „Szenarien" für die Zeit nach der Rückkehr aus Moskau zur Diskussion gestellt. Kreisky, dessen Wortmeldungen auch damals schon durch ihre direkte und klare Artikulation auffielen,[128] fragte in der Besprechung mit den Botschaftern am 28. März, ob sich der Westen im Klaren sei, „daß das gegenwärtige Idyll in Österreich nicht unbedingt andauern muß? Ein vollkommenes Scheitern der Besprechungen mit den Russen könnte Folgen haben, gegen die uns der Westen nicht schützen kann. Wenn der Westen von uns eine energische und harte Haltung verlangt, was geschieht dann in Ostösterreich?"[129]

125 Heines maschinschriftl. Bericht „Zwei Besprechungen mit Adolf Schärf" (vom 4. und 19./20. April 1955) veröffentlicht mit einer Vorbemerkung von Karl R. Stadler, „‚Modellfall Österreich'. Eine unbekannte Initiative aus dem Jahre 1955", in: Helmut Konrad/Wolfgang Neugebauer, Hrsg., *Arbeiterbewegung–Faschismus–Nationalbewußtsein. Festschrift zum 20jährigen Bestand des Dokumentationsarchivs des Österreichischen Widerstandes und zum 60. Geburtstag von Herbert Steiner,* Wien – München – Zürich 1983, 391–402, hier 395.

126 Vorblatt zu Schärfs Aufzeichnungen über die Moskau-Fahrt, VGAB, Nachlass Schärf, 4/247. Vgl. Schärf, *Tagebuchnotizen 1955*, 93. Diese Besprechungen fanden offensichtlich vor der am gleichen Tage um 16 Uhr 15 stattfindenden Besprechung mit den österreichischen Botschaftern statt, da bei dieser Besprechung bereits die Namen der nach Moskau fahrenden Regierungsmitglieder mitgeteilt wurden.

127 „Aussprache mit Figl, der mir schwere Vorwürfe macht mit Recht verbittert." Dies notierte Raab zum 26. März 1953 in seinem Politischen Tagebuch, das gerade zum Wechsel von der Regierung Figl zur Regierung Raab Februar–April 1953 bemerkenswerte Eintragungen enthält. StAS, PT Raab. Vgl. Wohnout/Schönner, „Kommentierte Edition des politischen Tagebuches von Julius Raab 1953/54", 58.

128 Botschafter Thompson bezeichnete Kreisky als „probably most intelligent member of Austrian Gvt concerned in foreign affairs", in einem Telegramm nach Washington vom 30. März 1955, *FRUS 1955–1957*, Bd. 5, 25.

129 *ÖuG*, Nr. 110 (S. 261).

Diese Sorge wiederholte Kreisky eine Woche später, diesmal im Gespräch mit Schärf und dem SPD-Abgesandten Fritz Heine. „Hauptproblem für Österreich bezüglich Staatsvertrag ist, daß die Alternative zum Staatsvertrag nicht unbedingt Fortsetzung des jetzt fast idyllischen Zustandes wäre, sondern die Gefahr der Neubelebung des Kontrollabkommens durch die Russen, auf kaltem Wege". Kreisky deutete damit die Sorge an, bei einem Scheitern der Moskauer Gespräche könnte die Sowjetbesatzung Maßnahmen ergreifen, die in Richtung einer Verschärfung des Unterschiedes zwischen Ost- und Westösterreich weisen könnten – letzten Endes in Richtung einer Teilung Österreichs.[130]

Die „idyllischen Verhältnisse" waren durchaus relativ. Im Ministerrat vom 29. März legte Innenminister Helmer sehr unerfreuliche Mitteilungen darüber vor, dass die Sowjetbehörden in St. Pölten die politische Überwachung der österreichischen Bevölkerung intensivierten.[131] Kreisky brachte diese Nachrichten brühwarm in einer Besprechung mit den österreichischen Botschaftern zur Sprache.[132] Er meinte, man müsse „sehr deutlich sagen, daß die Lage in der Ostzone Österreichs alles andere als gut ist"; die Russen könnten die Lage mit administrativen Mitteln sehr verschärfen. Kreisky illustrierte gerade im Hinblick auf solche Vorkommnisse die Notwendigkeit, den Westmächten die Dringlichkeit der kommenden Gespräche klar zu machen.

Ähnliche Besorgnisse finden sich auch in der Berichterstattung des US-Botschafters Thompson. Dieser meinte in einem Telegramm nach Washington, ein Aspekt der jetzigen sowjetischen Aktionen könnte die Vorbereitung von Maßnahmen sein, die (unter der nicht explizit ausgesprochenen Voraussetzung des Scheiterns der jetzt angebahnten Staatsvertragsgespräche) bis zur „virtual partition", d.h. faktischen Teilung des Landes gehen könnten. Er habe immer angenommen, setzte Thompson fort, dass in Bezug auf den Österreich-Vertrag unsere (d.h. die US-amerikanische) Option nicht zwischen dem Vertrag und dem Status quo, sondern zwischen einem Vertrag und „der Situation, die die Sowjets gegenwärtig in Österreich zustande zu bringen in der Lage wären", bestehe.[133] Wenig später telegraphierte Thompson nach

130 Stadler, „Modellfall Österreich", 396.

131 AdR, MRProt, Nr. 86, 29. März 1955 (Mitschrift, Beilage 1/86, sowie Pkt. 4. d. Beschlussprotokolls).

132 Besprechung am 29. März 1955 um 12.25 bei Figl, zusätzlich anwesend: Kreisky, Generalsekretär Wildmann, der Politische Direktor Schöner sowie die Botschafter Gruber, Vollgruber, Schwarzenberg und Bischoff. Schöners stenographische Mitschrift fand sich im Nachlass Schöner, Konvolut 17 (jetzt in ÖStA, GD, NLS, E/1773).

133 Telegramm Nr. 2134, 28. März 1955, NA, RG 59, 663.001/3-2855. Eine Aufzählung von Möglichkeiten, die den Sowjets in ihrer Besatzungszone zur Verfügung stünden, findet sich in einem weiteren Bericht Thompsons vom 6. April 1955, in dem er zum Schluss kam, dass die USA eine entschiedene Anstrengung machen sollten, um den Österreich-Vertrag jetzt zu vollenden. NA, RG 59, 663.001/4-655.

Washington, Raab glaube offenbar, dass Österreich, wenn der Vertrag nicht in dieser Runde zustande komme, wahrscheinlich letzten Endes geteilt werden würde.[134] Es stand also viel auf dem Spiel.

4. Sowjetische Vorbereitungen; Chruščëv setzt sich gegen Molotov durch, März–April 1955

Die bilateralen Verhandlungen mit der österreichischen Delegation wurden vom sowjetischen Außenministerium sorgfältig vorbereitet. Schon in den Frühfassungen der Weisungen (*ukazanija*) für die Gespräche mit der österreichischen Regierungsdelegation (verfasst zwischen Ende März und 1. April) fehlten die früheren Hinweise auf das Wiedereinmarschrecht oder auf den mehrjährigen Verbleib von Truppenkontingenten in Österreich.[135] In den Entwürfen des Ministeriums wurden als Räumungsfrist für den Abzug der Besatzungstruppen (neuerlich) zwei Jahre vorgesehen, mit Berufung auf den Mendès-France-Vorschlag vom November 1954. Es war nun nicht mehr von der „Neutralisierung" Österreichs die Rede, wie in früheren Positionspapieren, sondern von der Neutralität, genau genommen von der „Politik der Neutralität". Österreich solle seine Nichtteilnahme an Militärbündnissen und „Koalitionen" und die Nichtzulassung fremder Militärstützpunkte in einer eigenen Erklärung festlegen – also nicht im Staatsvertrag, wozu Bundeskanzler Raab ja bereit gewesen wäre (vgl. Radioansprache vom 20. März). Für den Fall, dass die österreichische Delegation keinen eigenen Entwurf vorlegen würde oder falls sich der Text der Österreicher als ungeeignet herausstellen sollte, wurden vorsorglich bereits Entwürfe einer solchen österreichischen Erklärung vorbereitet.

Ein bemerkenswertes Pressionsmittel gegenüber den Westmächten wurde in den zwei frühesten Entwürfen zur Diskussion gestellt. Sollte nämlich der Abschluss des Staatsvertrages hinausgezögert werden, wäre den Österreichern mitzuteilen, dass die Sowjetunion beabsichtige, mit Österreich einen „Meinungsaustausch" über die Änderung des Vier-Mächte-Kontrollsystems und die Auflösung des Alliierten Rates anzustreben. Ähnliche Überlegungen waren am 24. März

134 „I understand that he believes if Austria does not achieve treaty on this round she will probably end up by being partitioned." Thompson an State Department, 2. April 1955, *FRUS 1955–1957*, Bd. 5, 28.

135 Für das Folgende, in teilweise etwas voneinander abweichenden Formulierungen, zwei Vorentwürfe, jedenfalls nach dem 24. März entstanden, AVPRF, f. 06, op. 14, p. 9, d. 106, ll. 13–17, 24–29, und eine Endfassung, die am 1. April von Semënov Molotov vorgelegt, von diesem paraphiert und mit Datum 1. April an das ZK adressiert wurde, ebd., ll. 32–39.

in der *Österreichischen Zeitung* erschienen, der sowjetischen Zeitung in Wien, inklusive dem Vorwurf, die „regierenden Kreise der USA" wollten die Okkupation Österreichs andauern lassen, um auf die österreichische Regierung Druck auszuüben und um die Ressourcen Österreichs für die Interessen des Nordatlantik-Paktes auszunützen.[136] In der Endfassung der Direktiven, jener vom 1. April, waren die Hinweise auf eine Auflösung des Alliierten Rates jedoch wieder verschwunden.

In einem Vorentwurf wurde auch vermerkt, es solle im Verlauf der Verhandlungen Raab mitgeteilt werden, dass österreichische Kriegs- und Zivilgefangene vorzeitig entlassen und nach Österreich zurückgeführt würden.[137] Alle Direktiveentwürfe enthielten auch eine Liste veralteter Artikel im Staatsvertragsentwurf.

Bis einschließlich 1. April gingen alle Instruktionsentwürfe davon aus, dass die Erdölbetriebe und Erdölkonzessionen ebenso wie die DDSG im östlichen Österreich gemäß den 1949 vereinbarten Bedingungen bei der Sowjetunion verbleiben würden – und das hieß bei den Erdölbetrieben und Konzessionen 30 bis 38 Jahre, bei der DDSG auf Dauer. Ein eigenes österreichisch-sowjetisches Abkommen über die Schaffung „normaler Bedingungen" der Tätigkeit dieser Betriebe wurde als Vorbedingung für den Abschluss des Staatsvertrages bezeichnet. Hier sollte es allerdings sehr bald zu einer Kehrtwendung kommen.

In einem weiteren Punkt (noch nicht in der ersten, jedoch der zweiten und dritten Fassung vorhanden) wurde die Zusicherung der österreichischen Regierung verlangt, dass nach der im Staatsvertrag gegen die Ablöse von 150 Mio. Dollar vorgesehenen Übergabe der USIA-Betriebe an Österreich – dies waren weder die Erdölbetriebe noch die DDSG – das österreichische Personal dieser Betriebe (das nicht selten kommunistisch organisiert war) keinerlei Diskriminierung erfahren dürfe. Dieses Verbot sollte seinen Platz im Moskauer Memorandum finden.

Auch die völkerrechtlichen Aspekte der zukünftigen Neutralität Österreichs wurden erörtert. In einem Memorandum wies der Leiter der Vertragsrechtsabteilung des sowjetischen Außenministeriums, Grigorij I. Tunkin,[138] auf den Unterschied zwischen Neutralität während eines Krieges und ständiger Neutralität hin,[139] wobei er letztere in garantierte und (bloß) anerkannte ständige Neutralität unterteilte. Bezüglich Österreichs kommentierte Tunkin zwei Textentwürfe, eine „Erklärung Ös-

136 *Österreichische Zeitung*, 24. März 1955, 1.

137 AVPRF, f. 06, op. 14, p. 9, d. 106, l. 28.

138 Zu Tunkin vgl. die Angaben in *Diplomatičeskij slovar'*, Bd. 3, 486f. Zwischen 1952 und 1965 Leiter der genannten Abteilung des Außenministeriums der UdSSR.

139 „Postojannyj nejtralitet", in: AVPRF, f. 06, op. 14, p. 9, d. 109, ll. 1–5.

terreichs" und eine „Erklärung der Regierungen der UdSSR, der Vereinigten Staaten von Amerika, Großbritanniens und Frankreichs".[140]

Im Entwurf für eine Erklärung Österreichs hieß es, dass Österreich „unter unveränderter Aufrechterhaltung der Neutralität in den Beziehungen zu anderen Staaten" (in der früheren Variante: „unter unveränderter Aufrechterhaltung der politischen Neutralität") keinen Koalitionen und Militärbündnissen beitreten werde, die gegen eine Macht gerichtet wären, deren Streitkräfte am Krieg gegen Hitler-Deutschland und an der Befreiung Österreichs teilgenommen hätten, und dass Österreich fremde Militärbasen auf seinem Territorium nicht zulassen würde. Tunkin kommentierte diesen Text wie folgt: Der erste Teil der österreichischen Erklärung mit den Worten „unter unveränderter Einhaltung der Neutralität in den Beziehungen zu anderen Staaten" könne als Übernahme der Verpflichtung durch Österreich ausgelegt werden, den Status der immerwährenden Neutralität anzunehmen. Der zweite Teil mit dem Hinweis auf die Nichtteilnahme an Koalitionen und Militärbündnissen und die Nichtzulassung der Errichtung von ausländischen Militärbasen könne so ausgelegt werden, „dass sich die Verpflichtungen des Landes auf die konkret in diesem Teil der Erklärung angeführten Punkte beschränken". Die Formel über die Neutralität enthalte also „ein Element der Unbestimmtheit", schrieb Tunkin weiter. Dies sei aber „offensichtlich einer ihrer Vorzüge", da „kaum zu erwarten ist, dass die Österreicher auf die Annahme einer klaren Formulierung des Status der immerwährenden Neutralität eingehen werden".

Was die vier Mächte betraf, wurde in dem sowjetischen Entwurf vorgeschlagen, dass sie die Erklärung Österreichs über dessen „wechselseitige Beziehungen zu anderen Staaten" zur Kenntnis nehmen und ihrerseits erklären, die in dieser Deklaration enthaltenen Bestimmungen „zu respektieren und einzuhalten".[141] Bemerkenswerterweise enthielt der Entwurf für die Vier-Mächte-Erklärung das Wort Neutralität gar nicht.[142] Hier wurde offensichtlich Rücksicht auf die Empfindlichkeit der Westmächte genommen. Tunkin betonte, dass im Hinblick auf diesen Text die vier Mächte Österreichs Neutralität nicht garantieren würden und keine Verpflichtung übernähmen, diese zu schützen. Ihre Verpflichtungen würden sich darauf beschränken, ihrerseits keinerlei Handlungen zu setzen, die den von Österreich übernommenen Verpflich-

---

140 Diese Textentwürfe in: AVPRF, f. 06, op. 14, p. 9, d. 106, ll. 20–21 bzw. 30–31. Aus einer von Tunkin zitierten Textstelle ergibt sich, dass er sich auf die spätere Fassung bezog; im Folgenden wird aus dieser Fassung zitiert.

141 „uvažat' i sobljudat'".

142 Der frühere Entwurf enthielt die Verpflichtung Österreichs, keinen Koalitionen und Militärbündnissen beizutreten und keine Militärbasen auf seinem Territorium zuzulassen, während sich die revidierte Fassung mit einem Hinweis auf die Österreich zugedachte Erklärung begnügte.

tungen zuwiderlaufen würden. Tunkin machte einen Zusatzvorschlag, wonach die Regierungen der vier Mächte andere Staaten einladen sollten, sich der gegenständlichen Erklärung anzuschließen. Er begründete diesen Zusatzvorschlag damit, dass die Erklärung der vier Mächte ja andere Staaten nicht binden würde, was die Bedeutung der Neutralität Österreichs schwächen würde. Zur Stärkung der Neutralität Österreichs wäre es unbedingt notwendig, „eine möglichst große Zahl anderer Staaten" an die Verpflichtungen zu binden, die in der Viererklärung enthalten seien.

Die Beratungen im Präsidium der KPdSU am 2. April brachten eine bemerkenswerte Wende zugunsten Österreichs, wobei sich Chruščëvs Gruppe gegenüber Molotov durchsetzte. Das Präsidium fasste den Entschluss 1) die „Grundzüge" der Direktivenentwürfe anzunehmen; 2) Molotov mit der Überarbeitung der Direktiven „basierend auf dem Meinungsaustausch in der Präsidiumssitzung" und der erneuten Vorlage vor dem Präsidium zu beauftragen; und 3) Molotov, Mikojan, Kabanov und Semënov damit zu beauftragen, die „Frage" der sowjetischen Erdölindustrie und der DDSG in Österreich „vorzubereiten", wie es etwas vage im Protokoll vermerkt wurde.[143] Ein danach ausgearbeitetes und mit Molotovs Unterschrift an das ZK gerichtetes Positionspapier, in mehreren Entwürfen und einer Schlussfassung mit Datum des 7. April vorliegend, bezog sich auf den „Meinungsaustausch" im ZK am 2. April und hielt die daraus resultierenden Änderungen fest:[144]

1. Die Abzugsfrist für die Besatzungstruppen wurde von zwei Jahren auf ein Jahr reduziert. Zur Begründung hieß es, dass die Regierungen der USA und Großbritanniens aus militärstrategischen Gründen angeblich eher an einem Hinauszögern des Abzuges aus Österreich interessiert seien; der neue Vorschlag des rascheren Abzuges würde in der österreichischen Bevölkerung positiv aufgenommen werden und „gleichzeitig die Realisierung der militärisch-strategischen Pläne der westlichen Großmächte erschweren". Außerdem würde der Vorschlag der einjährigen Räumungsfrist „indirekt unsere Position in der Frage einer Beschleunigung des Abzuges der Truppen aus Deutschland stärken".[145]
2. Die eigentliche Wende kam in der Frage der Erdölbetriebe und der DDSG. In Abkehr von der bisherigen Position, die sich am Staatsvertragsentwurf in der

143 KPdSU, Präsidium, Prot. 114, P. xxvii, Proekt ukazanij k peregovoram s pravitel'stvom Avstrii, 2. April 1955, in: RGANI, f. 3, op. 8, d. 220, l. 97.

144 AVPRF, f. 06, op. 14, p. 9, d. 106, ll. 48–50, 74–76, Endfassung (mit Datum 7. April und der ms. Unterschrift Molotovs) 82–84; hier wird, wenn nicht anders vermerkt, nach der Endfassung zitiert. Vgl. Molotov – Zentralkomitee der KPdSU, 7. April 1955, in: RGANI, f. 3, op. 8, d. 136, ll. 97–99; Direktivenentwürfe ebd., d. 223, ll. 101–104.

145 Ebd., l. 82.

Fassung von 1949 orientierte, wurde nunmehr die Rückgabe an Österreich vorgesehen. Als Kompensation für die Erdölbetriebe (und Erdölkonzessionen) und DDSG sollte Österreich sechs Jahre lang etwa 690.000 Tonnen Rohöl jährlich an die Sowjetunion liefern; diese Menge entsprach etwa dem Wert von 70,6 Millionen US-Dollar.[146] Als technische Grundlage diente ein zweiseitiges Merkblatt (*pamjatka*) aus dem Außenhandelsministerium vom 4. April 1955. Diese Ausarbeitung „für Verhandlungen mit den Vertretern Österreichs über eine Übertragung der sowjetischen Erdölbetriebe und der DDSG an Österreich", von Außenhandelsminister Ivan Kabanov und einem weiteren Funktionär (Ja. Jušin) unterfertigt, berief sich ausdrücklich auf „Weisungen" Molotovs und Mikojans, die sich auch unter den Adressaten der Denkschrift befanden.[147] Dieses Papier regt eine etwas geringere Abschlagszahlung an; es schlägt vor, Österreich solle lediglich einen dem Bilanzwert der Unternehmen entsprechenden Pauschalbetrag bezahlen, 66 Mio. Dollar für die Erdölbetriebe und 2,8 Mio. Dollar für die DDSG-Werte, zusammen 68,8 Mio. Dollar. Tatsächlich empfahlen Kabanov und Jušin, den Preis für die Ölunternehmen und die DDSG sogar auf 55 Millionen Dollar zu senken, falls sich dies im Laufe der Verhandlungen als notwendig erweisen sollte. Dies sollte mittels Öllieferungen bezahlt werden. Das Außenministerium erwähnte zusätzlich die Notwendigkeit, die bei den sowjetischen Behörden und Betrieben in Österreich angestellten österreichischen Staatsbürger keinen Diskriminierungen auszusetzen.

3. Der interessanteste Punkt des neuen Positionspapiers betraf die Neutralität. In der Erstfassung finden sich bemerkenswerte Hinweise auf die Motive hinter dem sowjetischen Interesse am Begriff der „Neutralität" Die Neutralität solle im Vorschlag (für eine von Österreich abzugebende Deklaration) den Österreichern gegenüber unbedingt betont werden, da dies wiederholten Erklärungen führender Vertreter Österreichs entspreche, wonach Österreich bereit wäre, die Neutralität zu wahren; genannt wurden Körner, Raab, Schärf, Figl und Kreisky. Dies sollte Molotov den Österreichern (besonders den Sozialisten) schon früh in den Verhandlungen in Erinnerung bringen. Der (sowjetische) Vorschlag, die Neutralität in der von Österreich abzugebenden Erklärung genannt zu sehen, könnte aber auch, so der Entwurf, „ein gewisses Hindernis einer offenen Einbeziehung Österreichs in Militärblöcke der Weststaaten darstellen". Ein diesbezüglicher Vorschlag würde auch der Verstärkung neutralistischer Tendenzen (*nejtralistskich tendencij*) in Westdeutschland sowie in den skandinavischen und einigen

146 Ebd., l. 83.

147 AVPRF, f. 06, op. 14, p. 9, d. 106, ll. 44–46.

anderen westeuropäischen Ländern förderlich sein. Man müsse allerdings damit rechnen, dass die österreichische Regierung Einwände gegen eine direkte Erwähnung der Neutralität in der Erklärung Österreichs erheben könnte. In diesem Falle könne man nach einer Kompromissformulierung suchen, vielleicht ohne Österreichs Neutralität direkt in der Erklärung zu erwähnen.[148]

Sehr bald folgten weitere Fassungen des Positionspapiers, die auf die Erörterung von Motiven verzichteten, und vor allem ein überraschendes neues Argument zum Neutralitätsthema enthielten. In den neuen Instruktionen für die sowjetische Verhandlungsdelegation würde die bisherige Formulierung (Nichtteilnahme an Militärbündnissen und „Koalitionen", Nichtzulassung von militärischen Basen) beibehalten werden. Doch würde der Text Erklärungen des Kanzlers Raab, des Vizekanzlers Schärf und des Außenministers Figl in Gesprächen mit dem Hochkommissar der UdSSR in Österreich und mit dessen Stellvertreter beinhalten, wonach Österreich die Verpflichtung auf sich nehmen könnte, sich an die Neutralität zu halten („priderživat' nejtraliteta"), sowie – und dieser Hinweis war neu – die Erklärung von Dulles auf der Berliner Vier-Mächte-Konferenz am 13. Februar 1954. Dulles' an dieser Stelle des Entwurfes wörtlich zitierte Aussage[149] verwies auf die Österreich offenstehende Möglichkeit, sich so wie die Schweiz frei für die Neutralität zu entscheiden. In der Endfassung zitierte das sowjetische Positionspapier noch zusätzlich Dulles' – damals an die Sowjets gerichtete – Warnung, es sei ein Unterschied, ob sich eine Nation frei dazu entscheide, neutral zu sein, oder ob ihr die Neutralität von einer anderen Nation als ständige Servitut aufgezwungen werde.[150] Mit Dulles' Berliner Erklärung verfügten die Sowjets über ein Atout, das, sechs Tage später im richtigen Augenblick ausgespielt, die endgültige Entscheidung der österreichischen Delegation zugunsten der Neutralität herbeiführen sollte. Wer immer in Moskau John Foster Dulles' Text aufgriff, um mit dessen Hilfe die österreichische Zustimmung zum schweizerischen Muster zu erlangen – es war ein diplomatischer Geniestreich, der die Neutralität am Verhandlungstisch eigentlich unschlagbar machte.

Trotzdem wurde weiterhin in Rechnung gestellt, dass die österreichische Regierung bei den Verhandlungen nicht damit einverstanden sein könnte, dass in der Erklärung die *Neutralität* (Unterstreichung im Original) gleich direkt angeführt würde. Hier kam es in der Endfassung des Positionspapiers zu einer Verhärtung der sowjetischen Position. Von einer Kompromissformulierung, wie sie in der Erst-

148 AVPRF, f. 06, op. 14, p. 9, d. 106, ll. 49–50.

149 Oben Kap. V.

150 AVPRF, f. 06, op. 14, p. 9, d. 106, ll. 75–76, 83–84.

fassung und zunächst in recht milder Formulierung auch in der Zweitfassung in Aussicht gestellt wurde, war nicht mehr die Rede.[151] In dürren Worten hieß es lediglich, sollte sich herausstellen, dass diese Frage zu einem Hindernis für ein Übereinkommen werden sollte, würde das Außenministerium dem ZK neue Vorschläge unterbreiten.[152]

Trotz dieser Änderungen in Molotovs Entwurf war das Präsidium am 8. April nicht gänzlich zufrieden und entschied, diese Weisungsentwürfe nur mit weiteren, im Verlauf der Sitzung anzunehmenden „Korrekturen" zu bestätigen. Die Erstellung der endgültigen Fassung wurde Molotov und diesmal auch Mikojan übertragen. Diese beiden sowie Kabanov, Semënov und Il'ičëv wurden zu Mitgliedern der sowjetischen Verhandlungsdelegation mit den Österreichern ernannt.[153] Eine Neufassung der Weisungen wurde von Semënov am 9. April Molotov übermittelt.[154] Im Vergleich zu den vorangegangenen Entwürfen wurde nun eine Räumungsfrist von nur sechs Monaten ab Inkrafttreten des Staatsvertrages vorgesehen – im Staatsvertragsentwurf von 1947 waren allerdings nur drei Monate vorgesehen gewesen. In der Neutralitätsfrage solle die sowjetische Delegation im Laufe der Verhandlungen herausfinden, welche konkreten Verpflichtungen Österreich bezüglich seiner Nichtteilnahme an Koalitionen und Militärbündnissen bzw. der Nichttolerierung

151 Ebd., l. 76: Sollte sich herausstellen, dass diese Frage zu einem Hindernis für ein Übereinkommen werden sollte, „hält es das [Außenministerium der UdSSR] nicht für zweckmäßig, darauf zu bestehen, in der Erklärung Österreichs die Neutralität direkt anzusprechen". Stattdessen wäre eine Formulierung zu vereinbaren, die eine ähnliche Verpflichtung Österreichs zum Ausdruck bringen würde (händisch durchgestrichen u. korrigiert, vgl. Endfassung). Mit dem handschriftl. Vermerk des bereits genannten Völkerrechtsexperten, „G. Tunkin, 6. IV." gibt es zwei (voneinander nur geringfügig abweichende) Entwurfsvarianten einer „Erklärung Österreichs", die in der Tat im Unterschied zu den oben genannten Entwürfen den Begriff Neutralität nicht erwähnen. Die erste Variante lautete (hier ohne Berücksichtigung von Leerzeilen und Absätzen zitiert):
„Die Regierung der Republik Österreich, in Übereinstimmung mit dem Geist und den Zielen des Staatsvertrages über die Wiedererrichtung eines unabhängigen und demokratischen Österreichs sowie unter Berücksichtigung allgemeiner Interessen an der Aufrechterhaltung und Festigung des Friedens in Europa, erklärt hiermit feierlich, dass Österreich an keinem internationalen bewaffneten Konflikt teilnehmen wird [zweite Variante: sich der Anwendung von Gewalt in den internationalen Beziehungen enthalten wird], mit Ausnahme eines bewaffneten Angriffes auf Österreich, und zu diesem Zweck keinen militärischen Bündnissen und Zusammenschlüssen beitreten wird, die gegen eine beliebige Macht gerichtet sind, deren Streitkräfte am Krieg gegen Hitler-Deutschland und an der Befreiung Österreichs beteiligt waren, sowie, dass es der Errichtung ausländischer Militärbasen auf seinem Territorium nicht zustimmen wird."

152 Ebd., l. 84.

153 KPdSU, Präsidium, Prot. 115, P. xxviii, 8. April 1955, in: RGANI, f. 3, op. 8, d. 223, ll. 88–93.

154 Handschriftlicher Vermerk Semënovs, AVPRF, f. 06, op. 14, p. 9, d. 106, l. 109; die Weisungen samt Deckblatt umfassen die ll. 109–114 (ein Vorentwurf mit Korrekturen ll. 77–81). Vgl. RGANI, f. 3, op. 10, d. 136, ll. 36–43.

ausländischer Militärbasen auf seinem Territorium auf sich zu nehmen bereit wäre, und in welcher Form diese sein könnten. Eine einseitige Erklärung wurde als ausreichend angesehen; sollten die Österreicher keinen Erklärungsentwurf vorlegen, so solle die vorbereitete sowjetische Formulierung vorgeschlagen werden. Außerdem wäre (in den Verhandlungen mit den Österreichern) zu erklären, dass es akzeptabel wäre, wenn Österreich hinsichtlich der Nichtteilnahme an Koalitionen und Militärbündnissen zum Beispiel etwa eine Position einnähme wie die Schweiz.[155] Der sowjetische Entwurf für eine Vier-Mächte-Erklärung darüber, dass diese die österreichische Erklärung „respektieren und einhalten" würden, blieb unverändert. Die sowjetische Delegation sollte außerdem herausfinden, welche zusätzlichen Regelungen die Österreicher für die Verhinderung eines Anschlusses zu treffen wünschten. Sollten sie jedoch der Meinung sein, dass die Artikel 3 und 4 des Staatsvertrages nicht verschärft werden sollten, so sollte die sowjetische Seite nicht darauf bestehen.

Als Kompensation für die Aktiva der DDSG in Österreich und die von der Sowjetunion an Österreich zurückzugebenden Erdölbetriebe (einschließlich der Erdölvertriebsfirma OROP) wurde die Summe von 70,6 Mio. Dollar genannt, die dem Buchwert dieser Unternehmen entspreche, und die in Form der Jahreslieferung von 690.000 t Rohöl durch sechs Jahre zu zahlen wäre. Die Österreicher wären darauf hinzuweisen, dass keine Kompensation für über den Buchwert hinausgehende Rechte der UdSSR verlangt würde.[156] Eigens erwähnt wurde auch der Jahre zuvor umstrittene Art. 48-bis des Staatsvertragsentwurfes – die sogenannten „Erbsenschulden". Die Sowjetunion war nunmehr bereit, auf diese Nachkriegsschulden im Gegenzug gegen Österreichs Verzicht auf Forderungen aus den sogenannten zivilen Besatzungskosten zu verzichten. Außerdem würde die Sowjetunion die Streichung der obsoleten Artikel 6 (in Österreich lebende Deutsche), 11 (Kriegsverbrecher), 15 (Archive), 16-bis (Evakuierung von Deutschen aus Österreich) und 36 (Restitutionen) vorschlagen.

Von besonderem Interesse war der Vorschlag, dass Österreich die Verpflichtung zu übernehmen habe, die Übergabe von großen Industrie- und Verkehrsbetrieben, Banken und anderen Unternehmen, Grundbesitz und anderen Besitzungen, die dem Deutschen Eigentum zuzurechnen seien, an die ehemaligen deutschen Eigentümer nicht zuzulassen. Hier mochten Ideen, die vor allem von Adolf Schärf, aber auch von Kreisky und Waldbrunner teils öffentlich, teils in persönlichen Gesprächen lanciert worden waren, auf fruchtbaren Boden gefallen sein.

155 Ebd., l. 111.

156 Dies war ein Hinweis darauf, dass der Sowjetunion im Staatsvertragskompromiss von 1949 Erdölförderrechte von 60% der österreichischen Erdölbetriebe für die Zeit von 30 Jahren, und 60% der Konzessionen auf Schürfrechte für 8 Jahre mit weiteren 30 Jahren der Förderung ab Fündigwerden zugesichert worden waren.

Sobald alle diese Fragen geklärt wären, würde die sowjetische Seite Schritte dahingehend setzen, die Einberufung einer Vier-Mächte-Konferenz mit Österreich zum Abschluss des Staatsvertrages und der Unterzeichnung der zwei Erklärungen sicherzustellen.

Als weitere Vorbereitung für die Verhandlungen mit den Österreichern hatte das sowjetische Ministerium eine zwanzigseitige Information über die „Einstellung der österreichischen Regierung zu den sowjetischen Vorschlägen über den Abschluss des Staatsvertrages" zusammengestellt.[157]

Erstens wurden österreichische Äußerungen über die Schweiz als Vorbild gesammelt. Während sich Vertreter der österreichischen Regierung in ihren öffentlichen Aussagen mit der Erklärung begnügten, dass Österreich nicht an Militärbündnissen teilnehmen und Militärbasen nicht zulassen werde, „so vertreten sie im Gespräch mit Vertretern der sowjetischen Botschaft in letzter Zeit durchgehend die Idee, Österreich zum neutralen Land zu erklären, wobei sie insbesondere auf das Beispiel der Schweiz Bezug nehmen". Zusätzlich zu bereits weiter oben erwähnten Gesprächen mit Raab, Schärf oder Kreisky wurden Äußerungen Waldbrunners, Pittermanns und Figls genannt.[158]

Zweitens vermerkte das Papier, dass die österreichische Regierung die bevorstehenden Begegnungen in Moskau „nicht als offizielle Verhandlungen für ein formales Abkommen oder zur Übernahme von Verpflichtungen durch beide Seiten" betrachte. Diese Haltung sei damit zu erklären, dass „offensichtlich Befürchtungen bestehen, die Unzufriedenheit der Westmächte, in erster Linie der USA, hervorzurufen, deren Vertreter Österreich vor sogenannten ‚Separatverhandlungen' in Moskau warnten".[159]

157 Diese Information (*spravka*) trägt „in Vertretung des Leiters der Dritten Europäischen Abteilung" die Unterschrift von Michail Gribanov. AVPRF, f. 06, op. 14a, p. 40, d. 115, ll. 2–24 (SBKA, Depot von Quellen aus dem AVPRF).

158 Waldbrunner habe am 2. März im Gespräch mit dem Stellvertretenden Hochkommissar (Kudrjavcev) gesagt, Österreich sei ebenso einverstanden, eine Garantie seiner Neutralität durch die vier Mächte zu erhalten, wie seinerzeit die Schweiz diese Garantien vom Wiener Kongress erhalten habe. Pittermann habe am 4. März im Gespräch mit dem Botschaftsrat der UdSSR (Timoščenko) erklärt, die Regierung wäre bereit, in den Staatsvertrag einen Punkt aufzunehmen, der Österreich verpflichtet, sich an eine strikte Neutralität zu halten. Was die Garantien gegen einen Anschluss betreffe, so wäre es am zweckmäßigsten, darauf hinzuweisen, dass solche Garantien vom Sicherheitsrat und der Organisation der Vereinten Nationen insgesamt gewährleistet werden müssten. Es dürfte sich hier um den Ausschnitt aus einem Gespräch handeln, das anlässlich der Einladung Kreiskys, Pittermanns und des schwedischen Botschafters Allard an diesem Tage in der sowjetischen Botschaft stattfand. Vgl. Allard, *Diplomat in Wien,* 154–159. Von Figl wurde berichtet, er habe im Gespräch mit dem Stellvertretenden Hochkommissar am 9. März unterstrichen, die österreichische Regierung habe die Absicht, sich an eine Politik der Neutralität zu halten und sowohl vom Westen wie vom Osten unabhängig zu sein. Diese eher vage Formulierung ist nicht uncharakteristisch für Figl.

159 Bei einem Gespräch zwischen Figl, Kreisky und dem Botschaftsrat Timoščenko am 26. März betonte

Drittens wurde die Frage des Deutschen Eigentums berücksichtigt, wobei die Vorschläge von Schärf, Kreisky und Waldbrunner darüber, wie man die Rückgabe von Unternehmen an Deutschland verhindern könne, besonders hervorgehoben wurden.[160]

Viertens hob das sowjetische Papier hervor, dass die österreichische Regierung den vorliegenden Staatsvertragsentwurf im Prinzip als zur Unterzeichnung annehmbar betrachte, „unter der Bedingung des Truppenabzuges der vier Mächte innerhalb einer bestimmten und knappen Frist".

Basierend auf diesen Überlegungen erstellte das Moskauer Außenministerium einen sorgfältigen „Plan der Gesprächsführung".[161] Für die erste Zusammenkunft am 12. April wurden einige Punkte notiert: Eine generelle Einführung, die den sowjetischen Wunsch nach der baldigen Lösung der Staatsvertragsfrage zum Ausdruck bringen sollte, und ein Meinungsaustausch zur Frist für den Truppenabzug sowie zur Nichtteilnahme Österreichs an militärischen Bündnissen. In diesem Fall wären die sowjetischen Überlegungen zur Fristenfrage darzulegen, ebenso wie die sowjetische Sicht der Neutralität Österreichs. Finanzielle Angelegenheiten sollten nicht während der ersten Sitzung angesprochen werden. Würden jedoch die Österreicher das Thema aufgreifen, womit man rechnen solle, dann wäre im ersten Gespräch in allgemeiner Form „unter Berücksichtigung der Position der Österreicher bezüglich der Neutralitätsfrage" die sowjetische Bereitschaft auszudrücken, diese Frage wohlwollend zu überlegen. Sollte dies geschehen, so solle darauf hingewiesen werden, dass man die wirtschaftlichen Fragen als von den politischen untrennbar erachte, vor allem von der Frage der Neutralität. Das „do ut des" gegenseitigen Entgegenkommens kam hier deutlich zum Ausdruck.

Außerdem ging man von der Annahme aus, dass sich die Österreicher für die sowjetische Position in der Frage der Garantien gegen den Anschluss interessieren würden und eher erwarteten, dass die Sowjetregierung eine strikte Position einnehmen würde, im Sinne zusätzlicher Garantievorkehrungen. Aus dem Planungspa-

---

Kreisky, Garantien gegen einen neuerlichen Anschluss seien „von den vier Mächten auszuarbeiten"; die österreichische Regierungsdelegation in Moskau werde nicht zustimmen, konkrete Maßnahmen gegen einen Anschluss zu vereinbaren, da „nur die vier Mächte unter Beteiligung Österreichs konkret eine Vereinbarung zu diesen Fragen treffen" könnten. Bei dem gleichen Anlass bemerkte übrigens Figl, dass Österreich einem Abzug der Truppen erst in fünf bis zehn Jahren nicht zustimmen könnte; der maximale Zeitraum für den Truppenabzug dürfe (bloß) „ein Jahr oder etwas mehr" betragen.

160 Das Informationspapier des sowjetischen Außenministeriums fügte hinzu, dass die Forderungen der SPÖ-Führer mit der Kontrolle über die verstaatlichten Unternehmungen durch das SPÖ-geleitete Ministerium für Verkehr und verstaatlichte Betriebe zusammenhingen, und verband dies mit dem Vorwurf der Parteifinanzierung aus den Gewinnen der verstaatlichten Unternehmen.

161 AVPRF, f. 06, op. 14, p. 9, d. 106, ll. 123–125.

pier geht hervor, dass sich die sowjetische Seite mit den Bestimmungen, die im Staatsvertragsentwurf vorgesehen waren, begnügte.[162] Aus taktischen Gründen wäre es jedoch zweckmäßiger, dies erst später zu erklären, nachdem die Österreicher ihre Position in der Frage der Nichtteilnahme Österreichs an Militärbündnissen offengelegt hatten. Es zeichnete sich also ab, was wenige Tage später in den Verhandlungen offenbar werden würde: Das Hauptziel der Sowjetregierung bestand nicht in zusätzlichen Garantieformeln, sondern in der Neutralität selbst.

Zuletzt vermutete man – die Sowjetdiplomaten waren wohlinformiert über die Einstellung der Regierung in Wien –, dass die Österreicher das Treffen in Moskau höchstwahrscheinlich als vorläufigen Meinungsaustausch betrachteten, in dessen Verlauf die Gäste keinerlei Verpflichtungen betreffend der Fragen übernehmen könnten, die der Entscheidung der vier Mächte mit Teilnahme Österreichs unterlägen. Darauf sollte geantwortet werden, dass natürlich die Frage des Staatsvertrages nur durch eine Vereinbarung dieser fünf Länder gelöst werden könne. Jedoch hätte die Position Österreichs bei der Lösung dieser Frage eine große Bedeutung, vor allem bei Berücksichtigung der Beziehungen Österreichs mit den übrigen Staaten nach Abschluss des Staatsvertrages. Dies war ein verschlüsselter, aber eindeutiger Hinweis auf die angestrebte Neutralität Österreichs.

Für die zweite Sitzung am 13. April waren fünf Punkte vorgesehen: die Weiterführung des Meinungsaustausches über die politischen Fragen; unter Berücksichtigung des Gesprächsverlaufes die Darlegung der Wirtschaftsfragen und die Bekanntgabe des Vorhabens, die Erdölfelder, die DDSG und OROP an Österreich zu übergeben. Drittens sollte die sowjetische Position zur Anschlussfrage sowie die Bereitschaft, sich mit den bereits vereinbarten Bestimmungen des Vertragsentwurfes zu begnügen, verdeutlicht werden. Viertens sollte der Vorschlag eingebracht werden, wonach die von der Sowjetunion an Österreich zu übertragenden früheren deutschen Vermögenswerte nicht an die früheren deutschen Eigentümer zurückgegeben werden dürften. Schließlich sollten die veralteten Artikel des Staatsvertragsentwurfes durchgesehen werden.

Im dritten Treffen am 14. April sollte die Möglichkeit des endgültigen Einvernehmens (*soglasovanie*) über die Neutralitätserklärung Österreichs geprüft werden. Schließlich sollte eine Einigung über die Formulierung der Vereinbarung (*soglašenie*) betreffend die Wirtschaftsfragen erreicht werden, sowie eine Übereinkunft (*dogovorënnost'*) betreffend die Frage der Nichtdiskriminierung der in den sowjetischen Institutionen und Betrieben arbeitenden österreichischen Bürger.

---

162 Dies bezog sich auf die Art. 3 (Anerkennung der Unabhängigkeit Österreichs durch Deutschland) und 4 (Anschlussverbot) des Staatsvertragsentwurfes.

Zur unmittelbaren Vorbereitung der Gespräche mit den Österreichern ist auch ein Zettel mit handschriftlich notierten Stichworten Molotovs zu zählen:[163]

1. Neutralität
2. Fristen für Truppenabzug
3. Garantien gegen Anschluss (+nicht weitergeben an Westdeutschland)
4. Wirtschaftliche Fragen
   a. Schutz der ehemaligen [Arbeiter in sowjetischen Betrieben in Österreich, W.M.]
   b. Kompensation [für die sowjetische Ölindustrie und die DDSG] + 150 Millionen Dollar [für die USIA-Betriebe, W.M.]
5. Veraltete Artikel
6. Konferenz der Vier
   a. Termin
   b. Wer genau.[164]

In Molotovs Stichworten (und auch den Weisungen für die Verhandlungen) fehlte der Hinweis auf die Entlassung der noch in der Sowjetunion befindlichen österreichischen Häftlinge, doch war bei den Vorbereitungen auch darauf Bedacht genommen worden.[165]

Beide Seiten traten einander somit gut vorbereitet gegenüber, wenngleich die sowjetische Seite über einen Informationsvorsprung und vor allem über Pfänder verfügte, deren Auslösung für die Österreicher lebenswichtig war.

Insgesamt war in den etwa zweieinhalb Wochen zwischen der sowjetischen Note vom 24. März und der Ankunft der Österreicher am 11. April der Katalog der sowjetischen Konditionen für den Staatsvertragsabschluss deutlich kürzer und freundlicher geworden. Im Interesse eines raschen Abschlusses – dessen Wirkung in Frankreich und Westdeutschland offensichtlich einkalkuliert wurde – wurden Zugeständnisse ins Auge gefasst. Gleichzeitig begann sich der Charakter der sowjetischen Initiative zu verändern: weg von einem Manöver, um Westdeutschlands NATO-Beitritt zu verhindern, hin zu einem Angebot für die Lösung der österreichischen Frage.

163 AVPRF, f. 06, op. 14, p. 9, d. 106, l. 122. Für die Entzifferung der Handschrift und die Ergänzung der abgekürzten Wörter sind wir Frau Prof. Ol'ga Veličko, Moskau, zu sehr herzlichem Dank verpflichtet. Die (teilweise) abgekürzten Wörter werden in der Übersetzung voll ausgeschrieben wiedergegeben.

164 Die Stichworte lauten im Russischen (Ergänzung der Abkürzungen in eckigen Klammern): 1. Nejtralitet. 2. Sroki vyv[oda] vojsk. 3. Garantii ot anšljusa (+ ne pered.[at'] Zap.[adnoj] Germ.[anii]). 4. Ėkonom.[ičeskie] vsy.[voprosy], a) zaščita … byvš …, b) kom[pensa]cija + 150 m.[illionov] d.[ollarov]. 5. Ustar.[evšie] stat'i. 6. Sovešč.[anie] 4-ch a) srok, b) kto im[enno].

165 Vgl. oben S. 408.

5. Der erste Verhandlungstag in Moskau: Österreichische Streitigkeiten um Neutralität und Erdöl, April 1955

Am 11. April flog die österreichische Regierungsdelegation – Raab, Schärf, Figl, Kreisky – vom sowjetischen Militärflugplatz Bad Vöslau nach Moskau. Begleitet wurde sie von wenigen Beamten, vor allem dem Leiter der Politischen Abteilung des Außenamtes, Josef Schöner, dem Leiter des Völkerrechtsbüros, Stephan Verosta, und dem Sekretär des Bundeskanzlers, Ludwig Steiner.

Während die feierliche Form des Empfanges der österreichischen Delegation in Moskau Botschafter Bischoff zu der Diagnose: „Wir kriegen den Staatsvertrag" veranlasste,[166] vermutete der skeptischere Vizekanzler, das aufwendige Programm mit Einladungen, Opernbesuch und Besichtigung der Universität bedeute, dass nicht wirklich verhandelt, sondern der Besuch der Österreicher bloß aus irgendeinem anderen Grund sehr groß aufgemacht werden sollte.[167] Doch das gesamte Programm, kulminierend in einem großen Festbankett im Kreml in Anwesenheit des Parteichefs Nikita Chruščëv, wirkte als Gradmesser für den Willen der sowjetischen Führung, mit Österreich zu einem guten Abschluss zu kommen. Die Ansprache des Ministerpräsidenten Bulganin am Abend des ersten Verhandlungstages anlässlich eines Diners in der österreichischen Botschaft kennzeichnete diese Bereitschaft. „Die österreichische Frage", so Bulganin,

166 Persönliche Mitteilung Frau Holda Bischoff.

167 Aufzeichnungen Adolf Schärfs unter dem Titel „Erinnerung an die Moskau-Fahrt vom 11. bis 15. April 1955" zu den Moskauer Verhandlungen, mit Ergänzungen Bruno Kreiskys. Diese Aufzeichnungen wurden Botschafter Sven Allard zur Verfügung gestellt und dienten diesem als Grundlage für die Darstellung der Moskauer Verhandlungen in *Diplomat in Wien,* 183ff. (vgl. Nachwort zu der englischen Ausgabe von Allards Memoiren unter dem Titel *Russia and the Austrian State Treaty,* University Park, Pa., 1970). Für die frühzeitige Ermöglichung der Einsichtnahme bin ich meinem verstorbenen Kollegen Karl R. Stadler sehr zu Dank verpflichtet (G.S.). Schärfs Manuskripte (Stenogramm mit maschinschriftlicher Transkription, einer „1. Fassung" und einer zweiten Fassung mit Ergänzungen Kreiskys) sind zugänglich in VGAB, Nachlass Schärf, 4/247 u. 4/249. Schärfs Aufzeichnungen mit Kreiskys Ergänzungen wurden mit einer Einleitung von Karl R. Stadler erstmals veröffentlicht in: *Die Zukunft* 4, 1980, 23–30 sowie zwei Jahre später in Stadler, *Adolf Schärf,* 437–449, jeweils mit kleinen Auslassungen. Sie liegen inzwischen ediert vor in: Adolf Schärf, *Tagebuchnotizen des Jahres 1955,* hrsg. v Gertrude Enderle-Burcel, bearbeitet von Klaus Rubasch, Innsbruck 2008, 100–128. Im Nachlass befinden sich auch Schärfs stenographische Mitschriften mit einer direkten Transkription sowie eine 1. Fassung. Eine 2. und endgültige Fassung, mit zahlreichen Einfügungen Bruno Kreiskys, wurde in Druck veröffentlicht, in dieser Edition mit zahlreichen Rückverweisen auf die stenografischen Aufzeichnungen. Es fehlt in dieser Edition jeder Hinweis auf die vorhergehenden Veröffentlichungen durch Karl R. Stadler. Hier wird nach dieser Edition zitiert mit dem Kürzel Schärf, TNMF (= Schärf, Tagebuchnotizen, Moskau-Fahrt).

> kann erst heute einer Lösung zugeführt werden. Diese Lösung entspricht bei aller Sympathie für das österreichische Volk, für Wien, das ich gut kenne und wo ich einige Male war, nicht lyrischen Empfindungen. Wir haben geglaubt, daß wir das deutsche und das österreichische Problem zusammen werden lösen können, das war nicht möglich. Jetzt hat man eine Lösung für das deutsche Problem gefunden, die unerfreulich ist. Wir haben das zur Kenntnis zu nehmen und unsere Konsequenzen zu ziehen. Aber es besteht für uns jetzt kein Grund mehr, die österreichische Frage aufzuhalten. Und sie soll deshalb jetzt gelöst werden im Geist der Freundschaft, und diese Lösung soll die Grundlage für die Neuregelung unserer Beziehungen im Geiste der Freundschaft sein.[168]

Die Tatsache, dass die Sowjetunion die österreichische Lösung nicht länger von der deutschen abhängig machte, war, wie Leopold Figl im Rückblick erkannte, die entscheidende Wende der sowjetischen Österreich-Politik im Frühjahr 1955.[169]

Obgleich es in den Tagen vom 11. bis zum 15. April 1955 manche interessante und erinnernswerte Gespräche am Rande der Verhandlungen gab,[170] sollen hier doch die Verhandlungen und deren Ergebnisse im Mittelpunkt stehen. Josef Schöners Mitschrift ermöglicht gemeinsam mit der 1955 veröffentlichten Schilderung von Raabs Dolmetscher Walter Kindermann, den 1980 veröffentlichten Aufzeichnungen Schärfs (mit Ergänzungen Kreiskys), den (eher sporadischen) Aufzeichnungen Figls,[171] der sowjetischen Niederschrift[172] sowie den Arbeitspapieren vom April 1955 eine recht exakte Rekonstruktion der Verhandlungen.[173]

168 Aufzeichnung Kreiskys bei Schärf, TNMF 112 (etwas ausführlicher als Schärfs eigene Wiedergabe ebd.); Schärf machte bereits einen Tag nach der Rückkehr aus Moskau, am 16. April 1955, Mitteilung über Bulganins Äußerung: *AZ,* 17. April 1955, 1.

169 Leopold Figl, „10 Jahre verhandelt – in 3 Tagen perfekt", in: *WZ,* 15. Mai 1965, 2 und 4, posthum veröffentlicht.

170 Zu – teils bemerkenswerten – Gesprächen „am Rande" vgl. Ludwig Steiner, „Ein langer Weg. Moskau 1955: Erinnerungen eines Augenzeugen", in: *Academia* 31, April 1980, 33f; ders., „Die Außenpolitik Julius Raabs", 226–230. Siehe auch Grubmyr, „60 Jahre mit den ‚Russen", in Karner/Stelzl-Marx, Hrsg., *Die Rote Armee in Österreich, Beiträge,* 788–794.

171 Diese befinden sich im Niederösterreichischen Landesarchiv; erstmals veröffentlicht bei Jenny, *Konsensformel,* 337–340.

172 Erstmals in der vierten deutschen Auflage dieses Buches (1998) verwendet. AVPRF, f. 06, op. 14, p. 9, d. 107, ll. 1–50. Soweit in diesem Kapitel dieses Dokument neuerlich zitiert wird, erfolgt lediglich der Kurzverweis „Sowjetische Niederschrift" und die *listy*-Angabe; ausführlichere Zitate im Dokumentenanhang Nr. 3.

173 Die folgende Beschreibung basiert auf einer quellenkritischen Veröffentlichung der Mitschrift Schöners (zu welcher eine umfangreiche Zitierung der sowjetischen Niederschrift hinzugefügt wurde), auf verschiedenen Arbeitsunterlagen sowie auf bereits publizierten Quellen. Schöners Mitschrift in Dokumentenanhang Nr. 3.

Секретно. Экз.№___

ЗАПИСЬ
ВТОРОГО ЗАСЕДАНИЯ С АВСТРИЙСКОЙ ПРАВИТЕЛЬСТВЕННОЙ ДЕЛЕГАЦИЕЙ

13 апреля 1955 года

Присутствуют:	с Советской стороны	с Австрийской стороны
	В.М.Молотов	Ю.Рааб
	А.И.Микоян	А.Шерф
	И.Г.Кабанов	Л.Фигль
	В.С.Семенов	Б.Крейский
	И.И.Ильичев	И.Шенер
Кроме того присутствуют:	С.Г.Лапин	Н.Бишофф
	М.Г.Грибанов	С.Вероста
	Р.А.Сергеев	

Рааб. Заявляет, что австрийская правительственная делегация обобщила результаты переговоров с советской делегацией за 12 апреля и выразила это в своем меморандуме (приложение I). Рааб зачитал меморандум.

Молотов. спрашивает, какое значение этому документу придае австрийская делегация, как она рассматривает содержащиеся в меморандуме формулировки.

Рааб говорит, что это предложение австрийской делегации, которое она делает на основе вчерашнего обсуждения и которое надо было бы сегодня обсудить.

Молотов спрашивает, можно ли считать этот документ рабочим

Рааб подтверждает, что это рабочий документ.

Молотов говорит, что в нем есть ряд неясностей и что его надо рассмотреть по пунктам. В пункте I говорится о готовности Советского Правительства безотлагательно подписать Австрийский Государственный договор. В такой формулировке, - говорит Молотов, - не совсем понятно поставлен вопрос, т.к. мы готовы под-

Eine Seite aus der inoffiziellen Niederschrift über die Sitzungen der sowjetischen Regierungsdelegation mit der österreichischen Regierungsdelegation vom 12. bis 14. April 1955 (hier Beginn der zweiten Sitzung am 13. April 1955). Dieses Dokument im Umfang von 50 Seiten (einschließlich einiger Beilagen) konnte von G. Stourzh im April 1994 im Außenpolitischen Archiv der Russischen Föderation eingesehen und kopiert werden. Kopien im Besitz der Verf. Signatur: AVPRF, f. 06, op. 14, p. 9, d. 117, ll. 1–50.

Die entscheidenden Probleme wurden schon in der ersten Arbeitssitzung, die am Nachmittag des 12. April 1955 im Kreml stattfand, zur Sprache gebracht. Molotov erklärte einleitend, es wäre gut, wenn das österreichische Volk den zehnten Jahrestag seiner Befreiung mit Genugtuung begehen könnte. Von sowjetischer Seite sei die Frage des Abschlusses des Staatsvertrages genug vorbereitet, um jetzt zu einer Lösung zu kommen. Jedoch müssten die Sowjets die „vollkommene Sicherheit" haben, „daß Österreich in Zukunft nicht zum Aufmarschgebiet für andere Mächte wird". Er fuhr fort: „Wir wissen, daß die Österreicher ein friedliebendes Volk sind und kein Interesse daran haben, daß es künftig wieder zu Kriegen kommt. Aber leider lehrt die Geschichte, daß der Friedenswille Österreichs allein nicht genügt, da aggressive Mächte Österreich als Werkzeug benützen können. Wir glauben, daß nicht nur die Sowjetregierung, sondern auch Österreich interessiert ist, eine gemeinsame Sprache zu finden, um die Probleme zu lösen."[174]

Bundeskanzler Raab antwortete, indem er zunächst auf den Ausgangspunkt verwies, von welchem aus die Österreicher in die Verhandlungen eintraten: Österreichs schon auf der Berliner Konferenz bezogene Stellung, erstens den „alten" Staatsvertragsentwurf (in der Fassung von 1949) als Verhandlungsgrundlage anzunehmen, und zweitens, dass die Bundesregierung „immer wieder darauf hingewiesen hat, daß sie sich keinem militärischen Pakt anschließen will, sich aus allen militärischen Kombinationen heraushalten will. Wir sind bereit, alle Beschlüsse zu fassen, um diese Gedanken festzulegen, aber als kleines Land sind unsere Mittel beschränkt."

Raab bemerkte, dass es im Friedensvertrag von Saint-Germain zwar ein Anschlussverbot, aber keine Unabhängigkeitsgarantien gegeben habe. 1938 war keine internationale Hilfe gekommen. Wenn die vier Mächte zu einem Beschluss kämen, Österreichs Unabhängigkeit zu garantieren, könnten die Österreicher das nur begrüßen.[175] Figl sekundierte: Man habe Österreich ein Anschlussverbot auferlegt, aber sich nicht bereit erklärt, ihm zu helfen.

---

174 Dieses und die folgenden Zitate aus Mitschrift Schöner.

175 Diese Äußerung Raabs sowie einige andere Stellen der Mitschrift Schöner wurden, noch ohne Quellennachweis, zitiert von Bruno Kreisky, „Der Staatsvertrag und die österreichische Neutralität" (erweiterte Fassung), in dessen Sammelband: *Neutralität und Koexistenz,* München 1975, 11–40, hier 32, abgedruckt aus: *Die Zukunft* 9, 1965. Waleri L. Musatow, „Die Sowjetunion und der österreichische Staatsvertrag", in: Ferenc Glatz, Hrsg., *Der Österreichische Staatsvertrag 1955*, Budapest 2006, 37 behauptet, Raab machte einen „Versuch, die Notwendigkeit von besonderen Garantien gegen einen erneuten Anschluss in Frage zu stellen". Dies wird weder durch das sowjetische noch das österreichische Protokoll bestätigt. Siehe Dokumentenanhang Nr. 3. In seiner Beschreibung zitiert Musatow weder Archivdokumente, noch erwähnt er die Tatsache, dass die UdSSR jahrelang den Abschluss des Staatsvertrages blockiert hatte; die Westmächte und Österreich werden als alleinige Verantwortliche für den Stillstand ausgemacht.

Raab deutete an, dass eine Vier-Mächte-Garantie in den Staatsvertrag Aufnahme finden könnte. Die Sowjetunion, die bereits 1947 gegen die Hereinnahme eines Garantieartikels in den Staatsvertrag gewesen war, schien auch diesmal nicht sonderlich interessiert daran zu sein; eine solche Garantie müsse nicht in den Staatsvertrag hinein, sagte Molotov. Hingegen stieß der österreichische Vorschlag einer Territorialgarantie nach dem Muster der Schweiz auf keine sowjetischen Bedenken; er scheint in den Punkten I.4, I.5 und II.5 des drei Tage später paraphierten Moskauer Memorandums auf. Molotov, unterstützt von Mikojan, meinte auch, dass man über die Garantie zu einer Einigung mit den Westmächten kommen könne. Raab fasste zusammen, dass dann alle vier Großmächte „unsere Taufpaten" wären, „die uns helfen müssen".

Rasch drang die Diskussion zu jener Frage vor, die sich bald als der *eigentliche* Kern der sowjetischen Garantie- und Sicherheitsvorstellungen entpuppte: die Neutralität. Ausgangspunkt war Österreichs Berliner Erklärung über den Verzicht auf die Teilnahme an Bündnissen und die Nichtzulassung militärischer Stützpunkte. Raab, der als Bundeskanzler und Leiter der Delegation weitaus am häufigsten am Wort war, erklärte, dass Österreich bereit sei, die Berliner Erklärung noch einmal abzugeben, „vielleicht vor dem österreichischen Parlament oder auf ähnliche Art". Molotov wollte ganz konkrete Vorstellungen vom Inhalt der österreichischen Erklärung haben. Die österreichische Regierung, so meinte er, könnte „eine konkrete Erklärung über die Wahrung der Neutralität und die Nichtzulassung militärischer Basen auf ihrem Gebiet abgeben". Die vier Mächte ihrerseits könnten wiederum erklären, dass sie die österreichische Erklärung „honorieren".[176]

Raab erwiderte, dass eine Erklärung im Hauptausschuss des Parlamentes schon abgegeben worden sei. Dies bezog sich offensichtlich auf die Erklärung vom 23. September 1953. Die Erklärung „kann im Plenum des Nationalrates wiederholt werden, nochmals in ganz feierlicher Form". Darüber hinaus, so fügte Raab hinzu, könnte die Erklärung auch an alle fremden Mächte abgegeben werden. Molotov meinte, es wäre gut hinzuzufügen, dass Österreich „eine Politik der Neutralität" machen werde. Die sowjetische Mitschrift ist in dieser Gesprächsphase etwas ausführlicher und verweist auf eine Wortmeldung Mikojans, der einwarf, „dass man in einer solchen Erklärung auf das Beispiel der Schweiz hinweisen könnte, die in ihren Beziehungen zu anderen Ländern Neutralität wahrt". Dies war anscheinend

176 Wörtlich sagte Molotov, die vier Mächte könnten in einer besonderen Erklärung dartun, dass sie die in der österreichischen Erklärung enthaltenen Bestimmungen „respektieren und einhalten" *(„uvažat' i sobljudat'")* werden. Sowjetische Niederschrift, l. 7. Diese Formel wird übrigens wiederkehren im sowjetischen Entwurf einer Anerkennungserklärung der vier Mächte für die österreichische Neutralität, den Molotov am 14. Mai 1955 der Außenministerkonferenz in Wien vorlegte.

der erste Verweis auf die Schweiz. Raab erwiderte, „dass man auch diesen Vorschlag besprechen könne; hier werde es kein großes Hindernis geben“.[177]

Diese doch sehr positive Stellungnahme Raabs ließ Molotov weiter fortfahren: es könnte eine „große Genugtuung für die Sowjetunion sein, wenn Sie eine solche Erklärung abgeben. Der Sowjetregierung schwebt eine Stellung vor, wie sie etwa die Schweiz heute hat. Wir glauben, daß, wenn eine Übereinkunft darüber erfolgt, könnten alle übrigen Fragen ohne Schwierigkeiten gelöst werden.“[178] Die Sowjetregierung glaube, dass eine solche Erklärung von allen vier Mächten angenommen werden könne. Darauf Raab: „Wir werden uns das zu Gemüte führen.“[179]

Damit stellte sich – erst jetzt, in Moskau – heraus, dass nicht besondere Bestimmungen betreffend eine Territorialgarantie, sondern die Garantie einer künftigen Neutralität Österreichs im Mittelpunkt des sowjetischen Interesses stand.[180] Raab kam noch in der ersten Gesprächsrunde darauf zurück. Er wiederholte, dass Österreichs Regierung eine Erklärung über Bündnisfreiheit und Ablehnung von militärischen Stützpunkten abgeben könnte „und, was wir noch beraten wollen, eine Erklärung über eine neutrale Haltung ganz allgemein“.

Auch die anderen wesentlichen Themen des Staatsvertragsabschlusses kamen gleich in der ersten Sitzung zur Sprache. Raab wies auf die Bedeutung eines festen Termins für den Abzug der Besatzungstruppen hin; Molotov war im Prinzip einverstanden. Weiters schnitt der Bundeskanzler die heikle Frage der Revision des „alten“ Vertragsentwurfes vom Jahre 1949 an: „Es sind einige alte Möbel drinnen, die beseitigt werden sollen.“ Molotov war einverstanden. Sodann erwähnte Raab die Frage der in der Sowjetunion inhaftierten Österreicher. Die österreichische Delegation hatte ein Schreiben des Bundespräsidenten an Staatspräsident Vorošilov mitgebracht, in dem Körner um die Freilassung der noch in der Sowjetunion befindlichen Kriegs- und Zivilgefangenen ersuchte.[181] Molotov erklärte sich bereit, zu

177 Sowjetische Mitschrift, l. 7.

178 Mitschrift Schöner. Gemäß der sowjetischen Mitschrift sagte Molotov zum Vorbild der Schweiz: „Wenn Österreich dieselbe Haltung zur Frage der Neutralität einnehmen wird, wie beispielsweise die Schweiz, werde dies nicht nur im Interesse der Bewahrung der Unabhängigkeit Österreichs sein, sondern es werde auch den Zielsetzungen der Aufrechterhaltung und Festigung des Friedens in Europa entsprechen.“ Ebd., l. 8.

179 Sohin ist die Aussage bei Kindermann, *Flug nach Moskau,* 35, das Wort „Neutralität“ sei am ersten Verhandlungstage überhaupt nicht gefallen, zu revidieren. Auch Kreiskys Aufzeichnungen in seinen Ergänzungen zu Schärfs „Moskau-Fahrt“ vermerken, dass Molotov schon in der ersten Besprechung zu verstehen gegeben habe, „daß die Frage der Neutralität nach dem Modell der Schweiz die zentrale Frage für die Verhandlungen“ sei. Schärf, TNMF 110.

180 Vgl. bereits Stourzh, „Die Sicherung der österreichischen Unabhängigkeit“, 188.

181 Nach einer Version übergab Raab das Handschreiben Körners an Vorošilov bei einem Besuch der Delegation am 13. April 1955. Vgl. Kindermann, *Flug nach Moskau,* 64. Schärf, TNMF 105, gibt an,

dieser Frage zurückzukehren, wenn in den übrigen Fragen Einigkeit erzielt worden sei.[182]

Schließlich kam Raab auf die wirtschaftlichen Fragen zu sprechen. Geschickt vermied er zunächst das Problem der Ablöse, sondern fragte, ob man nicht über einen Handelsvertrag zwischen Österreich und der Sowjetunion reden könne. Molotov stimmte zu. Figl fragte, ob man „nicht auch über die Öl-Frage sprechen könne". Wiederum stimmte Molotov zu. Raab kehrte zu dem von ihm angeregten Handelsvertrag zurück und meinte, „hoffentlich werden wir Ihnen viele Waren liefern können". Offenbar wollte Raab „schönes Wetter" für das schwierige Thema der Ablöse des Deutschen Eigentums schaffen. Molotov schien dies zu bemerken; er wiederholte, man könne auch die Frage eines Handelsvertrages vorantreiben und ermutigte die Österreicher: „Ich möchte überhaupt die Absicht der Sowjetregierung bekannt geben, daß die österreichische Delegation nicht umsonst nach Moskau gekommen sein soll." Spätestens im Verlauf dieser Sitzung am Nachmittag des 12. April 1955 merkten die Österreicher, dass die sowjetische Seite jetzt wirklich abschließen wollte. „Wenn alles abgeschlossen werden kann", sagte Raab, „dann bedenken Sie, daß die finanzielle Leistung, die wir an Sie zu entrichten haben, eine sehr große ist. Wir erwarten von Ihnen ein fühlbares Entgegenkommen."

Nun legte Molotov weitere Karten auf den Tisch. Der Text des Staatsvertrages solle weiter bestehen bleiben, wie er sei. Die wirklich großen Änderungen, die er im Begriff war, den Österreichern anzubieten, sollten außerhalb des Vertragstextes vereinbart werden. Zunächst teilte Molotov mit, dass bei der Ablösesumme von 150 Millionen Dollar für die USIA-Betriebe keine Änderung eintreten könne. Diese könne jedoch in Warenlieferung beglichen werden, wie er schon in Berlin 1954 zugestimmt hatte. Molotov fügte hinzu, die sowjetische Seite habe großes Interesse daran, dass diese Unternehmungen nicht an Westdeutschland übergingen. Damit war jenes Entfremdungs- oder Übertragungsverbot ausgesprochen, das alsbald im „Moskauer Memorandum" und schließlich auch im Staatsvertrag seinen Platz finden sollte.

Jetzt kam ein entscheidender Punkt. „Was die Frage des Öls und der DDSG betrifft, so ist die Sowjetregierung bereit, diese Fragen erneut zu prüfen und eine für Österreich günstige Lösung zu finden." Sogleich fragte Außenminister Figl: „Wäre die Sowjetregierung in der Frage des Öls und der DDSG bereit, eine Ablöse anzu-

das Schreiben wäre Ministerpräsident Bulganin am 12. 4. übergeben word. Aus einem Hinweis in der Mitschrift Schöners (Dokumentenanhang 3 ergibt sich, dass Körners Schreiben tatsächlich am 13. April an Vorošilov übergeben wurde; vielleicht wurde am Vortag eine Kopie an Bulganin überreicht.

182 Dieses und die folgenden Zitate aus Mitschrift Schöner.

nehmen? Im Prinzip?" Molotov antwortete: „Die Sowjetregierung könnte im Prinzip damit einverstanden sein, daß das Öl und die DDSG zurückgegeben werden unter der Bedingung, daß der Gegenwert in Rohöl an die Sowjetunion erstattet wird", und zwar innerhalb von 6 Jahren. Somit war in etwa 75 Minuten endgültig klar geworden, dass es den Sowjets ernst war, und dass den Österreichern – nach jahrelangem Warten – endlich der Staatsvertrag ins Haus stand.

Molotov brachte schon in der ersten Sitzung deutlich zum Ausdruck, dass er mit den Vertretern der großen Mehrheit des österreichischen Volkes verhandelte. Die sowjetischen Vertreter kannten die österreichische Realverfassung. Molotov erklärte ausdrücklich, die sowjetische Seite messe der Tatsache große Bedeutung bei, dass bei den Verhandlungen die Vertreter der beiden großen Parteien Österreichs gehört würden. Es sei von großer Bedeutung, dass beide Parteien die große Majorität des österreichischen Volkes ausmachten, was niemand anzweifeln könne.[183]

Zwischen der ersten Arbeitssitzung und der nächsten entscheidenden Sitzung am Vormittag des 13. April lagen gesellschaftliche Veranstaltungen, die zu informellen Gesprächen Gelegenheit boten und den Meinungsbildungsprozess vorantrieben.[184] Unter anderem wurde die Frage des sogenannten Übertragungsverbotes für das Deutsche Eigentum diskutiert. Schärf hatte anlässlich eines von Molotov am ersten Verhandlungstag gegebenen Empfanges angeregt, die Sowjetunion möge doch bei der Übertragung der Erdölbetriebe und der DDSG an Österreich verlangen, dass Österreich diese nicht weiterveräußern dürfe; wie Schärf notierte, seien Molotov, Mikojan und Kaganovič „freudig überrascht" gewesen.[185] Schärf konnte nicht wissen, dass das Übertragungsverbot bereits in den sowjetischen Vorbereitungen eingeplant war.[186]

Trotz des erreichten Fortschrittes gab es allerdings auch ernste, teilweise heftige Auseinandersetzungen zwischen den österreichischen Koalitionspartnern. Es ging um zwei Dinge: erstens um das Wort „Neutralität", und zweitens um die Ablöse für

183 Mitschrift Schöner sowie Schärf, TNMF 107; bereits bei Kindermann, *Flug nach Moskau,* 30, sowie Allard, *Diplomat in Wien,* 183.

184 Vgl. Kindermann, *Flug nach Moskau,* 38ff.

185 Schärf, TNMF 111. Lazar' Kaganovič war ein wichtiges Mitglied des Politbüros der KPdSU.

186 Aus Berichten der Gesandtschaft Bern über Mitteilungen Nikolaus Basseches' Ende März ging hervor, man habe in Moskau positiv auf Schärfs Erklärung reagiert, dass das Bestehen einer ausländischen Wirtschaftsmacht in Österreich die österreichische Unabhängigkeit gefährde; AdR, BMAA, II-Pol, Zl. 320.921-Pol/55 und Zl. 320.939-Pol/55 v. 29. März 1955. Zum Übertragungsverbot vgl. Punkt I.6 des Moskauer Memorandums sowie in modifizierter Form, Art. 22 Abs. 13 des Staatsvertrages von 1955. Kreisky hatte sich auch bei den Vorbesprechungen im Wiener Außenamt sehr entschieden gegen eine „Entstaatlichung" und Rückstellung an westliche Firmen für den Fall ausgesprochen, dass sich die Sowjets den Erdölkomplex von Österreich ablösen ließen. AdR, BMAA, II-Pol, Zl. 321.027-Pol/55 (Besprechung am 2. April 1955), veröffentlicht in: *ÖuG,* Nr. 111, 2. Teil.

das Deutsche Eigentum, vor allem das Erdöl. Zunächst zur Neutralität: Raab hatte von vornherein weniger Bedenken gegen den Gebrauch des Begriffes gehabt als Schärf. Es gibt Hinweise dafür, dass der Bundeskanzler bereits vor der Abreise nach Moskau von der Erwartung ausging, mit dem Zauberwort Neutralität den großen Durchbruch zu erreichen.[187] Vor allem die Argumente des Botschafters Bischoff, man könne alles erreichen, wenn man nur das Wort Neutralität gebrauche,[188] dürften bei Raab Gewicht gehabt haben, zumal ihm bewusst war, dass hinter Bischoffs Mitteilungen sehr wahrscheinlich die Kenntnis von Vorschlägen der sowjetischen Führung stand. Es gibt Hinweise, dass Bischoff in Moskau – unter Umgehung des dortigen Außenministeriums – regelmäßige direkte Kontakte mit einem Gesprächspartner aus dem Apparat der KPdSU unterhielt, mit dem er sich – aus leicht zu erratenden Gründen – nicht in der Botschaft, sondern in einem Dampfbad, das Bischoff wöchentlich besuchte, zu treffen pflegte. Dieser Vertreter der KPdSU, der sich als „Aleksej Alekseevič" ausgab, also lediglich einen Vornamen und ein Patronym angab, erklärte Bischoff, dass er den Kontakt zu ihm im Auftrag des Ersten Sekretärs der KPdSU, Chruščëv, gesucht habe. Diese Kontakte scheinen im Frühjahr 1954 eingesetzt und noch Anfang 1955 stattgefunden zu haben. Bischoff fand auch geheime Wege, Mitteilungen direkt an Raab unter Umgehung des Wiener Ministerialapparates gelangen zu lassen.[189] In der Umsetzung von Raabs politischem Kalkül kam Bischoff von 1953 bis 1955 eine Schlüsselfunktion zu.[190] Mit seinen ent-

---

187 Ludwig Steiner, damals Sekretär Raabs, berichtet, dass bei Gesprächen am 12. April zwei Angehörige des sowjetischen Außenministeriums ihn ermuntert hätten, Raab zu sagen, dass das Zauberwort für die Verhandlungen „Neutralität" heiße – „was Raab freilich ohnehin wußte", wie Steiner zutreffend hinzufügt. Ludwig Steiner, „Die Außenpolitik Julius Raabs", 227 und 241. „Du wirst sehen, ehe der Hahn morgen dreimal kräht, werden wir unsere Neutralität erklärt haben", sagte Raab seinem Sekretär beim Verlassen der österreichischen Botschaft am Abend des 12. April; ebd., 241.

188 Dies notierte Schärf, TNMF 111.

189 Hierzu Otto Eiselsberg, *Erlebte Geschichte 1917–1997*, Wien – Köln – Weimar 1997, 232–235; Eiselsbergs Informationen beruhen teils auf einer persönlichen Schilderung des damals in Moskau hospitalisierten Botschafters Bischoff etwa März 1960. Eiselsberg, zu dieser Zeit als Geschäftsträger in Moskau, traf im Spital auch Bischoffs früheren Gesprächspartner. Er zog auch Mitteilungen heran, die Bischoff im Frühjahr 1955 dem von Bischoff besonders geschätzten damaligen französischen Botschafter in Moskau, Louis Joxe, machte. Um sie vertraulich zu halten waren Bischoffs Briefe an Raab in einem an Raabs Bedienerin adressierten Überkuvert verwahrt. Dies ist G.S. auch von Bischoffs Witwe, Frau Holda Bischoff, bestätigt worden. Bisher sind keine Spuren dieser Briefe aufgetaucht. Eiselsberg vermerkt, dass ihn Bischoff über einzelne Phasen der Sondierungsgespräche mit seinem Gesprächspartner vom ZK nicht informiert habe (ebd., 233). Bischoff musste für seine Abreise aus Moskau am 4. April 1960 direkt vom Spital auf der Bahre zum Zug gebracht werden; er starb weniger als drei Monate später, am 30. Juni 1960, in Schruns. Freundliche Information Otto Eiselsbergs an Gerald Stourzh am 17. Dezember 1992, später publiziert in seinen Memoiren.

190 Von Interesse ist ein nunmehr zugänglicher Bericht des DDR-Missionschefs in Moskau, Rudolf Appelt, über Bischoff anlässlich Bischoffs Akkreditierung als Botschafter in Moskau: „In Österreich gilt

scheidenden Informationen für die österreichische Delegation in den ersten Tagen der Moskau-Fahrt hatte in der Tat Bischoffs große Stunde geschlagen.

Ein anderer für Raabs Haltung bedenkenswerter Faktor, politisch wohl weniger gewichtig als die Haltung der Sowjetunion, doch keineswegs geringzuschätzen, ist im Modell der benachbarten Schweiz zu sehen. Entscheidend für Raab war sicherlich auch die Überzeugung, mit der Annahme der Neutralität den Abzug der Sowjets zu erreichen und die Einheit des Landes zu retten. „Ich fresse alles" – um den Staatsvertrag zu erhalten, soll Raab einmal gesagt haben.[191]

Raab war sich der Risiken seiner Politik wohl bewusst. Zwei Wochen vor der Moskau-Fahrt meinte er im Gespräch mit den österreichischen Botschaftern bei den vier Mächten, es ergäben sich schwierige Fragen, „wenn wir in eine Neutralisierung einsteigen, insbesondere wegen Deutschland. Wer wird die Russen aufhalten, wenn sie bis zum Atlantik marschieren wollen? Andererseits können wir die gebotene Hand nicht zurückweisen. Wir wollen aber keine österreichische Unabhängigkeit unter russischem Protektorat."[192] All dies, vor allem der Gedanke, man könne die gebotene Hand nicht zurückweisen, mag bei Raabs Überzeugung von der Richtigkeit und Notwendigkeit, den Begriff Neutralität einzusetzen, mitgespielt haben.

Gegen den Gebrauch dieses Begriffes sprach zweierlei:

Erstens war es die jahrelange Praxis des Ballhausplatzes gewesen, bloß Einzelverpflichtungen vorzuschlagen – zum Beispiel bei der Sondierungsaktion mit Hilfe Indiens in Moskau im Sommer 1953, bei der Berliner Konferenz im Februar 1954

---

er als ein Freund der Sowjetunion, und auch in Moskau besitzt er in dieser Hinsicht keinen schlechten Ruf." PAAA, MfAA, DDR, A252 (Bericht vom 28. Juli 1953). In britischen und US-Quellen finden sich mehrfach kritische Äußerungen zu Bischoff; u.a. TNAUK, FO 371/103769/CA1071/334 (Warner und Hancock, 14. u. 15. Dezember 1953), *FRUS 1955–1957*, Bd. 7, 8, 39 (Berichte Bohlens aus Moskau vom 5. März und 14. April 1955).

191 Raab sagte dies 1953 wörtlich dem Abgeordneten Herbert Kraus, der im Gespräch mit Raab den 1949 ausgehandelten Vertragstext als nicht mehr akzeptabel befunden hatte; dies erzählte Kraus einem Mitarbeiter der französischen Botschaft; AAF, vol. 130 (Traité d'État, Négotiations, V), Nr. 574/HC/BE v. 14. Jänner 1954. – Raab argumentierte bereits im Mai/Juni 1953 gegenüber dem damaligen Salzburger Landeshauptmann Josef Klaus zugunsten einer Neutralität Österreichs, während Klaus die Adenauer'sche Politik des Westbündnisses auch für Österreich empfahl. Laut Klaus habe Raab den Unterschied zwischen der Situation der Westösterreicher und jener der Österreicher in der Sowjetzone hervorgehoben, wo der Druck der Sowjets so unerträglich werde, dass er erleichtert werden müsse. Bericht James Espy über ein Gespräch mit Klaus am 1. August 1953 an Hochkommissar Thompson vom 3. August 1953 (NA, RG 59, Lot file, 56 D 294, Box 4), zit. von Michael Gehler, „Österreich, die Bundesrepublik und die deutsche Frage 1945/49–1955", in: ders. u.a., Hrsg., *Ungleiche Partner? Österreich und Deutschland in ihrer gegenseitigen Wahrnehmung. Historische Analysen und Vergleiche aus dem 19. und 20. Jahrhundert*, Stuttgart 1996, 535–580, hier 562.

192 AdR, BMAA, II-Pol, Zl. 320.920-Pol/55, Besprechung vom 28. März 1955; veröffentlicht in: *ÖuG*, Nr. 110.

und auch bei der Vorbereitung der Reise nach Moskau, wie Raabs Rundfunkrede vom 20. März 1955 anzeigte. Verhandlungspartner formulieren vorsichtiger als Programmredner, und jeder Staat geht zunächst davon aus, sich ein Maximum an Optionen offenzuhalten und ein Minimum an Verpflichtungen einzugehen. Dazu kam, dass gerade der Begriff der Neutralität in unterschiedlicher Weise ausgelegt werden konnte, wofür die Auseinandersetzungen mit den österreichischen Kommunisten über das Konzept eines ideologischen „Neutralismus“ in den frühen Fünfzigerjahren genug Anschauungsmaterial geboten hatten. Die Scheu vor unpräzisen Ausdrücken war auch durch bestimmte sowjetische Formulierungen genährt worden. Schließlich haben, wie Raab selbst in den Moskauer Verhandlungen mit Molotov bemerken sollte, Bedenken eine Rolle gespielt, die Anwendung des Wortes Neutralität könnte bei den Westmächten „einen Stein des Anstoßes“ bilden.[193]

Zweitens war es seit den frühen Fünfzigerjahren die Politik der Sozialistischen Partei gewesen, den Bündnisverzicht der „Neutralität“ vorzuziehen. Dafür gab es einige Gründe: Die SPÖ-Politiker waren vertrauter mit Schweden, das keine völkerrechtliche Neutralität, sondern eine juristisch ungebundene Neutralitätspolitik oder auch Politik der Bündnislosigkeit führte; sie misstrauten den österreichischen Kommunisten und deren jahrelanger Neutralitätsrhetorik; und sie vermuteten, dass Neutralität umfassendere Bindungen zur Folge haben würde als Bündnislosigkeit. Von besonderer Bedeutung waren wohl, zumal im Falle des Parteivorsitzenden Schärf, aber auch anderer führender Sozialisten wie Helmer in der älteren und Pittermann in der jüngeren Generation, Rücksichten auf die Westmächte, die Österreich jahrelang geholfen hatten, aber dem Begriff Neutralität ohne Begeisterung, wenn nicht mit Misstrauen gegenüberstanden. Die Führungsschicht der SPÖ war aufgrund ihrer Erfahrung mit sowjetischer Besatzungspolitik unvergleichlich „westlicher“ eingestellt als ihre bundesdeutschen Kollegen.[194] Der US-Botschafter in Wien, Llewellyn Thompson, ein ausgesprochener Neutralitätsskeptiker, hatte sich besonders bemüht, den Sozialdemokraten die Risiken der „Neutralisierung“ zu verdeutlichen.[195] Wie bereits gezeigt wurde, hatte ja noch fünf Tage vor dem

---

193 Raabs Äußerung betreffend Rücksichtnahme auf die Westmächte bei Kindermann, *Flug nach Moskau*, 54, sowie Mitschrift Schöner, im Anhang, Nr. 3.

194 Siehe Michael Gehler, „Klein- und Großeuropäer. Integrationspolitische Konzeptionen und Wege der Bundesrepublik Deutschland und Österreichs 1947/49–1960 im Vergleich“, in: ders. u.a., Hrsg., *Ungleiche Partner*, 581–642, hier 589f.

195 Bericht Thompsons über ein langes Gespräch mit Kreisky am 30. März 1955: *FRUS 1955–1957*, Bd. 5, 22–25; vgl. auch Oliver Rathkolb, „Die Außenpolitik. Die SPÖ und der außenpolitische Entscheidungsprozess 1945–1955. Mit einem Ausblick auf die Neutralitätspolitik bis 1965“, in: Wolfgang Maderthaner, Hrsg., *Auf dem Weg zur Macht. Integration in den Staat, Sozialpartnerschaft und Regierungspartei*, Wien 1992, 51–72, hier 67.

Abflug nach Moskau ein Leitartikel der *Arbeiter-Zeitung* Blockfreiheit gegenüber Neutralität präferiert. Allerdings ist diese Unterscheidung im sozialdemokratischen Lager nicht ganz durchgehalten worden, offenbar nicht einmal von Schärf selbst im Gespräch mit Kudrjavcev im Hause Kreisky am 17. März. In der Tat hatte der SPD-Abgesandte Fritz Heine am 4. April über sein bereits erwähntes Gespräch mit Schärf und Kreisky festgehalten: „SPÖ und auch ÖVP sind mit Neutralisierungsforderungen der Russen einverstanden."[196] Sicher ist es möglich, dass Heine die politischen Alternativen aus bundesdeutschem Blickwinkel sah und die subtilen Unterschiede zwischen Bündnisverzicht, „freiwilliger" Neutralität und auferlegter „Neutralisierung" nicht ausreichend bedachte; doch scheint Heines Notiz ein Hinweis zu sein, dass trotz der in Moskau aufbrechenden Differenzen zwischen Raab und Schärf in der Neutralitätsfrage der Konsens über grundsätzliche Aspekte der österreichischen Ausgangsposition vorhanden war – über die Erklärung der Bündnis- und Stützpunktlosigkeit und über die Territorialgarantie nach dem Schweizer Muster von 1815.

Zurück nach Moskau: Bei einem Empfang, den Molotov am 12. April gab, fragte er Schärf: „Das, was Sie anbieten, ist Neutralität, warum gebrauchen Sie nicht das richtige Wort dafür?"[197] Bruno Kreisky hat in seinen Ergänzungen zu Schärfs Notizen über die Moskau-Fahrt festgehalten, dass schon in der ersten Besprechung Molotov „klar und deutlich zu verstehen gegeben" habe, „daß die Frage der Neutralität nach dem Muster der Schweiz die zentrale Frage für die Verhandlungen ist. Erst wenn hier und diesbezüglich eine befriedigende Antwort österreichischerseits gegeben würde, könne man über alle anderen Fragen zu einer Einigung gelangen." In den internen Besprechungen innerhalb der österreichischen Delegation hätten sich Schärf und Kreisky auf den Standpunkt gestellt, „daß das Wort Neutralität infolge seines unpräzisen Charakters und der eventuell von westlicher Seite zu erwartenden Schwierigkeiten" durch eine konkrete Umschreibung des für Österreich zur Anwendung gelangenden Begriffes ersetzt werden sollte. Hier fragte Raab Kreisky mit den inzwischen oft zitierten Worten: „Herr Staatsekretär, warum san Sie eigentlich so gegen das Wort Neutralität? Dös spielt ja gar ka Rolle, wia ma dös nennen. Tan ma dös glei annehmen." Kreisky gab zur Antwort, dass er hier vor allem an die Westmächte denke, die man davon überzeugen müsse, „daß wir uns jedenfalls bemüht haben, eine derartige weitgehende Festlegung nicht von vornherein anzunehmen".

196 Stadler, „Modellfall Österreich", 396.

197 Allard, *Diplomat in Wien,* 187; auch Schärf, TNMF 111. Zum Widerstand Schärfs gegen das Wort Neutralität, der sogar einmal mit der Abreise aus Moskau gedroht haben soll, nach Mitteilungen Raabs Vodopivec, *Balkanisierung,* 266f; ders., „Die Wahrheit über den Staatsvertrag", in: *Österreichische Monatshefte* 22, 1966, 26.

Als im weiteren Verlauf Raab erklärte, „daß er unbedingt bereit wäre, die ‚Neutralität' zu akzeptieren, haben wir schließlich zugestimmt".[198]

Kreiskys Schilderung bietet den Eindruck deckungsgleicher Positionen Schärfs und Kreiskys. Quellen zeigen allerdings, dass es offenbar doch unterschiedliche Einschätzungen gab; Kreisky scheint die Bedeutung des „Zauberwortes" Neutralität als Schlüssel zur sowjetischen Zustimmung zum Staatsvertrag früher erkannt oder akzeptiert zu haben als Schärf. Im Stenogramm Schärfs findet sich zu den Gesprächen am Abend des ersten Verhandlungstages, nach dem Abendessen mit den sowjetischen Gästen in der österreichischen Botschaft, die Eintragung: „Bischoff, Raab und Kreisky haben aus den einzelnen Gesprächen mit den Russen den Eindruck, daß es ohne das Wort ‚neutral' nicht gehen wird und daß die Russen bereit sind, um dieses Wortes willen da und dort nachzugeben."[199] Daraus kann wohl geschlossen werden, dass Kreisky eher als Schärf bereit war, die Chance der Annahme des Neutralitätsbegriffes zu ergreifen und möglicherweise Schärf in dieser Richtung zu überzeugen versuchte, wie dies Stephan Verosta einmal angedeutet und auch Bischoff später berichtet hat.[200]

---

198 Schärf, TNMF, 110–111 (Einfügung Kreiskys).

199 VGAB, Nachlass Schärf, 4/249 (Stenogramm und Erstübertragung); Rathkolb, „Außenpolitik", 68, schreibt: „In Moskau erkannte Schärf nach langem Widerstand und nach Zureden seitens Kreiskys, ‚daß es ohne das Wort ‚neutral' nicht gehen wird und daß die Russen bereit sind, um dieses Wortes willen da und dort nachzugeben'". Von Interesse ist allerdings gerade, dass Schärf die Herren Bischoff, Raab und Kreisky als in der gleichen Richtung argumentierend notiert hat. Im Stenogramm Schärfs gibt es zwei getrennte, allerdings beide dem Abend des 12. April zuzurechnende Eintragungen ähnlichen Inhaltes: einmal die im Text zitierte, und vorher bereits die Eintragung: „Man kann alles haben, wenn man nur das Wort ‚neutral' gebraucht." Aus diesen beiden Eintragungen wurde dann im redigierten Text der „Moskau-Fahrt" der Satz: „Bischoff gibt als Eindruck aus seinen Gesprächen mit den Russen wieder, man könne alles erreichen, wenn man nur das Wort Neutralität gebrauche." Raab und Kreisky werden allerdings nicht mehr gemeinsam mit Bischoff genannt. Schärf, TNMF 111. Dies zur Ergänzung der Darstellung bei Jenny, *Konsensformel,* 184f.

200 Von „sachter Beratung durch Staatssekretär Kreisky" hat Verosta gesprochen, zit. bei Jenny, *Konsensformel,* 185, nach Stephan Verosta, „Die österreichische Sozialdemokratie und die Außenpolitik. Versuch einer Übersicht 1889 bis 1955", in: Erich Bielka u.a., Hrsg., *Die Ära Kreisky. Schwerpunkte der österreichischen Außenpolitik,* Wien – München – Zürich 1983, 15–60, hier 58. Eiselsberg, *Erlebte Geschichte,* 233f, vermerkt, laut Bischoff hätte Kreisky „die allergrößten Verdienste, da es dessen Überzeugungskraft gelang, in einem langen nächtlichen Gespräch unter vier Augen Vizekanzler Schärf von der Notwendigkeit der Annahme der Neutralität Österreichs zu überzeugen". Die österreichische Delegation berichtete am 13. April telegraphisch nach Wien, dass Molotov verlangt habe, dass die österreichische Erklärung „ausdrücklich die Bezeichnung ‚Neutralität' als unerläßliche Voraussetzung für jedes Entgegenkommen enthalten müsse". AdR, BMAA, II-Pol, Zl. 321.304-Pol/55. Auch der US-Botschafter Bohlen berichtete aus Moskau, die Österreicher hätten die Westalliierten am 13. April ausdrücklich informiert „that Soviets were insisting on inclusion word ‚neutrality'". Bohlen an State Department, Nr. 1848, 19. April 1955, NA, RG 59, 6633.001/4/1955.

Die zweite Frage, in der es zu Meinungsverschiedenheiten kam, betraf das Erdöl. Schärf fasste Raabs Überlegungen wie folgt zusammen:[201]

> Raab ist deutlich erkennbar gegen Übernahme der USIA-Betriebe, Zistersdorf und DDG [sic!]. Er meint, die USIA-Betriebe sind keine 20 Millionen Dollar wert und Zistersdorf sei herabgewirtschaftet. Es würde vollständig genügen, wenn sie unter der österreichischen Gesetzgebung stehen. Mein Argument, daß ein Großstaat immer interveniert, will er nicht gelten lassen. Offenbar will er am liebsten den verstaatlichten Bereich nicht verstärken und lieber russische Betriebe im Lande lassen. Er erklärt immer, die russischen Betriebe seien ja nicht Staatsbetriebe, sondern privatwirtschaftliche Unternehmungen!

Ausführlicher hat Kreisky die Gespräche am späten Abend des 12. April geschildert.[202] Auch Kreisky erwähnt Raabs Äußerung, die Ölfelder seien heruntergewirtschaftet, „die brauchen wir nicht und außerdem werden die Russen Steuern zahlen müssen und den österreichischen Gesetzen unterliegen“. Dem entgegnete Schärf: „Die werden dort aber einen Werkschutz auf ihren Feldern etablieren,[203] und wir werden 30 Jahre lang in Österreich russische Militärpersonen haben. Es wird ständige Konflikte geben, Auslegungsschwierigkeiten über das, was im Staatsvertrag steht.“ Raab wiederholte, das seien heruntergewirtschaftete Betriebe; auf Kreiskys Einwurf „Das wissen wir alles nicht“ gab Raab zur Antwort: „Ich hab’ meine Informationen.“[204] Kreisky erwiderte, hier handle es sich aber um einen politischen Preis, den man zu zahlen hätte. „Wir wollen verhindern, daß die Russen nach dem Staatsvertrag einen Fuß zwischen der Tür haben.“ Darauf stellte Raab die Gegenfrage: „Also gut, was stellen Sie sich vor?“, und nun wurde über die Varianten möglicher österreichischer Angebote für die Ablöse des Erdöles diskutiert.

Was die USIA-Betriebe betraf, deren Wert Raab offensichtlich so gering einschätzte, war deren Rückgabe an Österreich gegen den Ablösepreis von 150 Millionen Dollar seit 1949 festgelegt. Eine Nichtannahme oder Nichtrückgabe der USIA-Betriebe stand 1955 gar nicht zur Debatte und ist auch bei den Vorbereitungsgesprächen in Wien nie zur Diskussion gestellt worden. Bei der DDSG und dem Erdölkomplex lagen die Dinge insofern anders, als ja nach dem Staatsvertragsent-

201 Nicht nach der Druckfassung in Schärf, „Moskau-Fahrt“, 27, sondern der Erstübertragung des Stenogramms, VGAB, Nachlass Schärf, 4/249.

202 Wiedergegeben in Schärf, TNMF 112–114.

203 Zum Werkschutz vgl. Rauchensteiner, *Sonderfall,* 228.

204 Raab waren Informationen zugekommen, wonach sich die Zistersdorfer Erdölfelder in sehr schlechtem Zustand befänden. Freundliche Mitteilung Dr. Ludwig Steiner.

wurf die DDSG im östlichen Österreich auf Dauer in sowjetischen Besitz übergehen und 60% der Erdölförderung in Ostösterreich auf 30 Jahre den Sowjets verbleiben sollte.

Schärfs politisches Argument zugunsten des Rückkaufes, nämlich seine Sorge wegen des Verbleibes sowjetischer Enklaven in Österreich, wog schwer.[205] Es besteht kein Anlass, wegen der sicherlich bei Schärf vorhandenen Verstaatlichungshoffnungen (die wohl Raabs gereizte Reaktionen zum Komplex USIA-Erdöl-DDSG erklären könnten) das politische Argument weniger ernst zu nehmen. Es waren auch nicht nur Schärf und Kreisky für den Rückkauf des Erdölkomplexes eingetreten. Schon bei den Vorbesprechungen zur Berliner Konferenz war über die Ablöse des Erdöles gesprochen worden, wobei grundsätzlich Konsens der Koalitionspartner bestand. Auch bei den Vorbesprechungen für Moskau trat der Generalsekretär des Außenministeriums Karl Wildmann in Anwesenheit Figls und Kreiskys unwidersprochen für die Ablöse des Erdöles ein.[206] Wie bereits gezeigt, hatte Figl dieses Thema bereits in der ersten Verhandlungsrunde in Moskau vorgebracht. Die Österreicher kamen mit einem Arbeitspapier nach Moskau, das diese Option eindeutig unterstützte. Der Umfang der Rohölreserven wurde in diesem Papier offensichtlich auch aus verhandlungstaktischen Gründen betont niedrig mit etwa 20 Mio. Tonnen geschätzt.[207]

---

205 Vgl. Schärfs Argumente im SPÖ-Parteivorstand am 25. März.

206 AdR, BMAA, II-Pol, Zl. 321.027-Pol/55 (Besprechung am 2. April 1955); veröffentlicht in: *ÖuG*, Nr. 111, 2. Teil (mit irriger Namensnennung Wildner statt Wildmann).

207 Arbeitspapier mit dem Titel „Abschlagszahlung für die der UdSSR im Staatsvertragsentwurf auf dem Erdölsektor gegenwärtig eingeräumten Rechte" (= Nr. 10 der Arbeitsunterlagen der Regierungsdelegation), erliegt u.a. in VGAB, Nachlass Schärf, 4/248 sowie SBKA, Nachlass Kreisky, VII/Staatssekretär. Ausdrücklich hieß es, dass die zugrunde gelegten Zahlen „in einer äußerst vorsichtigen und den österreichischen Interessen im weitesten Maße Rechnung tragenden Form" geschätzt wurden; dies gelte „insbesondere für die angenommene Rohölreserve (20 Mio to)"! Angesichts des Fehlens konkreter Unterlagen waren österreichische Schätzungen der Rohölreserven unterschiedlich und eingestandenermaßen unpräzise. Eine im Auftrag der Kammer der gewerblichen Wirtschaft, Fachverband der Erdölindustrie, von dem Erdölfachmann Dipl.-Ing. Ulrik vorgenommene Schätzung der Werte der österreichischen Erdölfelder war im Jänner 1954 zu dem pessimistischen Schluss gekommen, die Erdölförderung werde vermutlich 1972 keinen wirtschaftlichen Ertrag mehr abwerfen und „bereits von jetzt an stark sinken". Schreiben der Kammer der gewerbl. Wirtschaft, Zl. 4341/HGU/J/54 v. 21. Jänner 1954, bei AdR, BMAA, II-Pol, Zl. 141.904-Pol/54 v. 28. Februar 1954. Die aus der Kammer kommenden Schätzungen dürften wohl auch Raab bekannt gewesen sein. Andererseits gab ein an den Bundesminister für Verkehr und verstaatlichte Betriebe gerichteter Bericht vom 5. April 1955, der über den Minister Waldbrunner an Schärf gelangte und sich in dessen Unterlagen für Moskau befindet, etwas optimistischere Prognosen. Dort war von einer Förderung von „ca. 3 Mill. t. Rohöl" die Rede, und es wurde angenommen, „daß die Förderung auf dieser Höhe weiter aufrecht erhalten und vielleicht noch durch 20 Jahre fortgesetzt werden kann". VGAB, Nachlass Schärf, 4/249. Ein erst nach den Moskauer Verhandlungen im Außenamt eingelangtes, nicht für die Verhandlungszwecke in Moskau erarbeitetes Memorandum der Bundessektion Industrie der Bun-

Dem stand, wie bereits gezeigt, die (vielleicht ebenfalls aus verhandlungstaktischen Gründen) wesentlich höhere Schätzung von 72,2 Mio. Tonnen im sowjetischen Vorbereitungspapier gegenüber, eine Zahl, die etwas abgerundet (72 Mio.) bald auch von Mikojan in den Verhandlungen genannt werden sollte.[208] Im österreichischen Vorbereitungspapier wurden als wirtschaftlich vertretbare Abschlagszahlung 33 Mio. Dollar für die Rohölgewinnung, 10 Mio. Dollar für die Raffinerien, und 4 Mio. Dollar für den Verteilungsapparat, insgesamt also 47 Mio. Dollar genannt. Sollte es aus gesamtpolitischen Gründen unbedingt erforderlich sein, das österreichische Angebot zu erhöhen, so könnte eine maximale Gesamtabschlagsziffer von ca. 70 Mio. Dollar immer noch als wirtschaftlich vertretbar bezeichnet werden.[209]

Über Art und Höhe einer zu zahlenden Ablöse für die Erdölbetriebe entspann sich an jenem Abend des 12. April, wie bereits angedeutet, eine Wechselrede zwi-

deswirtschaftskammer sprach im April 1955 von 20 bis 30 Mio. t. Rohölreserven (nach Angaben der Geologischen Bundesanstalt), betonte aber die Schwierigkeiten der Schätzungen infolge des Fehlens jeglicher Unterlagen, die sich noch in den Händen der sowjetischen Mineralölverwaltung befanden. Schreiben der Bundessektion Industrie an Außenminister Figl v. 26. April 1955, AdR, BMAA, II-Pol, Zl. 321.695-Pol/55.

208 Die Wahrheit, wie sich 1956 erweisen sollte, lag zwischen den zwei Schätzungen, aber doch näher an der sowjetischen Ziffer, bei etwa 58 Mio. t. Die großen Diskrepanzen zwischen den österreichischen und den sowjetischen Schätzungen, die nach der Übergabe der Ölbetriebe im August 1955 den österreichischen Experten bekannt wurden (in der Übergabebilanz im August 1955 nannten die Sowjetorgane sogar 77 Mio. t) führten nach der Übergabe zu einer Schätzung der Rohölreserven durch die Geologische Bundesanstalt, die 1956 die Gesamtvorräte mit etwa 58 Mio. t. bezifferte. Hierzu: *Die Österreichische Erdölwirtschaft,* hrsg. v. Österreichischen Institut für Wirtschaftsforschung (= 10. Sonderheft, verfasst von Stephan Koren/Kurt Wessely), Wien 1957, 13; die Autoren meinen, die Sowjetstellen hätten wahrscheinlich, „um hohe Reparationslieferungen durchzusetzen, bewußt optimistische und zum Teil sogar spekulative Annahmen gemacht" (ebd.).

209 Österr. Arbeitspapier (wie Anm. 219). Hier sei daran erinnert, dass das sowjetische vorbereitende Arbeitspapier des Außenhandelsministers Kabanov die Übertragung der Erdölbetriebe zu einem Bilanzwert von 66 Mio. Dollar vorgeschlagen hatte. Da kaum bekannt, sei darauf hingewiesen, dass es auch während der Besatzungszeit in der Sowjetzone westliche Firmen neben der sowjetischen Mineralölverwaltung gab, deren (mengenmäßig wesentlich geringere) Erdölförderung von der Sowjetunion nicht angetastet wurde, die jedoch ihr Erdöl nur an die sowjetischen SNU/SMV-Raffinerien abgeben durften. Stephan Koren, „Struktur und Nutzung der Energiequellen Österreichs", in: Wilhelm Weber, Hrsg., *Österreichs Wirtschaftsstruktur – gestern, heute, morgen,* Berlin 1961, 181. Die sowjetische Ölgesellschaft war daher in der Lage, die Preise zu diktieren; in vielen Fällen wurden westliche Lieferungen nur mit Verzögerung bezahlt, was den westlichen Gesellschaften großen Schaden zufügte. Walter M. Iber, *Die Sowjetische Mineralölverwaltung in Österreich: Zur Vorgeschichte der OMV 1945–1955,* Innsbruck 2011, 96. Vgl. eine Note Raabs an den sowjetischen Hochkommissar Il'ičëv v. 3. März 1955, BKA Zl. 84.545-2a/55, AdR, BMAA, II-Pol. Zl. 320.596-Pol/55. Im Laufe der Besatzungsjahre verschob sich das Verhältnis der geförderten Erdölmengen wesentlich zugunsten der sowjetischen Unternehmungen (woran seit 1949 die Entdeckung und Entwicklung des im sowjetischen Bereich liegenden Feldes Matzen den größten Anteil hatte); vgl. Hinweise im Arbeitspapier der österreichischen Delegation in Moskau, wie oben Anm. 219.

schen Raab und Kreisky, wobei Kreisky entweder einen Dollarbetrag oder die Lieferung einer festen Menge Rohöles pro Jahr vorschlug, während der Bundeskanzler von Prozentsätzen der Fördermenge ausgehen wollte.[210] Die Fixierung auf bestimmte Dollarbeträge oder Rohöllieferungen bot den Vorteil, dass es darüber keinen Streit geben konnte. Von einem bestimmten Prozentsatz auszugehen – Raab sprach von 50% der (jährlichen) Fördermenge – bot nur dann einen Vorteil, wenn man von einer tendenziell sinkenden Fördermenge ausginge. Raab ging offensichtlich von der Voraussetzung aus, dass die Erdölvorkommen in den Jahren der Besatzungszeit über Gebühr ausgebeutet worden waren und mit dem Absinken der Produktion zu rechnen war. Die Verhandlungen um die Ablöse des Erdöles in den kommenden zwei Tagen sollten sich aus durchaus spannend erweisen.

6. Der entscheidende Durchbruch und das Moskauer Memorandum, April 1955

Am zweiten Verhandlungstag in Moskau standen zwei Themen im Vordergrund: Neutralität und Erdölablöse. Der 13. April 1955, ein Mittwoch, brachte den eigentlichen Durchbruch zum jahrelang erstrebten Ziel: Abzug der ausländischen Mächte aus Österreich als Folge des Staatsvertrages. Im Mittelpunkt der Vormittagssitzung stand die Frage der Neutralität. Die Österreicher hatten ein Arbeitspapier vorbereitet, das die Ergebnisse des Vortages zusammenfasste.[211] Wie Schärf in seiner „Moskau-Fahrt" berichtet, habe Raab „immer wieder" gewünscht, „daß wir sofort das Wort ‚neutral' anbieten, bevor er [das Papier] zu verlesen beginne". „Ich und Kreisky lehnen das ab".[212] Das von den Österreichern vorgelegte Papier nannte neu-

210 Nach Kreiskys Darstellung in Schärf, TNMF 112–113.

211 Veröffentlicht im Dokumentenanhang Nr. 3.

212 Schärf, TNMF 115. Im Stenogramm, in der Erstübertragung und in der sogenannten „1. Fassung" (VGAB, Nachlass Schärf, 4/249 und 4/247) steht: „Ich und Figl lehnen dies ab." Zu erinnern ist daran, dass das Außenamt in Wien eine Festlegung auf den Begriff Neutralität vermeiden wollte (vgl. Ausarbeitung Verostas vom 17. März 1955). Botschafter Thompson hatte noch am 12. April aus Wien nach Washington gekabelt, das State Department möge ja nicht das Wort „neutrality" verwenden. Die Österreicher wollten es sorgfältig vermeiden – „Austrians intend carefully to avoid it" (!) –, und bis jetzt sei es von den Sowjets nicht offiziell verlangt worden. NA, RG 59, 663.001/4-1255. Es war also gar nicht unplausibel, wenn Figl Raab zu bremsen versuchte. Aber auch Kreisky könnte trotz seiner Argumentation vom Vorabend aus taktischen Überlegungen und in Loyalität zu Schärf und zum Außenamt – die hier auf der gleichen Linie im Unterschied zur Raab-Bischoff-Linie lagen – Schärf zugestimmt haben. Dass Figl in der Tat ähnlich wie Schärf argumentierte, hat Schärf später in einer bereits erwähnten unveröffentlichten Schrift festgehalten. In einer Formulierung, die offensichtlich eine Brücke schlägt zwischen der stenographischen Erstformulierung und der veröffent-

erlich explizit den Bündnisverzicht und die Nichtzulassung von militärischen Stützpunkten.[213]

Molotov äußerte sich nun noch ausführlicher zum Thema der Neutralität nach dem Muster der Schweiz, als er es am Vortag getan hatte. In einer weit ausholenden Darstellung deckte er jene Grundlagen auf, die das tragfähige Fundament für Österreichs internationalen Status nach Abschluss des Staatsvertrages bilden sollten.[214] Molotov führte aus:

> Ich erinnere an die Erklärung des Bundespräsidenten vom Jahre 1952. Die Schweiz als Beispiel ist für die Sowjetunion sehr interessant. Die Sowjetregierung ist interessiert an einer eindeutigen Erklärung, die keine Zweifel zuläßt. Ich komme nochmals auf die Erklärung zurück, die Herr Bundespräsident Körner im Jahre 1952 gegenüber einem Vertreter des ‚Journal de Genève' abgegeben hat. Es heißt darin: ‚Was die endgültige Befreiung Österreichs anbetrifft, so ist die Schweiz ein Beispiel politischer Weisheit…' Außerdem hat der amerikanische Außenminister Dulles im Jahre 1954 eine Erklärung abgegeben, zur Frage einer österreichischen Neutralität. Er hat darin gesagt, der Status der Neutralität ist ein Ehrenstatus für einen Staat, wenn er von diesem freiwillig gewählt wurde.

Dulles habe festgestellt, so fuhr Molotov fort,

> daß eine von außen aufgezwungene Neutralität nicht annehmbar sei. Die Sowjetunion schlägt so etwas auch nicht vor. Sie wünscht, daß die österreichische Regierung von sich aus eine Erklärung abgibt, die die Form einer feierlichen Deklaration hat. Die Sowjetregierung hofft, daß die österreichische Regierung sich positiv zu diesem Vorschlag einstellen wird und eine Deklaration abgeben wird, in

lichten Fassung der „Moskau-Fahrt", heißt es: „Der Bundeskanzler verlangte noch vor Beginn der für 11 Uhr vormittags bei Molotow angesetzten Verhandlungen, daß wir den Russen sofort das Wort ‚Neutral' anbieten. Ich und Dr. Kreisky lehnten dies ab, auch Außenminister Ing. Figl schloß sich unserer Meinung an." VGAB, Nachlass Schärf, 4/064, „Österreich wieder in Freiheit 1955–1957", S. 29. Im Editionsband *Tagebuchnotizen des Jahres 1955,* 115, wird die Eintragung „Ich und Figl lehnen das ab" – ohne kritische Diskussion – wiedergegeben. – Botschafter Thompson hatte schon am 29. März 1955 nach Washington telegraphiert, Kreiskys Denken entwickle sich sehr „toward some form of neutralization", und er, Thompson, glaube, die Anwesenheit Schärfs und Figls werde einen bremsenden Einfluss haben („presence of Schärf and Figl will be restraining influence"). NA, RG 59, 663.001/3/2955.

213 Dokumentenanhang Nr. 3.

214 Die folgenden Zitate nach Mitschrift Schöner auch bei Kreisky, *Neutralität und Koexistenz,* 33f.

welcher ausdrücklich festgestellt wird, daß für Österreich künftig das Prinzip der Neutralität Geltung haben soll.

In einem Meisterstück diplomatischer Argumentation präsentierte Molotov *den gemeinsamen Nenner*, der es allen Beteiligten – Österreich, den Westmächten und der Sowjetunion – ermöglichen würde, die politische Voraussetzung für den Abschluss des Staatsvertrages und den Abzug der fremden Mächte aus Österreich zu schaffen: die Neutralität nach dem Muster der Schweiz. Die Auswahl der von Molotov zitierten Persönlichkeiten – Theodor Körner und John Foster Dulles – verriet großes taktisches Gespür, wohl nicht bloß Molotovs, sondern auch jener Funktionäre, die die Unterlagen für Molotovs Verhandlungsführung vorbereitet hatten. Wenn der amtierende Bundespräsident der Republik Österreich das Vorbild der Schweiz für Österreich pries, würden sich Regierung und Parlament kaum widersetzen. Wenn dieser amtierende Bundespräsident noch dazu aus den Reihen der Sozialistischen Partei Österreichs kam, konnte sein Ausspruch dazu angetan sein, dem Parteivorsitzenden, dem das Wort „Neutralität" widerstrebte, dieses Wort mit dem Hinweis auf die Schweiz annehmbar zu machen. Wenn Molotov den amtierenden Außenminister der USA, John Foster Dulles, zitierte, so darf man daraus auf die Absicht schließen, der westlichen Führungsmacht und den anderen Westmächten die Anerkennung der Neutralität Österreichs zu erleichtern.

Eine Reihe von Wortmeldungen der Österreicher folgte. Schärf sagte, wie schon am Vortag auf die Frage Molotovs, im österreichischen Vorschlag wäre die Neutralität bereits enthalten, ohne dass das Wort ausgesprochen wäre. Figl verkündete die Verfahrenspläne der Österreicher: das Parlament werde eine Erklärung beschließen – vom Gesetz war noch nicht die Rede -, die Großmächte werden sie akzeptieren und die Welt werde sie zur Kenntnis nehmen.

Raab stellte die wesentliche Frage, ob Molotov glaube, dass das Wort „Neutralität" eine Erschwerung bei den Westmächten bedeuten könnte.[215] Molotov verneinte; die Erklärung des Bundespräsidenten Körner im Jahre 1952 habe keine negative Reaktion hervorgerufen; Dulles in Berlin habe ausdrücklich davon gesprochen.

Raab, der ja in die Verhandlungen mit der Bereitschaft hineingegangen war, die Erklärung der Neutralität Österreichs in die politischen Vereinbarungen einzubringen, antwortete Molotov: „Wir sind wesentlich Ihrer Auffassung und wollen die Neutralität haben." Raab wiederholte Molotovs Hinweis auf Dulles' Berliner Erklärung und machte damit deutlich, dass er an die Zustimmung der Westmächte glaube; er verwies ausdrücklich auf die freiwillige Beschlussfassung des Parlamen-

215 Vgl. auch Kindermann, *Flug nach Moskau*, 54.

tes – eine solche Erklärung war spätestens seit dem Juni 1953 in Österreich erwogen worden. Raab stellte indessen die Frage, ob man nicht „aufgezwungen“ sagen könnte, wenn die Neutralität bei diesen Verhandlungen hier vereinbart werde. Molotov schlug vor, dass vorläufig keine Veröffentlichung stattfinde, insistierte jedoch, dass eine Paraphierung vorzunehmen sei. Schärf resümierte, dass eine österreichische Erklärung jetzt nicht veröffentlicht werde, also geheim bleibe und erst bei der parlamentarischen Verhandlung des Staatsvertrages als österreichische Initiative herausgestellt werde. Molotov wies darauf hin, dass es sich um eine Erklärung der Neutralität handle, wie sie von der Schweiz gehandhabt werde, und fragte, ob die Bundesregierung eine Erklärung der Neutralität „nach dem Muster der Schweiz“ abgeben könne

Eine Unterbrechung von etwa 15 bis 20 Minuten auf Antrag Raabs diente der internen Beratung der österreichischen Delegation.[216] Gesprächsnotizen sind bisher nicht aufgefunden worden; es lässt sich jedoch aus Arbeitsdokumenten – und aus einem bald nach Wiederaufnahme der Sitzung von Raab verlesenen Papier – rekonstruieren, dass die Regierungsdelegation nunmehr den Schritt von der Erklärung der Allianz- und Stützpunktfreiheit zur Erklärung der Neutralität tat. Die Formel betreffend die Neutralität, „wie sie von der Schweiz gehandhabt wird“, findet sich in handschriftlichen Notizen der Gesandten Schöner und Verosta in den österreichischen Arbeitsunterlagen.[217]

Hier ist ein Exkurs angebracht. Botschafter Bischoff hat in seinem 1958 fertiggestellten Manuskript „Die Haltung der Sowjetunion in der Frage des Abschlusses des österreichischen Staatsvertrages“ zur Entstehung der Neutralitätsformel geschrieben: „Bereits in der 2. Sitzung am 13. April war diese Formel gefunden. Österreich werde sich, so versprach die Delegation, einer immerwährenden Neutralität befleißigen. ‚Von der Art, wie sie von der Schweiz geübt wird‘, und Molotow und Mikojan, die beiden Führer der sowjetischen Delegation, erklärten sich mit dieser Formulierung einverstanden“. Dazu hat sich ebenfalls ein Augen- und Ohrenzeuge der Moskauer Verhandlungen, Josef Schöner, wie folgt geäußert:

> Zur Steuer der historischen Wahrheit möchte ich nur feststellen, daß Molotow und Mikojan sich nicht, wie auf Seite 92 [von Bischoffs Schrift] im ersten Absatz geschrieben steht, sich mit der Formulierung einer immerwährenden Neutrali-

---

216 Es fällt auf, dass Schärf, TNMF 118 über diese Unterbrechung nichts anderes zu berichten weiß, als dass Figl die Beseitigung des Habsburgerparagraphen gewünscht habe, während doch während dieser Unterbrechung die letzte Entscheidung der österreichischen Delegation zur Neutralitätsformel fiel.

217 Vgl. Dokumentenanhang Nr. 3.

tät, von der Art, ‚wie sie von der Schweiz geübt wird', einverstanden erklärten, sondern daß die ausdrückliche Erwähnung der Schweiz im Texte zu unserem Erstaunen von Molotow ausdrücklich verlangt wurde. *Wir* haben keinen derartigen Vorschlag gemacht.[218]

Nach der Sitzungsunterbrechung setzte Raab die Verhandlungen mit den Worten fort: „Alles ein Guß." Das bedeutete, dass die Österreicher ein Paket offerierten, in dem nicht nur die Neutralitätserklärung, sondern alle anderen für Österreich wichtigen Punkte enthalten waren. Zuerst schlug Raab den 31. Dezember 1955 als letzten Termin für den Abzug der Besatzungstruppen vor. Dann nannte er weitere Punkte, bei denen noch Entscheidungen fallen mussten: die Warenlieferung für die 150-Millionen-Dollar-Ablöse (für die USIA-Betriebe) und Ablösezahlungen für die Rechte an den Ölbetrieben. Letzteres betreffend machte er jenen Vorschlag, auf den er sich im Gespräch mit Schärf und Kreisky festgelegt hatte: die Lieferung von 50% der Ausbeute des letzten Produktionsjahres; darüber könne gesprochen werden, meinte Molotov.

Erst jetzt kam Raab zur Neutralität. Die Österreicher hatten in Moskau die Formel zurechtgelegt, die Regierungsdelegation könne lediglich „Sorge tragen", dass die den Sowjets in Moskau gegebenen Zusicherungen nach der Rückkehr nach Wien in Beschlüsse der Bundesregierung umgewandelt würden. Es handelte sich also um eine sogenannte „Verwendungszusage". Der Hauptpunkt, wie er während der Verhandlungspause abgeändert worden war, war, dass „die österreichische Bundesregierung eine Erklärung der Neutralität, wie sie von der Schweizer Eidgenossenschaft gehandhabt wird, abgeben" werde.[219] Die sowjetische Niederschrift der Moskauer Verhandlungen enthält die russische Übersetzung von Raabs Aussage unter dem Titel „Notiz der österreichischen Regierungsdelegation" mit dem Vermerk „übergeben am 13. April 1955".[220] Damit war jene Formel festgelegt, die als Punkt

218 Zu Bischoffs Manuskript siehe oben S. 315. Schöners Stellungnahme in: Schöner an Heinrich Haymerle (damals Politischer Direktor im Wiener Außenamt), 12. März 1959, in: Nachlass Schöner, Konvolut 19, nunmehr in ÖStA, GD, NLS, E/1773 (Kopie in Besitz von G. S.). – Im Gespräch mit dem schweizerischen Gesandten in Wien, Reinhard Hohl, unterstrich Schöner im Juni 1955, dass Molotov „zur Überraschung der Österreichischen Delegation" immer wieder betonte, welch großen Wert die UdSSR auf die Neutralität nach dem Muster der Schweiz lege. Die österreichische Delegation hatte „in ihren vorbereitenden Schriften nirgends das Wort Neutralität erwähnt, weil sie wußte, wie schwer es halten würde, diese Neutralität zu umschreiben." Hohl an den Chef der Politischen Abteilung im Eidgenössischen Politischen Departement, 22. Juni 1955: SBA, Bestand 2300 Wien, Nr. 59.

219 Vgl. Dokumentenanhang Nr. 3.

220 Notiz (*zapiska*) der österreichischen Regierungsdelegation, in: Sowjetische Niederschrift, l. 33.

I.1 in das am Morgen des 15. April 1955 paraphierte Memorandum Eingang fand.[221]

Mit dem Schnüren des Kompromiss-Paketes war um die Mittagsstunde des 13. April 1955 die Halbzeit der Moskauer Verhandlungen erreicht. Trotz des grundsätzlichen Einverständnisses mussten noch Details verhandelt werden. Molotov deutete die Möglichkeit eines frühzeitigen Abzuges der sowjetischen Truppen an. Trotzdem schlug er vor, im Staatsvertrag eine Räumungsfrist von sechs Monaten ab Ratifizierung festzusetzen. Er fügte allerdings hinzu, dass die Ratifizierung seitens der Sowjetunion noch vor dem Juli durchgeführt werden könnte. Aus den vorliegenden Quellen gewinnt man den Eindruck, dass Molotov damit die anderen Vertragspartner – also die Westmächte – zu einem sehr raschen Vertragsabschluss bewegen wollte; in diesem Fall wäre die sechsmonatige Räumungsfrist noch innerhalb des Jahres 1955 zu Ende gegangen. Die Frist von sechs Monaten bedeutete jedoch eine Verschlechterung im Vergleich zum Entwurf vom Jahre 1947. Hier griff Schärf mehrfach in die Debatte ein und bestand auf Beibehaltung der Drei-Monatsfrist. Molotov schlug dann einen Räumungstermin von sechs Monaten nach Ratifizierung, doch spätestens am 1. Juli 1956, vor, machte jedoch gleichzeitig klar, dass die Sowjetunion ihre Truppen schon vor dem 31. Dezember 1955 unter der Voraussetzung abziehen wolle, dass dies die anderen Alliierten auch täten. Erst am nächsten Tag, dem 14. April, kam die endgültige Einigung über den Truppenabzug zustande. Schärf wiederholte, dass die Österreicher keine Verschlechterung des Staatsvertragsentwurfes nach Hause mitbringen könnten, und dass die USA zu einer Verlängerung der Räumungsfrist keine Zustimmung geben würden. „Geben Sie uns doch direkt das, was sie später den Amerikanern geben werden."[222] Molotov kam dann auf den von Raab ursprünglich vorgeschlagenen Termin des 31. Dezember 1955 zurück. Im Vertragsentwurf könne man die Drei-Monatsfrist belassen. Damit war das größte Anliegen der Österreicher erfüllt worden.

Die Erdölfrage nahm den breitesten Raum bei den Wirtschaftsverhandlungen ein, die in Abwesenheit Molotovs am Nachmittag des 13. April 1955 vor allem mit Mikojan stattfanden. Raab verwies mehrfach darauf, dass das Erträgnis der Ölfelder sinken werde, weil Bohrungen ausgepumpt würden. Mikojan verwies auf neue Felder und gab ein optimistischeres Bild. Es wurde nicht bloß verhandelt, sondern auch gehandelt, und nicht ohne Humor. Raab plädierte, dass Österreich so klein und Russland so groß sei: „Sie müssen doch auch einmal den Kleinen helfen." Er sagte auch, dass man nicht die Katze im Sack kaufen könne, und Figl schlug vor,

221 Die endgültige Formulierung im Moskauer Memorandum enthielt zusätzlich das Wort „immerwährend". Zu dessen Entstehung vgl. in diesem Kapitel Anm. 247.

222 Dieses und die folgenden Zitate nach Mitschrift Schöner. Vgl. Dokumentenanhang Nr. 3.

dass eine gemischte Kommission von sowjetischen und österreichischen Experten die Felder besuchen sollte: „Wir müssen uns die Katze doch einmal anschauen." Auf Vorschlag Schärfs beschloss die österreichische Delegation, doch noch in Moskau selbst die Erdölablöse festzulegen, und so kam es am nächsten Tag, allerdings nach längeren Verhandlungen, zur endgültigen Einigung. Für diese finale Verhandlungsrunde war Molotov wieder anwesend. Raabs Vorschlag, 50% der Jahresförderung durch sechs Jahre hindurch zu liefern (dies entsprach den sechs Jahren der Ablöselieferungen für die USIA-Betriebe), stieß auf den Gegenvorschlag, von einer bestimmten Jahresförderung – 1954 oder 1955 – auszugehen und diesen Basisbetrag jährlich aufzustocken. So käme man, meinte Molotov, zu festen Ziffern; dies wäre besser, weil keine Kontrollen (über die tatsächliche Jahresförderung) durchgeführt werden müssten. Raab schlug sofort eine Million Tonnen pro Jahr für 6 Jahre vor, und lag damit weit über den ursprünglichen sowjetischen Vorstellungen. Zuletzt schlug Mikojan vor, von 50% der Jahresförderung von 1954 auszugehen, die 3,2 Mio. Tonnen betragen hatte, d.h. von 1,6 Mio. Tonnen, und sechs Jahre lang jeweils 5% zuzuschlagen, „wobei immer das Vorjahr als Basis dienen soll". Dies hätte eine Gesamtlieferung von mehr als 11 Millionen Tonnen innerhalb von sechs Jahren bedeutet.

Molotov hatte schon vorher auf den politischen Zusammenhang zwischen Ablösediskussion und Neutralitätsverpflichtung hingewiesen; er machte deutlich, dass die Sowjetunion gemäß dem vorhandenen (1949 vereinbarten) Vertragsentwurf das Recht hätte, in der Ölindustrie zu bleiben. Tatsächlich war ja die Ölförderung für 30 Jahre, die Wahrnehmung der Schürfrechte für 8 Jahre, mit dem Recht auf Förderung durch 25 Jahre ab Fündigwerden, der Sowjetunion übertragen worden. Molotov bemerkte, dass dies „von Zeit zu Zeit Differenzen mit Österreich ergeben müßte. Wir sind der Ansicht", so setzte er fort, „daß Österreich die Verpflichtung zur Neutralität ehrlich erfüllen wird, und wir glauben, daß es opportun ist, die Ölfrage schon jetzt zu lösen."

Nach einer weiteren Sitzungsunterbrechung zwecks interner Beratungen der Österreicher machte Raab den Vorschlag, dass Österreich 10 Millionen Tonnen Rohöl innerhalb von zehn Jahren liefern würde. Raab fügte hinzu, dass im Fall eines außergewöhnlichen Versagens der Ölquellen neu verhandelt werden müsse. Molotov erwiderte, dass man dem Vorschlag nähertreten könnte, falls Österreich auf die Überprüfung (d.h. Neuverhandlung im Falle der Verminderung) verzichten könnte. Raab stimmte zu und meinte, wenn möglich, würden wir auch in kürzerer Zeit als zehn Jahren zahlen. Molotov war einverstanden. Raab meinte: „Wir werden geprügelt werden, wenn wir heimkommen!" Molotov entgegnete: „Im Gegenteil, Sie werden auf Händen getragen werden, wenn Sie heimkommen!" Mikojan ergänzte: „Mein Kompliment, Sie können sehr gut handeln, Herr Bundeskanzler!" Bedenkt man die viel niedriger angesetzten sowjetischen Erwartungen (die sowjetischen Weisungen hatten den Preis auf 4,14 Millionen Tonnen Öl, also weniger als die Hälfte dessen, worauf man sich in den Verhandlungen einigte, angesetzt[223]), so kann der ironische Charakter von Mikojans Kompliment kaum bestritten werden. Damit war das schwierigste – und wichtigste – Ablöseproblem gelöst worden. Später (1958 und 1960) gewährte die Sowjetunion Erleichterungen der Erdöllieferungen, so dass schließlich Österreich bloß 6 Millionen Tonnen Rohöl als Ablöse an die Sowjetunion liefern sollte – nach wie vor fast 150% dessen, was die Sowjetunion als einen fairen Preis erachtet hatte.

Schon am Vortag, dem 13. April, war man sich rasch über die Ablöse der DDSG einig geworden. Zu dem von Mikojan namhaft gemachten Wert von 2,8 Millionen Dollar meinte Raab: „Die ist wirklich nicht so viel wert." Kreisky meinte, die „DDSG gehört eigentlich zum USIA-Komplex. Die müßten Sie uns eigentlich dazugeben." Mikojan war nicht dieser Meinung, und Raab machte nun das Offert von 2 Millionen Dollar, das Mikojan sofort annahm. Mikojan fügte hinzu: „Ich hoffe, dass es zu guten wirtschaftlichen Beziehungen kommen wird. Sie werden vergessen, dass wir eine Okkupationsmacht waren und wir wollen vergessen, dass Österreich gegen die USSR mitgekämpft hat." Sich auf letztere Bemerkung beziehend, gab Raab zurück: „Ja, so wie Ihr General Wlassow. Aber wir schauen nach vorwärts."

Am 14. April übergab Molotov eine Liste von Kriegsgefangenen und Zivilinhaftierten und sagte zu, dass alle Österreicher spätestens mit Abzug der Besatzungstruppen nach Österreich repatriiert sein würden. Damit war einem großen humanitären Anliegen der österreichischen Delegation entsprochen und das an Staatspräsident Vorošilov gerichtete Ersuchen Bundespräsident Körners erfüllt worden.

Die eigentlichen Verhandlungen waren nun beendet – am 14. April um 12.30 Uhr. Doch mussten die erzielten Vereinbarungen in die endgültige Form eines Memorandums gebracht werden. Dies war die Aufgabe eines Redaktionskomitees, das am Nachmittag um 16 Uhr im Kreml zusammentrat. Ihm gehörten Raab, Schärf, Molotov und Mikojan nicht mehr an. Auf österreichischer Seite waren Figl und Kreisky sowie die Beamten der Delegation darin tätig, auf sowjetischer Seite war Vizeaußenminister Semënov, begleitet vom Völkerrechtsexperten Grigorij Tunkin, federführend. Die Redaktionssitzung ging um 18 Uhr zu Ende, da das große von Ministerpräsident Bulganin im Kreml in Anwesenheit Chruščëvs gegebene Abschluss-

223 KPdSU, Präsidium, Prot. 115 p. xxviii, 8. April 1855, Ukazanija k peregovoram, in: RGANI, f. 3, op. 10, d. 136, ll. 1 und 36–43, hier 38. Vgl. Iber, *Die sowjetische Mineralölverwaltung*, 197.

bankett begann.[224] Die redaktionelle Arbeit dauerte jedoch wegen der Übersetzungen und Textüberprüfungen bis weit in die Morgenstunden des 15. April 1955. Von dem außerordentlichen Zeitdruck, unter welchem der Redaktionsausschuss arbeitete, gibt eine österreichische, von der Delegationssekretärin Elisabeth Rittershausen angefertigte Mitschrift Zeugnis.[225] Vereinbart wurde, aus drei während der Verhandlung übergebenen Arbeitspapieren[226] ein Dokument zu redigieren. Über den Titel, den dieses Dokument erhalten sollte, herrschte zunächst noch kein Konsens. Von sowjetischer Seite wurde von einem „Protokoll" gesprochen; schließlich meldete sich gegen Ende der Sitzung Kreisky zu Wort und sagte: „Wir haben keine Ermächtigung zur Unterzeichnung eines Protokolls; dazu sind wir nicht bevollmächtigt. Molotow hat ein ‚Memorandum' zugesagt."[227] Dabei blieb es bekanntlich. Man kam überein, dass das Dokument aus drei Teilen bestehen sollte, und zwar:

I. – betrifft die Verpflichtungen österreichischerseits
II. – betrifft die Verpflichtungen sowjetischerseits
III. – betrifft die wirtschaftlichen Fragen.

Vorangestellt wurde die Präambel, die aus dem österreichischen „Vermerk" übernommen wurde. Allerdings zeigte sich bereits bei Beratung der Präambel die Brisanz der Frage, in welchem zeitlichen Zusammenhang der Abschluss des Staatsvertrages – theoretisch aus einer Mehrzahl von Schritten bestehend, nämlich Unterzeichnung, Ratifikationsverfahren und Inkrafttreten (nach Hinterlegung sämtlicher Ratifikationsurkunden) – mit der Errichtung der Neutralität stehen sollte. Der österreichische Textentwurf ging davon aus, dass die vier namentlich und mit Titel genannten Herren Raab, Schärf, Figl und Kreisky *„unmittelbar nach Inkrafttreten des österr. Staatsvertrages* [Hervorhebung G.S.] für die Herbeiführung folgender Beschlüsse und Maßnahmen der österr. Bundesregierung Sorge tragen werden". Dies hätte bedeutet,

224 Ein mit 18. April datierter Aktenvermerk Verostas (BMAA, Zl. 302.592-6VR/55) hielt fest, dass die erste Arbeitssitzung dieser Kommission (d.h. des Redaktionsausschusses) im Kreml am 14. April von 16 bis 18 Uhr stattfand; es konnte nur der russische Text (des Memorandums, G.S.) fertig redigiert werden, desgleichen „konnten vom Kommuniqué nur Bruchstücke definitiv redigiert werden".

225 Die mit „Moskau, 14. April 1955" datierten Notizen erliegen in BMAA, Zl. 302.592-6VR/55.

226 Es handelte sich um zwei österreichische Arbeitspapiere und ein sowjetisches Papier; das sowjetische Papier war das „Résumé" der Wirtschaftsverhandlungen mit Mikojan vom 13. April; die beiden österreichischen Papiere waren eine 8 Punkte enthaltende Aufzählung der sowjetischerseits zu übernehmenden Verpflichtungen (vom 13. April) und ein „Vermerk" (vom 14. April), der in 6 Punkten die von der österreichischen Seite zu übernehmenden Verpflichtungen enthielt. Diese drei Papiere vollinhaltlich veröffentlicht im Dokumentenanhang Nr. 3 in den Anmerkungen 96, 106 und 109.

227 Mitschrift Rittershausen. Es ist dies die einzige eindeutig zugeordnete Wortmeldung.

dass in der Tat die sowjetische Seite, deren Interesse an der Errichtung der österreichischen Neutralität groß war, den Staatsvertrag unterzeichnen und ratifizieren hätte müssen, bevor die österreichische Seite auch nur beginnen würde, die Errichtung der Neutralität in die Wege zu leiten. Im Redaktionskomitee einigte man sich auf die Formulierung, dass die genannten vier österreichischen Regierungsmitglieder „im Zusammenhang mit dem Abschluß" des Staatsvertrages für die Herbeiführung der in der Folge genannten Beschlüsse der Bundesregierung Sorge tragen würden.

Die gleiche Problematik tauchte nochmals und mit noch größerer Schärfe auf, als Punkt 2 des österreichischen „Vermerks" – aus dem Punkt I.2 des Moskauer Memorandums hervorgehen sollte – diskutiert wurde. Die Österreicher hatten einen Text vorgeschlagen, wonach die Bundesregierung „die österreichische Neutralitätsdeklaration gemäß den Bestimmungen der Bundesverfassung dem österreichischen Parlament zur Beschlußfassung vorlegen" werde. Im Gegensatz dazu schlug die sowjetische Seite die Worte „gleichzeitig mit der Ratifikation des österreichischen Staatsvertrages" vor.[228] Dies provozierte heftigen österreichischen Widerspruch. Die sowjetischen Unterhändler lenkten ein und deuteten an, sie könnten einer besseren Formulierung zustimmen, wenn die österreichische Delegation eine solche finde; es handle sich darum, dass der Sinn der gleiche bleibe. Die Österreicher schlugen vor, dass die österreichische Deklaration dem Parlament „unmittelbar nach" Ratifikation des Staatsvertrages zur Beschlussfassung vorgelegt werden werde.[229] Es wird später zu zeigen sein (Kap. VII), auf welch erfindungsreiche Art und Weise die Österreicher die Quadratur des Kreises lösten – indem sie nämlich in der Tat unmittelbar nach Ratifikation des Staatsvertrages im Parlament eine *Neutralitätsentschließung* zur Abstimmung brachten, jedoch das *Neutralitätsgesetz* erst nach Inkrafttreten des Staatsvertrages und Abzug der Besatzungstruppen verabschiedeten.

Ein weiterer zunächst schwieriger Punkt betraf die Textierung des Punktes I.1, also der berühmten „Schweizer Formel". Die Österreicher hatten eine Formulierung vorgeschlagen, wonach die Bundesregierung „eine Deklaration der Neutralität, wie sie von der Schweiz gehandhabt wird, für Österreich in einer international verbindlichen Form abgeben" werde. Als im Redaktionskomitee der entsprechende russische Text übersetzt wurde, zeigte sich, dass ein Zusatz vorgeschlagen wurde, wonach sich Österreich international verpflichte, „*ohne jede Abänderung* [Hervorhebung G.S.] sich einer Neutralität derart zu befleißigen, wie sie von der Schweiz

228 Dies und das Folgende in Mitschrift Rittershausen. Auch in Josef Schöners Exemplar des österreichischen Arbeitspapiers („Vermerk") stehen in Schöners Handschrift am linken Rande die Worte: „russ. Text gleichzeitig mit Rat. des StV." Nachlass Schöner, Konvolut 17, nunmehr ÖStA, GD, NLS, E/1773.

229 Die Worte „unmittelbar nach" sowohl am linken Rande als auch als handschriftliche Texteinfügung in Schöners Exemplar des „Vermerks".

gehandhabt wird."[230] Um diesen Zusatz entwickelte sich eine recht komplizierte Debatte.[231] Das Ergebnis war – in deutlicher Anlehnung an die offizielle schweizerische Terminologie von der ständigen oder immerwährenden Neutralität (*neutralité perpétuelle*) – die Einfügung des Wortes „ständig" bzw. schließlich „immerwährend" in den Punkt I.1 des Moskauer Memorandums.[232] Die weitere Redaktion des Memorandums befasste sich mit zahlreichen Detailfragen, insbesondere bezüglich der Übertragung der Erdölbetriebe und der geplanten Erdölablöselieferungen.

Das von Ministerpräsident Bulganin gegebene Festbankett im Kreml unterbrach die Redaktionsarbeit. Es war „ein großes Fest" mit unzähligen Trinksprüchen in einer Atmosphäre der Verbrüderung, wie es sie zwischen den Machthabern der Sowjetunion und der Regierungsspitze eines westlichen Landes, zwischen Kommunisten, antikommunistischen Sozialdemokraten und „Kapitalisten", noch nie gegeben hatte. Chruščëv pries die Vorzüge des Kommunismus, sprach aber gleichzeitig das Lob der Koexistenz mit einem nichtkommunistischen Lande wie Österreich. Der Erste Parteisekretär der KPdSU machte klar, wer das Sagen hatte: „Molotow und Mikojan haben mit Österreich ein Abkommen getroffen [...] Wir werden es prüfen, und wenn es falsch gemacht ist, die Kameraden Molotow und Mikojan zur Verantwortung ziehen."[233] Diese Anmerkung war vermutlich symptomatisch für die Spannungen zwischen Chruščëv und Molotov; auch wenn Mikojan erwähnt wurde, war Molotov der Adressat dieser Spitze.

Chruščëvs Koexistenzkampagne feierte einen wahren Triumph im Gespräch mit dem zutiefst antikommunistischen Sozialdemokraten Adolf Schärf gegen Ende des Festabends:[234]

---

230 Mitschrift Rittershausen. In Josef Schöners Exemplar des österreichischen Arbeitspapiers („Vermerk") stehen in Schöners Handschrift am linken Rand die Worte: „russ. Text: ohne jede Abänderung".

231 Es ist nicht eindeutig feststellbar, welcher russische Ausdruck der Übersetzung „ohne jede Abänderung" zugrunde lag, doch ist es nicht unwahrscheinlich, dass es sich um das Adverb *neizmenno* – „unabänderlich" – handelte, das nämlich im sowjetischen Entwurf für eine österreichische Neutralitätserklärung verwendet worden war. Es gab bei den Österreichern auch eine Diskussion darüber, ob die Neutralität als „ständig" oder „immerwährend" zu bezeichnen wäre; das russische Wort „postojanno" kann mit beiden Worten wiedergegeben werde. Man entschied sich für „immerwährend". Hiezu Hinweise in der Mitschrift Rittershausen.

232 Die Mitschrift Rittershausen vermerkte: „Bei der Übersetzung wird eine Änderung eingefügt u. zw.: (der letzte Nebensatz) dass Österreich ständig sich einer Neutralität befleissigen wird, wie sie von der Schweiz gehandhabt wird." Daraus wurde im endgültigen deutschen Text des Punktes I.1 des Moskauer Memorandums die Formulierung „immerwährend eine Neutralität der Art zu üben, wie sie von der Schweiz gehandhabt wird".

233 Kindermann, *Flug nach Moskau*, 79.

234 Einfügung Kreiskys in Schärf, TNMF 126–127.

> Ja, wir waren Okkupanten, und das ist immer unangenehm für das okkupierte Volk. Diese Rolle war uns auch nicht angenehm. Aber jetzt werden wir Freundschaft halten zwischen Österreich und der Sowjetunion, das müssen Sie auch in Ihrer Partei berücksichtigen. Bekämpfen Sie die österreichischen Kommunisten, das ist uns gleich, das ist ihre Sache. Aber wir russischen Kommunisten führen Rußland und die österreichischen Sozialdemokraten führen die österreichische Arbeiterklasse. Wir haben die Macht und Sie haben die Macht. Reden wir miteinander. Wir können und müssen Freunde bleiben.

Die Textredaktion ging nach dem Festbankett im Kreml weiter, eine schlaflose Nacht stand den Österreichern (mit Ausnahme Raabs und Schärfs) bevor. Zusätzlich musste ein Kommuniqué redigiert werden.[235] Ein erster österreichischer Entwurf wurde am 14. April um 16 Uhr überreicht, ein sowjetischer Gegenvorschlag am 15. April um 2 Uhr morgens zugestellt, woraufhin in den frühen Morgenstunden ein neuer österreichischer Entwurf von Schöner unter Zuziehung Figls und Kreiskys verfasst und gegen 5 Uhr 30 übermittelt wurde. Als das Redaktionskomitee am 15. April um 8 Uhr morgens zu seiner zweiten und letzten Sitzung zusammentrat, wurden lediglich kleinere Korrekturen vorgenommen.[236]

Die Unterzeichnung des Memorandums durch Molotov, Mikojan, Raab und Figl sowie Paraphierung durch Schärf und Kreisky erfolgte um 9 Uhr 30 am 15. April 1955 im Arbeitszimmer Molotovs – auf jenem Tisch, auf dem der Minister 1939 den deutsch-sowjetischen Grenz- und Freundschaftsvertrag unterzeichnet hatte. Anschließend informierten Figl und Kreisky die drei westlichen Missionschefs in Moskau. Dabei teilten sie den Westbotschaftern auch mit, von Semënov die ausdrückliche Erklärung erhalten zu haben, dass Österreichs Neutralität kein Hindernis für einen UN-Beitritt wäre.[237] Knapp nach 12 Uhr mittags Moskauer Zeit flog die Delegation nach Bad Vöslau zurück und kehrte im Triumphzug nach Wien heim. Am Vortag hatte der Sekretär des Bundeskanzlers, Ludwig Steiner, eine Botschaft Raabs an die österreichische Bevölkerung durchgegeben, deren vorzeitige Veröffentlichung für einige Aufregung sorgte.[238] Sie lautete: „Österreich wird frei.

---

235 Aktenvermerke Verostas BMAA ZL 302.581 sowie 302.582-6/VR, beide datiert 18. April 1955.

236 Ein Kommuniqué-Entwurf mit zahlreichen Korrekturen in der Handschrift Ludwig Steiners erliegt bei Zl. 302.581-6VR/55. Das Kommuniqué abgedruckt in *DÖA*, Nr. 164.

237 Bericht Botschafter Bohlen an State Department, 15. April 1955, *FRUS 1955–1957*, Bd. 5, 40; Bericht Botschafter Sir William Hayter an Foreign Office, 15. April 1955, TNAUK, FO 371/117789/RR1071/133; Bericht Geschäftsträger Le Roy nach Paris, Nr. 1193/98, 16. April 1955, AD, série Europe 1944–1960, sous-série Autriche, vol. 300. In den österreichischen (und einsehbaren sowjetischen) Quellen ist ein diesbezüglicher Hinweis nicht enthalten. Vgl. unten Kap. VII.

238 Der Entwurf für den Text dieser Botschaft wurde gemeinsam von Raab und Steiner formuliert und

Wir bekommen unseren Heimatboden in seiner Gänze zurück. Die Kriegsgefangenen und Inhaftierten werden die Heimat wiedersehen. Das hat die aufrechte Haltung des österreichischen Volkes erarbeitet und errungen. Wir freuen uns schon, unsere Heimat nach Abschluß der schweren Verhandlungen glücklich wiederzusehen." Mit Raabs Botschaft gewann die ÖVP im Wettlauf um das Ohr der österreichischen Öffentlichkeit einen beachtlichen Vorsprung. Ein Telegramm Schärfs aus Moskau an Helmer, das diesen zeitig morgens am 14. April erreicht hatte und in dem Schärf berichtete, die Fragen der Ölfelder und des Deutschen Eigentums seien mit beachtlichem Erfolg abgeschlossen worden, wurde hierauf von Helmer der APA übergeben.[239]

Politischer Kern des Moskauer Memorandums war von österreichischer Seite die Zusage der Regierungsdelegation, für die Herbeiführung folgender, in den Punkten I.1 und I.2 enthaltenen Beschlüsse Sorge zu tragen:

> 1. Im Sinne der von Österreich bereits auf der Konferenz von Berlin im Jahre 1954 abgegebenen Erklärung, keinen militärischen Bündnissen beizutreten und militärische Stützpunkte auf seinem Gebiet nicht zuzulassen, wird die österreichische Bundesregierung eine Deklaration in einer Form abgeben, die Österreich international dazu verpflichtet, immerwährend eine Neutralität der Art zu üben, wie sie von der Schweiz gehandhabt wird.
> 2. Die österreichische Bundesregierung wird diese österreichische Deklaration gemäß den Bestimmungen der Bundesverfassung dem österreichischen Parlament unmittelbar nach Ratifikation des Staatsvertrages zur Beschlußfassung vorlegen.

Auf sowjetischer Seite wiederum waren die Punkte II.1 und II.2 von größter Tragweite:

> 1. Die Sowjetregierung ist bereit, den österreichischen Staatsvertrag unverzüglich zu unterzeichnen.
> 2. Die Sowjetregierung erklärt sich damit einverstanden, daß alle Besatzungstruppen der Vier Mächte nach Inkrafttreten des Staatsvertrages, nicht später als am 31. Dezember 1955, aus Österreich abgezogen werden.

---

von Steiner telefonisch an Bundesrat Josef Scheidl, damals Stellvertretender Generalsekretär der ÖVP, von Moskau nach Wien durchgegeben. Freundliche Mitteilung Dr. Ludwig Steiner. Schärf erfuhr von der Veröffentlichung dieser Botschaft noch in Moskau nach Paraphierung des Moskauer Memorandums durch Molotov in Anwesenheit Raabs, der (laut Schärf) „blaß und verlegen" geworden sei. Schärf, TNMF 127–128.

239 Vgl. AdR, BMAA, II-Pol, Zl. 321.332-Pol/55.

Der österreichische Vorschlag einer Territorialgarantie ist klar in Punkt II.5 des Memorandums ersichtlich:

> 5. Die Sowjetregierung ist bereit, an einer Garantie der Unversehrtheit und Unverletzlichkeit des österreichischen Staatsgebietes durch die vier Großmächte – nach dem Muster der Schweiz – teilzunehmen.

In einem amtlichen österreichischen Kommentar zum Moskauer Memorandum sowie zu den beiden weiteren Memoranden vom 10. Mai 1955 (österreichisch-britisch-amerikanisches und österreichisch-französisches), die noch zu nennen sein werden, heißt es: „Die Memoranden selbst sind keine zwischenstaatlichen Verträge im formalen Sinn, sondern Gedächtnisprotokolle über die Ergebnisse von Besprechungen österreichischer Regierungsmitglieder mit Regierungsvertretern der übrigen vier Signatarstaaten des Staatsvertrages, in welchen sich jeweils beide Seiten verpflichten, für die Herbeiführung bestimmter Beschlüsse und Maßnahmen der Regierung Sorge zu tragen."[240] Das Moskauer Memorandum war nach Ansicht von Alfred Verdross, eines führenden österreichischen Völkerrechtsexperten, „eine politische Abmachung" zwischen zwei Delegationen, während Felix Ermacora von österreichischen „Verwendungszusagen" sprach.[241]

Das Moskauer Memorandum wurde nicht sofort veröffentlicht. Zunächst teilte das am 15. April ausgegebene Kommuniqué die wichtigsten Verhandlungsergebnisse mit. Die Ergebnisse im wirtschaftlichen Bereich, noch ohne Angabe der vereinbarten Ziffern, wurden genannt; die Bereitschaft der Sowjetunion zum Abzug der Besatzungstruppen spätestens mit Ende des Jahres 1955 wurde bekanntgegeben. Zum politischen Hauptthema hieß es, die österreichische Delegation habe versichert, „daß die Republik Österreich im Sinne der bereits auf der Berliner Konferenz im Jahre 1954 gemachten Erklärung nicht beabsichtigt, sich irgendwelchen militärischen Bündnissen anzuschließen und auf ihrem Gebiet militärische Stützpunkte zuzulassen. Österreich wird allen Staaten gegenüber eine Politik der Unabhängigkeit führen, die die Einhaltung dieser Deklaration gewährleistet."[242] Von Neutralität war

240 *WZ*, 2. Dezember 1955, 1. Die auf die Ablöseleistungen Österreichs bezugnehmenden Abschnitte des Moskauer Memorandums wurden vom Parlament gemeinsam mit dem Staatsvertrag genehmigt. Vgl. Dokumentenanhang, Nr. 6.

241 Verdross, *Immerwährende Neutralität*, 9; vgl. ferner eine spätere Schrift von Alfred Verdross: *Die immerwährende Neutralität Österreichs* (Sonderheft der Schriftenreihe *Politische Bildung*), Wien 1977, 31f. Der Begriff „Verwendungszusage" u.a. bei Felix Ermacora, *Österreichs Staatsvertrag und Neutralität*, Frankfurt 1957, 197.

242 *WZ*, 16. April 1955, 1, auch in *DÖA*, Nr. 164.

noch nicht die Rede. Man hatte ja zunächst Geheimhaltung vereinbart, und Raab hatte während der Moskauer Verhandlungen auch erwähnt, dass man die Öffentlichkeit vorbereiten müsse.[243] Schon am 16. April erschien allerdings in der Parteizeitung *Pravda* ein Leitartikel, der sehr deutlich den politischen Kern der Moskauer Vereinbarungen erkennen ließ. Darin hieß es:

> Das in Moskau erzielte Abkommen schließt den Beitritt Österreichs zu aggressiven [sic!] Militärbündnissen und Koalitionen vom Schlage des Nordatlantikblocks oder der Westeuropäischen Union aus. Eine Einbeziehung Österreichs in derartige militärische Blocks würde das Land seiner nationalen Unabhängigkeit berauben und seine Sicherheit untergraben. [...]
> Ein solches Land wie die Schweiz genießt schon eine ganze historische Epoche hindurch die Wohltaten einer friedlichen Entwicklung, indem es sich seine Lage als unabhängiger Staat gesichert hat und keinerlei militärischen Blocks und Bündnissen angehört. Die Einhaltung eines solchen Status hat der Schweiz ihre friedlichen wirtschaftlichen und politischen Beziehungen zu anderen Ländern in Übereinstimmung mit ihren nationalen Interessen gewährleistet. *Österreich soll heute eine ebensolche Stellung einnehmen wie die Schweiz* – und die Bedeutung dieses Umstandes kann gar nicht überschätzt werden."[244]

7. Die sowjetische Österreich-Politik im Frühjahr 1955 und ihre Beweggründe: Reaktion auf die NATO-Erweiterung, „Modellfall" für Deutschland oder mehr?

Mit der Formel von der Neutralität, wie sie von der Schweiz gehandhabt wird, war jener politische *gemeinsame Nenner* gefunden, der für Österreich, die Westmächte und die Sowjetunion akzeptabel war. Um diesen gemeinsamen Nenner im Falle Österreichs zu finden, mussten sich manche der Beteiligten ein beträchtliches Stück Weg von ihrer Originalposition entfernen. Wie weit die Distanz war, welche die Be-

243 Mitschrift Schöner; Dokumentenanhang Nr. 3.

244 *Pravda,* 16. April 1955, deutsche Übersetzung zit. nach: *Die Sowjetunion für ein freies, unabhängiges und demokratisches Österreich. Dokumente und Materialien zu den sowjetisch-österreichischen Verhandlungen in Moskau,* Wien 1955, 5–8, hier 7. Zur sowjetischen Neutralitätsdoktrin vgl. Denise Bindschedler-Robert, „Völkerrecht und Neutralität in sowjetischer Sicht", in: *ÖZA* 5, 1965, 144–163, bes. 158f; Gerhard Hafner, „Die permanente Neutralität in der sowjetischen Völkerrechtslehre", in: *Österreichische Zeitschrift für öffentliches Recht* 19:2–3, 1969, 215–258; P. H. Vigor, *The Soviet View of War, Peace, and Neutrality,* London 1975, sowie Wolfgang Mueller, *A Good Example of Peaceful Coexistence? The Soviet Union, Austria, and Neutrality, 1955–1991,* Wien 2011.

teiligten dieses Kompromisses zurücklegen mussten, kann man nur ermessen, wenn man das massive Misstrauen bedenkt, das in den vorhergehenden Jahren des Kalten Krieges angehäuft worden war. Tragfähige Kompromisse sind ohne ein Mindestmaß an Vertrauen nicht haltbar. Der Abbau von Misstrauen war die schwierigste Aufgabe, vor die sich die Autoren jener „vertrauensbildenden Maßnahmen" – ein erst später in Kurs kommendes Wort – gestellt sahen, die 1955 zustande kamen: der Abschluss des Staatsvertrages, der Abzug der fremden Mächte aus Österreich und die Erklärung der österreichischen Neutralität.

Die Westmächte, deren Skepsis groß war, akzeptierten zögernd, aber doch die Formel des Moskauer Memorandums. Dieses Zögern war bei den Briten stärker als bei den Franzosen, und bei den Amerikanern stärker als bei den Briten. Doch die Sowjetdiplomaten hatten die Erklärung John Foster Dulles' vom Februar 1954 über die Schweiz als Vorbild für Österreich geschickt ins Spiel gebracht, und diese bot die Möglichkeit, einen von Moskau über Wien, Paris, London nach Washington reichenden gemeinsamen Nenner zu finden.

Auch die Österreicher mussten verschieden lange Strecken Weges zurücklegen, bevor sie in der Mittagsstunde des 13. April 1955 der Kompromissformel zustimmten. Der Historiker, der politische Geschichte erforscht, ist gezwungen, Aussagen über Willensbildungen und Entscheidungsvorgänge zu machen. Doch gerade hier trifft er auf Grenzen, die sein Amt so schwierig machen, wo ihn die Methoden der quantifizierenden Sozialwissenschaften im Stich lassen. Die Alltagserfahrung, „dass man in den Menschen nicht hineinschauen kann", drängt sich dem Historiker gerade dann auf, wenn er über Motivationen, über Willensbildung und über Verantwortung auszusagen hat. Mit großer Behutsamkeit wird man wohl sagen dürfen, dass Julius Raab und Bruno Kreisky bei der Zustimmung zur Neutralität eine wesentlich kürzere Strecke Weges zurückzulegen hatten als Adolf Schärf oder Leopold Figl.

Die Formel von der Neutralität Österreichs „nach dem Muster der Schweiz" war ein Ergebnis sowjetischen Drängens, wie sich aus sowjetischen ebenso wie aus österreichischen Quellen ergibt.[245] Sie unterschied sich allerdings deutlich von den

245 In einem Bericht der sowjetischen Verhandlungsdelegation an das ZK der KPdSU vom 14. April 1955 hieß es, dass die Verpflichtungen Österreichs durch einen direkten Hinweis auf die Neutralität der Schweiz etwas verstärkt („neskol'ko usileny") wurden. AVPRF, f. 06, op. 14, p. 9, d. 106, l. 158. In den Akten des ehemaligen Außenministeriums der DDR befindet sich eine sowjetische Aufzeichnung über den Inhalt des Moskauer Memorandums zur Information der DDR-Führung. Darin wird mitgeteilt, dass sich „die Führer der österreichischen Regierung, die gleichzeitig die Führer der beiden größten Parteien Österreichs – der Sozialisten und der Volkspartei – sind, *auf unser Drängen hin* [unsere Hervorhebung] damit einverstanden erklärt" haben, „daß die österreichische Regierung [...] eine Deklaration abgeben wird in einer Form, die Österreich internationale Verpflichtungen

Forderungen, die von Molotov noch im Februar 1954 in Berlin beziehungsweise von seinem Ministerium im Jänner 1955 vorgebracht worden waren. Sie war auch deutlich günstiger für Österreich als die Bedingungen, die die Sowjetunion nach dem Zweiten Weltkrieg anderen Staaten Europas aufgezwungen hatte.

Man kommt zu dem Schluss, dass auch die sowjetische Seite ein gutes Stück Weges ging, um einen gemeinsamen Nenner zu finden. Darüber hinaus mussten innerhalb der sowjetischen Führung die angesprochenen Meinungsverschiedenheiten überwunden werden, wobei Molotov einen weiteren Weg zurücklegen musste als Chruščëv. Ungeachtet dessen setzte Molotov die Entscheidung des Führungsgremiums der KPdSU in der Österreich-Frage mit absoluter Disziplin und mit großem diplomatischem Geschick um.[246] Dies hinterließ bei den Österreichern einen großen Eindruck.[247] Bei Betrachtung der diplomatischen Qualitäten der sowjetischen Verhandlungsdelegation ist auch die möglicherweise bedeutende Rolle des Stellvertretenden Außenministers Vladimir Semënov zu bedenken.[248] Doch Molotovs erfolgreiche Verhandlungsführung mit Österreich änderte nichts am entscheidenden Sachverhalt: Aus dem Machtkampf ging Chruščëv als Sieger hervor – und Österreich als Gewinner.

auferlegt, daß es sich ständig an die Neutralität der Art halten wird, wie sie die Schweiz wahrt". Die sowjetische Aufzeichnung ist nicht datiert, die deutsche Übersetzung trägt jedoch einen mit 19. April 1955 datierten Vermerk eines Hauptabteilungsleiters des DDR-Außenministeriums (Fritz Grosse). PAAA-MAA, A17545.

246 Niemand geringerer als John Foster Dulles hat übrigens anlässlich der Berliner Konferenz 1954 Molotovs diplomatische Qualitäten in den höchsten Tönen gelobt. Molotov sei „one of the most skillful diplomats of recent times", allerdings hinzufügend, dass Molotovs „skill" eher technischen Charakters sei und nicht notwendigerweise „great statesmanship" einschließe. Dulles' Charakterisierung Molotovs fand auf einem Hintergrund-Pressegespräch in Berlin am 31. Jänner 1954 statt, wobei Dulles' Äußerungen diesem nicht persönlich zugeschrieben werden durften („non-attribution"). NA, RG 59, 396.1-BE/2-154.

247 Ein Teilnehmer der Moskauer Verhandlungen, Stephan Verosta, hat berichtet, dass die Österreicher inoffiziell gehört hatten, dass Molotov gegen eine Neutralität Österreichs sei, was er sich allerdings in keiner Weise anmerken ließ. Verosta hob hervor, dass Molotov bei den Verhandlungen über alle Einzelheiten im Bilde war und kaum jemals eine Auskunft von Beratern benötigte. *Das Beispiel Österreich. 25 Jahre Staatsvertrag*, hrsg. vom Bundespressedienst, Wien 1980, 21. Siehe auch Lalouette an Pinay, 18. April 1955, *DDF 1955*, Bd. 1, Nr. 199; Wallinger an Harrison, 18. April 1955, TNAUK, FO 371/117803/RR1071/495; Wallinger an das Foreign Office, 18. April 1955, ebd., FO 371/117789/RR1071/149.

248 Die „gesamte Entwicklung mit Österreich gehe auf einen Plan Botschafter Semjonows zurück" – so lautete eine Information, die Anfang Mai 1955 im Bonner Kanzleramt einging. Die Information ging dem Staatssekretär Hans Globke „aus Kreisen der Ost-Berliner Botschaft" (in Moskau) zu. Hans-Peter Schwarz, *Adenauer. Der Staatsmann: 1952–1967*, Stuttgart 1991, 192. Umso bedauerlicher ist es, dass Semënovs Memoiren keinerlei Mitteilungen zu den Österreich-Verhandlungen von 1955 enthalten.

Während Molotov, der Leiter des Außenministeriums, mit der Leitung der Verhandlungen betraut war, ist wohl die treibende Kraft hinter diesen Änderungen eher Chruščëv gewesen. Andrej Aleksandrov-Agentov, 1955 der Leiter des Österreich-Referates im Außenministerium, erinnerte sich daran, dass die Österreich-Frage auf Chruščëvs Initiative zu Jahresbeginn vom Präsidium aufgenommen worden war. Bis dahin war die Österreich-Politik des Kremls „ambivalent" gewesen: „Wir sprachen über ein neutrales Österreich, haben den Abzug aber mit einer Lösung der deutschen Frage verbunden."[249] Chruščëv schlug vor, diesen Stillstand zu beenden, und „rügte das MID [das Außenministerium] (d.i. Molotov) für seine Untätigkeit das österreichische Problem betreffend." Die folgenden Verhandlungen mit Österreich wurden unter Chruščëvs „unablässiger Aufsicht" durchgeführt. Nach dem erfolgreichen Abschluss der Verhandlungen erteilte Chruščëv Gromyko, Semënov und anderen einen Rüffel dafür, sich zu lange an die Weisungen eines „hinterherhinkenden Ministers" gehalten zu haben, anstatt „der Parteilinie zu folgen".[250]

In Chruščëvs Erinnerungen[251] wird Molotovs Widerstand gegen den Abzug aus Österreich als anhaltend und hartnäckig beschrieben, seine Reaktionen, als Chruščëv in der Periode nach Stalins Tod das Österreich-Thema anschnitt, seien heftig gewesen.[252] Chruščëv erinnerte sich, dass Stalin in den letzten Monaten seines

249 A. Aleksandrov-Agentov, *Ot Kollontai do Gorbačeva: Vospominanija*, Moskau 1994, 95.

250 Am Abend des 14. April 1955 habe Chruščëv nach Ende des Festbankettes im Kreml zu Ehren der Österreicher, nachdem Molotov gegangen war, gegenüber hohen Funktionären von Molotovs Außenministerium (Gromyko, Zorin, Semënov und Leonid Il'ičëv, der dies später der Parteikontrollkommission berichtete) die langsame Gangart des Ministeriums in der Österreich-Frage kritisiert und ihnen von dem Konflikt mit Molotov innerhalb der Parteiführung Mitteilung gemacht. Vladislav Zubok, „Soviet Foreign Policy in Germany and Austria and the Post-Stalin Succession Struggle 1953–1955", unveröffentlichtes Papier für die Essener Konferenz „Die Sowjetunion, Deutschland und der Kalte Krieg 1945–1962 – neue Evidenz aus östlichen Archiven" (28.–30. Juni 1994); für die detaillierte Darstellung eines Augenzeugens siehe Rostislav Sergeev, „Wie der Durchbruch in der österreichischen Frage erzielt wurde", in: Arnold Suppan/Gerald Stourzh/Wolfgang Mueller, Hrsg., *Der österreichische Staatsvertrag 1955: internationale Strategie, rechtliche Relevanz, nationale Identität,* Wien 2005, 204.

251 „Memuary Nikity Sergeeviča Chruščëva", mit einem Vorwort von Sergej N. Chruščëv, veröffentlicht in der Zeitschrift *Voprosy istorii* in Fortsetzungen ab Nr. 2, 1990, 80ff; das Kapitel „Friedensvertrag mit Österreich" („*Mirnyj dogovor s Avstriej*") in: *Voprosy istorii* 8, 1993, 73–87. Vgl. Nikita Khrushchev, *Memoirs of Nikita Khrushchev*, Bd. 3: *Statesman 1953–1964*, hrsg. v. Sergei Khrushchev, University Park 2007, 3–28.

252 Chruščëv, „Memuary", 75f, 77f. Chruščëvs Charakterisierung Molotovs ist bemerkenswert: Molotovs „Heftigkeit äußerte sich nicht in Form von Beleidigungen, sondern in seiner Leidenschaftlichkeit, im Gefühl des Bewusstseins, recht zu haben" (ebd. 76). Das Österreich-Kapitel enthält zahlreiche nachweislich irrige Erinnerungen oder Verwechslungen; so wird etwa Kreisky als Raabs Stellvertreter bezeichnet; Chruščëv meinte auch: „Unterzeichnet wurde der Friedensvertrag in Moskau durch Raab." Vgl. *Khrushchev Remembers. The Glasnost Tapes,* übers. u. hrsg. v. J. L. Schecter und V. V. Luchkov, Boston – Toronto – London 1990, 72–80.

Lebens den Abschluss des Österreich-Vertrages erwogen hatte; zu dieser Zeit hatte Stalin keinen Kontakt mit Molotov, und es sei möglich, so vermutete Chruščëv, dass Molotov „der neue Standpunkt, den Stalin in seinen letzten Lebensmonaten einnahm, unbekannt war".[253] Es hat ja, wie gezeigt wurde, im Herbst 1952 auf mittlere Ebene Gespräche zwischen Sowjetdiplomaten und Österreichern gegeben. Aber auch nach Stalins Tod und der Einigung zwischen Italien und Jugoslawien über Triest hielt Molotov an seinem Widerstand gegen den Abzug aus Österreich fest.

Belege für die Heftigkeit des vorangegangenen Gegensatzes in der Österreich-Frage ergeben sich aus den Auseinandersetzungen in der Plenartagung des Zentralkomitees der KPdSU zwischen 4. und 12. Juli 1955. Auf der einen Seite stand Chruščëv, flankiert von den Politbüro-Mitgliedern Mikojan, Bulganin, Kaganovič und Pervuchin, auf der anderen Molotov.[254] Diese Auseinandersetzung sollte nicht nach den Argumenten selbst beurteilt, sondern eher als Teil eines mit den Mitteln der Rhetorik geführten Machtkampfes gesehen werden. Molotovs Kritiker, darunter Mikojan, warfen ihm „Großmachtchauvinismus" gegenüber den Volksdemokratien, aber auch gegenüber Titos Jugoslawien vor.[255] Ministerpräsident Bulganin beschuldigte Molotov, nicht nur in der Jugoslawien-Frage, „sondern in allen großen Fragen unserer Außenpolitik nicht unserer Meinung" zu sein. Wörtlich sagte Bulganin: „Den Vertrag mit Österreich haben wir gegen den Wunsch des Genossen Molotov abgeschlossen und unterzeichnet."[256]

---

253 Molotov fiel nach dem Ende des XIX. Parteitags der KPdSU (5. bis 14. Oktober 1952) in Ungnade; als das Politbüro durch ein neu erschaffenes Präsidium und Büro von neun Personen ersetzt wurde, wurde Molotov nicht nominiert. Yoram Gorlitzki/Oleg Khlevniuk, *Cold Peace: Stalin and the Soviet Ruling Circle, 1945–1953*, Oxford 2004, 148–151.

254 Mark Kramer, „Declassified Materials from CPSU Central Committee Plenums: Sources, Context, Highlights", in: *Cold War International History Project Bulletin* 10, 1998, 7–25, und Vladislav M. Zubok, „CPSU Plenums, Leadership Struggles, and Soviet Cold War Politics", ebd., 28–33. Kenntnisse über die Plenartagung vom Juli 1955 waren allerdings bereits im Jahre 1956 in den Westen gelangt, und zwar durch den in den Westen geflüchteten früheren Funktionär der polnischen KP, Seweryn Bialer, nachmals Professor für Politische Wissenschaften an der Columbia University; vgl. Vladislav Zubok, „Stalin's Plans and Russian Archives", in: *Diplomatic History* 21, 1997, 303, verweist auf die Bedeutung des Juli-Plenums 1955.

255 Mikojan kritisierte u.a. Molotovs These, wonach die Kommunisten der Volksdemokratien ihre Heimat weniger lieben sollten als die Sowjetunion; dies wäre kein gewöhnlicher Großmachtchauvinismus, sondern „bereits Chauvinismus höchsten Grades, sozusagen nicht großrussischer, sondern großsowjetischer Chauvinismus" (das Stenogramm vermerkt „Gelächter, lebhafte Reaktion im Saal"), was, „wie Lenin richtig gesagt hat, nur eines bedeuten könnte – Verrat am Kommunismus". Rede am 11. Juli 1955 (Vormittagssitzung): RGANI, f. 2, op. 1, d. 174, l. 115 (Druckfahnen), sowie ebd., d. 180, l. 161 verso (endg. Druck).

256 RGANI, f. 2, op. 1, d. 173, ll. 101–102 (maschinschr. Mitschrift); das Wort „Wunsch" handschriftlich eingefügt; ursprünglich: gegen den „Willen".

Über Österreich sprach Mikojan am ausführlichsten. Aus seiner Rede ist zu erfahren, dass es drei Sitzungen des Präsidiums des Zentralkomitees gab, auf denen „lang und breit" die Österreich-Frage erörtert wurde. Auf der Berliner Konferenz, setzte Mikojan fort, sei die österreichische „von uns" – d.h. der Sowjetunion – auch noch mit der deutschen Frage verbunden worden. Da die deutsche Frage noch nicht gelöst sei, müsse also auch die Besetzung Österreichs fortgesetzt werden. „Die Anormalität [*nenormal'nost'*] eines solchen Zustandes war allen klar außer dem Genossen Molotov, der während der ersten umfassenden Erörterung der Frage scharf gegen den Truppenabzug aus Österreich Stellung bezog."[257] Am „Ende einer hitzigen Debatte" beschloss das KPdSU-Präsidium, die Österreich-Frage von der deutschen zu lösen und sich aus Österreich zurückzuziehen. Mikojan gab sodann Begründungen für die neue Linie des Präsidiums ab: Durch die zehn Jahre währende Besetzung Österreichs habe die Sowjetunion in den Augen der österreichischen Bevölkerung an Ansehen verloren. Aber auch militärisch sei der Abzug aus Österreich von Vorteil für die Sowjetunion, da die Amerikaner jetzt ihre Truppen an der Donau stehen hätten und im Kriegsfall eine günstige Position hätten. Wenn alle Großmächte abzögen, müssten die Amerikaner ihre Truppen nach Amerika oder Italien verlagern – von Bayern sprach Mikojan nicht –, d.h. sie stünden „hinter den Bergen und haben schlechte Verbindungsmöglichkeiten, die nur beschränkt Zugang in das Donau-Becken erlauben".

Mikojan rekapitulierte sodann die weitere Entwicklung – er erwähnte Molotovs Rede vom 8. Februar, nicht ohne sich selbst Kredit für die Anregung zu geben, Molotov möge die Österreich-Frage von der deutschen Frage lösen. Mikojan berichtete dann, dass das Präsidium Molotovs Vorschläge nicht verabschieden konnte, weil sie das Wiedereinmarschrecht vorsahen. Daher hatte man neue Weisungen erlassen müssen. Mikojan, der gemeinsam mit Molotov mit den Österreichern verhandelte – und bei diesen Verhandlungen wohl nicht bloß die Funktion eines Außenhandelsfachmannes, sondern auch jene eines Aufpassers innehatte – zollte nun Molotov

257 RGANI, f. 2, op. 1, d. 159, ll. 84–88; d. 174, ll. 91–95; d. 174, ll. 115–116; d. 180, ll. 161 verso–162. Zit. wird nach dem endgültigen Druck. Die erste Version wurde in deutscher Übersetzung veröffentlicht bei Karner u.a., *Die Rote Armee: Dokumente*, 841–845. Mikojan bezieht sich offensichtlich auf die erste der drei zuvor genannten Präsidiumssitzungen, die sich mit der Österreich-Frage befassten. Da Mikojan später erwähnte, dass diese Sitzung vor dem Jänner-Plenum des Zentralkomitees stattgefunden habe, dieses jedoch zu Ende des Monats tagte, und da die ersten ausführlicheren Ausarbeitungen des Außenministeriums zur Österreich-Frage die Daten 19. bzw. 24. Jänner 1955 tragen, wäre es möglich, dass die von Mikojan genannte Präsidiumssitzung etwa in der ersten Jänner-Hälfte 1955 stattfand. Die zweite Sitzung scheint am 24. Februar, die dritte zwischen 22. und 25. März stattgefunden zu haben. Alexei Filitov, „The Post-Stalin Succession Struggle and the Austrian State Treaty", in: Suppan/Stourzh/Mueller, Hrsg., *Der österreichische Staatsvertrag 1955*, Wien 2005, 140f.

Lob: „Ich muss sagen, dass sich Genosse Molotov im Zuge der Verhandlungen von der Richtigkeit der Politik des Präsidiums des ZK überzeugt hat. Wir haben die Verhandlungen miteinander geführt. Er hat die Verhandlungen gut gemacht. Er war selbst mit den Ergebnissen sehr zufrieden und jetzt sagt er, dass er nie gegen die Lösung der österreichischen Frage war. Offenbar ist er selbst so sehr von der Richtigkeit der ZK-Linie überzeugt, dass er selbst nicht mehr weiß, dass er einmal dagegen war."[258]

Molotov replizierte, er habe nicht bezweifelt, dass die österreichische Angelegenheit in Angriff genommen werden müsse; möglicherweise war das Außenministerium in der Tat hinterhergehinkt. Nachdem Molotov sich selbst nach kommunistischem Ritual kritisiert hatte, kam das Schlusswort Chruščëvs. Er begann – wie zuvor Mikojan – mit historischen Reminiszenzen; er erinnere sich, dass Stalin, etwa ein Jahr vor seinem Tod, mehrmals gesagt habe: „Warum schließen wir nicht den Vertrag mit Österreich ab?" Nach Stalins Tod hätten Malenkov und er mit Molotov über die Österreich-Frage gesprochen, der sie als komplex bezeichnet habe und deren Lösung aufzuschieben sei.[259] Drastisch beschrieb Chruščëv, wie er damals jedem Wort Molotovs geglaubt und „wie jeder von uns" gedacht habe, dass Molotov ein großer und erfahrener Diplomat sei. Manchmal habe er sich gedacht: „Hol's der Teufel, vielleicht entgeht mir etwas!" – „er sieht, und ich sehe nichts". Das Stenogramm vermerkt an dieser Stelle: „Gelächter im Saal". Nach einiger Zeit, so Chruščëv, sei er zum Schluss gekommen, dass in der Österreich-Frage die Zeit gegen die Sowjetunion arbeite. Er habe sich an Bulganin gewandt und gemeint, „die Österreich-Frage, wie Molotov sie versteht, ist wie ein faules Ei"; bald werde man es wegwerfen müssen, weil es nicht mehr von Nutzen sei. Chruščëv deutete an, hätte man die Österreich-Frage während der Entwicklung der Pariser Abkommen gelöst, hätte sich vielleicht die Frage der Pariser Abkommen anders entwickelt. (Stimme aus dem Saal: „Es hätte keine Pariser Abkommen gegeben".)

Chruščëv schloss mit der Aussage, dass Österreich im Kriegsfall große Bedeutung erlangen könnte: „Nur ein Dummkopf würde einen solchen Brückenkopf aufgeben, wenn er vorhat, jetzt Krieg zu führen. [Ist man] nicht für Krieg, dann müssen wir abziehen [...] Die österreichischen Arbeiter beginnen, unsere Truppen als Okkupanten anzusehen (!). Auch die Kommunisten im Ausland verstehen uns nicht. Warum sitzen wir in Österreich, worauf warten wir dort?" Sehr scharf ging Chruščëv mit den Plänen des Außenministeriums für das Wiedereinmarschrecht ins Gericht, es habe „alle Arten an Unsinn" im Entwurf des Außenministeriums

258 Ebd., l. 162.

259 Vgl. oben Kap. IV.

gegeben. Schließlich habe Molotov unter dem Druck aller Präsidiumsmitglieder seine Zustimmung gegeben. Chruščёv wörtlich: „Und nun, wo wir uns alle auf ihn gestürzt haben, ist ihm nichts anderes übrig geblieben, als zu sagen: Einverstanden, wir müssen einen Entwurf in Eurem Sinne vorlegen."[260]

Die Auseinandersetzungen auf dem Plenum des KPdSU-Zentralkomitees vom Juli 1955 gehörten zu den ausführlichsten Darlegungen der sowjetischen Außenpolitik während des ganzen Kalten Krieges.[261] Diese Debatten waren (wie bereits erwähnt) bewusst organisierte und eingesetzte Instrumente eines Machtkampfes; obgleich Chruščёv das „power game" gegen Molotov bereits gewonnen hatte, bevor das Juli-Plenum begann, musste doch die politische Autorität Molotovs vor den Augen dieser Versammlung zerstört werden.[262] Dies erfordert sicherlich eine sorgfältige Abwägung der Anhaltspunkte.[263]

---

260 RGANI, f. 2, op. 1, d. 161, ll. 216–221, (maschinschr. Mitschriften); d. 176, ll. 288–289 (Druckfahnen bzw. Umbruch); d. 180, ll. 199–200 (endg. Druckfassung); zitiert wurde nach der Druckfassung (Druckfahnen u. endg. Fassung bis auf einige Satzzeichen identisch). Längere Auszüge aus Chruščёvs Schlussrede mit den Ausführungen zu Österreich sind in englischer Übersetzung veröffentlicht worden: „Plenum Transcripts, 1955–1957", in: *Cold War International History Project Bulletin* 10, 1998, 34–60, hier 42f.

261 Zubok, „CPSU Plenums, Leadership Struggles, and Soviet Cold War Politics", ebd., 28–33.

262 Ebd., 29. Chruščёvs Sieg wurde bekanntlich im Juni 1957 noch einmal in Frage gestellt (vgl. ebd. 30–32).

263 Bezüglich der internen sowjetischen Differenzen hinsichtlich Österreichs zeichnen sich zwei verschiedene Interpretationen ab. Die erste geht davon aus, dass Molotov unwillig war, sich aus Österreich zurückzuziehen; sie basiert auf verschiedenen Memoiren, den Plena vom Juli 1955 und Juni 1957 und zeitgenössischen Akten (wie etwa Molotovs frühen rigiden Entwürfen für die Österreich-Verhandlungen) aus der Zeit vor Mai 1955. Die Erklärung des Plenums 1957, nach Chruščёvs Showdown mit der „Antiparteigruppe", lautet wie folgt: „Genosse Molotov hat den Abschluss des Staatsvertrages mit Österreich sowie die Verbesserung der Beziehungen zu diesem zentraleuropäischen Land behindert. Der Abschluss des Österreich-Vertrages war von großer Bedeutung für den Abbau internationaler Spannung." *Molotov, Malenkov, Kaganovič. 1957: Stenogramma ijun'skogo plenuma CK KPSS i drugie dokumenty*, hrsg. v. N. Kovaleva u.a., Moskva 1998, 565. Im Zuge der Diskussion bezeugte Gromyko: „Es war Chruščёv, der darauf bestand, eine Entscheidung [bezüglich Österreichs und einer Normalisierung mit Westdeutschland] zu treffen". Ebd., 231. Zubok und Pleshakov schlossen, dass Chruščёv „gegen Molotovs Einwände auf einen Kompromiss drängte." *Inside the Kremlin's Cold War*, 171. In einem späteren Werk führte Zubok aus, dass „Molotov jedoch der standhafteste konservative Kritiker der nun von Chruščёv vorangetriebenen außenpolitischen Initiativen blieb [...] Der Kampf um die Vorherrschaft begann ernsthaft während der Gespräche über Österreichs Neutralität von Februar bis April 1955 [oder eher: während der Vorbereitungen für die im April stattfindenden Gespräche; W.M.] [...] Im Gegensatz dazu argumentierte Chruščёv, Österreichs Neutralität würde die NATO schwächen." Vladislav M. Zubok, *A Failed Empire: The Soviet Union in the Cold War from Stalin to Gorbachev*, Chapel Hill 2007, 99. In ähnlicher Weise stellt auch Derek Watson fest, dass Molotov die österreichische Abmachung „von Chruščёv aufgezwungen wurde". Watson, *Molotov: A Biography*, Basingstoke 2005, 251.

Im Gegensatz dazu betont das zweite, „revisionistische" Narrativ, dass ein großer Teil des gegen

Offenbar hielt Molotov eine militärische Konfrontation mit dem Westen für wahrscheinlicher als Chruščëv. Daher reagierte Molotov mit Widerstreben auf den Vorschlag eines Rückzuges sowjetischer Streitkräfte aus Österreich sowie einige Monate später von der Kriegsmarinebasis Porkkala in Finnland.[264] Molotov war stark vom Zwei-Lager-Denken geprägt. Im Rückblick meinte Molotov einmal, „so wie mit Österreich" seien wir (d.h. die Sowjets) auch darin erfolglos geblieben, Finnland „demokratisch" zu machen.[265]

Ungeachtet ihrer Bedeutung war die österreichische Lösung nur ein Nebeneffekt größerer Verschiebungen in der sowjetischen Strategie. Sie war jedoch auch nur

---

Molotov sprechenden Beweismaterials dem Kontext des Moskauer Machtkampfes entsprang und möglicherweise gefälscht ist. 1982 behauptete Vojtech Mastny, dass „Molotov hauptverantwortlich [für die österreichische Einigung] war [...] erst nachdem sich die österreichische Einigung als Erfolg erwiesen hatte, propagierte Chruščëv den Mythos [...] er sei deren wichtigster Architekt gewesen." Mastny, „Kremlin Politics and the Austrian Settlement", in: *Problems of Communism* 31, 1982, 43, 49. Später änderte er seine Einschätzung: „Molotovs widerwillige Annahme von Chruščëvs Forderung nach einem permanenten Abzug sowjetischer Truppen aus Österreich Anfang April bezeichnete den Wendepunkt in Richtung Détente." Mastny, „NATO in the Beholder's Eye", 62. Geoffrey Roberts blieb dem revisionistischen Narrativ treu: „Abgesehen von Post-hoc-Polemiken gibt es keinerlei Beweise dafür, dass Molotov Probleme gehabt hätte, die neue Österreich-Politik zu akzeptieren." Roberts, *Molotov: Stalin's Cold Warrior*, Washington 2012, 158–160. Wie wir sehen, gibt es durchaus Beweise dafür, dass Molotovs Ministerium die Hürden, die dem Österreich-Vertrag im Wege standen, nur langsam abbaute, und dass diesbezügliche entscheidende Änderungen in den sowjetischen Weisungen nur auf Druck des KPdSU-Präsidiums zustande kamen. Alexei Filitov betont, dass Gromykos Initiative vom 24. Jänner, die befürwortete, man solle sich „die österreichische Frage zunutze machen, um die Ratifikation der Pariser Verträge zu erschweren [...] kaum ohne einen Impuls vonseiten seines Vorgesetzten hätte vorgebracht werden können." Filitov, „The Post-Stalin Succession Struggle", 138; 134. Das ist sicherlich wahr; allerdings legte die Initiative noch keinen sowjetischen Abzug fest. Während das Beweismaterial gegen Molotov nach wie vor rar ist, existieren keinerlei Belege für gegenteilige Behauptungen.

264 Molotov am 28. November 1974 im Gespräch mit Felix Chuev, in: *Molotov Remembers. Conversations with Felix Chuev*, hrsg. v. Albert Resis, Chicago 1993, 10.

265 *Molotov Remembers*, 10 (Konversation am 28. November 1974). Nach der Entmachtung Molotovs ist der Gegensatz zwischen Molotov und Chruščëv in der Österreich-Politik von Chruščëv selbst auch gegenüber österreichischen Gesprächspartnern erwähnt worden. Kreisky, *Zwischen den Zeiten*, 472, berichtet über Gespräche mit Chruščëv anlässlich Raabs Moskau-Besuch im Juli 1958: laut Chruščëv sei die harte Haltung der Sowjetunion in Berlin 1954 darauf zurückzuführen gewesen, dass Molotov im Präsidium der KPdSU den Standpunkt vertreten habe, man könne ein im Krieg erobertes Gebiet nicht einfach aufgeben. Molotov wurde Anfang Juni 1956 als Außenminister abgesetzt und war von 1957 bis 1960 Botschafter in der Äußeren Mongolei. Im Juni 1957 wurde er als Mitglied der sogenannten „Antiparteigruppe" aus dem ZK der KPdSU ausgeschlossen. Semënov äußerte sich in einem Schreiben an N. M. Švernik vom 17. Oktober 1959 zu Molotovs Österreich-Politik; hierzu Richter, *Khrushchev's Double Bind*, 65, Anm. 36 u. 70, Anm. 61, mit dem Archivbeleg RGANI, f. KPK, 13/76, Bd. 3, S. 74. Es handelt sich um ein Schriftstück aus dem „Molotov-Akt" (*delo Molotova*), der von der Parteikontrollkommission unter Švernik angelegt wurde, bevor es schließlich zu Molotovs Parteiausschluss kam.

aufgrund dieser Verschiebungen möglich. Wäre die politische Konstellation anders gewesen, so wäre sie wohl nie zustande gekommen. Andrej Aleksandrov-Agentov hat Chruščëvs europapolitische Ziele in der Mitte der Fünfzigerjahre wie folgt zusammengefasst: die Stabilisierung der sowjetischen Kontrolle über Osteuropa nach den Krisen 1953, die Erschaffung einer neutralen Pufferzone gegen den Westen und die Verbesserung der Ost-West-Beziehungen im Geist der „friedlichen Koexistenz".[266] Diese Strategie verfolgte offensichtlich nicht nur defensive Ziele, wie den Spannungsabbau, die Vermeidung von Krieg oder den Erwerb westlicher Technologie, sondern auch offensive, wie die Unterminierung der westlichen Verteidigung. Vladislav Zubok hat betont, dass der letzte Punkt auch Chruščëvs selbsterklärten Herzenswunsch beinhaltete: die Zerstörung der NATO und die Vertreibung der USA vom Kontinent.[267]

Der erste Punkt auf Aleksandrovs Liste, die Stärkung der sowjetischen Macht in Osteuropa, konnte durch einen Österreich-Vertrag mit Sicherheit nicht erreicht werden. Das Gegenteil war der Fall: Von 1946 bis 1954 hatten sowjetische Ängste, ein Abzug aus Österreich könnte Rückwirkungen auf Osteuropa haben, immer wieder die Fertigstellung des Vertrages verhindert. Daher war die Stabilisierung der sowjetischen Kontrolle über Osteuropa die vermutlich wichtigste Voraussetzung für die sowjetische Zustimmung zur Unterzeichnung des Staatsvertrages. Parallel zur Österreich-Initiative liefen in Moskau auch die Vorbereitungen für die Schaffung eines Militärbündnisses des Ostblockes, des Warschauer Paktes. Mitte März 1955 tagten in Moskau Vertreter der Ostblockstaaten einschließlich der DDR und chinesischer Beobachter, um jene „neuen Maßnahmen zur Gewährleistung ihrer Sicherheit" vorzubereiten, welche die UdSSR dem Westen für den Fall eines NATO-Beitrittes der Bundesrepublik bereits im November und Dezember 1954 angedroht hatte.[268] Eine Mitteilung des sowjetischen Außenministeriums vom 22. März 1955 hatte besagt, dass im Fall der Ratifizierung der Pariser Verträge ein Vertrag über „gegenseitige Hilfeleistung" der kommunistischen Staaten unterzeichnet werden würde. Der „Warschauer Pakt" war also in Planung und Vorbereitung eindeutig als Gegenzug zum NATO-Beitritt der Bundesrepublik konzipiert, aber auch als nächster Schritt in der militärischen Integration des Ostblockes. Diese Integration war seit 1947 im Gange, als die UdSSR nach dem Krieg ihre ersten bilate-

266 Aleksandrov-Agentov, *Ot Kollontai do Gorbačeva*, 93.

267 Vladislav M. Zubok, *A Failed Empire: The Soviet Union in the Cold War from Stalin to Gorbachev*, Chapel Hill 2007, 102.

268 Sowjetische Note vom 13. November 1954, sowie Schlusserklärung der Moskauer Konferenz für ein europäisches System der kollektiven Sicherheit vom 29. November bis 2. Dezember 1954; hierzu Fodor, *Warsaw Treaty Organization*, 17–21, sowie Bystrova, *SSSR i formirovanie*, 462–492.

ralen Bestandsverträge mit osteuropäischen Ländern abgeschlossen hatte. Vom 11. bis zum 14. Mai 1955, nur wenige Tage nach dem NATO-Beitritt Westdeutschlands, trafen sich Vertreter der UdSSR, Polens, der Tschechoslowakei, Ungarns, Rumäniens, Bulgariens, Albaniens und, last but not least, der DDR in der polnischen Hauptstadt, um den Warschauer Vertrag zu unterzeichnen.[269] Von dort flog Molotov nach Wien, wo er am 15. Mai den Staatsvertrag unterzeichnete. Der Warschauer Pakt, der nach dem sowjetischen Abzug aus Österreich zur neuen Grundlage der sowjetischen Kontrolle über Osteuropa werden sollte, war daher eine Voraussetzung für die sowjetische Unterzeichnung des Staatsvertrages.

Aleksandrovs Liste zufolge war eine zweite Voraussetzung in Chruščëvs Programm, insbesondere verknüpft mit der österreichischen Lösung, die sowjetische (Wieder-)Entdeckung der Neutralität, wie im Kapitel V.3 beschrieben. Diese neue Strategie befürwortete Neutralität und Bündnisverzicht mit dem Ziel, (potenzielle) Verbündete des Westens in neutrale und blockfreie Staaten umzuwandeln, welche man in der sowjetischen Ideologie nicht länger als „Lakaien" des Westens wahrnahm, sondern als Länder, die für sowjetischen Einfluss empfänglich wären. Obwohl das Ziel der Unterminierung westlicher Bündnisse der Anfangspunkt der sowjetischen Gedankenspiele, Neutralität unter nichtkommunistischen Staaten zu bewerben, gewesen zu sein scheint, so bedeutete die Neutralisierung eines Landes in der Tat nicht nur eine Schwächung der westlichen Gemeinschaft, da man dieser eventuelle Mitglieder und Verbündete entzog. Die Neutralisierung eines Landes führte auch dazu, dass ein eventueller Widerstand des neutralen Staates gegen sowjetischen Druck geschwächt wurde, da er von westlicher (militärischer) Unterstützung abgeschnitten war. Daher erwartete man, dass sich die Neutralen und Blockfreien in Zukunft in vielerlei Hinsicht mit den kommunistischen Ländern zusammentun würden.[270]

Den dritten Punkt, die Begründung einer „friedlichen Koexistenz" zwischen den ideologischen Gegenspielern, wollte die sowjetische Führung durch ihre Österreich-Initiative fördern. Schon 1953 hatte Georgij Malenkov erklärt, dass die „friedliche Koexistenz zwischen Ländern mit unterschiedlichen sozialen Systemen" nicht nur möglich sei, sondern auch die richtige Grundlage für die sowjetische Außenpolitik.[271] Dies wurde in Molotovs Rede vom Februar 1955 in der Sitzung des Obersten Sowjets und später von Chruščëv bestätigt. Trotz der Annahme „friedlicher" Prinzipien betonten die sowjetischen Führer, dass der ideologische Kampf zwischen

269 Mastny, „NATO", 63f; Bystrova, *SSSR i formirovanie*, 462–492.

270 Siehe oben, Kapitel V.3. Vgl. Mueller, *A Good Example*, 43–55.

271 Zur sowjetischen Doktrin der „friedlichen Koexistenz" siehe Margot Light, *The Soviet Theory of International Relations*, New York 1988, 27–68.

dem Kommunismus und dem westlichen System keineswegs aufgegeben worden sei. In ihrer Einschätzung würde „friedliche Koexistenz“, als eine „spezielle Form des Klassenkampfes“, einen solchen Wettbewerb sogar intensivieren und den weltweiten Übergang zum Kommunismus mittels einer Verbesserung des sowjetischen Ansehens voranbringen. Gleichzeitig erwarteten sie, dass der wirtschaftliche Fortschritt der Sowjetunion es ermöglichen würde, ein gewaltloses Wettrennen mit dem Westen zu gewinnen. „Friedliche Koexistenz“ bedeutete daher weder die Versöhnung mit dem Kapitalismus noch die Beseitigung des Ost-West-Konfliktes, sondern lediglich dessen Umformung in einen ideologischen, politischen, wirtschaftlichen, technologischen und kulturellen „Wettlauf“ zwischen den „zwei Systemen“. Was man nicht öffentlich erklärte, war, dass die „friedliche Koexistenz“, und insbesondere die wirtschaftliche Zusammenarbeit mit dem Westen, die sowjetische Wirtschaft mit bitter benötigten Importen versorgen sollte, während die diplomatischen Erfolge, wie der Österreich-Vertrag und Gipfeltreffen, auf die Hebung des sowjetischen Prestiges abzielten.

Ende 1947 hatte der italienische Botschafter in Moskau Überlegungen angestellt, dass die Sowjetunion einen Staatsvertrag nur dann akzeptieren würde, wenn ihr Abzug Ziele erreichen würde, die gleichwertig mit ihrer Anwesenheit wären.[272] Dies war offenbar 1955 gegeben. Darüber hinaus stimmte Chruščëv zu, dass man aus Österreich abziehen müsse, sobald man Grund zur Befürchtung habe, dass der Verbleib in diesem Land in bedeutenden Vorteilen für den Westen oder Nachteilen für die Sowjetunion resultieren würde. Das war ebenfalls 1955 der Fall. Es überrascht daher nicht, dass die sowjetische Entscheidung zugunsten eines Abzuges erst in diesem Jahr fiel – oder, wie sich der frühere politische Berater des sowjetischen Hochkommissars in Österreich, Evgenij Kiselëv, einige Jahre später an die sowjetische Österreich-Linie erinnerte: „Bis 1955, d.h. bis zum Beschluss des ZK, die Österreich-Frage in Übereinstimmung mit dem Vorschlag des Genossen Chruščëv zu lösen, *war die Grundlinie eher deren Verzögerung als ihre Lösung.*“[273]

Teils im Rückblick, teils im Vorgriff auf Vorgänge, über die noch nicht berichtet wurde, sollen nun die Hintergründe und Ziele der sowjetischen Österreich-Politik in den folgenden vier Punkten zusammengefasst werden.

1. Schon im Mai 1955 argumentierten westliche Beobachter, dass der österreichische Staatsvertrag ein Nebenprodukt der westdeutschen NATO-Mitgliedschaft

272 [Wildner], *Das Tagebuch von Heinrich Wildner 1947*, 125.

273 Zit. in Vojtech Mastny, „The Soviet Godfather of Austrian Neutrality“, in: Günter Bischof/Anton Pelinka/Ruth Wodak, Hrsg., *Neutrality in Austria* (= Contemporary Austrian Studies 9), New Brunswick 2001, 242. Hervorhebung des Autors.

sei.[274] In der Tat treten sowjetische Sorgen vor der intensivierten Nutzung Westösterreichs nach der Aufnahme der Bundesrepublik Deutschland in das westeuropäisch-nordatlantische Verteidigungssystem in einer ganzen Reihe sowjetischer Aussagen und Dokumente 1955 zutage.[275] Starke sowjetische Befürchtungen dieser Art hat es offenbar auch schon vor 1954 gegeben, wie den Erinnerungen des Diplomaten Valentin Falin zu entnehmen ist.[276] Später erinnerte sich Andrej Aleksandrov-Agentov, dass – aus sowjetischer Perspektive – „Österreichs [bevorstehende] Integration in die NATO unvermeidbar schien".[277] Ende 1954 erfolgte eine offiziell ausgesprochene sowjetische Warnung vor einer Teilung Österreichs – in der vom sowjetischen Hochkommissar Il'ičëv zusammengerufenen Sondersitzung des Alliierten Rates.[278] Außerdem warnte die sowjetische Propaganda vor der Gefahr eines neuen „Anschlusses", eine Gefahr, die sich angeblich aufgrund der Mitgliedschaft Westdeutschlands in der EVG oder NATO erhöhte. Vojtech Mastny hat überzeugend dargelegt, dass „Anschluss" in diesem Zusammenhang nichts anderes als ein Codewort dafür war, dass Österreich (oder zumindest dessen westlicher Teil) Westdeutschland in das westliche Bündnis folgen würde. Je länger die US-Präsenz in Westösterreich anhielt, desto größer wurden die Chancen für eine solche Entwicklung. Als Raab während seiner Reise nach Washington im Dezember 1954 die Pariser Verträge lobte, war dies „Anlass für den Kreml, zu handeln, bevor es zu spät sein könnte".[279] Für Chruščëv wurde damit deutlich, dass die Fortführung der Präsenz der Westmächte in Westösterreich nicht den sowjetischen Interessen entsprach und selbst um den Preis des sowjetischen Rückzuges aus Ostösterreich zu Ende gebracht werden sollte. Die unmittelbaren Prioritäten der sowjetischen Zielsetzungen waren sicherlich die Erzwingung des Abzuges der Westmächte, die Verhinderung von Österreichs NATO-Beitritt und die Schließung des westösterreichischen Korridors zwischen Westdeutschland und Italien, sodass die NATO diesen nicht mehr nutzen

274 Friedrich Scheu in *Die Zukunft* vom Mai 1955, zit. nach Rauchensteiner, *Die Zwei*, 279.

275 Die klarste Erkenntnis dieses Sachverhaltes auf westlicher Seite findet sich in der Berichterstattung des amerikanischen Botschafters Bohlen aus Moskau.

276 Valentin Falin, *Politische Erinnerungen*, München 1993, 321. Falins Aussage, die Verhärtung der sowjetischen Position in der Österreich-Frage auf und nach der Berliner Konferenz hätten „die amerikanischen Politiker" genutzt „zur Wiederaufnahme des Dialogs mit Wien über die Spaltung Österreichs mit sofortigem Eintritt des ‚freien' Teils Österreichs in die NATO (oder in die Europäische Verteidigungsgemeinschaft)", findet allerdings überhaupt keine Deckung in österreichischen oder westlichen Quellen. Falin berichtet von der Ausarbeitung eines Gutachtens des „Informationskomitees" beim Außenministerium, dem er damals (1954) angehörte; dies widerspräche der von Dulles und Eisenhower 1953/54 vertretenen Linie bezüglich Österreichs, die in Kap. V aufgezeigt wurde.

277 Aleksandrov-Agentov, *Ot Kollontai do Gorbačeva*, 97.

278 Vgl. oben Kap. V.

279 Mastny, „The Soviet Godfathers of Austrian Neutrality", 244.

könnte.[280] Jedoch war der sowjetische Zugang zum „österreichischen" Faktor nicht nur defensiver kurzfristiger Natur. Langfristig war die Initiative, wie Chruščëv und Mikojan andeuteten, auch darauf ausgelegt, das sowjetische Ansehen (und, durch Österreichs Neutralität und Osthandel, den sowjetischen Einfluss) in Österreich zu verbessern und die UdSSR von einer zunehmenden politischen und wirtschaftlichen Belastung zu befreien. Wie noch zu zeigen sein wird, diente die Neutralisierung Österreichs auch weiterreichenden und offensiven Zielen.

2. Laut den Historikern Aleksandr Fursenko und Timothy Naftali entstand die sowjetische Staatsvertragsinitiative 1955 als eine „Anstrengung in letzter Minute, die sowjetische Österreich-Politik als einen Ansporn für die [West]Deutschen zu nutzen, ihren Beitritt zur NATO zu überdenken",[281] und auch um die Ratifizierung der Pariser Verträge oder deren Umsetzung zu verhindern. Das Timing der sowjetischen Schritte in Kombination mit zahlreichen Hinweisen auf die sowjetische Absicht, „die österreichische Frage zu verwenden, um die Ratifizierung der Pariser Verträge zu erschweren",[282] weist deutlich in diese Richtung, so wie auch Chruščëvs Formulierung, das österreichische „Ei" müsse genutzt werden, bevor es seinen Wert verliere. Auf ähnliche Weise war Molotovs Rede vom 8. Februar darauf ausgelegt, „die Ratifizierung der Pariser Verträge zu verhindern",[283] so wie auch sein Vorschlag, schon vor diesem Ereignis eine Vier-Mächte-Konferenz abzuhalten oder die österreichische Lösung von einer Aussetzung der Pariser Verträge abhängig zu machen.

Wie schon das erste, vereint auch dieses zweite sowjetische Ziel kurzfristige defensive mit langfristigen offensiven Elementen. Die sogenannte Modellfall-These – also die Idee, die Sowjetunion habe womöglich oder vorsätzlich die Österreich-Lösung (d.h. Neutralität) als Beispiel für die Neutralisierung der Bundesrepublik Deutschland (und später weiterer Staaten) genutzt – war im Westen das häufigste Erklärungsmodell für die sowjetische Österreich-Politik. Diese westlichen Überlegungen haben viel Aufmerksamkeit erhalten.[284]

280 Für die weitreichenden strategischen Konsequenzen von Österreichs Neutralisierung für die NATO, die zu einer Intensivierung der österreichisch-italienischen Zusammenarbeit führten, siehe Bruno Thoß, *NATO-Strategie und nationale Verteidigungsplanung: Planung und Aufbau der Bundeswehr unter den Bedingungen einer massiven atomaren Vergeltungsstrategie 1952–1960*, München 2006, 278–289.

281 Aleksandr Fursenko/Timothy Naftali, *Khrushchev's Cold War: The Inside Story of an American Adversary*, New York 2006, 34.

282 AVPRF, f. 06, op. 14, p. 9, d. 116, ll. 2–4.

283 Mastny, „NATO", 60.

284 Michael Gehlers Werk stellt detaillierte Analysen bereit, wie US-amerikanische, britische, französische und westdeutsche politische Vertreter die sowjetische Initiative wahrnahmen. Michael Gehler, *Modellfall für Deutschland? Die Österreichlösung mit Staatsvertrag und Neutralität 1945–1955*, Inns-

Bei den Verhandlungen über Österreich sei es das einzige Ziel der Sowjets, mittels des österreichischen Präzedenzfalles Deutschland anzuvisieren, so hieß es in einem Positionspapier des französischen Außenministeriums ausgerechnet am Tage des Moskauer Memorandums.[285] Ebenso stellte der (neue) britische Außenminister Harold Macmillan die Hypothese auf, dass es ihr eigentliches Ziel sei, „ein vereinigtes Deutschland auf einer ähnlichen Basis militärischer Neutralität" anzubieten.[286] Sogar Eisenhower meinte im Nationalen Sicherheitsrat, der sowjetische Schachzug in Österreich sei sicherlich mit Deutschland als eigentlichem Ziel gemacht worden.[287] Wäre diese Initiative drei Monate früher erfolgt, so hätte sie – in der Einschätzung von Joseph Luns, dem niederländischen Außenminister – die französische Ratifikation der Pariser Verträge scheitern lassen können.[288] Geradezu ein Katastrophenszenario entwickelte der französische Sozialistenführer Guy Mollet, „da sie durch die Schaffung des österreichischen Präzedenzfalles darauf ausgerichtet sei, Adenauer zum Sturz zu bringen und die Neutralisierung Deutschlands vorzubereiten. Dies aber würde den Zusammenbruch der Nato, den Abzug der amerikanischen Truppen aus Europa und auf weitere Sicht die Sowjetisierung Westeuropas nach sich ziehen."[289]

Während diese Aussichten westliche Führer mit Furcht erfüllten, hatte Adenauer mit Opposition gegen seinen Westkurs vonseiten der deutschen Sozialdemokraten (SPD) zu rechnen, die ihm vorwarfen, mit der Westintegration verschütte er Chancen für die deutsche Einheit, und sich für „Offenheit" gegenüber sowjetischen Vorschlägen und, falls nötig, für einen Verzicht auf Deutschlands Bündnismitglied-

---

bruck 2015, 1113–1133; 1143–1146. Für eine Interpretation der sowjetischen Forcierung der Neutralität als multifunktionelles Werkzeug vgl. ders., „From an Offer for all Cases to a Model Case", 47.

285 Note de la Direction Politique vom 15. April 1955, in *DDF 1955*, Bd. 1, 456–458, hier 458 (Dok. Nr. 197). Dieser Satz ist ob seiner Prägnanz auch als Titel eines Artikels zur „Modellfall"-Problematik gewählt worden: Michael Gehler, „‚L'unique objectif des Soviétiques est de viser l'Allemagne'. Staatsvertrag und Neutralität 1955 als ‚Modell' für Deutschland?", in: Thomas Albrich u.a., Hrsg., *Österreich in den Fünfzigern*, Innsbruck 1995, 259–297, bes. 264. Die gleiche Thematik, materialmäßig erweitert, auch in: Michael Gehler, „Österreich, die Bundesrepublik und die deutsche Frage 1945/49–1955", in: ders. u.a., Hrsg., *Ungleiche Partner? Österreich und Deutschland in ihrer gegenseitigen Wahrnehmung*, Stuttgart 1996, 535–580.

286 TNAUK, CAB 128/29, C.M. 4(55), 19. April 1955. Am 5. April 1955 hatte Winston Churchill seinen Rücktritt als Premierminister erklärt, am 6. April wurde Anthony Eden von der Königin mit dem Amt des Premierministers betraut. Nachfolger Edens als Außenminister wurde Harold Macmillan.

287 In der Sitzung vom 21. April 1955. *FRUS 1955–1957*, Bd. 5, 53.

288 Gehler, „From an Offer for all Cases to a Model Case", 62.

289 Brief Standenats an Schärf, Paris, 5. Mai 1955, über ein Gespräch mit Mollet vom 4. Mai berichtend. VGAB, Nachlass Schärf, 4/226. Standenat versuchte, Mollet zu beruhigen. Es sprächen doch zahlreiche Elemente wie beispielsweise das Ostgrenzenproblem gegen ein deutsches Ausspringen aus der NATO.

schaft aussprachen.[290] Zeitgenössische Erklärungen sahen hinter Bonns schneller Ratifikation der Pariser Verträge eine den Westkurs der Bundesrepublik gerade vor dem Hintergrund der Österreich-Lösung bestärkende Geste; das auslösende Motiv für die Amerikaner war aber der Versuch, Druck auf Frankreich wegen eines strittigen Saar-Problems auszuüben.[291] Der britische Botschafter in Wien wusste zu berichten, einer der die österreichische Delegation begleitenden Beamten (Stephan Verosta) habe von seinen eigenen Gesprächen mit dem Stellvertretenden Außenminister Semënov den Eindruck erhalten, dass der sowjetische Strategiewechsel gegenüber Österreich das Ziel hätte, „einen Präzedenzfall und ein Beispiel für Deutschland zu schaffen".[292]

In der Tat wurde von sowjetischer Seite selbst im Gefolge der Moskauer Verhandlungen viel gesagt, um die Lösung der Österreich-Frage den Deutschen tunlichst zur Nachahmung zu empfehlen. Allerdings ist es nötig, die von sowjetischer (und ostdeutscher) Seite hergestellten Bezüge der Österreich-Lösung zur deutschen Frage sehr exakt zu untersuchen. Als Adolf Schärf, dem Ersuchen der deutschen Sozialdemokraten folgend, in Moskau Sondierungen bezüglich der deutschen Frage anstellte,[293] nannte Molotov in einem Gespräch am 14. April die Einheit Deutschlands als Ziel der sowjetischen Politik. Molotov zufolge sei jedoch Westdeutschland „nicht bereit, von den Pariser Abkommen, die die Wiederherstellung der Einheit behindern, abzugehen".

---

290 Gehler, *Modellfall*, 692–701. Vgl. August Leugers-Scherzberger, „Von der Stalin-Note zum Deutschlandplan: Die deutsche Sozialdemokratie und der Neutralismus in den 1950er Jahren", in: Geppert/Wengst, *Neutralität*, 54f.

291 *New York Times,* City Edition, 22. April 1955, 1; Thoß, „Beitritt der Bundesrepublik zu WEU und NATO", 130. Zu der Verbindung mit der Saar-Frage: *Die Kabinettsprotokolle der Bundesregierung,* Bd. 8: *1955*, bearb. v. M. Hollmann und K. v. Jena, München 1997, 229.

292 „...precedent and example for Germany"; russische Vorschläge „might include an invitation to Adenauer and Ollenhauer to make a joint visit to Moscow". Wallinger an Foreign Office, 18. April 1955, TNAUK, FO 371/117789/RR1071/149. Weitere Quellen zu dieser Äußerung sind bislang nicht bekannt.

293 Aufzeichnung Fritz Heines über seine Besprechungen mit Schärf (und Kreisky) am 19. und 20. April 1955, in: Stadler, „Modellfall Österreich", 400f (erliegt in VGAB, Nachlass Schärf, 4/249), sowie Aufzeichnung „Empfang des Vorsitzenden der Sozialistischen Partei Österreichs Vizekanzler Schärf", 14. April um 17 Uhr, SBKA, Depot von Quellen aus dem AVPRF, f. 06, op. 14a, p. 40, d. 116, ll. 30–33. Die Unterredung dauerte 30 Minuten, außer Schärf und Molotov war lediglich der Dolmetscher R. Sergeev anwesend. Aus der sowjetischen Mitschrift geht hervor, dass es ein gewisses Abtasten bezüglich der Chancen einer Annäherung zwischen den westdeutschen Sozialdemokraten (SPD) und der UdSSR gab, ohne dass jedoch konkrete Absichten oder Vorschläge auf den Tisch gelegt worden wären. Molotov deutete an, dass direkte Kontakte über die sowjetische Botschaft in Berlin möglich wären. Herbert Wehner, Mitglied des zentralen Vorstandes der Sozialdemokratischen Partei Deutschlands, sei dies bekannt.

Am 7. Mai 1955 erklärte Michail G. Pervuchin, Präsidiumsmitglied der KPdSU, in der Berliner Staatsoper: „Das Beispiel der österreichisch-sowjetischen Verhandlungen in Moskau hat anschaulich bewiesen, daß eine Lösung strittiger internationaler Fragen auf dem Wege solcher Verhandlungen möglich ist, bei denen die interessierten Seiten in der Tat ein Übereinkommen anstreben und guten Willen zeigen."[294] Allerdings wäre es verfehlt, Pervuchins Aussage als „eine Analogie zur Lösung der deutschen Frage" zu interpretieren.[295] Pervuchin sagte klipp und klar, dass es „in Wirklichkeit jedoch nicht möglich" sei, „die friedliebende Deutsche Demokratische Republik mit dem militaristischen Westdeutschland zu vereinigen". Diese Äußerung Pervuchins wurde von Molotovs internen Weisungen für die Begegnung mit den westlichen Außenministern in Wien am 14. Mai bekräftigt.[296] Natürlich präsentierte Pervuchin sogleich die – nicht neue – sowjetische Alternative: ein System der kollektiven Sicherheit „aller europäischen Staaten" unabhängig von der Unterschiedlichkeit ihres gesellschaftlichen und staatlichen Aufbaues, sohin „unter Beteiligung beider Teile Deutschlands und später auch des vereinigten Deutschlands [sic!]". Dies war sorgfältig formuliert; das Wörtchen „später" öffnete einen weiten zeitlichen Horizont, der mit der gerade im Jahre 1955 deutlich werdenden Stärkung der DDR und der Hinwendung zur Politik der „zwei deutschen Staaten" seitens der Sowjetunion durchaus vereinbar war.[297]

Was die sowjetische Deutschlandpolitik im Frühjahr und Frühsommer 1955 und die relative Bedeutung des „Modellfalles Österreich" in dieser betrifft, so sind drei Aspekte erkennbar:

a) In Äußerungen sowjetischer Diplomaten, der Sowjetpropaganda und in Versuchen, die westliche Öffentlichkeit zu beeinflussen, wurde die Bedeutung der Österreich-Lösung für Deutschland stark herausgestrichen.[298] Einige Wochen nach der Moskau-Reise der österreichischen Regierungsdelegation legte ein Sowjetdiplomat einem französischen Kollegen die Idee nahe, eine bürgerliche, neutrale Regierung für ganz Deutschland in Berlin zu schaffen, unter Bezugnahme auf das österreichische Beispiel. Die Vereinigung Deutschlands und seine Neutralisierung würden es erlauben, eine Pufferzone zwischen dem Westen und dem Osten vom Polarkreis bis

294 Pervuchins Rede abgedruckt in: *Neues Deutschland,* Nr. 107, 8. Mai 1955, 4.

295 Dies tut Steininger, „15. Mai 1955", 237, sich auf einen Bericht des britischen Botschafters Hayter aus Moskau beziehend; Steininger datiert Pervuchins Berliner Äußerung irrtümlich mit 9. Mai 1955.

296 Vgl. unten S. 471.

297 Rede Pervuchins wie Anm. 308; vgl. auch die bemerkenswerte Analyse bei Wassmund, *Kontinuität im Wandel,* 93.

298 Wallinger an Foreign Office, 18. April 1955, TNAUK, FO 371/117789/RR1071/149.

zur Adria zu errichten. Darüber berichtete Botschafter Jean Chauvel nach Paris.[299] Ähnliche Nachrichten gelangten in den folgenden Wochen mehrfach in den Westen, vor allem in die Bundesrepublik; in diesen wurde sogar die mögliche Rückgabe von Gebieten jenseits der Oder-Neiße-Grenze erwähnt.[300]

In einem Gespräch am 1. Mai 1955 in Moskau zwischen dem DDR-Botschafter Rudolf Appelt und P. N. Pospelov, Sekretär des ZK für ideologische Fragen, meinte letzterer, dass als Folge der Österreich-Verhandlungen viele westdeutsche Sozialdemokraten der Meinung wären, „daß Parallelen zu ziehen sind auf die Wiedervereinigung Deutschlands bzw. Neutralität Westdeutschlands [sic!]“.[301] Was immer der Realitätsgehalt solcher Erwartungen sein mochte, sowjetische und ostdeutsche Stellungnahmen ließen nicht locker in dem Bemühen, das österreichische Modell zwecks Verunsicherung der Westdeutschen in Sachen NATO-Mitgliedschaft ins Gespräch zu bringen. DDR-Ministerpräsident Otto Grotewohl meinte in seiner Rede auf der Warschauer Konferenz am 11. Mai, „Adenauer wird nicht ewig sein“, aber Deutschland werde sein. „Das Beispiel Österreichs zeigt den realen Weg zur Lösung der deutschen Frage“, fuhr Grotewohl fort. Die positiven Ergebnisse der sowjetisch-österreichischen Verhandlungen seien dadurch möglich geworden, „weil die österreichische Regierung den Weg einer unabhängigen nationalen Politik beschritten hat“. Die Lösung der deutschen Frage, so interpretierte Grotewohl die Folgen des österreichischen Beispiels, hänge jetzt vor allem davon ab, „ob die pa-

299 Bericht des Botschafters Chauvel aus London an Außenminister Pinay, 2. Mai 1955, *DDF 1955*, Bd. 1, 559–561 (Nr. 243). Chauvel berichtete, dass sein (anonymer) sowjetischer Gesprächspartner kürzlich gesagt habe, dass die Österreich-Lösung nach Ansicht der sowjetischen Regierung eine Art Präzedenzfall bilden sollte, um die Deutschen zu beeindrucken. Er habe auch erklärt, dass die Sowjetregierung bereit wäre, für ganz Deutschland freie Wahlen zu akzeptieren in dem Sinne, in dem die österreichischen Wahlen frei wären; er habe auch anerkannt, dass solche Wahlen zur Vernichtung (*écrasement*) der kommunistischen Partei in Deutschland führen würden, dass jedoch Moskau nicht vor der Möglichkeit zurückweichen würde, dass sich eine bürgerliche Regierung in Berlin so wie in Wien einrichte, unter der Voraussetzung, dass diese Regierung neutral wäre.

300 Am 30. Juni 1955 notierte der CDU-Politiker Heinrich Krone in seinem Tagebuch: „es liege in Wien eine zu beachtende Meldung aus Moskau vor, nach der die Russen die Absicht hätten, einer Wiedervereinigung Deutschlands in Freiheit zuzustimmen, diesem Deutschland militärische Kräfte zuzugestehen und einen Teil des Gebietes jenseits der Oder-Neiße-Linie zurückzugeben; die einzige Gegenleistung der Bundesrepublik müsse sein, daß Deutschland sich aus dem NATO-Bündnis löse.“ Adenauer war schon der Meinung, „daß solche Überlegungen in Moskau vorliegen“; er war aber, laut Krone, „in keiner Weise bereit, auf solche Gedankengänge einzugehen“. Hierzu Heinrich Krone, „Aufzeichnungen zur Deutschland- und Osteuropapolitik 1954–1959“, in: Rudolf Morsey/Konrad Repgen, Hrsg., *Adenauer-Studien III,* Mainz 1974, 139f, sowie ders., *Tagebücher,* Bd. 1: *1945–1961*, bearb. v. H.-O. Kleinmann, Düsseldorf 1995, 183. Vgl. auch *Kabinettsprotokolle 1955*, 388, Anm. 1.

301 Bericht des DDR-Botschafters Rudolf Appelt „Beisammensein im Kreml am 1. Mai 1955“. PAAA-MAA, A17545.

triotischen Kräfte in Westdeutschland vermögen, eine wirklich unabhängige nationale Politik durchzuführen", eine Politik der Wiedervereinigung Deutschlands auf demokratischer Grundlage, der friedlichen Verhandlungen und Verständigung. Die Voraussetzung dafür sei allerdings, „daß die Pariser Verträge durch das deutsche Volk wieder beseitigt werden".[302] Der Appell an die „patriotischen Kräfte" in Westdeutschland, der Hinweis auf das Beispiel der „unabhängigen nationalen Politik" Österreichs zeigt den Versuch, die „nationale Karte" im Propagandakrieg um die Hoffnungen der westdeutschen Bevölkerung einzusetzen.[303]

b) Der zweite Aspekt der sowjetischen Deutschland-Politik 1955 waren Aussagen, die eindeutig auf die Unterschiede zwischen Deutschland und Österreich hinwiesen. Dies schien auf die Verhinderung von Hoffnungen, dass die Anwendung der österreichischen Lösung auf Deutschland die schnelle Wiedervereinigung dieses Landes herbeiführen könne, abzuzielen.[304] Die bereits erwähnte Stellungnahme von Michail Pervuchin zeigt dies ebenso wie die recht langatmigen Ausführungen, die Molotov am 15. Mai 1955 anlässlich der Staatsvertragsunterzeichnung in Wien machen sollte. Hier wurde der Kontrast angesprochen, der zwischen der erfolgreichen Österreich-Lösung und der „unter den gegenwärtigen Bedingungen als undurchsetzbar" deklarierten Lösung der deutschen Frage bestehe – die „gegenwärtigen Bedingungen" können als die NATO-Mitgliedschaft der Bundesrepublik interpretiert werden.[305] Während der Moskauer Österreich-Verhandlungen und in den folgenden Wochen gaben die Sowjets selber verschiedene Erklärungen über die Relevanz der Österreich-Lösung für Deutschland ab, darunter auch widersprüchliche. Diese

302 Rede Grotewohls auf der Warschauer Konferenz, Nachlass Otto Grotewohl, SAPMO-BA, NY 4090/461 (Materialien zur Warschauer Konferenz), hier fol. 131–132.

303 „Die Meinung der deutschen Patrioten kann deshalb in der kurzen Feststellung zusammengefaßt werden: Österreich muß das Beispiel für Deutschland sein." So heißt es in einem Bericht des DDR-Außenministeriums (PAAA-MAA, A14631, S. 18/fol. 83). Ausführlich befasste sich Walter Ulbricht in einem Referat vor der 24. Plenartagung des Zentralkomitees der SED am 1. Juni 1955 mit der Bedeutung der Österreich-Lösung für Deutschland; die österreichische Regierung habe die „nationalen Interessen" höher gestellt als die Interessen der USA und Großbritanniens. SAPMO-BA, Bestand Zentralkomitee der SED, DY 30/IV 2/1/147, fol. 18.

304 „Wir anerkennen, daß der Fall Deutschlands verschieden von jenem Österreichs ist, aber indem wir Kanzler Raab einluden, haben wir die Methode angeben wollen, der zu folgen wäre" – so habe sich der sowjetische Botschafter in Washington Zarubin gegenüber dem italienischen Botschafter Brosio geäußert. Bericht des französischen Botschafters Couve de Murville nach Paris Nr. 2582, 6. Mai 1955, AD, série Europe 1944–1960, sous-série Autriche, vol. 300. Vgl. auch die differenzierten Überlegungen von Thoß, „Modellfall Österreich?", 127f, der zeigt, wie die sowjetische Politik in einer Kosten-Nutzen-Rechnung die (bisherige) Politik „mit den Opponenten" des NATO-Beitrittes relativierte und die direkte Verbindung zu den Entscheidungsträgern in der BRD anpeilte.

305 Text von Molotovs Erklärung im Wiener Belvedere am 15. Mai 1955 in: *DÖA*, Nr. 173.

von führenden sowjetischen Diplomaten gegenüber den in Moskau weilenden Österreichern getätigten Aussagen waren eher darauf ausgelegt, die Unterschiede zwischen der österreichischen und der deutschen Frage herauszustreichen, wie beispielsweise Bulganins Rede während eines Abendessens in der österreichischen Botschaft am 12. April. Kreisky berichtete auch von einem anderen Gespräch am Rande der Moskauer Verhandlungen, worin Mikojan den Unterschied zwischen dem Kleinstaat Österreich und einem großen Land wie Deutschland betonte; Kern seiner Aussage war, dass Abmachungen mit einem kleinen Land auf Papier gemacht werden könnten, bei einer Großmacht (oder einem großen Staat) hingegen wären Garantien auf dem Papier nicht ausreichend.[306]

Chruščëv hat selbst auf die unterschiedliche Sowjetpolitik gegenüber Österreich und Deutschland hingewiesen, allerdings nicht 1955, sondern vier Jahre später. Anlässlich des Staatsbesuches des inzwischen zum Bundespräsidenten gewählten Adolf Schärf in Moskau sagte der sowjetische Führer, in Österreich habe die Bevölkerung das sozialistische System abgelehnt; unter diesen Umständen habe es keinen Sinn gehabt, in Österreich zu bleiben.[307] Auf eine Frage des Staatssekretärs Franz Gschnitzer, ob diese Überlegungen „nicht auch auf die Wiedervereinigung Deutschlands anwendbar gewesen wären", antwortete Chruščëv: „Sind Ihnen 50 Millionen Deutsche nicht genug? Sie verstehen meine Politik nicht und auch das nicht, was ich gesagt habe. In Deutschland ist die Sache doch ganz anders. Dort hat sich ein Teil zum Sozialismus bekannt. [...] Das ist etwas ganz anderes. Ein Volk, das sich einmal zu uns bekennt, das lassen wir im Kampf gegen die Konterrevolution nicht im Stich, dem lassen wir die fortschrittlichen Errungenschaften nicht nehmen; von niemandem!"[308]

c) Der dritte Aspekt war die resolute sowjetische Hinwendung zur direkten Kontaktnahme mit der westdeutschen Bundesregierung unter Konrad Adenauer und

306 Verschiedene Verweise Kreiskys auf Mikojan bei Thoß, „Modellfall Österreich?", Anm. 136; siehe insbesondere Kreisky, *Zwischen den Zeiten*, 461; siehe auch Stadler, „Modellfall Österreich", 393 (wo kein Name erwähnt wird). Das früheste Dokument, das eine Aussage mit dem gleichen Inhalt enthält, ist ein telegraphischer Bericht Thompsons an Dulles vom 19. April 1955, welcher jedoch Molotov, nicht aber Mikojan erwähnt: „In course casual conversation Molotov remarked to Kreisky that treaties were all right where small powers were concerned but in case of big powers paper guarantees not sufficient. In this connection he cited evolution that had occurred in Germany in a period of ten years after first world war." In Folge beschreibt Thompson ein vertrauliches Gespräch mit Kreisky vom Abend des 18. April 1955, drei Tage nach der Rückkehr aus Moskau: „Austrians got strong impression that Soviets for present are resigned to fact of divided Germany but will make strong effort bring about general detente with west." NA, RG 59, 663.001/4-1955.

307 Dies entspricht Äußerungen Chruščëvs auf dem Plenum des Zentralkomitees der KPdSU im Juli 1955.

308 Rudolf Kirchschläger, *Der Friede beginnt im eigenen Haus. Gedanken über Österreich,* Wien 1980, 72f.

zu einer Politik der „zwei deutschen Staaten". Als Ende Jänner 1955 das Zentralkomitee der KPdSU beschloss, Georgij Malenkov seines Amtes als Ministerpräsident zu entheben, war eine Begründung für seine Entlassung seine Deutschland-Politik 1953, die angeblich allzu sehr der des ehemals mächtigen Innenministers und Präsidiummitgliedes Lavrentij Berija geglichen habe, der 1953 von Chruščëv gestürzt und in Folge hingerichtet worden war. Laut einem späteren ZK-Beschluss unterstützte Malenkov „den Vorschlag Berias, vom Aufbau des Sozialismus in der DDR gänzlich abzugehen und den Kurs darauf zu richten, Deutschland zu verlassen und damit die Möglichkeit der *Schaffung eines einheitlichen bürgerlichen Deutschland als angeblich ‚neutralen' Staates* zu geben."[309] Sollte es bisher Zweifel an der sowjetischen Entschlossenheit, die Existenz und die kommunistische Kontrolle der DDR aufrechtzuerhalten, gegeben haben, so war das Jänner-Plenum 1955 perfekt dafür geeignet, diese zu zerstreuen. Am 25. April 1955 – nur zehn Tage nach dem Moskau-Besuch der Österreicher – erfuhren bundesdeutsche Diplomaten inoffiziell von der Absicht der sowjetischen Führung, Adenauer nach Moskau einzuladen. Am 7. Juni wurde eine offizielle Einladung ausgesprochen, welche eine Sensation ersten Ranges hervorrief.[310] Adenauers Moskau-Besuch zwischen 9. und 13. September 1955 führte zur Vereinbarung der Aufnahme diplomatischer Beziehungen zwischen Moskau und Bonn.[311] Dies war ein deutlicher Beweis der von Chruščëv im Juli 1955 in Ost-Berlin öffentlich ausgesprochenen „Zwei-Staaten-Politik" der

---

309 Kursivsetzung durch die Autoren. SAPMO-BA, Bestand Büro Walter Ulbricht, DY 30/J IV 2/202/319, „Beschluß des Plenums des Zentralkomitees d. KPdSU über Gen. Malenkow G. M. (einstimmig angenommen auf der Sitzung des Plenums des ZK d. KPdSU am 31. Januar 1955)", liegt in den Archivalien des Büros Walter Ulbricht sowohl in der russischen Originalfassung (*postanovlenie*) als auch in deutscher Übersetzung vor. Diese Anschuldigungen müssen mit Vorsicht behandelt werden. Obwohl die deutsche Frage genutzt wurde, um Berija und später Malenkov zu entmachten, weist das lückenhafte Beweismaterial darauf hin, dass beide im Einklang mit dem Rest der Führungsschicht im Kreml gehandelt hatten – alle hatten für einen liberaleren Neuen Kurs in der DDR gestimmt und (zumindest offiziell) auch für die Möglichkeit einer deutschen Wiedervereinigung. Mark Kramer, „The Early Post-Stalin Succession Struggle and Upheavals in East-Central Europe: Internal-External Linkages in Soviet Policy Making (Parts 1–3)", in: *Journal of Cold War Studies* 1:1, 1999, hier 24–30; 1:2, 3–38, hier 18; 1:3, 3–66, hier 8. Vgl. Zubok, *A Failed Empire*, 89.

310 Hans-Peter Schwarz, *Die Ära Adenauer. Gründerjahre der Republik 1949–1957*, Stuttgart – Wiesbaden 1981, 505f (Anm. zu S. 277), sowie Daniel Kosthorst, *Brentano und die deutsche Einheit. Die Deutschland- und Ostpolitik des Außenministers im Kabinett Adenauer 1955–1961*, Düsseldorf 1993, 51f.

311 Helmut Altrichter, Hrsg., *Adenauers Moskaubesuch 1955: eine Reise im internationalen Kontext*, Bonn 2005; Hanns Jürgen Küsters/Faina Nowik, „Der Besuch Konrad Adenauers in Moskau 1955", in: Helmut Altrichter u.a., Hrsg., *Deutschland – Russland: Stationen gemeinsamer Geschichte, Orte der Erinnerung. Das 20. Jahrhundert*, Bonn 2014, 224–236. Für eine Analyse der westdeutschen und sowjetischen Motive, siehe Stefan Creuzberger, *Westintegration und neue Ostpolitik: Die Außenpolitik der Bonner Republik*, Berlin 2009, 63–70.

Sowjetunion.[312] Diese Politik, die schon durch den Aufbau und die Stabilisierung der DDR vorbereitet worden war, war schon Mitte Jänner 1955 zutage getreten, als das Angebot zur Normalisierung der Beziehungen zwischen der UdSSR und der Bundesrepublik vorgelegt wurde.[313] Diese Schritte wurden im Lauf des Jahres 1955 durch verschiedene Maßnahmen zur Stärkung des ostdeutschen Staates begleitet.[314] Während die UdSSR das Jahr 1954 hindurch de facto eine Zwei-Staaten-Politik verfolgt hatte, hatte sie dies Westdeutschland bis 1955 nicht eindeutig klar gemacht, um nicht das Druckmittel zu entwerten, dass, falls Bonn die Westintegration zurückweisen würde, eine deutsche Wiedervereinigung möglich wäre.[315]

Chruščëvs Zwei-Staaten-Politik resultierte aus einer realistischeren Wahrnehmung der Situation innerhalb Westdeutschlands und war darauf ausgerichtet, mehrere Ziele zu erreichen: Nicht nur sollte sie die DDR stabilisieren, der Kreml erwartete auch, dass sie Westdeutschland veranlassen würde, die DDR anzuerkennen. Außerdem sollte sie den sowjetischen Einfluss auf Westdeutschland steigern, um dieses von seiner traditionellen Schutzmacht, den USA, zu distanzieren.[316] Es scheint, dass in der sowjetischen Deutschland-Politik von März bis Juni 1955 – im

312 Rede Chruščëvs in Ost-Berlin am 26. Juli 1955, *AdG,* 1955, 5282A, Abschn. 5.

313 Dies geschah, manchmal übersehen, in der Erklärung der Sowjetregierung zur Deutschland-Frage vom 15. Jänner 1955, in der für den Fall der Aufgabe der militärischen Westbindung der Bundesrepublik freie Wahlen für ganz Deutschland unter internationaler Kontrolle, allerdings unter Wahrung zahlreicher Mitwirkungsrechte der DDR, zur Diskussion gestellt wurden. Vgl. *AdG,* 1955, 4959C; eine westdeutsche Stellungnahme hierzu (ebd.) bemerkte zutreffend, dass hier erstmals das Angebot zur Aufnahme diplomatischer Beziehungen zur Bundesrepublik vorliegen dürfte. Siehe auch A. V. Zagorskij/T. Kunze/H. Rot, Hrsg., *Vizit kanclera Adenauėra v Moskvu, 8–14 sentjabrja 1955 g.: Dokumenty i materialy,* Moskva 2005.

314 In der eben genannten Erklärung vom 15. Jänner 1955 kündigte die Sowjetregierung an: Wenn die Pariser Abkommen ratifiziert seien, würde eine neue Lage entstehen, bei der die Sowjetunion (u.a.) „für die weitere Festigung der freundschaftlichen Beziehungen zur Deutschen Demokratischen Republik Sorge tragen wird" (ebd.). Am 25. Jänner 1955 wurde die Beendigung des Kriegszustandes zwischen der UdSSR und Deutschland durch Dekret des Präsidiums des Obersten Sowjet verkündet; der Text war mit besonders freundlichen Erklärungen gegenüber der DDR versehen, ebnete aber auch einer späteren Aufnahme von Beziehungen mit der BRD den Weg (*AdG,* 1955, 4980A). Eine Stärkung der Position der DDR erfolgte durch ihre Einbindung in die Vorbereitung und den Abschluss des Warschauer Paktes vom 14. Mai 1955, sowie mit dem Vertrag vom 20. September 1955 zwischen der UdSSR und der DDR, in welchem der DDR die freie Entscheidung in Fragen der Innen- und Außenpolitik einschließlich ihrer Beziehungen zur BRD verbrieft wurde (*AdG,* 1955, 5369E). So zahlreich übrigens die Kontroversfragen auf der Plenartagung des ZK der KPdSU im Juli 1955 zwischen Chruščëv und Molotov in Fragen der Führung der Außenpolitik waren, die „deutsche Frage" war offensichtlich keine davon.

315 Gerhard Wettig, *Sowjetische Deutschland-Politik 1953 bis 1958,* München 2011, 40.

316 Aleksej Filitov, „Adenauers Moskaubesuch 1955: Vor- und Nachspiel im Spiegel der internen sowjetischen Berichte", in: Altrichter, Hrsg., *Adenauers Moskaubesuch 1955,* 42–47; 54f.

Unterschied zur sowjetischen Deutschland-Rhetorik – die Zwei-Staaten-Politik eindeutig Priorität erhielt. Bedenkt man die Härte, mit der das von Chruščëv geführte Zentralkomitee Ende Jänner die Politik eines vereinten, bürgerlichen und neutralen Deutschlands anlässlich der Absetzung Malenkovs verurteilte, scheint die Ernsthaftigkeit genau solcher Propositionen drei oder vier Monate später extrem unwahrscheinlich. Vor allem zeigen interne Weisungen für Molotov für die Außenministerkonferenz in Wien am 14. Mai 1955, dass die sowjetische Führung von derartigen Vorstellungen weit entfernt war. In den Weisungen wird eindeutig festgelegt, „dass in der deutschen Frage in nächster Zeit eine Annäherung zwischen den Positionen der Sowjetunion und der Westmächte unmöglich ist“. Sollten die westlichen Außenminister in Wien versuchen, bereits jetzt eine Übereinstimmung bezüglich Verhandlungen der deutschen Frage auf der Konferenz der Regierungschefs zu erzielen, wäre darauf hinzuweisen, „dass sich die Lage in Europa nach der Ratifizierung der Pariser Verträge verändert hat und dass zur Zeit die deutsche Frage keineswegs als reif für eine erfolgversprechende Erörterung betrachtet werden kann“.[317]

Trotz dieser Weigerung, die DDR im Stich zu lassen, und trotz des Einschlagens einer Zwei-Staaten-Politik setzte sich die sowjetische Kampagne für die Neutralisierung westlicher (und sich im Prozess der Entkolonialisierung befindlicher) Staaten noch einige Jahre fort. Nicht nur Finnland, Schweden und die Schweiz, auch Länder wie Ägypten, Afghanistan, Mali, Burma, Indien und Indonesien wurden in sowjetischen Äußerungen dafür gelobt, „eine neutrale Politik zu verfolgen“.[318] Als die Ministerpräsidenten Norwegens, Dänemarks und Schwedens (Einar Gerhardsen, Hans Christian Hansen und Tage Erlander) 1955 und im Frühjahr 1956 nacheinander Moskau besuchten, wurden Norwegen und Dänemark aufgefordert, ihre Zuordnung zum Westen aufzugeben und einen neutralen Status anzunehmen, wie auch später Island, Italien, Griechenland, die Türkei und Japan.[319] Die sowjetische Diplomatie hatte seit 1953 Skandinavien als das „schwache Glied“ der NATO ausgemacht. Anfang 1955 entschied sie sich für die Zielsetzung, deren „Verbindung zur

317 AVPRF, f. 06, op. 14, p. 10, d. 118, ll. 88–89 (auch in SBKA, Depot von Quellen aus dem AVPRF). Es handelt sich um eine Neufassung der Weisungen an Molotov, „korrigiert in Übereinstimmung mit den Anmerkungen, die auf der Sitzung des Präsidiums des ZK der KPdSU am 13. Mai d. J. gemacht wurden“, wie aus einem Schreiben des Ersten Stellvertretenden Außenministers Gromyko an das ZK vom gleichen Tage hervorgeht (ebd. l. 84). In einem früheren Entwurf der Weisungen (ll. 74–76) sind die hier zitierten Passagen noch nicht enthalten. In Gehler, *Modellfall*, wird diese Quelle nicht erwähnt.

318 „Nejtralitet Postojannyj“, in: *Diplomatičeskij slovar'*, Bd. 2, Moskau [2]1961, 396f. Vgl. Andreas Hilger, „Moskau und die Entwicklungsländer“, in: Stefan Karner u.a., Hrsg., *Der Prager Frühling: Das internationale Krisenjahr*, Wien 2008, 299–319.

319 Mueller, *A Good Example*, 41–55.

NATO zu schwächen, und schließlich den Rückzug Norwegens, Dänemarks und Islands aus dem nordatlantischen Block" zu erreichen.[320] In keinem dieser Fälle war der Bezug auf das österreichische „Modell" so explizit wie im Fall Westdeutschlands; aber zumindest in der sowjetischen Propaganda spielte es weiterhin eine Rolle.

3. Ein weiteres bedeutendes sowjetisches Ziel 1955 betraf Jugoslawien, das Chruščëv zurück in den sowjetischen Schoß holen wollte. Schon am 8. Oktober 1953 hatten Amerikaner und Briten verkündet, dass sie ihre Besatzungstruppen aus der Zone A des Triester Gebietes abziehen würden (die Zone B war unter jugoslawischer Kontrolle).[321] Nach monatelangen Verhandlungen in London unter maßgeblicher Vermittlung der Westmächte kam es am 5. Oktober 1954 zur einvernehmlichen Lösung zwischen Jugoslawien und Italien.[322] Die Sowjetunion nahm die erzielte Lösung bemerkenswert rasch zur Kenntnis.[323] Für Jugoslawien konnte angesichts des vorgegangenen Stalin-Tito-Konfliktes und der aktuellen angespannten Situation ein Abzug des sowjetischen Militärs aus Österreich nur von Vorteil sein, zumal es in Militärgesprächen 1953 geheißen hatte, dass Österreich von den Westalliierten nicht verteidigt werden würde.[324]

Als Chruščëv mit seinen Versuchen begann, die Beziehung zu Jugoslawien zu verbessern, wies Dobrivoje Vidić, der jugoslawische Botschafter in Moskau, Molotov darauf hin, dass sein Land an einem raschen Abschluss des österreichischen Staatsvertrages höchst interessiert sei.[325] Jedoch scheint Molotov zu diesem Zeitpunkt darauf bedacht gewesen zu sein, jegliche sowjetisch-jugoslawische Annäherung zu vereiteln.[326] Ende Dezember 1954, während eines Empfanges in der jugo-

320 M. L. Korobočkin, „Vizit Ė. Gerchardsena v Moskvu", 101. Für die Folgejahre siehe A. A. Komarov, „Politika SSSR po otnošeniju k skandinavskim stranam v chruščevskij period", in: A. O. Čubar'jan/N. I. Egorova, Hrsg., *Cholodnaja vojna i politika razrjadki: Diskussionnye problemy*, Bd. 1, Moskva 2003, 91–102.

321 Zu diesem Rückzug vgl. Rauchensteiner, *Sonderfall*, 323.

322 Führend beteiligt an den Londoner Verhandlungen war der amerikanische Hochkommissar in Österreich, Thompson, der deswegen lange Perioden hindurch abwesend von Wien war. Hinweise zur Strategieplanung im Zusammenhang mit der Triester Frage bei Nuti, „Italy and the Defense of NATO's Southern Flank", 204–210.

323 Schon am 31. Mai 1954 hatte das Präsidium der KPdSU beschlossen, eine neue Politik gegenüber Jugoslawien einzuleiten. Andrei Edemskii, „The Turn in Soviet-Yugoslav Relations, 1953–55", in: *Cold War International History Project Bulletin* 10, 1998, 138. Vgl. auch Bulganins Rede vor dem ZK-Plenum am 9. Juli 1955, ebd., 38.

324 Bericht Botschafter Etienne Burin des Roziers nach Paris, 2. April 1955, AD, série Europe 1944–1960, sous-série Autriche, vol. 289, fol. 179–180.

325 Arnold Suppan, „Jugoslawien und der österreichische Staatsvertrag", in: Suppan/Stourzh/Mueller, *Der österreichische Staatsvertrag 1955*, 460.

326 Rajak, *Yugoslavia and the Soviet Union*, 62.

slawischen Botschaft, bei dem auch Chruščëv, Malenkov und Molotov unter den Gästen waren, brachte Vidić die Idee erneut ein: „Wieso sollte nicht die Anregung für den Abschluss eines Staatsvertrages mit Österreich gegeben werden können?" Molotov habe aufbrausend und ablehnend reagiert: dann wären ja die „Kräfte des Imperialismus" noch 250 km näher an der sowjetischen Grenze. Außerdem könne man den österreichischen Vertrag nicht von der deutschen Frage trennen. Ein anderer jugoslawischer Diplomat meinte, dass bei weiterem Aufschub der Annahme des Staatsvertrages die Gefahr einer Teilung Österreichs bestehe.[327]

Die enge zeitliche Nähe der Aussöhnung zwischen der Sowjetführung und Tito zum Abschluss des Staatsvertrages weist darauf hin, dass die sowjetische Bereitschaft zum Abzug aus Österreich, Jugoslawiens nördlichem Nachbarn, auch ein vertrauensbildendes Element beim Abbau der sowjetisch-jugoslawischen Spannungen war. Die Ankündigung der Reise Chruščëvs und Bulganins nach Belgrad, auf die Molotov nicht mitgenommen wurde, erfolgte nur einen Tag vor dem Abschluss des Staatsvertrages. Hierzu bemerkte Edvard Kardelj in einem Gespräch mit dem österreichischen Botschafter in Belgrad, Walter Wodak, dass es gerade der Abschluss des Staatsvertrages gewesen sei, der den Jugoslawen die Möglichkeit gegeben habe, den sowjetischen Wunsch nach weiterer Normalisierung der Beziehungen zu akzeptieren; dies hätten die Jugoslawen in den sich über mehrere Monate hinziehenden Gesprächen, die dem Chruščëv/Bulganin-Besuch in Belgrad vorhergingen, „immer wieder betont".[328]

Während Chruščëv offensichtlich dazu bereit war, die Aussöhnung mit Tito durch die Unterzeichnung des österreichischen Vertrages voranzutreiben, so zielte die Annäherung selbst auf die Unterminierung der militärischen Zusammenarbeit Belgrads mit den USA und innerhalb des (prowestlichen) Balkan-Paktes ab. In Hinsicht auf Jugoslawien war es das sowjetische Minimalziel, Belgrads Verbindungen zum Westen abzubauen, das Maximalziel war die Wiedereingliederung des Landes in den sowjetischen Block.[329]

4. Chruščëvs Österreich-Initiative war mit zwei anderen politischen Zielen aufeinander abgestimmt, eines davon kurzfristiger, das andere langfristiger Natur. Beide

---

327 Bogdan Osolnik, *Med svetom in domovino. Spomini 1945–1981,* Maribor 1992, 118–124, insbes. 123; auch 174 und 184.

328 AdR, BMAA, II-Pol, Bericht Wodak aus Belgrad v. 24. Mai 1955, Zl. 54-Pol/55 (= Zl. 322.468-Pol/55), über ein längeres Gespräch mit Kardelj am 23. Mai 1955.

329 A. S. Anikeev, *Kak Tito ot Stalina ušel: Jugoslavija, SSSR i SŠA v načal'nyj period cholodnoj vojny 1945–1957*, Moskva 2002, 260–265; A. B. Edemskij, *Ot konflikta k normalizacii: Sovetsko-jugoslavskie otnošenija v 1953–1956 godach*, Moskva 2008, 390–394.

waren mit seinen Bemühungen um Détente verknüpft, wenngleich nicht ohne offensive Charakterzüge.

Das erste war der sowjetische Wunsch nach einem Vier-Mächte-Gipfel, das erste Treffen dieses Formates seit 1945. 1954 hatte die UdSSR wiederholt eine solche Konferenz vorgeschlagen, die nicht nur das Prestige der poststalinistischen sowjetischen Führung erhöhen, sondern auch zur generellen Atmosphäre der internationalen Entspannung beitragen würde. Ein solches Zeichen der Détente konnte jedoch auch offensive Ziele voranbringen; vielen Beobachtern schien es nicht unwahrscheinlich, dass eine solche Konferenz der Großmächte oder sogar deren Ankündigung ausreichen würde, um den prekären Ratifikationsprozess der EVG und später der Pariser Abkommen zu vereiteln. Nicht ohne Grund bestand die sowjetische Diplomatie bis zur letzten Minute auf einem Zusammentreten der Konferenz *vor* der Ratifikation der westlichen Abkommen. In seiner Rede am 24. November 1954 kehrte jedoch Mendès-France die Logik dieser Verknüpfung um, indem er darlegte, dass eine Gipfelkonferenz erst *nach* einer erfolgreichen Ratifikation der westlichen Verträge möglich wäre. Darüber hinaus brachte der französische Premierminister die Aussicht auf einen Gipfel mit dem erfolgreichen Abschluss des Staatsvertrages in Verbindung.[330] Obwohl die UdSSR die von den Franzosen eingebrachte zeitliche Abfolge nicht sofort akzeptierte, war in der Zwischenzeit klargeworden, dass sich die UdSSR mit einem Abzug aus Österreich einverstanden erklären musste, wenn sie einen Vier-Mächte-Gipfel wollte.

Die zweite mit dem Abzug aus Österreich zusammenlaufende sowjetische Strategie kombinierte Elemente der Détente mit einer offensiven Strategie und war eher langfristiger Natur – sie betraf das Gebiet der Entspannung und Abrüstung, ein Feld in dem die poststalinistische Führungsschicht bereits spektakuläre Initiativen begonnen hatte. Zwischen 1953 und 1961 wurden Ankündigungen gemacht, dass die sowjetischen konventionellen Streitkräfte von 5,4 auf 2,9 Millionen Mann reduziert werden würden.[331] Ziel war es dabei nicht nur, der sowjetischen Wirtschaft durch die Verschiebung von Geldmitteln und Arbeitskräften vom militärischen in den zivilen Sektor Starthilfe zu leisten, sondern auch, den sich verändernden militärischen Bedürfnissen des Nuklearzeitalters generell und insbesondere einem groß angeleg-

330 Siehe oben, Kapitel V.6, sowie zur französischen „Junktimpolitik" Küsters, *Der Integrationsfriede*, 698–719. Es ist jedoch zweifelhaft, ob Mendès-France die Ratifikation der Pariser Verträge verzögern wollte (ebd., 700). Angerer, „Re-Launching East-West Negotiations", zufolge, und wie bei Küsters (702) angegeben, zielte die Strategie des französischen Ministerpräsidenten eher darauf ab, die Ratifikation in Frankreich zu erleichtern, indem er Bereitschaft zur Détente demonstrierte.

331 Matthew Evangelista, *„Why Keep Such an Army?" Khrushchev's Troop Reductions* (= Cold War International History Project Working Paper 19), Washington, DC, 1997, 2–6.

ten nuklearen Bewaffnungsprogramm der NATO Rechnung zu tragen. Das sollte durch die Kanalisierung von Ressourcen in den Aufbau sowjetischer Atomwaffen und Raketentechnologie gelingen. Unter Stalin waren die sowjetischen Nuklearwaffen weder in die regulären Streitkräfte noch in die sowjetische Militärstrategie integriert gewesen; diese Integration in beide Sphären wurde nun umgesetzt. Zwischen 1953 und 1954 stiegen die Investitionen in die sowjetische Luftwaffe um 19%, wobei der größte Anteil für die neue strategische (Langstrecken-)Bomberflotte bestimmt war: TU-16, TU-95 und M-4, entwickelt für den Transport und Abwurf von Atombomben. Auch neue Raketenbauprogramme wurden gestartet, und von 1952 bis 1956 stieg die Zahl der Atombomben auf mehr als das Dreifache, von 120 auf 426.[332] Die ersten Atombomben wurden Ende 1954 in sowjetischen Militärbezirken stationiert, und am 22. November 1955 wurde die erste sowjetische Superbombe gezündet.[333] Diese Verschiebung wurde von einer Neufassung der sowjetischen Militärdoktrin begleitet, und führte dadurch zu einer „radikalen Revision der sowjetischen Sicherheitspolitik".[334] Hier war eine ähnliche Logik wie im Falle Österreichs am Werk: die gegnerische Seite dazu zu überreden oder zu zwingen, das gleiche zu tun. Im Fall Österreichs war die sowjetische Strategie darauf ausgerichtet, die Westmächte (de facto hauptsächlich die USA) zum Abzug aus dem Land zu zwingen und dadurch die NATO an der Nutzung des österreichischen „Korridors" zwischen München und Verona zu hindern. Im weiteren Feld der Abrüstung erwartete man allerdings, dass sowjetische Maßnahmen noch schwerere Konsequenzen nach sich ziehen würden, einschließlich einer ernsthaften Schwächung nicht nur der US-Präsenz in Europa, sondern auch der westlichen Verteidigung generell sowie einer Destabilisierung der NATO. In einem Gespräch mit Hans Christian Hansen, dem dänischen Ministerpräsidenten, drohte Chruščëv damit, „die NATO mit Friedensinitiativen zu zerrütten".[335]

Die neue Flexibilität der sowjetischen Außenpolitik, die den Westen im Fall Österreich, im Fall Jugoslawien und neuerlich anlässlich Adenauers Einladung nach Moskau überraschte, hatte allerdings wesentlich weiter ausgreifende Dimensionen. Ihre ersten Symptome sind ganz weit weg von unseren bisherigen Handlungsschauplätzen anzusetzen, nämlich in Port Arthur in China. Stalin hatte auf der Konferenz von Jalta größten Wert darauf gelegt, wieder die Kontrolle über den Stützpunkt zu

332 Bystrova, *SSSR i formirovanie*, 303 f; 396; 341f.

333 Zur Nuklearpolitik nach Stalins Tod siehe Holloway, *Stalin and the Bomb*, 328–345.

334 Mastny, „NATO", 60.

335 Zit. nach Jussi M. Hanhimäki, „The Lure of Neutrality: Finland and the Cold War", in: Klaus Larres/Kenneth Osgood, Hrsg., *The Cold War after Stalin's Death: A Missed Opportunity for Peace?*, Lanham 2006, 266.

erlangen. Die sowjetische Militärpräsenz in Port Arthur wurde auch in einem von Stalin und Mao Zedong im Februar 1950 vereinbarten Abkommen verankert, zunächst bis 1952 limitiert, dann aber verlängert.[336] Anlässlich eines China-Besuches Ende September/Anfang Oktober 1954 verzichtete aber Chruščëv auf den sowjetischen Anteil am Marinestützpunkt.[337] Am 24. Mai 1955 – zwei Tage vor Chruščëvs sensationeller Belgrad-Reise – wurde der Truppenabzug abgeschlossen und das Gebiet in die alleinige Oberhoheit Chinas übergeben.[338] Der brillante Jean Chauvel, der diese Entwicklungen beobachtete, stellte eine neue sowjetische Flexibilität („souplesse") fest, die man bis vor kurzem nicht gekannt habe; sie erlaube Moskau, allenfalls das Nebensächliche dem Wesentlichen zu opfern.[339]

Am 19. September 1955 wurde in Moskau der Abzug aus der sowjetischen Marinebasis in Porkkala in Finnland verkündet; er wurde am 26. Jänner 1956 abgeschlossen.[340] Von da an standen zwei europäische Regionen zwischen dem „Ostblock" und dem „Westblock": die Regionen Schweiz–Österreich–Jugoslawien und Schweden–Finnland. Genau dies hatte schon Ende Februar 1955 Botschafter Bischoff als Ziel der sowjetischen Strategie angesichts des Beitrittes der Bundesrepublik zur NATO bezeichnet.[341]

Ob in einem „grand dessein Soviétique", wie es der französische Botschafter in Belgrad nannte, einem großen Plan der Sowjetpolitik, der die Bildung „einer Art von Barriere neutraler oder neutralisierter Staaten, die von Finnland und Schweden bis Jugoslawien reichen würde", zwischen den zwei Blöcken vorsah, „übermorgen" auch Deutschland eingebunden sein würde, mochte Anfang April 1955 noch offen scheinen.[342] Ein großes Muster der Chruščëv'schen Politik im Jahre 1955 wird

---

336 Vgl. ausführlich Helmut Handzik, *Politische Bedingungen sowjetischer Truppenabzüge 1925–1958,* Baden-Baden 1993, 205–238, hier 229f.

337 Zu Chruščëvs China-Besuch 1954 siehe Zubok/Pleshakov, *Inside the Kremlin's Cold War,* 170f sowie Lorenz Lüthi, *The Sino-Soviet Split: Cold War in the Communist World,* Princeton 2008, 39.

338 Gemeinsames chinesisch-sowjetisches Protokoll vom 24. Mai 1955, *AdG,* 1955, 5194B.

339 Chauvel an Pinay, 2. Mai 1955, *DDF 1955,* Bd. 1, 561 (Nr. 243).

340 Zur Porkkala-Frage ausführlich Handzik, *Politische Bedingungen,* 239–280.

341 Telegr. Bischoffs vom 28. Februar 1955, AdR, BMAA, II-Pol, Zl. 320.131-Pol/55 (auch in *ÖuG,* Nr. 103) sowie Schriftbericht Bischoffs Nr. 21-Pol/55 v. 27. Februar 1955, Zl. 320.331-Pol/55 (auch in *ÖuG,* Nr. 104). Bischoff wiederholte diese These auch in der Botschafterbesprechung mit Raab und Schärf am 28. März (vgl. *ÖuG,* Nr. 110), und er zitierte sein Telegramm vom 28. Februar auch in seinem Manuskript „Die Haltung der Sowjetunion in der Frage des Abschlusses des österreichischen Staatsvertrages", 88.

342 Bericht des Botschafters Etienne Burin des Roziers aus Belgrad, 2. April 1955, AD, série Europe 1944–1960, sous-série Autriche, vol. 289, fol. 179–180; Burin des Roziers erwähnte auch, dass sein österreichischer Kollege Walter Wodak von der Schaffung eines solchen Neutralitätsgürtels (einschließlich Deutschlands) überzeugt sei.

dennoch sichtbar, und es ging weit über Europa hinaus. Kaum vom Besuch bei Tito zurückgekehrt, empfingen Chruščëv und Bulganin den indischen Ministerpräsidenten Nehru in Moskau, der eine mehr als zweiwöchige triumphale Reise durch die Sowjetunion absolvierte.[343] Die sowjetische Führung benutzte Nehrus Besuch, um in einer gemeinsamen Erklärung einen Brückenschlag zur afro-asiatischen Konferenz von Bandung und den dort proklamierten Prinzipien der friedlichen Koexistenz und des Antikolonialismus zu bewerkstelligen.[344] Noch im November und Dezember des gleichen Jahres reisten Chruščëv und Bulganin nach Indien, Burma und Afghanistan, um die Beziehungen zu diesen blockfreien Staaten zu pflegen und Vorteile aus der antikolonialen Bewegung zu ziehen. Die Annäherung gegenüber nichtkommunistischen Staaten, sofern sie nicht einem Militärblock unter amerikanischer Patronanz angehörten, wurde zur Signatur der Chruščëv'schen Politik.[345] Der Stellenwert der Österreich-Lösung in diesem *grand dessein* wurde deutlich vom Ministerpräsidenten Bulganin charakterisiert: Er lobte Österreich für die Bereitschaft zur Kooperation zwischen Staaten ohne Rücksicht auf ihr gesellschaftliches System. Es wäre aber falsch, anzunehmen, so Bulganin, dass diese Haltung von der österreichischen Regierung allein eingenommen werde. Es gebe eine ganze Reihe von Staaten, „*sowohl in Europa als auch in Asien*", die „gegen den Beitritt zu aggressiven Militärblöcken" seien.[346] Das neue Konzept bestand darin, eine Verbindung zwischen kommunistischen Staaten und nichtkommunistischen, aber bündnislosen Staaten zu suchen, dadurch letztere aus „Militärblöcken" herauszuhalten und

343 Andreas Hilger, *Sowjetisch-indische Beziehungen 1941–1966: Imperiale Agenda und nationale Identität in der Ära von Dekolonisierung und Kaltem Krieg*, Köln 2018; zu den sowjetischen Beziehungen zu Indonesien Ragna Boden, *Die Grenzen der Weltmacht: sowjetische Indonesienpolitik von Stalin bis Brežnev*, Stuttgart 2006.

344 Odd Arne Westad, *The Global Cold War: Third World Interventions and the Making of Our Times*, Cambridge 2005, 99 betont, dass die neue sowjetische Strategie es Mao erlaubt habe, „neben Führern, die [er] zuvor als Lakaien des Imperialismus verunglimpft hatte", an der Konferenz teilzunehmen. Vgl. die Memoiren des indischen Botschafters in Moskau K. P. S. Menon, *Many Worlds. An Autobiography*, London 1965, 286f sowie die gemeinsame Erklärung Bulganins und Nehrus vom 22. Juni 1955, *AdG* 1955, 5216E, 3. Abschnitt. Zur Konferenz, die zwischen 19. und 24. April 1955 stattfand, siehe auch J. A. Mackie, *Bandung 1955: Non-alignment and Afro-Asian Solidarity*, Singapur 2005.

345 „Die österreichische Neutralität war eine Abweichung vom sowjetischen [stalinistischen, W.M.] Verständnis anderer Staaten. So, wie Jugoslawien ein Verbündeter mit Unterschieden sein konnte, und Indien ein potentieller Verbündeter mit großen Unterschieden sein konnte." Ted Hopf, *Social Construction of International Politics: Identities & Foreign policies, Moscow, 1955 and 1999*, Ithaca 2002, 145. Hopf gibt Botschafter Bischoff fälschlicherweise als „österreichischen Außenminister" an. Ebd., 143.

346 Bulganin am 11. Mai 1955 auf der Warschauer Konferenz, hier zit. nach Bader, *Austria between East and West*, 206. Hervorhebung des Autors.

kommunistische und nichtkommunistische Staaten in einer „Sphäre des Friedens" zu vereinigen.[347] Zweck eines solchen „Friedenslagers" war letztlich die Zurückdrängung des westlichen Einflusses und die Stärkung des sowjetischen. Dazu kam allerdings auch eine neue Bereitschaft, Kontakte mit dem „gegnerischen" Lager zu knüpfen, wie dies in der Genfer Gipfelkonferenz vom Juli 1955[348] und in den Gesprächen mit Adenauer in Moskau im September 1955 zum Ausdruck kam.

Zum Jahresende 1955 konnte die Sowjetführung unter Chruščëv zufrieden zurückblicken. In einer internen Erfolgsbilanz wurde eine „Reihe außenpolitischer Maßnahmen" genannt, die „zum Wachstum der Autorität der Länder des sozialistischen Lagers und zur Minderung der Spannungen in den internationalen Beziehungen beigetragen" hätten. Die Reihenfolge der Aufzählung dieser Maßnahmen ist von Interesse:

> Zu diesen Erfolgen gehören vor allem: der entschiedene Umschwung in den Beziehungen zwischen der UdSSR und den Ländern der Volksdemokratie und Jugoslawien, eine Wendung zu Freundschaft und Zusammenarbeit; *die Regelung der österreichischen Frage mit der Verkündigung der Neutralitätspolitik durch Österreich*; die Festigung der Beziehungen der Sowjetunion und Finnland in Verbindung mit dem Verzicht der Sowjetunion auf den Kriegsmarine-Stützpunkt Porkkala-Udd auf finnischem Boden und die Verlängerung des Finnisch-Sowjetischen Vertrages über gegenseitige Hilfe; die Herstellung diplomatischer Beziehungen zwischen der UdSSR und der deutschen Bundesrepublik; die wichtigen politischen Ergebnisse der Bandung-Konferenz der Länder Asiens und Afrikas, die dank der aktiven Teilnahme der Chinesischen Volksrepublik erreicht wurden.

Erst dann wurden andere Ereignisse und Initiativen erwähnt, wie etwa die Genfer Gipfelkonferenz und die Reise Bulganins und Chruščëvs nach Indien, Burma und Afghanistan.[349]

---

347 Walter Ulbricht sprach von den „Kräften des Friedenslagers" im Kontext seiner Interpretation der Österreich-Lösung und ihrer Bedeutung für Deutschland bei der 24. Tagung des Zentralkomitees der SED am 1. Juni 1955: SAPMO-BA, Bestand ZK der SED, DY 30/IV2/1/147, fol. 19. Von einer „Sphäre des Friedens" sprachen Bulganin und Nehru in einer gemeinsamen Erklärung am 22. Juni 1955; *AdG*, 1955, 5216E, Abschn. 3.

348 In Wien herrschte nach der Genfer Gipfelkonferenz Euphorie: „de l'avis général ici, la guerre froide a pris fin" („nach allgemeiner Ansicht hier ist der Kalte Krieg zu Ende gekommen"). Dies berichtete Botschafter Seydoux am 25. Juli 1955 nach Paris. *DDF 1955*, Bd. 2, Nr. 56 (S. 138).

349 „Schreiben des Außenministeriums der UdSSR zu außenpolitischen Fragen" in deutscher Übersetzung vorliegend, eine sechzehnseitige Ausarbeitung „entsprechend dem Auftrag des Präsidiums des ZK der KPdSU vom 31. Dezember" (1955), die dem DDR-Ministerpräsidenten Otto Grotewohl vom

Der früheste Indikator der „neuen Politik“, der Rückzug aus Port Arthur, wurde hier nicht erwähnt, er war ja schon 1954 zustande gekommen. „Von Port Arthur bis Porkkala“ – so könnte man die Politik der neuen „souplesse“, der neuen Flexibilität umschreiben, die Jean Chauvel im Mai 1955 zu analysieren versuchte, noch bevor sich alle Facetten dieser Politik entfaltet hatten. Bei einem Baustein dieser Politik, der Österreich-Lösung vom April 1955, ging es also um mehr als nur die Verhinderung eines österreichischen NATO-Beitrittes oder die Unterminierung des Bündnisses, auch um mehr als die Funktion eines „Modellfalles“ für Deutschland; es handelte sich um einen Teil einer über Europa hinausreichenden Strategie unter dem Schlagwort der „friedlichen Koexistenz“, die überdies nichtkommunistischen, aber eben durch kein Militärbündnis mit dem Westen und dessen Führungsmacht verbundenen Staaten einen neuen Rang in der sowjetischen politischen Strategie einräumte. Wie schon beim Rückzug aus Österreich, der Propagierung von Neutralität und Bündnisverbot in Deutschland und anderen Staaten, der Versöhnung mit Jugoslawien und der Bewerbung von Détente und Abrüstung auf einer globalen Ebene kombinierte Chruščëv defensive mit offensiven Maßnahmen; die Annäherung war dahingehend konzipiert, den sowjetischen Einfluss zu stärken, die Förderung von Neutralität und Blockfreiheit war abgestimmt auf das Ziel, westliche Bündnisse zu zersetzen, Abrüstungsschritte konnten zu einer Schwächung der westlichen Verteidigung führen. Was als Eindämmung westlicher Bündnisse begonnen hatte, nahm offensive Ziele an.[350]

Für Chruščëv selbst bedeutete die Österreich-Lösung im Rückblick seine eigene Emanzipation von der außenpolitischen Dominanz Stalins und nach dessen Tod auch Molotovs. In seinen Memoiren identifizierte er sich mit dem Bauernmädchen Dun'ka, das sich zur Reise nach Europa aufmacht.[351] Die Österreich-Lösung betrachtete Chruščëv als seinen ersten außenpolitischen „Sieg“: „Die Reise Dun'kas nach Europa war erfolgreich und bewies, dass wir in internationalen Angelegenheiten auch ohne Anweisungen Stalins zurechtkommen konnten. Um es bildhaft auszudrücken, hatten wir in der Außenpolitik die kurzen Kinderhosen aus- und die langen Hosen der Erwachsenen angezogen. Unser erfolgreiches Debut wurde

---

sowjetischen ZK-Sekretär B. Ponomarëv als Unterlage für eine Tagung am 6. Januar 1956 übermittelt wurde. SAPMO-BA, Bestand Büro Walter Ulbricht, DY 30/J IV 2/202/75 (Hervorhebung des Autors).

350 Zu Chruščëvs späterer Strategie vgl. Fursenko/Naftali, *Khrushchev's Cold War*, 409–438.

351 Chruščëv, „Memuary“ (Österreich-Kapitel), *Voprosy istorii* 8, 1993, 78. Zur Figur der Dun'ka verwies Chruščëv auf das Theaterstück „Ljubov' Jarovaja“. Autor dieses in den Dreißigerjahren in der Sowjetunion beliebten Stückes war der spätere Stalinpreisträger K. A. Trenëv. „Lasst Dun'ka nach Europa fahren“, heißt es an einer Stelle dieses Stückes (5. Akt). „Wie Dun'ka in Europa“ bedeutet im Russischen etwa „wie eine Landpomeranze in der großen Welt“.

nicht nur in der UdSSR anerkannt, sondern auch im Ausland, was ebenfalls große Bedeutung hatte. Wir fühlten unsere Macht.“ „Wenn man alles ins Kalkül zieht“ betrachtete Chruščëv sogar den Abschluss des „Friedensvertrages“ mit Österreich „als Schritt zu einer Neubestimmung unserer Position auch in der Frage der Rolle Stalins“.[352] Diese Neubestimmung, die „Entstalinisierung“, erfolgte mit Chruščëvs Geheimrede über die Verbrechen Stalins vor dem XX. Parteitag der KPdSU im Februar 1956.

Die großen Risiken der Chruščëv'schen Politik sollten erst im Herbst 1956 offenbar werden, als nach Unruhen in Polen ein Volksaufstand in Ungarn ausbrach und die Regierung Imre Nagys am 1. November 1956 den Austritt aus dem Warschauer Pakt sowie die Neutralität Ungarns ankündigte. Diesmal optierte Chruščëv für die Unterdrückung der Revolution und der Neutralitätserklärung, und für die gewaltsame Wiedereingliederung Ungarns in das sowjetische Hegemonialsystem.[353] Die „erste Détente“ von 1955/56 sollte in der Doppelkrise des Spätherbstes 1956 – der sowjetischen Niederschlagung des Ungarn-Aufstandes und dem ägyptisch-israelisch-franko-britischen Sueskrieg – zu einem abrupten Ende gelangen; doch dies sind Vorgänge, die über den Zeitrahmen dieses Buches hinausreichen.

352 Ebd., 80. Das Österreich-Kapitel von Chruščëvs Erinnerungen zeigt eine deutlich österreich-freundliche, wenngleich etwas patronisierende Einstellung. Chruščëv scheint bereits bei seinem ersten Besuch in Österreich im Frühsommer 1946 (inkognito, unter dem Namen General Petrenko) freundliche Eindrücke aus Österreich mitgenommen zu haben; ohne den Namen des Berges zu nennen, dürfte er mit der Seilschwebebahn auf die Rax gefahren sein; er rühmt die Schönheit der Berglandschaft. In Wien hatten es ihm u.a. mechanisierte Wäschereibetriebe angetan, aber auch die Musik von Johann Strauß, von der er mit Begeisterung spricht (ebd. 84f). Chruščëvs Sohn berichtete, dass sein Vater, wenn er an die sowjetisch-österreichischen Verhandlungen zurückdachte „immer warm über sie sprach“. Sergei Khrushchev, *Nikita Khrushchev and the Creation of a Superpower*, University Park 2000, 79.

353 Zu dem sehr komplexen Entscheidungsprozess vgl. Mark Kramer, „New Evidence on Soviet Decision-Making and the 1956 Polish and Hungarian Crises“, in: *Cold War International History Project Bulletin* 8–9, 1996/97, 358–384 (gefolgt von seiner Quellenedition der sog. „Malin-Notizen“ über Beratungen im Präsidium der KPdSU zur Polen- und Ungarn-Krise, ebd. 385–410). Siehe auch ders., „The Early Post-Stalin Succession Struggle and Upheavals in East-Central Europe: Internal-External Linkages in Soviet Policy Making (Parts 1–3)“, in: *Journal of Cold War Studies* 1:1, 1999, 3–55; 1:2, 1999, 3–38; 1:3, 1999, 3–66.

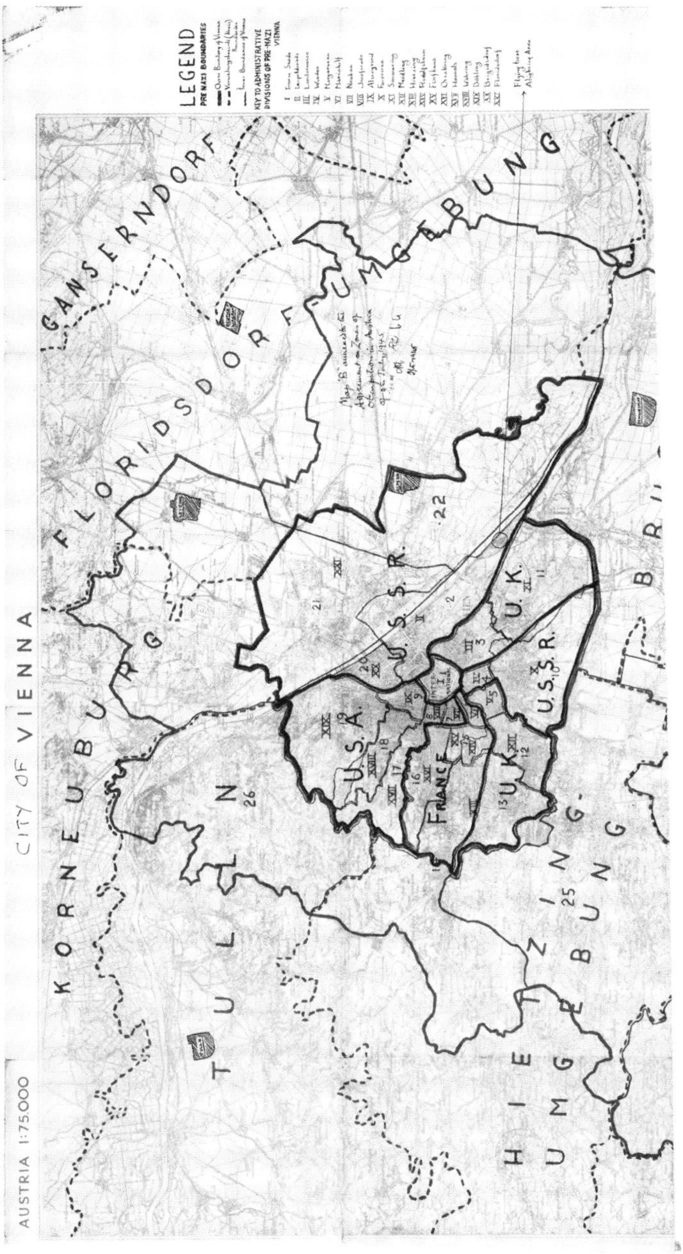

Abb. 1: Landkarte mit der Sektoreneinteilung für Wien. Annex des am 9. Juli 1945 von der Europäischen Beratungskommission vereinbarten Abkommens über die Besatzungszonen in Österreich und die Verwaltung Wiens; die Paraphen von J. G. Winant (US), Fëdor Gusev (UdSSR), Ronald Campbell (UK) und René Massigli (Frankreich) sind sichtbar. Das Abkommen mit Landkarten veröffentlicht als Department of State Publication 2861, Washington, DC, 1947.

Abb. 2: Ankunft der österreichischen Delegation in Moskau am 11. April 1955. Außenminister Molotov begrüßt Schärf (neben diesem Raab). Hinter Molotov Herbert Grubmayr, österreichische Botschaft Moskau (später Botschafter in Moskau).

Abb. 3: Die österreichische Delegation in Moskau. V. l. n. r.: Kreisky, Schärf, Walter Kindermann (Dolmetscher Raabs), Raab, Figl, Frau Rittershausen (Sekretärin der österreichischen Delegation), Gesandter Verosta, Botschafter Bischoff, Ludwig Steiner (damals im Kabinett Raabs), Camillo Schwarz und (teilw. verdeckt) Herbert Grubmayr (zugeteilt der Botschaft Moskau).

Abb. 4: Ministerpräsident Bulganin im Gespräch mit Raab (im Hintergrund Schärf), anlässlich eines Abendessens auf der österreichischen Botschaft, 12. April 1955.

Abb. 5: Abschlussempfang im Kreml am 14. April 1955. V. l. n. r. (soweit identifizierbar): Kreisky, Molotov, hinter diesem Kindermann, Schärf, Chruščëv, hinter diesem Botschafter Il'ičëv, Raab, Bulganin, Mikojan (mit schwarzem Schnurrbart, zwischen Bulganin und Mikojan rückwärts Schöner und Grubmayr);

Malenkov, hinter diesem halb verdeckt Gromyko, Kaganovič, Bischoff, Pervuchin, Figl, Zorin, Marschall Konev.

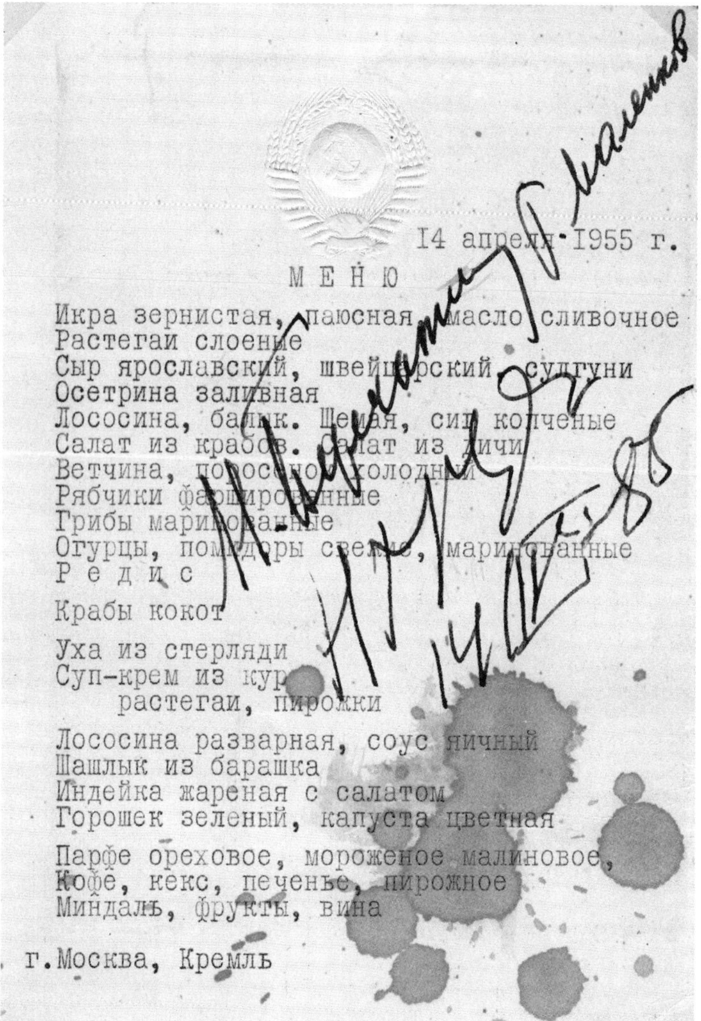

14 апреля 1955 г.

МЕНЮ

Икра зернистая, паюсная, масло сливочное
Растегаи слоеные
Сыр ярославский, швейцарский, сулугуни
Осетрина заливная
Лососина, балык. Шемая, сиг копченые
Салат из крабов. Салат из дичи
Ветчина, поросенок холодный
Рябчики фаршированные
Грибы маринованные
Огурцы, помидоры свежие, маринованные
Редис

Крабы кокот

Уха из стерляди
Суп-крем из кур
растегаи, пирожки

Лососина разварная, соус яичный
Шашлык из барашка
Индейка жареная с салатом
Горошек зеленый, капуста цветная

Парфе ореховое, мороженое малиновое,
Кофе, кекс, печенье, пирожное
Миндаль, фрукты, вина

г.Москва, Кремль

Abb. 6: Menü-Karte des von Ministerpräsident Bulganin am 14. April 1955 für die österreichische Delegation im Kreml gegebenen Festbanketts. Dr. Herbert Grubmayr, Stellvertreter des Botschafters Bischoff an der Botschaft Moskau, erbat die Unterschriften von Nikolaj Bulganin, Georgij Malenkov und Nikita Chruščëv. Die Rotweintropfen stammen aus dem Weinglas Malenkovs.

Abb. 7: Raab unterfertigt das Moskauer Memorandum, 15. April 1955 (stehend v. l. n. r. Schöner, Bischoff, Kreisky, Mikojan, Molotov, Schärf, Figl, Kindermann).

Abb. 8: Schärf unterfertigt das Moskauer Memorandum (stehend v. l. n. r. Raab, Mikojan, Molotov, Figl, Kindermann, Semënov, Il'ičëv), 15. April 1955.

Abb. 9: Figl unterfertigt das Moskauer Memorandum (stehend v. l. n. r. Kreisky, Raab, Mikojan, Molotov, Schärf, Kindermann, Semënov, Il'ičëv), 15. April 1955.

Abb. 10: Molotov unterfertigt das Moskauer Memorandum (stehend v. l. n. r. Kreisky, vorgebeugt Tunkin, Leiter des sowjetischen Völkerrechtsdepartements, Raab, Mikojan, Schärf, Figl, Kindermann, Semënov, Il'ičëv), 15. April 1955.

Abb. 11: Raab mit dem französischen Ministerpräsidenten Mendès-France in Paris, 16. Dezember 1954.

Abb. 12: Anlässlich des Staatsbesuchs des Bundespräsidenten Schärf im Moskau, Chruščëv im Gespräch mit Frau Holda Bischoff, Gattin des Botschafter Bischoff; dieser im Hintergrund. 13. Oktober 1959.

Abb. 13: Die österreichische Delegation auf der Botschafterkonferenz im Mai 1955 in Wien (Haus der Industrie, damals Sitz der Alliierten Kommission für Österreich). V. l. n. r.: Verosta, Kreisky, Figl, Schöner, Kirchschläger (damals stellvertretender Leiter des Völkerrechtsbüros), Coreth, Frau Rittershausen.

Abb. 14: Figl und Kreisky begrüßen John Foster Dulles bei seiner Ankunft in Wien, 13. Mai 1955.

Abb. 15: Harold Macmillan bei seiner Ankunft in Wien, 13. Mai 1955.

Abb. 16: Die Unterzeichnung des Staatsvertrags am 15. Mai 1955. Sitzend v. l. n. r. Thompson, Dulles, Il'ičëv, Molotov, Figl, Macmillan, Wallinger, Pinay, Lalouette.

Abb. 17: Die Spitzen der österreichischen Diplomatie. Botschafterkonferenz in der Diplomatischen Akademie, 21. September 1964. Die meisten der hier Genannten waren auch schon 1955 in höheren und hohen Rängen des Außenamtes aktiv. Soweit identifiziert insbesondere jeweils v. l. n. r. Erste Reihe: Rudolf Kirchschläger, Josef Schöner, Martin Fuchs; zweite Reihe: Emanuel Treu, zwei Personen nicht identifiziert, Max Löwenthal-Chlumecky, Karl Gruber, Wilfried Platzer, Christine Villgratner, Hans Reichmann; dritte Reihe: ganz links nicht identifiziert, Heinrich Calice, Johannes Schwarzenberg, Johannes Coreth, Kurt Waldheim, Arno Halusa; vierte Reihe ganz rechts: Ernst Lemberger.

VII. ÖSTERREICHS ANNUS MIRABILIS, MAI–DEZEMBER 1955

1. Die Reaktionen auf die Moskauer Verhandlungen

Die Rückkehr der österreichischen Delegation aus Moskau, vor allem die Fahrt vom Flughafen Bad Vöslau nach Wien, war von Freude und Begeisterung der Bevölkerung geprägt. Die ersten beiden Ankündigungen – „Österreich wird frei!" und die Rückkehr der letzten Kriegsgefangenen und Zivilinternierten – fanden ein enormes Echo in der österreichischen Bevölkerung. Auch die Rückgabe der USIA-Betriebe und besonders, weil früher nicht eingeplant, der DDSG und der Erdölbetriebe waren sehr rasch in aller Munde. Mit der Neutralität war es schwieriger; wie bereits angemerkt war sie im Kommuniqué vom 15. April nicht erwähnt worden. Oscar Pollak, Chefredakteur der *Arbeiter-Zeitung*, schrieb noch am 16. April 1955, dass das offizielle Kommuniqué „keinen Hinweis auf die Frage der sogenannten Neutralität Österreichs"(!) enthalte.[1] In allgemeinerer Form sagte Bundeskanzler Raab am 17. April in Sankt Pölten, dass sich Österreich „auch in Zukunft als neutraler Staat von allen Händeln der Welt abseits halten werde".[2]

Benedikt Kautsky war es, der in der österreichischen Öffentlichkeit den in Moskau geschaffenen Sachverhalt aufzeigte, und zwar in der Grazer *Neuen Zeit.* Mit einer gewissen Kritik schrieb er in einem „Vorbild Schweiz?" betitelten Leitartikel mit dem Datum des 19. April, dass man „eine genaue Kenntnis der Kernprobleme" vermisse, „um die es in Moskau ging". Man könne begreifen, dass die beiderseitigen Unterhändler „so lange Stillschweigen über ihre Vereinbarungen in diesem Punkt bewahren, bis die alliierten Außenämter davon in Kenntnis gesetzt worden sind". Aber, so fuhr Kautsky fort, die *Pravda* spreche jetzt davon, dass Österreichs Neutralität auf dem Muster der Schweiz begründet sein solle.[3]

---

1 Leitartikel „Österreichs Erfolg", in: *AZ*, 16. April 1955, 1.

2 *Das Kleine Volksblatt*, 19. April 1955, 3.

3 Benedikt Kautsky, „Vorbild Schweiz?", in: *Neue Zeit*, 20. April 1955, 1f.

In seinem Bericht an den Ministerrat erklärte Raab am 19. April: „Das wesentlichste bei den Verhandlungen war die Neutralitätserklärung. Wir versuchten wohl, dieser aus dem Wege zu gehen. Die Russen wollen auch nicht, daß es den Anschein erweckt, daß irgendein Druck ausgeübt wurde. Hiezu wird wohl unsererseits ein Verfassungsgesetz notwendig sein, das beschlossen werden muß. Überdies wird Österreich sich um die Anerkennung bemühen müssen." Hierauf verlas der Bundeskanzler die drei Teile des Memorandums, ebenso die sowjetische Erklärung über die Kriegsgefangenen und Zivilinternierten. Raab ersuchte hierauf „die Bundesregierung um Genehmigung der von uns geführten Verhandlungen, besser gesagt, ich bitte um Entlastung der nach Rußland entsandten Delegation." Danach sprach Innenminister Helmer „im Namen aller" den „herzlichsten Dank" für alle Bemühungen während der Moskauer Reise aus. Eine Debatte fand nicht statt. Nüchtern bemerkte Raab: „Darf ich das also protokollieren. Im Hauptausschuß werde ich die weiteren ausführlichen Erklärungen in die Rede einbauen."[4]

Damit nahm die Bundesregierung jene „Verwendungszusage" an, die vier ihrer Mitglieder am 15. April in Moskau abgegeben hatten – nämlich, um die entscheidenden Worte des Moskauer Memorandums in Erinnerung zu rufen, dass Raab, Schärf, Figl und Kreisky „im Zusammenhang mit dem Abschluß des österreichischen Staatsvertrages für die Herbeiführung folgender Beschlüsse und Maßnahmen der österreichischen Bundesregierung Sorge tragen werden". Nunmehr, mit Herbeiführung des Ministerratsbeschlusses, hatten sie „Sorge getragen"; sie waren „entlastet".

Der Ministerratsbeschluss lautet in seinem zentralen Satz wie folgt: „Der Ministerrat hat in der Sitzung am 19. April 1955 den Bericht des Bundeskanzlers über den Verlauf und den Inhalt der Besprechungen in Moskau zur Kenntnis genommen und das vom Bundeskanzler dem Ministerrat vorgelegte Memorandum und die Erklärung der UdSSR bezüglich der Freilassung der österreichischen Kriegsgefangenen genehmigt."[5]

Noch am 15. April war der Parteivorstand der SPÖ zusammengetreten. Schärf berichtete über die Moskauer Verhandlungen: „Die österreichischen Forderungen waren, wie allgemein bekannt, Erdöl, DDSG, USIA-Betriebe und die Freilassung der österreichischen Kriegsgefangenen bzw. Zivilinternierten. Die russischen Forderungen waren Beseitigung jeder Anschlußgefahr an Deutschland und völlige Neutrali-

4 AdR, MRProt Nr. 88, 19. April 1955. Hier zit. nach der endgültigen Niederschrift; gegenüber dem Stenogramm sind wie üblich einige Glättungen vorhanden. Der entscheidende Satz lautet im Stenogramm: „Das wesentliche ist die Neutralitätserklärung. Wir versuchten, dem aus dem Weg zu gehen."

5 Pkt. 5 des Beschlussprotokolls der 88. Sitzung v. 19. April 1955, sowie BKA, Zl. 2920-PrM/55 v. 19. April 1955 (in AdR, Bestand Bundeskanzleramt).

tät Österreichs. Die Regierungsdelegation mußte sich verpflichten, in der Regierung und im Parlament die Neutralität Österreichs durchzusetzen." Schärf zufolge sei Raab nicht bereit gewesen, „sich besonders in der Frage Erdöl und DDSG anzustrengen". Bedingt durch die nun auftretenden neuen Herausforderungen sei jedoch „das Zusammenbleiben der beiden großen Parteien in der jetzigen Koalition" notwendig.[6]

Am 20. April berichtete Raab der Bundesparteileitung der Volkspartei. „Die Neutralitätserklärung", so der Bundeskanzler, war „die conditio sine qua non des gesamten Vertragswerkes". Er bemerkte weiter: „Die Neutralisierung Österreichs wird nicht im Staatsvertrag ausgesprochen und nicht[,] solange nicht die Besatzungstruppen aus Österreich abgezogen sind. Auch die anderen Alliierten werden nicht unsere Neutralisierung aussprechen, sondern wir werden, sobald wir tatsächlich frei sind und souverän[,] aus eigenem Antrieb die Neutralitätserklärung abgeben, und sie den anderen Mächten zur Kenntnis bringen." Raabs Mitteilungen über Moskau enthielten einige polemische Auslassungen zur SPÖ-Linie, die wirtschaftlichen Zugeständnisse der Sowjets den Bemühungen von SPÖ-Seite gutzuschreiben.

Einige Mitglieder der ÖVP-Bundesparteileitung zogen aus der Verpflichtung zur Neutralität Schlussfolgerungen für ein neues Selbstverständnis Österreichs. Der Vorarlberger Abgeordnete Franz Grubhofer meinte, der Staatsvertrag müsse „eine Umstellung in der Sinnesart unseres ganzen Volkes mit sich bringen. Unser Volk wird jetzt erst reif für eine österreichische Nationalpolitik." Grubhofer regte an, man möge mit der CDU in Verhandlung treten, „daß man in Deutschland dieser österreichischen Umstellung Verständnis entgegenbringt", wie das Protokoll vermerkt. Unterrichtsminister Heinrich Drimmel fand, die neue Situation Österreichs werde auch auf die Erziehung wesentlichen Einfluss ausüben. Die österreichische Jugend sei zunächst „im Gedanken der großen Monarchie" aufgewachsen. Als diese zusammengebrochen sei, „wendete sie sich dem großdeutschen Gedanken zu, weil sie sich einfach mit dem Kleinstaat nicht abfinden wollte". Nach dem Zusammenbruch des großdeutschen Reiches habe sie „im Europagedanken einen Ersatz" gesucht. „Durch die Neutralisierung muß sie systematisch auf eine neue Aufgabe, auf das Leben in einem neutralen Kleinstaat hingelenkt werden." Drimmel warnte jedoch vor einer „Art Pragmatisierung" der Idee einer österreichischen Nation. Er behauptete, es sei „unmöglich[,] Österreich gleichsam über Nacht aus dem deutschen Gesamtraum herauszuholen. Das würde für die österreichischen Hochschulen und daher für die österreichische Kultur verderblich sein."

6 Protokoll über die Sitzung des Parteivorstandes vom 15. April 1955, Bundesgeschäftsführung der SPÖ, Wien.

Felix Hurdes, erster Unterrichtsminister der Regierung Figl, setzte, wohl vor allem gegen Drimmel, andere Akzente. „Ein wirklich österreichisches Staatsbewußtsein" habe sich erst nach 1945 entwickelt. Hurdes verwies auf die spontanen Kundgebungen bei der Rückkehr des Bundeskanzlers aus Moskau und fügte hinzu: „Auch der Umstand, daß zum ersten Mal aus eigenem Antrieb die Bevölkerung die Volkshymne, die angeblich unbekannte Volkshymne anstimmte, beweist, daß Österreichs Volk nun wirklich ein Nationalbewußtsein gefunden hat."[7]

In Gesprächen mit westlichen Diplomaten gaben die Rückkehrer aus Moskau schon bald viele Details preis. Bereits am Tag nach der Rückkehr hatte Außenminister Figl die drei Westbotschafter auf den Ballhausplatz gebeten. Figl zögerte zunächst, den drei Botschaftern den Text des Moskauer Memorandums zu überreichen, las ihnen den Text aber vor. Er unterspielte die Tragweite der Moskauer Ergebnisse – im Hinblick auf die vor der Abreise den Westmächten gemachten Zusicherungen, es werde zu gar keinen Abmachungen kommen. Figl nutzte hierbei die von den Österreichern in Moskau verwendete Formel, dass die Regierungsdelegation lediglich für die Herbeiführung von Regierungsbeschlüssen Sorge tragen werde. Entsprechend „dem Versprechen, das er uns gegeben habe", so berichtete der französische Stellvertretende Hochkommissar nach Paris, sei in Moskau „kein Protokoll, kein Arrangement, keine Vereinbarung getroffen worden. Nur ein die Ergebnisse der Gespräche resümierendes Memorandum" sei festgelegt worden.[8] Kreisky hob hervor, wie stark Bulganin die nunmehr erfolgte Trennung der Österreich-Lösung von der deutschen Frage betont habe. Kreisky lieferte übrigens den drei Botschaftern eine Interpretation der sowjetischen Politik, die auch Jahrzehnte später als überzeugendste Erklärung der Haltung Moskaus im Jahre 1955 bezeichnet werden kann: Kreisky, so berichtete Thompson, sei sich sicher, dass die Sowjets die österreichische Lösung in ihrer Propaganda in Deutschland verwenden würden, aber er glaube, dass die Sowjets zur Kenntnis nahmen, dass das deutsche Problem zur Zeit nicht gelöst werden könne.[9]

Raab selbst äußerte sich nur wenige Tage nach der Rückkehr aus Moskau in Anwesenheit des bundesdeutschen Vertreters in Wien, Carl Hermann Mueller-Graaf,

---

7 AKVI, Bestand Bundesparteileitungsprotokolle, „Kurzgefaßte Verhandlungsschrift" über die Sitzung der Bundesparteileitung vom 20. April 1955. Gemeint war die offizielle Bundeshymne („Mozart-Hymne").

8 Lalouette an Außenminister Pinay, 16. April 1955, in: *DDF 1955*, Bd. 1, Nr. 198. Ähnlich Wallinger an Foreign Office, 16. April 1955: Figl „was at pains to emphasize that the document was merely an agreed record of discussions and that it did not (repeat not) commit the Austrian Government." TNAUK, FO 371/117789/RR1071/139. Etwas kürzer Thompsons Telegramm nach Washington vom gleichen Datum, in: *FRUS 1955–1957*, Bd. 5, 41–43.

9 Thompson an State Department, 16. April 1955, *FRUS 1955–1957*, Bd. 5, 43.

über die neue außenpolitische Situation. Wie Mueller-Graaf nach Bonn berichtete, wiederholte Raab, dass seit 1945 nunmehr die erste Rückwärtsbewegung der Sowjets sichtbar werde und dies „wesentlich ein erster Erfolg der Pariser Verträge sei".[10] Der Versuch der Sowjets, „mit dem Österreichbeispiel die deutsche Bundesrepublik aus der NATO-Front herauszulocken", sei, wie Raab hoffe, „ungefährlich und eine für den Westen günstige sowjetische Fehlspekulation", weil „die Bonner Regierung sich sicherlich nicht verlocken lassen werde". Hier vertrat Raab also eine andere Hypothese über die sowjetische Politik als Kreisky in der gerade zitierten Äußerung – jene Kreiskys dürfte allerdings die realistischere gewesen sein. Wichtig war jedoch Raabs grundlegende Differenzierung zwischen der Situation Deutschlands und jener Österreichs: „Die Lage Österreichs sei von der Lage der Bundesrepublik grundverschieden. Die Probleme Deutschlands – Teilung und ungelöste Grenzfragen – seien gänzlich andere als die des ungeteilten, klar begrenzten, aber dauernd von der Zerreissung bedrohten Österreichs."[11] Im Gespräch mit Botschafter Thompson bemerkte Raab, er habe Mueller-Graaf mitgeteilt, Deutschland müsse weiter aufrüsten, da dies die einzige Sprache sei, welche die Sowjets verstünden.[12]

Am 25. April gab Bundeskanzler Raab dem Hauptausschuss des Nationalrates in einer vertraulichen Sitzung einen Bericht über die Moskauer Verhandlungen.[13] Obwohl das Memorandum einstimmig angenommen wurde, kam doch eine Reihe an Themen in der Diskussion zum Vorschein. Der Sozialdemokrat Ernst Koref betonte Österreichs grundsätzliches Bekenntnis zum Westen und stellte Fragen nach den Beitrittsmöglichkeiten Österreichs zu internationalen Organisationen. UN, OEEC und die Europäische Zahlungsunion schienen außer Zweifel, Koref erkundigte sich aber bezüglich des Europarates und der Montanunion. Sein Kollege Bruno Pittermann meinte, die Schweiz sei nur Beispiel, nicht Modell. Der VdU-Abgeordnete

10 Zu bedenken wäre allerdings der Rückzug aus der Tschechoslowakei, Bornholm (Dänemark) und dem nördlichen Iran 1946.

11 Mueller-Graaf an Auswärtiges Amt Bonn, 22. April 1955, PAAA, Abt. 3, Bd. 32 (neu Bd. 1400), Zl. 210-01/94.19. Bericht über ein Gespräch mit Raab auf der niederländischen Botschaft in Wien am 21. April 1955 anlässlich des Staatsbesuches des luxemburgischen Ministerpräsidenten Josef Bech. Vgl. auch Bischof, „Österreichische Neutralität", 160f.

12 Thompson an State Department, 22. April 1955, *FRUS 1955–1957*, Bd. 5, 54. Aus Bonn telegraphierte Botschafter James Conant wenig später nach Washington, ein dem Staatssekretär Walter Hallstein zugeteilter deutscher Diplomat (Rolf Pauls) habe den Amerikanern folgendes mitgeteilt: „Austrians have confidentially told Germans that one major premise for their willingness agree to neutralization of Austria is that FedRep [Federal Republic] is firmly integrated with West; moreover that if Germany were to be neutralized Austria's situation would be hopeless." Conant an State Department, 28. April 1955, NA, RG 59, 663.001/4-2855.

13 Zum folgenden vgl. Protokoll der Hauptausschusssitzung des Nationalrates vom 25. April 1955, Parlamentsarchiv Wien.

Max Stendebach betonte, Österreich sei nicht die Schweiz; es gebe eine andere geopolitische Lage. Der Weg nach Europa dürfe nicht versperrt werden.

Raabs Schlusswort machte neuerlich den zentralen Punkt des in Moskau erzielten Durchbruches klar: „Die Neutralität war die Bedingung. Bulganin hat in einer späten Stunde dies auch sehr deutlich gemacht." Wie im Ministerrat betonte Raab auch im Hauptausschuss, dass ein Verfassungszusatz betreffend die Neutralität ratifiziert werden müsse. Bezüglich mancher internationaler Organisationen brach Raabs Skepsis durch. „Die Uno[.] Was bringt uns das? Auch der Europarat? Die Beziehung zur Montanunion wird nicht berührt."

Zwei Tage später fand eine gemeinsame Gedenksitzung der beiden Parlamentskammern aus Anlass des zehnten Jahrestages der Gründung der Zweiten Republik statt. In diesem Rahmen berichtete Raab über die Moskauer Verhandlungen; er teilte das Ausmaß der sowjetischen Wirtschaftskonzessionen mit. Zur Frage der von Österreich abzugebenden Erklärung sagte Raab, die Regierungsdelegation habe in Moskau den Standpunkt vertreten, „daß diese Erklärung nach der Unterzeichnung des Staatsvertrages erfolgen müsse". Der Bundeskanzler fuhr fort: „Eine derartige Festlegung der Politik eines Staates, die Erklärung, die Unabhängigkeit nach allen Seiten zu bewahren und sich keinen Militärbündnissen anzuschließen, habe nur dann besonderen Wert, wenn sie von einem vollsouveränen Staat freiwillig gesetzt wird. Eine derartige Erklärung zu erzwingen, würde nur ihren Wert herabmindern." Für diese Auffassung habe man in Moskau volles Verständnis gefunden. Dann wandte sich der Bundeskanzler an das Parlament:

> Wenn sich die österreichische Volksvertretung entschließen kann, eine derartige Neutralitätserklärung abzugeben, dann glaube ich, wird es zweckmäßig sein, wenn wir an die vier Großmächte mit der Anregung herantreten, ihrerseits eine Erklärung dahingehend abzugeben, daß sie gewillt sind, diese Neutralität Österreichs anzuerkennen und zu respektieren und die Unversehrtheit und Unverletzlichkeit des österreichischen Staatsgebietes zu garantieren.[14]

Analysiert man die Haltung der Bundesregierung zur Frage der Errichtung der Neutralität Österreichs in den entscheidenden Wochen des Frühjahres 1955, so treten drei Erwägungen hervor. Erstens sollte deutlich werden, dass die österreichische „Erklärung" keine vertraglich auferlegte Verpflichtung darstellte, sondern eine Wil-

14 *Zehnte Wiederkehr des Tages der Proklamation der Unabhängigkeit Österreichs* (= Anhang zu den Sten. Prot. des Bundesrates 1953–1956), hrsg. v. Österreichische Staatsdruckerei, Wien 1955, 8–10, insbes. 9, auch in *DÖA*, Nr. 165.

lensentscheidung Österreichs war; daher sollte die Neutralität weder im Staatsvertrag noch etwa in einem bilateralen österreichisch-sowjetischen Vertrag verankert werden.

Zweitens sollte der Staatsvertrag unter Dach und Fach gebracht werden, bevor Österreich seine Neutralität erklärte und nicht etwa umgekehrt. Für diese Reihenfolge sprachen zwei Überlegungen: zunächst die praktisch-politische, dass die Beendigung der Besetzung und die Herstellung der vollen Souveränität Österreichs das primäre Ziel der österreichischen Politik seit einem Jahrzehnt darstellte; aber auch die grundsätzliche vom Bundeskanzler in seiner Rede vom 27. April angesprochene Erwägung ist hier in Rechnung zu stellen, dass eine Erklärung von so weitreichender Bedeutung nur dann besonderen Wert habe, wenn sie freiwillig von einem vollsouveränen Staat abgegeben werde.

Drittens wollten die Regierungsparteien, dass die Neutralität Österreichs vom Parlament beschlossen werde; die Volksvertretung, nicht bloß die Regierung, sollte das entscheidende Wort sprechen. Dies wurde schon in Vorbesprechungen vor der Reise nach Moskau deutlich und fand Eingang in Punkt I.2 des Moskauer Memorandums: Die Bundesregierung werde die österreichische Deklaration „dem österreichischen Parlament unmittelbar nach Ratifikation des Staatsvertrages zur Beschlußfassung vorlegen".[15] Es wird sich zeigen, dass dem Parlament in der Tat eine zentrale Rolle bei der Errichtung der österreichischen Neutralität zugedacht war und dass die Koalitionsparteien damit eine Linie fortsetzten, die schon 1952 und 1953 eingeschlagen worden war.

2. Die Botschafterkonferenz in Wien und zwei weitere Memoranden, 2.–13. Mai 1955

Noch vor der Abreise der Delegation nach Moskau hatten die drei Westmächte die österreichische Regierung wissen lassen, dass die von der Sowjetunion unterbreiteten Vorschläge von den Botschaftern der vier Mächte in Wien unter Teilnahme der Bundesregierung erörtert werden sollten. Hingegen schlug die Sowjetregierung nur vier Tage nach dem Abschluss der österreichisch-sowjetischen Gespräche in Moskau den Westmächten eine Außenministerkonferenz in Wien vor. Die Westmächte stimmten grundsätzlich zu, stellten allerdings die Bedingung einer vorbereitenden Botschafterkonferenz. Diese trat in Wien im Hauptquartier des Alliierten Rates auf dem Schwarzenbergplatz (jetzt Haus der Industrie) zwischen dem 2. und dem

15 Vgl. ausführlicher unten.

13. Mai 1955 unter Zuziehung einer österreichischen Delegation unter Führung Figls und Kreiskys zusammen.

Die zehn Sitzungen der Botschafterkonferenz sollen hier nicht in ihrem Ablauf beschrieben, sondern die Hauptinteressen der Teilnehmer und die wichtigsten Themen und Ergebnisse der Konferenz skizziert werden.[16]

Die Sowjetunion peilte zwei Ziele an. Erstens: Der Staatsvertrag sollte rasch abgeschlossen werden; dieses Ziel war in Moskau in überraschender Klarheit zutage getreten. Zweitens: die Sowjetunion strebte hoch- und höchstrangige Beratungen mit den Westmächten an. Seit Molotovs Rede vom 8. Februar war der Wunsch nach einer Konferenz der Außenminister deutlich geworden, wenn sich inzwischen auch die gewünschten Themen verschoben hatten. Die Deutschland-Frage trat bekanntlich, da nach der Ratifikation der Pariser Verträge nicht mehr verhandelbar, in den Hintergrund – nicht jedoch der Wunsch der sowjetischen Führung nach hochrangigen Kontakten mit dem Westen. Seit der zweiten März-Hälfte begann sich abzuzeichnen, dass die Westmächte an einer Gipfelkonferenz interessiert sein würden (dies ergab sich aus der Verwendungszusage des französischen Ministerpräsidenten Faure gegenüber dem Sowjetbotschafter Vinogradov). Noch während der Wiener Botschafterkonferenz, am 10. Mai, sollten die Westmächte an die Sowjetunion die Einladung zu einer Gipfelkonferenz richten.[17]

Ausdrücklich nahmen die sowjetischen Instruktionen für die Botschafterkonferenz[18] die Erörterung wesentlicher politischer Fragen von der Kompetenz der Konferenz aus; Fragen wie die Neutralität Österreichs, die Garantien der vier Mächte hinsichtlich der territorialen Integrität Österreichs, Österreichs Aufnahme in die

16 Wie in Moskau gehörten der Leiter der politischen Abteilung im Außenamt, Josef Schöner, und der Leiter des Völkerrechtsbüros im Außenamt, Stephan Verosta, der Delegation an. Zur österreichischen Delegation gehörte auch der damalige Stellvertretende Leiter des Völkerrechtsbüros, Rudolf Kirchschläger; vgl. ders., „Erinnerungen an die Wiener Botschafterkonferenz 1955", in: *Zeitgeschichte* 2, 1974/75, 177–179. Die einzelnen Sitzungen dokumentiert in *ÖuG*, Nr. 131–136, *FRUS 1955–1957*, Bd. 5, 66–109, sowie in *DDF 1955*, Bd. 1 (ab Dok. Nr. 241 zahlreiche Berichte bis einschließlich Abschlussbericht Nr. 277). Zu den Ergebnissen der Botschafterkonferenz siehe auch die erläuternden Bemerkungen der Bundesregierung zum Staatsvertrag, Nr. 517 der Beilagen zu den Sten. Prot. NR, 7. GP. Vgl. ferner *The Austrian State Treaty. An Account of the Postwar Negotiations together with the Text and Related Documents* (= Department of State Publication 6437), Washington 1957, 29–33. Die Botschafterkonferenz ist in den im AdR, Bestand BMAA, II-Pol, vorhandenen Akten gut dokumentiert. Vgl. insbesondere den Sammelakt Zl. 322.268-Pol/55.

17 Detlev Felken, *Dulles und Deutschland. Die amerikanische Deutschlandpolitik 1953–1959,* Bonn – Berlin 1993, 286.

18 AVPRF, Fonds 06, op. 14, p. 10, d. 118, ll. 21–24. Entwurf mit zahlreichen handschr. Korrekturen; wir folgen hier der sich aus den Korrekturen ergebenden Fassung. Der Erlass und die finale Fassung in KPdSU, Präsidium, Prot. 177, P. xxxvii, „Proekt ukazanij Sovetskomu predstavitelju na soveščanii poslov četyrěch deržav v Vene", 28. April 1955, in: RGANI, f. 3, op. 10, d. 139, ll. 12, 32–34.

UNO könnten angesichts ihrer besonderen Bedeutung nur durch die Außenminister geprüft werden. Der Vertragstext sollte als vereinbart erachtet werden. Änderungen wären nur auf Grundlage des Moskauer Memorandums zu akzeptieren, insbesondere die Abzugsfrist betreffend, aber auch die Löschung der Artikel 6, 11, 15, 16-bis, 36 und 48-bis; außerdem wäre die Streichung der Artikel 13 und 14 möglich.

Bezüglich der Präambel des Vertragsentwurfes und der zahlenmäßigen Begrenzung der österreichischen Armee, wie sie in Art. 17 vorgesehen war, war der sowjetische Vertreter nicht berechtigt, diese Fragen zu erörtern. Die Erstfassung der Instruktionen hatte ausdrücklich die Formulierung der Präambel erwähnt und darauf hingewiesen, dass sie vollständig unter den vier Mächten und Österreich abgestimmt worden sei und dem Inhalt der Moskauer Erklärung vom 1. November 1943 entspreche, wonach Österreich „für die Teilnahme am Kriege an der Seite Hitler-Deutschlands eine Verantwortung trägt, der es nicht entrinnen kann".

Vorschläge für eine Änderung des Art. 35 (deutsche Vermögenswerte in Österreich) wären mit der Begründung abzulehnen, dass dieser Artikel bereits erörtert und im November 1949 angenommen worden sei. Damit war das zentrale Konfliktthema angesprochen, das als einziges die Konferenz fast zum Scheitern gebracht und damit den raschen Staatsvertragsabschluss verzögert hätte. Die Moskauer Vereinbarungen vom April bedeuteten ja massive inhaltliche Veränderungen des Art. 35. Trotzdem argumentierten die Instruktionen recht dreist, dass die Moskauer Vereinbarungen den Inhalt des Art. nicht berührten, womit Konflikte vorprogrammiert waren.

Trotz dieser Probleme war das sowjetische Interesse an einem raschen Vertragsabschluss groß (die Instruktionen sahen vor, dass dieser zwischen 20. Mai und 1. Juni stattfinden solle). Dieses Interesse teilte die Sowjetunion mit Österreich. Dies führte dazu, dass fallweise – wenn die Westmächte sich querlegten – die Österreicher „a silent ally of the Soviet Union" wurden, wie es ein britisches, im Verlauf der Botschafterkonferenz verfasstes Memorandum ausdrückte.[19] Aber auch die Westmächte waren nicht daran interessiert, den Vertrag hinauszuzögern, denn den Vorwurf, für die Fortdauer der Besetzung verantwortlich zu sein, wollten sie nicht auf sich nehmen. Alle Delegationen hatten es eilig, schrieb Geoffrey Wallinger, der britische Hochkommissar. Wallinger hat den originellsten Kommentar zur Botschafterkonferenz geliefert:

> In einer Hinsicht war die ganze Verhandlung unwirklich. Jede Delegation – einschließlich der russischen, wie ich überzeugt bin – wusste, dass ihre Regierung

---

19 Britisches Memorandum über die Botschafterkonferenz, mit einem Begleitbrief des Botschafters Wallinger vom 20. Mai 1955 an Außenminister Macmillan. TNAUK, FO 371/117801/RR1071/428.

> aus unterschiedlichen Gründen beschlossen hatte, den Vertrag am oder um den 15. Mai zu unterzeichnen, in welchem Zustand auch immer der Entwurf sich dann befinden würde. Die Verhandlung war eigentlich keine Verhandlung im gewöhnlichen Sinne, sondern eine Art Poker-Spiel, in dem gute Nerven und Ausdauer eine außergewöhnlich wichtige Rolle spielten.[20]

Am Schluss, meint Wallinger, hatten die Sowjets mehr aufgegeben als die anderen; aber es wäre zu viel, dies einer sowjetischen Disposition der Versöhnlichkeit zuzuschreiben. Der wahrscheinlichere Grund sei, „dass die Russen es nicht nur eilig hatten, sondern eiliger als die westlichen Delegationen. Die letzteren konnten sich dessen allerdings zur Zeit [der Konferenz] nicht so sicher sein".[21]

Eine ganze Reihe von Österreich belastenden Artikeln des bisherigen Vertragsentwurfes wurde gestrichen; einige dieser Streichungen waren bereits bei den österreichisch-sowjetischen Besprechungen in Moskau in Aussicht genommen worden. Insbesondere bemühte sich die österreichische Delegation um Streichung der Art. 16 und 17 des Vertragsentwurfes. Art. 16 betraf die Verpflichtung Österreichs zur Mitwirkung an der Repatriierung versetzter Personen und Flüchtlinge; Art. 17 bezog sich auf die zahlenmäßige Beschränkung der österreichischen Streitkräfte auf ein Heer von 53.000 und eine Luftwaffe von 5000 Mann.[22] Während in einem sowjetischen Pressekommentar unmittelbar vor Eröffnung der Botschafterkonferenz die Frage gestellt wurde, warum ein friedliebendes Österreich eine Vergrößerung der Anzahl seiner Divisionen wünschen sollte, waren die Westmächte gegen die zahlenmäßige Begrenzung der österreichischen Streitkräfte. Überdies strebte Österreich die Einführung der allgemeinen Wehrpflicht an.

Hier ist nun anzumerken, dass sich bald eine inoffizielle Gesprächspartnerschaft zwischen dem französischen stellvertretenden Hochkommissar Lalouette und dem aus Moskau angereisten Michail Gribanov, stellvertretendem Leiter der Dritten Europäischen Abteilung, entwickelte.

Am dritten Verhandlungstage, dem 4. Mai, fragte Gribanov in einer Sitzungspause Lalouette, ob die Franzosen bereit wären, Kompromisslösungen für die strittigen Artikel zu suchen und ihm zu sagen, welche Artikel besonders wichtig wären. Lalouette gab die Artikel 16, 17, 25 (überschüssiges Kriegsmaterial) und natürlich

20 Wallinger an Macmillan, 20. Mai 1955, Begleitbrief zum in der vorherigen Anm. genannten Memorandum.

21 Memor., Pkt. 5.

22 *FRUS 1955–1957*, Bd. 5, 66–69; die Westmächte, besonders die Amerikaner, unterstützten Österreich entschieden bezüglich des Artikels 16; bei Art. 17 zeigten sich Franzosen und Amerikaner großzügiger als die Briten.

35 (Deutsches Eigentum) an. Gribanov entgegnete, es wäre ohne Zweifel möglich, Konsensformeln zu finden; noch gegen Ende der gleichen Sitzung überraschte dann der bis dahin sehr zugeknöpfte Hochkommissar Il'ičëv die anderen Delegationen, indem er der Streichung der Art. 16, 17 und 25 zustimmte; doch der schwierigste Artikel, Art. 35 über das Deutsche Eigentum, blieb ausgeklammert.[23]

Ein Themenbereich, der den sowjetischen Vorstellungen zufolge gar nicht von den Botschaftern diskutiert werden sollte, wurde trotzdem in einer Geheimsitzung mit verkleinerten Delegationen („restricted session") am 5. Mai von den Amerikanern angeschnitten: die Neutralitätsfrage und die Frage der Garantie des österreichischen Territoriums durch die vier Mächte. Botschafter Thompson erklärte zunächst, dass die Neutralitätsfrage seiner Regierung keine Schwierigkeiten bereite. Anders stehe es mit der Garantiefrage. Hier gebe es für die USA sehr ernste verfassungsrechtliche Probleme. Falls auf der kommenden Ministerkonferenz Molotov eine Vier-Mächte-Garantie als Vorbedingung für den Abschluss des Staatsvertrages verlangen sollte, würde Außenminister Dulles nicht in der Lage sein, den Vertrag zu unterzeichnen. Il'ičëv, der zunächst entsprechend den Instruktionen an der These festhielt, dies seien keine Fragen für die Botschafter, sondern für die Außenminister, zeigte sich durch Thompsons Anmerkung verunsichert. Er erkundigte sich, worin denn die verfassungsmäßigen Schwierigkeiten bestünden. Thompson gab zur Antwort, dass nur der Kongress der Vereinigten Staaten die Kompetenz zur Kriegserklärung habe, und dass deshalb die Garantiefrage (die ja ein kriegerisches Eingreifen erforderlich machen könnte) sehr wichtig sei. Il'ičëv zog nun Gribanov zu Rate, der beschwichtigend antwortete, dass seines Wissens die Gewährung einer Garantie keine Bedingung für den Abschluss des Staatsvertrages wäre.[24]

Zwei weitere Fragenkomplexe, deren schließliche Regelung nach spannungsreichen Verhandlungen den Erfolg der Botschafterkonferenz entschied, betrafen den Abzug der vier Mächte aus Österreich und das Deutsche Eigentum.

Die Westmächte erhoben zunächst Einwendungen gegen den im Moskauer Memorandum, übrigens auf Drängen der Österreicher, genannten spätesten Räumungstermin des 31. Dezember 1955. Sie hielten es für schwierig, einen festen Räumungstermin zu nennen, wenn kein fester Termin für die Ratifizierung des Vertrages festgesetzt werden könne. Sowohl der Abzug der ausländischen Truppen als auch der Aufbau der österreichischen Armee würden Zeit erfordern. Die West-

---

23 *DDF 1955*, Bd. 1, Nr. 248 (Lalouette an Pinay, 5. Mai 1955); *FRUS 1955–1957*, Bd. 5, 76f, 79; AdR, BMAA, II-Pol, Zl. 321.882-Pol/55 (auch in *ÖuG*, Nr. 132).

24 *DDF 1955*, Bd. 1, Nr. 254 (Lalouette an Pinay, 6. Mai 1955); der amerikanische Bericht: *FRUS 1955–1957*, Bd. 5, 83f. Zuvor hatten die westlichen Botschafter Figl bezüglich des von den Österreichern geplanten Verfahrens zur Neutralitätserklärung befragt (ebd., 83).

mächte, und zwar vor allem die USA, fürchteten die Entstehung eines militärischen Vakuums in Österreich.[25] Ein französischer Kompromissvorschlag kam schließlich den österreichischen Wünschen weitgehend entgegen: Die fremden Truppen würden innerhalb von 90 Tagen, vom Inkrafttreten des Vertrages gerechnet, „soweit irgend möglich, spätestens bis zum 31. Dezember 1955" aus Österreich zurückgezogen werden. Der französische Vorschlag wurde allerdings aus verhandlungstaktischen Gründen erst knapp vor Konferenzende am 11. Mai angenommen. [26]

Noch kritischer gestalteten sich die Verhandlungen um die Frage des Deutschen Eigentums. Die seit 1945 wie ein roter Faden die Haltung der Sowjetunion kennzeichnende Taktik der bilateralen Regelung machte sich neuerlich bemerkbar: der Komplex des Deutschen Eigentums sollte in einer Abmachung zwischen der Sowjetunion und Österreich geregelt werden. Obgleich das Moskauer Memorandum den Inhalt des Art. 35 entscheidend modifizierte, war Botschafter Il'ičëv zunächst – entsprechend den uns bereits bekannten Instruktionen – nicht bereit, diese Konzessionen im Staatsvertrag zu verankern. Österreich wollte diese aber im Staatsvertrag absichern.[27] Sonst würde der unveränderte, im Jahr 1949 nur in der Hoffnung auf einen unmittelbar bevorstehenden Abschluss des Staatsvertrages unter schwersten Opfern Österreichs zustande gekommene Art. 35 wie ein Damoklesschwert über der Zukunft Österreichs hängen. Die Amerikaner malten sowjetische Interventionsmöglichkeiten bei unveränderter Beibehaltung des Art. 35, einschließlich einer möglichen Wiederbesetzung der Ölfelder im Falle einer behaupteten Verletzung der österreichisch-sowjetischen Abmachungen seitens Österreichs, in grellen Farben an die Wand.[28]

Das Dilemma der Österreicher, weder die Westmächte, vor allem die am härtesten verhandelnden Amerikaner, noch die Sowjets zu vergrämen, jedenfalls nichts zu riskieren, was die sowjetische Zustimmung zu Staatsvertrag und Truppenabzug gefährden könnte, wurde offensichtlich in Richtung stärkerer Rücksichtnahme auf die Sowjetunion gelöst. Thompson berichtete am 10. Mai nach Washington, nach einer leidenschaftlichen Auseinandersetzung („violent debate") innerhalb der österreichischen Delegation wären die Österreicher bereit, die Verknüpfung von Staats-

25 Von Interesse ist Allard, *Diplomat in Wien,* 211f.

26 Sitzung am 11. Mai 1955. Vgl. AdR, BMAA, II-Pol, Zl. 322.058-Pol/55, Zl. 322.167-Pol/55 (Beschlussprotokoll); der französische Vorschlag (vorgelegt am 6. Mai) im Sammelakt Zl. 322.268-Pol/55. Vgl. auch *DDF 1955,* Bd. 1, Nr. 270 sowie *FRUS 1955–1957,* Bd. 5, 101.

27 Vgl. Berichte über die 2. Sitzung am 3. Mai; *FRUS 1955–1957,* Bd. 5, 69f, *DDF 1955,* Bd. 1, Nr. 244.

28 Thompson sah in den Möglichkeiten sowjetischer Interventionen im Fall der unveränderten Beibehaltung des Art. 35 auch die Gefahr einer Verletzung der österreichischen Neutralität. *FRUS 1955–1957,* Bd. 5, 69f, 73f (Berichte vom 3. u. 4. Mai über die 2. u. 3. Sitzung der Botschafterkonferenz).

vertrag und Moskauer Memorandum fallen zu lassen; er und Wallinger hofften, die Österreicher zu überreden, noch einen Tag lang fest zu bleiben.[29] Die im Laufe der Konferenz zunehmende Tendenz der Österreicher, den sowjetischen Standpunkt zu akzeptieren, ist im Schlussbericht Wallingers in sehr unfreundlicher Weise kommentiert worden. Wallinger sah die „verzwickte Lage" („quandary") der Österreicher, er hatte Verständnis für ihre „Schwäche", meinte jedoch, dass die Tendenz Figls – der unter dem Druck Il'ičëvs „zu Brei reduziert" wurde und sich wie ein „paralysiertes Kaninchen" benahm –, den russischen Standpunkt anzunehmen, die Aufgabe der westlichen Delegierten nicht leichter machte.[30]

Die Amerikaner kämpften hartnäckig um die Verankerung der Wirtschaftskonzessionen des Moskauer Memorandums im Staatsvertrag. Als dominierender Verhandlungspartner erwies sich der US-Botschafter Llewellyn Thompson, ohne Zweifel die bedeutendste Persönlichkeit der drei westlichen Delegationen. Nach dem Scheitern der ursprünglichen westlichen Vorschläge, in den Art. 35 selbst die wichtigsten relevanten Bestimmungen des Moskauer Memorandums einzubringen, wurde als „fall back"-Position die Aufnahme eines Annexes zum Staatsvertrag vorgeschlagen, in dem die Moskauer Vereinbarungen genannt werden sollten.[31]

Die Westmächte unter amerikanischer Führung kamen aber nunmehr mit einem weiteren Kompromissvorschlag, der bestimmte westliche Erdölinteressen in Ostösterreich berücksichtigen und dies den Sowjets mit einem gewaltigen Köder schmackhaft machen sollte. Das in Moskau zwischen Sowjets und Österreichern vereinbarte allgemeine Rückübertragungsverbot von zurückgegebenen Vermögenswerten *in der Sowjetzone an Ausländer* wäre zu ersetzen durch ein Rückübertragungsverbot *lediglich an Deutsche, dafür aber in ganz Österreich.* Von diesem Rückübertragungsverbot an Deutsche sahen die Westmächte allerdings bestimmte *Ausnahmen* vor: Eigentum erzieherischen, kulturellen, karitativen und religiösen Charakters sowie („Klein"-)Eigentum deutscher natürlicher Personen, dessen Wert 260.000 Schilling (= 10.000 US-Dollar nach damaligem Umrechnungskurs) nicht übersteigen würde.[32] Die Obergrenze von 10.000 Dollar war amerikanischen Ursprunges; die USA hatten sich bei bundesdeutsch-amerikanischen Verhandlungen

29 *FRUS 1955–1957,* Bd. 5, 96, Anm. 2 (Thompson an State Department, Telegramm 2668, 10. Mai 1955).

30 TNAUK, FO 371/117801/RR1071/428, Memorandum vom 20. Mai 1955, Punkt 3. Der von Wallinger bemerkte Druck Kreiskys auf Figl scheint insoferne plausibel, als das Interesse der SPÖ an dem in Moskau zustande gekommenen Übertragungsverbot des Deutschen Eigentums groß war.

31 *FRUS 1955–1957,* Bd. 5, 82 (Thompson an State Department, 5. Mai 1955, Telegramm 2620). Zu Thompson siehe Jenny Thompson/Sherry Thompson, *The Kremlinologist: Llewellyn E. Thompson, America's Man in Cold War Moscow*, Baltimore 2018, 123–128.

32 Ebd. Kursivsetzungen, G.S.

über das in den USA beschlagnahmte deutsche Vermögen in Washington im Februar/März 1955 bereit erklärt, die Rückgabe von Vermögen, das aufgrund der Potsdamer Beschlüsse an die USA gefallen war, an natürliche Personen bis zu einem Höchstbetrag von 10.000 Dollar vorzuschlagen.[33] In einer weiteren Geheimsitzung am 6. Mai gewann Thompson den Eindruck, dass den Sowjets die Ausweitung des Rückübertragungsverbotes des Deutschen Eigentums an deutsche Staatsbürger auf ganz Österreich attraktiv schien und sie zustimmen würden. In der Tat hatten schon vor Beginn der Botschafterkonferenz die Österreicher den Westbotschaftern gesagt, dass sie eine Bestimmung über ein Rückübertragungsverbot des Deutschen Eigentums in den Westzonen begrüßen würden, und dass sie glaubten, eine solche Bestimmung würde die Abänderung des Art. 35 für die Sowjets attraktiv machen.[34] Auch der französische Delegationsleiter Laloutte – offensichtlich bestärkt durch vorhergehende Gespräche mit Gribanov – hatte den Eindruck, dass sich ein Kompromiss abzeichne.

Über das Wochenende des 7. und 8. Mai flog Thompson nach Paris, wo die westlichen Außenminister zu einer NATO-Ratstagung versammelt waren. Er wollte sich von seinem Chef John Foster Dulles letzte Weisungen holen. Thompson schlug für den Fall, dass die Sowjets die Einfügung eines Annexes betreffend das Moskauer Memorandum ablehnten, noch eine zweite „fall back"-Position vor: die Sowjets sollten lediglich in einer Note (an die Westmächte) festhalten, dass sie das Moskauer Memorandum nicht so interpretierten, dass es eine Wiederbesetzung der Ölfelder gestatten würde. Dies schien Dulles zu schwach zu sein; er betonte, er und der Präsident fürchteten, dass Österreich einen fehlerhaften Vertrag („broken treaty") abschließe, da Art. 35 nicht vollzogen werden würde (im Hinblick auf die Abmachungen des Moskauer Memorandums). Es sollte doch im Vertrag klargemacht werden, dass die Anwendung des Art. 35 in Übereinstimmung mit dem Moskauer Memorandum modifiziert werde.[35] Die gemeinsame Anwesenheit der Außenminister Dulles, Macmillan und Pinay in Paris erleichterte es diesen übrigens, ihren

33 Die bundesdeutsch-amerikanischen Verhandlungen über das beschlagnahmte deutsche Vermögen in den USA fanden zwischen 10. Februar und 4. März 1955 in Washington statt. *AdG*, 1955, 5053F. Matthias Pape, „Die deutsch-österreichischen Beziehungen zwischen 1945 und 1955. Ein Aufriß", in: *Historisch-Politische Mitteilungen. Archiv für Christlich-Demokratische Politik* 2, 1995, 149–172, hier 167, nennt den Jänner 1955 als Zeitpunkt für die amerikanische Entscheidung. Finanzminister Kamitz hatte sich in einem Brief an Figl am 27. April 1955 gegen die Obergrenze von 10.000 Dollar als „vollkommen unzulänglich" ausgesprochen und großzügigere Regelungen gewünscht. AdR, BMAA, II-Pol, Zl. 322.247-Pol/55.

34 *FRUS 1955–1957*, Bd. 5, 58 (Thompson an State Department, Telegramm 2480, 27. April 1955); auch TNAUK, FO 371/117793/RR1071/220 (Wallinger an Foreign Office, 28. April 1955).

35 *FRUS 1955–1957*, Bd. 5, 89 (Notizen über die Beratungen Thompsons mit Dulles, Paris, 8. Mai 1955).

Kollegen Molotov zur Eile zu drängen, indem sie alle möglichen Terminprobleme geltend machten, die eine Beratung und Unterzeichnung des Staatsvertrages nach dem 15. Mai unmöglich machen würden.[36]

Der zukünftige Status Österreichs kam auch bei der NATO-Ratstagung in Paris am 9. Mai zur Sprache. Der westdeutsche Kanzler nutzte sein erstes Auftreten im NATO-Rat, um kundzutun, dass sich die Situation in Deutschland von jener Österreichs vollkommen unterscheide.[37] Begeisterung über Österreichs zukünftigen Status kam nicht auf. Der türkische Außenminister Fatin Rüştü Zorlu meinte, die Türkei könne sich nicht über Österreich freuen, da die Sowjetunion versuche, „ein neutrales Niemandsland quer durch Europa" aufzubauen, um später die militärische Initiative zu gewinnen und gegen eine Region vorzugehen, die ein niedriges Niveau an Rüstung aufweisen würde.[38] Am massivsten meldete sich allerdings Belgiens Außenminister Paul-Henri Spaak zu Wort.[39] Eine Vier-Mächte-Garantie für Österreich könne nicht ohne Mitwirkung von Österreichs Nachbarn durchgeführt werden, und sei deshalb eine europäische Frage, an der alle interessiert wären. Es folgte „eine sehr konfuse Diskussion", in der einige Außenminister „die österreichische Neutralität mit der Frage der Territorialgarantie verwechselten". Dulles versuchte, zu beschwichtigen: man werde diese Frage erst später behandeln müssen. Er war äußerst zurückhaltend bezüglich einer möglichen Garantie seitens der USA; diese hätten eine solche Garantie noch nie gegeben, mit möglicher Ausnahme der Panama-Kanalzone. Bezüglich der mehrfach geäußerten Befürchtung, Österreichs zukünftiger Status könne schlechte Wirkungen auf andere europäische Staaten ausüben, die sich dem „Neutralismus" zuwenden würden, meinte Dulles, dass Österreichs Neutralität keine Entmilitarisierung bedeute. Österreich „would not get a free ride" und würde verpflichtet sein, für seine eigene Sicherheit zu sorgen und eine Verteidigungslast zu tragen.

Am Tage dieser recht skeptischen Diskussionen begann in Wien die zweite und letzte Woche der Botschafterkonferenz. Der vom größten Getümmel der aufeinander prallenden Interessenkonflikte etwas entferntere französische Delegationsleiter Lalouette fasste die Lage wie folgt zusammen: Die Amerikaner und Briten, um-

36 Weisung an die drei Westbotschafter in Moskau, 7. Mai 1955, ebd., 88.

37 In der Plenarsitzung am 9. Mai vormittags. *FRUS 1955–1957*, Bd. 4, 9.

38 Sitzung des NATO-Rates mit begrenzter Teilnehmerzahl („restricted") am 9. Mai nachmittags, ebd., 11.

39 Zum folgenden ebd., 13f. Zu Spaaks kritischen Fragen auch Bericht Macmillans nach London, 9. Mai 1955, TNAUK, FO 371/117797/RR1071/348, sowie aus belgischen Quellen wohl informiert Bericht Botschafter Schwarzenbergs aus London nach Wien, Zl. 70-Pol/55 v. 23. Mai 1955. AdR, BMAA, II-Pol, Zl. 322.480-Pol/55.

geben von den Experten und Bevollmächtigten der großen anglo-amerikanischen Erdölgesellschaften (er nannte Shell, Socony-Vacuum und Esso Standard), stießen sich an einer gemeinsamen Front der Sowjetunion und der österreichischen Sozialdemokraten; beide waren an dem in Moskau zustande gekommenen Übertragungsverbot der von den Sowjets an Österreich zu übergebenden Werte an Ausländer (Punkt I.6 des Moskauer Memorandums) interessiert, wie Lalouette zu Recht hervorhob. Eine Lösung dieses Interessengegensatzes zeichnete sich jedoch ab. Nachdem sich Thompson der Zustimmung der Österreicher versichert hatte, bereitete er einen entsprechenden Vorschlag vor, der das Übertragungsverbot an Ausländer auf die Bereiche der Ölförderung und der Schürfkonzessionen (Listen 1 und 2) begrenzte und dafür die Erdölraffinerien und Erdölverteilungs- und Vertriebsunternehmen (Listen 3 und 4 des Artikels 35) vom Übertragungsverbot an Ausländer ausnahm.[40] Noch ließen sich die Sowjets allerdings nicht auf neue Regelungen festlegen, obgleich Thompson inoffiziell mitteilte, Dulles würde nicht nach Wien kommen, wenn das Problem des Art. 35 nicht gelöst wäre.[41]

Am 10. Mai machten die Westmächte der UdSSR eine Konzession, indem sie die seit 1949 umstrittene sowjetische Fassung des Art. 42 (Eigentum der „Vereinten Nationen") endgültig annahmen.[42] Dies wurde möglich, weil die Westalliierten und Österreich am gleichen Tage jene zwei Memoranden paraphiert hatten, die als „Wiener Memorandum" (USA, Großbritannien, Österreich) und „österreichisch-französisches Memorandum" bekannt sind.[43]

Die Geschichte dieser Memoranden reicht zurück bis November 1949, als Österreich bestimmte Schadenersatzverpflichtungen gegenüber westlichen Ölgesellschaften für Werte auf sich genommen hatte, die nach westlicher Ansicht westliches, jedoch nach sowjetischer Ansicht deutsches Eigentum waren. Im Jahre 1951 war Österreich den westlichen Forderungen noch weiter nachgekommen und hatte eine Entstaatlichung von de jure bereits verstaatlichten westlichen Erdölbetrieben für die Zeit nach Abschluss des Staatsvertrages in Aussicht gestellt. Dies war mit der

---

40 *DDF 1955*, Bd. 1, Nr. 265 und 266 (zwei Berichte Lalouettes an Pinay vom 9. Mai 1955); *FRUS 1955–1957*, Bd. 5, 94 (Thompson an US-Delegation beim NATO-Rat in Paris, 9. Mai 1955).

41 Ebd.

42 „Eigentum der Vereinten Nationen" betraf Eigentum bzw. Vermögenswerte („assets") von Staatsangehörigen – einschließlich juristischer Personen, also konkret Firmen – der im Kriege gegen Deutschland und seine Verbündeten alliierten und assoziierten Nationen, die sich seit 1942 als „Vereinte Nationen" bezeichneten; dies wurde zur Bezeichnung der 1945 gegründeten Organisation der Vereinten Nationen (UNO). Finanzminister Kamitz hatte Figl geschrieben, die sowjetische Fassung des Art. 42 sei die für Österreich günstigste. Kamitz an Figl, 27. April 1955: AdR, BMAA, II-Pol, Zl. 322.247-Pol/55.

43 Abgedruckt im Dokumentenanhang, Nr. 5.

Begründung geschehen, dass im Staatsvertragsentwurf die Übertragung von Erdölbetrieben an die Sowjetunion vorgesehen war, die 1946 im 1. Verstaatlichungsgesetz verstaatlicht worden waren. Die Übertragung an die Sowjetunion, wie sie im Jahre 1949 bei der Einigung über das Deutsche Eigentum vorgesehen wurde, bedeutete in der Tat aus österreichischer Sicht eine Entstaatlichung. Die Westmächte argumentierten, dass ihre Interessen bezüglich der Verstaatlichung bzw. Entstaatlichung nicht schlechter behandelt werden dürften als jene der Sowjetunion.[44]

Nun schuf der Verzicht der Sowjetunion auf das Deutsche Eigentum im Erdölbereich eine neue Situation. Ölfelder und die Hoffnungsgebiete (Konzessionen auf Ölschürfgebiete) mussten gemäß Abs. 13 des Art. 22 bei Österreich verbleiben, durften also keineswegs zugunsten westlicher Ölgesellschaften entstaatlicht werden. Soweit für diese Felder bzw. Hoffnungsgebiete westliche Rechtsansprüche bestanden, wurden Entschädigungen in Aussicht genommen. Das sehr komplexe Bündel von Entschädigungs- und Rückstellungszusagen an die Westmächte wurde in den zwei oben erwähnten Memoranden niedergelegt: das „Wiener Memorandum", enthaltend die Verwendungszusage von Raab, Schärf, Figl und Kreisky betreffend britische und amerikanische Ansprüche (das gleiche Mittel, das man in Moskau verwendet hatte), und ein österreichisch-französisches Memorandum vom gleichen Tage. Das Wiener Memorandum verwies auch auf bestimmte Verpflichtungen der Westmächte: Die Westmächte hatten sich auf der Botschafterkonferenz bereit erklärt, das Deutsche Eigentum in den drei Westzonen an Österreich zu „übertragen", nicht bloß zu „überlassen", wie es im Entwurf seit 1949 gelautet hatte. Dies stellte eine Verbesserung des österreichischen Rechtstitels auf das Deutsche Eigentum dar.[45] Außerdem wiesen die USA und Großbritannien darauf hin, dass sie „außer-

---

44 Vgl. die im Anhang zum „Wiener Memorandum" publizierten, im Dokumentenanhang bei Nr. 5 abgedruckten österreichischen Verbalnoten vom 29. November 1949 und 31. Juli 1951. Im Hinblick auf die jahrelange Verzögerung des Staatsvertragsabschlusses verstärkte sich 1953 und 1954 der Druck amerikanischer, kanadischer und britischer Erdölinteressen, noch vor Abschluss des Staatsvertrages eine Entstaatlichung durchzuführen. Vgl. u.a. AdR, BMAA, II-Pol, Zl. 145.523-Pol/54 und Zl. 146.719-Pol/54; zahlreiche Materialien hierzu in: VGAB, Nachlass Schärf, 4/244, sowie im Nachlass Waldbrunner. Vgl. Rathkolb, *Washington ruft Wien*, 163–173.

45 Siehe Abs. 11 des Art. 22 des Staatsvertrages. Vgl. Figls Vortrag an den Ministerrat Zl. 303.462-6VR/55 v. 2. Juli 1955, AdR, MRProt, Nr. 99, 5. Juli 1955, Beilage 13d/99. Vgl. auch die bundesdeutsche „Denkschrift" zum österreichisch-deutschen Vermögensvertrag, bei Gerhardt Plöchl/Josef Vlcek, *Die Rechtsvorschriften über das deutsche Eigentum in Österreich*, Wien – Stuttgart 1959, 31f. Am Eröffnungstag der Botschafterkonferenz (2. Mai) regten Schärf und Kreisky im Gespräch mit Wallinger, Thompson und Lalouette an, dass die Westmächte „uns gegenüber nicht nur die Überlassung, sondern die Übergabe des deutschen Eigentums aussprechen und uns gegen Rückforderungsansprüche der Deutschen absichern"; am 4. Mai stimmte Raab zu. Erinnerungsvermerke Schärfs in: VGAB, Nachlass Schärf, 4/247.

halb Österreichs" Maßnahmen für die Anerkennung von Österreichs Rechtstitel am Deutschen Eigentum geschaffen hätten. Das bezog sich auf die Verpflichtung der Bundesrepublik Deutschland gegenüber den Westalliierten, die von den vier Mächten mit Österreich vereinbarte Übertragung des Deutschen Eigentums an Österreich „hinzunehmen".[46] Großbritannien und die USA machten auch darauf aufmerksam, dass sie das Deutsche Eigentum in Österreich an das Land übertrügen, um seine Volkswirtschaft zu stärken und es in gewissem Ausmaß dafür zu entschädigen, dass es auf Forderungen an Deutschland aus der Zeit der deutschen Besetzung Österreichs verzichtete. Schließlich unterließen die beiden Staaten auch nicht, darauf aufmerksam zu machen, dass die Übertragung des Deutschen Eigentums überdies „ohne Bezahlung oder eine andere Leistung" Österreichs – d.h. ohne Ablösezahlungen oder Ablöselieferungen – erfolgte.[47]

Die Paraphierung erfolgte in gespannter Atmosphäre; Thompson führte den Österreichern mit größtem Nachdruck zu Gemüte, dass Dulles auf der Einarbeitung des Moskauer Memorandums in den Staatsvertrag bestehe, und verlangte, die österreichische Delegation solle noch einmal den Standpunkt mitvertreten, dass eine diesbezügliche Abänderung des Art. 35 erwünscht sei. Dies sagte Raab schließlich zu, obwohl die Sowjets in Moskau erklärt hätten, sie würden Art. 35 nicht abändern. Thompson und Wallinger warnten die Österreicher auch davor, dass im Moskauer Memorandum kein Termin für die Übergabe der Ölfelder gesetzt sei, „und sie hätten größte Bedenken für Österreichs Zukunft".[48]

---

46 Hierzu vgl. unten Kap. VII.4 .

47 Punkte I.1–4 des Wiener Memorandums. Figl legte die beiden Memoranden vom 10. Mai erst im Ministerrat vom 5. Juli 1955 vor; sie wurden von der Bundesregierung zustimmend genehmigt. AdR, MRProt. Nr. 99, 5. Juli 1955 (Punkt 13d der Tagesordnung, vertraulich und unter Verschluss). In Figls Bericht, Zl. 303.462-6VR/55, erliegt es als Beilage 13d/99. Die Verhandlungen über die Erfüllung des österreichisch-französischen Memorandums wurden im Jahre 1958 zum Abschluss gebracht. Sehr umfangreiche Materialien über die Verhandlungen im Jahre 1958 befinden sich als Beilagen in: AdR, MRProt. Nr. 90, 16. September 1958; der Ministerrat genehmigte die vorgelegten österreichisch-französischen Vereinbarungen eine Woche später (ebd., MRProt. Nr. 91, 23. September 1958). Die Verhandlungen über das Wiener Memorandum kamen erst 1960 zum Abschluss (hierzu aufschlussreich Information v. 25. Juni 1957, AdR, BMAA, II-Pol, Zl. 221.444-Pol/57). AdR, MRProt Nr. 43, 12. Juli 1960, dort Beilage 28h/43 (= BMAA, Zl. 138.645-13/RE/60 v. 12. Juli 1960). Fünf vom ersten Verstaatlichungsgesetz erfasste Firmen wurden den Vorbesitzern zurückgegeben; die im anglo-amerikanischen Besitz befindliche RAG (Rohölgewinnungs-AG) erhielt 13 Millionen Dollar Barentschädigung; Angaben bei Alois Brusatti, *50 Jahre Erdöl in Österreich*, Wien 1980. Insgesamt erhielten westliche Ölfirmen gemäß des Wiener Memorandums bis 1960 Zahlungen in Höhe von 16 Mio. Dollar. Seidel, *Österreichs Wirtschaft*, 31f; 401, 448–454. Die Budgetbelastung aus dem Wiener sowie dem österr.-franz. Memorandum ist mit insgesamt 423,4 Mio. Schilling beziffert worden. Leopold Wallner, „Was bezahlte Österreich für seine Freiheit?", in: *Österreichische Monatshefte* 21:5, 1965, 24.

48 Erinnerungsvermerk Schärfs über die (mit der Paraphierung der Memoranden endende) Bespre-

Am 11. Mai legte Thompson der Konferenz jene drei Texte vor, auf deren Grundlage am Folgetag der endgültige Durchbruch gelang.

Erstens formulierte ein neuer Abs. 13 des Artikels 35 das (schon am 5. Mai in die Diskussion eingebrachte) auf ganz Österreich bezogene Übertragungsverbot der von den vier Mächten an Österreich zu übertragenden früheren deutschen Vermögenswerte an deutsche juristische Personen – mit Ausnahme der erzieherischen, kulturellen, karitativen und religiösen Zwecken dienenden Vermögenschaften – und an deutsche physische Personen, soweit der Wert der Vermögenschaften, Rechte und Interessen 260.000 Schilling überstieg.[49] Thompsons Entwurf enthielt auch Österreichs Verpflichtung, die in den Listen 1 und 2 dieses Artikels erwähnten Rechte und Vermögenschaften, die von der Sowjetunion gemäß dem Moskauer Memorandum an Österreich übertragen würden (Ölfelder und Ölschürfkonzessionen), nicht in ausländisches Eigentum zu übertragen. Zusätzlich hieß es in dem amerikanischen Vorschlag noch ausdrücklich, dass diese Bestimmungen an die Stelle jener Regelungen des Moskauer Memorandums träten, die mit dem Übertragungsverbot der deutschen Vermögenswerte an Ausländer zu tun hätten.[50] Damit wollten die Amerikaner festhalten, dass die Bereiche der Erdölraffinerien und der Erdölvertriebsbetriebe (Listen 3 und 4 des Art. 35) eben nicht mehr unter das Übertragungsverbot an Ausländer (im Klartext: westliche Erdölfirmen) fielen.

Zweitens hielt ein neuer Abs. 14 (Thompsons zweiter Text) fest, dass die Bestimmungen dieses Artikels (Art. 35 des Entwurfes) jenen eines Annexes zum Staatsvertrag unterlägen.

Drittens legte Thompson jenen Annex vor, in dem festgehalten wurde, dass sämtliche gemäß Art. 35 den Sowjets zustehenden Vermögenschaften, Rechte und Interessen von dieser innerhalb von zwei Monaten nach Abschluss des Vertrages an Österreich zu übertragen seien – mit Ausnahme der DDSG-Werte in Ungarn, Rumänien und Bulgarien.[51]

Die sowjetische Seite reagierte positiv. Bisher hatte sie vermutet, dass die Westmächte nicht nur auf eine Unterminierung des Übertragungsverbotes abzielten,

---

chung mit den westlichen Hochkommissaren am 10. Mai 1955 von 1 bis ¾ 2 Uhr im alten Ministerratssitzungssaal im Bundeskanzleramt, VGAB, Nachlass Schärf, 4/249.

49 Die Ausnahmebestimmungen für „kleines" deutsches Eigentum und für religiöse Organisationen waren bereits, wenngleich in anderer Form, im Jahre 1949 in Aussicht genommen worden. Vgl. die österreichische Erklärung vom 21. September 1949, die im Anhang zum Wiener Memorandum publiziert wurde (abgedruckt im Dokumentenanhang, Nr. 5).

50 In der Originalquelle etwas komplizierter formuliert: „...shall be deemed to supersede those provisions having to do with exclusion from foreign ownership of German assets, contained in the memorandum signed in Moscow on April 15, 1955." *FRUS 1955–1957*, Bd. 5, 105.

51 Ebd.

sondern auch westliche Ölfirmen bei der Übernahme des ostösterreichischen Ölgeschäftes unterstützen wollten.[52] Bald nach Thompsons Vorschlag erließ das KPdSU-Präsidium neue Instruktionen für Il'ičëv, die ihn anwiesen, den US-Vorschlag bezüglich „kleinerer" Vermögenswerte anzunehmen. Außerdem wurde der französische Vorschlag bezüglich der Formulierung der Abzugsklausel als akzeptabel erachtet. Während der Art. 49 (Nichtdiskriminierung im Handel) beibehalten werden sollte, um den österreichischen Handel mit der UdSSR keinen Beschränkungen auszusetzen, solle westlichen und österreichischen Wünschen in Bezug auf Art. 42 (Eigentum der Vereinten Nationen), 48 (Schulden), 59 (Authentizität des deutschen Texts) und die Anhänge entsprochen werden.[53]

Am nächsten Tag, dem 12. Mai, nahm Il'ičëv den amerikanischen Kompromissentwurf zu Art. 35 mit einer Ausnahme an. Diese betraf den oben zitierten letzten Satz des Art. 35, Abs. 13, der eigens die Ersetzung des Übertragungsverbotes an Ausländer des Moskauer Memorandums durch die neuen Regelungen genannt hatte; kompromissbereit ließen die Amerikaner diesen Satz fallen, darauf erklärte Il'ičëv, man werde den Geist dieses Satzes respektieren.[54]

Die Neunummerierung aller Artikel des Staatsvertrages – notwendig infolge der zahlreichen Streichungen – machte aus dem umstrittensten aller Artikel, dem Artikel 35, den neuen Artikel 22.[55] Der von den Amerikanern vorgeschlagene Annex mit dem Hinweis auf das Moskauer Memorandum wurde zum Annex II des endgültigen Vertragstextes.[56]

Mit Recht spricht eine der interessantesten Analysen des Staatsvertrages, jene des französischen Senators Ernest Pezet, vom „grundlegenden Vertragsartikel" (Art. 22) und dem „Annex, der ihn annulliert". So sind denn die Mehrzahl der Paragraphen und die fünf Listen jenes Artikels vom Tage des Inkrafttretens des Staatsvertrages bloß historische Dokumente geblieben – ohne praktische Wirksamkeit, nicht mehr als ein Monument der Erinnerung an die schwierigen Jahre zwischen 1949 und 1954.[57]

---

52 Semënov, Spravka po povodu predloženij zapadnych deržav, 9. Mai 1955, in: RGANI, f. 3, op. 8, d. 236, ll. 115–119.

53 KPdSU, Präsidium, Prot. 119, P. 70, Ob ukazanii Sovetskomu predstavitelju na soveščanii poslov četyrëch deržav v Vene, [11. Mai 1955], 13. Mai 1955, in: RGANI, f. 3, op. 8, d. 236, ll. 111–113.

54 Beschlussprotokoll der 9. Sitzung vom 12. Mai in: AdR, BMAA, II-Pol, Zl. 322.184-Pol/55. Materialien zu den Verhandlungen in dem Sammelakt Zl. 322.268-Pol/55. Weiters *DDF 1955*, Bd. 1, Nr. 275 (Lalouette an Pinay, 12. Mai 1955); für zahlreiche weitere Details zum Zustandekommen des Kompromisses *FRUS 1955–1957*, Bd. 5, 97–99, 103–105, 108f.

55 Die Gegenüberstellung der „alten" und der endgültigen Artikelzählung ist aus Dokument Nr. 6 des Dokumentenanhangs ersichtlich.

56 Siehe Dokumentenanhang, Nr. 6.

57 Bericht Ernest Pezets, in Annexe No. 400. *Documents Parlementaires, Conseil de la Republique de 1955*, Bd. 10, Paris 1956, 699–710, hier 704–707. Vgl. auch Allard, *Diplomat in Wien*, 212.

Der neue Abs. 13 dieses Artikels mit seiner Ausweitung des Übertragungsverbotes an deutsche Staatsbürger (mit den schon genannten Ausnahmen) auf ganz Österreich stellte ein Entgegenkommen der Westmächte an die Sowjetunion dar; letzterer konnte es sehr willkommen sein, die Rückübertragung des an Österreich übertragenen Deutschen Eigentums in deutsche Hände in ganz Österreich blockiert zu sehen. Dieser spezifische Paragraph des Staatsvertrages zählt zu jenen Vertragsbestimmungen, die 35 Jahre später, im November 1990 von der Bundesregierung mit dem Hinweis, „seit dem Abschluß des Staatsvertrags“ seien „grundlegende Veränderungen in Europa eingetreten“, als „obsolet“ erklärt wurden – mit Zustimmung der vier Mächte.[58]

Das westliche Entgegenkommen unterstützte die Rechte westlicher Erdölgesellschaften, indem Raffinerien und Vertriebsbetriebe aus dem in Moskau vereinbarten Übertragungsverbot an Ausländer herausgelöst wurden (Punkt I.6 des Moskauer Memorandums). Gleichzeitig bedeutete diese Regelung allerdings insofern einen Erfolg für österreichische Interessen, als schon seit Jahren Besorgnisse vor deutschem Druck im Falle der Rückgabe früherer deutscher Vermögenswerte durch die Westalliierten an Österreich geäußert worden waren. Auch im Vorfeld der Botschafterkonferenz waren mehrfach österreichische Wünsche in Richtung der Absicherung des Deutschen Eigentums in den Westzonen zu verzeichnen.[59] Schließlich bedeutete diese Regelung einen beträchtlichen Erfolg für die österreichischen Sozialdemokraten und deren Verstaatlichungspolitik. Schon am 13. Mai sagte Vizekanzler Schärf vor der Presse: „Ganz besonders bedeutungsvoll ist aber die Errungenschaft, daß jenes Eigentum in ganz Österreich, das fälschlicherweise als deutsches Eigentum bezeichnet wurde, nunmehr in das Eigentum des österreichischen Staates übertragen werden wird. Damit ist einer kommenden unangenehmen Auseinandersetzung mit Deutschland vorgebeugt.“[60] Dies sollte sich allerdings als unberechtigter Optimismus erweisen; im Gegenteil, die neue Regelung in Abs. 13 des Art. 22 war der Ursprung einer schweren deutsch-österreichischen Krise.[61]

58 Die Texte zur „Obsoleterklärung“ einiger Staatsvertragsbestimmungen vom November 1990 sind mit Quellenhinweis im Dokumentenanhang als Nr. 7 abgedruckt. Die „Obsoleterklärung“ des im Jahre 1955 so umstrittenen Abs. 13 des Art. 22 ging 1990 ohne die geringste öffentliche Diskussion vor sich. Vgl. Türk, „Die Wende 1989/90 und die Obsoleterklärung“.

59 Thompson an State Department, 27. April 1955, *FRUS 1955–1957*, Bd. 5, 58.

60 Wortlaut in einem Drahtbericht des Leiters der bundesdeutschen Wirtschaftsdelegation in Wien, Mueller-Graaf, nach Bonn, zit. in: Niels Hansen, „Eine peinliche Mission. Wien, 14. Mai 1955: Wider die Enteignung deutschen Vermögens durch den österreichischen Staatsvertrag“, in: *Historisch-politische Mitteilungen. Archiv für Christlich-Demokratische Politik* 2, 1995, 223–246, hier 229, Anm. 18.

61 Vgl. unten, Kap. VII.4.

Nach der Einigung über das Deutsche Eigentum am 12. Mai gab es noch eine Abschlusssitzung der Botschafterkonferenz am 13. Mai. Noch knapp vor Abschluss der Konferenz unternahm Bundeskanzler Raab eine Initiative zur Eliminierung des „Habsburger-Artikels" aus dem Staatsvertrag, d.h. des Art. 10, Abs. 2, der Österreich zur Aufrechterhaltung des Habsburgergesetzes vom 3. April 1919 verpflichtete. Raab hatte beim sozialdemokratischen Koalitionspartner bereits in Moskau und neuerlich in den ersten Tagen der Botschafterkonferenz einen Konsens zum Antrag auf Streichung des Habsburger-Artikels gesucht; vergeblich.[62]

3. Die Außenministerkonferenz in Wien und der Abschluss des Staatsvertrages, 14.–15. Mai 1955

Frühzeitig traf noch am 13. Mai Dulles aus Paris kommend in Wien ein, um am selben Nachmittag eine Besprechung mit Raab und Schärf abzuhalten. Der Außenminister legte den größten Wert auf den Zusammenhang von Neutralität und einem effizienten Verteidigungsprogramm, besonders in Verbindung mit der kommenden Notwendigkeit, die Genehmigung des Staatsvertrages im amerikanischen Kongress durchzubringen; Raab und Schärf gaben beruhigende Zusicherungen. Dulles' zweites Thema im gleichen Zusammenhang, wenngleich weniger ausführlich diskutiert als das Verteidigungsthema, betraf jüdische Entschädigungsansprüche. Dulles hatte hierüber mit Raab bereits im November 1954 in Washington gesprochen und seine Hoffnung auf eine baldige Einigung ausgedrückt.[63] Wie schon damals gab Raab neuerlich Zusicherungen. In der Tat waren Gespräche mit Vertretern des „Jewish Claims Committee on Austria" eine Woche zuvor wieder aufgenommen worden, und Raabs Hinweis, der nächste Ministerrat nach der Staatsvertragsunterzeichnung werde sich mit der Materie befassen, traf zu.[64]

Als die drei westlichen Außenminister am 14. Mai vormittags eine Vorbesprechung abhielten,[65] kam auch die Frage von Territorialgarantien wieder zur Sprache;

62 Erinnerungsvermerke Schärf über Gespräche mit Raab am 4. Mai und am 12. Mai 1955, VGAB, Nachlass Schärf, 4/249. Am 12. Mai kam auch die mögliche Eliminierung der die Nationalsozialistengesetzgebung betreffenden Bestimmung ins Gespräch, die im gleichen Artikel wie das Habsburgerverbot enthalten war (Art. 10); dem hätte Schärf zugestimmt, doch Raab fand, dass eine Eliminierung der Nationalsozialistenklausel bei Beibehaltung des Habsburgerverbotes nicht möglich sei (ebd.).

63 *FRUS 1952–1954*, Bd. 7, 1983 (Besprechung Dulles–Raab am 22. November 1954).

64 *FRUS 1955–1957*, Bd. 5, 109–112, sowie Erinnerungsvermerk Schärfs in VGAB, Nachlass Schärf, 4/249.

65 Französische Mitschrift in: *DDF 1955, Annexes*, Bd. 1, 131–133.

Dulles betonte, nun sogar stärker als eine knappe Woche zuvor in Paris, dass nur eine Garantie im Rahmen der Vereinten Nationen in Frage käme. Macmillan hingegen meinte, bezüglich der Garantie des Staatsgebietes sollte man eine Vier-Mächte-Garantie ins Auge fassen; man dürfe der UdSSR nicht die Möglichkeit geben, eine Garantie anzubieten, die über jene der Westmächte hinausginge. Hätten die drei westlichen Minister Molotovs Instruktionen für seine Wiener Begegnung mit ihnen gekannt, hätten sie sich vermutlich weniger den Kopf über die Garantiefrage zerbrochen.

Die sowjetischen Instruktionen umfassten im Grunde lediglich zwei Punkte. Der erste betraf Österreichs Verpflichtung, eine Erklärung der Neutralität abzugeben. Die sowjetische Delegation habe sich mit den Westdelegationen darüber zu einigen, dass die Regierungen der vier Mächte eine gemeinsame Erklärung des Inhaltes abgeben, dass sie den Status der ständigen Neutralität Österreichs von einer solchen Art, wie ihn die Schweiz in ihren Beziehungen mit anderen Staaten pflegt, respektieren und einhalten würden. Ein Entwurf dieser Erklärung wurde den Instruktionen beigelegt. In Punkt 2 hieß es, dass die sowjetische Delegation auf der Konferenz nicht auf eigene Initiative die Frage der Garantien der Unversehrtheit des Staatsgebietes Österreichs aufbringen solle. Sollte die Frage von der österreichischen Delegation oder einem anderen Konferenzteilnehmer gestellt werden, wäre von der sowjetischen Delegation in Übereinstimmung mit der in Moskau erzielten sowjetisch-österreichischen Vereinbarung zu erklären, dass die Sowjetregierung bereit sei, sich an der Garantie der Unversehrtheit und Unverletzlichkeit des österreichischen Staatsgebietes durch die vier Mächte nach dem Vorbild der Schweiz zu beteiligen. Falls die Delegationen der Westmächte eine solche Garantie ablehnen sollten, habe die sowjetische Delegation zu erklären, dass – unabhängig davon, ob Garantien der territorialen Unversehrtheit und Unverletzlichkeit Österreichs vereinbart werden –, die Sowjetunion eine Erklärung der vier Mächte über die Respektierung und Wahrung der Neutralität Österreichs als Garantie der Unverletzlichkeit des österreichischen Staatsgebietes betrachte.[66] Dies spricht aus, was de facto bereits während der Moskauer Verhandlungen deutlich geworden war: Die Sowjetunion wünschte eigentlich eine Garantie der Neutralität Österreichs. Die Territorialgarantie war ein durchaus sekundäres Anliegen; nur wussten das die Österreicher und die Westmächte nicht.

Der ausführlichere Teil der Instruktionen befasste sich mit der Vorbereitung der

66 AVPRF, Fonds 06, op. 14, p. 10, d. 118, fol. 84–90, hier ll. 86–87 (auch in SBKA, Depot von Quellen aus dem AVPRF). Die finale Version der Instruktionen und der Resolution vom 13. Mai in: KPdSU, Präsidium, Ukazanija Sovetskoj delegacii na soveščanii ministrov innostranych del SSSR, SŠA, Anglii i Francii v Vene s učastiem predstavitelej Avstrii, k Prot. 120 P. 18, 14. Mai 1955, in: RGANI, f. 3, op. 8, d. 238, ll. 84–87.

Gipfelkonferenz, die Molotov mit seinen westlichen Kollegen in Wien besprechen sollte. Den sowjetischen Wünschen zufolge sollte der Gipfel in Wien abgehalten werden, und zwar ohne eine vorbereitende Konferenz der Außenminister und ohne eine vereinbarte Tagesordnung. Unter den zu diskutierenden Themen, so solle der sowjetische Vertreter vorschlagen, wären die „Schaffung eines Systems der kollektiven Sicherheit", Abrüstung, die Zulassung der Volksrepublik China zu den Vereinten Nationen sowie die Einberufung einer Fünf-Mächte-Konferenz zu Asien. Jeglicher westliche Vorschlag, die deutsche Frage zu behandeln, solle zurückgewiesen werden.

Die Außenministerkonferenz trat am 14. Mai um 17 Uhr in Wien im Hauptquartier des Alliierten Rates zusammen. Der Vorsitz wurde auf Dulles' Vorschlag Molotov übertragen. Die Außenminister genehmigten zunächst die Ergebnisse der Botschafterkonferenz.

Als einzige Änderung des nunmehr vorliegenden Staatsvertragstextes beantragte Außenminister Figl die Streichung des dritten Absatzes aus der Präambel zum Staatsvertrag. Es war jener Absatz, in dem – der Textierung der Moskauer Erklärung vom 1. November 1943 folgend – „eine Verantwortlichkeit" Österreichs für die Teilnahme am Kriege „als integrierender Teil Hitler-Deutschlands" festgehalten war. Raab hatte das österreichische Anliegen auch in Moskau vorgebracht, war aber bei Molotov auf taube Ohren gestoßen.[67] Mit Beginn der Botschafterkonferenz in Wien hatte die österreichische Diplomatie den Gegenstand erneut zur Sprache gebracht. Ein für Außenminister Figl verfasstes Papier des Generalsekretärs Wildmann vom 2. Mai 1955, also zu Beginn der Botschafterkonferenz, enthält einige interessante verhandlungstaktische Überlegungen.

Erstens, so Wildmann, „gäbe es psychologisch nichts Unklügeres, als eine ‚Schuld-Verbundenheit' zwischen Österreich und Deutschland sozusagen feierlich zu deklarieren und zu verewigen". Es werde doch „von deutscher Seite diese angebliche Gemeinsamkeit der Schuld uns gegenüber schon jetzt bei jeder Gelegenheit ausgespielt". Ein „Fallenlassen dieses Passus", so setzte Wildmann fort, „würde dagegen zwischen Österreich und Deutschland gewissermaßen eine politische und moralische Scheidewand errichten und damit auch unerwünschten künftigen Verbrüderungstendenzen recht hinderlich sein". Zweitens argumentierte Wildmann, dass der Verantwortlichkeits-Passus besonders den von „sowjetischer Seite in den Vertragsabschluß gesetzten Erwartungen abträglich" wäre. Wenn Österreich als nunmehr grundsätzlich neutraler Staat in dieser Rolle „gewissermaßen seine künftige Staatsidee finden und realisieren soll", wäre es geradezu widersinnig, dem neuen

67 Siehe Dokumentenanhang, Nr. 3.

österreichischen Neutralitätsfaktor bei seiner Geburt „ein Schuldmal aufzubrennen" und so seine Entwicklung „mit einer moralischen Hypothek zu belasten". Figl sollte gerade diesen Punkt des Wildmann-Papiers wörtlich und ausführlich in der Außenministerkonferenz vortragen. Drittens meinte Wildmann, dass auch „vom Standpunkt der Festigung des österreichischen Staatsbewußtseins, das letzten Endes die einzige reale Basis sowohl einer österreichischen Selbständigkeitspolitik als einer österreichischen Neutralitätspolitik darstellt", ein Fallenlassen des Schuldpassus absolut notwendig wäre. „Wie will man deutsch-österreichische Soldatentreffen und sonstige deutsch-österreichische Gemeinschaftskundgebungen unterbinden, wenn man andererseits im Staatsvertrag selbst das gemeinsame Kriegserlebnis der beiden Völker – wenn auch in tadelndem Sinn – verewigt?" Viertens argumentierte Wildmann, es wäre von Bedeutung, „diesen Soldatentreffen [...] ein Ende zu bereiten". Die neue österreichische Armee könne nur „im Geiste rein österreichischer, antipreußischer militärischer Tradition aufgerichtet werden".[68]

Figls Versuche, auf der Botschafterkonferenz die Frage zu klären, stießen neuerlich auf die tauben Ohren der Sowjetdelegation.[69] Eine Anfrage Schöners bei Il'ičëv anlässlich der Einholung Molotovs auf dem Flugplatz in Vöslau ergab, dass sowjetischerseits nicht gewünscht wurde, dass Figl die Frage beim Empfang und bei den offiziellen Besuchen Molotovs aufwerfe. Erst bei der letztmöglichen Gelegenheit im Rahmen der Außenministerkonferenz war der Augenblick gekommen. Figl und Molotov saßen nun am gleichen Tisch. Eineinhalb Jahrzehnte zuvor – genau 15 Jahre, 8 Monate und 22 Tage – hatte ersterer letzteren während einer Radioübertragung gehört. Zu dieser Zeit stand Figl als KZ-Häftling auf dem Appellplatz von Dachau, wo er die Stimme Molotovs vernahm, der gerade mit Joachim von Ribbentrop den Hitler-Stalin-Pakt unterzeichnet hatte.[70] Mit diesem Hintergrund ist es

68 Dieses fünfseitige Papier erliegt im Nachlass Schöner, K. 8, Konvolut 17, jetzt in: ÖStA, GD, NLS, E/1773. Laut handschriftl. Vermerk Wildmanns wurde es dem Bundesminister (Figl) und dem Staatssekretär (Kreisky) übergeben (mit Datum 5. Mai 1955).

69 Erklärung Figls in der 8. Sitzung der Botschafterkonferenz am 11. Mai, in: AdR, BMAA, II-Pol, Sammelakt Zl. 322.268-Pol/55; Bericht über die Sitzung vom 11. Mai ebd., Zl. 322.058-Pol/55; auch *DDF 1955*, Bd. 1, Nr. 270 (Lalouette an Pinay, 11. Mai 1955).

70 Hierzu Trost, *Figl von Österreich*, 12, sowie Bericht Wallingers über ein Gespräch mit Figl am 21. Dezember 1954, wobei Figl erwähnte, dass er sich gut an die Unterzeichnung des Molotov-Ribbentrop-Abkommens, die er im KZ erlebte, erinnere. TNAUK, FO 371/112999/R1071/80 (Wallinger an Harrison, 22. Dezember 1954, ein auch sonst bemerkenswerter Bericht über Figls Einschätzung der sowjetischen Politik; Harrison notierte handschriftlich: „Dr. Figl is admirably robust"). Figl verbrachte insgesamt 68 Monate, also fünf Jahre und acht Monate in NS-Haft, davon 63 Monate in den Konzentrationslagern Dachau, Flossenbürg und Mauthausen. Vgl. Trost, *Figl von Österreich*, 128, sowie Angaben über die Daten von Figls Haft in Mauthausen in einem Aktenvermerk im Archiv des Öffentlichen Denkmals und Museums Mauthausen, Kopie im Besitz von G.S.

selbsterklärend, dass ein früheres Opfer des NS-Regimes von einem Vertreter eines ehemaligen Verbündeten dieses Regimes die Streichung der Verantwortlichkeitsklausel forderte. Figl erklärte, wenn Österreich „nunmehr als grundsätzlich neutraler Staat mit der besonderen politischen und moralischen Aufgabe und Verantwortung eines solchen Staates in Erscheinung treten und in dieser Rolle gewissermaßen seine künftige Staatsidee finden und realisieren soll", dann wäre es doch geradezu „zweckwidrig und widersinnig, diesem neuen österreichischen Neutralitäts- und Friedensfaktor bei seiner Geburt ein Schuldmal aufzubrennen und so seine innere und äußere Entwicklung mit einer moralischen Hypothek zu belasten". Nun gaben Molotov, Dulles, Macmillan und Pinay ihr Einverständnis, dass der Absatz gelöscht werden könne.[71]

Die Löschung dieser auf die Moskauer Österreich-Erklärung zurückgehenden Verantwortlichkeitsklausel ist mehr als drei Jahrzehnte später als „Pyrrhussieg" bezeichnet worden, als „moralisch nie haltbar" und „politisch kontraproduktiv".[72] Es trifft zu, dass die juristische Betonung der Handlungsunfähigkeit Österreichs als Staat zwischen 1938 und 1945 dazu beitrug, die moralische Reflexion über die Rolle vieler Österreicher als Mittäter und Nutznießer der NS-Verbrechen zu erschweren[73] – weniger allerdings in den ersten Nachkriegsjahren als zwischen den Fünfziger- und Siebzigerjahren –, und ebenso politische Initiativen zur Entschädigung der vertriebenen Opfer der NS-Herrschaft zu bremsen.[74]

Im außenpolitischen Umfeld jenes 14. Mai 1955 stand es allerdings außer Zweifel, dass Österreich die Chance wahrnehmen wollte, sich einer Belastungsformel zu entledigen. Immerhin war nur neun Tage zuvor die Bundesrepublik Deutschland – ohne Friedensvertrag – souverän geworden, und nur fünf Tage zuvor – genau zehn

71 BMAA, Amtsvermerk Zl. 302.598-6VR/55; österr. Mitschrift der Sitzung der Außenminister vom 14. Mai 1955, AdR, BMAA, II-Pol. Zl. 322.267-Pol/55. Trotz des schließlich erfolgreichen Bemühens um die Eliminierung des Abs. 3 der Präambel blieb ein Hinweis auf Österreichs „Teilnahme am Kriege als integrierender Teil Deutschlands" möglicherweise unbemerkt und scheint jedenfalls im Text der Präambel weiterhin auf (in Abs. 7 der ursprünglichen, Abs. 6 der endgültigen Fassung der Präambel zum Staatsvertrag).

72 Albert Sternfeld „Image und Wirklichkeit", in: *Wiener Journal,* Dezember 1987/Jänner 1988, 9f, abgedruckt in: Anton Pelinka/Sabine Mayr, Hrsg., *Die Entdeckung der Verantwortung. Die Zweite Republik und die vertriebenen Juden,* Wien 1998, 6.

73 Hierzu zahlreiche Beiträge in: Wolfgang Kos/Georg Rigele, Hrsg., *Inventur 45/55. Österreich im ersten Jahrzehnt der Zweiten Republik,* Wien 1996. Wir können uns allerdings den in diesem Band mehrfach verwendeteten Begriff der „Lebenslüge" der Zweiten Republik nicht zu eigen machen, da wir ihn nicht für eine korrekte Beurteilung der Angelegenheit halten.

74 Hierzu aufschlussreich Brigitte Bailer, „Alle waren Opfer. Der selektive Umgang mit den Folgen des Nationalsozialismus", ebd., 181–200. – Wichtiger für diesen „selektiven Umgang" war allerdings das konkrete Kalkül betreffend das Wählerpotenzial ehemaliger NS-Anhänger.

Jahre und einen Tag nach der Kapitulation des Deutschen Reiches – war der Bundeskanzler und Außenminister der Bundesrepublik Deutschland als Verbündeter im Kreise der NATO empfangen worden. Am gleichen Tage, dem 14. Mai, war die DDR – ebenfalls ohne Friedensvertrag – als Gründungsmitglied in den von der Sowjetunion inspirierten Warschauer Pakt aufgenommen worden. Der österreichische Staatsvertrag, wenngleich selbst kein Friedensvertrag, war doch der letzte der nach dem technischen Muster der Friedensverträge von 1946/47 mit Italien, Finnland, Ungarn, Rumänien und Bulgarien geschneiderten Verträge. Zu erinnern ist auch daran, dass die nunmehr eliminierte Belastungsformel – auf Vyšinskijs Verschärfung und Juridifizierung der Moskauer Erklärung zurückgehend – den Staat „Österreich" und nicht, wie ursprünglich im anglo-amerikanischen Entwurf der Moskauer Erklärung geplant, die österreichische Bevölkerung oder das österreichische Volk für die Teilnahme am Kriege verantwortlich machte.[75] Es ist nicht von der Hand zu weisen, dass bei Beibehaltung der ursprünglichen englisch-amerikanischen Formel für die Moskauer Erklärung, die „the Austrian people" mit Verantwortung bedachte und nicht den Staat „Austria", die Frage der Mittäterschaft und Nutznießung vielleicht eher diskutiert worden wäre als angesichts des von den Sowjets durchgesetzten Staatsbegriffes „Austria".

Mit der Einigung über den Text der Präambel herrschte, erstmals seit Beginn der Staatsvertragsverhandlungen Anfang 1947, vollständige Einigkeit zwischen allen vier Mächten und Österreich über den gesamten Text des Staatsvertrages. Nunmehr ging Molotov zur Neutralitätsfrage über. Er verlas jene fünf Punkte des Moskauer Memorandums (I.1–5), die die zukünftige Neutralität Österreichs betrafen. Die Außenminister der Westmächte, denen der Inhalt des Memorandums ja bereits bekannt war, erklärten ihr grundsätzliches Einverständnis mit den im Moskauer Memorandum enthaltenen österreichischen Absichten. John Foster Dulles sagte, dass die Vereinigten Staaten mit dem Memorandum vertraut seien und keinen Einwand dagegen hätten, „daß Österreich einen Kurs verfolgt, so wie er in diesem Memorandum niedergelegt ist". Antoine Pinay gab bekannt, wenn die österreichische Regierung eine solche Erklärung abzugeben wünsche, sei dies ihr volles Recht.

75 In seiner Rede in Jerusalem am 9. Juni 1993 sagte Bundeskanzler Vranitzky u.a.: „Wir müssen mit dieser Seite unserer Geschichte leben, mit unserem Anteil an der Verantwortung für das Leid, das nicht von Österreich – der Staat existierte nicht mehr – sondern von einigen seiner Bürger anderen Menschen und der Menschheit zugefügt wurde. Wir haben immer empfunden und empfinden noch immer, daß der Begriff ‚Kollektivschuld' auf Österreich nicht anzuwenden ist. Aber wir anerkennen kollektive Verantwortung, Verantwortung für jeden von uns, sich zu erinnern und Gerechtigkeit zu suchen." Zit. bei Thomas Albrich, „Holocaust und Schuldabwehr. Vom Judenmord zum kollektiven Opferstatus", in: Steininger/Gehler, *Österreich im 20. Jahrhundert,* Bd. 2, 99 (Datum irrtümlich mit 10. Juni angegeben).

Die anderen Mächte könnten diese jedoch erst kommentieren, wenn sie sie gesehen hätten. Harold Macmillan sagte, die Regierung des Vereinigten Königreiches habe „prinzipiell keine Einwände dagegen", „daß die österreichische Regierung den hier aufgezeigten Weg beschreitet". Er kam auch auf die Frage einer Garantieerklärung zu sprechen und meinte, die britische Regierung müsste „natürlich vorher den Text einer solchen Garantieerklärung kennen." Außenminister Figl betonte, dass seine Regierung zu dem Moskauer Übereinkommen stehe.[76]

Hierauf legte Molotov den sowjetischen Entwurf einer Erklärung der vier Mächte vor, wonach diese Regierungen „den Status der immerwährenden Neutralität Österreichs von einer solchen Art, wie sie die Schweiz in ihren Beziehungen zu anderen Staaten einhält, achten und aufrechterhalten werden".[77] Die drei westlichen Außenminister betonten übereinstimmend, dass sie zunächst den genauen Text der österreichischen Erklärung kennen und studieren müssten. Dulles sagte, dass er keinen prinzipiellen Einwand gegen die sowjetischerseits vorgeschlagenen Formulierungen hätte.[78] Figl teilte mit, dass die Bundesregierung im Sinne des Moskauer Memorandums entschlossen sei, dem Parlament eine Neutralitätserklärung zur Beschlussfassung vorzulegen. Er fügte hinzu, dass die österreichische Delegation bereit sei, den Außenministern einen vorläufigen Entwurf einer Neutralitätserklärung vorzulegen – ein Anerbieten, das von Molotov als Vorsitzendem angenommen wurde.[79] Überdies erklärte sich Figl mit dem sowjetischen Entwurf der Vier-Mächte-Erklärung zur österreichischen Neutralität einverstanden.[80]

Der Sowjetunion war es offenbar darum zu tun, die im Moskauer Memorandum zum Ausdruck gekommene Bereitschaft Österreichs zur Neutralität mit dem Ab-

---

76 Zit. nach der in der Anm. 71 genannten Mitschrift. Die französische Mitschrift der Sitzung ist veröffentlicht in: *DDF 1955*, IBd. 1, 647–653 (Nr. 281).

77 Zitiert nach der TASS-Meldung über die Außenministerkonferenz, vollständiger Abdruck in: *Die Initiative der Sowjetunion brachte Österreich den Staatsvertrag. Dokumente und Materialien zum Abschluß des Staatsvertrags mit Österreich*, Wien 1955, 8–11. Der russische Originaltext sowie zwei sprachlich leicht abweichende deutsche Übersetzungen in: AdR, BMAA, II-Pol, Zl. 322.143-Pol/55. Das in der veröffentlichten Übersetzung mit „aufrechterhalten" übersetzte russische Verbum *„sobljudat"* wurde in der dem Ballhausplatz zugesandten inoffiziellen Übersetzung wohl zutreffender mit „einhalten" übersetzt.

78 Pinay schien etwas reservierter als Dulles, und zwar bezüglich des Verfahrens; Macmillan war im Prinzip einverstanden, betonte jedoch, dass alle Punkte der vorgeschlagenen Erklärung der vier Mächte sorgfältig zu prüfen wären. Mitschrift wie in Anm. 71.

79 Der österreichische Entwurf ist in engl. Übersetzung veröffentlicht in *FRUS 1955–1957*, Bd. 5, 114f; er entsprach bereits inhaltlich exakt und mit ganz geringfügigen formalen Unterschieden dem von allen vier Parteien am 25. Mai 1955 im Nationalrat eingebrachten Entschließungsantrag, der am 7. Juni vom Nationalrat angenommen wurde.

80 Ebd., 113, sowie der in Anm. 81 genannte TASS-Bericht.

schluss des Staatsvertrages zu verbinden. Dies erklärt wohl die Verlesung der fünf entscheidenden Punkte durch Molotov – mit dem Kommuniqué über diese Sitzung gelangten sie erstmals an die Öffentlichkeit, denn die Österreicher hatten das Moskauer Memorandum noch nicht veröffentlicht. Eine Absprache mit den Österreichern scheint es vor der einseitigen Veröffentlichung des vollständigen Textes durch die Nachrichtenagentur TASS am 15. Mai nicht gegeben zu haben. Übersetzungen fanden danach Eingang in verschiedene ausländische Presseorgane. Der authentische deutsche Text wurde erst am 22. Mai vom sowjetischen Informationsorgan in Österreich, der *Österreichischen Zeitung*, und drei Tage später von der Bundeskanzler Raab nahestehenden *Österreichischen Neuen Tageszeitung* publiziert.[81]

Am Abend des 14. Mai versammelten sich die Außenminister der vier Mächte zu einem Abendessen in der Residenz des US-Botschafters. Hier wurde vor allem über die kommende Gipfelkonferenz und über die Abrüstungsfrage gesprochen, doch kamen Mitarbeiter Molotovs neuerlich auf die von sowjetischer Seite gewünschte Vier-Mächte-Erklärung zu sprechen, die ihrer Ansicht nach den Abschluss des Staatsvertrages begleiten sollte.[82] Dieser Wunsch ging nicht in Erfüllung. Zu (gleichlautenden) Erklärungen der vier Mächte über die Neutralität Österreichs sollte es erst sieben Monate später kommen.

Molotov selbst schlug gemäß den aus Moskau erhaltenen Weisungen seinen westlichen Kollegen vor, die kommende Gipfelkonferenz in Wien abzuhalten.[83] Dies stieß bei Dulles und Macmillan auf taube Ohren.[84] Intern hatte Dulles gegen Wien als Tagungsort geltend gemacht, es würde eine „katastrophale" Wirkung auf Deutschland ausüben, wenn Wien, als Belohnung für die Neutralität, sogleich zu einem Zentrum europäischer Aktivität gemacht würde, einschließlich der Beratung der Zukunft Deutschlands. Offiziell argumentierten Dulles und Macmillan, Österreich wäre zum Zeitpunkt der Gipfelkonferenz noch besetzt. Bekanntlich fand die Gipfelkonferenz zwei Monate später in Genf statt.[85]

81 Der Text in *AdG,* 1955, 5163f, basiert auf dem Text des Moskauer Memorandums, wie er von der TASS am 15. Mai 1955 veröffentlicht wurde; ebenfalls abgedruckt als Dokumentenanhang Nr. 4.

82 *DDF 1955*, Bd. 1, 653, Anm. 1 (Nr. 281).

83 AVPRF, Fonds 06, op. 14, p. 10, d. 118, ll. 84–90, hier l. 89 (auch in SBKA, Depot von Quellen aus dem AVPRF). Die finale Version der Instruktionen und der Resolution in: KPdSU, Präsidium, Ukazanija Sovetskoj delegacii na soveščanii ministrov innostranych del SSSR, SŠA, Anglii i Francii v Vene s učastiem predstavitelej Avstrii, k Prot. 120 P. 18, 14. Mai 1955, in: RGANI, f. 3, op. 8, d. 238, ll. 84–87.

84 Französische Mitschrift der Abendberatungen am 14. Mai 1955, *DDF 1955, Annexes*, Bd. 1, 139–143, hier 141.

85 Günter Bischof, „The Making of the Austrian State Treaty and the Road to Geneva", in: Günter Bischof/Saki Dockrill, Hrsg., *Cold War Respite: The Geneva Summit of 1955*, Baton Rouge 2000, 117–154.

Den krönenden Abschluss nicht nur der dramatischen Entwicklungen der letzten Wochen, sondern beinahe eines Jahrzehntes des Ringens um die Freiheit Österreichs brachte die Unterzeichnung des Staatsvertrages am Sonntag, dem 15. Mai 1955; die oft beschriebene und im Bild festgehaltene Zeremonie prägte nachhaltig die Erinnerung der Bevölkerung. Auf Einladung der österreichischen Regierung fand sie auf österreichischem Boden, im Schloss Belvedere, statt. Der Staatsvertrag trägt neun Unterschriften: für die vier Mächte unterschrieben jeweils der Außenminister sowie der Hochkommissar in Österreich (oder im Falle Frankreichs der Stellvertretende Hochkommissar); in der Reihenfolge der Unterschriften waren dies Molotov, Il'ičëv, Macmillan, Wallinger, Dulles, Thompson, Pinay und Lalouette. Für Österreich unterschrieb Figl. Die Reihenfolge ergab sich aus der bereits 1947 festgelegten Nennung der vertragschließenden Parteien in der Präambel des Staatsvertrags.

Unmittelbar auf die Unterzeichnung folgten Gratulationsreden der Außenminister und die Dankesrede Figls. Dulles hatte am Vortag angemessene Kürze – jeweils etwa zwei Minuten pro Rede – vorgeschlagen, Molotov jedoch hatte entgegnet, dass die Reden, wenn erforderlich, auch länger dauern könnten. Tatsächlich sprach Molotov etwa viermal so lang wie seine Kollegen; in einer politischen Propagandarede kam er auch auf Deutschland zu sprechen und attackierte die angebliche „Wiedergeburt des deutschen Militarismus". Den Staatsvertrag pries Molotov als Beispiel für die Lösung bestehender internationaler Fragen. Figls Dankesrede war im gewohnten, aber bei diesem Anlass nicht unpassenden Pathos, gehalten: „Wenn nun die Glocken von ganz Österreich, vom Bodensee bis zum Neusiedlersee, von der Thaya bis zu den Karawanken, läuten, dann läuten sie eine neue Zeit für Österreich ein, dann künden sie, daß Österreich frei ist."[86]

Nach der Unterzeichnungszeremonie gab es für die ausländischen Gäste ein Mittagessen in der Hofburg bei Bundespräsident Körner. Um 17 Uhr zelebrierte Kardinal Innitzer ein Te Deum im Stephansdom, an dem unter anderen Bundespräsident Körner und die Außenminister Pinay und Macmillan teilnahmen. Um sieben Uhr abends gab die Bundesregierung ein Bankett in Schloss Schönbrunn, dem um 9 Uhr ein Empfang für über 1200 Personen folgte. Dulles flog noch in der Nacht nach Washington zurück, Pinay und Macmillan reisten am nächsten Morgen ab, nur Molotov blieb einen Tag länger – er besuchte einige der Erdöl- und USIA-Betriebe und abends mit Figl die Staatsoper im Theater an der Wien, wo man Verdis *Il trovatore* gab.[87]

86 Die Erklärungen aller Außenminister in: *DÖA*, Nr. 173.
87 Wallingers Bericht vom 19. Mai 1955, TNAUK, FO 371/117801/RR1071/433.

4. Intermezzo: Eine schwere Krise – die Regierung Adenauer und der Staatsvertrag, Mai–November 1955

Des einen Freud, des anderen Leid. Konrad Adenauer war aus zweifachem Anlass zutiefst verärgert: einerseits wegen der österreichischen Einigung mit den vier Mächten in der Frage des Deutschen Eigentums, und andererseits wegen Österreichs neuen Neutralitätsstatus', und der Angst vor der Bildung eines Neutralitätsgürtels in Europa.[88] Intern schimpfte der westdeutsche Bundeskanzler über „die ganze österreichische Schweinerei"[89] und ließ den Bundesvorstand der CDU wissen: „Die Gebeine Hitlers sind nicht aufzufinden, sonst würde ich anheimstellen, diese Gebeine Hitlers wieder in sein Heimatland zurückzuführen."[90] Was Adenauer nicht erwähnte, war, dass das deutsche Volk, nicht das österreichische, Hitler zum Kanzler gewählt hatte.

Die Krise zwischen Bonn und Wien war bereits am 14. Mai ausgebrochen, als Walter Hallstein, Staatssekretär im westdeutschen Außenministerium, den Gesandten in Wien, Mueller-Graaf, telegraphisch angewiesen hatte, sogleich Bundeskanzler Raab aufzusuchen und diesem die folgende Nachricht der westdeutschen Regierung zu überbringen: Die Lösung der deutschen Vermögensfrage im Staatsvertrag habe in Bonn „außerordentlich überrascht. Die Bundesregierung muß ihrem Befremden und ihrer Enttäuschung Ausdruck geben, daß Österreich an dieser Lösung mitgewirkt hat." Sie sei gezwungen, diese Lösung „hinzunehmen". Sie könne sie jedoch „niemals anerkennen". Die westdeutsche Regierung erwarte, dass sich Österreich mit der Entschädigung für den neuen Zusatz in Art. 35, Ziffer 13 zum „kleinen Deutschen Eigentum" befasse.[91]

---

88 Zu Adenauers großen Sorgen über einen Neutralitätsgürtel in Europa und seinem Urteil, dass das Einschwenken in der Frage Österreichs ein „von Moskau klug berechneter Schritt" war: Ders., *Erinnerungen 1953–1955*, Stuttgart 1966, 441–446, Zitat 441. Adenauers Sorge war durch eine Äußerung Präsident Eisenhowers bei dessen Pressekonferenz am 18. Mai 1955 gestiegen, der die Bildung eines solchen Gürtels von Norden nach Süden in Europa für möglich hielt; die heftige diplomatische Reaktion Adenauers führte zu einer Erklärung Dulles' vor der Presse am 24. Mai, eine Neutralitätspolitik käme für ein Land wie Deutschland nicht in Frage. Dulles hielt jedoch nach seiner Rückkehr aus Österreich intern die Herauslösung der Satellitenstaaten aus der sowjetischen Kontrolle, etwa nach dem Vorbild Finnlands, für erwägenswert. Vgl. Felken, *Dulles und Deutschland*, 288–291.

89 Zit. bei Hans-Peter Schwarz, *Adenauer. Der Staatsmann: 1952–1967*, Stuttgart 1991, 184, nach dem Protokoll einer Besprechung Adenauers mit den Diplomaten Blankenhorn, von Herwarth und Krekeler am 25. Mai 1955.

90 Adenauer in seinem Bericht an den CDU-Bundesvorstand vom 3. Juni 1955, in: *Adenauer: „Wir haben wirklich etwas geschaffen." Die Protokolle des CDU-Bundesvorstands 1953–1957*, bearb. v. Günter Buchstab, Düsseldorf 1990, 499.

91 Der Text der Drahtweisung ausführlicher zitiert bei: Hansen, „Eine peinliche Mission", 235. Die

Nach offenbar längeren Bemühungen wurde Mueller-Graaf um 21 Uhr von Außenminister Figl angerufen, er möge um 22 Uhr in Figls Wohnung (in Wien-Döbling) erscheinen. Mueller-Graaf tat dies, und um 22 Uhr 25 traf auch Bundeskanzler Raab ein.[92] Mueller-Graaf berichtete tags darauf nach Bonn, Figl „leugnete, daß Österreich an der Lösung mitgewirkt habe" – dies ein Hinweis auf die Initiative der Amerikaner bei der endgültigen Regelung des Staatsvertragsartikels über das Deutsche Eigentum. Auch Raab erklärte, dass Österreich bereit sei, später mit der Bundesrepublik zu verhandeln, insbesondere auch über eine Entschädigung, dies könne aber erst erfolgen, „wenn die Sowjets das Land geräumt hätten". Es sei ihm nicht möglich, „vorher in dieser Richtung etwas zu sagen, weil die Sowjets sonst womöglich nicht räumen würden". Dies war übrigens ein Argument, das Raab und Figl, wie zu zeigen sein wird, noch mehrfach im Laufe der kommenden Monate gegenüber bundesdeutschen Gesprächspartnern verwenden sollten.[93]

Als Ausdruck des Bonner Protestes wurde Mueller-Graaf sogleich nach seiner Démarche vom 14. Mai nach Bonn zurückberufen; er kehrte erst im August auf seinen Posten in Wien zurück und nahm im September wieder die politischen Gespräche mit den Regierungsspitzen (Raab, Schärf) auf, hielt sich allerdings in der Zwischenzeit fallweise inoffiziell in Wien auf. Schon Ende Mai verfasste er eine lange Denkschrift zum Konflikt in der Eigentumsfrage. Mueller-Graaf ortete das Zentrum der antideutschen Einstellung im „Gebaren der intransigenten nationalistischen [gemeint war österreichisch-nationalistischen, Anm. d. Verf.] Clique von einigen scharfen Sozialisten und antideutschen Ultra-Konservativen" (!). Nur zehn Jahre nach einem von Deutschland verursachten Weltkrieg schien es dem deutschen Diplomaten unverständlich zu sein, dass sein Land in Österreich nicht auf allgemeines Wohlwollen stieß. Trotz seinem Ärger berührte er aber bereits wesentliche Punkte,

> welche dagegen sprechen, dem Konflikt von deutscher Seite eine polemische Schärfe zu geben. Damit würden wir nur denen dienen, welche Österreich innerlich möglichst weit von Deutschland zu entfernen versuchen, ja wir würden sogar der in Österreich gegenwärtig sehr unbedeutenden Gruppe in die Hand

---

Weisung erliegt in: PAAA, Ref. 506, 518g-165/55g. Niels Hansen war 1955 der bundesdeutschen Wirtschaftsdelegation in Wien zugeteilt. Der Aufsatz Hansens ist sehr informativ, allerdings teilweise von starken Emotionen und Einseitigkeiten durchsetzt.

92 Der österreichische, von Figls Sekretär Lukas Beroldingen angefertige Aktenvermerk deckt sich weitgehend mit Hallsteins Weisung an Mueller-Graaf. AdR, BMAA, II-Pol, Zl. 322.194-Pol/55.

93 Drahtbericht Mueller-Graafs, zitiert bei Hansen, „Eine peinliche Mission", 243, erliegt in: PAAA, Ref. 304, Tb. Nr. 418/55g (= FS Nr. 87 v. 15. Mai 1955).

arbeiten, welche sich der Hoffnung hingibt, Österreich langsam vom Westen zu trennen und in die Arme der sowjetischen Weltseite zu drängen.

Unbeschadet der in der deutschen Bevölkerung hochgehenden Wogen der Emotion (und wohl auch seiner eigenen, in der Nacht vom 14. zum 15. Mai explosiv zum Ausdruck gekommenen Erregung)[94] schien es Mueller-Graaf zweifelhaft, „ob sich eine Verstimmung gegenüber Österreich durchhalten läßt". Es dürfe im gegenwärtigen Konflikt „keinen Augenblick das Ziel aus dem Auge verloren werden", zwischen „den beiden Staaten, welche eben ihre Souveränität erlangt haben, so bald wie möglich ein anständiges nachbarliches Verhältnis herzustellen".[95] Nichtsdestoweniger unterließ es Bonn sogar, zum Staatsvertrag zu gratulieren.

Adenauer legte noch am Vortag der Staatsvertragsunterzeichnung bei der US-amerikanischen, britischen und französischen Regierung wegen Art. 22, Abs. 13 des Staatsvertrages Protest ein, und zwar in außerordentlich ernsten Worten. In Adenauers Schreiben an den amerikanischen Botschafter in Bonn, James Conant, hieß es, eine solche zehn Jahre nach Kriegsbeendigung vorgenommene Maßnahme gegen deutsches Auslandsvermögen sei nicht zu erwarten gewesen (!). „Umso enttäuschender ist für mich die augenscheinlich im letzten Augenblick getroffene Regelung der deutschen Vermögensfrage, die nicht nur die deutsch-österreichischen Beziehungen aufs schwerste belasten wird, sondern auch der von mir verfolgten Außenpolitik abträglich sein muß."[96]

Tatsächlich hatte sich die Bundesrepublik bereits 1952 gegenüber den Westmächten verpflichten müssen, die Bestimmungen über das deutsche Auslandsvermögen („external assets") in Österreich „hinzunehmen", die zwischen den vier Mächten bzw. im zukünftigen Staatsvertrag mit Österreich getroffen werden würden.[97] Diese

---

94 „Deeply agitated at new language Article 35", wie Thompson nach Washington berichtete, habe Mueller-Graaf Raab und Figl mit einem deutschen Touristen-Embargo gedroht, wenn die Vertragsbestimmungen über das Deutsche Eigentum umgesetzt würden; dies habe die amerikanische Botschaft vertraulich aus dem Wiener Außenamt erfahren. Thompson an State Department, Telegramm 2793, 17. Mai 1955, NA, RG 59, 663.001/5-1755. Diese Drohung erinnerte auf unheilvolle Weise an Hitlers Tausend-Mark-Sperre, die 1933–1936 Österreichs Wirtschaft lähmen sollte.

95 Bericht Mueller-Graafs, datiert Wien(!), 31. Mai 1955: PAAA, Bd. VS-4696a, Zl. 62/55g, zu 506-518g-191/55g.

96 Text in: PAAA, Verschlussakten Bd. VS-4696a (Aktenzeichen des Bandes 245-03/94.19, offengelegt September 1994); die gleiche Äußerung erging auch an den britischen bzw. den französischen Botschafter.

97 „Vertrag zur Regelung aus Krieg und Besatzung entstandener Fragen" zwischen der BRD, den USA, Großbritannien und Frankreich vom 26. Mai 1952, genannt „Überleitungsvertrag", als Zusatzvertrag zu dem „Vertrag über die Beziehungen zwischen der Bundesrepublik Deutschland und den Drei Mächten" (sog. „Generalvertrag") vom gleichen Tage abgeschlossen. Das Inkrafttreten dieser

„Hinnahme"-Verpflichtung war in die Pariser Verträge vom Oktober 1954 übernommen worden.[98]

Dazu kam, dass sich die rechtliche Situation für die Bundesrepublik tatsächlich durch das ganz Österreich betreffende Rückübertragungsverbot (mit Ausnahme des „kleinen Eigentums") verschlechtert hatte.[99] Die Westmächte blieben allerdings unnachgiebig; in ihren Antworten auf Adenauers Protest beharrten sie auf der völkerrechtlichen Position, die durch den Überleitungsvertrag und durch den Staatsvertrag gegeben war. Sehr entschieden reagierten die Amerikaner.[100] Der Stell-

---

Verträge war an das Inkrafttreten des Vertrages über die Europäische Verteidigungsgemeinschaft gebunden, zu dem es infolge des Scheiterns der Ratifikation in Frankreich nie kam. Zur Beziehung zwischen dem EVG-Vertrag und dem deutschen Generalvertrag siehe Küsters, *Der Integrationsfriede*, 544–620. Die für Österreich relevante Bestimmung (Teil VI, Art. 3, Abs. 2) lautete: „Die Bundesrepublik wird die Bestimmungen über die Behandlung des deutschen Auslandvermögens hinnehmen, die in einem Abkommen enthalten sind, bei dem die gegenwärtigen Besatzungsmächte Parteien sind, oder die in dem zukünftigen Staatsvertrag mit Österreich getroffen werden." In Art. 5 verpflichtete sich die Bundesrepublik, die früheren Eigentümer der in Art. 3 angesprochenen Werte zu entschädigen. Text in: Bundesgesetzblatt der Bundesrepublik Deutschland, 1955/II, Nr. 8, ausgegeben am 31. März 1955, 440 u. 441.

98 Der „Vertrag zur Regelung aus Krieg und Besatzung entstandener Fragen" wurde (mit einigen Modifikationen) durch das „Protokoll über die Beendigung des Besatzungsregimes in der Bundesrepublik Deutschland" vom 23. Oktober 1954 in das System der Pariser Verträge übernommen. Damit wurde auch die das Deutsche Eigentum in Österreich betreffende „Hinnahme"-Klausel rechtskräftig. Österreich war im Vorfeld der „Hinnahme"-Verpflichtung durchaus aktiv gewesen. Figl und Gruber wandten sich bezüglich des Deutschen Eigentums in den Westzonen an den britischen Außenminister Herbert Morrison anlässlich dessen Wien-Besuches im Mai 1951. Morrison berichtete: „They felt unhappy about Austria's position in relation to these assets. They considered that clarification was required regarding the possibility of the Germans' asserting valid claims for the eventual recovery of their assets in Austria. They feared pressure from the Federal German Government and mentioned that there had been already indications of this form of German pressure in Germany and in Austria." Morrison gab eine mündliche und vertrauliche, aber präzise ausformulierte Zusicherung ab, wonach es „die feste Ansicht der britischen Regierung" sei, sicherzustellen, „dass die Geltendmachung deutscher Ansprüche auf dieses Eigentum verhindert wird". Es sei der westdeutschen Bundesregierung bereits von der britischen, französischen und amerikanischen Regierung klargemacht worden, „dass sie keinerlei deutsche Anregungen entgegennehmen können, die dahingehen, dass deutsches, im Ausland gelegenes Eigentum [„German external assets"] wieder erlangt werden könnte". Gruber brachte Morrisons Erklärung dem Ministerrat zur vertraulichen Kenntnis. Englischer Text in: TNAUK, FO 800/630 (Herbert Morrison Papers: Bericht Morrisons aus Wien vom 23. Mai 1951 über sein Gespräch mit Figl und Gruber vom 22. Mai); deutsche (nicht immer präzise) Übersetzung in Grubers Ministerratsvortrag Zl. 138.322-Pol/51 v. 30. August 1951, in: AdR, MinRProt Nr. 261 v. 11. September 1951, Beil. I.

99 Hierzu zutreffend eine Aussendung des Presse- und Informationsdienstes der deutschen Bundesregierung vom 18. Mai: „Der Entwurf des alten Vertrages ließ offen, ob Eigentum zurückgegeben würde oder nicht." Text in: AdR, BMAA, II-Pol, Zl. 322.328-Pol/55 (Bericht Rotter vom 18. Mai 1955).

100 Vgl. Weisung Dulles' an die Botschaft in Bonn für die amerikanische Antwort v. 17. Mai, Telegramm

vertreter des amerikanischen Botschafters in Bonn und frühere Hochkommissar in Österreich, Walter Dowling, äußerte sich besonders kritisch zur bundesdeutschen Reaktion auf den Staatsvertrag.[101] Die Briten folgten nach einigen internen Diskussionen[102] mit einer Antwort an Adenauer, deren Ton man nur als „eisig" bezeichnen kann.[103] Die Kernsätze des Schreibens lauteten: „Her Majesty's Government in the United Kingdom are surprised to learn that the Federal Government should regard these provisions [Art. 22, Abs. 13 Staatsvertrag] as being an unexpected or unjustified step against German property. Your Excellency will be aware that this property was divested of its German ownership by Control Council Law No. 5 dated the 30th of October, 1945." Weiters wurde auf die bundesdeutsche „Hinnahme"-Verpflichtung im Überleitungsvertrag aufmerksam gemacht sowie auch auf Österreichs Verpflichtung im Staatsvertrag, auf alle Ansprüche Österreichs und österreichischer Staatsbürger gegen Deutschland und deutsche Staatsbürger als Folge der deutschen

Nr. 3236, in: NA, RG 59, 663.001/5-1755. Hierzu Kommentar Thompsons aus Wien, ebd. 663.001/5-1955, der darauf hinwies, dass der Staatsvertrag die Rückgabe „kleinen" Deutschen Eigentums auch aus der Sowjetzone ermögliche, während in Moskau ein vollständiges Übertragungsverbot zwischen Sowjets und Österreichern vereinbart worden war.

101 Als Dowling geltend machte, die deutschen „external assets" seien ja nicht bloß in Österreich, sondern auch in den anderen von Deutschland besetzten Ländern und auch in den USA ihren früheren Besitzern entzogen worden, habe Hallstein auf die Volksabstimmung in Österreich vom April 1938 verwiesen. Bericht des Botschafters Rotter nach Wien Zl. 59-Pol/55 vom 20. Mai 1955 über Gespräche mit Dowling am 16. und 19. Mai: AdR, BMAA, II-Pol, ZI.322.332-Pol/55, sowie Bericht Rotters vom 22. Juni, Zl. 69-Pol/55, über ein weiteres Gespräch mit Dowling; ebd., Zl. 323.249-Pol/55.

102 U.a. Vorschläge Botschafter Wallingers aus Wien v. 19. Mai 1955, in: TNAUK, FO 371/117801/RR1071/419. Der britische Botschafter in Bonn, Sir Frederick Hoyer Millar, telegraphierte am 23. Mai nach London mit Anregungen für eine Verschärfung der britischen Antwort an Adenauer und kommentierte die bundesdeutsche Haltung in folgenden Worten: „The Germans are clearly feeling their oats [am besten idiomatisch zu übersetzen: „Die Deutschen sticht der Hafer"] after regaining sovereignty. Their ill-judged handling of the Austrian affair is only one instance of this." TNAUK, FO 371/117801/RR1071/431.

103 Antwortschreiben des Botschafters Frederick Hoyer Millar an Adenauer v. 26. Mai 1955 in: TNAUK, FO 371/117802/RR1071/455, Abschrift in: AdR, BMAA, II-Pol, Zl. 323.521-Pol/55. Die persönliche Überreichung dieses Schreibens durch den Gesandten Allen im Auswärtigen Amt beim Gesandten Wolfgang von Welck (PAAA, Bd. VS-4696a, Aufzeichnung Welcks v. 26. Mai 1955) ergab ein unerquickliches Gespräch. Allen sagte, „die deutsche Note hätte bei den Regierungen der Westmächte deshalb einen peinlichen Eindruck hervorgerufen, weil dieser deutsche Protest den ersten Schritt der Zusammenarbeit zwischen der Bundesrepublik und den Westmächten seit in Kraft treten [sic!] der Verträge gebildet hätte." Welck wiederum empfand es als „besonders peinlich", dass die Bundesregierung nicht vorher informiert oder konsultiert worden war. Zu Welcks Gespräch mit dem Amerikaner Dowling am Tage zuvor notierte Welck (Aufzeichnung vom 25. Mai, ebd.), dass Dowling „sehr energisch" sprach und „mit großem Nachdruck" sagte, er „könne nur den dringenden Rat aussprechen, daß die Bundesregierung in dieser Frage die Dinge auf sich beruhen lasse". Die amerikanische Antwortnote an Adenauer erliegt in Abschrift in: AdR, BMAA, II-Pol, Zl. 325.590-Pol/55.

Besetzung Österreichs zu verzichten: „The fact that Austria was forcibly annexed by the German Reich and was occupied for seven years, during which time it was integrated financially and administratively into the Reich, inevitably gave rise to numerous claims against Germany which at this stage it would be difficult to assess and settle. In the view of Her Majesty's Government, the transfer to the Austrian Government of Former German assets in Austria provides Austria with some measure of compensation for the renunciation of its claims against Germany." Die französische Antwort fiel milder aus.[104]

Die österreichische Botschaft in Bonn wusste auch zu berichten, dass sich Adenauer sehr bitter über Österreich geäußert habe.[105] Die stärksten Impulse für den Anschluss seien stets von Österreich ausgegangen, sagte er, und erwähnte Georg von Schönerer, Karl Lueger, die „erste Version der österreichischen Verfassung von 1919" und das deutsch-österreichische Zollunionsprojekt von 1931. Dass jedoch der reale Anschluss als Resultat deutscher Aggression erreicht worden war, berücksichtigte Adenauer nicht. Allerdings teilten nicht alle in Bonn Adenauers Einseitigkeit. Am 21. Juni griff der Sozialdemokrat Carlo Schmid im Bundestag die Regierung heftig an: Das Auswärtige Amt dürfe keinen Unterschied zwischen großen und kleinen Staaten machen; die Enteignung des deutschen Vermögens in den USA sei zwar mit Bedauern, aber ohne diplomatischen Protest zur Kenntnis genommen worden, im Falle Österreichs habe die Bundesregierung grobes Geschütz auffahren lassen. Adenauer erwiderte, es sei bekannt, dass Deutschland mit den USA im Kriege gestanden habe, während in Österreich die Dinge wohl ganz anders gelegen wären. Nirgends sei Hitler so begeistert aufgenommen worden wie in Wien.[106]

Ende Juni 1955 zeichnete sich eine Wende ab. Heinrich von Brentano scheint die beschwichtigende Kraft gewesen zu sein. Bei einer Pressekonferenz in Berlin am 25. Juni äußerte der neue Außenminister den Wunsch, „daß die guten freundschaftlichen Beziehungen, die wir zu unserem Nachbarvolk haben möchten, bald wieder hergestellt sein werden".[107] Brentano akzeptierte auch spontan die Einladung des österreichischen Stellvertretenden Missionschefs in Bonn mit freundlichen Worten und der Leiter der Länderabteilung im Auswärtigen Amt, Gesandter Wolfgang von

104 Note des Botschafters André François-Poncet an Adenauer v. 25. Mai 1955, frz. Wortlaut (Kopie von Botschafter Vollgruber aus Paris nach Wien gesendet) in: AdR, BMAA, II-Pol, Zl. 322.941-Pol/55.

105 Information des österr. Presseattachés Seiffert vom 25. Juni 1955, Beilage zu dem Bericht Zl. 73-Pol/55 des (zeitweiligen) österr. Geschäftsträgers in Bonn Erich Pichler; AdR, BMAA, II-Pol, Zl. 323.316-Pol/55.

106 Telegr. Bericht der Botschaft Bonn nach Wien v. 21. Juni 1955: AdR, BMAA, II-Pol, Zl. 323.289-Pol/55.

107 Bericht Pichlers vom 27. Juni, ebd.

Welck, versuchte eine Entschuldigung für Adenauers Äußerungen – er sei überarbeitet und werde älter.[108]

Auch von österreichischer Seite waren Initiativen gesetzt worden, um die Beziehungen Wien–Bonn zu entschärfen. Im Auftrag Raabs fuhr der Generalsekretär der ÖVP, Alfred Maleta, um den 18./19. Juni unter größter Geheimhaltung in die Bundesrepublik, um CDU-Politiker zu kontaktieren.[109] Außenminister Figl wiederum suchte den Kontakt mit dem ihm befreundeten deutschen Bundesfinanzminister Fritz Schäffer; das Gespräch über das Deutsche Eigentum fand unter vier Augen am 11. August 1955 in einem Salzburger Gasthof statt.[110] Figl betonte Österreichs Bereitschaft, die sich ergebenden Fragen in „freund-nachbarlichem Geist" zu regeln und der Bundesrepublik Deutschland möglichst Entgegenkommen zu beweisen. Laut Schäffers Aufzeichnung betonte Figl auch, dass Österreich die Politik Adenauers mit allen ihr zur Verfügung stehenden Mitteln unterstützen wolle. „Der Geist Adenauers sei der Geist der Politik, die die Kultur Europas vor dem Osten allein retten könne."

Langsam kamen auch in Wien die Gespräche auf offizieller Ebene wieder in Gang. Im September nahm Mueller-Graaf, wieder auf seinen Posten zurückgekehrt, politische Gespräche auf. Am 6. September sprach er mit Raab. Dieser sagte, er wünsche so viel Eigentum wie möglich zurückzugeben, jedoch müsse er die Räumung des Landes abwarten, „bevor er den Vertrag breche". Mueller-Graaf entgegnete, dass seines Erachtens eine weitgehende wirtschaftliche Wahrung der Eigentümerinteressen mit dem Wortlaut der Verträge nicht in Widerspruch stehe.

Acht Tage später betonte Mueller-Graaf gegenüber Schärf die große Bedeutung der von Hitler-Deutschland während der Nazi-Jahre 1938 bis 1945 im besetzten Österreich geleisteten „Investitionen". Er wies darauf hin, dass Westdeutschland trotz seiner (im Überleitungsvertrag festgelegten) Verpflichtung zur Entschädigung deutscher Staatsbürger, die durch das Rückübertragungsverbot Verluste erlitten hatten, Entschädigungsleistungen von Österreich erwartete – dies sei der „Prüfstein" für die zukünftige Entwicklung der Beziehungen der beiden Staaten.[111] Damit hatten die

108 Bericht Pichlers vom 29. Juni 1955, Zl. 74-Pol/55, AdR, BMAA, II-Pol, Zl. 323.393-Pol/55.

109 PAAA, Bd. VS-4696a. Am 20. Juni fand in der Wachau auf Einladung Außenminister Figls ein Diplomatenausflug statt (*WZ*, 22. Juni 1955, 2), und Maleta hat (ohne Datenangaben) geschildert, dass er von seiner Geheimmission zurückkehrend sich in Dürnstein dem Diplomatenausflug zugesellte, wo ihn allerdings der sowjetische Botschaftsrat Timoščenko mit der Frage überraschte, ob er mit dem Ergebnis seiner Reise nach Bonn zufrieden sei. Maleta, *Entscheidung für morgen*, 160f, sowie Mock/Khol/Steiner, *Neue Fakten zu Staatsvertrag und Neutralität*, 86f.

110 Gedächtnisniederschrift Schäffers „über die Besprechung mit dem Außenminister der Republik Österreich, Herrn Figl, in Salzburg, am Donnerstag, 11.8.1955, abends", in PAAA, Bd. VS-4696a.

111 Fernschreiben Mueller-Graafs vom 6. und vom 14. September 1955, PAAA, Bd. VS-4696a; ausführ-

ersten Vorgespräche zu sehr schwierigen und jahrelangen Verhandlungen begonnen. Anfang Oktober kam Hans Berger, der Leiter der Rechtsabteilung im Bonner Auswärtigen Amt, nach Wien. Die Gespräche verliefen in einer äußerst frostigen Atmosphäre.[112] Raab lehnte Verhandlungen über die Frage einer Entschädigung an frühere deutsche Eigentümer ab; er sagte, man könne doch nicht von ihm verlangen, dass er später einmal in einen Wahlkampf gehe als ein Mann, der für das Deutsche Eigentum in Österreich zweimal bezahlt habe. Bergers Ansinnen, deutsche Experten zur Vorbereitung des endgültigen Textes des geplanten ersten Staatsvertragsdurchführungsgesetzes heranzuziehen, wurde von Raab strikt abgelehnt. „Vorläufig sei Österreich noch kein Gau der Bundesrepublik Deutschland."[113]

Erst sechs Wochen später brachte ein Besuch des westdeutschen Außenministers Brentano in Wien den Durchbruch zu einem Neubeginn der deutsch-österreichischen Beziehungen.[114] Es wurde beschlossen, reguläre diplomatische Vertretungen im Range von Botschaften zu errichten. Übereinkunft für die Bildung einer gemischten Kommission wurde erzielt; Raab und Brentano fanden viele freundliche Worte für den jeweiligen Nachbarstaat und für die Gestaltung der zukünftigen Beziehungen. Langwierige Verhandlungen führten schließlich zum Vermögensvertrag zwischen Österreich und der Bundesrepublik Deutschland vom 15. Juni 1957, der ein ebenso detailliertes wie komplexes System zur Streitbeilegung und Regelung der vermögensrechtlichen Fragen enthielt.[115] Die Rückgabe des sogenannten „kleinen" Deutschen Eigentums mit der Wertgrenze 10.000 Dollar (260.000 Schilling) wurde schließlich in einem sehr großzügigen Interpretationsrahmen durchgeführt.[116]

---

licher Erinnerungsvermerk Schärfs über die Unterredung mit Mueller-Graaf am 12. September 1955, VGAB, Nachlass Schärf, 4/223. Vgl. Schärf, *Tagebuchnotizen des Jahres 1955*, 217–219.

112 Zum „ultimativen Benehmen" Bergers und Mueller-Graafs vgl. Telegramm des Wiener Außenamtes an die österr. Vertretung Bonn, AdR, BMAA, II-Pol, Zl. 325.145-Pol/55.

113 Amtsvermerk über die Vorsprache Bergers bei Bundeskanzler Raab am 4. Oktober 1955, in: AdR, BMAA, II-Pol. Zl. 325.261-Pol/55; zusammenfassender Bericht über Bergers Wien-Besuch ebd., Zl. 325.212-Pol/55.

114 Der Besuch Heinrich von Brentanos fand zwischen 16. und 18. November 1955 statt. *AdG,* 1955, 5479D. Am 21. Dezember 1955 konstituierte sich die österreichisch-deutsche Gemischte Kommission, deren Arbeiten schließlich zu dem Vertrag vom 15. Juni 1957 führten. Zu diesem vgl. kurz zusammenfassend Pape, „Die deutsch-österreichischen Beziehungen", 170f.

115 Der Text des Vermögensvertrages, einschließlich amtlicher österreichischer und bundesdeutscher Kommentare, in: Plöchl/Vlcek, *Rechtsvorschriften über das deutsche Eigentum,* 27ff, hier bes. 32. In diesem Band ebenfalls enthalten ist das mehrfach novellierte 1. Staatsvertragsdurchführungsgesetz vom 25. Juli 1956, BGBl. Nr. 164/1956. Für die zeitgenössische Publikation eines „Insiders" siehe Fritz Bock, *Das Durchführungsgesetz zum Deutschen Eigentum,* Wien 1956. Zur Tätigkeit des Schiedsgerichtes, das aufgrund des Vermögensvertrages vom 15. Juni 1957 errichtet wurde, vgl. Ignaz Seidl-Hohenveldern, *The Austrian-German Arbitral Tribunal,* Syracuse, N. Y., 1972.

116 Nach Pape („Die deutsch-österreichischen Beziehungen", 170f) regelte der Vermögensvertrag von

5. Die Staatsvertragsratifizierung, Restitutions- und Entschädigungsfragen, der Abzug der Besatzungsmächte und das US-Militärhilfsprogramm, Juni–Oktober 1955

Bevor der Alliierte Rat seine Tätigkeit einstellen und insbesondere die Drei-Monatsfrist zum Abzug der Besatzungstruppen zu laufen beginnen konnte, waren noch einige Dinge erforderlich: die Vertragsgenehmigung durch die verschiedenen Parlamente, Ratifizierung durch die Staatsoberhäupter und die Hinterlegung der Ratifizierungsurkunde beim vertraglich vereinbarten Depositarstaat, der Sowjetunion. Nichtsdestoweniger wurde schon bald nach der Unterzeichnung mit dem Abbau der Tätigkeit der Vier-Mächte-Behörden und mit der Vorbereitung des Abzuges begonnen.

Der österreichische Nationalrat erteilte dem Staatsvertrag seine Genehmigung am 7. Juni 1955, einen Tag später stimmte der Bundesrat zu und unterfertigte Bundespräsident Körner die Ratifizierungsurkunde; sie wurde am 14. Juni von Botschafter Bischoff in Moskau hinterlegt. Auch die vier Mächte erledigten das Ratifikationsverfahren rasch, zuerst die Sowjetunion, dann die USA, Großbritannien, und etwas verzögert Frankreich.[117]

1957 die Rückgabe von 99% des deutschen Eigentums natürlicher Personen im Wert von 500 bis 600 Mio. DM, während die ursprüngliche staatsvertragliche Regelung lediglich eine Rückgabe von Vermögenswerten von höchstens 100 bis 120 Mio. DM erlaubt hätte. Die deutsche Gegenleistung bestand darin, dass der im Staatsvertrag (Art. 23, Abs. 3) verankerte Forderungsverzicht österreichischer Gläubiger gegenüber deutschen Schuldnern im privaten Rechtsbereich aufgehoben wurde. Vgl. ders., *Ungleiche Brüder*, 445–459. Zu den österreichisch-westdeutschen Beziehungen und Eigentumsangelegenheiten siehe Michael Ebert, *Bonn – Wien: Die deutsch-österreichischen Beziehungen von 1945 bis 1961 aus westdeutscher Perspektive unter besonderer Berücksichtigung der Österreichpolitik des Auswärtigen Amtes*, Diss. Univ. Kiel 2003; Matthias Pape, „Krisen und Irritationen: Der Staatsvertrag im deutsch-österreichischen Verhältnis 1955–1959", in: Suppan/Stourzh/Mueller, *The Austrian State Treaty*, 503–552; sowie Rudolf Jeřábek, „Vermögensfragen im deutsch-österreichischen Verhältnis 1955–1957", ebd., 553–600. Kritisch zu den sehr weitreichenden österreichischen Konzessionen der Artikel „Deutsches Eigentum – ein Nachwort", in der Innsbrucker Wochenzeitung *Der Volksbote* v. 29. Juni 1957; erliegt in: AdR, BMAA, II-Pol, Zl. 221.738-Pol/57. Ein kurzer Überblick über die im Staatsvertrag enthaltenen Eigentumsregelungen bei Hans-Peter Folz, „Die vermögensrechtlichen Bestimmungen des Staatsvertrages", in: Hummer, Hrsg., *Staatsvertrag*, 139–157. Wie oben gezeigt wurde, ist es jedoch weder richtig, dass Artikel 22 (35) „einer der Hauptpunkte, die den Abschluss des Staatsvertrages so lange verzögerten" war, noch dass Artikel 22 „den Erwerb des Deutschen Eigentums durch die Republik Österreich" vorsah. (ebd., 141, 143).

117 Das Präsidium des Obersten Sowjets der UdSSR ratifizierte den Staatsvertrag am 11. Juni 1955; nach Zustimmung des US-Senates am 17. Juni ratifizierte Präsident Eisenhower den Vertrag am 24. Juni 1955; das britische Unterhaus stimmte am 29. Juni 1955 in zweiter und dritter Lesung zu: die französische Nationalversammlung stimmte dem Vertrag am 12. Juli, der Rat der Republik am 21. Juli 1955 zu. Die Hinterlegung der Ratifikationsurkunden in Moskau erfolgte seitens Österreichs am 14. Juni,

Die französischen Ratifikationsdebatten nahmen eine überraschende Wende.[118] In der Assemblée nationale, der unteren Kammer des französischen Parlamentes, wurde geltend gemacht, der Begriff *Traité d'État* – Staatsvertrag – finde sich nicht in der französischen diplomatischen Terminologie; die parlamentarische Genehmigung erfolgte somit für den „Vertrag über die Wiederherstellung eines unabhängigen und demokratischen Österreich". Von großem Interesse waren die Beratungen im Oberhaus des französischen Parlamentes, im Rat der Republik. Der Berichterstatter, Senator Ernest Pezet von den Christdemokraten (MRP[119]), war seit langen Jahren ein guter Kenner Österreichs; er hatte in den Dreißigerjahren stark mit den Abwehrbestrebungen des Ständestaates gegen die Vereinnahmung durch NS-Deutschland sympathisiert und 1938 ein den Verlust von Österreichs Unabhängigkeit beklagendes Buch geschrieben, das nach Kriegsende in veränderter Form, nun mit hoffnungsvollen Perspektiven, neu herauskam.[120] Dieses Buch ist eine politische Analyse von höchstem Rang. Wie bereits erwähnt, arbeitete Pezet besonders deutlich heraus, dass auf der Botschafterkonferenz vom Mai 1955 ein Kernstück des Vertrages, die Bestimmungen über den langfristigen Verbleib des Erdölkomplexes und den dauernden Verbleib der DDSG in Ostösterreich in sowjetischen Händen, zwar im gültigen Vertragstext verblieb, jedoch durch den Einbau der in Moskau gemachten sowjetischen Konzessionen seiner Wirksamkeit beraubt wurde. Pezet fügte eine etwas skeptische Bemerkung über die strategischen Folgen des Staatsvertragsabschlusses in Verbindung mit der Erklärung der Neutralität Österreichs hinzu: es werde eine „enorme und lange Neutralitätssperre" („barrage de neutralité") von Genf bis Ungarn errichtet, welche die strategischen Dispositionen und die militärischen Verbindungslinien der NATO zerschneide.

Wesentlich schärfer äußerte sich der damals dem Rat der Republik angehörende General Béthouart, bekanntlich bis 1950 Hochkommissar und Oberkommandeur der französischen Truppen in Österreich. Er verfasste eine schriftliche Stellungnahme für die Ratifikationsdebatte, bat seinen Kollegen Pezet, diese zu verlesen, und reiste am Vorabend der Debatte nach Marokko ab. Béthouart bemerkte in sei-

---

seitens der UdSSR am 5. Juli, seitens der USA am 9. Juli, seitens Großbritanniens am 19. Juli und seitens Frankreichs am 27. Juli 1955. Vgl. die einschlägigen Meldungen in *AdG* bzw. für die Hinterlegungsdaten Department of State, *Treaties and other International Acts Series 3298, Austrian State Treaty* (= Department of State Publication 6016), Washington 1955, 167.

118 Zum folgenden vgl. ausführlich Gerald Stourzh/Silvia Streitenberger, „La position internationale de l'Autriche après la seconde guerre mondiale. Quelques réflexions sur l'origine du Traité d'État et de la neutralité autrichienne avec égard particulier aux débats parlementaires français de 1955", in: *Austriaca* (Rouen) 4, 1978, Sondernummer, 215–234.

119 Mouvement républicain populaire; dies war auch die Partei Bidaults und Schumans.

120 Ernest Pezet, *Fin de l'Autriche, fin d'une Europe,* Paris 1938; ders., *L'Autriche et la paix,* Paris 1945.

ner Stellungnahme, dass die politische Aktion der Sowjetunion in Österreich von strategischen Überlegungen geleitet worden sei; es sei nicht besonders beruhigend („rassurant"), dass auf westlicher Seite die strategischen Gegebenheiten praktisch gar keine Rolle gespielt hätten. Wörtlich setzte Béthouart fort: „Die Neutralisierung Österreichs bricht das Gleichgewicht der Kräfte zugunsten der Sowjets an diesem neuralgischen Punkt Europas. Sie stellt einen unbestreitbaren strategischen Erfolg für die sowjetische Diplomatie dar." Es drängt sich doch der Gedanke auf, dass Béthouart auf seine Weise das im parlamentarischen Leben nicht seltene „Verlassen des Saales vor der Abstimmung" praktizierte. Robert Schuman, geschäftsführender Außenminister, bemühte sich, beruhigend zu wirken. Schon bisher sei ja die militärische Stärke der westlichen Besatzungstruppen in Österreich wesentlich geringer als die der Sowjetunion gewesen – jene der Franzosen „praktisch [nur mehr] symbolisch"; überdies sei es ja nicht gestattet gewesen, „sich unserer westlichen Besatzungszone in der Organisation der atlantischen Verteidigung zu bedienen".[121]

In die Zeit der Ratifikationsverfahren fiel eine wichtige Phase der Verhandlungen zwischen der Bundesregierung und dem „Committee for Jewish Claims on Austria". Die Basis dafür war der Artikel 26 zu Interessen von Minderheitengruppen in Österreich, über den man im Juli 1949 übereingekommen war; er sah vor, dass Österreich all jenes Eigentum zurückgeben solle, welches „wegen der rassischen Abstammung oder der Religion des Eigentümers Gegenstand gewaltsamer Übertragung oder von Maßnahmen der Sequestrierung, Konfiskation oder Kontrolle gewesen" war. In Fällen, in denen eine Rückgabe oder Rückerstattung unmöglich war, war eine Kompensationszahlung vorgesehen. Eigentum ohne Erben solle „für Hilfe und Unterstützung von Opfern der Verfolgung [...] verwendet werden". Die Verhandlungen mit dem „Claims Committee" führten am 18. Juli 1955 zur Einigung über die Errichtung eines Hilfsfonds, der von der Bundesregierung mit 550 Mio. Schilling dotiert werden sollte. Es ist kein Zufall, dass gerade das Ratifikationsverfahren des Staatsvertrages – vor allem in den USA, wo der Senat seine Zustimmung zum Vertrag zu erteilen hatte – Druck auf die Regierung erzeugte, der erstmals zu greifbaren Ergebnissen führte, die auch von den Organisationen akzeptiert wurden, welche die Interessen der von der NS-Herrschaft aus Österreich vertriebenen

121 Für Pezets Bericht vgl. oben Anm. 57. Die zitierten Passagen der Debatte im Original in Stourzh/Streitenberger, „Position internationale", 228f, entnommen aus: „Débats parlementaires. Conseil de la République, Compte rendu in extenso des séances, vol. 4, session de 1955, 53e séance, séance du 21 juillet 1955", in: *Journal officiel de la République Française* 53, 1955, 1871f, 1875. Bruno Kreisky gegenüber äußerte sich Geoffrey Harrison, der mit Macmillan zur Staatsvertragsunterzeichnung nach Wien gekommen war, skeptisch: „Wie lange wird das halten?" Mündliche Mitteilung Kreiskys an G.S. anlässlich eines Seminars am 27. Jänner 1971 im Historischen Institut der Universität Wien.

Juden vertraten. John Foster Dulles hatte selbst zweimal die Notwendigkeit einer Regelung unterstrichen, einmal gegenüber Raab im November 1954 in Washington und neuerlich gegenüber Raab und Schärf am 13. Mai 1955 in Wien. Überdies gab es während des Ratifizierungsverfahrens im Senat mehrfach Anfragen bezüglich der Regelung jüdischer Forderungen, und das State Department ließ Botschafter Gruber nicht im Unklaren über den Zusammenhang des Ratifikationsverfahrens mit dem zufriedenstellenden Fortgang der Verhandlungen.[122]

Gespräche zwischen der Interessengemeinschaft jüdischer Organisationen, der „Conference on Jewish Material Claims against Germany“, und dem Staat Israel einerseits und der Bundesrepublik Deutschland andererseits hatten am 10. September 1952 zum sogenannten Luxemburger Abkommen über Wiedergutmachungsleistungen der Bundesrepublik geführt. Bei diesen Verhandlungen hatte die „Claims Conference“ zunächst auch die Berücksichtigung „zeitweise eingegliederter Gebiete“ wie etwa Österreich bei den deutschen Zahlungen gefordert. Die deutsche Bundesregierung lehnte jedoch die Einbeziehung von Opfern des Nazi-Regimes, die dazu gezwungen worden waren, Österreich zu verlassen, ab.[123] Das Luxemburger Abkommen sah Globalzahlungen der Bundesrepublik an den Staat Israel in Höhe von 3 Mrd. DM und an die „Claims Conference“ in Höhe von 450 Mio. DM vor.[124] Unmittelbar nach diesem Abschluss erklärte der israelische Außenminister Moshe Sharett, dass Israel nicht die Absicht habe, an Österreich ähnliche Forderungen zu richten, dass jedoch zwischen jüdischen Organisationen und der österreichischen Regierung Gespräche im Gange seien, um von dieser eine Einladung zur Aufnahme von Verhandlungen über die Wiedergutmachungsfrage zu erhalten.[125]

---

122 Albrich, „Es gibt keine jüdische Frage“, 162f, mit Hinweis auf ein Gespräch Grubers im State Department am 3. Juni 1955, NA, RG 59, 611.63/6-355. Vgl. u.a. auch *SN*, 20. Mai 1955, zit. bei Dietmar Walch, *Die jüdischen Bemühungen um die materielle Gutmachung durch die Republik Österreich*, Wien 1971, 93.

123 Beschluss des Bundeskabinetts am 8. September 1952; bei Constantin Goschler, *Wiedergutmachung. Deutschland und die Verfolgten des Nationalsozialismus (1945–1955)*, München 1992, 278. Franz Böhm, ein Mitglied der westdeutschen Delegation, kritisierte Österreich, „das, statt seine Mithaftung anzuerkennen, sich als überfallenes Kind hätscheln“ lasse. Zit. aus einer Sitzung am 26. März 1952, ebd. 270. Franz Böhm warf den Österreichern außerdem vor, sie wären „die gewalttätigsten Nazis“ gewesen. Zit. nach Oliver Rathkolb, „Restitution und Entschädigung 1955–1961 vor dem Hintergrund der Wiedergutmachungsdebatte in der Bundesrepublik Deutschland“, in: Suppan/Stourzh/Mueller, *Der österreichische Staatsvertrag 1955*, 677. Obwohl diese Anschuldigungen durchaus wahr sein können, so muss doch daran erinnert werden, dass die nazistische antijüdische Gesetzgebung in Österreich erst infolge des deutschen Überfalles auf das Land möglich war.

124 Goschler, *Wiedergutmachung*, 282.

125 Pressekonferenz Sharetts in der israelischen Gesandtschaft in Paris am 11. September 1952, in: *Die Presse*, 12. September 1952. Vgl. auch Michael Wolffsohn, „Das deutsch-israelische Wiedergutmachungsabkommen von 1952 im internationalen Zusammenhang“, in: *VfZ* 36, 1988, 691–731, hier 721 (ein längerer Abschnitt zu Österreich 721–727).

Dem „Committee for Jewish Claims on Austria" ging es um zweierlei: die finanzielle Erleichterung der Notlage der aus Österreich vertriebenen Juden und die Verbesserung der österreichischen Gesetzgebung für Opfer der NS-Verfolgung im In- und Ausland. Die im Juni 1953 schließlich einsetzenden und mehrfach unterbrochenen Verhandlungen wurden durch vier Aspekte zusätzlich erschwert: a) die juristische Argumentation, dass der Staat Österreich mit den Untaten der NS-Zeit nichts zu tun habe;[126] b) die Junktimierung der jüdischen Entschädigungsforderungen mit Forderungen auf Berücksichtigung der in den Jahren 1933–1938 der sozialdemokratischen Partei und vielen ihrer Anhänger zugefügten Schäden; c) Ansprüche von Gruppen, die sich nicht durch das „Claims Committee" vertreten sahen, insbesondere Geschädigte des NS-Regimes jüdischer Herkunft, die nicht der jüdischen Religionsgemeinschaft angehörten; und d) das innenpolitische Schielen auf die Wählerstimmen ehemaliger Nationalsozialisten.[127]

Anlässlich seines Amerika-Besuches im November/Dezember 1954 war Julius Raab massiv mit Protesten jüdischer Organisationen und Persönlichkeiten konfrontiert gewesen und hatte durch israelische Diplomaten signalisiert, dass Öster-

126 Wolffsohn, ebd., 724, beschreibt dies: „Österreichs Regierung packte das Problem legalistisch an, während für die Bundesregierung in Bonn – vorsichtiger und zutreffender formuliert: für Adenauer – das Primat der moralisch-pädagogischen Überlegungen galt." In einer Weisung des Wiener Außenamtes vom 17. Juni 1952 an den Generalkonsul in Tel Aviv, Karl Hartl, hieß es zum Thema Judenverfolgungen durch das Hitler-Regime: „Die Bundesrepublik Österreich, die selbst vom nationalsozialistischen Deutschland gewaltsam besetzt wurde, hat mit diesen Dingen nichts zu tun". Zit. von Albrich, „Es gibt keine jüdische Frage", 160. In einer Diskussion im Ministerrat im November 1948 sagte Handelsminister Kolb: „das Unrecht, das den Juden zugefügt wurde, hat Österreich nicht zugefügt. Österreich und das Großdeutsche Reich, das ist ein Unterschied." Innenminister Helmer entgegnete: „Was den Juden weggenommen wurde, kann man nicht auf die Plattform ‚Großdeutsches Reich' bringen. Ein Großteil fällt schon auf einen Teil unserer lieben Mitbürger zurück." Knight, *„Ich bin dafür, die Sache in die Länge zu ziehen"*, 197 (MRProt. Nr. 132 v. 9. November 1948).

127 Zur Gesamtproblematik vgl. zusätzlich zu den bereits genannten Arbeiten von Albrich, Bailer, Knight und Wolffsohn vor allem Thomas Albrich, „Jewish Interests and the Austrian State Treaty", in: G. Bischof/A. Pelinka, Hrsg., *Austria in the New Europe* (= Contemporary Austrian Studies 1), New Brunswick – London 1993, 137–164, sowie Rathkolb, *Washington ruft Wien*, 212–227. Unter den rezenteren Veröffentlichungen der Historikerkommission der Republik Österreich siehe insbesondere Clemens Jabloner u.a., Hrsg., *Schlussbericht der Historikerkommission der Republik Österreich* (= Veröffentlichungen der Österreichischen Historikerkommission 1), Wien 2004; Brigitte Bailer-Galanda, *Die Entstehung der Rückstellungs- und Entschädigungsgesetzgebung: Die Republik Österreich und das in der NS-Zeit entzogene Vermögen* (= Veröffentlichungen der Österreichischen Historikerkommission 3), Wien 2003; Bruno Simma/Hans-Peter Folz, *Restitution und Entschädigung im Völkerrecht: Die Verpflichtungen der Republik Österreich nach 1945 im Lichte ihrer außenpolitischen Praxis* (= Veröffentlichungen der Österreichischen Historikerkommission 6), Wien 2004; Helga Embacher, *Die Restitutionsverhandlungen mit Österreich aus der Sicht jüdischer Organisationen und der Israelitischen Kultusgemeinde* (= Veröffentlichungen der Österreichischen Historikerkommission 27), Wien 2004.

reich zu einem Kompromiss bereit wäre.[128] Nur zwei Tage nach Unterzeichnung des Staatsvertrages berichtete Finanzminister Kamitz im Ministerrat über Besprechungen mit einer Delegation des Exekutivausschusses des „Claims Committee".[129] Die Bundesregierung beabsichtigte, über zehn Jahre einen Betrag von etwa 500 bis 600 Millionen Schilling bereitzustellen, um nunmehr einem über die in Österreich lebenden Opfer des NS-Regimes hinausgehenden Personenkreis, „insbesondere den Emigranten", Hilfe zu gewähren. Zusätzlich betonte der Bundeskanzler, dass die Regierung das ob wegen Erblosigkeit oder anderer Gründe „nicht in Anspruch genommene Vermögen" grundsätzlich zugunsten der in Österreich aus rassischen, religiösen oder politischen Gründen verfolgten Personen verwenden möchte. Art. 26 (Abs. 2) sah vor, dass erbloses oder mindestens sechs Monate nach Inkrafttreten des Staatsvertrages nicht beanspruchtes Vermögen von den vier Missionschefs in Wien im Wege von Vereinbarungen mit der österreichischen Regierung geeigneten Dienststellen oder Organisationen zu übertragen sei, damit sie für Hilfe und Unterstützung von Opfern der Verfolgung durch die Achsenmächte und für Wiedergutmachung an solche verwendet würden.[130]

Mit Schreiben vom 23. Mai setzte Nahum Goldmann, der Vorsitzende des Exekutivausschusses des „Claims Committee", den Bundeskanzler namens des Komitees in Kenntnis, dass es zur Aufnahme der Verhandlungen bereit sei.[131] Am 12. Juli 1955 teilte Raab im Ministerrat mit, dass aufgrund der Verhandlungen mit dem „Claims Committee" ein Fonds gebildet werde, dem durch zehn Jahre insgesamt 550 Mio. Schilling zugeführt werden sollten, „um Unterstützungen an unverschuldet in Not geratene emigrierte Österreicher gewähren zu können".[132]

Am 18. Juli empfing der Bundekanzlers im Beisein des Vizekanzlers und des Finanzministers Nahum Goldmann, Vorsitzender des Exekutivausschusses des Claims Committee, in Begleitung des Präsidenten der Kultusgemeinde Emil Maurer. Goldmann überreichte Raab ein Schreiben, in dem das Claims Committee den Vorschlag der Bundesregierung auf Schaffung eines Fonds von 550 Millionen Schilling

128 Wolffsohn, „Das deutsch-israelische Wiedergutmachungsabkommen", 726, aufgrund von Akten des israelischen Außenministeriums. Ein Erinnerungsvermerk Schärfs über die Besprechung bei Raab (zusätzlich anwesend Kamitz, Drimmel und Maisel) vom 14. Februar über die jüdischen Forderungen befindet sich in SBKA, Nachlass Kreisky, Material Staatssekretär, Mappe 1955.

129 Die Besprechungen „mit den Vertretern der Weltjudenschaft", wie die Mitschrift der Ministerratssitzung Kamitz' Worte wiedergibt, hätten in der Vorwoche (d. i. die Woche vor Abschluss des Staatsvertrages) stattgefunden, AdR, MRProt Nr. 92, 17. Mai 1955 (Verschluss).

130 Für den vollen Text des Art. 26 vgl. Dokumentenanhang, Nr. 6.

131 Mitteilung Raabs im Ministerrat am 14. Juni 1955. AdR, MRProt Nr. 96, 14. Juni 1955.

132 AdR, MRProt Nr. 100, 12. Juli 1955. Der Fonds sollte beim Bundesministerium f. Inneres gebildet werden.

„zur Hilfeleistung an politisch Verfolgte, die ihren ständigen Wohnsitz im Ausland haben" annahm. Goldmanns Schreiben fasste auch die weiteren Punkte der erzielten Übereinstimmung fest, insbesondere dass die Bestellung der Mitglieder des Kuratoriums des Hilfsfonds durch die Bundesregierung im Einvernehmen mit dem Claims Committee erfolgen werde[133]. Goldmann gab der Genugtuung Ausdruck, „daß es nach langwierigen Verhandlungen zu einer Verständigung bezüglich der Hilfeleistung für die von uns vertretenen Opfer der Verfolgung gekommen ist", und drückte gleichzeitig die Hoffnung aus, dass der „im Staatsvertrag vorgesehene Fonds des erblosen Vermögens", der zur Befriedigung notleidender Opfer der Verfolgung in Österreich benützt werden soll, baldmöglichst etabliert werde, und dass die berechtigten Ansprüche der israelitischen Kultusgemeinden recht bald eine befriedigende Regelung finden würden.[134] Mit Goldmanns Schreiben an Raab vom 18. Juli war also knapp vor Inkrafttreten des Staatsvertrages ein erster Schritt in der Frage der jüdischen Ansprüche gesetzt worden.[135]

---

133 Sehr unterschiedliche Vergleiche dieser österreichischen Leistung mit der Leistung der Bundesrepublik Deutschland gemäß dem Luxemburger Abkommen von 1952 sind angestellt worden. Vergleicht man die von Österreich mit dem „Claims Committee" vereinbarte Summe von 550 Mio. Schilling (= 22 Mio. Dollar – ursprünglich hatte das „Claims Committee" 80 Mio. Dollar in Aussicht genommen) mit der zwischen der BRD und der „Claims Conference" im Luxemburger Abkommen vereinbarten Summe von 450 Mio. DM (= etwa 120 Mio. Dollar), so kann man, wie dies Thomas Albrich tut, von einem „fair share" Österreichs im Verhältnis zur Größe und Wirtschaftskraft der Bundesrepublik sprechen. Albrich, „Jewish Interests and the Austrian State Treaty", 157. Michael Wolffsohn wirft hingegen zusätzlich die von der Bundesrepublik im Luxemburger Abkommen bereitgestellten Leistungen an den Staat Israel in Höhe von 3 Mrd. DM (rd. 800 Mio. Dollar) in die Waagschale und kommt dann zum Ergebnis, dass die Zahl von 550 Mio. Schilling lediglich ungefähr 2 Prozent des bundesdeutschen Wiedergutmachungsbetrags betrage, was deutlich unter dem Bevölkerungsanteil Österreichs im „Großdeutschen Reich" lag. Wolffsohn, „Das deutsch-israelische Wiedergutmachungsabkommen", 723.

134 AdR, MRProt Nr. 101, 19. Juli 1955; Goldmanns Schreiben vom 18. Juli erliegt abschriftlich als Beilage A/101 beim Protokoll dieses Ministerrates. Adolf Schärf notierte: „Nahum Goldmann erklärt, dass die Juden mit dem getroffenen Abschluss sehr zufrieden sind." Schärf, *Tagebuchnotizen des Jahres 1955*, 203.

135 In den Folgejahren gab es noch weitere, teilweise sehr schleppende Verhandlungen zu den teils bereits vorgesehenen, teils zusätzlichen Einrichtungen und finanziellen Leistungen. Das zur Errichtung des im Juli 1955 vereinbarten Hilfsfonds erforderliche Gesetz wurde als Regierungsvorlage von der Bundesregierung am 8. November 1955 verabschiedet und vom Nationalrat am 18. Jänner 1956 beschlossen (BGBl. 25/1956). Die Republik Österreich zahlte die vorgesehenen 550 Millionen schon früher als geplant bis 1961 in den Fonds ein. Für die Erfassung erblosen Vermögens wurde das Gesetz zur Errichtung der Sammelstellen am 13. März 1957 verabschiedet (BGBl. 73/1957); die ersten Auszahlungen erfolgten allerdings erst ab 1961. Es wurde insgesamt Vermögen von ca. 320 Mio. Schilling gesammelt (Knight, *„Ich bin dafür, die Sache in die Länge zu ziehen"*, 244; Margot Werner/Michael Wladika, *Die Tätigkeit der Sammelstellen* (= Veröffentlichungen der Österreichischen Historikerkommission 23), Wien 2004). Mit dem Finanz- und Ausgleichsvertrag von Bad Kreuznach vom 27. November 1961

Am 27. Juli 1955 wurde der Ratifikationsprozess des Staatsvertrages mit der Hinterlegung der letzten noch ausständigen Ratifikationsurkunde, jener Frankreichs, in Moskau abgeschlossen.[136] Am gleichen Tag hielt der Alliierte Rat in Wien unter

---

zwischen Österreich und der Bundesrepublik Deutschland wurde der Sammelstelle A ein Betrag von 6 Mio. DM zugeführt. Ein Betrag von 95 Mio. DM (= 600 Mio. Schilling) war zur Aufstockung des „Hilfsfonds" vorgesehen; aus statutarischen Gründen musste für die von der BRD zur Verfügung gestellten Mittel ein „Neuer Hilfsfonds" geschaffen werden (Bdsges. v. 13. Juni 1962, BGBl. 178/1962). Davon zu unterscheiden ist der in Erfüllung des Art. 26, Abs. 1 des Staatsvertrages errichtete „Fonds zur Abgeltung von Vermögensverlusten politisch Verfolgter" (Abgeltungsfonds), der mit Bundesgesetz vom 22. März 1961 (BGBl. 100/1961) geschaffen und mit 6 Mio. Dollar plus 10% Verwaltungskosten ausgestattet wurde. Gleichzeitig mit dem Gesetz über den Abgeltungsfonds wurde die 12. Novelle zum Opferfürsorgegesetz (BGBl. 101/1961) beschlossen, das bestimmte Leistungen auch an NS-Opfer, die nicht mehr die österreichische Staatsbürgerschaft besaßen, vorsah (Haftentschädigungen, Abgeltung für erlittene Freiheitsbeschränkungen, Entschädigungen für Träger des „Judensterns"); hierzu insbesondere Bailer, *Wiedergutmachung kein Thema*, 93–96. Mit einem Schreiben vom 19. Dezember 1961 gab Nahum Goldmann namens des „Jewish Claims Committee" an Finanzminister Josef Klaus eine „Entfertigungserklärung" ab, die allerdings später vielfach kritisiert wurde. Abdruck der Erklärung in Walch, *Die jüdischen Bemühungen*, Beilage XI. Für einen Überblick, siehe Embacher, *Die Restitutionsverhandlungen mit Österreich*, sowie auch Franz-Stefan Meissel, „Staatsvertrag und ‚Wiedergutmachung'", in: Thomas Olechowski, Hrsg., *Fünfzig Jahre Staatsvertrag und Neutralität*, Wien 2006, 123–143. Eine Einigung bezüglich Entschädigungszahlungen für „arisierte" Mietwohnungen wurde erst 2001 im Washingtoner Abkommen vom 17. Jänner zwischen den USA und Österreich erzielt. Dabei handelte es sich nur um einen Teil des Abkommens. Vgl. Stuart Eizenstat, *Imperfect justice: looted assets, slave labor, and the unfinished business of World War II*, New York 2003. Der Regulierungsfonds bestand aus 150 Mio. Dollar, woraus 20.196 Personen Zahlungen erhielten. Siehe dazu Simma/Folz, *Restitution und Entschädigung*, 270; Georg Graf, *„Arisierung" und Rückstellung von Wohnungen in Wien* (= Veröffentlichungen der Österreichischen Historikerkommission 14), Wien 2004; *10 Jahre Nationalfonds: Zahlen, Daten, Fakten*, hrsg. v. Renate S. Meissner im Auftrag des Nationalfonds der Republik Österreich für Opfer des Nationalsozialismus, Wien 2005, 18–22. Das Washingtoner Abkommen veröffentlicht in: *Österreichische Maßnahmen zur Restitution und Entschädigung von Opfern des Nationalsozialismus* (= Außenpolitische Dokumentation, Sonderdruck), Wien 2001, 86–103, besonders 88.

136 Art. 37 des Staatsvertrages räumte bestimmten anderen Staaten die Möglichkeit ein, dem Staatsvertrag „beizutreten". Acht Staaten traten in der Folge dem Staatsvertrag bei: die Tschechoslowakei (28. September 1955), Jugoslawien (28. November 1955), Polen (20. August 1956), Mexiko (28. Dezember 1956), Brasilien (15. September 1958), Kanada (23. Juni 1959), Neuseeland (26. September 1959) und Australien (10. August 1961); vgl. die genauen Angaben über die jeweilige Publikation im Bundesgesetzblatt. Die Diplomatie Österreichs und der westlichen Signatarstaaten bemühte sich mit nur teilweisem Erfolg, westlich orientierte Staaten zum „Beitritt" zu ermuntern. Rudolf Kirchschläger, damals Leiter der Völkerrechtsabteilung des österreichischen Außenamtes, merkte im August 1956 an, dass das Zögern westlicher Länder mit den Bestimmungen des Art. 27, Abs. 1 des Staatsvertrages, betreffend österreichische Eigentumsansprüche in den Alliierten und Assoziierten Mächten, zusammenhänge. Aktenvermerk L. M. Goodman über ein Gespräch mit Kirchschläger am 22. August 1956, NA, RG 59, 663.001/8-2256. Vgl. u.a. auch Aktenvermerk der Politischen Abteilung des Wiener Außenamtes v. 2. August 1956, AdR, BMAA, II-Pol, Zl. 517.020-Pol/56 u. Nachakten, sowie zu britischen und amerikanischen Bemühungen TNAUK, FO 371/124096/RR1071/54 sowie 69 (14. März bzw. 14. April 1956).

Vorsitz des französischen Hochkommissars François Seydoux seine letzte Sitzung ab und beschloss die Auflösung der Alliierten Kommission für Österreich. Die Fahnen der vier Mächte wurden vom Gebäude des Alliierten Rates eingeholt und Österreich wurde ein souveräner Staat.[137]

Als Resultat dessen traten zwei Abkommen in Kraft, die am 12. Juli zwischen Österreich und der Sowjetunion abgeschlossen worden waren. Das erste Abkommen betraf die Warenlieferungen als Ablöse des Vermögens, das laut Punkt 6 des Artikels 22 des Staatsvertrages durch die Sowjetunion an Österreich zu übergeben war. Es handelte sich um jene Lieferungen im Gesamtwert von 150 Millionen Dollar, die 1949 vereinbart worden waren und deren Abstattung in einem Zeitraum von sechs Jahren erfolgen sollte. Das zweite Abkommen betraf die Erdöllieferungen, die Österreich als Ablöse für die von der Sowjetunion an Österreich zu übergebenden Erdölunternehmungen akzeptiert hatte.[138]

Ebenfalls am 27. Juli begann die Frist von 90 Tagen zu laufen, die für den Abzug der Streitkräfte der vier Mächte im Staatsvertrag (Art. 20) vorgesehen war. Die Monate zwischen der Unterzeichnung und dem Inkrafttreten des Staatsvertrages einerseits und dem Ende der Räumungsfrist waren besonders bedeutend für die US-Programme, die den Aufbau einer österreichischen Armee unterstützten.[139] Seit Jahren waren die Vereinigten Staaten mit zwei zentralen politischen und strategischen Überlegungen beschäftigt: der Vermeidung eines militärischen Vakuums in Österreich nach Abzug der Westmächte und dem raschestmöglichen Wiederaufbau des österreichischen Bundesheeres.[140] Die USA hatten Materialien zur Ausrüstung

---

137 Ein Überblick des langjährigen Leiters der Rechtsabteilung des britischen Elementes der Alliierten Kommission, C. L. P. Gilshenan, „The Allied Control Machinery in Austria, 1945–1955 – A survey, with a critique of the Control Agreement" (34 Maschinschreibseiten) erliegt in: TNAUK, FO 371/117778/RR1016/22 (Beilage zu Bericht Wallingers Nr. 162, 9. November 1955).

138 Der Text dieser beiden Abkommen veröffentlicht in: *ÖZA* 4, 1964, 31–36.

139 Am 1. März 1956 spezifizierte der damalige Militärattaché in Wien, Delk M. Oden, Umfang und Ziele der amerikanischen Militärhilfe dahingehend, dass diese die Fähigkeit „of holding a part of Western Austria if assistance arrives in sufficient time" absichern solle, und auch „to be of direct assistance to the defense of the NATO area in the event of general war." Oden meinte auch: „Austrian military authorities consider active participation on the side of the West as their country's only possible course of action in the event of a general war." NA, RG 59, bei Zl. 763.5-MSP/4-2456. Dies wird in den Quellen mehrfach bestätigt. Im September 1956 richtete der Vorsitzende des amerikanischen Generalstabes, Admiral Radford, folgende Empfehlung an den Verteidigungsminister: „The strategic objective for Austrian defense forces be maintenance of internal security and a limited capability of delaying Soviet Bloc attack toward key passes into Italy and Western Europe." Memorandum vom 11. September 1956, in: NA, RG 59, 763.5/10-1056 (Beilage).

140 Vgl. oben Kap. IV. Zu den Übergangsphasen bei den Vorbereitungen und dem Aufbau des Bundesheeres vor und nach Abschluss des Staatsvertrages aus österreichischer Sicht besonders der Sammelband von Manfried Rauchensteiner/Wolfgang Etschmann, Hrsg., *Schild ohne Schwert. Das ös-*

des neuen Bundesheeres im Wert von 57,5 Mio. Dollar vorbereitet.[141] Die amerikanische Militärhilfegesetzgebung, im „Mutual Security Act" von 1954 neu geregelt (und 1955 ergänzt), sah vor, dass ein Staat nur dann US-Militärhilfe erhalten durfte, wenn er seine Bereitschaft erklärte, einen Beitrag zur Verteidigung der freien Welt machen zu wollen.[142] Obwohl Österreich aufgrund der Neutralität nicht in der Lage war, eine solche Erklärung abzugeben, setzten die USA mit mehreren Feststellungen („determinations") des Präsidenten Eisenhower die Militärhilfe für das Land fort.[143] Auch in den Folgejahren erfolgten derartige Freigaben, wobei Eisenhowers Ermessensspielraum auf 30 Mio. Dollar pro Fiskaljahr beschränkt war.[144] Die zwischen Juni 1955 und April 1959 erfolgten „determinations" für das „Military Assistance Program" betrafen somit insgesamt 109 Mio. Dollar.[145]

---

terreichische Bundesheer 1955–1970, Graz 1991. Zu den militärischen Komponenten der US-Politik gegenüber Österreich siehe Oliver Rathkolb, „Historische Bewährungsprobe des Neutralitätsgesetzes 1955. Am Beispiel der US-amerikanischen Österreichpolitik 1955–1959", in: Nikolaus Dimmel/Alfred-Johannes Noll, Hrsg., *Verfassung. Juristisch-politische und sozialwissenschaftliche Beiträge anläßlich des 70-Jahr-Jubiläums des Bundes-Verfassungsgesetzes,* Wien 1990, 122–141.

141 „Prior to the conclusion of the Austrian State Treaty a Stockpile of $57,500.000 worth of military equipment (designated as stockpile A) was established in accordance with the decision of the National Security Council to assist the post-treaty build-up of an Austrian Army to fill the military vacuum created by the withdrawal of the occupation forces." Memorandum des Direktors der International Cooperation Administration, John Hollister, an Präsident Eisenhower, 26. Oktober 1956, in: NA, RG 59, 763.5.-MSP/10-3156 (Beilage).

142 „...to make a full contribution to the defensive strength of the free world". Section 142 des Mutual Security Act 1954, genannt in einem Memorandum Hollisters an Eisenhower, 29. Juli 1955 (Beilage zu einem Schreiben Hollisters an J. F. Dulles, 8. August 1955), NA, RG 59, 763.5.-MSP/8-355.

143 Laut Section 401a des Mutual Security Act von 1954, auch in der 1955 ergänzten Fassung. Hiefür Hollisters eben genanntes Memorandum an Eisenhower vom 29. Juli 1955 sowie ebenfalls sein „Memorandum for the President" vom 26. Oktober 1956, in: NA, RG 59, 763.5.-MSP/10-3156 (Beilage). Vgl. die Quellenstücke in NA, RG 59, 763.5-MSP/8-355, sowie 763.5-MSP/10-3156. Die erste Materialfreigabe in Höhe von 20 Mio. Dollar würde es ermöglichen, etwa 17.000 Mann auszurüsten: Mitteilung des Generals Arnold in einem Gespräch mit Raab und Schärf am 16. Juli 1955, *FRUS 1955–1957,* Bd. 26, 17; in diesem Band auch weitere Dokumente zur Planung der amerikanischen Militärhilfe für Österreich im Übergang von der Besatzungszeit zur „Post-Treaty"-Situation. Größere Teile der in Livorno gelagerten Materialien wurden zwischen August und Oktober 1955 in insgesamt 1986 Güterwaggons nach Österreich transportiert und in Hörsching in Oberösterreich dem österreichischen Übernahmekommmando übergeben: Mario Duic, „Das Erbe von Kriegs- und Nachkriegszeit", in: Rauchensteiner/Etschmann, *Schild ohne Schwert,* 110; zu weiteren Materiallieferungen ebd., 111–113.

144 In einem Freigabeantrag im Oktober 1956 an den Präsidenten bemerkte Hollister: „Under its neutrality law, enacted to implement the Austro-Soviet understanding which made possible conclusion of the Austrian State Treaty, Austria cannot give such an undertaking." Memorandum Hollisters an den Präsidenten, 26. Oktober 1956, NA, RG 59, 763.5-MSP/10-3156.

145 Mit einer weiteren Bewilligung Präsident Eisenhowers von 9 Mio. Dollar für das Fiskaljahr 1959 (ursprünglich waren 27,5 Mio. Dollar beantragt worden) am 30. April 1959 ging das Hilfsprogramm für den Aufbau des Bundesheeres (mit Ausnahme eines kleinen Trainingsprogrammes 1960/61) zu

In den Monaten September/Oktober 1955 erfolgte der Abzug der Besatzungstruppen.[146] Bald wurden die minimalen französischen Kontingente abgezogen – 400 Mann verließen Wien mit Sonderzug am 9. September, die Übergabe von Material und Räumlichkeiten in Tirol war Mitte Oktober abgeschlossen. Der letzte französische Befehlshaber, Oberst Ollé-Laprune, verblieb in Wien als Militärattaché. Am 14. September wurde mit einer kleinen Zeremonie die interalliierte Militärpolizei für Wien – die durch einen Filmtitel berühmt gewordenen „Four in a Jeep" – aufgelöst. Die Sowjets übergaben am 13. August die großen Betriebskomplexe USIA, SMV (Mineralölproduktion) und OROP (Mineralölverteilung und -verkauf).[147] Am 19. September teilte der sowjetische Botschafter Il'ičëv dem Bundeskanzler mit, dass mit gleichem Tage die Räumung Österreichs durch sowjetische Truppen abgeschlossen sei. Vorhergegangen waren eine Reihe von Abschiedszeremonien und Kranzniederlegungen für die in Österreich gefallenen Soldaten. Briten und Amerikaner ließen sich insgesamt etwas mehr Zeit; im Großen und Ganzen schlossen sie aber die Räumung ihrer Zonen Mitte Oktober 1955 ab. Der letzte US-Befehlshaber, Generalmajor William Henry Nutter, verließ Salzburg mit seinem Personal am 24. Oktober in Richtung Bayern. Die Räumungsfrist lief am 25. Oktober 1955 ab. Offenbar waren die Briten die letzten, die Österreich verließen. Die letzte in ausländischer Hand befindliche Kaserne, Klagenfurt-Lendorf, wurde von den Briten am Morgen übergeben, und die „letzten Besatzungssoldaten" passierten am Spätnachmittag des gleichen Tages die Grenze bei Thörl-Maglern.[148]

Ende; hierzu *FRUS 1958–1960,* Bd. 9: *Berlin Crisis 1959–1960; Germany, Austria*, Washington 1993, 777, Anm. 5, sowie ebd. 826. Es gibt Quellen mit stark voneinander abweichenden Zahlen für das gesamte Militärhilfsprogramm (ebd. 786: „when completed" 130 Mio., ebd. 841 für 1955–1959 lediglich 80 Mio. Dollar). Zu dieser Thematik auch mehrere Arbeiten Rathkolbs (vgl. oben Anm. 140) sowie Rathkolb, *Washington ruft Wien,* 124–127.

146 Hierfür zahlreiche Berichte in der österreichischen Tagespresse; zum folgenden mit zahlreichen zusätzlichen Details zwei Berichte der amerikanischen Botschaft in Wien v. 30. September bzw. 4. November 1955, NA, RG 59, 763.0221/9-3055 sowie 763.0221/11-455.

147 Hierzu siehe Berichte der Tagespresse sowie einen ausführlichen Bericht der amerikanischen Botschaft in Wien Nr. 197, 24. August 1955, NA, RG 59, 863.19/8-2455.

148 Rauchensteiner, *Sonderfall,* 335. Für einen britischen Oberst fand erst am 29. Oktober in Klagenfurt eine Abschiedsfeier statt; Rauchensteiner, *Stalinplatz 4,* 278.

6. Die Erklärung der Neutralität und ihre Anerkennung, April–Dezember 1955

Am Tage *nach* dem Ablauf der Räumungsfrist, am ersten Tage der wiederhergestellten Freiheit Österreichs, beschloss der Nationalrat das Bundesverfassungsgesetz über die Neutralität Österreichs. Der 26. Oktober wird seit 1965 in Erinnerung daran als Nationalfeiertag begangen. Die Vorbereitungen für diesen Moment gingen noch in die Zeit vor den Moskauer Verhandlungen zurück. Vor Moskau stand eine Erklärung des Bündnisverzichtes und der Freiheit von ausländischen Militärstützpunkten im Sinne von Figls Berliner Erklärung vom Februar 1954 zur Diskussion. In einer Vorbesprechung im Wiener Außenamt am 2. April 1955 kamen verschiedene Alternativen zur Sprache. Nochmals wurde die Frage einer Verankerung im Staatsvertrag durchgesprochen – sei es als Zusatz zu Art. 2 (über die Wahrung der Unabhängigkeit Österreichs), sei es als Annex. Figl und Kreisky erinnerten daran, dass Molotov schon in Berlin von der Verankerung im Staatsvertrag abgegangen sei und ein eigenes Protokoll angeregt habe. Man einigte sich darauf, dass „es eine einseitige Erklärung unsererseits sein sollte", wie Schöner sagte, die „von den anderen Mächten respektiert wird", wie Wildmann ergänzte. Verosta meinte nun, dass als Form der Erklärung „entweder ein Beschluß des Parlaments beziehungsweise ein Bundesgesetz in Frage komme, allenfalls auch als Verfassungsgesetz". Figl betonte, „daß die Erklärung jedenfalls durch das Parlament bekräftigt werden sollte".[149]

Die Österreicher nahmen im Gepäck nach Moskau einen Entwurf einer Erklärung über den Bündnisverzicht Österreichs mit. Ebenfalls zu den nach Moskau mitgenommenen Unterlagen zählte eine Ausarbeitung des Verfassungsdienstes im Bundeskanzleramt, in der festgehalten war, dass eine solche Erklärung nach österreichischem Verfassungsrecht die Sanktionierung durch den Nationalrat erfordern würde; dies könne erfolgen durch einen Beschluss des Nationalrates, oder durch ein Verfassungsgesetz und zwar entweder durch eine Novellierung der Bundesverfassung oder durch ein eigenes Bundesverfassungsgesetz. Der Verfassungsdienst sprach seine uneingeschränkte Präferenz für eine verfassungsrechtliche Regelung aus, meinte jedoch, auch ein Beschluss des Parlamentes hätte „eine gewisse politische Bedeutung".[150]

---

149 Zur ausführlichen Besprechung am 2. April 1955 vgl. Mitschrift in: AdR, BMAA, II-Pol, Zl. 321.027-Pol/55, veröffentlicht in *ÖuG*, Nr. 111 (2. Dok., hier bes. S. 269–271) dort Name des Generalsekretärs Wildmann irrtümlich mit Wildner wiedergegeben.

150 BMAA, Zl. 302.576-6VR/55. Der Verfassungsdienst führte aus: „Der möglichen Einwendung, daß auch diese in einem Verfassungsgesetz verankerte Erklärung durch ein späteres Verfassungsgesetz abgeändert, abgeschwächt, ja sogar aufgehoben werden kann, ist entgegenzuhalten, daß in einem

Nach der Rückkehr aus Moskau musste die Delegation zwei Ziele miteinander in Einklang bringen. Auf der einen Seite war es notwendig, die in Moskau gemachte Verwendungszusage in die Tat umzusetzen, nämlich die österreichische Neutralitätserklärung dem Parlament zur Beschlussfassung „unmittelbar nach Ratifikation des Staatsvertrages" vorzulegen. Auf der anderen Seite setzte sich aber immer stärker der Wille durch, eine gesetzlich verbindliche Festlegung der Neutralität erst nach dem Abzug der vier Mächte zu verabschieden. Obwohl die Neutralitätserklärung dem Parlament unmittelbar nach Ratifikation des Staatsvertrages vorgelegt würde, solle sie erst an dem Tag wirksam werden, an dem der letzte fremde Soldat das österreichische Staatsgebiet verlassen hätte.[151]

Zwischen Ende April und Anfang Mai wurden mehrere Entwürfe für eine Neutralitätsentschließung verfasst.[152] Ein den westlichen Missionschefs am 28. April in Wien übergebener Entwurf hielt fest, dass die „aus Anlass der Ratifikation" des Staatsvertrages gefasste Entschließung des Nationalrates mit der Erklärung der Neutralität von der Bundesregierung allen Staaten mit dem Ersuchen um Anerkennung mitzuteilen wäre; erst nach Inkrafttreten des Staatsvertrages und dem Abzug der Besatzungstruppen sollten die vier Mächte um eine Territorialgarantie ersucht werden.[153] Der Hinweis auf die Territorialgarantie wurde auf Wunsch der Westmächte alsbald gestrichen; diese Frage sollte getrennt behandelt werden.[154] Eine weitere überarbeitete Version wurde während der Botschafterkonferenz – vermutlich am 5. Mai – inoffiziell den westlichen Delegierten und offiziell am 14. Mai 1955 von Außenminister Figl den Außenministern der vier Mächte übergeben. In diesem Entwurf hieß es nunmehr noch präziser, dass der Nationalrat nach seiner Neutralitätsentschließung die Bundesregierung auffordern würde, „dem Nationalrat den Entwurf eines die Neutralität regelnden Bundesverfassungsgesetzes vorzulegen".[155]

parlamentarisch-demokratischen Staatssystem durch das Abstellen auf den in freien und geheimen Wahlen zum Ausdruck kommenden Volkswillen eine Selbstbindung des Gesetzgebers auf Jahrzehnte hinaus verfassungsrechtlich nicht durchführbar ist."

151 Dies bedeutet natürlich den Tag, *nachdem* der letzte fremde Soldat Österreich verlassen hätte. Äußerungen Verostas am 26. April 1955, Telegramm Lalouette nach Paris Nr. 723/726, 26. April 1955, AD, série Europe 1944–1960, sous-série Autriche, vol. 300.

152 Die Entwürfe berücksichtigen den Rat des US-Botschafters Thompson, indem sie darauf hinwiesen, dass Österreich die UN-Mitgliedschaft anstrebe. Gerald Stourzh, „Die Entstehungsgeschichte des österreichischen Neutralitätsgesetzes", in: Olechowski, Hrsg., *Fünfzig Jahre Staatsvertrag und Neutralität*, 79f.

153 Text wörtlich in franz. Übersetzung in Telegramm Lalouette nach Paris Nr. 764/767, 29. April 1955, AD, série Europe 1944–1960, sous-série Autriche, vol. 300; hierzu auch Briefbericht Lalouette an Pinay, Nr. EU/272, 29. April 1955, ebd.

154 Mitteilung Lalouettes, ebd.

155 Ein Text in deutscher Sprache mit der Bezeichnung „5. Entwurf" befindet sich im Nachlass Schöner,

Dies war, von einer unbedeutenden Ausnahme abgesehen,[156] bereits jener Text, der im Nationalrat als Entschließungsantrag eingebracht wurde.

Mit der Unterzeichnung des Staatsvertrages am 15. Mai begann ein Zeitplan zu laufen,[157] der sich teils aus den im Vertrag vorgesehenen Räumungsfristen, teils jedoch aus der politischen Verknüpfung von Staatsvertrag und Neutralitätserklärung in Punkt I.2 des Moskauer Memorandums ergab. Am 17. Mai sagte Raab im Ministerrat: „Der Staatsvertrag wurde unterzeichnet und ich beantrage, diesen sofort dem Parlament zur Ratifizierung vorzulegen. Bei dieser Gelegenheit wird ja die Frage der Neutralität angeschnitten, und das Haus muß die Entschließung beschließen, daß die Regierung ein Verfassungsgesetz vorlegt."[158]

Wie sehr man von sowjetischer Seite Wert auf die alsbaldige Befassung des Parlamentes mit der Neutralitätserklärung legte, zeigt sich daran, dass schon am 20. Mai – nur fünf Tage nach der Staatsvertragsunterzeichnung – Botschafter Il'ičëv bei Raab vorsprach und deponierte, er erwarte, „daß die von Außenminister Figl abgegebene Erklärung über die Neutralität auch dem österreichischen Parlament zur Kenntnis gebracht werde." Raab berichtete hierüber dem Ministerrat am 24. Mai. In der ersten Sitzung des Nationalrates nach Unterzeichnung des Staatsvertrages, am 25. Mai 1955, brachten Vertreter aller vier im Parlament vertretenen Parteien einen Antrag betreffend die Erklärung der Neutralität Österreichs ein. Am 1. Juni empfahl der Hauptausschuss diesen zur Annahme,[159] woraufhin der Nationalrat den Entschließungsantrag am 7. Juni einstimmig annahm, unmittelbar nachdem er den Staatsvertrag genehmigt hatte. Dies bedeutete somit die Erfüllung von Punkt I.2 des Moskauer Memorandums. Die Entschließung des Nationalrates, deren Kern bereits den Wortlaut des späteren Bundesverfassungsgesetzes enthält, erfolgte auch noch vor der Ratifizierung des Staatsvertrages durch die Sowjetunion am 11. Juni 1955.

K. 8, Konvolut 17, jetzt in: ÖStA, GD, NLS, E/1773. Der „5. Entwurf" erliegt auch in: VGAB, Nachlass Schärf, 4/249. Eine englische Übersetzung ist publiziert in: *FRUS 1955–1957*, Bd. 5, 114f.

156 Sie betraf einen Hinweis auf Österreichs bereits vor Jahren (1947) erfolgtes Ansuchen um Aufnahme in die Vereinten Nationen; in dem am 14. Mai den vier Außenministern übergebenen Entwurf war ein noch auszufüllendes Datum offen gelassen, während der endgültige Text gar keine Datumsangabe enthielt.

157 „Einzuhaltender Vorgang über das Zustandekommen der Neutralitätserklärung", in: VGAB, Nachlass Schärf, 4/249.

158 AdR, MRProt Nr. 97, 17. Mai 1955. Im Konzept zur Reinschrift hieß es zunächst lediglich: „…und das Haus muß beschließen, daß die Regierung ein Verfassungsgesetz vorschlägt" (die Worte „die Entschließung" handschriftlich nach „muß" eingefügt).

159 Aktennotiz vom 20. Mai über die Vorsprache Il'ičëvs – der auch andere Punkte zur Sprache brachte – bei Raab, AdR, MRProt Nr. 93, 24. Mai 1955, Beilage I. Il'ičëv bezog sich auf Figls Äußerung zur Neutralität auf der Außenministerkonferenz vom 14. Mai. Im Hauptausschuss fand keine inhaltliche Debatte des Neutralitätsantrages statt. Protokoll der Hauptausschusssitzung v. 1. Juni 1955, Parlamentsarchiv Wien.

Ein präziser Regelmechanismus, der die Durchführung des Moskauer Memorandums mit den letzten Phasen der Realisierung des Staatsvertrages verband, ist hier am Werke gewesen. In der Verzahnung des Staatsvertragsabschlusses, des Ratifikationsverfahrens, des Truppenabzugs und der Vorbereitung der Neutralitätserklärung lässt sich das Muster eines Regelmechanismus oder Ablauf-Programm erkennen, für das sich seit längerem der Name „Operationskalender" eingebürgert hat.[160]

Die Neutralitätsentschließung des Nationalrates vom 7. Juni 1955 hat – ohne die begründenden Einleitungssätze – folgenden Wortlaut:[161]

> Österreich erklärt zum Zwecke der dauernden und immerwährenden Behauptung der Unabhängigkeit nach außen und der Unverletzlichkeit seines Gebietes sowie im Interesse der Aufrechterhaltung von Ruhe und Ordnung im Inneren aus freien Stücken seine immerwährende Neutralität und ist entschlossen, diese mit allen ihm zu Gebote stehenden Mitteln aufrechtzuerhalten und zu verteidigen.
> Österreich wird zur Sicherung dieser Zwecke in aller Zukunft keinen militärischen Bündnissen beitreten und die Errichtung militärischer Stützpunkte fremder Staaten auf seinem Gebiete nicht zulassen.
> Österreich erklärt in diesem Zusammenhang, sich in seinen Beziehungen zu anderen Staaten stets an die in der Charter der Vereinten Nationen ausgesprochenen Grundsätze halten zu wollen, und bringt neuerlich seine Bereitwilligkeit und seine Fähigkeit zum Ausdruck, die in der Charter enthaltenen Verpflichtungen anzunehmen und einzuhalten.
> Darüber hinaus wird die Bundesregierung aufgefordert, dem Nationalrat den Entwurf eines die Neutralität regelnden Bundesverfassungsgesetzes vorzulegen, alle Schritte zu unternehmen, um die endliche Aufnahme in die Organisation der Vereinten Nationen, um die Österreich bereits angesucht hat, zu erreichen,

160 Die diplomatische Methode eines Ablauf-Programms, in welchem *zum Zwecke gegenseitiger Sicherung und Vertrauensbildung* eine bestimmte Abfolge von Handlungen seitens der Kontrahenten einer außenpolitischen Spannungs- oder Konfliktsituation vereinbart wird, ist nicht neu, doch hat sich der Begriff „Operationskalender" erst mit den österreichisch-italienischen Südtirolverhandlungen der sechziger Jahrer eingebürgert. Gerald Stourzh, Operationskalender 1955. Der politische Zusammenhang zwischen Staatsvertrag und Neutralität, in: *Die Furche*, Nr. 20, 14. Mai 1980, sowie ders., „Vertrauen und Mißtrauen in der internationalen Politik", in: *ÖZA* 23 (1983), 19–32, hier 31–32.

161 Text der vom Hauptausschuss vorgelegten und vom Plenum des Nationalrates unverändert angenommenen Entschließung in Nr. 520 der Beilagen, Sten. Prot. NR, 7. GP; vollständiger Text auch in *DÖA*, Nr. 178.

> sobald der österreichische Staatsvertrag in Kraft gesetzt ist und Österreich von den Besatzungstruppen geräumt sein wird, dieses Gesetz allen Staaten mit dem Ersuchen um Anerkennung der Neutralität Österreichs mitzuteilen.

Bemerkenswert am dieser Entschließung ist, dass sie eine *Erklärung* der Neutralität Österreichs beinhaltet; wie immer die juristische Relevanz dieser Erklärung sein mochte – das moralische Gewicht einer Entschließung der österreichischen Volksvertretung war nicht gering und sollte der Sowjetunion im Rahmen des vorhin besprochenen „Operationskalenders" als Unterpfand dienen, dass die Neutralität Österreichs auf gutem Wege war.

Bereits am 28. Juni verabschiedete der Ministerrat die Regierungsvorlage für das Neutralitätsgesetz, beschloss aber auf Antrag Schärfs, die Vorlage dem Parlament erst zuzuleiten, „wenn von allen vier Staaten die Ratifizierung erfolgt ist".[162] In den ausführlichen teils historischen, teils völkerrechtlichen und verfassungsrechtlichen „Erläuternden Bemerkungen" findet sich der Satz, die nach Moskau entsendete Regierungsdelegation „konnte bei ihren Besprechungen (vom 12. bis 14. April 1955) mit der sowjetischen Regierung feststellen, daß die von Österreich erwogene Übung einer immerwährenden Neutralität, wie sie von der Schweiz gehandhabt wird, den raschesten Abschluß des Staatsvertrages zu sichern in der Lage ist". Dies war wohl eine „Nachbesserung" der Vorgänge, wie sie sich, inzwischen von einer Mehrzahl von Quellen belegt, im April 1955 in Moskau abgespielt hatten.[163]

Am 19. Juli teilte Raab dem Ministerrat mit, es sei die Meinung ausgesprochen worden, ob man das Gesetz (richtig wäre: die Regierungsvorlage) wegen Behandlung im zuständigen Parlamentsausschuss nicht doch schon herausgeben sollte. Wenn der Ministerrat zustimme, müsste man den Beschluss vom 28. Juni reassumieren.[164] Dies geschah, und so wurde mit dem Datum des 19. Juli dem Nationalrat die Regierungsvorlage betreffend ein Bundesverfassungsgesetz über die Neutralität Österreichs zugeleitet. Die Textierung des Gesetzesentwurfes orientierte sich deutlich an der bereits zitierten Neutralitätsentschließung des Nationalrates.

Die Regierungsvorlage gelangte in einer Sitzung des Hauptausschusses des Na-

---

162 AdR, MRProt Nr. 98, 28. Juni 1955. Als Beilage 3/98 erliegt der gemeinsame Ministerratsvortrag des Bundeskanzlers und des Bundesministers für Auswärtige Angelegenheiten über den „Entwurf eines Bundesverfassungsgesetzes betreffend die Neutralität Österreichs", Zl. 92.051-2a/1955 vom 24. Juni 1955. Der Text entspricht der später als Nr. 598 der Beilagen zu den Sten. Prot. des NR, VII. GP, gedruckten Regierungsvorlage, abgedruckt in *DÖA*, Nr. 183.

163 *DÖA*, Nr. 183 (S. 435). Vgl. Kap. VI.6, Schöner an Heinrich Haymerle (damals Politischer Direktor des Wiener Außenamtes), 12. März 1959, in: Nachlass Schöner, Konvolut 19, nunmehr ÖStA, GD, NLS, E/1773. Für weitere Details siehe Stourzh, „Die Entstehungsgeschichte".

164 AdR, MRProt Nr. 101, 19. Juli 1955.

tionalrates am 24. Oktober 1955 zur Beratung.[165] Dort legte der VdU-Abgeordnete Max Stendebach einen Alternativentwurf zur Regierungsvorlage vor. Darin fehlten die Worte „aus freien Stücken"; Stendebach bezweifelte, ob „die Neutralität von Österreich aus freiwillig gefordert bzw. gewünscht wird". Stendebach wünschte auch einen deutlichen Hinweis, dass Österreich im Hinblick auf die Militärklauseln des Staatsvertrages nicht über seine „volle Wehrhoheit" verfüge und daher noch nicht zu einer wirksamen Verteidigung fähig sei.[166] In der Auseinandersetzung mit Stendebach sagte Bundeskanzler Raab, im Gegensatz zu Stendebachs Behauptung begrüßten 90% der Bevölkerung die Neutralität und wünschen das „Heraushalten von den Händeln in der Welt". Der Verteidigungswille müsse schon jetzt vorhanden sein. Zu Stendebachs Kritik an der Formulierung „aus freien Stücken" meinte Raab, dieser Beschluss (der immerwährenden Neutralität) sei „ein absolut freiwilliger und kein Zwang".[167] Zwischen den Angehörigen der Koalitionsparteien entwickelte sich eine Auseinandersetzung um den in den „Erläuternden Bemerkungen" zur Regierungsvorlage verwendeten Begriff „Annexion". Gorbach (und Maleta) wünschten, den Begriff „Annexion" gegen das Wort „Besetzung" auszutauschen. Zwischen den beiden Koalitionsparteien hatte sich über die Jahre eine kleine Auseinandersetzung über die „Annexionstheorie" (von der SPÖ, besonders von Adolf Schärf, hochgehalten, im Hinblick auf das Konkordat von 1934 gegen die Rechtskontinuität mit Österreich vor 1938 plädierend) und die „Okkupationstheorie" (von der ÖVP hochgehalten, zugunsten der Rechtskontinuität mit Österreich vor 1938 plädierend) entwickelt.[168] Schlussendlich kam es nicht zu einer Änderung des Wortlautes. Der Antrag Stendebachs wurde mit allen gegen zwei VdU-Stimmen abgelehnt. In der Regierungsvorlage wurde, abgesehen von kleinen stilistischen Änderungen, lediglich eine Formulierung gestrichen, nämlich das „Interesse der Aufrechterhaltung

---

165 Zum folgenden: Parlamentsarchiv Wien, Protokoll der Sitzung des Hauptausschusses am 24. Oktober 1955, 16 Uhr.

166 Stendebach beantragte folgenden Wortlaut für den (inhaltlich allein relevanten) Art. I des Neutralitätsgesetzes:
„(I) Österreich erklärt seine dauernde Neutralität. Es wird infolgedessen bei im übrigen voller Wahrung seiner völkerrechtlichen Handlungsfreiheit in Zukunft keinen militärischen Bündnissen beitreten und fremden Staaten die Errichtung militärischer Stützpunkte auf seinem Gebiet nicht gestatten.
(2) Österreich wird diese Neutralität auch mit militärischen Mitteln verteidigen, sobald es nach Herstellung seiner vollen Wehrhoheit zu einer wirksamen militärischen Verteidigung in der Lage ist."

167 Im September 1955 hatte Thompson angeregt, dass die vier Mächte in der geplanten Anerkennung der immerwährenden Neutralität die Freiwilligkeit ausdrücklich erwähnen sollten. Seine Begründung: „What Austria has declared once of its own free choice, may again be altered by free choice." Schriftbericht Thompsons Nr. 245 an das State Department, 6. September 1955, NA, RG 59, 663.00/9-655.

168 Hierzu vgl. Kap. I.

von Ruhe und Ordnung im Innern" als zusätzliches Motiv für die Erklärung der Neutralität.[169]

Am 26. Oktober präsentierte Bundeskanzler Raab dem Nationalrat die Regierungsvorlage. Der Gesetzesentwurf, so sagte Raab, gelange erst heute zur Abstimmung, „da der letzte fremde Soldat österreichischen Boden verlassen hat, um eindeutig darzutun, daß die Beschlußfassung der legitimen frei gewählten österreichischen Volksvertretung in voller Unabhängigkeit und in voller Freiheit erfolgt". Im Mittelpunkt der Ausführungen des Bundeskanzlers standen die oft zitierten Worte:

> Durch den Gesetzgebungsakt werden in keiner Weise die Grund- und Freiheitsrechte der Staatsbürger beschränkt. Die Neutralität verpflichtet den Staat, nicht aber den einzelnen Staatsbürger. Die geistige und politische Freiheit des einzelnen, insbesondere die Freiheit der Presse und der Meinungsäußerung, wird durch die dauernde Neutralität eines Staates nicht berührt. Damit ist auch keine Verpflichtung zur ideologischen Neutralität begründet. Ich will weiters hervorheben, daß die militärische Neutralität, die Sie, meine Damen und Herren, heute beschließen werden, keinerlei Verpflichtungen und Bindungen auf wirtschaftlichem und kulturellem Gebiet beinhalten wird.[170]

Neuerlich, obgleich ohne Chancen auf Annahme, beantragten die VdU-Abgeordneten jene alternative Textierung für das Neutralitätsgesetz, die sie schon im Hauptausschuss vorgelegt hatten.[171] Mit allen Stimmen gegen jene des VdU beschloss der Nationalrat das Bundesverfassungsgesetz über die Neutralität Österreichs mit folgendem Wortlaut:[172]

---

169 Ein Artikel von Franz Gschnitzer „Neutralität mit Sprachschwierigkeiten", in: *Die Presse,* 14. August 1955, 4, kritisierte den vom Hauptausschuss formulierten Ausdruck „Interesse der Aufrechterhaltung von Ruhe und Ordnung im Inneren" (vgl. Art. 2 der Schweizerischen Verfassung vom 29. Mai 1874). Die Eliminierung der gerügten Formel wurde zunächst vom ÖVP-Abgeordneten Hartmann beantragt, dann in einem gemeinsamen Antrag der Abgeordneten Hartmann und Koref eingebracht. Der Text der „Erläuternden Bemerkungen" zur Regierungsvorlage abgedruckt u.a. in: *DÖA*, Nr. 183.

170 Sten. Prot. NR, VII. GP, 80. Sitzg., 26. Oktober 1955, 3690. Voller Text abgedruckt in: *DÖA*, Nr. 186. Bereits im Juni 1955 wurde in der Zeitschrift Forum festgehalten: „‚Der Staat ist neutral, nicht der Bürger' – das ist kurz formuliert, die schweizerische Haltung zum Problem der inneren Freiheit." Heinrich Blechner, „Neutralität als Verpflichtung. Die Gültigkeiten des Schweizer Vorbilds für Österreich", in: *Forum* 2:210, 1955 (Juni-Ausgabe).

171 Sten. Prot. NR, VII. GP, 80. Sitzg., 26. Oktober 1955, 3696; vgl. auch Herbert Kraus, *Unfaßbare Objektivität – Politische Erinnerungen 1917 bis 1987,* Wien – München 1988, 260f.

172 Bundesverfassungsgesetz vom 26. Oktober 1955 über die Neutralität Österreichs, BGBl. Nr. 211 aus 1955.

Artikel I

(1) Zum Zwecke der dauernden Behauptung seiner Unabhängigkeit nach außen und zum Zwecke der Unverletzlichkeit seines Gebietes erklärt Österreich aus freien Stücken seine immerwährende Neutralität. Österreich wird diese mit allen ihm zu Gebote stehenden Mitteln aufrechterhalten und verteidigen.
(2) Österreich wird zur Sicherung dieser Zwecke in aller Zukunft keinen militärischen Bündnissen beitreten und die Errichtung militärischer Stützpunkte fremder Staaten auf seinem Gebiet nicht zulassen.

Artikel II

Mit der Vollziehung dieses Bundesverfassungsgesetzes ist die Bundesregierung betraut.

Das Neutralitätsgesetz erlangte nach der Kundmachung im Bundesgesetzblatt am 5. November 1955 Rechtskraft. Am 14. November 1955 notifizierte die Bundesregierung allen Staaten, mit denen Österreich diplomatische Beziehungen unterhielt, den Text des Neutralitätsgesetzes und ersuchte die Regierungen dieser Staaten, „die immerwährende Neutralität Österreichs im Sinne dieses Bundesverfassungsgesetzes anzuerkennen“. Die Westalliierten hatten sich frühzeitig für den Text dieser Notifizierung interessiert; ein (mit dem endgültigen Text übereinstimmender) Entwurf war ihnen vom Außenminister Figl bereits Mitte September überreicht worden. Bei dieser Gelegenheit hatte Figl betont, Österreich werde das Ersuchen um Anerkennung an alle Staaten richten, „denn wir bräuchten nicht nur eine Zurkenntnisnahme unseres Schrittes, sondern auch schon gegenüber dem Osten eine formelle Anerkennung der österreichischen Neutralität“.[173]

Nun ging es um Inhalt und Form der Stellungnahme der vier Mächte zur Neutralität. Molotov hatte bereits anlässlich der den Staatsvertragsentwurf absegnenden Außenministerkonferenz am 14. Mai in Wien vorgeschlagen, die vier Mächte sollten eine gemeinsame Erklärung über die Respektierung und Wahrung der Neutralität Österreichs abgeben; einen Entwurf hatte er vorgelegt, doch die Westmächte hatten eine Festlegung mit dem Hinweis auf die zunächst ab-

173 Besprechung vom 15. September 1955, Amtsvermerk in: *AdR*, BMAA, II-Pol, Zl. 324.797-Pol/55. Eine neuerliche Besprechung mit Überreichung des endgültigen Textentwurfes gab es am 10. November 1955: Amtsvermerk in: AdR, BMAA, II-Pol, Zl. 325.989-Pol/55.

zuwartenden österreichischen Initiativen – Neutralitätsentschließung des Nationalrates und Vorbereitung des Neutralitätsgesetzes – vertagt. Eine gemeinsame Vier-Mächte-Erklärung zur Anerkennung der österreichischen Neutralität würde das völkerrechtliche Gewicht von Österreichs neuem Status steigern; darum war es den Westmächten nicht unbedingt zu tun. Im Londoner Foreign Office wurde intern ausgesprochen, dass eines Tages die Aufgabe von Österreichs Neutralität leichter sein könnte, wenn es kein Kollektivdokument der Vier Mächte gäbe.[174] Andererseits strebten die Westmächte identische Texte aller vier Mächte an, um zu vermeiden, dass eine Macht (im Klartext: die Sowjetunion) durch freundlicher getönte Formulierungen sich einseitig zum Protektor Österreichs aufschwingen könnte, und um Differenzen bei späteren Interpretationen unterschiedlicher Texte aus dem Wege zu gehen.[175]

Am 20. Juni trafen Dulles, Macmillan und Pinay mit Molotov in San Francisco zusammen. Molotov kam sogleich auf sein Projekt einer gemeinsamen Vier-Mächte-Erklärung über die österreichische Neutralität zu sprechen. Dulles gab zu bedenken, dass die Österreicher erst eine solche Erklärung verlangen müssten.[176] Pinay versuchte, Molotov die Idee vier getrennter Erklärungen schmackhaft zu machen. Eine gemeinsame Erklärung würde den „Quadripartismus" – das Vier-Mächte-Regime – in einem Augenblick aufrechterhalten, in dem Österreich seine volle Souveränität zurückerhielt.[177] Das war nicht der wahre Grund, doch konnte dieser Molotov gegenüber nicht genannt werden. Molotov zog zwar eine gemeinsame Erklärung vor, noch wichtiger war ihm jedoch ein gemeinsamer Text; die anderen Minister stimmten zu.[178]

174 Telegramm Chauvel aus London nach Paris, Nr. 3000/3003, 11. Juni 1955, AD, série Europe 1949–1960, sous-série Autriche, vol. 300.

175 Weisung des französischen Außenministeriums an die Botschaft Wien, Nr. 1421/23 v. 15. Juni 1955, AD, série Europe, 1944–60, sous-série Autriche, vol. 300. Die Amerikaner, die ursprünglich an eine gemeinsame Vier-Mächte-Erklärung dachten, schlossen sich der französischen und britischen Ansicht zugunsten getrennter Erklärungen anlässlich einer Drei-Mächte-Besprechung im State Department am 15. Juni an. Telegramm Couve de Murville aus Washington nach Paris, Nr. 3329/34 v. 15. Juni 1955, ebd., sowie Telegramm State Department nach Wien Nr. 3564, 16. Juni 1955, NA, RG 59, 663.001/6-1555 (sic!).

176 Dies sollte in der Tat mit der Notifizierung des Neutralitätsgesetzes am 14. November 1955 geschehen.

177 Bei einer Besprechung mit den drei Westbotschaftern in Wien am 14. September 1955 nahm Bruno Kreisky genau aus diesem Grunde gegen das Konzept einer gemeinsamen Vier-Mächte-Erklärung Stellung. Schriftbericht Seydoux an Pinay, 16. September 1955, Nr. EU/558. AD, série Europe 1944–1960, sous-série Autriche, vol. 300.

178 Ausführliche franz. Mitschrift des Vierer-Gespräches in: *DDF 1955*, Annexes, I, 224f. Amerik. Bericht in Telegramm Dulles an State Department, 21. Juni 1955, NA, RG 59, 663.001/6-2155.

Gerade die Franzosen bemühten sich längere Zeit, die österreichische Formulierung von der „immerwährenden" Neutralität, vom Schweizer Modell übernommen und im Moskauer Memorandum genannt, durch eine engere Formulierung zu ersetzen, nämlich „militärische Neutralität".[179] Dies schien ihnen offenbar im Hinblick auf die geplante UN-Mitgliedschaft Österreichs wichtig.[180] Allerdings steckte auch noch anderes dahinter, wie ein hoher französischer Diplomat Ende September 1955 dem österreichischen Botschafter Vollgruber in aller Offenheit sagte:

> Weniger erbaut sei man hier darüber, daß man die ‚immerwährende' Neutralität anerkennen solle. Wir wüßten ja, daß man hier immer den Standpunkt vertreten habe, unsere Neutralität solle auf eine militärische Neutralität beschränkt bleiben und so gestaltet sein, daß wir sie, wenn sich die Zeiten und unsere Ansichten ändern sollten, allenfalls auch wieder aufkündigen könnten. Ein Verfassungsgesetz könne schließlich und endlich immer wieder durch ein Verfassungsgesetz abgeändert werden. Durch eine Anerkennung der ‚immerwährenden' Neutralität wäre aber Frankreich eigentlich für die Ewigkeit und daher sogar mehr als wir gebunden, es würde weitergehendere Verpflichtungen auf sich nehmen als wir.[181]

Die französische Diplomatie versuchte auch noch, wenigstens für den Notenwechsel betreffend die Notifizierung des Neutralitätsgesetzes und die Anerkennung der Neutralität von der „immerwährenden Neutralität" wegzukommen und lediglich „militärische Neutralität" oder bloß „Neutralität" zu setzen. Amerikaner und Briten waren skeptisch; die französische Initiative war wohl zu spät unternommen worden und hatte keine Aussicht auf Erfolg.[182]

---

179 Weisungen des französischen Außenministeriums an die Botschaften London und Washington, Nr. 7343/46 bzw. 7853/56, 26. Mai 1955 sowie Antwort der Botschaft Washington, Nr. 2877179, 27. Mai 1955. AD, série Europe 1944–1960, sous-série Autriche, vol. 300.

180 Vgl. State Department Telegramm nach Wien Nr. 3385, 27. Mai 1955, NA, RG 59, 663.001/5-2755, sowie Telegramm der amerikanischen Botschaft Paris nach Washington Nr. 5261, 31. Mai 1955, ebd. 663.001/5-3155. „Instruction pour le représentant français au groupe tripartite d'experts préparatoire à la Conférence des Quatre Ambassadeurs", AD, série Europe 1944–1960, sous-série Autriche, vol. 300 (eingeordnet Anfang Mai, zu datieren gegen Ende April 1955). Zehn Jahre zuvor hatte übrigens Frankreich auf der Gründungskonferenz der UN die Unvereinbarkeit von ständiger Neutralität und UN-Mitgliedschaft postuliert; vgl. mit weiteren Literaturhinweisen Jenny, *Konsensformel*, 202.

181 Es handelte sich um Etienne de Crouy-Chanel, damals Stellvertretender Politischer Generaldirektor am Quai d'Orsay und nachmals Botschafter in Wien. Bericht Vollgrubers nach Wien, 30. September 1955, Zl. 56-Pol/55. AdR, BMAA, II-Pol, Zl. 325.201-Pol/55.

182 Weisung des französischen Außenministeriums an die Botschaften London und Washington, Nr. 12.459/60 bzw. 13.019/20, 29. September 1955; Antworten der Botschaft Washington, Nr. 5394/95,

Die Diplomaten der Westmächte arbeiteten im Herbst an verschiedenen Textentwürfen für die Anerkennung der österreichischen Neutralität. Die Begeisterung zumal der Amerikaner hielt sich jedoch in Grenzen. Botschafter Thompson bemerkte einmal anlässlich einer Besprechung der drei Westbotschafter bei Figl und Kreisky, die Westmächte hätten sich „ohne Freude" mit der Neutralität abgefunden, weil sie die Bedingung der Sowjets für die Freiheit Österreichs gewesen sei.[183] Trotzdem wurde ein französischer Vorschlag, der sich genau an den Text der österreichischen Notifikation hielt, angenommen und am 22. November von den drei Westbotschaftern in Wien den Sowjets überreicht. In nüchternen Worten wurde die Beschlussfassung und das Inkrafttreten des Bundesverfassungsgesetzes über die Neutralität Österreichs anerkannt und mitgeteilt, dass die Regierung (der Französischen Republik, etc.) „die immerwährende Neutralität Österreichs, so wie sie in diesem Gesetz bestimmt ist, anerkennt".[184] Der sowjetische Entwurf war in blumigerer Sprache abgefasst. Hier war davon die Rede, dass die Sowjetregierung „mit Genugtuung" die Beschlussfassung und das Inkrafttreten des Neutralitätsgesetzes zur Kenntnis genommen habe, und dass sie „den Neutralitätsstatus Österreichs, der freiwillig vom österreichischen Volk gewählt worden sei", respektieren werde. Vor allem Botschafter Thompson reagierte negativ; die Worte „mit Genugtuung" könne er dem State Department nicht zur Annahme empfehlen.[185]

Drei Tage später informierte der Stellvertretende Außenminister Semënov Molotov und das Präsidium der KPdSU über die Besprechung mit den Westbotschaftern.[186] Semënov legte Empfehlungen zur Approbation vor: Die sowjetische

30. September 1955 bzw. der Botschaft London, Nr. 4363/64, 6. Oktober 1955, sowie Bericht der Botschaft Wien Nr. 1518/21, 13. Oktober 1955, AD, série Europe, 1944–60, sous-série Autriche, vol. 300.

183 Am 10. November 1955, gemäß Schriftbericht Seydoux' an Pinay vom 11. November 1955, Nr. EU/705, AD, série Europe 1944–1960, sous-série Autriche, vol. 300. Zurückhaltender vermerkte die österreichische Aufzeichnung Thompsons Äußerung, „daß, obwohl man in Amerika selbstverständlich die Notwendigkeit der Neutralitätsverpflichtung Österreichs anerkenne, man doch der Ansicht sei, daß eine Neutralität an sich keinen Vorteil für die USA bedeute." AdR, BMAA, II-Pol, Zl. 325.989-Pol/55.

184 „et reconnait la neutralité perpétuelle de l'Autriche telle qu'elle est définie dans cette loi". Vgl. u.a. Schriftbericht Seydoux nach Paris Nr. EU/558 v. 16. September 1955, AD, série Europe 1944–1960, sous-série Autriche, vol. 300.

185 Zur Vier-Mächte-Besprechung vom 22. November: Telegramme Seydoux nach Paris, Nr. 1656/591 u. 1660/61, 22. November 1955, ebd.; Telegramm Thompson nach Washington Nr. 1342, 22. November 1955, NA, RG 59, 663.0021/11-2255; Telegramm Wallinger nach London Nr. 448, TNAUK, FO 371/117814/RR1071/738; zum sowjetischen Bericht siehe folgende Anmerkung.

186 Zum Folgenden: Bericht des Außenministers an das ZK der KPdSU, 25. November 1955, mit handschriftlichem Vermerk Semënovs: „An Genossen V. M. Molotov[.] Ersuche um Prüfung. Äußerst dringliche Frage. V. Semënov[.] 25. XI." sowie Molotovs Paraphe „M". AVPRF, Fonds 06, op. 14, p. 9, d. 110, ll. 1–2.

Seite möge dem französischen Entwurf zustimmen, wenn die Botschafter der drei Mächte nicht ihre Einwände gegen den sowjetischen Vorschlag zurückzögen.

Am 30. November kam es neuerlich zu einem Zusammentreffen der vier Botschafter in Wien. Thompson hatte neue Instruktionen aus Washington erhalten, nämlich sich gegen die Nutzung der Futurform des Wortes „respektieren“ auszusprechen; dies käme einer vertraglichen Verpflichtung gleich, die jenseits der Kompetenz des Präsidenten läge. Die Gegenwartsform „respektiert“ bedeute lediglich die Erklärung einer politischen Linie („a policy declaration“), die im Rahmen der Kompetenz des Präsidenten liege.[187]

Der sowjetische Vertreter kämpfte offenbar besonders zäh für die Formulierung „wird respektieren“,[188] doch akzeptierte er schließlich den französischen Entwurf.[189] Diese Kompromissbereitschaft ermöglichte die Übermittlung von vier gleichlautenden Noten an die österreichischen Botschafter in den vier Hauptstädten am gleichen Tage, dem 6. Dezember 1955. Jede der vier Mächte teilte mit, dass die jeweilige Regierung das Bundesverfassungsgesetz zur Kenntnis genommen habe „und die immerwährende Neutralität Österreichs in der Art, wie sie in diesem Gesetz definiert ist, anerkennt“.[190]

Als er Botschafter Karl Gruber in Washington die Anerkennungsnote überreichte, war John Foster Dulles unmittelbar zuvor aus Wien zurückgekehrt, wo er der Eröffnung der wiederhergestellten Staatsoper mit Beethovens „Fidelio“ am 5. November beigewohnt hatte.[191] Dulles zeigte sich begeistert von der Veranstaltung, doch erinnerte er den österreichischen Botschafter auch an ernsthaftere Angelegenheiten. Die Vereinigten Staaten würden die Neutralität nicht nur wegen des Ersuchens der österreichischen Regierung anerkennen, sondern im Vertrauen darauf, „dass Österreich im Geiste nicht neutral ist und nicht sein wird, sondern seine früheren Bande mit dem Westen beibehalten und seine Neutralität mit allen

187 Telegr. Weisung State Department an Thompson Nr. 1588, 29. November 1955, NA, RG 59, 663.0021/11-2555 (sic!).

188 Dies berichtete Thompson nach Washington. Telegramm Nr. 1402, 30. November 1955, NA, RG 59, 663.0021/11-3055.

189 Telegramm Seydoux nach Paris Nr. 1667/68, 30. November 1955, AD, série Europe 1944–1960, sous-série Autriche, vol. 300.

190 Die US-Note ist publiziert in: *Department of State Bulletin* 33, Juli–Dezember 1955, 1011f. Die deutsche Übersetzung der sowjetischen Note, abgedruckt nach dem im Staatsarchiv erliegenden Text in *DÖA*, Nr. 191, spricht von der „ständigen Neutralität“; das russische Wort *„postojannyj“* („ständig“) wäre wohl zutreffend mit „immerwährend“ zu übersetzen, da es sich auf den Text des österreichischen Neutralitätsgesetzes bezieht; dem entspricht die Übersetzung laut Agentur TASS in *AdG*, 1955, 5511 A. Der russische Originaltext erliegt in: AdR, BMAA, II-Pol, Sammelmappe mit Anerkennungsnoten (ohne eigene Zahl) in K. 352 (1955, Staatsvertrag 5).

191 Zur Staatsoperneröffnung vgl. Portisch, *Österreich II. Der lange Weg zur Freiheit*, 530–533.

zur Verfügung stehenden Mitteln verteidigen wird".[192] Dulles „hoffe, daß man sich in Wien darüber im klaren sei, daß die einzige militärische Gefahr, die Österreich drohe, aus dem Osten käme, und daß man beim Aufbau der militärischen Einrichtungen diesem Gesichtspunkt Rechnung trage, sich also in Bewaffnung und Munition nicht vom eventuellen Gegner abhängig mache."[193]

Den Westmächten lag übrigens auch daran, den Eindruck zu vermeiden, es hätte sich bei dem Notenwechsel über Notifizierung und Anerkennung der Neutralität um einen vertragsartigen Vorgang gehandelt. Alle drei Westmächte sprachen sich intern gegen eine Registrierung des Notenwechsels zwischen Österreich und den vier Mächten bei den Vereinten Nationen (im Sinne der üblichen Registrierung internationaler Verträge bei den UN) aus, und eine solche Registrierung fand auch nicht statt.[194]

Die vier Mächte waren mit ihren Antwortnoten vom 6. Dezember keineswegs die ersten. Die Bundesregierung hatte am 14. November an alle Staaten, mit denen Österreich diplomatische Beziehungen unterhielt, eine Note mit dem Ersuchen um Anerkennung der Neutralität ausgesandt.[195] Japan hatte als erster Staat schon am 16. November die Neutralität anerkannt, gefolgt von Kolumbien am 17., Italien und Schweden am 18. November.[196] Zahlreiche weitere Staaten folgten, darunter die Schweiz am 23. November und die Bundesrepublik Deutschland am 7. Dezember. Etwas Zeit ließen sich die Benelux-Staaten, die erst die NATO-Ratstagung Mitte Dezember abwarten wollten. Der größte Skeptiker bezüglich des neuen Status Österreichs war der belgische Außenminister Spaak.[197] Belgien hatte als neutraler Staat innerhalb eines halben Jahrhunderts zwei sehr bittere Erfahrungen gemacht. 1914

192 Department of State, „Memorandum of Conversation", 6. Dezember 1955, *FRUS 1955–1957,* Bd. 26, 21f.

193 Telegramm Grubers, 6. Dezember 1955, AdR, BMAA, II-Pol, Zl. 326.698-Pol/55.

194 Für die Festlegung der britischen Haltung, einschließlich des entscheidenden Votums des „Legal Adviser" Sir G. Fitzmaurice, Aktenvermerke vom 3.–8. Dezember 1955 in: TNAUK, FO 371/117816/RR1071/791. Das State Department betrachtete eine allfällige Registrierung des Notenwechsels zwischen Österreich und den vier Mächten über die Anerkennung der Neutralität bei den Vereinten Nationen als „inopportun"; der Quai d'Orsay pflichtete bei. Telegramm des französischen Außenministeriums an die Botschaft Washington, Nr. 15979, 23. Dezember 1955, AD, série Europe 1944–1960, sous-série Autriche, vol. 300.

195 Insgesamt wurden 64 Staaten notifiziert. Vgl. Amtsvermerk v. 11. Jänner 1956, AdR, BMAA, II-Pol, Zl. 511.131-Pol/56.

196 Hans Mayrzedt/Waldemar Hummer, *20 Jahre Österreichische Neutralitäts- und Europapolitik (1955–1975),* Wien 1976, Teil I, 107f.

197 Aufschlussreiche Berichte des österreichischen Botschafters in Brüssel Martin Fuchs: Zl. 41-Pol v. 2. Dezember 1955. AdR, BMAA, II-Pol, Zl. 326.708-Pol/55, sowie Zl. 1-Res/56 v. 3. Jänner 1956, ebd., Zl. 511.120-Pol/56.

hatte das kaiserliche Deutschland Belgiens Neutralität zerstört, und Hitler hatte das Land im Mai 1940 überfallen. 1955 war Spaak wohl unter jenen westeuropäischen Politikern, die am negativsten auf Österreichs neuen Status reagierten.[198] Aber auch die Niederländer hatten Bedenken: Was geschähe, wenn die österreichische Neutralitätserklärung Schule machen und etwa Dänemark oder irgendein anderes Mitglied aus der NATO ausspringen würde?[199] Die Anerkennung seitens der Benelux-Staaten erfolgte also leicht verzögert, am spätesten jene Belgiens.[200]

In den Anerkennungsnoten variierten die Formulierungen von blumigen bis zu knappen Texten.[201] Die vatikanische Antwortnote verwendete das Wort „zur Kenntnis nehmen", dies wurde jedoch schließlich nach mündlicher Nachfrage ausdrücklich im Sinne der Anerkennung interpretiert.[202] Bei einigen mittelamerikanischen Staaten gab es völkerrechtliche Fragen; Mexiko und Panama teilten Bedenken ob der Vereinbarkeit von Neutralität und Mitgliedschaft bei den Vereinten Nationen mit, ersteres mündlich/inoffiziell, letzteres schriftlich. Während Mexiko recht bald die Anerkennung aussprach, scheint dies bei Panama nicht der Fall gewesen zu sein.[203]

---

198 Als im Dezember 1955 in Brüssel bei einem offiziellen Essen das Glas auf das Wohl des jüngst neutral und frei gewordenen Österreich erhoben wurde, zögerte Spaak eine Weile, bevor er sich mit dem Wort „quand-même" – „trotzdem" – anschloss. Dies berichtet Tončić-Sorinj, *Erfüllte Träume,* 232.

199 Bericht des Botschafters Karl Wildmann aus Den Haag, Zl. 38-Pol/55 v. 20. Dezember 1955, AdR, BMAA, II-Pol, Zl. 326.921-Pol/55.

200 Luxemburg am 7. Dezember, Niederlande am 23. Dezember 1955, Belgien am 2. Jänner 1956.

201 Die Originalnoten über die Anerkennung der Neutralität erliegen (ohne eigene Zahlen) in einer Sammelmappe in: AdR, BMAA, II-Pol, K. 352 (1955, Staatsvertrag 5).

202 „prendere atto", Note vom 4. Dezember 1955, ebd. Zur Nachfrage vgl. ebd. Zl. 326.768-Pol/55 (Josef Schöner – seit September 1955 zum Generalsekretär für Auswärtige Angelegenheiten avanciert – an Botschafter Josef Kripp, 14. Dezember 1955). In einem Brief vom 28. Dezember 1955 (Zl. 429-Res/55) berichtete Kripp, dass Msgre. Samoré vom vatikanischen Staatssekretariat sein volles Verständnis dafür ausgedrückt habe, „daß Österreich für die endliche Befreiung von der fremden Besetzung einen großen Preis zu zahlen bereit war, eben seine Neutralisierung" (!). Österreich könne jedoch nicht erwarten, „daß die übrige okzidentalische Welt, schon gar die Atlantik-Pakt Nachbarn, über die Neutralisierung vom westeuropäischen Standpunkt aus die gleiche Freude empfinden; denn die Neutralität bedeute zweifellos eine schwache Stelle in deren potentieller Abwehrfront. [...] – Gebe Gott, schloß mein Mitredner, daß der tragische Fall nie eintrete, der die Neutralität Österreichs als nachteilig für den Westen erzeigen würde." Ebd., Zl. 511.084-Pol/56.

203 Hierzu Telegramm der öster. Botschaft in Mexiko, 21. Dezember 1955, AdR, BMAA, II-Pol, Zl. 338.101-Int/55, und 29. Dezember 1955 (Anerkennung der Neutralität), Zl. 327.097-Pol/55; zu Panama Schriftbericht der Botschaft in Mexiko, 11. Februar 1956, Zl. 511.967-Pol/56, mit beiliegender Übersetzung eines Schreibens des Außenministers von Panama an den Botschafter von Panama in Mexiko vom 23. Jänner 1956, bei Zl. 515.254-Pol/56; dortselbst eine von Rudolf Kirchschläger unterzeichnete Einsichtsbemerkung der Völkerrechtsabteilung, Zl. 523.431-VR/56, die eine konzise Darstellung der österreichischen Rechtsauffassung der Vereinbarkeit von Neutralität und UN-Mitgliedschaft darstellt. Diese Überlegungen wurden in einer Note vom 19. Juni 1956 dem Botschafter

Österreich stellte im Jahre 1956 einige Ersuchen um Anerkennung der Neutralität an Staaten, mit denen am 14. November 1955 keine diplomatischen Beziehungen bestanden hatten.[204] Bis einschließlich 1957 erkannten insgesamt 62 Staaten die Neutralität an, vier weitere nahmen sie zur Kenntnis.[205] An später neu entstandene bzw. später anerkannte Staaten wurden mit einer Ausnahme keine Ansuchen mehr gestellt. Diese Ausnahme war die Volksrepublik China, die nach bilateralen Gesprächen im Mai 1971 und unmittelbar vor Aufnahme diplomatischer Beziehungen zwischen den beiden Staaten eine Erklärung über die Respektierung des neutralen Status Österreichs abgab. Dies war von grundsätzlicher Bedeutung, da sonst die Volksrepublik China nach Einnahme des chinesischen Sitzes in den Vereinten Nationen das einzige ständige Mitglied des Sicherheitsrates gewesen wäre, das Österreichs Neutralität nicht anerkannt hätte.[206]

7. Die Frage der Territorialgarantie und die Aufnahme in die Vereinten Nationen, April 1955–November 1956

Die Frage der Territorialgarantie ging auf österreichische Überlegungen im März 1955 zurück, eine Antwort auf das sowjetische Drängen nach Garantien gegen eine – angebliche – Anschlussgefahr zu finden. Das schweizerische Vorbild der Territorialgarantie von 1815 spielte vor allem in den österreichischen Vorschlägen eine beträchtliche Rolle.[207] Klauseln die Garantie des österreichischen Staatsgebietes durch die vier Mächte betreffend fanden Eingang in das Moskauer Memorandum (Punkte I.4 u. 5 sowie II.5), und von da an wurde die Angelegenheit Gegenstand – und Sorgenkind – der westlichen Diplomatie.[208]

---

von Panama in Mexiko mitgeteilt; hierzu Zl. 516.137-Pol/56 v. 3. Juli 1956.

204 Es waren dies Spanien, Albanien, Neuseeland, Liechtenstein, Island, Monaco und Kambodscha; detaillierte Angaben bei Mayrzedt/Hummer, *20 Jahre Österreichische Neutralitäts- und Integrationspolitik,* 107.

205 Vgl. die Aufstellungen ebd. 106–108 aufgrund von Angaben des BMAA aus 1973 bzw. 1975.

206 Zur Respektierung des Status der Neutralität Österreichs durch die Volksrepublik China – seit 1971 ständiges Mitglied des Sicherheitsrates – siehe gemeinsames österreichisch-chinesisches Kommuniqué und die Pressekonferenz Außenminister Kirchschlägers am 27. Mai 1971, in: *ÖZA* 11, 1971, 153f. Vgl. Graf/Mueller, „Austria and China, 1949–1989: A Slow Rapprochement", 32–34.

207 Vgl. unten Dokumentenanhang Nr. 2.

208 In einem Bericht der sowjetischen Verhandlungsdelegation an das ZK der KPdSU vom 14. April 1955 hieß es, die Formulierungen bezüglich der Garantien gingen auf österreichische Vorschläge zurück, mit denen die sowjetische Seite konform gehen könnte. Allerdings wird in diesem Dokument nicht nur von der Garantie der territorialen Unversehrtheit, sondern auch der Unabhängigkeit Österreichs gesprochen; letzteres entsprach nicht den österreichischen Intentionen und ist auch nicht im Text

Die westliche Abneigung gegen die Ausstellung einer Garantie hatte rechtliche, historische und praktische Gründe. Während in den USA verfassungsrechtliche Überlegungen ein Hindernis darstellten, war die britische Verzögerungstaktik vor allem eine Konsequenz der Ereignisse von 1939, als ihre Garantie für Polen die Briten in den Zweiten Weltkrieg hineingezogen hatte. Zweitens waren sie angesichts der Nonexistenz einer effektiven österreichischen Armee nicht darauf vorbereitet, „ein Land, das ein militärisches Vakuum ist, zu garantieren".[209] Die Tendenz der Westmächte, vor allem der Amerikaner, war es, eine allfällige Erklärung a) auf die lange Bank zu schieben und b) inhaltlich mit den Bestimmungen der UN-Satzungen zu verbinden, wofür eine baldige UN-Mitgliedschaft Österreichs hilfreich sein würde.[210] Ende April 1955 hatte der Nationale Sicherheitsrat der USA festgehalten, „dass die Vereinigten Staaten bereit sein sollten, jegliche Verletzung des österreichischen Staatsgebietes als schwere Bedrohung des Friedens zu behandeln, ohne jedoch Staatsgebiet oder Neutralität zu garantieren, ausgenommen innerhalb des Rahmens der UN".[211] Bei der Wiener Botschafterkonferenz kurz darauf banden US-Entwürfe für eine Vier-Mächte-Garantieerklärung den Schutz der territorialen Integrität Österreichs in den Rahmen der Vereinten Nationen ein.[212]

Es gab jedoch zwei Gründe, die die Westmächte dazu zwangen, sich für den Fall einer doch erforderlichen Garantieerklärung gut zu wappnen. Erstens hatte sich die Sowjetunion im Moskauer Memorandum bereit erklärt, an einer Territorialgarantie

des Moskauer Memorandums enthalten. AVPRF, Fonds 06, op. 14, p. 9, d. 106, l. 158.

209 Michael Gehler, „to guarantee a country which was a military vacuum. Die Westmächte und Österreichs territoriale Integrität 1955–1957", in: Manfried Rauchensteiner, Hrsg., *Zwischen den Blöcken: NATO, Warschauer Pakt und Österreich*, Wien 2010, 95. Das Zitat ist aus Wallingers Bericht, 27. April 1956, zit. nach Rauchensteiner, *Die Zwei*, 329.

210 Vgl. u.a. Aktenvermerk des State Department v. 5. Oktober 1955, NA, RG 59, 663.001/10-555, sowie Telegramm State Department an Botschaft Wien Nr. 1362, 28. Oktober 1955, NA, RG 59, 663.0021/10-2655 (sic!).

211 „NSC Action No. 1388" (28. April 1955), zit. in einem Dokument des Nationalen Sicherheitsrates über die US-Politik gegenüber Österreich vom 23. März 1956 (NSC 5603), *FRUS 1955–1957*, Bd. 26, 35. Die Dokumente über die hier relevante Sitzung des Nationalen Sicherheitsrates vom 28. April 1955 sind durch Zensurstreichungen vollkommen unverständlich (*FRUS 1955–1957*, Bd. 5, 59); nur durch begleitende Dokumente bzw. nachträgliche Zitierungen lassen sich Beschlüsse dieser Sitzung betreffend Österreich rekonstruieren; hierzu hilfreich Rathkolb, *Washington ruft Wien*, 33. Zu Dulles' Linie der Einbettung der Garantiefrage in die Sicherheitsstruktur der UN, informativer Bericht Wallingers aufgrund amerikanischer Informationen nach London, 29. April 1955, TNAUK, FO 371/117793/RR1071/238.

212 Zwei amerikanische Entwürfe, mit britischen Ergänzungsvorschlägen, als Anhang zu einem zehnseitigen eingehenden Schriftbericht Thompsons zur internationalen Anerkennung der Neutralität und zur Garantiefrage, Nr. 245 v. 6. September 1955, NA, RG 59, 663.00/9-655, mit einem vorzüglichen Überblick über die Entwicklung von April bis September 1955.

teilzunehmen, und nun fürchteten die Westmächte, dass eine sowjetische Garantie einseitig erfolgen könnte.[213] Figl erklärte jedoch am 22. Juli den Westbotschaftern, Österreich werde keinesfalls eine einseitige Garantie der UdSSR akzeptieren.[214] Zweitens nahm die österreichischen Führung das Moskauer Memorandum ernst, nämlich dass Österreich eine Garantie der Unversehrtheit und Unverletzlichkeit des österreichischen Staatsgebietes durch die vier Großmächte begrüßen würde, und dass sie sich bei den drei Westmächten für die Abgabe einer solchen Garantie einsetzen werde. Der österreichische Entwurf, der die Erklärung der Neutralität mittels Entschließung des Nationalrates enthielt, drückte Österreichs Erwartung aus, dass die vier Mächte diese Neutralität anerkennen und eine Garantie des österreichischen Territoriums gewähren würden. Dieser Entwurf wurde den vier Mächten am 28. April 1955 übergeben. Aus diesen Tagen stammt wohl auch ein undatierter österreichischer Entwurf für eine Garantieerklärung, wonach unter Hinweis auf die mit Parlamentsentschließung erklärte immerwährende Neutralität Österreichs die namentlich genannten vier Mächte „durch die vorliegende Akte die förmliche und rechtskräftige Anerkennung der immerwährenden Neutralität der Republik Österreich" erteilen und ihr „die Unversehrtheit und Unverletzlichkeit ihres Staatsgebietes in seinen gegenwärtigen Grenzen" gewährleisten.[215] Die Westmächte setzten sich für die Trennung dieser zwei Themen ein und ließen die Österreicher auch mehrfach wissen, dass sie darauf größten Wert legten.[216] Erst langsam wurde den Westmächten deutlich, dass nicht die Sowjetunion, sondern die Österreicher die Urheber des Konzeptes der Territorialgarantie – nach dem Muster der Schweiz von

---

213 Vgl. den bereits erwähnten Schriftbericht Lalouette an Pinay, Nr. EU/247, 23. April 1955, AD, série Europe 1944–1960, sous-série Autriche, vol. 300. Dies war ein wichtiges Motiv dafür, dass die britische Regierung zunächst die Teilnahme an Gesprächen auf der Grundlage billigte, „that we were prepared in principle to consider participating in a suitable form of guarantee of Austrian territorial integrity and inviolability". Cabinet Paper „Austria", 26. April 1955, TNAUK, CAB 129175, C.P. (55) 12; Kabinettsbeschluss vom 27. April 1955, ebd., CAB 128/29, C.M. 7 (55), Conclusions, Minute 3.

214 Hierzu Schriftbericht Seydoux an Pinay Nr. EU/558, 16. September 1955. AD, série Europe 1944–1960, sous-série Autriche, vol. 300.

215 Undatierter Text „Garantieerklärung (österr. Entwurf)", handschr. Vermerk „IV", VGAB, Nachlass Schärf, 4/248. Ein Exemplar des gleichen Textes mit gleicher Überschrift und Vermerk „IV" befindet sich auch in SBKA, Nachlass Kreisky, VII/Staatssekretär. Dieser Text dürfte spätestens mit dem 28. April 1955 zu datieren sein, da er a) noch von einer gemeinsam und gleichzeitig auszusprechenden Anerkennung der Neutralität und Gewährung der Garantie ausgeht und b) noch nicht auf ein Neutralitätsgesetz, sondern nur auf eine Neutralitätsentschließung des Nationalrates Bezug nimmt.

216 Telegramm Lalouette nach Paris Nr. 764/767, 29. April 1955, AD, série Europe 1944–1960, sous-série Autriche vol. 300; Schriftbericht Lalouette an Pinay Nr. EU/272, 29. April 1955, ebd. Neuerlich sehr massiv in einer Aussprache der drei Westbotschafter mit Figl und Kreisky am 10. November 1955. Telegramm Thompson an State Department, Nr. 1267, 10. November 1955, NA, RG 59, 663.0021/11-1055, sowie österr. Amtsvermerk, AdR, BMAA, II-Pol, Zl. 325.989-Pol/55.

1815 – waren.[217] Die österreichische Regierung ließ die Westmächte mehrfach wissen, dass sie (nach Erledigung des Neutralitätsgesetzes) an die Großmächte mit dem Ersuchen um Abgabe der Garantieerklärung herantreten wolle.[218] In Gesprächen mit den Westbotschaftern in Wien war es Bruno Kreisky, der sich vehement für eine Garantie einsetzte.[219] Einmal bemerkte er, die Garantie wäre für den Westen deshalb von Vorteil, weil der Schutz (des Westens) „von der österreichischen West-Grenze ca. 600 km weiter östlich vorverlegt werde".[220] Was er nicht erwähnte, war, dass sie für Österreich sogar noch vorteilhafter wäre.

Die Frage war mit Jahresende 1955 nicht geregelt. Anfang Februar 1956 wandte sich das österreichische Außenamt an die drei Westmächte mit dem Ersuchen um (zunächst) informelle Gespräche über eine Garantieformel. Es wäre höchst unerwünscht, wenn die Westmächte keine klaren Vorstellungen für den Fall eines sowjetischen Vorstoßes in der Garantiefrage hätten.[221] Am 23. Februar empfingen Figl und Kreisky die drei Westbotschafter am Ballhausplatz. Figl und Kreisky betonten die Bedeutung einer Vier-Mächte-Garantie als zusätzlichen Schutz für Österreich; einige kleinere europäische Staaten würden durch die NATO geschützt, die Schweiz und Schweden wären nicht in der vordersten Linie und hätten starke Militärkräfte.

---

217 In London glaubte G. Harrison noch Anfang Juni 1955, die Sowjets seien die „originators" der Garantieidee gewesen. Notiz Harrisons vom 3. Juni 1955 in Beantwortung einer Anfrage des Außenministers Macmillan über den Stand der Neutralitäts- und Garantiefragen, TNAUK, FO 371/117803/RR1071/483. Vgl. hingegen telegr. Bericht Seydoux nach Paris, Nr. 1364/69, 22. Juli 1955, AD, série Europe 1944–1960, sous-série Autriche, vol. 300, sowie Schriftbericht Seydoux an Pinay Nr. EU/651, 18. Oktober 1955, ebd.

218 In einem von Figl abgezeichneten Telegramm an die Botschaft London vom 2. Juni 1955 sagte das Außenamt, die Österreicher seien „selbstverständlich auch weiterhin lebhaftest an einer Garantieerklärung der vier Großmächte interessiert. Auch im Falle der Aufnahme in die Vereinten Nationen würde eine solche Garantie eine zusätzliche besondere politische Bedeutung haben". AdR, BMAA, II-Pol. Zl. 322.603-Pol/55. Botschafter Schwarzenberg berichtete hierauf über äußerst skeptische Reaktionen Geoffrey Harrisons, ebd. Zl. 322.694-Pol/55.

219 U.a. in einem Gespräch mit Seydoux am 7. November 1955. Bericht Seydoux nach Paris, Nr. 1598/99, 7. November 1955, AD, série Europe 1944–1960, sous-série Autriche, vol. 300.

220 Kreisky in einer Besprechung mit Figl und den drei Westbotschaftern, 10. November 1955, AdR, BMAA, II-Pol, Zl. 325.989-Pol/55. Seydoux betonte in einem Bericht vom 14. November 1955, der sich ebenfalls mit Kreiskys Garantieideen befasste, dass bei den Sozialisten auch die Sorge vor Deutschland eine Rolle spiele. Seydoux an Pinay, Nr. EU/720, 14. November 1955, AD, série Europe 1944–1960, sous-série Autriche, vol. 300. In Seydoux' Berichten wird deutlich, dass die Franzosen der Garantieidee im Hinblick auf ihre Sorgen wegen Deutschland positiver gegenüberstanden als Briten oder Amerikaner.

221 Thompson an State Department, 6. Februar 1956, NA, RG 59, 663.0021/2-656, sowie State Department an Botschaft Wien, 9. Februar 1956, über Vorsprache des Botschafters Gruber im State Department, 663.0021/2-956, ferner britischer Aktenvermerk über Vorsprache des Botschafters Schwarzenberg bei Geoffrey Harrison im Foreign Office am 8. Februar, TNAUK, FO 371/124095/RR1071/26.

Kreisky meinte sogar, eine Vier-Mächte-Garantie könnte die Landesverteidigung populärer machen.[222] Bei den Briten stieg der Verdacht auf, das Garantieverlangen könnte sozialistischerseits als Ersatz für größere Verteidigungsanstrengungen seitens Österreichs gemeint sein. Figl ließ erkennen, dass Österreichs Entschluss, dem Europarat beizutreten, zumindest ein Motiv für die Sorge war, die Sowjetregierung könnte die Initiative in Richtung Vier-Mächte-Garantie ergreifen.[223]

Zwischen Februar und April 1956 feilten die Diplomaten der drei Westmächte am Entwurf einer Garantieerklärung.[224] Die von den Amerikanern konzipierte Linie der Einbindung der Garantie in das „Auffangnetz" der UN-Satzung setzte sich vollständig durch. Der Entwurf sah in seinem entscheidenden Teil (Punkt 5) eine Erklärung der vier Signatarmächte vor, „daß sie dann, wenn es zu einer Verletzung der territorialen Integrität Österreichs kommen sollte, oder dann, wenn eine solche Verletzung unmittelbar bevorzustehen scheint, für ihren Teil eine solche Entwicklung als Bedrohung für den Frieden erachten und die Angelegenheit unverzüglich zur Kenntnis der Vereinten Nationen bringen werden, mit dem Ziel, geeignete Maßnahmen der Vereinten Nationen sicherzustellen, mit denen der Situation begegnet werden kann".[225]

---

222 Bericht Thompson an State Department, 23. Februar 1956, NA, RG 59, 663.0021/2-2356, sowie aufgrund von Wallingers Bericht nach London Rauchensteiner, *Die Zwei,* 327. Kreisky schrieb später in seinen Memoiren *(Zwischen den Zeiten,* 469f), er sei (im Frühjahr 1955) einer gemeinsamen Garantie „entschieden entgegengetreten, weil ich fürchtete, daß dann überall, nur nicht am Ballhausplatz, entschieden werde, wann Österreichs Unabhängigkeit gefährdet sei"; dies widerspricht der Quellenlage für 1955 und die ersten Monate 1956; Rauchensteiner weist zurecht auf diesen Widerspruch hin (*Die Zwei,* 514, Anm. 34).

223 Dies in Ergänzung zur Darstellung Rauchensteiners, *Die Zwei,* 327 aufgrund Wallingers Bericht vom 23. Februar 1955, TNAUK, FO 371/124095/RR1071/34, sowie Thompsons Bericht vom gleichen Tage, NA, RG 59, 663.0021/2-2356. Zwei Tage zuvor, am 21. Februar 1956, hatte der Ministerrat den Beitritt Österreichs zum Europarat beschlossen. Hierzu Burtscher, *Österreichs Annäherung an den Europarat,* 49.

224 Zum Folgenden vgl. Rauchensteiner, *Die Zwei,* 326–330.

225 Sog. „operativer" Teil (ohne die vorausgehenden Begründungen) eines Entwurfes vom 2. März 1956, hier zit. nach der Übersetzung bei Rauchensteiner, *Die Zwei,* 326f (dort das gesamte Dokument). Rauchensteiner bezeichnet diesen Text als ein „einzigartiges Dokument" (ebd. 326). Damit wird ihm formal wie inhaltlich ein zu hoher Stellenwert beigemessen: formal, weil es sich bei diesem Dokument nicht um einen endgültigen Text, sondern um einen im Foreign Office revidierten amerikanisch-britischen Entwurf handelt (vgl. W. H. Young an Wallinger, 2. März 1956, TNAUK, FO 371/124095/RR1071/30 m. Beilage, sowie Aktenvermerke ebd. bei FO 371/124096/ RR1071/46). Inhaltlich ist zu bedenken, dass interne Kommentare im Foreign Office die in diesem Dokument formulierte Garantieformel mehrfach als „innocuous formula" – als „harmlose" oder auch „nichtssagende" Formel – bezeichneten. Dies entsprach dem Wunsch des Außenministers Macmillan, wenn möglich eine „innocuous form" einer Vier-Mächte-Garantie zu finden. Aktenvermerk Macmillans vom 4. Oktober 1955, FO 371/117813/RR1071/707/G, ferner Aktenvermerk vom 13. März 1956, FO

Obwohl es sich dabei nicht um eine Garantie handelte, so deutete das Versprechen, die Vereinten Nationen zu befassen in Verbindung mit dem Hinweis auf eine „Bedrohung für den Frieden" in die Richtung kollektiver Maßnahmen in Erwiderung auf aggressive Handlungen. Gemäß Kapitel VII der UN-Satzung begründet eine „Bedrohung für den Frieden" eine Rechtfertigung für den Sicherheitsrat, um Sanktionen bis hin zur militärischen Intervention anzunehmen. Der Text reflektierte genau das amerikanische Konzept, wie es im Nationalen Sicherheitsrat Ende April 1955 gebilligt worden war.[226]

Am Jahrestag des Moskauer Memorandums nutzte die Sowjetunion den Anlass, um in einem Leitartikel der *Pravda* vom 16. April an die von Österreich vorgeschlagene(!) Vier-Mächte-Garantie zu erinnern. Allerdings ist insgesamt ein auffallend geringes Interesse der sowjetischen Seite für eine Vier-Mächte-Territorialgarantie festzustellen. Botschafter Seydoux spekulierte diesbezüglich sogar, ob es vielleicht im sowjetischen Interesse sei, die Neutralität so leicht und anziehend wie möglich zu gestalten und die Position der neutralen Staaten nicht durch zusätzliche politisch-juristische Anforderungen zu erschweren.[227] Diese Idee wird durch den Befund ergänzt, dass die sowjetische Österreich-Politik von 1945 bis 1955 immer wieder von dem Bestreben bestimmt war, möglichst unter Ausschaltung der Westmächte bilateral mit Österreich zu verhandeln und handelseins zu werden.[228]

Nach dem *Pravda*-Warnschuss aus Moskau kam es in der zweiten April-Hälfte 1956 neuerlich zu Beratungen zwischen Figl, Kreisky und den Westmächten. Kreisky meinte, eine einseitige sowjetische Garantie wäre „eine Katastrophe" und würde de facto ein Bündnisangebot bedeuten. Dennoch wünschten die Österreicher weiterhin eine Garantie. Die einzige Bedrohung, vor der die Österreicher in der voraussehbaren Zukunft Angst hätten, wäre eine aus dem Osten. In der Praxis würde die Garantie also vom Westen kommen und Österreich würde sich im Falle eines Angriffes auf der westlichen Seite befinden. „The Western guarantee would, so to speak, bring Austria into N.A.T.O."[229] Kreisky entwickelte Ideen für eine Garantie im Rahmen der UNO unter Umgehung bzw. Ausschaltung des Vetorechtes der ständigen Mitglieder des Sicherheitsrates, das ja den größten Hemmschuh für eine

371/124096/RR1071/46, sowie ein späteres Memorandum des Foreign Office Research Department vom 21. August 1959, FO 371/153178/RR1072/1.

226 Vgl. „NSC Action No. 1388", oben bei Anm. 220.

227 Schriftbericht Seydoux an Pinay, Nr. EU/783, 20. Dezember 1955, AD, série Europe 1944–1960, sous-série Autriche, vol. 300.

228 Vgl. u.a. oben Kap. I.

229 Gesprächsmitschrift Wallingers über die Besprechung am 26. April 1956, TNAUK, FO 371/124097/RR1071/88 (hier S. 5).

wirksame Vier-Mächte-Garantie bedeutete. Dies schien deshalb nötig, weil, sollte Österreich durch eine Vetomacht (also etwa die Sowjetunion) bedroht werden, gerade diese Macht gegen jegliche Garantien Veto einlegen könnte.[230]

Trotz der Textentwürfe in den Schubladen der westlichen Außenministerien und trotz der Erinnerung aus Moskau zum Jahrestag des Moskauer Memorandums schwenkten die Briten und Franzosen im Mai 1956 endgültig auf die amerikanische Linie ein.[231] Botschafter Thompson betonte die verfassungsrechtlichen Bedenken der USA gegen die Abgabe einer Garantie. Österreich könne sich gegenüber den Sowjets immer darauf berufen, dass es sich im Sinne des Moskauer Memorandums um eine Garantie bemüht habe; ein allfälliges einseitiges Garantieangebot der sowjetischen Seite könnte damit beantwortet werden, dass Österreich sich nur zur Erlangung einer Vier-Mächte-Garantie verpflichtet habe.[232]

Tatsächlich gaben die Vereinigten Staaten einige Monate später, auf dem Höhepunkt der sowjetischen Intervention in Ungarn, eine einseitige Garantie für Österreich ab. Die US-Stellungnahme vom 6. November 1956 lautete: „The United States has respected, and will continue to respect and observe, the neutral character of Austria and considers that the violation of the territorial integrity or internal sovereignty of Austria would, of course, be a grave threat to the peace."[233] Die Briten hatten eine ähnliche Erklärung vorbereitet, entschieden sich aber schließlich gegen die Veröffentlichung. Zur lang diskutierten Vier-Mächte-Garantie ist es nie gekommen.

Österreichs Beitritt zu den Vereinten Nationen kam im Gegensatz dazu sehr rasch zustande. Die Begleitumstände waren günstig. Alle vier Signatarstaaten des Staatsvertrages hatten sich in der Präambel verpflichtet, Österreichs UN-Beitritt zu unterstützen. Der betreffende Text war schon 1947 einvernehmlich formuliert worden. Ein Rückzieher – etwa wegen möglicher Unvereinbarkeitsprobleme zwischen ständiger Neutralität und UN-Mitgliedschaft – war in der Konstellation von 1955 kaum

230 Zur Besprechung am 26. April 1956 auch Schriftbericht Wallingers v. 27. April 1956, ebd. Bei den ebenfalls anwesenden österreichischen Diplomaten Schöner und Haymerle zeigte sich Skepsis gegenüber Kreiskys Engagement, wie sie Wallinger am Folgetag in einem Gespräch auf der japanischen Botschaft sagten. Zweiter Schriftbericht Wallingers nach London v. 27. April 1956, ebd., FO 371/124097/RR1071/89. Zu diesen Gesprächen auch Rauchensteiner, *Die Zwei*, 329.

231 Im Resümee eines Gespräches zwischen Wallinger und Harrison im Foreign Office am 7. Mai 1956 hielt Harrison fest, „we should like, if possible, to get the idea of a guarantee killed", doch wurden noch diverse taktische Manöver besprochen, um die Westmächte nicht mit dem „Schwarzen Peter" einer glatten Garantieablehnung zu belasten. TNAUK, FO 371/124097/RR1071/96.

232 Rauchensteiner, *Die Zwei*, 330, nach BMAA, II-Pol, Zl. 514.605-Pol/56 v. 22. Mai 1956, sowie mit negativen Äußerungen des Botschafters Seydoux, Zl. 514.499-Pol/56 v. 22. Mai 1956.

233 Zit. nach Gehler, „to guarantee a country", 128.

vorstellbar. Für die Sowjetunion wäre es 1955 kontraproduktiv gewesen, Österreichs UN-Beitritt zu blockieren. Die Westmächte hatten aber vielleicht ein noch größeres Interesse, Österreich in den Vereinten Nationen zu empfangen.

Die Regierungsdelegation hatte die Frage der Mitgliedschaft Österreichs bei den Vereinten Nationen in Moskau zur Sprache gebracht und war auf keine Einwände gestoßen.[234] Bald nach ihrer Rückkehr hatte der Hauptausschuss des Nationalrates in einem Entschließungsantrag den Beitritt zu den Vereinten Nationen urgiert. Ohne Zweifel stand dahinter der Gedanke, dass die Mitgliedschaft bei den Vereinten Nationen Österreich ein zusätzliches Maß an Schutz und Sicherheit sowie auch die Möglichkeit, sich vor der Weltöffentlichkeit Gehör zu verschaffen, gewähren würde. Auf dem Ballhausplatz wurde eine Zeitlang im Sommer 1955 die Möglichkeit erwogen, dass Österreich bei den Vereinten Nationen einen besonderen Status erhalten könnte, ähnlich dem der Schweiz während ihrer Mitgliedschaft im Völkerbund.[235] Allerdings setzte sich offensichtlich bald die Überzeugung durch, es sei unnötig – und vielleicht auch inopportun –, einen besonderen Status eigens zu verankern.

Die Satzung der Vereinten Nationen war im Vergleich zu jener des Völkerbundes in Bezug auf die Organisation der kollektiven Sicherheit flexibler. Dem Sicherheitsrat kam bei der Heranziehung einzelner Mitglieder für militärische Sanktionen ein beträchtliches Ermessen zu; auch war die Teilnahme an Militärsanktionen vom Abschluss eines eigenen Vertrages zwischen dem Sicherheitsrat und den einzelnen Staaten abhängig. Es begann sich die spätere österreichische Argumentation abzuzeichnen, wonach die Tatsache, dass vier ständige Mitglieder des Sicherheitsrates sowohl die Mitgliedschaft Österreichs befürworteten als auch Österreichs Neutralität anerkannten, zugunsten der Vereinbarkeit von Neutralität und UN-Mitgliedschaft spreche.[236] Seitens der Westmächte war man bestrebt, die Sache möglichst ohne Pro-

234 Unmittelbar vor dem Abflug aus Moskau am 15. April 1955 informierten Figl und Kreisky die Westbotschafter in Moskau, dass Semënov den Österreichern auf ihre Frage bestätigt habe, dass sich an der in der Präambel zum Staatsvertragsentwurf enthaltenen Befürwortung von Österreichs UN-Beitritt nichts ändere. Botschafter Sir William Hayter an Foreign Office, 15. April 1955, TNAUK, FO 371/117789/RR1071/133.

235 Bericht über eine Pressekonferenz leitender Beamter des Außenamtes und des Bundeskanzleramtes, darunter des Botschafters Schöner, am 21. Juli 1955, vgl. *WZ*, 22. Juli 1955, 2.

236 Von Wichtigkeit war eine rechtzeitig verfasste und veröffentlichte Arbeit von Alfred Verdross, „Die dauernde Neutralität Österreichs und die Vereinten Nationen", in: *Juristische Blätter* 77:14, 9. Juli 1955, 345–348, die mit Runderlass vom 25. Juli 1955 allen österreichischen diplomatischen Vertretungen übermittelt wurde, mit zusätzlichen Informationen über die positive Einstellung der USA, Frankreichs und der UdSSR zum UN-Beitritt Österreichs. Zl. 334.299-Int/55, veröffentlicht in: *ÖuG*, Nr. 146. Sehr informativ Jenny, *Konsensformel*, 293–297; das Thema „Neutralität und UN-Mitgliedschaft" völlig ignoriert bei Mauk, *Österreich und die UNO,* Dissert. Univ. Wien 1981, 245–255 (Kapitel über Österreichs UN-Beitritt 1955).

bleme über die Bühne gehen zu lassen.[237] Österreichs UN-Mitgliedschaft war ihnen wohl aus einer Mischung von Motiven sehr wichtig. Die UN-Mitgliedschaft eröffnete die Möglichkeit, die im Moskauer Memorandum in Aussicht gestellte, den Westmächten unerwünschte Vier-Mächte-Territorialgarantie für Österreich gewissermaßen auf die UN-Satzung abzuschieben. Überdies bot die UN-Mitgliedschaft die Chance, Österreichs Neutralität vom in Moskau akkordierten Schweizer Muster etwas wegzuziehen und zu „flexibilisieren".

Besonders die Amerikaner rieten von Vorbehalten anlässlich des österreichischen UN-Beitrittes ab.[238] Bei einer Besprechung des österreichischen Botschafters, Karl Gruber, und des österreichischen Beobachters bei den UN, Kurt Waldheim, im State Department Ende September 1955 vertraten die amerikanischen Gesprächspartner die Ansicht, die Neutralität Österreichs lasse sich mit der UN-Mitgliedschaft durchaus vereinbaren.[239] Es hieße eine „Büchse der Pandora" öffnen, verlautete in einer internen amerikanischen Weisung im Dezember 1955, würde man im NATO-Rat eine Diskussion über die Konsequenzen der österreichischen Neutralität einschließlich der Frage der Vereinbarkeit oder Nichtvereinbarkeit von Neutralität und UN-Mitgliedschaft abführen.[240] Schon gegen Ende des Jahres 1955 und

---

237 In einem Aktenstück des Wiener Außenamtes vom 21. Juli 1955 findet sich ein nuancenreicher Überblick über das Ergebnis von Sondierungen über Österreichs Aufnahme in die UN am Sitz der UNO in New York, in den Hauptstädten der vier Staatsvertragssignatarstaaten sowie Belgiens, Brasiliens und der Türkei (damals nichtständige Mitglieder des Sicherheitsrates); es gab keine Probleme in Bezug auf das Verhältnis von UN-Mitgliedschaft und Neutralität (von den Briten lag noch keine Äußerung vor); die Franzosen hatten offensichtlich anfängliche Bedenken zurückgestellt; es gab jedoch unterschiedliche Stellungnahmen, ob Österreichs Ansuchen um UN-Mitgliedschaft eine „Sonderbehandlung" (gegenüber zahlreichen gegenseitig vom Westen bzw. dem Osten blockierten Ansuchen anderer Staaten) erfahren solle oder nicht: AdR, BMAA, II-Pol, Zl. 334.206-Int/55, 21. Juli 1955.

238 Hierzu eine Notiz des UN-Experten im Wiener Außenamt und späteren Botschafters bei den UN in New York Franz Matsch auf einem Bericht des österreichischen Beobachters bei den UN, Kurt Waldheim, an Außenminister Figl vom 21. Juli 1955, AdR, BMAA, II-Pol, Zl. 334.595-Int/55, zit. bei Jenny, *Konsensformel*, 295.

239 Amtsvermerk über eine Besprechung im State Department am 26. September 1955, vorgelegt mit Bericht Zl. 82-Pol/55 des UN-Beobachters Waldheim vom 3. Oktober 1955. AdR, BMAA, II-Pol, Zl. 336.248-Int/55.

240 Anlass war eine inoffizielle niederländische Anfrage bezüglich einer allfälligen Diskussion im NATO-Rat über die Konsequenzen der österreichischen Neutralität einschließlich der Frage der Vereinbarkeit oder Unvereinbarkeit der Neutralität mit der UN-Mitgliedschaft und insbesondere mit den aus der UN-Charta resultierenden militärischen Verpflichtungen. Vgl. Telegramm US-Botschaft Paris nach Washington, Nr. Polto 1005, 14. Dezember 1955, NA, RG 59, 663.0021/12-1455; Weisung State Department an Botschaft Paris, Nr. Topoi 719, 17. Dezember 1955, ebd., 663.0021/12-1455 (sic!); eine Debatte im NATO-Rat wäre unnütz, weil es keinen Zweifel über die Antwort gebe, meinte Thompson zu Seydoux. Telegramm Seydoux nach Paris Nr. 1721, 19. Dezember 1955. DA, série Europe 1944–1960, sous-série Autriche, vol. 300.

neuerlich sehr entschieden 1958 äußerte man sich im Londoner Foreign Office intern dahingehend, dass im Konfliktfalle zwischen Neutralitätsverpflichtungen und Verpflichtungen im Rahmen der UN-Charter den letzteren eindeutig der Vorrang zu geben sei.[241] Schließlich mochte die UN-Mitgliedschaft einmal Möglichkeiten bieten – britische interne Stellungnahmen deuteten es schon 1955 an –, den Neutralitätsstatus ganz abzulegen.

Acht Tage nach der Anerkennung der österreichischen Neutralität durch die vier Mächte, am 14. Dezember 1955, wurde Österreich auf Empfehlung des Sicherheitsrates, dem ja die vier Mächte, die gerade Österreichs Neutralität anerkannt hatten, als ständige Mitglieder angehörten, von der Generalversammlung der Vereinten Nationen als Mitglied aufgenommen. Österreichs Aufnahme erfolgte unter dramatischen Umständen. In den Vereinten Nationen tobte seit Jahren ein Kampf um die Aufnahme einerseits vom Sowjetblock, andererseits von den Westmächten favorisierter Länder, der zur Blockierung der Aufnahme neuer Mitglieder geführt hatte. Aus dieser Sackgasse sollte nunmehr eine seit der Jubiläumstagung von San Francisco im Juni 1955 in Gang kommende Kompromisslösung herausführen. Seit der afro-asiatischen Konferenz von Bandung im April war auch der Druck auf Aufnahme asiatischer und afrikanischer Staaten gewachsen. Am 8. Dezember empfahl die UN-Generalversammlung dem Sicherheitsrat die Aufnahme von 18 neuen Mitgliedern, darunter Österreich; die geteilten Staaten Nord- und Südkorea sowie Nord- und Südvietnam blieben ausgeklammert. Doch die Konflikte in Ostasien bereiteten Österreich bis in die letzten Stunden Schwierigkeiten; die damals noch den ständigen Sitz Chinas im Sicherheitsrat einnehmende prowestliche Republik China (territorial auf Taiwan und einige kleinere Inseln beschränkt) stellte am 13. Dezember doch einen Antrag auf Aufnahme Südkoreas und Südvietnams, wogegen die Sowjetunion ein Veto einlegte. Die Republik China wiederum legte ein Veto gegen die von der Sowjetunion favorisierte Mongolische Volksrepublik ein; nunmehr konterte die Sowjetunion mit einem Einspruch gegen 13 nichtsozialistische Aufnahmekandidaten, wovon auch Österreich betroffen war. Erst als sich die Sowjetunion in Kompromissverhandlungen bereit erklärte, die Aufnahme der Äußeren

241 Interne Stellungnahmen, u.a. seitens des Legal Adviser Sir G. Fitzmaurice vom 16. Dezember 1955, und Schreiben von H. Young an die Botschaft Wien, 30. Dezember 1955, TNAUK, FO 371/117816/RR1071/715; ausführliche Ausarbeitung von John Blair (britische Botschaft Wien), 25. Februar 1958, über österreichische Interpretationen, einschließlich der Ansichten des damaligen Leiters des Völkerrechtsbüros Rudolf Kirchschläger, ebd. FO 371/136597/RR1074/1; Stellungnahme hierzu von Fitzmaurice, 4. September 1958, ebd. (urspr. Zl. 1071/2); Amtsdruck „The Legal Basis of Austrian Neutrality", bestehend aus einem Bericht von R. P. Heppel (britische Botschaft Wien) an Außenminister Selwyn Lloyd, 31. Oktober 1958 und Schreiben des Premierministers Macmillan an Botschafter Sir James Bowker Wien, 5. Jänner 1959, ebd. FO 371/136597/RR1074/3.

Mongolei zurückzustellen, wenn der Westen die Aufnahme Japans zurückstelle, kam es am 14. Dezember im Sicherheitsrat zu Beschlüssen, die – in gesonderten Abstimmungen – die Aufnahme von insgesamt 16 Staaten ermöglichten. Es war der größte „Aufnahmeschub" seit Gründung der Vereinten Nationen. Die Empfehlung des Sicherheitsrates bezüglich Österreichs wie auch zehn anderer Staaten erfolgte einstimmig; bei fünf Staaten gab es unterschiedliche Stimmenthaltungen. Österreich wurde gleichzeitig mit folgenden Staaten aufgenommen: Albanien, Bulgarien, Ceylon, Finnland, Irland, Italien, Jordanien, Kambodscha, Laos, Libyen, Nepal, Portugal, Rumänien, Spanien und Ungarn.[242]

Staatsvertrag, Ende der Vier-Mächte-Kontrolle und der Besetzung durch Streitkräfte aus Ost und West, Neutralität, Mitgliedschaft bei den Vereinten Nationen: das sind die Marksteine von Österreichs *annus mirabilis*, des Jahres 1955. Zu Beginn dieses Jahres hätte niemand gewagt, den Eintritt auch nur eines dieser Ereignisse vorauszusagen. Im Gegenteil, knapp vor Weihnachten 1954 war vom sowjetischen Hochkommissar die Gefährdung der Einheit Österreichs – anders gesagt, die Gefahr einer Spaltung des Landes – kaum verhüllt an die Wand gemalt worden. Noch im Frühjahr 1955 vor den Moskauer Verhandlungen war mehrfach spekuliert worden, dass bei Scheitern der österreichisch-sowjetischen Verhandlungen die Teilungsgefahr akut werden könnte. An diesen außerordentlichen Veränderungen innerhalb weniger Monate ist die herausragende Bedeutung des Jahres 1955 für die Geschichte der Zweiten Republik zu ermessen.

242 Eine knappe Übersicht in: *AdG* 1955, 5521 A.

VIII. Schlusswort: Österreichs internationale Position 1945–1955. Alternativen, Optionen, Denkmodelle

Die wiedererrichtete Republik Österreich erstand 1945 an der Nahtstelle zweier militärischer Operationsbereiche, der sowjetischen Militärmacht (damals im Bunde mit Titos Jugoslawien) auf der einen Seite, der unter amerikanischem Oberkommando operierenden amerikanisch-britisch-französischen „westlichen" Militärmacht auf der anderen. Diese zwei militärischen Eingriffsbereiche, die auf österreichischem Boden im Rahmen der Vier-Zonen-Einteilung ein Jahrzehnt nach Kriegsende fortbestanden, waren zwar im Zug der Kriegführung gegen NS-Deutschland und dessen Verbündete entstanden, erhielten jedoch eine neue geostrategische Bedeutung im Rahmen der bald (1947) als „Kalter Krieg" bezeichneten Konfrontation machtmäßiger und ideologischer Blockbildungen. Für einen Staat wie Österreich, der sich *auf beiden Seiten* der militärstrategischen Nahtstelle zwischen Ost und West befand, hatte dies außerordentliche Konsequenzen.

Obwohl dem bloßen Auge – vor allem in den späteren Jahren der Besatzungszeit – weniger sichtbar als die von den kommunistischen Machthabern aus politischen Gründen abgeschotteten Grenzen zu den „Ostblockstaaten", verlief die militärische Ost-West-Grenze quer durch Österreich: von Passau entlang der Donau und Enns, dann entlang der steirisch-niederösterreichischen Grenze über den Semmering und entlang der steirisch-burgenländischen Landesgrenze bis zur Staatsgrenze mit Jugoslawien.

Sicher waren die Enklaven der Westalliierten in Wien in Friedenszeiten von beträchtlicher politischer und atmosphärischer Bedeutung. Die in diesem Buch (Kap. I) erwähnte eigentümliche Verklammerung der vier Mächte in Wien, – anders als in Berlin ein eigener internationaler Sektor sowie Trennungen innerhalb der britischen und sowjetischen Sektoren – hatte ohne Zweifel eine deeskalierende Wirkung. Doch im Ernstfall des Krieges wären diese Enklaven nicht ins Gewicht gefallen. Die Alliierten Kommission der vier Mächte, der besonders von französischer Seite oft hervorgehobene „Quadripartismus", bedeutete ebenfalls ein Element der Stabilität. Doch für die Vorbereitungen zum Ernstfall (vgl. Kap. IV) zählte eben nur die Zonengrenze zwischen der Sowjetzone und den zunehmend im Sprachgebrauch gemeinsam benannten „Westzonen". Die österreichische Bevölkerung, die acht Jahre lang – bis Juni 1953 – nur unter Kontrolle die Demarkationslinie zwischen Sowjetzone und Westzonen überschreiten konnte, reiste zwar im eigenen Land, aber gleichsam im „kleinen Grenzverkehr" hin und her über einen Abschnitt der militärischen Ost-West-Grenze in Europa. Diese „besondere Lage" Österreichs hat Karl Gruber 1947 frühzeitig und zutreffend gekennzeichnet: Österreich „ragt in die militärischen Positionen des Ostens und Westens hinein".[1]

Welche möglichen Varianten der Entwicklung für Österreichs internationale Position, welche Alternativen und Optionen gab es, was waren die möglichen Denkmodelle? Wir möchten fünf mögliche Pfade beschreiben; es handelt sich nicht etwa um eine chronologische Abfolge bestimmter Phasen der Geschichte Österreichs von 1945 bis 1955, sondern um die systematische Erörterung von fünf denkmöglichen, teils gar nicht, teils in Ansätzen, teils auf begrenzte Dauer verwirklichten Varianten der Position Österreichs im von der Ost-West-Konfrontation dominierten Europa. Es sind dies die folgenden:[2]

Variante 1: Die anhaltende Besetzung Österreichs durch die vier Mächte;
Variante 2: Die Teilung Österreichs;
Variante 3: Österreichs Integration in den Ostblock;
Variante 4: Österreich als auch militärisch integrierter Teil des westlichen Bündnisses;
Variante 5: Österreich als Staat zwischen zwei Militärblöcken.

Zur *ersten* Variante: Ein Termin für den Abzug der vier Mächte aus Österreich, wenngleich noch nicht an ein festes Datum gebunden, entstand erst, als diese übereinkamen, die Räumung des Landes 90 Tage nach dem Inkrafttreten des „Vertrages betreffend die Wiederherstellung eines freien und demokratischen Österreich" vorzunehmen. Dies geschah in den ersten Monaten des Jahres 1947 (vgl. Kap. II). Spätestens von da an galt in Österreich die Gleichung: Staatsvertrag = Abzug der vier Mächte aus Österreich. Die Unterscheidung zwischen dem Abschluss, d.h. der Unterzeichnung des Staatsvertrages einerseits und seinem Inkrafttreten andererseits war wohl den außenpolitischen und militärischen Experten geläufig, kaum der Öffentlichkeit. Die Gleichung „Staatsvertrag = Abzug der vier Mächte aus Österreich"

1 Karl Gruber, undatierte streng vertrauliche Aufzeichnung „Die Lage in Mitteleuropa" [Frühjahr 1947], KGA, K. 14, Mappe Div. vertrauliche Informationen, zit. bei Michael Gehler, „‚Politisch unabhängig', aber ‚ideologisch eindeutig europäisch' – Die ÖVP, die Vereinigung christlicher Volksparteien (NEI) und die Anfänge der europäischen Integration 1947–1960", in: Gehler/Steininger, *Österreich und die europäische Integration 1945–1963*, 295.

2 Vgl. Stourzh, „Origins", bes. 37–42.

war jedenfalls jahrelang die wichtigste Triebfeder der österreichischen Politik. „Trotz aller Lasten“ wäre „ein Staatsvertrag mit Räumung des Landes günstiger“ als die „fortdauernde Besetzung“, sagte Außenminister Gruber 1952.[3] Sicher ging es Gruber in besonderem Maße um die Räumung der Sowjetzone,[4] doch stand für ihn außer Zweifel, dass nur ein Übereinkommen mit allen vier Mächten gemeinsam das erstrebte Ziel der Räumung bringen konnte. Auf keinen Fall, so Gruber im Februar 1952, „können wir uns zum Abschluß von Sonderverträgen mit den einzelnen Mächten bereit erklären, denn dies wäre das Ende Österreichs“.[5]

Die anhaltende Besetzung Österreichs wurde zu verschiedenen Zeitpunkten von verschiedenen Akteuren bevorzugt. Einerseits waren dies (a) die Westmächte, die den Abschluss des Staatsvertrages in seiner zehnjährigen Genese in bestimmten Stadien verzögerten. Dabei handelte es sich aber nie um mehr als eine vorübergehende Taktik, die man aus Sorge um Österreichs Sicherheit wählte, da man die Widerstandsfähigkeit des Landes gegen mögliche sowjetische und innere kommunistische Angriffe nach einem Vier-Mächte-Rückzug stärken wollte. Anhaltenderer Natur und weniger uneigennützig in ihren Zielen war (b) die sowjetische Strategie, den Staatsvertragsabschluss zu verhindern. Diese Strategie trat zumindest 1946, 1949 und 1954 zutage und hatte weniger mit den Interessen Österreichs zu tun als mit der Erhaltung der sowjetischen Machtposition ebenda und in Osteuropa. Die anhaltende Besetzung Österreichs war ein Mittel zum Zweck, um die sowjetische Dominanz über Ungarn und Rumänien sicherzustellen und Druck auf Jugoslawien auszuüben, aber das Land diente auch als Pfand im Kampf um Deutschland. Die fortdauernde Besetzung Österreichs resultierte in zwei gefährlichen Tendenzen.

Erstens bestand die Gefahr des mentalen Auseinanderdriftens der Bevölkerung der verschiedenen Regionen. Die Lebensumstände in den verschiedenen Zonen stellten sich zumal in den letzten Jahren der Besatzungsdekade sehr unterschiedlich dar. Im Oktober 1954 gab es in Österreich gemäß einem Bericht Jean Chauvels 36.000 Mann der sowjetischen Besatzungsmacht, 15.172 Amerikaner, 2.820 Briten und 542 Franzosen, davon 150 Gendarmen.[6] Diese Ziffern allein sind angetan, eine

3 Protokoll über die (vertrauliche) 71. Sitzung des Nationalratsklubs der ÖVP am 12.2.1952. KGA, K. II, Mappe „V“-Akten.

4 „All tactics, treaty, diplomatic, and Austrian, should be directed towards this end; all problems would be immeasurably easier to solve once this country was emptied of Soviet forces.“ Im Gespräch mit dem US-Diplomaten Coburn Kidd am 20. September 1951. *FRUS 1951,* Bd. 4, 1135.

5 Gruber am 12. Februar 1952 im ÖVP-Nationalratsklub, wie Anm. 3. Die Gefahr von „Sonderverträgen“ wurde damals, wenige Monate nach dem „Sonder“-Friedensvertrag der Westmächte mit Japan, vor allem von KPÖ-Abgeordneten an die Wand gemalt.

6 Schriftbericht Chauvel an Außenminister Mendès-France, 27. Oktober 1954, *DDF 1954,* Nr. 300 (S. 625).

Vorstellung der unterschiedlichen Lebensverhältnisse in den Besatzungszonen zu geben. Während Tirol und Vorarlberg faktisch frei von fremden Truppen waren (die geringen französischen Kräfte waren in Wien konzentriert), gab es auch in Kärnten und in der Steiermark nur ganz geringfügige britische Einheiten. Die Präsenz der Amerikaner war in Salzburg und im südlichen Oberösterreich viel stärker fühlbar – auch als Wirtschaftsfaktor, da die GIs jedes Jahr Millionen Dollar in Österreich ausgaben.[7] Doch auch hier gab es einen offensichtlichen Unterschied zur signifikant höheren Zahl der sowjetischen Truppen und deren Verhalten. In der Bundeshauptstadt Wien selbst waren alle vier Besatzungsmächte merkbar präsent. Von Seiten mancher Politiker, die sich um die Einheit ganz Österreichs sorgten, gab es bisweilen ernste und auch bissige Kommentare zum Unverständnis in Westösterreich für die Probleme im östlichen Teil des Landes.[8]

Zweitens bestand die Gefahr, dass eine Bevölkerung, die sich über die Jahre daran gewöhnt hatte, in einem nichtsouveränen Staat zu leben, ein zunehmendes Ausmaß an Resignation gepaart mit Bitterkeit entwickelt. Auch Österreichs Regierungspolitiker waren um 1954 sehr bescheiden geworden, wenn man die Bereitschaft zur Akzeptanz wesentlich verlängerter Abzugsfristen in Betracht zieht, wie sie zu Ende der Berliner Konferenz oder im Spätherbst 1954 zum Ausdruck kam.[9] Manche Politiker wie Karl Gruber oder Bruno Kreisky fürchteten auch, dass das andauernde vergebliche Warten auf Österreichs Souveränität das noch fragile Selbstbewusstsein des Landes schwächen würde und dass Österreich zunehmend der Sogkraft der aufsteigenden Bundesrepublik Deutschland ausgesetzt sein könnte.[10] Kreisky, nie um originelle oder gewagte Formulierungen verlegen, meinte einmal im Gespräch mit dem französischen Hochkommissar Jean Chauvel, dass die Fortdauer der militärischen Besetzung aus Österreich eine Art „Gibraltar" machen und die Seele des Landes zerstören würde.[11] Kreisky zog diesen Vergleich am 27. Oktober 1954, nur vier Tage nach den Pariser Verträgen, die das Ende des Besatzungsregimes in der Bundesrepublik Deutschland besiegelt hatten. Kreisky fügte der düsteren Perspektive einer „Gibraltarisierung" Österreichs[12] auch sogleich die Warnung

---

7 Nicht umsonst wurde vor allem von den Bewohnern der amerikanischen Zone nach dem Abzug der Amerikaner halb im Scherz als „Befreiungsgeschädigten" gesprochen.

8 Gruber bemerkte einmal im ÖVP-Nationalratsklub sehr scharf, „daß die Feigheit im Westen weitaus größer ist als im Osten Österreichs. Auch findet man im Westen mehr Rückversicherer als bei uns." Protokoll der Sitzung vom 12.2.1952, wie oben Anm. 3.

9 Vgl. oben Kap. V.

10 Zu Grubers Argumentation gegenüber den Amerikanern im September 1949 vgl. oben Kap. III.

11 Französische Mitschrift des Gesprächs Kreisky-Chauvel (in Gegenwart von Chauvels Stellvertreter Lalouette) vom 27. Oktober 1954: AAF, Traité d'État VI.

12 Das Wort „gibraltarisation" verwendet eine Ausarbeitung des Pariser Außenministeriums vom

hinzu, es sei zu befürchten, dass die Anziehungskraft des mächtigen Nachbarn auf Österreich eine noch vermehrte Kraft ausübe, nachdem die Bundesrepublik glanzvoll ihre (in Wirklichkeit nach wie vor beschränkte) Souveränität wiedererrungen habe. Sechs Wochen später berichtete Chauvel nach Paris, dass die Stagnation des Besatzungsregimes nicht nur dem Nationalbewusstsein („esprit national") der österreichischen Bevölkerung immer tiefer Abbruch tue, sondern auch der Stabilität in diesem Teil Europas.[13]

Gewiss konnte man in der Vier-Mächte-Besetzung Österreichs auch Elemente der internationalen Stabilität finden, solange der institutionelle Rahmen der Alliierten Kommission und des Zweiten Kontrollabkommens funktionierte. Jean Chauvel schrieb mehrmals davon, dass die Vier-Mächte-Kontrolle de facto die Neutralität oder, wie er auch einmal festhielt, die „Neutralisierung" Österreichs bedeute.[14] Diese These hält aber einer kritischen Überprüfung nicht stand, denn im Ernstfall wären die westlichen Truppen in Österreich sehr wohl unter NATO-Oberkommando gestanden, wie wohl auch die in Österreich stationierten Kontingente der Sowjetarmee als integrale Komponente der sowjetischen Gesamtmilitärmacht zu betrachten waren. So kam denn auch eine Studie des französischen Außenministeriums zu der plausiblen Schlussfolgerung, dass die Präsenz von Truppen der atlantischen Staaten und der Sowjetunion de facto bedeutete, dass der westliche Teil des Landes unter der Garantie der NATO (Artikel 6) stehe.[15] Solange aber eine solche Situation existierte, bestand die Gefahr, dass die Vier-Mächte-Besetzung oder, realistischer gesagt, die Ost-West-Besetzung Österreichs zur Teilung des Landes führen könne.

Die *zweite* Variante, die Teilung Österreichs, wurde in der Öffentlichkeit eher selten, in vertraulichen diplomatischen oder militärischen Analysen häufiger zur Diskussion gestellt. Teilungsbefürchtungen hatten Hochkonjunktur zur Zeit der Ber-

---

30. Oktober 1954 über Kreiskys Vorschläge in dessen Gesprächen mit Lalouette und Chauvel: AAF, Traité d'État VI, Durchschrift in AD, série Europe, 1944–1960, sous-série Autriche, vol. 287, fol. 256–261.

13 Schriftbericht Chauvel an Außenminister Mendès-France, Nr. EU/537, 13. Dezember 1954, AD, série Europe 1944–1960, sous-série Autriche, vol. 288, fol. 156–161 (nicht publiziert).

14 Ebd. (S. 140, 142), sowie bereits Telegramm Chauvel an Außenminister Mendès-France, 6. Jänner 1955, *DDF 1955*, Bd. 1, Nr. 13 (S. 34) und neuerlich Telegramm Chauvel aus London an Außenminister Pinay, Nr. 2239/44, 26. April 1955, AD, série Europe 1944–1960, sous-série Autriche, vol. 300: „... du fait de l'accord de contrôle, l'ensemble du territoire autrichien est actuellement neutralisé, aucune de ses parties n'appartenant à l'un ou l'autre système."

15 „Note" über das Problem der Österreich zu gewährenden Garantie (Mitte Juli 1955), AD, série Europe 1944–1960, sous-série Autriche, vol. 300. Der hier erwähnte Art. 6 des Nordatlantikpaktes schloss im räumlichen Geltungsbereich des Bündnisfalles auch die von Besatzungstruppen der Vertragspartner besetzten Gebiete in Europa ein.

lin-Krise und Vertiefung der Teilung Deutschlands 1948/49. Ernstfallplanungen der Westmächte für den Fall einer Spaltung Österreichs unter Beteiligung sowjetischer Truppen oder österreichischer Kommunisten (Vorratsanlegung in Wien; Luftbrücke für Wien; Evakuierung der österreichischen politischen Führung, etc.) wurden ab diesem Zeitpunkt intensiv betrieben.[16] Erst nach dem Ende der Sowjetunion wurde bekannt, dass die österreichischen Kommunisten in der Tat mit der Idee gespielt hatten, den östlichen Teil des Landes unter kommunistischer und sowjetischer Herrschaft abzutrennen.[17] Dieses Szenario wurde allerdings von der sowjetischen Führung abgelehnt. Österreichs Teilung entlang der Ost-West-Demarkationslinie hätte zwei Konsequenzen mit sich gebracht, die, wie US-Beobachter vermerkten,[18] keinesfalls im Interesse der sowjetischen Politik liegen konnten. Erstens hätte dies zu einer stärkeren Annäherung der österreichischen Westzonen an Westdeutschland geführt, zweitens eine (verstärkte) Integration Westösterreichs in die westliche Verteidigung mit sich gebracht. Gleichermaßen lehnten auch die Westmächte die Teilung Österreichs ab, wenngleich eine gewisse Leichtigkeit des Umgangs mit der Eventualität einer Teilung in amerikanischen Quellen feststellbar ist.[19]

Besorgnisse bezüglich der Teilung des Landes spielten gerade in den Monaten Dezember 1954 bis April 1955 bei den Sowjets eine größere Rolle als in den Jahren vorher, wie insbesondere in der erwähnten Sondersitzung des Alliierten Rates im Dezember 1954. Anlass war der sowjetische Vorwurf an Amerikaner und Franzosen, in der französischen Zone hielten sich US-Kontingente auf. Der Kontext war ein umfassenderer, nämlich die höchst beunruhigte sowjetische Reaktion auf den Beschluss der Westmächte vom Oktober 1954, die Bundesrepublik Deutschland in die NATO aufzunehmen, trotz sowjetischer Versuche, dies durch Sperrfeuer verschiedener Art zu verhindern oder zumindest zu verlangsamen.

Neue Nahrung erhielten die Teilungssorgen gerade in Verbindung mit der sowjetischen Einladung an Raab zu Gesprächen in Moskau – paradoxerweise, ist man

16 Vgl. oben; die gleichzeitige Betreibung von Luftbrücken nach Berlin und Wien wurde im Rahmen der in Europa vorhandenen Kapazitäten als undurchführbar angesehen; vgl. Schmidl, „The Airlift That Never Was", 16.

17 Vgl. oben, Kap. III.2.

18 Siehe die US-Memoranden vom 8. Jänner und 25. Oktober 1948 in Portisch, *Österreich II*, 344; und in Carafano, *Waltzing into the Cold War*, 218.

19 Schriftbericht Chauvel an Außenminister Mendès-France, 27. Oktober 1954, *DDF 1954*, Nr. 300 (hier S. 624f). Livingston Merchant, enger Berater John Foster Dulles', bemerkte: „A separate treaty for Austria, without Soviet participation, would result in the partition of Austria, *something none of us want*" (Hervorhebung d. Verf.). Merchant an Dulles, 14. November 1954 (in Vorbereitung von Raabs Washington-Besuch), NA, RG 59, Lot files, 58 D 223. Wir danken Walter Blasi, Wien, für diese Quelle. Angerer, „Integrität vor Integration", 178 (mit zahlreichen Quellenbelegen).

versucht hinzuzufügen, doch diese Reaktion ist das Privileg des Rückblickenden. Was wäre freilich geschehen, wenn die Moskauer Gespräche zu nichts geführt hätten? Es bestand die Befürchtung, dass ein Scheitern nicht bloß die Fortdauer des Status quo, einen Fortbestand des Vier-Mächte-Regimes in seiner (zumindest seit 1953) erträglicher gewordenen Form, bedeuten würde, sondern dass dies eine vielleicht dramatische Verschlechterung der Lage bedingen könnte, bis zu einer Spaltung des Landes hin. Eine weitere Besetzung Österreichs könne „im Stadium der Pariser Verträge nur zu leicht dazu führen, daß die beiderseitigen militärischen Positionen in dem besetzten Land wechselweise weiter ausgebaut werden und das Land auf diese Weise schließlich zerrissen wird". Dies schrieb der bundesdeutsche Vertreter in Wien, Mueller-Graaf, Mitte April 1955 nach Bonn.[20] Nachdem Botschafter Vollgruber von den Botschafterbesprechungen in Wien nach Paris zurückgekehrt war, teilte er einem hohen Diplomaten des Quai d'Orsay mit, in Wien fürchte man für den Fall, dass die Situation sich nicht günstig entwickle, dass die Sowjets, die Formen wahrend und ohne das Kontrollabkommen brutal zu verletzen, doch versuchen könnten, „Österreich praktisch zweizuteilen".[21] Obwohl Belege dafür fehlen, ist es nicht auszuschließen, dass sich Österreichs politische Führungspersönlichkeiten, insbesondere Raab selbst, gegenüber westlichen Diplomaten in Bezug auf die bevorstehenden Moskauer Gespräche pessimistisch gaben, sodass die Westmächte die bittere Pille einer möglichen bilateralen sowjetisch-österreichischen Verständigung leichter schlucken würden.

Den vier Mächten stand ein weitgefächertes – allerdings praktisch nur von der Sowjetunion genutztes – Instrumentarium zur Verfügung, um, eventuell auch nur als Drohgebärde, Erschwernisse oder gar Schikanen im Verkehr zwischen den Zonen walten zu lassen. Die Bevölkerung hatte verschiedene, noch nicht lange zurückliegende negative Erfahrungen – etwa die acht Jahre währende Zonenkontrolle an Enns und Semmering bis Juni 1953, von der sowjetischen Verhaftungs- und Entführungswelle der späten Vierzigerjahre ganz zu schweigen, deren Opfer damals größtenteils noch in Gewahrsam waren. Jeder Kenner der Geschichte Berlins von 1945 bis 1961 und darüber hinaus kann ermessen, wie variiert und nuanciert Maßnahmen zur Behinderung des freien Verkehrs sein konnten und tatsächlich waren, ohne den Westmächten eine Handhabe zum Eingreifen zu gewähren. Die ultima ratio der totalen Spaltung des Landes musste nicht gleich oder überhaupt eintreten, und war,

---

20 Mueller-Graaf an Freiherrn von Welck, 13. April 1955. BAK, N 1351 (= Nachlass Herbert Blankenhorn), 44a.

21 Aufzeichnung von François Seydoux, zu diesem Zeitpunkt „Directeur d'Europe" in der politischen Generaldirektion des Quai d'Orsay, über ein Gespräch mit Vollgruber, 4. April 1955, AD, série Europe 1944–1960, sous-série Autriche, vol. 289, fol. 195–199.

wie bemerkt, wohl auch gar nicht in sowjetischem Interesse. Doch die Möglichkeiten, durch Druck sei es die Westmächte, sei es die österreichische Regierung zum Einlenken zu bewegen, waren umfangreich. Einer der klügsten Kommentare in den Wochen vor der Moskau-Fahrt wurde Ende März vom US-Botschafter Thompson nach Washington gedrahtet: Er habe immer geglaubt, dass in der Frage des Österreich-Vertrages die Alternative der Vereinigten Staaten *nicht* zwischen einem Vertragsabschluss und dem Status quo bestehe, sondern zwischen einem Vertrag „und der Situation, die die Sowjets unter den gegenwärtigen Umständen fähig sind, in Österreich zustande zu bringen".[22]

Teilungsanfällig war Österreich in der Zeit seiner Ost-West-Besetzung nicht in erster Linie aufgrund der Entwicklung in Österreich selbst. Die eigentlichen Teilungssorgen hingen vielmehr mit dem globalen Kalten Krieg und mit Ost-West-Krisen außerhalb Österreichs zusammen – der Sowjetisierung der östlichen Nachbarstaaten, der sowjetischen Berlin-Blockade, dem kommunistischen Angriff in Korea und den Pariser Verträgen mit ihrer Öffnung des Weges der Bundesrepublik Deutschland in die NATO. Besorgnisse vor externen Konflikten, deren Krisenmanagement außer Kontrolle geraten konnte, und die in ein Land überschwappen könnten, das von Militärverbänden beider Blöcke kontrolliert wurde, mussten so lange anhalten, wie eben die Ost-West-Besetzung Österreichs andauerte. Die Teilungsgefahr war dieser Situation inhärent. So ist auch eine öffentliche Äußerung Bruno Kreiskys Anfang Mai 1955 zu verstehen, der die Neutralität nicht nur als einzige Alternative zum Besatzungszustand, sondern auch zur Gefahr des Niedergehens des Eisernen Vorhanges an der Enns bezeichnete.[23]

Die *dritte* Variante war die Möglichkeit, dass Österreich in Richtung Osten gezogen werden könnte. „Dieser Krieg ist nicht wie in der Vergangenheit; wer immer ein Gebiet besetzt, erlegt ihm auch sein eigenes gesellschaftliches System auf. Jeder führt sein eigenes System ein, so weit seine Armee vordringen kann. Es kann gar nicht anders sein." Diese Worte Stalins, im April 1945 im Gespräch mit Milovan Djilas gefallen, zählen zu den meistzitierten Sätzen in der Geschichte des Kalten

22 Thompson an State Department, Tel. Nr. 2134, 28. März 1955, NA, RG 59, 663.001/3-2855.

23 Vortrag vor der Hochschulsektion der Österreichischen Liga der Vereinten Nationen, 6. Mai 1955. Kurze (und unbefriedigende) Berichte in: *Neues Österreich*, 7. Mai 1955, 1; *AZ*, 7. Mai 1955, 2; ausführlicher ist ein Drahtbericht des französischen stellv. Hochkommissars Lalouette nach Paris, Nr. 898, 7. Mai 1955: Kreisky habe mit folgenden Worten geschlossen: Wenn es Personen gebe, die glaubten, dass es besser sei, nicht neutral zu sein und zu sehen, wie der Eiserne Vorhang an der Enns niedergeht, mögen sie den Mut haben, dies zu sagen. Die Regierung müsse die gleiche Sorge („les mêmes yeux") für Eisenstadt wie für Klagenfurt und Bregenz haben. AD, série Europe 1944–1960, sous-série Autriche, vol. 300.

Krieges.[24] Versucht man, sie auf Österreich anzuwenden, so genügt zunächst die banale Feststellung, dass die Rote Armee eben nur Teile Österreichs erreichte. Darüber hinaus gilt der wohl immer deutlicher werdende historische Befund, dass die Sowjetpolitik unter der Diktatur Stalins ideologische und pragmatische, offensive und defensive Elemente zumindest vorübergehend durchaus miteinander zu vereinbaren wusste. Doppel- oder Mehrfachstrategien mit unterschiedlichem Zeithorizont waren Teil des Rüstzeuges der sowjetischen Politik, und ideologische Rechtfertigungen konnten immer, für jeden Schritt in jeder Richtung, geliefert werden.

Versuche der Kommunisten in Österreich, Zentren politischer Einflussnahme und Macht zu erringen, entsprachen sehr deutlich dem Grundmuster kommunistischer Machteroberungsstrategien, wie sie in den ostmitteleuropäischen und südosteuropäischen Staaten mit unterschiedlichem zeitlichen Gefälle ab 1944/45 sichtbar wurden. Dazu zählte in erster Linie der Versuch, Kontrolle über den Apparat des Innenministeriums und damit über die Polizei, besonders die Geheimpolizei zu gewinnen, in zweiter Linie Kontrolle über das Erziehungswesen; beide Ressorts wurden in der Provisorischen Staatsregierung von Kommunisten besetzt. Die österreichischen Kommunisten traten für die „Errichtung einer echten Volksdemokratie" in Österreich ein (KPÖ-Programm, März 1946) und strebten deshalb auch eine neue Verfassung für Österreich an, wobei sie auch von den sowjetischen Behörden unterstützt wurden.[25] Ihre Niederlage bei den November-Wahlen 1945 führte jedoch zum Verlust der meisten in der Provisorischen Regierung bereits errungenen Positionen der KPÖ; der Kampf um die Brechung der kommunistischen Dominanz in der Geheimpolizei dauerte aber etwas länger, und die Kommunisten erhielten mit der USIA eine neue Hochburg. Der Marshall-Plan stabilisierte Wirtschaft, Demokratie und den westlichen Kurs des Landes wesentlich. Andere beitrittswillige ostmitteleuropäische Staaten wie Polen und die Tschechoslowakei wurden nur Tage später von Stalin zurückgepfiffen. Das Scheitern des von den Kommunisten angeführten Generalstreikversuches Anfang Oktober 1950, bei dessen Begleitumständen offenbar wurde, dass die sowjetische Besatzungsmacht nicht bereit war, sich auf eine risikoreiche allfällige Umsturzsituation einzulassen, war das letzte Aufflammen einer umfassenderen kommunistischen Aktivität in Österreich – obwohl 1951/52 jugoslawische Kommunisten über KPÖ-Pläne für einen neuen Generalstreik und Angriffe auf US-Einrichtungen in Österreich in Kenntnis gesetzt wurden.[26] Keiner dieser Pläne wurde allerdings umgesetzt.

24 Milovan Djilas, *Gespräche mit Stalin,* Frankfurt/Main 1962, 146.

25 Vgl. Stourzh, *Die Regierung Renner die Anfänge der Regierung Figl und die Alliierte Kommission*, 339–341; Mueller, *Die sowjetische Besatzung in Österreich*, 71–95; 163–198.

26 Wolfgang Mueller, „The USSR and the Fate of Austrian Communism, 1944–56", in: *Qualestoria* 1, 2017, 63–88, hier 81.

Bei den Westmächten, besonders den Militärs, verblieb allerdings die Besorgnis vor einer „friedlichen Satellisierung" Österreichs nach Abschluss des Staatsvertrages und dem Abzug der Truppen der Besatzungsmächte. Diese Besorgnis sollte, so die westliche Planung, durch rechtzeitige Vorbereitungen für den Aufbau einer österreichischen bewaffneten Macht entschärft werden.[27] Der Zeitraum zwischen dem Abschluss des Staatsvertrages, seiner Ratifikation und dem Abzug der Besatzungstruppen sollte genutzt werden, um nach guten Vorbereitungen in kürzester Zeit den Kern eines Heeres auf die Beine zu stellen, das, unter der Kontrolle einer prowestlichen Bundesregierung und Parlamentsmehrheit, auch im Fall östlich inspirierter innerer Turbulenzen eingreifen könnte. Entscheidend dafür, dass Österreich nicht dem Weg Ungarns, Polens oder der Tschechoslowakei folgte, war die Tatsache, dass Österreich nur zum Teil im östlichen Einflussbereich gelegen war. Solange die Westmächte im westlichen Teil und in der Hauptstadt verblieben, war das Land vor einem solchen Schicksal mehr oder weniger geschützt. Nur die Spaltung Österreichs hätte zu einer Teilsatellisierung des Ostteils führen können; eine solche Spaltung schien aber aus den bereits angegebenen Gründen nicht im Interesse der sowjetischen Führungsschicht.

Die *vierte* Variante betrifft die Eventualität einer vollständigen Einbindung Österreichs in das westliche Verteidigungssystem. Es hat österreichischerseits einige Initiativen in Richtung dieses Schrittes gegeben. Sowohl im Frühjahr 1948 als auch Anfang 1949, während der Vorbereitungsstadien der westlichen Bündnisstrukturen, hatte Außenminister Gruber Interesse an einer solchen Einbindung bekundet; er stieß allerdings zumal bei den Briten auf wenig Gegenliebe, so dass Gruber im Juni 1949 erklärte, Österreich beabsichtige nicht, der NATO beizutreten. Es gab auch danach weiterhin in Österreich Stimmen zugunsten einer NATO-Mitgliedschaft – öffentlich aber nur eine einzige, jene des Staatssekretärs Ferdinand Graf im Juli 1949. Niemand geringerer als Adolf Schärf äußerte sich zu Jahresende 1949 in einem Schreiben an den französischen Sozialistenführer Leon Blum vertraulich zu einem Kernproblem der Situation Österreichs in Europa, und es lohnt sich, Schärfs zentrale Aussage zu wiederholen:

27 Der Begriff „satellisation pacifique" verwendet in einer Anfrage des französischen Verteidigungsministeriums an das Außenministerium vom 15. Oktober 1951, ob unter den gegenwärtigen Umständen der Abschluss des Staatsvertrages nicht zu einer solchen Satellisierung führen „und den Sowjets erlauben würde, eine schwere Bedrohung auf unsere Streitkräfte in der Mitte und im Süden Europas auszuüben". Wiedergabe aufgrund des Antwortschreibens des Außenministers (de facto der „Sous-Direction d'Europe Centrale"; Außenminister zu diesem Zeitpunkt war Robert Schuman) vom 24. Oktober 1951, in dem sich das Außenministerium zum ehestmöglichen Abschluss des von der „österreichischen Regierung um jeden Preis erwünschten" Staatsvertrages bekannte und auf die Vorbereitungen zum Aufbau eines Bundesheeres zum frühestmöglichen Zeitpunkt nach Ratifikation des Staatsvertrages verwies. AAF, Traité d'État III, 128.

> wir wissen, daß wir die Einordnung in ein größeres politisches und vermutlich auch militärisches System brauchen; aber ich glaube, es wäre unmöglich, in einem Zustand der Viermächtebesetzung etwa öffentlich zu erklären, wir wollen dem Atlantikpakt beitreten, wenn wir frei sind – da die Russen den Atlantikpakt als gegen sich gerichtet ansehen, wäre eine solche österreichische Erklärung der erwünschte Vorwand, um die Räumung zu vereiteln.[28]

Allerdings stieß eine derartige Doppelstrategie des vorläufigen Sprechens über Neutralität mit dem Hintergedanken des NATO-Beitrittes nach Abzug der Sowjets – wenn es eine solche war – auf ein entscheidendes Hindernis. Keine der zwei Weltmächte, die einander (noch) auf österreichischem Boden gegenüberstanden, war gewillt, Österreich ganz dem jeweils anderen Block zu überlassen. Mit großer Klarheit ist dieser Sachverhalt schon im Oktober 1947 von französischer Seite ausgesprochen worden. Das wirkliche Ziel der Vereinigten Staaten und der UdSSR wäre es, „um jeden Preis zu verhindern, dass sich Österreich nach der Evakuation freiwillig oder gezwungen, sogleich oder längerfristig, dem gegnerischen ‚Block' anschließe".[29] Sowohl die USA als auch die UdSSR verfügten allein kraft ihrer Kontrolle von Teilen des österreichischen Staatsgebietes über Pfänder, die bei der definitiven Regelung der Österreich-Frage zu bedenken waren. Die Sowjetunion hatte sich noch zusätzliche Pfänder gesichert – die von ihr als Deutsches Eigentum beschlagnahmten Betriebe im Industrie- und Handelsbereich, in der Erdölproduktion und im Erdölvertrieb sowie in der Donau-Schifffahrt.

Der amerikanische Politikwissenschaftler Hans J. Morgenthau kam 1951 zu dem Schluss, dass die Zustimmung der Sowjetunion zu einem Staatsvertrag nur möglich scheine „entweder als Teil einer generellen europäischen Regelung" oder als „quid pro quo for consensus elsewhere", also als Konzession im Zusammenhang mit einer (für die Sowjetunion günstigen) Lösung an einem anderem Ort.[30] Konkreter auf

---

28 Vgl. oben Kap. V.2.

29 Schriftbericht des Generals Paul Cherrière in seiner Eigenschaft als Leiter der französischen Delegation bei der Wiener Vertragskommission an Außenminister Georges Bidault, Nr. 582/16/CT, 15. Oktober 1947, AAF, dossier „Conférence de Vienne (1947), Correspondence du Général Cherrière aux Affaires Etrangères à Paris" (handschriftl. numer. Bericht Nr. 16; vgl. oben Kap. II.

30 Hans J. Morgenthau, „United States Policies in Austria", Bericht für das State Department in Washington, datiert 1. Oktober 1951, S. 37, zitiert in der aufschlussreichen Studie über Morgenthaus mehrmonatigen Österreich-Aufenthalt im Auftrag des State Department im Frühjahr 1951 von Oliver Rathkolb, „Hans J. Morgenthau und das Österreich-Problem in der letzten Phase der Truman-Administration 1951/52", in: Emil Brix/Thomas Fröschl/Josef Leidenfrost, Hrsg., *Geschichte zwischen Freiheit und Ordnung. Gerald Stourzh zum 60. Geburtstag,* Graz – Wien – Köln 1991, 277–298, hier 289. Rathkolb schreibt, dass Morgenthau deutlicher als andere „die Bedeutung des Staatsvertrages für die Sowjetunion im Sinne eines militärischen, wirtschaftlichen und politischen Rückzuges" er-

die Idee einer „quid pro quo"-Lösung in Österreich selbst wies eine Analyse des britischen Staatsvertragssonderbeauftragten Ivo Mallet hin – vielleicht der bedeutendste britische Diplomat, der mit der Österreich-Frage befasst war. Mallet analysierte schon Anfang 1950 Österreichs Position in Europa sehr nüchtern, wie Günter Bischof gezeigt hat. Die Sowjets, so Mallet, stellten sich einem Vertragsabschluss entgegen, da sie nicht wollten, dass Österreich ein „Westsatellit und ein Vorposten des Atlantikpakts" werde oder die Rolle eines Bindegliedes zwischen dem Westen und Titos Jugoslawien einnähme. Mallet meinte, der Westen solle den Sowjets zu verstehen geben, dass man Österreich politisch und militärisch nicht in den Westen integrieren und auch nicht wiederbewaffnen werde. Der Westen sollte bereit sein, Österreich als „eine Art neutralen Pufferstaat" einzurichten.[31] Dies waren allerdings Ratschläge, von denen die Amerikaner, wie Bischof zutreffend gesagt hat, nichts wissen wollten. Mit der gleichen eindeutigen Diagnose sprach im Dezember 1952 der langjährige schweizerische Gesandte in Wien Peter Anton Feldscher den entscheidenden Punkt an: „Die Besetzung der östlichen Hälfte des österreichischen Staates stellt für die Regierung in Moskau, wie die Erfahrung gezeigt hat, im Ost-West-Konflikt ein zu gewichtiges Pfand dar, als daß sie es ohne für sie zwingende Umstände aus der Hand geben würde."[32]

Dieses Pfand wurde in der ersten Hälfte der Fünfzigerjahre aufgrund der zunehmenden Westintegration immer wertvoller. Im Zuge der nach Ausbruch des Koreakrieges im Juni 1950 forcierten „Militarisierung des Kalten Krieges" wurden die Westzonen Österreichs in einer Weise in das westliche Verteidigungssystem eingebunden, die es rechtfertigt, Österreich als „geheimen Verbündeten des Westens" zu bezeichnen. Dazu kam ab Oktober 1954 mit dem Beschluss zum NATO-Beitritt der Bundesrepublik Deutschland die verstärkte Bedeutung der österreichischen Westzonen als faktischer Kommunikationsbereich zwischen den NATO-Zonen Mitte und Süd. Dass die ab Oktober 1954 einsetzende Entwicklung der sowjetischen Führung missfiel, ist an den drohenden Reaktionen auf (teilweise wohl auch hochgespielte) Vorgänge in den Westzonen 1954/55 abzulesen. Bald sollte klar werden, in welcher

kannt habe (ebd.). Bemerkenswert ist Josef Dobretsbergers im Gespräch mit Morgenthau (26. April 1951 in Graz) deponierte Ansicht, er postuliere hinsichtlich eines Staatsvertrages als conditio sine qua non die österreichische Neutralität, die von den Großmächten garantiert werden sollte (ebd. 286). Morgenthau hat allerdings die Neutralitätshypothese nicht aufgegriffen.

31 Memorandum Mallets für Ivone Kirkpatrick, 9. Februar 1950, TNAUK, FO 371/84928/C1133, zit. bei Bischof, *Österreich – ein geheimer Verbündeter?*, 442.

32 Feldscher an das Eidgenöss. Polit. Departement, 20. Dezember 1952, SBA, Bestand 2300 Wien, Bd. 58, zit. nach Eisterer, „Die Schweiz und die österreichische Neutralität", 323, Anm. 23. Das Dokument veröffentlicht in Bernd Haunfeldner, Hrsg., *Österreich zwischen den Mächten: Die politische Berichterstattung der schweizerischen Vertretung in Wien 1938–1955*, Bern 2014, 457.

Weise die ab Jänner 1955 neu gewichtete Sowjetführung ihr aus der Kontrolle Nord- und Ostösterreichs bestehendes Pfand einsetzen würde, um die österreichischen Westzonen als faktischem NATO-Kommunikationsbereich auszuschalten.

Was die eventuelle Einordnung Österreichs in ein größeres militärisches System betraf, gab es abgesehen vom „Pfand" der sowjetischen Militärdominanz in Ostösterreich eine weitere ernsthafte Schwierigkeit: Österreichs – von Westeuropa gesehen – weit in den Osten vorspringende geostrategische Lage. Was bei einer westlichen Offensive als Vorteil angesehen werden konnte, erwies sich bei dem tatsächlich gegebenen Defensivkonzept bzw. bei den im Laufe der ersten Hälfte der Fünfzigerjahre modifizierten Defensivkonzepten als Nachteil. Nur ein kleinerer Teil des österreichischen Staatsgebietes im Alpenraum, und eben nicht einmal das gesamte Gebiet der Westzonen, wurde als Verteidigungs- bzw. zumindest Rückzugsraum in Betracht gezogen. Die geradezu verzweifelten Bemühungen der österreichischen Militärverantwortlichen in den frühen Fünfzigerjahren, Kärnten in den Verteidigungsraum einzubeziehen, sprechen eine beredte Sprache.

Bundespräsident Renner hatte im November 1949 gegenüber dem französischen Politiker Bonnefous auf die Verteidigungslinie des Westens am Rhein und auf Österreichs so viel weiter östlich gelegene Position hingewiesen. Wenig später notierte Heinrich Wildner, langjähriger Generalsekretär des Außenamtes, in einer Denkschrift, dass sich aus verschiedenen Äußerungen und Anzeichen herauszustellen scheine, dass von Österreich „nur der Alpenwall für den Ernstfall als zunächst zu verteidigende erste Aufhaltslinie in Betracht" komme. „Der davor liegende Raum bis zur Donau wäre ohne Schonung preisgegeben."[33] Letzten Endes änderte sich bis Mitte der Fünfzigerjahre unbeschadet mancher Modifikationen des westlichen Verteidigungskonzeptes („Forward Defense" der frühen Fünfzigerjahre, Einbeziehung taktischer Atomwaffen ab 1954) daran nichts. Auch die Anfänge der österreichischen Neutralität konnten an den geostrategischen Gegebenheiten insofern nichts Wesentliches ändern, als im Westen (völkerrechtlich korrekt) davon ausgegangen wurde, dass im Falle eines Angriffes aus dem Osten durch Österreich die Neutralität Österreichs beendet wäre. Jean Chauvel sprach im Mai 1955 davon, dass in diesem Fall die an der bayerisch-österreichischen Grenze stationierten atlantischen Truppen nur dazu in der Lage wären, sich die Kontrolle „der einzigen militärisch verteidigbaren österreichischen Provinzen zu sichern, nämlich Vorarlbergs und

33 Denkschrift Heinrich Wildners mit Paraphe 30. Jänner 1950, KGA, K. 22, Blaue Mappe P.-B.; Wildner, offiziell mit 31 . Dezember 1949 pensioniert, doch in den ersten Wochen des Jahres 1950 noch amtierend, übergab diese Denkschrift am 6. Februar 1950 an Gruber, der sie allerdings zunächst nicht kommentierte. Aufzeichnungen Wildners v. 6. u. 24. Februar 1950, ÖStA, GD, NS, E/1791.

Tirols".[34] Im gleichen Monat äußerte sich der italienische Verteidigungsminister Taviani im Gespräch mit dem britischen Diplomaten A. Ross, dass der Westen bei Bruch der Neutralität „natürlich Wien verlieren würde, aber wir könnten die Bergprovinzen retten, indem wir die Täler mit Atombomben blockieren".[35] Der Schutz der Alpenpässe nach Italien und Westeuropa wurde im September 1956 vom US-Generalstabschef Admiral Radford als einzige erwähnenswerte Aufgabe der österreichischen Verteidigungskräfte im Falle eines Angriffes aus dem Osten genannt.[36]

In der so nachteiligen geostrategischen Lage Österreichs an der Nahtstelle von Ost und West, um ein schon zum Cliché werdendes Wort neuerlich zu bemühen, musste sich die Frage stellen – wie dies Karl Renner seinen französischen Gesprächspartnern 1949 offen dargelegt hatte –, ob nicht eine wie immer geartete Sicherstellung Österreichs zwischen den Militärblöcken die relativ günstigsten Zukunftsperspektiven bot.

Die *fünfte* anfangs genannte Variante, Österreich als Land zwischen den Militärblöcken, ist somit zu besprechen. Ausgangspunkt muss weiterhin jenes Pfand sein, das der schweizerische Diplomat Feldscher im Jahre 1952 als so wichtig beschrieben hatte, die „Besetzung der östlichen Hälfte des österreichischen Staates". Dieses Bild kehrt wieder in einem zeitgenössischen Kommentar zum außenpolitischen Durchbruch des Frühjahrs 1955, Bruno Kreiskys Artikel „Die österreichische

34 Schriftbericht Chauvel aus London an Außenminister Pinay, 2. Mai 1955, *DDF 1955*, Bd. 1, Nr. 243 (hier S. 563).

35 „...we should of course lose Vienna but we could save the mountain provinces by blocking the valleys with atomic bombs". Zuvor hatte Taviani gemeint, dass eine Respektierung der österreichischen Neutralität (seitens der UdSSR) von Vorteil für den Westen wäre. A. D. M. Ross an J. G. Ward (Foreign Office), Rom, 23. Mai 1955, über ein Gespräch mit Taviani am 20. Mai 1955; TNAUK, FO 371/117801/RR1071/441. Es ist daran zu erinnern, dass auch bundesdeutsches Gebiet, das im Falle einer Invasion aus dem Osten von westlichen Verbänden geräumt bzw. nicht verteidigt würde, Ziel westlicher taktischer Atomwaffen geworden wäre. Vgl. Greiner, *Zur Rolle Kontinentaleuropas*, 157, der hinzufügt, die neue „Militärstrategie auf der Basis taktisch einsetzbarer Nuklearwaffen schuf nicht nur aus diesem Grund mehr Probleme, als sie löste. Jenseits der Abschreckung drohte ein nukleares Schlachtfeld auf dem europäischen Festland und besonders in der Bundesrepublik Deutschland".

36 „...a limited capability of delaying Soviet Bloc attack toward key passes into Italy and Western Europe." Radford an Defense Department, 11. September 1956, in: NA, RG 59, 763.5/10-1056 (Anlage). Noch im April 1958 informierte der italienische Verteidigungsminister Taviani den österreichischen Verteidigungsminister Graf, dass eine westliche Verteidigungslinie „vom Norden bis Kufstein, die zweite vom Norden bis Bregenz gehe". Graf berichtete dies am 11. April 1958 dem Bundespräsidenten Schärf, der seinen Erinnerungsvermerk über das Gespräch mit Graf mit Schreiben vom 14. April 1958 dem damaligen Staatssekretär Kreisky zusandte. SBKA, VII/Staatssekretär.

Alternative“ vom Mai 1955.[37] Österreich sei *„zum Pfand des Mißtrauens der einen gegen die andern*“ geworden, schrieb Kreisky (Hervorhebung im Original). „Pfänder gelten nicht als permanenter Besitz. Sie dienen ihrer Natur nach dazu, nach einer Frist bestimmter oder unbestimmter Dauer wieder herausgegeben bzw. eingelöst zu werden.“ Wir kommen auf Kreiskys Aufsatz noch zurück.

In diesem Buch, zumal den Kapiteln VI und VII, wurde versucht zu zeigen, in welcher Weise die Führung der Sowjetunion die in ihrem Besitz befindlichen Pfänder in Österreich teils gegen materielle Ablöse, vor allem aber gegen neue Sicherheiten eintauschte. Im Gegensatz dazu vertraute die westliche Seite auf die grundsätzlich prowestliche Einstellung der österreichischen Bevölkerung und Regierung. Um Österreichs zukünftige Stabilität zu gewährleisten, hatten die Westmächte, insbesondere die Vereinigten Staaten, Österreich mit politischem Rückhalt, Geld und Waren unterstützt – mit Geld und Waren vor allem durch den Marshall-Plan. Außerdem beinhaltete die westliche Sicherheitspolitik, auf die zumal die Vereinigten Staaten größten Wert legten, die möglichst rasche Errichtung einer mit massiver US-Finanzhilfe aufgebauten österreichischen Armee.

Was die wirtschaftlichen Pfänder betrifft, lassen sich Österreichs Ablöseleistungen an die Sowjetunion in Erfüllung des durch die Moskauer Vereinbarungen modifizierten Staatsvertrages wie folgt aufschlüsseln:

1. Warenlieferungen für die Dauer von sechs Jahren als Ablöse für die Rückgabe der USIA-Betriebe in österreichische Hände im Wert von 150 Mio. US-Dollar bzw. dem Schillingwert von 3.895,1 Mio. Schilling.
2. Erdöllieferungen für die Dauer von zehn Jahren als Ablöse für die Rückgabe des Erdölkomplexes (SMV und OROP), zunächst vereinbarte Gesamthöhe 10 Mio. Tonnen, als Folge späterer Vereinbarungen in den Jahren 1958 und 1960 herabgesetzt auf netto 6 Mio. Tonnen, hierfür Budgetbelastung von 2.668,9 Mio. Schilling.[38]

---

37 Bruno Kreisky, „Die österreichische Alternative“, in: *Forum* 2:17, 1955, 166f, abgedruckt in: *DÖA*, Nr. 177. In diesem Artikel finden sich Gedanken und Formulierungen, die offensichtlich in sehr ähnlicher Weise von Kreisky am 6. Mai 1955 in einem Vortrag vor der Hochschulsektion der Österreichischen Liga der Vereinten Nationen in Wien geäußert wurden. Zu Kreiskys Vortrag vgl. oben Anm. 23.

38 Im Zusammenhang mit diesen Zahlen sind die Schätzungen von Interesse, die die von der Sowjetunion während der Besatzungszeit aus Österreich exportierte Erdölmenge und deren Wert betreffen. Finanzminister Kamitz vermerkte (in *Die Wirtschaft* 19, 14. Mai 1960, S. III), dass die Sowjetunion im Jahrzehnt 1945–1955 schätzungsweise 11 Mio. Tonnen Rohöl und Erdölprodukte exportiert habe. Bei Zugrundelegung eines Tonnenpreises von 20 Dollar ergebe sich daraus ein Verlust für Österreich von 220 Mio. Dollar oder 5,7 Milliarden Schilling.

3. Einmalzahlung als Ablöse für die DDSG-Werte im östlichen Österreich in der Höhe von 2 Mio. US-Dollar bzw. dem Schillingwert von 52,2 Mio. Schilling.[39]
4. Zu diesen relativ klar zu beziffernden Leistungen (in Gesamthöhe von 6.656.200.000 Schilling) kamen zusätzliche, im Sommer 1955 vor Übergabe der USIA- und SMV-Betriebe von sowjetischer Seite gestellte Forderungen betreffend Schulden der an Österreich zu übergebenden Betriebe an die sowjetische Militärbank. Der von österreichischer Seite hierfür gezahlte Betrag (finanziert durch Bankkredite der betreffenden Betriebe mit einer Ausfallshaftung des Bundes) wird sehr unterschiedlich angegeben, zutreffend wohl mit 508 Mio. Schilling, wovon das Bundesbudget mit einer Ausfallshaftung in Höhe von 181,3 Mio. Schilling belastet wurde.[40] Weitere sowjetische Forderungen betrafen die Ablöse des Zentrallagers der SMV sowie Lagerbestände der USIA-Betriebe, die schließlich mit 67 Mio. Schilling (SMV-Lager) bzw. 20 Mio. Schilling (Teilankauf von USIA-Lagerbeständen durch die Bundesregierung) abgegolten wurden.[41]

Die oben aufgelisteten Ablösezahlungen in Höhe von etwa 7,25 Milliarden Schilling sind allerdings nur ein Teil dessen, was mit unterschiedlichen Parametern und unterschiedlichen Zahlen als „Kosten des Staatsvertrags", „Kosten und Schäden der Besatzungszeit", „Schäden und Lasten für die österreichische Wirtschaft nach 1945" oder „österreichische Reparationsleistungen" bezeichnet wird.

Für die komplette Dekade der Vier-Mächte-Besetzung berechneten Günter Bischof[42], Hans Seidel[43] und Walter Iber[44] die österreichischen Ausgaben und Verluste wie folgt:

39 Diese genauen Zahlenangaben, die in der Literatur vielfach nach oben oder unten abgerundet werden, bei: Leopold Wallner, „Was bezahlte Österreich für seine Freiheit", in: *Österreichische Monatshefte* 21:5, 1965, 22–26. Ebenfalls präzise Zahlenangaben in der Diplomarbeit von Renald Knogler, *Wirtschaftliche Folgen des österreichischen Staatsvertrages,* Diplomarbeit Wirtschaftsuniversität Wien, 1978.

40 Mehrfach werden die Zahlungen an die sowjetische Militärbank mit 750 Mio. Schilling angegeben, so bei Karl Ausch, *Licht und Irrlicht des österreichischen Wirtschaftswunders,* Wien 1965, 100; dessen dort gegebene Aufstellung wurde übernommen von Felix Butschek, *Die österreichische Wirtschaft im 20. Jahrhundert,* Wien 1985, 128.

41 Knogler, *Wirtschaftliche Folgen,* 40.

42 Bischof, *Austria in the First Cold War*, 87.

43 Seidel, *Österreichs Wirtschaft*, 467.

44 Iber, *Die sowjetische Mineralölverwaltung*, 218–224.

Millionen USD	Bischof	Seidel	Iber
Sowjetische Demontagen 1945	200 (1.500[45])	351	1.136,7
Sowjetische Einnahmen aus Ölbetrieben 1945–1955	500	227	
Sowjetische Einnahmen aus USIA-Betrieben 1945–1955		213	
Besatzungskosten 1945–1953	275 (an UdSSR)	742 (374 an UdSSR[46])	
Österreichische Ablöse an die UdSSR für SMV	350	113	103,8
Österreichische Ablöse an die UdSSR für USIA		150	150
Zahlungen für Darlehen der sowjetischen Militärbank		20	19,6
Ablöse resultierend aus dem Wiener Memorandum		*16*	*16*
Österreichisch-französisches Memorandum			*1*
Ablöse für die DDSG		[2[47]]	2
Ablöse für Lager der SMV und USIA			3,3
Zahlungen und Verluste Österreichs an die UdSSR	1.325 (2.625[48])	1.448	1.415,4
Zahlungen und Verluste Österreichs insg.		1.832 [1.834]	
Ausländische Hilfe für Österreich	1.433 (US)	1.920	

45 Bischoff führt eine Minimal- und Maximalschätzung an; letztere basiert auf US-Quellen aus dem Jahr 1946. Spätere US-Berichte geben niedrigere Zahlen an.

46 Seidel, *Österreichs Wirtschaft*, 469.

47 Fehlt in Seidels Berechnung.

48 Bei Bischof irrtümlich 2.425.

Seidel zufolge erwies sich der Rückkauf der heruntergekommenen USIA-Betriebe als überteuert, während der Preis für die Ölunternehmen, obwohl er die sowjetischen Erwartungen weitaus übertraf, gerechtfertigt war, da die Erträge viel höher ausfielen, als man vorausgesehen hatte.[49] Diesen Zahlen wird bei Bischof und Seidel die von Österreich erhaltene ausländische Hilfe gegenübergestellt, die sich auf 1.920 Millionen Dollar belief (Seidel), wovon 1.433 Millionen Dollar von den USA stammten (Bischof).

Die wichtigste Pfandauslösung war jedoch der Austausch des Pfandes „militärische Besetzung Nord- und Ostösterreichs" gegen neue Sicherheitsgarantien. Die zentrale Sicherheitsgarantie bestand in der Neutralität Österreichs, die der Sowjetunion allerdings, wie gezeigt wurde, auch aus weit über Österreich hinausgreifenden Überlegungen wichtig war.

Welche Optionen hatte Österreich 1955? Bruno Kreisky hat unter dem unmittelbaren Eindruck der Moskauer Verhandlungen in dem schon genannten Aufsatz vom Mai 1955 zwei Schlüsselsätze geschrieben. Sie lauten: „Für Österreich gibt es nicht die Alternative zwischen Neutralität und Einbau in die Militärsysteme der großen Blöcke. Die Alternative Österreichs ist wesentlich enger; sie lautet im besten Fall: status quo oder Neutralität."[50]

Gut belegt sind die zahlreichen Äußerungen hoher politischer Vertreter der Republik aus den Jahren vor 1955, wie etwa Erklärungen betreffend die Nichtteilnahme an Bündnissen, das Beispiel der Schweiz oder auch, wie von Außenminister Gruber erwähnt, eine völkerrechtlich bindende Neutralität.[51] Dessen ungeachtet zeigten Österreichs ideologische Sympathien, wirtschaftliche Bindungen und auch, vom Schleier der Geheimhaltung verdeckt, verteidigungspolitische Pläne stark in Richtung Westen. Nicht unähnliche Tendenzen gab es in den frühen Fünfzigerjahren auch in Schweden und der Schweiz. Die Westsympathien eines Großteils der Bevölkerung (mit Ausnahme der wenigen Kommunisten und ihrer Sympathisanten) waren allerdings durchaus vereinbar mit einer Grundhaltung des „Heraushaltens" – oder negativer formuliert des „Trittbrettfahrens". „Strikte Neutralität, nach dem Muster der Schweiz" wurde nach einer Umfrage der US-Streitkräfte in

49 Seidel, *Österreichs Wirtschaft*, 477f.

50 Im schlechtesten Fall war die Alternative: Neutralität oder Gefahr des Niedergehens des Eisernen Vorhanges an der Enns. Dies sagte Kreisky zwar nicht in seinem *Forum*-Artikel, er sprach es aber in seinem Vortrag vom 6. Mai aus.

51 Man denke etwa an die Eisenstädter Rede (November 1951) und das Genfer Interview (geschrieben Dezember 1951, veröffentlicht Februar 1952) des Bundespräsidenten Theodor Körner, oder Äußerungen des Außenministers Gruber im Nationalrat im April 1952.

Österreich von 78% der Befragten im März 1947 für wünschenswert gehalten. Österreich möchte praktisch „neutral" auf der westlichen Seite sein, meinte man in der US-Botschaft in Wien im Mai 1950.[52] Wie bei den Bürgern der meisten kleinen Länder sei es der unbesonnene, der gedankenlose Wunsch („unthinking wish") der großen Mehrheit der Österreicher, eine zweite Schweiz zu werden – so hatte der britische Hochkommissar Caccia Anfang 1952 nach London berichtet.[53]

Von Julius Raab ist aus berufenem Munde gesagt worden: „Raab war von Anfang seiner Kanzlerschaft der Meinung, daß Österreich ein neutraler Staat werden sollte."[54] Raabs Bemühen, ein gewisses Vertrauen zur sowjetischen Führung herzustellen, um Vorbedingungen für die Verwirklichung seines Hauptzieles zu schaffen, die Sowjetunion – und auch die Westmächte – aus Österreich hinauszubefördern, bedeutete taktisch die Abkehr von der ausschließlichen Stützung auf die Westmächte.

Gleichwohl führte die neue Taktik Raabs, den sowjetischen Bemühungen um bilaterale Abmachungen mit den Österreichern entgegenzukommen, nur mit der generellen Unterstützung Österreichs durch den Westen und den sich ändernden Machtkonstellationen und Interessenperzeptionen in der sowjetischen Führung zum Erfolg. Der Misserfolg der österreichischen und indischen Bemühungen in Moskau Ende Juni 1953, die starre, am Junktim Deutschland-Österreich festhaltende Linie Molotovs in Berlin im Februar 1954, die Verhärtung der sowjetischen Linie nach Unterzeichnung der Pariser Verträge im Spätherbst 1954 – all dies waren zunächst unüberwindbare Hindernisse, ehe die Machtverschiebung in Moskau den Weg zum Durchbruch vom April 1955 ebnete. Es war die NATO-Integration Westdeutschlands, die den Kreml dazu zwang, sich aus Österreich zurückziehen, damit nicht der Westteil diesem Beispiel folgen würde. Das bedeutet allerdings nicht, dass Raabs Signale der Verständigungsbereitschaft oder die Einsetzung Norbert Bischoffs als einen überzeugten, wenngleich einseitigen Befürworter dieser Verständigungsbereitschaft nicht ihren Anteil am Prozess der Vertrauensbildung, an der Vorbereitung und am schließlichen Erfolg der bilateralen Abmachungen gehabt hätten. Es ist auch in Erinnerung zu rufen, was der Politische Direktor des Wiener Außenamtes Josef Schöner 1954 zu bedenken gab, dass nämlich unsere

52 Vgl. oben S. 283.

53 Vgl. oben S. 299.

54 Ludwig Steiner, „‚…zur richtigen Zeit das Richtige getan'. Zeitzeugengespräch mit Michael Gehler und Helmut Wohnout (22. April 1996)", in: *Demokratie und Geschichte. Jahrbuch des Karl-von-Vogelsang-Instituts zur Erforschung der Geschichte der christlichen Demokratie in Österreich* 1, 1997, 13–48, hier 31. Steiners Ausführungen über Raab und Gruber im Kontext der prinzipiellen und taktischen Erwägungen von Raabs Bundeskanzlerschaft (ebd. 30–33) zählen zu den differenziertesten und ausgewogensten Erörterungen dieser Frage.

wenn auch beschränkte Manövrierfähigkeit auf der Tatsache beruht, daß wir die Rückendeckung des Westens gegen den Osten haben. Dies wird von den meisten Österreichern als so selbstverständlich angesehen, daß sie gar nicht mehr daran denken. Die russische Politik uns gegenüber würde sich bei einem Fortfall unserer Stützung durch den Westen sehr wahrscheinlich gründlich ändern.[55]

Die Frage stellt sich, ob die österreichische Delegation in Moskau 1955 überhaupt die Alternative hatte, den von den Sowjetdiplomaten so dringend erwünschten Hinweis auf die Neutralität und deren Handhabung nach dem Muster der Schweiz abzulehnen. Bei den Vorbereitungen sowjetischerseits wurde diese Möglichkeit durchaus in Betracht gezogen und zeitweise eine kompromissbereitere, schließlich aber wieder härtere Linie in Aussicht genommen, ohne dass allerdings konkrete Alternativen oder auch Druckmittel genannt wurden. In welcher Weise also eine österreichische Ablehnung der Neutralitätsidee beantwortet worden wäre, lässt sich nicht sagen. Was sich jedoch eindeutig sagen lässt, ist folgendes. Es erfüllte sich Kreiskys Voraussage vom 28. März 1955, „daß wir bei wirklichen Zugeständnissen nicht nein sagen können".[56] Und von entscheidender Bedeutung war, dass die Taktik der Sowjetunion, den Österreichern niemand anderen als John Foster Dulles als Befürworter des Schweizer Vorbildes vor Augen zu halten, eine Ablehnung de facto unmöglich machte. Hinter dem 13. April 1955, an dem die Würfel in Moskau fielen, erscheinen die Umrisse eines anderen, früheren Lostages für Österreich, des 13. Februar 1954. An jenem Tage hatte John Foster Dulles im Vier-Augen-Gespräch in Berlin Molotov mitgeteilt, „wenn Österreich eine Schweiz zu sein wünscht, werden die Vereinigten Staaten nicht im Wege stehen, aber dies sollte nicht auferlegt werden".[57] Diese Worte blieben in Molotovs Gedächtnis haften. 14 Monate später lieferte dies die Grundlage für die österreichische Lösung. John Foster Dulles als Inspirator der Moskauer Formel: paradox, und nicht ohne Ironie.

Und so wurde 1955 zum Jahr des großen „Pfändertausches". Der Staatsvertrag kam zustande, das sowjetische Wirtschaftsimperium in Ostösterreich wurde durch Ablöse liquidiert, und vor allem fand Österreichs Ost-West-Besetzung, mit dem Risiko der Landesteilung behaftet, ihr Ende. Österreichs Karriere als neutraler Staat begann, mit neuen Risiken behaftet, deren Erfahrung und Entdeckung erst bevorstand. [58]

---

55 Vgl. oben S. 331.

56 Vgl. oben S. 395.

57 Vgl. oben S. 333.

58 Zwei dieser neuen Risiken habe ich (G.S.) als die zwei Paradoxa der Neutralität bezeichnet: *Erstens* das Paradoxon, von Machiavelli in Kap. XXI des Buchs vom Fürsten (*Il principe*) zeitlos formuliert,

Seither hat sich Europa grundlegend verändert. Die kommunistischen Regime in Osteuropa sind zwischen 1989 und 1991 zusammengebrochen. 1990 ging Deutschlands Teilung zu Ende, doch deren langanhaltende psychologische Folgen machen im Vergleich deutlich, wie günstig sich die 1955 in Österreich erreichte Sicherung von Einheit in Freiheit auf das Land auswirkte. 1991 wurde der (einen Tag vor dem Staatsvertrag gegründete) Warschauer Pakt aufgelöst, und der Dezember dieses Jahres brachte das Ende der Sowjetunion. In den Folgejahren schlossen sich die zentraleuropäischen Staaten dem Westen an. Im November 1990 hatte Österreich mit Zustimmung der vier Signatarmächte des Staatsvertrages eine Reihe von Artikeln als „obsolet" erklärt.[59]

Die Umbrüche der Jahre 1989/1991 – das Ende des Kalten Krieges, die Auflösung der kommunistischen Herrschaft in Osteuropa und der UdSSR – ebenso wie

---

dass gerade „der, der nicht dein Freund ist, wünscht, daß du neutral bleibst", während der, der dein Freund ist, verlangen wird, dass du dich auf seine Seite stellst (wörtlich „daß du dich erklärst und zu den Waffen greifst"). In anderen Worten, das „Affinitäts-Paradoxon" bedeutet, dass gerade jene Staaten, mit welchen ein Land durch engere gesellschaftspolitische, ideologische oder andere Bande verbunden ist, enttäuscht sein werden, wenn dieses Land „nur" neutral bleibt. Die Reaktion mancher westlicher Staaten 1955 entsprach genau diesem von Machiavelli dargestellten Reaktionsmuster. Bruno Kreisky wies auf diese Stelle in Machiavellis *Il Principe* in einem Gespräch mit G.S. im Juli 1961 hin. Vgl. Kreisky, *Neutralität und Koexistenz,* 67 u. 158. Die andere Seite der Medaille ist, dass die im Grunde feindseligere, ideologisch ferner stehende Macht dem Neutralen entgegenkommen bzw. sogar verschiedene „Umarmungsversuche" oder Vereinnahmungsversuche unternehmen wird. Derartigen Vereinnahmungsversuchen war Österreich in der Ära Chruščëv mehrfach ausgesetzt, so dass Julius Raab einmal nach Chruščëvs Österreich-Besuch im Sommer 1960 im Ministerrat wörtlich bemerkte: „Der Chruschtschow hat den Versuch gemacht, eine Art Protektorat zu machen." AdR, MRProt Nr. 43 v. 12. Juli 1960, 15f. Am 3. Juni berichteten ungarische (kommunistische) Diplomaten aus der Wiener Gesandtschaft: „Österreichs außenpolitische Linie ist noch nicht gesichert"; „es wird einen langen Kampf ausfechten müssen, um das zu erreichen." Magyar Nemzeti Levéltár Országos Levéltára MNL OL, XIX-J-1-j Ausztria, 1945–1964. 25. d. 48. t. 005953/1955. Das sowjetische Bemühen darum, Österreichs Verhalten und seine Interpretation der Neutralität zu formen, hielt an. Siehe dazu Mueller, *A Good Example of Peaceful Coexistence.*

Entgegengesetzt ist das *zweite* Paradoxon, das „Glaubwürdigkeits-Paradoxon": Gerade wenn die Tendenz besteht, Neutralität, die ja grundsätzlich als Instrument staatlicher Politik, nicht als Selbstzweck konzipiert ist, durch andere Instrumente zu ersetzen, sind Zweifel an der Glaubwürdigkeit (noch) praktizierter Neutralitätspolitik unvermeidbar. Auf diese beiden Paradoxa wurde erstmals hingewiesen in: Stourzh, „Some Reflections on Permanent Neutrality", 96. In diesem Buch kann auf die Geschichte der österreichischen Neutralität nach 1955 nicht eingegangen werden. Literatur dazu ist reichlich vorhanden, siehe beispielsweise: Konrad Ginther, *Neutralität und Neutralitätspolitik. Die österreichische Neutralität zwischen Schweizer Muster und sowjetischer Koexistenzdoktrin,* Wien – New York 1975, sowie Franz Cede, „Österreichs Neutralität und Sicherheitspolitik nach dem Beitritt zur Europäischen Union", in: *Zeitschrift für Rechtsvergleichung* 36, 1995, 142–148.

59 Vgl. Anhang Nr. 7. Für weitere Details Gerhard Hafner, „Was blieb vom Staatsvertrag?", in: Arnold Suppan/Gerald Stourzh/Wolfang Mueller, Hrsg., *The Austrian State Treaty 1955: International Strategy, Legal Relevance, National Identity*, Wien 2005, 757–781, sowie Helmut Türk, „Die Wende 1989/90 und die Obsoleterklärung einiger Artikel des Staatsvertrages", ebd., 821–837.

die Aufnahme neuer Mitglieder in den europäischen und atlantischen Institutionen machen deutlich, wie grundlegend sich Österreichs außenpolitisches Umfeld gewandelt hat. Kann die in diesem Buch vorgelegte Geschichte uns etwas darüber „lehren", wie wir heute oder in Zukunft vorgehen sollten?

Sicherlich ist die Welt heute eine ganz andere, und verschiedene Leser und Leserinnen können (und werden) sehr unterschiedliche Folgerungen aus der hier erzählten Geschichte ziehen. Es handelt sich um ein in seinem Interesse über Österreich hinausragendes, die Entscheidungsprozesse anderer Staaten einschließlich zweier Weltmächte einbeziehendes Kapitel der internationalen Geschichte des 20. Jahrhunderts. Diplomatiegeschichte hat einen altmodischen Klang. Das *métier du diplomate*, das Handwerk des Diplomaten ist allerdings so modern wie eh und je. Einer der großen politischen Denker des 20. Jahrhunderts, Raymond Aron, hat in seinem Werk über Frieden und Krieg zwischen den Nationen die Symbolfiguren des Militärs und des Diplomaten zur Charakterisierung zweier Funktionsweisen der Beziehungen zwischen Staaten festgehalten. Beide Symbolfiguren üben Formen politischer Funktionen aus,[60] die zutiefst „öffentlich" sind. Dies ist in einer Zeit, die von einem Verfall des Öffentlichen und dem Primat privater Interessensausübung geprägt ist, zu betonen. Beide repräsentieren den Staat – oder überstaatliche politische Gebilde – in zwei Funktionsweisen der internationalen Beziehungen. Der Militär agiert mittels der Ausübung von physischer Kontrolle, einschließlich der Verfügung über Tod oder Leben. In der Tat übt auch der Diplomat Druck aus, aber doch mit den Mitteln der Argumentation, der Formulierung, des Wortes. *L'art de négocier* – die Kunst des Verhandelns – bleibt im Bereich der Konfliktaustragung die wichtigste Alternative zur Anwendung physischer Gewalt und Zerstörung. Daher spielen in der Geschichte der Diplomatie das Wort, die Sprache, das Ringen um Formulierungen, das Kräftemessen mit Hilfe des Wortes, eine so außerordentliche Rolle.

Auch in der Geschichte, die in diesem Buch erzählt wurde, kommt dem Kräftemessen mit den Instrumenten der Sprache, der Rhetorik, eine ausschlaggebende Rolle zu. Diplomatische Texte und deren Formulierung, so zeigt dieses Buch, sind das klassische Mittel friedlicher Interessensabklärung und friedlicher Konfliktregelung. Der Diplomat verhandelt – wie dies im Jahre 1598 einmal gesagt wurde, *non militari manu sed eloquio et viribus ingenui* – „nicht mit der Waffe in der Hand, sondern mit Beredsamkeit und Geisteskräften".[61]

---

60 Raymond Aron, *Paix et guerre entre les nations,* Paris 1962, 17f.

61 Zit. aus dem Buch *Legatus* („Der Gesandte") des im 16./17. Jahrhundert in Frankreich tätigen piemontesischen Diplomaten Carlo Pasquale (Paschalius), bei: Gerald Stourzh, „Außenpolitik, Diplomatie, Gesandtschaftswesen: zur Begriffsklärung und historischen Einführung", in: Erich Zöllner, Hrsg., *Diplomatie und Außenpolitik Österreichs,* Wien 1977, 18.

Doch gibt es immer wieder Situationen, in welchen der politische Wille der Machthaber, zumindest von einer Seite, Verhandlungen blockiert. Echte Verhandlungen mutieren zu Drohgebärden, Verzögerungs- oder gar Täuschungsmanövern verschiedenster Art, seien diese an den oder die Verhandlungspartner gerichtet oder für die Öffentlichkeit bestimmt. Andererseits gibt es auch Situationen, in welchen die Diplomatie gegenüber befreundeten Staaten, denen geholfen werden soll, großes Verständnis und Einfühlungsvermögen zeigt. Eine solche Empathie kann zu einer sehr generösen Handlungsweise führen. Für beides, Blockierung einerseits, Unterstützung andererseits, ist die Geschichte der Staatsvertragsverhandlungen reich an Beispielen. Sie ist aber auch, vor allem in ihrer Endphase, ein Musterbeispiel allseitiger Kompromissfähigkeit.

Der hier vorgelegte Bericht über das Zustandekommen des österreichischen Staatsvertrages und das Ende der Ost-West-Besetzung Österreichs möge nicht zuletzt gelesen werden als eine exemplarische Geschichte über die Kunst des Verhandelns – und über jene Künstler des Verhandelns, ob Berufsdiplomaten oder Staatsmänner, die, fünf verschiedenen Ländern angehörend, nach vielen Jahren eine der dauerhaftesten friedlichen Kompromisslösungen in der Geschichte des 20. Jahrhunderts errungen haben.

Dokumentenanhang

Die Erläuterungen zu den Dokumenten stammen von Gerald Stourzh.

I.
Moskauer Erklärung über Österreich, 1. November 1943

Vorbemerkung: Diese Erklärung wurde von den Außenministern der drei Mächte, Anthony Eden, Vjačeslav M. Molotov und Cordell Hull am 30. Oktober 1943 beschlossen und am 1. November 1943 verlautbart. Daher werden in verschiedenen Veröffentlichungen wechselnde Datierungen angegeben; die Präambel zum Staatsvertrag nennt den 1. November 1943. Die Erklärung trägt nicht, wie bisweilen irrtümlich angegeben, die Unterschriften Roosevelts, Churchills und Stalins; sie wurde auch nicht direkt von den drei Außenministern unterzeichnet, da sie formell lediglich den Annex 6 des – allerdings von den drei Außenministern unterzeichneten – Beschlussprotokolls der Moskauer Konferenz darstellt. Das in der Erklärung genannte Datum des 15. März 1938 ist irrtümlich und geht auf den britischen Referentenentwurf zurück, richtig müsste es lauten: 13. März 1938.

Englischer Text (hier abgedruckt nach: FRUS 1943, *Bd. 1, 761):*

The Governments of the United Kingdom, the Soviet Union and the United States of America are agreed that Austria, the first free country to fall a victim to Hitlerite aggression, shall be liberated from German domination.

They regard the annexation imposed upon Austria by Germany on March 15th, 1938, as null and void. They consider themselves as in no way bound by any changes effected in Austria since that date. They declare that they wish to see reestablished a free and independent Austria, and thereby to open the way for the Austrian people themselves, as well as those neighbouring states which will be faced with similar problems, to find that political and economic security which is the only basis for lasting peace.

Austria is reminded, however, that she has a responsibility which she cannot evade for participation in the war on the side of Hitlerite Germany, and that in the final settlement account will inevitably be taken of her own contribution to her liberation.

Deutsche Übersetzung der Zentral-Übersetzungsstelle des State Department, abgedruckt u. a. bei Verosta, Die internationale Stellung Österreichs 1938–1947, *52f:*

Die Regierungen des Vereinigten Königreiches, der Sowjetunion und der Vereinigten Staaten von Amerika sind darin einer Meinung, daß Österreich, das erste freie

Land, das der typischen Angriffspolitik Hitlers zum Opfer fallen sollte, von deutscher Herrschaft befreit werden soll.

Sie betrachten die Besetzung Österreichs durch Deutschland am 15. März 1938 als null und nichtig. Sie betrachten sich durch keinerlei Änderungen, die in Österreich seit diesem Zeitpunkt durchgeführt wurden, als irgendwie gebunden. Sie erklären, daß sie wünschen, ein freies unabhängiges Österreich wiederhergestellt zu sehen und dadurch ebensosehr den Österreichern selbst wie den Nachbarstaaten, die sich ähnlichen Problemen gegenübergestellt sehen werden, die Bahn zu ebnen, auf der sie die politische und wirtschaftliche Sicherheit finden können, die die einzige Grundlage für einen dauernden Frieden ist.

Österreich wird aber auch daran erinnert, daß es für die Teilnahme am Kriege an der Seite Hitler-Deutschlands eine Verantwortung trägt, der es nicht entrinnen kann, und daß anläßlich der endgültigen Abrechnung Bedachtnahme darauf, wieviel es selbst zu seiner Befreiung beigetragen haben wird, unvermeidlich sein wird.

2.
Grundsätze für das weitere Vorgehen Österreichs, [17. März 1955]

Vorbemerkung: Dieses Dokument ohne Aktenzahl mit neben dem Titel handschriftlich angegebenem Datum „17.3.55" wurde in der Völkerrechtsabteilung des Wiener Außenamtes verfasst; diese Abteilung wurde damals von Gesandten Stephan Verosta geleitet, der auch als Verfasser dieser Denkschrift anzusehen ist. Sie gehörte zu den Unterlagen, die für die Besprechung der österreichischen Botschafter bei den Signatarmächten des Staatsvertrages mit der für die Moskauer Gespräche nominierten Regierungsdelegation (Raab, Schärf, Figl, Kreisky) am 28. März 1955 zusammengestellt wurden. Das Dokument ist in mehreren hektographierten Exemplaren vorhanden (u. a. Nachlass Kreisky in SBKA, VII, Staatsvertrag 2).

I. Der Staatsvertrag ist trotz der enormen Hypotheken, die er Österreich auferlegt, auch mit seinem jetzigen Text zu unterzeichnen.

Dabei soll österreichischerseits nichts unversucht gelassen werden, besonders drückende Bestimmungen des Staatsvertragsentwurfes (St.V.E.) einschliesslich des für Österreich kaum tragbaren 3. Absatzes der Präambel zu beseitigen.

II. Österreich bringt seine Bereitschaft zum Ausdruck, seine Erklärung keinen Militärbündnissen beizutreten und keine fremden militärischen Stützpunkte auf seinem Gebiet zuzulassen, in der von den vier Mächten, insbesondere der Sowjetunion, gewünschten Form zu wiederholen.

III. Österreich wird sich im Sinn der sowjetischen Anregungen bemühen, eine Garantieerklärung der vier Grossmächte für seine Unabhängigkeit zu erlangen.

Hiefür würde folgende Verpflichtungserklärung der vier Grossmächte genügen:

„Die vier Grossmächte – Grossbritannien, Frankreich, Sowjetunion und Vereinigte Staaten von Amerika – garantieren Österreich die Unversehrtheit und Unverletzlichkeit seines Gebietes innerhalb der Grenzen des Staatsvertrages von St. Germain vom 10. September 1919."

I. Der Staatsvertrag ist trotz der enormen Hypotheken, die er Österreich auferlegt, auch mit seinem jetzigen Text zu unterzeichnen. – Dabei sollte österreichischerseits nichts unversucht gelassen werden, besonders drückende Bestimmungen des Staatsvertragsentwurfes einschliesslich des für Österreich kaum tragbaren 3. Absatzes der Präambel zu beseitigen.

Gründe:

Nach fast 9-jährigem unausgesetztem Begehren nach Abschluss des Staatsvertrages wäre die Weigerung Österreichs, im jetzigen Zeitpunkt den Staatsvertrag zu unterschreiben, innerpolitisch [*sic*] und aussenpolitisch untragbar.

Die Räumung Österreichs von allen fremden Truppen stellt die österreichische Unabhängigkeit und Souveränität in den Augen der österreichischen Bevölkerung und des Auslandes erst wieder her. Soferne diese Räumung von Garantien der

Grossmächte begleitet wird, die über die bisherigen Bestimmungen des St.V.E. hinausgehen müssen, stellt sie für die österreichische Regierung [*hs. Einfügung*: einen Gewinn] an innenpolitischem und aussenpolitischem Prestige und eine Sicherung der österreichischen Eigenstaatlichkeit dar, was die drückenden Bestimmungen des Staatsvertrages aufwiegt.

So unangenehm der Verlust der unmittelbaren Verfügung über die österreichischen Verbindungslinien zwischen Süddeutschland und Italien sowie Jugoslawien für die westeuropäische Verteidigungsgemeinschaft und für die NATO sein mögen, ist nicht zu übersehen, dass der Osten sich mit der Räumung Österreichs auf die Südgrenze der CSR und die Westgrenze Ungarns zurückzieht. Es würde das erste Mal sein, dass die sowjetischen Truppen sich aus ihren 1945 erreichten Stellungen [*hs. Einfügung*: in Europa] zurückziehen. Eine Weigerung der Westmächte, das gleiche in ihren Besatzungszonen zu tun, könnte leicht den Anschein erwecken, die Westmächte seien es, die ihre 1945 erreichten Stellungen trotz aller Versicherungen, den österreichischen Staatsvertrag jederzeit zu unterschreiben, nunmehr nicht aufgeben wollen. Man wird ihnen vorwerfen können, dass sie selbst auf einem kleinen politisch und strategisch gar nicht besonders wichtigen Sektor wie Österreich eine Entspannung nicht wünschen, die zur gesamteuropäischen Entspannung beitragen könnte.

II. Österreich bringt seine Bereitschaft zum Ausdruck, seine Erklärung, keinen militärischen Bündnissen beizutreten und keine fremden militärischen Stützpunkte auf seinem Gebiet zuzulassen, in der von den vier Mächten insbesondere der Sowjetunion gewünschten Form zu wiederholen.

Form:

Dies kann durch eine gesonderte feierliche Erklärung der österreichischen Bundesregierung geschehen, die vom Parlament gebilligt wird; allenfalls in Verbindung mit der Garantieerklärung der vier Grossmächte, die von Österreich gleichzeitig mit Dank entgegengenommen wird.

Andererseits könnte die österreichische Erklärung mit der Garantie der Grossmächte in den Staatsvertrag aufgenommen werden. Am ehesten würde das in einen erweiterten Artikel 2 hineinpassen oder in einen eigenen Artikel, wobei die Präambel sinngemäss geändert werden müsste. Damit würde zugleich die Änderung des Staatsvertragstextes eingeleitet.

Nötigenfalls könnte diese Verpflichtung Österreichs auch innerstaatlich in einem Verfassungsgesetz absolut verankert oder ein Abgehen von dieser Verpflichtung an eine Beschlussfassung des Nationalrates mit besonders qualifizierter Mehrheit gebunden werden.

Desgleichen könnte nötigenfalls das in Artikel 4 St.V.E. niedergelegte Verbot einer politischen und wirtschaftlichen Vereinigung Österreichs mit Deutschland allenfalls durch ein spontan eingebrachtes österreichisches Verfassungsgesetz von österreichischer Seite innerstaatlich bekräftigt werden.

Inhalt:

Über diese bereits abgegebene Erklärung wäre österreichischerseits nicht hinauszugehen. Österreichs politische, wirtschaftliche und kulturelle Zugehörigkeit zum Westen wird durch eine derartige Erklärung ebensowenig in Frage gestellt wie die Schwedens, Finnlands und der Schweiz.

Demgemäss wäre österreichischerseits weder der Ausdruck Neutralität oder gar Neutralisierung zu verwenden. Dass Österreich seinen wirtschaftlichen, politischen und kulturellen Verkehr mit dem Westen weder einschränken kann noch einschränken will, sollte klar gesagt werden.

Die österreichische Wehrmacht:
Die österreichische Wehrmacht wird als primärer Garant der österreichischen Unabhängigkeit aber keine näheren Verbindungen mit den Armeen anderer Staaten einschliesslich seiner Nachbarn pflegen können, ausser mit der der Schweiz. Diese befindet sich in ähnlicher wehrpolitischer Lage, kann sich aber als kapitalkräftiger Gläubigerstaat eine weitergehende wirtschaftliche und politische Unabhängigkeit leisten als es Österreich zunächst möglich sein wird. Für ein Militärbündnis mit Österreich wird die Schweiz wohl kaum zu haben sein, selbst wenn die Grossmächte ein solches ausdrücklich zulassen würden, was an und für sich sinnvoll wäre. Auf jeden Fall ist zu erwarten, dass gegen eine Fühlungnahme mit der Schweiz keine der Mächte etwas einzuwenden haben werden. Eine Zusammenarbeit mit der Schweiz – auch ohne jedes Bündnis – kann sich für Österreich in seinem zu schaffenden neuen internationalen Status politisch und wirtschaftlich günstig auswirken; es dürfte auch von der Schweiz begrüsst werden und für sie fruchtbar sein.

III. Österreich wird sich im Sinne der sowjetischen Anregungen bemühen, eine Garantieerklärung der vier Grossmächte für seine Unabhängigkeit zu erlangen, die etwa lauten würde:

„Grossbritannien, Frankreich, die Sowjetunion und die USA garantieren Österreich die Unversehrtheit und Unverletzbarkeit seines Gebietes innerhalb der Grenzen des Staatsvertrages von Saint-Germain vom 10. September 1919."

Die Formel ist der Garantieerklärung der fünf Mächte (Grossbritannien, Frankreich, Russland, Österreich und Preussen) für die Schweiz vom 20. November 1815 nachgebildet, die einen Annex zum Zweiten Pariser Frieden vom gleichen Tage bildet. Sowjetischerseits werden „effektive Garantien" verlangt. Eine effektive, d. h. wirksame Garantie, bietet aber nur eine derartige Erklärung der interessierten Grossmächte. Ihre Garantieerklärung muss allerdings von dem andauernden Willen und der steten Bereitschaft und Fähigkeit der garantierenden Grossmächte begleitet sein, das Garantieversprechen jederzeit einzulösen. Im Falle der Schweiz hat sich diese Garantie nunmehr durch 140 Jahre als wirksam und effektiv erwiesen. Dies könnte und sollte auch bei der Garantie der österreichischen Eigenstaatlichkeit der Fall sein. Eine solche effektive Garantie können aber nur die vier Grossmächte durch ihre andauernde Garantiebereitschaft und Garantiefähigkeit auf Grund ihrer Garantieerklärung prästieren.

Genau gesehen garantieren die vier Grossmächte bisher die Eigenstaatlichkeit Österreichs effektiv durch dessen vierteilige Besetzung. Diesem Zustand, der ohne

Rechtsgrundlage, ja völkerrechtswidrig ist, soll nun ein Ende gesetzt werden. In Artikel 2 des St.V.E. erklären die Mächte aber nur, dass sie nach Abzug ihrer Truppen „die Unabhängigkeit und territoriale Unversehrtheit Österreichs achten werden." Das ist keine Garantieerklärung. Zum Staatsvertrag muss also eine Erklärung effektiver Garantie durch die Grossmächte treten.

Von 1918 an hatten die Grossmächte die Unabhängigkeit Österreichs auch nur „für unabänderlich erklärt" und die allgemeinen Zusicherungen der Völkerbundsatzung für die politische Unabhängigkeit und territoriale Unversehrtheit jedes Völkerbundmitgliedes daran geschlossen. Österreichs Unabhängigkeit war von 1918 bis 1938 daher ebenso wenig effektiv garantiert, wie sie bei blossem Abschluss des Staatsvertrages garantiert wäre.

Eine Garantieerklärung der vier Grossmächte würde daher das internationale Statut Österreichs ergänzen und die Unabhängigkeit Österreichs soweit effektiv sichern, als die vier Grossmächte als Garanten effektiv wirksam bleiben. Eine darüber hinaus effektive Garantie ist – ausser der Fortdauer der völkerrechtswidrigen Besetzung des Landes – nicht vorstellbar.

Die Erfahrungen Österreichs – aber auch Äthiopiens, der Tschechoslowakei und Albaniens mit dem Völkerbund lassen eine Garantie der Vereinten Nationen (UN) für Österreich problematisch erscheinen. Keinesfalls sollte die unmittelbare Garantie der vier Grossmächte vom Beschluss des Sicherheitsrates oder der Generalversammlung der UN abhängig gemacht werden. Dagegen könnte eine zusätzliche Garantie der UN in Erwägung gezogen werden, soferne deren Mitglieder sich hiezu bereit erklären sollten, was fraglich ist. Sollte Österreich der UN beitreten, gelangt es ohnehin in den Genuss der durch die Satzung der UN vorgesehenen gegenseitigen Garantien der einzelnen Mitglieder, wie es seit 1920 durch seine Aufnahme in den Völkerbund in den Genuss des Schutzes dieser Organisation kam. Mit seinem Beitritt zur UN würde sich Österreich vom Beispiel der neutralen Schweiz entfernen. Bei Abstimmungen in der UN könnte es sich wohl meist mit den in ähnlicher wehrpolitischer Lage befindlichen Schweden abstimmen, um über seine militärische Bündnislosigkeit seine politische Selbständigkeit darzutun.

Das Beispiel der Garantie für die Schweiz ist für die Frage einer weiteren Garantie der Unabhängigkeit Österreichs – etwa durch seine Nachbarn oder durch europäische Staaten – von Bedeutung. In der Garantieerklärung für die Schweiz von 1815 fehlen als Garanten der schweizerischen Unabhängigkeit ihre damaligen Nachbarn Baden, Württemberg, Bayern und Sardinien-Piemont. Im europäischen Interesse haben die weitentfernten Grossmächte Grossbritannien, Preussen und Russland die Unabhängigkeit der Schweiz garantiert.

Es ist heute politisch kaum vorstellbar, dass etwa die Bundesrepublik Deutschland (BRD) oder ein wiedervereinigtes Deutschland die Unabhängigkeit Österreichs mitgarantiert. Gerade die BRD wird als der Rechtsnachfolger des Aggressors von 1938 noch heute von der Sowjetunion und nach mehreren Artikeln des StVE auch von den anderen Grossmächten für fähig gehalten, einen neuen Anschluss Österreichs anzustreben. Dagegen würde es politisch von Nutzen sein, wenn die Westmächte, soferne sie sich zur Garantie der österreichischen Unabhängigkeit entschliessen, bei der BRD dahin wirken, dass diese noch vor der friedensvertraglichen Regelung über Deutschland, die wohl ein Anschlussverbot enthalten wird, wenigstens eine Erklärung abgibt, die österreichische Unabhängigkeit zu achten. Wenn die Sowjetunion eine solche Erklärung der BRD nach den Erfahrungen von 1938 kaum als eine zusätzliche „effektive Garantie" der Unabhängigkeit Österreichs ansehen dürfte, würde sich die BRD durch eine solche Verpflichtung dem Verdacht, weiterhin Anschlusstendenzen zu verfolgen, entziehen; denn bisher fehlt eine solche Verpflichtungserklärung der BRD, worauf sowjetischerseits nicht ganz mit Unrecht immer wieder hingewiesen wird. Das hiemit dargetane Ausscheiden der BRD, aber auch eines wiedervereinigten Deutschlands, aus dem Kreis der möglichen Garanten der österreichischen Unabhängigkeit lässt auch die Mitgarantie anderer Staaten – etwa der Tschechoslowakei, Ungarns, Jugoslawiens, oder Italiens – als entbehrlich und vermutlich unerwünscht erscheinen.

Die Schweiz dürfte sich einem Begehren auf die Mitgarantie der österreichischen Unabhängigkeit auf Grund ihrer traditionellen, absoluten Neutralität ohnehin versagen. Derzeit könnte eine Mitgarantie Jugoslawiens und Italiens für beide weltpolitischen Lager tragbar erscheinen; ein politischer Kurswechsel in beiden Staaten könnte sich aber für die Eindeutigkeit der Garantie der österreichischen Unabhängigkeit ungünstig auswirken.

Dagegen könnte in Erwägung gezogen werden, die Garantieerklärung der vier Grossmächte allenfalls noch durch zusätzliche bilaterale Freundschafts- und Nichtangriffsverträge Österreichs mit allen seinen Nachbarn einschliesslich der Schweiz zu ergänzen.

Der St.V.E. räumt der Sowjetunion durch eine Überlassung der ostösterreichischen Ölfelder und der DDSG einseitige beträchtliche Machtpositionen in Österreich und damit partielle, aber effektive Garantien einseitig ein. Die Westmächte könnten ähnliche Beteiligungen an der österreichischen Volkswirtschaft fordern, um die einseitige Privilegierung der Sowjetunion auszugleichen, wenn [*wohl zu lesen*: wenngleich] diese sicherlich auf die „Dienstbarmachung der westösterreichischen Industrie und Energie für die Rüstung des Westens" hinweisen dürfte. Damit könnte sich die Perspektive eröffnen, bei Eingehen der Sowjetunion auf die Vier Mächte-Garantie der österreichischen Unabhängigkeit [*sinngemäß zu ergänzen*: diese] zum Aufgeben dieser Faustpfänder (und zusätzlichen effektiven Garantien) – allenfalls unter Hingabe einer erhöhten Ablösesumme und Abschluss eines Handelsvertrages unter Einbeziehung österreichischer Öllieferungen – zu bewegen.

IV. Sofortige Anfrage bei den Westmächten, ob sie zur Abgabe einer Garantieerklärung bereit sind.

Damit sich Österreich nicht bei Misslingen der jetzigen Gespräche den Vorwurf zuziehe, sich zu Gunsten der sowjetischen Propaganda ausnützen zu lassen, wäre unter Darlegung der wesentlichsten Argumente zu I bis III sofort bei den Westmächten – am besten im Wege über die Botschaften in Wien – anzufragen, ob sie bereit sind, die unter III formulierte Garantieerklärung abzugeben.

Fällt die Antwort bejahend aus, könnte im Einverständnis mit ihnen die Aussprache mit der Sowjetunion mit dem Ziele Garantieerklärung und Staatsvertrag (wenn möglich modifiziert) fortgesetzt werden.

Fällt die Antwort unter Angabe von Gründen, deren Stichhältigkeit sich die österreichische Regierung nicht entziehen zu können glaubt, negativ aus, wäre eine Garantieerklärung der drei Westmächte für die Unabhängigkeit Österreichs und die Integrität des gesamten österreichischen Staatsgebietes einschliesslich der sowjetischen Besatzungszone und Wiens zu verlangen. Die Westmächte können nämlich billigerweise Österreich wohl nicht zumuten, hoffnungsvolle und vielleicht aussichtsreiche Verhandlungen mit der Sowjetunion in unbedankter Selbstaufopferung im Sande verlaufen zu lassen. Verlangen sie dies aber, müssten sie unbedingt ihrerseits eine eindeutige effektive Garantieerklärung im Wortlaut der angegebenen Formel abgeben, womit Österreich wenigstens von ihrer Seite sowohl gegen einen Anschluss an die BRD aber auch gegen sowjetische Massnahmen nach erfolglosem Abbruch der gegenwärtigen Gespräche erhalten würde, die schliesslich in der Abtrennung der sowjetischen Besatzungszone unter Abwürgung Wiens enden könnten.

Damit würden die Westmächte nur eine Garantie abgeben, die sie für Westberlin längst ausdrücklich übernommen haben. Es ist nicht auszuschliessen, dass bei einem solchen nachdrücklichen österreichischen Verlangen die Westmächte veranlasst würden, aus ihrer bisherigen Rolle eines in einer bequemen Loge sitzenden Zuschauers herauszutreten, nicht weiter einen möglichen, wenn nicht sogar wahrscheinlichen Propagandaerfolg der Sowjetunion gerade bei negativem Verlauf der Besprechungen abzuwarten und hinzunehmen, sondern durch die ihrerseits erfolgende Abgabe einer Garantieerklärung für ganz Österreich die ihnen entglittene politische Initiative wieder an sich [zu] bringen.

3.
Josef Schöners Niederschrift über die Verhandlungen der österreichischen Regierungsdelegation in Moskau, 12.–14. April 1955

Vorbemerkung: Der nachstehend erstmals vollständig publizierte Text ist die von Josef Schöner selbst vorgenommene Transkription seiner stenographischen Mitschrift der Moskauer Verhandlungen vom 12. bis 14. April 1955. Diese Transkription wurde im Frühjahr 1964, also neun Jahre nach den Verhandlungen, vorgenommen. Sie umfasst 40 Maschinschreibseiten. Schöner hat in einem mit 4. 4. 1964 datierten (maschinschriftlichen) Vermerk (Zl. 3505-GS/64) Folgendes festgehalten:

„Die inliegende Niederschrift beruht auf persönlichen Aufzeichnungen, die der damalige Leiter der Politischen Abteilung, Gesandter Dr. Josef Schöner, während der Verhandlungen gemacht hat. Hiebei wurden nur die mündlichen Ausführungen der Beteiligten in Rede und Gegenrede niedergeschrieben. Die vorbereiteten Papiere, welche während der Verhandlungen verlesen wurden, sind darin nicht festgehalten, ebenso nicht die vertraulichen Beratungen innerhalb der österreichischen Delegation während der Sitzungsunterbrechungen. Die während der Verhandlungen verlesenen Papiere und Memoranden befinden sich im Sammelakt über die Moskauer Besprechungen.

Der Text wird auf Grund des Stenogramms wörtlich wiedergegeben. Die Niederschrift der sowjetischen Ausführungen erfolgte auf Grund der Übersetzung der sowjetischen Dolmetscher. Die dabei vorkommenden sprachlichen und grammatikalischen Unebenheiten sind wörtlich wiedergegeben worden.

Das Stenogramm enthält manche unzusammenhängende oder unlogische Sätze, die zum Teil auf nicht mehr lesbare Zeichen zurückgehen. Um der geschichtlichen Wahrheit willen wurde nicht versucht, etwas zu ergänzen oder einzufügen, sondern unverständliche und fehlende Satzteile durch Punkte angedeutet. So wurde auch davon abgesehen, die Diktion zu glätten oder zu verfeinern. Die Niederschrift hält sich genau und streng an den Wortlaut des Stenogrammes."

Ein Nachsatz in Schöners Handschrift besagt: „Die darin zitierten Artikel entsprechen in ihrer Nummerierung nicht dem endgültigen Text des Staatsvertrages, sondern der provisorischen Bezifferung des Entwurfes!"

Ein Exemplar der Transkription sowie der zitierte Vermerk Schöners befinden sich im Bundesministerium für Auswärtige Angelegenheiten; eine erstmalige Einsichtnahme durch den Verf. erfolgte im Jänner 1980 mit Zustimmung des damaligen Bundeskanzlers Dr. Bruno Kreisky und dank des Entgegenkommens des damaligen Generalsekretärs für Auswärtige Angelegenheiten Botschafter Dr. Alois Reitbauer. Diese Quelle konnte daher bereits in der zweiten Auflage dieses Buches (1980) für die Darstellung der Moskauer Verhandlungen in Kap. VI verwertet werden. Inzwischen sind andere Kopien der Transkription bekannt geworden, so im Nachlass Bruno Kreiskys in der Stiftung Bruno Kreisky Archiv (SBKA, VII/2), sowie im Nachlass Josef Schöners im Österreichischen Staatsarchiv (ÖStA, GD, NLS, E/1773, Konvolut 17). In letzterem fanden sich auch einige Blätter einer früheren Transkription vom September 1956, die allerdings nur die Anfänge der ersten Sitzung vom 12. April 1955 wiedergibt. –

Die Abfassung der vollständigen Transkription im Frühjahr 1964 durch Schöner, der damals österreichischer Botschafter in Bonn war, dürfte im Einvernehmen mit dem damaligen Außenminister Bruno Kreisky erfolgt sein; jedenfalls finden sich in Kreiskys im Mai 1965 in erweiterter Form publiziertem Aufsatz „Der Staatsvertrag und die österreichische Neutralität" (Die Zukunft, *(9) 1965, Wiederabdruck in Kreiskys 1975 veröffentlichtem Buch* Neutralität und Koexistenz) *bei der Schilderung der Moskauer Verhandlungen eine Reihe wörtlicher Zitate aus Schöners Mitschrift.*

Die Grundlage der Transkription sind 53 Notizblockseiten stenographischer Notizen aus dem Nachlass Josef Schöners, in den ich dank des Entgegenkommens von Frau Rita Schöner und Univ.-Prof DDr. Franz Matscher frühzeitig Einsicht nehmen konnte. Kopien befinden sich im Besitz des Verfassers. Lebensweg und diplomatische Laufbahn Josef Schöners sind geschildert von Franz Matscher, „Josef Schöner, 1904–1978. Lebensbild eines österreichischen Diplomaten", in dem Buch: Josef Schöner, Wiener Tagebuch 1944/45, *hrsg. v. Eva-Marie Csáky/Franz Matscher/Gerald Stourzh, Wien 1992, 9–14.*

Zu den von Schöner wiedergegebenen Verhandlungsgesprächen stehen auch weitere Quellen zur Verfügung. Abgesehen von dem nur wenige Wochen nach den Verhandlungen veröffentlichten, aber nicht verlässlichen Büchlein des Dolmetschers Julius Raabs, Walter Kindermann, sind drei Quellen zu nennen:

Erstens die stenographischen, sehr bald transkribierten Notizen von Adolf Schärf, ergänzt durch Mitteilungen Bruno Kreiskys, die (mit geringfügigen Auslassungen) von Karl R. Stadler erstmals 1980 veröffentlicht wurden: Adolf Schärf, „Erinnerung an die Moskau-Fahrt", Die Zukunft, *4 (1980), 23–30; eine neuerliche Veröffentlichung erfolgte 1982 in Stadlers Schärf-Biographie, 437–449, dort allerdings ohne Kennzeichnung der Auslassungen und Unterstreichungen. Eine definitive Edition erfolgte 2008 in dem Band: Adolf Schärf,* Tagebuchaufzeichnungen des Jahres 1955, *hrsg. von Gertrude Enderle-Burcel, Innsbruck 2008, 100–128. Zitiert wird im Folgenden nach der Veröffentlichung in* Tagebuchaufzeichnungen, *mit Kürzel* TNMF (= Tagebuchnotizen, Moskau-Fahrt). *Schärfs Stenogramme sowie verschiedene Fassungen des Typoskriptes sind zugänglich in: VGAB, Nachlass Schärf, 4/247 sowie 4/249.*

Zweitens die allerdings wesentlich kürzeren und unvollständigeren stenographischen Notizen Leopold Figls, die sich im Nachlass Figls im Niederösterreichischen Landesarchiv befinden (NÖLA, Nachlass Figl, K. 13); sie wurden erstmals von R. Jeřábek transkribiert für die Publikation in Christian Jennys Konsensformel oder Vorbild, *Bern 1995, S. 337–340.*

Drittens die vom Verfasser im Frühjahr 1994 im Außenpolitischen Archiv der Russischen Föderation in Moskau eingesehene und kopierte „Inoffizielle Niederschrift über die Sitzungen der sowjetischen Regierungsdelegation mit der österreichischen Regierungsdelegation", einschließlich Beilagen (ohne Zählung des Moskauer Memorandums) 50 maschingeschriebene Seiten umfassend, angefertigt von dem sowjetischen Diplomaten und Delegationsmitglied Michail Gribanov (AVPRF, f. 06, op. 14, p. 9, d. 117, ll. [=fol.] 1–50). Für die Übersetzung bin ich meinem ehemaligen Fakultätskollegen Herrn Hon.-Prof. Hofrat Dipl. Dolm. Dr. Viktor Petioky zu tiefem Dank verpflichtet.

Die Edition von Schöners Verhandlungsmitschrift erfolgt nach folgenden Gesichtspunkten: Der Abdruck erfolgt buchstabengetreu ohne irgendwelche stillschweigende

Korrektur, Normalisierung, Glättung oder Ergänzung. Berichtigungen von fehlerhaften Worten, soweit in Kürze möglich, erfolgen in eckigen Klammern im Text. Weitere textkritische, aber auch inhaltliche Erläuterungen des Verfassers bzw. hier Herausgebers werden, in Vereinfachung der bei Editionen üblichen Anmerkungsform, in einheitlich durchnummerierten Fußnoten gegeben. Zitate aus den in Schöners Mitschrift genannten, aber dort nicht wörtlich zitierten Arbeitsdokumenten sowie aus anderen Quellen erfolgen ebenfalls in den Anmerkungen. Wichtige in der Mitschrift erwähnte Arbeitsdokumente, insbesondere im Laufe der Verhandlungen als Diskussionsgrundlage dienende Unterlagen werden, z. T. erstmals, vollinhaltlich im Anmerkungsapparat wiedergegeben. Wie üblich sind Aussagen des Herausgebers kursiv, Zitate in Normalschrift gesetzt; Zitate werden zusätzlich mit Anführungszeichen versehen. Unterstreichungen in den Quellentexten (insbes. zur Kennzeichnung der jeweils sprechenden Personen) sind immer in den Vorlagen enthalten. Schöners Niederschrift selbst enthält keine Fußnoten, alle Fußnoten sind somit jene des Herausgebers. Ein Vergleich der Transkription mit Schöners Stenogramm (auf Grundlage der Einheitskurzschrift, vielfach durchsetzt mit ausgeschriebenen Worten oder Abkürzungen) zeigt, dass Schöner in der Transkription mehrfach Füllworte einschob oder Sätze vervollständigte, wo im Stenogramm lediglich Stichworte oder unvollständige Sätze notiert wurden. Schöner hat im Stenogramm verwendete Abkürzungen (etwa SR für Sowjetregierung, StV für Staatsvertrag etc.) in der Transkription regelmäßig ausgeschrieben. Die integrale quellenkritische Publikation aller zugänglichen Mitschriften und Arbeitsdokumente für die Moskauer Verhandlungen wäre wünschenswert, kann aber im Rahmen dieses Bandes nicht geleistet werden. Die hier vorgelegte Edition soll jedoch als Beitrag zur Erfüllung dieses Desiderates dienen.

NIEDERSCHRIFT ÜBER DIE VERHANDLUNGEN EINER ÖSTERREICHISCHEN REGIERUNGSDELEGATION IN MOSKAU IM APRIL 1955

Von sowjetischer Seite nahmen teil:
Die Stellvertretenden Ministerpräsidenten
MIKOJAN und MOLOTOW
Die Abteilungsleiter im sowjetischen Aussenministerium
ILJITSCHOW, SEMJONOW, KOMYKIN [*r.* KUMYKIN],
MICHAILOW, GRIBONOW [*r.* GRIBANOV]
und vier nicht namentlich bekannte Herren [1]

1 *Die sowjetische Niederschrift nennt ohne Titel oder Funktionsangabe folgende Namen als anwesend von sowjetischer Seite: V. M. Molotov, A. I. Mikojan, I. G. Kabanov, V. S. Semënov, I. I. Il'ičëv. Als „außerdem anwesend" werden genannt: S. G. Lapin, M. G. Gribanov, R. A. Sergeev (Dolmetscher). Bei Schöners Angaben fehlt der Name des Außenhandelsministers Kabanov. Schöners Nennung von fünf Personen als* „Abteilungsleiter im sowjetischen Außenministerium" *ist zu verallgemeinernd; I. I. Il'ičëv war damals sowjetischer Botschafter*

Von österreichischer Seite nahmen teil:
Bundeskanzler Ing. RAAB
Vizekanzler Dr. SCHÄRF
Bundesminister Ing. Dr. h. c. FIGL
Staatssekretär Dr. KREISKY
Botschafter Dr. BISCHOFF[2]
Die Gesandten Dr. SCHÖNER und Dr. VEROSTA sowie
Dr. KINDERMANN

Die Niederschrift der sowjetischen Ausführungen erfolgte auf Grund der Übersetzung der sowjetischen Dolmetscher. Die vorkommenden sprachlichen und grammatikalischen Unebenheiten sind dabei wörtlich wiedergegeben worden.

Erste Besprechung am 12. April 1[9]55, 15 Uhr, im Kreml zu Moskau

Molotow: Wir haben Möglichkeit des Zusammentreffens geschaffen, um unsere Absichten zu klären. Wir sprachen bei Ministerpräsident und bei mir darüber. Ich möchte wi[e]der den Gedanken geben, den ich heute schon geäußert habe bei unserer Zusammenkunft.

---

und Hochkommissar in Österreich; ranghöchster sowjetischer Diplomat war V. S. Semënov, seit seiner Rückkehr vom Posten des sowjetischen Hochkommissars in Deutschland und Botschafters in der DDR Ende 1954 Leiter der Dritten Europäischen Abteilung des Außenministeriums, zuständig für Österreich ebenso wie für Deutschland und wenige Wochen zuvor (Mitteilung vom 22. März 1955 in AdG, *5085 A) in den Rang eines Stellvertretenden Außenministers erhoben. Bei Komykin, richtig Kumykin, handelt es sich um den Stellvertretenden Außenhandelsminister P. N. Kumykin, der Ende August/September 1945 die (schließlich fehlgeschlagenen) sowjetisch-österreichischen Erdölverhandlungen in Wien geführt hatte (vgl. oben Kap. I), und mit dem Kreisky im März 1955 in Genf bei einer Tagung der UN-Wirtschaftskommission für Europa zusammentraf (hierzu* ÖuG, *Nr. 109). Zu dem Namen Michailow, der in der sowjetischen Niederschrift nicht aufscheint, gibt es weder in den österreichischen noch den sowjetischen Niederschriften weitere Hinweise. M. G. Gribanov war von 1949–1953 stellvertr. Leiter der Dritten Europäischen Abteilung; für 1953 bis 1955 gibt das offizielle sowjetische „Diplomatische Wörterbuch" (diplomatičeskij slovar', siehe Bibliographie) „verantwortungsvolle Tätigkeit im Zentralapparat des sowjetischen Außenministeriums" an; im Frühjahr 1955 war er Stellvertreter Semënovs in der Leitung der Dritten Europäischen Abteilung. S. Lapin war höherer Beamter des Außenministeriums (und nachmaliger Botschafter in Österreich); der als Dolmetscher tätige R. Sergeev hatte zuvor einige Jahre an der Botschaft Bern zugebracht. Bezüglich der Namen der österreichischen Teilnehmer gibt es keine Differenzen zwischen Schöners und der sowjetischen Niederschrift; in keiner der beiden Quellen erscheint der Name von Raabs damaligem Sekretär Ludwig Steiner, der Raab nach Moskau begleitete.*

2 *Bischoff hatte keinen Doktorgrad.*

Die Sowjetregierung denkt, dass die Tage des zehnten Jahrestages kommen[3] und es wäre gut, wenn das österreichische Volk diese Tage mit grosser Genugtuung feiern könnte. Da das österreichische Volk sicher wäre, dass Möglichkeit einer Vorstufe der Erlangung der Freiheit besteht.

Die Frage ist schon vorbereitet und es bleibt nicht viel, was wir zu machen haben. Wir denken, dass der Text des Staatsvertrages für Österreich eine gute Basis für die Verhandlungen ist.

Was die Sowjetregierung betrifft, so nehmen wir an, dass die Frage des Abschlusses des Staatsvertrages genug vorbereitet ist, um jetzt zu einer Lösung zu kommen.

Wir so auch wie Sie verstehen gut, dass die Unterzeichnung nicht nur unsere Sache ist, sondern Sache der vier Mächte und natürlich auch Sache Österreichs. Wir haben die Meinung, dass wir eine gemeinsame Meinung haben können, wenn wir das Gemeinsame finden können. Natürlich werden wir noch sehen, welche Fragen wir haben zu erörtern. Es sind nur mehr wenige Fragen und wir glauben, dass Möglichkeit besteht, sie zu lösen.

Natürlich werden wir zu konkreten Besprechungen der Fragen übergehen müssen, die wir noch zu lösen haben. Unsere Unterredungen haben einen vorbereitenden Charakter, aber sie sollen die Lösung durch die vier Mächte erleichtern.

Wir sind der Meinung[,] dass diese Tage für die Lösung des Problems des Staatsvertrages von Bedeutung sind. Allgemein verstehen wir die Tendenz des österreichischen Volkes, andererseits ist die Frage eng verbunden mit der Frage des allgemeinen Friedens. Eigentlich gesagt, haben wir ja von Österreich nichts nötig, ausser was wir bereits gesagt haben, aber wir müssen vollkommene Sicherheit haben, dass Österreich in Zukunft nicht zum Aufmarschgebiet für andere Mächte wird.

Wir verstehen, dass die Österreicher ein friedliebendes Volk und an kommenden Kriegen keineswegs interessiert sind. Aber leider lehrt die Geschichte, dass der Friedenswille Österreichs nicht allein genügt, da aggressive Mächte Österreich zum Werkzeug benützen könnten. Wir glauben, dass nicht nur die Sowjetregierung, sondern auch Österreich interessiert ist, eine gemeinsame Sprache zu finden, um die Probleme zu lösen. Dies sind die einführenden Worte der sowjetischen Delegation bei der Eröffnung der Verhandlungen.

Raab: Wenn ich auf die Worte des Herrn Ministerpräsidenten kurz eingehen soll, so möchte ich folgendes sagen: Wir haben in Berlin unsere Stellung bezogen, da wir einerseits den Staatsvertrag als Grundlage der Verhandlungen nehmen und da die österreichische Bundesregierung immer wieder darauf hingewiesen hat, dass sie sich keinem militärischen Pakt anschliessen will, sich aus allen militärischen Kombinationen heraushalten will. Wir sind bereit, alle Beschlüsse zu fassen, um diese Gedanken testzulegen, aber als kleines Land sind unsere Mittel beschränkt. Wir wollen im Volke diese Gedanken festlegen, um unsere Unabhängigkeit zu verteidigen.

Ich frage, wie sich die Herren die weitere Ausgestaltung dieses Sicherheitsgedankens vorstellen. Dies wird auch Aufgabe des Vertragsabschlusses der vier Mächte sein.

---

3 *Hinweis auf den 27. April 1945, Tag der Proklamation der Selbständigkeit Österreichs (Unabhängigkeitserklärung).*

Wir begrüssen einen solchen Abschluss und werden dazu alles beitragen, was wir können. Ich bitte, wenn Aussenminister Molotow uns sagen würde, wie er sich selber diese Garantie vorstellt.

Molotow: Ich glaube, es würde richtig sein, die Feststellungen zu analysieren, die in der Rede des Aussenministers am 8. Februar[4] und in den Erklärungen des Herrn Botschafters Bischoff[5] festgelegt worden sind. Wenn wir die Angelegenheit auf diese Weise verhandeln, so werden wir schon jetzt die wichtigsten Punkte streifen können. Ich glaube, dass man die drei Punkte in meiner Rede vom 8. Februar zum Ausgangspunkt, zur Basis der Verhandlungen machen sollte. Es ist selbstverständlich, dass die Sowjetdelegation ihren Standpunkt und die österreichische Delegation ihren eigenen Standpunkt vorbringt. Ich hoffe, dass der Herr Bundeskanzler das Memorandum vom 24. März[6] in seinem Besitz hat.

Raab:[7] Ich wer[d]e vorerst nicht von der Präambel der Sowjetregierung sprechen.

(Bundeskanzler Raab verliest eine vorbereitete Erklärung[8]

1. Dieser Punkt enthält drei Gedanken …
2. Allgemeine Betrachtungen
3. Ich betrachte die bestehende Remilitarisierung Westdeutschlands
   … Gefahr eines Zwangsanschlusses …
   … „Verschlingung"
4. Termin für Abzug der Besatzungsgruppen [*sic*])[9]

---

4 *Dies bezieht sich auf Molotovs eigene Rede vor dem Obersten Sowjet in Moskau vom 8. Februar 1955; die Österreich betreffenden Passagen abgedruckt in:* DÖA, *Nr. 154.*

5 *Es handelt sich um Bischoffs am 2. März sowie am 14. März im Auftrag der Bundesregierung an Molotov überbrachte Mitteilungen bzw. Noten, die jeweils auf Molotovs Erklärung vom 8. Februar Bezug nahmen: Text in* DÖA, *Nr. 154 und 155.*

6 *Es handelt sich um die am 24. März von Molotov dem Botschafter Bischoff überreichte Note der Sowjetregierung.*

7 *Zahlreiche Indizien sprechen dafür, dass diese Wortmeldung ebenso wie die in der nächsten Zeile von Schöner Raab zugeschriebene Verlesung einer Erklärung Molotov zuzuschreiben sind. Die Zuordnung* „Raab" *– bzw. die von Schöner regelmäßig verwendete Abkürzung* „R" *– findet sich im Stenogramm vor den Worten* „Ich wer[d]e vorerst nicht von der Präambel der Sowjetregierung sprechen" *nicht.*

8 *Die von Schöner verwendeten Klammern – die Klammern befinden sich nicht in Schöners Stenogramm! – deuten auf gewisse Unsicherheiten bei der Transkription hin. Der Satz* „Bundeskanzler Raab verliest eine vorbereitete Erklärung" *findet sich nicht im Stenogramm. Dort finden sich lediglich in Kürzeln die Worte* „liest vor" *und am Rande – vermutlich zu einem späteren Zeitpunkt – vorangestellt das voll ausgeschriebene Wort* „Raab" *(während Schöner Raabs Wortmeldungen sonst immer mit einem unterstrichenen* „R." *kennzeichnet).*

9 *Aus der sowjetischen Mitschrift ebenso wie aus Schärfs und Figls Notizen ergibt sich, dass der Verleser des Textes und Formulierer der in diesem Punkt enthaltenen „drei Gedanken" Molotov war. Nicht eindeutig geklärt ist allerdings, ob der verlesene und kommentierte Text Punkt 1 von Molotovs Österreich-Erklärung vom 8. Februar oder Punkt 1 seiner Note vom*

Raab: Ich wiederhole: Wir haben im Staatsvertragsentwurf Aufstellungen über die künftigen militärischen Möglichkeiten Österreichs. Die österreichische Regierung

---

24. März war, oder ob sich Molotov (dies die plausibelste Erklärung) allenfalls auf beide Texte bezog.

Punkt 1 der Molotov-Erklärung vom 8. Februar lautet wie folgt (Tass-Übersetzung in AdG, *8. Februar 1955, 5007):*

„Vor allem muß berücksichtigt werden, daß die Regelung der österreichischen Frage nicht ohne Zusammenhang mit der deutschen Frage behandelt werden kann, umso weniger angesichts der Pläne zur Remilitarisierung Westdeutschlands, was die Gefahr der Verschlingung – des Anschlusses – Österreichs verstärkt.

Das bedeutet, daß beim Abschluß des Staatsvertrages über die Wiederherstellung eines unabhängigen und demokratischen Österreich eine Lösung gefunden werden muß, die die Möglichkeit eines neuen Anschlusses Österreichs an Deutschland ausschalten würde, was an die Annahme dahingehender vereinbarter Maßnahmen der vier Mächte in der deutschen Frage geknüpft ist. In diesem Fall könnte der Abzug der vier Mächte aus Österreich erfolgen, ohne den Abschluß des Friedensvertrages mit Deutschland abzuwarten."

Punkt 1 der sowjetischen Note vom 24. März lautet wie folgt (Tass-Übersetzung in AdG, *24. März 1055, 5087 D):*

„Die Sowjetregierung nimmt die Erklärung der Regierung Österreichs zur Kenntnis, daß sie jegliche wirksame Gewährleistung und Garantie der österreichischen Unabhängigkeit und Freiheit gegen die Gefahr eines Anschlusses oder Anschläge von irgendeiner Seite begrüßt.

Daraus ergibt sich die Notwendigkeit, reale Maßnahmen zu ergreifen und dabei die bestehenden Pläne der Remilitarisierung Westdeutschlands zu berücksichtigen, welche die Gefahr eines Verschlingens (Anschlusses) Österreichs verstärkt.

In diesem Zusammenhang ist es notwendig, die Frage der Fristen für den Abzug der Truppen der vier Mächte von dem Territorium Österreichs sowie die Frage der Maßnahmen zu erörtern, welche in Zukunft im Fall der Entstehung der unmittelbaren Gefahr des Anschlusses getroffen werden müssen."

Die sowjetische Niederschrift lautet wie folgt:

„Molotov verlas Punkt 1 der Vorschläge der Sowjetregierung vom 8. Februar und sagte, dieser Punkt enthalte die Behandlung von Fragen über die tatsächliche Sicherung und Garantien der Freiheit Österreichs sowie dessen Unabhängigkeit vom Anschluss, über die zu treffenden erforderlichen Maßnahmen gegen den Anschluss und über die Fristen des Abzuges von Truppen der vier Mächte aus Österreich."

Bei Schärf heißt es, wohl am genauesten, in der Molotov zugeordneten Wortmeldung (vgl. Schärf, TNMF 106):

„Molotow: Es würde richtig sein, die allgemeinen Richtlinien, die in seiner Rede vom 8. Februar 1955 niedergelegt sind, ins Auge zu fassen. Man solle die dort geäußerten Punkte ins Auge fassen. Sie sollen zur Grundlage der Diskussion werden und ebenso das, was er mit dem Botschafter Bischoff besprochen habe (Memorandum vom 24. März). Man nimmt sonach die beiden Memoranden zur Hand (Österreichische Zeitung vom 25. März mit der Erklärung Molotows vom 24. März.) Im Punkt 1 sind drei Gedanken enthalten:

ist bereit, mit dieser Truppe auch die Unabhängigkeit Österreichs zu verteidigen, soweit es nur möglich ist. Wir können dies auch im Sinne Ihrer Auffassung, nicht weil Sie es wollen, sondern weil wir es wollen, die Unabhängigkeit moralisch festigen und festlegen, da wir ein unabhängiger Staat bleiben wollen.[10]

Was die Remilitarisierung Westdeutschlands anlangt, ist dies eine Frage, die uns nicht berührt, auf die wir keinen Einfluss haben. Wir haben zu Westdeutschland dieselben Beziehungen wie zu anderen Staaten, auch z. B. zur CSR [*r.* ČSR] und zu anderen Volksdemokratien. Wir haben in den letzten Jahren jede Einmischung immer abgelehnt.[11]

Wir haben im ersten Friedensvertrag von Saint Germain 1918 [*sic*] ein Anschlussverbot gehabt, es sind damals keine Unabhängigkeitsgarantien beschlossen worden. Wie wir 1938 in Gefahr kamen, hat man uns international nicht geholfen und der englische und der französische Botschafter haben nur die Achseln gezuckt.[12]

---

a) Die Garantie der österreichischen Unabhängigkeit und die Sicherung gegen einen Anschluß;

b) die Remilitarisierung Westdeutschlands erhöht die Gefahr eines Anschlusses;

c) die Festsetzung eines Termines für den Abzug der Besetzungstruppen [*sic*]."

Zumindest die Punkte b) und c) entsprechen den in Schöners Transkription genannten Punkten 3 und 4. Die Transkription ist allerdings fehlerhaft: im Stenogramm sind die Punkte 2, 3 und 4 mit Buchstaben – a) [undeutlich lesbar], b) und c) bezeichnet.

Bei Figl (zit. bei Jenny, Konsensformel, *338) heißt es, ebenfalls Molotov zugeordnet, etwas undeutlicher:*

„Garantien sind im Zusammenhang von Remilitarisierung Westdeutschlands. Termin für Abzug der Truppen."

Die von Schärf, Figl und Schöner notierten Punkte korrelieren eher mit der Note vom 24. März als mit der Erklärung vom 8. Februar. Das Wort „Garantie" *kommt in der Erklärung vom 8. Februar nicht vor, wohl aber im ersten Absatz des Punktes 1 der Note vom 24. März. Die Worte* „Remilitarisierung Westdeutschlands" *(bei Schärf, Figl und Schöner) und das von Schöner eigens notierte Wort* „Verschlingung" *(im russischen Original* „pogloščenie" *– Aufgehen, Absorption – für Anschluss) finden sich zwar in beiden Dokumenten, jedoch in der am klarsten bei Schärf notierten Reihung nur im Dokument vom 24. März.*

10 *Die sowjetische Niederschrift lautet wie folgt:* „Raab verliest Artikel 17 des Vertragsentwurfes, in dem bestimmte Stärkezahlen für die Österreich durch den Vertrag erlaubten Streitkräfte vorgesehen werden. Diese Truppen, sagte Raab, würden dem Schutz der Unabhängigkeit Österreichs dienen, denn man wolle stets ein unabhängiger Staat bleiben."

11 *Die sowjetische Niederschrift lautet:* „Was nun die Frage der Remilitarisierung Westdeutschlands betrifft, erklärt Raab, so habe Österreich hiezu keinen Bezug. Österreich unterhalte zu Westdeutschland die gleichen Beziehungen wie auch zu anderen Staaten – der Tschechoslowakei, Ungarn usw."

12 *Die sehr präzise Übersetzung und Wiedergabe der Worte Raabs in der sowjetischen Niederschrift kommt bei diesem Passus deutlich zum Ausdruck:* „Dann ging Raab zum Thema des Anschlusses über. Die Frage des Anschlusses, meint Raab, behandelte man auch im Vertrag von Saint-Germain. Doch dort war nichts über Garantien gegen den Anschluß

Wenn die vier Alliierten zu einem Beschluss kommen, die Unabhängigkeit zu garantieren, so könnten wir das nur begrüssen und wir werden allen Einfluss wahrnehmen, um zu diesem Beschluss zu gelangen.

Molotow: Wir rechnen mit diesen Tatsachen und verstehen die Lage Österreichs. Wir verstehen insbesondere, dass die österreichische Regierung am Frieden interessiert ist.

Raab: Was Punkt 3) anlangt,[13] sind wir dafür, dass der Abzug aller Mächte aus Österreich gleichzeitig erfolgt, womöglich zu einem fixen Termin, nicht so unbestimmt und variabel wie im Staatsvertragsentwurf. Es muss für alle vier Mächte bestimmt werden, dass sie ihre Truppen gleichzeitig zurückziehen.

Molotow: Die Sowjetregierung erinnert sich an den Vertrag von Saint Germain und feststellt daraus, dass die Unterzeichnung eines blossen Vertrages als Garantie für Österreich nicht ausreicht.

Wir glauben trotzdem, dass der neue Staatsvertrag ein Instrument von grosser Bedeutung sein wird, weil auf vier Grossmächten beruhend und von Österreich mit zu unterzeichnend. Wie bekannt, hat die Sowjetregierung am Staatsvertrag von Saint Germain keinen Anteil gehabt. Wir messen dem grösste Bedeutung bei, daß bei den Verhandlungen auch die Vertreter der beiden grossen Parteien Österreichs gehört werden. Es ist von grösserer Bedeutung, dass beide Parteien die grosse Majorität des österreichischen Volkes ausmachen, was niemand anzweifeln kann.[14]

Was die Frage der Garantien betrifft, so dürfte dies keine besonderen Schwierigkeiten machen, wenn bezüglich der anderen Punkte Einigung erzielt werden kann.

---

gesagt worden. Als 1938 Deutschland Österreich überfiel, hätten der englische und der französische Botschafter nur mit den Achseln gezuckt und nichts zum Schutz der Unabhängigkeit Österreichs unternommen." *Die Niederschrift fügt hinzu:* „Molotov bestätigt die Richtigkeit dieser Bemerkung von Raab."

13 *Dies bezieht sich auf Punkt 4 (bei Schärf Punkt c) der oben (Anm. 9) erwähnten Auflistung.*

14 *Die sowjetische Niederschrift der beiden letzten Sätze lautet:* „Die Verhandlungen mit führenden Funktionären der österreichischen Regierung und führenden Persönlichkeiten zweier österreichischer Parteien seien deshalb von überaus großer Bedeutung, weil die Vertreter dieser Parteien die überwiegende Mehrheit des österreichischen Volkes repräsentieren. Übereinkünfte, die in diesen Verhandlungen erreicht werden, würden große Bedeutung haben." *Molotovs Aussage zur Bedeutung der beiden großen Parteien war Figl offenbar besonders wichtig, denn er notierte mit Unterstreichungen und Rufzeichen:* „Verhandlungen mit Österreich und den beiden großen Parteien Österreichs! Die große Mehrheit Österreichs, die niemand anzweifeln kann, sind diese Parteien. – " *Veröff. bei Jenny,* Konsensformel, *337.*

Die Frage der Garantien steht in enger Verbindung mit Punkt 3),[15] daher mit jenem Komplex, welcher sich mit der Remilitarisierung Westdeutschlands befasst.

Die Erklärung von Paul [*r.* Pierre] Mendes-France[16] ist der Sowjetregierung bekannt, ebenso die Art, wie die österreichische Regierung reagiert hat. Der Herr Aussenminister sagte, es wäre gut, einen fixen Termin für den Abzug der Besatzungstruppen festzusetzen. Er ist nicht dafür, dass die Termine lange dauern sollen, er ist eher für einen kurzen Termin für diesen Abzug.[17]

(Molotow verliest nunmehr Punkt 2) seiner Erklärung vom 25.[*r.*24.] März 1955 „Es ist natürlich, dass sich die Sowjetregierung dafür interessiert, wie sich Österreich

---

15 *Dies dürfte ein Irrtum sein; im Stenogramm ist übrigens keine Ziffer angegeben, sondern nur* „Pkt…" *notiert. In einer früheren Transkription dieser Passage (vgl. Einleitung) hatte Schöner Punkt 1 genannt. Der Begriff* „Remilitarisierung Westdeutschlands" *findet sich sowohl in Punkt 1 der Molotov-Erklärung vom 8. Februar wie auch in Punkt 1 (Abs. 2) der sowjetischen Note vom 24. März; letztere spricht von der Notwendigkeit,* „reale Maßnahmen zu ergreifen, und damit die bestehenden Pläne der Remilitarisierung Westdeutschlands zu berücksichtigen, welche die Gefahr eines Verschlingens (Anschlusses) Österreichs verstärkt" *(nach der Übersetzung in* AdG, *1955, 5087 D). Laut sowjetischer Mitschrift habe Molotov Punkt 2 seiner Erklärung vom 8. Februar 1955 angesprochen:* „Was die Frage der Garantien betrifft, sagte Molotov, so werde sie ohne besondere Schwierigkeiten gelöst werden, wenn man im Wesentlichen über jene Punkte Übereinkommen werde, die in der Erklärung der Sowjetunion von 8. Februar aufgestellt wurden. Die Garantiefrage sei eng mit dem Punkt 2 dieser Vorschläge verknüpft." *Punkt 2 lautete:* „Österreich muß die Verpflichtung übernehmen, keinerlei Koalitionen oder Militärpakte einzugehen, die gegen irgendeinen Staat, der sich mit seinen Streitkräften am Krieg gegen Hitlerdeutschland und an der Befreiung Österreichs beteiligt hat, gerichtet sind, und die Schaffung fremder Militärstützpunkte auf seinem Territorium nicht zuzulassen" *(abgedruckt in* DÖA, *Nr. 154).*

16 *In Stenogramm steht lediglich die Abkürzung PMF, deren erster Buchstabe offensichtlich neun Jahre später von Schöner irrtümlich mit Paul statt Pierre transkribiert wurde. In der sowjetischen Niederschrift wird lediglich der Nachname genannt. Zur Erklärung von Mendès-France, der am 22. November 1954 den Vorschlag eines Stufenplanes machte, wonach die Besatzungstruppen aus Österreich innerhalb eines Zeitraumes von 18 bis 24 Monaten nach Unterzeichnung des Staatsvertrages abgezogen werden könnten.*

17 *Mit den Worten* Der Herr Aussenminister *ist offensichtlich Molotov gemeint; es dürfte in diesen beiden Sätzen der Dolmetscher Molotovs Worte wiedergegeben oder zusammengefasst haben. Schärf notierte wie folgt (Schärf, TNMF, 107–108):*

„Molotow ist für fixen Termin für den Abzug der Truppen

(Dazu ein Zwischenruf eines anderen russischen Delegierten: Das ist die Meinung der sowjetischen Regierung!)"

In der sowjetischen Mitschrift lautet die entsprechende Passage wie folgt: „Die Sowjetregierung sei dafür, sagte Molotov, dass ein genauer Termin für den Abzug der vier Mächte vom österreichischen Territorium festgesetzt werde. Hiebei vertrete die Sowjetunion nicht die Meinung, dass diese Frist nach Abschluss des Staatsvertrages mit Österreich zu lang sein sollte."

eine Erklärung laut Punkt 2) vorstellt. Die Sowjetregierung könnte nicht darauf bestehen, dass der Text Teil des Vertrages bildet, könnte auch ausserhalb des Vertrages gemacht werden. Die Sowjetregierung glaubt feststellen zu können, welcher Art die Erklärung der österreichischen Regierung sein kann, dass diese von allen vier Mächten unterschrieben werden könnte." [18]

Bundeskanzler Raab kommt nochmals auf Punkt 1) zu sprechen:

„Es müsste also die Frage des Termines im Staatsvertragsentwurf geändert werden und ein fixer Termin angesetzt werden.") [19]

Molotow: Die Termine sind ja ein Gegenstand der Erörterungen, die jetzt vor sich gehen.

Figl: Wir sind mit der Feststellung eines Termines einverstanden, die Frage ist, ob nach Unterzeichnung oder nach Ratifizierung des Staatsvertrages. Die österreichi-

---

18 *Im Stenogramm ist die Passage vom Beginn der Klammer bis zum Ende dieses Absatzes mit einem Zeichen am Rande versehen, wohl ein Hinweis, dass Schöner hier Probleme sah. Zu bemerken ist:*

Es gibt keine Erklärung Molotovs vom 25. März 1955, sondern seine an die Bundesregierung gerichtete Note vom 24. März, die allerdings am 25. März veröffentlicht wurde (vgl. oben Anm. 9).

Laut der sowjetischen Niederschrift verlas Molotov Punkt 2 seiner Erklärung vom 8. Februar. Die nun folgenden Kommentare bzw. Anfragen Molotovs beziehen sich allerdings eher auf den Wortlaut des Punktes 2 der sowjetischen Note vom 24. März 1955; dieser lautet: „Die Sowjetregierung betrachtet die Erklärung der österreichischen Regierung, daß Österreich nicht beabsichtigt, sich Militärbündnissen anzuschließen oder die Schaffung von Militärstützpunkten auf seinem Territorium zuzulassen, als Zustimmung der Regierung Österreichs zu dem Punkt 2 der Vorschläge der Sowjetregierung vom 8. Februar dieses Jahres zu dieser Frage. Die Sowjetregierung ist bereit, in Übereinstimmung mit den Wünschen der österreichischen Regierung die Frage zu behandeln, in welcher Form eine entsprechende Erklärung von seiten Österreichs darüber abgegeben werden könnte. Die Sowjetregierung unterstreicht die Notwendigkeit, daß die Regierungen der USA, Großbritanniens, Frankreichs und der UdSSR ihrerseits entsprechende Verpflichtungen übernehmen."

Die sowjetische Niederschrift besagt: „Was nun den Punkt 2 der sowjetischen Vorschläge vom 8. Februar (Molotov verliest den Punkt 2) betrifft, so interessiere, sagt Molotov, die sowjetische Delegation Inhalt und Charakter jener Erklärung, die von der österreichischen Regierung in der in diesem Punkt berührten Angelegenheit abgegeben werden wird. Man bestehe nicht darauf, dass die diesbezügliche Angelegenheit in den Vertrag aufgenommen werde. Doch man müsste Charakter und Inhalt dieser österreichischen Erklärung kennen. Eine der allernächsten Aufgaben unserer Zusammenkünfte soll auch darin bestehen, den Charakter und Inhalt dieser österreichischen Erklärung klarzulegen. Unsererseits nehmen wir an, dass diese Erklärung bei den vier Mächten Unterstützung finden wird. Wie sieht die österreichische Regierung diese Angelegenheit?"

19 *Im Stenogramm keine Anführungszeichen.*

sche Regierung ist nicht für einen Termin nach der Ratifizierung, sondern für einen früheren nach Unterzeichnung des Vertrages.

Raab: Im Staatsvertrag könnte es einen Artikel geben, dass die vier Mächte die Unabhängigkeit Österreichs garantieren.[20]

Molotow: Eine solche Garantie muss nicht in den Staatsvertrag hinein.

Raab: Eine Garantie hat im Vertrag von Saint Germain gefehlt, niemand hat uns damals gesichert.

Figl: Man hat Österreich ein Verbot des Anschlusses auferlegt, aber sich nicht bereit erklärt, Österreich dabei zu helfen.

Molotow: Über die Garantiefrage muss noch gesprochen werden. Zwischen der Meinung der Sowjetunion und der österreichischen Regierung bestehen keine Differenzen, I[*r.*i]ch glaube, dass man zu einer Einigung mit den drei übrigen Mächten kommen könnte.

Mikojan: Es könnte den Westmächten wohl schwer sein, dagegen zu sein.

Molotow: Die Sowjetregierung glaubt, obwohl Österreich ein kleines Land ist, dass seine öffentliche Meinung eine einhellige ist, gegen die die übrigen Mächte kein Veto einlegen könnten.

Raab: Es bestehe dann für die Grossmächte eine Verpflichtung, alle vier Grossmächte sind dann unsere Taufpaten,[21] die uns helfen müssen.[22]

Zu Punkt 2): Diese Erklärung ist schon in Berlin abgegeben worden. Wir sind bereit, sie noch einmal abzugeben, vielleicht vor dem österreichischen Parlament oder auf ähnliche Art. Der Punkt 2) bietet für uns keine Schwierigkeiten.

Molotow: Die sowjetische Regierung will ganz konkrete Vorstellungen von dem Charakter der österreichischen Erklärung haben. In Berlin wurde so etwas erklärt. Die Sowjetregierung ist der Meinung, dass die österreichische Regierung eine konkrete Erklärung über die Wahrung der Neutralität und die Nichtzulassung militärischer Basen auf ihrem Gebiet abgeben könnte. Ausserdem könnten die vier Mächte eine Erklärung ihrerseits abgeben, dass sie diese Erklärung honorieren.[23]

---

20 *Einen solchen Vorschlag hatte Raab bereits in seiner Radiorede vom 20. März 1955 gemacht.*

21 *Im Stenogramm* „Taufpaten“ *in Anführungszeichen.*

22 *Die Vielzahl relativ kurzer Wechselreden und Einwürfe im Vorhergehenden, einschließlich jener Figls und Mikojans, die auch in Schärfs Notizen nur teilweise festgehalten wurden, werden in der sowjetischen Niederschrift nicht einzeln wiedergegeben; diese hält Äußerungen Molotovs fest, die sich am Punkt 2 seiner Erklärung vom 8. Februar bzw. seiner Note vom 24. März (vgl. oben Anm. 18) orientieren.*

23 *Dieser (erste) sowjetische Hinweis auf die Neutralität lautet in der sowjetischen Niederschrift wie folgt*: „Molotov spricht weiter darüber, dass die diesbezügliche Erklärung der österreichischen Regierung einen Hinweis enthalten könnte, Österreich werde in seinen Beziehungen zu anderen Staaten Neutralität wahren, keinen Koalitionen oder militärischen Bündnissen beitreten, die gegen irgendeine der Mächte, welche mit ihren Streitkräften am Kampf gegen Hitlerdeutschland und an der Befreiung Österreichs teilgenommen haben, gerichtet wären; es werde auch nicht die Bildung von ausländischen Militärstützpunkten auf seinem Gebiet zulassen.“

Raab: Die Erklärung ist im Hauptausschuss gegeben worden[24] und kann im Plenum des Nationalrates wiederholt werden, nochmals in ganz feierlicher Form. Der Staatsvertrag muss ja durch das österreichische Parlament genehmigt werden. Darüber hinaus kann diese Erklärung auch international an alle Machte abgegeben werden. Was wollen Sie darüber hinaus noch? Was Sie in Punkt 2) festlegen, könnten wir im Parlament genau wiederholen lassen.[25]

Molotow: Es könnte gut sein, hinzuzufügen, dass Österreich die Politik einer Neutralität machen wird.[26]

Raab: Wir werden es uns überlegen und glauben, dass es keine Hindernisse geben wird.[27]

Molotow: Das könnte grosse Genugtuung [*sic*] für die Sowjetunion sein, wenn Sie eine solche Erklärung abgeben. Der Sowjetregierung schwebt eine Stellung vor, wie sie etwa die Schweiz heute hat. Wir glauben, dass, wenn eine Übereinkunft darüber erfolgt, könnten alle übrigen Fragen ohne Schwierigkeiten gelöst werden. Die Sowjetregierung glaubt, dass eine solche Erklärung von allen vier Machten angenommen werden kann.[28]

---

24 *Dies bezieht sich auf die Hauptausschusssitzung des Nationalrates vom 23. September 1953.*

25 *Die sowjetische Niederschrift lautet wie folgt:* „Raab sagt, dass eine solche Erklärung bereits im Hauptausschuss des österreichischen Parlamentes abgegeben wurde. Wir könnten, sagte er, eine solche Erklärung noch einmal abgeben. Sobald diese Erklärung im Parlament abgegeben sein wird, könnte sie in Form einer Note an die Regierungen der vier Mächte übermittelt werden."

26 *Die sowjetische Niederschrift vermerkt:* „Molotov macht die Bemerkung, dass in dieser Erklärung hinzuzufügen wäre, Österreich werde in seinen Beziehungen zu anderen Staaten unverbrüchlich Neutralität wahren." *Schärf notierte Molotovs Worte wie folgt:* „Es wäre gut, daß sich Österreich auf Neutralität verpflichtet" *(TNMF 108). Figl notierte:* „Neutralität auch gegenüber den anderen Mächten" *(bei Jenny,* Konsensformel, *338).*

27 *Die sowjetische Niederschrift vermerkt:* „Raab antwortet, dass diese Frage verhandelt werden könne, und dass die österreichische Delegation über diese Frage Überlegungen anstellen werde." *Schärf notierte:* „Raab: Wir müssen uns das überlegen" *(TNMF 108). Figl notierte:* „R[aab] Wir überlegen uns diese Sache! – " *(bei Jenny,* Konsensformel, *338).*

28 *Die sowjetische Niederschrift ist hier etwas ausführlicher und bringt vor Molotovs Hinweis auf die Schweiz und ihre Neutralität einen diesbezüglichen Einwurf Mikojans:*

„Mikojan erwähnt, dass man in einer solchen Erklärung auf das Beispiel der Schweiz hinweisen könnte, die in ihren Beziehungen zu anderen Ländern Neutralität wahrt.

Raab erklärt, dass man auch diesen Vorschlag besprechen könne; hier werde es kein großes Hindernis geben.

Molotov bemerkt, dass eine solche Erklärung Österreichs mit großer Befriedigung aufgenommen würde. Wenn Österreich dieselbe Haltung zur Neutralität einnehmen wird, wie beispielsweise die Schweiz, werde dies nicht nur im Interesse der Bewahrung der Unabhängigkeit Österreichs sein, sondern es werde auch den Zielsetzungen der Aufrechterhaltung und Festigung des Friedens in Europa entsprechen. Eine solche Erklärung Österreichs betreffend Neutralität, Nicht-Teilnahme an Militärbündnissen und Nicht-

Raab: Wir werden uns das zu Gemüte führen.
Molotow: Wie ist es nun mit Punkt 3)?
Raab: Der wird keine Schwierigkeiten machen.[29] Ich bitte, noch einige Bemerkungen machen zu können. Der Staatsvertrag ist in seiner vorliegenden Form vor dem Jahre 1949 entworfen worden. Es erscheint mir dringend notwendig, an eine Modernisierung zu denken. Es sind einige alte Möbel drinnen, die beseitigt werden sollen.[30]
Molotow: Auch die Sowjetregierung weiss von alten Möbeln. Wir sind einverstanden, dass alte Möbel ausgeräumt werden.[31]
Raab: Wir wollen am 27. April eine Einladung an die vier Grossmächte ergehen lassen, sich zusammenzusetzen und den Staatsvertrag endlich fertig zu machen.
Molotow: Die Sowjetregierung ist damit einverstanden.
Raab: Den Termin müssten die vier Grossmächte gemeinsam bestimmen.

Zulassung der Errichtung von Militärstützpunkten auf österreichischem Territorium könnte von den vier Mächten unterstützt werden.

Raab sagt, die österreichische Delegation werde dies in Betracht ziehen und morgen darauf Antwort geben. Wir verstehen es nun so – sagte er –: Sie messen dem große Bedeutung bei, dass die Erklärung Österreichs eine Bestimmung hinsichtlich der Einhaltung seiner Neutralität gegenüber anderen Staaten enthalte.

Molotov bestätigt dies."

Schärfs Notizen enthalten keinen Hinweis auf die Nennung der Schweiz von sowjetischer Seite in diesem Stadium der Gespräche. Figl hingegen notierte kurz den Kern von Molotovs Äußerung: „Dies würde die S.U. primär für wünschenswert erachten (genauso wie Schweiz!) Eine Erklärung der Österreicher würde von allen 4 Mächten übernommen werden. – " *Bei Jenny,* Konsensformel, *338.*

29 *Punkt 3 bezog sich auf die Frage einer Vier-Mächte-Konferenz; am 8. Februar 1955 hatte Molotov eine Vier-Mächte-Konferenz gefordert, auf der sowohl die Deutschland- als auch die Österreich-Frage behandelt werden solle; dieses Junktim hatte die Sowjetunion in ihrer Note vom 24. März 1955 aufgegeben. Die sowjetische Niederschrift notiert zur diesbezüglichen Wortmeldung Molotovs:* „In Bezug auf Punkt 3 der sowjetischen Vorschläge, sagt er [*Molotov*], sei die Frage abgestimmt." *Zu Raabs Reaktion:* „Raab bestätigt dies."

30 *Raab und die österreichische Delegation hatten unter ihren aus Wien mitgebrachten Arbeitsunterlagen (als Nr. 4) eine Aufstellung über für Österreich ungünstige Bestimmungen des Staatsvertragsentwurfes vor sich (Zl. 301.083-VR/55* v. *28. Februar 1955, unterfertigt vom Stellvertretenden Leiter der Völkerrechtsabteilung Rudolf Kirchschläger, u. a. in: SBKA, Nachlass Kreisky, VII, Staatsvertrag 2; VGAB, Nachlass Schärf, 4/248; ÖStA, GD, NLS, E/1773, Nachlass Schöner, Konvolut 17); diese Aufstellung umfasste insgesamt 17 Artikel des Staatsvertragsentwurfes.*

31 *In der sowjetischen Niederschrift heißt es entsprechend:* „Da dieser Entwurf – meint Raab – im Wesentlichen schon 1949 abgestimmt wurde, enthalte er viele alte Artikel, viele alte Möbel, die ausgeräumt werden sollten." *Molotov* „stimmt zu, dass es im Vertragsentwurf einige veraltete Artikel gebe".

Molotow: Was die Sowjetregierung betrifft, so kann sie einen kurzen Termin vertreten und hofft, dass Österreich den gleichen Standpunkt vertritt. Die Sowjetregierung kann jedem kurzen Termin zustimmen. Natürlich ist Voraussetzung, dass vorher Einigung über die prinzipiellen Fragen erfolgt.

Raab: Sie haben in Berlin zum Schluss eine Botschafter-Konferenz vorgeschlagen? Die drei Westmächte haben uns vor der Abreise eine Note überreicht, die Sie ja kennen. Wir legen Wert darauf, dass bei dieser Konferenz Leute reden, die auch Vollmacht haben, die Sache zum Abschluss zu bringen.

Molotow: Die Sowjetregierung ist ganz Ihrer Ansicht.

Raab: Dann habe ich noch die Frage nach unseren Leuten, die noch hier sind. Sie könnte eine wesentlich andere Stimmung in der österreichischen Bevölkerung hervorrufen.

Molotow: Die Sowjetregierung kann gerne zu dieser Frage zurückkehren, wenn in den übrigen Fragen Einigung erzielt worden ist.

Raab: Wie steht es nun mit den wirtschaftlichen Fragen, könnte man nicht auch über einen Handelsvertrag zwischen Österreich und der Sowjetunion reden?

Molotow: Die Sowjetregierung kann sich auch mit dieser Frage befassen, wenn Österreich daran Interesse bekundet.

Figl: Könnte man nicht auch über die Öl-Frage nunmehr sprechen?

Molotow: Ja, man kann auch diese Frage anschneiden.

Raab: Hoffentlich werden wir Ihnen viele Waren liefern können.

Molotow: Wir sind bereit, auch diese Frage zu erörtern und die Frage eines Handelsvertrages voranzutreiben. Ich möchte überhaupt die Absicht der Sowjetregierung bekanntgeben, dass die österreichische Delegation nicht umsonst nach Moskau gekommen sein soll. Es besteht kein Grund zu Pessimismus.[32]

Raab: Darf ich nun resümieren:[33] Die Sowjetregierung ist also bereit, den Staatsvertrag nächstens [*alternative Lesart des Stenogramms:* ehestens] abzuschliessen.

---

32 *Zu dem vorangehenden kurzen ersten Gespräch über die Wirtschaftsthemen gibt es kleinere Differenzen in den vorhandenen vier Mitschriften bzw. Notizen. Figl dürfte nicht nur, wie in Schöners Mitschrift angegeben, die Erdölfrage angeschnitten haben, sondern auch die Frage DDSG und neuerlich, nach Raab, die Handelsvertragsfrage. In Figls Notizen heißt es stichwortartig mit Zuordnung zu* „Figl":
„Oel.-DDSG.
Handelsvertrag.-[*letzteres Wort stenogr.*]"
(NÖLA, Nachlass Figl, K. 13). Im Unterschied zu Schöner und Figl ordnen Schärf und die sowjetische Niederschrift den Hinweis auf Öl und die DDSG (die DDSG scheint in Schöners Stenogramm nicht auf) Raab zu. Schärf fasst die österreichischen Wortmeldungen zur Wirtschaftsdiskussion sehr kurz zusammen: „Raab: Auch über Erdöl und Donaudampfschiffahrtsgesellschaft wollen wir verhandeln" *(TNMF 109).*

33 *Raabs nun folgendes Resümee ist bei Schöner nicht nach Punkten gegliedert, wohl aber (mit Abweichungen) in den Aufzeichnungen Schärfs, Figls und in der sowjetischen Niederschrift. Schärf (TNMF 109), nennt die drei Punkte Vertragsabschluss, Truppenabzug und Vier-Mächte-Garantie. Figl (bei Jenny,* Konsensformel, *338) fügt beim dritten Punkt die Frage Militärbündnisse/Stützpunkte hinzu, nennt als vierten Punkt* „Konferenz", *d. h.*

Sie ist ferner bereit, einem festen Termin für den Abzug der Besatzungstruppen zuzustimmen. Die vier Grossmächte sollen die Unabhängigkeit Österreichs durch irgend einen Beschluss garantieren.

Molotow: Die Form dieser Frage muss noch erörtert werden. Im Prinzip bestehen keine Einwände.

Raab: Die Form kann ja bei der Konferenz der vier Mächte festgelegt werden.

Molotow: Die Sowjetregierung meint, dass vor den Vier-Mächte-Besprechungen eine gemeinsame Plattform gefunden werden soll. Die Sowjetregierung ist am Charakter der österreichischen Erklärung sehr interessiert, ebenso daran, welchen Charakter die Erklärung der vier Mächte tragen soll. Die Sowjetregierung glaubt, eine Lösung zu finden, die für Österreich und die Sowjetunion annehmbar wäre.[34] Es kann erwartet werden, dass ein Text...[35]

Raab: Die österreichische Regierung könnte eine Erklärung abgeben über den Nichtbeitritt zu militärischen Allianzen. Sie könnte sich ebenso gegen militärische Stützpunkte aussprechen und, was wir noch beraten wollen, eine Erklärung über eine neutrale Haltung ganz allgemein abgeben. Wir werden uns bemühen, eine Formel zu finden und dieselbe vielleicht schon morgen überreichen.[36]

Raabs Ersuchen um Österreichs Beteiligung an der Vier-Mächte-Konferenz, und als fünften Punkt „Präzisierung vertrag [*sic*]"; *hier handelt es sich um den Staatsvertrag, wie ein Vergleich mit der sowjetischen Niederschrift und auch Schöners Mitschrift zeigt, und nicht, wie Jenny (ebd.) ergänzt hat, um einen Handelsvertrag, von dem vorher die Rede gewesen war. Die sowjetische Niederschrift gliedert Raabs Resümee in fünf Punkte: Ehester Vertragsabschluss, terminisierter Truppenabzug, Garantie der vier Mächte, Erklärung über Nichteintritt in Militärbündnisse und Nichtzulassung von Militärstützpunkten sowie Neutralität (siehe unten Anm. 36), Besprechung veralteter Staatsvertragsartikel.*

34 *Figl notierte:* „Charakter der österreichischen Erklärung [*zu ergänzen wäre:* sowie der Erklärung] der Westmächte interessiert, man wird eine Lösung für Österreich und SU und dann für die 4 *[sic!]* anderen. – " *Diese Äußerung wird von Jenny (*Konsensformel, *338) irrtümlich Raab zugeordnet.*

35 *Der unvollständige Satz ist im Stenogramm durchgestrichen.*

36 *In Schärfs Mitschrift (TNMF 109) sind diese Äußerungen Raabs irrtümlich Molotov zugeschrieben (in Verbindung mit Molotovs unmittelbar vorhergehenden Ausführungen über eine für beide Teile annehmbare Lösung); Schärf notierte wie folgt:* „Österreich soll keinen militärischen Bündnissen beitreten und die Schaffung militärischer Stützpunkte nicht zulassen, und es soll sich auf eine neutrale Haltung festlegen (worüber noch gesprochen werden soll)."

In der sowjetischen Niederschrift werden Raabs Äußerungen wie folgt wiedergegeben:

„Raab sagt, der nächste, vierte Punkt des Resümees betreffe die Erklärung Österreichs darüber, dass Österreich in keine Militärbündnisse eintreten werde, die gegen irgendeine Macht gerichtet wären, die mit Deutschland gekämpft hatte, und dass es auf seinem Gebiet keine Militärstützpunkte zulassen werde. Wir wollen – sagte Raab – uns in der Delegation dahin beraten und besprechen, in unsere Erklärung einen Hinweis aufzunehmen, dass Österreich in seinen Beziehungen zu anderen Staaten Neutralität wahren wird. Wir

Zu Punkt 3): Wir bitten um Zuziehung, nachdem wir schliesslich die Hauptbeteiligten sind.[37] Wir stellen fest, dass der Text des Staatsvertrages überholt werden kann, und über wirtschaftliche Fragen noch gesprochen werden wird. Wenn alles abgeschlossen werden kann, dann bedenken Sie, dass die finanzielle Leistung, die wir an Sie zu entrichten haben, eine sehr grosse ist. Wir erwarten von Ihnen ein fühlbares Entgegenkommen.

Molotow: Die Sowjetregierung meint, dass der Text des Staatsvertrages weiter bestehen bleiben soll, wie er ist.

Was die 150 Millionen anbetrifft, kann keine Änderung eintreten, ausser Abstattung in Warenlieferungen. Wir haben natürlich grosses Interesse, dass diese Unternehmungen nicht an Westdeutschland übergehen.[38]

Was die Frage des Öls und der DDSG betrifft, so ist die Sowjetregierung bereit, diese Fragen erneut zu prüfen und eine für Österreich günstige Lösung zu finden.

Figl: Wäre die Sowjetregierung in der Frage des Öls und der DDSG bereit, eine Ablöse anzunehmen? Im Prinzip?

Molotow: Die Sowjetregierung könnte im Prinzip damit einverstanden sein, dass das Öl und die DDSG zurückgegeben werden unter der Bedingung, dass der Gegenwert in Rohöl an die Sowjetunion erstattet wird. Die Bedingung könnte so sein, dass kein zusätzlicher Dollar-Betrag, sondern dass jährlich so und so viel Rohöl an die Sowjetunion gegeben werden. Die Sowjetunion ist der Meinung, dass diese Lösung für sechs Jahre laufen könnte.[39]

---

werden uns bemühen, eine solche Erklärung vorzubereiten und Ihnen morgen einen Entwurf zur Durchsicht übergeben."

37 *Punkt 3) bezog sich auf die Einberufung einer Vier-Mächte-Konferenz.*

38 *Fast wortgleich in der sowjetischen Niederschrift:* „Wir sind daran interessiert – sagte Molotov –, dass diese Betriebe nicht an Westdeutschland übergingen." *Entsprechende Hinweise auch in den Notizen Schärfs („Moskau-Fahrt", 25):* „Die von Rußland an Österreich übergebenen Unternehmungen dürfen nicht an Westdeutschland übergeben werden;") *und Figls (bei Jenny,* Konsensformel, *338, allerdings irrigerweise Raab zugeordnet):* „USIA nicht nach Westdeutschland zurückgegeben wird."

39 *Figls Frage und Molotovs wohlwollende Antwort werden in der sowjetischen Niederschrift ausführlich wiedergegeben und überdies um eine weitere, bei Schöner nicht enthaltene Äußerung Figls ergänzt. Die entsprechende Passage lautet:*

„Figl fragt, ob es im Prinzip möglich wäre, dass die sowjetischen Erdölbetriebe in Österreich und die Donau-Dampfschifffahrtsgesellschaft um einen bestimmten Betrag oder gegen österreichische Erdöllieferungen an die Sowjetunion an Österreich zurückübergeben werden ?

Molotov erklärt, die Sowjetunion betrachte eine Bestimmung dahingehend für annehmbar, dass die sowjetischen Erdölbetriebe und die Donau-Dampfschifffahrtsgesellschaft in die Verfügung der österreichischen Regierung übergeben werden und dass die UdSSR für diese Betriebe und die Donau-Dampfschifffahrtsgesellschaft eine bestimmte Menge Rohöl im Verlauf einer Anzahl von Jahren, zum Beispiel im Laufe von sechs Jahren, erhalte. Wir, sagte Molotov, wollen Österreich nicht mit der Zahlung von Dollar für diese Betriebe

Ich schlage vor, morgen um 11 Uhr wieder zusammen zu kommen. Von 11 Uhr bis etwa um 13 Uhr. Anschliessend findet ein Frühstück statt. Die Sowjetregierung meint, dass heute ein guter Anfang gemacht worden ist.

Raab: Auch wir sind derselben Meinung.

Molotow: Morgen werden wir mit Erfolg weiter fortsetzen und später gut essen.

Ende 16.15 Uhr.

Zweite Besprechung am 13. April 1955, 11.05 Uhr, im Kreml zu Moskau[40]

Anwesend: Die gleichen Herren wie am Vortage.

---

belasten. Eine derartige Entscheidung kommt den Wünschen Österreichs entgegen, und wir sind bereit, sie zu treffen.

Figl sagt, wenn es sich um österreichische Lieferungen von Erdöl im Lauf von sechs Jahren handle, sei dies für Österreich gut.

Molotov bemerkt, darüber müsste man sich einigen."

Bei Schärf sind keine Hinweise auf Figls diesbezügliche Wortmeldungen vorhanden. Figl selbst notierte in der für seine stenographischen Notizen charakteristischen Kürze Molotovs wichtigste Aussagen (bei Jenny, Konsensformel, *338, jedoch irrtümlich Raab zugeordnet):*

„Öl und DDSG bereit mit uns zu verhandeln.

Bereit, dies zurück zu geben und dafür Produkte zu liefern innerhalb der 6 Jahre. – "

40 *Schöners Ortsangabe ist irrtümlich; sie findet sich auch nicht im Stenogramm und wurde offensichtlich zur Zeit der Transkription gemacht. Die zweite Arbeitssitzung fand in dem dem sowjetischen Außenministerium gehörenden Spiridonovka-Palais statt. Schärf, TNMF 115, berichtet zutreffend:* „Um 11 Uhr im Spiridonowka-Palais in der Alexander Tolstoi-Straße." *Merkwürdigerweise gibt es in der sowjetischen Niederschrift eine irrtümliche Ortsangabe: Zu Ende der Niederschrift über die Sitzung vom 12. April heißt es:* „Man vereinbarte das zweite Zusammentreffen für den 13. April 11 Uhr in der Villa des Außenministers in der Ostrovskij-Straße." *In dieser Straße befand sich zwar das Gästehaus des Außenministeriums, in dem Raab, Schärf, Figl, Kreisky, Ludwig Steiner und der Dolmetscher untergebracht waren (vgl. Schärf, TMNF 101, nicht jedoch das Spiridonovka-Palais. Die im Stil des Historismus gegen die Jahrhundertwende als Residenz für den Textilkaufmann S. Morozov erbaute prunkvolle palaisartige Spiridonovka-Villa wurde ab 1930 vom Außenministerium (damals Volkskommissariat) übernommen, diente zeitweise als Residenz des Volkskommissars Maksim Litvinov und später sowohl für Verhandlungen als auch Empfänge des Außenministeriums. Die Innenräume des Spiridonovka-Palais wurden in der vom ORF am 3. 11. 1995 ausgestrahlten Fernsehdokumentation „ Die Geschichte von der anderen Seite. Fünf Tage im April" von Freddy V. Iversen gezeigt; in diesem Film schildert der seinerzeitige Dolmetscher der sowjetischen Delegation und spätere Botschafter R. A. Sergeev im Gespräch mit Univ.-Prof. Dr. Gerhard Jagschitz am Schauplatz selbst die Verhandlungen vom April 1955 und gibt auch Hinweise auf die Geschichte des Spiridonovka-Palais. Ich bin Gerhard Jagschitz sehr dafür zu Dank verpflichtet, dass ich in zusätzliche, bei der endgültigen Redaktion nicht verwendete Videobänder über seine Gespräche Einsicht nehmen konnte.*

Raab: Wir haben die gestrige Besprechung zusammengefasst, aber noch nicht übersetzt.

(Der Bundeskanzler verliest ein Papier, welches übersetzt wird.[)][41]

Im Laufe der Verlesung:

---

41 *Das österreichische Arbeitspapier trug keinen Titel und hatte folgenden Wortlaut:*

„Bei den ab [*übertippt; urspr. wohl* am] 12. April 1955 in Moskau abgehaltenen Besprechungen hat die österr. Delegation folgende Erklärungen der sowjetischen Delegation mit Befriedigung zur Kenntnis genommen:

1.) Die Sowjetregierung ist bereit, den österr. Staatsvertrag unverzüglich zu unterschreiben [*urspr. irrtümlich getippt* „unterstreichen"; *handschr. korrigiert*];

2.) die Sowjetregierung ist bereit, einen festen und in naher Zukunft liegenden Zeitpunkt für den Abzug ihrer Besatzungstruppen aus Österreich festzulegen;

3.) die Sowjetregierung hält ihre auf der Konferenz in Berlin im Jahre 1954 gemachte Zusage aufrecht, den Gegenwert der in Art. 35 angeführten Pauschalsumme zum Teil in österr. Warenlieferungen entgegenzunehmen;

4.) die Sowjetregierung ist bereit, die ihr gemäss Art. 35 zufallenden Rechte an den österr. Ölvorkommen und an der DDSG an Österreich gegen eine der Höhe nach noch festzusetzende Lieferung von Rohöl auf die Dauer von 6 Jahren zurückzugeben;

5.) die Sowjetregierung ist bereit, bei der Anwendung einzelner Bestimmungen des Staatsvertrages den durch den Zeitablauf eingetretenen Veränderungen wohlwollend Rechnung zu tragen;

6.) die Sowjetregierung ist bereit, an einer Garantie der vier Großmächte für die Unabhängigkeit und Souveränität Österreichs teilzunehmen.

Im Hinblick auf diese Erklärungen der sowjetischen Delegation wird die österr. Delegation für die eheste Herbeiführung von Beschlüssen der österr. Bundesregierung im Sinne der nachstehend angeführten Punkte Sorge tragen.

1.) Im Sinne der von Österreich bereits auf der Konferenz von Berlin im Jahre 1954 abgegebenen Erklärung, keinen militärischen Bündnissen beizutreten und militärische Stützpunkte auf seinem Gebiet nicht zuzulassen, wird die österr. Bundesregierung eine derartige Erklärung in einer für Österreich international verbindlichen Form abgeben.

2.) Die österr. Bundesregierung wird die österr. Erklärung in Übereinstimmung mit den Bestimmungen der Bundesverfassung dem österr. Parlament zur Beschlussfassung vorlegen.

3.) Die Bundesregierung wird alle zweckdienlichen Schritte unternehmen, um für diese vom österr. Parlament bestätigte Erklärung eine internationale Anerkennung zu erlangen.

4.) Die österr. Bundesregierung begrüsst im Sinne des Staatsvertragsentwurfes eine Garantie der Unabhängigkeit und der territorialen Unversehrtheit Österreichs durch die vier Großmächte.

5.) Die österr. Bundesregierung wird sich für die Abgabe einer solchen Garantieerklärung durch Frankreich, Grossbritannien und die Ver. Staaten bei diesen Mächten einsetzen."

Exemplare dieses Arbeitspapiers, mit unterschiedlichen handschriftlichen Korrekturen und Randbemerkungen, erliegen in: SBKA, Nachlass Kreisky, VII/Staatsvertrag 2; BMAA,

„Es soll heissen aller Besatzungstruppen“[42]
„Über die Bedingungen des Staatsvertragsentwurfes hinaus“[43]
„Weil im Artikel 2 nur vom ‚8.‘(?) die Rede ist“[44]
Es müsste da hineinkommen oder sonst ein eigener Vertrag über die Garantie beschlossen werden.

Das haben wir zusammengefasst, ich bitte die Herren um ihre Stellungnahme.

Molotow: Welche Bedeutung legen Sie diesem Papier bei?

Raab: Es handelt sich nur um eine Niederlegung der gestrigen Unterredung.

Molotow: Ist das also ein Arbeitspapier zum Gespräch?

Raab: Ja.

Molotow: Es gibt da noch eine Reihe von unklaren Punkten.

Punkt 1): Es ist nicht ganz klar, ob Sie nur unter der Voraussetzung unterschreiben, dass über alle Punkte Einverständnis erzielt wurde. Der Punkt sollte am Ende stehen, nicht am Anfang.[45] Die Sowjetregierung ist bereit, den Termin des Abzuges der Besatzungstruppen schon heute festzulegen. Unter der Bedingung, dass über die anderen Punkte Einverständnis erzielt werden kann.[46] Wie ist es mit unserem Vorschlag der Abstattung „eines Teiles in Waren“?[47]

Zl. 302.578-VR/55, dort auch eine frühere Fassung. Jenny, Konsensformel, *186, zitiert nur die Punkte 1–5 des zweiten Teiles des Arbeitspapiers. Die russische Übersetzung des Arbeitspapiers befindet sich als Beilage 1 in der sowjetischen Niederschrift der Sitzung vom 13. April 1955, fol. 29–30, mit dem Titel* Memorandum der österreichischen Delegation vom 13. April 1955.

42 *Dies bezieht sich auf Punkt 2 des ersten Teiles des österreichischen Papiers. Diese Korrektur ist in der russischen Übersetzung berücksichtigt.*

43 *Dies bezieht sich auf Punkt 4 des zweiten Teiles des österreichischen Papiers. Diese Korrektur ist in der russischen Übersetzung nicht berücksichtigt.*

44 *Die richtige Transkription des mit der Ziffer* „8.“ *wiedergegebenen Kürzels lautet* „achten“. *Art. 2, Abs. 1 des Staatsvertragsentwurfes lautete:* „Die Alliierten und Assoziierten Mächte erklären, daß sie die Unabhängigkeit und territoriale Unversehrtheit Österreichs, wie sie gemäß dem gegenwärtigen Vertrag festgelegt wurden, achten werden.“ *Eine Garantie, wie sie die Österreicher vorschlugen, ging über die bloße Achtung der Unabhängigkeit und territorialen Unversehrtheit Österreichs hinaus.*

45 *Dies bezieht sich auf Punkt 1 des ersten Teiles des österreichischen Papiers.*

46 *Dies bezieht sich auf Punkt 2 des ersten Teiles des österreichischen Papiers.*

47 *Dies bezieht sich auf Punkt 3 des ersten Teiles des österreichischen Papiers. Es ist unklar, warum die Österreicher von einer* „zum Teil“ *in Warenlieferungen abzuwickelnden Zahlung von 150 Mio. Dollar für die Rückgabe der USIA-Betriebe sprachen. Molotov hatte am 12. Februar 1954 in Berlin erklärt, die Sowjetunion sei bereit, die Zahlung der in Art. 35 des Staatsvertragsentwurfes als Ablösesumme vorgesehenen 150 Mio. Dollar in Warenlieferungen zuzustimmen. Auch ein österreichisches Arbeitspapier über die Abzahlung dieses Betrages in Warenlieferungen, das für die nach Moskau entsandte Regierungsdelegation vorbereitet wurde (Nr. 11 der Arbeitsunterlagen), ging von einer Gesamtablöse in Warenlieferungen aus. Aus*

Die Sowjetregierung ist auch einverstanden, dass der ganze Betrag in Warenlieferungen abgestattet werden kann,[48] ausserdem natürlich Warenlisten angelegt werden, Art und Lieferung, Verpflichtung der österreichischen Regierung für Warenlieferungen, dass später keine Differenzen entstehen sollen. Die Sowjetregierung möchte in den nächsten sechs Jahren irgend welche Differenzen vermeiden.

Figl: Man müsste das Besprechungen von Fachleuten überlassen.

Mikojan: Das Grundsätzliche muss aber hier schon besprochen werden, nur über Einzelheiten kann man später reden.

Molotow: Die Sowjetunion hat derartige Abmachungen schon mit anderen Staaten abgeschlossen, so mit Finnland. Dieser Vertrag könnte als Vorbild dienen.[49] Die Sowjetunion wünscht auch heute, dass alles auf solche Art und Weise festgelegt wird.

Raab: Das ist ganz unsere Meinung. Die 150 Millionen Dollar können also in ihrer Gesamtheit in Waren geliefert werden.

Mikojan: Jawohl, nach Weltmarktpreisen.

Molotow: Dementsprechend muss der Wortlaut des Punktes formuliert werden. Die Sowjetregierung meint, dass Punkte im Staatsvertragsentwurf Artikel 35 nicht geändert werden sollen. Die Erledigung soll Gegenstand einer besonderen Vereinbarung zwischen Österreich und der Sowjetunion sein, gleichzeitig mit Unterzeichnung des Staatsvertrages abzuschliessen, aber als zweiseitige Abmachung.

Raab: Wir sind einverstanden.

Molotow: Man könnte auch früher paraphieren und die endgültige Unterzeichnung gleichzeitig mit dem Staatsvertrag vornehmen. Es wäre wünschenswert, die Höhe der Öllieferungen festzusetzen, und zwar schon heute oder morgen. Minister Kabanow könnte ermächtigt werden, darüber mit der österreichischen Delegation zu verhandeln.

Raab: Ich hoffe nur, dass er[50] nicht zu teuer ist! Wollen Sie uns nicht einen Vorschlag machen?

Molotow: Seitens der Sowjetunion kann ein Vorschlag gemacht werden. Österreich kann den Wert dieser abgetretenen Rechte wohl richtig schätzen.

Mikojan: Man darf nicht nur die Ölrechte in Betracht ziehen, sondern auch alle Nachkriegsinvestitionen müssen in dieser Summe enthalten sein. Bei der Übernahme waren nur Ölfelder mit einem geschätzten Ertrag von 4 Millionen Tonnen bekannt, die sowjetischen Experten haben in Österreich 70 Millionen Tonnen Öl entdeckt.

---

den Mitschriften und Notizen über die erste Arbeitssitzung in Moskau am 12. April ist kein Hinweis auf eine lediglich teilweise Abzahlung in Warenlieferungen zu erkennen.

48 *In den eingesehenen Exemplaren des österreichischen Papiers sind die Worte* „zum Teil" *ausgestrichen.*

49 *Finnlands Reparationsleistungen in Höhe von 300 Mio. Dollar wurden 1945–1952 in Warenlieferungen auf Preisbasis 1938 abgezahlt. Zu dem diese Leistungen regelnden sowjetisch-finnischen Abkommen vom 17. Dezember 1944 und dessen Modifikationen sowie zum sowjetisch-finnischen Handelsvertrag vom 13. Juni 1950, der ähnliche Lieferungen wie die Reparationen, jedoch zu Weltmarktpreisen, vorsah, vgl. Fisch,* Reparationen, *144–155.*

50 *Dies scheint sich auf Kabanov zu beziehen.*

Die Förderung beträgt jetzt 3,5 Millionen Tonnen jährlich gegenüber einer früheren Förderung von nur 600.000 Tonnen im Jahr. Diesen unseren grossen Investitionen muss wohl Rechnung getragen werden.

Raab: Das muss erst eine gemeinsame Kommission von Experten feststellen.

Mikojan: Das könnte heute gemacht werden. Es soll sich eine Kommission gleich mit dieser Sache beschäftigen.

Molotow: Ich möchte das unterstreichen, was gestern gesagt wurde, nämlich, dass die Rechte der Sowjetunion an Österreich in solcher Weise übergeben werden müssen, dass sie auch in den Händen Österreichs bleiben. Wir fürchten nicht, dass sie an ausländische Mächte abgetreten werden.

Raab: Wir haben auch nicht eine solche Absicht.

Molotow: Das sollte aber ausdrücklich festgelegt werden. Für die sowjetische Seite kann die Kommission Minister Kabanow führen.[51] Wer soll auf österreichischer Seite führen?

Raab: Wir haben alles Interesse daran, dass wir nicht zu stark belastet werden. Schliesslich werden wir schon 10 Jahre ausgebeutet.

Molotow: Aber auch entwickelt!

Mikojan: Die Sowjetunion hat schliesslich grosse Arbeit bei der Erschliessung geleistet.

Raab: Wir werden uns die Sache überlegen und Ihnen dann eine Antwort geben.

Molotow: Um welche Artikel handelt es sich weiter?

Raab: Da ist z. B. die Frage unserer Staatsbürger in der Sowjetunion.

Molotow: Ich schlage vor, darüber zu reden, welche Artikel des Staatsvertragsentwurfes als veraltet angesehen werden sollen.

Artikel 6: Einbürgerung und Aufenthalt der Deutschen in Österreich
Artikel 11: Über Kriegsverbrecher
Artikel 15: Über Archive
Artikel 16bis: Über Abtransport
Artikel 36: Über Rückstellungen durch Österreich

Wir sind ausserdem bereit, in Diskussionen einzutreten über Artikel 48bis, Bezahlung für Nachkriegsschulden.[52]

Raab: Ich möchte noch auf Absatz 3 der Präambel aufmerksam machen, in dem wir der Mitschuld am Kriege angeklagt werden.

---

51 *Beginnend mit diesem Hinweis Molotovs auf Kabanov sind in der von K. R. Stadler besorgten Veröffentlichung von Schärfs „Erinnerungen an die Moskau-Fahrt" 1980 kleinere Auslassungen vorgenommen worden. Diese Auslassungen wurden in der 4. und 5 Auflage diese Werkes eigens in dieser Anmerkung angeführt. Seit der Publikation der Gesamtheit von Schärfs (sehr ausführlicher) Mitschrift in den im Jahre 2008 veröffentlichten* Tagebuchnotizen des Jahres 1955 (TNMF) *ist dies nicht mehr erforderlich. Die in Stadlers Ediion ausgelassenen Passagen finden sich in TNMF auf S. 116–117.*

52 *Für den Wortlaut dieser Artikel des Staatsvertragsentwurfes ebenso wie zu den in der weiteren Diskussion genannten Artikeln vgl. unten Dokument Nr. 6.*

Molotow: Es fragt sich, ob es weise ist, die Präambel überhaupt anzurühren. Wenn man es tut, werden weitere Fragen aufgerollt werden. Die Sowjetregierung schlägt vor, die Präambel in bisheriger Form zu belassen.

Raab: Daran soll es nicht scheitern.[53]

Molotow: Da ist noch die Frage mit den Forderungen der Jugoslawen. Die könnte weitere Schwierigkeiten machen.

Raab: Vor allem nach unserer Auffassung.

Molotow: Es wäre vielleicht notwendig, die jugoslawische Regierung zu konsultieren. Der Artikel wurde über Verlangen Österreichs hineingenommen.[54] Die Sowjetregierung ist an dieser Frage nicht direkt interessiert.[55]

Raab: Den Artikel 11 betrachten wir vom gleichen Standpunkt wie die Sowjetunion.

Molotow: Einverstanden.

Raab: Der Artikel 14 bedeutet eine Einschränkung der Rechte Österreichs.

Molotow: Ich werde unsere Juristen befragen. Die Sowjetunion hat kein besonderes Interesse an dem Artikel.

Raab: Spricht über Artikel 15.

Molotow: Wir sind einverstanden.

---

53 *In Schöners Stenogramm folgt, noch Raab zugeordnet, der Hinweis:* „Art. 6, 7 bis", *ohne weitere Ausführungen. Die sowjetische Mitschrift ist ausführlicher und lautet wie folgt:*

„Raab erhebt keinen Einwand [*dies bezieht sich auf Raabs vorhergehende Äußerung zur Präambel*] und sagt, dass die österreichische Delegation es für erforderlich halte, den Artikel 6 über die Einbürgerung und den Aufenthalt von Deutschen in Österreich und den Artikel 7-bis über die Garantien der Rechte der slowenischen und kroatischen nationalen Minderheiten in Österreich aus dem Vertragsentwurf zu eliminieren."

Schärfs Stenogramm und die Ersttranskription vermerken lediglich: „7 bis." *(VGAB, Nachlass Schärf, 4/249); in den redigierten Fassungen der Notizen (TNMF 116) lautet dieser Hinweis:* „7bis sollte geändert werden." *Raab hatte offensichtlich in dieser Phase der Diskussion die aus Wien mitgebrachte Aufstellung über für Österreich ungünstige Artikel des Staatsvertrages (vgl. oben Anm. 30) vor sich.*

54 *Der erste Entwurf dieses Artikels wurde Anfang Juli 1949 vom sowjetischen Sonderbeauftragten Botschafter Zarubin vorgelegt.*

55 *Die Diskussion zwischen Raab und Molotov zu Art. 7-bis wird in der sowjetischen Niederschrift (im Anschluss an die in Anm. 53 zitierte Äußerung Raabs) wie folgt wiedergegeben:*

„Molotov bemerkt, dass Art. 7-bis Fragen aufwerfe, die Jugoslawien betreffen, und dass es besser wäre, ihn nicht anzutasten.

Raab erwähnt, dass die österreichische Verfassung Bestimmungen enthält, die im Wesentlichen den Artikel 7-bis erschöpfen.

Molotov erklärt: Sollte man die Frage der Eliminierung des Artikels 7-bis stellen, müsste man in dieser Sache Jugoslawien heranziehen, was zu einer Verzögerung der Vertragsvorbereitung führen könnte. Die Sowjetunion – meint Molotow – sei nicht unmittelbar an diesem Artikel interessiert, doch da er mit Jugoslawien abgestimmt worden ist, hielten wir es für zweckmäßig, ihn nicht anzurühren.

Raab ist einverstanden."

Raab: Die Artikel 16 und 16bis sind heute auch bereits überholt.
Molotow: Darüber müssen sich gleichfalls die Juristen unterhalten. Es wäre besser, sich auf Artikel 16bis zu beschränken, sonst geht es wieder an eine zeitraubende Kommission.
Raab: Artikel 18 ist gleichfalls überholt, ob er nun darin steht oder nicht.
Molotow: Es ist besser, wir lassen ihn drinnen, damit keine neuen Diskussionen hervorgerufen werden.
Raab: Zu Artikel 21 möchte ich nur bemerken, dass wir ja schliesslich keine Marine haben.[56]
Molotow: Der Artikel enthält aber auch die Atomwaffen. Es dürfte besser sein, aus prinzipiellen Gründen den Artikel nicht anzurühren.
Raab: Ich kann uns aber nicht mit diesem Artikel belasten.
Schärf: Wir müssten dann die Alliierten bitten, uns zu diesem Artikel auch das Wasser und die See zu verschaffen.
Molotow: Das wäre wirklich ein interessanter Antrag!
Raab: Spricht über Artikel 36 und 38/3. Wir wollen nur die Werte heraushaben, „die im Namen der österreichischen Staatsangehörigen“ laufen.[57] Das bedeutet eine ungeheure Verwaltungsaufgabe.
Molotow: Die Sowjetregierung ist daran nicht interessiert. Man muss darüber die Juristen konsultieren.
Raab: Zu Artikel 39 möchte ich bemerken, dass dieser mit Artikel 38 zusammenhängt. Vielleicht kann er bei den Verhandlungen mit den anderen zusammen besprochen werden.
Molotow: Wir sind einverstanden.
Raab: Es handelt sich um eine sehr starke verwaltungsmässige Belastung. Weiters kommen wir zu Artikel 42 und zu Artikel 45. Es handelt sich um jugoslawische Forderungen.[58] Wir stehen mit Jugoslawien in Verhandlungen und wollen das in zweiseitiger Form mit Jugoslawien regeln.

---

56 *Bei Art. 21 handelte es sich um das in späteren Jahren vieldiskutierte Verbot von Spezialwaffen, einschließlich selbstgelenkter Waffen (sog. „Raketenverbot“). In der oben Anm. 30 genannten Aufstellung von für Österreich ungünstigen Artikeln des Staatsvertragsentwurfes wurde das Spezialwaffenverbot, wohl in Hinblick auf die zahlreichen dort genannten Seekriegswaffen, als* „zum überwiegenden Teil mehr wirklichkeitsfremd als schädlich“ *bezeichnet.*

57 *Dies bezieht sich auf eine Bestimmung in Art. 38, Abs. 3 des Staatsvertragsentwurfes, wonach Österreich im eigenen Namen und* „im Namen der österreichischen Staatsangehörigen“ *auf alle am 8. Mai 1945 noch offenen Forderungen gegen Deutschland (mit Ausnahme jener, die noch aus der Zeit vor dem 13. März 1938 stammten,) verzichtete. In der genannten Aufstellung der für Österreich ungünstigen Bestimmungen des Staatsvertragsentwurfes hieß es, dass diese Bestimmung* „zu einer sehr weitgehenden Entschädigungspflicht Österreichs an österreichische Staatsbürger“ *führen würde.*

58 *In Art. 45, Abs. 2 wurde Jugoslawien das Recht eingeräumt, österreichische Vermögenschaften, Rechte und Interessen in Jugoslawien zu beschlagnahmen, zurückzubehalten oder zu*

Molotow: Sie könnten auch einen Parallelvertrag mit Jugoslawien gleichzeitig machen, wir hätten dagegen keine Einwände, nur wünschen wir keine Änderung des Artikels.

Mikojan: Dazu hat Österreich aber ohnedies das Recht.

Molotow: Wir sind nicht interessiert an Ihren Verhandlungen mit Jugoslawien. Wir werden keine Hindernisse in den Weg legen, aber durch Herausstreichen soll keine neue Komplikation entstehen.

Raab: Artikel 48 ist bereits geregelt. Sonst haben wir derzeit nichts weiter zu bemerken.

Molotow: Sind Sie mit Artikel 48bis einverstanden? Bei gleichzeitigem Verzicht Österreichs auf zivile Okkupationskosten?[59]

Raab: Ja.

Molotow: Nunmehr kann es weitergehen.

Punkt 6: Ich bitte, diesen Punkt zurückzustellen[60] und gleichzeitig zum nächsten Punkt überzugehen.

Zum ersten Absatz Seite 2: Dieser Punkt[61] ist schon gestern diskutiert worden. Die Sowjetunion wünscht, dass er gemeinsam behandelt wird mit einer Erklärung Österreichs, die eine Festlegung der österreichischen Neutralität enthalten muss.

Raab: Wir nehmen das zur Kenntnis und bitten aber um Unterbrechung zur Beratung.

Molotow: Ich erinnere an die Erklärung des Bundespräsidenten vom Jahre 1952. Die Schweiz ist als Beispiel für die Sowjetunion sehr interessant. Die Sowjetregierung ist interessiert an einer eindeutigen Erklärung, die keine Zweifel zulässt. Ich komme nochmals auf die Erklärung zurück, die Herr Bundespräsident Körner im Jahre 1952 gegenüber einem Vertreter des „Journal de Genève" abgegeben hat. Es heisst darin: „Was die endgültige Befreiung Österreichs anbetrifft, so ist die Schweiz ein Beispiel politischer Weisheit...".[62] Ausserdem hat der amerikanische Aussenminister Dulles im Jahre 1954 eine Erklärung abgegeben, zur Frage einer österreichischen Neutralität. Er hat darin gesagt, der Status der Neutralität ist ein Ehrenstatus für einen Staat, wenn er von diesem freiwillig gewählt wurde. Die Schweiz hat den Weg

---

liquidieren; Österreich wurde zur Entschädigung österreichischer Staatsangehöriger, deren Vermögen aufgrund dieses Paragraphen herangezogen wurde, verpflichtet.

59 *Art. 48-bis handelte von Österreichs Anerkenntnis seiner Schulden insbesondere für von den Alliierten an Österreich gelieferte Versorgungsgüter; konkret handelte es sich um die im Winter 1949/50 viel diskutierten sogenannten „Erbsenschulden". Molotovs Wortmeldung ist als Verzicht der Sowjetunion auf Forderungen aus Art. 48-bis im Gegenzug zu Österreichs Verzicht auf Refundierung der sog. zivilen Besatzungskosten (Aufwendungen für Unterkünfte, Arbeitskräfte, Transportleistungen) zu interpretieren; dies erhellt aus Ziffer II/3 des Moskauer Memorandums.*

60 *Es handelt sich um Punkt 6 des ersten Teiles des österreichischen Papiers (zit. oben Anm. 41).*

61 *Es handelt sich um Punkt 1 des zweiten Teiles des österreichischen Papiers (Bereitschaft zur Abgabe einer Erklärung über die Bündnis- und Stützpunktfreiheit, zit. oben Anm. 41).*

62 *Vgl. oben S. 281f.*

der Neutralität gewählt und hat es als neutrales Land verstanden, einen Ehrenplatz in der Geschichte der Völker einzunehmen. Die Republik Österreich hätte nach dem Staatsvertragsentwurf die Möglichkeit, die Neutralität als Ehrenstatus zu wählen so wie die Schweiz. Es könnten die Vereinigten Staaten von Amerika eine solche Wahl ebenso honorieren wie sie seinerzeit die Neutralität der Schweiz anerkannt haben.[63] Weiter hat Herr Dulles festgestellt, dass eine von aussen aufgezwungene Neutralität nicht annehmbar sei. Die Sowjetunion schlägt so etwas auch nicht vor. Sie wünscht, dass die österreichische Regierung von sich aus eine Erklärung abgibt, die die Form einer feierlichen Deklaration hat. Die Sowjetregierung hofft, dass die österreichische Regierung sich positiv zu diesem Vorschlag einstellen wird und eine Deklaration abgeben wird, in welcher ausdrücklich festgestellt wird, dass für Österreich künftig das Prinzip der Neutralität Geltung haben soll. Wir haben nichts dagegen, wenn die österreichische Delegation sich jetzt zu einer Beratung zurückzuziehen wünscht.

Raab: Wir möchten einstweilen lieber weiter fortsetzen.

Molotow: Spricht nunmehr zu Punkt 2) und zu Punkt 3) und fragt, was man insbesonders unter Punkt 3) auf österreichischer Seite verstehe.[64]

Raab: Wenn das Parlament einen entsprechenden Beschluss gefasst hat, kann dieser allen Staaten formell bekanntgegeben werden.

Figl: Wir werden einen solchen Beschluss allen Staaten zur Kenntnis bringen und um Anerkennung desselben ersuchen.

Schärf: Wir würden wünschen, dass diese Erklärung, wie immer sie lauten mag, von den vier Alliierten mächten [*r.* Mächten] bestätigt werden kann.

Molotow: Das betrachten wir als keine grundsätzliche Frage.

Raab: Es würde nur eine Untermauerung gegenüber der ganzen Welt bedeuten.

Schärf: Wir werden uns bemühen, die Anerkennung aller anderen in Betracht kommenden Länder zu erlangen.

Figl: Das Parlament wird die Erklärung beschliessen, die Grossmächte werden sie akzeptieren und die Welt wird sie zur Kenntnis nehmen.

Raab: Ich habe noch eine Frage. Glauben Sie, dass das Wort „Neutralität" eine Erschwerung bei den drei Westmächten bedeuten kann?

Schärf: In unserem Vorschlag ist die Neutralität bereits enthalten, ohne dass das Wort ausgesprochen wird.

Molotow: Ich meine, wenn das Wort Neutralität in der Erklärung aufgenommen wird, wird es keine Schwierigkeiten hervorrufen, weil die Erklärung des Bundespräsidenten Körner im Jahre 1952 keine negative Reaktion bei den Westmächten bewirkt hat. Herr Dulles hat in Berlin ja ausdrücklich davon gesprochen.

Raab: Wir sind wesentlich Ihrer Auffassung und wollen die Neutralität haben. Sie haben selbst auf die Erklärung Dulles['] hingewiesen. Ich weise ausdrücklich

---

63 *Molotov bezog sich auf Dulles' Erklärung vom 13. Februar 1954 in Berlin. Obgleich Schöner keine Anführungszeichen setzte, zitierte Molotov wörtlich (in russischer Übersetzung) aus Dulles' Berliner Erklärung, wie ein Vergleich mit dem oben S. 334 abgedruckten englischen Originalwortlaut ergibt.*

64 *Es handelt sich um die Punkte 2 und 3 des zweiten Teiles des österreichischen Papiers (zit. oben Anm. 41).*

auf die freiwillige Beschlussfassung des Parlamentes hin. Man könnte aber sagen „aufgezwungen", wenn die Neutralität bei diesen Verhandlungen hier vereinbart wird.

Molotow: Wir wollen daher vorläufig, dass keine Veröffentlichung stattfindet. Was wir hier besprechen, soll nirgends einen Niederschlag finden. Die Erklärung der österreichischen Regierung muss aus freiem Willen sein.

Mikojan: Man könnte ja auch einwenden, dass militärische Stützpunkte unter Druck der Sowjetunion stattgefunden haben.

Schärf: Welchen Zeitpunkt stellt sich die Sowjetregierung für eine derartige Erklärung vor?

Molotow: Nach Unterzeichnung des Staatsvertrages oder gleich.

Schärf: Das soll also heissen, dass jetzt vereinbart wurde, dass eine solche Erklärung nicht veröffentlicht wird, sondern erst bei der parlamentarischen Verhandlung des Staatsvertrages als österreichische Initiative herausgestellt werden soll.

Molotow: Trotzdem muss eine Paraphierung dieser Erklärung vorgenommen werden. Es handelt sich um eine Erklärung der Neutralität, wie sie von der Schweiz gehandhabt wird. Ich frage, kann die österreichische Bundesregierung eine Erklärung der Neutralität „nach dem Muster der Schweiz" abgeben?

Raab: Wir ersuchen um eine Unterbrechung zwecks interner Beratung.

Ende 12.15 Uhr.[65]

Fortsetzung der Besprechung am 13. April 1955 um 12.30 Uhr[66]

Raab: Alles ein Guss. Es kann nicht ein einziger Punkt allein perfekt werden.

Molotow: Die Sowjetregierung ist der gleichen Meinung.

Raab: Könnten wir für den Abzug der Besatzungstruppen den 31. Dezember 1955 als letzten Termin vorschlagen'?

---

65 *Schärf, TNMF 118 notierte, dass die Verhandlung um 12 Uhr 20 auf 20 Minuten unterbrochen wurde.*

66 *Schärf (ebd.) notierte, dass die Verhandlung um 12 Uhr 35 fortgesetzt wurde. Die Beratungen der Österreicher während der Verhandlungsunterbrechung fanden in einem salonartigen Nebenraum des Verhandlungssaales statt, der in der bereits in Anm. 40 genannten ORF-Fernsehdokumentation „Die Geschichte von der anderen Seite" ausführlich gezeigt wurde. Genauere Mitschriften über die internen Beratungen der Österreicher sind anscheinend nicht vorhanden. Schärf erwähnt lediglich, dass Figl die Beseitigung des Habsburg-Artikels wünschte und er dies ablehnte (vgl. Schärf, ebd.; es handelte sich um Art. 10, Abs. 2 des Staatsvertragsentwurfes, betreffend Österreichs Verpflichtung, das Habsburger-Gesetz vom 3. April 1919 aufrechtzuerhalten).*

Weitere Quellen zeigen, dass die Österreicher eine Modifizierung des Textes über die Bündnis- und Stutzpunktfreiheit berieten, den Raab zu Beginn der Vormittagssitzung verlesen hatte (Punkt 1 des zweiten Teiles des oben, Anm. 41 abgedruckten Arbeitspapiers), und dass diese Modifizierung den Begriff der Neutralität und den Hinweis auf die Schweiz enthalten sollte. Zum besseren Verständnis der nun zu zitierenden Quellen wird der genannte

Molotow: Darüber kann man sprechen.

Raab: Ich denke, die vier Hochkommissäre sollen in Wien oder hier bei einer Sitzung zusammentreten, die die Art und Preise der Lieferungen festsetzt.[67]

Text als wichtigste Arbeitsunterlage der Österreicher während der entscheidenden Phase der Beratungen nochmals wiedergegeben, wobei jener Satzteil, um dessen Modifizierung durch Aufnahme des Wortes „Neutralität" *und eines Hinweises auf die Schweiz es ging, – durch Fettdruck ausgezeichnet wird:* „Im Sinne der von Österreich bereits auf der Konferenz von Berlin im Jahre 1954 abgegebenen Erklärung, keinen militärischen Bündnissen beizutreten, und militärische Stützpunkte auf seinem Gebiet nicht zuzulassen, **wird die österr. Bundesregierung eine derartige Erklärung in einer für Österreich international verbindlichen Form abgeben.**"

Schöners Stenogramm enthält als einzige Notiz – nicht in die Transkription übertragen – während der Verhandlungsunterbrechung folgende Eintragungen: „[...] wird die österreichische Bundesregierung eine Erklärung der Neutralität nach dem Muster der Schweiz abzugeben [*sic*]." *Die Worte* „nach dem Muster der" *sind umrahmt, darüber notierte Schöner:* „wie sie von der Schweiz gehandhabt [wird]". *Schöners Notiz findet ihre Bestätigung in handschriftlichen Notizen auf dem in den Akten der Völkerrechtsabteilung erliegenden Exemplar des österreichischen Arbeitspapiers, das Raab zu Beginn der Vormittagssitzung verlesen hatte. Im Text des Punktes 1 des zweiten Teiles des österreichischen Papiers findet sich nach dem Wort* „Erklärung" *die Einfügung (offenbar in Verostas Handschrift)* „der Neutralität nach dem Muster Schweiz"; *auf der gleichen Seite ganz oben sind in der gleichen Handschrift die Worte* „wie sie von der Schweiz gehandhabt wird, abgeben." *Aus diesen Quellen ergibt sich im Zusammenhalt, dass die Variante einer Neutralität* „nach dem Muster der Schweiz" *eine frühere, die Variante einer Neutralität,* „wie sie von der Schweiz gehandhabt wird", *die spätere, endgültig adoptierte Textvariante darstellt.*

67 *Die Worte* „die vier Hochkommissäre" *bereiten Schwierigkeiten. Wie aus den Worten* „Art und Preise der Lieferungen", *aus den folgenden Wortmeldungen und auch aus den entsprechenden Eintragungen bei Schärf und in der sowjetischen Niederschrift hervorgeht, ging es um die Ablöselieferungen (in Höhe von 150 Mio. Dollar) für die Rückgabe des Deutschen Eigentums (exklusive Ölbereich und DDSG). Der abrupte Übergang vom vorhergehenden Thema – Abzug der Besatzungstruppen – zu den Ablöselieferungen ist dadurch erklärbar, dass Raab nach Wiederaufnahme der Verhandlungen die im ersten Teil des österreichischen Arbeitspapiers (zit. oben Anm. 41) aufgezählten Punkte neuerlich durchging und konkretisierte. Auf Punkt 1 (Bereitschaft zum Staatsvertragsabschluss) und Punkt 2 (Truppenabzug) folgte sogleich Punkt 3 (Ablöse-Warenlieferungen).* „Die vier Hochkommissäre" *hatten mit dieser Materie nichts zu tun. Im Stenogramm steht lediglich die Abkürzung* „HKomm." *Da Molotov in seiner unmittelbar folgenden Wortmeldung gemäß der sowjetischen Niederschrift von* „Wirtschaftsdelegationen zwecks Abstimmung der Warenliste, der Preise, der Fristen sowie der Art und Weise der Lieferungen" *(betreffend die Ablöselieferungen) sprach, wäre es möglich, für die Auflösung von* „HKomm." „Handelskommissionen" *zu lesen; dann ergäbe Raabs Wortmeldung im Zusammenhalt mit Molotovs Antwort (Verhandlungen* „in Wien oder hier" *bzw.* „besser, hier in Moskau zu verhandeln") *einen Sinn.*

Molotow: Das wäre besser, hier in Moskau zu verhandeln, man soll es nicht auf die lange Bank schieben, sondern möglichst bald erledigen.

Figl: Sind Konsumgüter auch dabei? Und in welchem Rahmen?

Mikojan: Wir werden Ihnen eine Warenliste geben.

Molotow: Es können nicht alle Waren von uns angenommen werden, wir können Ihnen [a]ber Listen von Waren, die wir brauchen, geben. Es wird nichts gefordert werden, was Österreich nicht ohnedies bereits exportiert.

Mikojan: Man könnte das zusammen mit einem Handelsvertrag regeln.

Raab: Was die Frage des Öles anlangt, so glauben wir, Ihnen vielleicht 50 % der Ausbeute des letzten Produktionsjahres gratis liefern zu können.

Mikojan: Darüber kann gesprochen werden.

Raab: Das war nur ein Vorschlag von uns.

Nun zum entscheidenden Punkt, nämlich die Verpflichtung der österreichischen Bundesregierung nach Punkt 1).[68] Wir schlagen folgendes vor:

(Bundeskanzler Raab verliest ein Papier:

„wird die österreichische Bundesregierung eine Erklärung der Neutralität, wie sie von der Schweizer Eidgenossenschaft gehandhabt wird, abgeben…")[69]

Molotow: Gut.

---

68 *Es handelte sich um den – während der Sitzungsunterbrechung modifizierten – Punkt 1 des zweiten Teiles des österreichischen Papiers (zit. oben Anm. 41). Dies geht besonders deutlich aus Schärfs Notiz (TNMF 119) hervor:* „Raab zum zweiten Teil: Die österreichische Regierung wird eine Erklärung abgeben, daß sie eine Neutralität, wie sie von der Schweizerischen Eidgenossenschaft gehandhabt werde, für möglich halte."

69 *Dieser Wortlaut entspricht den handschriftlichen Modifikationen, die auf einem Exemplar des österreichischen Arbeitspapiers (bei BMAA, Zl. 302.578-6VR/55), zu sehen sind, und ebenso Schöners stenographischer, nicht transkribierter Notiz während der Sitzungsunterbrechung (vgl. oben Anm. 67). Die sowjetische Niederschrift bringt den Wortlaut der österreichischen Formulierung zwar infolge der Übersetzung weniger präzise, aber ausführlicher, da Raab in der bei Schöner nur mit Pünktchen angegebenen Fortsetzung seiner Verlesung offenbar neuerlich die Punkte 2 und 3 des österreichischen Papiers nannte (vgl. Text oben in Anm. 41: Beschlussfassung durch das Parlament, Erlangung der internationalen Anerkennung der österreichischen Erklärung). In der sowjetischen Niederschrift heißt es wie folgt:*

„Raab sagt, bezüglich der Neutralität schlagen wir vor, dass Österreich eine Erklärung in dem Sinne abgibt, wie sie unsererseits [*d. h. österreichischerseits*] bei der Berliner Konferenz über den Nicht-Beitritt zu militärischen Bündnissen und die Nicht-Zulassung von militärischen Stützpunkten in Österreich mitgeteilt worden ist. Außerdem wird Österreich erklären, dass es in Beziehungen mit anderen Staaten Neutralität nach der von der Schweiz ausgeübten Praxis beachten wird. Diese Erklärung – sagt Raab – wird von der österreichischen Regierung dem Parlament zur Billigung vorgelegt. Wir werden – erklärt er – alle Maßnahmen ergreifen, um für diese Erklärung die internationale Anerkennung zu erlangen."

Raab: Die österreichische Bundesregierung übernimmt dann die Verpflichtung, sich dafür einzusetzen, dass die drei westlichen Alliierten dem Garantievertrag beitreten.[70]

Molotow: Wir hätten gerne einen schriftlichen Text Ihrer Erklärung nachher, die Antwort ist befriedigend. Die Sowjetregierung hofft, dass die österreichische Bundesregierung mit dem Termin für den Abzug der Besatzungstruppen einverstanden sein wird. Möglich wäre ein sechsmonatlicher Termin im Vertrag von dem Tage ab, an dem der Vertrag Rechtskraft erreicht.[71] Bindung durch die Ratifikation der Sowjetunion ist nicht in Aussicht genommen.[72] Es wird ein Termin vorgeschlagen werden, der noch vor dem 31. Dezember 1955 liegen soll. Wenn die Arbeiten bis Juli beendet werden, dann käme noch ein früherer Termin in Frage. Was die übrigen Truppen angeht, muss Einigung unter den Alliierten erzielt werden.

Raab: Wann läuft denn die Frist ab?[73]

Molotow: Sechs Monate nach dem Tag der Ratifizierung. Die Ratifizierung kann durch die Sowjetunion noch vor dem Juli durchgeführt werden. Wir schlagen vor, statt drei Monate sechs Monate.[74]

Raab: Für uns wäre es sehr wünschenswert, wenn ein fixer Termin festgesetzt werden könnte. Ich verweise auf die Äusserung des Staatssekretär Dulles.[75]

---

70 *Vgl. Punkt 5 des zweiten Teiles des österreichischen Papiers (zit. oben Anm. 41).*

71 *Im Staatsvertragsentwurf (Art. 33) war vorgesehen, dass vom Tage des* „Inkrafttretens" *– in der Übersetzung aus dem Russischen hier als* „Rechtskraft" *wiedergegeben! – eine Räumungsfrist von 90 Tagen für den Abzug der Besatzungstruppen zu laufen beginne. Das Inkrafttreten des Vertrages sollte unmittelbar nach Hinterlegung der Ratifikationsurkunden durch die Sowjetunion, die USA, Großbritannien, Frankreich und Österreich erfolgen (vgl. Art. 59 des Vertragsentwurfes). Daher wird in der folgenden Diskussion mehrfach von der* „Ratifikation" *des Vertrages als Beginn der Abzugsfrist für die Besatzungstruppen gesprochen. Genau genommen müsste vom Termin der Hinterlegung der letzten von insgesamt fünf Ratifikationsurkunden als Beginn der Abzugsfrist gesprochen werden!*

72 *Der Satz ist nicht klar; möglich wäre, dass er Molotovs (in der sowjetischen Niederschrift knapp weiter unten verzeichnete) Äußerung wiedergibt, wir (d. h. die Sowjetregierung) beabsichtigten nicht, die Ratifikation des Vertrages hinauszuschieben; das verwendete russische Verbum* „zaderživat'" *bedeutet hinausschieben, hinhalten, aber auch festnehmen, anhalten, in Beschlag nehmen; daher möglicherweise die allerdings unklare Übersetzung* „Bindung durch die Ratifikation".

73 *Die sowjetische Niederschrift gibt (wohl zutreffend in Hinblick auf Molotovs Antwort und den weiteren Verlauf der Diskussion) anstatt Raabs Frage eine Frage Schärfs an:* „6 Monate nach der Ratifikation oder nach der Unterzeichnung des Vertrages?"

74 *In der sowjetischen Niederschrift lautet Molotovs Aussage noch präziser:* „Wir beabsichtigen nicht, die Ratifikation des Vertrages hinauszuschieben, daher sollte man den Truppenabzug ab dem Tage der Ratifikation vereinbaren. Unsererseits – sagt er – werden wir alles tun, um die Ratifikation des Vertrages bis zum 1. Juli 1955 vorgenommen zu haben."

75 *Dies dürfte sich auf Dulles' Äußerung anlässlich Raabs Besuch bei Dulles am 22. November 1954 beziehen; Dulles stimmte Raabs Wunsch nach einem fixen Datum für den*

Molotow: Natürlich ist die Sowjetregierung daran interessiert, dass nicht nur der Truppenabzug in Kraft tritt, sondern der ganze Vertrag. Daher wünscht sie so bald als möglich das zu arbeiten.[76]

Schärf: Bisher waren als spätester Termin 90 Tage nach der Ratifizierung vorgesehen. Der Vorschlag des Herrn Molotow wäre eine Verschlechterung des bisherigen Zustandes. Sechs Monate sind doppelt so viel wie drei Monate. Wir kamen hierher, um über einen früheren Abzug zu sprechen. Was hier gesprochen wurde, bedeutet doch längere Zeit.

Molotow: Immerhin sind sechs Monate noch kürzer als jene zwei Jahre, die Paul [*r.* Pierre] Mendes-France vorgeschlagen hat.

Schärf: Wir haben doch angenommen, dass ein fester Termin festgesetzt werden wird. Das ist wieder ein unbestimmter Termin und noch ein ungünstiger dazu. Wir können doch nicht zu den Westmächten gehen und sagen, die Sowjetunion wünscht eine längere Besatzung als im Entwurf vorgesehen.

Molotow: Haben Sie denn Informationen darüber, dass die Westmächte auf einen kürzeren Termin als sechs Monate eingehen werden?

Schärf: Aber die drei Monate stehen doch im Staatsvertragsentwurf drinnen.

Molotow: Es ist aber von keiner Seite gegen Paul [*r.* Pierre] Mendes-France[s] Vorschlag, einer Zeit von 18 bis 24 Monaten, protestiert worden. Es ist doch darüber eine Erklärung durch den Herrn Bundeskanzler abgegeben worden.

(Molotow verliest eine nach seinen Angaben am 25. November 1954 in der Neuen Wiener Tageszeitung erschienene Erklärung, wonach Österreich eine positive Einstellung zum Vorschlag des Ministerpräsidenten Paul [*r.* Pierre] Mendes-France einnimmt, was den Abzug der Besatzungstruppen anlangt.)[77]

Raab: Jawohl, aber mit einem festen Termin!

Truppenabzug zu und sprach sich ebenfalls für ein „frühes, fixiertes Datum" *aus. Vgl.* FRUS 1952–1954, *Bd. 7, 1982f, sowie das Kommuniqué des State Department über Raabs Besuch in* DÖA, *Nr. 152.*

76 *Unklarer Satz; in der sowjetischen Mitschrift lautet dieser Satz anders (und sinnvoll):* „Wichtig ist, das Inkrafttreten des gesamten Vertrages nicht zu verzögern." *Das von Schöner mit „wünscht" transkribierte Stenogramm kann auch als „wichtig" gelesen werden. Bei dem von Schöner auch im Stenogramm notierten Verbum* „arbeiten" *kann es sich um einen Hör- oder Übersetzungsfehler handeln. Das russische Verbum lautet* „ottjagivat'" („verzögern", „in die Länge ziehen").

77 *In einer bezüglich des Datums leicht abweichenden Formulierung heißt es in der sowjetischen Niederschrift:* „Daraufhin verlas Molotov die Erklärung Raabs, die dieser während seines Aufenthaltes in den USA am 25. November 1954 abgegeben hat und die in der „Wiener Tageszeitung" veröffentlicht worden ist." *Es handelt sich um eine – eher vorsichtige – Äußerung Raabs auf einer Pressekonferenz vor seinem Abflug aus Washington am 25. November 1954, die in der* Neuen Wiener Tageszeitung *vom 26. November 1954, 1, wiedergegeben wurde:* „Der Bundeskanzler deutete an, daß sich Österreich mit dem Vorschlag von Mendès-France einverstanden erklären könne, den Besatzungstruppen nach der Unterzeichnung des Staatsvertrages zur Räumung des Landes eine Frist von 18 bis 24 Monaten zu geben. Das

Molotow: Es könnte daraus hervorgehen, dass Sie auch auf den 15. Mai 1957 eingehen würden, wenn nur ein fester Termin festgelegt würde.[78]

Raab: Ob 31. Mai 1955 oder 31. Juli 1956, es muss aber nur ein fester Termin sein. Die Ratifizierung z. B. durch das französische Parlament kann unter Umständen jahrelang dauern.[79]

Molotow: Man soll sagen, sechs Monate nach Ratifizierung, aber nich[t] später als ein bestimmter Termin. Wenn ein fester Termin gefordert wird, dann sechs Monate nach der Ratifizierung, aber nicht später als der 1. Juli 1956. Der Termin kann aber früher sein, wenn früher ratifiziert wird. Von Seiten der Sowjetunion wird es keine Hindernisse geben, nichts was darüber hinaus dauern soll. Wir möchten unsere Truppen schon vor dem 31. Dezember 1955 abziehen unter der Voraussetzung, dass die anderen das auch tun.[80]

Mikojan: Die französische öffentliche Meinung lässt nicht erwarten, dass dort Schwierigkeiten gemacht werden.

Wichtigste in diesem Punkt sei die Festsetzung eines genauen Termins, auf dem Österreich bestehen werde."

78 *In der sowjetischen Niederschrift wird ein anderes Datum angegeben. Die entsprechende Passage lautet dort:* „Molotov fragt, ob die österreichische Delegation einen präzise zum 1. Mai 1958 festgelegten Termin für den Truppenabzug aus Österreich als annehmbar betrachten würde, wenn man sich an den Vorschlag von Mendès-France halten sollte." *Dieses Datum ist allerdings insoferne merkwürdig, als ja Mendès-France von einer Truppenabzugsfrist von 18–24 Monaten gesprochen hatte und der 1. Mai 1958 mehr als 36 Monate vom Zeitpunkt der Gespräche vom April 1955 entfernt war.*

79 *Die sowjetische Niederschrift gibt in der Wiedergabe von Raabs Äußerung keine Daten an. Sie lautet:* „Raab erwähnt, die österreichische Regierung habe wiederholt erklärt, dass es für Österreich wichtig ist, einen genauen Termin für den Truppenabzug festzulegen. Man müsse in Betracht ziehen – sagte Raab –, dass die Ratifikation des Vertrages mit Österreich sehr viel Zeit in Anspruch nehmen könne, sogar mehrere Jahre, insbesondere, wenn man die Lage in Frankreich berücksichtigt."

80 *Entsprechend heißt es in der sowjetischen Niederschrift:* „Molotov erklärt: Wir sind bereit darüber zu sprechen, dass die Truppen der vier Mächte innerhalb von 6 Monaten aus Österreich abgezogen werden, doch nicht später als zu einem bestimmten Termin. Die Sowjetunion ist nicht daran interessiert, dass sich die Truppen länger als 6 Monate in Österreich aufhalten. Wenn Sie aber einen genauen Termin, zum Beispiel den 1. Mai 1956, festlegen wollen, so werden wir das besprechen. Ich denke – sagt Molotov –, dass wir diese Frist verkürzen könnten. Die sowjetische Delegation wird den Vorschlag der österreichischen Delegation, einen genauen Termin für den Truppenabzug aus Österreich festzulegen, in Erwägung ziehen, insbesondere über einen Truppenabzug zum 31. Dezember 1955; sie wird morgen, den 14. April, hiezu ihre Antwort geben." *Die letzten Worte beziehen sich bereits auf eine von Schöner weiter unten wiedergegebene Äußerung; die nun bei Schöner folgende Wechselrede zum Thema des Truppenabzugstermins, einschließlich der Wortmeldungen Mikojans und Schärfs, wird in der sowjetischen Niederschrift nicht einzeln wiedergegeben.*

Molotow: Wir sind bereit, einen festen Termin zu versprechen, wenn sich Ratifizierungsschwierigkeiten ergeben würden.

Schärf: Wir machen politisch eine Schwenkung. Die österreichische Öffentlichkeit sieht nur eine Verlängerung der Räumungsfrist von drei auf sechs Monate. Das wird uns bei unseren Verhandlungen mit den Westmächten sehr belasten und auch in unserem Parlament.[81]

Molotow: Die Herren werden die Frage des 31. Dezember 1955 noch untereinander besprechen. Wir werden morgen zu dieser Frage zurückkehren.

Raab: Noch eine Frage: Wie steht es mit der Rückkehr der Kriegsgefangenen und Inhaftierten?

Molotow: Sind alle Fragen, die den Staatsvertrag selbst betreffen, nunmehr erschöpft?

Raab: Die ganze Delegation kann mit Minister Kabanow Verhandlungen führen.

Molotow: Kabanow, Mikojan und Semjonow können daran teilnehmen.

Raab: Wir würden sehr bitten, anlässlich des zehnten Jahrestages einen Gnadenakt zu setzen, der für die öffentliche Meinung in Österreich von grosser Wichtigkeit wäre.

Molotow: Wir sind bereit, diese Frage zu besprechen.

Raab: Darf ich noch folgendes bemerken: Unser Herr Bundespräsident Körner schrieb einen Brief an Herrn Präsidenten Woroschilow, der die Frage der Kriegsgefangenen behandelt und den wir heute nachmittag überreichen wollen.

Molotow: Auf die Frage der Internierten wollen wir am besten zurückkommen nach dem Empfang bei Marschall Woroschilow.

Zu den wirtschaftlichen Verhandlungen möchte ich noch folgende Bemerkung machen:

Von österreichischer Seite müsste eine Erklärung abgegeben werden, dass zurückgegebenes deutsches Eigentum nicht in ausländischen Besitz zurückgeht, sondern Österreich verbleibt.[82]

Ausserdem im Verhältnis zu österreichischen Staatsbürgern, die in sowjetischen Unternehmungen in Österreich gearbeitet haben, soll keine Diskriminierung ergriffen werden.[83]

---

81 *Schärf, TNMF 119, notiert seine eigene Wortmeldung kurz wie folgt:* „Ich halte das für unmöglich." *Kreiskys Ergänzungen zu Schärfs Notizen (ebd.) geben Schärfs Einwendungen ausführlicher wieder.*

82 *Die sowjetische Niederschrift ist etwas ausführlicher:* „Nach Auffassung der sowjetischen Delegation, sagt Molotov, müsste in unserem Dokument über die Verhandlungsergebnisse die Verpflichtung Österreichs festgeschrieben werden, den Übergang von großem Industrie- und Bankeneigentum sowie anderem Eigentum, welches von der Sowjetunion an Österreich übergeben wird und das zur Kategorie der ehemaligen deutschen Aktiva gehört, an fremde Staaten wie auch Firmen und Privatpersonen nicht zuzulassen."

83 *Die sowjetische Niederschrift lautet diesbezüglich wie folgt:* „Molotov sagt, die sowjetische Delegation hätte den Wunsch, von der österreichischen Delegation die Zusicherung zu erhalten, dass gegenüber österreichischen Staatsbürgern im Zusammenhang mit deren

Raab: Wir sind einverstanden, wir haben ohnedies zu wenig Arbeiter.

Molotow: Es wäre gut, das niederzulegen, dass für die Zukunft keine Missverständnisse entstehen.

Der nächste Tagespunkt [*sic*] ist das Essen, wir haben es uns verdient.

Raab: Wir wollen am Freitag nach Wien zurückreisen.

Ende 13.05 Uhr.

Fortsetzung der Besprechung im Kreml am 13. April 1955 um 15.30 Uhr

Auf Seiten der sowjetischen Delegation ist Minister Kabanow zusätzlich erschienen. Molotow nimmt an dieser Besprechung nicht mehr teil.[84]

Mikojan: Wir wollen jetzt nur über die Grundsätze der wirtschaftlichen Seite sprechen. Wir denken an 25 Millionen Dollar jährlich. Wir haben in unsere Listen aufgenommen, was Österreich besitzt und exportiert und das was hier benötigt wird. Was wir im Rahmen eines Handelsvertrages kaufen werden, ist eine besondere Frage, die hier nicht behandelt werden soll.

Dr. Kindermann verliest sodann eine Liste, die ihm von Mikojan übergeben worden ist.[85]

Mikojan: Das ist die erste Liste. Es wird nicht erwartet, dass die österreichische Delegation sofort Antwort gibt. Haben Sie noch irgend welche Bemerkungen? Das ist keine Handelsliste, sondern eine Liste der Waren für die Abzahlung von 150 Millionen Dollar.

Figl: Das müsste eine Kommission bestimmen.

Raab: Wir wissen ja gar nicht, ob wir das alles liefern können. Wir werden aber bald, vielleicht in 14 Tagen, eine Kommission herschicken, die das alles im einzelnen besprechen soll. Könnten Sie in dieser Liste nicht Konsumgüter, Textilien, Schuhe, Aluminium, Zellwolle usw. unterbringen?

Mikojan: Textilien erzeugen wir selber genug. Wir werden daneben doch auch einen Handel haben.

Tätigkeit in sowjetischen Betrieben keine Repressionen [pritesnenij] oder Diskriminierungsmaßnahmen zugelassen werden."

84 *Diese Sitzung fand, wie Schärf, TNMF 121 notiert, bei Mikojan, d. h. im Büro Mikojans im Kreml, statt. Die Nennung des Außenhandelsministers Kabanov als „zusätzlich" entspricht nicht der sowjetischen Niederschrift über die zwei vorhergehenden Sitzungen, in welchen Kabanov jeweils als anwesend genannt wird. Über die nunmehr in Abwesenheit Molotovs beginnenden Wirtschaftsverhandlungen liegt keine sowjetische Niederschrift vor; diese Sitzung am Nachmittag des 13. April wird auch in der fortlaufenden Nummerierung der Regierungsdelegationssitzungen in der sowjetischen Niederschrift übergangen; die am folgenden Vormittag (14. April) stattfindende Sitzung wird daher als „dritte Sitzung" der Regierungsdelegation bezeichnet.*

85 *Diese Liste erliegt in: AdR, BMAA, II-Pol, Zl. 321.448-Pol/55.*

Raab: Wir werden darüber prüfen, was wir machen können. Wir stellen fest, dass das eine Kommission in Moskau ausarbeiten soll.

Mikojan: Wir sind einverstanden. Nun kommt die Frage der Preise.

Raab: Natürlich Weltmarktpreise.

Mikojan: Sollen wir die Preise ein für allemal festlegen oder jährlich einmal?

Figl: Wir sind für die fluktuierenden Preise der freien Wirtschaft.

Raab: Lassen wir das für die Verhandlungen offen. Wir sollen uns alljährlich zusammensetzen und das jeweilige Kontingent bestimmen.

Mikojan: Wie wird das organisationsmässig ausschauen?

Figl: Wir werden Ihnen auch eine Liste geben, so dass Sie, wenn unsere Delegation kommen wird, schon kennen, was wir haben.

Raab: Wo übernehmen Sie die Waren?

Mikojan: An der österreichischen Grenze, franko Grenze. Die Abnahme kann auch bei den einzelnen Fabriken stattfinden. An der Grenze erlischt die Verpflichtung Österreichs.

Welches Organ der österreichischen Bundesregierung wird mit der Durchführung der Lieferungen betraut sein?

Raab: Wir werden wahrscheinlich eine eigene Kommission dafür gründen müssen.

Mikojan: Wir werden für die Durchführung dieser Lieferungen unsere Handelsvertretungen in Wien bevollmächtigen. Nach Inkrafttreten des Staatsvertrages soll die Nationalbank Wechsel über die 50 [*im Stenogramm r.* 150] Millionen Dollar ausstellen, mit denen dann alljährlich die Lieferungen bezahlt werden sollen.

Jetzt kommen wir zur Frage des Öles.

Raab: Was stellen Sie sich an Prozenten vor?

Mikojan: Im vorigen Jahr wurden in Österreich 3,300.000 Tonnen gefördert, dieses Jahr werden 3½ Millionen Tonnen produziert werden.[86] Wie hoch hat Komykin [*im Stenogramm r.* Kumykin] unsere Anlagen damals geschätzt? Ich glaube, auf 6 Millionen Dollar vor sechs Jahren.

Wir haben aber die österreichischen Ölfelder sehr entwickelt, neue Felder gefunden. Die genauen Adressen der neuen Felder sind bekannt.[87]

---

86 *Die Förderbetriebe der SMV (Sowjetische Mineralölverwaltung) in Niederösterreich produzierten 1954 3,271.963 Tonnen Erdöl; Angaben in:* Die USIA-Betriebe in Niederösterreich. Geschichte, Organisation, Dokumentation, *hsrg. v. Niederösterreichischen Institut für Landeskunde, Wien 1983, 328. Die Schätzung Mikojans für 1955 war sehr genau: im Jahr 1955 wurden von der SMV (bis zur Übergabe an Österreich am 13. August 1955) bzw. danach ÖMV 3,483.354 Tonnen Erdöl gefördert, bei einer Gesamtfördermenge in Österreich von 3,666.112 Tonnen Erdöl. Angaben nach:* Die österreichische Erdölwirtschaft, *hrsg.* v. *Österreichischen Institut für Wirtschaftsforschung, 10. Sonderheft, verfasst von Stephan Koren und Kurt Wessely, Wien 1957, 9.*

87 *Eine Liste dieser Felder in:* Die österreichische Erdölwirtschaft, *9. Das Feld Matzen, am 12. März 1949 als fündig entdeckt, bestritt ab 1951 mehr als die Hälfte, im Jahre 1955 nicht weniger als 78 % (2,873.143 Tonnen) der Erdölförderung in Österreich! 1955 war das Rekordjahr der Erdölproduktion in Österreich.*

Figl: Was schlagen Sie uns vor?

Mikojan: Der Vorschlag der österreichischen Bundesregierung erscheint uns annehmbar. In der hier herrschenden freundschaftlichen Stimmung hat es keinen Sinn, lange zu feilschen. Sagen wir 50 % von der tatsächlichen Förderung der nächsten sechs Jahre.

Raab: Das Erträgnis wird aber in den nächsten Jahren fallen, weil Bohrungen ausgepumpt werden.

Mikojan: Wenn es notwendig ist, wird die Sowjetunion ihre Spezialisten zur Hebung der Produktion in Österreich zur Verfügung stellen. Jährlich werden neue Felder von 7 Millionen Tonnen gefunden, die Förderung bleibt aber nur bei 3 Millionen.

Raab: Sie können von uns nicht verlangen, dass wir die Katze im Sack kaufen.

Mikojan: Kein Sack, keine Katze.

Raab: Was haben Sie investiert, 6 Millionen Dollar, 12 Millionen Dollar? Was kostet Ihnen eine Tonne gefördertes Öl? Wir müssen eine Summe wissen, die wir leisten können.

Mikojan: Die Ziffern stehen augenblicklich nicht zur Verfügung.

Raab: Gehen wir auf die Dollar-Währung über. Sie sind ein guter Kaufmann. Wir haben gerechnet mit 12 Millionen Dollar.[88]

Mikojan: Das kann nur ein Politiker zusammengezählt haben, aber bestimmt kein Kaufmann.

Raab: Was wollen Sie, sie [*sic*] haben mit Ihren USIA-Betrieben doch keine Freude.

Mikojan: Wenn die Sowjetunion die Absicht gehabt hätte, lange in Österreich zu bleiben, so hätte sie in den Werken mehr modernisiert, dann wären sie auch gute Betriebe geworden. Österreich wird keine Ausgaben für seine Verteidigung haben, wieviele Prozent würden Sie dafür geben? Eigentlich gibt Ihnen ja die Sowjetunion das Öl ganz umsonst.

Raab: Meine Herren, machen Sie uns jetzt einen warmherzigen Antrag!

Mikojan: Wir akzeptieren den Vorschlag von 50 %.

Raab: Wir wollen aber zuerst sehen, was die 50 % kosten. Wir werden sehen, ob wir das machen können oder nicht.

Mikojan: Es ist Ihr Recht, zu sehen, ob Sie es können oder nicht. Alles wird übergeben werden, auch die OROP[89], unter einer Bedingung, dass sie nicht an Ausländer weitergegeben werden. Sehr wichtig sind nicht nur die 50 %, sondern es muss auch ein Minimum etwa auf der Basis von 1954 garantiert werden.

Komykin [*im Stenogramm r.* Kumykin]: Ich meine, die Sowjetunion müsste 60 % des Öles fordern, eventuell könnte dann aber auf ein garantiertes Minimum verzichtet werden.

Raab: Ich will nur den Preis wissen, das geht noch in die Milliarden.

---

88 *Zur Auseinandersetzung um die Interpretation dieser Summe vgl. unten bei Anm. 111.*

89 *Die den Vertriebsbereich abdeckende, zum SMV-Komplex gehörende „Aktiengesellschaft für Handel mit Ölprodukten".*

Mikojan: Die Erdölförderung in Österreich belief sich 1951 auf 2 Millionen Tonnen, 1952 auf 2,2 Millionen, 1953 auf 3,54 Millionen, 1954 auf 3,2 Millionen und 1955 auf 3,5 Millionen Tonnen.[90]

Raab: Wir kommen doch auf 2 Milliarden Schilling, das ist zu hoch. Es sollte jährlich ein Betrag festgesetzt werden, um den wir Öl zu liefern haben.

Mikojan: Nach dem Entwurf des Staatsvertrages haben wir doch das Recht auf 30 Jahre, wir geben es Ihnen schon nach sechs Jahren ab.[91]

Raab: Das sind halt die unglücklichen Folgen von Potsdam.

Mikojan: Das ist Ihnen nach Hitler geblieben.

Raab: Es ist unmöglich, es ist zu hoch. Ich schlage vor, 6 Millionen plus 6 Millionen ist gleich 12 Millionen Dollar. Ich weiss, dass so und so viele Bohrtürme trockengelegt sind, weil nichts mehr im Boden drinnen ist.

Mikojan: Das ist eben das Schicksal, sogar der Mensch vertrocknet mit der Zeit.

Raab: Im Grundprinzip sind wir sehr interessiert, das Öl zurückzukriegen. Wir müssen aber erst mit Fachleuten reden.

Österreich ist so klein und Russland ist so gross, Sie müssen doch einmal auch den Kleinen helfen.

Mikojan: Dann glauben Sie doch den Experten.

Raab: Gleichzeitig mit Verhandlungen und 150 Millionen Dollar Zahlung! Ich will nichts zusagen, was wir nicht halten könnten.

Figl: Es muss eben eine Gemischte Kommission zusammen mit russischen Fachleuten die Felder besuchen. Wir müssen uns die Katze doch einmal anschauen.

Mikojan: Wir sind einverstanden.

Wir kommen jetzt zur DDSG. Die Aktiven der DDSG werden auf 2,8 Millionen Dollar geschätzt.

Raab: Die ist wirklich nicht so viel wert.

Mikojan: Wir haben die DDSG nicht entwickelt, weil wir sie nicht auf die Dauer behalten wollten.

Kreisky: Darüber muss man mit unseren Fachleuten reden. Die DDSG gehört eigentlich zum USIA-Komplex. Die müssten Sie uns eigentlich dazugeben.

Mikojan: Ich glaube nicht, dass sie dazugehört.

Raab: Sagen wir, 2 Millionen Dollar abgehandelt.

Mikojan: Abgemacht!

In den USIA-Betrieben bleibt alles so, wie es jetzt ist.

---

90 *Im Stenogramm sind lediglich die genannten Zahlen notiert. Die in dem Band* Die USIA-Betriebe in Niederösterreich, *328, veröffentlichten Zahlen lauten wie folgt: 1951: 2,057.490 Tonnen, 1952: 2,573.521 Tonnen, 1953: 3,054.952 Tonnen; die von Schöner für 1953 notierte Zahl (3,54 Millionen) könnte u. U. auf einem Hör- oder Übersetzungsfehler beruhen, da diese Zahl ein Abfallen der Förderung von 1953 bis 1954 bedeuten würde, alle vorliegenden Statistiken jedoch eine kontinuierliche Steigerung von Jahr zu Jahr, also auch von 1953 auf 1954, verzeichnen; zu den Zahlen für 1954 und 1955 vgl. oben Anm. 87.*

91 *Siehe oben, sowie im Text des Staatsvertrages Art. 22 (Art. 35 des Entwurfes), Abs. 1.*

Raab: Wenn es recht ist, könnten sogar sowjetische Experten belassen werden, damit eine reibungslose Übergabe erfolgen kann.

Mikojan: Wir wollen jetzt über einen Handelsvertrag reden. Ein solcher soll nach den üblichen Formen ausgehandelt werden. Ein ganz normaler Handelsvertrag. Ein Handelsvertrag für einen bestimmten Termin, fünf oder sechs Jahre, könnte abgeschlossen werden. Jedes Jahr soll die Menge eingesetzt werden.

Raab: Ich hoffe, dass sich die Gütermenge alle Jahre vermehren wird. Wir hoffen, dass Sie uns möglichst viel abkaufen werden.

Schärf: Wir werden das Warenhaus GUM mit allen Waren beliefern.

Mikojan: Ich möchte zum Schluss erklären, dass uns die Rolle des Okkupanten nicht angenehm ist. Für einen Kommunisten ist nämlich der Beruf eines Okkupanten kein guter Beruf. Ich hoffe, dass es zu guten wirtschaftlichen Beziehungen kommen wird. Sie werden vergessen, dass wir eine Okkupationsmacht waren und wir wollen vergessen, dass Österreich gegen die USSR mitgekämpft hat.

Raab: Ja, so wie Ihr General Wlassow.[92] Aber wir schauen nach vorwärts. Kommen Sie einmal nach Wien! Vielleicht zur Wiener Messe, um den Pavillon der Sowjetunion zu eröffnen.

Ende 16.30 Uhr.

Fortsetzung der Besprechungen im Kreml am 14. April 1955, um 11.05 Uhr.[93]

Anwesend von sowjetischer Seite:

Molotow, Mikojan, Kabanow, Iljitschow, Semjonow und Kymanow [*im Stenogramm r.* Gribanow] sowie zwei weitere sowjetische Beamte.[94]

Molotow: Begrüsst und fragt, wie die österreichischen Herren nach dem gestrigen Empfang geschlafen hätten und wie Ihnen die Oper gefallen habe.

---

92 *Eine – sehr scharfe – Entgegnung auf Mikojans letzte Bemerkung. Dem in deutsche Kriegsgefangenschaft geratenen General A. A. Vlasov wurde das Kommando über aus Kriegsgefangenen gebildete russische Truppenverbände übergeben, die auf deutscher Seite kämpften. Vlasov wurde nach dem Kriege von den USA an die UdSSR ausgeliefert und 1946 hingerichtet.*

93 *Die sowjetische Niederschrift bezeichnet die folgende Sitzung als* „Dritte Sitzung der österreichischen Regierungsdelegation".

94 *Die sowjetische Niederschrift nennt zusätzlich zu den von Schöner genannten Namen Lapin und Sergeev. – Im Stenogramm vermerkte Schöner in eckiger Klammer:* „Ich und Verosta sitzen hinter dem Bundeskanzler."

Raab: Verliest eine Zusammenstellung unserer Verpflichtungen und liest dieselben punktweise vor.[95]

95 *Es handelt sich um ein mit* „Vermerk" *betiteltes Papier, bestehend aus einer Präambel und sechs Punkten. Je ein Exemplar einer (früheren) zweizeiligen Fassung erliegt im Nachlass Schärf (4/249, VGAB), im Nachlass Kreisky (SBKA, VII, Staatsvertrag 2; dieses Exemplar veröffentlicht bei Jenny,* Konsensformel, *191f) sowie (mit handschriftlichen Notizen bzw. Korrekturen) im Nachlass Schöner (Konvolut 17, nunmehr in ÖStA, GD, NLS, E/1773); zwei Exemplare einer (späteren) eineinhalbzeiligen Fassung (mit Einarbeitung minimaler, in der früheren Fassung teils maschinschriftlich, teils handschriftlich eingefügter Korrekturen), mit zusätzlichen unterschiedlichen handschriftlichen Korrekturen (auf einem Exemplar in Verostas Handschrift), die schon auf die Textierung des Moskauer Memorandums vom 15. April hinweisen, befinden sich im Aktenstück BMAA Zl. 302.577-6VR/55; die russische Übersetzung bildet die Beilage 1 der sowjetischen Niederschrift vom 14. April 1955 (AVPRF, loc. cit., fol. 43 u. 44). Der* „Vermerk", *der inhaltlich und textlich eine Vorform des Teils I des Moskauer Memorandums darstellt, lautet (ohne Berücksichtigung von offensichtlich erst nach der Verlesung erfolgten handschriftlichen Korrekturen bzw. Ergänzungen) wie folgt:*

„Im Zuge der Besprechungen über den ehesten Abschluss des österreichischen Staatsvertrages in Moskau vom 12.–14. April 1955 wurde zwischen der sowjetischen und der österreichischen Delegation Einverständnis darüber erzielt, dass im Hinblick auf die von den sowjetischen Regierungsmitgliedern Herren stellvertretenden Ministerpräsidenten Molotow und Mikojan gemachten Zusagen Herr Bundeskanzler Ing. Julius Raab, Herr Vizekanzler Dr. Adolf Schärf, Herr Aussenminister Dr. Ing. Leopold Figl, Herr Staatssekretär Dr. Bruno Kreisky unmittelbar nach Inkrafttreten des österreichischen Staatsvertrages für die Herbeiführung folgender Beschlüsse und Massnahmen der österreichischen Bundesregierung Sorge tragen werden.

1.) Im Sinne der von Österreich bereits auf der Konferenz von Berlin im Jahre 1954 abgegebenen Erklärung, keinen militärischen Bündnissen beizutreten, und militärische Stützpunkte auf seinem Gebiet nicht zuzulassen, wird die österreichische Bundesregierung eine Deklaration der Neutralität, wie diese [*in der früheren Fassung:* sie] von der Schweiz gehandhabt wird, für Österreich in einer international verbindlichen Form abgeben.

2.) Die österreichische Bundesregierung wird die österreichische Neutralitätsdeklaration [*in einem Exemplar ist* „Neutralitäts" *ausgestrichen und wurde möglicherweise bei der Verlesung ausgelassen; in der russischen Übersetzung heißt es lediglich:* „österreichische Deklaration"] gemäss den Bestimmungen der Bundesverfassung dem österreichischen Parlament zur Beschlussfassung vorlegen.

3.) Die Bundesregierung wird alle zweckdienlichen Schritte unternehmen, um für diese vom österreichischen Parlament bestätigte Deklaration eine internationale Anerkennung zu erlangen.

4.) Die österreichische Bundesregierung wird eine Garantie der Unversehrtheit und Unverletzlichkeit des österreichischen Staatsgebietes durch die vier Grossmächte begrüssen.

5.) Die österreichische Bundesregierung wird sich für die Abgabe einer solchen Garantieerklärung durch die vier Grossmächte bei den Regierungen Frankreichs, Grossbritanniens und der Vereinigten Staaten von Amerika einsetzen.

Das waren also unsere Verpflichtungen, die die Grundlage eines Dokumentes bilden sollen, das wir unterschreiben wollen.[96]

Molotow: Die Redaktion des Papieres muss noch abgestimmt werden.

(Das Papier wird nochmals verlesen.)

Statt „verhindern" muss eine stärkere Form gewählt werden, nämlich „ausschliesst".[97]

Schärf: Ich möchte feststellen, dass das ganze nicht als Protokoll, sondern als Ergänzungsvermerk [*im Stenogramm r.* Erinnerungsvermerk] unterzeichnet werden soll.

Molotow: Bin einverstanden, ist möglich.[98]

Schärf: Eigentlich wird es ja nur paraphiert, das meiste bedarf ja der Zustimmung des österreichischen Parlaments.

Molotow: Die Redaktion muss noch durchgeführt werden.

Raab: Auf Ihrer Seite ist noch die Frage des Abzugstermines der Truppen offen.

Molotow: Wie versteht die österreichische Delegation den Ausdruck „Garantie der vier Mächte"?

6.) Die Bundesregierung wird nach Übergabe der deutschen Vermögenswerte in der sowjetischen Besatzungszone an Österreich Massnahmen herbeiführen, die eine Überführung dieser Vermögenswerte in das Eigentum ausländischer Staatsangehöriger einschliesslich juristischer Personen privaten oder öffentlichen Rechts verhindert. Ferner wird sie dafür Sorge tragen, dass gegen die bei den früheren USIA-Betrieben, bei den Betrieben der ehemaligen sowjetischen Mineralöl-Verwaltung und bei der DDSG Beschäftigten keine diskriminierenden Massnahmen ergriffen werden."

96 *Raabs letzte Äußerung wird in der sowjetischen Niederschrift wie folgt wiedergegeben:* „Die österreichische Delegation – sagt Raab – habe den Wunsch, aus allen drei von ihr am 13. und 14. April vorgelegten Papieren ein einziges Dokument zusammenzustellen, das als Protokoll unterzeichnet werden würde." [*Es handelt sich um die in Anm. 41, 96 und 106 wiedergegebenen Papiere.*]

97 *Dies bezieht sich auf Punkt 6 des „Vermerks": die Überführung der zurückzugebenden deutschen Vermögenswerte an ausländische Staatsangehörige sollte nicht bloß „verhindert", sondern „ausgeschlossen" werden.*

98 *Figl, der bei den Verhandlungen am 13. und 14. April wesentlich weniger Notizen machte als am ersten Verhandlungstag, notierte als Molotovs Bemerkung:* „Dieses Memorandum wird als Erinnerungsvermerk paraphiert! – S.U. wird rasch ratifizieren und dann könnte der Abzug 31. 12. 55. – " *Nachlass Figl, NÖLA, K. 13, zit. bei Jenny,* Konsensformel, *340. – Die sowjetische Niederschrift gibt Schärfs Anregung mit den Worten wieder:* „Man kann auch die Form eines Memorandums festlegen." *Schärfs Bestreben war es offenkundig, dem Abschlusspapier einen weniger verbindlichen Charakter als den eines „Protokolls" zu geben: dies geht auch aus seiner folgenden Wortmeldung hervor; Schärfs eigene Notizen geben keinen Aufschluss über diesen Teil der Diskussion.*

Raab: So wie es seinerzeit bei der Schweiz war.[99]

Molotow: Das erscheint mir möglich. Natürlich muss das Einverständnis der anderen drei Mächte erreicht werden. Die Sowjetunion sieht kein Hindernis.

Die Sowjetunion ist einverstanden, wenn vor dem 31. Dezember 1955 die Ratifikation erledigt ist, den Abzug vor diesem Termin vorzunehmen. Von Seiten der Sowjetunion wird keinerlei Verzögerung bei der Ratifizierung entstehen. Damit wird die Frage, ob drei oder sechs Monate irrelevant.

Schärf: Ich betrachte die Sache so wie Herr Molotow. Wenn wir zur Ratifizierung kommen, spielt die Frage keine Rolle mehr. Aber wir könnten keine Verschlechterung des Staatsvertragsentwurfes, wenn auch nur eine optische, nach Hause mitbringen. Die USA werden keine Zustimmung zu einer Verlängerung von drei auf sechs Monate geben. Geben Sie uns doch direkt das, was Sie später den Amerikanern geben werden.[100]

Molotow: Wir nehmen ihren Vorschlag entgegen und nehmen an, alles andere hängt nicht von uns ab. Die 90 Tage werden ausgeschlossen,[101] wir nehmen Ihren Vorschlag an.

Schärf: Und im Staatsvertragsentwurf bleiben sie?[102]

Molotow: Wenn Sie sie behalten wollen, kein Einwand, ich wollte nur einen besseren Vorschlag machen.[103]

Schärf: Der Vorschlag des Herrn Molotow besteht unabhängig vom Staatsvertragsentwurf, es ist ein fester Termin, aber im Staatsvertragsentwurf bleibt es bei drei Monaten.

Raab: Die Sowjetunion ist also bereit, ihre Truppen im Falle des Zustandekommens in diesem Jahre spätestens mit 31. Dezember 1955 abzuziehen.[104]

---

99 *Die sowjetische Niederschrift ist hier ausführlicher:* „Raab antwortet, Österreich werde eine Erklärung abgeben, dass es in den Beziehungen mit anderen Staaten Neutralität einhalten, keinen militärischen Bündnissen beitreten und keine militärischen Stützpunkte zulassen werde. Die Mächte könnten ihrerseits eine Erklärung Österreich gegenüber abgeben, wie dies seinerzeit der Schweiz gegenüber geschehen ist."

100 *Die sowjetische Niederschrift vermerkt:* „Schärf bemerkt, wenn der Vertrag einmal ratifiziert ist, werde alles übrige keine entscheidende Rolle mehr spielen. Wie die österreichische Delegation bereits bemerkt hat – sagte er – wünschte man, dass hinsichtlich des Truppenabzuges aus Österreich nicht einmal der optische Eindruck einer Verschlechterung des Staatsvertrages entstehe."

101 *Die Aussage ist unklar;* „ausgeschlossen" *entspricht dem Stenogramm.*

102 *Diese Frage ist in der sowjetischen Niederschrift Kreisky zugeordnet:* „Kreisky fragt, ob im Vertrag der Hinweis auf den Truppenabzug innerhalb von 90 Tagen bleiben werde."

103 *Die sowjetische Niederschrift lautet:* „Molotov antwortet: Wenn wir zu einer Übereinkunft entsprechend dem von der sowjetischen Delegation heute eingebrachten Vorschlag hinsichtlich eines Truppenabzugstermins 31. Dezember 1955 gelangen, wird man auch die Formulierung des Artikels 33 des Vertragsentwurfes in Bezug auf den Abzug der Truppen der vier Mächte aus Österreich abändern müssen."

104 *Die sowjetische Niederschrift geht von dieser Wortmeldung direkt zu Raabs Anschneiden der Wirtschaftsfragen und dem Verlesen des Résumés über die Besprechung bei Mikojan vom*

Molotow: Einverstanden.
Raab: Verliest Papier betreffend die sowjetischen Verpflichtungen.[105]

Vortage über; sie erwähnt nicht die Verlesung des in der folgenden Anmerkung wiedergegebenen österreichischen Papiers und die kurze Diskussion über dieses Papier, dessen russische Übersetzung allerdings als Beilage der sowjetischen Niederschrift der Sitzung vom Vortage (13. April vormittags) beigelegt ist (vgl. folgende Anmerkung).

105 *Dieses Papier – ohne Titel – war österreichischen Ursprunges und fasste in Ergänzung zu dem die österreichischen Bereitschaftserklärungen enthaltenden* „Vermerk" *(oben Anm. 95) nunmehr die sowjetischen Bereitschaftserklärungen (aus österreichischer Sicht) zusammen, soweit sie den am 12. und 13. April erreichten Verhandlungsergebnissen entsprachen. Dieses Papier liegt in mehreren Exemplaren vor; es existieren zwei Fassungen, die allerdings lediglich durch die Neufassung des Punktes fünf voneinander abweichen. Das Papier, hier erstmals veröffentlicht, lautet wie folgt:*

„Die Herren stellvertretenden Ministerpräsidenten der Sowjetunion W. M. Molotow und A. I. Mikojan haben namens der Sowjetregierung folgende Erklärungen abgegeben:

1.) Die Sowjetregierung ist bereit, den österreichischen Staatsvertrag unverzüglich zu unterzeichnen;

2.) Die Sowjetregierung ist bereit, die Besatzungstruppen im Sinne des Artikels 33 drei Monate nach Inkrafttreten des Staatsvertrages, spätestens aber am 31. Dezember 1955, aus Österreich abzuziehen;

3.) Die Sowjetregierung ist im Sinne ihrer auf der Konferenz in Berlin 1954 gemachten Zusage bereit, den Gegenwert der in Artikel 35 angeführten Pauschalsumme von 150 Millionen Dollar zur Gänze in österreichischen Warenlieferungen entgegenzunehmen;

4.) Die Sowjetregierung ist bereit, Österreich alle Aktiven der DDSG, die sich im östlichen Österreich befinden, einschliesslich der Werft in Korneuburg, Schiffe und Hafenanlagen zu übergeben, wofür Österreich an die Sowjetunion den Betrag von 2 Millionen Dollar zahlt;

5.) [*endgültige Fassung, die sich auch in russischer Übersetzung in dem im AVPRF erliegenden Exemplar findet:*] Die Sowjetregierung ist bereit, die ihr nach Artikel 35 anfallenden Rechte an Ölfeldern und Ölraffinerien, einschließlich der „Krackereien" und die AG. für Handel mit Ölprodukten (OROP) gegen eine zu vereinbarende Entschädigung an Österreich zu übergeben. [*Die ältere Fassung lautete:* „...und die AG. für Handel mit Ölprodukten an Österreich zu übergeben. Die von Österreich hiefür zu leistende Ablöse wird insgesamt mit 6 Millionen Tonnen Rohöl, das ist 1 Million pro Jahr, festgesetzt."]

6.) Die Sowjetregierung hält die Artikel 6, 11, 15, 16 bis, 36 und 48 bis für überholt oder überflüssig und ist bereit, diese Artikel fallen zu lassen. Sie wird überdies die österreichische Regierung in ihren Bemühungen, weitere Änderungen des Staatsvertragsentwurfes zu erreichen, unterstützen und solchen Änderungen zustimmen. Jedoch besteht Einverständnis darüber, dass durch Änderungsvorschläge die Verhandlungen zum Abschluss des Staatsvertrages zwischen den vier Mächten und Österreich nicht unnötig verzögert werden sollen.

7.) Die Sowjetregierung ist bereit, die Deklaration über die Neutralität Österreichs anzuerkennen;

Zu Punkt 3) kommt noch Protokoll von gestern nachmittag über Öl und wirtschaftliche Regelungen.[106]

Zu Punkt 4) sagt

Molotow nach kurzer Rückfrage bei dem neben ihm sitzenden Mikojan „einverstanden".

Zu Punkt 5) (Öl)

Molotow: Diese Sache ist akzeptiert. Wir werden auf Punkt 3) zurückkommen.

Schärf: Vielleicht kommen wir schon heute zu Punkt 5) zu einer Einigung?

Raab: Wir werden dann beim wirtschaftlichen Protokoll, dem russischen, darüber reden.

Molotow: Welche Änderungen meinen Sie noch zu Punkt 6?

Raab: Wir wollen möglichst wenig ändern, besonders aber Artikel 38/3.[107]

Molotow: Ich bin zu Punkt 8) einverstanden.

Raab: Gibt ein Resumé [*sic*] des russischen Protokolls vom 13. April 1955 und liest Übersetzung vor.[108]

8.) Die Sowjetregierung ist bereit, an einer Garantie der Unversehrtheit und Unverletzlichkeit des österreichischen Staatsgebietes durch die vier Großmächte – nach dem Muster der Schweiz – teilzunehmen."

Beide Fassungen erliegen in: Nachlass Schöner, Konvolut 17(nunmehr ÖStA, GD, NLS, E/1773) sowie in BMAA, Zl. 302.578-6VR/55 (die zweite Fassung in zwei Exemplaren, davon eines mit zahlreichen handschriftlichen Korrekturen Verostas, die offensichtlich bei der Vorbereitung des endgültigen Textes des Moskauer Memorandums entstanden); die zweite Fassung erliegt außerdem in: Nachlass Schärf (VGAB, 4/249) und Nachlass Kreisky (SBKA, VII, Staatsvertrag 2). Die russische Übersetzung erliegt im AVPRF (loc. cit., fol. 31–32), jedoch irrtümlich als Beilage 2 zur 2. Sitzung vom 13. April 1955 vormittags; die irrtümliche Zuordnung ergibt sich bereits aus der (richtigen) Datierung in der Betitelung der russischen Übersetzung: „Aufzeichnung der österreichischen Delegation über die Verhandlungsresultate, übergeben am 14. April 1955".

106 *Zu diesem siehe unten bei Anm. 108.*

107 *Es handelte sich um einen generellen österreichischen Forderungsverzicht gegenüber Deutschland für den Zeitraum vom 13. März 1938 bis 8. Mai 1945; vgl. Staatsvertrag, Art. 23.*

108 *Diese umfangreiche Aufzeichnung, – aus der Teil III des Moskauer Memorandums entstehen sollte – wird hier erstmals veröffentlicht und lautet in der in den Akten liegenden deutschen Übersetzung wie folgt:*

„Resumé [*sic*] der Resultate der Besprechung zwischen der Regierungsdelegation Österreichs und der Delegation der Sowjetunion in wirtschaftlichen Fragen vom 13. April 1955.

Als Resultat des stattgefundenen Meinungsaustausches sind die Parteien zu Folgendem gelangt:

I. Zu der Frage der Lieferung von Waren an die UdSSR laut Artikel 35 des Staatsvertrages mit Österreich übergebene Sowjetunternehmen in Österreich [*sic: es wurden, wohl in Eile, einige Worte des russischen Originals ausgelassen:* „zur Ablöse des Wertes" *(der zu übergebenden Sowjetunternehmungen in Österreich)*].

1.) Die Sowjetdelegation nimmt die Erklärung der österr. Delegation zur Kenntnis, dass sie die Liste der Waren, welche sie von der Sowjetdelegation erhalten hat, prüfen wird und dass im Laufe von zwei Wochen in Moskau besondere Bevollmächtigte der österr. Regierung eintreffen werden, um die damit verbundenen Fragen zu besprechen.

2.) Die Sowjetdelegation nimmt auch die Erklärung der österr. Delegation zur Kenntnis, dass die österr. Regierung eine besondere Kommission bilden wird, welche sich mit den Terminen und der Qualität der Lieferung an die Sowjetunion in den übereingekommenen Mengen für die allgemeine Summe von 150 Mio am. Dollar, d. h. 25 Mio jährlich, befassen wird.

3.) Die österr. Delegation hat sich bereit erklärt, den Vertretern des sowjetischen Bestellers die Möglichkeit zu geben, Prüfungen bei Annahmen [*sic*] der Waren durchzuführen, die zur Lieferung an die SU auf Rechnung der obigen Summe bestimmt sind. Es wird angenommen, dass die Lieferung der Waren franko österr. Grenze erfolgen soll u. zw. zu Weltpreisen [*sic*]. Die Preise und die Mengen der Waren werden durch die beiden Parteien jährlich, drei Monate vor Beginn eines jeden Jahres, festgesetzt werden. Die Österr. Nationalbank wird Garantiewechsel zur Sicherstellung der obigen Warenlieferung auf die im Staatsvertrag mit Österreich erwähnte Summe von 150 Mio Dollar ausfolgen. Die Wechsel der Österr. Nationalbank werden nach Massgabe der Tilgung der Wechselsumme durch Warenlieferung zurückgegeben werden.

II. Zur Frage der Übergabe an Österreich der der UdSSR gehörenden Ölunternehmungen.

1.) Die Sowjetdelegation nimmt die Erklärung der österr. Delegation zur Kenntnis, dass die österr. Regierung bereit ist, für die an Österreich zu übergebenden und der UdSSR gehörenden Ölfelder und Ölraffinerien eine Bezahlung im Wege von Lieferung von Rohöl zu leisten u. zw. im Ausmasse von 50 % des jährlich in Österreich geförderten Öls im Laufe von 6 Jahren.

2.) Die österr. Delegation gab weiter ihrem Wunsche Ausdruck, eventuelle andere Varianten zu diskutieren u. zw. durch Festlegung bestimmter Mengen von zu lieferndem Rohöl für die ganze Zeit oder z. B. durch eine Zahlung von einer Kompensation in der Höhe von 12 Mio Dollar jährlich mit der Ergänzung, dass im Laufe von sechs Jahren jedes Jahr für diese Summe Rohöl an die UdSSR geliefert werden soll.

Die Sowjetdelegation ist der Meinung, dass der erste Vorschlag der österr. Delegation u. zw. die Kompensation durch Lieferung von Rohöl in der Höhe von 50 % des jährlichen in Österreich geförderten Öls im Laufe von sechs Jahren diejenige ist, die sie annehmen kann.

Die österr. Delegation erklärt, dass sie es für nötig erachtet, eine ergänzende Konsultation mit ihren Experten in dieser Frage durchzuführen und im besonderen festzustellen, wie hoch die Kosten der Förderung des Öls in der Gegenwart sind und dass sie wünscht, zu dieser Frage in zwei Wochen zurückzukehren u. zw. gleichzeitig mit der Besprechung der Listen der Waren für die allgemeine Summe von 150 Mio Dollar.

3.) Die österr. Delegation hat die Erklärung der Sowjetdelegation zur Kenntnis genommen, dass zu den von der Sowjetunion an Österreich zu übergebenden Ölunternehmen und -raffinerien auch die „Krackereien" und die AG. für Handel mit Ölprodukten (Orop)

Mikojan: Die Warenliste zur Grundlage anzusehen werden, sollte geändert werden.[109]

Raab: Der Termin von zwei Wochen ist etwas zu kurz. Ich schlage vor, einen Termin längstens zu Ende Mai.

Molotow: Einverstanden.

Raab: Spricht zu Punkt 2):

Das wird eine konstante Kommission sein.

Verliest Punkt 3).[110]

Mikojan: Natürlich handelt es sich dabei um US-Dollar, nicht vielleicht um mexikanische.

---

gehört [*die Übersetzung ist nicht ganz exakt; r.:* „...zu übergebenden Ölunternehmen und Ölfeldern auch die Ölraffinerien und die AG. für Handel mit Erdölprodukten (Orop) gehört"].

4.) Die Sowjetdelegation hat für die Übergabe der Unternehmen an Österreich die Bedingung gestellt, dass die österr. Regierung sich verpflichtet, dieselben nicht in das Eigentum oder in die Konzession von ausländischen juristischen und physischen Personen zu übergeben, womit sich die österr. Delegation einverstanden erklärt hat.

III. Betrifft die Übergabe der österr. Aktiven in der Donaudampfschiffahrtsgesellschaft im östlichen Österreich.

Die sowjetische Seite übergibt an Österreich alle Aktiven der Donaudampfschiffahrtsgesellschaft, die sich im östlichen Österreich befinden, incl. die Werft in Korneuburg, Schiffe und Hafenanlagen, wofür die Regierung Österreichs an die SU den Betrag von 2 Mio Dollar zur Auszahlung bringen wird.

IV. Betrifft Handelsbeziehungen zwischen der SU und Österreich.

1.) Es wurde Einverständnis erzielt zwischen der SU und Österreich, einen Handelsvertrag für die Dauer von fünf Jahren mit automatischer Verlängerung, wenn derselbe von einer der Parteien nicht gekündigt wird, zu schliessen.

2.) Weiters wurde auch Einverständnis darüber erzielt, dass noch ein besonderer Vertrag über Handel und Zahlungen zwischen Österreich und der SU für fünf Jahre geschlossen wird und dass die Mengen der Waren jährlich abgestimmt wird [*sic*]."

Ein Exemplar der deutschen Übersetzung des Résumés findet sich in: VGAB, Nachlass Schärf, 4/249; Schöners und Verostas Exemplare, jeweils mit zahlreichen handschriftlichen Bemerkungen und Korrekturen, die die Verwendung dieser Exemplare bei der Textierung des Moskauer Memorandums zeigen, befinden sich bei dem Aktenstück BMAA, Zl. 302.579-6VR/55. Exemplare des russischen Textes befinden sich in: AVPRF, loc. cit., fol. 45–47 als Beilage 2 zur Niederschrift der 3. Sitzung vom 14. April 1955, sowie im Nachlass Schöner (ÖStA, GD, NLS, E/1773, Konvolut 17).

109 *Der etwas unklare Satz bezieht sich auf Punkt I/1 des sowjetischen „Résumés" und besagt, dass die von sowjetischer Seite überreichte Warenliste von den Österreichern als* „Grundlage" *für die weiteren Verhandlungen über die Ablöselieferungen anerkannt werden sollte; dies wird deutlich bei Vergleich des Punktes I/1 des Résumés mit dem daraus hervorgegangenen Punkt III/2 des Moskauer Memorandums (Text unten).*

110 *Es handelt sich um die Punkte I/2 und I/3 des Résumés.*

Raab: In II/2: Nicht 12 Millionen Dollar jährlich, sondern insgesamt.[111]
Meine Herren, das können wir nicht zahlen, wollen Sie, dass wir wieder bei den Amerikanern pumpen gehen?
Mikojan: Dollar sind für uns uninteressant. Wir nehmen in natura.
Raab: Wir können das nicht zahlen.
Mikojan: Wir haben Ihre Vorschläge angenommen, Kabanow hat 60 % verlangen wollen. Sie haben selbst 50 % versprochen. Die Sowjetunion ist ohne weiteres Handeln mit österreichischem Vorschlag einverstanden.
Raab: Die Sowjetunion hat den Entwurf auf die Leistung des Jahres 1947 basiert mit 500.000 Tonnen Förderung.
Mikojan: Die 500.000 Tonnen als Basis können nur als Scherz angesehen werden. Der Bundeskanzler scherzt manchmal. Wir verlangen Öl, schieben die Dollar zur Seite.
Raab: Wir müssen aber in Dollar kalkulieren.
Molotow: Wenn die Kosten der Förderung von Österreich nicht getragen werden können, dann ist die Sowjetunion bereit, die Felder selbst zu behalten und auszunützen. Wenn es zu Schwierigkeiten kommt, ist es besser, die Frage auf die lange Bank zu schieben, Zweifel aufzuschieben und in ein oder zwei Jahren zur Entscheidung zu kommen.
Raab: Dadurch würde es auch nicht besser werden. Welche Summe stellen Sie sich also vor?[112]
Molotow: Ich will nicht von einer Summe sprechen, da es sich nur um Sachlieferungen handelt.
Raab: Ich möchte aber doch eine Summe zur Bewertung der Sachlieferungen haben.
Mikojan: Gehen wir von der Voraussetzung aus, dass man jedes Jahr die Förderung feststellt.
Raab: Wenn es weniger wird, dann weniger, wenn mehr, dann wird es mehr für Sie.
Molotow: Die Sowjetunion geht darauf ein.

---

111 *Zum folgenden, dem einzigen wirklich gravierenden Punkt der Ablöseverhandlungen, vgl. die Diskussionen vom 13. April, 15 Uhr 30, oben.*

112 *In der sowjetischen Niederschrift lauten Molotovs Mahnung an die Österreicher und Raabs Antwort:*

„Molotov meint, sollte es bei der österreichischen Delegation ernste Schwierigkeiten geben, wäre es möglich, die Erdölfrage zu vertagen, ohne zu versuchen, sie jetzt zu entscheiden."

Raab bemerkt, dass später die Situation nicht besser sein werde."

Schärf notierte (laut Ersttranskription, VGAB, Nachlass Schärf, 4/249): „Längere Debatte über Erdölfrage. Wir haben uns entschlossen, Festsetzung der Lei[s]tung nicht durch Kommission, sondern jetzt schon erfolgen zu lassen. Darüber längere Debatte." *In der Druckfassung lautet der mittlere Satz:* „Auf meinen Vorschlag haben wir uns entschlossen, die Festsetzung der Gegenleistung nicht durch eine Kommission, sondern schon jetzt durchzuführen" *(Schärf, TNMF 124).*

Mikojan: Wir denken, dass die Produktion für 1955 3,5 Millionen sein wird und immer wachsen wird.

Molotow: Man könnte das letzte Jahr der Förderung annehmen, jedes Jahr um 5 % steigern und so zu festen Sätzen kommen. 1955 käme als feste Basis von 50 % in Betracht. So käme man zu festen Ziffern. Dies ist aber nur ein Vorschlag. Mit festen Ziffern ist es besser, weil keine Kontrollen durchgeführt werden müssen.

Raab: Ich schlage vor, eine Million pro Jahr für sechs Jahre.[113]

Mikojan: Sie sind ein sehr scharfsinniger Mann, sogar wenn man das Vorjahr als Basis annimmt, kämen doch 1,6 Millionen heraus.[114] Wir wollen doch so wie bisher auf freundschaftlicher Basis verhandeln.

Es gibt schliesslich zwei Arten der Verhandlung. Erstens: man verhandelt, bis man umfällt, oder zweitens: als realer Kaufmann. Ich sehe schon, wir sind schlechtere Kaufleute als Sie![115]

Raab: Wie hoch schätzen Sie Ihr Vermögen?

Mikojan: Ich schätze es auf 70 Millionen Dollar, nur die Anlagen ohne die Ölfelder.[116] Festgestellte Felder betragen 70 Millionen Tonnen, das sind ungefähr 130 Millionen Dollar Wert.[117] Sowas verkaufen wir an Österreich, nachdem Deutschland unser Land geplündert hat!

Molotow: Wir gehen nicht nur wirtschaftliche, sondern auch politische Standpunkte an. Es ist besser, die Frage gleich zu regeln, nicht auf die lange Bank zu

---

113 *Dieses Angebot war von den Österreichern offensichtlich vorbesprochen worden, denn es findet sich in der ersten Fassung der Aufzeichnung (Punkt 5), die zuvor von Raab verlesen worden war (vgl. oben Anm. 106).*

114 *Hierzu vgl. oben Anm. 87.*

115 *Auch die sowjetische Niederschrift lässt den in dieser Verhandlungsphase durchbrechenden „händlerischen" Tonfall zur Geltung kommen, ordnet allerdings eine Äußerung Molotov, nicht Mikojan, zu:*

„Mikojan wirft ein: Sie bieten 1 Mio Tonnen pro Jahr und nicht 50 % der Erdölförderung, wie es gestern die österreichische Delegation erklärt hat. Faktisch ergaben 50 % der Erdölförderung 1954 1,6 Mio Tonnen. Ferner weist Mikojan auf zwei Arten der Verhandlungsführung: feilschen bis zum Umfallen oder an die Frage sachlich, ‚kaufmännisch' herangehen.

Molotov bemerkt, die sowjetischen Delegationsteilnehmer wären schlechtere Kaufleute als die österreichischen.

Raab erwidert: Sie sind sehr gute Kaufleute. Für uns – sagt er – stellt ihr Vorschlag betreffend die Erdöllieferungen eine Belastung dar, wir möchten wissen, wie hoch Sie das Vermögen der Sowjetischen Mineralölverwaltung einschätzen."

116 *Die sowjetische Mitschrift verzeichnet eine etwas höhere Zahl:* „Mikojan bemerkt, allein an Investitionen in die Erdölbetriebe habe die Sowjetunion 72 Mio Dollar aufgewendet."

117 *In starkem Gegensatz zu den von Mikojan genannten 70 Mio. Tonnen Ölreserven stand die Zahl von lediglich 20 Mio. Tonnen, die in dem von der österreichischen Delegation mitgenommenen Arbeitspapier genannt wurde. Auch in Bezug auf die von Mikojan genannten Dollarwerte waren die österreichischen Schätzungen wesentlich niedriger. Vgl. oben Kap. VI.*

schieben. Für die Beziehungen zwischen Österreich und der Sowjetunion wird das von guter Auswirkung sein.

Wir könnten auch die Aufgabe stellen, in der Ölindustrie Österreichs zu bleiben und müssten unsere Rechte dann auch entsprechend verteidigen. Aber wir sind uns klar, dass das von Zeit zu Zeit Differenzen mit Österreich ergeben müsste. Wir sind der Ansicht, dass Österreich die Verpflichtung zur Neutralität ehrlich erfüllen wird und wir glauben, dass es opportun ist, die Ölfrage schon jetzt zu lösen.

Wir erinnern uns daran, dass die österreichische Delegation gestern 50 % angeboten hat. Wenn das für Österreich sehr schwer ist, könnten wir die Bedingungen ein wenig erleichtern. Auch hier lassen wir uns von dem Wunsch leiten, dass die Beziehungen zu Österreich auf Dauer sich freundschaftlich gestalten sollen. Darum ist es besser, eine feste Zahl festzusetzen, um sie von Kontrollen und den damit verbundenen Differenzen unabhängig zu machen. Ausserdem ist es unser ehrlicher Wunsch, dass Naturalzahlungen von Österreich nicht als allzu drückende Last empfunden werden sollen. Darum fordern wir die österreichische Delegation auf, einen Vorschlag für eine feste Menge Rohöl zu machen, die für die nächsten sechs Jahre an die Sowjetunion zu liefern sein wird. Ich habe mit Mikojan mich beraten und wir bitten die österreichische Delegation, diese Frage nochmals zu überlegen. Wir könnten heute abend beim Diner die festen Zahlen festlegen.

Raab: Ich bitte um eine kurze Unterbrechung.

Molotow: Wir wollen nicht drängen, wir stehen später zu Ihrer Verfügung.

Schärf: Was denkt aber Minister Mikojan selber darüber?

Mikojan: Ölförderung 1954 und Prozentsätze aus zu erwartender Vermehrung, sieben bis zehn Prozent mehr, aber mit Erhöhung von fünf Prozent einverstanden. Basis 1,6 Millionen Tonnen, zu dieser Ziffer fünf Prozent Zuschlag. Fünf Prozent jährlich zu 1,6 Millionen Tonnen zuzuschlagen, wobei immer Vorjahr als Basis dienen soll. Das wären 30 % im letzten Jahr.

(Die Verhandlung wird zwecks Beratung der österreichischen Delegation in einem anderen Raum unterbrochen.)

Fortsetzung der Besprechungen im Kreml am 14. April 1955, um 12.05 Uhr[118]

Raab: Ich möchte mitteilen, dass wir folgendes vorschlagen:

Österreich liefert 10 Millionen Tonnen Rohöl innerhalb einer Frist von 10 Jahren.

Im Falle eines aussergewöhnlichen Versagens der Quellen müsste neu verhandelt werden können. Wir schlagen einen Zeitraum von zehn Jahren vor, weil wir daneben 25 Millionen Dollar jährlich zahlen müssen. Unser Vorschlag entspricht mengenmässig dem Vorschlage des Herrn Mikojan.[119]

---

118 *Schärf, TNMF 125 notiert um 12 Uhr eine Unterbrechung auf 10 Minuten.*

119 *Die von Raab genannte Jahresleistung von 25 Mio. Dollar war bekanntlich sechs Jahre lang zu erbringen. – Mengenmäßig lag Mikojans Vorschlag über Raabs Angebot.*

Mikojan: Sie sprechen von Überprüfung für den Fall der Verminderung der Öllieferung. Warum nicht auch bei einer Erhöhung der Öllieferung?

Raab: Fünf Prozent Zusatz haben wir schon eingerechnet.

Molotow: Wenn die österreichische Delegation auf die Bedingung verzichten würde, das heisst auf die Überprüfung verzichten könnte, dann würde man dem Vorschlag nähertreten. Wir würden dies nur aus politischen Gründen tun, denn aus wirtschaftlichen Gründen besteht kein Grund, den österreichischen Vorschlag anzunehmen.

Raab: Ich sehe ein, dass es ein Kaufpreis ist, für den wir das Risiko übernehmen müssen. Wenn es uns möglich ist, werden wir auch in kürzerer Zeit als in zehn Jahren zahlen.

Molotow: Einverstanden.

Raab: Also zehn Jahre lang. Ich sage Ihnen aber, wir werden geprügelt werden, wenn wir heimkommen!

Molotow: Im Gegenteil, Sie werden auf Händen getragen werden, wenn Sie heimkommen!

Mikojan: Mein Kompliment, Sie können sehr gut handeln, Herr Bundeskanzler!

Raab: Punkt 2) muss neu formuliert werden.[120]

Mikojan: Wie ist es mit dem Termin für die Übergabe der DDSG? Wann wird bezahlt?

Raab: Zusammen mit der Übergabe.

Mikojan: Im Jahre 1956.

Raab: Übernahme gleich nach dem Staatsvertrag? Das ist Sache von Detailverhandlungen. Ich bitte nun um Zusammenfassung der Punkte 1), 2) und 3).[121]

Ausserdem bitten wir nochmals, wegen der österreichischen Inhaftierten in der Sowjetunion etwas zu unternehmen.

Und dann geht es um das gemeinsame Komuniqué. Ich stelle mir vor, dass wir unsere Öffentlichkeit langsam vorbereiten müssen. Es wäre wichtig, wenn über die Gefangenen etwas gebracht werden könnte.

Figl: Lassen Sie am zehnten Jahrestag alle aus!

Molotow: Wir werden eine Erklärung abgeben, eine Erklärung Ihnen aushändigen mit Einschränkungen. Hier werden Zahlen angeführt, die vielleicht nicht ganz stimmen. Diese müssen erst ganz genau festgestellt werden.

(Molotow verliest vorbereitete Erklärung.[122])

In allernächster Zeit wird die Frage erörtert werden, die Frage betreffend der Verurteilten, die ihre Strafen auf dem Territorium der USSR abbüssen.

Bezüglich der österreichischen Kriegsgefangenen und Zivilinhaftierten wird vorgesehen:

---

120 *Es handelt sich wohl um Punkt II insgesamt.*

121 *Es handelt sich wohl um die Punkte I, II, und III.*

122 *Der Text erliegt u. a. in AdR, BMAA, II-Pol. Zl. 321.449-Pol/55, sowie in ÖStA, GD, NLS, E 1773, Konvolut 17.*

1.) Vor dem Termin des Strafendes zu repatriieren 300 verurteilte österreichische Kriegsgefangene.

2.) Zur Verfügung der Republik Österreich zu übergeben als Kriegsverbrecher die übrigen 92 österreichischen Kriegsgefangenen, bezüglich derer russischer Organe nicht die Möglichkeit gefunden haben, von Strafverbüssung zu befreien in Anbetracht ihrer gemeinen Verbrechen.

3.) Vor Strafende werden wir gestatten zurückzukehren 306 österreichischen Zivilpersonen, verurteilt wegen Verbrechens gegen die Sowjetunion und ihre Truppen in Österreich.

4.) Wir werden gestatten, in die Heimat zurückzukehren 17 österreichischen Staatsbürgern, die sich derzeit befinden laut Bestimmungen sowjetischer Gerichte in Verbannung und strafweise in Ansiedlungen sind befinden [*sic*].

5.) Zeitweise in der USSR zu belassen 31 Österreicher, die in letzter Zeit Verurteilungen wegen aktiver Spionage in der Sowjetunion zugunsten von ausländischen Geheimdiensten [*sic*].[123]

Diese Personen[124] können österreichischen Organen übergeben werden am Tage der Räumung Österreichs von den sowjetischen Truppen.

Wenn diese repatriiert sein werden, bleibt keine Person österreichischer Staatsbürgerschaft zurück, die eine Strafe in der Sowjetunion abbüsst. Alle früheren österreichischen Kriegsgefangenen werden in allernächster Zeit nach Österreich repatriiert werden. Die von mir genannten Ziffern können sich leicht ändern, besonders auch die Aufteilung nach Kategorien. Das Präsidium des Obersten Sowjets muss diese Begnadigungen erst bewilligen. In den nächsten Tagen werden die Gnadenakte vorbereitet, schon in den allernächsten Tagen.

Die Bitte des Herrn Staatspräsidenten Körner ist dadurch erfüllt.

Raab: Spricht den Dank der österreichischen Delegation für die Freilassung der Österreicher aus.

Was werden wir nun als nächstes angehen? Soll die Unterzeichnung abends vor dem Essen stattfinden?

Molotow: Darüber müssen wir noch reden, wir werden Sie verständigen.[125]

Ende 12.30 Uhr.

---

123 *Die Zahlenangaben in allen fünf Kategorien entsprechen exakt den in der sowjetischen Niederschrift genannten Zahlen; sie wurden von Schöner entweder sorgfältig mitgeschrieben oder von einem den Österreichern ausgehändigten Text übernommen.*

124 *In der sowjetischen Niederschrift*: „Diese 31 österreichischen Staatsbürger".

125 *Die letzten Wortmeldungen Molotovs und Raabs lauten in der sowjetischen Niederschrift wie folgt:*

„Am Ende der Sitzung wurde vereinbart, dass sich heute um 16 Uhr die Vertreter der sowjetischen Delegation Semënov, Il'ičëv sowie Lapin und Gribanov und die Vertreter der österreichischen Delegation Figl, Kreisky, Schöner und Verosta im Kreml treffen werden, um die Texte des Memorandums und des Kommuniqués über die Ergebnisse der österreichisch-sowjetischen Verhandlungen endgültig abzustimmen.

4.

Memorandum über die Ergebnisse der Besprechungen zwischen der Regierungsdelegation der Republik Österreich und der Regierungsdelegation der Sowjetunion („Moskauer Memorandum"), 15. April 1955

I.

Im Zuge der Besprechungen über den ehesten Abschluß des österreichischen Staatsvertrages in Moskau vom 12. bis 15. April 1955 wurde zwischen der sowjetischen und der österreichischen Delegation Einverständnis darüber erzielt, daß im Hinblick auf die von den Mitgliedern der sowjetischen Regierung – dem Herrn Stellvertretenden Vorsitzenden des Ministerrates der UdSSR und Außenminister der UdSSR W. M. Molotow und dem Herrn Stellvertretenden Vorsitzenden des Mini-

---

[Fortsetzung von Dok. 3 Anm. 125] Vor der Schließung der Sitzung dankt Raab der Sowjetregierung für die erfolgreichen Verhandlungen und den warmherzigen Empfang, welcher der österreichischen Delegation in Moskau zuteil geworden ist.

Molotov bemerkt, die Delegation habe im Interesse des Friedens gearbeitet."

Schöners Mitschrift ist mit dieser Sitzung beendet. Für die für 14. April 1955 um 16 Uhr angesetzte Redaktionssitzung gibt es österreichische Gesprächsnotizen (vgl. oben im Text).

Die sowjetische Niederschrift wird fortgesetzt und abgeschlossen mit der Niederschrift „über die vierte Sitzung der österreichischen Regierungsdelegation, 15. April 1955" *(AVPRF, loc. cit., fol. 48). Als anwesend von sowjetischer Seite werden verzeichnet: Molotov, Mikojan, Kabanov, Semënov, Il'ičëv,* „außerdem anwesend" *Lapin, Gribanov und Sergeev; von österreichischer Seite Raab, Schärf, Figl, Kreisky, Schöner, Verosta, Bischoff, außerdem Kindermann. Einzelne Wortmeldungen sind nicht verzeichnet. Die Niederschrift lautet wie folgt:*

„Bei der Sitzung wurden folgende Dokumente, die die von V. S. Semënov seitens der sowjetischen Delegation und von L. Figl seitens der österreichischen Delegation geführten Kommissionen zuvor abgestimmt haben, behandelt und angenommen:

1) Sowjetisch-österreichisches Kommuniqué über den Aufenthalt der österreichischen Regierungsdelegation (beiliegend).

2) Memorandum über die Ergebnisse der Besprechungen zwischen der Regierungsdelegation der Sowjetunion und der Regierungsdelegation der Republik Österreich (beiliegend).

Nach der Abstimmung der Dokumente fand die Paraphierung des Memorandums statt.

Nach Beendigung der Paraphierung beglückwünschten die Delegationen einander zum erfolgreichen Abschluss der Verhandlungen.

Raab dankte noch einmal herzlich der Sowjetregierung für den freundlichen Empfang der österreichischen Delegation."

Die Niederschrift für alle vier Sitzungen trägt jeweils (mit dem Vermerk „Die Niederschrift hat angefertigt"*) die Unterschrift Michail Gribanovs.*

sterrates der UdSSR A. I. Mikojan – abgegebenen Erklärungen, Herr Bundeskanzler Ing. Julius Raab, Herr Vizekanzler Dr. Adolf Schärf, Herr Außenminister Dr. h.c. Ing. Leopold Figl, Herr Staatssekretär Dr. Bruno Kreisky im Zusammenhang mit dem Abschluß des österreichischen Staatsvertrages für die Herbeiführung folgender Beschlüsse und Maßnahmen der österreichischen Bundesregierung Sorge tragen werden.

1.) Im Sinne der von Österreich bereits auf der Konferenz von Berlin im Jahre 1954 abgegebenen Erklärung, keinen militärischen Bündnissen beizutreten und militärische Stützpunkte auf seinem Gebiet nicht zuzulassen, wird die österreichische Bundesregierung eine Deklaration in einer Form abgeben, die Österreich international dazu verpflichtet, immerwährend eine Neutralität der Art zu üben, wie sie von der Schweiz gehandhabt wird.

2.) Die österreichische Bundesregierung wird diese österreichische Deklaration gemäß den Bestimmungen der Bundesverfassung dem österreichischen Parlament unmittelbar nach Ratifikation des Staatsvertrages zur Beschlußfassung vorlegen.

3.) Die Bundesregierung wird alle zweckdienlichen Schritte unternehmen, um für diese vom österreichischen Parlament bestätigte Deklaration eine internationale Anerkennung zu erlangen.

4.) Die österreichische Bundesregierung wird eine Garantie der Unversehrtheit und Unverletzlichkeit des österreichischen Staatsgebietes durch die vier Großmächte begrüßen.

5.) Die österreichische Bundesregierung wird sich für die Abgabe einer solchen Garantieerklärung durch die vier Großmächte bei den Regierungen Frankreichs, Großbritanniens und der Vereinigten Staaten von Amerika einsetzen.

6.) Die Bundesregierung wird nach Übergabe der deutschen Vermögenswerte in der sowjetischen Besatzungszone an Österreich Maßnahmen herbeiführen, die eine Überführung dieser Vermögenswerte in das Eigentum ausländischer Staatsangehöriger einschließlich juristischer Personen privaten oder öffentlichen Rechts ausschließt. Ferner wird sie dafür Sorge tragen, daß gegen die bei den früheren USIA-Betrieben, bei den Betrieben der ehemaligen sowjetischen Mineralölverwaltung, der Aktiengesellschaft OROP und bei der DDSG Beschäftigten keine diskriminierenden Maßnahmen ergriffen werden.

II.

Die Herren Stellvertretenden Vorsitzenden des Ministerrates der UdSSR W. M. Molotow und A. I. Mikojan haben namens der Sowjetregierung im Hinblick auf die Erklärungen der österreichischen Regierungsdelegation folgende Erklärungen abgegeben:

1.) Die Sowjetregierung ist bereit, den österreichischen Staatsvertrag unverzüglich zu unterzeichnen.

2.) Die Sowjetregierung erklärt sich damit einverstanden, daß alle Besatzungstruppen der Vier Mächte nach Inkrafttreten des Staatsvertrages, nicht später als am 31. Dezember 1955, aus Österreich abgezogen werden.

3.) Die Sowjetregierung hält die Artikel 6, 11, 15, 16-bis und 36 für überholt oder überflüssig und ist bereit, diese Artikel fallen zu lassen. Sie ist überdies bereit, auch den Artikel 48-bis bei gleichzeitigem Verzicht Österreichs auf die Forderungen an die Sowjetunion aus den sogenannten „zivilen Besatzungskosten" fallen zu lassen.

Sie wird überdies die österreichische Regierung in ihren Bemühungen, weitere mögliche Änderungen des Staatsvertragsentwurfes zu erreichen, unterstützen und solchen Änderungen zustimmen. Jedoch besteht Einverständnis darüber, daß durch Vorschläge zur Änderung des Vertrages die Verhandlungen zum Abschluß des Staatsvertrages zwischen den Vier Mächten und Österreich nicht unnötig verzögert werden sollen.

4.) Die Sowjetregierung ist bereit, die Deklaration über die Neutralität Österreichs anzuerkennen.

5.) Die Sowjetregierung ist bereit, an einer Garantie der Unversehrtheit und Unverletzlichkeit des österreichischen Staatsgebietes durch die Vier Großmächte – nach dem Muster der Schweiz – teilzunehmen.

[III.]

Als Ergebnis des stattgefundenen Meinungsaustausches sind die Delegationen zu Folgendem gelangt:

Über die Lieferung von Waren an die UdSSR zur Ablöse des Wertes der gemäß dem österreichischen Staatsvertrag (Artikel 35) übergebenen sowjetischen Unternehmen in Österreich.

1.) Die Sowjetregierung ist im Sinne ihrer auf der Konferenz in Berlin 1954 gemachten Zusage bereit, den Gegenwert der in Artikel 35 angeführten Pauschalsumme von 150 Millionen Dollar zur Gänze in österreichischen Warenlieferungen entgegenzunehmen.

2.) Die sowjetische Delegation nimmt die Erklärung der österreichischen Delegation zur Kenntnis, daß diese die Liste der Waren, welche sie von der sowjetischen Delegation erhalten hat, als Grundlage annimmt, und in diesem Zusammenhang besondere Bevollmächtigte der österreichischen Regierung nicht später als bis Ende Mai dieses Jahres sich nach Moskau begeben werden.

3.) Die sowjetische Delegation nimmt auch die Erklärung der österreichischen Delegation zur Kenntnis, daß die österreichische Regierung eine besondere Kommission bilden wird, welche sich mit den Terminen und der Qualität der Lieferung der Waren an die Sowjetunion befassen wird, und zwar in den vereinbarten Mengen für die allgemeine Summe von 150 Millionen am. Dollar, d. h. 25 Millionen am. Dollar jährlich.

4.) Die österreichische Delegation hat sich bereit erklärt, den Vertretern des sowjetischen Bestellers die Möglichkeit zu gewährleisten, bei Übernahme der Waren, die zur Lieferung an die Sowjetunion auf Rechnung der obigen Summe bestimmt sind, Prüfungen durchzuführen. Es besteht Einverständnis darüber, daß die Lieferung der Waren franko österreichische Grenze zu Weltmarktpreisen erfolgen soll. Die Preise und die Menge der Waren werden durch die beiden Parteien jährlich, 3 Monate vor Beginn eines jeden Jahres, abgesprochen werden. Die Österreichische Nationalbank wird Garantiewechsel zur Sicherstellung der obigen Warenlieferungen auf die im Staatsvertragsentwurf erwähnte Summe von 150 Millionen am. Dollar ausfolgen. Die Wechsel der Österreichischen Nationalbank werden nach Maßgabe der Tilgung der Wechselsumme durch Warenlieferungen zurückgegeben werden.

Zur Übergabe der von der UdSSR in Österreich innegehabten Ölunternehmungen an Österreich

1.) Die sowjetische Delegation nimmt den Vorschlag der österreichischen Delegation an, wonach die österreichische Regierung für die an Österreich übergebenen und von der UdSSR innegehabten Ölfelder und Ölraffinerien eine Bezahlung durch Lieferungen von Rohöl im Ausmaß von einer Million Tonnen jährlich innerhalb von 10 Jahren, also von insgesamt 10 Millionen Tonnen, an die Sowjetunion leisten wird.

Die sowjetische Delegation nimmt die Erklärung der österreichischen Delegation zur Kenntnis, daß die österreichische Regierung sich das Recht vorbehält, die Lieferungen der angeführten Menge von Rohöl an die Sowjetunion auch in kürzeren Fristen durchzuführen. Das Rohöl wird zu folgenden Bedingungen geliefert werden: franko österreichische Grenze, frei von Abgaben und Zöllen.

2.) Die österreichische Delegation hat die Erklärung der sowjetischen Delegation zur Kenntnis genommen, daß zu den von der Sowjetunion an Österreich übergebenen Ölunternehmen und Ölfeldern auch die Raffinerien und die Aktiengesellschaft für Handel mit Ölprodukten (OROP) gehören.

Zur Übergabe der Vermögenswerte der Donaudampfschiffahrtsgesellschaft im östlichen Österreich an Österreich

Die sowjetische Seite übergibt an Österreich alle Vermögenswerte der Donaudampfschiffahrtsgesellschaft, die sich im östlichen Österreich befinden einschließlich der Schiffswerft in Korneuburg, der Schiffe und Hafenanlagen, wofür die österreichische Regierung gleichzeitig mit der Übergabe dieser Vermögenswerte an Österreich den Betrag von zwei Millionen am. Dollar an die Sowjetunion auszahlen wird.

Zur Frage des Handels zwischen der Sowjetunion und Österreich

1.) Es wurde zwischen der Sowjetunion und Österreich Einverständnis erzielt, einen Handelsvertrag für die Dauer von fünf Jahren abzuschließen, mit automatischer Verlängerung, soferne keine Kündigung des Vertrages von einer der beiden Parteien erfolgt.

2.) Weiters wurde auch Einverständnis darüber erzielt, daß ein Vertrag über den Warenaustausch und den Zahlungsverkehr zwischen Österreich und der Sowjetunion für die Dauer von fünf Jahren geschlossen wird, wobei die Mengen der Waren jährlich vereinbart werden.

Ausgefertigt in zwei Exemplaren, jedes in deutscher und russischer Sprache, wobei beide Texte gleichermaßen authentisch sind.
Zur Beurkundung des oben Angeführten wird dieses Memorandum paraphiert.

Für die Regierungsdelegation
der Sowjetunion:
W. M. Molotow m. p.
A. I. Mikojan m. p.

Für die österreichische
Regierungsdelegation:
J. Raab m. p.
A. Schärf m. p.
L. Figl m. p.
B. Kreisky m. p.

Moskau, am 15. April 1955

Veröffentlicht in: Österreichische Zeitung, *22. Mai 1955, 2, und* Österreichische Neue Tageszeitung, *25. Mai 1955, 2. Abdruck gemäß Aktenstück Zl. 321.349-Pol/55 (AdR. BMAA, II-Pol) in:* DÖA, *Nr. 163, dem auch hier gefolgt wird. Der überwiegende Teil von Abschnitt III (mit Ausnahme der letzten beiden Absätze zur Frage des Handels zwischen der Sowjetunion und Österreich) wurde auch als Anhang zum Staatsvertrag im Bundesgesetzblatt publiziert (siehe unten).*

5.
Die mit den Westmächten vereinbarten Memoranden

a.
Memorandum über die Ergebnisse der Besprechungen zwischen Mitgliedern der österreichischen Bundesregierung und den Botschaftern Ihrer Königlichen britannischen Majestät und der Vereinigten Staaten von Amerika („Wiener Memorandum“), 10. Mai 1955

Aus Anlaß der Botschafterkonferenz in Wien haben zum Zwecke des ehesten Abschlusses des österreichischen Staatsvertrages zwischen dem Botschafter Ihrer Königlichen Britannischen Majestät, Sir Geoffrey Arnold Wallinger, K. C. M. G., und dem Botschafter der Vereinigten Staaten von Amerika, Herrn Llewellyn E. Thompson, einerseits und den Mitgliedern der österreichischen Bundesregierung, Herren Bundeskanzler Ingenieur Julius Raab, Vizekanzler Dr. Adolf Schärf, Bundesminister für die Auswärtigen Angelegenheiten Dr. h. c. Leopold Figl, Staatssekretär für die Auswärtigen Angelegenheiten Dr. Bruno Kreisky, andererseits, Besprechungen mit folgendem Ergebnis stattgefunden:

I.

1. Die beiden Botschafter haben den oben angeführten Mitgliedern der österreichischen Bundesregierung die Versicherung abgegeben, daß das Vereinigte Königreich und die Vereinigten Staaten von Amerika Eigentum, Rechte und Interessen, die Gegenstand des Artikels 35, Absatz 11 [jetzt Art. 22], des Staatsvertragsentwurfes in seiner vorliegenden Form sind, an Österreich übertragen werden.

2. Die beiden Botschafter verwiesen auf die Tatsachen, daß die in der amerikanischen und britischen Zone gelegenen, früheren deutschen Vermögenswerte schon seit 1946 in die Kontrolle der österreichischen Verwaltung übergeben worden waren. In Entsprechung der von ihren Regierungen im Jahre 1949 erklärten Absicht, die früheren deutschen Vermögenswerte im westlichen Österreich mit dem Inkrafttreten des österreichischen Staatsvertrages an Österreich zu übergeben, haben ihre Regierungen außerhalb Österreichs Maßnahmen für die Anerkennung des zukünftigen Rechtstitels Österreichs an diesen Vermögenswerten getroffen.

3. Diese früheren deutschen Vermögenswerte werden auf Grund des österreichischen Staatsvertrages an Österreich übertragen werden, um die österreichische Volkswirtschaft zu stärken und um Österreich für seinen Verzicht auf die aus der Zeit der Besetzung Österreichs durch Deutschland herrührenden, gegenüber Deutschland bestehenden Forderungen in einem gewissen Ausmaß zu entschädigen.

4. Diese Übertragung erfolgt überdies ohne Bezahlung oder eine andere Leistung durch Österreich an das Vereinigte Königreich und die Vereinigten Staaten von Amerika.

5. Der Botschafter der Vereinigten Staaten von Amerika erklärte sein Einverständnis, daß seine Regierung nicht beabsichtige, die von den Vereinigten Staaten von Amerika in Österreich für Besatzungszwecke errichteten Bauten zu entfernen, und daß seine Regierung bereit sei, alle Vorschläge der österreichischen Bundesregierung für den vorteilhaften Erwerb dieser Vermögenswerte, fester Ausstattungen und Einrichtungen durch Österreich unverzüglich und wohlwollend zu erwägen.

6. Der Botschafter Ihrer Königlichen Britannischen Majestät bestätigte, daß alle auf Kosten des Vereinigten Königreichs gebauten Familienwohnhäuser den österreichischen Behörden in einer für Österreich vorteilhaften Weise übergeben werden. Desgleichen wird eine ähnliche Verfügung über Einrichtungsgegenstände und feste Ausstattungen, die den Besatzungsstreitkräften des Vereinigten Königreiches in Österreich gehören, in wohlwollende Erwägung gezogen werden.

7. Um das endgültige Einvernehmen über den Text des österreichischen Staatsvertrages zu beschleunigen, erklärten die beiden Botschafter ihre Zustimmung, daß sie die österreichische Regierung in ihren Bemühungen unterstützen werden, für Österreich günstige, mögliche Änderungen des Staatsvertrages zu erreichen.

8. Der Botschafter Ihrer Königlichen Britannischen Majestät erklärte ferner seine Zustimmung, daß er die Streichung der Annexe VIII und X auf Antrag der österreichischen Regierung unterstützen würde, soweit er hiezu in der Lage sei.

Es wurde erklärt, daß Österreich den Bestimmungen dieser Annexe hinsichtlich der wenigen in Betracht kommenden Fälle, soweit dies noch notwendig sein sollte, durch bilaterale Regelungen Rechnung tragen wird.

II.

Im Hinblick auf die von den Botschaftern Ihrer Königlichen Britannischen Majestät und der Vereinigten Staaten von Amerika unter I. abgegebenen Erklärungen erklärten die oben genannten Mitglieder der österreichischen Bundesregierung, so bald als möglich nach Inkrafttreten des Staatsvertrages, längstens aber, sofern im folgenden nichts anderes bestimmt ist, binnen 21 Monaten nach Inkrafttreten des Staatsvertrages für die Herbeiführung folgender Beschlüsse und Maßnahmen Sorge tragen zu wollen:

1. Den Firmen Anglo-Saxon Petroleum Co. Ltd. und Socony Vacuum Oil Co. sollen im Hinblick auf ihre vor dem Inkrafttreten des Staatsvertrages bestandenen indirekten 100%igen Eigentumsrechte an der Lobauer Raffinerie und der Zistersdorf-Lobau Ölleitung diese Vermögenswerte entweder direkt oder an ihre Tochtergesellschaft Österreichische Mineralölwerke übergeben werden. Falls die österreichische Bundesregierung verhindert ist, dies zu tun, wird sie die genannten Unternehmungen im Sinne der Erklärung vom 29. November 1949 angemessen befriedigen.

2. Die Firmen Anglo-Saxon Petroleum Co. Ltd. und Standard Oil Co.-N.J. werden hinsichtlich ihrer vor dem Inkrafttreten des Staatsvertrages bestandenen indirekten 50%igen (je 25%igen) Beteiligung an der Korneuburger Raffinerie im Sinne der Erklärung vom 29. November 1949 angemessen befriedigt werden.

3. Die Firmen Anglo-Saxon Petroleum Co. Ltd. und Standard Oil Co.-N.J. werden

im Hinblick auf ihre 50%ige (je 25%ige) indirekte Beteiligung an den im östlichen Österreich gelegenen Verteileranlagen der Deutschen Gasolin AG. und der Gasolin Ges. m. b. H. dadurch befriedigt werden, daß an sie der 50%ige deutsche Anteil an den Verteileranlagen der Deutschen Gasolin AG. und ihrer Tochtergesellschaft Gasolin Ges. m. b. H. im westlichen Österreich übertragen wird.

4. Hinsichtlich einer abfälligen amerikanischen 25%igen indirekten Beteiligung an der Hotel Nordbahn-Gesellschaft und hinsichtlich einer allfälligen 5,06%igen britischen indirekten Beteiligung an der Osram Ges. m. b. H. werden Anteilsrechte gleichen inneren Wertes an wirtschaftlich gleichartigen anderen Unternehmungen in Österreich übergeben werden. Falls die österreichische Bundesregierung hiezu nicht in der Lage wäre, werden die Anteilsberechtigten hiefür angemessen befriedigt werden.

5. Die Fabrik in Atzgersdorf der österreichischen UNILEVER AG., die britisch-holländisches Eigentum ist, wird so bald als möglich an die österreichische UNILEVER AG. übergeben werden.

6. Die Firmen Rohölgewinnungs-Aktiengesellschaft (RAG), Van Sickle und möglicherweise Austrogasco und Steinberg-Naphta haben infolge der deutschen Gesetzgebung oder infolge angeblicher Entziehungen im Sinne der Rückstellungsgesetzgebung Freischurfrechte auf Bitumen eingebüßt. Auf Grund dieser Tatsache und um die Erklärung vom 29. November 1949, Zl. 89.095-Pol/49, und vom 31. Juli 1951, Zl. 137.556-Pol/51, samt Begleitnote durchzuführen, erklärt sich die österreichische Bundesregierung bereit, soweit dies nicht schon geschehen ist, mit den Firmen oder ihren britischen, kanadischen oder amerikanischen Anteilsberechtigten, die am 12. März 1938 Freischurfrechte besessen und sie infolge der deutschen Gesetzgebung oder durch Entziehung im Sinne der österreichischen Rückstellungsgesetzgebung verloren hatten, in Verhandlungen einzutreten, um zu einer für die Beteiligten befriedigenden Regelung zu gelangen.

Hiebei hat die österreichische Bundesregierung nicht die Absicht, Vermögenswerte der in den Listen Nr. 1 und Nr. 2 zu Artikel 35 [jetzt Art. 22] des Staatsvertragsentwurfs in der zu Beginn der Botschafterkonferenz vorliegenden Fassung angeführten Gebiete – soweit es sich nicht um Rückstellungsfälle im Sinne der österreichischen Rückstellungsgesetzgebung handelt – in das Eigentum der eingangs genannten Firmen zu übertragen. Die österreichische Bundesregierung beabsichtigt jedoch im Falle der RAG, in erster Linie die gegenständliche Erklärung dadurch zu erfüllen, daß sie Betriebsdurchführungsverträge (operating agreements) zwecks Entwicklung der Ölvorkommen in Österreich mit dieser Firma abzuschließen versucht, die für beide Teile befriedigend sein sollen.

7. A. Die Herren Botschafter Ihrer Königlichen Britannischen Majestät und der Vereinigten Staaten von Amerika haben folgendes erklärt:

a) Die Anglo-Saxon Petroleum Co. Ltd. und Socony Vacuum Oil Co. Inc., welche britische beziehungsweise amerikanische Staatsangehörige sind, waren zur Zeit der Erlassung des Verstaatlichungsgesetzes vom 26. Juli 1946 (BGBl. Nr. 168) direkt oder indirekt die Eigentümer der Aktien der Shell-Floridsdorfer-Mineralölfabrik beziehungsweise der Vacuum Oil Co. Alle Investitionen in diesen österreichischen Gesellschaften seit dem Inkrafttreten des Verstaatlichungsgesetzes wurden ausschließlich von den Muttergesellschaften oder von den österreichischen Gesellschaften aus ihren eigenen Mitteln gemacht.

b) Die Anglo-Saxon Petroleum Co. Ltd. und die Socony Vacuum Oil Co. Inc., welche britische beziehungsweise amerikanische Staatsangehörige sind, waren zur Zeit der Erlassung des Verstaatlichungsgesetzes vom 26. Juli 1946 (BGBl. Nr. 168) direkt oder indirekt die Eigentümer der Anteilsrechte an der Österreichischen Mineralölwerke Ges. m. b. H. (Ö.M.W.).

c) Die Socony Vacuum Oil Co. Inc. und die Anglo-Saxon Petroleum Co. Ltd., welche amerikanische beziehungsweise britische Staatsangehörige sind, waren zur Zeit der Erlassung des Verstaatlichungsgesetzes vom 26. Juli 1946 die direkten Eigentümer der Aktien der Rohöl-Gewinnungs-AG (RAG).

Die Standard Oil Co.-N.J., welche amerikanische Staatsangehörige ist, war zur selben Zeit direkte Eigentümerin von Anteilsrechten an der Gewerkschaft Austrogasco.

Richard Keith van Sickle, ein kanadischer Staatsangehöriger, war zur selben Zeit direkter Eigentümer der Firma Tiefbohrunternehmen R. K. van Sickle.

Alle Investitionen in RAG und Tiefbohrunternehmen R. K. van Sickle seit dem Inkrafttreten des Verstaatlichungsgesetzes wurden ausschließlich von deren Muttergesellschaften (im Falle des Tiefbohrunternehmens R. K. van Sickle von Mr. Richard Keith van Sickle) oder von ihnen selbst aus ihren eigenen Mitteln gemacht.

B. Unter der Annahme der Richtigkeit dieses unter A. dargelegten Sachverhaltes geben die eingangs genannten Mitglieder der österreichischen Bundesregierung die Erklärung ab, daß sie für die Herbeiführung folgender Maßnahmen der österreichischen Bundesregierung Sorge tragen wollen:

Zu a):

Die Aktienrechte der zu Punkt a) genannten österreichischen Gesellschaften werden in das Eigentum der Anglo-Saxon Petroleum Co. Ltd. beziehungsweise der Socony Vacuum Oil Co. überführt werden.

Zu b):

Nach Zurückhaltung von Anteilsrechten, welche den in der Ö.M.W. von anderen Stellen als den im Punkt b) genannten Gesellschaften gemachten Investitionen entsprechen, werden die restlichen Anteilsrechte an der Ö.M.W. an die Anglo-Saxon Petroleum Co. Ltd. beziehungsweise die Socony Vacuum Oil Co. überführt werden, wobei das Ausmaß der zurückzustellenden Anteilsrechte mit diesen Gesellschaften zu vereinbaren sein wird.

Zu c):

Die Aktien- beziehungsweise Anteilsrechte der in Punkt c) angeführten österreichischen Gesellschaften werden an die dort angeführten Muttergesellschaften und im Falle des Tiefbohrunternehmens R. K. van Sickle an Mr. Richard Keith van Sickle überführt werden.

Zu a) bis c):

Es besteht darüber Einverständnis, daß die Wiederherstellung der Eigentumsrechte entsprechend diesem Paragraphen nicht die Ansprüche auf Rechte in den früher durch Freischurfrechte der oben genannten Gesellschaften beziehungsweise Unternehmungen gedeckten Gebiete in sich schließt, da die damit zusammenhängenden Ansprüche durch Paragraph 6 geregelt sind.

8. Die Erklärung der österreichischen Bundesregierung vom 21. September 1949 wird bekräftigt. Zur Vermeidung von Unklarheiten erklärt die österreichische Bundesregierung, daß die Maßnahmen zur Eliminierung des deutschen Eigentums, der deutschen Rechte und Interessen in den westlichen Zonen Österreichs und im Wiener Ersten Bezirk das in diesen Gebieten liegende rechtmäßig erworbene Eigentum, die Rechte und Interessen, welche direkt oder indirekt Staatsbürgern der Vereinten Nationen gemäß der Definition im Artikel 42/8 [jetzt Art. 25] zustehen, oder die gemäß den Artikeln 42 [jetzt Art. 25] und 44 [jetzt Art. 26] des Staatsvertragsentwurfes oder der gegenwärtigen österreichischen Gesetzgebung zurückzustellenden Eigentumsrechte und Interessen, nicht beeinträchtigen werden.

In allen Fällen jedoch, in denen direkte oder indirekte Eigentumsrechte oder Interessen von Staatsangehörigen der Vereinten Nationen (Artikel 42/8 Staatsvertragsentwurf [jetzt Art. 25]) im ganzen österreichischen Staatsgebiet durch den Entwurf des Staatsvertrages, insbesondere durch den Artikel 35 [jetzt Art. 22], berührt werden, erklärt sich die österreichische Bundesregierung überdies bereit, mit dem betreffenden Mitgliedstaat der Vereinten Nationen zum Zwecke des Abschlusses von die Anerkennung und Befriedigung solcher Eigentumsrechte und Interessen betreffenden, beide Teile befriedigenden Vereinbarungen in Verhandlungen zu treten.

Diese Erklärung findet auf Staatsangehörige eines Staates, auf dessen Territorium das österreichische Eigentum Gegenstand von konfiskatorischen Maßnahmen ist, keine Anwendung.

9. Keine der obigen Erklärungen ist nach österreichischer Auffassung dahin auszulegen, daß für einen allfälligen Produktions- oder Gewinnsentgang in der Zeit von der Besetzung Österreichs durch Deutschland bis drei Monate nach Übernahme der effektiven Kontrolle durch Österreich, keinesfalls aber früher als drei Monate nach dem Ende der Besetzung, oder für während dieses Zeitraumes eingetretene Schäden oder Verluste irgendeine Zuwendung, sei es in Geld, sei es im Wege einer Natural- oder Ersatzleistung, gewährt wird. Beträge, die den Anteilseignern an den genannten Gesellschaften beziehungsweise den Eigentümern dieser Unternehmungen für die Überlassung ihrer Beteiligungen oder für Vermögen und Rechte der Unternehmungen nach dem 12. März 1938 geleistet worden sind, werden angerechnet werden. Dagegen werden die von den ursprünglichen Anteilsberechtigten an verstaatlichten Gesellschaften oder von den Eigentümern dieser Unternehmungen trotz der Verstaatlichung dieser Unternehmungen nach dem Inkrafttreten der Verstaatlichung vorgenommenen Investitionen bei der Ermittlung des Wertes ihrer Beteiligungen beziehungsweise ihrer Vermögenswerte diesen gutzubringen sein. Wertvermehrungen, die nach dem 12. März 1938 aus Mitteln anderer Rechtsträger als der ursprünglichen Anteilsberechtigten vorgenommen worden sind, sind bei der Ermittlung des Wertes der Beteiligungen nicht gutzubringen beziehungsweise von den Anspruchswerbern (claimant) in einer noch zu vereinbarenden Weise abzulösen.

Ausgefertigt in drei Exemplaren in deutscher Sprache.

Zur Beurkundung des oben Angeführten wird dieses Memorandum paraphiert.

Wien, am 10. Mai 1955.

*

Die in diesem Memorandum erwähnte Erklärung vom 21. September 1949 und die zitierten Noten vom 29. November 1949 und 31. Juli 1951 haben folgenden Wortlaut:

Erklärung der österreichischen Bundesregierung vom 21. September 1949

Unter der Voraussetzung, daß die Bestimmungen des Artikels 35 [jetzt Art. 22] des Staatsvertrages mit Österreich die Übertragung des in Österreich gelegenen deutschen Eigentums, der deutschen Rechte und Interessen an Österreich vorsehen werden, hat die österreichische Bundesregierung die Absicht, Gesetze zu erlassen, um solches deutsches Eigentum, Rechte und Interessen zu eliminieren.

Zu diesem Zweck wird sich die österreichische Bundesregierung von den folgenden Prinzipien leiten lassen:

1. Diese Maßnahmen werden keine Beeinträchtigung von Eigentum, Rechten oder Interessen enthalten, welche gemäß Artikel 42 [jetzt Art. 25] des Staatsvertrages wiederherzustellen sind.
2. Es ist nicht die Absicht der österreichischen Bundesregierung, deutsche Eigentumsrechte an Kleingewerbebetrieben, kleinen Landwirtschaften, Wohnhäusern, Einrichtungsgegenständen und anderen persönlichen Gebrauchsgegenständen zu eliminieren.
3. Bei der Erlassung solcher Gesetze wird die österreichische Bundesregierung im Falle von Eigentum ausschließlich religiöser Organisationen und von Personen, welche durch Naziverfolgung schweren Schaden erlitten haben, geeignete Ausnahmen statuieren.
4. Eigentum, Rechte und Interessen, welche seit 8. Mai 1945 in Österreich im Gefolge eines bewilligten Handelsverkehrs mit Deutschland entstanden sind, sollen durch diese Maßnahmen nicht berührt werden.

Verbalnote vom 29. November 1949

Unter Bezugnahme auf die von Herrn Legationsrat Dowling bei dem Herrn Bundesminister für die Auswärtigen Angelegenheiten durchgeführte Demarche in der Angelegenheit der von Österreich zu übernehmenden Verpflichtung, den Angehörigen der Vereinten Nationen Kompensation für eventuelle Schäden zu leisten, welche diese durch die im Artikel 35 [jetzt Art. 22] des Staatsvertrages vorgesehenen Vermögensübertragungen an die Sowjetunion erleiden könnten, beehrt sich das Bundeskanzleramt, Auswärtige Angelegenheiten, folgendes zur Kenntnis zu bringen:

Angesichts der prinzipiellen Weigerung des Sowjetdelegierten, eine solche Kompensationsverpflichtung Österreichs in den Vertrag aufnehmen zu lassen, hat die Bundesregierung grundsätzlich beschlossen, dem Vorschlag der Gesandtschaft der Vereinigten Staaten, eine solche Verpflichtung in einem Zusatzprotokoll einzugehen, aus dem Grunde zuzustimmen, um das Zustandekommen des Staatsvertrages nicht langer zu verzögern, zumal ja auch die von den Delegierten der Westmächte vorgeschlagene Bestimmung für einen § 9 des Artikels 42 [jetzt Art. 25]* zu demselben Resultat geführt hätte.

Im Sinne des von Herrn Legationsrat Dowling überreichten Vorschlages erklärt sich die österreichische Bundesregierung daher bereit, ein Zusatzprotokoll zum Staatsvertrag mit dem folgenden Wortlaut zu unterzeichnen:

„In any case in which the transfer of property, rights and interests as ‚German assets' in accordance with the provisions of Article 35 [jetzt Art. 22] Austrian Treaty prevents Austria from fulfilling the provisions of Para. 1 of Article 42 [jetzt Art. 25], Austria shall make prompt, adequate and effective compensation to the United Nation or United Nations national concerned (as defined in Article 42 of the Treaty) for any resulting loss or prejudice."**

Die österreichische Bundesregierung sieht sich jedoch in diesem Zusammenhang genötigt, ausdrücklich darauf hinzuweisen, daß anläßlich der Vorbesprechungen über diese Frage von seiten der interessierten Mächte wiederholt darauf hingewiesen wurde, man wolle Österreich nicht dazu veranlassen, die zu leistenden Kompensationsentschädigungen nach dem Ausland zu transferieren. Die österreichische Bundesregierung gibt daher die vorstehende Bereitschaftserklärung in der ausdrücklichen Erwartung ab, daß bei den seinerzeitigen Verhandlungen zur Festsetzung der Kompensationssumme auf die besondere Lage Österreichs in dieser Hinsicht gebührend Bedacht genommen werden wird.

* In Artikel 25 ist aber dieser Paragraph 9 nicht enthalten; die von den Westmächten seinerzeit vorgeschlagene Bestimmung dieses Paragraphen 9 lautete: „Österreich ist nicht verpflichtet, irgendwelche Vermögen, Rechte und Interessen von Vereinten Nationen oder von Staatsangehörigen Vereinter Nationen wiederherzustellen, die infolge der Anwendung des Paragraphen XXX des Artikels 35 des vorliegenden Vertrages Schaden erlitten haben könnten, sondern wird prompte, angemessene und effektive Entschädigung hiefür zahlen."

** Übersetzung:
In jedem Fall, in dem die Übertragung von Vermögenschaften, Rechten und Interessen als „deutsche Vermögenswerte" in Übereinstimmung mit den Bestimmungen des Artikels 35 des österreichischen Staatsvertrages Österreich daran hindert, den Bestimmungen des Paragraph 1 des Artikels 42 nachzukommen, wird Österreich der betreffenden Vereinten Nation oder dem betreffenden Staatsangehörigen der Vereinten Nationen (gemäß der Definition des Artikels 42 des Staatsvertrages) prompte, angemessene und effektive Entschädigung für jeden sich hieraus ergebenden Verlust oder Schaden gewähren.

Verbalnote vom 31. Juli 1951

Unter Bezugnahme auf die Verhandlungen über die Entschädigung der Angehörigen der Vereinten Nationen, die durch die im Artikel 35 [jetzt Art. 22] des Staatsvertrages vorgesehenen Vermögensübertragungen in ihren Interessen geschädigt wurden, beehrt sich das Bundeskanzleramt, Auswärtige Angelegenheiten, nachstehende Erklärung abzugeben:

Mit Rücksicht darauf, daß sich die österreichische Regierung bereit erklärt hat, die Angehörigen der Vereinten Nationen für jede Benachteiligung zu entschädigen, die ihnen durch die Bestimmungen des Artikels 35 [jetzt Art. 22] des Staatsvertrages zugefügt wurde,

mit Rücksicht darauf, daß die Interessen, die durch diese Bestimmungen berührt werden, hauptsächlich in der Erdölindustrie liegen,

und außerdem mit Rücksicht darauf, daß die Kontinuität und die Entwicklung der Operationen durch die Angehörigen der Vereinten Nationen, die Interessen in der Erdölindustrie Österreichs haben, gleichzeitig für Österreich und für diese Angehörigen von Nutzen sind,

verpflichtet sich die österreichische Regierung:

1. sofortige Maßnahmen zu ergreifen, um die oben genannten Interessen und ihre Beteiligung an der Entwicklung der Erdölindustrie in Österreich wiederherzustellen und ihnen zu diesem Behufe alle notwendigen Erleichterungen zu sichern;

2. den Interessen aller Angehörigen der Vereinten Nationen der Erdölindustrie in Österreich, was die Nationalisierung anlangt, die Behandlung der meistbegünstigten Nation zu garantieren.

Veröffentlicht in: Wiener Zeitung, *2. Dezember 1955, 8f (Amtsblatt). Die Paraphen der Herren Raab, Schärf, Figl, Kreisky für die österreichische Seite und der Herren Wallinger und Thompson für die britische bzw. die amerikanische Seite fehlen in der amtlichen Publikation. Die in der* Wiener Zeitung *in Form von Fußnoten hinzugefügten Hinweise auf die endgültige Nummerierung der Artikel des Staatsvertrages werden hier in eckigen Klammern als Einschaltungen im Text angeführt. Der Name des in der Verbalnote vom 29. November 1949 genannten Legationsrates lautet nicht Dawling, wie irrtümlich in der* Wiener Zeitung *veröffentlicht, sondern Dowling. Die Übersetzungen der englischen Textstellen aus der genannten Verbalnote wurden von der* Wiener Zeitung *übernommen.*

b.
Memorandum über die Ergebnisse der Besprechungen zwischen Mitgliedern der österreichischen Bundesregierung und dem Geschäftsträger der französischen Republik, 10. Mai 1955

Im Zuge der Besprechungen über den ehesten Abschluß des österreichischen Staatsvertrages in Wien wurde dem Geschäftsträger der französischen Republik, Herrn außerordentlichen Gesandten und bevollmächtigten Minister Roger Lalouette, im Hinblick auf dessen Erklärung, daß die französische Regierung bereit ist,

1. auf alle Forderungen gegenüber der österreichischen Regierung oder österreichischen Staatsangehörigen aus der Lieferung von Importgütern zur Versorgung der österreichischen Zivilbevölkerung in der Zeit vom 8. Mai 1945 bis zum Datum des Inkrafttretens des Staatsvertrages – ausgenommen Transaktionen kommerziellen Charakters – zu verzichten,

2. auf die Rückstellung folgender in Frankreich im Verlauf der deutschen Besetzung gewaltsam oder durch Zwang entzogener und auf österreichischem Gebiet allenfalls befindlicher Güter, hinsichtlich derer der Rückstellungsanspruch durch Artikel 2 des Übereinkommens vom 18. Juli 1949 vorbehalten wurde, und zwar

a) der Aktien, übertragbaren Wertpapiere und Devisen und Edelmetalle (geprägt oder ungeprägt) und

b) rollenden Materials der Eisenbahn

zu verzichten,

3. auf alle Rechte, die ihr aus ihrem Eintritt in die Rechte der tschechoslowakischen Regierung hinsichtlich der Rückstellung der in der französischen Besatzungszone Österreichs gelegenen Güter erwachsen seien, zu verzichten,

von den Herren Bundeskanzler Ing. Julius Raab, Vizekanzler Dr. Adolf Schärf, Bundesminister für die Auswärtigen Angelegenheiten Dr. h. c. Leopold Figl, Staatssekretär für die Auswärtigen Angelegenheiten Dr. Bruno Kreisky die Erklärung abgegeben, eine angemessene Zeit nach Inkrafttreten des Staatsvertrages, längstens aber binnen 18 Monaten für die Herbeiführung folgender Beschlüsse und Maßnahmen der österreichischen Bundesregierung Sorge tragen zu wollen:

I. Die nachstehenden Arten von im Lauf der deutschen Besetzung in Frankreich gewaltsam oder durch Zwang entzogenen und allenfalls in Österreich wiedergefundenen Güter werden an Frankreich oder französische Staatsbürger zurückgestellt werden:

a) kulturelle Güter, Kunstwerke, Kunstgegenstände und Gegenstände aus Sammlungen,

b) Schmuck, Edelsteine, Stilmöbel und Musikinstrumente, sofern ihr gegenwärtiger Wert 100.000 Schillinge übersteigt.

II. Als Kompensation dafür, daß das in Ranshofen befindliche elektrische Material und das in Moosbierbaum befindliche Material für Erdölgewinnung nicht naturaliter rückgestellt werden konnten und daß Frankreich auf alle Ansprüche hieraus verzichtet, wird zur endgültigen Regelung eine Pauschalzahlung von 25 Millionen Schilling, zahlbar in zwei gleichen Jahresraten, die erste ein Jahr, die zweite zwei

Jahre nach Inkrafttreten des Staatsvertrages, an die französische Regierung geleistet werden.

III. Die österreichische Bundesregierung wird zur Herstellung der Interessen der Société Française Industrielle et Commerciale de Pétroles (SFICP) an der Petroleumraffinerie in Schwechat (NOVA)

a) unverzüglich nach dem Inkrafttreten des Staatsvertrages auf ein offenes Konto auf den Namen der SFICP eine angemessene Entschädigung überweisen, deren Höhe unter Bedachtnahme auf eine diesbezügliche Abrechnung durch ein Übereinkommen zwischen der österreichischen Regierung und der französischen Gesellschaft bestimmt werden wird,

b) innerhalb eines Zeitraumes von 18 Monaten nach Inkrafttreten des Staatsvertrages die Investierung der so geleisteten Entschädigungssumme in die Industrie oder den Handel mit Erdölprodukten in Österreich erleichtern, so zwar, daß die französische Gesellschaft auf den Stand ihrer Interessen und ihrer Tätigkeit vor dem Anschluß gebracht wird;

c) im Falle, daß die Regelung, welcher die im östlichen Österreich gelegenen Erdölraffinerien gegenwärtig unterliegen, zugunsten anderer Angehöriger der Vereinten Nationen geändert werden sollte, die SFICP nach Maßgabe dieser Änderungen in die Rechte und Interessen, die sie am 13. März 1938 hinsichtlich der Raffinerie Schwechat besaß, im Umfang der Punkte 7 und 9 des anglo-amerikanischen Memorandums vom gleichen Tage wiedereinsetzen.

Ausgefertigt in zwei Exemplaren in deutscher und französischer Sprache, wobei beide Texte gleichermaßen authentisch sind.

Zur Beurkundung des oben Angeführten wird dieses Memorandum paraphiert.

Wien, am 10. Mai 1955.

Veröffentlicht in: Wiener Zeitung, 2. Dezember *1955, 9 (Amtsblatt). Die Paraphen der Herren Raab, Schärf, Figl, Kreisky für die österreichische Seite und des Geschäftsträgers Lalouette für die französische Seite fehlen in der amtlichen Publikation.*

6.
Der österreichische Staatsvertrag

Vorbemerkung. – Die Entstehungsdauer des Staatsvertrages ist außergewöhnlich lang. Die erstmals in der Erstauflage dieses Buches vorgenommene Gegenüberstellung des endgültigen Vertragstextes vom 15. Mai 1955 und des Entwurfes nach dem Stande vom 24. April 1947 bietet die Möglichkeit, die Ausgangssituation der Vertragsverhandlungen Anfang 1947 mit den Ergebnissen der Schlussphase der Verhandlungen im Frühjahr 1955 zu vergleichen. Außerdem ist versucht worden, in eigenen Anmerkungen festzuhalten, zu welchem Zeitpunkt verschiedene Artikel des ursprünglichen Entwurfes fallengelassen wurden bzw. wann de facto Einigung über die Artikel des endgültigen Vertragstextes erzielt wurde. Diese Anmerkungen, welche zur historischen Erkenntnis der Genese des Staatsvertrages beitragen sollen, wurden teils aufgrund von Angaben in der Tagespresse, teils aufgrund der bislang einzigen ausführlichen Aktenedition, der „Foreign Relations"-Serie des amerikanischen State Department, erstellt und für die Neuausgabe dieses Buches aufgrund des inzwischen zugänglich gewordenen Aktenmaterials überprüft und ergänzt. Hierzu dienten insbesondere die teils im Haus-, Hof- und Staatsarchiv Wien, teils in den National Archives Washington eingesehenen Protokolle der Sitzungen der Sonderbeauftragten für den Staatsvertrag, teils die sehr genauen und vollständig erhaltenen österreichischen Akten zur Wiener Botschafterkonferenz vom Mai 1955, nunmehr im Archiv der Republik, Wien.

Der Vertragsentwurf nach dem Stand vom 24. April 1947, dem letzten Tag der Moskauer Session des Rates der Außenminister, wird hier erstmals in der deutschen Übersetzung, die die Bundesregierung zum Gebrauch interessierter Stellen 1947 herstellen ließ, veröffentlicht. Ein Exemplar dieser Übersetzung, die in der Staatsdruckerei gedruckt wurde, fand sich im Nachlass des Gesandten Johann Andreas Eichhoff im Allgemeinen Verwaltungsarchiv in Wien. Die Exemplare der Übersetzung wurden seinerzeit nummeriert und mit dem Vermerk „Streng vertraulich!" versehen. Sie enthielten den Hinweis, dass mit Rücksicht darauf, dass die Kenntnis des der Übersetzung zugrundeliegenden Textes auf Informationen streng vertraulicher Natur beruhe, die Veröffentlichung der Übersetzung durch die Presse und ihre sonstige Weitergabe an die Öffentlichkeit untersagt sei. Seit 1958 ist ein französischer Text des Vertragsentwurfes vom April 1947 in Form des hektographierten Dokuments CMAE/47/M/82 der Moskauer Session des Rates der Außenminister in der Druckschriftensammlung der Österreichischen Nationalbibliothek zugänglich. 1972 wurde in dem Band Foreign Relations of the United States 1947, *Bd.* 2: Council of Foreign Ministers; Germany and Austria *ein englischer Text ediert, in dem überdies die während der Moskauer Ratstagung gestrichenen Artikel angegeben sind. Sachliche Abweichungen in den drei nunmehr vorliegenden Texten in französischer, englischer und deutscher Sprache sind geringfügig.*

Die deutsche Übersetzung enthält die Vorbemerkung, die Kürze der zur Verfügung stehenden Zeit habe nicht erlaubt, eine durchaus einwandfreie Übersetzung des Entwurfes herzustellen. Es sei „unter anderem Aufgabe dieser Veröffentlichung, den interessierten Stellen Gelegenheit zu geben, zu Mängeln dieser Übersetzung Stellung zu nehmen und dadurch an der Vorbereitung eines endgültigen deutschen Textes des Vertrages mitzuwirken". *Da nur der russische, englische und französische Text authentisch sein würden, würden diese allein maßgebend sein. – Ein Vergleich des französischen, englischen und deutschen Textes ließ vermuten, dass die deutsche Übersetzung überwiegend oder ausschließlich aus dem Englischen erfolgte. Dies wurde durch das inzwischen eingesehene österreichische Aktenmaterial bestätigt.*

Der Entwurf des Jahres 1947 enthält nummerierte Fußnoten, die jeweils am Ende eines Artikels vermerkten, welchen Standpunkt einzelne der vier Mächte bei strittigen Formulierungen einnahmen. Überdies wurden strittige Textvorschläge jeweils in eckige Klammern gestellt. Die Kennzeichnung der strittigen Textvorschläge ebenso wie die nummerierten Fußnoten sind Bestandteile der ursprünglichen alliierten Dokumente, wie ein Vergleich mit den oben genannten französischen bzw. amerikanischen Fassungen des Vertragsentwurfes ergeben hat.

Auch aus späteren Stadien der Staatsvertragsverhandlungen sind Amtsdrucke vorhanden, die den jeweiligen Stand wiedergaben. Im Archiv der Republik findet sich u. a. ein Amtsdruck des Vertragsentwurfes nach dem Stande vom 2. September 1949 sowie ein weiterer nach dem Stande vom 15. März 1950 (BMAA, II-Pol, Staatsvertragsakten 1953).

Der deutsche Text des Staatsvertrages vom 15. Mai 1955 ist dem Bundesgesetzblatt für die Republik Österreich, *Jg. 1955, 39. Stück, ausgegeben am 30. Juli 1955, Nr. 152, entnommen. Aus Gründen der Verdeutlichung sind einzelne Stellen in Kursivdruck gesetzt, doch ist dies jedes Mal eigens in einer Anmerkung vermerkt. Die dem Staatsvertrag beigegebenen zwei Karten betreffend die der Sowjetunion im Kompromiss von 1949 eingeräumten Konzessionen auf Ölfelder und Ölschurfgebiete im östlichen Österreich (zu Artikel 22, Abs. 1 und 2 des Staatsvertrages von 1955) konnten aus Kosten- und Raumgründen nicht aufgenommen werden. Sie sind in dem genannten Stück des Bundesgesetzblattes enthalten, sind jedoch insoferne gegenstandslos, als die der Sowjetunion gemäß Artikel 22 übertragenen Rechte auf dem Erdölsektor aufgrund des Moskauer Memorandums vom 15. April 1955 von Österreich abgelöst wurden.*

Die im Bundesgesetzblatt ebenfalls publizierte russische, englische und französische Fassung des Staatsvertrages wird hier nicht abgedruckt. Hingegen wird, zum besseren Verständnis des sehr komplizierten Vorganges der parlamentarischen Genehmigung, der Ratifizierung durch den Bundespräsidenten und der Inkraftsetzung auch der Text des „Anhanges" zum Vertrag, der Text der Ratifikationsurkunde und der Vermerk des Bundeskanzlers über das Inkrafttreten des Vertrages aus dem Bundesgesetzblatt abgedruckt.

Nachdem der am 15. Mai 1955 in Wien unterzeichnete Staatsvertrag betreffend die Wiederherstellung eines unabhängigen und demokratischen Österreich zwischen der Union der Sozialistischen Sowjetrepubliken, dem Vereinigten Königreich von Großbritannien und Nordirland, den Vereinigten Staaten von Amerika und Frankreich einerseits und Österreich andererseits, welcher also lautet:

[Fortsetzung der Ratifikationsformel siehe unten]

Deutsche Übersetzung des Entwurfes zum Vertrag für die Wiedererrichtung eines unabhängigen und demokratischen Österreich

Stand vom 24. April 1947

PRÄAMBEL

1. Die Union der Sozialistischen Sowjetrepubliken, die Vereinigten Staaten von Amerika, das Vereinigte Königreich von Großbritannien und Nordirland und Frankreich, im folgenden genannt die Alliierten und Assoziierten Mächte einerseits und Österreich anderseits;

2. im Hinblick darauf, daß Hitler-Deutschland am 13. März 1938 Österreich mit Gewalt annektierte und sein Gebiet dem Deutschen Reich einverleibte;

3. daß nach dieser Annexion Österreich als integrierender Teil Hitler-Deutschlands am Kriege gegen die Alliierten und Assoziierten und gegen andere Vereinte Nationen teilnahm und daß Deutschland sich zu diesem Zwecke österreichischen Gebietes, österreichischer Truppen und materieller Hilfsquellen bediente, und daß Österreich eine Verantwortlichkeit, die

Staatsvertrag betreffend die Wiederherstellung eines unabhängigen und demokratischen Österreich

PRÄAMBEL

Die Union der Sozialistischen Sowjetrepubliken, das Vereinigte Königreich von Großbritannien und Nordirland, die Vereinigten Staaten von Amerika und Frankreich, in der Folge die Alliierten und Assoziierten Mächte genannt, einerseits und Österreich anderseits;

Im Hinblick darauf, daß Hitler-Deutschland am 13. März 1938 Österreich mit Gewalt annektierte und sein Gebiet dem Deutschen Reich einverleibte;

[Abs. 3 des Entwurfes wurde in der Außenministerkonferenz in Wien am 14. Mai 1955 auf Antrag Außenminister Figls gestrichen.]

sich aus dieser Teilnahme am Kriege ergibt, nicht vermeiden kann;

4. daß in der Moskauer Erklärung vom 1. November 1943 die Regierung der Union der Sozialistischen Sowjetrepubliken, der Vereinigten Staaten von Amerika und des Vereinigten Königreiches erklärten, daß sie die Annexion Österreichs durch Deutschland am 13. März 1938 als null und nichtig betrachten und ihrem Wunsche Ausdruck gaben, Österreich als einen freien und unabhängigen Staat wiederhergestellt zu sehen, und daß das Französische Komitee der nationalen Befreiung am 16. November 1943 eine ähnliche Erklärung abgab;

5. daß als das Ergebnis des alliierten Sieges Österreich von der Gewaltherrschaft Hitler-Deutschlands befreit wurde;

6. daß die Alliierten und Assoziierten Mächte und Österreich unter Berücksichtigung der Bedeutung der Anstrengungen, die das österreichische Volk zur Wiederherstellung und zum demokratischen Wiederaufbau seines Landes selbst machte und weiter zu machen haben wird, den Wunsch hegen, einen Vertrag abzuschließen, der Österreich als einen freien, unabhängigen und demokratischen Staat wiederherstellt, wodurch ein Beitrag zur Wiederaufrichtung des Friedens in Europa geleistet wird;

7. daß die Alliierten und Assoziierten Mächte den Wunsch haben, durch den vorliegenden Vertrag in Übereinstimmung mit den Grundsätzen der Gerechtigkeit alle Fragen zu regeln, die im Zusammenhange mit den oberwähnten Ereignissen, einschließlich der Annexion Österreichs durch Hitler-Deutschland und seine Teilnahme am Kriege als integrierender Teil Deutschlands, noch offenstehen; und

Im Hinblick darauf, daß in der Moskauer Erklärung, verlautbart am 1. November 1943, die Regierung der Union der Sozialistischen Sowjetrepubliken, des Vereinigten Königreiches und der Vereinigten Staaten von Amerika erklärten, daß sie die Annexion Österreichs durch Deutschland am 13. März 1938 als null und nichtig betrachten, und ihrem Wunsche Ausdruck gaben, Österreich als einen freien und unabhängigen Staat wiederhergestellt zu sehen und daß das Französische Komitee der Nationalen Befreiung am 16. November 1943 eine ähnliche Erklärung abgab;

Im Hinblick darauf, daß als ein Ergebnis des alliierten Sieges Österreich von der Gewaltherrschaft Hitler-Deutschlands befreit wurde;

Im Hinblick darauf, daß die Alliierten und Assoziierten Mächte und Österreich unter Berücksichtigung der Bedeutung der Anstrengungen, die das österreichische Volk zur Wiederherstellung und zum demokratischen Wiederaufbau seines Landes selbst machte und weiter zu machen haben wird, den Wunsch hegen, einen Vertrag abzuschließen, der Österreich als einen freien, unabhängigen und demokratischen Staat wiederherstellt, wodurch sie zur Wiederaufrichtung des Friedens in Europa beitragen;

Im Hinblick darauf, daß die Alliierten und Assoziierten Mächte den Wunsch haben, durch den vorliegenden Vertrag in Übereinstimmung mit den Grundsätzen der Gerechtigkeit alle Fragen zu regeln, die im Zusammenhange mit den oberwähnten Ereignissen einschließlich der Annexion Österreichs durch Hitler-Deutschland und seiner Teilnahme am Kriege als integrierender Teil Deutschlands noch offenstehen; und

Im Hinblick darauf, daß die Alliierten und Assoziierten Mächte und

8. daß die Union der Sozialistischen Sowjetrepubliken, die Vereinigten Staaten von Amerika, das Vereinigte Königreich von Großbritannien und Nordirland und Frankreich einerseits und Österreich anderseits dementsprechend von dem Wunsche geleitet sind, zu diesem Zwecke den vorliegenden Vertrag abzuschließen, um als Grundlage freundschaftlicher Beziehungen zwischen ihnen zu dienen und um die Union der Sozialistischen Sowjetrepubliken, die Vereinigten Staaten von Amerika, das Vereinigte Königreich von Großbritannien und Nordirland und Frankreich in die Lage zu versetzen, die Bewerbung Österreichs um Zulassung zur Organisation der Vereinten Nationen zu unterstützen.

9. Zu diesem Behufe haben die Regierungen der Alliierten und Assoziierten Mächte und Österreich die unterfertigten Bevollmächtigten ernannt, welche nach Vorweisung ihrer Vollmachten, die in guter und gehöriger Form befunden wurden, über die nachstehenden Bestimmungen übereingekommen sind.

Teil I
Politische Klauseln

Abschnitt I

Artikel 1.
Wiederherstellung Österreichs als freien und unabhängigen Staat

Die Alliierten und Assoziierten Mächte anerkennen, daß Österreich als ein souveräner, unabhängiger und demokratischer Staat wiederhergestellt ist.

Artikel 2.
Wahrung der Unabhängigkeit Österreichs[1]

1. Die Alliierten und Assoziierten Mächte erklären, daß sie die Unabhän-

Österreich zu diesem Zwecke den Wunsch hegen, den vorliegenden Vertrag abzuschließen, um als Grundlage freundschaftlicher Beziehungen zwischen ihnen zu dienen und um damit die Alliierten und Assoziierten Mächte in die Lage zu versetzen, die Bewerbung Österreichs um Zulassung zur Organisation der Vereinten Nationen zu unterstützen;

Haben daher die unterfertigten Bevollmächtigten ernannt, welche nach Vorweisung ihrer Vollmachten, die in guter und gehöriger Form befunden wurden, über die nachstehenden Bestimmungen übereingekommen sind:

Teil I
Politische und territoriale Bestimmungen

Artikel 1.
Wiederherstellung Österreichs als freier und unabhängiger Staat

Die Alliierten und Assoziierten Mächte anerkennen, daß Österreich als ein souveräner, unabhängiger und demokratischer Staat wiederhergestellt ist.

Artikel 2.
Wahrung der Unabhängigkeit Österreichs

Die Alliierten und Assoziierten Mächte erklären, daß sie die Unabhängigkeit und territoriale Unversehrtheit Öster-

gigkeit und territoriale Unversehrtheit Österreichs, wie sie gemäß dem gegenwärtigen Vertrag festgelegt wurden, achten werden.

2. Die Alliierten und Assoziierten Mächte werden sich jeder Handlung, welcher Art auch immer, widersetzen, die die politische oder wirtschaftliche Unabhängigkeit oder die territoriale Unversehrtheit Österreichs bedrohen könnte; sie werden sich im Falle einer solchen Bedrohung untereinander und mit den maßgebenden Organen der Vereinten Nationen wegen des geeigneten Vorgehens beraten.[2]

[3. Österreich anerkennt seinerseits die Verantwortlichkeiten dem Ausland gegenüber, die an die Wiederherstellung der nationalen Unabhängigkeit geknüpft sind, und verpflichtet sich, sich jeder Handlung zu enthalten, welche geeignet wäre, unmittelbar oder mittelbar seine politische oder wirtschaftliche Unabhängigkeit oder seine territoriale Unversehrtheit zu bedrohen.][3]

1 Die Sowjetdelegation erachtet diesen Artikel für unnötig.

2 Vorschlag der Franzosen und der USA.

3 Vorschlag der USA, von der französischen Delegation unterstützt. UK-Delegation erachtet diesen Paragraphen als überflüssig.

reichs, wie sie gemäß dem vorliegenden Vertrag festgelegt sind, achten werden.

[Abs. 2 des Entwurfes wurde von den Sonderbeauftragten am 4. Juli 1949 gestrichen.]

[Abs. 3 des Entwurfes wurde im Außenministerrat im April 1947 zurückgezogen.]

Artikel 3.
Anerkennung der Unabhängigkeit Österreichs durch Deutschland

Die Alliierten und Assoziierten Mächte werden in den deutschen Friedensvertrag Bestimmungen aufnehmen, welche die Anerkennung der Souveränität und Unabhängigkeit Österreichs durch Deutschland und den Verzicht Deutschlands auf alle territorialen und politischen Ansprüche in bezug auf Österreich und österreichisches Territorium sichern.

Artikel 3.
Anerkennung der Unabhängigkeit Österreichs durch Deutschland

Die Alliierten und Assoziierten Mächte werden in den deutschen Friedensvertrag Bestimmungen aufnehmen, welche die Anerkennung der Souveränität und Unabhängigkeit Österreichs durch Deutschland und den Verzicht Deutschlands auf alle territorialen und politischen Ansprüche in bezug auf Österreich und österreichisches Staatsgebiet sichern.

— 1947 —

Artikel 4.
Verbot des Anschlusses

1. Die Alliierten und Assoziierten Mächte erklären, daß eine politische oder wirtschaftliche Vereinigung zwischen Österreich und Deutschland verboten ist. Österreich anerkennt voll und ganz seine Verantwortlichkeiten auf diesem Gebiete und wird keine wie immer geartete politische oder wirtschaftliche Verbindung mit Deutschland eingehen.

2. Um einer solchen Vereinigung vorzubeugen, wird Österreich keinerlei Vereinbarung mit Deutschland treffen oder irgendeine Tatsache setzen oder irgendwelche Maßnahmen treffen, die geeignet wären, unmittelbar oder mittelbar eine politische oder wirtschaftliche Vereinigung mit Deutschland herbeizuführen oder seine territoriale Unversehrtheit oder politische oder wirtschaftliche Unabhängigkeit zu beeinträchtigen. Österreich verpflichtet sich ferner, innerhalb seines Gebietes jede unmittelbar oder mittelbar auf eine solche Vereinigung abzielende Handlung zu verhindern und wird den Bestand, das Wiederaufleben und die Tätigkeit jeglicher Organisationen, die die politische oder wirtschaftliche Vereinigung mit Deutschland und großdeutsche Propaganda zugunsten der Vereinigung mit Deutschland zum Ziele haben, verhindern.

Artikel 5.
Grenzen Österreichs

[Die Grenzen Österreichs werden jene sein, die am 1. Jänner 1938 bestanden haben.][1, 2]

1 Vorschlag des Vereinigten Königreiches, der Vereinigten Staaten und Frankreichs.

2 Die Sowjetdelegation unterstützt die Gebiets-

— 1955 —

Artikel 4.
Verbot des Anschlusses

1. Die Alliierten und Assoziierten Mächte erklären, daß eine politische oder wirtschaftliche Vereinigung zwischen Österreich und Deutschland verboten ist. Österreich anerkennt voll und ganz seine Verantwortlichkeiten auf diesem Gebiete und wird keine wie immer geartete politische oder wirtschaftliche Vereinigung mit Deutschland eingehen.

2. Um einer solchen Vereinigung vorzubeugen, wird Österreich keinerlei Vereinbarung mit Deutschland treffen oder irgendeine Handlung setzen oder irgendwelche Maßnahmen treffen, die geeignet wären, unmittelbar oder mittelbar eine politische oder wirtschaftliche Vereinigung mit Deutschland zu fördern oder seine territoriale Unversehrtheit oder politische oder wirtschaftliche Unabhängigkeit zu beeinträchtigen. Österreich verpflichtet sich ferner, innerhalb seines Gebietes jede Handlung zu verhindern, die geeignet wäre, eine solche Vereinigung mittelbar oder unmittelbar zu fördern, und wird den Bestand, das Wiederaufleben und die Tätigkeit jeglicher Organisationen, welche die politische oder wirtschaftliche Vereinigung mit Deutschland zum Ziele haben, sowie großdeutsche Propaganda zugunsten der Vereinigung mit Deutschland verhindern.

Artikel 5.
Grenzen Österreichs

Die Grenzen Österreichs sind jene, die am 1. Jänner 1938 bestanden haben.

[Text einvernehmlich festgelegt von den Sonderbeauftragten am 1. Juli 1949 aufgrund eines Beschlusses des Außenministerrates vom 20. Juni 1949.]

ansprüche Jugoslawiens gegen Österreich, die in dem den Stellvertretern am 22. Jänner 1947 von der jugoslawischen Regierung überreichten Memorandum behandelt sind, und empfiehlt, daß der Rat der Außenminister ein besonderes Komitee einsetze zum Studium der jugoslawischen Ansprüche und zur Vorbereitung entsprechender Empfehlungen.

Artikel 6.

Einbürgerung und Aufenthalt von Deutschen in Österreich

1. Die österreichische Regierung verpflichtet sich, keine deutschen Staatsangehörigen, die Mitglieder der nationalsozialistischen Partei gewesen sind, einzubürgern.

2. Alle nach dem 1. März 1933 vorgenommenen Einbürgerungen deutscher Staatsangehöriger, die Mitglieder der nationalsozialistischen Partei gewesen sind, werden durch die österreichische Regierung innerhalb einer Zeitspanne von einem Jahr, gerechnet vom Inkrafttreten des vorliegenden Vertrages, aufgehoben werden.

3. Die österreichische Regierung verpflichtet sich, die Einwanderung nach Österreich zwecks dauernden Aufenthaltes und den dauernden Aufenthalt in Österreich deutschen Staatsangehörigen nicht zu gestatten, mit Ausnahme jener Fälle, die durch regelmäßige Interessen gerechtfertigt sind.

4. Die österreichische Regierung wird von den in §§ 2 und 3 genannten deutschen Staatsangehörigen verlangen, ihren Wohnsitz unter den Bedingungen und innerhalb der Zeitspanne, die durch Vereinbarung zwischen der österreichischen Regierung und dem Kontrollrat für Deutschland festgelegt werden sollen, nach Deutschland zu verlegen.

[Art. 6 des Entwurfes wurde im Moskauer Memorandum vom 15. April 195 als überholt bzw. überflüssig bezeichnet und von der Wiener Botschafterkonferenz am 2. Mai 1955 gestrichen.]

— 1947 —

Abschnitt II

Artikel 7.

Menschenrechte

1. Österreich wird alle erforderlichen Maßnahmen treffen, um allen unter österreichischer Gerichtsbarkeit lebenden Personen, ohne Unterschied von Rasse, Geschlecht, Sprache oder Religion den Genuß der Menschenrechte und der fundamentalen Freiheiten einschließlich der Freiheit der Meinungsäußerung, der Presse und Veröffentlichung, der Religionsausübung, der politischen Meinung und der öffentlichen Versammlung zu sichern.

2. Österreich verpflichtet sich weiters dazu, daß die in Österreich in Geltung stehenden Gesetze weder ihrem Inhalt noch ihrer Anwendung nach zwischen Personen österreichischer Staatsangehörigkeit auf Grund ihrer Rasse, ihres Geschlechtes, ihrer Sprache oder ihrer Religion, sei es in bezug auf ihre Personen, ihr Eigentum, ihr Geschäft, ihre beruflichen oder finanziellen Interessen, ihre Rechtsstellung, ihre politischen oder bürgerlichen Rechte, sei es auf irgendeinem anderen Gebiete Unterscheidungen machen oder Unterscheidungen zur Folge haben werden.

[Der Artikel über die Rechte der slowenischen und kroatischen Minderheiten wurde aufgrund des Beschlusses des Außenministerrates vom 20. Juni 1949 in den Vertragsentwurf aufgenommen. Einvernehmen über den Text wurde von den Sonderbeauftragten am 24. August 1949 erzielt, vorbehaltlich der Präzisierung durch ein Redaktionskomitee; dieser Artikel figurierte vom August 1949 bis zur endgültigen Neunummerierung der Vertragsartikel

— 1955 —

Artikel 6.

Menschenrechte

1. Österreich wird alle erforderlichen Maßnahmen treffen, um allen unter österreichischer Staatshoheit lebenden Personen ohne Unterschied von Rasse, Geschlecht, Sprache oder Religion den Genuß der Menschenrechte und der Grundfreiheiten einschließlich der Freiheit der Meinungsäußerung, der Presse und Veröffentlichung, der Religionsausübung, der politischen Meinung und der öffentlichen Versammlung zu sichern.

2. Österreich verpflichtet sich weiters dazu, daß die in Österreich geltenden Gesetze weder in ihrem Inhalt noch in ihrer Anwendung zwischen Personen österreichischer Staatsangehörigkeit auf Grund ihrer Rasse, ihres Geschlechtes, ihrer Sprache oder ihrer Religion, sei es in bezug auf ihre Person, ihre Vermögenswerte, ihre geschäftlichen, beruflichen oder finanziellen Interessen, ihre Rechtsstellung, ihre politischen oder bürgerlichen Rechte, sei es auf irgendeinem anderen Gebiete, diskriminieren oder Diskriminierungen zur Folge haben werden.

Artikel 7.

Rechte der slowenischen und kroatischen Minderheiten

1. Österreichische Staatsangehörige der slowenischen und kroatischen Minderheiten in Kärnten, Burgenland und Steiermark genießen dieselben Rechte auf Grund gleicher Bedingungen wie alle anderen österreichischen Staatsangehörigen einschließlich des Rechtes auf ihre eigenen Organisationen, Versammlungen und Presse in ihrer eigenen Sprache.

2. Sie haben Anspruch auf Elementarunterricht in slowenischer oder kroatischer Sprache und auf eine verhältnis-

durch die Botschafterkonferenz als Art. 7 bis. Die einzige gegenüber dem Text vom August 1949 vorgenommene redaktionelle Änderung betraf die Schullehrpläne (Abs. 2): anstatt »soweit als notwendig revidiert« heißt es im endgültigen Text: »überprüft«.]

mäßige Anzahl eigener Mittelschulen; in diesem Zusammenhang werden Schullehrpläne überprüft und eine Abteilung der Schulaufsichtsbehörde wird für slowenische und kroatische Schulen errichtet werden.

3. In den Verwaltungs- und Gerichtsbezirken Kärntens, des Burgenlandes und der Steiermark mit slowenischer, kroatischer oder gemischter Bevölkerung wird die slowenische oder kroatische Sprache zusätzlich zum Deutschen als Amtssprache zugelassen. In solchen Bezirken werden die Bezeichnungen und Aufschriften topographischer Natur sowohl in slowenischer oder kroatischer Sprache wie in Deutsch verfaßt.

4. Österreichische Staatsangehörige der slowenischen und kroatischen Minderheiten in Kärnten, Burgenland und Steiermark nehmen an den kulturellen, Verwaltungs- und Gerichtseinrichtungen in diesen Gebieten auf Grund gleicher Bedingungen wie andere österreichische Staatsangehörige teil.

5. Die Tätigkeit von Organisationen, die darauf abzielen, der kroatischen oder slowenischen Bevölkerung ihre Eigenschaft und ihre Rechte als Minderheit zu nehmen, ist zu verbieten.

Artikel 8.
Demokratische Einrichtungen

Österreich wird eine demokratische, auf geheimen Wahlen gegründete Regierung haben und wird allen Staatsbürgern ein freies, gleiches und allgemeines Wahlrecht verbürgen, ferner das Recht, ohne Unterschied der Rasse, des Geschlechtes, der Sprache, Religion oder politischen Meinung zu einem öffentlichen Amte gewählt zu werden.

Artikel 8.
Demokratische Einrichtungen

Österreich wird eine demokratische, auf geheime Wahlen gegründete Regierung haben und verbürgt allen Staatsbürgern ein freies, gleiches und allgemeines Wahlrecht sowie das Recht, ohne Unterschied von Rasse, Geschlecht, Sprache, Religion oder politische Meinung zu einem öffentlichen Amte gewählt zu werden.

Artikel 9.

Auflösung nationalsozialistischer Organisationen

Österreich wird die bereits durch die Erlassung entsprechender und von der Alliierten Kommission für Österreich genehmigter Gesetze begonnenen Maßnahmen zur Auflösung der nationalsozialistischen Partei und der ihr angegliederten und von ihr geleiteten Organisationen einschließlich der politischen, militärischen und paramilitärischen auf österreichischem Gebiet vollenden und wird die Bemühungen fortsetzen, aus dem österreichischen politischen, wirtschaftlichen und kulturellen Leben alle Spuren des Nazismus zu entfernen, um Sicherheit dafür zu schaffen, daß die obgenannten Organisationen nicht in was immer für einer Form aufleben, und um alle nazistische oder militärische Tätigkeit und Propaganda in Österreich zu verhindern.

[Abs. 2 und 3 gehen auf einen sowjetischen Vorschlag vom 26. April 1950 zurück und wurden von der Botschafterkonferenz in Wien im Mai 1955 angenommen.]

Artikel 9.

Auflösung nazistischer Organisationen

1. Österreich wird die bereits durch die Erlassung entsprechender und von der Alliierten Kommission für Österreich genehmigter Gesetze begonnenen Maßnahmen zur Auflösung der nationalsozialistischen Partei und der ihr angegliederten und von ihr kontrollierten Organisationen einschließlich der politischen, militärischen und paramilitärischen auf österreichischem Gebiet vollenden. Österreich wird auch die Bemühungen fortsetzen, aus dem österreichischen politischen, wirtschaftlichen und kulturellen Leben alle Spuren des Nazismus zu entfernen, um zu gewährleisten, daß die obgenannten Organisationen nicht in irgendeiner Form wieder ins Leben gerufen werden, und um alle nazistische oder militaristische Tätigkeit und Propaganda in Österreich zu verhindern.

2. Österreich verpflichtet sich, alle Organisationen faschistischen Charakters aufzulösen, die auf seinem Gebiete bestehen, und zwar sowohl politische, militärische und paramilitärische, als auch alle anderen Organisationen, welche eine irgendeiner der Vereinten Nationen feindliche Tätigkeit entfalten oder welche die Bevölkerung ihrer demokratischen Rechte zu berauben bestrebt sind.

3. Österreich verpflichtet sich, unter der Androhung von Strafsanktionen, die umgehend in Übereinstimmung mit den österreichischen Rechtsvorschriften festzulegen sind, das Bestehen und die Tätigkeit der obgenannten Organisationen auf österreichischem Gebiete zu untersagen.

Artikel 10.

Besondere Bestimmungen über die Gesetzgebung

1. Österreich verpflichtet sich, die Grundsätze, die in den von der österreichischen Regierung und vom Parlament seit dem 1. Mai 1945 kundgemachten und von der Alliierten Kommission für Österreich genehmigten, auf die Liquidierung der Überreste des Naziregimes und auf die Wiederherstellung des demokratischen Systems abzielenden Gesetze und Verordnungen aufrechtzuerhalten und ihre Anwendung fortzusetzen; die seit dem 1. Mai 1945 bereits getroffenen oder begonnenen gesetzgeberischen und administrativen Maßnahmen zu vollenden und die in den Artikeln 7, 8 und 9 des vorliegenden Vertrages festgelegten Grundsätze zu kodifizieren und mit Gesetzeskraft auszustatten und, soweit dies nicht schon geschehen ist, alle gesetzgeberischen und administrativen Maßnahmen, die zwischen dem 5. März 1933 und dem 30. April 1945 getroffen wurden und die in Widerspruch mit den in den Artikeln 7, 8 und 9 festgelegten Grundsätzen stehen, für nichtig zu erklären oder abzuändern.

2. Österreich verpflichtet sich ferner, das Gesetz vom 3. April 1919, betreffend das Haus Habsburg-Lothringen, aufrechtzuerhalten.

Artikel 10.

Besondere Bestimmungen über die Gesetzgebung

1. Österreich verpflichtet sich, die Grundsätze, die in den von der österreichischen Regierung, und vom österreichischen Parlament seit dem 1. Mai 1945 angenommenen und von der Alliierten Kommission für Österreich genehmigten, auf die Liquidierung der Überreste des Naziregimes und auf die Wiederherstellung des demokratischen Systems abzielenden Gesetze und Verordnungen enthalten sind, aufrechtzuerhalten und ihre Durchführung fortzusetzen, die seit dem 1. Mai 1945 bereits getroffenen oder eingeleiteten gesetzgeberischen und administrativen Maßnahmen zu vollenden und die in den Artikeln 6, 8 und 9 des vorliegenden Vertrages festgelegten Grundsätze zu kodifizieren und in Kraft zu setzen und, soweit dies nicht schon geschehen ist, alle gesetzgeberischen und administrativen Maßnahmen, die zwischen dem 5. März 1933 und dem 30. April 1945 getroffen wurden und die in Widerspruch mit den in den Artikeln 6, 8 und 9 festgelegten Grundsätzen stehen, aufzuheben oder abzuändern.

2. Österreich verpflichtet sich ferner, das Gesetz vom 3. April 1919, betreffend das Haus Habsburg-Lothringen, aufrechtzuerhalten.

Abschnitt III

Artikel 11.

Kriegsverbrecher

1. Österreich wird alle notwendigen Maßnahmen ergreifen, um die Festnahme und Auslieferung von Personen, die in die in den nachfolgenden Unterabschnitten a) und b) gekennzeichneten Kategorien fallen, zu sichern, sobald hinreichender Nachweis darüber den

[Art. 11 des Entwurfes wurde im Moskauer Memorandum vom 15. April 1955 als überholt bzw. überflüssig bezeichnet und von der Wiener Botschafterkonferenz am 2. Mai 1955 gestrichen.]

Chefs der diplomatischen Missionen der Sowjetunion, des Vereinigten Königreiches, der Vereinigten Staaten und Frankreichs in Wien erbracht worden ist, daß die Personen, deren Auslieferung verlangt wird, tatsächlich Übeltäter im Sinne obiger Kategorien sind.

a) Personen, die beschuldigt werden, Kriegsverbrechen oder Verbrechen gegen Frieden und Menschlichkeit begangen, angeordnet oder geduldet zu haben;

b) Angehörige einer der Alliierten und Assoziierten Mächte, die beschuldigt werden, die Gesetze ihres Heimatstaates durch Verrat oder Zusammenarbeit mit dem Feind während des Krieges verletzt zu haben.

2. Die Ersuchen um Auslieferung von Personen, die als Beschuldigte angefordert werden, sind innerhalb von sechs Monaten nach Inkrafttreten des vorliegenden Vertrages zu stellen.

3. Auf Ersuchen der beteiligten Regierungen der Vereinten Nationen wird Österreich gleichweis die seiner Gerichtsbarkeit unterliegenden Personen, deren Aussage im Verfahren gegen die in § 1 dieses Artikels genannten Personen benötigt wird, als Zeugen zur Verfügung stellen.

4. Jede Meinungsverschiedenheit über die Anwendung der Bestimmungen dieses Artikels wird von einer der beteiligten Regierungen den vier Missionschefs in Wien unterbreitet werden.

Abschnitt IV

Artikel 12.

Anerkennung der Friedensverträge

Österreich verpflichtet sich, die volle Geltung der Friedensverträge mit Italien, Rumänien, Bulgarien, Ungarn und Finnland und anderer Abkommen oder

Artikel 11.

Anerkennung der Friedensverträge

Österreich verpflichtet sich, die volle Geltung der Friedensverträge mit Italien, Rumänien, Bulgarien, Ungarn und Finnland und anderer Abkommen oder

Vereinbarungen, die zur Wiederherstellung des Friedens von den Alliierten und Assoziierten Mächten über Deutschland und Japan getroffen wurden oder künftig getroffen werden, anzuerkennen.

Artikel 13.

Liquidierung des Völkerbundes

Österreich verpflichtet sich, alle Vereinbarungen anzuerkennen, die zur Liquidierung des Völkerbundes, des ständigen internationalen Gerichtshofes und des internationalen Institutes für Ackerbau in Rom getroffen wurden oder künftig getroffen werden.

Artikel 14.

Zweiseitige Verträge

1. Jede Alliierte und Assoziierte Macht wird Österreich innerhalb einer Frist von sechs Monaten vom Inkrafttreten des vorliegenden Vertrages bekanntgeben, welche der von ihr vor dem 13. März 1938 mit Österreich abgeschlossenen zweiseitigen Verträge sie in Kraft belassen oder erneuern will. Alle mit dem vorliegenden Vertrag nicht in Übereinstimmung stehenden Bestimmungen der obgenannten Verträge werden jedoch außer Kraft gesetzt.

2. Alle so bekanntgegebenen Verträge sind beim Sekretariat der Vereinten Nationen gemäß Artikel 102 der Charter der Vereinten Nationen einzutragen.

3. Alle Verträge, die nicht in dieser Weise bekanntgegeben worden sind, werden als aufgehoben angesehen werden.

Artikel 15.

Wiederherstellung der Archive

1. Die Deutschland besetzt haltenden Mächte werden der österreichischen Regierung alle administrativen Archive (Akten, Register, Pläne und Doku-

Regelungen anzuerkennen, die von den Alliierten und Assoziierten Mächten bezüglich Deutschlands und Japans zur Wiederherstellung des Friedens herbeigeführt worden sind oder künftig herbeigeführt werden.

[Art. 13 des Entwurfes wurde von der Wiener Botschafterkonferenz am 2. Mai 1955 gestrichen.]

[Art. 14 des Entwurfes wurde von der Wiener Botschafterkonferenz am 2. Mai 1955 gestrichen.]

[Art. 15 des Entwurfes wurde im Moskauer Memorandum vom 15. April 1955 als überholt bzw. überflüssig bezeichnet und von der Wiener

mente jeder Art) übergeben, die jetzt in Deutschland aufbewahrt und für die Wiederherstellung des österreichischen Verwaltungsapparates nötig sind.

2. Österreich wird alle administrativen Archive (Akten, Register, Pläne und Dokumente jeder Art) übergeben, die jetzt in Österreich aufbewahrt und für die Wiederherstellung des deutschen Verwaltungsapparates nötig sind.

Botschafterkonferenz am 2. Mai 1955 gestrichen.]

Abschnitt V

Artikel 16.

[Abtransport der versetzten Personen aus Österreich

Österreich soll innerhalb einer Frist von sechs Monaten nach dem Inkrafttreten des gegenwärtigen Vertrages den Abtransport der versetzten Personen beenden und übernimmt es zu diesem Behufe,

a) den mit der Heimbeförderung ihrer Staatsangehörigen befaßten offiziellen Vertretern der Alliierten und Assoziierten Mächte volle Mitarbeit zu leisten; freien Zutritt zu den Lagern und sonstigen Plätzen zu gewähren, in denen versetzte Personen untergebracht sind und die notwendigen Transportmittel für die Überführung der Heimzubefördernden in ihr Heimatland bereitzustellen; in den Lagern der versetzten Personen jede den Interessen der Alliierten und Assoziierten Mächte oder einer von ihnen feindliche Propaganda sowie jede Tätigkeit zu verbieten, die darauf abzielt, die versetzten Personen zu bewegen, nicht in ihr Heimatland zurückzukehren; die Wiedererrichtung aufgelöster und die Bildung neuer »Komitees, Zentren« oder anderer Organisationen, die eine den Interessen irgendeiner der alliierten Mächte feindliche Tätigkeit entwickeln, nicht zu gestat-

[Art. 16 des Entwurfes wurde von der Wiener Botschafterkonferenz am 4. Mai 1955 gestrichen.]

ten; die Anwerbung versetzter Personen zu militärischen oder paramilitärischen Organisationen, wie Sicherheits- oder Wacheabteilungen, zu verbieten;

b) mit den Regierungen der beteiligten Nachbarländer in direkte zweiseitige Verhandlungen einzutreten, um alle Fragen zu regeln, die den Abtransport aus Österreich von versetzten Personen betreffen, deren Anwesenheit eine Bedrohung der gutnachbarlichen Beziehungen zwischen Österreich und seinen Nachbarstaaten bilden.][1]

---

1 Sowjetvorschlag. Die französische Delegation ist der Meinung, daß der wesentliche Inhalt des Absatzes 2 a überprüft werden sollte, sobald die Außenminister eine endgültige Entschließung über ähnliche Vorschläge gefaßt haben werden, die im Zusammenhang mit den Problemen der versetzten Personen und der Demographie in Deutschland gestellt worden sind.

[Versetzte Personen und Flüchtlinge

1. Österreich wird auf Flüchtlinge und versetzte Personen auf seinem Gebiete die Grundsätze der Entschließung, betreffend Flüchtlinge und versetzte Personen, anwenden, die von der Generalversammlung der Vereinten Nationen am 12. Februar 1946 angenommen wurde und die in der Beilage VI wiedergegeben ist. Österreich verpflichtet sich, solchen Flüchtlingen und versetzten Personen in jeder Hinsicht dieselben Rechte einzuräumen, die üblicherweise den in Österreich ordnungsgemäß zugelassenen Nichtösterreichern zugestanden werden.

2. Österreich verpflichtet sich, jede internationale Organisation, die mit dem allgemeinen Problem der Flüchtlinge und versetzten Personen verantwortlich

befaßt ist, im Hinblick auf die Wiederansiedlung solcher Flüchtlinge und versetzten Personen an anderem Orte zu unterstützen.][2]

2 UK-Vorschlag, den die US- und F-Delegation annehmen.

Artikel 16 bis

Abtransport von Personen deutschen Ursprungs

(Reichsdeutsche und Volksdeutsche)

1. Österreich verpflichtet sich, den Abtransport aus Österreich der deutschen Staatsangehörigen (Reichsdeutschen), die gemäß den bestehenden interalliierten Übereinkünften einschließlich der Beschlüsse des Kontrollrates für Deutschland dem Abtransport nach Deutschland unterliegen, innerhalb einer vom Kontrollrat für Deutschland bestimmten Zeitspanne zu vollenden.

2. Österreich verpflichtet sich ferner, bei der Durchführung der vom Kontrollrat für Deutschland gefaßten oder künftig zu fassenden Pläne für den Abtransport jener Volksdeutschen, deren Abtransport durch die bestehenden interalliierten Übereinkünfte einschließlich der Beschlüsse des Kontrollrates für Deutschland vorgesehen ist, nach Deutschland mitzuwirken.

3. Die Bestimmungen dieses Artikels finden auf Personen, die unter die von der Alliierten Kommission für Österreich genehmigten Ausnahmekategorien fallen, keine Anwendung.

Anmerkung:

In diesem Zusammenhange hat die Sowjetdelegation die Aufmerksamkeit des Rates der Außenminister auf die Notwendigkeit gelenkt, dem Kontrollrat für Deutschland entsprechende Anweisungen zu geben, damit er für die Wiederansiedlung der in Gemäßheit dieses Artikels von Österreich abtransportierten Personen Vorsorge treffe.

[Art. 16 bis des Entwurfes wurde im Moskauer Memorandum vom 15. April 1955 als überholt bzw. überflüssig bezeichnet und von der Wiener Botschafterkonferenz am 3. Mai 1955 gestrichen.]

Teil II
Militärische und Luftklauseln

Abschnitt I

Artikel 17.
Beschränkung der österreichischen Streitkräfte

1. Die Unterhaltung von Land- und Luftstreitkräften und Befestigungen soll eng darauf beschränkt sein, Aufgaben inneren Charakters und der lokalen Verteidigung der Grenzen zu erfüllen. Im Hinblick auf das Vorstehende ist Österreich berechtigt, Streitkräfte zu unterhalten, die aus nicht mehr bestehen als:

a) eine Landarmee, einschließlich Grenzschutz, Luftabwehrtruppen, Gendarmerie und Flußpolizei, in einer Gesamtstärke von 53.000;

b) eine Luftwaffe von 90 Flugzeugen, einschließlich Reserven, von denen nicht mehr als 70 typenmäßig Kampfflugzeuge sein dürfen, mit einer Gesamtstärke des Personals von 5000. Österreich darf keine Flugzeuge besitzen, die ursprünglich als Bomber gebaut wurden und in ihrem Innenraum Vorrichtungen für das Mitführen von Bomben besitzen. Diese Stärkezahlen sollen in jedem Falle Kampf-, Boden- und Reservepersonal einschließen.

2. Österreich verpflichtet sich, keine militärischen Anlagen oder Befestigungen wiederherzustellen, die gemäß den Weisungen der Alliierten Kommission für Österreich zerstört wurden.

3. Die Zahl und die Größe der Flugplätze müssen im genauen Einklang mit den Aufgaben der österreichischen Luftwaffe und den Bedürfnissen der Zivilluftfahrt stehen.

[4. Die im obigen § 1 aufgezählten Streitkräfte werden lediglich mit Waffen

Teil II
Militärische und Luftfahrt-Bestimmungen

[Art. 17 des Entwurfes wurde von der Wiener Botschafterkonferenz am 5. Mai 1955 gestrichen.]

[Dieser Sowjetvorschlag wurde am 15. April 1948 zurückgezogen.]

und technischem Material österreichischer Erzeugung ausgerüstet sein.][1]

1 Sowjetvorschlag.

Artikel 18.

Ausschließung von früheren Mitgliedern der nationalsozialistischen und anderen Organisationen vom Dienst in der österreichischen bewaffneten Macht

Den nachstehend angeführten Personen wird es in keinem Falle erlaubt sein, in den in Artikel 17 aufgezählten österreichischen Streitkräften zu dienen.

1. Personen, die nicht die österreichische Staatsbürgerschaft besitzen.

2. Österreichische Staatsangehörige, die zu irgendeiner Zeit vor dem 13. März 1938 deutsche Staatsangehörige waren.

3. Österreichische Staatsangehörige, die in der Zeit vom 13. März 1938 bis zum 8. Mai 1945 in der deutschen Wehrmacht im Range eines Obersten oder in einem höheren Range gedient haben.

4. Österreichische Staatsangehörige, die in eine der unten angeführten Kategorien fallen, mit Ausnahme solcher Personen, die von den zuständigen Stellen gemäß den österreichischen Gesetzen entlastet worden sind:

Personen, die zu irgendeiner Zeit angehört haben:

a) der Nationalsozialistischen Deutschen Arbeiterpartei (NSDAP), den SS-, SA- und SD-Organisationen; der Geheimen Staatspolizei (Gestapo); oder dem nationalsozialistischen (NS) Soldatenring oder der nationalsozialistischen (NS) Offiziersvereinigung; oder welche waren:

b) Führer im nationalsozialistischen Fliegerkorps (NSFK) oder in dem nationalsozialistischen Kraftfahrerkorps

Artikel 12.

Verbot der Dienstleistung in den österreichischen Streitkräften für ehemalige Mitglieder nazistischer Organisationen und Angehörige bestimmter anderer Personenkreise

Folgenden Personen ist es in keinem Falle erlaubt, in den österreichischen Streitkräften zu dienen:

1. Personen, die nicht die österreichische Staatsangehörigkeit besitzen.

2. Österreichische Staatsangehörige, die zu irgendeiner Zeit vor dem 13. März 1938 deutsche Staatsangehörige waren.

3. Österreichische Staatsangehörige, die in der Zeit vom 13. März 1938 bis zum 8. Mai 1945 in der deutschen Wehrmacht im Range eines Obersten oder in einem höheren Range gedient haben.

4. Österreichische Staatsangehörige, die in eine der folgenden Kategorien fallen, mit Ausnahme solcher Personen, die von den zuständigen Stellen gemäß dem österreichischen Recht entlastet worden sind:

a) Personen, die zu irgendeiner Zeit der Nationalsozialistischen Deutschen Arbeiterpartei (NSDAP), oder den SS-, SA- oder SD-Organisationen, der Geheimen Staatspolizei (Gestapo) oder dem nationalsozialistischen Soldatenring oder der nationalsozialistischen Offiziersvereinigung angehört haben;

b) Führer im nationalsozialistischen Fliegerkorps (NSFK) oder in dem nationalsozialistischen Kraftfahrerkorps (NSKK) in einem Range nicht gerin-

(NSKK), in einem Range nicht geringer als der eines Untersturmführers oder Gleichgestellten oder
c) Funktionäre in einer der von der NSDAP kontrollierten oder ihr angeschlossenen Organisation in keinem niedrigeren Range als dem entsprechend einem Ortsgruppenleiter:
d) Verfasser von Druckwerken oder von Drehbüchern, die wegen ihres nazistischen Charakters von der von der österreichischen Regierung bestellten zuständigen Kommission in die Kategorie verbotener Werke eingereiht wurden;
e) Leiter industrieller, finanzieller und kommerzieller Unternehmungen, die auf Grund von offiziellen und authentischen Berichten von bestehenden industriellen, kommerziellen und finanziellen Vereinigungen, Gewerkschaften und Parteiorganisationen von den zuständigen Kommissionen als schuldig befunden wurden, an der Durchführung der Ziele der Nationalsozialistischen Deutschen Arbeiterpartei (NSDAP) oder einer der ihr angeschlossenen Organisationen aktiv mitgearbeitet, die Prinzipien des Nationalsozialismus unterstützt, nationalsozialistische Organisationen oder ihre Tätigkeiten finanziert oder für sie Propaganda getrieben und damit den Interessen eines unabhängigen und demokratischen Österreich geschadet zu haben.

Jede Person, die als Mitglied in die Nationalsozialistische Deutsche Arbeiterpartei (NSDAP) (Parteimitglied) oder als Parteianwärter aufgenommen wurde und das provisorische Recht, das Parteiabzeichen zu tragen, erworben hat, soll als Mitglied der NSDAP angesehen werden.

ger als der eines Untersturmführers oder Gleichgestellten;
c) Funktionäre in einer der von der NSDAP kontrollierten oder ihr angegliederten Organisation in keinem niedrigeren Range als dem entsprechend einem Ortsgruppenleiter;
d) Verfasser von Druckwerken oder von Drehbüchern, die wegen ihres nazistischen Charakters von den von der österreichischen Regierung bestellten zuständigen Kommissionen in die Kategorie verbotener Werke eingereiht wurden;
e) Leiter industrieller, kommerzieller und finanzieller Unternehmungen, die auf Grund von offiziellen und authentischen Berichten von bestehenden industriellen, kommerziellen und finanziellen Vereinigungen, Gewerkschaften und Parteiorganisationen von den zuständigen Kommissionen als schuldig befunden wurden, an der Durchführung der Ziele der NSDAP oder einer der ihr angeschlossenen Organisationen aktiv mitgearbeitet, die Prinzipien des Nationalsozialismus unterstützt, nationalsozialistische Organisationen oder ihre Tätigkeit finanziert oder für sie Propaganda getrieben und damit den Interessen eines unabhängigen und demokratischen Österreich geschadet zu haben.

[Der letzte Absatz des Punktes 4 des Art. 18 des Entwurfes wurde von der Wiener Botschafterkonferenz am 4. Mai 1955 gestrichen.]

Artikel 19.

Verbot der militärischen Ausbildung

Personal, das weder dem österreichischen Landheere noch der Luftwaffe angehört, darf keine Art militärischer Ausbildung oder Ausbildung im militärischen Flugwesen erhalten, wie solches in Annex I bezeichnet ist.

Artikel 20
fällt weg.

Abschnitt II
Artikel 21.

Ausschließung von bestimmten Waffen

Österreich darf weder besitzen noch erzeugen noch zu Versuchen verwenden:

1. Irgendeine Atomwaffe oder eine andere schwerere Waffe, die jetzt oder in der Zukunft als Mittel für Massenzerstörung verwendbar gemacht werden kann und als solche durch das zuständige Organ der Vereinten Nationen bezeichnet worden ist.

2. Irgendeine Art von selbstgetriebenen oder gelenkten Geschossen und Torpedos und desgleichen Apparate, die für deren Abschuß und Kontrolle dienen.

3. Seeminen.

4. Torpedos, die bemannt werden können.

5. Unterseeboote oder andere Unterwasserfahrzeuge.

6. Motor-Torpedoboote.

7. Spezialisierte Typen von Angriffs-Fahrzeugen.

8. Geschütze mit einer Reichweite von mehr als 30 km.

9. Erstickende, ätzende oder giftige Materialien oder biologische Substanzen in größeren Mengen oder anderen Typen als solchen, die für erlaubte zivile Zwecke benötigt werden, oder irgendwelche Apparaturen, die geeignet sind, solche Ma-

[Art. 19 des Entwurfes wurde von der Wiener Botschafterkonferenz im Mai 1955 gestrichen.]

[Art. 20 des Entwurfes, von Frankreich und der Sowjetunion unterstützt, verlangte, dass Österreich zu Beginn jedes Budgetjahres sein Militärbudget und die Stärke seiner bewaffneten Macht bekanntgeben sollte. Er wurde vom Außenministerrat am 17. April 1947 gestrichen.]

Artikel 13.

Verbot von Spezialwaffen

1. Österreich soll weder besitzen noch herstellen noch zu Versuchen verwenden:

a) irgendeine Atomwaffe,

b) irgendeine andere schwerere Waffe, die jetzt oder in der Zukunft als Mittel für Massenvernichtung verwendbar gemacht werden kann und als solche durch das zuständige Organ der Vereinten Nationen bezeichnet worden ist,

c) irgendeine Art von selbstgetriebenen oder gelenkten Geschossen, Torpedos sowie Apparaten, die für deren Abschuß und Kontrolle dienen,

d) Seeminen,

e) Torpedos, die bemannt werden können,

f) Unterseeboote oder andere Unterwasserfahrzeuge,

g) Motor-Torpedoboote,

h) spezialisierte Typen von Angriffs-Fahrzeugen,

i) Geschütze mit einer Reichweite von mehr als 30 km,

j) erstickende, ätzende oder giftige Stoffe oder biologische Substanzen in größeren Mengen oder anderen Typen als solchen, die für erlaubte

terialien oder Substanzen für kriegerische Zwecke herzustellen, zu schleudern oder zu verbreiten.

Die Alliierten und Assoziierten Mächte behalten sich das Recht vor, zu diesem Artikel Verbote von irgendwelchen Waffen hinzuzufügen, deren Herstellung sich als Ergebnis wissenschaftlicher Entwicklung ergeben sollte.

Artikel 22 bis 24.
Siehe Annexe III, IV und Art. 17/§ 2.

Artikel 25.
Verbot von überschüssigem Kriegsmaterial

Österreich soll Kriegsmaterial, das über das zur Aufrechterhaltung der gemäß Artikel 17 des gegenwärtigen Vertrages zugelassenen Streitkräfte erforderliche Ausmaß hinausgeht, weder behalten noch erzeugen noch auf andere Weise erwerben noch Erzeugungsmöglichkeiten dafür aufrechterhalten.

Artikel 26.
Verfügung über Kriegsmaterial alliierten und deutschen Ursprungs

1. Alles Kriegsmaterial alliierten Ursprungs in Österreich muß zur Verfügung der betreffenden Alliierten und Assoziierten Mächte gestellt werden, gemäß den Weisungen, die von der betreffenden Macht gegeben werden.

Innerhalb eines Jahres vom Inkrafttreten des vorliegenden Vertrages muß Österreich für Militärzwecke unbrauchbar machen oder vernichten:

Alles überschüssige Kriegsmaterial deutschen oder nichtalliierten Ursprungs; insoweit als es sich auf modernes Kriegsmaterial bezieht, alle deutschen und japanischen Zeichnungen einschließlich vorhandene Werkzeichnungen (blue prints), Muster

zivile Zwecke benötigt werden, oder irgendwelche Apparate, die geeignet sind, solche Stoffe oder Substanzen für kriegerische Zwecke herzustellen, zu schleudern oder zu verbreiten.

2. Die Alliierten und Assoziierten Mächte behalten sich das Recht vor, zu diesem Artikel Verbote von irgendwelchen Waffen hinzuzufügen, die als Ergebnis wissenschaftlichen Fortschritts entwickelt werden könnten.

[Art. 25 des Entwurfes wurde von der Wiener Botschafterkonferenz am 5. Mai 1955 gestrichen.]

Artikel 14.
Verfügung über Kriegsmaterial alliierten und deutschen Ursprungs

1. Alles Kriegsmaterial alliierten Ursprungs in Österreich wird der betreffenden Alliierten oder Assoziierten Macht gemäß den von dieser Macht gegebenen Weisungen zur Verfügung gestellt werden. Österreich verzichtet auf alle Rechte an dem obenerwähnten Kriegsmaterial.

2. Innerhalb eines Jahres vom Inkrafttreten des vorliegenden Vertrages soll Österreich für Militärzwecke unbrauchbar machen oder vernichten:

alles überschüssige Kriegsmaterial deutschen oder nichtalliierten Ursprungs;

insoweit als sie sich auf modernes Kriegsmaterial beziehen, alle deut-

(prototypes), Experimentiermodelle und Pläne sowie alles Kriegsmaterial, das durch Artikel 21 dieses Vertrages verboten ist.
Alle spezialisierten Einrichtungen einschließlich Forschungs- und Produktionsausrüstung, die durch Artikel 21 [und 27][1] verboten sind und nicht für eine erlaubte Forschung, Entwicklung oder Konstruktion umgeändert werden können oder die das Ausmaß dessen übersteigen, was für die militärischen Bedürfnisse gemäß den Artikeln 17 und 25 des vorliegenden Vertrages notwendig ist.

2. Österreich wird, innerhalb von sechs Monaten nach Inkrafttreten des vorliegenden Vertrages, den Regierungen der Sowjetunion, der Vereinigten Staaten von Amerika, des Vereinigten Königreiches und Frankreichs eine Liste von dem in Paragraph 1 aufgezählten Kriegsmaterial und Einrichtungen übermitteln.

3. Österreich verzichtet auf alle Rechte an vorerwähntem Kriegsmaterial.

[4. Österreich darf kein Kriegsmaterial deutschen oder nichtösterreichischen Ursprungs oder Entwurfs, weder öffentlich noch privat oder durch irgendwelche andere Mittel, herstellen, erwerben oder besitzen.

Dies bedeutet nicht ein Verbot, solche beschränkte Mengen von Kriegsmaterial deutschen oder nichtalliierten Ursprungs oder Entwurfs zu verwenden, das nach dem zweiten Weltkrieg in Österreich verblieben ist und für die durch Artikel 17 dieses Vertrages gestattete Aufrichtung einer Wehrmacht benötigt wird.][2]

[Österreich darf kein Kriegsmaterial deutschen Entwurfs herstellen.][3]

5. Eine Definition und Liste des Kriegsmaterials für die Zwecke des

schen und japanischen Zeichnungen einschließlich vorhandener Werkszeichnungen, Muster und Experimentiermodelle und Pläne;
alles Kriegsmaterial, das durch Artikel 13 des vorliegenden Vertrages verboten ist;
alle spezialisierten Einrichtungen einschließlich Forschungs- und Produktionsausrüstung, die durch Artikel 13 verboten sind und nicht für eine erlaubte Forschung, Entwicklung oder Konstruktion umgeändert werden können.

3. Österreich wird innerhalb von sechs Monaten nach Inkrafttreten des vorliegenden Vertrages den Regierungen der Sowjetunion, des Vereinigten Königreiches, der Vereinigten Staaten von Amerika und Frankreichs eine Liste von Kriegsmaterial und Einrichtungen übermitteln, die in Paragraph 2 aufgezählt sind.

4. Österreich soll kein Kriegsmaterial deutschen Entwurfes herstellen.

Österreich soll kein Kriegsmaterial deutscher Erzeugung oder deutschen Ursprungs oder Entwurfes öffentlich oder privat oder durch irgendwelche andere Mittel erwerben oder besitzen, mit der Ausnahme, daß die österreichische Regierung zur Aufstellung der österreichischen Streitkräfte beschränkte Mengen von Kriegsmaterial deutscher Erzeugung, deutschen Ursprunges oder Entwurfes, das nach dem Zweiten Weltkrieg in Österreich verblieben ist, verwenden kann.

5. Eine Definition und Liste des Kriegsmaterials für die Zwecke des vorliegenden Vertrages sind in Annex I enthalten.

vorliegenden Vertrages sind in Annex II enthalten.

1 Französischer Vorschlag, mit dem die Sowjetdelegation einverstanden ist. Die Delegationen der USA und UK widersetzen sich dem Vorschlag.
2 Sowjetvorschlag.
3 USA-Vorschlag, dem die Delegation Frankreichs und des UK zustimmen.

Artikel 27.
Verhinderung der deutschen Wiederaufrüstung

1. Österreich wird den Alliierten und Assoziierten Mächten volle Mitwirkung gewähren, um Sicherheit dafür zu schaffen, daß Deutschland nicht in der Lage ist, außerhalb des deutschen Territoriums Schritte für eine Wiederaufrüstung zu unternehmen.

[2. Österreich verpflichtet sich, die Beschränkungen und Verbote, die in den Beilagen III, IV und V des vorliegenden Vertrages aufgestellt sind, einzuhalten.[1]]

3. Österreich darf in der militärischen oder zivilen Luftfahrt oder bei Experimenten, Entwürfen, in der Produktion oder Instandhaltung von Kriegsmaterial weder anstellen noch einüben:

Personen, die deutsche Staatsangehörige sind oder zu irgendeiner Zeit vor dem 13. März 1938 deutsche Staatsangehörige waren, oder österreichische Staatsangehörige, die vom Dienst in den Streitkräften gemäß Artikel 18 ausgeschlossen sind [oder Personen, die nicht österreichische Staatsangehörige sind].[2]

1 Französischer Vorschlag, mit dem die Sowjetdelegation übereinstimmt. Die US- und UK-Delegationen sind gegen die Aufnahme dieses Paragraphen und seiner Annexe. Immerhin machte die UK-Delegation folgenden Vorbehalt: Falls die Minister die Aufnahme von Einschränkungen die-

Artikel 15.
Verhinderung der deutschen Wiederaufrüstung

1. Österreich arbeitet mit den Alliierten und Assoziierten Mächten voll zusammen, um zu gewährleisten, daß Deutschland nicht in der Lage ist, außerhalb des deutschen Territoriums Schritte für eine Wiederaufrüstung zu unternehmen.

[Abs. 2 des Entwurfes sowie die Annexe III, IV und V wurden am 1. April 1949 vom französischen Sonderbeauftragten zurückgezogen; die Sowjetunion verzichtete auf diesen Absatz sowie die Annexe III, IV und V am 6. Oktober 1949.]

2. Österreich soll in der militärischen oder zivilen Luftfahrt oder bei Experimenten, Entwürfen, bei der Produktion oder Instandhaltung von Kriegsmaterial weder verwenden noch ausbilden:

Personen, die deutsche Staatsangehörige sind oder zu irgendeiner Zeit vor dem 13. März 1938 deutsche Staatsangehörige waren;

oder österreichische Staatsangehörige, die von der Dienstleistung in den Streitkräften gemäß Artikel 12 ausgeschlossen sind;

oder Personen, die nicht österreichische Staatsangehörige sind.

ser Art in den Vertrag beschließen sollten, könnte die UK-Delegation, vorbehaltlich der Einfügung einer spezifizierten, zeitlichen Begrenzung dieser Einschränkungen, nachstehende Paragraphen annehmen:

Annex III, paras. I b), II, III.

Annex IV, paras. I, III a), c) und e), und könnte, vorbehaltlich von Modifikationen, die folgenden Paragraphen dieser Annexe annehmen:

Annex III, paras. I c).

Annex IV, paras. II a) und d).

Annex V.

2 Sowjetvorschlag, dem sich die französische, UK- und US-Delegation widersetzt.

Artikel 28.
Verbot der Verwendung von deutschen und japanischen Zivilflugzeugen

Österreich darf zivile Luftfahrzeuge deutschen oder japanischen Musters oder solche Luftfahrzeuge, die eine größere Zahl von Teilen deutscher oder japanischer Herstellung oder Konstruktion enthalten, weder erwerben noch erzeugen.

Artikel 29.
(Siehe Annex V)

Artikel 30.
Dauer der Beschränkungen

Jede der militärischen und Luftfahrtklauseln des vorliegenden Vertrages soll in Kraft bleiben, bis sie zur Gänze oder zum Teil durch ein Abkommen zwischen den Alliierten und Assoziierten Mächten und Österreich oder, nachdem Österreich ein Mitglied der Vereinten Nationen geworden ist, durch ein Abkommen zwischen dem Sicherheitsrat und Österreich abgeändert werden.

Abschnitt IV

Artikel 31.
Kriegsgefangene

1. Österreicher, die derzeit Kriegsgefangene sind, sollen sobald als möglich

Artikel 16.
Verbot betreffend Zivilflugzeuge deutscher und japanischer Bauart

Österreich soll zivile Luftfahrzeuge deutscher oder japanischer Bauart oder solche Luftfahrzeuge, die eine größere Zahl von Teilen deutscher oder japanischer Herstellung oder Bauart enthalten, weder erwerben noch erzeugen.

[Die Artikel 12–16 des Staatsvertrages wurden im November 1990 von der Bundesregierung als »obsolet« erklärt; vgl. unten Anhang 7.]

Artikel 17.
Dauer der Beschränkungen

Jede der militärischen und Luftfahrtsbestimmungen des vorliegenden Vertrages bleibt in Kraft, bis sie zur Gänze oder zum Teil durch ein Abkommen zwischen den Alliierten und Assoziierten Mächten und Österreich oder, nachdem Österreich Mitglied der Vereinten Nationen geworden ist, durch ein Abkommen zwischen dem Sicherheitsrat und Österreich abgeändert wird.

Artikel 18.
Kriegsgefangene

1. Österreicher, die derzeit Kriegsgefangene sind, sollen sobald als möglich

gemäß Vereinbarungen, die zwischen den einzelnen Mächten, die solche Kriegsgefangene festhalten, und Österreich abzuschließen sind, heimbefördert werden.

2. Alle Kosten, einschließlich der Erhaltungskosten, die sich aus dem Transport von Österreichern, die derzeit Kriegsgefangene sind, aus den in Betracht kommenden Sammellagern, wie sie von der Regierung der betreffenden Alliierten und Assoziierten Macht ausgewählt worden sind, bis zum Punkte ihres Eintrittes auf österreichisches Gebiet ergeben, sollen von der österreichischen Regierung getragen werden.

Artikel 32
fällt weg.

[Am 25. Juli 1949 wurde von sowjetischer Seite ein Artikel über »Kriegsgräber und Denkmäler« eingebracht, dem ein britischer Alternativvorschlag mit amerikanischer und französischer Unterstützung entgegengesetzt wurde. Die Entwürfe zur Regelung dieser Materie wurden als Vorschläge zu einem neuen Art. 32 in den Vertragsentwurf eingearbeitet. Im Oktober 1949 einigten sich die Außenminister auf Übernahme des sowjetischen Vorschlages, der demnach dem endgültigen Text (nunmehr Art. 19) zugrunde liegt.]

gemäß Regelungen, die zwischen den einzelnen Mächten, die solche Kriegsgefangene festhalten, und Österreich zu vereinbaren sind, heimbefördert werden.

2. Alle Kosten einschließlich der Unterhaltskosten, die sich aus dem Transport von Österreichern, die derzeit Kriegsgefangene sind, aus den in Betracht kommenden Sammelstellen, wie sie von der Regierung der betreffenden Alliierten oder Assoziierten Macht ausgewählt worden sind, bis zum Punkte ihres Eintrittes auf österreichisches Gebiet ergeben, werden von der österreichischen Regierung getragen werden.

[Art. 32 des Entwurfes in der Fassung, die von den Sonderbeauftragten am 29. März 1947 in Moskau dem Rat der Außenminister vorgelegt wurde, wurde in der Ratssitzung am 17. April 1947 gestrichen. Es handelte sich um einen französischen Vorschlag, dem sich die Delegationen der Vereinigten Staaten, des Vereinigten Königreiches und der Sowjetunion widersetzten. Er trug den Titel »Kommission der Militärexperten«.]

Artikel 19.
Kriegsgräber und Denkmäler

1. Österreich verpflichtet sich, die auf österreichischem Gebiet befindlichen Gräber von Soldaten, Kriegsgefangenen und zwangsweise nach Österreich gebrachten Staatsangehörigen der Alliierten Mächte und jener der anderen Vereinten Nationen, die sich mit Deutschland im Kriegszustand befanden, zu achten, zu schützen und zu erhalten; desgleichen die Gedenksteine und Embleme dieser Gräber sowie Denkmäler, die dem militärischen Ruhm der Armeen gewidmet sind, die

auf österreichischem Staatsgebiet gegen Hitler-Deutschland gekämpft haben.

2. Die österreichische Regierung wird jede Kommission, Delegation oder andere Organisation anerkennen, die von dem betreffenden Land ermächtigt ist, die in Paragraph 1 angeführten Gräber und Bauten zu identifizieren, zu registrieren, zu erhalten und zu regulieren; sie wird die Arbeit solcher Organisationen erleichtern, sie wird hinsichtlich der obenerwähnten Gräber und Bauten die für nötig befundenen Abkommen mit dem betreffenden Land oder mit jeder von ihm bevollmächtigten Kommission oder Delegation oder mit irgendeiner anderen Organisation abschließen. Sie erklärt desgleichen ihr Einverständnis, in Übereinstimmung mit angemessenen sanitären Vorsichtsmaßnahmen jede Erleichterung für die Exhumierung und Überführung der in den erwähnten Gräbern bestatteten Überreste in deren Heimatland zu gewähren, sei es auf Ansuchen der offiziellen Organisationen des betreffenden Staates oder auf Ansuchen der Angehörigen der beerdigten Personen.

Teil III

Artikel 33.

Rückziehung der Alliierten Streitkräfte

1. Das Übereinkommen über den Kontrollmechanismus in Österreich vom 28. Juni 1946 soll mit dem Inkrafttreten des vorliegenden Vertrages seine Wirksamkeit verlieren.

2. Mit dem Inkrafttreten des vorliegenden Vertrages wird die gemäß § 4 des im Abkommen über Besetzungszonen in Österreich und die Verwaltung der Stadt Wien vom 9. Juli 1945 errichtete interalliierte Regierungsbehörde (Commen-

Teil III

Artikel 20.

Zurückziehung der Alliierten Streitkräfte

1. Das Übereinkommen über den Kontrollapparat in Österreich vom 28. Juni 1946 verliert mit dem Inkrafttreten des vorliegenden Vertrages seine Wirksamkeit.

2. Mit dem Inkrafttreten des vorliegenden Vertrages hört die gemäß Paragraph 4 des Abkommens über Besatzungszonen in Österreich und die Verwaltung der Stadt Wien vom 9. Juli 1945 errichtete interalliierte Kommandantur auf, irgendwelche Funktionen hinsicht-

datura) aufhören, irgendwelche Funktionen im Hinblick auf die Verwaltung der Stadt Wien auszuüben. Das Übereinkommen über die Besetzungszonen *[sic]* in Österreich wird mit der Beendigung der Räumung Österreichs durch die Streitkräfte der Alliierten und Assoziierten Mächte und auf alle Fälle mit dem Ablauf von 90 Tagen, angefangen vom Inkrafttreten des vorliegenden Vertrages, außer Kraft treten.

3. Die Streitkräfte der Alliierten und Assoziierten Mächte und die Mitglieder der Alliierten Kommission für Österreich werden sobald wie möglich und auf alle Fälle innerhalb von 90 Tagen, angefangen vom Inkrafttreten des vorliegenden Vertrages, aus Österreich zurückgezogen werden.

4. Die österreichische Regierung wird den Streitkräften der Alliierten und Assoziierten Mächte und den Mitgliedern der Alliierten Kommission für Österreich bis zu ihrer Rückziehung aus Österreich alle Rechte, Immunitäten und Erleichterungen gewähren, die diesen unmittelbar vor dem Inkrafttreten des vorliegenden Vertrages zustanden.

5. Die Alliierten und Assoziierten Mächte verpflichten sich, der österreichischen Regierung innerhalb des festgesetzten Zeitraumes von 90 Tagen zurückzustellen:

a) alle Zahlungsmittel, die den Alliierten und Assoziierten Mächten für Okkupationszwecke kostenlos zur Verfügung gestellt worden und im Zeitpunkt der Beendigung der Zurückziehung unverausgabt geblieben sind;

b) alles österreichische Eigentum, das von alliierten Streitkräften oder von der Alliierten Kommission requisitioniert wurde und sich noch in deren Besitz befindet. Die sich aus diesem Unterparagraphen ergebenden Verpflich-

lich der Verwaltung der Stadt Wien auszuüben. Das Übereinkommen über die Besatzungszonen in Österreich tritt mit der Beendigung der Räumung Österreichs durch die Streitkräfte der Alliierten und Assoziierten Mächte gemäß Paragraph 3 dieses Artikels außer Kraft.

3. Die Streitkräfte der Alliierten und Assoziierten Mächte und die Mitglieder der Alliierten Kommission für Österreich werden innerhalb von neunzig Tagen, angefangen vom Inkrafttreten des vorliegenden Vertrages, *soweit irgend möglich, spätestens bis zum 31. Dezember 1955, aus Österreich zurückgezogen.*

4. Die österreichische Regierung wird den Streitkräften der Alliierten und Assoziierten Mächte und den Mitgliedern der Alliierten Kommission für Österreich bis zu ihrer Zurückziehung aus Österreich alle Rechte, Immunitäten und Begünstigungen gewähren, die ihnen unmittelbar vor dem Inkrafttreten dieses Vertrages zustanden.

5. Die Alliierten und Assoziierten Mächte verpflichten sich, der österreichischen Regierung nach Inkrafttreten dieses Vertrages und innerhalb der in Paragraph 3 dieses Artikels vorgesehenen Frist zurückzustellen:

a) alles Geld, das den Alliierten und Assoziierten Mächten für Okkupationszwecke kostenlos zur Verfügung gestellt worden und im Zeitpunkt der Beendigung der Zurückziehung der alliierten Streitkräfte unverausgabt geblieben ist;

b) alles österreichische Eigentum, das von alliierten Streitkräften oder von der Alliierten Kommission requiriert wurde und sich noch in deren Besitz befindet. Die sich aus diesem Absatz ergebenden Verpflichtungen sind vorbehaltlich der Bestimmungen des Artikels 22 dieses Vertrages zu erfüllen.

tungen sind vorbehaltlich der Bestimmungen des Artikels 35 des vorliegenden Vertrages anzuwenden.

TEIL IV
AUS DEM KRIEGE HERRÜHRENDE ANSPRÜCHE

Abschnitt I
Artikel 34.
Reparationen

[Die Alliierten und Assoziierten Mächte erklären, daß sie weder für sich selbst, noch für ihre Staatsangehörigen, an Österreich Reparationsforderungen stellen werden, soweit solche Forderungen direkt auf dem Kriege oder auf Maßnahmen, die infolge des Vorhandenseins eines Kriegszustandes in Europa nach dem 1. September 1939 Platz griffen, beruhen, gleichgültig, ob die Alliierte und Assoziierte Macht zu jener Zeit mit Deutschland im Kriege war.][1]

1 UK- und US-Vorschlag.
Die Sowjetdelegation schlägt vor, den Vorschlag der jugoslawischen Delegation in Betracht zu ziehen, der in den Dokumenten CFM (D) (47) (A), 10 und 75, vom 21. Jänner und 17. Februar 1947, dargelegt ist und sich auf ihre Reparationsforderungen gegen Österreich bezieht. Die französische Delegation stimmt im Prinzip dem UK- und US-Vorschlag zu, vorausgesetzt, daß die Minister das darin enthaltene Prinzip annehmen, behält sich jedoch das Recht kleinerer Entwurfsänderungen vor.

[Der kursivgedruckte Textteil in Art. 20, Abs. 3 wurde von der Wiener Botschafterkonferenz am 11. Mai 1955 auf französischen Antrag angenommen.]

TEIL IV
AUS DEM KRIEGE HERRÜHRENDE ANSPRÜCHE

Artikel 21.
Reparationen

Von Österreich werden keine Reparationen verlangt, die sich aus dem Bestehen eines Kriegszustandes in Europa nach dem 1. September 1939 ergeben.

[Einvernehmen über den Inhalt dieses Artikels wurde auf der Tagung des Außenministerrates in Paris im Juni 1949 erzielt und die endgültige Textformulierung von den Sonderbeauftragten am 7. Juli 1949 vorgenommen.]

Der nun folgende Artikel über die deutschen Vermögenswerte in Österreich (Art. 35 des Vertragsentwurfes, Art. 22 des endgültigen Vertragstextes) ist der schwierigste und umstrittenste Artikel des ganzen Vertragswerkes. Eine einfache Gegenüberstellung der Texte von 1947 und 1955 lässt sich aus zwei Gründen nicht bewerkstelligen:

Erstens gab es 1947 vier verschiedene Entwürfe der vier Mächte, die aus Gründen der Übersichtlichkeit nebeneinander gestellt werden sollten, jedoch aus Platzgründen hintereinander in der in den Dokumenten von 1947 eingehaltenen Reihenfolge abgedruckt werden: amerikanischer, britischer, französischer und sowjetischer Vorschlag.

Zweitens ist der Text des endgültigen Artikels 22 vom Jahre 1955 aus historischen Gründen höchst inhomogen: Einvernehmen über die Absätze 1 bis 12 und die Listen 1 bis 5 wurden auf Grundlage des sogenannten Cherrière-Planes (siehe oben Kapitel III) nach rund zweijährigen Verhandlungen im Kompromisswege am 18. November 1949 erzielt. Die Absätze 13 und 14 (unten kursiv gedruckt) wurden erst von der Wiener Botschafterkonferenz am 12. Mai 1955 beschlossen. Diese beiden Absätze sowie der in Absatz 14 genannte Annex II des Vertrages beziehen sich auf die Ablösevereinbarungen des Moskauer Memorandums vom 15. April 1955. Durch diese Vereinbarungen des Moskauer Memorandums wurden jedoch die Bestimmungen der Absätze 1 bis 4 (Erdölrechte der Sowjetunion in Österreich) des Artikels 22 hinfällig. Absatz 5 des Artikels 22 (Donau- Dampfschifffahrtsgesellschaft) wurde teilweise hinfällig, da die im östlichen Österreich gelegenen Vermögenswerte der DDSG ebenfalls von Österreich abgelöst wurden, die in Ungarn, Rumänien und Bulgarien gelegenen Vermögenswerte der DDSG jedoch tatsächlich der Sowjetunion zufielen. Sohin haben auch die zum Artikel 22 gehörenden Listen 1 bis 5 von Rechten und Vermögenswerten auf dem Erdölsektor und bezüglich der DDSG im östlichen Österreich, die der Sowjetunion übertragen werden sollten, nur mehr historische Bedeutung, da die sowjetischen Rechte aufgrund der Vereinbarungen des Moskauer Memorandums vom 15. April 1955 abgelöst wurden. Eine Ausnahme bilden nur die Listen 1 und 2 insofern, als die darin erwähnten Rechte und Vermögenschaften (Erdölfelder und Ölschurfkonzessionen) von Österreich gemäß Absatz 13 des Artikels 22 nicht in ausländisches Eigentum übertragen werden dürfen. Allerdings gehört Absatz 13 des Artikels 22 zu jenen Bestimmungen, die gemäß der Erklärung der Bundesregierung vom 6. November 1990 als obsolet anzusehen sind. Ferner ist festzuhalten, dass in Absatz 11 des Artikels 22 die drei Westalliierten die von ihnen innegehabten oder beanspruchten Werte an Österreich „übertragen". Diese Formulierung kam erst im Mai 1955 zustande; sie bedeutete eine bessere Sicherung des österreichischen Rechtstitels auf das deutsche Eigentum, als es das in früheren Entwürfen gebrauchte Wort „überlassen" dargestellt hatte.

Artikel 35.

Deutsche Vermögenswerte in Österreich

US-Vorschlag

1. Österreich anerkennt, daß die US, UK, USSR und Frankreich berechtigt sind, über alle deutschen Vermögenswerte in Österreich gemäß den Bestimmungen des Berliner Protokolles vom 2. August 1945, betreffend deutsche Reparationen, zu verfügen. Österreich wird alle erforderlichen Maßnahmen treffen, um die Übertragung allen Eigentums in Österreich, das deutsche Vermögenswerte darstellt, an die vier Mächte zu erleichtern.

Artikel 22.

Deutsche Vermögenswerte in Österreich

Die Sowjetunion, das Vereinigte Königreich, die Vereinigten Staaten von Amerika und Frankreich haben das Recht, über alle ehemaligen deutschen Vermögenswerte in Österreich gemäß dem Protokoll der Berliner Konferenz vom 2. August 1945 zu verfügen.

1. Die Sowjetunion erhält für eine Geltungsdauer von dreißig Jahren Konzessionen auf Ölfelder, die 60 % der Ölförderung in Österreich im Jahre 1947 entsprechen, sowie Eigentumsrechte an allen Gebäuden, Konstruktionen, Ausrüstung und anderen Vermögenschaften,

2. Als deutsche Vermögenswerte gelten Eigentum, Rechte und Interessen, die am 8. Mai 1945 im wirtschaftlich arbeitenden Besitz der deutschen Regierung oder deutscher Staatsangehöriger waren, und zwar:

a) die schon am 12. März 1938 im Besitz der deutschen Regierung oder deutscher Staatsangehöriger gewesen sind;

b) die nach dem 12. März 1938 von der deutschen Regierung oder von Personen, die am 12. März 1938 deutsche Staatsangehörige gewesen sind, erworben wurden, sofern diese Erwerbung nicht durch Gewalt oder Zwang erfolgte.

3. Alle auf diese Weise übertragenen Vermögenswerte werden den Vorschriften der österreichischen Gesetze unterliegen, mit der Ausnahme, daß sie innerhalb einer Zeitspanne von … nach dem Inkrafttreten des Vertrages von Österreich nicht verstaatlicht werden können.

4. Das Gebiet des östlichen Österreich, auf das sich das Berliner Protokoll bezieht, umfaßt die sowjetische Besatzungszone in Österreich mit dem sowjetischen Sektor in der Stadt Wien.

Artikel 35.

Deutsche Vermögenswerte in Österreich

UK-Vorschlag

[1.] Österreich anerkennt die Gültigkeit der Entscheidung der Berliner Konferenz vom 2. August 1945 über deutsche Vermögenswerte im Ausland und das Recht der Sowjetunion, des Vereinigten Königreiches, der Vereinigten Staaten und Frankreichs, über alle deutschen Vermögenswerte in Österreich als deutsche Reparationen zu verfügen. Österreich verpflichtet sich, alle nötigen Maßnahmen zu ergreifen, um die Übertragung solcher Vermögenswerte [in Über-

die gemäß Liste Nr. 1 und Karte Nr. 1, welche dem Vertrag angeschlossen ist, zu diesen Ölfeldern gehören. *[Karte nicht aufgenommen.]*

2. Die Sowjetunion erhält Konzession auf 60 % aller im östlichen Österreich gelegenen Schurfgebiete, die deutsche Vermögenschaften sind, auf welche die Sowjetunion gemäß dem Potsdamer Abkommen Anspruch hat und welche derzeit in ihrem Besitz sind, gemäß der Liste Nr. 2 und der Karte Nr. 2, welche dem Vertrag angeschlossen ist. *[Karte nicht aufgenommen.]*

Die Sowjetunion hat das Recht, in den in diesem Paragraph erwähnten Schurfgebieten acht Jahre hindurch Schurfarbeiten durchzuführen und anschließend durch einen Zeitraum von 25 Jahren, beginnend mit dem Zeitpunkt des Fündigwerdens, Öl zu gewinnen.

3. Die Sowjetunion erhält Ölraffinerien mit einer jährlichen Gesamtproduktion von 420.000 Tonnen Rohöl gemäß Liste Nr. 3.

4. Die Sowjetunion erhält jene mit der Verteilung von Ölprodukten befaßten Unternehmungen, die sie zur Verfügung hat, gemäß der Liste Nr. 4.

5. Die Sowjetunion erhält die in Ungarn, Rumänien und Bulgarien gelegenen Vermögenswerte der DDSG; desgleichen gemäß der Liste Nr. 5 100 % der im östlichen Österreich gelegenen Vermögenswerte der Donau-Dampfschiffahrts-Gesellschaft.

6. Die Sowjetunion überträgt an Österreich Vermögenschaften, Rechte und Interessen, die sie als deutsche Vermögenswerte mit der vorhandenen Ausstattung innehat oder beansprucht, und überträgt auch Kriegsindustrie-Unternehmungen zusammen mit vorhandenen Ausstattungen, Häusern und ähnlichem Immobiliarvermögen ein-

einstimmung mit den Bestimmungen dieses Artikels und des Annex VII][1] zu erleichtern.

2. Für Zwecke der Anwendung des Potsdamer Beschlusses werden deutsche Vermögenswerte wie folgt definiert:

a) Alles Eigentum, Rechte und Interessen in Österreich, die vor dem 12. März 1938 im Besitze Deutschlands oder deutscher Staatsangehöriger standen und noch in deutschem Besitz sind.

b) Alles Eigentum, Rechte und Interessen, die seit dem 12. März 1938 auf Grund eines bona-fide-Verkaufes an Deutschland oder deutsche Staatsangehörige übertragen wurden und noch in deutschem Besitz sind.

c) Wo Eigentum, Rechte und Interessen in Österreich seit dem 12. März 1938 ohne vollständige und wirklich geleistete Entschädigung an Deutschland oder deutsche Staatsangehörige übertragen wurden, werden das Eigentum, die Rechte und Interessen an den früheren Eigentümer zurückfallen, vorausgesetzt, daß er die Entschädigung zurückzahlt, die dann einen deutschen Vermögenswert darstellt.

3. Wo ein Eigentum, Rechte und Interessen durch Deutschland oder deutsche Staatsangehörige seit dem 12. März 1938 durch Gewalt oder Zwang oder durch die Anwendung von Österreich aufgebürdeten Nazigesetzen erworben wurden, steht es dem früheren Eigentümer frei, die Rückgabe seines Eigentums zu fordern. Unter solchen Umständen wird jede Meinungsverschiedenheit über die Rechtsgültigkeit dieser Forderung Gegenstand zweiseitiger Verhandlungen sein und mangels einer Regelung einem Schiedsgericht unterbreitet werden. schließlich von in Österreich gelegenen Grundstücken, die sie als Kriegsbeute innehat oder beansprucht mit Ausnahme der in den Paragraphen 1, 2, 3, 4 und 5 dieses Artikels erwähnten Vermögenswerte. Österreich verpflichtet sich seinerseits, der Sowjetunion 150,000.000 USA-Dollar in frei konvertierbarer Währung innerhalb eines Zeitraumes von sechs Jahren zu zahlen.

Die angeführte Summe wird der Sowjetunion von Österreich in gleichen dreimonatlichen Raten von 6,250.000 Dollar in frei konvertierbarer Währung gezahlt werden. Die erste Zahlung wird am ersten Tag des zweiten Monats geleistet werden, der auf den Monat folgt, in dem der vorliegende Vertrag in Kraft tritt. Die folgenden dreimonatlichen Zahlungen werden am ersten Tag des entsprechenden Monates geleistet werden. Die letzte dreimonatliche Zahlung wird am letzten Tag des Zeitraumes von sechs Jahren nach dem Inkrafttreten des Vertrages geleistet.

Die Grundlage für die in diesem Artikel vorgesehenen Zahlungen ist der USA-Dollar zu seiner Goldparität am 1. September 1949, das sind 35 Dollar für eine Unze Gold.

Als Sicherstellung für die pünktliche Zahlung der obenerwähnten der Sowjetunion zustehenden Summen wird die Österreichische Nationalbank der Staatsbank der UdSSR innerhalb von zwei Wochen nach Inkrafttreten des vorliegenden Vertrages Wechsel über die Gesamtsumme von 150,000.000 USA-Dollar ausstellen, die zu den im vorliegenden Artikel vorgesehenen Zeitpunkten fällig zu stellen sind.

Die von Österreich auszustellenden Wechsel sind unverzinslich. Die Staatsbank der UdSSR beabsichtigt nicht, diese Wechsel weiterzubegeben, sofern die

Wenn mehr wie *[sic]* eine Regierung in diese Meinungsverschiedenheit einbezogen ist, werden Verhandlungen zwischen diesen Regierungen stattfinden und wird mangels einer Regelung eine solche Meinungsverschiedenheit ebenfalls einem Schiedsgericht unterbreitet.

4. Der in diesem Artikel gebrauchte Ausdruck »deutsche Staatsangehörige« bedeutet:

a) Physische Personen, welche am 8. Mai 1945 die deutsche Staatsangehörigkeit besaßen, ausgenommen jene, welche eine solche Staatsangehörigkeit infolge der nach dem 12. März 1938 erfolgten Einverleibung irgendeines Gebietes in das Deutsche Reich erworben haben, sowie ausgenommen jene, die die Erlaubnis hatten, sich frei in dem Gebiete einer der Alliierten oder Assoziierten Mächte während der Zeit, wo diese Macht sich vor dem 8. Mai 1945 mit Deutschland im Kriege befand, aufzuhalten.

b) Gesellschaften, die ihren Gesellschaftssitz innerhalb der Grenzen Deutschlands haben, wie diese am 12. März 1938 waren.

5. Ein im Wege der Reparation übertragener deutscher Vermögenswert übernimmt damit alle Rechte, die mit einem solchen Vermögenswert verknüpft sind, und unterliegt allen Forderungen, die gegen ihn nach österreichischem Gesetz geltend gemacht werden können. Ein solcher Vermögenswert und seine Nutznießung unterliegt in jeder Beziehung dem österreichischen Gesetz.

1 Die französische Delegation hält die Aufnahme der eingeklammerten Worte für unnötig.

österreichische Regierung und die österreichische Nationalbank ihre Verpflichtungen pünktlich und genau erfüllen.

7. Rechtsbestimmungen betreffend die Vermögenswerte:

a) Alle ehemaligen deutschen Vermögenswerte, die gemäß Paragraph 1, 2, 3, 4 und 5 dieses Artikels Eigentum der Sowjetunion geworden sind, bleiben grundsätzlich unter österreichischer Staatshoheit und dementsprechend finden die österreichischen Gesetze auf sie Anwendung.

b) Hinsichtlich Gebühren und Abgaben, Vorschriften für Handel, Gewerbe und Industrie und der Einhebung von Steuern, unterliegen diese Vermögenswerte nicht weniger günstigen Bestimmungen als jenen, die auf Unternehmungen Anwendung finden oder Anwendung finden werden, die Österreich oder seinen Staatsangehörigen und auch anderen Staaten und Personen gehören, denen Meistbegünstigungsbehandlung gewährt wird.

c) Alle ehemaligen deutschen Vermögenswerte, die Eigentum der Sowjetunion geworden sind, sollen nicht ohne Zustimmung der Sowjetunion enteignet werden.

d) Österreich wird hinsichtlich der Ausfuhr von Gewinnen und anderen Einkommen (das sind Miet- oder Pachtzinse) in Form von Produkten oder irgendeiner erhaltenen frei konvertierbaren Währung keine Schwierigkeiten bereiten.

e) Die der Sowjetunion übertragenen Rechte, Vermögenschaften und Interessen sowie die Rechte, Vermögenschaften und Interessen, welche die Sowjetunion Österreich überträgt, werden ohne Lasten oder Ansprüche seitens der Sowjetunion oder seitens Österreichs übertragen. Unter den

Artikel 35.
Deutsche Vermögenswerte in Österreich
F- Vorschlag

1. Österreich anerkennt die Gültigkeit der Entscheidung der Berliner Konferenz vom 2. August 1945 über deutsche Vermögenswerte im Ausland und das Recht der Sowjetunion, des Vereinigten Königreiches, der Vereinigten Staaten und Frankreichs, über alle deutschen Vermögenswerte in Österreich als deutsche Reparationen zu verfügen. Österreich verpflichtet sich, alle erforderlichen Maßnahmen zu ergreifen, um die Übertragung solcher Vermögenswerte zu erleichtern.

2.a) Für den Zweck dieses Artikels umfaßt der Begriff »deutsche Vermögenswerte« alles Eigentum, Rechte und Interessen, die am 8. Mai 1945 Deutschland oder deutschen Staatsangehörigen gehörten und welche:

i) am 13. März 1938 Deutschland oder deutschen Staatsangehörigen gehörten;

ii) nach dem 13. März 1938 an Deutschland oder deutsche Staatsangehörige übertragen wurden, vorausgesetzt, daß solche Übertragungen nicht durch Gewalt oder Zwang oder im Wege der Arisierung durchgeführt wurden, und daß sie nicht nach Maßgabe des Artikels 42 dieses Vertrages ungültig sind.

b) Eigentum, Rechte und Interessen des österreichischen Staates, die infolge der Annexion Österreichs an den deutschen Staat oder an deutsche Staatsangehörige übertragen wurden, sind nicht als deutsche Vermögenswerte anzusehen.

c) Für den Zweck dieses Artikels bedeutet der Begriff »deutsche Staatsangehörige«:

i) Physische Personen, die am

Ausdrücken »Lasten und Ansprüche« sind nicht nur Gläubiger-Ansprüche zu verstehen, die sich aus der Ausübung der Alliierten Kontrolle über diese Vermögenschaften, Rechte und Interessen nach dem 8. Mai 1945 ergeben, sondern auch alle anderen Ansprüche einschließlich Ansprüchen hinsichtlich Steuern. Der gegenseitige Verzicht der Sowjetunion und Österreichs auf Lasten und Ansprüche bezieht sich auf alle Lasten und Ansprüche, die im Zeitpunkt bestehen, in dem Österreich die Rechte der Sowjetunion auf die ihr übertragenen deutschen Vermögenswerte formell einträgt, und die im Zeitpunkt der tatsächlichen Übertragung der von der Sowjetunion überlassenen Vermögenswerte an Österreich bestehen.

8. Die Übertragung aller in Paragraph 6 des vorliegenden Artikels vorgesehenen Vermögenschaften, Rechte und Interessen auf Österreich sowie die formelle Eintragung der Rechte der Sowjetunion auf die zu übertragenden deutschen Vermögenswerte wird innerhalb von zwei Monaten vom Tag des Inkrafttretens dieses Vertrages durchgeführt.

9. Die Sowjetunion erhält desgleichen das Eigentum an den Vermögenschaften, Rechten und Interessen hinsichtlich aller Vermögenswerte, die zum Betrieb der in den nachstehenden Listen 1, 2, 3, 4 und 5 aufgezählten Vermögenschaften von sowjetischen Organisationen seit dem 8. Mai 1945 geschaffen oder käuflich erworben wurden, wo immer sie im östlichen Österreich gelegen sein mögen.

Die in den Absätzen a, b, c und d des Paragraph 7 dieses Artikels angeführten Bestimmungen finden auf diese Vermögenswerte entsprechend Anwendung.

10. Meinungsverschiedenheiten, die sich hinsichtlich der Anwendung der

8. Mai 1945 die deutsche Staatsangehörigkeit besaßen, ausgenommen jene, welche eine solche Staatsangehörigkeit infolge der nach dem 12. März 1938 erfolgten Einverleibung irgendeines Gebietes in das Deutsche Reich erwarben.

ii) Körperschaften oder Gesellschaften, die ihren Sitz innerhalb der Grenzen Deutschlands haben, wie diese am 12. März 1938 bestanden, insoweit als die Anteile solcher Körperschaften oder Gesellschaften wirklich deutschen Staatsangehörigen gehören.

3. Ein im Wege der Reparation übertragener deutscher Vermögenswert übernimmt damit alle Rechte, die mit einem solchen Vermögenswert verknüpft sind, und unterliegt allen Forderungen, die gegen ihn nach österreichischem Gesetz geltend gemacht werden können. Ein solcher Vermögenswert und seine Nutznießung unterliegt in jeder Beziehung dem österreichischen Gesetz.

Österreich verpflichtet sich jedoch, solche Vermögenswerte innerhalb einer Periode von achtzehn Monaten vom Inkrafttreten des vorliegenden Vertrages nicht und nach Ablauf dieses Zeitraumes nicht ohne volle und entsprechende Entschädigung, deren Höhe und Art durch Übereinkommen zwischen der interessierten Alliierten und Assoziierten Macht und Österreich oder mangels eines solchen Übereinkommens durch einen Schiedsrichter, der in Einklang mit den Bestimmungen des Artikels 50 des vorliegenden Vertrages bestellt wird und seine Funktion ausübt, festgesetzt wird, zu requirieren, zu nationalisieren oder auf irgendeine andere Art deren zwangsweise Enteignung zu verfügen.

Bestimmungen des vorliegenden Artikels ergeben, sind im Wege von zweiseitigen Verhandlungen zwischen den beteiligten Parteien beizulegen.

Im Falle, daß eine Einigung im Wege von zweiseitigen Verhandlungen zwischen den Regierungen der Sowjetunion und Österreichs innerhalb von drei Monaten nicht erreicht wird, werden Meinungsverschiedenheiten zwecks Beilegung einer Schiedskommission überwiesen, die aus einem Vertreter der Sowjetunion, einem Vertreter Österreichs und zusätzlich einem dritten Mitglied besteht, das Staatsangehöriger eines dritten Landes ist und auf Grund einer Einigung zwischen den beiden Regierungen ausgewählt wird.

11. Das Vereinigte Königreich, die Vereinigten Staaten von Amerika und Frankreich übertragen hiemit Österreich alle Vermögenschaften, Rechte und Interessen, die von ihnen oder in ihrem Namen in Österreich als ehemalige deutsche Vermögenswerte oder Kriegsbeute innegehabt oder beansprucht werden.

Die Österreich gemäß diesem Paragraphen übertragenen Vermögenschaften, Rechte und Interessen gehen seitens des Vereinigten Königreiches, der Vereinigten Staaten von Amerika oder Frankreichs frei von allen Lasten oder Ansprüchen, die sich aus der Ausübung ihrer Kontrolle dieser Vermögenschaften, Rechte oder Interessen nach dem 8. Mai 1945 ergeben, auf Österreich über.

12. Nach Erfüllung aller Verpflichtungen, die in den Bestimmungen des vorliegenden Artikel festgesetzt oder aus solchen Bestimmungen abgeleitet werden, durch Österreich sind die Ansprüche der Alliierten und Assoziierten Mächte hinsichtlich ehemaliger deutscher Vermögenswerte in Österreich,

Artikel 35.

Deutsche Vermögenswerte in Österreich

Sowjet-Vorschlag

1. Österreich anerkennt, daß die Sowjetunion, das Vereinigte Königreich, die Vereinigten Staaten und Frankreich das Recht auf alle deutschen Vermögenswerte in Österreich haben, das durch den Beschluß der Berliner Konferenz der Chefs der drei Regierungen vom 2. August 1945 an die genannten Staaten in ihren respektiven Zonen in Österreich übertragen wurde; es verpflichtet sich, alle erforderlichen Maßnahmen zu treffen, um die Übertragung solcher Vermögenswerte zu erleichtern.

2. Alle deutschen Vermögenswerte in Österreich werden Eigentum der vier Mächte, und zwar:

a) jene, die vor dem 13. März 1938 deutsch waren;

b) jene, die an Deutschland, deutsche Staatsangehörige oder Gesellschaften nach dem 12. März 1938 übertragen wurden, auf Grund von Verkauf und Kauf von entweder österreichischen Eigentümern oder von Firmen oder Staatsangehörigen von Staaten, die früher Alliierte Deutschlands waren, und auch von neutralen Staaten, Vereinten Nationen und deren Staatsangehörigen, außer wenn die Übertragung des genannten Eigentums infolge einer direkten gewaltsamen Maßnahme durchgeführt wurde;

c) jedes Recht, das von deutschen Firmen oder Privatpersonen nach dem 12. März 1938 zum Zwecke der Entwicklung der natürlichen Hilfsquellen des Landes erworben wurde, sowie alle Unternehmen, welche nach dieser Zeit auf Grund deutscher Investitionen entstanden oder entwickelt wurden.

Staats-, Gemeinde- und anderes Eigentum, das dem österreichischen

die sich auf die Beschlüsse der Berliner Konferenz vom 2. August 1945 gründen, als voll befriedigt anzusehen.

13. Österreich verpflichtet sich, mit Ausnahme der erzieherischen, kulturellen, caritativen und religiösen Zwecken dienenden Vermögenschaften keine der ihm als ehemalige deutsche Vermögenswerte übertragenen Vermögenschaften, Rechte und Interessen in das Eigentum deutscher juristischer Personen oder – sofern der Wert der Vermögenschaften, Rechte oder Interessen 260.000 Schillinge übersteigt – in das Eigentum deutscher physischer Personen zu übertragen. Österreich verpflichtet sich ferner, diejenigen in den Listen 1 und 2 dieses Artikels erwähnten Rechte und Vermögenschaften, welche von der Sowjetunion gemäß dem österreichisch-sowjetischen Memorandum vom 15. April 1955 an Österreich übertragen werden, nicht in ausländisches Eigentum zu übertragen.

14. Die Vorschriften dieses Artikels unterliegen den Bestimmungen des Annexes II dieses Vertrages.

Liste Nr. 1

Ölfelder im östlichen Österreich, an denen der Sowjetunion Konzessionen eingeräumt werden sollen

Laufende Nr.	Name des Ölfeldes	Name der Gesellschaft
1	Mühlberg	ITAG
2	St. Ulrich – D. E. A.	D. E. A.
3	St. Ulrich – Niederdonau	Niederdonau
4	Gösting – Kreutzfeld – Pionier 50 % der Produktion	E. P. G.

Bemerkung: A. Die gesamten Vermögenschaften der oben aufgezählten Ölfelder werden der Sowjetunion übertragen einschließlich aller ergiebigen

Staate oder österreichischen Staatsangehörigen gehört und an Deutschland oder deutsche Staatsangehörige ohne Entschädigung, durch die Verschmelzung von Staaten, Kredit- oder anderen Institutionen oder durch Arisierung übertragen wurde, wird den Eigentümern, denen es vor dem Anschluß gehörte, zurückgestellt.

Freiwillige Übertragung und Kapitalserhöhung auf Grund von deutschen Investitionen wird in diesem Falle eine Ausnahme bilden.

3. Alle ehemaligen deutschen Vermögenswerte, die Eigentum der in Paragraph 1 erwähnten Staaten wurden, dürfen ohne Einverständnis des Eigentümerstaates keiner Requirierung, Konfiskation oder allgemeinen zwangsweisen Enteignung unterzogen werden.

[4. Meinungsverschiedenheiten, die aus der Anwendung der Bestimmungen dieses Artikels entspringen, sind auf der Grundlage zweiseitiger Verhandlungen zwischen den betreffenden Parteien zu regeln.][1]

1 Die UK-Delegation würde eine Methode zur Regelung von Meinungsverschiedenheiten vorziehen, die der in Abschnitt 3 des Annexes zu CFM (D) (47) (A), 60, vorgesehenen ähnlich wäre, würde jedoch, wenn darüber keine Einigung zu erzielen wäre, die Regelung des Artikels 57 annehmen.

Die französische Delegation ist der Ansicht, daß Meinungsverschiedenheiten, die in Zusammenhang mit der Anwendung dieses Artikels entstehen, nach den Bestimmungen des Artikels 57 zu regeln sind, außer soweit es in § 3 anders vorgesehen ist.

Die US-Delegation ist gegen diese Bestimmung. Sie hält die Aufnahme von Spezialbestimmungen zur Regelung von Meinungsverschiedenheiten, die aus dem Artikel entstehen, für unnotwendig, da ja der Vorgang, auf den man sich in Artikel 57 geeinigt hat, völlig entspricht.

wie auch unergiebigen Bohrlöcher mit ihrer gesamten Obertags- und Untertagsausrüstung, dem Ölsammelsystem, Einrichtungen und Ausrüstung für Bohrungen, Kompressor- und Pumpstationen, mechanischen Werkstätten, Benzinanlagen, Dampfkesselanlagen, Elektrizitätswerke und Unterstationen mit Leitungssystem, den Bohrleitungen, Wasserversorgungsanlagen und Wasserleitungs-Hauptrohren, elektrischem Leitungssystem, Dampfleitungen, Gashauptleitungen, Werkstraßen in den Ölfeldern, Zufahrtsstraßen, Telephonleitungen, Feuerlöschausrüstung, den Motorfahrzeugen und Traktorenparks, die zu den Ölfeldern gehörenden Dienst- und Wohnräume und andere Vermögenschaften, die mit der Ausbeutung der oben aufgezählten Ölfelder im Zusammenhang stehen.

B. Das Eigentumsrecht und Pachtrechte an den gesamten Vermögenschaften der oben erwähnten Produktionsfelder werden der Sowjetunion in dem Ausmaße übertragen, in dem eine natürliche oder juristische Person, welche Eigentümer dieser Felder war, sie ausbeutete oder an ihrer Ausbeutung teilnahm, Rechte, Titel oder Interessen an den besagten Vermögenschaften besaß.

In Fällen, in denen eine der Vermögenschaften gepachtet war, wird die in den Pachtverträgen vorgesehene Pachtdauer vom Zeitpunkt des Inkrafttretens des vorliegenden Vertrags an berechnet und die Pachtverträge können nicht ohne die Zustimmung der Sowjetunion beendet werden.

Liste Nr. 2

Konzessionen auf Ölschurfgebiete im östlichen Österreich, die der Sowjetunion übertragen werden sollen

Lfd. Nr.	Name der Konzession	Name der Gesellschaft	Flächenausmaß des der UdSSR zu überlassenden Gebietes in Hektar
1	Neusiedlersee	Elverat	122.480
2	Leithagebirge	Kohle Öl Union	52.700
3	Groß-Enzersdorf (einschließlich des Aderklaa-Feldes)	Niederdonau	175.000
4	Hauskirchen (einschließlich des Altlichtenwarth-Feldes)	ITAG	4.800
5	St. Ulrich	D. E. A.	740
6	Schrattenberg	Kohle Öl Union	3.940
7	Großkrut	Wintershall	8.000
8	Mistelbach	Preussag	6.400
9	Paasdorf (50 % des Gebiets)	E. P. G.	3.650
10	Steinberg	Steinberg Naphta	100
11	Hausbrunn	D. E. A.	350
12	Drasenhofen (Gebiet auf österr. Staatsgebiet)	Kohle Öl Union	8.060
13	Ameis	Preussag	7.080
14	Siebenhirten	Elverat	5.000
15	Leis	ITAG	14.800
16	Korneuburg	Ritz	30.000
17	Klosterneuburg (50 % des Gebiets)	E. P. G.	7.900
18	Oberlaa	Preussag	51.400
19	Enzersdorf	Deutag	25.800
20	Ödenburger Pforte	Kohle Öl Union	55.410
21	Tulln	Donau Öl	38.070
22	Kilb (50 % des Gebiets)	E. P. G.	18.220
23	Pullendorf	Kohle Öl Union	60.700
24	Nordsteiermark (50 % des Gebiets in der Sowjetzone)	E. P. G.	55.650
25	Mittelsteiermark (Gebiet in der Sowjetzone)	Wintershall	9.840
26	Gösting (50 % des Gebiets)	E. P. G.	250
	Totalsumme ...	26 Konzessionen	766.340

Bemerkung zu Liste Nr. 2

A. Die gesamten Vermögenschaften der oben angeführten Ölschurfgebiete werden der Sowjetunion übertragen.

B. Das Eigentumsrecht und Pachtrechte an den gesamten Vermögenschaften der oben angeführten Ölschurfgebiete werden der Sowjetunion in dem Ausmaß übertragen, in dem jede natürliche oder juristische Person, welche Eigentümerin dieser Ölschurfgebiete war oder sie ausgebeutet hat oder an ihrer Ausbeutung beteiligt war, an den besagten Vermögenschaften, Rechte, Titel oder Interessen hatte.

In Fällen, in denen irgendein Eigentum gepachtet war, werden die Pachtfristen, wie sie in den Pachtverträgen vorgesehen sind, vom Zeitpunkt des Inkrafttretens des vorliegenden Vertrages an gerechnet, und die Pachtverträge können nicht ohne Zustimmung der Sowjetunion beendet werden.

Liste Nr. 3
Ölraffinerien im östlichen Österreich, deren Eigentumsrechte der Sowjetunion übertragen werden sollen

Lfd. Nr.	Name der Raffinerie	Jahresproduktionskapazität in 1000 Tonnen Rohöl im Jahre 1947
1	Lobau	240˙0
2	Nova	120˙0
3	Korneuburg	60˙0
4	Okeros (Wiederveredelung)	–
5	Ölraffinerie „Moosbierbaum“ ausschließlich der Ausrüstung, welche Frankreich gehört und der Rückstellung unterliegt	–
	Totalsumme ...	420˙0

Bemerkung zu Liste Nr. 3

A. Die Raffinerien werden mit ihren Vermögenschaften übertragen einschließlich technologischer Anlagen, Elektrizitätswerke, Dampfkesselanlagen, mechanischer Werkstätten, Ausrüstung für die Öldepots und Lageranlagen, Laderampen und Flußanlegeplätzen, Rohrleitungen einschließlich der Rohrleitung Lobau-Zistersdorf, Straßen, Zufahrtsstraßen, Dienst- und Wohnräumen, Feuerlöschausrüstung usw.

B. Das Eigentumsrecht und Pachtrechte an den gesamten Vermögenschaften der oben angeführten Ölraffinerien werden der Sowjetunion in dem Ausmaß übertragen, in dem jede natürliche oder juristische Person, welche Eigentümerin dieser Ölraffinerien war oder sie ausgebeutet hat oder an ihrer Ausbeutung beteiligt war, an den besagten Vermögenschaften Rechte, Titel oder Interessen hatte.

In Fällen, in denen irgendein Eigentum gepachtet war, werden die Pachtfristen, wie sie in den Pachtverträgen vorgesehen sind, vom Zeitpunkt des Inkrafttretens des vorliegenden Vertrages an gerechnet und die Pachtverträge können nicht ohne Zustimmung der Sowjetunion beendet werden.

Liste Nr. 4
Unternehmungen im östlichen Österreich, die mit der Verteilung von Ölprodukten befaßt sind und die in das Eigentum der Sowjetunion übertragen werden sollen

Lfd. Nr.	Name des Unternehmens
1	Deutsche Gasolin A.G., Verteilungsstelle in Österreich, G.m.b.H.
2	„A.G. der Kohlenwerkstoffsverbände Bochum; Gruppe Benzin-Benzol“ – Zweigstelle in Österreich, einschließlich des ihr gehörenden Öllagers am Praterspitz
3	„Nova“ Mineral Öl Vertrieb Gesellschaft m.b.H.
4	„Donau-Oel G.m.b.H.“
5	„Nitag“ mit Öllager am Praterspitz

6	Die mit der Gasverteilung beschäftigten Firmen „Erdgas G.m.b.H.“, „Fern Gas A.G.“, „Zaya Gas G.m.b.H.“, „Reintal Gas G.m.b.H.“ und „B.V. Methan G.m.b.H.“
7	Öllager „Praterspitz Wiener Hafen“ und „Mauthausen“
8	„Wirtschaftliche Forschungsgesellschaft m.b.H.“ (W. I. F.O.), Öllager in der Lobau und Grundstücke
9	Rohrleitung Lobau (Österreich)-Raudnitz (Tschechoslowakei) auf dem Abschnitt von der Lobau bis zur tschechoslowakischen Grenze

Bemerkung zu Liste Nr. 4

A. Die Unternehmungen werden der Sowjetunion vollständig mit ihren gesamten im östlichen Österreich gelegenen Vermögenschaften übertragen, einschließlich von Öllagern, Rohrleitungen, Verteilungspumpen, Lade- und Entladerampen, Flußanlegeplätzen, Straßen, Zufahrtsstraßen usw.

Außerdem werden der Sowjetunion die Eigentumsrechte über den gesamten Park der sich jetzt im Besitz sowjetischer Organisationen befindlichen Eisenbahnkesselwagen übertragen.

B. Das Eigentumsrecht und Pachtrechte an den gesamten Vermögenschaften der oben angeführten, im östlichen Österreich gelegenen Unternehmungen, die mit der Verteilung von Ölprodukten befaßt sind, werden der Sowjetunion in dem Ausmaß übertragen, in dem jede natürliche oder juristische Person, welche Eigentümerin dieser Unternehmungen war oder sie ausgebeutet hat oder an ihrer Ausbeutung beteiligt war, an den besagten Vermögenschaften Rechte, Titel oder Interessen hatte.

In Fällen, in denen irgendein Eigentum gepachtet war, werden die Pachtfristen, wie sie in den Pachtverträgen vorgesehen sind, vom Zeitpunkt des Inkrafttretens des vorliegenden Vertrages an gerechnet und die Pachtverträge können nicht ohne Zustimmung der Sowjetunion beendet werden.

Liste Nr. 5

Vermögenswerte der DDSG im östlichen Österreich die der Sowjetunion übertragen werden sollen

I. Schiffswerft in der Stadt Korneuburg

Die Eigentumsrechte an der Schiffswerft in der Stadt Korneuburg, die auf dem linken Ufer der Donau bei Kilometer 1943 gelegen ist und auf beiden Seiten des alten Donaubettes Grundstücke umfaßt, mit einer Gesamtfläche von 220.770 Quadratmetern, werden der Sowjetunion übertragen. Die Kaianlage beträgt 61.300 Quadratmeter und die Ankerplatzanlage 177 Meter.

Weiters werden der Sowjetunion Pachtrechte auf Schiffswerftgebiet von 2946 Quadratmetern übertragen.

Die Eigentumsrechte und andere Rechte auf die gesamten Vermögenschaften der Schiffswerft bis zu dem Ausmaß, in dem die DDSG an den erwähnten Vermögenschaften Rechte, Titel oder Interessen hatte, einschließlich aller Grundstücke, Gebäude, Werften und Hellinge, schwimmender Geräte, Werkstätten, Gebäude und Räume, Kraftstationen und Transformatorunterstationen, Eisenbahnnebengeleise, Transportausrüstung, technologischer und Betriebsausrüstung, Werkzeuge und Lagerbestände, Verkehrsanlagen und aller gemeinnützigen Anlagen, Wohngebäude und Baracken sowie alles übrige Eigentum, das zur Schiffswerft gehört, werden der Sowjetunion übertragen.

II. Gebiete des Hafens der Stadt Wien

a) Erstes Gebiet (Nordbahnbrücke)

1. Das Hafengebiet von Kilometerpunkt 1931, 34735 entlang des Laufes der Donau bis Kilometerpunkt 1931, 21165 einschließlich des „Donausandwerkplatz“-Gebietes, und von Kilometerpunkt 1931, 17690 bis Kilometerpunkt 1930, 43935 entlang des Laufes der Donau, einschließlich der Gebiete „Nordbahnbrücke“ und „Zwischenbrücke“, die sich entlang der Kaiseite auf eine Gesamtdistanz von 8732 Meter und mit einer durchschnittlichen Breite von etwa 70 Meter erstrecken.

b) Zweites Gebiet (Nordbahngelände)

2. Das Hafengebiet von Kilometerpunkt 1929, 80300 bis Kilometerpunkt 1929, 61800 entlang des Laufes der Donau. das sich entlang der Kaiseite auf eine Distanz von 18500 Meter und mit einer durchschnittlichen Breite von etwa 15 Meter erstreckt, mit den beiden anliegenden Eisenbahnen und auch dem Stück des „Kommunalbäder“-Gebietes.

c) Drittes Gebiet (Praterkai)

Das Hafengebiet von Kilometerpunkt 1928, 85890 bis Kilometerpunkt 1927, 69530 entlang des Laufes der Donau auf eine Distanz von 116360 Meter und einer durchschnittlichen Breite von etwa 70 Meter.

d) Viertes Gebiet

Das an Kilometerpunkt 1925, 6647 der Donau auf dem Gebiet des von der Ungarischen Dampfschiffahrtgesellschaft benützten Hafengebietes angrenzende Hafengebiet bis Kilometerpunkt 1925, 52930 auf dem von der Eisenbahn (Kaibahnhof) verwendeten Gebiet, welches sich entlang der Kaiseite auf eine Gesamtdistanz von 1354 Meter und mit einer durchschnittlichen Breite von etwa 70 Meter erstreckt.

Die vier aufgezählten Gebiete des Hafens werden mit den gesamten wasserbaulichen Konstruktionen, Lagerhäusern, Magazinen, Schuppen, der Schiffsstation, dem technischen Dienst und den Wohnhäusern, Hilfsgebäuden und Hilfsanlagen, der mechanischen Lade- und Entladeausrüstung und den mechanischen Einrichtungen, den Reparaturwerkstätten mit Ausrüstung, Transformatorunterstationen und der elektrischen Ausrüstung, den Verkehrsanlagen und gemeinnützigen Anlagen, den gesamten Straßen- und Transportanlagen und ebenso mit den gesamten Vermögenschaften und dem gesamten Lagerbestand übertragen.

III. Vermögenschaften und Anlagen der Agentien, der Flußstationen und Lagerhäuser

Lfd. Nr.	Name
	Niederranna
1	Agentie- und Lagerhaus-Gebäude
	Obermühl
2	Agentie- und Lagerhaus-Gebäude
3	Grundstück von 536 Quadratmetern
	Neuhaus
4	Warteraum
	Mauthausen
5	Agentie-Gebäude
	Wallsee
6	Agentie-Gebäude
7	Lagerhaus
	Grein
8	Agentie- und Lagerhaus-Gebäude
	Sarmingstein
9	Agentie-Gebäude

	Ybbs
10	Agentie-Gebäude
	Pöchlarn
11	Wohnräume
12	Agentie-Gebäude
13	Grundstück von 1598 Quadratmetern
	Melk
14	Lagerhaus (in der Stadt)
15	Warteraum und Büro
16	Lagerhaus
	Schönbühel
17	Warteraum
	Aggsbach Dorf
18	Agentie-Gebäude
19	Lagerhaus
	Spitz
20	Agentie-Gebäude
21	Lagerhaus
22	Grundstück von 1355 Quadratmetern
	Weißenkirchen
23	Büro und Warteraum
24	Lagerhaus
25	Grundstück von 516 Quadratmetern
	Dürnstein
26	Agentie-Gebäude
	Stein
27	Wohnstätten
28	Warteraum und Lagerhausgebäude
29	Grundstück entlang dem Haus
	Krems
30	Agentie-Gebäude
	Hollenburg
31	Warteraum
	Tulln
32	Agentie-Gebäude
	Greifenstein
33	Schuppen
	Korneuburg
34	Warteraum und Fahrkartenschalter-Gebäude
	Hainburg
35	Wohnräume
36	Agentie-Gebäude
37	Lagerhaus
38	Grundstück von 754 Quadratmetern
	Arnsdorf
39	Agentie-Gebäude
	Landungsstellen
40	Melkstrom
41	Ispersdorf
42	Marbach
43	Weitenegg
44	Deutsch-Altenburg
45	Zwentendorf
46	Kritzendorf

Die in Abschnitt III aufgezählten Vermögenschaften werden mit der gesamten Ausrüstung und dem gesamten Lagerbestand übertragen.

IV. Eigentum in der Stadt Wien

1. Wohnhaus Erzherzog-Karl-Platz 11 (früher Hausnummer 6), 2. Bezirk, das auf seinem eigenen Grund steht.

2. Eigentum an Grund und Gebäude, Handelskai 204, 2. Bezirk.

3. Eigentum an Baugrundstücken in der Wehlistraße, 2. Bezirk, Katastralregister Nr. 1660, 1661, 1662.

4. Das gepachtete Grundstück Handelskai Nr. 286, 2. Bezirk.

Die erwähnten in Abschnitt IV aufgezählten Vermögenschaften werden mit der gesamten Ausrüstung und dem gesamten Inventar übertragen.

Bemerkung zu den Abschnitten II, III und IV

Der Grund, der von dem in Abschnitt II der vorliegenden Liste erwähnten Hafengebiet und ebenso von den in Abschnitt III und IV der vorliegenden Liste aufgezählten Agentiegebäuden, Stromstationen, Lagerhäusern und anderen Gebäuden eingenommen wird, und alle in den Abschnitten II, III und IV angeführten Vermögenschaften sind der Sowjetunion unter denselben gesetzlichen Bedingungen zu übertragen, unter denen die DDSG diesen Grund und die anderen Vermögenschaften innegehabt hat, mit der Maßgabe, daß am 8. Mai 1945 im Eigentum der DDSG gestandener Grund in das Eigentum der UdSSR übergeht.

In Fällen, in denen Vereinbarungen, die die gesetzliche Grundlage für die Übertragung von Gründen an die DDSG herstellten, nicht die Übertragung der Eigentumsrechte an diesen Gründen an die DDSG vorsahen, wird die österreichische Regierung verpflichtet, die Übertragung der von der DDSG durch solche Vereinbarungen erworbenen Rechte an die UdSSR zu verbüchern und die Gültigkeit dieser Vereinbarungen für eine unbestimmte Zeitdauer unter dem Vorbehalt zu verlängern, daß in der Zukunft die Gültigkeit solcher Vereinbarungen nicht ohne die Zustimmung der Regierung der UdSSR widerrufen wird.

Das Ausmaß der Verpflichtungen der Sowjetunion hinsichtlich dieser Vereinbarungen ist durch ein Abkommen zwischen der Regierung der UdSSR und der österreichischen Regierung festzusetzen. Diese Verpflichtungen sollen nicht die Verpflichtungen überschreiten, die von der DDSG in Übereinstimmung mit den vor dem 8. Mai 1945 abgeschlossenen Vereinbarungen eingegangen worden waren.

V. Im östlichen Österreich gelegene und der DDSG gehörige Schiffe, die der UdSSR zu übertragen sind

Nr.	Schiffstype	Gegenwärtiger Name	Früherer Name	Leistung in PS	Ladefähigkeit
1	Schlepper	„Vladivostok“	„Persenbeug“	1000	–
2	Schlepper	„Cronstadt“	„Bremen“	800	–
3	Passagierdampfer	„Caucasus“	„Helios“	1100	–
4	Tankkahn	104	„DDSG-09714“	–	967
5	Tankkahn	144	„DDSG-09756“	–	974
6	Tankkahn	161	„DDSG-05602“	–	548
7	Tankkahn	09765	„DDSG-09765“	–	952
8	Tankkahn	29	„DDSG-XXIX“	–	1030
9	Schleppkahn	22	(wird nach Vollendung übernommen)	–	972
10	Schleppkahn	23	(wird nach Vollendung übernommen)	–	972
11	Schleppkahn	EL72	„DDSG-EL-72“	–	180
12	Schleppkahn	654	„DDSG-67277“	–	669
13	Schleppkahn	689	„DDSG-6566“	–	657
14	Schleppkahn	1058	„DDSG-1058“	–	950
15	Schleppkahn	5016	„DDSG-5016“	–	520
16	Schleppkahn	5713	„DDSG-5713“	–	576
17	Schleppkahn	5728	„DDSG-5728“	–	602

Nr.	Schiffstype	Gegenwärtiger Name	Früherer Name	Leistung in PS	Ladefähigkeit
18	Schleppkahn	6746	„DDSG-6746“	–	670
19	Schleppkahn	65204	„DDSG-65204“	–	650
20	Schleppkahn	67173	„DDSG-67173“	–	670
21	Schleppkahn	10031	„DDSG-10031“	–	942
22	Schleppkahn	5015	„DDSG-5015“	–	511
23	Schleppkahn	6525	„DDSG-6525“	–	682
24	Schleppkahn	67266	„DDSG-67266“	–	680
25	Leichter	304	„Johanna“	–	30
26	Leichter	411	„V-238“	–	40
27	Rohrponton	„RP-IV“	„RP-IV“	–	–
28	Rohrponton	„RP-VI“	„DDSG-RP-VI“	–	–
29	Rohrponton	„RP-XX“	„DDSG-RP-XX“	–	–
30	Landungsbrücke	„EP-97“	„DDSG-EP-9721“	–	–
31	Ponton	„EP-120“	„DDSG-EP-120“	–	–
32	Leichter ohne Deck	„Trauner“	„Trauner“	–	–
33	Schwimmkran	P-1	(namenlos)	–	–
34	Schwimmkran	P-2	„DDSG-21“	–	–
35	Ponton	Pt-7	–	–	–
36	Ponton	Pt-8	–	–	–

Abschnitt II

Artikel 36.
Rückstellung durch Österreich

1. Österreich nimmt die Grundsätze der Erklärung der Vereinten Nationen vom 5. Jänner 1943 an und wird so schnell wie möglich alles Eigentum zurückstellen, das aus dem Gebiete einer der Vereinten Nationen weggeschafft wurde.

2. Die Verpflichtung zur Rückstellung bezieht sich auf alles gegenwärtig in Österreich befindliche identifizierbare Eigentum, das durch Gewalt oder Zwang durch irgendeine Achsenmacht aus dem Gebiete einer der Vereinten Nationen weggeschafft wurde, ohne Rücksicht auf irgendwelche nachfolgende Transaktionen, durch welche der gegenwärtige Inhaber eines solchen Eigentums den Besitz erworben hat.

3. Die österreichische Regierung wird das in diesem Artikel bezeichnete Eigentum in guter Ordnung zurückstellen und in diesem Zusammenhang alle in Österreich in bezug auf Arbeit, Material und Transport auflaufenden Kosten tragen.

4. Die österreichische Regierung wird mit den Vereinten Nationen zusammenarbeiten und auf ihre eigenen Kosten für alle nötigen Erleichterungen Vorsorge treffen, um das auf Grund des vorliegenden Artikels unter die Rückstellungspflicht fallende Vermögen auszuforschen und zurückzustellen.

5. Die österreichische Regierung wird die nötigen Maßnahmen ergreifen, um die Rückstellung in diesem Artikel umschriebenen Vermögens, das sich in irgendeinem dritten Land im Besitze von Personen befindet, die der österreichischen Gerichtsbarkeit unterstehen, durchzuführen.

6. Ansprüche auf Rückstellung von Vermögen sollen der österreichischen

[Art. 36 des Entwurfes wurde im Moskauer Memorandum vom 15. April 1955 als überholt bzw. überflüssig bezeichnet und von der Wiener Botschafterkonferenz am 4. Mai 1955 gestrichen.]

Regierung durch die Regierung jenes Landes überreicht werden, aus dessen Gebiet das Vermögen verbracht worden ist, wobei Einverständnis darüber besteht, daß rollendes Material als von jenem Gebiete verbracht angesehen werden soll, zu dem es ursprünglich gehörte. Der Zeitraum, in dem solche Ansprüche geltend gemacht werden können, beträgt neun Monate vom Inkrafttreten des vorliegenden Vertrages.

7. Die Last, das Vermögen zu identifizieren und das Eigentumsrecht zu beweisen, obliegt der Regierung, die den Anspruch stellt; und die Beweislast dafür, daß das Vermögen nicht durch Gewalt oder Zwang verbracht wurde, obliegt der österreichischen Regierung.

8. Die zu einem Rückstellungsanspruch berechtigte Regierung und die österreichische Regierung können Abkommen schließen, durch welche die Bestimmungen des gegenständlichen Artikels ersetzt werden. Dieses zweiseitige Verfahren wird insbesondere auf die Rückstellung des rollenden Materials Anwendung finden, in Ansehung dessen die Alliierten und Assoziierten Mächte anerkennen, daß die Rückstellung in solcher Weise geregelt werden soll, daß sie so wenig wie möglich in die wesentlichen Transporterfordernisse Österreichs eingreift.

[9. Falls es in konkreten Fällen Österreich unmöglich ist, die Rückstellung von Gegenständen künstlerischen, historischen oder archäologischen Wertes, die zum kulturellen Erbgut jener Vereinten Nation gehören, von deren Gebiet solche Gegenstände unter Gewalt und Zwang durch deutsche Streitkräfte, Behörden oder Staatsangehörige nach Österreich verbracht worden sind, durchzuführen, wird Österreich der betreffenden Vereinten Nation Gegenstände gleicher Art und von annähernd gleichem Werte übertragen, soweit solche Gegenstände in Österreich erhältlich sind.][1]

1 Sowjetvorschlag (gehört zu Artikel 36).

Artikel 37
fällt weg.

Artikel 38.
Österreichisches Eigentum in Deutschland und Verzicht Österreichs auf Forderungen gegenüber Deutschland

1. Vom Datum des Inkrafttretens des vorliegenden Vertrages ist das in Deutschland befindliche Eigentum der österreichischen Regierung oder der österreichischen Staatsangehörigen [einschließlich des Eigentums, das ihnen früher gehörte und das ihnen durch Akte der Gewalt oder des Zwanges durch Deutschland oder durch deutsche Staatsangehörige entzogen wurde][1] seinen Eigentümern wieder zurückzugeben. Diese Bestimmung bezieht sich nicht auf das Eigentum von Kriegsverbrechern oder Personen, die den Strafbestimmungen der Denazifizierungsmaßnahmen unterliegen; solches Eigentum wird der österreichischen Regierung zur Verfügung gestellt, sofern es nicht gemäß den in Deutschland nach dem 8. Mai 1945 in Kraft stehenden Gesetzen oder Verordnungen blockiert oder konfisziert wurde.

[2. Identifizierbares Eigentum Österreichs oder österreichischer Staatsangehöriger, das durch deutsche Streitkräfte oder Behörden nach dem 12. März 1938 mit Gewalt oder Zwang aus dem österreichischen Staatsgebiet nach Deutschland verbracht wurde, kann für Rückstellung angefordert werden.][2]

[3. Die Rückgabe und Rückstellung von österreichischem Eigentum in

[Art. 37 des Entwurfes betraf die Rückstellung österreichischen Eigentums, das durch die Achsenmächte auf Staatsgebiet der Vereinten Nationen verbracht worden war; gestrichen vom Außenministerrat am 18. April 1947.]

Artikel 23.
Österreichisches Vermögen in Deutschland und Verzicht Österreichs auf Forderungen gegenüber Deutschland

1. Vom Zeitpunkt des Inkrafttretens des vorliegenden Vertrages ist das in Deutschland befindliche Vermögen der österreichischen Regierung oder österreichischer Staatsangehöriger einschließlich von Vermögen, das nach dem 12. März 1938 gewaltsam aus dem österreichischen Staatsgebiet nach Deutschland verbracht worden ist, seinen Eigentümern wieder zurückzugeben. Diese Bestimmung bezieht sich nicht auf das Eigentum von Kriegsverbrechern oder Personen, die den Strafbestimmungen der Entnazifizierungsmaßnahmen unterliegen; solches Vermögen wird der österreichischen Regierung zur Verfügung gestellt, sofern es nicht gemäß den in Deutschland nach dem 8. Mai 1945 in Kraft stehenden Gesetzen oder Verordnungen blockiert oder konfisziert wurde.

2. Die Wiederherstellung österreichischer Vermögensrechte in Deutschland ist im Einklang mit Maßnahmen durchzuführen, die durch die Besatzungsmächte in Deutschland in ihren Besatzungszonen festgelegt werden.

3. Unbeschadet dieser und aller anderen zugunsten Österreichs und österreichischer Staatsangehöriger getroffenen Verfügungen der Besatzungsmächte in Deutschland verzichtet Österreich,

Deutschland wird in Übereinstimmung mit Maßnahmen durchgeführt werden, die durch die Okkupationsmächte in Deutschland festgelegt werden.][3]

[Die Rückgabe von österreichischem Eigentum in Deutschland wird in Einklang mit Maßnahmen durchgeführt, die durch die Besatzungsmächte in Deutschland in ihren Okkupationszonen festgelegt werden.][4]

[4. Unbeschadet dieser und aller anderen zugunsten Österreichs und österreichischer Staatsangehöriger getroffenen Verfügungen der Besatzungsmächte in Deutschland verzichtet Österreich im eigenen Namen und im Namen der österreichischen Staatsangehörigen auf alle am 8. Mai 1945 noch offenen Forderungen gegen Deutschland und deutsche Staatsangehörige, mit Ausnahme jener, die aus Verträgen und anderen Verpflichtungen stammen, die vor dem 13. März 1938 eingegangen wurden, sowie der vor dem 13. März 1938 erworbenen Rechte.][5] [Dieser Verzicht umfaßt Schulden, alle Forderungen mit Bezug auf während der Zeit der Annexion Österreichs durchgeführte Transaktionen und alle Forderungen mit Bezug auf während dieser Periode erlittenen Verlust oder Schaden, insbesondere auf öffentliche deutsche Schulden im Besitz der österreichischen Regierung oder ihrer Staatsangehörigen und auf Zahlungsmittel, die zur Zeit der Geldkonversion eingezogen wurden. Solche Zahlungsmittel sollen bei Inkrafttreten des vorliegenden Vertrages vernichtet werden.][6]

[Dieser Verzicht umfaßt im Krieg eingegangene Schulden und alle Forderungen für Verluste oder Schäden, die während des Krieges entstanden sind.][7]

[Unbeschadet dieser und aller anderen zugunsten Österreichs und der österreichischen Staatsangehörigen getroffe-

unbeschadet der Giltigkeit *[sic]* bereits getroffener Regelungen, im eigenen Namen und im Namen der österreichischen Staatsangehörigen auf alle am 8. Mai 1945 noch offenen Forderungen gegen Deutschland und deutsche Staatsangehörige, mit Ausnahme jener, die aus Verträgen und anderen Verpflichtungen stammen, die vor dem 13. März 1938 eingegangen wurden sowie der vor dem 13. März 1938 erworbenen Rechte. Dieser Verzicht umfaßt alle Forderungen hinsichtlich der während der Zeit der Annexion Österreichs durch Deutschland durchgeführten Transaktionen und alle Forderungen hinsichtlich der während dieses Zeitraumes erlittenen Verluste oder Schäden, insbesondere hinsichtlich der im Besitz der österreichischen Regierung oder österreichischer Staatsangehöriger befindlichen öffentlichen deutschen Schulden und der Zahlungsmittel, die zur Zeit der Geldkonversion eingezogen wurden. Solche Zahlungsmittel sind bei Inkrafttreten des vorliegenden Vertrages zu vernichten.

[Einvernehmen über den Wortlaut dieses Artikels wurde von den Sonderbeauftragten am 20. Juli 1949 erzielt.]

nen Verfügungen der Besatzungsmächte in Deutschland verzichtet Österreich im eigenen Namen und im Namen seiner Staatsangehörigen auf alle Forderungen gegen die frühere deutsche Regierung und ihre Dienststellen und alle deutschen, mit der Erzeugung von Waffen und Kriegsbedarf im Sinne der Definition des Annex II des vorliegenden Vertrages beschäftigten Unternehmungen, die nach dem 1. September 1939 entstanden sind und am 8. Mai 1945 noch bestanden, mit Ausnahme solcher, die aus Verträgen und anderen Verpflichtungen stammen, die vor dem 1. September 1939 eingegangen wurden, sowie der vor dem 1. September 1939 erworbenen Rechte. Dieser Verzicht umfaßt Schulden und alle Forderungen für Verluste oder Schäden, die während des Krieges entstanden sind.][8]

---

1 Die Sowjetdelegation ist gegen die Aufnahme der eingeklammerten Worte.

2 Vorschlag der französischen, US- und UK-Delegation. Die Sowjetdelegation hält die Aufnahme dieses Paragraphen nicht für notwendig.

5 US- und F-Vorschlag, dem sich UK angeschlossen hat.

4 Sowjetvorschlag.

5 F-, USSR- und UK-Vorschlag.

6 F-Vorschlag, unterstützt von der Sowjetdelegation.

7 UK-Vorschlag, Alternative zu vorhergehendem Satz.

8 US-Vorschlag für § 4.

Abschnitt III

Artikel 39.

Verzicht Österreichs auf Ansprüche gegen die Alliierten

1. Österreich verzichtet im Namen der österreichischen Regierung oder österreichischer Staatsangehöriger auf alle Ansprüche irgendwelcher Art gegen die Alliierten und Assoziierten Mächte, soweit sich solche Ansprüche direkt

Artikel 24.

Verzicht Österreichs auf Ansprüche gegen die Alliierten

1. Österreich verzichtet im Namen der österreichischen Regierung oder österreichischer Staatsangehöriger auf alle Ansprüche irgendwelcher Art gegen die Alliierten und Assoziierten Mächte, soweit sich solche Ansprüche unmittelbar aus

aus dem Krieg in Europa nach dem 1. September 1939 oder aus Maßnahmen, die infolge des Kriegszustandes in Europa nach diesem Datum ergriffen wurden, ergeben, gleichgültig, ob sich die Alliierte oder Assoziierte Macht zu jenem Zeitpunkt mit Deutschland im Krieg befand oder nicht. Dieser Verzicht umfaßt folgende Ansprüche:

a) Ansprüche für Verluste oder Schäden, die infolge von Handlungen der alliierten oder assoziierten Streitkräfte oder Behörden erlitten wurden;

b) Ansprüche, die sich aus der Anwesenheit, aus Operationen oder Handlungen von alliierten oder assoziierten Truppen oder Behörden auf österreichischem Gebiet ableiten;

c) Ansprüche mit Bezug auf Verordnungen und Erlässe von Prisengerichten der Alliierten oder Assoziierten Mächte, wobei Österreich damit einverstanden ist, alle Entscheidungen und Anordnungen solcher Prisengerichte, die vom 1. September 1939 an ergangen sind und sich auf österreichischen Staatsbürgern gehörige Schiffe und Güter und die Bezahlung von Kosten beziehen, als gültig und bindend anzuerkennen;

d) Ansprüche, die sich aus der Ausübung oder behaupteten Ausübung von Rechten der Kriegführenden ergeben.

2. Die Bestimmungen dieses Artikels schließen vollständig und endgültig alle Ansprüche der hierin angeführten Natur aus; solche Ansprüche sollen von nun an erloschen sein, welche Vertragsteile auch immer ein Interesse daran haben mögen. Die österreichische Regierung stimmt zu, eine billige und gerechte Entschädigung in Schillingen den Personen zu leisten, die den Streitkräften der Alliierten und Assoziierten Mächte im österreichi-

dem Krieg in Europa nach dem 1. September 1939 oder aus Maßnahmen, die infolge des Kriegszustandes in Europa nach diesem Datum ergriffen wurden, ergeben, gleichgültig, ob sich die Alliierte oder Assoziierte Macht zu jenem Zeitpunkt mit Deutschland im Krieg befand oder nicht. Dieser Verzicht umfaßt folgende Ansprüche:

a) Ansprüche für Verluste oder Schäden, die infolge von Handlungen der Streitkräfte oder Behörden Alliierter oder Assoziierter Mächte erlitten wurden;

b) Ansprüche, die sich aus der Anwesenheit, aus Operationen oder Handlungen von Streitkräften oder Behörden Alliierter oder Assoziierter Mächte auf österreichischem Staatsgebiet ergeben;

c) Ansprüche hinsichtlich der Entscheidungen oder Anordnungen von Prisengerichten der Alliierten oder Assoziierten Mächte, wobei Österreich damit einverstanden ist, alle Entscheidungen und Anordnungen solcher Prisengerichte, die vom 1. September 1939 an ergangen sind und sich auf österreichischen Staatbürgern gehörige Schiffe oder Güter oder auf die Bezahlung von Kosten beziehen, als gültig und bindend anzuerkennen;

d) Ansprüche, die sich aus der Ausübung oder vermeintlichen Ausübung von Rechten der Kriegsführenden ergeben.

2. Die Bestimmungen dieses Artikels schließen vollständig und endgültig alle Ansprüche der hierin angeführten Natur aus, die von nun an erloschen sein sollen, welche Vertragsteile auch immer ein Interesse daran haben mögen. Die österreichische Regierung stimmt zu, eine billige Entschädigung in Schillingen den Personen zu leisten, die den Streit-

schen Staatsgebiet auf Requisition Güter geliefert oder Dienste geleistet haben und ebenso eine Entschädigung zur Befriedigung von Ansprüchen aus Nichtkampfschäden gegen die Streitkräfte der Alliierten und Assoziierten Mächte, die auf österreichischem Staatsgebiet entstanden sind.

3. Österreich verzichtet gleichfalls im Namen der österreichischen Regierung oder österreichischer Staatsangehöriger auf alle Ansprüche der in § 1 dieses Artikels bezeichneten Art gegen jede Vereinte Nation, deren diplomatische Beziehungen mit Deutschland zwischen dem 1. September 1939 und dem 1. Jänner 1945 abgebrochen waren und die sich in Zusammenarbeit mit den Alliierten und Assoziierten Mächten aktiv betätigt hat.

4. Die österreichische Regierung wird für alliiertes Militärgeld im Nennwerte von fünf Schilling und darunter, das in Österreich von alliierten Militärbehörden ausgegeben wurde, einschließlich jenes Geldes, das sich beim Inkrafttreten des vorliegenden Vertrages im Umlauf befindet, die volle Einlösepflicht übernehmen. Noten, ausgegeben von den alliierten Militärbehörden, im Nennwert von mehr als fünf Schilling sollen vernichtet und keine Ansprüche können in diesem Zusammenhang gegen irgendeine der Alliierten und Assoziierten Mächte erhoben werden.

5. Der Verzicht auf Ansprüche durch Österreich nach § 1 dieses Artikels umfaßt jeden Anspruch, der aus Handlungen stammt, die von irgendeiner Alliierten oder Assoziierten Macht in bezug auf solche Schiffe ergriffen wurden, die österreichischen Staatsangehörigen im Zeitraum zwischen 1. September 1939 und dem Inkrafttreten des vorliegenden Vertrages gehörten; er umfaßt ebenso al-

kräften der Alliierten oder Assoziierten Mächte im österreichischen Staatsgebiet auf Grund von Requisition Güter geliefert oder Dienste geleistet haben und ebenso eine Entschädigung zur Befriedigung von Ansprüchen aus Nichtkampfschäden gegen die Streitkräfte der Alliierten oder Assoziierten Mächte, die auf österreichischem Staatsgebiet entstanden sind.

3. Desgleichen verzichtet Österreich im Namen der österreichischen Regierung oder österreichischer Staatsangehöriger auf alle Ansprüche der in Paragraph 1 dieses Artikels bezeichneten Art gegen jede Vereinte Nation, deren diplomatische Beziehungen mit Deutschland zwischen dem 1. September 1939 und dem 1. Jänner 1945 abgebrochen waren und die mit den Alliierten oder Assoziierten Mächten aktiv zusammengearbeitet hat.

4. Die österreichische Regierung wird für alliiertes Militärgeld im Nennwert von fünf Schilling und darunter, das in Österreich von alliierten Militärbehörden ausgegeben wurde, einschließlich jenes Geldes, das sich beim Inkrafttreten des vorliegenden Vertrages im Umlauf befindet, die volle Einlösepflicht übernehmen. Von den alliierten Militärbehörden ausgegebene Noten im Nennwert von mehr als fünf Schilling werden vernichtet und Ansprüche in diesem Zusammenhang können gegen keine der Alliierten und Assoziierten Mächte erhoben werden.

5. Der Verzicht auf Ansprüche durch Österreich nach Paragraph 1 dieses Artikels umfaßt alle Ansprüche, die sich aus Maßnahmen ergeben, die von irgendeiner Alliierten oder Assoziierten Macht hinsichtlich solcher Schiffe ergriffen wurden, die österreichischen Staatsangehörigen im Zeitraum zwischen dem 1. September 1939 und dem

le Ansprüche und Schulden, die aus jetzt in Kraft befindlichen Abkommen über Kriegsgefangene stammen.

[6. Die Bestimmungen dieses Artikels sind jedoch nicht als ein Verzicht auf Ansprüche aufzufassen, die Österreich oder seine Staatsangehörigen auf Eigentum nach Artikel 35 hätten.][1]

1 US-Vorschlag, dem sich UK, Sowjet und F widersetzen.

Inkrafttreten des vorliegenden Vertrages gehörten, und ebenso alle Ansprüche und Schulden, die sich aus jetzt in Kraft befindlichen Abkommen über Kriegsgefangene ergeben.

[Einvernehmen über den Wortlaut wurde nach Rücknahme des amerikanischen Vorschlages für Abs. 6 während der Tagung der Vertragskommission in Wien Mai – Oktober 1947 erzielt.]

Artikel 40
wurde mit Artikel 38
zusammengezogen.

[Zusammenlegung der Art. 40 und 38 des Entwurfes wurde vom Außenministerrat in Moskau am 19. April 1947 beschlossen.]

Artikel 41.
Deutsche Ansprüche gegen Österreich

[Die Alliierten und Assoziierten Mächte verpflichten sich, die Aufnahme eines Verzichtes Deutschlands auf alle wirtschaftlichen und finanziellen Ansprüche gegen Österreich oder österreichische Staatsangehörige, die am 8. Mai 1945 noch offen waren oder aus der Wiedererrichtung der österreichischen Unabhängigkeit herrühren, sowie eines entsprechenden Verzichtes auf Ansprüche von deutschen Staatsangehörigen gegen Österreich oder österreichische Staatsangehörige in den deutschen Friedensvertrag zu unterstützen.][1]

1 US- und UK-Vorschlag, dem die französische Delegation mit dem Vorbehalt beistimmt, noch zu der Frage, ob der Artikel in den Vertrag aufgenommen oder Gegenstand eines besonderen Dokumentes bilden soll, Stellung zu nehmen. Die Sowjetdelegation hält die Erörterung dieser Frage für verfrüht.

[Art. 41 des Entwurfes wurde im Jahre 1949 zurückgezogen.]

Teil V
Eigentum, Rechte und Interessen

Artikel 42.
Eigentum der Vereinten Nationen in Österreich

[1. Soweit Österreich dies nicht schon durchgeführt hat, wird es alle gesetzlichen Rechte und Interessen der Vereinten Nationen und ihrer Staatsangehörigen in Österreich wieder herstellen, wie sie am 1. September 1939 bestanden, und wird alles Eigentum der Vereinten Nationen und ihrer Staatsangehörigen in Österreich zurückgeben, so wie es jetzt vorhanden ist.

Österreich nimmt es auf sich, in allen Fällen, in denen Eigentum, Rechte oder Interessen von Staatsangehörigen der Vereinten Nationen in Österreich als Folge der Annexion Österreichs durch Deutschland und der deutschen Wirtschaftsdurchdringung Österreichs nach dem 12. März 1938 entzogen oder auf andere Weise beeinträchtigt wurden, alle Übertragungen, Akte der Enteignung oder Beeinträchtigungen in bezug auf dieses genannte Eigentum, Rechte und Interessen als null und nichtig zu erklären. Die Last, das Eigentumsrecht an dem genannten Eigentum, Rechten und Interessen am 12. März 1938 zu beweisen, soll auf den Vereinten Nationen oder ihren Staatsangehörigen ruhen und die Beweislast, daß dieselben nicht als Folge der Annexion Österreichs durch Deutschland und der deutschen Wirtschaftsdurchdringung Österreichs übereignet wurden, soll auf der österreichischen Regierung ruhen.

Die vorstehenden Bestimmungen beziehen sich gleicherweise auf Eigentum, Rechte und Interessen von Vereinten Nationen und deren Staatsangehörigen,

Teil V
Eigentum, Rechte und Interessen

Artikel 25.
Vermögen der Vereinten Nationen in Österreich

1. Soweit Österreich dies nicht schon durchgeführt hat, wird es alle den Vereinten Nationen und ihren Staatsangehörigen gehörenden gesetzlichen Rechte und Interessen in Österreich wiederherstellen, wie sie an dem Tag bestanden, an dem die Feindseligkeiten zwischen Deutschland und der betreffenden Vereinten Nation begannen, und wird alles Vermögen der Vereinten Nationen und ihrer Staatsangehörigen in Österreich zurückgeben, wie es jetzt vorhanden ist.

2. Die österreichische Regierung verpflichtet sich, alle unter diesen Artikel fallenden Vermögenschaften, Rechte und Interessen frei von allen Belastungen und Kosten jeder Art wiederherzustellen, denen sie als Folge des Krieges mit Deutschland unterworfen sein mögen, und ohne Auferlegung irgendwelcher Kosten durch die österreichische Regierung aus Anlaß ihrer Rückgabe. Die österreichische Regierung wird alle Maßnahmen der Beschlagnahme, Sequestrierung oder Kontrolle für nichtig erklären, die gegen Vermögen von Vereinten Nationen in Österreich in der Zeit zwischen dem Tag des Beginns der Feindseligkeiten zwischen Deutschland und der betreffenden Vereinten Nation und dem Inkrafttreten des vorliegenden Vertrages ergriffen wurden. In Fällen, in denen das Eigentum nicht innerhalb von sechs Monaten nach Inkrafttreten dieses Vertrages zurückgegeben worden ist, ist die Anmeldung zwecks Rückgabe des Eigentums bei den österreichischen Behörden spätestens innerhalb von zwölf

gleichgültig, ob es sich um einen direkten oder indirekten Besitz handelt.][1]

[1. Soweit Österreich eine solche Aktion nicht schon durchgeführt hat, wird es alle gesetzlichen Rechte und Interessen der Vereinten Nationen und deren Staatsangehörigen in Österreich, wie sie am 13. März 1938 bestanden, wieder herstellen, außer wenn dieselben freiwillig übertragen worden sind, und wird alles Eigentum der Vereinten Nationen und deren Staatsangehörigen in Österreich zurückgeben, so wie es jetzt vorhanden ist.][2]

2. Die österreichische Regierung verpflichtet sich, alle unter diesen Artikel fallenden Vermögen, Rechte und Interessen frei von allen Belastungen und Kosten jeder Art, denen sie als Folge des Krieges mit Deutschland unterworfen sein mögen, und ohne daß im Zusammenhang mit ihrer Rückgabe irgendwelche Kosten durch die österreichische Regierung angerechnet werden, wieder herzustellen. Die österreichische Regierung wird alle Maßnahmen [einschließlich Beschlagnahme, Sequestrierung oder Kontrolle][3] [der Beschlagnahme, Sequestrierung oder Kontrolle][4], die gegen das Eigentum von Vereinten Nationen zwischen [13. März 1938][5] [dem Tag des Beginns der Feindseligkeiten zwischen Deutschland und der betreffenden Vereinten Nation][6] und dem Inkrafttreten des vorliegenden Vertrages ergriffen wurden, für null und nichtig erklären. In Fällen, in denen das Eigentum nicht innerhalb von sechs Monaten nach Inkrafttreten des vorliegenden Vertrages zurückgegeben worden ist, soll die Anmeldung bei den österreichischen Behörden nicht später als zwölf Monate nach Inkrafttreten des Vertrages eingebracht werden, ausgenommen jene Fälle, in denen Monaten nach Inkrafttreten des Vertrages vorzunehmen, ausgenommen in Fällen, in denen der Anspruchstellende beweisen kann, daß er innerhalb dieser Zeit seine Anmeldung nicht vornehmen konnte.

3. Die österreichische Regierung wird Übertragungen in bezug auf Staatsangehörigen der Vereinten Nationen gehörende Vermögenschaften, Rechte und Interessen jeder Art, für ungültig erklären, soferne solche Übertragungen durch von Regierungen der Achsenmächte oder deren Dienststellen in der Zeit zwischen dem Beginn der Feindseligkeiten zwischen Deutschland und der betreffenden Vereinten Nation und dem 8. Mai 1945 ausgeübten Zwang zustande gekommen sind.

4.a) In Fällen, in denen die österreichische Regierung eine Entschädigung für Verluste leistet, die auf Grund einer während der deutschen Besetzung Österreichs oder während des Krieges erlittenen Verletzung oder einer Schädigung an Vermögen in Österreich entstanden sind, soll den Staatsangehörigen der Vereinten Nationen keine weniger vorteilhafte Behandlung eingeräumt werden, als österreichischen Staatsangehörigen gewährt wird; und in solchen Fällen sollen Staatsangehörige der Vereinten Nationen, die unmittelbar oder mittelbar Eigentumsinteressen an Gesellschaften oder Vereinigungen besitzen, die nicht Staatsangehörige der Vereinten Nationen im Sinne des Paragraphen 8 a dieses Artikels sind, eine Entschädigung erhalten, die unter Zugrundelegung des gesamten Verlustes oder Schadens, den diese Gesellschaften oder Vereinigungen erlitten haben, berechnet ist, und in jenem Verhältnis zu diesem Verlust oder Schaden steht, das der kapi-

der Anspruchstellende zu beweisen in der Lage ist, daß er innerhalb dieser Zeit seine Anmeldung nicht einreichen konnte.

3. Die österreichische Regierung wird alle Übertragungen in bezug auf Eigentum, Rechte und Interessen jeder Art, die Staatsangehörigen der Vereinten Nationen gehören, für ungültig erklären, sofern solche Übertragungen durch Gewalt [oder Zwang][7], ausgeübt von Achsenregierungen oder deren Organen in der Zeit zwischen dem [13. März 1938][8] [dem Beginn der Feindseligkeiten zwischen Deutschland und der betreffenden Vereinten Nation][9] und dem 8. Mai 1945, zustande gekommen sind.

[4.a) Die österreichische Regierung soll dafür verantwortlich sein, daß das den Staatsangehörigen der Vereinten Nationen gemäß Paragraph 1 dieses Artikels zurückzugebende Eigentum in vollkommen guter Ordnung zurückgestellt wird. In Fällen, in denen das Eigentum nicht zurückgegeben werden kann, oder wenn ein Staatsangehöriger der Vereinten Nationen als Folge des Krieges einen Verlust auf Grund eines Unrechtes oder einer Beschädigung seines in Österreich befindlichen Eigentums erlitten hat, soll derselbe von der österreichischen Regierung eine Entschädigung in Schillingen in der Höhe von zwei Dritteln jener Summe erhalten, die am Zahlungstag notwendig ist, um ein ähnliches Gut zu erwerben oder den erlittenen Verlust wieder gutzumachen. In keinem Falle genießen Staatsangehörige Vereinter Nationen im Hinblick auf die Entschädigung eine weniger vorteilhafte Behandlung als jene, die österreichischen Staatsangehörigen gewährt wird.

talsmäßigen Beteiligung eines solchen Staatsangehörigen an der Gesellschaft oder Vereinigung entspricht.

b) Die österreichische Regierung wird den Vereinten Nationen und deren Staatsangehörigen in der Zuteilung von Material für die Reparatur oder den Wiederaufbau ihres Eigentums in Österreich und in der Zuteilung von Devisen für die Einfuhr von solchem Material die gleiche Behandlung wie den österreichischen Staatsangehörigen gewähren.

5. Alle angemessenen Ausgaben, die in Österreich im Zusammenhang mit der Geltendmachung von Ansprüchen, einschließlich der Kosten für die Festsetzung des Verlustes oder Schadens, erwachsen, werden von der österreichischen Regierung getragen.

6. Staatsangehörige der Vereinten Nationen und deren Vermögen sind von allen außerordentlichen Steuern, Abgaben und Auflagen befreit, mit denen ihre Kapitalswerte in Österreich durch die österreichische Regierung oder irgendeine österreichische Behörde zwischen dem Zeitpunkt der Übergabe der deutschen Streitkräfte und dem Inkrafttreten dieses Vertrages zu dem besonderen Zwecke belastet worden sind, Ausgaben, die sich aus dem Kriege ergeben, oder die Kosten der Besatzungstruppen damit zu decken. Beträge, die aus diesem Titel bezahlt wurden, sind zurückzuerstatten.

7. An Stelle der Bestimmungen dieses Artikels können der Eigentümer des betreffenden Vermögens und die österreichische Regierung eine Vereinbarung treffen.

8. Die in diesem Artikel gebrauchten Ausdrücke

a) »Staatsangehörige der Vereinten Nationen« bedeuten physische Personen, die im Zeitpunkt des Inkrafttre-

b) Staatsangehörige der Vereinten Nationen, die direkt oder indirekt Eigentumsinteressen an Körperschaften oder Gesellschaften besitzen, die nicht Staatsangehörige der Vereinten Nationen im Sinne des Paragraph 8a dieses Artikels sind, die jedoch einen Verlust auf Grund eines Unrechtes oder einer Beschädigung ihres in Österreich befindlichen Eigentums erlitten haben, erhalten eine Entschädigung gemäß des vorstehenden Subparagraphen a. Diese Entschädigung wird auf der Basis des gesamten Verlustes oder Schadens, den die Körperschaft oder Gesellschaft erlitten hat, berechnet, und wird in jenem Verhältnis zu diesem Verlust oder Schaden stehen, das der kapitalsmäßigen Beteiligung von solchen Staatsangehörigen an der Körperschaft oder Gesellschaft entspricht.

c) Die Entschädigung muß frei von Gebühren, Taxen oder anderen Auflagen gezahlt werden. Über ihre Verwendung in Österreich soll frei verfügt werden können, sie soll aber den Bestimmungen einer Devisenkontrolle unterworfen sein, wenn eine solche zeitweise in Österreich in Geltung stehen sollte.][10]

[4. In Fällen, in denen die österreichische Regierung eine Entschädigung für Verluste leistet, die auf Grund eines während der deutschen Besetzung Österreichs oder während des Krieges erlittenen Unrechtes oder einer Beschädigung an in Österreich befindlichem Eigentum entstanden sind, soll den Staatsangehörigen der Vereinten Nationen auf keinen Fall eine weniger vorteilhafte Behandlung als jene eingeräumt werden, die österreichischen Staatsangehörigen gewährt wird; und in solchen Fällen sollen Staatsangehörige der Vereinten Nationen, die direkt oder indirekt Eigentens dieses Vertrages Staatsangehörige irgendeiner der Vereinten Nationen sind, oder Gesellschaften oder Vereinigungen, die im Zeitpunkt des Inkrafttretens dieses Vertrages gemäß dem Recht irgendeiner der Vereinten Nationen errichtet worden sind, vorausgesetzt, daß diese physischen Personen, Gesellschaften oder Vereinigungen diesen Status auch am 8. Mai 1945 besessen haben.

Der Ausdruck »Staatsangehörige der Vereinten Nationen« schließt auch alle physischen Personen, Gesellschaften und Vereinigungen ein, die gemäß den während des Krieges in Österreich geltenden Gesetzen als Feinde behandelt worden sind.

b) »Eigentümer« bedeutet eine der Vereinten Nationen oder einen Staatsangehörigen einer der Vereinten Nationen im Sinne der Definition des oben angeführten Absatzes a), der einen Rechtsanspruch auf das in Frage stehende Vermögen hat, und umfaßt auch den Rechtsnachfolger des Eigentümers, vorausgesetzt, daß der Rechtsnachfolger gleichfalls eine Vereinte Nation oder ein Staatsangehöriger einer Vereinten Nation im Sinne der Definition des Absatzes a) ist. Wenn der Rechtsnachfolger das Vermögen in einem beschädigten Zustand erworben hat, behält der Übertragende seine Rechte auf Entschädigung gemäß diesem Artikel; Verpflichtungen nach Landesrecht zwischen dem Übertragenden und dem Erwerber werden hiedurch nicht berührt.

c) »Vermögen« bedeutet alles bewegliche oder unbewegliche, materielle oder immaterielle Vermögen einschließlich gewerblichen, literarischen und künstlerischen Eigentums sowie alle Eigentumsrechte und -interessen jeder Art.

tumsinteressen an Körperschaften oder Gesellschaften besitzen, die nicht Staatsangehörige der Vereinten Nationen im Sinne des Paragraph 8a dieses Artikels sind, eine Entschädigung erhalten, die auf Basis des gesamten Verlustes oder Schadens, den diese Körperschaften oder Gesellschaften erlitten haben, berechnet ist, und in jenem Verhältnis zu diesem Verlust oder Schaden steht, das der kapitalsmäßigen Beteiligung eines solchen Staatsangehörigen an der Körperschaft oder Gesellschaft entspricht.][11]

[4. Die österreichische Regierung verpflichtet sich, mit jeder der beteiligten Vereinten Nationen in bezug auf in Österreich befindliches und in diesem Artikel behandeltes Eigentum der Staatsbürger derselben, das nicht zurückgegeben werden kann oder das infolge des Krieges mit Deutschland Gegenstand eines Unrechtes oder einer Beschädigung war, Vereinbarungen einzugehen. Diese Vereinbarungen sind ehebaldigst abzuschließen, und Österreich verpflichtet sich darin, den Staatsangehörigen jeder der betreffenden Vereinten Nationen eine Behandlung zu gewähren, die nicht weniger vorteilhaft ist als jene, die dem österreichischen Eigentum im Gebiete dieser Vereinten Nation gewährt wird oder wurde und keinesfalls eine weniger vorteilhafte als jene, die die österreichische Regierung österreichischen Staatsangehörigen zugesteht.

Im vorstehenden wird jedoch von Österreich nicht verlangt, in bezug auf Verlust, Unrecht oder Schaden an Eigentum Zahlungen in fremder Währung zu leisten.][12]

4.d) Die österreichische Regierung soll den Staatsangehörigen der Vereinten Nationen in der Zuteilung von Material für die Reparatur oder den Wiederaufbau ihres Eigentums in Öster-

9. Die Bestimmungen dieses Artikels finden keine Anwendung auf die Übertragung von Vermögen, Rechten oder Interessen von Vereinten Nationen oder von Staatsangehörigen Vereinter Nationen in Österreich, die in Übereinstimmung mit Gesetzen und Verordnungen erfolgte, die als österreichisches Recht am 28. Juni 1946 in Kraft waren.

10. Die österreichische Regierung anerkennt, daß das Abkommen von Brioni vom 10. August 1942 null und nichtig ist. Sie verpflichtet sich, mit den anderen Signataren des Abkommens von Rom vom 21. März 1923 an Verhandlungen teilzunehmen, die den Zweck verfolgen, in die Bestimmungen des Abkommens die nötigen Modifikationen einzufügen, um eine billige Regelung der darin vorgesehenen Annuitäten sicherzustellen.

[Einvernehmen über den Text dieses Artikels wurde auf der Wiener Botschafterkonferenz am 10. Mai 1955 hergestellt, nachdem es außerhalb der Botschafterkonferenz zur Paraphierung eines österreichisch-britisch-amerikanischen Memorandums (sog. Wiener Memorandum) und eines österreichisch-französischen Memorandums am 10. Mai 1955 gekommen war.]

reich und in der Zuteilung von Devisen für die Einfuhr von solchem Material die gleiche Behandlung wie den österreichischen Staatsangehörigen gewähren.

5. Alle angemessenen Ausgaben, die in Österreich im Zusammenhang mit der Geltendmachung von Ansprüchen, einschließlich der Kosten für die Festsetzung des Verlustes oder Schadens, erwachsen, sind von der österreichischen Regierung zu tragen.

6. Staatsangehörige der Vereinten Nationen und deren Eigentum sind von allen außerordentlichen Taxen, Steuern und Auflagen befreit, mit denen ihre Kapitalswerte in Österreich durch die österreichische Regierung oder irgendeine österreichische Behörde zwischen dem Datum der Übergabe der deutschen Streitkräfte und dem Inkrafttreten des vorliegenden Vertrages zu dem besonderen Zwecke belastet worden sind, Ausgaben, die sich aus dem Krieg ergeben oder die Kosten der Besatzungstruppen damit zu decken. Beträge, die aus diesem Titel bezahlt wurden, müssen zurückgegeben werden.

7. An Stelle der Bestimmungen dieses Artikels können der Eigentümer des betreffenden Vermögens und die österreichische Regierung eine Vereinbarung treffen.

8. Die in diesem Artikel gebrauchten Ausdrücke:

a) »Staatsangehörige der Vereinten Nationen« bedeuten physische Personen, die Staatsangehörige irgendeiner der Vereinten Nationen sind oder Körperschaften oder Gesellschaften, die gemäß dem Recht irgendeiner der Vereinten Nationen zum Zeitpunkt des Inkrafttretens des vorliegenden Vertrages errichtet worden sind, vorausgesetzt, daß diese physischen Personen, Körperschaften oder Ge-

sellschaften diesen Status auch am 8. Mai 1945 besessen haben.
Der Ausdruck »Staatsangehörige der Vereinten Nationen« schließt auch alle physischen Personen, Körperschaften und Gesellschaften ein, die gemäß den während des Krieges in Österreich geltenden Gesetzen als Feinde [oder als unter Feindkontrolle stehend][13] behandelt worden sind.
[Es sind jedoch nur jene Staatsangehörigen einer Vereinten Nation, die die Staatsangehörigkeit einer Vereinten Nation schon vor dem Datum besaßen, an dem ihr Eigentum einen Schaden in Österreich erlitten hat, zu einer Entschädigung gemäß Paragraph 4 dieses Artikels berechtigt.][14]
b) »Eigentümer« bedeutet die Vereinte Nation oder den Staatsangehörigen der Vereinten Nation im Sinne der Definition des oben angeführten Unterparagraphen a, der ein Recht auf das in Frage stehende Vermögen hat und umfaßt auch den Rechtsnachfolger des Eigentümers, vorausgesetzt, daß der Rechtsnachfolger gleichfalls eine Vereinte Nation oder ein Staatsangehöriger einer Vereinten Nation im Sinne der Definition des Unterparagraphen a ist. Wenn der Rechtsnachfolger das Eigentum in einem beschädigten Zustand erworben hat, behält der Übertragende seine Rechte auf Entschädigung gemäß diesem Artikel; Verpflichtungen nach Landesrecht zwischen dem Übertragenden und dem Erwerber werden hiedurch nicht berührt.
c) »Eigentum« bedeutet alles bewegliche oder unbewegliche oder unkörperliche Eigentum einschließlich gewerblichen, literarischen und künstlerischen Eigentums sowie Rechte und Eigentumsinteressen aller Art.

9. [Die Bestimmungen dieses Artikels finden keine Anwendung auf die Übertragung von Eigentum, Rechten oder Interessen von Vereinten Nationen oder Staatsangehörigen Vereinter Nationen in Österreich, deren Übertragung in Übereinstimmung mit Gesetzen und Verordnungen erfolgte, die als österreichisches Recht am 28. Juni 1946 in Kraft waren.][15]

10. Die österreichische Regierung anerkennt, daß das Abkommen von Brioni vom 10. August 1942 null und nichtig ist. Sie verpflichtet sich, mit den anderen Signatarstaaten des Abkommens von Rom vom 29. Mai 1923 an Verhandlungen teilzunehmen, die den Zweck verfolgen, in die Bestimmungen des Abkommens die nötigen Modifikationen einzufügen, um eine billige Regelung der darin vorgesehenen Annuitäten sicherzustellen.

---

1 F- und UK-Vorschlag. Die Sowjetdelegation stimmte zu, den ersten Paragraphen vorstehenden Vorschlages als ersten Paragraphen dieses Artikels anzunehmen, vorausgesetzt, daß die Worte »am 1. September 1939« ersetzt werden durch »an dem Tag, an dem die Feindseligkeiten mit Deutschland und der betreffenden Vereinten Nation begannen«.

2 US-Vorschlag.

3 UK-, F- und US-Vorschlag.

4 Sowjetvorschlag.

5 UK-, F- und US-Vorschlag.

6 Sowjetvorschlag.

7 Die Sowjetdelegation spricht sich gegen die Einbeziehung dieser Worte aus.

8 UK-, US- und F-Vorschlag.

9 Sowjetvorschlag.

10 Französischer Vorschlag.

11 US- und Sowjet-Alternativvorschlag für a, b und c.

12 UK-Alternativvorschlag für a, b und c.

13 Zusatz der Delegationen der Vereinigten Staaten und des Vereinigten Königreiches, den die sowjetische und die französische Delegation für unnötig halten.

14 Zusatz der französischen Delegation, der sich die Delegation der Vereinigten Staaten widersetzt.

15 Vorschlag der USSR, dem die Delegationen der Vereinigten Staaten und des Vereinigten Königreiches opponierten.

Artikel 43.

Anwendung österreichischen Rechtes auf Eigentum, Rechte und Interessen der Vereinten Nationen in Österreich

[Unbeschadet aller anderen Bestimmungen des vorliegenden Vertrages, die die Behandlung von Eigentum in Österreich betreffen, sollen sämtliches Eigentum, Rechte und Interessen der Vereinten Nationen und ihrer Staatsangehörigen in Österreich gleich österreichischem Eigentum den vollen Schutz des österreichischen Rechtes genießen und den Bestimmungen des österreichischen Rechtes unterworfen sein.][1]

1 Vorschlag Frankreichs, der US und des Vereinigten Königreiches. Die Delegation der USSR sieht keinen Grund, diesen Artikel einzuschließen.

[Art. 43 des Entwurfes wurde im Zuge der Einigung über Art. 35 des Entwurfes am 16. August 1949 gestrichen.]

Artikel 44.

Eigentum, Rechte und Interessen von Minderheitsgruppen in Österreich

1. Soweit Vorsorgen dafür noch nicht getroffen worden sind, verpflichtet sich Österreich, dafür zu sorgen, daß in allen Fällen, in denen Eigentum, gesetzliche Rechte oder Interessen in Österreich seit dem 13. März 1938 wegen der rassischen Abstammung oder der Religion des Eigentümers [Maßnahmen der Sequestrierung, Beschlagnahme oder Kontrolle]* [oder Übertragungen unter Zwang][1] unterworfen worden sind, dieses Eigentum zurückgegeben wird und diese gesetzlichen Rechte mit allem Zubehör wieder hergestellt werden. Wo eine Rückgabe oder Wiederherstellung nicht möglich ist, wird für auf Grund solcher Maßnahmen erlittene Verluste eine Entschädigung in einer Höhe gewährt, wie sie in bezug auf Kriegsschäden generell österreichischen Staatsangehörigen jetzt oder späterhin gegeben wird.

2. Österreich stimmt zu, sämtliches

Artikel 26.

Vermögenschaften, Rechte und Interessen von Minderheitsgruppen in Österreich

1. Soweit solche Maßnahmen noch nicht getroffen worden sind, verpflichtet sich Österreich in allen Fällen, in denen Vermögenschaften, gesetzliche Rechte oder Interessen in Österreich seit dem 13. März 1938 wegen der rassischen Abstammung oder der Religion des Eigentümers Gegenstand gewaltsamer Übertragung oder von Maßnahmen der Sequestrierung, Konfiskation oder Kontrolle gewesen sind, das angeführte Vermögen zurückzugeben und diese gesetzlichen Rechte und Interessen mit allem Zubehör wiederherzustellen. Wo eine Rückgabe oder Wiederherstellung nicht möglich ist, wird für auf Grund solcher Maßnahmen erlittene Verluste eine Entschädigung in einem Ausmaß gewährt, wie sie bei Kriegsschäden österreichischen Staatsangehörigen jetzt oder späterhin generell gegeben wird.

2. Österreich stimmt zu, alle Vermö-

Eigentum, gesetzliche Rechte und Interessen in Österreich, das Personen, Organisationen oder Gemeinschaften gehört, die einzeln oder als Mitglieder von Gruppen rassischen, religiösen oder anderen Naziverfolgungsmaßnahmen unterworfen worden sind, unter seine Kontrolle zu nehmen, wenn, falls es sich um Personen handelt, dieses Eigentum, Rechte und Interessen ohne Erben bleiben oder durch sechs Monate nach Inkrafttreten des vorliegenden Vertrages nicht angefordert werden oder wenn, falls es sich um Organisationen und Gemeinschaften handelt, diese Organisationen und Gemeinschaften substanzmäßig (substantially) aufgehört haben zu bestehen. Österreich soll dieses Eigentum, Rechte und Interessen geeigneten, von den vier Chefs der Missionen in Wien im Wege von Vereinbarungen mit der österreichischen Regierung zu bestimmenden Amtsstellen oder Organisationen übertragen, damit sie für Unterstützung von Opfern der Verfolgung durch die Achsenmächte und Wiedergutmachung an solche verwendet werden, wobei aber diese Bestimmungen so zu verstehen sind, daß sie von Österreich keine Zahlungen in fremder Währung oder andere Überweisungen an fremde Länder verlangen, die eine Belastung der österreichischen Wirtschaft darstellen würden. Diese Übertragung soll innerhalb von 18 Monaten nach Inkrafttreten des vorliegenden Vertrages durchgeführt werden und Eigentum, Rechte und Interessen, deren Wiederherstellung in Paragraph 1 dieses Artikels verlangt wird, einschließen.

* Sowjetvorschlag, den die französische Delegation annehmen würde.

[Anm. d. Verf.: Diese Anmerkung und Einklammerung wurde in der deutschen Übersetzung irrtümlich ausgelassen.]

1 US- und UK-Vorschlag, den die französische Delegation annehmen würde.

genschaften, gesetzlichen Rechte und Interessen in Österreich, die Personen, Organisationen oder Gemeinschaften gehören, die einzeln oder als Mitglieder von Gruppen rassischen, religiösen oder anderen Naziverfolgungsmaßnahmen unterworfen worden sind, unter seine Kontrolle zu nehmen, wenn, falls es sich um Personen handelt, diese Vermögenschaften, Rechte und Interessen ohne Erben bleiben oder durch sechs Monate nach Inkrafttreten des vorliegenden Vertrages nicht beansprucht werden oder wenn, falls es sich um Organisationen und Gemeinschaften handelt, diese Organisationen und Gemeinschaften aufgehört haben zu bestehen. Österreich soll diese Vermögenschaften, Rechte und Interessen geeigneten, von den vier Missionschefs in Wien im Wege von Vereinbarungen mit der österreichischen Regierung zu bestimmenden Dienststellen oder Organisationen übertragen, damit sie für Hilfe und Unterstützung von Opfern der Verfolgung durch die Achsenmächte und für Wiedergutmachung an solche verwendet werden; diese Bestimmungen sind dahin zu verstehen, daß sie von Österreich keine Zahlungen in fremder Währung oder andere Überweisungen an fremde Länder erfordern, die eine Belastung der österreichischen Wirtschaft darstellen würden. Diese Übertragung wird innerhalb von achtzehn Monaten nach Inkrafttreten des vorliegenden Vertrages durchgeführt werden und Vermögenschaften, Rechte und Interessen, deren Wiederherstellung in Paragraph 1 dieses Artikels verlangt wird, einschließen.

[Einvernehmen über diesen Artikel wurde am 22. Juli 1949 hergestellt.]

Artikel 45.
Österreichisches Vermögen im Gebiete der Alliierten und Assoziierten Mächte

1. Die Alliierten und Assoziierten Mächte erklären ihre Absicht, österreichisches Eigentum und österreichische Rechte und Interessen, so wie sie sich derzeit in ihren Gebieten vorfinden, zurückzustellen oder, soweit solches Eigentum, solche Rechte und Interessen einer Liquidierungs-, Verfügungs- oder sonstigen Verwertungsmaßnahme unterzogen worden sind, den Erlös, der sich aus den Liquidierungs-, Verfügungs- und Verwertungsmaßnahmen über solches Eigentum oder solche Rechte und Interessen ergeben hat, abzüglich der aufgelaufenen Gebühren-, Verwaltungsausgaben, Gläubigerforderungen und anderen ähnlichen Lasten auszufolgen.

Die Alliierten und Assoziierten Mächte sind bereit, zu diesem Behufe Vereinbarungen mit der österreichischen Regierung einzugehen.

2. Unbeschadet der vorstehenden Bestimmungen wird der föderativen Volksrepublik von Jugoslawien das Recht eingeräumt, österreichisches Eigentum, österreichische Rechte und Interessen, die sich im Zeitpunkt des Inkrafttretens des vorliegenden Vertrages auf jugoslawischem Gebiet befinden, zu beschlagnahmen, zurückzubehalten oder zu liquidieren und auch deren Erlöse nach ihrem Gutdünken zu verwenden, und zwar im Rahmen der ihr und ihren Staatsangehörigen gegen Österreich oder österreichische Staatsangehörige zustehenden Forderungen einschließlich jener aus Schulden, wobei jene Forderungen außer Betracht zu bleiben haben, deren volle Befriedigung bereits in einem anderen Artikel des vorliegenden Vertragsentwurfes vorge-

Artikel 27.
Österreichisches Vermögen im Gebiete der Alliierten und Assoziierten Mächte

1. Die Alliierten und Assoziierten Mächte erklären ihre Absicht, österreichische Vermögenschaften, Rechte und Interessen, so wie sie sich derzeit in ihren Gebieten vorfinden, zurückzustellen oder, soweit solche Vermögenschaften, Rechte und Interessen einer Liquidierungs-, Verwendungs- oder sonstigen Verwertungsmaßnahme unterzogen worden sind, den Erlös, der sich aus der Liquidierung, Verwendung oder Verwertung solcher Vermögenschaften, Rechte und Interessen ergeben hat, abzüglich der aufgelaufenen Gebühren, Verwaltungsausgaben, Gläubigerforderungen und anderen ähnlichen Lasten auszufolgen. Die Alliierten und Assoziierten Mächte sind bereit, zu diesem Behufe Vereinbarungen mit der österreichischen Regierung abzuschließen.

2. Unbeschadet der vorstehenden Bestimmungen wird der Föderativen Volksrepublik Jugoslawien das Recht eingeräumt, österreichische Vermögenschaften, Rechte und Interessen, die sich im Zeitpunkt des Inkrafttretens des vorliegenden Vertrages auf jugoslawischem Gebiet befinden, zu beschlagnahmen, zurückzubehalten oder zu liquidieren. Die österreichische Regierung verpflichtet sich, österreichische Staatsangehörige, deren Vermögen auf Grund dieses Paragraphen herangezogen wird, zu entschädigen.

[Einvernehmen über Abs. 2 wurde auf der Tagung des Außenministerrates in Paris im Juni 1949 erzielt und die endgültige Formulierung von den Sonderbeauftragten am 7. Juli 1949 vorgenommen.]

sehen ist. Die österreichische Regierung verpflichtet sich, die österreichischen Staatsangehörigen, deren Eigentum auf Grund dieses Paragraphen herangezogen wird, zu entschädigen.

US und UK können Paragraph 2 nur annehmen, falls ihr Vorschlag zu Artikel 34 von allen Delegationen angenommen wird. Die Sowjetdelegation ist der Ansicht, daß Paragraph 2 keinerlei Zusammenhang mit Artikel 34 habe und abgesondert erörtert werden soll.

Artikel 46
wurde mit Artikel 38 verbunden.

[Verbindung mit Art. 38 des Entwurfes wurde vom Außenministerrat in Moskau am 19. April 1947 beschlossen.]

Artikel 47.
Dieser Artikel wurde zurückgezogen.

[Art. 47 betraf die Definition österreichischen Eigentums und wurde am 21. April 1947 zurückgezogen.]

Artikel 48.
Schulden[1]

1. Die Annexion Österreichs durch Deutschland ist nicht so zu betrachten, als ob durch sie die Verpflichtungen der österreichischen Regierung hinsichtlich der vor dem 13. März 1938 begebenen fremden Anleihen berührt würden. Die Alliierten und Assoziierten Mächte anerkennen, daß die österreichische Regierung keine Verpflichtungen hinsichtlich deutscher Staatspapiere hat, die von den Inhabern freiwillig im Tausch gegen österreichische Staatspapiere angenommen wurden.

[2. Die Alliierten und Assoziierten Mächte anerkennen, daß Zinsenzahlungen und ähnliche Auflagen, die österreichische Staatspapiere belasten und nach dem 12. März 1938 und vor dem 8. Mai 1945 fällig wurden, einen Anspruch gegen Deutschland und nicht gegen Österreich darstellen.][2]

[2. In bezug auf Zinsenzahlungen und ähnliche Auflagen, die österreichische Staatspapiere belasten und die zwischen dem 13. März 1938 und dem 8. Mai 1945 fällig wurden, erklären die

Artikel 28.
Schulden

[Zu Abs. 1 des Entwurfes wurde auf der Wiener Vertragskonferenz Mai – Oktober 1947 ein sowjetischer, von den anderen drei Mächten nicht akzeptierter Zusatz vorgeschlagen: »oder hinsichtlich jener österreichischen Wertpapiere, über die nach dem 13. März 1938 zwischen Deutschland und dem Gläubigerstaate Zahlungsabkommen abgeschlossen wurden«. Abs. 1 des Entwurfes wurde auf der Wiener Botschafterkonferenz im Mai 1955 gestrichen.]

1. Die Alliierten und Assoziierten Mächte anerkennen, daß Zinsenzahlungen und ähnliche Auflagen, die österreichische Staatspapiere belasten und nach dem 12. März 1938 und vor dem 8. Mai 1945 fällig wurden, einen Anspruch gegen Deutschland und nicht gegen Österreich darstellen.

[Der französische Alternativvorschlag zu Abs. 2 des Entwurfes wurde 1949 zurückgezogen, doch bemerkte die französische Delegation, dass dieser Absatz sich nur auf österreichische Staatspapiere beziehe, was z. B. die Obligatio-

Alliierten und Assoziierten Mächte ihre Bereitwilligkeit, mit Österreich in Verhandlungen einzutreten, um Zahlungsbedingungen zu vereinbaren, wobei sie die Zahlungsfähigkeit Österreichs in Betracht ziehen werden.][3]

3. Die Alliierten und Assoziierten Mächte erklären ihre Absicht, die Bestimmungen von Anleiheabkommen, die von der österreichischen Regierung vor dem 13. März 1938 abgeschlossen wurden, nicht auszunützen, insoweit diese Bestimmungen den Gläubigern ein Kontrollrecht über die österreichischen Staatsfinanzen einräumen.

4. Das Bestehen des Kriegszustandes zwischen den Alliierten und Assoziierten Mächten und Deutschland berührt an sich nicht die Verpflichtung zur Bezahlung solcher Geldschulden, die entweder aus vor Bestehen des Kriegszustandes stammenden Verpflichtungen und Verträgen herrühren oder aus Rechten hervorgehen, die vor Bestehen des Kriegszustandes erworben wurden, soweit diese Schulden vor dem Inkrafttreten des vorliegenden Vertrages fällig geworden sind und sei es der Regierung oder den Staatsangehörigen einer der Alliierten und Assoziierten Mächte gegen die Regierung oder Staatsangehörige Österreichs, sei es der Regierung oder Staatsangehörigen Österreichs gegen die Regierung oder Staatsangehörige einer der Alliierten und Assoziierten Mächte zustehen.

5. Soweit nicht in dem vorliegenden Vertrag ausdrücklich etwas anderes bestimmt ist, soll nichts darin so ausgelegt werden, daß dadurch das Schuldner-Gläubiger-Verhältnis beeinträchtigt wird, das aus Verträgen hervorgegangen ist, die zu irgendeinem Zeitpunkt vor dem 1. September 1939 entweder von der österreichischen Regierung oder von

nen der Donau-Save-Adria-Bahn ausschließe.]

2. Die Alliierten und Assoziierten Mächte erklären ihre Absicht, von den Bestimmungen von Anleiheabkommen, die von der österreichischen Regierung vor dem 13. März 1938 abgeschlossen wurden, keinen Gebrauch zu machen, insoweit diese Bestimmungen den Gläubigern ein Kontrollrecht über die österreichischen Staatsfinanzen einräumen.

3. Das Bestehen des Kriegszustandes zwischen den Alliierten und Assoziierten Mächten und Deutschland berührt an sich nicht die Verpflichtung zur Bezahlung von Geldschulden, die entweder aus vor Bestehen des Kriegszustandes stammenden Verpflichtungen und Verträgen herrühren oder aus Rechten hervorgehen, die vor Bestehen des Kriegszustandes erworben wurden, soweit diese Schulden vor dem Inkrafttreten des vorliegenden Vertrages fällig geworden sind und die der Regierung oder den Staatsangehörigen einer der Alliierten und Assoziierten Mächte gegen die Regierung oder Staatsangehörige Österreichs zustehen, oder die der Regierung oder Staatsangehörigen Österreichs gegen die Regierung oder Staatsangehörige einer der Alliierten und Assoziierten Mächte zustehen.

4. Soweit nicht in dem vorliegenden Vertrag ausdrücklich etwas anderes bestimmt ist, ist darin nichts dahin auszulegen, daß dadurch das Schuldner-Gläubigerverhältnis beeinträchtigt wird, das sich aus Verträgen ergibt, die zu irgendeinem Zeitpunkt vor dem 1. September 1939 entweder von der österreichischen Regierung oder von Personen, die am 12. März 1938 österreichische Staatsangehörige waren, abgeschlossen worden sind.

Personen, die am 12. März 1938 österreichische Staatsangehörige waren, abgeschlossen worden sind.

1 Die Sowjetdelegation behält sich das Recht vor, einen Zusatz zu diesem Artikel vorzuschlagen.
2 UK-, US- und Sowjetvorschlag. Die F-Delegation ist gegen die Aufnahme dieses Paragraphen.
3 F-Vorschlag zu Paragraph 2.

Artikel 48bis

[Österreich anerkennt als Schuld, die es bezahlen muß, Geldanleihen und auch den Gegenwert aller Versorgungsgüter und Dienste, die der österreichischen Regierung durch eine der Alliierten oder Assoziierten Mächte zwischen dem 8. Mai 1945 und dem Inkrafttreten des vorliegenden Vertrages geliefert wurden.][1] [Die Regierungen der Alliierten und Assoziierten Mächte verzichten auf alle Ansprüche gegen die Regierung oder Staatsangehörige Österreichs, die sie oder eine von ihnen für den Wert jener eingeführten Versorgungsgüter haben, die von ihnen oder einer von ihnen für den zivilen Verbrauch in Österreich zwischen dem 8. Mai 1945 und dem Inkrafttreten des vorliegenden Vertrages geliefert wurden, wobei jedoch die Versorgungsgüter, die auf Grund von Geschäftsverträgen, Handelsvereinbarungen oder Kreditübereinkommen geliefert wurden, ausgenommen sind.][2]

1 Sowjetvorschlag.
2 US-Vorschlag, von UK- und F-Delegation unterstützt.

[Art. 48 bis des Entwurfes wurde von der Wiener Botschafterkonferenz am 4. Mai 1955 gestrichen, nachdem die Sowjetregierung im Moskauer Memorandum vom 15. April 1955 ihre Bereitschaft erklärt hatte, diesen Artikel fallenzulassen.]

Teil VI
Allgemeine Wirtschaftsbeziehungen

Artikel 49.

1. Bis zum Abschluß von Handelsverträgen oder -abkommen zwischen einzelnen der Vereinten Nationen und Österreich soll die österreichische Regierung während eines Zeitraumes von 18 Monaten nach Inkrafttreten des vorliegenden Vertrages jeder der Vereinten Nationen, die Österreich tatsächlich in reziproker Weise eine gleiche Behandlung in den analogen Belangen einräumt, folgende Behandlung gewähren:

a) In allem, was Abgaben und Lasten auf die Ein- oder Ausfuhr, die interne Besteuerung eingeführter Waren und sämtliche hiezu gehörenden Regelungen betrifft, soll den Vereinten Nationen die bedingungslose Meistbegünstigung gewährt werden.

b) In jeder anderen Hinsicht soll Österreich Güter, die aus dem Gebiet einer der Vereinten Nationen stammen oder für deren Gebiet bestimmt sind, nicht willkürlich gegenüber den gleichen Gütern diskriminieren, die aus dem Gebiet einer anderen der Vereinten Nationen oder irgendeinem anderen fremden Lande stammen oder dorthin bestimmt sind.

c) Staatsbürgern der Vereinten Nationen, unter Einschluß juristischer Personen, soll in allen Dingen, die Handel, Industrie, Schiffahrt und andere Formen der Geschäftstätigkeit innerhalb Österreich *[sic]* betreffen, die gleiche Behandlung wie den Inländern und der meistbegünstigten Nation gewährt werden. Diese Bestimmungen sollen auf Handelsluftschiffahrt keine Anwendung finden.

d) Österreich soll keinem Land für

Teil VI
Allgemeine Wirtschaftsbeziehungen

Artikel 29.

1) Bis zum Abschluß von Handelsverträgen oder -abkommen zwischen einzelnen der Vereinten Nationen und Österreich gewährt die österreichische Regierung während eines Zeitraumes von achtzehn Monaten vom Inkrafttreten des vorliegenden Vertrages jeder der Vereinten Nationen, die Österreich tatsächlich in reziproker Weise eine gleichartige Behandlung in analogen Angelegenheiten einräumt, folgende Behandlung:

a) In allem, was Abgaben und Lasten auf die Ein- oder Ausfuhr, die innerstaatliche Besteuerung eingeführter Waren und sämtliche einschlägigen Regelungen betrifft, wird den Vereinten Nationen die bedingungslose Meistbegünstigung gewährt.

b) In jeder anderen Hinsicht wird Österreich Güter, die aus dem Gebiet einer der Vereinten Nationen stammen oder für deren Gebiet bestimmt sind, im Verhältnis zu den gleichen Gütern, die aus dem Gebiet einer anderen der Vereinten Nationen oder irgendeinem anderen fremden Lande stammen oder dorthin bestimmt sind, nicht willkürlich diskriminierend behandeln.

c) Staatsangehörigen der Vereinten Nationen, einschließlich juristischen Personen, wird in allen Angelegenheiten, die Handel, Industrie, Schiffahrt und andere Formen der Geschäftstätigkeit innerhalb Österreichs betreffen, die gleiche Behandlung wie den Inländern und der meistbegünstigten Nation gewährt. Diese Bestimmungen finden auf die Handelsluftfahrt keine Anwendung.

den Betrieb von Handelsflugzeugen im internationalen Verkehr ausschließliche oder unterschiedliche Rechte gewähren, soll allen Vereinten Nationen gleiche Möglichkeiten bieten, Rechte der internationalen Handelsluftschiffahrt auf österreichischem Gebiet zu erwerben, einschließlich des Rechtes der Landung zur Brennstoffaufnahme und Reparatur, und soll hinsichtlich des Betriebes von Handelsflugzeugen im internationalen Verkehr allen Vereinten Nationen auf Grundlage der Gegenseitigkeit und nicht diskriminierender Behandlung das Recht zugestehen, über österreichisches Gebiet zu fliegen, ohne zu landen. Diese Bestimmungen sollen die Interessen der österreichischen Landesverteidigung nicht beeinträchtigen.

2. Es versteht sich, daß die obigen Verpflichtungen Österreichs den Ausnahmen unterworfen sind, die üblicherweise in den vor dem 13. März 1938 von Österreich abgeschlossenen Handelsverträgen enthalten waren; die Bestimmungen bezüglich der von jeder der Vereinten Nationen gewährten Gegenseitigkeit sind gleichfalls mit jenen Ausnahmen zu verstehen, die üblicherweise in den von diesem Staat geschlossenen Handelsverträgen enthalten sind.

Artikel 49bis

Verträge zwischen Österreich und Deutschland

Die österreichische Regierung kann mit Zustimmung der Chefs der diplomatischen Missionen der USSR, UK, US und F in Wien Maßnahmen zwecks Aufhebung solcher Vertragsbeziehungen zwischen österreichischen Staatsangehörigen einerseits und Deutschland und deutschen Staatsangehörigen anderseits

d) Österreich gewährt keinem Land für den Betrieb von Handelsflugzeugen im internationalen Verkehr ausschließliche oder präferenzielle Rechte, es bietet allen Vereinten Nationen gleiche Möglichkeiten, internationale Handelsluftfahrtsrechte auf österreichischem Staatsgebiet zu erwerben, einschließlich des Rechtes der Landung zur Brennstoffaufnahme und Reparatur, und gewährt hinsichtlich des Betriebes von Handelsflugzeugen im internationalen Verkehr allen Vereinten Nationen auf Grundlage der Gegenseitigkeit und nicht diskriminierender Behandlung das Recht, über österreichisches Gebiet zu fliegen ohne zu landen. Diese Bestimmungen dürfen die Interessen der österreichischen Landesverteidigung nicht beeinträchtigen.

2. Es besteht Einverständnis darüber, daß die obigen Verpflichtungen Österreichs den Ausnahmen unterworfen sind, die üblicherweise in den vor dem 13. März 1938 von Österreich abgeschlossenen Handelsverträgen enthalten waren; die Bestimmungen bezüglich der von jeder der Vereinten Nationen gewährten Gegenseitigkeit sind gleichfalls mit jenen Ausnahmen zu verstehen, die üblicherweise in den von diesem Staat geschlossenen Handelsverträgen enthalten sind.

[Art. 49bis des Entwurfes wurde im Zuge der Einigung über Art. 35 des Entwurfes am 8. August 1949 gestrichen.]

treffen, die am 8. Mai 1945 bestanden und Bedingungen ungebührlicher Abhängigkeit Österreichs von Deutschland begründet haben oder für die österreichische Wirtschaft abträglich waren und langwährende Verpflichtungen zur Lieferung von Gütern oder Diensten oder zur Festsetzung von Preisen oder bevorzugten Zahlungsbedingungen mit sich brachten.

Anmerkung:
Sowjetdelegation behält sich ihre Stellungnahme zu diesem Artikel vor, bis ein Beschluß über Artikel 35 gefaßt worden ist.

Teil VII

Artikel 50.
Beilegung von Streitigkeiten

1. Alle Streitfragen, die über die Ausführung der Artikel (über Restitution) und (Eigentum der Vereinten Nationen in Österreich) und Annexe VIII, IX und X des vorliegenden Vertrages entstehen sollten, sollen einer Vergleichskommission, die aus einem Vertreter der Regierung der in Betracht kommenden Vereinten Nation und einem Vertreter der österreichischen Regierung besteht, vorgelegt werden. Wenn innerhalb von drei Monaten, nachdem die Streitfrage vor die Vergleichskommission gebracht wurde, keine Einigung erzielt wurde, kann jede der Regierungen um die Beigabe eines dritten Mitgliedes zur Kommission ersuchen, das durch beiderseitiges Einverständnis der beiden Regierungen aus den Angehörigen eines dritten Landes auszuwählen ist. Sollten die beiden Regierungen innerhalb von zwei Monaten zu keinem Einverständnis über die Wahl eines dritten Mitgliedes der Kommission gelangen, kann jede der beiden Regierungen die Chefs der diplomatischen Missionen der USSR, der Vereinigten Staaten,

Teil VII
Regelung von Streitfällen

Artikel 30.

1. Alle Streitfälle, die bei Ausführung des Artikels über das Eigentum der Vereinten Nationen in Österreich dieses Vertrages entstehen könnten, werden einer auf paritätischer Grundlage gebildeten Vergleichskommission, die aus einem Vertreter der Regierung der in Betracht kommenden Vereinten Nation und einem Vertreter der österreichischen Regierung besteht, überwiesen werden. Wenn innerhalb von drei Monaten, nachdem der Streitfall der Vergleichskommission überwiesen wurde, keine Einigung erzielt worden ist, kann jede der Regierungen die Zuziehung eines dritten Mitgliedes zur Kommission beantragen, das von den beiden Regierungen einvernehmlich aus den Angehörigen eines dritten Landes ausgewählt wird. Sollten die beiden Regierungen innerhalb von zwei Monaten zu keinem Einverständnis über die Wahl eines dritten Mitgliedes der Kommission gelangen, kann jede der beiden Regierungen die Chefs der diplomatischen Missionen der Sowjetunion, des Vereinigten

des Vereinigten Königreiches und Frankreichs in Wien ersuchen, die Bestellung vorzunehmen. Wenn die Chefs der Missionen innerhalb eines Zeitraumes von einem Monat sich über die Bestellung dieses dritten Mitgliedes nicht einigen können, kann der Generalsekretär der Vereinten Nationen von jeder der beiden Parteien ersucht werden, die Bestellung vorzunehmen.

2. Wenn irgendeine Vergleichskommission nach obigem Paragraph 1 eingesetzt ist, soll sie die Jurisdiktion über alle Streitfragen haben, die in Hinkunft zwischen der in Betracht kommenden Vereinten Nation und Österreich bezüglich der Anwendung oder der Auslegung der in Paragraph 1 dieses Artikels aufgezählten Artikel und Annexe entstehen, und soll die ihr durch diese Bestimmungen zugewiesenen Funktionen ausüben.

3. Jede Vergleichskommission soll ihr Verfahren selbst bestimmen, wobei der Gerechtigkeit und der Billigkeit entsprechende Regeln anzunehmen sind.

4. Jede Regierung soll das Honorar des von ihr bestellten Mitgliedes der Vergleichskommission und eines jeden Bevollmächtigten, den sie zu ihrer Vertretung vor der Kommission bestimmt, tragen. Das Honorar des dritten Mitgliedes soll durch besonderes Einvernehmen zwischen den in Betracht kommenden Regierungen festgesetzt und dieses Honorar soll zusammen mit den gemeinsamen Auslagen jeder Kommission zu gleichen Teilen von den beiden Regierungen berichtigt werden.

5. Die Parteien sichern zu, daß ihre Behörden der Vergleichskommission direkt jeden in ihrer Macht stehenden Beistand leisten werden.

6. Die Entscheidung der Mehrzahl der Mitglieder der Kommission hat als Entscheidung der Kommission zu gelten

Königreiches, der Vereinigten Staaten von Amerika und Frankreichs in Wien ersuchen, die Bestellung vorzunehmen. Wenn sich die Missionschefs innerhalb eines Zeitraumes von einem Monat nicht über die Bestellung dieses dritten Mitgliedes einigen können, kann der Generalsekretär der Vereinten Nationen von jeder der beiden Parteien ersucht werden, die Bestellung vorzunehmen.

2. Wenn eine Vergleichskommission nach Paragraph 1 dieses Artikels bestellt ist, hat sie die Jurisdiktion über alle Streitfälle, die in Hinkunft zwischen der in Betracht kommenden Vereinten Nation und Österreich bezüglich der Anwendung oder der Auslegung des in Paragraph 1 dieses Artikels genannten Artikels entstehen könnten, und übt die ihr durch diese Bestimmungen zugewiesenen Funktionen aus.

3. Jede Vergleichskommission bestimmt ihr Verfahren selbst, wobei eine der Gerechtigkeit und der Billigkeit entsprechende Geschäftsordnung anzunehmen ist.

4. Jede Regierung bezahlt das Honorar des von ihr bestellten Mitgliedes der Vergleichskommission und jedes Bevollmächtigten, den sie zu ihrer Vertretung vor der Kommission bestimmt. Das Honorar des dritten Mitgliedes wird durch besondere Vereinbarung zwischen den in Betracht kommenden Regierungen festgesetzt und zusammen mit den gemeinsamen Auslagen jeder Kommission zu gleichen Teilen durch die beiden Regierungen bezahlt.

5. Die Parteien verpflichten sich, daß ihre Behörden der Vergleichskommission direkt jeden in ihrer Macht stehenden Beistand leisten werden.

6. Die Entscheidung der Mehrzahl der Mitglieder der Kommission stellt die Entscheidung der Kommission dar und

und soll von den Parteien als endgültig und bindend angesehen werden.

Teil VIII
Verschiedene wirtschaftliche Bestimmungen[1]

Artikel 51.
Patente

[Das österreichische Patentgesetz ist derart abzuändern, daß die der Registrierung vorangehende Prüfung auf eine einfache Überprüfung der Definition der neuen Charakteristika der Entwürfe eingeschränkt wird.

Jedwede technische Zentralisierung durch jede, in welcher Art immer erfolgende vorangehende Aufforderung zu einem Einspruch ist verboten.][2]

1 Die französische Delegation behält sich das Recht vor, eine Bestimmung bezüglich der Nichtigkeit der Folgen des Anschlusses anzuregen.

2 F-Vorschlag, dem sich die US-, UK- und Sowjetdelegation widersetzen.

Artikel 52.
Transiterleichterungen

Österreich soll soweit wie möglich den Eisenbahn-Transitverkehr durch sein Staatsgebiet zu angemessenen Tarifen fördern und mit den Nachbarstaaten über alle zu diesem Zwecke notwendigen gegenseitigen Abkommen unterhandeln.

Artikel 52bis

Die Alliierten und Assoziierten Mächte verpflichten sich, die Einschaltung von Bestimmungen zwecks Erleichterung des Transits und Durchzugsverkehres ohne Zölle und sonstige Lasten zwischen Salzburg und Lofer (Tirol) *[sic]* über den

ist von den Parteien als endgültig und bindend anzunehmen.

Teil VIII
Verschiedene wirtschaftliche Bestimmungen

[Art. 51 des Entwurfes wurde von der französischen Delegation bei den Beratungen der Sonderbeauftragten bereits 1948 inoffiziell modifiziert und am 9. August 1949 zurückgezogen.]

Artikel 31.
Bestimmungen betreffend die Donau

Die Schiffahrt auf der Donau ist für die Angehörigen, die Handelsschiffe und die Waren aller Staaten auf Grundlage der Gleichstellung bezüglich der Hafen- und Schiffahrtsgebühren und der Bedingungen für die Handelsschiffahrt frei und offen. Vorstehendes findet keine Anwendung auf den Verkehr zwischen Häfen desselben Staates. *[Hierzu vgl. Teil IX, Art. 55 des Vertragsentwurfes.]*

Artikel 32.
Transiterleichterungen

1. Österreich wird soweit wie möglich den Eisenbahn-Transitverkehr durch sein Staatsgebiet zu angemessenen Tarifen erleichtern und ist bereit, mit den Nachbarstaaten zu diesem Zwecke notwendige Gegenseitigkeitsabkommen abzuschließen.

2. Die Alliierten und Assoziierten Mächte verpflichten sich, die Aufnahme von Bestimmungen zwecks Erleichterung des Transits und der Verbindungen ohne Zölle und sonstige Lasten zwischen Salzburg und Lofer (Salzburg) über den Reichenhall-Steinpaß und zwischen

Reichenhall-Steinpaß in die Regelung im Verhältnis zu Deutschland zu unterstützen.

Artikel 53.

Anwendungsbereich

Artikel (Rückstellung, Rückgabe von Eigentum der Vereinten Nationen und allgemeine wirtschaftliche Verhältnisse) und Annexe (Urteile) des vorliegenden Vertrages sind auf die Alliierten und Assoziierten Mächte und diejenigen der Vereinten Nationen anzuwenden, die diesen Status am 8. Mai 1945 hatten und deren diplomatische Beziehungen mit Deutschland während der Zeit zwischen dem 1. September 1939 und 1. Jänner 1945 abgebrochen worden sind.

Artikel 54.

Rechtskraft der Annexe

Die Bestimmungen der Annexe VIII, IX und X sollen, ebenso wie es bezüglich der übrigen Annexe der Fall ist, als integrierende Bestandteile des vorliegenden Vertrages Rechtskraft und Rechtswirksamkeit haben.

Teil IX

Klauseln, betreffend die Donau

Artikel 55.

Die Schiffahrt auf der Donau soll für die Angehörigen, die Handelsschiffe und Waren aller Staaten auf dem Fuße der Gleichstellung bezüglich der Hafen- und Schiffahrtsgebühren und der Bedingungen für die Handelsschiffahrt frei und offen sein. Obiges findet keine Anwendung auf den Verkehr zwischen Häfen desselben Staates.

Scharnitz (Tirol) und Ehrwald (Tirol) über Garmisch-Partenkirchen in die Regelung hinsichtlich Deutschlands zu unterstützen.

Artikel 33.

Anwendungsbereich

Die mit »Vermögen der Vereinten Nationen in Österreich« und »Allgemeine Wirtschaftsbeziehungen« überschriebenen Artikel dieses Vertrages sind auf die Alliierten und Assoziierten Mächte und diejenigen der Vereinten Nationen anzuwenden, die diesen Status am 8. Mai 1945 hatten und deren diplomatische Beziehungen mit Deutschland im Zeitraum zwischen dem 1. September 1939 und 1. Jänner 1945 abgebrochen worden sind.

[Vgl. Art. 36 des Staatsvertrages.]

[Vgl. Art. 31 des Staatsvertrages.]

Teil X
Schlussbestimmungen

Artikel 56.
Missionschefs

1. Für einen Zeitraum, der 18 Monate vom Inkrafttreten des vorliegenden Vertrages an gerechnet nicht zu überschreiten hat, werden die Chefs der diplomatischen Missionen der Sowjetunion, des Vereinigten Königreiches, der Vereinigten Staaten und Frankreichs in Wien einvernehmlich die Alliierten und Assoziierten Mächte in allen die Durchführung und Auslegung des gegenwärtigen Vertrages betreffenden Fragen der österreichischen Regierung gegenüber vertreten.

2. Die vier Missionschefs werden der österreichischen Regierung Anleitung, technischen Rat und Aufklärung geben, die etwa erforderlich sein sollten, um die rasche und wirksame Durchführung des vorliegenden Vertrages dem Wortlaut und dem Sinne nach zu sichern.

3. Die österreichische Regierung soll den genannten vier Missionschefs jede nötige Information erteilen und jeden Beistand leisten, den sie zur Erfüllung der ihnen aus dem vorliegenden Vertrage erwachsenden Aufgaben benötigen.

Artikel 57.
Auslegung des Vertrages

1. Soweit kein anderes Verfahren in irgendeinem Artikel des vorliegenden Vertrages besonders vorgesehen ist, wird jede Meinungsverschiedenheit über die Auslegung oder die Durchführung des Vertrages, die nicht durch unmittelbare diplomatische Verhandlungen beigelegt wird, den vier Missionschefs vorgelegt werden, die gemäß Artikel 56 mit der

Teil IX
Schlussbestimmungen

Artikel 34.
Missionschefs

1. Für einen Zeitraum, der achtzehn Monate vom Inkrafttreten dieses Vertrages an gerechnet nicht zu überschreiten hat, werden die Chefs der diplomatischen Missionen der Sowjetunion, des Vereinigten Königreiches, der Vereinigten Staaten von Amerika und Frankreichs in Wien im einvernehmlichen Vorgehen die Alliierten und Assoziierten Mächte in allen die Durchführung und Auslegung des vorliegenden Vertrages betreffenden Fragen der österreichischen Regierung gegenüber vertreten.

2. Die vier Missionschefs werden der österreichischen Regierung Anleitung, technischen Rat und Aufklärung geben, die etwa erforderlich sein sollten, um die rasche und wirksame Durchführung des vorliegenden Vertrages sowohl dem Wortlaut als dem Sinne nach zu gewährleisten.

3. Die österreichische Regierung wird den genannten vier Missionschefs jede notwendige Information erteilen und jeden Beistand leisten, den sie zur Erfüllung der ihnen aus diesem Vertrage erwachsenden Aufgaben benötigen sollten.

Artikel 35.
Auslegung des Vertrages

1. Soweit kein anderes Verfahren in irgendeinem Artikel des vorliegenden Vertrages besonders vorgesehen ist, wird jede Meinungsverschiedenheit über die Auslegung oder die Durchführung des Vertrages, die nicht durch unmittelbare diplomatische Verhandlungen beigelegt wird, den vier Missionschefs überwiesen, die gemäß Artikel 34 vorgehen,

Maßgabe vorgehen werden, daß sie in diesem Fall nicht durch die in diesem Artikel vorgesehene Zeitspanne beschränkt sein werden. Jede Meinungsverschiedenheit dieser Art, die von ihnen nicht innerhalb eines Zeitraumes von zwei Monaten beigelegt wird, soll, falls sich die streitenden Parteien nicht über andere Beilegungsmöglichkeiten verständigen, auf Ersuchen jeder der beiden Parteien einer Kommission vorgelegt werden, die aus einem Vertreter jeder Partei und einem dritten Mitglied besteht, das einvernehmlich von den beiden Parteien aus Angehörigen eines dritten Staates ausgewählt wird. Sollten die beiden Parteien innerhalb eines Monats sich nicht über die Bestellung des dritten Mitgliedes einigen können, kann der Generalsekretär der Vereinten Nationen von jeder der beiden Parteien ersucht werden, die Bestellung vorzunehmen.

2. Die Entscheidung der Mehrzahl der Mitglieder der Kommission hat als Entscheidung der Kommission zu gelten und soll von den Parteien als endgültig und bindend angesehen werden.

[Art. 36 des Staatsvertrages stellt die vom Sekretariat der Wiener Botschafterkonferenz im Mai 1955 redigierte und an geeigneter Stelle eingefügte Neufassung des Art. 54 des Vertragsentwurfes dar.]

Artikel 58.

Beitrittsklausel

1. Jedes Mitglied der Vereinten Nationen, das sich mit Deutschland im Kriegszustand befunden hat und den Status einer Vereinten Nation am 8. Mai 1945 besaß und das nicht Signatarmacht des vorliegenden Vertrages ist, kann dem Ver-

jedoch mit der Maßgabe, daß die Missionschefs in diesem Fall nicht durch die in diesem Artikel vorgesehene Frist beschränkt sind. Jede Meinungsverschiedenheit dieser Art, die von ihnen nicht innerhalb eines Zeitraumes von zwei Monaten beigelegt worden ist, wird, falls sich die streitenden Parteien nicht über andere Mittel der Beilegung einigen, auf Ersuchen einer der beiden Parteien einer Kommission überwiesen, die aus einem Vertreter jeder Partei und einem dritten Mitglied besteht, das von den beiden Parteien einvernehmlich aus Angehörigen eines dritten Staates ausgewählt wird. Sollten sich die beiden Parteien innerhalb eines Monats nicht über die Bestellung des dritten Mitgliedes einigen können, kann der Generalsekretär der Vereinten Nationen von jeder der beiden Parteien ersucht werden, die Bestellung vorzunehmen.

2. Die Entscheidung der Mehrzahl der Mitglieder der Kommission stellt die Entscheidung der Kommission dar und ist von den Parteien als endgültig und bindend anzunehmen.

Artikel 36.

Geltung der Annexe

Die Bestimmungen der Annexe haben als integrierende Bestandteile dieses Vertrages Geltung und Wirksamkeit.

Artikel 37.

Beitritt zum Vertrage

1. Jedes Mitglied der Vereinten Nationen, das am 8. Mai 1945 sich mit Deutschland im Kriegszustand befunden und den Status einer Vereinten Nation besessen hat und nicht Signatar des vorliegenden Vertrages ist, kann dem

trag beitreten und soll nach Beitritt für die Zwecke des Vertrages als Assoziierte Macht gelten.

2. Die Beitrittsurkunden sollen bei der Regierung der Union der Sozialistischen Sowjetrepubliken hinterlegt werden und treten nach Hinterlegung in Kraft.

Artikel 59.
Ratifikation

Der vorliegende Vertrag, dessen russischer, englischer und französischer Text authentisch sind, soll ratifiziert werden. Er soll unmittelbar nach Hinterlegung der Ratifikationsurkunden durch die Union der Sozialistischen Sowjetrepubliken, durch die Vereinigten Staaten, durch das Vereinigte Königreich von Großbritannien und Nordirland und durch Frankreich einerseits und durch Österreich anderseits in Kraft treten. Die Ratifikationsurkunden sollen in möglichst kurzer Zeit bei der Regierung der Union der Sozialistischen Sowjetrepubliken hinterlegt werden.

Der Vertrag soll bezüglich jeder Alliierten oder Assoziierten Macht, deren Ratifikationsurkunde hienach hinterlegt wird, am Datum der Hinterlegung in Kraft treten.

Der vorliegende Vertrag soll in den Archiven der Regierung der Union der Sozialistischen Sowjetrepubliken hinterlegt werden, die beglaubigte Abschriften jedem der Signatarstaaten übermitteln wird.

Urkund dessen haben die unterzeichneten Bevollmächtigten den vorliegen-

Vertrag beitreten und ist nach Beitritt für die Zwecke des Vertrages als Assoziierte Macht anzusehen.

2. Die Beitrittsurkunden sollen bei der Regierung der Union der Sozialistischen Sowjetrepubliken hinterlegt werden und treten mit der Hinterlegung in Kraft.

Artikel 38.
Ratifikation des Vertrages

1. Der vorliegende Vertrag, dessen russischer, englischer, französischer *und deutscher* Text authentisch ist, soll ratifiziert werden. Er tritt unmittelbar nach Hinterlegung der Ratifikationsurkunden durch die Union der Sozialistischen Sowjetrepubliken, durch das Vereinigte Königreich von Großbritannien und Nordirland, durch die Vereinigten Staaten von Amerika und durch Frankreich einerseits und durch Österreich andererseits in Kraft. Die Ratifikationsurkunden sollen in möglichst kurzer Zeit bei der Regierung der Union der Sozialistischen Sowjetrepubliken hinterlegt werden.

2. Der Vertrag soll bezüglich jeder Alliierten oder Assoziierten Macht, deren Ratifikationsurkunde hienach hinterlegt wird, am Tag der Hinterlegung in Kraft treten. Der vorliegende Vertrag soll in den Archiven der Regierung der Union der Sozialistischen Sowjetrepubliken hinterlegt werden, die jedem der Signatarstaaten und beitretenden Staaten beglaubigte Abschriften übermitteln wird.

[Der kursivgedruckte Textteil in Art. 38 wurde auf der Wiener Botschafterkonferenz am 11. Mai 1955 hinzugefügt.]

Zu Urkund dessen haben die unterzeichneten Bevollmächtigten den vorlieden Vertrag unterzeichnet und mit ihren Siegeln versehen.

Geschehen in ...
in russischer, englischer und
französischer Sprache am ...

Liste der Annexe

Annex I Definition der militärischen und militärischen Luftausbildung;
Annex II Definition und Liste von Kriegsmaterial;
Annex III Verbot bestimmter Ausrüstungen und Erzeugnisse;
Annex IV Verbot gewisser Forschungen und Erzeugungen;
Annex V Begrenzung der Lager gewisser Materialien;
Annex VI Beschluß der General-versammlung der Vereinten Nationen vom 12. Februar 1946;
Annex VII Einteilung der deutschen Vermögenswerte in Österreich;
Annex VIII Sonderbestimmungen in bezug auf bestimmte Arten von Eigentum;
Annex IX Verträge, Verjährung und Handelspapiere;
Annex X Urteile.

Annex I
Definition der militärischen und militärischen Luftausbildung

1. Als militärische Ausbildung wird bezeichnet: das Studium und die Übung im Gebrauch von Kriegsmaterial, das für den Gebrauch der Landarmee besonders bestimmt oder angepaßt ist, und die diesbezüglichen Anleitungen; das Studium und die Ausführung jeder Art von Drill oder anderer Bewegungen, durch welche Manöver, wie sie von Kampftruppen im Felde durchgeführt werden, gelehrt oder

genden Vertrag unterzeichnet und mit ihren Siegeln versehen.

Geschehen in der Stadt Wien in russischer, englischer, französischer und deutscher Sprache am 15. Mai 1955.

L. S. V. Molotow
L. S. J. *[r. I]* Iljitschow
L. S. Harold Macmillan
L. S. Geoffrey Wallinger
L. S. John Foster Dulles
L. S. Llewellyn E. Thompson
L. S. Ant. Pinay
L. S. R. Lalouette
L. S. Leopold Figl

[Annex I des Entwurfes wurde auf der Wiener Botschafterkonferenz am 11. Mai 1955 gestrichen.]

geübt werden, und das organisierte Studium von Taktik, Strategie und Stabsarbeit.

2. Als militärische Luftausbildung wird bezeichnet: das Studium und die Übung im Gebrauch von Kriegsmaterial, das für den Gebrauch von Luftstreitkräften besonders bestimmt oder angepaßt ist, und die diesbezüglichen Anleitungen; das Studium und die Übung aller spezialisierten Bewegungen einschließlich des Fliegens im Verband, wie sie von Flugzeugen in Ausübung von Einsätzen in der Luft durchgeführt werden; und das organisierte Studium von Lufttaktik, Strategie und Stabsarbeit.

Annex II

Definition und Liste von Kriegsmaterial

Der Ausdruck »Kriegsmaterial«, wie er im vorliegenden Vertrag gebraucht wird, schließt alle Waffen, Munition und Ausrüstungsgegenstände ein, die für den Gebrauch im Kriege speziell entworfen oder adaptiert wurden, soweit sie nachstehend aufgezählt sind.

Die Alliierten und Assoziierten Mächte behalten sich das Recht vor, die Liste periodisch durch Änderung oder Hinzufügung mit Rücksicht auf nachfolgende wissenschaftliche Entwicklungen zu ergänzen.

Kategorie I.

1. Militärgewehre, Karabiner, Revolver und Pistolen; Behälter für diese Waffen und andere Ersatzteile, die nicht ohneweiters für zivilen Gebrauch umgeändert werden können.

2. Maschinengewehre, automatische und selbstladende Militärgewehre und Maschinenpistolen; Behälter für diese Waffen und andere Ersatzteile, die nicht ohneweiters für zivilen Gebrauch umgeändert werden können; Maschinengewehrgestelle.

Annex I

Definition und Liste von Kriegsmaterial

Der Ausdruck »Kriegsmaterial«, wie er im vorliegenden Vertrag gebraucht wird, umfaßt alle Waffen, Munition und Ausrüstungsgegenstände, die für den Gebrauch im Kriege speziell entworfen oder adaptiert wurden, soweit sie nachstehend aufgezählt sind.

Die Alliierten und Assoziierten Mächte behalten sich das Recht vor, die Liste periodisch durch Änderung oder Hinzufügung im Hinblick auf die künftige wissenschaftliche Entwicklung zu ergänzen.

Kategorie I.

1. Militärgewehre, Karabiner, Revolver und Pistolen; Läufe für diese Waffen, und andere Ersatzteile, die nicht ohne weiteres für zivilen Gebrauch umgeändert werden können.

2. Maschinengewehre, automatische und selbstladende Militärgewehre und Maschinenpistolen; Läufe für diese Waffen und andere Ersatzteile, die nicht ohne weiteres für zivilen Gebrauch umgeändert werden können; Maschinengewehrgestelle.

3. Geschütze, Haubitzen, Mörser, Spezialkanonen für Flugzeuge, verschlußlose oder rückstoßfreie Geschütze und Flammenwerfer; Behälter für diese Waffen und Ersatzteile, die nicht ohneweiters für zivilen Gebrauch umgeändert werden können; Lafetten und Gestelle für die vorgenannten.

4. Abschußvorrichtungen für Raketen; Abschuß- und Kontrollmechanismen für selbstgetriebene und gelenkte Geschosse; Montierungen für dieselben.

5. Selbstgetriebene und gelenkte Geschosse, Projektile, Raketen, scharfe Munition und Kartuschen, geladen oder ungeladen, für die Waffen, die in den oben angeführten Punkten 1 bis 4 aufgezählt sind, und Zündvorrichtungen, Zündladungen oder Auslöser, um dieselben zur Explosion zu bringen oder zu betätigen. Zündvorrichtungen für zivile Zwecke sind nicht eingeschlossen.

6. Granaten, Bomben, Torpedos, Minen, Wasserbomben und Brandsätze und Ladungen, gefüllt und ungefüllt, alle Mittel, um dieselben zur Explosion zu bringen oder zu betätigen. Zündvorrichtungen für zivilen Gebrauch sind nicht eingeschlossen.

7. Bajonette.

Kategorie II.

1. Gepanzerte Kampfwagen; Panzerzüge, die technisch nicht für zivilen Gebrauch umzuändern sind.

2. Mechanische und selbstgetriebene Fahrzeuge für alle in Kategorie I angeführten Waffen; Chassis und Karosserien speziell militärischen Typs, außer den in Punkt 1 angeführten.

3. Panzerplatten mit mehr als drei Zoll Dicke, die für Schutzzwecke im Kriege verwendet werden.

3. Kanonen, Haubitzen, Mörser, Minenwerfer, Spezialkanonen für Flugzeuge, verschlußlose oder rückstoßfreie Geschütze und Flammenwerfer; Läufe für diese Waffen und Ersatzteile, die nicht ohne weiteres für zivilen Gebrauch umgeändert werden können; Lafetten und Gestelle für die vorgenannten.

4. Abschußvorrichtungen für Raketen; Abschuß- und Kontrollmechanismen für selbstgetriebene und gelenkte Geschosse und Projektile; Montierungen für diese.

5. Selbstgetriebene und gelenkte Geschosse, Projektile, Raketen, scharfe Munition und Kartuschen, sei es gefüllt oder ungefüllt, für die Waffen, die in den oben angeführten Punkten 1 bis 4 aufgezählt sind und Zündvorrichtungen, Zündladungen oder Auslöser, um dieselben zur Explosion zu bringen oder zu betätigen. Zündvorrichtungen für zivile Zwecke sind nicht eingeschlossen.

6. Granaten, Bomben, Torpedos, Minen, Wasserbomben und Brandsätze und Ladungen, sei es gefüllt oder ungefüllt, alle Mittel, um sie zur Explosion zu bringen oder zu betätigen. Zündvorrichtungen für zivilen Gebrauch sind nicht eingeschlossen.

7. Bajonette.

Kategorie II.

1. Gepanzerte Kampfwagen; Panzerzüge, die technisch nicht für zivilen Gebrauch umzuändern sind.

2. Mechanische und selbstgetriebene Fahrzeuge für alle in Kategorie I angeführten Waffen; Chassis und Karosserien speziell militärischen Typs, außer den in Punkt 1 angeführten.

3. Panzerplatten mit mehr als drei Zoll Dicke, die für Schutzzwecke im Kriege verwendet werden.

Kategorie III.

1. Ziel- und Einstellungsvorrichtungen zur Vorbereitung und Kontrolle des Feuers einschließlich Zielmeßgeräte und Flächenmeßgeräte für Feuerkontrolle; Feuerlenkungsgeräte, Kanonen- und Bombenzielvorrichtungen, Einstellungsvorrichtungen für Zündladungen, Ausrüstungen für die Kalibrierung von Geschützen und Feuerkontrollinstrumenten.

2. Sturmbrücken, Angriffs- und Sturmboote.

3. Objekte für Täuschung im Felde; Blend- und Lockvorrichtungen.

4. Persönliche Kriegsausrüstung spezialisierter Natur, nicht ohneweiters für zivilen Gebrauch verwendbar.

Kategorie IV.

1. Kriegsschiffe aller Art, eingeschlossen umgewandelte Schiffe und Fahrzeuge, die für deren Unterstützung und Versorgung konstruiert und bestimmt sind, die technisch nicht für zivilen Gebrauch abgeändert werden können, als auch Waffen, Panzerung, Munition, Flugzeuge und alle andere Ausrüstung, Materialmaschinen und Installationen, die in Friedenszeiten nicht auf anderen Schiffen als auf Kriegsschiffen verwendet werden.

2. Landungsboote und amphibische Fahrzeuge oder Ausrüstung jeder Art; Sturmboote und Vorrichtungen aller Art sowohl als Katapulte wie auch als andere Apparate, um Flugzeuge zu starten oder abzuschleudern, Raketen, selbstgetriebene Waffen oder andere Geschosse, Instrumente oder Vorrichtungen, bemannt oder unbemannt, gesteuert oder ungesteuert.

3. Tauchfähige oder halbtauchfähige Schiffe, Fahrzeuge, Waffen, Vorrich-

Kategorie III.

1. Ziel und Einstellungsvorrichtungen zur Vorbereitung und Kontrolle des Feuers einschließlich Zielmeßgeräte und Flächenmeßgeräte für Feuerkontrolle; Feuerlenkungsgeräte, Kanonen und Bombenzielvorrichtungen, Einstellungsvorrichtungen für Zündladungen, Ausrüstungen für die Kalibrierung von Geschützen und Feuerkontrollinstrumente.

2. Sturmbrücken, Angriffs- und Sturmboote.

3. Objekte für Täuschung im Felde; Blend und Lockvorrichtungen.

4. Persönliche Kriegsausrüstung spezialisierter Natur, die nicht ohne weiteres für zivilen Gebrauch zu adaptieren ist.

Kategorie IV.

1. Kriegsschiffe aller Art einschließlich umgebaute Schiffe und Fahrzeuge, die für deren Unterstützung und Versorgung konstruiert und bestimmt sind, die technisch nicht wieder für zivilen Gebrauch abgeändert werden können, als auch Waffen, Panzerung, Munition, Flugzeuge und alle andere Ausrüstung, Material, Maschinen und Vorrichtungen, die in Friedenszeiten nicht auf anderen Schiffen als auf Kriegsschiffen verwendet werden.

2. Landungsboote und amphibische Fahrzeuge oder Ausrüstung jeder Art; Sturmboote oder Vorrichtungen aller Art sowie Katapulte oder andere Apparate zum Starten oder Abschleudern von Flugzeugen, Raketen, angetriebene Waffen oder andere Geschosse, Instrumente oder Vorrichtungen, sei es bemannt oder unbemannt, sei es gesteuert oder ungesteuert.

3. Tauchfähige oder halbtauchfähige Schifte, Fahrzeuge, Waffen, Vorrich-

tungen oder Apparate jeder Art, einschließlich speziell entworfene Ausleger zur Hafenverteidigung, ausgenommen solche, die für Rettung aus Seenot oder andere zivile Zwecke benötigt werden, ferner alle Ausrüstung, Zubehör, Ersatzteile, experimentelle oder Ausbildungshilfen, Instrumente oder Installationen, die besonders für die Konstruktion, Erprobung, Unterhaltung oder Unterbringung derselben entworfen wurden.

Kategorie V.

1. Luftfahrzeuge, zusammengestellt oder nicht zusammengestellt, sowohl schwerer als auch leichter als die Luft, die für den Luftkampf durch den Gebrauch von Maschinengewehren, Raketenvorrichtungen oder Artillerie konstruiert oder eingerichtet wurden, ferner solche, die für das Tragen und den Abwurf von Bomben oder für irgendwelche Geräte, wie sie in Punkt 2 angeführt sind, ausgerüstet oder auf Grund ihres Zweckes oder Konstruktion dafür bestimmt sind.

2. Flakgeschützstände und Montierungen, Bombenbehälter, Torpedoträger und Vorrichtungen zum Abschuß von Bomben oder Torpedos, Geschütztürme und Deckungen.

3. Speziell für Luftinfanterie bestimmte und nur von ihr benützte Ausrüstung.

4. Katapulte und Abschußapparate für Flugzeuge auf Mutterschiffen, Land- und Seeflugzeuge, Apparate für den Abschuß von Flugzeugwaffen.

5. Sperrballons.

Kategorie VI.

Erstickende, blasenerzeugende, tödliche, giftige oder lähmende Substanzen, die für Kriegszwecke bestimmt oder über

tungen oder Apparate jeder Art einschließlich speziell entworfene Ausleger zur Hafenverteidigung, ausgenommen solche, die für Bergung, Rettung oder andere zivile Zwecke benötigt werden, ferner alle Ausrüstung, Zubehör, Ersatzteile, experimentelle oder Ausbildungshilfen, Instrumente oder Vorrichtungen, die besonders für ihre Konstruktion, Erprobung, Unterhaltung oder Unterbringung derselben entworfen wurden.

Kategorie V.

1. Zusammengestellte oder nicht zusammengestellte Luftfahrzeuge, schwerer oder leichter als Luft, die für den Luftkampf durch den Gebrauch von Maschinengewehren, Raketenvorrichtungen oder Geschützen oder für Mitführen und Abwurf von Bomben entworfen oder adaptiert sind, ferner solche, die für Geräte der in Absatz 2 angeführten Art eingerichtet oder nach ihrem Entwurf oder ihrer Konstruktion dafür bestimmt sind.

2. Bordgeschützstände und Montierungen, Bombenhälter, Torpedoträger und Auslösevorrichtungen für Bomben oder Torpedos, Geschütztürme und Deckungen.

3. Speziell für Luftlandetruppen bestimmte und nur von ihnen benützte Ausrüstung.

4. Katapulte und Abschußapparate für Flugzeuge auf Mutterschiffen, Land und Seeflugzeuge, Apparate für den Abschuß von fliegenden Geschossen.

5. Sperrballons.

Kategorie VI.

Erstickende, blasenerzeugende, tödliche, giftige oder lähmende Stoffe, die für Kriegszwecke bestimmt oder über die zivilen Bedürfnisse hinaus hergestellt werden.

Kategorie VII.

Antriebstoffe, Explosivstoffe, pyrotechnische Stoffe, unverflüssigte Gase, die für Antrieb, Explosion, Laden oder Füllen von oder für den Gebrauch in Verbindung mit Kriegsmaterial verwendet werden und für zivile Zwecke nicht verwendbar sind oder über die Zivilbedürfnisse hinaus hergestellt werden.

Kategorie VIII.

Fabrik- und Werkzeugausrüstung, die speziell für die Herstellung und Instandhaltung des oben angeführten Materials bestimmt sind und technisch nicht für zivilen Gebrauch umwandelbar sind.[1]

1 Die französische Delegation behält sich das Recht vor, gewisse geringfügige Änderungen vorzuschlagen.

[Annex II des Staatsvertrages wurde von der Wiener Botschafterkonferenz am 12. Mai 1955 angenommen.]

die zivilen Bedürfnisse hinaus hergestellt werden.

Kategorie VII.

Antriebsstoffe, Explosivstoffe, pyrotechnische Stoffe oder verflüssigte Gase, die für Antrieb, Explosion, Laden oder Füllen von oder für den Gebrauch in Verbindung mit Kriegsmaterial im Sinn dieser Kategorien bestimmt und für zivile Zwecke nicht verwendbar sind oder über die Zivilbedürfnisse hinaus hergestellt werden.

Kategorie VIII.

Fabrik- und Werkzeugausrüstungen, die speziell für die Herstellung und Instandhaltung des oben angeführten Materials bestimmt sind und technisch nicht für zivilen Gebrauch umgewandelt werden können.

Annex II

In Anbetracht der zwischen der Sowjetunion und Österreich getroffenen und in dem in Moskau am 15. April 1955 unterzeichneten Memorandum niedergelegten Vereinbarungen gilt Artikel 22 dieses Vertrages nach Maßgabe folgender Bestimmungen:

1. Auf Grund der einschlägigen wirtschaftlichen Bestimmungen der Vereinbarungen zwischen der Sowjetunion und Österreich vom 15. April 1955 überträgt die Sowjetunion an Österreich innerhalb von zwei Monaten vom Tage des Inkrafttretens dieses Vertrages alle Vermögenswerte, Rechte und Interessen, die sie gemäß Artikel 22 behalten oder erhalten hat, ausgenommen die Vermögenswerte der Donau-Dampfschiffahrts-Gesellschaft (DDSG) in Ungarn, Rumänien und Bulgarien.

[Annexe III, IV und V des Entwurfes – ein französischer, von der sowjetischen Delegation unterstützter Vorschlag, den die amerikanische und britische Delegation nicht unterstützten – wurde von Frankreich am 1. April 1949 zurückgezogen. Die Sowjetunion zog ihre Unterstützung am 6. Oktober 1949 zurück. Vgl. Art. 27, Abs. 2 des Entwurfes.]

Annex III

Verbot bestimmter Ausrüstungen und Erzeugnisse

Liste
der Ausrüstung und Erzeugnisse, deren Forschung und Entwicklung, Experimentieren, Erzeugung und Besitz gemäß nachstehenden Bestimmungen verboten sind

I.

a) Ständige Walzwerke mit einer effektiven Weite von über 2 Meter, ausgenommen die schon vorhandenen;
b) Krane und Flaschenzüge mit einer größeren Kraft als 100 Tonnen in Stahlwerken oder Gießereien, ausgenommen die schon vorhandenen. Panzerplatten, mehr als 3 Zoll dick (76 mm), mit einer Oberflächenhärte von über 500 Brinnell.

II.

Die Herstellung, Forschung für Zwecke der industriellen Erzeugung und der Besitz von Wasserstoffsuperoxyd mit einer höheren Konzentration als 41 Prozent. Laboratoriumsforschung an

2. Es besteht Übereinstimmung, daß die Rechte Österreichs hinsichtlich aller Vermögenschaften, Rechte und Interessen, die an Österreich gemäß diesem Annex übertragen werden, nur in der im Paragraph 13 des Artikels 22 dargelegten Weise beschränkt werden.

[Mit dem Annex II endet der eigentliche Text des Staatsvertrages. Die Bundesregierung legte jedoch dem Parlament als »Anhang zum Staatsvertrag« (zu unterscheiden von den vorhergehenden »Annexen des Staatsvertrages«!) die im Annex II angesprochenen einschlägigen Bestimmungen des Moskauer Memorandums ebenfalls zur verfassungsmäßigen Genehmigung vor. Es handelt sich hierbei um die in Teil III des Moskauer Memorandums enthaltenen Vereinbarungen über die Ablöse des der Sowjetunion zugesprochenen Deutschen Eigentums in Österreich, nicht jedoch um die ebenfalls in Teil III des Memorandums enthaltenen Punkte zur Frage des Handels zwischen der Sowjetunion und Österreich. Dieser »Anhang zum Staatsvertrag« ist nicht Teil des am 15. Mai 1955 unterzeichneten Vertrages, während die vorhergehenden Annexe I und II gemäß Art. 36 integrierende Bestandteile des Vertrages sind. Nach dem »Annex II« (= Ende des Staatsvertragstextes) wird die vor Beginn des Staatsvertragstextes einsetzende Ratifikationsformel (vgl. oben) wieder aufgenommen. Der Abdruck folgt weiterhin dem Bundesgesetzblatt.]

---

und nachdem der Anhang zu diesem Vertrag, beinhaltend die wirtschaftlichen Bestimmungen der im Annex II zitierten Vereinbarungen zwischen der Sowjetunion und Österreich vom 15. April 1955, welcher also lautet:

diesem Erzeugnis ist gestattet; ebenso der Besitz der Behelfsmengen für diesen Zweck.

III.

a) Mathematische Maschinen mit der speziellen Bestimmung, in verbotene Apparate oder Ausrüstungsgegenstände eingebaut zu werden oder zu deren Studium oder Konstruktion angewendet zu werden;

b) für die Atomkernphysik erfundene Einrichtungen oder Apparate, wie sie für Industrie- oder Kriegszwecke Anwendung finden. Der Gebrauch von Zyklotronen oder ähnlichen Instrumenten in Universitäten für grundlegende Forschungsarbeit ist jedoch gestattet;

c) Einrichtungen oder Apparate, die für aerodynamische Forschungen in Regionen bestimmt sind, die einer Machnummer von 0.9 oder größer entsprechen;

d) Versuchtanks und alle anderen Apparate, die zum Studium und der Entwicklung von Fahrzeugen von hoher Geschwindigkeit (Geschwindigkeit von 30 Knoten oder darüber), Unterseebooten, Unterwasserexplosionen bestimmt sind, sowie andere Entwicklungen oder Apparate und Ausrüstungen, die für den Seekrieg anwendbar sind.

Über die Lieferung von Waren an die UdSSR zur Ablöse des Wertes der gemäß dem österreichischen Staatsvertrag (Artikel 22) übergebenen sowjetischen Unternehmen in Österreich

1. Die Sowjetregierung ist im Sinne ihrer auf der Konferenz in Berlin 1954 gemachten Zusage bereit, den Gegenwert der in Artikel 22 angeführten Pauschalsumme von 150 Millionen Dollar zur Gänze in österreichischen Warenlieferungen entgegenzunehmen.

2. Die sowjetische Delegation nimmt die Erklärung der österreichischen Delegation zur Kenntnis, daß diese die Liste der Waren, welche sie von der sowjetischen Delegation erhalten hat, als Grundlage annimmt und in diesem Zusammenhang besondere Bevollmächtigte der österreichischen Regierung nicht später als bis Ende Mai dieses Jahres sich nach Moskau begeben werden.

3. Die sowjetische Delegation nimmt auch die Erklärung der österreichischen Delegation zur Kenntnis, daß die österreichische Regierung eine besondere Kommission bilden wird, welche sich mit den Terminen und der Qualität der Lieferung der Waren an die Sowjetunion befassen wird, und zwar in den vereinbarten Mengen für die allgemeine Summe von 150 Millionen am. Dollar, das heißt 25 Millionen am. Dollar jährlich.

4. Die österreichische Delegation hat sich bereit erklärt, den Vertretern des sowjetischen Bestellers die Möglichkeit zu gewährleisten, bei Übernahme der Waren, die zur Lieferung an die Sowjetunion auf Rechnung der obigen Summe bestimmt sind, Prüfungen durchzuführen. Es besteht Einverständnis darüber, daß die Lieferung der Waren franko österreichische Grenze zu Weltmarktpreisen erfolgen soll. Die Preise und die Menge der

Annex IV
Verbot gewisser Forschungen, Entwicklungen und Erzeugungen

Liste
von Forschungen und Entwicklungen und Erzeugungen, die gemäß nachstehender Bestimmungen verboten sind

I.

a) Forschung und Entwicklung für die Anbringung von Gasturbinen und Raketenantrieb an Flugzeugen und die damit zusammenhängende Erzeugung;
b) Forschung und Entwicklung von Selbststeuerungsapparaten.

II.

a) Forschung, Entwicklung und Herstellung von radio-elektrischen Sendeapparaten mit einer Frequenz von mehr als 300 Kilo-Cycles und die dazugehörige Ausrüstung;
b) Forschung, Entwicklung und Verbesserung des Erzeugungsprozesses von Quarz- und piezo-elektrischen Zellen, thermo-elektrischen, radioelektrischen und photo-elektrischen Zellen, deren Gebrauch zwar unbeschränkt gestattet ist, deren Lager jedoch auf das unentbehrliche Maß beschränkt sein muß und deren Export verboten ist;
c) Forschung, Entwicklung und Herstellung von Sende- oder Empfangsgeräten für infrarote und ultraviolette Strahlungen, Infraschall und Ultraschall; deren Verwendung soll auf die medizinischen und Universitätsbedürfnisse beschränkt sein und die Lager hievon haben auf das unentbehrliche Maß für diese Bedürfnisse beschränkt zu sein.

Waren werden durch die beiden Parteien jährlich, drei Monate vor Beginn eines jeden Jahres abgesprochen werden. Die österreichische Nationalbank wird Garantiewechsel zur Sicherstellung der obigen Warenlieferungen auf die im Staatsvertragsentwurf erwähnte Summe von 150 Millionen am. Dollar ausfolgen. Die Wechsel der Österreichischen Nationalbank werden nach Maßgabe der Tilgung der Wechselsumme durch Warenlieferungen zurückgegeben werden.

Zur Übergabe der von der UdSSR in Österreich innegehabten Ölunternehmungen an Österreich

1. Die sowjetische Delegation nimmt den Vorschlag der österreichischen Delegation an, wonach die österreichische Regierung für die an Österreich übergebenen und von der UdSSR innegehabten Ölfelder und Ölraffinerien eine Bezahlung durch Lieferungen von Rohöl im Ausmaß von einer Million Tonnen jährlich innerhalb von 10 Jahren, also von insgesamt 10 Millionen Tonnen, an die Sowjetunion leisten wird.

Die sowjetische Delegation nimmt die Erklärung der österreichischen Delegation zur Kenntnis, daß die österreichische Regierung sich das Recht vorbehält, die Lieferungen der angeführten Menge von Rohöl an die Sowjetunion auch in kürzeren Fristen durchzuführen. Das Rohöl wird zu folgenden Bedingungen geliefert werden: franko österreichische Grenze, frei von Abgaben und Zöllen.

2. Die österreichische Delegation hat die Erklärung der sowjetischen Delegation zur Kenntnis genommen, daß zu den von der Sowjetunion an Österreich übergebenen Ölunternehmen und Ölfeldern auch die Raffinerien und die Aktiengesellschaft für Handel mit Ölprodukten (OROP) gehören.

Grundlegende Forschungen und Entwicklungen betreffend infrarote und ultraviolette Strahlungen, Infraschall und Ultraschall sind erlaubt;
d) Forschung und Entwicklung von stratosphärischen Kabinen und Erzeugung in diesem Zusammenhang;
e) Forschung, Entwicklung und Erzeugung von folgenden industriellen Maschinen:
Zentriermaschinen und industrielle Meßmaschinen und Werkzeugmaschinen mit einer Genauigkeit von über 1 Zehntausendstel in der Messung der Energie, 1 Zehntausendstel von 1 Sekunde in der Messung der Zeit und 1 Zehntausendstel von 1 mm in der Messung der Länge.

III.

a) Herstellung und Gebrauch von schwerem Wasser in einem industriellen Ausmaß und Forschung für diesen Zweck;
b) die Herstellung folgender Metalle und ihrer Legierungen für Exportzwecke:
Magnesium, Beryllium, Vanadium;
c) die Herstellung von Salpeter- und Schwefelsäuren durch Prozesse, die direkt Konzentrationen von mehr wie 95 Prozent beziehungsweise 98 Prozent herstellen, wenn sie den inländischen, nichtmilitärischen Bedarf übersteigen;
d) Forschung, Entwicklung und Erzeugung auf dem Gebiete der gehärteten Metalle, mit Ausnahme der Reutte-Werke, denen jedoch eine Vergrößerung oder Änderung ihrer Einrichtungen und Ausrüstung untersagt ist;
e) Forschung, Entwicklung und Erzeugung von radioaktiven Materialien, wobei deren Verwendung und Lagerung auf die medizinischen und

Zur Übergabe der Vermögenswerte der Donaudampfschiffahrtsgesellschaft im östlichen Österreich an Österreich

Die sowjetische Seite übergibt an Österreich alle Vermögenswerte der Donaudampfschiffahrtsgesellschaft, die sich im östlichen Österreich befinden einschließlich der Schiffswerft in Korneuburg, der Schiffe und Hafenanlagen, wofür die österreichische Regierung gleichzeitig mit der Übergabe dieser Vermögenswerte an Österreich den Betrag von zwei Millionen am. Dollar an die Sowjetunion auszahlen wird.

---

die verfassungsmäßige Genehmigung des Nationalrates erhalten hat, erklärt der Bundespräsident diesen Staatsvertrag für ratifiziert und verspricht im Namen der Republik Österreich die gewissenhafte Erfüllung der in diesem Vertrage enthaltenen Bestimmungen.

Zu Urkund dessen ist die vorliegende Ratifikationsurkunde vom Bundespräsidenten unterzeichnet, vom Bundeskanzler, vom Vizekanzler, vom Bundesminister für Inneres, vom Bundesminister für Justiz, vom Bundesminister für Unterricht, vom Bundesminister für soziale Verwaltung, vom Bundesminister für Finanzen, vom Bundesminister für Land- und Forstwirtschaft, vom Bundesminister für Handel und Wiederaufbau, vom Bundesminister für Verkehr und verstaatlichte Betriebe und vom Bundesminister für die Auswärtigen Angelegenheiten gegengezeichnet und mit dem Staatssiegel der Republik Österreich versehen worden.

Geschehen zu Wien, den 8. Juni 1955.

Der Bundespräsident:
Körner

Universitätsbedürfnisse beschränkt ist.

Annex V.

Begrenzung der Lager gewisser Materialien

Liste
von Materialien, deren Lagerung auf jene Quantitäten beschränkt wird, die zur Befriedigung der Friedensbedürfnisse der österreichischen Wirtschaft für einen Zeitraum von sechs Monaten erforderlich sind:

Kupfer
Nickel
Chrom
Vanadium
Wolfram
Mangan
Molybdän
Magnesium
Beryllium
Natürliche und künstliche radioaktive Produkte
Gummi
Primär-Aluminium
Gehärtete Metalle
Schwefelsäure (von mehr als 98prozentiger Konzentration)
Salpetersäure (von mehr als 95prozentiger Konzentration).

[Der folgende Annex VI bezog sich auf den von der britischen Delegation dem Außenministerrat in Moskau im Frühjahr 1947 vorgelegten Text für Art. 16, der aber bereits während der Session der Vertragskommission in Wien Mai bis Oktober 1947 derart modifiziert wurde, dass Annex VI entfiel.]

Der Bundeskanzler:
Raab

Der Vizekanzler:
Schärf

Der Bundesminister für Inneres:
Helmer

Der Bundesminister für Justiz:
Kapfer

Der Bundesminister für Unterricht:
Drimmel

Der Bundesminister für soziale Verwaltung:
Maisel

Der Bundesminister für Finanzen:
Kamitz

Der Bundesminister für Land- und Forstwirtschaft:
Thoma

Der Bundesminister für Handel und Wiederaufbau:
Illig

Der Bundesminister für Verkehr und verstaatlichte Betriebe:
Waldbrunner

Der Bundesminister für die Auswärtigen Angelegenheiten:
Figl

Der vorliegende Vertrag ist nach Hinterlegung der Ratifikationsurkunden durch Österreich, durch die Union der Sozialistischen Sowjetrepubliken, durch das Vereinigte Königreich von Großbritannien und Nordirland, durch die Vereinigten Staaten von Amerika

Annex VI

Beschluß der Generalversammlung der UN vom 12. Februar 1946

Die Generalversammlung,

in der Erkenntnis, daß das Problem der Flüchtlinge und versetzten Personen aller Kategorien von unmittelbarer Wichtigkeit ist und daß zwischen den echten Flüchtlingen und versetzten Personen einerseits, Kriegsverbrechern, Quislingen und Verrätern, auf die sich der nachfolgende Paragraph 3 bezieht, anderseits klar unterschieden werden muß:

a) beschließt, dieses Problem an den Wirtschafts- und Sozialrat zur gründlichen Prüfung in allen seinen Aspekten gemäß Punkt 10 der Tagesordnung für die erste Sitzung des Rates und zwecks Berichterstattung im zweiten Teil der ersten Sitzung der Generalversammlung zu übertragen;

b) empfiehlt dem Wirtschafts- und Sozialrat ein besonderes Komitee mit der Aufgabe einzusetzen, die Prüfung und die Vorbereitung des im Paragraphen a erwähnten Berichtes beschleunigt durchzuführen;

c) empfiehlt dem Wirtschafts- und Sozialrat hiebei folgende Grundsätze in Betracht zu ziehen:

i) dieses Problem ist von internationaler Tragweite und Natur;

ii) Flüchtlinge oder versetzte Personen, die endgültig und unwiderruflich in vollkommen freier Entscheidung und in voller Kenntnis der Tatsachen, einschließlich entsprechender Aufklärung durch die Regierung ihres Heimatlandes, triftige Gründe gegen ihre Rückkehr in ihr Heimatland vorgebracht haben und die nicht unter die Bestimmung des folgenden Paragraphen d fallen, sollen nicht gezwungen

und durch Frankreich gemäß seinem Artikel 38 am 27. Juli 1955 in Kraft getreten.

Raab

Hiermit endet die Publikation des Staatsvertrages im Bundesgesetzblatt. Folgende Staaten sind dem Staatsvertrag gemäß Artikel 37 beigetreten:

Tschechoslowakei: 28. September 1955
(siehe BGBl. Nr. 219/1955)

Jugoslawien: 28. November 1955
(siehe BGBl. Nr. 258/1955)

Polen: 20. August 1956
(siehe BGBl. Nr. 192/1956)

Mexiko: 28. Dezember 1956
(siehe BGBl. Nr. 38/1957)

Brasilien: 15. September 1958
(siehe BGBl. Nr. 228/1958)

Kanada: 23. Juni 1959
(siehe BGBl. Nr. 140/1960)

Neuseeland: 26. September 1959
(siehe BGBl. Nr. 82/1960)

Australien: 10. August 1961
(siehe BGBl. Nr. 243/1961)

werden, in ihr Heimatland zurückzukehren. Mit dem weiteren Schicksal solcher Flüchtlinge und versetzter Personen soll was immer für eine internationale Körperschaft befaßt werden, die hiezu auf Grund des in den obigen Paragraphen a und b bezogenen Berichtes berufen oder neu errichtet wird, ausgenommen jene Fälle, in denen die Regierung des Landes, wo sie sich niedergelassen haben, in einer Vereinbarung mit dieser Körperschaft eingegangen ist, alle Kosten für ihren Unterhalt und die Verantwortung für ihren Schutz übernommen hat;

iii) die wichtigste Aufgabe, betreffend die versetzten Personen, besteht darin, in jeder irgend möglichen Weise ihre eheste Heimkehr in ihr Heimatland zu fördern und zu unterstützen. Solche Unterstützung kann in der Weise erfolgen, daß der Abschluß zweiseitiger Übereinkommen für die gegenseitige Unterstützung bei der Heimbeförderung solcher Personen unter Berücksichtigung der im obigen Paragraph c, ii, niedergelegten Grundsätze herbeigeführt wird;

d) ist der Meinung, daß keine als Ergebnis dieses Beschlusses ergriffene Maßnahme solchen Charakter tragen soll, daß sie in irgendeiner Weise in die Auslieferung und Bestrafung von Kriegsverbrechern, Quislingen und Verrätern gemäß der bereits bestehenden oder künftig abgeschlossenen internationalen Vereinbarungen oder Abkommen eingreift;

e) ist der Meinung, daß Deutsche, die von anderen Staaten nach Deutschland überführt worden oder die vor den alliierten Truppen in andere Staaten geflohen sind, nicht unter die Wirksamkeit dieser Erklärung fallen, insofern als über ihre Lage durch Alliierte Besatzungstruppen in Deutschland in Übereinstimmung mit den Regierungen der betreffenden Länder entschieden werden mag.

[Annex VII, ein britischer Vorschlag für die Moskauer Tagung des Außenministerrates im Frühjahr 1947, wurde durch Bemühungen, die Materie in Art. 35 des Entwurfes selbst zu klären, überflüssig und noch 1947 zurückgenommen.]

Annex VII[1]

Einteilung der deutschen Vermögenswerte in Österreich

[1. Deutsche Vermögenswerte in Österreich sind in folgender Weise zu verteilen:

a) alle deutschen Vermögenswerte, die zur Gänze im östlichen Österreich gelegen sind, stehen der USSR zur Verfügung;

b) alle deutschen Vermögenswerte, die zur Gänze [im westlichen Österreich][2] [irgendwo anders in Österreich][3] gelegen sind, stehen zur Verfügung gemäß Weisungen, die gemeinsam von den Regierungen des Vereinigten Königreiches, der USA und Frankreichs ergehen sollten;

c) wenn ein deutscher Vermögenswert in einer Beteiligung an einem Unternehmen besteht, das teilweise im östlichen Österreich und teilweise im [westlichen Österreich][2] [irgendwo anders in Österreich][3] gelegen und als Aktiengesellschaft errichtet ist, soll die deutsche Beteiligung in dem Verhältnis des Wertes der physischen Vermögensobjekte, die im östlichen und [westlichen Österreich][2] [wo anders in Österreich][3] liegen, verteilt werden. Im gleichen Falle wird, falls es sich um keine Aktiengesellschaft handelt, das

Unternehmen als solche errichtet und die Aktien der neuen Gesellschaft in gleicher Weise verteilt werden.

d) [Wo ein deutscher Vermögenswert in einer Gläubigerforderung gegen eine juristische Person besteht, deren Eigentum teilweise im östlichen Österreich, teilweise irgendwo anders in Österreich gelegen ist, wird die Gläubigerforderung wertmäßig in demselben Verhältnis geteilt, in dem die physischen Vermögenswerte des Schuldners im östlichen Österreich und irgendwo anders in Österreich gelegen sind.][4]

2.a) Östliches Österreich bedeutet die Zone Österreichs und den Teil von Wien, der von den Sowjettruppen gemäß dem „Übereinkommen über die Besatzungszonen in Österreich und die Verwaltung der Stadt Wien" besetzt ist, [und westliches Österreich den Rest Österreichs mit Ausnahme der Inneren Stadt von Wien].[5]

b) In dem Ausmaß, in dem ein deutscher Vermögenswert in der Inneren Stadt von Wien gelegen ist, soll er so behandelt werden, als wäre er zu 25 Prozent in Ostösterreich und zu 75 Prozent in Westösterreich gelegen.][6]

c) Als Lage eines deutschen Vermögenswertes, der in einer Beteiligung an einem Unternehmen besteht, sollen der Ort oder die Orte angesehen werden, wo das physische Eigentum des Unternehmens gelegen ist.]

1 UK-Vorschlag, von den Delegationen der US und Frankreichs unterstützt. Die Sowjetdelegation behält sich ihre Stellungnahme in bezug auf den Text des Annexes in seiner Gänze vor.

2 UK- und französischer Vorschlag.

3 US-Vorschlag.

4 Die US-Delegation schlägt diesen Zusatz für den Fall vor, als *[sic]* der Subparagraph 2a, iv des britischen Entwurfes nicht in den Artikel 35 aufgenommen wird.

5 Die US-Delegation ist mit der Aufnahme dieser Worte nicht einverstanden.

6 UK-Vorschlag, der von den Stellvertretern nicht diskutiert wurde.

[Die Annexe VIII, IX und X des Entwurfes wurden von der Wiener Botschafterkonferenz am 11. (Annexe VIII und X) bzw. 12. (Annex IX) Mai 1955 gestrichen.]

Annex VIII

Besondere Bestimmungen, betreffend bestimmte Arten von Vermögen

A. Gewerbliches, literarisches und künstlerisches Eigentum

l.a) Den Alliierten und Assoziierten Mächten und ihren Staatsangehörigen wird ein Zeitraum von einem Jahr von dem Inkrafttreten des vorliegenden Vertrages ohne Verlängerungsgebühren oder andere Geldstrafen irgendwelcher Art eingeräumt, um sie in die Lage zu versetzen, alle für die Erlangung und Beibehaltung gewerblicher, literarischer und künstlerischer Eigentumsrechte in Österreich nötigen Handlungen vorzunehmen, die infolge des Bestehens des Kriegszustandes oder infolge der Annexion Österreichs durch Deutschland nicht durchgeführt werden konnten.

b) Alliierte und Assoziierte Mächte oder ihre Staatsangehörigen, die im Gebiet irgendeiner Alliierten oder Assoziierten Macht in gebührender Weise ein Patent oder die Registrierung eines Gebrauchsmusters nicht früher als zwölf Monate vor Ausbruch des Krieges mit Deutschland oder während des

Krieges mit Deutschland oder während des Krieges, oder die Registrierung eines gewerblichen Musters oder Modelles oder einer Handelsmarke nicht früher als sechs Monate vor Ausbruch des Krieges mit Deutschland oder während des Krieges beantragt haben, sind innerhalb von zwölf Monaten nach dem Inkrafttreten des vorliegenden Vertrages berechtigt, entsprechende Rechte in Österreich mit einem Recht auf Priorität zu beantragen, die sich auf die vorher erfolgte Einbringung des Antrages im Gebiet der betroffenen Alliierten und Assoziierten Macht gründet.

c) Jeder der Alliierten und Assoziierten Mächte und ihren Staatsangehörigen wird ein Zeitraum von einem Jahr von dem Inkrafttreten des vorliegenden Vertrages an eingeräumt, während dem sie in Österreich Verfahren gegen solche natürliche oder juristische Personen einleiten können, die ihre gewerblichen, literarischen oder künstlerischen Eigentumsrechte zwischen dem Tag des Ausbruches des Krieges und dem Inkrafttreten des vorliegenden Vertrages in rechtswidriger Weise verletzt haben sollen.

2. Ein Zeitraum vom Ausbruch des Krieges bis zum Ablauf von 18 Monaten nach dem Inkrafttreten des vorliegenden Vertrages bleibt bei Berechnung der Zeit unberücksichtigt, innerhalb welcher ein Patent verwertet oder ein Muster oder eine Handelsmarke verwendet werden muß.

3. Der Zeitraum vom Ausbruch des Krieges bis zum Inkrafttreten des vorliegenden Vertrages ist von der normalen Frist für gewerbliche, literarische und künstlerische Eigentumsrechte, die beim Ausbruch des Krieges in Österreich in Geltung waren oder die gemäß Teil A dieses Anhanges anerkannt oder begründet werden und einer der Alliierten oder Assoziierten Mächte oder deren Staatsangehörigen gehören, abzuziehen. Daher gilt die normale Geltungsfrist solcher Rechte in Österreich automatisch um eine weitere Frist verlängert, die dem so abgezogenen Zeitraum entspricht.

4. Die vorhergehenden Bestimmungen bezüglich der Rechte der Alliierten und Assoziierten Mächte oder deren Staatsangehörigen in Österreich finden gleichermaßen auf die Rechte Österreichs und seiner Staatsangehörigen in den Gebieten der Alliierten und Assoziierten Mächte Anwendung. Keine dieser Bestimmungen jedoch gibt Österreich oder seinen Staatsangehörigen Anspruch auf eine günstigere Behandlung in dem Gebiet irgendeiner der Alliierten und Assoziierten Mächte, als in gleichen Fällen von einer solchen Macht anderen Vereinten Nationen oder ihren Staatsangehörigen eingeräumt wird, noch wird hiemit von Österreich verlangt, irgendeiner der Alliierten und Assoziierten Mächte oder deren Staatsangehörigen eine günstigere Behandlung einzuräumen, als Österreich oder seinen Staatsangehörigen in dem Gebiet einer solchen Macht hinsichtlich der in den vorstehenden Bestimmungen behandelten Angelegenheiten zuteil wird.

5. Dritten Parteien in den Gebieten irgendeiner der Alliierten und Assoziierten Mächte oder Österreichs, die vor dem Inkrafttreten des vorliegenden Vertrages in gutem Glauben gewerbliche, literarische oder künstlerische Eigentumsrechte erworben haben, die mit gemäß Teil A dieses Anhanges wiederhergestellten Rechten oder mit Rechten unvereinbar sind, die mit einer gemäß diesen Bestimmungen vorgesehenen Priorität erlangt wurden oder die in gutem

Glauben den Gegenstand solcher Rechte erzeugt, veröffentlicht, vervielfältigt, benützt oder verkauft haben, ist ohne jede Haftung für die Übertretung gestattet, die Ausübung solcher Rechte fortzusetzen und die Erzeugung, Veröffentlichung, Vervielfältigung, Benützung oder den Verkauf fortzusetzen oder wieder aufzunehmen, die in gutem Glauben erworben und begonnen wurden. In Österreich erhält diese Erlaubnis die Form einer nicht ausschließlichen Lizenz, gewährt unter Fristen und Bedingungen, über die Übereinkommen zwischen den in Betracht kommenden Parteien herzustellen ist oder die mangels eines Übereinkommens von der gemäß Artikel ... des vorliegenden Vertrages errichteten Schlichtungskommission festzusetzen sind. In den Gebieten jeder der Alliierten und Assoziierten Mächte jedoch erhalten dritte Parteien, die in gutem Glauben gehandelt haben, solchen Schutz, wie unter ähnlichen Umständen Parteien, die guten Glaubens sind, gewährt wird, deren Rechte mit denen der Staatsangehörigen anderer Alliierter und Assoziierter Mächte kollidieren.

6. Keine Bestimmung in Teil A dieses Annexes soll dahin ausgelegt werden, daß Österreich oder seine Staatsangehörigen ein Recht auf irgendwelche Patente oder Gebrauchsmuster im Gebiet irgendeiner der Alliierten und Assoziierten Mächte hinsichtlich Erfindungen haben, die irgendeinen, namentlich in Anhang II des vorliegenden Vertrages in die Liste aufgenommenen Artikel betreffen oder die von Österreich oder irgendwelchen seiner Staatsangehörigen mit schriftlichen Anträgen in Österreich oder in dem Gebiet irgendeiner der Achsenmächte oder in irgendeinem von den Streitkräften der Achse besetzten Gebiet während der Zeit, in welcher ein solches Gebiet unter der Kontrolle der Streitkräfte oder der Behörden der Achsenmächte beansprucht wurden.

7. Österreich hat desgleichen die Vorteile der vorstehenden Bestimmungen dieses Anhanges auf andere Vereinte Nationen auszudehnen, die nicht Alliierte oder Assoziierte Mächte sind, deren diplomatische Beziehungen mit Deutschland während des Krieges abgebrochen worden waren und die sich verpflichten, die Österreich gemäß den genannten Bestimmungen eingeräumten Vorteile auf Österreich auszudehnen.

8. Keine Bestimmung des Teiles A dieses Annexes gilt als unvereinbar mit den Artikeln ... des vorliegenden Vertrages.

B. Versicherung

1. Keine Hindernisse, außer den allgemein auf Versicherer anwendbaren, sollen der Wiederaufnahme ihrer früheren Geschäftstätigkeit durch Versicherer in den Weg gelegt werden, die Staatsangehörige von Vereinten Nationen sind.

2. Wenn ein Versicherer, der ein Staatsangehöriger irgendeiner der Vereinten Nationen ist, seine Berufstätigkeit in Österreich wieder aufzunehmen wünscht und wenn der Wert von Garantiedepots und Reserven, deren Rücklage als eine Bedingung der Geschäftsausübung in Österreich erforderlich ist, infolge Verlustes oder Entwertung der Sicherheiten, die diese Depots oder Reserven gebildet haben, vermindert ist, verpflichtet sich die österreichische Regierung für einen Zeitraum von 18 Monaten die Sicherheit, die noch verblieben ist, als allen gesetzlichen Erfordernissen hinsichtlich Depots und Reserven entsprechend anzuerkennen.

Annex IX

Verträge, Verjährung und Handelspapiere

A. Verträge

1. Jeder Vertrag, der zu seiner Durchführung einen Verkehr zwischen irgendwelchen Vertragsteilen erforderte, die im Sinne der Definition im Teil D dieses Annexes Feinde geworden sind, gilt vorbehaltlich der unten in den Paragraphen 2 und 3 angeführten Ausnahmen als von dem Zeitpunkt an aufgelöst, in dem irgendwelche Vertragsteile Feinde geworden sind. Eine solche Auflösung jedoch beeinträchtigt nicht die Bestimmungen des Artikels ... des vorliegenden Vertrages, noch befreit sie irgendeinen Vertragsteil von der Verpflichtung, Beträge zurückzuzahlen, die als Vorauszahlungen oder als Akontozahlungen in Empfang genommen wurden und hinsichtlich deren dieser Vertragsteil noch keine Gegenleistung erbracht hat.

2. Unbeschadet der Bestimmungen des obigen Paragraphen 1 sollen jene Teile eines Vertrages von der Auflösung ausgenommen werden und in Geltung bleiben, die getrennt werden können und die zu ihrer Durchführung keinen Verkehr zwischen den Vertragsteilen, die im Sinne der Definition in Teil D dieses Annexes Feinde geworden sind, erfordern. Wenn die Bestimmungen eines Vertrages nicht auf diese Weise getrennt werden können, so gilt der Vertrag als zur Gänze aufgelöst. Das Vorstehende gilt vorbehaltlich der Anwendung innerstaatlicher Gesetze, Verordnungen oder Regelungen, die von einer der Alliierten und Assoziierten Mächte erlassen wurden, der eine rechtliche Zuständigkeit bezüglich des Vertrages oder bezüglich irgendeiner der Vertragsteile zukommt, und weiters vorbehaltlich der Bestimmungen des Vertrages selbst.

3. Keine Bestimmung in Teil A dieses Annexes soll dahin ausgelegt werden, daß durch sie Transaktionen ungültig gemacht werden, die gemäß einem Vertrag zwischen Feinden rechtmäßig durchgeführt worden sind, soweit die Durchführung mit Ermächtigung der Regierung einer der Alliierten und Assoziierten Mächte erfolgte.

4. Unbeschadet der vorstehenden Bestimmungen sollen Versicherungs- und Rückversicherungsverträge Gegenstand besonderer Abkommen zwischen der Regierung der betreffenden Alliierten oder Assoziierten Macht und der österreichischen Regierung bilden.

B. Verjährungsfristen

1. Alle Verjährungsfristen und Beschränkungen des Rechtes der Klagseinbringung oder des Rechtes zur Aufrechterhaltung von Rechtsbeziehungen, die Personen oder Eigentum betreffen, Maßnahmen zu ergreifen, sind, insofern daran Staatsangehörige der Vereinten Nationen und österreichische Staatsangehörige beteiligt sind, die infolge des Kriegszustandes mit Deutschland nicht in der Lage waren, den Rechtsweg zu beschreiten oder die zum Schutze ihrer Rechte erforderlichen Formalitäten zu erfüllen, und zwar gleichgültig, ob diese Fristen vor oder nach dem Ausbruch dieses Krieges mit Deutschland begonnen haben[,] für den Zeitraum vom 1. September 1939 bis zum Datum des Inkrafttretens des vorliegenden Vertrages als gehemmt anzusehen, und zwar sowohl auf österreichischem Gebiet wie auch auf dem Gebiet jener Vereinten Nationen, die Österreich auf Grundlage der Gegenseitigkeit die Begünstigung der Bestimmungen dieses Paragraphen zugestehen. Diese Fristen sollen mit dem Inkrafttreten des vorliegenden Vertrages wieder zu laufen beginnen. Die Bestimmungen dieses Paragraphen finden auf Fristen Anwendung, die für die Einreichung von

Zinsen- und Dividendenkupons oder für die Einreichung zur Zahlung von für die Einlösung ausgelosten oder aus einem anderen Grund zur Einlösung gelangenden Wertpapieren festgesetzt sind.

2. Wenn infolge der Unterlassung einer Handlung oder der Beobachtung einer Förmlichkeit innerhalb des Zeitraumes vom 1. September 1939 bis zum Datum des Inkrafttretens des vorliegenden Vertrages auf österreichischem Gebiet Zwangsvollstreckungsmaßnahmen zum Schaden eines Staatsangehörigen einer der Vereinten Nationen vorgenommen worden sind, hat die österreichische Regierung die Rechte wiederherzustellen, die beeinträchtigt worden sind. Falls eine solche Wiederherstellung unmöglich ist oder unbillig wäre, soll die österreichische Regierung dafür Vorsorge treffen, daß dem Staatsangehörigen der Vereinten Nationen jene Abhilfe gewährt wird, die unter den gegebenen Umständen gerecht und billig erscheint.

C. Handelspapiere

1. Zwischen Feinden verliert kein vor dem Krieg errichtetes Handelspapier nur deshalb seine Gültigkeit, weil die Urkunde nicht innerhalb der vorgeschriebenen Frist zur Annahme oder Zahlung präsentiert oder weil die Nichtannahme oder die Nichtzahlung dem Aussteller oder Indossanten nicht angezeigt oder das Handelspapier nicht protestiert oder sonst eine Förmlichkeit innerhalb des Zeitraumes vom 1. September 1939 bis zum Datum des Inkrafttretens des vorliegenden Vertrages nicht eingehalten worden ist.

2. Wenn die Frist, innerhalb welcher ein Handelspapier zur Annahme oder Zahlung hätte präsentiert oder innerhalb welcher dem Aussteller oder Indossanten die Nichtannahme oder Nichtzahlung hätte angezeigt, oder innerhalb welcher das Handelspapier hätte protestiert werden müssen, innerhalb der Zeitspanne vom 1. September 1939 bis zum Datum des Inkrafttretens des vorliegenden Vertrages abgelaufen ist, und die Partei, die das Handelspapier hätte präsentieren oder protestieren oder die Nichtannahme oder die Nichtzahlung hätte anzeigen sollen, dies innerhalb der Zeitspanne vom 1. September 1939 bis zum Datum des Inkrafttretens des vorliegenden Vertrages unterlassen hat, so wird eine Frist von nicht weniger als drei Monaten von dem Inkrafttreten des vorliegenden Vertrages an eingeräumt, innerhalb welcher die Präsentierung, die Anzeige der Nichtannahme oder der Nichtzahlung oder der Protest vorgenommen werden kann.

3. Wenn eine Person vor Inkrafttreten des vorliegenden Vertrages auf Grund eines Versprechens einer anderen Person, die in der Folge ein Feind geworden ist, Verpflichtungen aus einem Handelspapier eingegangen ist, bleibt letztere Person trotz des Ausbruches des Krieges verbunden, erstere für diese Verpflichtungen schadlos zu halten.

D. Besondere Bestimmungen

1. Für den Zweck dieses Annexes sollen physische und juristische Personen von dem Zeitpunkt an als Feinde betrachtet werden, in dem Handelsgeschäfte zwischen ihnen gemäß den Gesetzen, Verordnungen und Vorschriften, denen solche Personen oder die betreffenden Verträge unterworfen waren, ungesetzlich geworden sind.

2. Mit Rücksicht auf das Rechtssystem der Vereinigten Staaten von Amerika finden die Bestimmungen dieses Annexes zwischen den Vereinigten Staaten

von Amerika und Österreich keine Anwendung.

Annex X

Urteile

Die österreichische Regierung soll die notwendigen Maßnahmen ergreifen, um Staatsangehörige irgendeiner der Vereinten Nationen zu jedem Zeitpunkt innerhalb eines Jahres nach dem Inkrafttreten des vorliegenden Vertrages in die Lage zu versetzen, den zuständigen österreichischen Behörden Urteile zur Überprüfung zu unterbreiten, die zwischen dem 1. September 1939 und dem Inkrafttreten des vorliegenden Vertrages durch irgendeinen Gerichtshof in Österreich oder im Zuge irgendwelcher vor einem Gerichtshof in Österreich durchgeführten Rechtsstreitigkeiten gefällt worden sind und bei welchen der Staatsangehörige der Vereinten Nationen nicht in der Lage war, als Kläger oder Beklagter seinen Standpunkt entsprechend zu vertreten. Die österreichische Regierung soll Vorsorge dafür treffen, daß der Staatsangehörige der Vereinten Nationen, der auf Grund eines solchen Urteils Schaden erlitten hat, wieder in den Stand eingesetzt wird, in dem er sich vor Erlassung des Urteiles befand, oder aber jene Abhilfe erhält, die unter den gegebenen Umständen gerecht und billig erscheint. Der Ausdruck „Staatsangehörige der Vereinten Nationen" umfaßt Gesellschaften und Verbände, die entsprechend den Gesetzen einer der Vereinten Nationen gebildet oder errichtet worden sind.

7.
Texte zur „Obsoleterklärung“ einiger Artikel des Staatsvertrages, November 1990

I. Mitteilung der österreichischen Bundesregierung betreffend einige Bestimmungen des Staatsvertrages vom 15. Mai 1955 von Wien (BGBl.1955/152) an die vier Signatarstaaten des Staatsvertrages samt Erläuterung, Wien, am 6. November 1990:

Mitteilung an die vier Signatarstaaten des Staatsvertrags.

1. Der Staatsvertrag von Wien vom 15. Mai 1955 ist für Österreich von großer Bedeutung; er bildet eine Grundlage für die Stellung Österreichs als freier und unabhängiger Staat und gleichberechtigtes Mitglied der internationalen Gemeinschaft. Der Staatsvertrag war darüberhinaus ein Meilenstein auf dem Weg zur Errichtung einer neuen europäischen Friedensordnung nach dem Ende des 2. Weltkriegs, dem 35 Jahre später die Unterzeichnung des „Vertrags über die abschließende Regelung in bezug auf Deutschland“ am 12. September 1990 folgte. Als gleichberechtigter Partner der europäischen Friedensordnung begrüßt Österreich den Abschluß dieses Vertrags.

2. Der Staatsvertrag vom 15. Mai 1955 enthält in seinem Teil II „Militärische und Luftfahrt-Bestimmungen“ (Artikel 12–16), Regelungen, die Bestimmungen der Friedensverträge von 1947 mit Italien, Rumänien, Bulgarien, Ungarn und Finnland nachgebildet sind. Derartige Regelungen werden von allen diesen Staaten, und zwar größtenteils schon seit langem, als obsolet betrachtet.

3. Seit dem Abschluß des Staatsvertrags sind grundlegende Veränderungen in Europa eingetreten, die sich in der Anwendungspraxis bezüglich einzelner der angeführten Bestimmungen sowie in der im Abschluß des zitierten Vertrags vom 12. September 1990 zum Ausdruck kommenden geänderten Rechtsüberzeugung auch der Signatarstaaten manifestieren. Österreich ist daher der Auffassung, daß die Artikel 12–16 des Staatsvertrags obsolet sind. Dies gilt ebenfalls für die von einer analogen Zielsetzung wie die erwähnten Bestimmungen getragene Regelung des Artikels 22 Z. 13 dieses Vertrags.

Hingegen erachtet sich Österreich weiterhin als völkerrechtlich verpflichtet, keine atomaren, biologischen oder chemischen Waffen herzustellen, zu besitzen oder zu Versuchen zu verwenden.

Erläuterung zur Mitteilung an die vier Signatarstaaten des Staatsvertrags.

Bereits in der Anwendungspraxis der letzten Jahre in bezug auf einzelne Bestimmungen der Artikel 12–16 sowie den Artikel 22 Z. 13 des Staatsvertrags von Wien vom 15. Mai 1955 kam die Rechtsmeinung der Vertragsparteien zum Ausdruck, daß diese nicht mehr wirksam sind. Diese Praxis reflektiert eine grundlegende Änderung der Umstände, die sich u. a. in den durch die KSZE-Prinzipien geschaffenen Grundlagen für eine dauerhafte europäische Friedensordnung manifestierte.

Im Artikel 11 des Staatsvertrags hat sich Österreich verpflichtet, die volle Geltung von Abkommen oder Regelungen anzuerkennen, die von den Alliierten und Assoziierten Mächten bezüglich Deutschlands zur Wiederherstellung des Friedens herbeigeführt werden. Im Abschluß des „Vertrags über die abschließende Regelung in bezug auf Deutschland" vom 12. September 1990, des sogenannten 2+4-Vertrags, durch die Signatarstaaten des Staatsvertrags ist somit der Ausdruck eines Rechtsverständnisses auch im Hinblick auf diesen zu erblicken, wonach die Verpflichtungen Österreichs insbesondere im Zusammenhang mit der „Verhinderung der deutschen Wiederaufrüstung" hinfällig geworden sind. Daraus folgt, daß die Signatarstaaten die Erfüllung der Österreich mit den genannten Bestimmungen auferlegten Verpflichtungen nicht mehr einfordern können.

Da diese Haltung auch der diesbezüglichen österreichischen Auffassung entspricht, liegt eine Übereinstimmung in der Rechtsüberzeugung vor, die bewirkt, daß die angeführten Bestimmungen des Staatsvertrags nicht länger gelten, weil sie obsolet sind. Das Verbot atomarer, biologischer und chemischer Waffen, auf die Österreich auch in anderen völkerrechtlichen Verträgen verzichtet hat, ist von dieser Rechtsüberzeugung nicht erfaßt.

II. Antworten der Signatarstaaten des österreichischen Staatsvertrages auf die österreichische Erklärung:

a) Aide-Mémoire der UdSSR: Moskau, am 6. November 1990 (inoffizielle, von der UdSSR angefertigte Übersetzung):

Im Zusammenhang mit der Überreichung der Mitteilung der Regierung der Republik Österreich bezüglich der Auslegung der Artikel 12–16 und des Paragraphen 13 des Artikels 22 des Staatsvertrages betreffend die Wiederherstellung eines unabhängigen und demokratischen Österreich vom 15. Mai 1955 betont die Sowjetische Regierung, daß der Staatsvertrag nach wie vor ein wichtiger Bestandteil der Nachkriegsregelung in Europa ist und bleibt und seine grundlegenden Bestimmungen auch jetzt für die Erhaltung des Friedens und der Stabilität auf dem Kontinent von Bedeutung sind.

Im Hinblick auf die sich in Europa geänderte Lage und unter Berücksichtigung der mit den Regierungen der USA, Großbritanniens, Frankreichs sowie mit der Regierung Österreichs zustandegekommenen Kontakte erklärt die Sowjetische Regierung, daß sie keine Einwände gegen Auslegung [*sic*] der oben erwähnten Artikel des Staatsvertrages als obsolet hat.

Gleichzeitig wird die Genugtuung zum Ausdruck gebracht, daß die Republik Österreich auch weiterhin bereit ist, sich an den Staatsvertrag sowie an ihre Verpflichtungen zu halten, atomare, biologische oder chemische Waffen weder zu besitzen noch herzustellen noch zu Versuchen zu verwenden.

Die Sowjetische Regierung bringt ihre Zuversicht zum Ausdruck, daß die Beziehungen der UdSSR zu Republik Österreich auch weiterhin im Geiste des Vertrauens und der gegenseitigen Verständigung aufgebaut werden.

Moskau, den 6. November 1990

b) Schreiben des Botschafters der Vereinigten Staaten von Amerika in Österreich an den Generalsekretär des Bundesministeriums für Auswärtige Angelegenheiten, Wien, am 9. November 1990:

Embassy of the United States of America
Vienna, Austria

Office of The Ambassador November 9, 1990

Your Excellency:

I am authorized by the Department of State to convey the following message to you concerning the 1955 State Treaty.

– We have carefully reviewed the communication which Ambassador Hoess presented to Assistant Secretary Seitz in Washington on November 6.

– We understand, and are sympathetic with, Austria's desire to clarify the status of certain Treaty provisions, in the light of the changed situation in Europe.

– The United States concurs with the Austrian Government view that Articles 12–16 and Article 22, No. 13, of the 1955 State Treaty have become obsolete.

Sincerely,
Roy M. Huffington

His Excellency
Thomas Klestil,
Secretary General,
Ministry for Foreign Affairs,
Wien

c) Note der Botschaft Frankreichs in Österreich an das Bundesministerium für Auswärtige Angelegenheiten (No. 290/0), Wien, am 13. November 1990:

Ambassade de France en Autriche

N° 290/0

L'Ambassade de France présente ses compliments au Département Fédéral des Affaires Etrangères de la République d'Autriche et a l'honneur de porter à sa connaissance ce qui suit:

Le Gouvernement de la République française a pris note de la ‚communication aux quatre Etats signataires du traité d'Etat autrichien', relative aux articles 12 à 16 et à l'article 22 alinea 13 du traité portant rétablissement d'une Autriche indépendante et démocratique, qui a été remise le 6 novembre 1990 au Secrétaire général du Ministère des Affaires Etrangères par l'Ambassadeur d'Autriche.

La France considère que le traité d'Etat qui, le 15 mai 1955, a permis à l'Autriche de recouvrer sa liberté et son indépendance, conserve, dans ses dispositions fondamentales, toute son importance pour le maintien de la paix et de la sécurité en Europe.

Toutefois, ayant à l'esprit les changements historiques survenus récemment en

Europe et se référant aux contacts qui ont eu lieu récemment entre le Gouvernement français et le Gouvernement autrichien, ainsi qu'entre celui-ci et les Gouvernements des Etats-Unis d'Amérique, du Royaume-Uni de Grande-Bretagne et d'Irlande du Nord, et de l'Union des Républiques Socialistes Soviétiques, le Gouvernement de la République française donne son consentement à la communication autrichienne.

En même temps le Gouvernement de la République française prend acte avec satisfaction du fait que la communication autrichienne ne concerne pas l'interdiction de la fabrication, de la possession ou de l'expérimentation des armes nucléaires, biologiques et chimiques auxquelles l'Autriche a également renoncé dans d'autres accords internationaux.

L'Ambassade de France saisit cette occasion pour renouveler au Département Fédéral des Affaires Etrangères de la République d'Autriche les assurances de sa haute considération.

Vienne, le 13 novembre 1990

Département Fédéral
des Affaires Etrangères
de la République d'Autriche, Vienne

(Anlässlich der Überreichung der österreichischen Mitteilung im Foreign Office am 6. November 1990 durch den österreichischen Botschafter in London wurde vom Permanent Under-Secretary of State festgestellt, dass die britische Seite keine Einwendungen habe.)

Veröffentlicht in: „Österreichische außenpolitische Dokumentation. Texte und Dokumente", hrsg. v. Bundesministerium für Auswärtige Angelegenheiten, Wien, Heft Dezember 1990, 28–32.

Zeittafel

(Es werden nur Daten von besonderem Interesse für das Thema dieses Buches genannt)

18.10.–30.10.1943	Konferenz der Außenminister der USA, der Sowjetunion und Großbritanniens in Moskau; Einsetzung einer „Europäischen Beratungskommission" („European Advisory Commission") mit Sitz in London
01.11.1943	Erklärung der Außenminister Großbritanniens, der Sowjetunion und der Vereinigten Staaten über Österreich („Moskauer Erklärung"; Beschlussfassung am 30.10., Verlautbarung am 01.11.1943)
16.11.1943	Erklärung des Französischen Komitees der Nationalen Befreiung in Algier über die Unabhängigkeit Österreichs
27.04.1945	Proklamation der Vorstände der politischen Parteien über die Selbständigkeit Österreichs und Einsetzung der Provisorischen Staatsregierung unter Staatskanzler Dr. Karl Renner in Wien
04.07.1945	Paraphierung des Abkommens zwischen Großbritannien, den Vereinigten Staaten, der Sowjetunion und Frankreich über die Alliierte Kontrolle in Österreich („Erstes Kontrollabkommen") in der Europäischen Beratungskommission in London
09.07.1945	Paraphierung des Abkommens zwischen Großbritannien, den Vereinigten Staaten, der Sowjetunion und Frankreich, betreffend die Besatzungszonen in Österreich und die Verwaltung der Stadt Wien („Zonenabkommen") in der Europäischen Beratungskommission
17.07.–02.08.1945	Drei-Mächte-Konferenz zwischen Großbritannien, den Vereinigten Staaten von Amerika und der Sowjetunion („Potsdamer Konferenz"); Beschluss, Österreich keine Reparationen aufzuerlegen; Beschlussfassung über deutsche Vermögenswerte („Deutsches Eigentum") im Ausland
22.08.1945	Beschluss der UNRRA (United Nations Relief and Rehabilitation Administration), Österreich als befreitem Land Hilfe und Unterstützung zu gewähren
11.09.1945	Erste Sitzung des Alliierten Rates in Wien
11.09.–02.10.1945	Konferenz des Rates der Außenminister in London
24.–26.09.1945	Erste (gesamtösterreichische) Länderkonferenz in Wien; Erweiterung der Provisorischen Staatsregierung

20.10.1945	Anerkennung der Provisorischen Staatsregierung durch den Alliierten Rat und Ausdehnung ihrer Zuständigkeit auf ganz Österreich
25.11.1945	Erste Nationalratswahlen in Österreich nach dem Krieg (85 ÖVP, 76 SPÖ, 4 KPÖ)
19.12.1945	Konstituierung des Nationalrates
20.12.1945	Wahl Renners zum Bundespräsidenten durch die Bundesversammlung; Bestellung der Bundesregierung unter Leopold Figl (ÖVP/SPÖ sowie ein kommunistischer Minister)
02.02.1946	Erster österreichischer Entwurf für einen Vertrag zur Wiederherstellung der Rechtsstellung Österreichs
25.04.–12.07.1946	Konferenz des Rates der Außenminister in Paris
27.06.1946	Befehl Nr. 17 des Oberbefehlshabers der sowjetischen Besatzungstruppen in Österreich, betreffend den Übergang deutscher Vermögenswerte im östlichen Österreich in das Eigentum der Sowjetunion (verlautbart 05./06.07.1946)
28.06.1946	Abkommen zwischen Großbritannien, den Vereinigten Staaten von Amerika, der Sowjetunion und Frankreich über den Kontrollapparat in Österreich („Zweites Kontrollabkommen“)
26.07.1946	Beschluss des ersten Verstaatlichungsgesetzes durch den Nationalrat
05.09.1946	Österreichisch-italienisches Abkommen zur Südtirol-Frage in Paris („Gruber-De Gasperi-Abkommen“)
03.11.–12.12.1946	Konferenz des Rates der Außenminister in New York
14.01.–25.02.1947	Konferenz der Sonderbeauftragten für den österreichischen Staatsvertrag in London (Sitzungen 1–29)
10.03.–24.04.1947	Konferenz des Rates der Außenminister in Moskau
11.03.–24.04.1947	Konferenz der Sonderbeauftragten für den österreichischen Staatsvertrag in Moskau (Sitzungen 30–56)
12.05.–11.10.1947	Konferenz der Austrian Treaty Commission (ATC) in Wien
30.05.1947	Rücktritt des ungarischen Ministerpräsidenten Ferenc Nagy unter kommunistischem Druck; Nagy wählt das Exil
05.06.1947	Rede des amerikanischen Außenministers George Marshall an der Harvard University: Angebot des „Marshall-Planes“
21.06.1947	Verzicht der Vereinigten Staaten von Amerika auf österreichische Beitragsleistungen zu den Besatzungskosten ab 01.07.1947
25.06.1947	Abkommen über die „Kongresshilfe“ der Vereinigten Staaten von Amerika an Österreich
02.07.1947	Ansuchen Österreichs um die Aufnahme in die Vereinten Nationen

12.07.1947	Beginn der Konferenz (west-)europäischer Staaten unter Teilnahme Österreichs in Paris zur Vorbereitung des Marshall-Planes
Ende September 1947	Gründung des Kommunistischen Informationsbüros (Kominform)
08.10.1947	„Cherrière-Plan“ zur Lösung der Frage des „Deutschen Eigentums“ in Österreich
20.11.1947	Ausscheiden des einzigen kommunistischen Ministers aus der Bundesregierung
25.11.–15.12.1947	Konferenz des Rates der Außenminister in London
27.11.–17.12.1947	Konferenz der Sonderbeauftragten für den österreichischen Staatsvertrag in London (Sitzungen 57–63)
02.01.1948	Abkommen über die „Interimshilfe“ der Vereinigten Staaten von Amerika mit Österreich
24.01.1948	Gegenvorschlag der Sowjetunion zum Cherrière-Plan
20.02.–06.05.1948	Konferenz der Sonderbeauftragten für den österreichischen Staatsvertrag in London (Sitzungen 64–110)
25.02.1948	Kommunistische Machtübernahme in der Tschechoslowakei
17.03.1948	Brüsseler Verteidigungspakt zwischen Großbritannien, Frankreich und den Beneluxstaaten
16.04.1948	Gründung der Organisation für Europäische Wirtschaftliche Zusammenarbeit (OEEC)
24.06.1948–12.05.1949	Blockade der westlichen Sektoren Berlins durch die sowjetische Besatzungsmacht
27.–29.06.1948	Bruch zwischen Tito und Stalin
02.07.1948	Abkommen zwischen den Regierungen Österreichs und der Vereinigten Staaten von Amerika über wirtschaftliche Zusammenarbeit („Marshall-Plan-Abkommen“)
25.01.1949	Gründung des (osteuropäischen) Rates für gegenseitige Wirtschaftshilfe (RGW)
09.02.–10.05.1949	Konferenz der Sonderbeauftragten für den österreichischen Staatsvertrag in London (Sitzungen 111–163)
04.04.1949	Abschluss des Nordatlantik-Paktes (NATO) in Washington
05.05.1949	Gründung des Europarates
Mai – September 1949	Konstituierung der Bundesrepublik Deutschland (8. Mai Annahme des Grundgesetzes, 14. August erste Bundestagswahlen, 12. September Bestellung der ersten Bundesregierung unter Konrad Adenauer)
23.05.–20.06.1949	Konferenz des Rates der Außenminister in Paris; Kompromiss in der Staatsvertragsfrage; Österreichs Grenzen im Umfang von 1937; Regelung der Frage des „Deutschen Eigentums“ auf der Grundlage des Cherrière-Planes
01.07.–01.09.1949	Konferenz der Sonderbeauftragten für den österreichi-

	schen Staatsvertrag in London (Sitzungen 164–212); u. a. Redaktion des Minderheitenschutzartikels
29.08.1949	Explosion der ersten sowjetischen Atombombe
23.09.–16.12.1949	Konferenz der Sonderbeauftragten für den österreichischen Staatsvertrag in New York (Sitzungen 213–246)
01.10.1949	Proklamation der Volksrepublik China
07.10.1949	Proklamation der Deutschen Demokratischen Republik
09.10.1949	Nationalratswahlen in Österreich (77 ÖVP, 67 SPÖ, 16 VdU, 5 KPÖ)
08.11.1949	Bestellung der zweiten Koalitionsregierung unter Bundeskanzler Leopold Figl
18.11.1949	Einigung der Sonderbeauftragten über das Deutsche Eigentum
09.01.–15.12.1950	Konferenz der Sonderbeauftragten für den österreichischen Staatsvertrag in London (Sitzungen 247–258)
11.–13.05.1950	Drei-Mächte-Konferenz der Außenminister der Vereinigten Staaten, Großbritanniens und Frankreichs in London
19.05.1950	Veröffentlichung der Erklärung der Londoner Drei-Mächte-Konferenz über den Staatsvertrag mit Österreich
25.06.1950	Ausbruch des Korea-Krieges
26.–28.09. sowie 04.–05.10.1950	Kommunistisch dominierte Streikbewegungen und Demonstrationen in mehreren Bundesländern
31.12.1950	Tod des Bundespräsidenten Karl Renner
27.05.1951	Volkswahl Theodor Körners zum Bundespräsidenten
08.09.1951	Friedensvertrag von San Francisco zwischen Japan einerseits, den Alliierten ohne die Sowjetunion andererseits; gleichzeitig Abschluss eines amerikanisch-japanischen Sicherheitspaktes
13.03.1952	Initiative der Westmächte für einen „Kurzvertrag“ mit Österreich
31.07.1952	Memorandum der Bundesregierung an alle Mitgliedsstaaten der Vereinten Nationen, betreffend die Aufhebung der Besetzung und die Wiederherstellung der vollen Souveränität Österreichs und Ablehnung weiterer Staatsvertragshandlungen auf Basis des „alten“ Staatsvertragsentwurfes von 1949
17.12.1952	Rede Außenminister Karl Grubers vor der VII. Generalversammlung der Vereinten Nationen in New York
20.12.1952	Resolution Nr. 613 (VII) der Generalversammlung der Vereinten Nationen über den Abschluss des österreichischen Staatsvertrages
06.02. und 09.02.1953	Konferenz der Sonderbeauftragten für den österreichischen Staatsvertrag in London (Sitzungen 259–260)
22.02.1953	Nationalratswahlen in Österreich (74 ÖVP, 73 SPÖ, 14 VdU, 4 KPÖ)

25.02.1953	Rücktritt der Regierung Figl; mit der Weiterführung der Geschäfte betraut
05.03.1953	Tod Stalins
02.04.1953	Bestellung der neuen Bundesregierung unter Bundeskanzler Julius Raab; erstmaliger Eintritt Bruno Kreiskys in die Regierung als Staatssekretär im Bundeskanzleramt, Auswärtige Angelegenheiten
25.05.1953	Der sowjetische Botschafter in London, Malik, lehnt die Teilnahme an einer Sitzung der Sonderbeauftragten für den österreichischen Staatsvertrag ab und schlägt die weitere Behandlung der Österreich-Frage durch Meinungsaustausch auf diplomatischem Wege vor; Gremium der Sonderbeauftragten de facto aufgelöst
09.06.1953	Aufhebung der Personenkontrolle an den Demarkationslinien
17.06.1953	Arbeiteraufstand mit Zulauf aus der gesamten Bevölkerung in Ost-Berlin und zahlreichen Städten der DDR; rasche Niederschlagung nach Intervention sowjetischer Truppen
20.06.1953	Besuch Außenminister Karl Grubers beim indischen Ministerpräsidenten Nehru auf dem Bürgenstock (Schweiz)
30.06.1953	Gespräch des indischen Botschafters in Moskau, Menon, mit Außenminister Molotov bezüglich der internationalen Position Österreichs. Gespräch des österreichischen politischen Vertreters in Moskau, Bischoff, mit Außenminister Molotov und Übergabe einer österreichischen Aufzeichnung
17.07.1953	Rückgabe der von der Sowjetunion als Deutsches Eigentum behandelten Kraftwerksanlage Ybbs-Persenbeug
30.07.1953	Verzicht der Sowjetunion auf die österreichischen Beitragsleistungen zu den Besatzungskosten ab 01.08.1953
12.08.1953	Einstellung der Postzensur in der sowjetischen Zone
14.08.1953	Beschluss des Alliierten Rates über die Abschaffung der Kontrolle des Brief-, Telegrafen- und Telefonverkehrs für ganz Österreich
19.08.1953	Verzicht Großbritanniens auf die österreichischen Beitragsleistungen zu den Besatzungskosten ab 01.01.1954
19.09.1953	Verzicht Frankreichs auf die österreichischen Beitragsleistungen zu den Besatzungskosten ab 01.01.1954
23.09.1953	Der Hauptausschuss des Nationalrates nimmt zustimmend den von Außenminister Gruber vorgetragenen Bericht der Bundesregierung mit dem politischen Grundsatz „frei von militärischen Blöcken“ zur Kenntnis. In einer an die Sowjetregierung gerichteten Note distanziert sich Österreich endgültig vom „Kurzvertrag“ und erklärt seine

	Bereitschaft, auf Grundlage des „alten“ Vertragsentwurfes zu verhandeln
26.11.1953	Rücktritt des Außenministers Karl Gruber und Bestellung Leopold Figls zum Außenminister
25.01.–18.02.1954	Konferenz der Außenminister der vier Mächte in Berlin
13.02.1954	Bereitschaftserklärung des amerikanischen Außenministers Dulles, eine freiwillig erklärte Neutralität Österreichs entsprechend jener der Schweiz zu akzeptieren. Erklärung des Außenministers Leopold Figl auf der Berliner Konferenz, Österreich habe nicht die Absicht, ein militärisches Bündnis mit irgendeinem Staat einzugehen
30.08.1954	Scheitern der Ratifikation des Vertrages über eine Europäische Verteidigungsgemeinschaft (EVG) in der Pariser Nationalversammlung
05.10.1954	Abkommen von London zwischen Großbritannien, den Vereinigten Staaten von Amerika, Italien und Jugoslawien in der Triester Frage; im Zusammenhang damit Abzug britischer und amerikanischer Besatzungstruppen aus Triest
12.10.1954	Abkommen zwischen der UdSSR und der Volksrepublik China über die Räumung des Kriegsmarinestützpunktes Port Arthur
23.10.1954	Abschluss der seit 19. Oktober in Paris währenden Verhandlungen mit Unterzeichnung der Pariser Verträge (Abkommen, Protokolle und Briefwechsel) über die Beendigung des Besatzungsregimes in der Bundesrepublik Deutschland, das Saarstatut, die Gründung der Westeuropäischen Union und den NATO-Beitritt der Bundesrepublik Deutschland
22.11.1954	Erklärung des französischen Ministerpräsidenten Mendès-France vor der UN-Generalversammlung in New York über einen Stufenplan zum Abzug der alliierten Truppen aus Österreich
21.12.1954	Außerordentliche Sitzung des Alliierten Rates in Wien mit sowjetischen Beschuldigungen an die französische und amerikanische Besatzungsmacht wegen des Vorhandenseins amerikanischer Truppen in der französischen Zone; sowjetische Andeutungen über die Gefährdung der Einheit Österreichs
29./30.12.1954	Ratifizierung der Pariser Verträge durch die französische Nationalversammlung
08.02.1955	Rede Außenministers Molotov vor dem Obersten Sowjet mit einer Erklärung über den Abschluss eines Staatsvertrages mit Österreich
27.02.1955	Ratifizierung der Pariser Verträge durch den westdeutschen Bundestag

24.03.1955	Einladung der Sowjetregierung an Bundeskanzler Raab zu Gesprächen in Moskau
26./27.03.1955	Ratifizierung der Pariser Verträge durch den französischen Rat der Republik
12.–15.04.1955	Verhandlungen der österreichischen Regierungsdelegation (Bundeskanzler Julius Raab, Vizekanzler Adolf Schärf, Außenminister Leopold Figl, Staatssekretär Bruno Kreisky) in Moskau, deren Ergebnisse im „Moskauer Memorandum" vom 15.04.1955 festgehalten werden
18.–24.04.1955	Asiatisch-Afrikanische Konferenz von Bandung (Indonesien)
02.–13.05.1955	Konferenz der Botschafter der vier Besatzungsmächte in Österreich und Vertreter der österreichischen Bundesregierung in Wien
05.05.1955	Inkrafttreten der Pariser Verträge; Ende des Besatzungsregimes in der Bundesrepublik Deutschland (nicht in Berlin); die Bundesrepublik wird souverän und als NATO-Mitglied Verbündeter der Westmächte
10.05.1955	Paraphierung des „Wiener Memorandums" durch Großbritannien, die Vereinigten Staaten von Amerika und Österreich sowie des „Österreichisch-Französischen Memorandums"
14.05.1955	Ankündigung der Reise Chruščëvs und Bulganins nach Belgrad
14.05.1955	Unterzeichnung des Warschauer Paktes
14.05.1955	Außenministerkonferenz der vier Signatarstaaten des Staatsvertrages in Wien im Beisein des österreichischen Außenministers; Genehmigung der Beschlüsse der Botschafterkonferenz; Streichung der „Verantwortlichkeitsklausel" aus der Präambel zum Staatsvertragsentwurf
15.05.1955	Unterzeichnung des Staatsvertrages betreffend die Wiederherstellung eines unabhängigen und demokratischen Österreich im Schloss Belvedere
27.05.–02.06.1955	Aufenthalt Chruščëvs und Bulganins in Belgrad; Aussöhnung Jugoslawiens und der Sowjetunion
01.–03.06.1955	Konferenz von Messina (Benelux, BRD, Frankreich, Italien) – Wiederbelebung der europäischen Integrationsbestrebungen
07.06.1955	Zustimmung des Nationalrates zum Staatsvertrag; Entschließung des Nationalrates über die Neutralität Österreichs Offizielle Einladung der Sowjetregierung an Bundeskanzler Konrad Adenauer nach Moskau
07.–22.06.1955	Besuch des indischen Ministerpräsidenten Nehru in der Sowjetunion
08.06.1955	Zustimmung des Bundesrates zum Staatsvertrag und Un-

	terzeichnung der Ratifikationsurkunde durch Bundespräsident Körner
14.06.1955	Hinterlegung der Ratifikationsurkunde des Staatsvertrages in Moskau durch Österreich
05.07.1955	Hinterlegung der Ratifikationsurkunde durch die Sowjetunion
09.07.1955	Hinterlegung der Ratifikationsurkunde durch die Vereinigten Staaten von Amerika
18.–23.07.1955	Genfer Gipfelkonferenz (erste Gipfelkonferenz seit Potsdam 1945)
19.07.1955	Hinterlegung der Ratifikationsurkunde durch Großbritannien
27.07.1955	Inkrafttreten des Staatsvertrages mit Hinterlegung der letzten noch ausständigen Ratifikationsurkunde durch Frankreich. Beendigung der Tätigkeit der Alliierten Kommission für Österreich
	Inkrafttreten der Abkommen Österreichs mit der Sowjetunion über Waren- und Erdöllieferungen
	Beginn der neunzigtägigen Räumungsfrist für die Besatzungstruppen
09.–13.09.1955	Besuch des Bundeskanzlers Konrad Adenauer in Moskau; Vereinbarung der Aufnahme diplomatischer Beziehungen zwischen der Bundesrepublik Deutschland und der Sowjetunion
19.09.1955	Sowjetische Ankündigung der Räumung des Marinestützpunktes Porkkala in Finnland
25.10.1955	Ende der Räumungsfrist für die Besatzungstruppen in Österreich
26.10.1955	Beschluss des Bundesverfassungsgesetzes über die Neutralität Österreichs durch den Nationalrat
05.11.1955	Inkrafttreten des Bundesverfassungsgesetzes über die Neutralität Österreichs
18.11.–19.12.1955	Südasienreise Chruščëvs und Bulganins (18.11.–01.12. sowie 07.–14.12. in Indien, 01.–07.12. in Burma, 15.–19.12. in Afghanistan)
06.12.1955	Anerkennung der Neutralität durch die vier Signatarmächte des Staatsvertrages
14.12.1955	Aufnahme Österreichs in die Organisation der Vereinten Nationen

Abkürzungen

AAF	Archives de l'Ambassade de France, Wien
Abg.	Abgeordneter
AD	Archives Diplomatiques, Paris
AdG	*Keesings Archiv der Gegenwart*
ADÖ	*Außenpolitische Dokumente der Republik Österreich*
AdR	Archiv der Republik, Wien
AFL	American Federation of Labor
AHY	*Austrian History Yearbook*
AKVI	Archiv des Karl-von-Vogelsang-Instituts, Wien
AÖG	*Archiv für österreichische Geschichte*
ASCG	Arhiv Srbije i Crne Gore (Archiv Serbiens und Montenegros), Belgrad
APA	Austria Presse Agentur
AVPRF	Archiv vnešnej politiki Rossijskoj Federacii (Außenpolitisches Archiv der Russländischen Föderation), Moskau
AZ	*Arbeiter-Zeitung*, Wien
BAK	Bundesarchiv, Koblenz
BKA	Bundeskanzleramt, Wien
BMAA	Bundesministerium für Auswärtige Angelegenheiten, Wien
BRD	Bundesrepublik Deutschland
CDU	Christlich Demokratische Union
CFM	Council of Foreign Ministers
CIA	Central Intelligence Agency
CINCSOUTH	Commander-in-Chief Allied Forces Southern Europe
CIO	Congress of Industrial Organizations
CK	Central'nyj komitet (Zentralkomitee)
CPSU	Communist Party of the Soviet Union
d.	delo, russ. Akte, Aktenfaszikel, Einheit in russ. Archivsignaturen
DBPO	*Documents of British Policy Overseas*
DDF	*Documents Diplomatiques Français*
DDR	Deutsche Demokratische Republik
DDSG	Donau-Dampfschifffahrtsgesellschaft
Diss.	Dissertation
DÖA	*Der Weg zu Freiheit und Neutralität: Dokumentation zur österreichischen Außenpolitik*, hrsg. v. Eva-Marie Csáky, Wien 1980.
EAC	European Advisory Commission
ECA	Economic Cooperation Administration
ECSC	European Coal and Steel Community
EDC	European Defence Community
ERP	European Recovery Program
EVG	Europäische Verteidigungsgemeinschaft

f.	fond, russ. Fonds, Einheit in russ. Archivsignaturen
FO	Foreign Office, London
fol.	Folio – Blatt, Blätter bei Archivsignaturen
FRUS	*Foreign Relations of the United States*
GD	Generaldirektion
GP	Gesetzgebungsperiode
GRU	Glavnoe Razvedyvatel'noe Upravlenie (Hauptverwaltung für Aufklärung)
HHStA	Haus-, Hof- und Staatsarchiv, Wien
HSTL	Harry S. Truman Library, Independence, Missouri
ISB	Information Service Branch
K	Karton
KGA	Karl Gruber Archiv
KPdSU	Kommunistische Partei der Sowjetunion
KPSS	Kommunističeskaja partija Sovetskogo Sojuza (Kommunistische Partei der Sowjetunion)
KPÖ	Kommunistische Partei Österreichs
l.,	ll. list(y), russ. Blatt / Blätter, Einheit in russ. Archivsignaturen (entspricht fol.)
MAA	Ministerium für Auswärtige Angelegenheiten der DDR, Berlin
MDAP	Mutual Defense Assistance Program
Mio.	Million(en)
Mrd.	Milliarde(n)
MRP	Mouvement républicain populaire
MRProt	Ministerratsprotokolle
NA	National Archives, College Park, Maryland
NATO	North Atlantic Treaty Organization
NLS	Nachlässe und Sammlungen
NÖLA	Niederösterreichisches Landesarchiv, St. Pölten
NR	Nationalrat
NSC	National Security Council
OEEC	Organization for European Economic Cooperation
ÖGB	Österreichischer Gewerkschaftsbund
op.	opis', russ. Inventar, Einheit in russ. Archivsignaturen
OROP	Österreichisch-russische Ölprodukte
OSS	Office of Strategic Services
ÖStA	Österreichisches Staatsarchiv, Wien
ÖuG	*Österreich und die Großmächte: Dokumente zur österreichischen Außenpolitik 1945–1955*, hrsg. v. Alfons Schilcher, Wien 1980.
ÖVP	Österreichische Volkspartei
ÖZA	*Österreichische Zeitschrift für Außenpolitik*
p.	papka, russ. Mappe, Einheit in russ. Archivsignaturen
PAAA	Politisches Archiv des Auswärtigen Amtes, Berlin
PHP	Parallel History Project on NATO and the Warsaw Pact

PT	Politisches Tagebuch Julius Raabs, verwahrt im Stiftsarchiv Seitenstetten
RAG	Rohölgewinnungs-AG
RG	Record Group
RGANI	Rossijskij gosudarstvennyj archiv novejšej istorii (Russländisches Staatsarchiv für Neueste Geschichte), Moskau
RGASPI	Rossijskij gosudarstvennyj archiv social'no-političeskoj istorii (Russländisches Staatsarchiv für Sozial- und Politikgeschichte), Moskau
SAPMO-BA	Stiftung Archiv der Parteien und Massenorganisationen der DDR, Bundesarchiv, Berlin
SBA	Schweizerisches Bundesarchiv, Bern
SBKA	Stiftung Bruno-Kreisky-Archiv, Wien
SED	Sozialistische Einheitspartei Deutschlands
SHAPE	Supreme Headquarters Allied Powers Europe
SMV	Sowjetische Mineralölverwaltung
SN	*Salzburger Nachrichten*
SNU	Sovetskoe neftjanoe upravlenie (Sowjetische Mineralölverwaltung)
SPD	Sozialdemokratische Partei Deutschlands
SPÖ	Sozialistische (1991: Sozialdemokratische) Partei Österreichs
SS	Schutzstaffel
SSSR	Sojuz Sovetskich Socialističeskich Respublik (Union der Sozialistischen Sowjetrepubliken)
StAS	Stiftsarchiv des Benediktinerstiftes Seitenstetten, Österreich
Sten.	Prot. Stenographische Protokolle des österreichischen Nationalrates
TASS	Telegrafnoe agentstvo Sovetskogo Sojuza (Telegraphenagentur der Sowjetunion)
TNAUK	The National Archives of the United Kingdom, Kew Garden, UK
TNMF	Schärf, Tagebuchnotizen – Moskau Fahrt
UdSSR	Union der Sozialistischen Sowjetrepubliken
UN(O)	United Nations (Organization)
Univ.	Universität
UNRRA	United Nations Relief and Rehabilitation Administration
US(A)	United States (of America)
USFA	United States Forces in Austria
USIA	Upravlenie Sovetskim imuščestvom v Avstrii (Verwaltung des sowjetischen Eigentums in Österreich)
USSR	Union of Soviet Socialist Republics
VdU	Verband der Unabhängigen
VfZ	*Vierteljahreshefte für Zeitgeschichte*
VGAB	Verein für Geschichte der Arbeiterbewegung, Wien, Österreich
VR	Völkerrecht
WZ	*Wiener Zeitung*
ZK	Zentralkomitee

Bibliografie

10 Jahre Nationalfonds. Zahlen, Daten, Fakten, hrsg. v. Renate S. Meissner im Auftrag des Nationalfonds der Republik Österreich für Opfer des Nationalsozialismus, Wien 2005.

Ableitinger, Alfred, „Österreichische Skepsis gegenüber Österreichs Staatsvertrag. Theodor Hornbostels und Friedrich Funders Diskussion in den Jahren 1953/55", in: *Geschichte und Gegenwart* 4, 1985, 191–212.

Ableitinger, Alfred / Beer, Siegfried / Staudinger, Eduard G., Hrsg., *Besatzungszeit in der Steiermark 1945–1955*, Graz 1994.

Ableitinger, Alfred / Beer, Siegfried / Staudinger, Eduard G., Hrsg., *Österreich unter alliierter Besatzung 1945–1955*, Wien 1998.

Ableitinger, Alfred, „Großbritannien und das Zweite Kontrollabkommen. Genese und Gehalt des britischen Regierungsentwurfes vom 4. Februar 1946", in: Ableitinger / Beer / Staudinger, *Österreich unter alliierter Besatzung 1945–1955*, 71–110.

Acheson, Dean, *Present at the Creation. My Years in the State Department*, New York 1970.

Adamovich, Ludwig Jr., *Handbuch des österreichischen Verfassungsrechtes*, Wien 1971.

Adams, Ware, „The Negative Veto – a Breakthrough", in: Bauer, *The Austrian Solution*, Charlottesville 1982, 76–84.

Adenauer, Konrad, *Erinnerungen 1953–1955*, Stuttgart 1966.

Adenauer, Konrad, *„Wir haben wirklich etwas geschaffen." Die Protokolle des CDU-Bundesvorstands 1953–1957*, hrsg. v. Günter Buchstab (= Forschungen und Quellen zur Zeitgeschichte, Bd. 16), Düsseldorf 1990.

Adenauer, (Konrad), *Teegespräche 1950–1954*, hrsg. v. Hanns Jürgen Küsters, Berlin 1984.

Adibekov, G. M., *Kominform i poslevoennaja Evropa*, Moskau 1994.

Adler, Friedrich, „Observations on the Situation in Occupied Austria", in: Braunthal, *The Tragedy of Austria*, London 1948, 136–159.

Aga Rossi, Elena / Zaslavsky, Victor, *Stalin and Togliatti: Italy and the Origins of the Cold War*, Washington 2011.

Agstner, Rudolf / Enderle-Burcel, Gertrude / Follner, Michaela, *Österreichs Spitzendiplomaten zwischen Kaiser und Kreisky: Biographisches Handbuch der Diplomaten des Höheren Auswärtigen Dienstes 1918 bis 1959*, Wien 2009.

Aichinger, Ernst, *The Role of the So-Called German Assets in the Negotiations of the Austrian Treaty Commission*, Diss. Univ. Wien 2017.

Aichinger, Wilfried, *Sowjetische Österreichpolitik 1943–1945* (= Materialien zur Zeitgeschichte, hrsg. v. Erika Weinzierl, Rudolf G. Ardelt und Karl Stuhlpfarrer, Bd. 1), Wien 1977.

Albrich, Thomas, „Heiligt der Zweck die Mittel? Anmerkungen zu Robert Knights Auswahledition der Wortprotokolle der österreichischen Bundesregierung von 1945 bis 1952 über die Entschädigung der Juden", in: *Innsbrucker Historische Studien* 10/11, 1988, 407–411.

Albrich, Thomas, „Die jüdischen Organisationen und der österreichische Staatsvertrag 1947", in: *Bericht über den 18. Österreichischen Historikertag in Linz (24.-29. 9. 1990)* (= Veröffentlichungen des Verbandes Österreichischer Geschichtsvereine, Bd. 27), Wien 1991, 97–101.

Albrich, Thomas, „Jewish Interests and the Austrian State Treaty", in: Bischof/Pelinka, *Austria in the New Europe*, New Brunswick 1993, 137–164.

Albrich, Thomas, „‚Es gibt keine jüdische Frage.' Zur Aufrechterhaltung des österreichischen Opfermythos", in: Steininger, *Der Umgang mit dem Holocaust*, Wien 1994, 147–166.

Albrich, Thomas / Eisterer, Klaus / Gehler, Michael / Steininger, Rolf, Hrsg., *Österreich in den Fünfzigern* (= Innsbrucker Forschungen zur Zeitgeschichte, Bd. 11), Innsbruck 1995.

Aleksandrov-Agentov, A., *Ot Kollontaj do Gorbačeva: Vospominanija*, Moskau 1994.

Allard, Sven, *Diplomat in Wien. Erlebnisse, Begegnungen und Gedanken um den österreichischen Staatsvertrag*, Köln 1965.

Allard, Sven, *Russia and the Austrian State Treaty*, University Park 1970.

Allizé, Henry, *Ma mission à Vienne (Mars 1919 – Août 1920)*, Paris 1933.

Altrichter, Helmut, Hrsg., *Adenauers Moskaubesuch 1955: eine Reise im internationalen Kontext* (= Rhöndorfer Gespräche, Bd. 22), Bonn 2005.

Angerer, Thomas, „Integrität vor Integration. Österreich und ‚Europa' aus französischer Sicht 1949–1960", in: Gehler / Steininger, *Österreich und die europäische Integration 1945–1993*, Wien 1993, 178–200.

Angerer, Thomas, „Besatzung, Entfernung … Integration? Grundlagen der politischen Beziehungen zwischen Frankreich und Österreich seit 1938/45", in: Koja / Pfersmann, *Frankreich – Österreich*, Wien 1994, 82–102.

Angerer, Thomas, *Frankreich und die Österreichfrage. Historische Grundlagen und Leitlinien 1945–1955*, Diss. Univ. Wien 1996.

Angerer, Thomas, „Die französischen Garantieforderungen und die Ursprünge des Anschluß-Verbots im österreichischen Staatsvertrag, 1946–1947", in: Thomas Angerer / Birgitta Bader-Zaar / Margarete Grandner, Hrsg., *Geschichte und Recht. Festschrift für Gerald Stourzh*, Wien 1999, 413–429.

Angerer, Thomas, „Französische Freundschaftspolitik in Österreich nach 1945. Gründe, Grenzen und Gemeinsamkeiten mit Frankreichs Deutschlandpolitik", in: Rauchensteiner / Kriechbaumer, Hrsg., *Die Gunst des Augenblicks*, Wien 2005, 113–138.

Angerer, Thomas / Le Rider, Jacques, Hrsg., *„Ein Frühling, dem kein Sommer folgte"? Französisch-österreichische Kulturtransfers seit 1945*, Wien 1999.

Angerer, Thomas, „Re-launching East-West Negotiations while Deciding West German Rearmament: France, the Paris Treaties, and the Austrian State Treaty 1954/55", in: Arnold Suppan / Gerald Stourzh / Wolfgang Mueller, Hrsg., *Der österreichische Staatsvertrag 1955: internationale Strategie, rechtliche Relevanz, nationale Identität*, Wien 2005, 265–333.

Angerer, Thomas, „Toward a New Anschluss? France and the German and Austrian Questions, 1945–1955," in Frédéric Bozo / Christian Wenkel, Hrsg., *France and the German Question*, New York 2019, 241–265.

Anikeev, A. S., *Kak Tito ot Stalina ušel: Jugoslavija, SSSR i SŠA v načalnyj period cholodnoj vojny 1945–1957*, Moskau 2002.

Applebaum, Anne, *Iron Curtain: The Crushing of Eastern Europe*, London 2012.

Ardelt, Rudolf G. / Haas, Hanns, „Die Westintegration Österreichs nach 1945", in: *Österreichische Zeitschrift für Politikwissenschaft* 4, 1975, 379–399.

Aron, Rayond, *Paix et guerre entre les nations*, Paris 1962.

Auerbach, Bertrand, *Le rattachement de l'Autriche à l'Allemagne*, Nancy 1927.

Die Aufrüstung Österreichs. Dokumente und Tatsachen, hrsg. v. Österreichischer Friedensrat, o. O., o. J. [1951].

Ausch, Karl, *Licht und Irrlicht des österreichischen Wirtschaftswunders*, Wien 1965.

Außenpolitische Dokumente der Republik Österreich 1918–1938, Bd. 10: *Zwischen Hitler und Mussolini. 10. August 1934 bis 24. Juli 1936*, hrsg. v. Klaus Koch / Elisabeth Vyslonzil, Wien 2014.

Bader, William B., *Austria between East and West 1945–1955*, Stanford 1966.

Badstübner, Rolf / Loth, Wilfried, Hrsg., *Wilhelm Pieck – Aufzeichnungen zur Deutschlandpolitik 1945–1953*, Berlin 1994.

Bailer, Brigitte, *Wiedergutmachung kein Thema. Österreich und die Opfer des Nationalsozialismus*, Wien 1993.

Bailer, Brigitte, „‚Ohne den Staat weiter damit zu belasten…' Bemerkungen zur österreichischen Rückstellungsgesetzgebung", in: *Zeitgeschichte* 20, 1993, 367–381.

Bailer, Brigitte, „Gleiches Recht für alle? Die Behandlung von Opfern und Tätern des Nationalsozialismus durch die Republik Österreich", in: Steininger, *Der Umgang mit dem Holocaust*, Wien 1994, 183–197.

Bailer-Galanda, Brigitte, *Die Entstehung der Rückstellungs- und Entschädigungsgesetzgebung: Die Republik Österreich und das in der NS-Zeit entzogene Vermögen* (= Veröffentlichungen der österreichischen Historikerkommission, Bd. 3), Wien 2003.

Bailer-Galanda, Brigitte, „Staatsvertrag und Rückstellungen bis 1955", in: Arnold Suppan / Gerald Stourzh / Wolfgang Mueller, Hrsg., *Der österreichische Staatsver-*

trag 1955: internationale Strategie, rechtliche Relevanz, nationale Identität, Wien 2005, 655–674.

Barker, Elisabeth, *British Policy in South-East Europe in the Second World War*, London 1976.

Barker, Thomas M. (in Zusammenarbeit mit Andreas Moritsch), *The Slovene Minority of Carinthia* (= East European Monographs, Bd. 169), New York 1984.

Barnes, Trevor, „The Secret Cold War: the C. I. A. and American Foreign Policy in Europe, 1946–1956", Teil 1 in: *The Historical Journal* 24, 1981, 399–415, Teil 2: ebd. 25, 1982, 649–670.

Bauer, Otto, *Acht Monate auswärtiger Politik*, Wien 1919.

Bauer, Otto, „Die politische Lage", in: *Archiv. Mitteilungsblatt des Vereins für Geschichte der Arbeiterbewegung* 3, 1963, 45–68 [Rede bei der Parteikonferenz 1933].

Bauer, Robert A., Hrsg., *The Austrian Solution. International Conflict and Cooperation*, veröffentlicht für das Johns Hopkins Foreign Policy Institute, School of Advanced International Studies, Charlottesville 1982.

Baumgartner, Gerhard, „Die burgenländischen Sprachminderheiten 1945–1999", in: Roland Widder, Hrsg., *Burgenland. Vom Grenzland im Osten zum Tor in den Westen* (= Geschichte der österreichischen Bundesländer seit 1945, hrsg. v. Herbert Dachs, Ernst Hanisch und Robert Kriechbaumer, Bd. 5), Wien 2000, 15–53.

Beer, Siegfried / Staudinger, Eduard, „Die „Vienna Mission" der Westalliierten im Juni 1945: Eine Dokumentation", in: *Jahrbuch des Vereins für Geschichte der Stadt Wien* 50, 1994, 317–412.

Beer, Siegfried, Hrsg., *Die „britische" Steiermark: 1945–1955*, Graz 1995.

Beer, Siegfried, „Der Kampf der Geheimdienste. Anglo-amerikanische Quellen zum ‚Ersten' Kalten Krieg in Österreich (1945–1953)", in: Stefan Karner / Erich Reiter / Gerald Schöpfer, Hrsg., *Kalter Krieg. Beiträge zur Ost-West-Konfrontation 1945 bis 1990*, Graz 2002, 201–216.

Beer, Siegfried, „Research and Analysis about Austria, 1941–1949. American Intelligence Studies on the Reconstruction of Central Europe", in: Thomas Fröschl / Margarete Grandner / Birgitta Bader-Zaar, Hrsg., *Nordamerikastudien* (= Wiener Beiträge zur Geschichte der Neuzeit, Bd. 24), Wien 2000, 192–210.

Beer, Siegfried, „SOE, PWE und schließlich FO: Die Briten als Vorreiter der alliierten Österreichplanung 1940–1943", in: Stefan Karner / Alexander Tschubarjan, Hrsg., *Die Moskauer Deklaration 1943: „Österreich wiederherstellen"*, Wien 2015, 99–108.

Beer, Siegfried, „‚Planned Communist Insurrection in Austria': A CIC Document on Putsch-Plotting from October 1947", in: Lucile Dreidemy u. a. Hrsg., *Bananen, Cola, Zeitgeschichte: Oliver Rathkolb und das lange 20. Jahrhundert,* Wien 2015, 681–691.

Behrmann, Lilly-Ralou / Proché, Peter / Strasser, Wolfgang, *Bibliographie zur Außenpolitik der Republik Österreich seit 1945* (= Schriftenreihe der Österreichischen

Gesellschaft für Außenpolitik und internationale Beziehungen, Bd. 7), Wien 1974.

Békés, Csaba / Borhi, László / Ruggenthaler, Peter / Trasca, Ottmar, Hrsg., *Soviet Occupation of Romania, Hungary, and Austria 1944/45–1948/49*, Budapest 2015.

Beleckij, Viktor N., *Sovetskij Sojuz i Avstrija. Bor'ba Sovetskogo Sojuza za vozroždenie nezavisimoj demokratičeskoj Avstrii i ustanovlenie s nej družestvennych otnošenij (1938–1960 gg.)*, Moskau 1962.

Benjamin, Walter, *Moscow Diary*, hrsg. v. Gary Smith, Cambridge, MA, 1986.

Berchtold, Klaus, Hrsg., *Österreichische Parteiprogramme 1866–1966*, Wien 1967.

Bergsträsser, Arnold / Cornides, Wilhelm, Hrsg., *Die internationale Politik 1955*, München 1958.

Bericht über die Tätigkeit der deutschösterreichischen Friedensdelegation in St. Germain-en-Laye (= 379 der Beilagen, Sten. Prot. der Konstituierenden Nationalversammlung), Wien 1919.

Béthouart, Emile-Marie A., *Die Schlacht um Österreich*, Wien 1967 [französisches Original: *La bataille pour l'Autriche*, Paris 1966].

Bezemek, Ernst / Rosner, Willibald, Hrsg., *Niederösterreich 1945 – Südmähren 1945* (= Studien und Forschungen aus dem Niederösterreichischen Institut für Landeskunde, Bd. 21), Wien 1996.

Bialer, Seweryn, „The Three Schools of Kremlin Policy", in: *The New Leader*, 29. Juli 1957, 11–12.

Bindschedler-Robert, Denise, „Völkerrecht und Neutralität in sowjetischer Sicht", in: *ÖZA*, 5 (1965), 144–163.

Bischof, Günter, „‚Prag liegt westlich von Wien'. Internationale Krisen im Jahre 1948 und ihr Einfluß auf Österreich", in: Bischof / Leidenfrost, *Die bevormundete Nation*, Innsbruck 1988, 315–345.

Bischof, Günter, *Between Responsibility and Rehabilitation: Austria in International Politics 1940–1950*, Diss. Harvard University, Cambridge, MA 1989.

Bischof, Günter, „Karl Gruber und die Anfänge des ‚Neuen Kurses' in der österreichischen Außenpolitik 1952/53", in: Höbelt / Huber, *Für Österreichs Freiheit*, Innsbruck 1991, 143–184.

Bischof, Günter, „The Anglo-American Powers and Austrian Neutrality 1953–1955", in: *Mitteilungen des österreichischen Staatsarchivs* 42, 1992, 368–393.

Bischof, Günter, „Österreich – ein ‚geheimer Verbündeter' des Westens? Wirtschafts- und sicherheitspolitische Fragen der Integration aus der Sicht der USA", in: Gehler / Steininger, *Österreich und die europäische Integration 1945–1993*, Wien 1993, 425–450.

Bischof, Günter, „Die Instrumentalisierung der Moskauer Erklärung nach dem 2. Weltkrieg", in: *Zeitgeschichte* 20, 1993, 345–366.

Bischof, Günter, „Österreichische Neutralität, die deutsche Frage und europäische Sicherheit 1953–1955", in: Steininger / Weber / Bischof / Albrich / Eisterer, *Die doppelte Eindämmung*, München 1993, 133–176.

Bischof, Günter, „The Making of a Cold Warrior: Karl Gruber and Austrian Foreign Policy, 1945–1953", in: *Austrian History Yearbook* 26 1995, 99–127.

Bischof, Günter, „‚Austria looks to the West.' Kommunistische Putschgefahr, geheime Wiederbewaffnung und Westorientierung am Anfang der Fünfziger Jahre", in: Albrich / Eisterer / Gehler / Steininger, *Österreich in den Fünfzigern*, Innsbruck 1995, 183–209.

Bischof, Günter, „Eisenhower, the Summit, and the Austrian Treaty, 1953–1955", in: Günter Bischof / Stephen E. Ambrose, Hrsg., *Eisenhower. A Centenary Assessment*, Baton Rouge 1995, 136–161.

Bischof, Günter / Leidenfrost, Josef, Hrsg., *Die bevormundete Nation. Österreich und die Alliierten 1945–1949* (= Innsbrucker Forschungen zur Zeitgeschichte, Bd. 4), Innsbruck 1988.

Bischof, Günter / Pelinka, Anton, *Austria in the New Europe* (= Contemporary Austrian Studies, Bd. 1), New Brunswick 1993.

Bischof, Günter / Pelinka, Anton / Steininger, Rolf, Hrsg., *Austria in the Nineteen Fifties* (= Contemporary Austrian Studies, Bd. 3), New Brunswick 1995.

Bischof, Günter, „Die Planung und Politik der Alliierten 1940–1954", in: Steininger / Gehler, Hrsg., *Österreich im 20. Jahrhundert*, Bd. 2, Wien 1997, 107–146.

Bischof, Günter, *Austria in the First Cold War, 1945–55: The Leverage of the Weak*, Basingstoke 1999.

Bischof, Günter / Stiefel, Dieter, Hrsg., *80 Dollar: 50 Jahre ERP-Fonds und Marshall-Plan in Österreich*, Wien 1999.

Bischof, Günter, „Eine historiographische Einführung: Die Ära des Kalten Krieges in Österreich", in: Erwin A. Schmidl, Hrsg., *Österreich im frühen Kalten Krieg 1945–1958: Spione, Partisanen, Kriegspläne,* Wien 2000, 19–54.

Bischof, Günter / Pelinka, Anton / Stiefel, Dieter, Hrsg., *The Marshall Plan in Austria* (= Contemporary Austrian Studies, Bd. 8), New Brunswick 2000.

Bischof, Günter, „The Making of the Austrian State Treaty and the Road to Geneva", in: Günter Bischof / Saki Dockrill, Hrsg., *Cold War Respite: The Geneva Summit of 1955*, Baton Rouge 2000, 117–154.

Bischof, Günter / Pelinka, Anton / Wodak, Ruth, Hrsg., *Neutrality in Austria* (= Contemporary Austrian Studies, Bd. 9), New Brunswick 2001.

Bischof, Günter, „‚Recapturing the Initiative and Negotiating from Strength': The Hidden Agenda of the Short Treaty Episode – The Militarization of American Foreign Policy and the Un / Making of the Austrian Treaty", in: Arnold Suppan / Gerald Stourzh / Wolfgang Mueller, Hrsg., *Der österreichische Staatsvertrag 1955: internationale Strategie, rechtliche Relevanz, nationale Identität*, Wien 2005, 217–247.

Bischof, Günter, „Die Moskauer Deklaration und die österreichische Geschichtspolitik", in: Stefan Karner / Alexander Tschubarjan, Hrsg., *Die Moskauer Deklaration 1943: „Österreich wiederherstellen"*, Wien 2015, 249–259.

Bischof, Günter / Petschar, Hans, *The Marshall Plan: Saving Europe, Rebuilding Austria*, New Orleans 2017.

Bischoff, Norbert, „Österreichische Außenpolitik 1918–1928", in: *10 Jahre Wiederaufbau. Die staatliche, kulturelle und wirtschaftliche Entwicklung der Republik Österreich 1918–1928*, hrsg. unter der Leitung eines interministeriellen Komitees unter dem Vorsitz von Wilhelm Exner, Wien 1928, 23–34.

Bischoff, Norbert von, *Ankara. Eine Deutung des neuen Werdens in der Türkei*, Wien 1935.

Bischoff, Norbert, „Die politische Vorbereitung des Staatsvertrages", in: *Die Furche*, 4. Juni 1955, 1 [abgedruckt in *DÖA*, Nr. 179].

Blasi, Walter, *General der Artillerie Ing. Dr. Emil Liebitzky – Österreichs „Heusinger"?* (= Militärgeschichte und Wehrwissenschaften, Bd. 6), Bonn 2002.

Blasi, Walter / Schmidl, Erwin A. / Schneider, Felix, Hrsg., *B-Gendarmerie, Waffenlager und Nachrichtendienste. Der militärische Weg zum Staatsvertrag*, Wien 2005.

Blasi, Walter, „Die B-Gendarmerie", in: ders./Erwin A. Schmidl / Felix Schneider, Hrsg., *B-Gendarmerie, Waffenlager und Nachrichtendienste: Der militärische Weg zum Staatsvertrag*, Wien 2005, 27–74.

Blechner, Heinrich, „Österreichs Weg in die Vereinten Nationen", in: *ÖZA* 1, 1960/61, 351–356.

Blöchl, Johann, *Meine Lebenserinnerungen*, Linz o. J. [1975].

Bock, Fritz, *Das Durchführungsgesetz zum Deutschen Eigentum*, Wien 1956.

Boden, Ragna, *Die Grenzen der Weltmacht: sowjetische Indonesienpolitik von Stalin bis Brežnev*, Stuttgart 2006.

Bohlen, Charles E., *Witness to History*, London 1973.

Bollmus, Reinhard, „Staatliche Einheit trotz Zonentrennung: Zur Politik des Staatskanzlers Karl Renner gegenüber den Besatzungsmächten in Österreich im Jahre 1945", in: Ulrich Engelhardt / Volker Sellin / Horst Stuke, Hrsg., *Soziale Bewegung und politische Verfassung. Beiträge zur Geschichte der modernen Welt*, Stuttgart 1977, 677–712 [Festschrift Werner Conze].

Bollmus, Reinhard, „Zur österreichischen Konzeption für einen Staatsvertrag", in: Mock / Steiner / Khol, *Neue Fakten zu Staatsvertrag und Neutralität*, Wien 1980, 109–133.

Bollmus, Reinhard, „Die Bundesrepublik Deutschland und die Republik Österreich 1950–1958. Stationen einer skeptischen Freundschaft", in: *Christliche Demokratie* 1, 1983, 9–23.

Bollmus, Reinhard, „Ein kalkuliertes Risiko? Großbritannien, die USA und das ‚Deutsche Eigentum' auf der Konferenz von Potsdam", in: Bischof / Leidenfrost, *Die bevormundete Nation*, Innsbruck 1988, 107–126.

Bol'šaja Sovetskaja Enciklopedija, hrsg. v. O. Ju. Šmidt u. a., Bd. 41, Moskau 1939.

Bonjour, Edgar, *Geschichte der schweizerischen Neutralität. Vier Jahrhunderte eidgenössischer Außenpolitik*, Bd. 2, Basel ^{5}1970.

Bonwetsch, Bernd, „Stalin und die Vorbereitung des 3. Parteitags der SED: Ein Treffen mit der SED-Führung am 4. Mai 1950“, in: *Vierteljahrshefte für Zeitgeschichte* 51:4, 2003, 575–607.

Borhi, László, *Hungary in the Cold War, 1945–1956: Between the United States and the Soviet Union*, Budapest 2004.

Botz, Gerhard, „Zwischen Akzeptanz und Distanz: Die österreichische Bevölkerung und das NS-Regime nach dem Anschluss“, in: Gerald Stourzh / Birgitta Zaar, Hrsg., *Österreich, Deutschland und die Mächte. Internationale und österreichische Aspekte des „Anschlusses“ vom März 1938*, Wien 1990, 429–469.

Boyle, Peter G., Hrsg., *The Churchill-Eisenhower Correspondence, 1953–1955*, Chapel Hill, NC 1990.

Brait, Andrea / Gehler, Michael, Hrsg., *Grenzöffnung 1989: Innen- und Außenperspektiven und die Folgen für Österreich*, Wien 2014.

Brandweiner, Heinrich, *Der Österreichische Staatsvertrag*, Leipzig 1955.

Braumann-Lettner, Lydia, „Die französische Österreichplanung und Österreichpolitik von 1943 bis zur Anerkennung der Regierung Figl“, in: *Jahrbuch für Zeitgeschichte* 1982/83, 81-13l.

Braunthal, Julius, *The Tragedy of Austria*, London 1948.

Brix, Emil / Fröschl, Thomas / Leidenfrost, Josef, Hrsg., *Geschichte zwischen Freiheit und Ordnung. Gerald Stourzh zum 60. Geburtstag*, Graz 1991.

Brown, Ralph W. III, „Making the Third Man Look Pale: American-Soviet Conflict in Vienna During the Early Cold War in Austria“, in: *The Journal of Slavic Military Studies* 14:4, 2001, 81–109.

Brunner, Waltraud, *Das Deutsche Eigentum und das Ringen um den österreichischen Staatsvertrag 1945–1955*, Diss. Univ. Wien 1976.

Brusatti, Alois, „Entwicklung der Wirtschaft und Wirtschaftspolitik“, in: Weinzierl / Skalnik, *Österreich – Die Zweite Republik*, Bd. 1, Graz 1972, 417–494.

Brusatti, Alois, *50 Jahre Erdöl in Österreich*, hrsg. v. Österreichische Gesellschaft für Erdölwissenschaften, Wien 1980.

Brusatti, Alois / Heindl, Gottfried, Hrsg., *Julius Raab. Eine Biographie in Einzeldarstellungen*, Linz o.J. [1986].

Bukey, Evan Burr, *Hitler's Austria: Popular Sentiment in the Nazi Era 1938–1945*, Chapel Hill 2000.

Bullock, Alan, *Ernest Bevin. Foreign Secretary 1945–1951*, London 1983.

Burtscher, Wolfgang, „Österreichs Annäherung an den Europarat von 1949 bis zur Vollmitgliedschaft im Jahre 1956“, in: Waldemar Hummer / Gerhard Wagner, Hrsg., *Österreich im Europarat 1956–1986. Bilanz einer 30jährigen Mitgliedschaft*, Wien 1988, 37–52.

Butler, Susan, Hrsg., *My Dear Mr. Stalin: The Complete Correspondence of Franklin D. Roosevelt and Joseph Stalin*, New Haven 2005.

Butschek, Felix, *Die österreichische Wirtschaft im 20. Jahrhundert*, Stuttgart 1985.

Büttner, Ruth, *Sowjetisierung oder Selbständigkeit? Die sowjetische Finnlandpolitik 1943–1948*, Hamburg 2001.

Bystrova, N. E., *SSSR i formirovanie voenno-blokovogo protivostojanija v Evrope 1945–1955gg.*, 2 Bde., Moskau 2005.

Carafano, James Jay, *Waltzing into the Cold War. The Struggle for Occupied Austria*, College Station 2002.

Carandini, Nicolò, *The Alto Adige, an Experiment in the Devaluation of Frontiers*, Rom 1958.

Carsten, Francis L., *Faschismus in Österreich*, München 1978.

Cede, Franz, „Österreichs Neutralität und Sicherheitspolitik nach dem Beitritt zur Europäischen Union", in: *Zeitschrift für Rechtsvergleichung* 36, 1995, 142–148.

Chauvel, Jean, *Commentaire*, Bd. 3: *de Berne à Paris (1952–1962)*, Paris 1973.

Cherny, Andrei, *The Candy Bombers: The Untold Story of the Berlin Airlift and America's Finest Hour*, New York 2008.

Chruščev, N. S., „Memuary Nikity Sergeeviča Chruščeva: Mirnyj dogovor s Avstriej", in: *Voprosy istorii*, 7 (1993), 73–87.

Chruščev, Nikita S., *Vospominanija: Vremja, Ljudi, Vlast'*, 4 Bde., Moskau 1999.

Churchill, Winston, *Reden*, hrsg. v. Randolph Churchill, Zürich 1946–1950.

Clute, Robert E., *The International Legal Status of Austria 1938–1955*, Den Haag 1962.

Creuzberger, Stefan / Görtemaker, Manfred, Hrsg., *Gleichschaltung unter Stalin? Die Entwicklung der Parteien im östlichen Europa 1944–1949*, Paderborn 2002.

Creuzberger, Stefan, *Westintegration und neue Ostpolitik: Die Außenpolitik der Bonner Republik*, Berlin 2009.

Cronin, Audrey Kurth, *Great Power Politics and the Struggle over Austria, 1945–1955*, Ithaca 1986.

Cronin, Audrey Kurth, „Eine verpaßte Chance? Die Großmächte und die Verhandlungen über den Staatsvertrag im Jahre 1949", in: Bischof / Leidenfrost, *Die bevormundete Nation*, Innsbruck 1988, 347–370 [Englische Version: „East-West Negotiations over Austria in 1949: Turning Point in the Cold War", in: *Journal of Contemporary History* 24, 1989, 125–145].

Csáky, Eva-Marie, *Der Weg zu Freiheit und Neutralität. Dokumentation zur österreichischen Außenpolitik 1945–1955* (= Schriftenreihe der Österreichischen Gesellschaft für Außenpolitik und internationale Beziehungen, Bd. 10), Wien 1980.

Csáky, Eva-Marie, „Das Werden des Staatsvertrages vom 15. Mai 1955", in: *Österreich in Geschichte und Literatur*, 24 1980, 345–360.

Csáky, Eva-Marie, „Der Staatsvertrag und die Neutralität Österreichs, 1945–1955", in: Walter Göhring / Werner Pfeifenberger, Hrsg., *Im Blickpunkt: Österreich. Zeitgeschichte 1945–1980* (= Politische Bildung, Zeitschrift für Erwachsenenbildung, Sondernummer 2), Wien o.J. [1981].

Csáky, Eva-Marie, „Der Staatsvertrag“, in: *Zeitgeschichte* (= Beiträge zur Lehrerfortbildung, Bd. 22), Wien 1982, 195–240.

Čubar'jan, A. O. / Egorova N. I., Hrsg., *Cholodnaja vojna i politika razrjadki: Diskussionnye problemy*, 2 Bde., Moskau 2003.

Čubar'jan, A. O. / Gajduk, I. V. / Egorova, N. I., Hrsg., *Stalin i cholodnaja vojna*, Moskau 1997.

Čubar'jan, A. O. / Gajduk, I. V. / Egorova, N. I., Hrsg., *Stalinskoe desjatiletie cholodnoj vojny*, Moskau 1998.

Cullis, Michael, „Austria 1945–1950. The Desk-level View of a British Diplomat“, in: Brix / Fröschl / Leidenfrost, *Geschichte zwischen Freiheit und Ordnung*, Graz 1991, 211–228.

Czernetz, Karl, *Kommt der dritte Weltkrieg?*, Wien 1951.

Dallek, Robert, *The Lost Peace: Leadership in a Time of Horror and Hope, 1945–1953*, New York 2010.

Dallin, David, „Stalin, Renner und Tito – Österreich zwischen drohender Sowjetisierung und den jugoslawischen Gebietsansprüchen im Frühjahr 1945“, in: *Europa-Archiv*, 13 (1958), 11.030-11.034.

Dallin, David, *Soviet Foreign Policy after Stalin*, London 1962.

Dalsjö, Robert, „The Hidden Rationality of Sweden's Policy of Neutrality during the Cold War“, in: *Cold War History*, 14:2 (2014), 175–194.

Deighton, Anne, *The Impossible Peace: Britain, the Division of Germany, and the Origins of the Cold War*, Oxford 1993.

Demografisches Handbuch für Südtirol 2014, hrsg. v. Landesinstitut für Statistik, Bozen / Bolzano 2015.

Deuerlein, Ernst, „Die außenpolitische Lage Österreichs 1945“, in: *Mitteilungen des österreichischen Staatsarchivs* 17/18, 1964/65, 477–519.

Deutsch, Julius, *Austria in the Framework of a World Organization. Geneva or Vienna?*, New York 1944.

Deutsch, Julius, „Österreich und die Weltpolitik“, in: *Die Zukunft* 3, 1946, 1–3 [abgedruckt in: *DÖA*, Nr. 31].

Deutsch, Julius, *Was wollen die Sozialisten?*, Wien 1949.

Diedrich, Torsten / Wenzke, Rüdiger, *Die getarnte Armee. Geschichte der Kasernierten Volkspolizei der DDR 1952 bis 1956* (= Militärgeschichte der DDR, Bd. 1), Berlin 2001.

Dijk, Ruud van, *The 1952 Stalin Note Debate: Myth or Missed Opportunity for German Unification?* (= Cold War International History Project Working Paper, Nr. 14), Washington 1996.

[Dimitrov, Georgi,] *The Diary of Georgi Dimitrov 1933–1949*, hrsg. v. Ivo Banac, New Haven 2003.

Diplomatičeskii slovar', 1. Aufl., hrsg. v. A. Ja. Vyšinskij, Moskau 1950; 2. Aufl., hrsg. v. A. A. Gromyko / S. A. Golunskij / V. M. Chvostov, Moskau 1961; 4. Aufl., hrsg. v. A. A. Gromyko, Moskau 1984–1986.

Djilas, Milovan, *Gespräche mit Stalin*, Frankfurt / Main 1962.

Dobretsberger, Josef, „Und nach dem Staatsvertrag?", in: *Die Union*, 29. Juli 1949, 1–2.

La Documentation Française. Notes et Etudes Documentaires:
Nr. 1091 (14. März 1949), „Le Traité d'Etat Autrichien";
Nr. 1271 (7. Februar 1950), „Documents concernant le Traité d'Etat avec l'Autriche (mai – août 1949)";
Nr. 1858 (6. April 1954), „Echanges de Notes et Documents concernant l'Autriche (mai 1950 – janvier 1954)".

Documents on British Policy Overseas, Series I, Bd. 1: *The Conference at Potsdam July – August 1945*, London 1984.

Documents on British Policy Overseas, Series II, Bd. 3: *German Rearmament September – December 1950*, London 1989.

Documents on the Carinthian Question, hrsg. v. jugoslawischen Außenministerium, Belgrad 1948.

Documents diplomatiques français 1932–1939, 1. Serie, Bd. 2: *(15 novembre 1932-17 mars 1933)*, Paris 1966.

Documents diplomatiques français 1954 (21 juillet – 31 décembre 1954), Paris 1987.

Documents diplomatiques français 1955, Bd. 1: *(1 janvier – 30 juin 1955)*, Paris 1987; Bd. 2: *(1 juillet – 31 décembre 1955)*, Paris 1988.

Douschan, Liselotte, *Anton Benya: Österreichischer Gewerkschafts- und Nationalratspräsident*, Wien 2011.

Durantin, Jean François, „Les conceptions européennes des neutralistes français vis-à-vis du conflit Est-Ouest au début de la guerre froide", in: Maurice Vaïsse, Hrsg., *Le pacifisme en Europe des années 1920 aux années 1950*, Brüssel 1993, 347–371.

Düriegl, Günter / Frodl, Gerbert, Hrsg., *Das Neue Österreich. Katalog der Ausstellung zum Staatsvertragsjubiläum 1955/2005, Oberes Belvedere Wien*, Wien 2005.

Duroselle, Jean-Baptiste, *Le Conflit de Trieste 1943–1954*, Brüssel 1966.

Ebert, Michael, *Bonn – Wien: Die deutsch-österreichischen Beziehungen von 1945 bis 1961 aus westdeutscher Perspektive unter besonderer Berücksichtigung der Österreichpolitik des Auswärtigen Amtes*, Diss. Univ. Kiel 2003.

Eckardt, Felix von, *Ein unordentliches Leben*, Düsseldorf 1967.

Edemskii, Andrei, „The Turn in Soviet-Yugoslav Relations, 1953–1955", in: *Cold War International History Project Bulletin*, 10, March 1998, 138.

Edemskij, A. B., *Ot konflikta k normalizacii: Sovetsko-jugoslavskie otnošenija v 1953–1956 godach*, Moskau 2008.

Egorova, N. I., „Evropejskaja bezopasnost' i ‚ugroza' NATO v ocenkach stalinskogo rukovodstva", in: A. O. Čubar'jan / I. V. Gajduk / N. I. Egorova, Hrsg., *Stalinskoe desjatiletie cholodnoi vojny*, Moskau 1998, 56–78.

Egorova, N. I. / Čubar'jan, A. O., Hrsg., *Cholodnaja vojna 1945–1963: Istoričeskaja retrospektiva*, Moskau 2003.

Egorova, N. I., „Voenno-političeskaja integracija stran zapada i reakcija SSSR 1947–1953gg.", in: dies./A. O. Čubar'jan, Hrsg., *Cholodnaja vojna 1945–1963: Istoričeskaja retrospektiva*, Moskau 2003, 186–222.

Ehlert, Hans / Greiner, Christian / Meyer, Georg / Thoß, Bruno, *Die NATO-Option* (= Anfänge westdeutscher Sicherheitspolitik 1945–1956, hrsg. v. Militärwissenschaftlichen Forschungsamt, Bd. 3), München 1993.

Einwitschläger, Arno, *Amerikanische Wirtschaftspolitik in Österreich 1945–1949*, Diss. Univ. Wien 1984.

Eiselsberg, Otto, *Erlebte Geschichte, 1917–1997*, Wien 1997.

Eisterer, Klaus, „Frankreich und das Zweite Kontrollabkommen", in: Günter Bischof / Josef Leidenfrost, Hrsg., *Die bevormundete Nation: Österreich und die Alliierten*, Innsbruck 1988, 187–215.

Eisterer, Klaus, „De Gaulle und Österreich 1938–1946", in: Klaus Eisterer / Oliver Rathkolb, Hrsg., *De Gaulles europäische Größe: Analysen aus Österreich* (= Jahrbuch für Zeitgeschichte), 1990/91, 3–16.

Eisterer, Klaus, *Französische Besatzungspolitik. Tirol und Vorarlberg 1945/46* (= Innsbrucker Forschungen zur Zeitgeschichte, Bd. 9), Innsbruck 1991.

Eisterer, Klaus, „Die Schweiz und die österreichische Neutralität 1955/56", in: Albrich / Eisterer / Gehler / Steininger, *Österreich in den Fünfzigern*, Innsbruck 1995, 299–332.

Eisterer, Klaus, „Die brasilianische UNO-Initiative 1952", in: Manfried Rauchensteiner / Robert Kriechbaumer, Hrsg., *Die Gunst des Augenblicks: Neuere Forschungen zu Staatsvertrag und Neutralität*, Wien 2005, 321–357.

Eizenstat, Stuart, *Imperfect justice: looted assets, slave labor, and the unfinished business of World War II*, New York 2003.

Embacher, Helga, *Die Restitutionsverhandlungen mit Österreich aus der Sicht jüdischer Organisationen und der Israelitischen Kultusgemeinde* (= Veröffentlichungen der Österreichischen Historikerkommission, Bd. 27), Wien 2004.

Ender, Otto, *Vorarlbergs Schweizer-Anschluß-Bewegung*, Dornbirn 1952.

Erdmann, Karl Dietrich, *Das Ende des Reiches und die Neubildung deutscher Staaten* (= Gebhardts Handbuch der deutschen Geschichte, Bd. 22), München 1980.

Erdmann, Karl Dietrich, *Die Spur Österreichs in der deutschen Geschichte. Drei Staaten, zwei Nationen, ein Volk?*, Zürich 1989.

Die österreichische Erdölwirtschaft (= Österreichisches Institut für Wirtschaftsforschung, 30. Jg., 10. Sonderheft), Wien 1957.

Ermacora, Felix, *Österreichs Staatsvertrag und Neutralität*, Frankfurt / Main 1957.

Ermacora, Felix, *20 Jahre Österreichische Neutralität*, Frankfurt / Main 1975.
Österreichisches ERP-Handbuch, hrsg. auf Anordnung des Bundeskanzleramts, Zentralbüro für ERP-Angelegenheiten in Zusammenarbeit mit der ECA-Sondermission für Österreich, Wien 1950.
Zehn Jahre ERP in Österreich 1948/1958. Wirtschaftshilfe im Dienste der Völkerverständigung, hrsg. v. der Österreichischen Staatsdruckerei in Zusammenarbeit mit dem Bundespressedienst unter Verwendung von Dokumenten des Bundeskanzleramts – Sektion für wirtschaftliche Koordination, Wien 1958.
Evangelista, Matthew, *„Why Keep Such an Army?" Khrushchev's Troop Reductions* (= Cold War International History Project Working Paper, Nr. 19), Washington 1997.
Ewing, Blair G., *Peace Through Negotiation. The Austrian Experience*, Washington 1966.

Falin, Valentin, *Politische Erinnerungen*, München 1993.
Faure, Edgar, *Mémoires II: „Si tel doit être mon destin ce soir ..."*, Paris 1984.
Feichtinger, Friedrich / Spörker, Hermann, Hrsg., *ÖMV – OMV. Die Geschichte eines österreichischen Unternehmens*, Horn o. J. [veröffentlicht 1997].
Fejtö, François, *Die Geschichte der Volksdemokratien*, 2 Bde., Graz 1972.
Felken, Detlef, *Dulles und Deutschland. Die amerikanische Deutschlandpolitik 1953–1959*, Bonn 1993.
Fellner, Fritz, Hrsg., *Schicksalsjahre Österreichs 1908–1919. Das politische Tagebuch Josef Redlichs*, 2 Bde. (= Veröffentlichungen der Kommission für Neuere Geschichte Österreichs, Bde. 39 u. 40), Graz 1953/54.
Fellner, Fritz, „Die außenpolitische und völkerrechtliche Situation Österreichs 1938 – Österreichs Wiederherstellung als Kriegsziel der Alliierten", in: Weinzierl / Skalnik, *Österreich – Die Zweite Republik*, Bd. 1, Graz 1972, 53–90.
Fellner, Fritz, „Teilung oder Neutralisierung? Zur österreichischen Geschichte des Jahres 1947 nach den ‚Foreign Relations of the United States'", in: *ÖZA* 14:4, 1974, 199–216.
Fiedler, Heinz, „Politische Verträge mit westlichen Staaten und Entwicklungsländern", in: Dietrich Geyer, Hrsg., *Osteuropa-Handbuch Sowjetunion Außenpolitik III: Völkerrechtstheorie und Vertragspolitik*, Köln 1976, 194–223.
Fiesinger, Klaus, *Ballhausplatzdiplomatie 1945–1949. Reetablierung der Nachbarschaftsbeziehungen und Reorganisation des Auswärtigen Dienstes als Formen außenpolitischer Reemanzipation Österreichs*, München 1993.
Figl, Leopold, *Österreich kämpft um den Staatsvertrag* (= Reihe Politische Zeitprobleme, Bd. 20), Wien 1947.
Figl, Leopold, „10 Jahre verhandelt – in drei Tagen perfekt", in: *WZ*, 15. Mai 1965, 2 und 4.
Filitov, Aleksej, „Adenauers Moskaubesuch 1955: Vor- und Nachspiel im Spiegel der internen sowjetischen Berichte", in: Helmut Altrichter, Hrsg., *Adenauers Mos-*

kaubesuch 1955: eine Reise im internationalen Kontext (= Rhöndorfer Gespräche, Bd. 22), Bonn 2005, 39–56.

Filitov, A. M., *Germanija v Sovetskom vnešnepolitičeskom planirovanii, 1941–1990*, Moskau 2009.

Filitov, Aleksei, „Österreich, die deutsche Frage und die sowjetische Diplomatie (40er – 50er Jahre des 20. Jhs.)", in: *Mitteilungen des Österreichischen Staatsarchivs* 50, 2003, 123–131.

Filitov, Aleksej, „Österreich in den sowjetischen strategischen Planungen 1941–1945", in: Stefan Karner / Alexander Tschubarjan, Hrsg., *Die Moskauer Deklaration 1943: „Österreich wiederherstellen"*, Wien 2015, 92–98.

Filitov, Aleksei, „Soviet Security Concepts in Historical Retrospective", in: Kurt Spillmann / Andreas Wenger, Hrsg., *Russia's Place in Europe. A Security Debate*, Bern 2000, 147–162.

Filitov, Aleksej, „Sowjetische Planungen zur Wiedererrichtung Österreichs 1941–1945", in: Stefan Karner / Barbara Stelzl-Marx, Hrsg., *Die Rote Armee in Österreich: sowjetische Besatzung 1945–1955*, Graz 2005, 27–38.

Filitov, A. M., „SSSR i Germanskij vopros: povorotnye punkty 1941–1961gg.", in: N. I. Egorova / A. O. Čubar'jan, Hrsg., *Cholodnaja vojna 1945–1963: Istoričeskaja retrospektiva*, Moskau 2003, 223–256.

Filitov, Alexei, „The Post-Stalin Succession Struggle and the Austrian State Treaty", in: Arnold Suppan / Gerald Stourzh / Wolfgang Mueller, Hrsg., *Der österreichische Staatsvertrag 1955: internationale Strategie, rechtliche Relevanz, nationale Identität*, Wien 2005, 121–143.

Fisch, Jörg, *Reparationen nach dem Zweiten Weltkrieg*, München 1992.

Fischer, Ernst, *Der große Verrat*, Wien 1950.

Fischer, Ernst, *Erinnerungen und Reflexionen*, Reinbek 1969.

Fischer, Ernst, *Das Ende einer Illusion – Erinnerungen 1945–1955*, Wien 1973.

Foitzik, Jan, „Aus der Buchhaltung der Weltrevolution: Finanzhilfen der regierenden kommunistischen Parteien für den internationalen Kommunismus", in: *Jahrbuch für Historische Kommunismusforschung* (1994), 140–147.

Foitzik, Jan, Hrsg., *Sowjetische Interessenpolitik in Deutschland 1944–1954*, München 2012.

Foitzik, Jan, *Sowjetische Militäradministration in Deutschland: Struktur und Funktion*, Berlin 1999.

Folz, Hans-Peter, „Die vermögensrechtlichen Bestimmungen des Staatsvertrages", in: Waldemar Hummer, Hrsg., *Staatsvertrag und immerwährende Neutralität Österreichs: Eine juristische Analyse*, Wien 2007, 139–157.

Foreign Ministers Meeting. Berlin Discussions January 25 – February 18, 1954 (= Department of State Publication, Nr. 5399) Washington 1954.

Foreign Relations of the United States, hrsg. v. Historical Office of the Department of State, Washington, Bde. 1943/I (1963), 1945/II (1967), 1945/III (1968), 1946/

II (1970), 1946/V (1969), 1947/II (1972), 1948/II (1973), 1949/III (1974), 1950/IV (1980), 1951/III (1981), 1952–1954/VII (1986), 1955–1957/V (1988), *The Conferences at Malta and Yalta 1945* (1955), *The Conference of Berlin 1945 (Potsdam Conference)* (1960).

Funder Friedrich, „Nochmals: der rechte Vertrag", in: *Die österreichische Furche*, 20. März 1954, 1–2.

Fursenko, A. A. u. a., Hrsg., *Prezidium CK KPSS, 1954–1964*, 3 Bde., Moskau 2003–2008.

Fursenko, Aleksandr / Naftali, Timothy, *Khrushchev's Cold War: The Inside Story of an American Adversary*, New York 2006.

Gaddis, John Lewis, *The Cold War: A New History*, New York 2005.

Gannon, Robert J., SJ, *The Cardinal Spellman Story*, Garden City 1962.

Gehler, Michael / Steininger, Rolf, Hrsg., *Österreich und die europäische Integration 1945–1993*, Wien 1993.

Gehler, Michael, „‚Die Besatzungsmächte sollen schnellstmöglich nach Hause gehen.' Zur österreichischen Interessenpolitik des Außenministers Karl Gruber 1945–1953 und zu weiterführenden Fragen eines kontroversen Forschungsprojekts", in: *Christliche Demokratie*, 11 (1994), 27–78.

Gehler, Michael, „‚Politisch unabhängig', aber ‚ideologisch eindeutig europäisch' – Die ÖVP, die Vereinigung christlicher Volksparteien (NEI) und die Anfänge der europäischen Integration 1947–1960", in: Gehler / Steininger, *Österreich und die Europäische Integration*, 291–326.

Gehler, Michael, Hrsg., *Karl Gruber. Reden und Dokumente 1945–1953. Eine Auswahl* (= Arbeitskreis für Europäische Integration am Institut für Zeitgeschichte der Universität Innsbruck, Historische Forschungen – Veröffentlichungen, Bd. 2), Wien 1994.

Gehler, Michael, „Kurzvertrag für Österreich? Die westliche Staatsvertrags-Diplomatie und die Stalin-Noten von 1952", in: *Vierteljahreshefte für Zeitgeschichte*, 42, 1994, 243–278.

Gehler, Michael, „‚L'unique objectif des Soviétiques est de viser l'Allemagne'. Staatsvertrag und Neutralität 1955 als ‚Modell' für Deutschland", in: Albrich / Eisterer / Gehler / Steininger, *Österreich in den Fünfzigern*, Innsbruck 1995, 259-29

Gehler, Michael / Sickinger, Hubert, Hrsg., *Politische Affären und Skandale in Österreich. Von Mayerling bis Waldheim*, Innsbruck 1995.

Gehler, Michael, „‚... this nine days wonder'? Die ‚Figl-Fischerei' von 1947. Eine politische Affäre mit Nachspiel", in: Gehler / Sickinger, *Politische Affären und Skandale in Österreich*, Innsbruck 1995, 346–381.

Gehler, Michael, „Von der Arbeiterrevolte zur spontanen politischen Volkserhebung: Der 17. Juni 1953 in der DDR im Urteil westlicher Diplomatie und Politik", in: *Militärgeschichtliche Mitteilungen* 54, 1995, 363–415.

Gehler, Michael, Hrsg., *Verspielte Selbstbestimmung? Die Südtirolfrage 1945/46 in US-Geheimdienstberichten und österreichischen Akten*, Innsbruck 1996.

Gehler, Michael, „Österreich, die Bundesrepublik und die deutsche Frage 1945/49–1955. Zur Geschichte der gegenseitigen Wahrnehmungen zwischen Abhängigkeit und gemeinsamen Interessen", in: M. Gehler / R. F. Schmidt / H.-H. Brandt / R. Steininger, Hrsg., *Ungleiche Partner? Österreich und Deutschland in ihrer gegenseitigen Wahrnehmung. Historische Analysen und Vergleiche aus dem 19. und 20. Jahrhundert* (= Historische Mitteilungen der Ranke-Gesellschaft, Supplementum 15), Stuttgart 1996, 535–580.

Gehler, Michael, „17. Juli 1989: Der EG-Beitrittsantrag. Österreich und die europäische Integration 1945–1995", in: Steininger / Gehler, Hrsg., *Österreich im 20. Jahrhundert*, Bd. 2, 515–595.

Gehler, Michael, „Österreich und die deutsche Frage 1954/55: Zur ‚Modellfall'-Debatte in der internationalen Diplomatie und der bundesdeutschen Öffentlichkeit aus französischer Sicht", in: *Bericht über den zwanzigsten österreichischen Historikertag in Bregenz 1994*, Wien 1998 [1999], 83–134.

Gehler, Michael, „The Hungarian Crisis and Austria 1953–1958: A Foiled Case?", in: Bischof / Pelinka / Wodak, Hrsg., *Neutrality in Austria*, New Brunswick 2001, 160–213.

Gehler, Michael, „Vom Sonderfall zum Modellfall? Österreich im Spannungsfeld von Kaltem Krieg, ‚Tauwetter', semi-détente und sowjetischer Deutschlandpolitik 1945–1955: Ein Literaturbericht mit zeitgeschichtlichen Kontroversen", in: Jürgen Elvert / Susanne Krauß, Hrsg., *Historische Debatten und Kontroversen im 19. und 20. Jahrhundert. Jubiläumstagung der Ranke-Gesellschaft in Essen, 2001*, Stuttgart 2003, 175–205.

Gehler, Michael, *Der lange Weg nach Europa* (2 Bde.: *Österreich vom Ende der Monarchie bis zur EU. Darstellung; Österreich von Paneuropa bis zum EU-Beitritt. Dokumente*), Innsbruck 2002.

Gehler, Michael / Steininger, Rolf, Hrsg., *Die Neutralen und die europäische Integration 1945–1995*, Wien 2000.

Gehler, Michael / Kaiser, Wolfram, Hrsg., *Transnationale Parteienkooperation der europäischen Christdemokraten: Dokumente 1945–1965*, München 2004.

Gehler, Michael, „Der Staatsvertrag, die Bundesrepublik Deutschland und die deutsche Frage 1947/49–1955", in: Rauchensteiner / Kriechbaumer, Hrsg., *Die Gunst des Augenblicks*, Wien 2005, 379–431.

Gehler, Michael, *Österreichs Außenpolitik der Zweiten Republik: Von der Alliierten Besatzung bis zum Europa des 21. Jahrhunderts*, Innsbruck 2005.

Gehler, Michael, *Österreichs Weg in die Europäische Union*, Innsbruck 2009.

Gehler, Michael, „To guarantee a country which was a military vacuum. Die Westmächte und Österreichs territoriale Integrität 1955–1957", in: Manfried Rauchensteiner, Hrsg., *Zwischen den Blöcken: NATO, Warschauer Pakt und Österreich*, Wien 2010, 89–134.

Gehler, Michael, Hrsg., *Akten zur Südtirol-Politik 1945–1958*, Bd. 1: *Gescheiterte Selbstbestimmung: Die Südtirolfrage, das Gruber-De Gasperi-Abkommen und seine Aufnahme in den italienischen Friedensvertrag 1945–1947*, Innsbruck 2011.

Gehler, Michael, *Modellfall für Deutschland? Die Österreichlösung mit Staatvertrag und Neutralität 1945–1955*, Innsbruck 2015.

Gehler, Michael, „From an Offer for all Cases to a Model Case: Aspects of the Controversy about the Soviets' Germany, Austria, and Neutrality Policy, 1952–1955", in: Heinz Gärtner, Hrsg., *Engaged Neutrality: An Evolved Approach to the Cold War*, Lanham 2017, 37–71.

Geppert, Dominik / Wengst, Udo, Hrsg., *Neutralität – Chance oder Chimäre? Konzepte des Dritten Weges für Deutschland und die Welt*, München 2005.

Germann, Richard, *Die „Österreicher" in Ost- und Südosteuropa im Zweiten Weltkrieg*, Diss. Univ. Wien 2006.

Geschichte der sowjetischen Außenpolitik in zwei Bänden, hrsg. v. Akademie der Wissenschaften der UdSSR, Institut für Geschichte der UdSSR. Teil 1: *1917–1945*, 2., berichtigte Aufl. Berlin 1980; Teil 2: *1945–1976*, 2., berichtigte Aufl., Berlin 1978.

Gibianskij, L. Ja., „Forsirovanie sovetskoj blokovoj politiki", in: N. I. Egorova / A. O. Čubar'jan, Hrsg., *Cholodnaja vojna 1945–1963: Istoričeskaja retrospektiva*, Moskau 2003, 137–186.

Gibianskij, L. Ja., „Kak voznik Kominform", in: *Novaja i novejšaja istorija* 4, 1994, 131–152.

Gibianskij, L. Ja., „Kominform v deistvii", Teil 1 in: *Novaja i novejšaja istorija* 1 1996), 149–170; Teil 2: ebd. 2, 1996, 147–172.

Gibianskij, L. Ja., „Triestskij vopros v konce vtoroj mirovoj vojny", Teil 1 in: *Slavjanovedenie* 3, 2001, 3–26; Teil 2: ebd. 4, (2001, 3–30.

Ginsburgs, George, „Neutrality and Neutralism and the Tactics of Soviet Diplomacy", in: *The American Slavic and East European Review* 19:4, 1960, 531–560.

Ginther, Konrad, *Neutralität und Neutralitätspolitik. Die österreichische Neutralität zwischen Schweizer Muster und sowjetischer Koexistenzdoktrin* (= Forschungen aus Staat und Recht, Bd. 31), Wien 1975.

Girault, René, „La France dans les rapports Est-Ouest au temps de la présidence de Pierre Mendès France", in: François Bédarida / Jean-Pierre Rioux, Hrsg., *Pierre Mendès France et le Mendésisme*, Paris 1985, 251–260.

Glatz, Ferenc, Hrsg., *Der Österreichische Staatsvertrag 1955*, Budapest 2006.

Gori, Francesca / Pons, Silvio, Hrsg., *The Soviet Union and Europe in the Cold War*, Basingstoke 1996.

Gorlitzki, Yoram / Khlevniuk, Oleg, *Cold Peace: Stalin and the Soviet Ruling Circle, 1945–1953*, Oxford 2004.

Goschler, Constantin, *Wiedergutmachung. Westdeutschland und die Verfolgten des Nationalsozialismus (1945–1954)*, München 1992.

Graf, Georg, „Arisierung und keine Wiedergutmachung“, in: P. Muhr u. a., Hrsg., *Philosophie, Psychoanalyse, Emigration. Festschrift für Karl Rudolf Fischer zum 70. Geburtstag*, Wien 1992, 65–82.

Graf, Georg u. a., *„Arisierung“ und Rückstellung von Wohnungen in Wien* (= Veröffentlichungen der Österreichischen Historikerkommission, Bd. 14), Wien 2004.

Graf, Maximilian / Mueller, Wolfgang, „Austria and China, 1949–1989: A Slow Rapprochement“, in J.M. Schaufelbuehl / M. Wyss / V. Zanier, Hrsg., *Europe and China in the Cold War*, Leiden 2019, 19–41.

Graf, Maximilian / Meisinger, Agnes, „Österreich und der Kalte Krieg: Forschungsstand und Desiderata“, in: Maximilian Graf / Agnes Meisinger, Hrsg., *Österreich im Kalten Krieg: Neue Forschungen im internationalen Kontext*, Wien 2016, 9–48.

Graf, Maximilian / Knoll, Sarah / Markova, Ina / Ruzicic-Kessler, Karlo, *Franz Marek – ein europäischer Marxist*, Wien 2019.

Graml, Hermann, „Nationalstaat oder westdeutscher Teilstaat. Die sowjetischen Noten vom Jahre 1952 und die öffentliche Meinung in der Bundesrepublik Deutschland“, in: *Vierteljahreshefte für Zeitgeschichte*, 25 (1977), 821–864.

Granichstädten-Czerva, Rudolf, *Tirol und die Revolution*, Innsbruck 1920.

Grayson, Cary T. Jr., *Austria's International Position 1938–1953*, Genf 1953.

Greiner, Bernd / Müller, Christian T. / Walter, Dierk, Hrsg., *Heiße Kriege im Kalten Krieg*, Hamburg 2006.

Greiner, Bernd / Müller, Christian T. / Walter, Dierk, Hrsg., *Krisen im Kalten Krieg*, Hamburg 2008.

Greiner, Christian, „Die militärische Eingliederung der Bundesrepublik Deutschland in die WEU und die NATO 1954 bis 1957“, in: Ehlert / Greiner / Meyer / Thoß, *Die NATO-Option*, München 1993, 561–850.

Greiner, Christian, „Zur Rolle Kontinentaleuropas in den militärstrategischen und operativen Planungen der NATO von 1949 bis 1958“, in: Maier / Wiggershaus, *Das Nordatlantische Bündnis 1949–1956*, München 1993, 147–175.

Grischany, Thomas, *Der Ostmark treue Alpensöhne: Die Integration der Österreicher in die großdeutsche Wehrmacht, 1938–45*, Göttingen 2015.

Gromyko, Andrej, *Erinnerungen. Internationale Ausgabe*, Düsseldorf 1989.

Gruber, Karl, „Österreich zwischen Ost und West“, in: *Neues Österreich*, 16. Oktober 1945, 1–2.

Gruber, Karl, *Politik der Mitte*, Zürich 1946.

Gruber, Karl, *Österreich in Moskau* (= Reihe Politische Zeitprobleme, Bd. 21), Wien 1947.

Gruber, Karl, *Zwischen Befreiung und Freiheit – Der Sonderfall in Österreich*, Wien ^{2}1953.

Gruber, Karl, „Die Wahrheit liegt in der Mitte“, in: *WZ*, 15. Oktober 1953, 1–2 [abgedruckt in: *DÖA*, Nr. 127].

Gruber, Karl, *Ein politisches Leben. Österreichs Weg zwischen den Diktaturen*, Wien 1976.

Gruber, Lothar, *Die Kosten der Besetzung Österreichs durch die alliierten Mächte nach dem Zweiten Weltkrieg*, Diplomarbeit Wirtschaftsuniversität Wien, 1979.

Grubmayr, Herbert, „60 Jahre mit den ‚Russen'. Erinnerungen an die Zeit als Legationssekretär an der Österreichischen Botschaft Moskau", in: Stefan Karner / Barbara Stelzl-Marx, Hrsg., *Die Rote Armee in Österreich. Sowjetische Besatzung 1945–1955. Beiträge*, Graz – Wien – München 2005, 785–813.

Grüter, Urs, *Neutrale Beobachter der Weltpolitik. Schweizer Diplomaten und Militärs im Kalten Krieg*, unveröffentlichte Diplomarbeit Univ. Bern 1990.

Haas, Hanns / Stuhlpfarrer, Karl, *Österreich und seine Slowenen*, Wien 1977.

Haas, Hanns, „Österreich 1949: Staatsvertragsverhandlungen und Wiederbewaffnungsfrage", in: *Jahrbuch für Zeitgeschichte* (1978), 175–200.

Haas, Hanns, „Henry Allizé und die österreichische Unabhängigkeit", in: *Austriaca*, 5 (= Sondernummer November 1979, Actes du colloque de Rouen, 8–12 novembre 1977, III), 241–288.

Haas, Hanns, „Der ‚Anschluss'", in: Emmerich Tálos u. a., Hrsg., *NS-Herrschaft in Österreich: Ein Handbuch*, Wien 2000, 26–54.

Hafner, Gerhard, „Die permanente Neutralität in der sowjetischen Völkerrechtslehre – Eine Analyse", in: *Österreichische Zeitschrift für öffentliches Recht* 19, 1969, 215–258.

Hafner, Gerhard / Kornfeind, Elisabeth, „Does the Clean Slate Rule Still Exist?", in: *Austrian Review of International and European Law* 1, 1996, 1–49.

Hafner, Gerhard, „Austria and Slovenia: The Succession in Bilateral Treaties and the State Treaty of 1955", in: *Development and International Cooperation*, 12:23, Dezember 1996, 65–83.

Hafner, Gerhard, „Was blieb vom Staatsvertrag?", in: Arnold Suppan / Gerald Stourzh / Wolfgang Mueller, Hrsg., *Der österreichische Staatsvertrag 1955: internationale Strategie, rechtliche Relevanz, nationale Identität*, Wien 2005, 757–781.

Handzik, Helmut, *Politische Bedingungen sowjetischer Truppenabzüge 1925–1958*, Baden-Baden 1993.

Hanhimäki, Jussi M., *Containing Coexistence: America, Russia, and the „Finnish Solution," 1945–1956*, Kent, OH 1997.

Hanhimäki, Jussi M., „The First Line of Defense or a Springboard for Disintegration? European Neutrals in American Foreign and Security Policy, 1945–1961", in: *Diplomacy & Statecraft*, 7, 1996, 378–403.

Hanhimäki, Jussi M., „The Lure of Neutrality: Finland and the Cold War", in: Klaus Larres / Kenneth Osgood, Hrsg., *The Cold War after Stalin's Death: A Missed Opportunity for Peace?*, Lanham 2006, 257–276.

Hanisch, Ernst, *Der große Illusionist: Otto Bauer (1881–1938)*, Wien 2011.

Hans, Josef, „Zwei Kärntner Denkschriften vom September 1945", in: *Carinthia I*, 150, 1960, 879–885.

Hansen, Niels, „Eine peinliche Mission. Wien, 14. Mai 1955: Wider die Enteignung deutschen Vermögens durch den österreichischen Staatsvertrag“, in: *Historisch-politische Mitteilungen. Archiv für Christlich-Demokratische Politik* 2, 1995, 223–246.

Harrod, Andrew Earl, *Felix Austria? Cold War Security Policy between NATO, Neutrality, and the Warsaw Pact, 1945–1989*, PhD Diss. Fletcher School of Law 2006.

Hasanli, Jamil, *At the Dawn of the Cold War: The Soviet-American Crisis over Iranian Azerbaijan, 1941–1946*, Lanham 2006.

Haslam, Jonathan, *Russia's Cold War: From the October Revolution to the Fall of the Wall*, New Haven 2011.

Haunfeldner, Bernd, Hrsg., *Österreich zwischen den Mächten: Die politische Berichterstattung der schweizerischen Vertretung in Wien 1938–1955* (= Quaderni di DODIS, Bd. 4), Bern 2014.

Hecht, Rudolf, „Militärische Bestimmungen in den Friedensverträgen von 1947“, in: *Österreichische Militärische Zeitschrift* 17, 1979, 377–384.

Heinl, Eduard, *Über ein halbes Jahrhundert. Zeit und Wirtschaft*, Wien o. J. [1948].

Hentilä, Seppo, „The Soviet Union, Finland, and the ‚Northern Balance‘“, in: Wilfried Loth, Hrsg., *Europe, Cold War, and Coexistence, 1953–1965*, London 2004, 239–257.

Herzstein, Robert E., *Waldheim. The Missing Years*, New York 1988.

Heuser, Beatrice, „The Development of NATO's Nuclear Strategy“, in: *Contemporary European History* 4, 1994, 37–66.

Hewlett, Richard G. / Duncan, Francis, *Atomic Shield, 1947–1952* (= History of the United States Atomic Energy Commission, Bd. 2), University Park, PA 1969.

Hilger, Andreas, „Moskau und die Entwicklungsländer“, in: Stefan Karner u. a., Hrsg., *Der Prager Frühling: Das internationale Krisenjahr*, Wien 2008, 299–319.

Hilger, Andreas, *Sowjetisch-indische Beziehungen 1941–1966: Imperiale Agenda und nationale Identität in der Ära von Dekolonisierung und Kaltem Krieg*, Köln 2018.

Hilger, Andreas / Schmeitzner, Mike / Vollnhals, Clemens, Hrsg., *Sowjetisierung oder Neutralität? Optionen sowjetischer Besatzungspolitik in Deutschland und Österreich 1945–1955*, Göttingen 2006.

Hiscocks, Richard, *Österreichs Wiedergeburt*, Wien 1954.

Hitchcock, William I., „The Marshall Plan and the Creation of the West“, in: Melvyn P. Leffler / Odd Arne Westad, Hrsg., *The Cambridge History of the Cold War*, Bd. 1: *Origins*, Cambridge 2010, 154–174.

Höbelt, Lothar / Huber, Othmar, Hrsg., *Für Österreichs Freiheit. Karl Gruber – Landeshauptmann und Außenminister 1945–1953* (= Innsbrucker Forschungen zur Zeitgeschichte, Bd. 7), Innsbruck 1991.

Höbelt, Lothar, „Die Heimwehren 1927–1929: Die Steiermark und der Bund“, in: *Zeitschrift des Historischen Vereines für Steiermark* 104, 2013, 219–264.

Hollerer, Siegfried, *Verstaatlichung und Wirtschaftsplanung in Österreich 1946–1949* (= Dissertationen der Hochschule für Welthandel in Wien, Bd. 15), Wien 1974.

Holloway, David, *Stalin and the Bomb: The Soviet Union and Atomic Energy 1939–1956*, New Haven 1994.

Holzer, Willibald I., „Der Kalte Krieg und Österreich. Zu einigen Konfigurationsäquivalenten der Ost/West-Bipolarisierung in Staat und Gesellschaft (1945–1955)", in: *Jahrbuch für Zeitgeschichte* (1982/83), 133–209.

Hopf, Ted, *Social Construction of International Politics: Identities & Foreign Policies, Moscow, 1955 and 1999*, Ithaca 2002.

Hornbostel, Theodor, „Österreich in der Weltkrise", in: *Österreichische Monatshefte*, 3 (1947/48), 481–484.

Hufschmied, Richard, *Wien im Kalkül der Alliierten (1948–1955): Maßnahmen gegen eine sowjetische Blockade*, Wien 2002.

Hummer, Waldemar, Hrsg., *Staatsvertrag und immerwährende Neutralität Österreichs: Eine juristische Analyse*, Wien 2007.

Iber, Walter M., *Die Sowjetische Mineralölverwaltung in Österreich: Zur Vorgeschichte der OMV 1945–1955*, Innsbruck 2011.

Immermann, Richard H., Hrsg., *John Foster Dulles and the Diplomacy of the Cold War*, Princeton 1990.

Die Initiative der Sowjetunion brachte Österreich den Staatsvertrag. Dokumente und Materialien zum Abschluß des Staatsvertrages mit Österreich, hrsg. v. sowjetischen Informationsdienst, Wien 1955.

Jabloner, Clemens u. a., Hrsg., *Veröffentlichungen der Österreichischen Historikerkommission. Vermögensentzug während der NS-Zeit sowie Rückstellungen und Entschädigungen seit 1945 in Österreich*, 32 Bde., Wien 2002–2004.

Jabloner, Clemens u. a., Hrsg., *Schlussbericht der Historikerkommission der Republik Österreich*, (= Veröffentlichungen der Österreichischen Historikerkommission, Bd. 1), Wien 2004.

Jardin, Pierre, „‚Österreich wird frei': le traité d'Etat autrichien du 15 mai 1955", in: *Relations Internationales* 71, Herbst 1992, 311–325.

Jedlicka, Ludwig, „Die Außenpolitik der Ersten Republik", in: Zöllner, *Diplomatie und Außenpolitik Österreichs*, Wien 1977, 152–168.

Jenny, Christian, *Konsensformel oder Vorbild? Die Entstehung der österreichischen Neutralität und ihr Schweizer Muster* (= Schriftenreihe der Schweizerischen Gesellschaft für Außenpolitik, Bd. 12), Bern 1995.

Jeřábek, Rudolf, „Vermögensfragen im deutsch-österreichischen Verhältnis 1955–1957", in: Arnold Suppan / Gerald Stourzh / Wolfgang Mueller, Hrsg., *Der österreichische Staatsvertrag 1955: internationale Strategie, rechtliche Relevanz, nationale Identität*, Wien 2005, 553–600.

Jessup, Philip, „Park Avenue Diplomacy“, in: *Political Science Quarterly* 87, 1972, 377–400.

Jugoslovensko-sovjetski odnosi 1945–1956: zbornik dokumenata, hrsg. v. Ljubodrag Dimić, Belgrad 2010.

„Julius Raab im Spiegel von Zeitzeugen: Herbert Grubmayr, Heinrich Kainz, Karl Pisa, Ludwig Steiner“, in: *Demokratie und Geschichte. Jahrbuch des Karl von Vogelsang-Instituts zur Erforschung der christlichen Demokratie in Österreich* 7/8, 2003/04, 73–100.

Die Kabinettsprotokolle der Bundesregierung [der Bundesrepublik Deutschland], Bd. 8: *1955*, hrsg. v. M. Hollmann and K. von Jena, München 1997.

Kähönen, Aappo, *The Soviet Union, Finland, and the Cold War: The Finnish Card in Soviet Foreign Policy, 1956–1959*, Helsinki 2006.

Kaiser, Wolfram, „Die internationale Politik während des Ungarnaufstandes 1956. Neue Forschungsergebnisse“, in: *Deutschland-Archiv*, 30, 1997, 130–133.

Kaplan, Karel, *Der kurze Marsch: Kommunistische Machtübernahme in der Tschechoslowakei 1945–1948*, München 1981.

Kardelj, Edvard, *Der Übermacht zum Trotz. Erinnerungen an Jugoslawiens Kampf um Anerkennung und Souveränität 1944–1957. Mit einem Vorwort von Dr. Bruno Kreisky*, Klagenfurt 1984.

Karner, Stefan, Hrsg., *Geheime Akten des KGB – „Margarita Ottilinger“*, Graz 1992.

Karner, Stefan, „Zur Politik der sowjetischen Besatzungs- und Gewahrsamsmacht. Das Fallbeispiel Margarethe Ottillinger“, in: Ableitinger / Beer / Staudinger, *Österreich unter alliierter Besatzung 1945–1955*, 401–403.

Karner, Stefan / Stangler, Gottfried, Hrsg., *Österreich ist frei. Der österreichische Staatsvertrag 1955. Beitragsband zur Ausstellung auf Schloß Schallaburg 2005*, Horn 2005.

Karner, Stefan / Stelzl-Marx, Barbara, Hrsg., *Die Rote Armee in Österreich. Sowjetische Besatzung 1945–1955. Beiträge*, Graz 2005.

Karner, Stefan / Stelzl-Marx, Barbara / Tschubarjan, Aleksandr, Hrsg., *Die Rote Armee in Österreich: Sowjetische Besatzung 1945–1955: Dokumente*, Graz 2005.

Karner, Stefan / Ruggenthaler, Peter, „Eine weitere Unterstützung der jugoslawischen Gebietsforderungen bringt uns in eine unvorteilhafte Lage: Der Artikel 7 des Österreichischen Staatsvertrages als diplomatischer Kompromiss“, in: Stefan Karner, Hrsg., *Kärnten und die nationale Frage*, Bd. 1: *Aussiedelung, Verschleppung, nationaler Kampf*, Klagenfurt 2005, 99–118.

Karner, Stefan / Ruggenthaler, Peter, „Unter sowjetischer Kontrolle: Zur Regierungsbildung in Österreich 1945“, in: Stefan Karner / Barbara Stelzl-Marx, Hrsg., *Die Rote Armee in Österreich: sowjetische Besatzung 1945–1955*, Graz 2005, 105–148.

Karner, Stefan (in Zusammenarbeit mit Sabine Nachbauer, Dieter Bacher und Harald Knoll), *Im Kalten Krieg der Spionage. Margarethe Ottillinger in sowjetischer Haft 1948–1955*, Innsbruck 2016.

Karner, Stefan, „'Die Arbeiter arbeiten bereits an den Werkbänken, und dann werden diese Werkbänke weggebracht!' Zu den sowjetischen Demontagen 1945/46 in Ostösterreich auf russischer Quellenbasis," in *Jahrbuch für Landeskunde von Niederösterreich* NF 85, 2019, 539–595.

Kasamas, Alfred, *Wir wollen Österreich. Die Grundsätze und Ziele der Österreichischen Volkspartei*, Wien 1947.

Kasamas, Alfred, *Programm Österreich. Die Grundsätze und Ziele der Österreichischen Volkspartei*, Wien 1949.

Kautsky, Benedikt, „Österreich zwischen den Fronten", in: *Neue Zeit*, 6. April 1955, 1–2.

Kautsky, Benedikt, „Vorbild Schweiz?", in: *Neue Zeit*, 20. April 1955, 1–2.

Kegel, Gerhard, *Ein Vierteljahrhundert danach – das Potsdamer Abkommen und was daraus geworden ist*, Berlin 1970.

Keller, Fritz, „Stalinistischer Populismus: Die Nationale Liga", in: Anton Pelinka, Hrsg., *Populismus in Österreich*, Wien 1987, 110–122.

Kelsen, Hans, *Österreichisches Staatsrecht*, Wien 1923.

Kenez, Peter, *Hungary from the Nazis to the Soviets: The Establishment of the Communist Regime in Hungary, 1944–1948*, Cambridge 2006.

Kennan, George F., *Memoirs 1925–1950*, Boston 1967.

Kennan, George F., *The Kennan Diaries*, hrsg. v. Frank Costigliola, New York 2014.

Kessel, Martina, „The Art of Failure: British and French Policies towards Germany and the Council of Foreign Ministers, 1947", in: Antonio Varsori / Elena Calandri, Hrsg., *The Failure of Peace in Europe, 1943–48*, Basingstoke 2002, 249–265.

Keyserlingk, Robert H., *Austria in World War II. An Anglo-American Dilemma*, Kingston 1988.

Keyserlingk, Robert H., „1. November 1943: Die Moskauer Deklaration – die Alliierten, Österreich und der Zweite Weltkrieg", in: Steininger / Gehler, *Österreich im 20. Jahrhundert*, Wien 1997, Bd. 2, 9–37.

Khrushchev Remembers, Bd. 2: *The Last Testament*, hrsg. v. Strove Talbott, London 1974.

Khrushchev Remembers, Bd. 3: *The Glasnost Tapes*, hrsg. v. J. L. Schecter / V. V. Luchkov, Boston 1990.

Khrushchev, Nikita, *Memoirs of Nikita Khrushchev*, Bd. 3: *Statesman 1953–1964*, hrsg. v. Sergei Khrushchev, University Park 2007.

Khrushchev, Sergei, *Nikita Khrushchev and the Creation of a Superpower*, University Park 2000.

Kindermann, Walter, *Flug nach Moskau*, Wien 1955.

Kirchschläger, Rudolf, „Der österreichische Status der dauernden Neutralität und seine Rückwirkung auf das interne Recht des dauernd neutralen Staates", in: *Verhandlungen des Dritten österreichischen Juristentages Wien 1967*, Bd. 2, 2. Teil, Wien 1969, 5–23.

Kirchschläger, Rudolf, „Erinnerungen an die Wiener Botschafterkonferenz 1955", in: *Zeitgeschichte*, 2, 1974/75, 177–179.

Kirchschläger, Rudolf, „Erinnerungen und Gedanken über Österreichs entscheidende Zeit", basierend auf Gesprächen zwischen dem Präsidenten und Josef Riedler / Helmut Griess, in: Norbert Schausberger, *Österreich. Der Weg der Republik 1918–1980*, Graz 1980, 205–225.

Kirchschläger, Rudolf, *Der Friede beginnt im eigenen Haus. Gedanken über Österreich*, Wien 1980.

Klambauer, Otto, „Die Frage des Deutschen Eigentums in Österreich", in: *Jahrbuch für Zeitgeschichte*, 1978, 127–174.

Klambauer, Otto, *Die USIA-Betriebe*, Diss. Univ. Wien 1978.

Klambauer, Otto, *Der Kalte Krieg in Österreich. Vom Dritten Mann zum Fall des Eisernen Vorhangs*, Wien 2000.

Kleinwächter, Friedrich F. G., *Von Schönbrunn bis St. Germain. Die Entstehung der Republik Österreich*, Graz 1964.

Klemperer, Klemens von, *Ignaz Seipel, Christian Statesman in a Time of Crisis*, Princeton 1972.

Klenner, Fritz, „Herbst 1950 – Ostösterreich entging dem Eisernen Vorhang", in: Ludwig / Mulley / Streibel, *Der Oktoberstreik 1950*, Wien 1991, 53–64.

Knight, Robert G., „Die Kärntner Grenzfrage und der Kalte Krieg", in: *Carinthia I* 175, 1985, 323–340.

Knight, Robert G., *British Policy Towards Occupied Austria 1945–1950*, Diss. London School of Economics 1986.

Knight, Robert G., „Besiegt oder befreit? Eine völkerrechtliche Frage historisch betrachtet", in: Bischof / Leidenfrost, *Die bevormundete Nation*, Innsbruck 1988, 75–91.

Knight, Robert G., *‚Ich bin dafür, die Sache in die Länge zu ziehen' – Wortprotokolle der österreichischen Bundesregierung von 1945–52 über die Entschädigung der Juden*, Frankfurt / Main 1988.

Knight, Robert G., „Restitution and Legitimacy in Post-War Austria 1945–1953", in: *Yearbook of the Leo Baeck Institute*, 36, 1991, 413–441.

Knight, Robert, „„Es war doch kein ‚D-Day". Großbritannien, der Oktoberstreik und die Eindämmung", in: Ludwig / Mulley / Streibel, *Der Oktoberstreik 1950*, Wien 1991, 125–137.

Knight, Robert, „Ethnicity and Identity in the Cold War: The Carinthian Border Dispute, 1945–1949", in: *The International History Review* 22, 2000, 274–303.

Knight, Robert, „Staatsvertrag und Nationalsozialismus: ein unvermeidbarer Zusammenhang", in: *Zeitgeschichte*, 32:4, 2005, 215–227.

Knight, Robert, *Slavs in Post-Nazi-Austria. Carinthian Slovenes and the Politics of Assimilation*, London 2017.

Knogler, Renald, *Wirtschaftliche Folgen des Österreichischen Staatsvertrages*, Diplomarbeit Wirtschaftsuniversität Wien 1978.

Knoll, Harald / Stelzl-Marx, Barbara, „Sowjetische Strafjustiz in Österreich“, in: Stefan Karner / Barbara Stelzl-Marx, Hrsg., *Die Rote Armee in Österreich: sowjetische Besatzung 1945–1955*, Graz 2005, 275–321.

Koch, Klaus, „Zwischen Mussolini und Hitler“, in: *Außenpolitische Dokumente der Republik Österreich 1918–1938*, Bd. 10, hrsg v. Klaus Koch / Elisabeth Vyslonzil, Wien 2014, 11–32.

Koja, Friedrich / Pfersmann, Otto, Hrsg., *Frankreich – Österreich. Wechselseitige Wahrnehmung und wechselseitiger Einfluß seit 1918* (= Studien zu Politik und Verwaltung, hrsg. v. Christian Brünner, Wolfgang Mantl und Manfried Welan, Bd. 58), Wien 1994.

Komarov, A. A., „Politika SSSR po otnošeniju k skandinavskim stranam v chruščevskii period“, in: A.O. Čubar'jan / N. I. Egorova, Hrsg., *Cholodnaja vojna i politika razrjadki: Diskussionnye problemy*, Bd. 1, Moskau 2003, 91–102.

Konrad, Helmut / Lechner, Manfred, *„Millionenverwechslung“ – Franz Olah, Die Kronenzeitung, Geheimdienste*, Wien 1992.

Kopecek, Arnold, „Die amerikanischen Waffenlager, die Einsatzgruppe Olah und die Staatspolizei im Kalten Krieg der fünfziger Jahre“, in: Erwin A. Schmidl, *Österreich im frühen Kalten Krieg 1945–1958: Spione, Partisanen, Kriegspläne*, Wien 2000, 101–118.

Koren, Stephan, „Sozialisierungsideologie und Verstaatlichungsrealität in Österreich“, in: Wilhelm Weber (in Zusammenarbeit mit Stephan Koren und Karl Socher), Hrsg., *Die Verstaatlichung in Österreich*, Berlin 1964, 9–339.

Korobochkin, Maxim, „Soviet views on Sweden's neutrality and foreign policy 1945–1950“, in: Helene Carlbäck / Alexey Komarov / Karl Molin, Hrsg., *Peaceful Coexistence? Soviet Union and Sweden in the Khrushchev Era*, Moskau 2010, 81–112.

Korobočkin, M. L., „Vizit ˙E. Gerchardsena v Moskvu. Iz istorii sovetsko-norvežskich otnošenii v pervoj polovine 50-ch godov“, in: A. O. Čubar'jan / I. V. Gajduk / N. I. Egorova, Hrsg., *Stalinskoe desjatiletie cholodnoj vojny*, Moskau 1998, 97–107.

Kosthorst, Daniel, *Brentano und die deutsche Einheit. Die Deutschland- und Ostpolitik des Außenministers im Kabinett Adenauer 1955–1961*, Düsseldorf 1993.

Kramer, Mark, „New Evidence on Soviet Decision-Making and the 1956 Polish and Hungarian Crises“, in: *Cold War International History Project Bulletin* 8–9, Winter 1996/97, 358–384.

Kramer, Mark, „The Early Post-Stalin Succession Struggle and Upheavals in East-Central Europe: Internal-External Linkages in Soviet Policy Making (Parts 1–3)“, in: *Journal of Cold War Studies* 1:1, 1999, 3–55; 1:2, 1999, 3–38; 1:3, 1999, 3–66.

Kramer, Mark / Smetana, Vit, Hrsg., *Imposing, Maintaining, and Tearing Open the Iron Curtain: The Cold War and East-Central Europe, 1945–1989*, Lanham 2006.

Kramer, Mark „International Politics in the Early Post-Stalin Era: A Lost Opportunity, a Turning Point, or More of the Same?“, in: Klaus Larres / Kenneth Osgood, Hrsg., *The Cold War after Stalin's Death: A Missed Opportunity for Peace?*, Lanham 2006, xiii – xxxiv.

Kramer, Mark, „Stalin, Soviet Policy, and the Consolidation of a Communist Bloc in Eastern Europe“, in: Vladimir Tismaneanu, Hrsg., *Stalinism Revisited: The Establishment of Communist Regimes in East-Central Europe*, Budapest 2009, 51–102.

Kraus, Herbert, „Erfordernisse unserer Außenpolitik“, in: *Berichte und Informationen*, 2:86/87 (19. Dezember 1947).

Kraus, Herbert, *„Untragbare Objektivität.“ Politische Erinnerungen 1917 bis 1987*, Wien 1988.

Kreisky, Bruno, *Die österreichische Neutralität* (= Aktuelle Probleme unserer Zeit, hrsg. v. Österreichischen Gewerkschaftsbund, Bd. 5), Wien 1960.

Kreisky, Bruno, „Der Staatsvertrag und die österreichische Neutralität“, in: *Die Herausforderung. Politik an der Schwelle des Atomzeitalters*, Düsseldorf 1963 [erweiterte Version in: *Die Zukunft*, 9, 1965, 1–9, sowie ders., *Neutralität und Koexistenz. Aufsätze und Reden*, München 1975, 11–40].

Kreisky, Bruno, „Deutschland viergeteilt“, in: *Der Monat* 22, 1970, 20–26.

Kreisky, Bruno, *Zwischen den Zeiten. Erinnerungen aus fünf Jahrzehnten*, Berlin 1986.

Kroll, Hans, *Lebenserinnerungen eines Botschafters*, Köln ^{7}1968.

Krone, Heinrich, „Aufzeichnungen zur Deutschland- und Ostpolitik 1954–1969“, in: *Untersuchungen und Dokumente zur Ostpolitik und Biographie* (= Adenauer-Studien, hrsg. v. Rudolf Morsey und Konrad Repgen, Bd. 3), Mainz 1974, 134–201.

Krone, Heinrich, *Tagebücher*, Bd. 1: *1945–1961*, hrsg. v. Hans-Otto Kleinmann (= Forschungen und Quellen zur Zeitgeschichte, Bd. 28), Düsseldorf 1995.

Krüger, Dieter, *Brennender Enzian: Die Operationsplanung der NATO für Österreich und Norditalien 1951 bis 1960*, Freiburg i. Br. 2010.

Kullaa, Rinna, *Non-alignment and its origins in Cold War Europe: Yugoslavia, Finland and the Soviet challenge*, London 2012.

Küsters, Hanns Jürgen / Nowik, Faina, „Der Besuch Konrad Adenauers in Moskau 1955“, in: Helmut Altrichter u. a., Hrsg., *Deutschland – Russland: Stationen gemeinsamer Geschichte, Orte der Erinnerung. Das 20. Jahrhundert*, Bonn 2014, 224–236.

Küsters, Hanns Jürgen, *Der Integrationsfriede: Viermächte-Verhandlungen über die Friedensregelung für Deutschland 1945–1990*, München 2000.

Kuzmičeva, Tat'jana, „V celjach okazanija material'noj pomošči zarubežnym levym partijam …: Ob učreždenii i dejatel'nosti odnogo meždunarodnogo fonda“, in: *Isto nik*, 4, 2002, 68–72.

Lammasch, Heinrich, „Die norische Republik“, in: *National-Zeitung* [Basel], 224, 15. Mai 1919, 1.

Larres, Klaus / Osgood, Kenneth, Hrsg., *The Cold War after Stalin's Death: A Missed Opportunity for Peace?*, Lanham 2006.

Laufer, Jochen, „Reingeschlittert? Die UdSSR und die Ursprünge der Berlin-Blockade 1944–1948", in: Burkhard Ciesla / Michael Lemke / Thomas Lindenberger, Hrsg., *Sterben für Berlin? Die Berliner Krisen 1948:1958*, Berlin 2000, 25–47.

Laufer, Jochen / Kynin, Georgij, Hrsg., *Die UdSSR und die deutsche Frage 1941–1948: Dokumente aus dem Archiv für Außenpolitik der Russischen Föderation*, Bde. 1–3, Berlin 2004.

Laufer, Jochen, *Pax Sovietica: Stalin, die Westmächte und die deutsche Frage 1941–1945*, Köln 2009.

Leahy, William, *I Was There*, London 1950.

Lebensaft, Elisabeth / Mentschl, Christoph, *„Are you prepared to do a dangerous job?" Auf den Spuren österreichischer und deutscher Exilanten im britischen Geheimdienst SOE*, Wien 2010.

Leffler, Melvin P., *A Preponderance of Power: National Security, the Truman Administration, and the Cold War*, Stanford 1992.

Leffler, Melvyn P., *For the Soul of Mankind: The United States, the Soviet Union, and the Cold War*, New York 2007.

Leffler, Melvyn P. / Westad, Odd Arne, Hrsg., *The Cambridge History of the Cold War*, Bd. 1: *Origins*, Cambridge 2010.

Leichter, Otto, „Für ein unabhängiges Österreich. Eine Denkschrift aus dem Jahre 1939", in: *Die Zukunft*, 1/2 (1973), 29–34.

Leidenfrost, Josef, *Die amerikanische Besatzungsmacht und der Wiederbeginn des politischen Lebens in Österreich 1944–1947*, Diss. Univ. Wien 1986.

Leidenfrost, Josef, „Die UNO als Forum für den österreichischen Staatsvertrag? Vom Wiener Appell 1946 bis zur Brasilien-Initiative 1952", in: Brix / Fröschl / Leidenfrost, *Geschichte zwischen Freiheit und Ordnung*, Graz 1991, 261–275 .

Leiss, Amelia C. / Dennett, Raymond, Hrsg., *European Peace Treaties after World War II*, Boston 1954.

Lemke, Michael, „Die Berlinkrisen von 1948/49 und 1958 bis 1963", in: Bernd Greiner / Christian Müller / Dierk Walter, Hrsg., *Krisen im Kalten Krieg*, Hamburg 2008, 204–243.

Lenin, *Collected Works*, Bd. 23, 4. engl. Aufl., Moskau 1964.

Leonhard, Wolfgang, *Kreml ohne Stalin*, Köln ^{3}1962.

Lettner, Lydia, *Die französische Österreichpolitik von 1943 bis 1946*, Diss. Univ. Salzburg 1980.

Leugers-Scherzberger, August, „Von der Stalin-Note zum Deutschlandplan: Die deutsche Sozialdemokratie und der Neutralismus in den 1950er Jahren", in: Dominik Geppert / Udo Wengst, Hrsg., *Neutralität – Chance oder Chimäre? Konzepte des Dritten Weges für Deutschland und die Welt*, München 2005, 45–58.

Light, Margot, *The Soviet Theory of International Relations*, New York 1988.

Lipkin, M. A., *Sovetskij Sojuz i Evropejskaja integracija: seredina 1940-ch – seredina 1960-ch*, Moskau 2011.

Loth, Wilfried, *Stalins ungeliebtes Kind. Warum Moskau die DDR nicht wollte*, Berlin 1994.

Loth, Wilfried, *Overcoming the Cold War: A History of Détente*, Basingstoke 2001.

Loth, Wilfried, *Die Sowjetunion und die deutsche Frage*, Göttingen 2007.

Ludwig, Michael / Mulley, Klaus Dieter / Streibel, Robert, Hrsg., *Der Oktoberstreik 1950 – Ein Wendepunkt der Zweiten Republik*, Wien 1991.

Luger, Johann, *Parlament und alliierte Besatzung 1945–1955*, Diss. Univ. Wien 1976.

Lütgenau, Stefan August, „Grundstrukturen der österreichisch-deutschen Beziehungen nach 1945", in: Albrich / Eisterer / Gehler / Steininger, *Österreich in den Fünfzigern*, Innsbruck 1995, 237–258.

Lüthi, Lorenz, *The Sino-Soviet Split: Cold War in the Communist World*, Princeton 2008.

Mackie, J. A., *Bandung 1955: Non-alignment and Afro-Asian Solidarity*, Singapur 2005.

Macmillan, Harold, *Tides of Fortune 1945–1955*, London 1969.

Mähr, Wilfried, *Von der UNRRA zum Marshallplan. Die amerikanische Finanz- und Wirtschaftshilfe der Jahre 1945–50 an Österreich*, Diss. Univ. Wien 1985.

Mähr, Wilfried, „Der Marshall-Plan in Österreich: wirtschaftspolitischer Nachhilfeunterricht?", in: *Zeitgeschichte*, 15, 1987/88, 91–111.

Mähr, Wilfried, „Der Marshall-Plan in Österreich: Tanz nach einer ausländischen Pfeife?", in: Bischof / Leidenfrost, *Die bevormundete Nation*, Innsbruck 1988, 245–272.

Mähr, Wilfried, *Der Marshallplan in Österreich*, Graz 1989.

Maier, Klaus A. / Wiggershaus, Norbert, Hrsg., *Das Nordatlantische Bündnis 1949–1956* (= Beiträge zur Militärgeschichte, Bd. 37), München 1993.

Maimann, Helene, *Politik im Wartesaal. Österreichische Exilpolitik in Großbritannien 1938–1945* (= Veröffentlichungen der Kommission für Neuere Geschichte Österreichs, Bd. 62), Wien 1975.

Maleta, Alfred, *Entscheidung für morgen. Christliche Demokratie im Herzen Europas*, Wien 1968.

Malina, Peter / Spann, Gustav, *Bibliographie zur österreichischen Zeitgeschichte 1918–1985. Eine Auswahl* (= Politische Bildung, Bde. 47–49), Wien 1985.

Mantl, Wolfgang, Hrsg., *Politik in Österreich. Die Zweite Republik: Bestand und Wandel* (= Studien zu Politik und Verwaltung, hrsg. v. Christian Brünner, Wolfgang Mantl und Manfried Welan, Bd. 10), Wien 1992.

Mantoux, Paul, *Les délibérations du Conseil des Quatre*, Paris 1955.

Mantovani, Mauro, „Another ‚Special Relationship': The British – Swiss Early Cold War Coordination of Defence (1947–53)", in: *Diplomacy & Statecraft*, 10:1, 1999, 127–146.

Marek, Krystina, *Identity and Continuity of States in Public International Law*, Genf 1954.

Mar'ina, V. V./L. V. Miljakova, Hrsg., *Totalitarizm. Istoričeskij opyt Vostochnoj Evropy: „Demokratičeskoe intermecco" s kommunističeskim finalom 1944–1948*, Moskau 2002.

Mark, Edward, *Revolution by Degrees: Stalin's National-Front Strategy 1941–1947* (= Cold War International History Project Working Paper, Nr. 31), Washington 2001.

Mastny, Vojtech, „Soviet War Aims at the Moscow and Teheran Conferences of 1943", in: *Journal of Modern History*, 47, 1975, 481–504.

Mastny, Vojtech, „Kremlin Politics and the Austrian Settlement", in: *Problems of Communism*, 31, Juli/August 1982, 37–51.

Mastny, Vojtech, *The Cold War and Soviet Insecurity*, Oxford 1996.

Mastny, Vojtech, „The Soviet Godfathers of Austrian Neutrality", in: Günter Bischof/Anton Pelinka/Ruth Wodak, Hrsg., *Neutrality in Austria* (= Contemporary Austrian Studies, Bd. 9), New Brunswick 2001, 240–250.

Mastny, Vojtech, *NATO in the Beholder's Eye: Soviet Perceptions and Policies, 1949–56* (= Cold War International History Project Working Paper, Nr. 35), Washington 2002.

Mastny, Vojtech/Schmidt, Gustav, *Konfrontationsmuster des Kalten Krieges 1946 bis 1956* (= Entstehung und Probleme des Atlantischen Bündnisses bis 1956, hrsg. v. Militärgeschichtlichem Forschungsamt, Bd. 3), München 2003.

Mastny, Vojtech/Byrne, Malcolm, Hrsg., *A Cardboard Castle: An Inside History of the Warsaw Pact, 1955–1991*, Budapest 2005.

Mastny, Vojtech, „Soviet Foreign Policy, 1953–1962", in: Melvyn Leffler/Odd Arne Westad, Hrsg., *The Cambridge History of the Cold War*, Bd. 1: *Beginnings*, Cambridge 2010, 312–333.

Matscher, Franz, „Artikel 7 des Österreichischen Staatsvertrages 1955 und die slowenische Minderheit in Kärnten", in: *Europa Ethnica* 33, 1976, 116–125.

Matscher, Franz, „Die Minderheitenregelungen im Staatsvertrag", in: Arnold Suppan/Gerald Stourzh/Wolfgang Mueller, Hrsg., *Der österreichische Staatsvertrag 1955: internationale Strategie, rechtliche Relevanz, nationale Identität*, Wien 2005, 783–820.

Mauk, Karl, *Österreich und die UNO 1945–1955*, Diss. Univ. Wien 1981.

Maurer, Stefan, „‚Der Boden des neutralen Österreichs scheint uns besonders für eine Auseinandersetzung zwischen Ost und West geeignet zu sein:' Wolfgang Kraus' Netzwerke im kulturellen Kalten Krieg", in: Maximilian Graf/Agnes Meisinger, Hrsg., *Österreich im Kalten Krieg: Neue Forschungen im internationalen Kontext*, Wien 2016, 209–229.

Mayrzedt, Hans/Hummer, Waldemar, *20 Jahre österreichische Neutralitäts- und Europapolitik 1955–1975* (= Schriftenreihe der Österreichischen Gesellschaft für Außenpolitik 9/1), Wien 1976.

McDermott, Kevin / Stibbe, Matthew, Hrsg., *Stalinist Terror in Eastern Europe: Elite Purges and Mass Repression*, Manchester 2010.

McDonald, John W. / Bendamahne, Diane B., *Conflict Resolutions Track-Two Diplomacy*, Washington 1987.

Meier-Walser, Reinhard, *Der Streikputsch der KP Österreichs und seine internationalen Hintergründe*, München 1986.

Meier-Walser, Reinhard, „Die gescheiterte Machtergreifung der österreichischen Kommunisten im Herbst 1950", in: *Christliche Demokratie* 8, 1990, 81–110.

Meissel, Franz-Stefan, „Staatsvertrag und ‚Wiedergutmachung'", in: Thomas Olechowski, Hrsg., *Fünfzig Jahre Staatsvertrag und Neutralität*, Wien 2006, 123–143.

Meissner, Renate S., Hrsg., *10 Jahre Nationalfonds: Zahlen, Daten, Fakten*, Wien 2005.

Menon, K. P. S., *Many Worlds. An Autobiography*, London 1965.

Miehsler, Herbert, „Die Südtirolfrage vom Ende des Zweiten Weltkrieges bis zum Abschluß des Gruber-de-Gasperi-Abkommens", in: Adam Wandruszka / Ludwig Jedlicka, Hrsg., *Innsbruck – Venedig. Österreichisch-Italienische Historikertreffen 1971 und 1972*, Wien 1975, 421–470.

Miller, David Hunter, *My Diary of the Peace Conference*, Bd. 7, New York 1928.

Millett, Allan R., *The War for Korea, 1945–1950: A House Burning*, Lawrence, KS 2005.

Missong, Alfred, „Österreich und der Weltfriede", in: *Österreichische Monatshefte* 1945/46, 415–418.

Mock, Alois / Steiner, Ludwig / Khol, Andreas, Hrsg., *Neue Fakten zu Staatsvertrag und Neutralität* (= Studienreihe der politischen Akademie, Bd. 12), Wien 1980.

Molden, Fritz, *Besetzer, Toren, Biedermänner. Ein Bericht aus Österreich 1945–1962*, Wien 1980.

Möller, Horst / Hildebrand, Klaus, Hrsg., *Die Bundesrepublik Deutschland und Frankreich: Dokumente 1949–1963*, Bd. 1: *Außenpolitik und Diplomatie*, bearb. v. Ulrich Lappenküper, München 1997.

Molotov Remembers. Inside Kremlin Politics. Conversations with Felix Chuev, hrsg. v. Albert Resis, Chicago 1993.

Molotov, Malenkov, Kaganovič 1957: Stenogramma ijun'skogo plenuma CK KPSS i drugie dokumenty, hrsg. v. N. Kovaleva u. a., Moskau 1998.

Molotow, Wjatscheslaw M., *Fragen der Außenpolitik, Reden und Erklärungen April 1945 bis Juni 1948*, Moskau 1949.

Molotow, Wjatscheslaw M., *Reden auf der Berliner Außenministerkonferenz*, Berlin 1954.

Mosely, Philip E., „The Treaty with Austria", in: *International Organization* 4, 1950, 219–235.

Mueller, Wolfgang, „Sowjetbesatzung, Nationale Front und der ‚friedliche Übergang' zum Sozialismus: Fragmente sowjetischer Österreich-Planung 1945–1955", in: *Mitteilungen des Österreichischen Staatsarchivs* 50, 2003, 133–156.

Mueller, Wolfgang, „Die Teilung Österreichs als politische Option für KPÖ und UdSSR 1948", in: *Zeitgeschichte* 32, 2005, 47–54.

Mueller, Wolfgang, *Die sowjetische Besatzung in Österreich und ihre politische Mission 1945–1955*, Wien 2005.

Mueller, Wolfgang, „Gab es eine verpasste Chance? Die sowjetische Haltung zum Staatsvertrag 1946–1952", in: Arnold Suppan / Gerald Stourzh / Wolfgang Mueller, Hrsg., *Der österreichische Staatsvertrag 1955: internationale Strategie, rechtliche Relevanz, nationale Identität*, Wien 2005, 89–120.

Mueller, Wolfgang / Suppan, Arnold / Naimark, Norman / Bordjugov, Gennadij, Hrsg., *Sowjetische Politik in Österreich 1945–1955: Dokumente aus russischen Archiven: Sovetskaja politika v Avstrii: Dokumenty iz Rossiiskich archivov*, Wien 2005.

Mueller, Wolfgang, „Anstelle des Staatsvertrages: Die UdSSR und das Zweite Kontrollabkommen", in: Manfried Rauchensteiner / Robert Kriechbaumer, Hrsg., *Die Gunst des Augenblicks: Neuere Forschungen zu Staatsvertrag und Neutralität*, Wien 2005, 291–320.

Mueller, Wolfgang, „Stalin and Austria: New Evidence on Soviet Policy in a Secondary Theatre of the Cold War, 1938–1953/55", in: *Cold War History* 6:1, 2006, 63–84.

Mueller, Wolfgang, „Stalin, Renner und die Wiedergeburt Österreichs nach dem Zweiten Weltkrieg", in: *Vierteljahrshefte für Zeitgeschichte* 54:1, 2006, 125–154.

Mueller, Wolfgang, „The Soviet Union and West European Integration: From the Brussels Treaty to the ECSC and EEC, 1947–1957", in: *Journal of European Integration History* 15:2, 2009, 67–85.

Mueller, Wolfgang, *A Good Example of Peaceful Coexistence? The Soviet Union, Austria, and Neutrality, 1955–1991*, Wien 2011.

Mueller, Wolfgang, „The Soviet Factor in the Alps-Adriatic Region" in ders./Karlo Ruzicic-Kessler / Philipp Greilinger, Hrsg., *The Alps-Adriatic Region 1945–1955: International and Transnational Perspectives on a Conflicted European Region*, Wien 2018, 233–261.

Mugrauer, Manfred, *Die Politik der KPÖ in der Provisorischen Regierung Renner*, Innsbruck 2006.

Mugrauer, Manfred, „Die Politik der KPÖ in den Jahren 1945 bis 1955/56", in: ders., Hrsg., *90 Jahre KPÖ: Studien zur Geschichte der Kommunistischen Partei Österreichs*, Wien 2009, 37–52.

Mugrauer, Manfred, *Die Politik der KPÖ 1945–1955: Von der Regierungsbank in die innenpolitische Isolation*, Göttingen 2020.

Müller, Franz, „Franz von Papen und die deutsche Österreichpolitik in den Jahren 1934 bis 1938", in: Thomas Albrich / Klaus Eisterer / Rolf Steininger, Hrsg., *Tirol und der Anschluß. Voraussetzungen, Entwicklungen, Rahmenbedingungen 1918–1938* (= Innsbrucker Forschungen zur Zeitgeschichte, Bd. 3), Innsbruck 1988, 357–383.

Mulley, Klaus-Dieter, „Befreiung und Besatzung. Aspekte sowjetischer Besatzung in Niederösterreich 1945–1948“, in: Ableitinger / Beer / Staudinger, *Österreich unter alliierter Besatzung 1945–1955*, 361–400.

Muraschko, Galina / Noskova, Albina / Wolokitina, Tatjana, „Das Zentralkomitee der WKP(B) und das Ende der nationalen Wege zum Sozialismus“, in: *Jahrbuch für Historische Kommunismusforschung* 1994, 9–37.

Musatow, Waleri L., „Die Sowjetunion und der österreichische Staatsvertrag“, in: Ferenc Glatz, Hrsg., *Der Österreichische Staatsvertrag 1955*, Budapest 2006, 31–40. Auf Russisch: Valerij Leonidovič Musatov, „Sovetskij Sojuz i Avstrijskij gosudarstvennyj dogovor“, in: ders., *Rossija i Vostočnaja Evropa: svjaz' vremen*, Moskau 2008, 54–73.

Naimark, Norman M., *The Russians in Germany: A History of the Soviet Zone of Occupation 1945–1949*, Cambridge, MA 1995.

Naimark, Norman / Gibianskii, Leonid, Hrsg., *The Establishment of Communist Regimes in Eastern Europe, 1944–1949*, Boulder 1997.

Naimark, Norman M., „Stalin and Europe in the Postwar Period, 1945–1953: Issues and Problems“, in: *Journal of Modern European History* 2, 2004, 28–57.

Naimark, Norman, „The Sovietization of Eastern Europe“, in: Melvyn P. Leffler / Odd Arne Westad, Hrsg., *The Cambridge History of the Cold War*, Bd. 1: *Origins*, Cambridge 2010, 175–197.

Naimark, Norman M. *Stalin and the Fate of Europe: The Postwar Struggle for Sovereignty*, Cambridge 2019.

Narinski, M., „La construction européenne vue par l'URSS de 1948 à 1953“, in: Saki Dockrill / Robert Frank / Georges Henri Soutou / Antonio Varsori, Hrsg., *L'Europe de l'Est et de l'Ouest dans la Guerre froide 1948–1953*, Paris 2002, 61–72.

Narinskii, Mikhail, „The Soviet Union and the Berlin Crisis“, in: Francesca Gori / Silvio Pons, Hrsg., *The Soviet Union and Europe in the Cold War*, Basingstoke 1996, 57–75.

Narinsky, Mikhail, „The Soviet Union and the Origin of the Cold War“, in: Gabriel Gorodetsky, Hrsg., *Soviet Foreign Policy 1917–1991*, London 1994, 105–110.

Nemschak, Franz, *Zehn Jahre Österreichische Wirtschaft 1945–1955*, Wien 1955.

Neugebauer, Wolfgang, *The Austrian Resistance 1938–1945*, Vienna 2014.

Nevakivi, Jukka, „Kekkonen, the Soviet Union and Scandinavia – Aspects of policy in the years 1948–1965“, in: *Scandinavian Journal of History* 22:2, 1997, 65–81.

Neval, Daniel, *„Mit Atombomben nach Moskau“ Gegenseitige Wahrnehmung der Schweiz und des Ostblocks im Kalten Krieg*, Zürich 2003.

Nuti, Leopoldo, „Italy and the Defence of Nato's Southern Flank 1949–1955“, in: Maier / Wiggershaus, *Das Nordatlantische Bündnis 1949–1956*, München 1993, 197–212.

Oberleitner, Wolfgang, „Kekkonen und der Staatsvertrag“, in: *Die Presse*, 4. Februar 1975, 4.

Observator (i.e., Bruno Kreisky), *Die Wahrheit über die Berliner Konferenz*, Wien 1954.

Observator (i.e., Bruno Kreisky), *Der lange Weg zu Österreichs Freiheit*, Wien 1956.

Offner, Arnold, *Another Such Victory: President Truman and the Cold War 1945–1953*, Stanford 2002.

Olah, Franz, *Die Erinnerungen*, Wien 1995.

Olechowski, Thomas, Hrsg., *Fünfzig Jahre Staatsvertrag und Neutralität*, Wien 2006.

Österreich – freies Land, freies Volk. Dokumente, hrsg. v. Bundesministerium für Unterricht, Wien 1957.

Das Beispiel Österreich. 25 Jahre Staatsvertrag, hrsg. v. Bundespressedienst, Wien 1980.

Ormos, Maria, „Das Zustandekommen des französischen Gedankens von einem selbständigen Österreich, Oktober 1918/März 1919“, in: *Austriaca*, 5 (= Sondernummer November 1979, Actes du colloque de Rouen, 8–12 novembre 1977, III), 193–216.

Ortner, M. Christian, „Die amerikanischen Waffendepots in Österreich“, in: Walter Blasi / Erwin A. Schmidl / Felix Schneider, Hrsg., *B-Gendarmerie, Waffenlager und Nachrichtendienste. Der militärische Weg zum Staatsvertrag*, Wien 2005, 155–170.

Osolnik, Bogdan, *Med svetom in domovino. Spomini 1945–1981*, Maribor 1992.

Ostermann, Christian F., „‚This Is Not a Politburo, but a Madhouse‘: The Post-Stalin Succession Struggle, Soviet Deutschlandpolitik and the SED: New Evidence from Russian, German and Hungarian Archives“, in: *Cold War International History Project Bulletin* 10, März 1998, 61–110.

Österreichische Maßnahmen zur Restitution und Entschädigung von Opfern des Nationalsozialismus (= Außenpolitische Dokumentation, Sonderdruck), hsrg. v. Bundesministerium für Auswärtige Angelegenheiten, Wien 2001.

O'Sullivan, Donal, *Stalin's Cordon Sanitaire: Die sowjetische Osteuropapolitik und die Reaktionen des Westens 1939–1949*, Paderborn 2003.

Pape, Matthias, „Die deutsch-österreichischen Beziehungen zwischen 1945 und 1955. Ein Aufriß“, in: *Historisch-politische Mitteilungen. Archiv für Christlich-Demokratische Politik* 2, 1995, 149–172.

Pape, Matthias, *Ungleiche Brüder: Österreich und Deutschland 1945–1965*, Köln 2000.

Pape, Matthias, „Krisen und Irritationen: Der Staatsvertrag im deutsch-österreichischen Verhältnis 1955–1959“, in: Arnold Suppan / Gerald Stourzh / Wolfgang

Mueller, Hrsg., *Der österreichische Staatsvertrag 1955: internationale Strategie, rechtliche Relevanz, nationale Identität*, Wien 2005, 503–552.

Papers respecting Negotiations for an Anglo-French Pact, Cmd 2169, London 1924.

Parrish, Scott D. / Narinsky, Mikhail, *New Evidence on the Soviet Rejection of the Marshall Plan* (= Cold War International History Project Working Paper, Nr. 9), Washington 1994.

Der 15. Parteitag der Kommunistischen Partei Österreichs, Wien 1951.

Der 16. Parteitag der Kommunistischen Partei Österreichs, 13. bis 16. Mai 1954, Wien o. J.

Pečatnov, Vladimir, „Die Moskauer Außenministerkonferenz 1943: Strategien und Taktiken der Verhandlungspartner“, in: Stefan Karner / Alexander Tschubarjan, Hrsg., *Die Moskauer Deklaration 1943: „Österreich wieder herstellen“*, Wien 2015, 37–52.

Pečatnov, V. O., *Ot sojuza k cholodnoj vojne: Sovetsko-amerikanskie otnošenija 1945–1947*, Moskau 2006.

Pechatnov, Vladimir O., *The Big Three after World War II: New Documents on Soviet Thinking about Post War Relations with the United States and Great Britain* (= Cold War International History Project Working Paper, Nr. 13), Washington 1995.

Pelinka, Anton, „Auseinandersetzung mit dem Kommunismus“, in: Weinzierl / Skalnik, *Österreich – Die Zweite Republik*, Bd. 1, Graz 1972, 169–201.

Pelinka, Anton / Steininger, Rolf, Hrsg., *Österreich und die Sieger*, Wien 1986.

Pleinert, Otto, „Die immerwährende Neutralität der Schweiz“, in: *ÖZA* 8, 1968, 215–232.

Pinette, Gaspard L., „Die franko-britische Kontroverse von 1950 über Staatsvertrag und österreichisches Heer“, in: *Innsbrucker Historische Studien* 10/11, 1988, 347–359.

Pirker, Peter, *Subversion deutscher Herrschaft: Der britische Kriegsgeheimdienst SOE und Österreich*, Wien 2012.

„Plenum Transcripts, 1955–1957“, in: *Cold War International History Project Bulletin* 10, 1998, 34–43, 50–60.

Plöchl, Gerhardt / Vlcek, Josef, *Die Rechtsvorschriften über das deutsche Eigentum in Österreich*, Wien 1959.

Plokhy, S. M., *Yalta: The Price of Peace*, New York 2010.

Pochlebkin, V. V., *Vnešnjaja politika Rusi, Rossii i SSSR za 1000 let v imenach, datach, faktach, vypusk 1: Vedomstva vnešnej politiki i ich rukovoditeli*, Moskau 1992.

Pons, Silvio, *Stalin and the Inevitable War*, London 2002.

Portisch, Hugo, *Österreich II*, Bd. 1: *Die Wiedergeburt unseres Staates*, Wien 1985.

Portisch, Hugo, *Österreich II*, Bd. 2: *Der lange Weg zur Freiheit*, Wien 1986.

Prager, Theodor, *Zwischen London und Moskau. Bekenntnisse eines Revisionisten*, Wien 1975.

Procacci, Giuliano u.a., Hrsg., *The Cominform: Minutes of the Three Conferences 1947/1948/1949*, Mailand 1994.

Protokolle des Kabinettsrates der Provisorischen Regierung Karl Renner 1945, hrsg. v. Gertrude Enderle-Burcel / Rudolf Jeřábek / Leopold Kammerhofer, Bd. 1: *29. April 1945 bis 10. Juli 1945*, Horn 1995; Bd. 2: *17. Juli bis 5. September 1945*, Wien 1999; Bd. 3: *12. September 1945 bis 17. Dezember 1945*, Wien 2003.

Protokolle des Ministerrates der Zweiten Republik der Republik Österreich: Kabinett Leopold Figl I, hrsg. v. Gertrude Enderle-Burcel / Rudolf Jerabek / Wolfgang Mueller / Elisabeth Gmoser / Peter Melichar / Stefan Semotan, Bde. 1–9, Wien 2005–2016.

Prozumenščikov, Michail, „Nach Stalins Tod: Sowjetische Österreich-Politik 1953–1955", in: Stefan Karner / Barbara Stelzl-Marx, Hrsg., *Die Rote Armee in Österreich: sowjetische Besatzung 1945–1955*, Graz 2005, 729–753.

The Question of 200.000 Yugoslavs in Austria – The Slovene Carinthia and the Burgenland Croats, Belgrad 1947.

Raab, Heinrich, „Die integrale Neutralität der Schweiz – Das anzustrebende Vorbild eines freien Österreich (1945)", in: *Zeitgeschichte* 2, 1974/75, 192–194 [mit einem Vorwort von Gerald Stourzh].

Rajak, Svetozar, *Yugoslavia and the Soviet Union in the Early Cold War: Reconciliation, Comradeship, Confrontation, 1953–1957*, London 2011.

Rajak, Svetozar, „No Bargaining Chips, No Spheres of Interest: The Yugoslav Origins of Cold War Non-Alignment", in: *Journal of Cold War Studies* 16:1, 2014, 146–179.

Rathkolb, Oliver, *Politische Propaganda der amerikanischen Besatzungsmacht in Österreich 1945 bis 1950. Ein Beitrag zur Geschichte des Kalten Krieges in der Presse-, Kultur- und Rundfunkpolitik*, Diss. Univ. Wien 1981.

Rathkolb, Oliver, Hrsg., *Gesellschaft und Politik am Beginn der Zweiten Republik. Vertrauliche Berichte der US-Militäradministration aus Österreich 1945 in englischer Originalfassung*, Wien 1985.

Rathkolb, Oliver, „Von der Besatzung zur Neutralität. Österreich in den außenpolitischen Strategien des Nationalen Sicherheitsrates unter Truman und Eisenhower", in: Bischof / Leidenfrost, *Die bevormundete Nation*, Innsbruck 1988, 371–405.

Rathkolb, Oliver, „Historische Bewährungsproben des Neutralitätsgesetzes 1955 am Beispiel der US-amerikanischen Österreich-Politik 1955–1959", in: Nikolaus Dimmel / Alfred Johannes Noll, Hrsg., *Verfassung. Juristisch-politische und sozialwissenschaftliche Beiträge anläßlich des 70-Jahr-Jubiläums des Bundes-Verfassungsgesetzes*, Wien 1990, 122–141.

Rathkolb, Oliver, „Hans J. Morgenthau und das Österreich-Problem in der letzten Phase der Truman-Administration 1951/52", in: Brix / Fröschl / Leidenfrost, *Geschichte zwischen Freiheit und Ordnung*, Graz 1991, 277–298.

Rathkolb, Oliver, „Die ‚Putsch' Metapher in der US Außenpolitik gegenüber Österreich 1945–1950", in: Ludwig / Mulley / Streibel, *Der Oktoberstreik 1950*, Wien 1991, 113–123.

Rathkolb, Oliver, „Die Außenpolitik. Die SPÖ und der außenpolitische Entscheidungsprozeß 1945–1955. Mit einem Ausblick auf die Neutralitätspolitik bis 1965", in: Wolfgang Maderthaner, Hrsg., *Auf dem Weg zur Macht. Integration in den Staat, Sozialpartnerschaft und Regierungspartei*, Wien 1992, 51–72.

Rathkolb, Oliver, „Austria and European Integration after World War II", in: Bischof / Pelinka, *Austria in the New Europe*, New Brunswick, NJ 1993, 42–62.

Rathkolb, Oliver, „The Foreign Relations between the U. S. A. and Austria in the late 1950s", in: Bischof / Pelinka / Steininger, *Austria in the Nineteen Fifties*, New Brunswick, NJ 1995, 24–38.

Rathkolb, Oliver, „Austria's ‚Ostpolitik' in the 1950s and 1960s: Honest Broker or Double Agent?", in: *Austrian History Yearbook* 26, 1995, 129–145.

Rathkolb, Oliver, „‚Wir selbst brauchen gar nicht viel hineinblasen.' Der Fall Joham und der CA-Skandal 1949–1953", in: Gehler / Sickinger, *Politische Affären und Skandale in Österreich*, Innsbruck 1995, 382–397.

Rathkolb, Oliver, *Washington ruft Wien. US-Großmachtpolitik und Österreich 1953–1959*, Wien 1997.

Rathkolb, Oliver, „Historische Fragmente und die ‚unendliche Geschichte' der sowjetischen Absichten in Österreich 1945", in: Ableitinger / Beer / Staudinger, *Österreich unter alliierter Besatzung 1945–1955*, 137–158.

Rathkolb, Oliver, „Österreich zwischen Neutralität und Allianzfreiheit 1953-2000", in: *Journal of European Integration History* 7, 2001, 103–126.

Rathkolb, Oliver, „First Budapest, then Prague and Berlin, why not Vienna? Austria and the Origins of the Cold War", in: Antonio Varsori / Elena Calandri, Hrsg., *The Failure of Peace in Europe, 1943–48*, Basingstoke 2002, 306–318.

Rathkolb, Oliver, „Sonderfall Österreich?", in: Stefan Creuzberger / Manfred Görtemaker, Hrsg., *Gleichschaltung unter Stalin? Die Entwicklung der Parteien im östlichen Europa 1944–1949*, Paderborn 2002, 353–373.

Rathkolb, Oliver, „Restitution und Entschädigung 1955–1961 vor dem Hintergrund der Wiedergutmachungsdebatte in der Bundesrepublik Deutschland", in: Arnold Suppan / Gerald Stourzh / Wolfgang Mueller, Hrsg., *Der österreichische Staatsvertrag 1955: internationale Strategie, rechtliche Relevanz, nationale Identität*, Wien 2005, 675–696.

Rathkolb, Oliver, *Die paradoxe Republik: Österreich 1945 bis 2015*, 2. überarbeitete Aufl., Wien 2015.

Rauchensteiner, Manfried, „Die Wiener Interalliierte Kommandantur 1945–1955", in: *Jahrbuch des Vereins für Geschichte der Stadt Wien* 34, 1978, 390–422.

Rauchensteiner, Manfried, *Der Sonderfall – Die Besatzungszeit in Österreich 1945 bis 1955*, Graz 1979.

Rauchensteiner, Manfried, „Staatsvertrag und bewaffnete Macht. Politik um Österreichs Heer 1945–1955“, in: *Österreichische Militärische Zeitschrift* 18, 1980, 185–197.

Rauchensteiner, Manfried, *Spätherbst 1956. Die Neutralität auf dem Prüfstand*, Wien 1981.

Rauchensteiner, Manfried, „Die B-Gendarmerie – mehr als eine Episode“, in: *Truppendienst*4, 1982, 340–346.

Rauchensteiner, Manfried, „Die Entmilitarisierung und Wiederbewaffnung in Österreich 1945–1955“, in: *Entmilitarisierung und Aufrüstung in Mitteleuropa 1945–1956* (= Vorträge zur Militärgeschichte, hsrg. v. Militärgeschichtlichen Forschungsamt, Bd. 4), Herford 1983, 57–79.

Rauchensteiner, Manfried, „Österreich nach 1945 – Der Weg zum Staatsvertrag“, in: Pelinka / Steininger, *Österreich und die Sieger*, Wien 1986, 151–162.

Rauchensteiner, Manfried, *Die Zwei. Die Große Koalition in Österreich 1945–1965*, Wien 1987.

Rauchensteiner, Manfried, „Es war einmal ein prächtiger Frühlingstag. Neues vom guten alten Staatsvertrag: Haben wir mehr zugestanden, als verlangt wurde?“, in: *Die Presse*, 11./12. Mai 1991, Spectrum, S. I – II.

Rauchensteiner, Manfried / Etschmann, Wolfgang, Hrsg., *Schild ohne Schwert. Das österreichische Bundesheer 1955–1970* (= Forschungen zur Militärgeschichte, Bd. 2), Graz 1991.

Rauchensteiner, Manfried / Ham, Claudia, Hrsg., *„Sorry guys, no gold“: Die amerikanischen Waffendepots in Österreich*, Wien 1998.

Rauchensteiner, Manfried, *Stalinplatz 4: Österreich unter alliierter Besatzung*, Wien 2005.

Rauchensteiner, Manfried / Kriechbaumer, Robert, Hrsg., *Die Gunst des Augenblicks: Neuere Forschungen zu Staatsvertrag und Neutralität*, Wien 2005, 321–357.

Rauchensteiner, Manfried, Hrsg., *Zwischen den Blöcken: NATO, Warschauer Pakt und Österreich*, Wien 2010.

Reichhold, Ludwig, *Geschichte der ÖVP*, Graz 1975.

Reichmann, Hans, *Vom Fremdenlegionär zum Botschafter beim Hl. Stuhl. Erinnerungen 1939–1975* (= Materialien zur Zeitgeschichte, hrsg. v. Erika Weinzierl, Rudolf G. Ardelt und Karl Stuhlpfarrer, Bd. 3), Wien 1982.

Reimann, Viktor, *Zu groß für Österreich – Seipel und Bauer im Kampf um die Erste Republik*, Wien 1968.

Reiter, Ilse, „Der Staatsvertrag und die nationalen Minderheiten“, in: Thomas Olechowski, Hrsg., *Fünfzig Jahre Staatsvertrag und Neutralität*, Wien 2006, 95–121.

Renner, Karl, *Die Wirtschaftsprobleme des Donauraums und die Sozialdemokratie*, Wien 1933.

Renner, Karl, *Österreich, Saint-Germain und der kommende Friede. Vortrag gehalten in der Österreichischen Liga für die Vereinten Nationen im Großen Musikvereinssaale am 5. April 1946*, Wien 1946.

Renner, Karl, „Die ideologische Ausrichtung der Politik Österreichs", in: *WZ*, 19. Jänner 1947, 1–2 [abgedruckt in *DÖA*, Nr. 50].

Reynolds, David, Hrsg., *The Origins of the Cold War in Europe*, New Haven 1994.

Richter, James G., *Khrushchev's Double Bind: International Pressures and Domestic Coalition Politics*, Baltimore 1994.

Roberts, Geoffrey, *A Chance for Peace: The Soviet Campaign to End the Cold War, 1953–1955* (= Cold War International History Working Paper, Nr. 57), Washington 2008.

Roberts, Geoffrey, *Molotov: Stalin's Cold Warrior*, Washington 2012.

Rotter, Manfred, „Der Staatsvertrag", in: Reinhard Sieder / Heinz Steinert / Emmerich Tálos, Hrsg., *Österreich 1945–1995. Gesellschaft – Politik – Kultur*, Wien ²1996, 122–132.

Rotter, Manfred, „The Austrian State Treaty – or What Is Left of It", in: Wolfgang Benedek / Hubert Isak / Renate Kicker, Hrsg., *Development and Developing International and European Law. Essays in Honour of Konrad Ginther on the Occasion of his 65th Birthday*, Frankfurt / Main 1999, 725–739.

Rousseau, Sabine, „Les mouvements de Paix en France depuis 1945", in: *Mitteilungsblatt des Instituts für soziale Bewegungen* 32, 2004, 49–65.

Ruane, Kevin, *The Rise and Fall of the European Defence Community*, Basingstoke 2000.

Ruggenthaler, Peter, „Warum Österreich nicht sowjetisiert werden sollte", in: Stefan Karner / Barbara Stelzl-Marx, Hrsg., *Die Rote Armee in Österreich: sowjetische Besatzung 1945–1955*, Graz 2005, 61–87.

Ruggenthaler, Peter, „Warum Österreich nicht sowjetisiert wurde. Sowjetische Österreichpolitik 1945 bis 1953/55", in: Stefan Karner / Barbara Stelzl-Marx, Hrsg., *Die Rote Armee in Österreich: sowjetische Besatzung 1945–1955*, Graz 2005, 649–726.

Ruggenthaler, Peter, Hrsg., *Stalins großer Bluff: Die Geschichte der Stalin-Note in Dokumenten der sowjetischen Führung*, München 2007.

Ruggenthaler, Peter, „A New Perspective from Moscow Archives: Austria and the Stalin Notes of 1952," in Günter Bischof / Fritz Plasser, Hrsg., *The Changing Austrian Voter*. Contemporary Austrian Studies XVI, New Brunswick 2008, 199–227.

Ruggenthaler, Peter, *The Concept of Neutrality in Stalin's Foreign Policy 1945–53*, Lanham 2015.

Rupasov, Aleksandr / Samuėl'son, Lennart, Sovetsko-švedskie otnošenija: vtoraja polovina 1940ch – načalo 1960ch gg., Moskau 2014.

Rupieper, Hermann-Josef, „Deutsche Frage und europäische Sicherheit: Politisch-strategische Überlegungen 1953/55", in: Thoß/Volkmann, *Zwischen Kaltem Krieg und Entspannung*, Boppard / Rhein 1988, 179–209.

Rupieper, Hermann-Josef, *Der besetzte Verbündete. Die amerikanische Deutschlandpolitik 1949–1955*, Opladen 1991.
Ržeševskij, O. A., Hrsg., *Stalin i Čerčill': Vstreči, besedy, diskussii. Dokumenty, kommentarii 1941–1945*, Moskau 2004.

Salis, Jean R. von, „Wird Österreich eine zweite Schweiz?“, in: *Zürcher Woche*, 1. April 1955.
Salis, Jean R. von, „Wiener Sommer 1947“, in: ders., *Im Laufe der Jahre. Über Geschichte, Politik und Literatur*, Zürich 1962, 246–247.
Sandner, Margit, *Die französisch-österreichischen Beziehungen während der Besatzungszeit von 1947 bis 1955* (= Dissertationen der Universität Wien, hrsg. v. Verband der wissenschaftlichen Gesellschaften Österreichs, Bd. 162), Wien 1985.
Schärf, Adolf, *Österreichs Erneuerung 1945–1955*, Wien ^{7}1960.
Schärf, Adolf, „Erinnerungen an die Moskau-Fahrt vom 11. bis 15. April 1955“, hrsg. v. Karl R. Stadler, in: *Die Zukunft* 4, 1980, 23–30.
Schärf, Adolf, *Tagebuchnotizen des Jahres 1955*, hrsg. v. Gertrude Enderle-Burcel, Innsbruck 2008.
Schärf, Adolf, *Tagebuchnotizen des Jahres 1952*, hrsg. v. Gertrude Enderle-Burcel, Innsbruck 2010.
Schärf Adolf, *Tagebuchnotizen des Jahres 1953*, hrsg. v. Gertrude Enderle-Burcel, Innsbruck 2019.
Scheu, Friedrich (unter F. S.), „Neutralität und Paktfreiheit“, in: *AZ*, 6. April 1955, 1–2 [in *DÖA*, Nr. 162].
Schilcher, Alfons, Hrsg., *Österreich und die Großmächte. Dokumente zur österreichischen Außenpolitik 1945–1955* (= Materialien zur Zeitgeschichte, hrsg. v. Erika Weinzierl, Rudolf G. Ardelt und Karl Stuhlpfarrer, Bd. 2), Wien 1980.
Schilcher, Alfons, *Die Politik der Provisorischen Regierung und der Alliierten Großmächte bei der Wiedererrichtung der Republik Österreich*, 2 Bde., Diss. Univ. Wien 1985.
Schmidl, Erwin A., „The Airlift That Never Was. Allied Plans to Supply Vienna by Air“, in: *Army History* 43, Herbst / Winter 1997/98, 12–23.
Schmidl, Erwin A., Hrsg., *Österreich im frühen Kalten Krieg 1945–1958: Spione, Partisanen, Kriegspläne*, Wien 2000.
Schober, Richard, *Tirol zwischen den beiden Weltkriegen 2: Politik, Parteien und Gesellschaft*, Innsbruck 2009.
Schödl, Ingeborg, *Im Fadenkreuz der Macht. Das außergewöhnliche Leben der Margarethe Ottillinger*, Wien ^{2}2015.
Schöner, Josef, *Wiener Tagebuch 1944/1945*, hrsg. v. Eva-Marie Csáky / Franz Matscher / Gerald Stourzh (= Veröffentlichungen der Kommission für Neuere Geschichte Österreichs, Bd. 83), Wien 1992.
Schütz-Müller, Ingfrid, *‚Europa' in der österreichischen Nachkriegspolitik 1945–1956*, Diss. Univ. Wien 1974.

Schwarz, Hans-Peter, *Die Ära Adenauer. Gründerjahre der Republik 1949–1957* (= Geschichte der Bundesrepublik Deutschland, hrsg. v. Karl Dietrich Bracher u.a., Bd. 2), Wiesbaden 1981.

Schwarz, Hans-Peter, *Adenauer. Der Staatsmann: 1952–1967*, Stuttgart 1991.

Seidel, Hans, *Österreichs Wirtschaft und Wirtschaftspolitik nach dem Zweiten Weltkrieg*, Wien 2005.

Seidl-Hohenveldern, Ignaz, „Le Règlement du Problème de la Propriété Allemande en Autriche par le Traité Austro-Allemand du 15 Juin 1957", in: *Annuaire Français de Droit International* 230, 1958, 230–241.

Seidl-Hohenveldern, Ignaz, *The Austrian-German Arbitral Tribunal Established by the Property Treaty of June 14, 1957* (= Procedural Aspects of International Law Series, Bd. 11), Syracuse 1972.

Seidl-Hohenveldern, Ignaz, *Die Überleitung von Herrschaftsverhältnissen am Beispiel Österreichs* (= Österreichische Zeitschrift für öffentliches Recht und Völkerrecht, Supplementum 5), Wien 1982.

Seipel, Ignaz, *Der Kampf um die österreichische Verfassung*, Wien 1930.

Semjonow, Wladimir S., *Von Stalin bis Gorbatschow. Ein halbes Jahrhundert in diplomatischer Mission 1939–1991*, Berlin 1995.

Sensenig, Gene R., „Gewerkschaftspolitik im Kalten Krieg am Beispiel der Beziehungen der US-Regierung und der US-Gewerkschaften zum ÖGB zwischen 1945 und 1955", in: *Zeitgeschichte* 12, 1984/85, 198–216.

Sergeev, R. A., „Kak byl dostignut proryv v avstrijskom voprose", in: *Sovremennaja Evropa,* 1:4 (2000), 105–113. Auf Deutsch: Sergeev, Rostislav, „Wie der Durchbruch in der österreichischen Frage erzielt wurde", in: Arnold Suppan / Gerald Stourzh / Wolfgang Mueller, Hrsg., *The Austrian State Treaty 1955: International Strategy, Legal Relevance / National Identity*, Wien 2005, 195–204.

Seydoux, François, *Memoires d'Outre-Rhin*, Paris 1975.

Shepherd, Gordon, *Die österreichische Odyssee*, Wien 1958.

Shulman, Marshall D., *Stalin's Foreign Policy Reappraised*, Cambridge, MA 1963.

Sieder, Elfriede, *Die alliierten Zensurmaßnahmen zwischen 1945–1955*, Diss. Univ. Wien 1983.

Siegler, Heinrich, *Österreichs Weg zur Souveränität, Neutralität, Prosperität 1945–1959*, Bonn 1959.

Simma, Bruno / Folz, Hans-Peter, *Restitution und Entschädigung im Völkerrecht: Die Verpflichtungen der Republik Österreich nach 1945 im Lichte ihrer außenpolitischen Praxis* (= Veröffentlichungen der Österreichischen Historikerkommission, Bd. 6), Wien 2004.

Slapnicka, Harry, *Oberösterreich zwischen Bürgerkrieg und „Anschluß" 1927–1938*, Linz 1975.

Smith, Walter Bedell, *Meine drei Jahre in Moskau*, Hamburg 1950.

Snyder, Timothy, *Bloodlands: Europe between Hitler and Stalin*, New York 2010.

Sokolov, Vladimir V., „Sowjetische Österreichpolitik 1943/45“, in: *Österreich 1945. Ein Ende und viele Anfänge* (= Forschungen zur Militärgeschichte, hrsg. v. Manfried Rauchensteiner und Wolfgang Etschmann, Bd. 4), Graz 1997, 73–87.

Sokolov, Vladimir / Holtsmark, Sven G., „Note on the Foreign Policy Archive of the Russian Federation“, in: *Cold War International History Project Bulletin*, 3 (Herbst 1993), 26–32.

Soutou, Georges-Henri, „La France, l'Allemagne et les accords de Paris“, in: *Relations internationales*, 52 (Winter 1987), 451–470.

Soutou, Georges-Henri, „Pierre Mendès France et l'Union soviétique, 1954–1955“, in: René Girault, Hrsg., *Pierre Mendès France et le rôle de la France dans le monde*, Grenoble 1991, 177–205.

Soutou, Georges-Henri, *La guerre de Cinquante Ans. Les relations Est-Ouest 1943–1990*, Paris 2001.

Sovetskij faktor v vostočnoj Evrope, 1944–1953: Dokumenty, hrsg. v. T. V. Volokitina / G. P. Muraško / O. V. Naumov / A. F. Noskova / T. V. Carevskaja, 2 Bde., Moskau 2002.

Sovetsko-Amerikanskie otnošenija 1945–1948, hrsg. v. V. V. Aldošin / Ju. V. Ivanov / V. M. Semenov / G. N. Sevost'janov, Moskau 2004.

Sovetsko-Anglijskie otnošenija vo vremja velikoj otečestvennoj vojny 1941–1945, Bd. 1: *1941–1943*, hrsg. v. Ministerstvo inostrannych del, Moskau 1983.

Sovetskij sojuz na meždunarodnych konferencijach perioda velikoj otečestvennoj vojny 1941–1945, Bd. 1: *Moskovskaja konferencija ministrov inostrannych del SSSR, SShA i Velikobritanii (19–30 oktjabrja 1943g.). Sbornik dokumentov*, hrsg. v. Ministerstvo inostrannych del, Moskau 1978.

Sowjetpolitik gegenüber Österreich April 1945 – April 1947, eine Dokumentensammlung, hrsg. v. Österreichische Zeitung, Wien 1947.

Die Sowjetregierung und der österreichische Staatsvertrag. Bericht und Dokumente 1943–1953, hrsg. v. der Arbeitsgemeinschaft für Osteuropaforschung [Göttingen], 2. berichtigte Aufl., o. O. [Juli] 1953.

Die Sowjetunion für ein freies, unabhängiges und demokratisches Österreich. Dokumente und Materialien zu den sowjetisch-österreichischen Verhandlungen in Moskau, hrsg. v. Sowjetischen Informationsdienst, Wien 1955.

Speeches and statements, made at the Moscow session of the council of foreign ministers: March 10 – April 24, 1947, London 1947.

Spulber, Nicolas, „Soviet Undertakings and Soviet Mixed Companies in Eastem Europe“, in: *Journal of Central European Affairs* 14, 1954/55, 154–173.

Fünf Jahre Staatsvertrag, fünfzehn Jahre Zweite Republik, Wien 1960.

SSSR i Avstrija na puti k Gosudarstennomu dogovoru: Stranicy dokumental'noj istorii 1945–1955, hrsg. v. V. I. Jakunin / A. Ju. Vatlin / B. S. Kotov / A. K. Sorokin / A. A. Širinjanc / A. Ju Šutov, Moskau 2015.

SSSR i germanskij vopros 1941–1949/Die UdSSR und die deutsche Frage 1941–1949. Dokumente aus dem Archiv für Außenpolitik der Russischen Föderation, hrsg. v. G. P. Kynin / J. Laufer / A. Filitov, 4 Bde., Moskau 1996–2012.

Stadler, Karl R., „Zwischen Paktfreiheit und Neutralität. Zur Vorgeschichte des österreichischen Neutralitätsgesetzes", in: Isabella Ackerl / Walter Hummelberger / Hans Mommsen, Hrsg., *Politik und Gesellschaft im Alten und Neuen Österreich. Festschrift für Rudolf Neck zum 60. Geburtstag*, Bd. 2, Wien 1981, 271–292.

Stadler, Karl R., *Adolf Schärf. Mensch, Politiker, Staatsmann*, Wien 1982.

Stadler, Karl R., „‚Modellfall Österreich.' Eine unbekannte Initiative aus dem Jahre 1955", in: Helmut Konrad / Wolfgang Neugebauer, Hrsg., *Arbeiterbewegung – Faschismus – Nationalbewußtsein. Festschrift zum 20jährigen Bestand des Dokumentationsarchivs des österreichischen Widerstandes und zum 60. Geburtstag von Herbert Steiner*, Wien 1983, 391–402.

Stadlmayer, Viktoria, *Kein Kleingeld im Länderschacher: Südtirol, Triest und Alcide Degasperi 1945/1946*, Innsbruck 2002.

Briefwechsel Stalins mit Churchill, Attlee, Roosevelt und Truman 1941–1945, übers. v. Helmuth Tautz, Berlin 1961.

Stanley, Guy D., *Great Britain and the Austrian Question*, Diss. Univ. London 1973.

The Austrian State Treaty. An Account of the Postwar Negotiations together with the Text of the Treaty and Related Documents (= Department of State Publication, Nr. 6437), Washington 1957.

Stearman, William Lloyd, *The Soviet Union and the Occupation of Austria*, Bonn 1961.

Stearman, William L., *Die Sowjetunion und Österreich 1945–1955*, Bonn 1962.

Steil, Benn, *The Marshall Plan: Dawn of the Cold War*. Oxford 2018.

Steiner, Kurt, „Negotiations for an Austrian State Treaty", in: Alexander L. George / Philip J. Farley / Alexander Dallin, Hrsg., *U.S.-Soviet Security Cooperation. Achievements, Failures, Lessons*, New York 1988, 46–82.

Steiner, Ludwig, „Ein langer Weg. Moskau 1955: Erinnerungen eines Augenzeugen", in: *Academia* 31, April 1980, 33–34.

Steiner, Ludwig, „Die Außenpolitik Julius Raabs als Bundeskanzler", in: Brusatti / Heindl, *Julius Raab*, Linz o. J. [1986], 212–241.

Steiner, Ludwig, „…zur richtigen Zeit das Richtige getan" (Zeitzeugengespräch mit Michael Gehler u. Helmut Wohnout), in: Helmut Wohnout, Hrsg., *Demokratie und Geschichte. Jahrbuch des Karl von Vogelsang-Instituts zur Erforschung der Geschichte der christlichen Demokratie in Österreich* 1, 1997, 13–48.

Steiner, Ludwig, *Der Botschafter – Ein Leben für Österreich*, Bolzano 2005.

Steiner, Senta G., *Österreich und die europäische Integration zwischen Moskauer Deklaration und Europakongreß in Den Haag*, Diss. Univ. Salzburg 1971.

Steininger, Rolf, *Los von Rom? Die Südtirolfrage 1945/46 und das Gruber-de Gasperi-Abkommen* (= Innsbrucker Forschungen zur Zeitgeschichte, Bd. 2), Innsbruck 1987.

Steininger, Rolf, „Deutsche Frage und österreichischer Staatsvertrag 1955", in: *Geschichte und Gegenwart*, 4 (1992), 243–252 [erweiterte englische Version: „1955: The Austrian State Treaty and the German Question", in: *Diplomacy & Statecraft* 3, 1992, 211–249].

Steininger, Rolf, *Deutsche Geschichte seit 1945. Darstellung und Dokumente in vier Bänden*. Bd. 2: *1948–1955*, Frankfurt/Main 1996.

Steininger, Rolf/Weber, Jürgen/Bischof, Günter/Albrich, Thomas/Eisterer, Klaus, Hrsg., *Die doppelte Eindämmung. Europäische Sicherheit und deutsche Frage in den Fünfzigern* (= Tutzinger Schriften zur Politik, Bd. 2), München 1993.

Steininger, Rolf, Hrsg., *Der Umgang mit dem Holocaust. Europa – USA – Israel* (= Schriften des Instituts für Zeitgeschichte der Universität Innsbruck und des Jüdischen Museums Hohenems, Bd. 1), Wien 1994.

Steininger, Rolf, „15. 5. 1955: Der Staatsvertrag", in: Steininger/Gehler, Hrsg., *Österreich im 20. Jahrhundert*, Wien 1997, Bd. 2, 217–257.

Steininger, Rolf/Gehler, Michael, Hrsg., *Österreich im 20. Jahrhundert*, 2 Bde., Wien 1997.

Steininger, Rolf, *Südtirol zwischen Diplomatie und Terror 1947–1969. Darstellung in drei Bänden* (Bd. 1: *1947–1959*, Bd. 2: *1960–1962*, Bd. 3: *1962–1969*; = Veröffentlichungen des Südtiroler Landesarchivs, Bde. 6–8), Bolzano 1999.

Steininger, Rolf, *Deutsche Geschichte: Darstellung und Dokumente in vier Bänden*, Frankfurt/Main 2002.

Steininger, Rolf, *Der Staatsvertrag: Österreich im Schatten von deutscher Frage und Kaltem Krieg*, Innsbruck 2005.

Steininger, Rolf, *Autonomie oder Selbstbestimmung? Die Südtirolfrage 1945/46 und das Gruber-de Gasperi-Abkommen*, 2 Bde., Innsbruck 2006.

Steininger, Rolf, „Austria, Germany and the Cold War, 1945–1955", in: Mark Kramer/Vít Smetana, Hrsg., *Imposing, Maintaining and Tearing Open the Iron Curtain*, Lanham 2014, 125–148.

Die rechtliche Stellung der Volksgruppen in Österreich. Eine Dokumentation, hrsg. v. Bundeskanzleramt, Wien 1977.

Stelzl-Marx, Barbara, *Stalins Soldaten in Österreich: Die Innensicht der sowjetischen Besatzung 1945–1955*, Wien 2012.

Stelzl-Marx, Barbara, „Die Moskauer Deklaration in den Befehlen der Roten Armee", in: Stefan Karner/Alexander Tschubarjan, Hrsg., *Die Moskauer Deklaration 1943: „Österreich wieder herstellen"*, Wien 2015, 196–208.

Sternfeld, Albert, „Image und Wirklichkeit", in: Anton Pelinka/Sabine Mayr, Hrsg., *Die Entdeckung der Verantwortung. Die Zweite Republik und die vertriebenen Juden. Eine kommentierte Dokumentation aus dem persönlichen Archiv von Albert Sternfeld*, Wien 1998, 5–9 (zuerst veröffentlicht in: *Wiener Journal*, Doppelnummer Dezember 1987/Jänner 1988, 9 – 10).

Stieber, Gabriela, *Die Briten als Besatzungsmacht in Kärnten 1945–1955* (= Das Kärntner Landesarchiv, Bd. 31), Klagenfurt 2005.

Stifter, Christian, *Die Wiederaufrüstung Österreichs. Die geheime Remilitarisierung der westlichen Besatzungszonen 1945–1955* (= Wiener Zeitgeschichte-Studien, Bd. 1), Innsbruck 1997.

Stourzh, Gerald, „Zur Geschichte der österreichischen Neutralität", in: *Österreich in Geschichte und Literatur* 5, 1961, 273–288.

Stourzh, Gerald, „Grundzüge der österreichischen Außenpolitik 1945–1960", in: *Österreichische Zeitgeschichte im Geschichtsunterricht. Bericht über die Expertentagung vom 14.12 bis 16.12.1960 in Reichenau*, hrsg. v. Anton Kolbabek auf Anordnung des Bundesministeriums für Unterricht, Wien 1961, 185–211.

Stourzh, Gerald, „Die Regierung Renner, die Anfänge der Regierung Figl und die Alliierte Kommission für Österreich, September 1945 bis April 1946", in: *Archiv für österreichische Geschichte*125, 1966, 321–342.

Stourzh, Gerald, „Diplomatie", in: Karl Dietrich Bracher/Ernst Fraenkel, Hrsg., *Internationale Beziehungen* (= Fischer Lexikon, Bd. 7), Frankfurt/Main 1969, 64–76.

Stourzh, Gerald, „Some Reflections on Permanent Neutrality", in: August Schou/Arne Olav Brundtland, Hrsg., *Small States in International Relations* (= Nobel Symposium, Bd. 17), Stockholm 1971, 93–98.

Stourzh, Gerald, „Die Sicherung der österreichischen Unabhängigkeit als Thema der Staatsvertragsverhandlungen", in: *Zeitgeschichte* 2, 1974/75, 183–191.

Stourzh, Gerald, „Außenpolitik, Diplomatie, Gesandtschaftswesen: zur Begriffsklärung und historischen Einführung", in: Zöllner, *Diplomatie und Außenpolitik Österreichs*, Wien 1977, 10–27.

Stourzh, Gerald/Streitenberger, Silvia, „La position internationale de l'Autriche après la seconde guerre mondiale – Quelques réflexions sur l'origine du Traité d'État et de la neutralité autrichienne avec égard particulier aux débats parlementaires français de 1955", in: *Austriaca*, 4 (Sondernummer Juli 1978, Actes du colloque de Rouen I), 215–234.

Stourzh, Gerald, „Operationskalender 1955. Der politische Zusammenhang zwischen Staatsvertrag und Neutralität", in: *Die Furche*, 14. Mai 1980, 4.

Stourzh, Gerald, „Referat auf dem Symposium des Bundesministeriums für Wissenschaft und Forschung vom 16. und 17. Mai 1980", in: *25 Jahre Staatsvertrag. Eine Dokumentation der österreichischen Bundesregierung*, Bd. 2: *Protokolle des wissenschaftlichen Symposions, 16. und 17. Mai 1980*, hrsg. v. Bundesministerium für Wissenschaft und Forschung und dem Institut für Zeitgeschichte der Universität Wien, Wien 1980, 124–131; 156–158.

Stourzh, Gerald, „Die Grundlagen der Zweiten Republik. Eine historische Einführung", in: *25 Jahre Staatsvertrag. Eine Dokumentation der österreichischen Bundesregierung*, Bd. 1: *Protokolle des Staats- und Festaktes sowie der Jubiläumsveranstaltungen im In- und Ausland*, hrsg. v. der Österreichischen Bundesregierung und dem Bundesministerium für Auswärtige Angelegenheiten in Zusammenarbeit mit dem Institut für Geschichte der Universität Wien, Wien 1981, 16–26.

Stourzh, Gerald, „Zur Geschichte des Staatsvertrages“, in: *25 Jahre Staatsvertrag. Eine Dokumentation der österreichischen Bundesregierung*, Bd. 1: *Protokolle des Staats- und Festaktes sowie der Jubiläumsveranstaltungen im In- und Ausland* [Vortrag bei den offiziellen Feierlichkeiten der Bundesregierung anlässlich des 25. Jahrestags der Unterzeichnung des Staatsvertrags, 15. Mai 1980], hrsg. v. der österreichischen Bundesregierung und dem Bundesministerium für Auswärtige Angelegenheiten in Zusammenarbeit mit dem Institut für Geschichte der Universität Wien, Wien 1981, 36–41.

Stourzh, Gerald, „Der österreichische Staatsvertrag und die Voraussetzungen seines Zustandekommens“, in: *25 Jahre Österreichischer Staatsvertrag. Symposium, veranstaltet von der Österreichischen Akademie der Wissenschaften und der Akademie der Wissenschaften der UdSSR in der Zeit vom 12. bis 19. April 1980 in Moskau*, Wien 1981, 65–76.

Stourzh, Gerald, „Vom österreichischen Freiheitskampf zum österreichischen Staatsvertrag“, in: *Österreich in Geschichte und Literatur* 25, 1981, 7–16.

Stourzh, Gerald, „Towards the Settlement of 1955: The Austrian State Treaty Negotiations and the Origins of Austrian Neutrality“, in: *Austrian History Yearbook*, 17–18 (1981–82), 174–187.

Stourzh, Gerald, „The Austrian State Treaty and the Origins of Austrian Neutrality“, in: K. P. Misra, Hrsg., *Non-Alignment and Neutrality. Proceedings of the Austro-Indian Seminar*, New Delhi 1982, 9–27.

Stourzh, Gerald, „Vertrauen und Mißtrauen in der internationalen Politik“, in: *ÖZA* 23, 1983, 19–32.

Stourzh, Gerald, Rezension von A. Schilcher: „Österreich und die Großmächte. Dokumente zur österreichischen Außenpolitik 1945–1955“(1980), in: *Mitteilungen des Österreichischen Staatsarchivs* 36, 1983, 434–440.

Stourzh, Gerald, „Rückblick auf den April 1955: Der lange Weg zur ‚Schweizer Formel'“, in: *Die Furche*, 19. April 1985, 6–7.

Stourzh, Gerald, „The Origins of Austrian Neutrality“, in: Alan T. Leonhard, Hrsg., *Neutrality – Changing Concepts and Practices*, Lanham 1988, 35–57.

Stourzh, Gerald, „Zur Genese des Anschlußverbots in den Verträgen von Versailles, Saint-Germain und Trianon“, in: *Saint-Germain 1919. Protokolle des Symposions am 29. und 30. Mai 1979 in Wien* (= Veröffentlichungen der Wissenschaftlichen Kommission zur Erforschung der Geschichte der Republik Österreich, hrsg. v. Isabella Ackerl und Rudolf Neck, Bd. 11), Wien 1989, 41–53.

Stourzh, Gerald, *Vom Reich zur Republik. Studien zum Österreichbewußtsein im 20. Jahrhundert*, Wien 1990.

Stourzh, Gerald, „Die Außenpolitik der österreichischen Bundesregierung gegenüber der nationalsozialistischen Bedrohung“, in: Stourzh / Zaar, *Österreich, Deutschland und die Mächte*, Wien 1990, 319–346.

Stourzh, Gerald, „Nach der deutschen Einheit: Österreichs Standort in Europa“, in: *Europäische Rundschau* 18:4, 1990, 3–13.

Stourzh, Gerald, „Austrian State Treaty (1955)“, in: *Encyclopedia of Public International Law*, hrsg. v. Rudolf Bernhardt u. a., Bd. 1, Amsterdam 1992, 301–305.

Stourzh, Gerald, „Erschütterung und Konsolidierung des Österreichbewußtseins – vom Zusammenbruch der Monarchie zur Zweiten Republik“, in: Richard G. Plaschka / Gerald Stourzh / Jan Paul Niederkorn, Hrsg., *Was heißt Österreich? Inhalt und Umfang des Österreichbegriffs vom 10. Jahrhundert bis heute*, Wien 1995, 289–311.

Stourzh, Gerald / Zaar, Birgitta, Hrsg., *Österreich, Deutschland und die Mächte. Internationale und österreichische Aspekte des „Anschlusses“ vom März 1938*, Wien 1990.

Stourzh, Gerald, „‚Österreich ist frei!‘ Leopold Figl als Bundeskanzler und Außenminister im Jahrzehnt zwischen Befreiung und Freiheit“, in: Karner / Stangler, Hrsg., *Österreich ist frei. Der österreichische Staatsvertrag 1955*, Horn 2005, 354–370.

Stourzh, Gerald, *1945 und 1955 als Schlüsseljahre der Zweiten Republik. Gab es die Stunde Null? Wie kam es zu Staatsvertrag und Neutralität?* (= Österreich – Zweite Republik. Befund, Kritik, Perspektive. Vorlesungsreihe und Edition der Wiener Vorlesungen, hrsg. v. H. Ch. Ehalt, Bd. 1), Innsbruck 2005.

Stourzh, Gerald, *Um Einheit und Freiheit: Staatsvertrag, Neutralität und das Ende der Ost-West-Besetzung Österreichs 1945–1955*, Wien ^{5}2005.

Stourzh, Gerald, „Die Entstehungsgeschichte des österreichischen Neutralitätsgesetzes“, in: Thomas Olechowski, Hrsg., *Fünfzig Jahre Staatsvertrag und Neutralität*, Wien 2006, 67–93.

Stourzh, Gerald, „The Austrian State Treaty and the International Decision Making Process in 1955“, in: *Austrian History Yearbook* 38, 2007, 208–228.

Strang, Lord [vormals Sir William Strang], *Home and Abroad*, London 1956.

Strasser, Wolfgang, *Österreich und die Vereinten Nationen* (= Schriftenreihe der Österreichischen Gesellschaft für Außenpolitik und internationale Beziehungen, Bd. 1), Wien 1967.

Suomi, Juhani, *Kuningastie Urho Kekkonen 1950–1956*, Helsinki 1990.

Suppan, Arnold, *Die österreichischen Volksgruppen. Tendenzen ihrer gesellschaftlichen Entwicklung im 20. Jahrhundert* (= Österreich-Archiv), Wien 1983.

Suppan, Arnold, „Zur Geschichte Südkärntens“, in: Martin Pandel u. a., Hrsg., *Ortstafelkonflikt in Kärnten*, Wien 2004, 128–197.

Suppan, Arnold / Stourzh, Gerald / Mueller, Wolfgang, Hrsg., *Der österreichische Staatsvertrag 1955: internationale Strategie, rechtliche Relevanz, nationale Identität*, Wien 2005.

Suppan, Arnold, „Jugoslawien und der österreichische Staatsvertrag“: in: Arnold Suppan / Gerald Stourzh / Wolfgang Mueller, Hrsg., *Der österreichische Staatsvertrag 1955: internationale Strategie, rechtliche Relevanz, nationale Identität*, Wien 2005, 431–471.

Suppan, Arnold, „Kärnten und Slowenien: Die Geschichte einer schwierigen Nachbarschaft im 20. Jahrhundert“, in: Stefan Karner, Hrsg., *Kärnten und die nationale Frage*, Bd. 5, Klagenfurt 2005, 9–70.

Suppan, Arnold, „Hitler und die Österreicher: Zwischen totaler Gleichschaltung und partieller Unterdrückung“, in: *Geistes-, sozial- und kulturwissenschaftlicher Anzeiger: Zeitschrift der philosophisch-historischen Klasse der Österreichischen Akademie der Wissenschaften*, 150:1–2, 2015, 31–56.

Švejcer, Vladimir, „Die Moskauer Deklaration von 1943: Kommentare zur Position der UdSSR“, in: Stefan Karner / Alexander Tschubarjan, Hrsg., *Die Moskauer Deklaration 1943: „Österreich wieder herstellen“*, Wien 2015, 53–58.

Svik, Peter, „The Czechoslovak Factor in Western Alliance Building, 1945–1948“, in: *Journal of Cold War Studies* 18:1, 2016, 133–160.

Svoboda, Wilhelm, *Die Partei, die Republik und der Mann mit den vielen Gesichtern. Oskar Helmer und Österreich II. Eine Korrektur* (= Böhlaus zeitgeschichtliche Bibliothek, Bd. 26), Wien – Köln – Weimar, 1993.

„Symposium über den internationalen Hintergrund“ [des Österreichischen Staatsvertrags], in: *Europäische Rundschau* 8:2, 1980, 131–173 [enthält Beiträge von: Max Beloff, Marion Gräfin Dönhoff, François Fejtö, André Fontaine, William T. Griffith, Ernst Halperin, Melvin J. Lasky, Richard Löwenthal, Leo Mates, Hugh Seton-Watson, Helmut Sonnenfeldt, Adam B. Ulam].

Tálos, Emmerich u. a., Hrsg., *NS-Herrschaft in Österreich: Ein Handbuch*, Wien 2000.

Taubman, Willian, *Khrushchev: The Man, His Era*, New York 2003.

Thalberg, Hans J., *Von der Kunst, Österreicher zu sein. Erinnerungen und Tagebuchnotizen* (= Dokumente zu Alltag, Politik und Zeitgeschichte, hrsg. v. Franz Reiter, Bd. 6), Wien 1984.

Thayer, Charles, *Diplomat*, Hamburg 1959.

Thilenius, Richard, „Österreichs Freiheit. Die aktive Neutralitätspolitik Wiens“, in: *Außenpolitik* 6, 1955, 495–504.

Thompson, Jenny / Thompson, Sherry, *The Kremlinologist: Llewellyn E. Thompson, America's Man in Cold War Moscow*, Baltimore 2018.

Thoß, Bruno / Volkmann, Hans-Erich, Hrsg., *Zwischen Kaltem Krieg und Entspannung. Sicherheits- und Deutschlandpolitik der Bundesrepublik im Mächtesystem der Jahre 1953–1956*, Boppard / Rhein, 1988.

Thoß, Bruno, „Modellfall Österreich? Der österreichische Staatsvertrag und die deutsche Frage 1954/55“, in: Thoß/Volkmann, *Zwischen Kaltem Krieg und Entspannung*, Boppard / Rhein 1988, 93–136.

Thoß, Bruno, „Der Beitritt der Bundesrepublik Deutschland zur WEU und NATO im Spannungsfeld von Blockbildung und Entspannung (1954–1956)“, in: Ehlert / Greiner / Meyer / Thoß, *Die NATO-Option*, München 1993, 1–234.

Thoß, Bruno, Hrsg., *Volksarmee schaffen – ohne Geschrei! Studien zu den Anfängen einer „verdeckten Aufrüstung“ in der SBZ/DDR*, München 1994.

Thoß, Bruno, *NATO-Strategie und nationale Verteidigungsplanung: Planung und Aufbau der Bundeswehr unter den Bedingungen einer massiven atomaren Vergeltungsstrategie 1952–1960*, München 2006.

Tiunov, O. I., *Nejtralitet v meždunarodnom prave*, Perm 1968.

Tismaneanu, Vladimir, Hrsg., *Stalinism Revisited: The Establishment of Communist Regimes in East-Central Europe*, Budapest 2009.

Tončić-Sorinj, Lujo, *Erfüllte Träume. Kroatien – Österreich – Europa*, Wien 1982.

Toscano, Maria, *Storia diplomatica della questione dell'Alto Adige*, Bari 1967.

Tributsch, Svila, „Der Kampf um die zweisprachige Schule in Kärnten von 1945 bis 1959", in: Stefan Karner / Andreas Moritsch, Hrsg., *Kärnten und die Nationale Frage*, Bd. 1: *Aussiedlung – Verschleppung – Nationaler Kampf*, Klagenfurt 2005, 79–98.

Trost, Ernst, *Figl von Österreich*, Wien 1972.

Truger, Walter, „Der Weg zur Neutralität", in: *Weg und Ziel* 23, 1965, 243–256.

Tuma, Renate, *Das Problem der territorialen Integrität Österreichs 1945–1947. Unter besonderer Berücksichtigung der Grenzproblematik mit Deutschland, der Tschechoslowakei und Ungarn*, Diss. Univ. Wien 1989.

Tuma, Renate, „Tschechoslowakische Gebietsansprüche gegenüber Österreich 1946/47", in: Höbelt / Huber, *Für Österreichs Freiheit*, Innsbruck 1991, 121–142.

Türk, Helmut, „Die Wende 1989/90 und die Obsoleterklärung einiger Artikel des Staatsvertrages", in: Arnold Suppan / Gerald Stourzh / Wolfgang Mueller, Hrsg., *Der österreichische Staatsvertrag 1955: internationale Strategie, rechtliche Relevanz, nationale Identität*, Wien 2005, 821–837.

UdSSR – Österreich 1938–1979. Dokumente und Materialien, hrsg. v. Ministerium für Auswärtige Angelegenheiten der UdSSR, Moskau 1980.

Uhl, Matthias, *Die Teilung Deutschlands: Niederlage, Ost-West-Spaltung und Wiederaufbau 1945–1949*, Berlin 2009.

United Kingdom, Austria Nr. 1 (1954): Recent Correspondence with the Soviet Government regarding Austria, Dec. 28, 1951 – Jan. 12, 1954, Cmd. 9041, London 1954.

Unkart, Ralf / Glantschnig, Gerold / Ogris, Alfred, *Zur Lage der Slowenen in Kärnten. Die slowenische Volksgruppe und die Wahlkreiseinteilung 1979 – eine Dokumentation* (= Das Kärntner Landesarchiv, Bd. 11), Klagenfurt 1984.

Die USIA-Betriebe in Niederösterreich. Geschichte, Organisation, Dokumentation (= Studien und Forschungen aus dem Niederösterreichischen Institut für Landeskunde, hrsg. v. Helmuth Feigl und Andreas Kusternig, Bd. 5), Wien 1983 [enthält Beiträge von Otto Klambauer und Ernst Bezemek].

Valdevit, Giampaolo, *La questione di Trieste 1941–1954. Politica internazionale e contesto locale*, Mailand 1986.

Valdevit, Giampaolo, Hrsg., *Il dilemma Trieste: guerra e dopoguerra in uno scenario europeo*, Gorizia 1999.

Varsori, Antonio, *Il Patto di Bruxelles: Tra integrazione europea e alleanza atlantica*, Rom 1988.

Varsori, Antonio, „Alle origini della prima distensione: la Francia di Pierre Mendès France e la ripresa del dialogo con Mosca (1954–1955)“, in: *Storia delle relazioni internazionali* 8, 1992, 63–97.

Varsori, Antonio / Calandri, Elena, Hrsg., *The Failure of Peace in Europe, 1943–48*, Basingstoke 2002.

Vatlin, A. Ju., *Avstrija v XX veke*, Moskau 2006.

Veiter, Theodor, *Das Recht der Volksgruppen und Sprachminderheiten in Österreich*, Wien 1970.

Veiter, Theodor, *Das österreichische Volksgruppenrecht seit dem Volksgruppengesetz von 1967. Rechtsnormen und Rechtswirklichkeit*, Wien 1979.

Verdross, Alfred, *Die immerwährende Neutralität der Republik Österreich*, Wien 1966.

Verdross, Alfred, „Österreichs Neutralität, ein Beitrag zum Frieden in der Welt“, in: Hans R. Klecatsky, Hrsg., *Die Republik Österreich. Gestalt und Funktion ihrer Verfassung*, Wien 1968, 279–299.

Verdross, Alfred, *Die immerwährende Neutralität Österreichs* (= Politische Bildung, Sonderheft), Wien 1977.

Verosta, Stephan, *Die internationale Stellung Österreichs 1938–1947*, Wien 1947.

Verosta, Stephan, *Die dauernde Neutralität. Ein Grundriß*, Wien 1967.

Verosta, Stephan, *Theorie und Realität von Bündnissen. Heinrich Lammasch, Karl Renner und der Zweibund (1879–1914)*, Wien 1971.

Verosta, Stephan, „Außenpolitik“, in: Erika Weinzierl / Kurt Skalnik, Hrsg., *Das neue Österreich. Geschichte der Zweiten Republik*, Graz 1975, 85–149.

Verosta, Stephan, „Das französische Angebot der dauernden Neutralität an Österreich im Jahre 1919“, in: Emanuel Diez u. a., Hrsg., *Festschrift für Rudolf Bindschedler zum 65. Geburtstag*, Bern 1980, 51–68.

Verosta, Stephan, „Die österreichische Sozialdemokratie und die Außenpolitik“, in: Erich Bielka / Peter Jankowitsch / Hans Thalberg, Hrsg., *Die Ära Kreisky. Schwerpunkte der österreichischen Außenpolitik*, Wien 1983, 15–60.

Vetschera, Heinz, *Die Rüstungsbeschränkungen des österreichischen Staatsvertrages aus rechtlicher, politischer und militärischer Sicht*, Wien 1985.

Die Viererkonferenz in Berlin 1954. Reden und Dokumente, hrsg. v. Presse- und Informationsdienst der Bundesregierung, Berlin 1954.

Vigor, Paul, *The Soviet View on War, Peace, and Neutrality*, London 1975.

Vodopivec, Alexander, *Die Balkanisierung Österreichs*, Wien 1966.

Vodopivec, Alexander, „Die Wahrheit über den Staatsvertrag“, in: *Österreichische Monatshefte* 22:6, 1966, 23–26.

Vogel, Stefan, „Frankreich und die Alliierte Besetzung Wiens von 1945 bis 1955. Motive und Grenzen der französischen Vermittlungspolitik", in: *Jahrbuch des Vereins für Geschichte der Stadt Wien* 55, 1999, 173–210.

Vogel, Stefan, „Der französische Sektor in Wien 1945–1955", in: *Jahrbuch des Vereins für die Geschichte der Stadt Wien* 61, 2005.

Volgger, Friedl, *Mit Südtirol am Scheideweg. Erlebte Geschichte*, Innsbruck 1984.

Volgger, Friedl, „Karl Grubers große Leistung", in: Höbelt / Huber, *Für Österreichs Freiheit*, Innsbruck 1991, 195–209.

Volle, Hermann / Wallrapp, Ernst, „Die Österreichverhandlungen auf der Berliner Konferenz von 1954 – Eine Übersicht", in: *Europa-Archiv* 9, 1954, 6514–6524.

Volokitina, T. V., „Stalin i smena strategičeskogo kursa Kremlja v konce 40ch godov: ot kompromissov k konfrontacii", in: A. O. Čubar'jan / I. V. Gajduk / N. I. Egorova, Hrsg., *Stalinskoe desjatiletie cholodnoi vojny*, Moskau 1998, 10–22.

Vostočnaja Evropa v dokumentach Rossiiskich archivov 1944–1953, 2 Bde., hrsg. v. T. V. Volokitina / T. M. Islamov / G. P. Muraško / A. F. Noskova / L. A. Rogovaja, Moskau 1997.

Wagnleitner, Reinhold, *Großbritannien und die Wiedererrichtung der Republik Österreich*, Diss. Univ. Salzburg 1975.

Wagnleitner, Reinhold, „Walter Wodak in London 1947 oder die Schwierigkeit, Sozialist und Diplomat zu sein", in: Gerhard Botz / Hans Hautmann / Helmut Konrad / Josef Weidenholzer, Hrsg., *Bewegung und Klasse. Studien zur österreichischen Arbeitergeschichte*, Wien 1978, 217–242.

Wagnleitner, Reinhold, „Das erste Jahr der Mission Walter Wodaks in Großbritannien 1945–1946", in: *Austriaca*, 5 (= Sondernummer November 1979, Actes du colloque de Rouen, 8–12 novembre 1977, III), 289–321.

Wagnleitner, Reinhold, Hrsg., *Diplomatie zwischen Parteiproporz und Weltkonflikt. Dokumente, Korrespondenzen und Memoranden aus dem Nachlaß Walter Wodaks 1945–1950* (= Quellen zur Geschichte des 19. und 20. Jahrhunderts, hrsg. v. Fritz Fellner, Bd. 3), Salzburg 1980.

Wagnleitner, Reinhold, Hrsg., *Understanding Austria. The Political Reports and Analyses of Martin F. Herz, Political Officer of the US-Legation in Vienna 1945–1946* (= Quellen zur Geschichte des 19. und 20. Jahrhunderts, hrsg. v. Fritz Fellner, Bd. 4), Salzburg 1984.

Walch, Dietmar, *Die jüdischen Bemühungen um die materielle Wiedergutmachung durch die Republik Österreich*, Wien 1971.

Wallner, Leopold, „Was bezahlte Österreich für seine Freiheit?", in: *Österreichische Monatshefte* 21:5, 1965, 22–26.

Wassmund, Hans, *Kontinuität im Wandel. Bestimmungsfaktoren sowjetischer Deutschlandpolitik in der Nach-Stalin-Zeit*, Köln 1974.

Watson, Derek, *Molotov: A Biography*, Basingstoke 2005.

Weber, Hermann / Mählert, Ulrich, Hrsg., *Terror: Stalinistische Parteisäuberungen 1936–1953*, Paderborn 2001.

Weinberg, Gerhard L., „Die deutsche Außenpolitik und Österreich 1937/38“, in: Stourzh / Zaar, *Österreich, Deutschland und die Mächte*, Wien 1990, 61–74.

Weinzierl, Erika / Skalnik, Kurt, Hrsg., *Österreich – Die Zweite Republik*, Bd. 1, Graz 1972.

Weiß, Florian, „‚Gesamtverhalten: Nicht sich in den Vordergrund stellen.‘ Die österreichische Bundesregierung und die westeuropäische Integration 1947–1957“, in: Gehler / Steininger, *Österreich und die europäische Integration 1945–1993*, Wien 1993, 21–54.

Weiß, Florian, „Die schwierige Balance. Österreich und die Anfänge der westeuropäischen Integration 1947–1957“, in: *Vierteljahrshefte für Zeitgeschichte* 42, 1994, 71–94.

Werner, Margot / Wladika, Michael, *Die Tätigkeit der Sammelstellen* (= Veröffentlichungen der Österreichischen Historikerkommission, Bd. 23), Wien 2004.

Westad, Odd Arne, *The Global Cold War: Third World Interventions and the Making of Our Times*, Cambridge 2005.

Westad, Odd Arne, *The Cold War: A World History*, London 2017.

Wettig, Gerhard, „Stalin and German Reunification: Archival Evidence on Soviet Foreign Policy in Spring 1952“, in: *The Historical Journal* 37, 1994, 411–419.

Wettig, Gerhard, Hrsg., *Die sowjetische Deutschland-Politik in der Ära Adenauer*, Bonn 1997.

Wettig, Gerhard, *Bereitschaft zu Einheit in Freiheit? Die sowjetische Deutschland-Politik 1945–1955*, München 1999.

Wettig, Gerhard, „Die Note vom 10. März 1952 im Kontext von Stalins Deutschland-Politik seit dem Zweiten Weltkrieg“, in: Jürgen Zarusky, Hrsg, *Die Stalinnote vom 10. März 1952. Neue Quellen und Analysen*, München 2002, 139–196.

Wettig, Gerhard, „Die Sowjetunion und die neutralistischen Kräfte in Westdeutschland“, in: Dominik Geppert / ders., Hrsg., *Neutralität – Chance oder Chimäre? Konzepte des Dritten Weges für Deutschland und die Welt*, München 2005, 225–233.

Wettig, Gerhard, „Stalins Aufrüstungsbeschluss: Die Moskauer Beratungen mit den Parteichefs und Verteidigungsministern der ‚Volksdemokratien‘ vom 9. bis 12. Januar 1951“, in: *Vierteljahrshefte für Zeitgeschichte* 53:4, 2005, 635–650.

Wettig, Gerhard, *Stalin and the Cold War in Europe: The Emergence and Development of the East-West Conflict 1939–1953*, Lanham 2008.

Wettig, Gerhard, *Sowjetische Deutschland-Politik 1953 bis 1958*, München 2011.

Wettig, Gerhard, *Die Stalin-Note: Historische Kontroverse im Spiegel der Quellen*, Berlin 2015.

Wiggershaus, Norbert, „Nordatlantische Bedrohungsperzeption im Kalten Krieg 1948–1956“, in: Klaus Maier / Norbert Wiggershaus, Hrsg., *Das Nordatlantische Bündnis 1949–1956*, München 1993, 17–55.

Wildner, Clemens, *Von Wien nach Wien. Erinnerungen eines Diplomaten*, Wien 1961.

[Wildner, Heinrich], *„Ich bestelle Sie hiermit zur Leitung des Außenamtes…" Das Tagebuch von Heinrich Wildner 1945*, hrsg. v. Roman Eccher / Stefan Mach / Ulrich Christian Stabel / Eva Wotawa-Hahlheimer, Wien 2010.

[Wildner, Heinrich], *„…freilich werden wir im neuen Jahr noch nicht frei werden…" Das Tagebuch von Heinrich Wildner 1946*, hrsg. v. Roman Eccher / Stefan Mach / Isabell Roitner-Fransecky / Ulrich Christian Stabel / Eva Wotawa-Hahlheimer, Wien 2013.

[Wildner, Heinrich], *„Man ist noch immer nervös. Wir sind sehr scharf bewacht." Das Tagebuch von Heinrich Wildner 1947*, hrsg. v. Elisabeth Gmoser / Gudrun Graf / Gottfried Loibl / Isabell Roitner-Fransecky, Wien 2015.

[Wildner, Heinrich], *„Es regiert der Planet Pallawatsch." Das Tagebuch von Heinrich Wildner 1948*, hrsg. v. Ernst Aichinger / Elisabeth Gmoser / Gudrun Graf / Gottfried Loibl / Christoph Meixner / Isabell Roitner-Fransecky / Christine Vonwiller, Wien 2018.

Williams, Francis, *A Prime Minister Remembers*, London 1961.

Whitnah, Donald R. / Erickson, Edgar L., *The American Occupation of Austria. Planning and Early Years*, Westport, CT 1985.

Wodak, Walter, *Diplomatie zwischen Ost und West* (= Österreichische Diplomaten, hrsg. v. Österreichische Gesellschaft für Außenpolitik), Graz 1976.

Wohnout, Helmut, „Frühe Neutralitätskonzeptionen der ÖVP 1945–1953", in: *Christliche Demokratie* 8, 1990, 111–126.

Wohnout, Helmut / Schönner, Johannes, „Kommentierte Edition des politischen Tagebuches von Julius Raab 1953/1954", in: *Demokratie und Geschichte* 7/8, 2003/2004, 13–71.

Wohnout, Helmut, „Die Mitschuldklausel und Österreich als NS-Opfer. Zur Ambivalenz der österreichischen Opferthese am biographischen Beispiel Leopold Figls", in: Stefan Karner / Alexander Tschubarjan, Hrsg., *Die Moskauer Deklaration 1943: „Österreich wieder herstellen"*, Wien 2015, 235–248.

Wohnout, Helmut, *Leopold Figl und das Jahr 1945: Von der Todeszelle auf den Ballhausplatz*, St. Pölten 2015.

Wolffsohn, Michael, „Das deutsch-israelische Wiedergutmachungsabkommen von 1952 im internationalen Zusammenhang", in: *Vierteljahrshefte für Zeitgeschichte* 36, 1988, 691–731.

Woodward, Sir Llewellyn, *British Foreign Policy in the Second World War*, Bd. 2, London 1971.

Wotawa-Hahlheimer, Eva / Stabel, Ulrich Christian / Mach, Stefan, *Das Wiedererstehen des österreichischen Auswärtigen Dienstes*, Wien 2009.

Young, John W., „Cold War and Detente with Moscow", in: ders., Hrsg., *The Foreign Policy of Churchill's Peacetime Administration 1951–1955*, Leicester 1988, 55–80.

Zagorskij, A. V. / Kunce, T. / Rot, H., Hrsg., *Vizit kanclera Adenauèra v Moskvu 8–14 sentjabrja 1955g.: Dokumenty i materialy*, Moskau 2005.

Zarusky, Jürgen, Hrsg., *Die Stalinnote vom 10. März 1952. Neue Quellen und Analysen*, München 2002.

Želicki, B. J., „Narodnaja demokratija i stanovlenie totalitarnogo režima v Vengrii“, in: V. V. Mar'ina / L. V. Miljakova, Hrsg., *Totalitarizm. Istoričeskij opyt Vostochnoj Evropy: „Demokratičeskoe intermecco“ s kommunističeskim finalom 1944–1948*, Moskau 2002, 175–207.

Zernatto, Guido, *Die Wahrheit über Österreich*, New York 1938.

Zimmermann, Horst, *Die Schweiz und Österreich während der Zwischenkriegszeit*, Wiesbaden 1973.

Zöllner, Erich, Hrsg., *Diplomatie und Außenpolitik Österreichs* (= Schriftenreihe des Instituts für Österreichkunde, Bd. 30), Wien 1977.

Zubok, Vladislav M., *Soviet Intelligence and the Cold War: The ‚Small' Committee of Information, 1952–1953* (= Cold War International History Project Working Paper, Nr. 4), Washington 1992.

Zubok, Vladislav / Pleshakov, Constantine, *Inside the Kremlin's Cold War. From Stalin to Khrushchev*, Cambridge, MA 1996.

Zubok, Vladislav, „Stalin's Plans and Russian Archives“, in: *Diplomatic History* 21, 1997, 295–305.

Zubok, Vladislav M., „CPSU Plenums, Leadership Struggles, and Soviet Cold War Politics“, in: *Cold War International History Project Bulletin* 10, März 1998, 28–33.

Zubok, Vladislav, „The Soviet Attitude towards European Neutrals during the Cold War“, in: Michael Gehler / Rolf Steininger, Hrsg., *Die Neutralen und die europäische Integration 1945–1995*, Wien 2000, 29–43.

Zubok, Vladislav M., *A Failed Empire: The Soviet Union in the Cold War from Stalin to Gorbachev*, Chapel Hill 2007.

Zubkova, E. Ju., „Stalin i obščestvennoe mnenie v SSSR 1945–1953“, in: A. O. Čubar'jan / I. V. Gajduk / N. I. Egorova, Hrsg., *Stalinskoe desjatiletie cholodnoj vojny*, Moskau 1998, 151–170.

Register

Personennamen, die sich ausschließlich auf Quellenhinweise bzw. auf bibliographische Angaben beziehen, sind im Register nicht enthalten.

Z